JN244038

東南アジア
文化事典

［編集委員長］信田敏宏

［編 集 委 員］綾部真雄／岩井美佐紀
加藤　剛／土佐桂子

丸善出版

◀ジャワ島の仮面舞踊
トペン・チルボン
［提供：福岡正太］

◀ラオスの掛け合い歌
カップサムヌア
［提供：梶丸岳］

◀ジャワ島，スマラン
の鄭和廟祭礼
［提供：貞好康志］

◀ココヤシを収穫する．スマトラ島のプランテーション［提供：阿部健一］

◀焼畑で種まきをするカチンの村人．ミャンマー北部［提供：吉田敏浩］

◀スマトラ島の泥炭地火災の現場．地中に火がまわり消化は困難となる［提供：増田和也］

吹矢と釣竿をもって▶出発．マレーシア，オラン・アスリの村にて［提供：河合文］

◀収穫した茶葉を集荷場に持ち寄る．ジャワ島スンダ高原［提供：阿部健一］

◀インドネシア，西カリマンタン州のアブラヤシ農園［提供：林田秀樹］

◀ベトナム，托鉢後の食事を前に読経するクメール・クロムの上座仏教の僧侶［提供：下條尚志］

◀城隍神へ礼拝し下げた供物を囲み食事をする．ベトナム旧ハタイ省［提供：上田新也］

◀バリ島，ブサキ寺院における儀礼［提供：井澤友美］

◀宗教職能者の食事風景．ベトナム，チャムの村にて［提供：吉本康子］

◀礼拝の様子．ジャカルタのイスティクラル・モスクにて［提供：荒木亮］

◀迫害を受けミャンマーを脱出し漂着地で下船するロヒンギャ難民，2015年［提供：UNHCR・Adam Dean］

◀マレーシアのプトラジャヤにあるプトラ・モスク
［提供：信田敏宏］

◀フィリピンの世界遺産パオアイ教会．教会堂は1710年に完成
［提供：長坂格］

◀ミャンマーの仏教聖地パガンの遺跡群．右はタッピンニュ寺院
［提供：渡邊佳成］

▲クアラルンプールの市場（左）とショッピングセンター（右）
［提供：信田敏宏］

▲クリスマスのイルミネーションに輝くオーチャード通り．
シンガポール［提供：信田敏宏］

アンダマン海域の▶
モーケンの子供と
刳り船．タイ
［提供：鈴木佑記］

◀マレーシアに暮らすオラン・アスリの家族
［提供：信田敏宏］

◀朝陽射し込むアンダマン海に浮かぶ家船とモーケン
［提供：鈴木佑記］

刊行にあたって

東南アジアは，過去から現在まで，孤立することなく外の世界と絶えず交流を続けてきた．そこに暮らす人びとは，連綿と続く壮大な文化交流の営みの中で，借用や模倣，あるいは融合や再構築などの試みを通して，やがてはみずからのアイデンティティの拠り所となる文化を創造してきたのである．

東南アジアの文化は，世界の他の地域と比べてみても，多様性という点で抜きん出たものになっている．文化の多様性が生まれた遠因は，東南アジアに黄河文明やインダス文明に匹敵するような大文明が存在しなかったことにあるだろう．その後も，東南アジア全体を支配するような広範な領土をもった大帝国が出現することはなく，中国やインド，モンゴルなどの大帝国に直接支配されることもなかった．

とはいえ，大文明や大帝国が存在しなかったということだけでは，文化が多様であることの理由にはならない．さらなる理由は，中国とインドという二大文明のはざまに位置する地理的な特異性に求められる．中国やインドと陸続きである大陸部東南アジアでは，昔から新天地を求めて民族の移動が繰り返され，特に北部の山岳地帯には，中国の動乱や圧制から逃れてきたさまざまな民族による独自の世界が形成された．多島海が広がる島嶼部では，東西世界を結ぶ海のシルクロードの中継点として，古来より中国やインド，さらにはアラブなど，さまざまな出自をもつ人びとが行き来していた．海のシルクロードを往来する帆船は，モンスーンの風待ちのため一定期間港に寄港しなければならず，そのこともまた，来航者たちが定着する要因となっていた．このように，起源を異にするさまざまな民族が，あらゆる方向から東南アジアにやってきたことは，必然的に，多様な文化が東南アジアにもたらされる大きな要因となった．

一方，先住の民族の中には，みずからの文化を守り，外の文化を受けつけない民族もいたが，ほとんどの民族は柔軟性と戦略性を兼ね備えていた．インド化やイスラーム化の例にあるように，それぞれの民族は外来の文化を受容し，それらをみずからの文化と融合させながら再構築し，新たな文化を創造していったのである．ただし，外来文化の受容の程度には民族の間で差異があり，それぞれの文化は，欧米による植民地化や日本占領期，独立後の国民国家の時代を経験しながら，さらに複雑な様相を呈していった．以上のように，さまざまな経緯を経て形成されてきた東南アジアの文化は，今日，全体としてみれば世界に類をみない多様性を有している．

グローバル化の現在，東南アジアの文化は，これまでにない速度で新たな展開をみせはじめている．例えば，マレーシアの先住民オラン・アスリが暮らす小さな山あいの村では，南米コロンビアの出身者が考案したズンバというダンスが流行している．広場に集まった村びとは，YouTube から流れるラテン音楽のリズムに合わせて，一斉にズンバを踊り，汗を流している．数年前には考えられなかった光景が，今の東南アジアではみられるのである．本事典では，このような新しい文化現象も取り上げている．

東南アジアに関しては，これまでいくつかの事典類が出版されている．しかし，文化そのものに焦点を当て，さらにはその多様性について深く掘り下げようと試みる事典は皆無であった．その点からすれば，「文化の多様性」をテーマに東南アジアを解説する本事典は，これまでにない視点と新しさを備えた事典であるといえる．

本事典は 3 部構成となる．「Ⅰ. 東南アジアとは」では，東南アジア理解に必須の事項がわかりやすく解説され，「Ⅱ. 東南アジアの社会と文化の諸相」では，東南アジアの文化を深く理解するための項目がテーマごとに並べられている．国別ではなく，テーマごとの章立てとしたのは，それぞれの国や地域の文化的なつながりを浮かび上がらせ，東南アジアを総体として捉えたいとの意図からである．また，「Ⅲ. 日本と東南アジアの社会文化交流」では，東南アジアをより身近に感じてもらえればとの思いから，過去から現在までの日本と東南アジアの文化的な交流を扱っており，最終章は本事典の中でも特に興味深い章であることを付け加えておきたい．

編集委員会は，当初，信田敏宏を編集委員長とし，綾部真雄，岩井美佐紀，加藤 剛，土佐桂子により構成された．その後，小川 忠と福岡正太に編集協力者として加わってもらった．編集委員会のチームワークと多彩な執筆陣の協力を得て，東南アジア全体を網羅するような事典をつくり上げることができたと自負している．各項目は具体的な事例を盛り込んだわかりやすい解説になっており，研究者ならびに学生や一般の方々にも活用していただければ幸いである．異文化理解，他文化理解がますます必要とされるグローバル化の時代において，本事典が私たちと同時代を生きる東南アジアの人びとに対するより良き理解の一助となることを願っている．

最後に，本事典の刊行にあたり，煩雑な編集作業を担当していただいた丸善出版の松平彩子さんと鈴木章子さん，企画段階からお世話になった小林秀一郎さんに感謝申し上げる．

2019 年 9 月

編集委員長　信　田　敏　宏

■執筆者一覧（五十音順）

青木 武信
青山 亨
青山 和佳
赤嶺 淳
東 佳史
阿部 健一
阿部 朋恒
綾部 真雄
新井 和広
荒木 亮
阿良田 麻里子
飯國 有佳子
飯島 明子
伊賀 司
池上 重弘
生駒 美樹
井澤 友美
石井 香世子
石井 隆憲
石井 正子
石坂 健治
石澤 良昭
石高 真吾
泉田 英雄
市野澤 潤平

伊藤 俊治
伊藤 友美
伊藤 眞
伊藤 まり子
伊藤 未帆
今村 真央
岩井 美佐紀
岩佐 光広
岩澤 孝子
上田 新也
上田 達
上田 広美
後小路 雅弘
梅田 英春
遠藤 環
大形 里美
大澤 清二
太田 淳
大田 省一
岡野 賢二
岡部 真由美
岡本 正明
小川 絵美子
小川 忠
小河 久志

奥島 美夏
小國 和子
長田 紀之
押川 典昭
落合 雪野
小野 真由美
小野 林太郎
鏡味 治也
柿崎 一郎
樫永 真佐夫
梶丸 岳
片岡 樹
片山 須美子
加藤 敦典
加藤 高志
加藤 剛
加藤 裕美
金沢 謙太郎
金子 遊
鴨川 明子
河合 文
川口 洋史
川島 真
川田 牧人
河野 元子

川 端 隆 史
木 曽 恵 子
北 村 友 人
木 下 光
金 悠 進
木 村 茂
京 樂 真帆子
日下部 啓 子
久志本 裕 子
久 保 忠 行
熊 岡 路 矢
倉 沢 愛 子
藏 本 龍 介
グエン・フク・エイン
小 池 誠
小 池 まり子
小木曽 航 平
小 坂 理 子
許 斐 雅 文
小 林 知
小 林 寧 子
古 谷 伸 子
斎 藤 俊 介
坂 井 隆
酒 井 善 彦
坂 川 直 也
櫻 井 義 秀
櫻 田 涼 子

笹 川 秀 夫
貞 好 康 志
佐 藤 宏 文
佐 藤 百 合
サラ・ヨー・ブレグマン
澤 田 英 夫
塩 谷 も も
柴 山 信二朗
島 上 宗 子
清 水 展
清 水 政 明
下 條 尚 志
末 成 道 男
菅 原 由 美
助 川 泰 彦
鈴 木 絢 女
鈴 木 佑 記
鈴 木 玲 子
須 永 和 博
関 恒 樹
芹 澤 知 広
左右田 直 規
高 田 峰 夫
髙 谷 紀 夫
高 野 秀 行
高 橋 美由紀
高 橋 美 和
竹 下 愛

武 部 洋 子
竹 村 嘉 晃
田子内 進
田 辺 寿 夫
田 畑 幸 嗣
玉 置 泰 明
田 村 慶 子
田 和 正 孝
多和田 裕 司
俵 寛 司
塚 本 倫 久
津 田 浩 司
坪 内 良 博
津 村 文 彦
ティラポン・クルプラントン
テッテッヌティ
寺 田 勇 文
戸加里 康 子
床 呂 郁 哉
土 佐 桂 子
富 永 泰 代
豊 田 三 佳
中 井 信 介
長 坂 格
中 田 友 子
永 田 淳 嗣
永 田 貴 聖
中 谷 文 美

長津一史　　弘末雅士　　虫明悦生
中村真里絵　　福岡正太　　村尾静二
長屋尚典　　福岡まどか　　村上忠良
難波美芸　　福島康博　　森枝卓士
西井凉子　　福武慎太郎　　盛田　茂
西野節男　　福富友子　　森田良成
西野範子　　伏木香織　　森山幹弘
西本　太　　船津鶴代　　八尾隆生
二文字屋　脩　　降幡正志　　柳沢英輔
根本　敬　　古市保子　　柳澤雅之
信田敏宏　　古田元夫　　矢野秀武
野元裕樹　　細田尚美　　藪　司郎
蓜島克彦　　牧田東一　　山影　進
長谷部美佳　　増野亜子　　山本信人
畠　由紀　　増田和也　　油井理恵子
花岡伸也　　舛谷　鋭　　横山　智
馬場雄司　　増野高司　　吉岡憲彦
林　行夫　　間瀬朋子　　吉田敏浩
林田秀樹　　松田正彦　　吉田ゆか子
早瀬晋三　　見市　建　　吉野　晃
速水洋子　　箕曲在弘　　吉本康子
菱田慶文　　宮崎恒二　　渡邉暁子
日向伸介　　宮原　曉　　渡邊佳成
平田晶子　　宮脇千絵

目　次

I. 東南アジアとは

第1章　東南アジアの概観

第2章　東南アジア世界の形成と変容

第 3 章 人びとと文化

第 4 章 言語と教育

第5章　宗教と世界観

II. 東南アジアの社会と文化の諸相

第6章　生　業（なりわい）

第7章 社会に暮らす

第8章 食 文 化

第9章　芸術・芸能・娯楽

第10章　ジェンダー・セクシュアリティ

第11章 観光と文化遺産

第12章　新しい時代の流れ

Ⅲ. 日本と東南アジアの社会文化交流

第13章　東南アジアの中の日本/日本の中の東南アジア

見出し語五十音索引

■さ行

■た行

■な行

■は行

■ま行

■や行

■ら行

【巻頭付録】

地図にみる東南アジアの生態，歴史，言語分布

Ⅰ 大陸山地区
Ⅱ 平原区
Ⅲ デルタ区
Ⅳ マレー・ボルネオ区
Ⅴ 島嶼低湿地区
Ⅵ スマトラ火山区
Ⅶ ジャワ区
Ⅷ ウォーレシア南部区
Ⅸ ウォーレシア北部区
Ⅹ オーストラリア・ニューギニア区

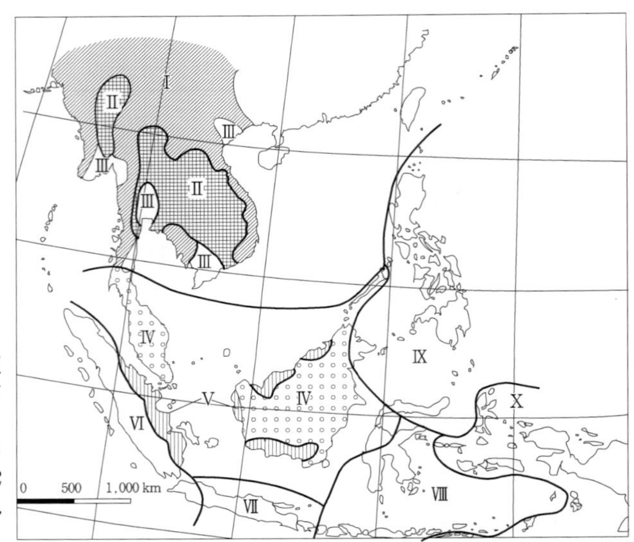

[1] 東南アジアの生態区分図（p.8「東南アジアの生態区分」）
（出典：古川久雄「大陸と多島海」『講座東南アジア学 2 東南アジアの自然』弘文堂，1990 を一部改変）

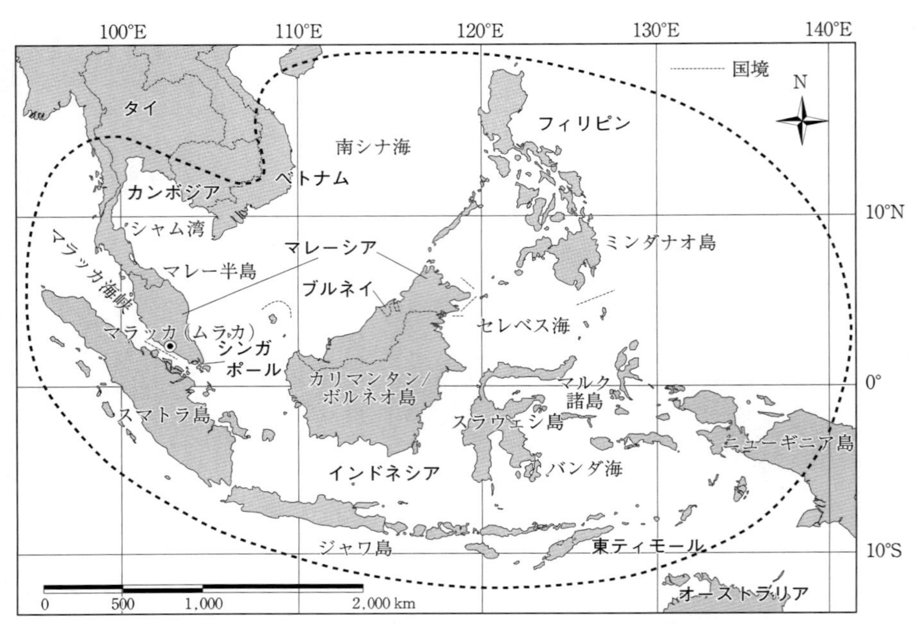

[2] 東南アジア海域世界（p.14「海域世界」）

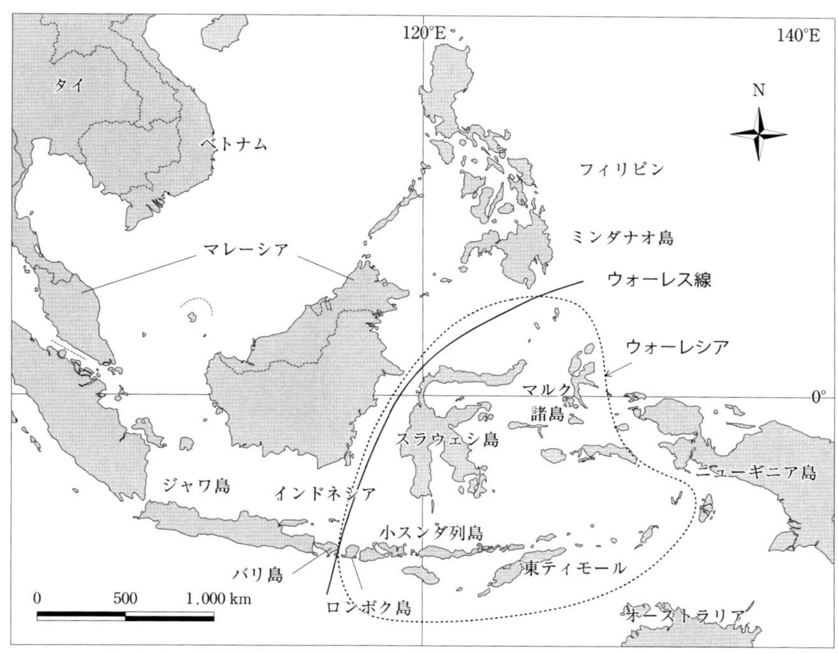

[3] ウォーレス線とウォーレシア（p.56「ウォーレス線の区切る世界」）

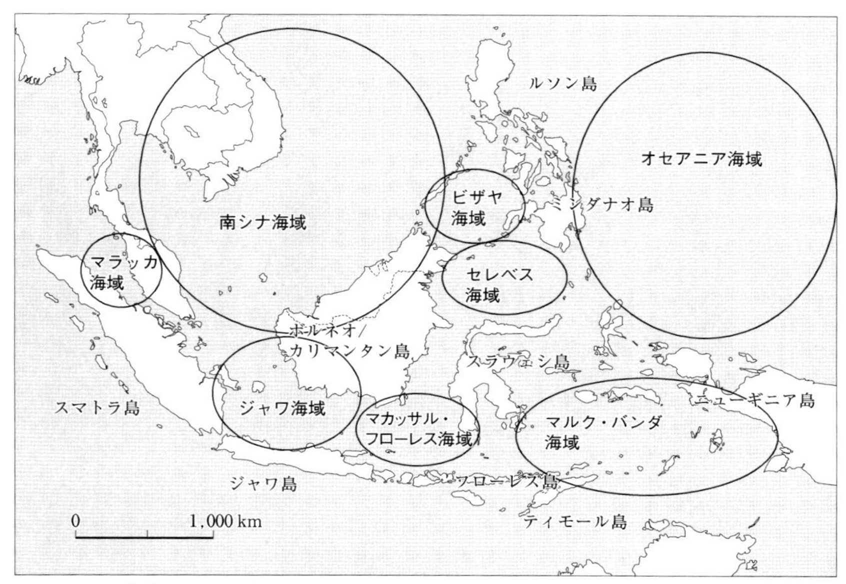

[4] 東南アジアの主な海域圏（p.54「東南アジアの海と島」）

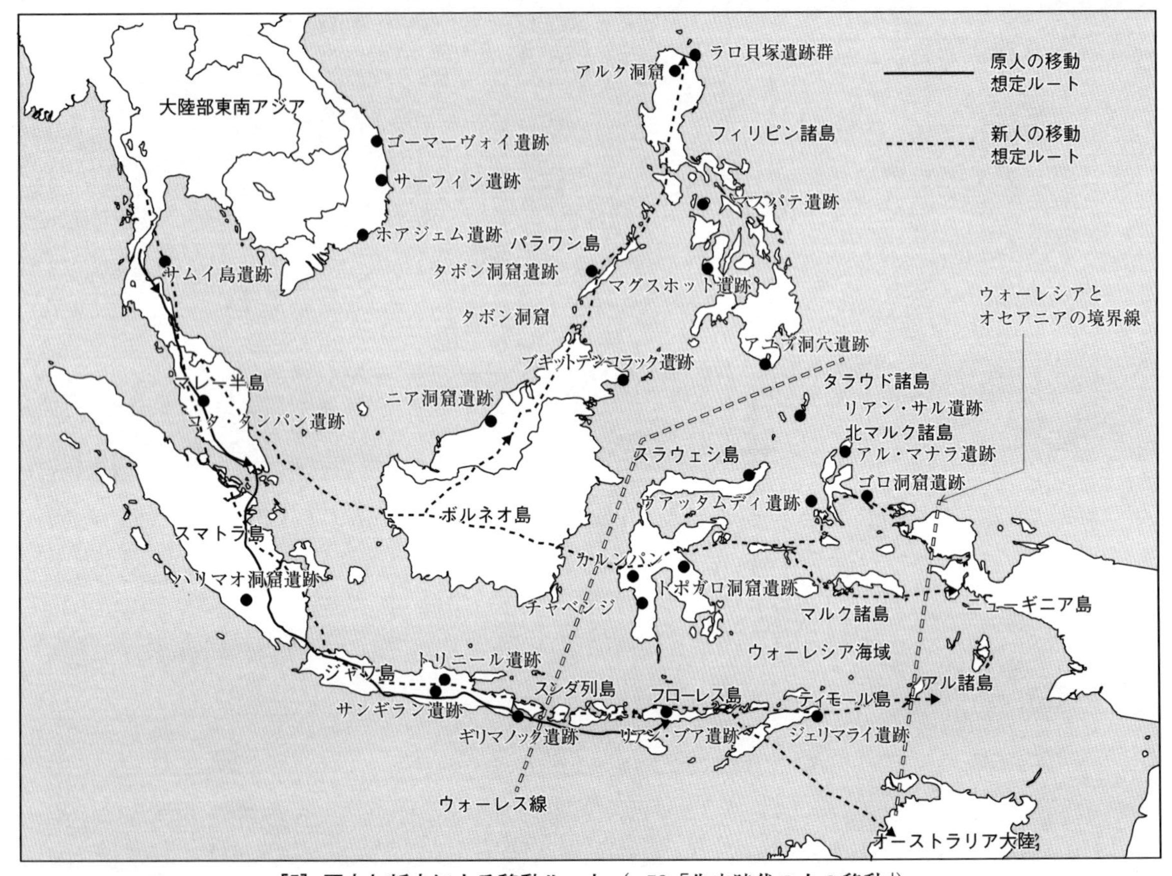

[5] 原人と新人による移動ルート（p.58「先史時代の人の移動」）

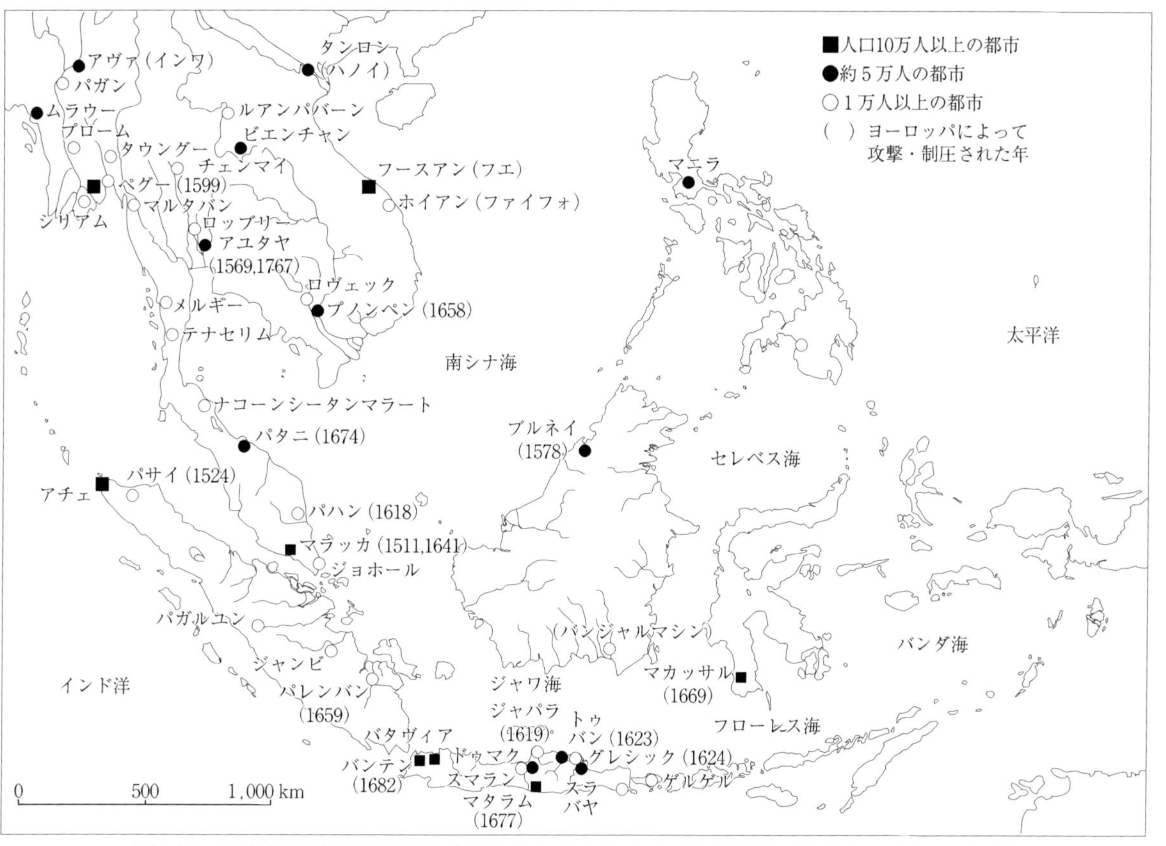

[6] 16〜17 世紀の東南アジアの主要港市とその人口（p.72「「商業の時代」の東南アジア」）
（出典：Reid, A. *Southeast Asia in the Age of Commerce*, Vol. 2, Yale University Press, p.76, 1993）

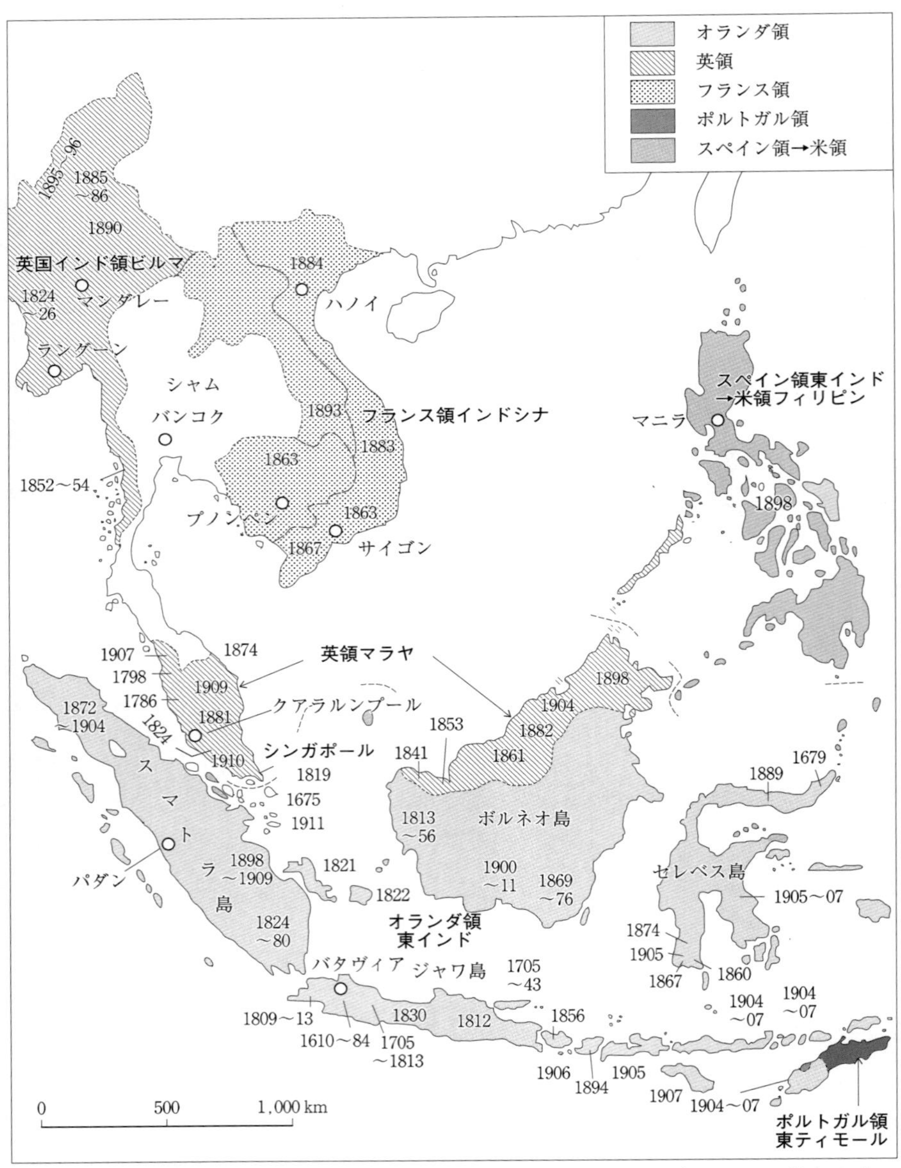

[7] 19 世紀末の東南アジア．植民地化（p.78「19 世紀と現代東南アジアの枠組み」）
（出典：和田久徳他『東南アジア現代史 I』山川出版社，p.19，1977 を加筆修正）

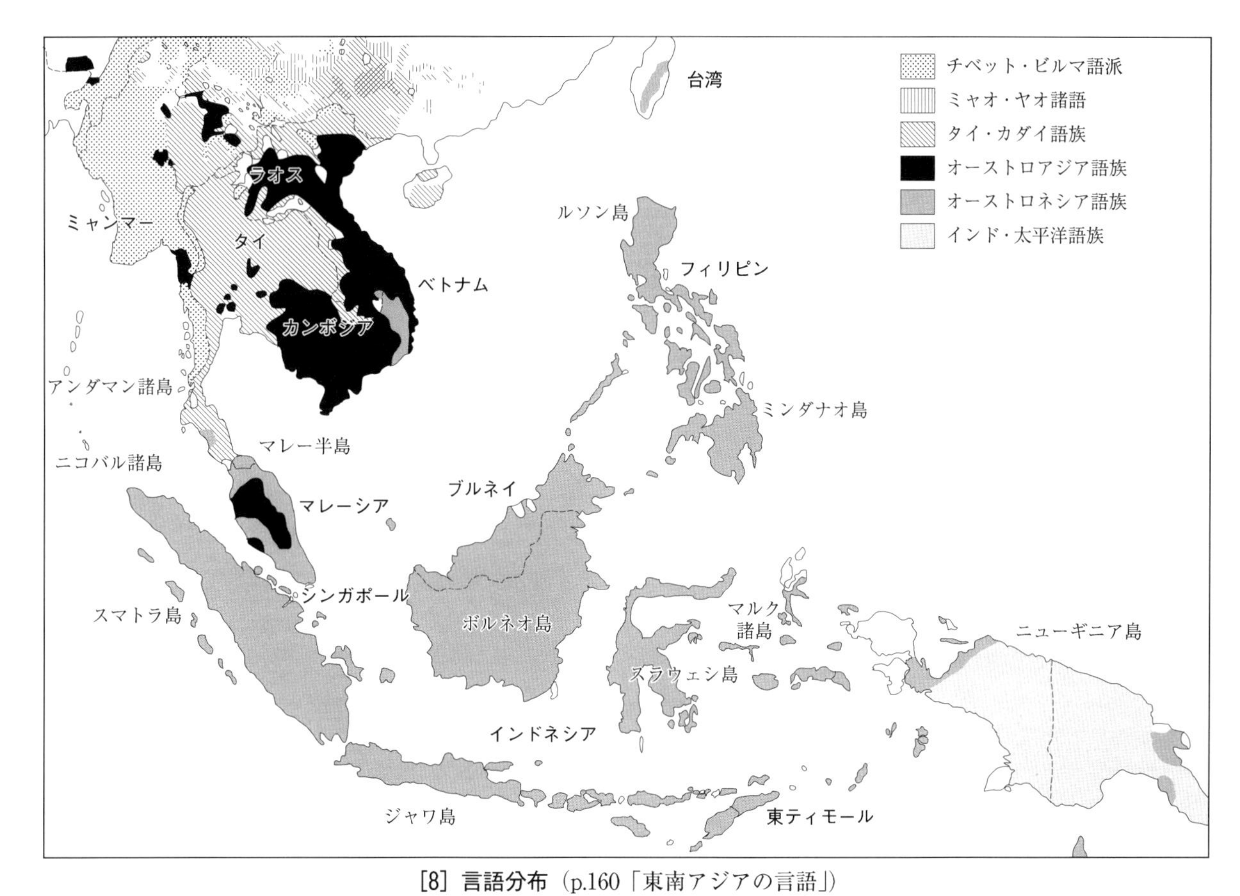

[8] 言語分布（p.160「東南アジアの言語」）
（出典：Moseley & Asher eds. 1994 を元に藪司郎作成，桃木至朗他編『新版 東南アジアを知る事典』平凡社，p.523, 2008）

凡　例

1. 本事典は3部13章からなり，東南アジアの主として社会と文化に関する合計363の項目から構成されている．本文の前には口絵写真と東南アジア全体にかかわる地図を複数枚配し，巻末には各国基本情報，索引をおいた．
2. 東南アジア全体に関係する文献案内などは付していないが，項目によっては，必要に応じて項目末に参考文献を最大3点まであげてある．
3. 各項目の記述は原則として見開き2ページからなる．項目の見出しの右脇には，主に他章で参照すべき関連項目名と掲載ページを ☞ 印で示した．
4. 本文中で参照すべき関連項目を示す場合には，本文中に現れる項目名の語尾に◀印を付けて表示した．
5. 第1章の国別項目および巻末付録に掲載した東南アジア各国基本情報の掲載順は，ベトナムから始まる逆時計回りの順番である．
6. 民族名については，原則として言い切りの形とした．ただし，地域や項目によって「〜人」を付けた方がより理解が深まる場合にはこれを使用した．
7. 用語表記の統一については，『新版 東南アジアを知る事典』(平凡社，2008年）などを参照しつつ，極力統一するようにした．
8. 現地語のカタカナ表記については，原音に近いものにしたが，すでに慣用的に使われている用語などについては，それらを用いるようにした．
9. 現地語や人名のローマ字表記は，原則として本文中では示さず，必要に応じて索引中で示すようにした．
10. ベトナムの人名・地名などは極力ベトナム語読みのカタカナで表記し，前近代の名辞については原則として漢字を使用し，カタカナ表記でルビを振った．ただし前近代の漢字による書名などは例外もある．
11. ベトナムの人名は各音節の間に・印を入れるが，地名などについては音節の区切りの点は省いた（例：ホー・チ・ミン［人名］，ホーチミン市［地名］)．
12. タイ語のカタカナ表記については，原音が長母音の場合には音引き（長音記号）で表し，原音が無気音の場合でも，濁音（「ガ」など）ではなく清音（「カ」など）で表すことを原則とした．
13. ミャンマーの地名，王朝名等については①英国植民地支配を背景として，英語による名称をもとにしたものと，②軍事政権以降推進された現地語による名称をもとにしたもの二つが存在する．本文中では歴史的記述と現代についての記述で異なる表記が存在することがある．
14. 項目の執筆者名は本文の項目末に記載し，複数の執筆者が共同執筆している場合は連名とした．

第1章
東南アジアの概観

「国連による世界地理区分」をインターネットで検索し，世界がどのように区分けされているかをみてみよう．国連の統計などで用いられる地理区分は，大部分が大陸の一部や大きな陸域を中心にまとめられ，ほかにはポリネシアなどの島嶼域がある．唯一の例外が東南アジアで，海を挟んで北の大陸部と南の島嶼部をひと括りにし，総じて組合せが複雑でまとまりの悪い地理区分だとわかる．奇妙にも，ニューギニア島は地理的にはメラネシアのはずだが，世界地理区分では西半分は東南アジアである．インドネシアと同様，かつてオランダ領東インドの一部をなし，現在はインドネシア領であることによる．中国の南，インドの東に位置し，二つの文明圏から外れた「その他大勢」ともいえる地域が，「東南アジア」の英語名で広く知られるのは第2次世界大戦中のことで，その範囲が国際的に現在の形で定着するのは1960年代以降である．民族・文化・言語的に多様な地域をさす名称とその理解は，ほんの60年ほど前に一般化し定型化したことになる．本章では，南アジア，東アジアに次ぎ約6億5000万人（2019年推計値）と，世界で3番目の大人口を擁する地域の主要な生態環境とそこにみられる社会文化的特徴，そして東南アジアを構成する11か国の概要を中心に紹介する．

［加藤 剛］

「東南アジア」概念の形成

☞「ASEAN 共同体」p.620

今日,「東南アジア」は,しばしば「ASEAN (東南アジア諸国連合)」と同義語として使われる.だが,東南アジアは一般に ASEAN 加盟 10 か国と 2002 年に独立した東ティモールの 11 か国からなる地理的地域で,パプアニューギニアを含めない.一方,ASEAN は地域協力機構で,ASEAN の共同体 3 本柱が示すとおり,政治,経済,社会・文化的つながりを重視する.

●外部からの呼称 日本や中国の南に位置し,「南洋」や「南海」などとよばれた地域を,東南アジアとよぶようになったのは,ヨーロッパの地理概念で中央アジアとよばれるようになった地域からみて東南にあるからである.日本でも近代化の中でヨーロッパの地理概念を受け入れ,大正時代の日本の小中学校教科書に,将来の日本の原材料の供給地として「東南アジヤ」ということばが使われた.ヨーロッパ人は旅行記で漠然とした地域として東南アジアという地名を使ったり,海路で訪れた者は「インドの向こう」や「貿易風の下の地」と表現したりした.

この地域を,日本は「大東亜共栄圏」構想の南進論と結びつけ,1940 年 9 月に北部フランス領インドシナに進駐,1941 年 12 月 8 日の対英米開戦から米領フィリピン,「英領マレー」さらにビルマ,オランダ領東インドを占領し,タイとは同盟を結んで影響下においた.これらの国・地域を,連合軍が再占領するために 1943 年にデリーに「東南アジア司令部 (SEAC)」(翌年セイロンのキャンディに移動) を設置した.これをふまえて日本語の新聞でも「東南アジア」ということばが使われた.管轄地域は当初英領に限られたが,戦後は日本が占領した地域を越えてインドやセイロンに及んだ.

この戦略上の呼称は,1954 年に設立された反共軍事同盟である東南アジア条約機構 (SEATO) に引き継がれ,フィリピン,タイなど 8 か国が加盟した.また,冷戦体制下でアジアを重視した米国は,1947 年にイェール大学,1951 年にコーネル大学に東南アジア研究の拠点を設け,1963 年に京都大学が設置した東南アジア研究センターに資金援助した.これら外部からの呼称は,地域として漠然としたもので社会・文化的なまとまりやつながりを念頭においたものではなく,国家の集合体としても一定したものではなかった.

●内部からの地域認識 東南アジアは,しばしば大陸部と島嶼部に分けられる.東南アジアはインドと中国に挟まれ,それぞれの文明の影響を受け,それを独自に発展させてきたが,大陸部ではスリランカ系の上座仏教,島嶼部ではインドを経てイスラームが広まった.上座仏教徒は,パーリ語の三蔵経を共通に護持している.島嶼部は 1450 年から 1680 年に「商業の時代」を迎え,マレー系ムスリムの活動は大陸部沿岸やメコン，チャオプラヤーなどの大河流域にも及んだ．そして，第1次世界大戦の影響で物資や労働力が不足したとき，植民地支配の領域を越えてヒトやモノが動いた．このような歴史的経緯から，確固としたものではないが，「多様性の中の統一」を理解できる土壌があった．

第2次世界大戦後，独立した国々は国家間の連携を求めて，1955年のアジア・アフリカ会議のような試みを行った．東南アジアでは，島嶼部のインドネシア，フィリピン，マレーシア，シンガポールに加えて大陸部のタイが，1967年8月にASEANを結成した．だが，ASEANは結成から四半世紀，冷戦体制下でさしたる活動をしなかった．このような状況下で，加盟国間の公式・非公式対話が継続したのは，最高決定機関である年次外相会議だけでなくスポーツや文化を通してであった．なかでも1959年に大陸部のタイ，ビルマ，ベトナム，ラオスに島嶼部のマレーシア，シンガポールを加えて6か国で東南アジア半島競技大会として始まり，1977年に名称を改めた東南アジア競技大会は注目に値し，ASEAN10が成立した1999年より4年早い1995年に10か国が参加し，2003年から東ティモールが加わった．ビルマ（1989年からミャンマー）は，第1回以来2年に一度のすべての大会に参加し，大会を通じてほかの東南アジア諸国と交流をもち，東南アジアの一員であることを示した．また，セパタクローなど，大会独自の競技を採用した．

ASEANは，1976年の東南アジア友好協力条約で，原加盟5か国に加えて，他の東南アジア諸国にも加盟の途を開いていた．しかしその後しばらく，新規に加盟したのは1984年のブルネイだけであり，10か国による地域統合の可能性は不透明だった．これに変化が起こるのは冷戦後のことである．1995年にベトナム，1997年にミャンマーとラオス，1999年にカンボジアが加盟してASEAN10になり，1997年のアジア通貨危機に対して第1回ASEAN＋3（日本・中国・韓国）首脳会議を開催するなど，ASEANとして対外的に対応するようになってからである．1996年に「ASEANビジョン2020」を起草し，2020年までにASEAN共同体を設立することを目標とした．

そして，創設40年の2007年に署名され，翌年に発効したASEAN憲章では，「一つのビジョン，一つのアイデンティティ，一つのコミュニティ」をモットーとし，「思いやり」を共有することがうたわれた．加盟国間では，ASEANだけでなく，それぞれの加盟国の歴史と文化についても教育するようになった．

他者によって命名された東南アジアという呼称が，ASEANの制度化を伴う共同体の成立によって，内側から共通の地域概念として認識されるようになってきている．ASEAN共同体は，目標より早く2015年にその設立を宣言した．　［早瀬晋三］

📖 参考文献
［1］早瀬晋三『グローバル化する靖国問題―東南アジアからの問い』岩波書店，2018
［2］Reid, A., *A History of Southeast Asia: Critical Crossroads*, Wiley-Blackwell, 2015

東南アジア世界の特徴

☞「世界の中の東南アジア」p.42,「熱帯の森林産物と商品作物」p.52,「東南アジアの華人」p.98,「東南アジアのインド系住民」p.100,「インバウンド観光とASEAN意識」p.556

日本で一般的な世界地図を広げる．真中に日本列島がある．同じく真中にあって日本の南に位置し，中国とオーストラリアにサンドイッチ状に挟まれ，下方では赤道線を跨(また)ぎ島々と海が東西に拡がり，一部がオーストラリアに引っ張られるように東側に出ている．サンドイッチの具にあたる陸，島，海が東南アジアだ．「パン」との関係では，上方で陸続きの中国の存在が圧倒的に大きい．人の移動，文化接触，政治経済交渉の歴史において古くから多大な影響を受けてきた．だがこの中国との関係においてさえ，東南アジアを語るのに海を忘れることはできない．

●海で繋がる世界　「国連による世界地理区分」には，6大州以外に東南アジア，西ヨーロッパ，メラネシアなどの「小地域区分」がある．この中で東南アジアが特徴的なのは，海によって比較的面積の等しい南北2地域に分かれることだ．北を大陸部東南アジア◀，マレー半島を含む南を島嶼部東南アジア◀とよぶ．海は両者を隔てると同時に繋ぎもし，東に張り出た部分の北方では南シナ海，東シナ海経由で中国沿岸域や日本と結び，西はマラッカ海峡，ベンガル湾経由で歴史的に重要なインド，次いでインド洋，アラビア海を経てアラビア半島と結ぶ．15世紀前半に鄭和が明の皇帝の命を受けアフリカ東岸まで航海し，約1世紀後にポルトガルが喜望峰回りでマカオまで到達したのも，この海のシルクロード◀経由だった．

●歴史的，重層的な多様性　東アジアの儒教，西ヨーロッパのキリスト教，南米のラテンアメリカ文化のように，その妥当性は別にして世界の小地域区分にはしばしば地域全体を特徴付ける一般的なイメージが存在する．東南アジアについて同様のイメージを探すのは難しい．しいていえば「多様性」がそれだろう．もちろん多様性は東南アジアだけの話ではない．移民国家米国を持ち出すまでもなく，人の移動が激しい今日，世界のほとんどの国や地域は民族的・宗教的に多様である．米国とは対照的に，東南アジアが特徴的なのは，インド化◀，商業の時代，植民地化の波◀などに画される長い歴史過程の中で，多様性が重層的に形づくられてきたことだ．これには東南アジアの地理的位置付けが大きく関係する．

民族・言語・宗教・政治体制などの多様性は，周辺域や外世界との邂逅過程の中で形成された．それもこの邂逅は，山脈，河川，海といった緩衝帯を挟み外世界と「適度な距離」を保って進行し，域内では中華帝国のような東南アジア全体を支配する帝国の存在なしに進んだ．中華帝国の国際関係自体も，「冊封体制」を旨とし，東南アジアを併呑するような「ローマ帝国化」は志向せず，域内各地の主体性と在来の多様性が著しく軽減されることはなかった．中東から遠く離れた東南アジアへのイスラームの到来◀を例にとると，イスラーム化は同時にイスラームの地域化，すなわちジャワ化，マレー化，スールー化などの過程だった．

域内帝国の欠如は，英領インドのような在地帝国の征服による大植民地建設を可能とせず，一方でイベリア半島から遠いため，大航海時代◀を先導したポルトガル，スペインが南米支配を独占したようなことも起こらなかった．当初東南アジアを勢力圏としたのが地球を東回りでやってきた小国ポルトガルだったことも重要である．植民地化は16世紀以降，外世界が渇望した香料や南海物産を産し，海域を交えて複雑な地理的モザイクをなす島嶼部から始まり，19世紀になると大陸部の支配が段階的，地域個別的に進んだ（独立を維持した例外がシャム，現タイである）．結果的に葡西蘭英仏米と世界の主要植民地宗主国が顔をそろえ，性格の異なる植民地支配の制度と文化は，社会的・政治的多様性を増幅させた．上座仏教とイスラームに加えキリスト教が拡大したのも植民地期である．外部接触の歴史が長い島嶼部を中心にプラナカン（現地生まれの中国系子孫）やユーラシアン（欧亜混血）の社会が生まれ，資本主義経済の展開に伴いアジア系移民，特に労働者が局所的かつ大量に流入して「複合社会」の形成◀をみた．政治体制面では，植民地によって王権の廃止，再編，強化があり，本章の各国項目が示すように，日本占領期を経て第2次世界大戦後に独立にいたる過程も国によってさまざまだった．現在，王制，立憲君主制，共和制，社会主義体制と多様な体制がみられる．

●多様性の経済学と政治学　今世紀に入りダイバーシティが頻繁に語られる．人の移動がグローバル化し，経済のデジタル化が加速する中，多様性は人材創出，技術革新，経済の活性化にとって必須だというのだ．だがそれは国内政治の安定度が高く，多様性が孕む問題は民主主義で対応可能だとする先進国の主にハイエンド人材の話だ．独立後の新興国では，多様性はしばしば民族抗争，宗教紛争の火種となった．先進国でも，2015年難民危機後のヨーロッパやトランプの米国が示す通り，多様性の増幅，特に外国人労働者や難民の増大は政治問題化されやすい．東南アジアでも域内の低所得国から高中所得国への労働力移動が顕著で，ときに政治問題化する．このように一国の多様性に潜在する社会統合の問題を思うとき，複数国による地域統合･地域連合がいかばかりの困難を伴うか想像できるだろう．

東南アジアが注視に値するのは，域内各国が，必ずしも国境と合致しない多様性と向きあう長い歴史をもち，同時にASEANが関係国間に横たわる領土問題や時々の確執を乗り越え，加盟国数を拡大させつつ50年以上も存続していることだ．今や東ティモール以外を包摂するASEAN10は，主に途上国の集まりながら，地域連合体としての存在感を国際的場で示している．秘訣はおそらく「ASEANの流儀」という政治的知恵にある．今後試されるのは，大陸部でも海域でも中国が経済・政治・軍事的影響力を強め，外交面では冊封体制のように二国間交渉を強調する中，対中国関係で異なる政治経済的利害をもつ諸国は違いをいかに調整し，ASEAN東南アジアとしての姿勢を堅持できるかである．［加藤　剛］

東南アジアを取り巻く世界

☞「インド化」p.62,「植民地化の波」p.74,「東南アジアにおける中国のプレゼンスの増大」p.630,「明治から戦前までの交流」p.682

東南アジアには，古代からインドと中国という近接地域が影響を及ぼし，それらがさらに外部の世界も仲介した．影響を伝えたのは戦争や朝貢のように国家レベルの出来事よりも，民間の商人や移民であった．また，ほとんどの地域で，外部地域が主に海を通じて東南アジアとかかわりをもったことは，その影響が近代まで軍事・政治面よりも商業・文化面に顕著であることと無関係ではない．

●古代から中世まで チョーラ朝など南インドのタミル人国家は，紀元1世紀頃から東南アジアと定期的な交流をもった．商人たちは季節風を利用して海上貿易を行い，ローマや南インドの商品をもたらした．それに伴ってインド由来の国家概念や宗教も伝えられ，東南アジアの有力者はそれらをみずからの支配原理として利用した．こうして1～2世紀にまず大陸部でピュー（イラワディ川中流域），扶南（タイ湾東岸），林邑（ベトナム中部）などの国家が形成され，島嶼部では4～7世紀に入って狼牙脩（マレー半島）や丹丹（ジャワ）といった国家が成立した．スリランカもナコンパトム（バンコク西方）などモン人の港町と密接な貿易を行い，パーリ語聖典などを伝えた．8～12世紀にはガンジス川中流域のパーラ朝が東南アジアと活発に貿易を行って，ヒンドゥー教や大乗仏教を各地に伝えた[1]．

中国は北ベトナムを紀元前2世紀末から10世紀初頭まで直接支配下におき，その影響で中国仏教や統治制度が導入された．しかしこの事例を除けば，中国の東南アジアへの影響はほとんどが民間人による商業的なものであった．東南アジアやインドの商人は紀元前から広州など華南の港と東南アジア各地との間で貿易を行い，8世紀からはアッバース朝の発展に伴ってペルシャやアラブの商人も加わった．877年の黄巣の乱で揚州の港が襲撃され多数の商人が殺害されると，外国商人はマレー半島のケダまで後退し，そこで中国船と貿易するようになった．つまり中国に東南アジアの商品をもたらしていた外国人商人が，中国人を東南アジアに引っ張り出したといえる．その後，宋朝は広州や泉州などの港に市舶司という海上貿易を担う役所を設置して貿易の制度化を試み，中国陶磁などが盛んに輸出された．一方，南宋滅亡時に東南アジアに亡命する人びとがいたことや，元朝がベトナムやジャワへの遠征に失敗した際に多数の兵士が帰国できずに留まったことは，東南アジアに多くの華人が定住する契機となった．元も市舶司制度を維持して南海貿易の促進に努め，現地に定住した華人もその発展に貢献した．

●近世から現代まで 東南アジアに商業の時代の幕開けを告げたのは，明の永楽帝による朝貢の呼びかけと，西アジアや北西インドからのムスリム商人の来航であった．ムスリム商人はインドの産品に加えてイスラームも伝え，主に島嶼部港市国家に広めた．17 世紀以降は中東から知識人が交流や教育のために訪れ，イスラーム世界との関係が強まった．永楽帝以外の明朝皇帝は対外貿易をむしろ閉ざす政策をとったが，東南アジア貿易は衰えなかった．日本との貿易が禁止されると，華南のジャンク船や主に西日本から来た朱印船は，需要の高い中国生糸と日本銀を東南アジアの港で取り引きした．両国と国交をもつ琉球は，東南アジア諸国とも活発に貿易を行った．こうした貿易に参入した鄭氏が明末に華南や台湾で一大勢力となると，清朝はその撲滅をはかり華南海岸部の住民を内陸に移動させた（遷界令，1661～83 年）．この期間は貿易が激減したが，中国磁器や生糸の生産技術がベトナムなどに移転し，代替貿易が促された[2]．

遷界令撤回後は東南アジアとの貿易が再活性化し，移民も増加した．18 世紀半ばからは中国の経済先進地域で大衆消費文化が発達するにつれて，東南アジアの海産物・森林産物・錫・胡椒などをもたらす貿易が活発化した．華人移民はそれまでと同様に主に福建や広東の出身であったが，この時期には内陸の鉱山や農園で働く者が増えた．福建では古くから茶，果物栽培などの商業的農業が発達し，18 世紀の人口増で耕地が不足すると，農業や商業の機会を求めて東南アジアへ向かう者が現れた．広東でも広州周辺で商業的農業が発達していたのに加え，客家には山岳部での農業や鉱山労働の経験があった．広東や福建の人びとは同郷・同族ネットワークを組織して労働者を生産地に送り出し，その数は植民地経済が成熟する 19 世紀半ば以降急増した．商業や貿易で成功した移民は，しばしば植民地政庁や欧米企業と関係を強め，その影響を地域社会に浸透させた[3]．

植民地期にはインドや日本も移民を送り出した．インドからは英領植民地で整備された契約労働制度を利用して，主にタミル人がビルマやシンガポールの港湾やマレー半島の農園で働いた．南インドのチェッティアとよばれるカーストグループは，インド内で発達させていた金融ネットワークをビルマやマレー半島に広げ，現地住民による水田やゴム園の開発に融資した．日本からは 19 世紀末よりジャワなどで行商や小売店経営を行う者が現れ，後に商社や銀行，商船会社なども進出した．世界恐慌（1929 年）後の不況時には，綿布や雑貨など安価な日本の軽工業品が蘭領東インド，米領フィリピン，英領マラヤなどに浸透したが，これには華人のネットワークも重要な役割を果たした．

戦後の独立国家は，当初は国民経済の形成をはかることが多かった．開放政策後しばらくは日本や欧米と主に貿易したが，21 世紀は中国との貿易が急増している．東南アジアは再び中国との密接な関係を回復しつつある．　［太田 淳］

参考文献

［1］辛島 昇編『南アジア史』山川出版社，2004
［2］池端雪浦編『東南アジア史 2 島嶼部』山川出版社，1999
［3］斯波義信『華僑』岩波書店，1995

東南アジアの生態区分

☞「東南アジアの自然と風土」p.46

東南アジアの生態環境を理解するには地形と降水条件が特に重要である．これらをもとにして，高谷好一や古川久雄が生態区分図を提案した（巻頭付録[1]参照）．東南アジアの大陸部に3，島嶼部に7，合計10の大区分である．大区分の中では他の条件を加味した小区分も可能であり，複合的に東南アジアの多様な生態環境が形成される．なおここでは，地質構造に由来する広大な平地を「平原区」とし，微地形に由来し，山地と対比されるような平らな地形を「平地」とする．

●大陸部の3区分

Ⅰ．大陸山地区：インド亜大陸がユーラシア大陸にぶつかりインドシナ半島が東に押し出され，ヒマラヤ山脈の東端を起点として放射状に山地が形成された．明瞭な雨季と乾季をもつモンスーン気候下で，雨季の規則的で大量の降水は，焼畑による山地斜面での陸稲やトウモロコシなどの一年生作物の栽培を可能にした．雨季の降水はまた，山地部の土砂を削って堆積させ，盆地や河谷平野などの平地を山地部の中につくり出した．ベトナム北部山地，ラオス北部，タイ北部，ミャンマーのシャン高原から中国雲南省にかけて，傾斜地が卓越する中に多数の盆地が形成されていることが特徴的である．

Ⅱ．平原区：東北タイ・カンボジア平原・ミャンマー中央平原が代表的な平原区に相当する．これらの地域は，古生代に形成されたため長期の風化にさらされ，現在では，緩やかな起伏を伴う平坦な地形が卓越する．雨季のモンスーンが周辺の山地にさえぎられるため少雨になるだけでなく降雨パターンが不規則で，かつ，集水域をもたないため河川水の利用も限定的となり，相対的な乾燥地となる．

Ⅲ．デルタ区：大陸部の大河下流には広大なデルタが形成されている．ベトナムの紅河デルタとメコンデルタ，タイのチャオプラヤー・デルタ，ミャンマーのエーヤーワディー・デルタが4大デルタとして知られる．地質構造としては第四紀に形成された新しい地形に属し，雨季に十数mに及ぶ洪水が発生する一方，乾季には河川流量が極端に少なくなり，人間の居住環境としては不適切な土地であった．しかし紅河デルタを除く3デルタは18世紀以降，特に19世紀以降の世界的な食糧需要の高まりを背景として，水路が掘削され，水稲生産のための大規模開拓が進展し，デルタは各国の穀倉地帯へと変貌した．紅河デルタは古くからの潮汐灌漑の導入や冬季に栽培可能な非感光性品種の導入など，開拓の歴史が長い．

●島嶼部の7区分

Ⅳ．マレー・ボルネオ区：地質的にはユーラシア大陸からの延長上にあり，古くからの安定した地塊である．火山のような噴火物の堆積がなく，風化が進行し土壌肥沃度は一般に低い．通年，湿潤高温で熱帯多雨林が形成される．

Ⅴ．島嶼低湿地区：スマトラ島東岸とボルネオ島の西岸および南岸は，浅海のスンダ陸棚の沈水に由来するため，堆積物は粘土よりも植物遺体が卓越し，広大な泥炭湿地が形成される．人間の居住環境としては劣悪で有用樹も山地林に比べて少なく，大規模な開拓が第2次世界大戦後まで進まなかった．しかし，いったん泥炭湿地に生育する森が伐採されると，地表の泥炭がむき出しになり，有機物の分解が進み土地が沈下するだけでなく，炭化した土壌に火が入ると地中にまでまわるため，消火が極めて困難な火災を引き起こし深刻な煙害が発生する．

Ⅵ．スマトラ火山区：島嶼部東南アジアのうち，フィリピンやインドネシアのスマトラ島・ジャワ島は，火山によって形成された島々である．火山の噴火により，多量のミネラルがもたらされ，肥沃な土壌が形成される．火山島周辺の熱帯の海上で蓄えられた大量の湿気を含む雲が，3000 m 級の火山にぶつかると頂上に雲がわき，そこから1年を通して，豊富な水が供給され，火山の中腹から麓にかけて水田稲作地帯が形成される．

Ⅶ．ジャワ区：スマトラ火山区と同様，火山の存在が特徴的な生態区である．スマトラと異なるのは，緩やかな起伏の低平地と沿岸の泥炭湿地が少ないことと，乾季の期間が明瞭になる降水パターンをもつことである．

Ⅷ．ウォーレシア南部区，および，Ⅸ．ウォーレシア北部区：生物地理の境界であるウォーレス線とウェーバー線は，ほぼスンダ陸棚とサフル陸棚が急激に深くなる部分に相当し，この間の海域は東南アジアとオーストラリアの生物の移行帯であるとして，ウォーレシアとよばれるようになった．ウォーレシアはさらに降水分布により区分され，乾燥の度合いが高い南部とやや湿潤な北部とに分けることができる．

Ⅹ．オーストラリア・ニューギニア区：オーストラリア大陸部の生物地理区につながる地区．マルク諸島など香料列島を含む．

●生態環境の下位区分　大区分が依拠した地形と降水条件以外にも，気温や湿度，風向といった気候条件，土壌や植生など，生態環境の区分にはほかにも重要な条件が存在する．例えば，Ⅰ．大陸山地区には，中国南部からベトナム，ラオス，タイにかけて広大な石灰岩地帯が分布し，畑作に向いた肥沃な土壌と，独立峰やドリーネ（石灰岩が雨水により溶食されたすり鉢状のくぼ地）など独特の景観が形成されている．また，ヒマラヤ中腹から西日本にかけての地域には照葉樹林が卓越し，特徴的な文化要素（納豆や味噌など）がみられるところから，これを照葉樹林文化とよぶ．乾燥の度合いが強いⅧ．ウォーレシア南部区でも，標高2000 m を超す山地では湿潤の度合いが増す．生態区分を通じた生態環境の理解は，広域の大区分だけでなく，狭域の小区分との組合せによって，より深まる．

［柳澤雅之］

山地と平地

☞「タイ山地民」p.116

東南アジア社会の特徴の一つは，山地と平地との対照性である．これは島嶼部の一部についてもあてはまるが，大陸部東南アジア◀においてより著しい．ここでは主にタイなどの北部や中国雲南省の山間部を含む広い意味での大陸部を念頭におきながら，平地と比較した場合の山地社会の特色を取り上げることにする．

●焼畑　生業面における特徴の一つは焼畑耕作である．水稲耕作が卓越する盆地やデルタに対し，山地では焼畑による農耕が主たる生業となってきた．いちど造成されると半永久的に使用可能な水田とは異なり，焼畑に伴う耕作地の切り替えがしばしば村落の移転や離合集散を伴うため，山地では人びとの移動性が概して高い．また，焼畑耕作を安定的に維持する上では，耕作地に数倍する面積の二次林が必要となることから，山地においては人口密度が低いことが望ましい．したがって人口の集住を可能にする平地の水田耕作とは正反対に，山地焼畑民のもとでは，一定規模に達した集落は分裂・細分化する傾向をみせる．

●山地の社会と文化　山地では平地国家による統治が十分に機能せず，また人びとの移動性が高く村落社会が不安定であったこともあり，自治的な社会組織が親族集団を中心に構成されている場合が多い．東南アジアの平地では双系的親族の相互扶助を重視するのに対し，山地においては単系出自集団が卓越する傾向が顕著である．単系出自原理に組織された親族集団が，耕作適地を求めて小集団に分解しながら移動する結果として，山地においては多様な民族がモザイク状に雑居する状況が生まれる．しかも平地とは異なり，山地には統一的な権威の中心が存在しない場合が多く，優位集団への吸収同化は行われず，細分化した民族的多様性がそのまま維持されやすい．

平地の国家権力の中心から遠いところで生活を営んできた山地民は，ほとんどの場合，近年にいたるまで独自の文字をもたなかった．この事実は，山地において，仏教に代表されるような文字文明の浸透が限定的であったことをも示している．山地民が国家権力から抑圧ないし無視され，世界宗教の影響も十分に及んでいなかったことが，19世紀以降の急速なキリスト教の普及を可能にしている．

●山地社会と平地国家　山地社会は伝統的に，平地王権との間にゆるやかな服属関係を維持してきた．ただし，交通の不便な場所に居住し移動性の高い山地民に対しては納税が免除され，特産品の貢納を条件に山地首長への貴族称号などが与えられるのが一般的であった．平地王権との名目的な主従関係は，例えば中国出身山地民の一部が，中国皇帝より許可状を与えられたと主張するように，山地での自由行動に対する国家権力の承認という形をとることもあった．

山地社会においては，中華文明や仏教文明など平地国家から放射される文明を部分的に取り入れ，また平地王権を模倣して社会秩序を構築する傾向が強くみられる．そのため，鉱産資源に恵まれるなど一定の条件下で富や人口を集積し得た場合，あるいは平地国家が弱体化した場合などにおいては，しばしば山地の首長が平地の王を模倣した称号をみずから名のることになった．

図1　中国雲南省の東主仏房．19世紀には「五仏」の中心となっていた

●国家の境界と山地社会　前近代における東南アジア山地は，平地国家相互を隔てるあいまいな境界を兼ねており，国家権力による統治も十分には及んでいなかったため，平地国家から排除された犯罪者や反体制分子などにとっての避難場所としても機能してきた．ただし，そうしたあいまいな空間は，19世紀末以来の国境線画定により分割され，いずれかの国家の周縁として組み込まれていくことになる．その際に山地民の居住圏を分断する形で国境線が引かれたことにより，近接居住する同胞たちがそれぞれ別の国家のもとで少数民族として国民統合の対象となっていった．

図2　タイ共産党軍と戦った中国国民党軍兵士の位牌．山地民の兵士も含まれている

しかしこうした状況は，国境を挟んだ隣の同胞を訪問することで，所属国の圧政や政情不安を回避することを可能にする．実際に20世紀後半の中国の国共内戦，ミャンマーの内戦，インドシナ内戦などに際しては，山を越えた隣国領に移動する山地民が激増しているだけでなく，山地の反政府武装勢力が国境を挟んだ隣国の山地を聖域とするパターンが広範に見出される．現在においても山地社会は，越境者たちの避難場所として機能し続けている．　［片岡 樹］

📖 **参考文献**

［1］スコット，J. C.『ゾミア―脱国家の世界史』佐藤 仁監訳，みすず書房，2013
［2］ダニエルス，C. 編『東南アジア大陸部山地民の歴史と文化』言叢社，2014
［3］リーチ，E. R.『高地ビルマの政治体系』関本照夫訳，弘文堂，1995

デルタの世界

デルタとは，河川の下流域に形成される沖積土壌の低平地で，その形状がギリシャ文字のΔ（デルタ）に似た三角形であるためにそうよばれる．大陸部東南アジア◀では，山地に降る豊富な雨が大河川を発達させ，その河川のもたらす大量の土砂が広大なデルタを形成した．特にメコン川，チャオプラヤー川，エーヤーワディー川のものが大きく，それぞれ現在のベトナム，タイ，ミャンマーに位置する．本項では，主にこれら三つのデルタを扱う．

●海と陸の間（あわい）　1本の河川（本流）は平坦なデルタにいたると，いくつもの分流を生みだし，扇状に広がりながら海へと流れ込む．モンスーンの影響を受ける東南アジアの熱帯デルタでは，これらの本流・分流が雨季に氾濫を繰り返し，川沿いに自然堤防を，川と川の間には後背湿地とよばれる低地を形づくった．

前近代においては，農業や居住に向かない自然環境のために，デルタの人口密度は概して低かった．扇の要に近い上部デルタでは，18世紀までに，雨季にも水をかぶらない自然堤防上に住居を建て，深い湛水にも適応できる浮稲を後背湿地で栽培するという居住生活のパターンが生まれてはいた．しかし，河口部に近い下部デルタでは，雨季には一面が深く湛水し，乾季には粘土質の土が干からびて固まってしまうため，人の居住は沿岸砂丘列の微高地上などごく一部に限られた．

人口希薄なデルタは，陸から海への移行帯に位置する水の世界であった．河川を中心とする内陸交易路と海上交易路とをつなげるネットワークの結節点として，デルタの縁や上部デルタと下部デルタの境目に港市が発達した．チャオプラヤー・デルタのアユタヤは後者の典型であり，14世紀から18世紀にかけて栄えた．

なお，ベトナム北部の紅河デルタは，上記の3デルタとはまったく異なる開拓史をもつ．紀元前後という古い時期から開拓が進み，自然堤防上のハノイを中心にして，人口密度のきわめて高い特殊な農業社会が形成された．

●新しい開拓空間　起伏の少ない平らな土地の上に見渡すかぎりに広がる一面の水田――現在みられるデルタの典型的景観は，ここ150年ぐらいの間につくられた．19世紀後半から20世紀前半の時期，世界市場との結びつきを強めた東南アジアの3デルタは，急速な開発を経て世界最大の米の生産・輸出地域となる．開発のための労働需要は，東南アジア域内の人口集中地やインドや中国など，デルタの外部から大量の移民を呼び込み，複雑な民族構成をもつ複合社会を生みだした．また，米の加工・輸出基地として近代的な港湾都市が発達した．

メコン・デルタでは，フランス植民地政庁による運河の掘削が開拓を促進した．周辺地域や北部からのベトナム人の入植が増加し，従来の多数派クメール人は少数派となった．また，運河周辺の可耕地が民間に払い下げられて大土地所有制が生み出された．サイゴン（現ホーチミン市）は，輸出を担う華人の商業都市チョロンを取り込みつつ拡大した．チャオプラヤー・デルタでは，ラタナコーシン朝王室のもとで開発が進められた．早くから流入していた潮州系の華人と周辺のタイ人の農民による開拓が進む一方，王室や民間会社の主導した運河建設により一部地域では大土地所有制が成立した．王都バンコクには，華人経営の精米所が立ち並んだ．エーヤーワディー・デルタでは，モン人やカレン人が先住していたところに，英国植民地統治下で，中流域平原部からビルマ人自作農が入植し，ビルマ人やインド人の金貸しから資金を前借りして開拓を進めた．ヤンゴン（ラングーン）では，港湾での積み下ろしやヨーロッパ資本の精米所の単純労働に，インド人出稼ぎ労働者が従事した．

図１　エーヤーワディー・デルタの風景，マウービン近郊（2008 年７月）

●国民国家のもとでの開発　20 世紀後半以降，東南アジアのデルタは各国民国家のもとでさらなる開発を経験し，大きな人口を抱えるようになる．先行したのはタイのチャオプラヤー・デルタである．冷戦期の 1950 年代から 70 年代に，世界銀行の支援を受けて，デルタ全域での灌漑水路網が整備された．交通路としては水路網が道路網にとって代わられた．その後，メガシティ化するバンコクの経済圏拡大に伴って，低湿地が埋め立てられ，工業団地や住宅街が形成された．メコン・デルタやエーヤーワディー・デルタでは，戦争や社会主義経済政策の失敗のために開発が遅れ，冷戦終結後の移行経済体制下で 1990 年代に開発が本格化する．灌漑整備のほか，新品種導入や二期作化によって米の収量が増加したのみならず，エビや魚の養殖池，菜園・果樹園といった新たな土地利用が拡大した．

しかし，開発は諸刃の剣でもある．大雨で洪水が起きるのはデルタの常だが，治水を軽視した過剰な開発は被害を大きくする．2011 年のチャオプラヤー川の洪水では，死者 800 人超に加え，工業団地が水没するなどして被害額が約 4000 億円に及んだ．水の脅威は海からもくる．2008 年には，大型サイクロンのナルギスがエーヤーワディー・デルタを直撃し，13 万 8000 人の死者を出した．養殖池拡大のための沿岸部のマングローブ林伐採が高潮の脅威を増したためともいわれる．圧倒的な水の世界で，人為と自然をどう折り合わせるかが問われている．

［長田紀之］

📖 参考文献

［1］高谷好一『東南アジアの自然と土地利用』勁草書房，1985

海域世界

☞「海民」p.150

東南アジアの海域世界は，熱帯多雨林が卓越する多島海に形成され，海を介して関係しあう人間の連鎖的な移動と交流で結ばれ，人びとの行動様式や価値観が歴史的に共有されてきた社会文化生態圏である．地理的には，東南アジアの島嶼部と大陸部の沿岸域が含まれる（巻頭付録[2]参照）．ただし定着的な農業を基盤とし，独自の文明を発達させたジャワ島は，別の独自の世界を構成する．

中国とインド，中東を結ぶ世界的な海道の中間に位置する海域世界では，他の海域世界同様，交易が生活の基盤をなしてきた．その歴史は紀元前にさかのぼる．この海域の多島海はまた，交易商品としての自然資源を産出する場でもあり，多くの住民がその採集や生産を生業としてきた．東南アジア海域世界は，この点でインド洋世界などのほかの海域世界と大きく異なる．

●森と水域のはざまを生きる 東南アジア海域世界の人びとは，森と海や河川を含む水域の移行帯であるエコトーンを主な居住の場としてきた．エコトーンは，湿度の高い内陸低地よりも衛生状態がよく，また何より交易商品である自然資源や換金作物の集荷に便利であった．エコトーンのうち，湾や岬，河川の河口部や合流点「クアラ」，川をさかのぼる船の終着点ないし乗り換え地点「パンカラン」には，交易や商業の拠点が形成された．そのいくつかは国際交易の港として，ほかは域内交易の港として発展した．平坦な海岸「パシシル」や川筋「ランタウ」には集落が開かれた．ここは自然資源・換金作物の集荷拠点として機能した．東南アジア海域世界の中核部分を構成してきたのは，これら国際交易の港，域内交易の港，自然資源・換金作物の集荷拠点とその複合体であった．

集荷拠点から人びとは，周囲に広がる島々や，大きな島では内陸の森林に，自然資源を獲得するため，あるいは換金作物を栽培するために拡散する．森林では白檀，沈香，蜜蝋，ダマル樹脂などを集め，また森林を拓いて胡椒や丁子などを栽培する．島々では真珠，ベッコウ，ナマコなどをとる．それらは，集荷拠点を介して域内交易の港や国際交易の港に運ばれ，中国やインドに輸出される．東南アジア海域世界では，このように国際交易と村落レベルの生活が直接に結びついてきたのである．こうした地域の構造は，A. リードがいう 15～17 世紀の「商業の時代」からより明確になった[1]．なお，「商業の時代」以降，この海域では，マラッカ（ムラカ）海峡周辺で話されていたマレー語が交易と商売の共通言語として広まっていく．マレー語は，東南アジア海域世界内の文化的つながりを拡大する上で，きわめて重要な役割を果たした．

●海民とその社会 立本成文は，こうした海域世界のプロトタイプ（祖型的）の人びとを海民とよび，その社会文化的特徴として，離散移住傾向の強さ，商業志向の卓越，ネットワークの中心性の三つをあげた[2]．ネットワークの中心性とは，血縁や地縁に基づく集団よりも個人間の二者関係を重視し，その関係の連鎖で紡がれた流動的なネットワークを人間関係の中心に定位する海民社会の傾向をさす．

今みた三つの特徴は，「商業の時代」から19世紀まで東南アジア海域世界の主流をなしていた在地の政治システム，すなわち港市国家のあり方とも密接に関係した．港市国家とは，港と交易の支配を基盤に形成された王権国家をさす．15世紀初頭に隆盛をきわめたマレー半島南西岸のマラッカ王国はその典型である．

港市国家の王は域外の世界とつながることによって交易の場を保証し，同時にヒンドゥー教やイスラームの宗教的権威と聖性を獲得した．こうして王は，移動性が高く，商業志向の強い海民たちを惹きつけた．海民と王の間には，忠誠と報酬の交換で結ばれる二者関係，およびそれが連鎖するネットワークが構築された．港市国家の勢力圏は領土ではなく，そうしたネットワークの範囲を意味した．海民の社会同様，港市国家もまた，ネットワークをその基盤としていたのである．

港市国家は，19世紀後半，西洋植民地権力が土地の支配を拡大していく過程で衰退した．しかし，港市国家に生成した海民のネットワークと生活圏は，今も海域東南アジアの各地に維持されている．

●海域世界研究の貢献　東南アジア海域世界は，1980年代頃から歴史学や地域研究で提唱された比較的新しい概念である．この概念を取り入れた研究は，国民国家の枠組みを越えて広がる東南アジアの多島海が，いかに地域としての固有性をもつのかを明らかにした．すなわち，社会のあり方に関して，西洋起源の人文社会科学が長らく基本とみなしてきた「まとまり」「定着」「持続」を相対化し，他方で「分散」「移動」「うつろい」を前景化することにも貢献した．

現在の海域東南アジアでは，国民国家が従来にもまして人びとの生活世界に介入し，彼らの居住空間をさまざまな境界線で分断するようになっている．国境はそうした境界線の代表である．経済面では，都市でのサービス業や大資本が経営するプランテーション◀での就労が増加している．こうした状況にもかかわらず，国家に管理されない，しばしば国境を跨(また)ぐような離散移住傾向の強さ，自然資源の獲得を基盤とする商業志向の卓越，個人と個人の関係を軸とするネットワークの中心性は，今も人びとの生活世界を特徴付けているようにみえる．地域全体が大きな変貌をとげる中，東南アジア海域世界は，いかに持続し再編されているのか．今後はそうした現代的ダイナミクスを探ることが求められよう．

［長津一史］

📖 参考文献

[1] Anthony, R., *Southeast Asia in the Age of Commerce, 1450–1680: Volume One: The Lands below the Winds*, Yale University Press, 1988

[2] 立本成文『地域研究の問題と方法—社会文化生態力学の試み』京都大学学術出版会，1996

大陸部東南アジア

大陸部東南アジアとは，中国とインド亜大陸に挟まれた地続きの地域をさす．国名でいえば，ベトナム，カンボジア，ラオス，タイ，ミャンマーがそこに含まれる．ただし文化面からみた場合，それとは異なる範囲の設定も可能である．中国の広西，貴州，雲南は，伝統的には平地にタイ系民族を擁し，その周囲にオーストロアジア系，ミャオ・ヤオ語系，チベット・ビルマ語系の山地民が居住してきたため，伝統的な民族構成としては東南アジアとの共通点が多い．同じことはインド東部のアッサムやミゾラム，バングラデシュのチッタゴン丘陵などにもあてはまる．その一方，タイ領に含まれるマレー半島北部は民族構成がマレーシアと連続している．また，カンボジア，ラオス，タイ，ミャンマーを南方上座仏教文化圏とし，ベトナムを東アジア文化圏に分類する場合もある．

●大陸部の文明史　上記で述べたように，国家単位で大陸部東南アジアをとらえた場合，ベトナムとそれ以外の各国はやや異なった歴史を歩んできた．ベトナムは比較的早期から中国文化の影響を受け，中華帝国の一部として統治された後に，科挙や漢姓の受容など，中国モデルを模倣する国家として自立したという経緯を有する．その一方，ベトナムの南部からカンボジア，ラオス，タイ，ミャンマーにかけては，「インド化」◀の後に南方上座仏教が伝来し今日にいたっている．

歴史的にみた場合，大陸部東南アジアの顕著な特徴といえるのが，民族構成の入れ替わりである．例えば初期のベトナム南部ではチャム人が国家を建設して覇を唱えていたが，ベトナム人（キン/ベトとよばれる）の南下に伴って勢力を縮小している．同様にモン・クメール語系の諸民族も，アンコール帝国の最盛期には大陸部東南アジアの広大な領域を支配したが，徐々に弱体化し現在ではカンボジアを除き各国の少数民族となっている．モン・クメール勢力の後退を受け，13 世紀には大陸部各地でタイ系民族の国家が建設されているほか，ミャンマーではビルマ人が台頭してモン人，シャン人などの勢力を抑えて国家を統一している．

図 1　タイ国サラブリ県のプラプッタバート寺．仏足石で知られる

●国家の特徴　島嶼部では大航海時代以降比較的早くから欧米列強による植民地化が進行したのに対し，大陸部の植民地化は19世紀に急速に進められた．19世紀の大陸部東南アジアには，現在の国家の前身に相当する王権が成立しており，西欧列強はこれらの国を保護下におくか，その王朝の版図をそのまま継承することで勢力圏に組み込んできた．20世紀後半にはそれらの植民地が独立することで国家が建設されたため，各国は前近代王国との一定の連続性を主張し得るのが大陸部の特徴である．

それぞれの国が前近代以来の王国の伝統をもつということは，宮廷の伝統に支えられた支配民族と，そこに服属する少数民族との序列が，前近代より確立してきたことを意味する．実際に大陸部東南アジアの諸国では，ベトナム，カンボジア，ラオス，タイ，ミャンマーのいずれにおいても，それぞれの国民統合の核となるべき民族が存在する．その他の民族は少数民族として位置付けられ，その文化は支配民族との関係に応じて保護や抑圧を受けるというのが，これらの国の国民統合に共通にみられるパターンである．

●文化の動態　冷戦時代を通じ島嶼部に社会主義国が成立しなかったのとは対照的に，大陸部では東西両陣営に属する諸勢力間の激しい戦闘が行われ，ベトナム，カンボジア，ラオスは，社会主義政党による一党独裁制の確立や中央計画経済の導入といった一連の社会主義化を経験している．これらの国では社会主義化と，それに続くポスト社会主義時代への移行が，文化の動態を大きく規定している．そのほか，激しい内戦を経験した国々では，和平達成後の国民和解が課題となっている．

東南アジアにおいては，外部世界からの影響や域内外の盛んな人の移動が文化の活力を生み出してきたが，そのパターンは島嶼部と大陸部とで異なる．島嶼部では新たな移民や外からの文化的影響はまず沿岸部に及ぶため，そうした外来文明を受け入れた地域と内陸部の先住民社会とが同心円状に配置される．それに対し大陸部では，山地民の居住圏が国境を兼ねているため，先住民とよばれる人びとが国境近くに居住し，彼らが国境を越えて往来する経路と隣国の出稼ぎ労働移民が流入する経路が重複する傾向がみられる．しかもそうした辺境は，隣国の政治的混乱の影響を直接受けることになり，先住民社会が国際関係の最前線を構成することになるという特徴がみられる．中国の太平天国の乱や国共内戦などが多くの越境移民を大陸部東南アジア諸国の山地に送り出し，それが地域の民族構成を大きく塗り替えてきたのがそうした典型例である．　［片岡　樹］

📖 参考文献

［1］石井米雄・桜井由躬雄編『東南アジア史Ⅰ　大陸部』山川出版社，1999

ベトナム

☞「チュノム文字」p.206,「ベトナムにおける社会主義の現在」p.648,「戦争顕彰モニュメントー英雄的ベトナムの母」p.650

ベトナムはインドシナ半島に位置し，多民族間の絶え間ない交流により重層性と多様性に富む豊かな文化を開花させてきた．また，近代以降，植民地支配を通して西洋文化に接し，インドシナ戦争，ベトナム戦争下の長い戦乱期を経て，今日のベトナム社会主義共和国の形成にいたっている．ベトナムは，東南アジアでも数少ない社会主義国でありながら，ドイモイ（刷新）以降「ホー・チ・ミン思想」という民族主義的イデオロギーをつくり上げた．長年，大国の思惑に翻弄され続けてきたベトナムは，その苦難の歴史をとおして柔軟性としたたかさを兼ね備えた独特の国民性を培ってきた．

●北部・中部・南部　ベトナム国のS字型の形は，多数民族であるキンの人びとが北から南へと海岸沿いに領土を拡大させた結果である．北部の河岸段丘を境界として西北に広がる山間地域はタイー，ヌンやターイなど少数民族の住む世界であり，東北部の平野のキンとは古くから棲み分けがされてきた．山精（山岳）と水精（平野）の棲み分けと同時に，ベトナムには両者の交流をモチーフとする「雄王（フンヴォン）神話」があり，中山間地域にあるフート省にはキンの始祖と考えられている雄王を祀る雄王神社（デンフン）が存在する．その後先史時代末から，銅鼓を象徴とするドンソン文化が開花し，ベトナムが古くから先進的な農耕社会を築いていた証しとして，ベトナム人の民族アイデンティティの要となっている．

中南部にはフィリピンや台湾と共通するサーフィン文化（砂丘上の甕棺墓群が特徴）の遺構が数多く存在する．それを担ったのはマレー系で母系社会を形成するチャム◀とされる．中部のホイアンは17世紀初めの日本との朱印船貿易による交流で栄えた港町として有名である．もともとは海洋貿易を握るチャムの王国チャンパーが紀元2世紀から海のシルクロード◀の拠点とした港町である．

ベトナムは，紀元後約1000年間，中国による北属支配を受け，唐の時代には安南都護府が現在のハノイにおかれた．ハノイ近郊には中国から陸路で渡来し宗教や工芸技術を広めた人びとを手厚く祀る村が存在する．一方，17世紀に入ると，明の滅亡によって船に乗って華南から新天地を求めて南部デルタ地帯に移住定着した華人も多い．ベトナムには長い海岸線に沿って良港が点在し，華人たちが居住するところには関帝廟，媽祖を祀る祠や同郷会館などが建てられ，独自の中華世界を形成している．南部のホーチミン市最大の華人街チョロンは，今日40万以上の人口規模を誇る．

●紅河デルタ地域の特徴　ベトナムの開拓居住空間は二大河川である紅河とメコン川によって形成されてきた．ベトナムの揺籃期に形成された紅河デルタの地域的特徴は，その集落の規模が大きいことである．雲南から急流によって赤土が削られ注ぎ込む紅河はたびたび氾濫など自然災害を引き起こしてきた．そのため，人工的に堤防を張り巡らせ，河川よりも低い輪中集落が形成された．農業の工学的適応を可能とした前近代の国家権力の技術力やマンパワーの動員力の結果である．フランス植民地期に同地域を調査した地理学者 P. グールーは，人口稠密な集落が数多く存在していることに驚いている．「遠くの親族よりご近所さんを頼れ」という諺にみられるように，ベトナム人は緊密な地縁関係を基盤に日常的な相互扶助慣行を築いている．

紅河デルタ地域は古くから仏教文化の中心地であると同時に，商売も発達してきた．同地域には数多くの仏教寺院や手工芸村が存在する．さらに道教を介して地方色豊かな民間信仰が生まれ，祭礼が発展してきた．商売の担い手は圧倒的に女性たちが占め，彼女たちは民間信仰の主役でもある．なかでも，ハノイ近隣で人気を集めるのが，バーチュア・コーとよばれる商売繁盛の女神である．伝承によると，11 世紀の李（リー）朝初期に農業生産に勤しんで兵糧庫を米で満たし，宋軍の撃退に貢献した地元の女性が神格化されたものである．毎年数万もの人びとが彼女の事績にあやかり商売繁盛を祈念する．社会主義政権下で迷信異端として弾圧されてきた民間信仰はドイモイ以降，市場経済化とともに一気に息を吹き返した．

●近代化と現代化　近代以降のベトナム社会はフランス植民地支配の影響を強く受けてきた．文化面でのフランス植民地時代の最も大きな変化は，近代学校教育の普及である．伝統的な知識人を輩出してきた科挙制度が廃止され，漢字とチュノム文字に代わってベトナム語表記をアルファベット化したクオックグーが近代教育の公用語となった．クオックグーによるベトナム語表記は活版印刷による新聞雑誌やベトナム国内外文学の出版を盛んにし，ベトナム近代化の文化的基盤を築いたといえる．クオックグーはフランス植民地支配の道具であったが，同時に民族主義運動の有効な手段ともなった．「平民学務」とよばれるクオックグーによる識字運動は，読み書きができなかった大多数の農民をホー・チ・ミン率いる独立運動にかり立てていった．

ベトナム戦争終結以降，南部ベトナムの社会主義改造の失敗もあり，ベトナムは経済的低迷が続き，人びとの暮らしも困難を極めた．その後，ベトナムは共産党の一党支配を維持したまま経済の対外開放へと路線変更し（ドイモイ），1995 年には断絶状態にあった米国との外交関係を回復させ，ASEAN に正式加盟した．外資導入により民間企業が躍進し，ベトナムは著しい経済成長を遂げ，2007 年には悲願の世界貿易機関（WTO）に加盟した．都市と農村の地域間格差は拡大しつつも，地方に数多くの工業団地が建設され，地元の民間企業に通勤する兼業農家が増えている．2008 年に中進国の仲間入りを果たしたベトナムは，国民の生活水準の向上を目指す「現代化」を強力に推し進めている．　［岩井美佐紀］

カンボジア

☞「音楽芸能の断絶と復興」p.484,「アンコール遺跡」p.588

カンボジアは，ほかの東南アジア諸国と同様に多様な文化を抱えているが，多様性に対する認識が高いとはいえない．多数派の民族クメールが国民に占める割合が8割ないし9割と多いこともあり，歴代憲法のほとんどが，クメール語を公用語と規定してきた．宗教についても，クメールに加えいくつかの少数民族も信仰する上座仏教が，歴代憲法の多くにおいて国教と規定されている．

●歴代憲法にみる公用語と国教　1863年からフランスの植民地下にあったカンボジアは，第2次世界大戦後に内政自治を認められ，1947年に最初の憲法で公用語と国教が定められた．1953年に完全独立を達成して以降も，公用語と国教の規定に変更はなかった．1970年3月18日，国家元首の座にあったノロドム・シアヌーク前国王（在位1941〜55年，1993〜2004年）を追放して成立したクメール共和国（ロン・ノル政権）の憲法でも，公用語と国教に関して変化はない．

1975年4月17日，クメール共和国を倒して成立した民主カンプチア（ポル・ポト政権）は，都市から住民をすべて追放して強制的に農民にし，既存の文化をすべて否認した．憲法では，宗教を信仰しない「自由」だけが規定され，実質的には宗教全般の存在が否定された．僧侶たちは強制的に還俗させられ，仏教の実践は途絶した．また，当時の憲法では，公用語も規定されていない．

1979年1月7日，ベトナムの支援を受けて民主カンプチアを崩壊させたカンプチア人民共和国（カンプチア人民革命党政権）では，仏教の復興が目指されるが，労働力を確保する目的から50歳以上の男性だけが出家可能とされた．公用語はクメール語としているものの，社会主義の政権ということもあり，国教は規定していない．1980年代を通じて，ノロドム・シアヌーク，ロン・ノル，ポル・ポトという先行する政権に由来する三派連合と人民革命党政権との間で内戦が続くが，1989年，人民革命党政権は社会主義という方針を放棄し，仏教を国教と規定した．内戦に終止符を打つ和平の達成後，1993年に成立した現王国でも，国教と公用語に関する規定が引き継がれている．

●クメールとカンボジア　ここで，クメール（現地読み：クマエ）という語の使われかたに留意したい．カンボジアについて知識のある外国人であれば，カンボジア（現地読み：カンプチア）は国家や国民の名称，クメールは民族やその言語の名称と区別して使用するだろう．しかし，現地においてカンプチアおよびクマエという語は，ほぼ同義で使われている．例えば，ムスリム（その多くが，民族としてはチャム◀）をクマエ・イスラームとよび，山地の少数民族をクマエ・ルー（上のクメール）とよぶとき，このクマエは「民族としてのクメール」ではなく，

「カンボジア国民」という意味で使われている．一方，ベトナム南部に住むクメール人は，カンプチア・クラオム（下のカンボジア人）とよばれるが，これらの人びとの国籍はカンボジアではなくベトナムである．

このように国民と民族を区別せず，「カンボジアはクメールの国」とみなす意識は，多数派クメールの「伝統」こそがカンボジアの国民文化という認識を存続させてきた．そして，アンコール・ワットに代表されるアンコール遺跡こそが，国民文化の精髄だと現在でも考えられている．しかし，こうした文化に対する見方がいつ成立し広まったのかが問われなければならない．

●アンコール遺跡の政治性　植民地化によって国境という概念がもたらされ，隣国シャム（現タイ）との国境が確定した当初，アンコール・ワットを含むカンボジア西北部はシャム領だった．1907 年，不平等条約の改正と引き換えにシャムがカンボジア西北部を割譲し，フランス人による遺跡への関与が本格化する．その結果，遺跡となった寺院が建立された時代をカンボジアの黄金時代とみなす歴史観が生まれ，その黄金時代を再興する名目でフランスによる調査研究，保存修復が始まった．そして，遺跡は植民地支配を正当化する働きを担うようになった．

1930 年代に生まれたカンボジアのナショナリズムも，こうした歴史観を引き継いでいる．すべての文化を否定した民主カンプチアですら，国旗にはアンコール・ワットが描かれ，遺跡が人為的に破壊されることはなかった．

かくして，アンコール遺跡やアンコール時代と結びついてこそ，カンボジア文化には価値があるとみなされるようになった．19 世紀なかばからシャムの影響を強く受けていたカンボジアの舞台芸術も，一部がアンコール時代から続く「伝統」とみなされ，国民文化へと取り込まれた．まず，宮廷舞踊は植民地期にフランス人がアンコール時代からの「伝統」とみなし，現在にいたるまでこうした見方が流布している．タイ語からの借用語を多用していた影絵芝居も，1980 年代からクメール語の呼称（スバエク）に改められ，「伝統」の一部となっている．

こうした文化に対する見方が，国内だけで広まり，また「伝統」を見たがる観光客を喜ばせている限りは，大きな問題ではないかもしれない．しかし，カンボジア北部と東北タイとの国境地帯に位置するプレアヴィヒア寺院◀の領有権問題では，文化と結びついたナショナリズムが隣国との武力衝突を招いている．1950 年代から顕在化した領有権問題は，1962 年に国際司法裁判所でカンボジア領に属すと判決が下されたものの，2008 年に遺跡がカンボジアの文化遺産としてユネスコの世界遺産に登録されると，登録に反発するタイ人の侵入を機にカンボジアとタイ両国が遺跡へ軍を派遣する事態にいたった．2011 年に問題が沈静化するまで，散発的な衝突によって，両国軍あわせて 30 人以上の死者を出している．

文化が植民地主義やナショナリズムといった政治と結びつくと，どのような結果を招くか，カンボジアの事例から考えさせられることは多い．　［笹川秀夫］

ラオス

☞「コーヒー」p.422,「ルアンパバーン」p.592

ラオス（ラオス人民民主共和国）はメコン川中流域に位置し，山がちで海をもたないインドシナ半島の内陸国である．面積は24万km^2，人口は700万人で，日本の本州に埼玉県の人口が散在して暮らしていると考えるとよい．東南アジアの中でも，面積，人口密度ともに小さく，国全体が一つの村であるかのように思える面が多々ある．その一方で，政府によって4グループ50民族に分類される多様な人びとが，さまざまな生態環境からなる居住地・地域に，独自の文化を育み暮らしてきた．なお，ラオスは一般的に使われる国名で，ラオは民族名である．

●王国から植民地支配，内戦を経て社会主義国へ　ラオスの前身は，1353年にファーグム王によって建国されたというラーンサーン王国である．広大な森と河川網に依拠した森林産物を主産品とする内陸の交易国であった．各時代の王は，王権の正当性主張の一役を担ったと思われるクンブロム伝説（ラオス創世神話）など，数々の物語や年代記を編纂させ，また，精霊信仰やヒンドゥー信仰などの聖地を仏教寺院や仏塔に改変するなどして仏教化をはかり，その保護者としても支配域を広げていった．最盛期の17世紀には，現在のラオスに東北タイ，カンボジア北東部を加えたメコン川中流域両岸を覆う広さにまで拡大した．

しかし同国は，王位継承争いの末，1713年までにルアンパバーン，ビエンチャン，チャンパサックの各王国に分裂して弱体化し，長い苦難の時代を迎える．1779年に始まるシャム王国（現タイ）のメコン川東岸域支配は，19世紀終わりまで続き，この間，多くの住民がメコン川東岸から西岸へと強制移住させられた．

そして，1893年，インドシナの植民地化を進めていたフランスが，シャム王国に割譲を迫り，メコン川を国境として，その東岸域をその支配下に治めることとなる．ここに，現在の「ラオス」につながるフランス領ラオスが成立する．植民地化後，フランスは，主としてモン・クメール系民族をリーダーとする幾度かの反乱を抑え，また，タイの失地返還要求への抵抗やラオス刷新運動の扇動など，ラオスの守護者としての体裁をとりつつ支配を続けた．しかし皮肉なことに，これらの施策は，ラオス自身のアイデンティティとナショナリズムを発展させることとなり，1953年，「ラオス王国」が独立する．ところが，指導者たちの求める将来像の違いから，同国は，王国派，革命派，中立派に分かれ，内戦の時代に突入する．やがてベトナム戦争にも巻き込まれていき，内戦は，米国の支援を受けた王国派とベトナムや旧ソビエト連邦の支援を受けた革命派との戦いの様相を呈していった．この間，爆撃や戦闘からの避難を余儀なくされた多くの人が，一時的に故郷を追われ，またビエンチャン平原などの新天地へと移住していった．内戦は，革命派の勝利に終わり，1975年12月，王制が廃止され，ラオス人民革命党の独裁支配による現在の「ラオス人民民主共和国」が誕生した．

●多様な居住・生活空間とそこに暮らす人びと　ラオスの国土は，北部山地やそこからベトナム国境に沿って南へ延びるアンナン山脈，南部のボラウェン高原など，国土の約7割を占める山地帯と，主にメコン川沿いに広がる平野・平原地帯からなる．人びとは，高い山々の尾根筋から斜面，谷筋，盆地，平野・平原，川中の島々（中洲）まで，実に多様な立地環境に居住し，その場に適した生活様式・生活文化を築き上げてきた．また，現在の居住分布は，南中国などの故地で生活様式の確立されていた民族が，その居住適地を求めて住みついた結果でもある．

表1　1990年代後半までみられた「居住地-民族グループ-生活文化」複合

居住地	民族グループ	主な民族	①生業　②特徴的技能　③信仰
山地高位部の尾根筋・斜面（陽光・風に恵まれる）	モング・ミエン系 ビルマ・チベット系（200年ほど前からラオスに移入）	モング，イウミエン，アカ，プノイ，ランテン	①焼畑（陸稲・商品作物），狩猟，家畜放牧交易 ②モングのろうけつ染・刺繍，ランテンの藍染綿織物，アカ・プノイの茶栽培　③精霊信仰
山地中位部斜面，丘陵（森林に強く依拠）	モン・クメール系（ラオスでは最も古くから居住）	北部：カム，カメット 南部：ガターン，タリアン，アラック，ラウェー	①焼畑（陸稲・自給的作物），罠による狩猟，家畜放牧森林産物採取　②自然に関する詳細な知識，精巧な竹・籐細工，葛・シナノキ等特殊素材の織物　③精霊信仰（一部仏教，キリスト教）
平野，平原，盆地，谷筋（川・沼などの水に依拠）	タイ系（モン・クメール系に次ぐ古参）全体の60%を占める	ラオ，プータイ，ルー，黒タイ，赤タイ，白タイ	①水田耕作，漁労家畜放牧商売　②多様な技術を駆使した綿・絹織物　③仏教（一部精霊信仰）

人びとは，「雨季の稲作（水田水稲作，焼畑陸稲作）への集中と，乾季の多様な生産（森林産物，織物，竹細工，土器，塩など）・交易（物々交換，行商など）活動」を暮らしの基本としてきた．また立地環境の異なる村や，異なる民族の村からなる，地域として自活・共存が可能となるような圏・ネットワークを柔軟に形成してゆくことによって，生活を維持してきた．

● 2000年頃からの変化　しかしながら，1997年のASEAN加盟を経た2000年前後を境に，ラオスは大きく変化し始めた．「最貧国脱出」という国家目標のもと，外国資本による水力発電ダム建設や鉱物資源掘削，プランテーション開発など，人びとの生活基盤であった自然環境自体を大きく改変する開発事業が進行した．若者の都市流入やタイへの出稼ぎ，中国・ベトナム人の出稼ぎ流入が急増し，また，数十万ともいわれる難民を中心とした海外在住者の帰省・帰還も急増した．これらの動きは，国や一部個人レベルでの経済的発展に貢献している一方，農山村の過疎化，地域社会や村々の活力低下を促し，多様で独自性の高かった地域文化や民族文化の希薄化・画一化を助長しているように見受けられる．［虫明悦生］

タ　イ

☞「王権と仏教」p.64

タイは，東南アジア諸国の中で日本人に最もよく知られた国であるといってよい．2012年以降，毎年120万人以上の日本人がタイを訪れており，これは，日本人旅行者の渡航先として東南アジアでは1位，すべての国の中でも常に6位以内に位置する．多くの日本企業がタイにオフィスや工場を構えていることから，バンコク日本人学校の生徒数も2700人近くに達しており（2017年現在），同校は世界最大の日本人学校であるとされる．ただし，一般の日本人によるタイという国やその文化に対する理解の奥行きが，こうした数字に単純に比例するとは思いにくい．煌びやかな寺院で巨大な仏塔を見上げ，象の背に揺られ，マンゴーや竜眼に舌鼓を打つ者は多くとも，その背後で，市井のタイ人がどのような価値観に裏打ちされた日々を過ごしているのかに思いをはせる者は少ない．

●タイを俯瞰する　タイについて少し学べば，この国が仏教の始原的形態を今によく残し，古来より続く王制の存続に大きな意味を見出し，またそれだけに，これらの行く末について国をあげて真剣に案じてきたことがすぐにわかるであろう．さらに調べを進めれば，タイが，チャオプラヤー・デルタを中心とした豊かな穀倉地帯を抱え，主食としての米が人びとの食生活や社会生活に多大な影響を与えていることもわかるはずである．生産量こそ世界第6位（2016年）に甘んじているが，輸出量は近年まで長らく世界1位であり続けてきた．この国の平地に住む人びとの大半はいわゆるタイ民族であり，タイ語を母語とし，その多くが仏教徒であるという点では共通しているが，内実は多様である．そもそも，タイが英国とフランスによる植民地化を回避するために諸王国を統合して新たな国家を成立させ，現在の形で国境を画定させたのは20世紀初頭のことであり，今なお，言語のみならず，家屋の形態，食生活，伝統衣装，儀礼の体系にいたるまで，地域差が顕著である．タイの国土を中部，東部海岸地域，東北部，北部，南部という5地域に分ける慣例は，行政的な便宜に基づくものであるとはいえ，一方で，歴史的・文化的な地域差を相応に反映してもいる．タイの近現代史とは，こうした偏差や多様性を，チャート（国家/国民/民族），サーッサナー（宗教），プラマハーカサット（国王）からなるラック・タイ（タイの基本原理）によって希釈すると同時に，それらによって国家としての一体性を高めようとする政治的過程でもあった．

●ラック・タイの自明性　内部の多様性に大きなイデオロギーで蓋をする行為はどんな国家にも存在し，多くの場合これは，異なる思想的立場をもつ人びとの間の諍いを誘発する．しかし，タイについて特筆すべきは，戦後，政治的争点の中心をなしてきたのが民主化と経済格差（およびその温床としての汚職）であり，ラック・タイの是非そのものが正面から問われることがあまりなかったことである．この背景には，19 世紀後半から 20 世紀初頭にかけての英国やフランスとの攻防の中で，かつての国王が曲りなりにも独立を守り抜き，仏教徒のタイ民族を圧倒的なマジョリティとする国家を維持し得たことがある．他方，国民は，自国のナショナリズムを本当の意味で相対化する歴史的な機会をもち得ないまま今にいたっている．結果，ラック・タイはマジョリティのタイ人にとって自明の理となり，お仕着せのナショナリズムの発露として受け取られることは少ない．現在でも，「サーン・チャート（国家建設）」のスローガンのもとに若者を集めた研修キャンプを実施するといったことが，ごく普通に国内各地で行われている．こうしたラック・タイをめぐる肯定的な認識の通底は，タイ人のメンタリティ，ひいてはタイの社会や文化を理解する上で非常に重要な点の一つである．

●「聖なるもの」の氾濫　ラック・タイの一つであるサーッサナーは，字義どおりには「宗教」を意味するが，それが事実上は仏教，具体的には上座仏教を示唆することは，タイでは暗黙の了解となっている．しかしながら，タイという国を語る上で上座仏教にばかり焦点を当て過ぎると見誤ることも多い．そもそも上座仏教は，「特定の神を奉じる宗教（テーワ・ニヨム）」であるというよりも，因果応報の観念を軸としたよりよく生きるための指針の集成としての側面を強くもつため，他の信仰や信念との共存を端から否定しはしない．ここにタイ人の精神世界の豊穣性が大きく花開く余地もあった．例えば，国王の称号である「ラーマ」が，インドの叙事詩『ラーマーヤナ』に登場するヴィシュヌ神の化身（アヴァター）としてのラーマ王に由来することはよく知られているほか，ホーラーサーット（占星術）や図像化した護符文字を入れたラーイ・サック・ヤン（入墨）に代表されるように，ヒンドゥー教的な諸要素は今日でもタイ社会の隅々にまで浸透している．また，各家の庭の隅に置かれたサーン・プラプーム（土地神の祠），日常会話に頻繁に登場するタムナーイ・ファン（夢見占い），多くの人びとが首から下げているプラ・クルアン（護符）にいたるまで，人びとは宗教という枠にとらわれずに，みずからの生活を「聖なるもの（スィン・サックスィット）」で埋めつくすことに余念がない．こうした「聖なるもの」の氾濫もまた，タイらしさの一角をなす．

●周辺への視点　他方，すべてのタイ国民にとっての「タイらしさ」など存在し得ない．華人のように，世代を経てタイ社会の深部にまで溶け込み，国家レベルの政治・経済を左右するようになった人びとがいる一方で，「タイらしさ」との距離の取り方に苦慮し続けている人びともいる．北部の山地民，南部の海民，深南部のマレー系ムスリムをはじめ，タイにはエスニックな次元でマジョリティのタイ人とは異なる背景をもつ人びとも少なくない．タイという国の全体像を把握する上で，周辺への視点もまた欠かせないものである．　［綾部真雄］

ミャンマー

☞「ロヒンギャ」p.122,「難民と文化」p. 152,「政治風刺とラップ」p.674

ミャンマーは大陸部東南アジアの最西に位置し，西はインド，バングラデシュ，北は中国，東はラオス，タイと接している．北西部にはヒマラヤ山脈に連なる標高5881mのカカボラジ山系，パトカイ，ナーガ，チン山脈が続く．一方，北西部にはラカイン（ヤカイン）山脈が，東部にはシャン山地が広がり，南にバゴー山脈がある．これらの山脈に囲まれ，中央には広大な平原があり，南にはエーヤーワディー川下流に広大なデルタが開けている．北西部の山々はモンスーン気候に属し高山部は涼季に積雪が見られる一方，中央平原地帯はサバンナ気候，南部にかけては熱帯モンスーン気候と，多様な気候と植生を有している．国土面積は日本の約1.8倍である．

●人口・民族・行政区分　人口は約5148万人（2014年センサス）である．大統領制による連邦共和国で，首都は2006年にヤンゴンからネーピードーに移転された．ここは連邦領となり，その他7管区（タインディタジー）7州（ピィネー）が設けられている．民族は公称135存在するといわれ，ビルマが多数派（1983年センサスで69%）を占め，管区を中心に居住している．続いて人口の多いのはシャン（8.3%），カレン（6.2%），ラカイン（4.5%），モン（2.4%），チン（2.2%），カチン（1.4%），カヤー（0.4%）で，それぞれの民族名を冠した州が存在する．山地部には少数民族の州があり，中央部にビルマ人の多い管区が集中するという構造である．また行政的には，管区・州にも議会，主席大臣（管区州首相），大臣がおかれている．2008年憲法により，新たに3自治区，1特別自治区が認められた．

ミャンマーでの国勢調査は1983年以降長く行われず，2014年に31年ぶりに行われた．ただ長年の民族，宗教をめぐる軋轢を背景に，少数民族やロヒンギャなどの登録名称をめぐって問題が生じ，民族・宗教別人口はすぐには発表されなかった．2016年に追加の報告書で宗教比率は出されたが，民族別人口統計は示されていない．ちなみに，2008年憲法では5つの宗教の存在を認めつつ，上座仏教を「特別な位置を有する宗教」（361条）と言及した．宗教別人口比は2014年センサスの追加報告では仏教徒が87.9%，キリスト教徒6.2%，ムスリム4.3%，ヒンドゥー教徒0.5%，精霊信仰0.8%であった．ムスリムに関しては全人口の1割に達したという推測もあったが，センサスでは1983年に対して微増として報告されている．

●王朝時代　ミャンマーは歴史的にも多様な民族が居住し，その時々で王国を形成してきた．簡単にいえば，南部にモン，西部にラカイン，中央平原を中心に最も版図を伸ばしたビルマ，東北部山岳地帯にタイ系シャンが力をもっていた．10世紀以前には南部にモンがタトン王国を，北部ではチベット・ビルマ系民族と考えられるピュー（驃）がピュー国を建国していたがこれは雲南に勃興した南詔国に滅ぼされた．北から南下してきたビルマが中部平原にパガン朝を建国，モンの仏教王国のタトンを攻略し，上座仏教の仏典を得た．歴代の王や有力者は多数の仏塔を建築し，現在でもこの土地に多数遺跡が残っている．元の侵略を受けてパガンが滅んだ後は，シャンのピンヤ朝，インワ朝，モンのペグー朝，ラカインのムラウー朝など各民族の群雄割拠時代を経て，タウングー朝（1510〜1752年），シュエボ地方の土侯アラウンパヤーが樹立したコンバウン朝（1752〜1885年）とビルマ系王朝が続く．これらの王朝は周辺諸国にもたびたび遠征し，ボードーパヤー王（在位1782〜1819年）時代に最大の版図を築き，現在の国家領域の基盤をつくった．しかし，その後は英国との戦争を経て，1885年に王朝は滅び，英国による植民地支配が始まった．

●近代から現代へ　20世紀初頭からナショナリズムが高まり，1931年にはタキン党が結成され独立運動の母体となった．1942年アウンサンを中心とするビルマ独立義勇軍が英軍を駆逐し，日本軍のてこ入れでバーモウを元首として形式的には「独立」した．しかし抗日を掲げて反ファシスト人民自由連盟（AFPFL）が結成され，英国軍と手を結び日本軍を退けた．ちなみに，日本の南機関はビルマ義勇軍の若き日のアウンサン，ネーウィンら精鋭に対して海外での訓練を施し，義勇軍は現在の国軍の基盤となっている．一方19世紀以降宣教師による布教活動が進み，チン，カチン，カレンには多くのキリスト教徒がおり，英国による分断統治の影響もあり，各民族が独自に独立を目指す機運も存在した．1948年独立後ウー・ヌ政権が始まるが，国民党軍や共産党の侵入，少数民族による独立・自治運動などにより政治的には不安定な状況が続いた．1962年ネーウィン将軍が軍部クーデターにより政権の座につく．ビルマ社会主義計画党による一党独裁支配を確立し，私企業の国有化などを進める．しかし1980年代には経済状況が悪化し，大学生を中心に民主化運動が生じた．アウンサンスーチーが参加して国民民主連盟（NLD）を結成し，民主化の動きが全土に広がるが，軍隊はクーデターで鎮圧し，国家法秩序回復評議会（後に国家平和発展評議会と改名）を立ち上げ23年間軍政支配が続いた．2008年の国民投票を経て新憲法が認められ，憲法に従って2010年に総選挙が行われた．軍政時代の組織を核とした連邦発展団結党（USDP）が与党となるが，テインセイン大統領は予想された以上の民主化を進め，NLDも2012年補欠選挙には参加する．2015年総選挙では第一党となり，アウンサンスーチー党首は国家顧問として国家を率いることになったが，ロヒンギャの迫害による難民化など，さまざまな課題を抱えている．　［土佐桂子］

参考文献

［1］伊東利勝編『ミャンマー概説』めこん，2011
［2］根本 敬『物語 ビルマの歴史─王朝時代から現代まで』中央公論新社，2014

島嶼部東南アジア

島嶼部東南アジアとは，大陸部東南アジアの南東部に位置し，アジアとオーストラリアという二つの大陸と，太平洋とインド洋という二つの大洋に囲まれた地域をさす．海域東南アジアともよばれる．一般的な区分に従い，マレーシア，シンガポール，ブルネイ，フィリピン，インドネシア，東ティモールの6か国を島嶼部とみると，その面積は約256万 km^2，人口は約4億人（2016年現在）である．

●生態・文化・社会空間としての島嶼部世界　生態からみると，第1に，島嶼部東南アジアは海と島の世界である．世界最大級の多島海が広がり，ニューギニア，ボルネオ（カリマンタン），スマトラ，スラウェシ，ジャワ，ルソン，ミンダナオなどの大きな島の間に多数の中小の島が点在する．第2に，それは熱帯林の世界でもある．スマトラ，マレー半島南部，ボルネオ，フィリピン諸島東部などでは通年多雨で，多様な樹種と膨大な生物量をもつ熱帯雨林が発達する．他方，東ジャワ以東の地域などでは乾季が明瞭で，樹種や生物量がより少ない熱帯モンスーン林が広がり，ティモール島などでは草原と疎林というサバンナも展開する．

島嶼部の民族は歴史的に形成されたもので，重層性と多様性をもつ．先住諸集団を広義のマレー系とみなし，島嶼部を「マレー世界」ととらえる見方がある一方，ジャワ◀，スンダ，マレー，タガログ，セブアノなどのさまざまな個別の民族範疇も形成されてきた．華人やインド人などの移民の子孫とみなされる諸集団も存在し，シンガポールでは華人が多数派をなす．言語も多様だが，マレー語◀，ジャワ語，タガログ語など，土着の諸言語の大半がオーストロネシア語族に属する．例外はマレー半島内陸部のオーストロアジア語族の諸語，ニューギニア島とその周辺のパプア諸語などである．中華系やインド系の諸語の使用もみられる．旧植民地宗主国の諸語では，国際語となった英語が最も広く用いられる．国語，地方語，外来系言語，国際語が並存し，複数言語を話せる住民が多い．

宗教も多様だが，イスラームが最大の信徒数をもつ．インドネシアが一国として世界最大のムスリム人口をもつほか，マレーシアとブルネイでもムスリムが多数派である．フィリピン南部ではムスリムが政治的自治を求めてきた．他方，人口の大半がカトリックのフィリピンと東ティモールをはじめ，相当数のキリスト教徒も存在する．各国の中華系住民の間では仏教・儒教・

図1　ブルネイの首都バンダル・スリ・ブガワンの水上集落とモスク

道教の信仰もみられ，インド系社会やバリではヒンドゥー教徒が多い．基盤をなす精霊信仰の影響力も無視できない．

このように多様性に満ちた島嶼部社会だが，その共通性を柔軟なネットワーク性に求めることもできる．そこでは，二者関係の連鎖によって成立する伸縮可能な圏の重なり合いとして社会が構成される．こうしたネットワーク性は，双方的（双系的）な親族体系や，人びとの高い移動性などと密接に関係している．

●歴史的に形成される島嶼部世界　島嶼部地域の歴史は，国家形成の特質によって以下の4期に区分できる．第1期は古代国家の時代（5～14世紀頃）である．自給的な生産活動と海上交易を特徴とする国家が成立し，「インド化」◀とよばれるインド文化の受容がみられた．第2期は近世国家の時代（15世紀頃～19世紀前半）である．15世紀から17世紀にかけての「商業の時代」には，港市国家による国際的交易活動が急速に拡大した．商業活動の拡大と並行して，ムラカ（マラッカ）などの港市国家の王やその臣民がイスラームに改宗し，13世紀末から始まっていた島嶼部の「イスラーム化」が進展した．16世紀頃からは西欧諸国が交易拠点を求めて植民地支配を開始した．以上の時期は，海や河川を通じて人やモノが移動した「海の時代」であり，政治権力の及ぶ範囲は伸縮する可能性があり，明確な国境をもたなかった．

19世紀後半以降，海の世界の特色を残しつつも，陸の植民地化が進み，近代国家による統治と経済開発が展開する．第3期の植民地国家の時代（19世紀後半～20世紀前半）には，欧米列強による植民地支配が点の支配から内陸部を含む面の支配へと拡大し，島嶼部は国境によって分割された．近代国家の統治機構が移植され，植民地開発の一環として輸出用の作物や鉱物の大規模生産が進んだ．

第4期は国民国家の時代（20世紀後半～）である．脱植民地化を経て国民国家の形成と経済開発が進められた．国家間や国内の格差は大きいが，現在，島嶼部諸国はすべて中所得国以上（シンガポールとブルネイは高所得国）に分類される．独立後の島嶼部諸国の間では対立と協力の両方がみられた．1960年代前半にはマレーシアの形成をめぐって島嶼部諸国間で緊張が高まったが，1965年以降の緊張緩和の過程で，1967年にASEAN（東南アジア諸国連合）が結成された．地理的にみると，ASEANの原加盟国5か国中タイを除くインドネシア，フィリピン，マレーシア，シンガポールと1984年に加盟したブルネイは島嶼部にあり，1990年代後半に大陸部の4か国が加わるまで，ASEANは島嶼部諸国を中心とする連合という側面もあった．

［左右田直規］

参考文献

［1］池端雪浦・深見純生「東南アジアの島嶼部世界」池端雪浦編『新版世界各国史6 東南アジア史II』山川出版社，1999

［2］立本成文『共生のシステムを求めて―ヌサンタラ世界からの提言』弘文堂，2001

［3］山影 進『ASEAN―シンボルからシステムへ』東京大学出版会，1991

マレーシア

☞「イスラーム」p.216,「イスカンダル開発計画」p.660

マレーシアといえば，ツインタワーとして世界一高いペトロナス・ツインタワー，世界遺産の古都マラッカ（ムラカ）やキナバル山，あるいはボルネオ島の熱帯雨林に生息するオランウータン，キャメロン・ハイランドなどの高原リゾート，ランカウイ島などのビーチリゾートがよく知られており，日本人に人気の観光地である．治安も安定しており，近年では，日本人高齢者が希望するロングステイ◀先ナンバーワンの国となっている．

●民族の多様性　マレー半島とボルネオ島に国土を有するマレーシアには，多数派でムスリムのマレー人をはじめ，華人，インド人，先住民◀などが暮らしている．このうち，マレー人と，マレー半島の先住民であるオラン・アスリ◀やボルネオ島のサバ州・サラワク州の先住民が，いわゆるブミプトラ（「土地の子」）のカテゴリーに入る．多民族社会と同時に多言語社会でもあるマレーシアでは，民族ごとに，マレー語◀，中国系諸語，インド系諸語のほか，オラン・アスリ諸語，ボルネオ島のイバン語，カダザン語などの先住民系諸語を母語としているが，いずれも，国語であるマレー語を共通語として用いており，英語も広く使用され，多言語話者も少なくない．宗教はマレー人が信仰する国教イスラームをはじめ，仏教，キリスト教，ヒンドゥー教，儒教，道教など，多様性に富んでいる．ただし，先住民が信仰するアニミズムなどは，公式の宗教と認められていないため，その信奉者は無宗教とみなされている．

●マレー文化の形成　マレー半島には，もともとオラン・アスリの祖先である土着の民が暮らしていたと考えられているが，古来よりインドと中国の東西海上交易の要衝として，インドやアラブ，中国などからさまざまな出自の商人が往来していた．主としてインド文明の影響を受け，法律，統治，言語，文学，宗教などのあらゆる面でインド化◀が進んでいった．しかしその後，15世紀初頭に，マラッカ王国がイスラーム化したことを契機に，イスラームの影響を強く受けるようになった．

交易が盛んだったマラッカには中国からの商人が多く来訪し，地元のマレー人女性と結婚した一部の人びとは，マラッカに定住した．彼らの子孫は後にプラナカンとよばれるようになり，ニョニャ料理◀などにみられる，中国文明と土着の文化が融合したプラナカン文化の担い手となっていった．

1511年にポルトガルの手によりマラッカが陥落した後も，マレー半島には，ジョホール王国やペラ王国などのマラッカ王国とつながりのあるマレー諸王国が存続した．17世紀後半以降，こうした王国に，スラウェシ島からはブギス，スマトラ島からはミナンカバウの移民が流入した．移民たちは王国の権力を掌握し，その勢力範囲を拡大したり，新たに王国を創始したりした．このような王国時代に，インド文明やイスラーム文明などの外来文明と土着の文化が重層的に融合しながら「マレー文化」が形成され，徐々に宮廷から民衆レベルにまで浸透していった．代表的なものに，4行詩パントゥンなどの口承文学，アラビア文字であるジャウィ文字◀で書かれた歴史書『スジャラ・ムラユ』（マレーの歴史）や年代記『ヒカヤット・ハントゥア』（英雄ハントゥアの物語），マヨンなどの舞踊劇，ワヤン・クリットとよばれる影絵芝居◀がある．

●植民地期から独立期まで　18世紀から19世紀にかけて，英国による植民地化が本格化すると，マレー半島には，スズ鉱山やゴム，紅茶のプランテーションでの労働者として，中国やインドから移民が多く押し寄せるようになり，それまでの民族構成に大きな変化が生じた．それと同時に，オランダの植民地であったインドネシア各地からも，ジャワなどさまざまな民族が流入した．マレーシア独立後，こうしたインドネシアからの移民の子孫の多くは，王国時代に流入した移民とともに「マレー人」のカテゴリーに位置付けられている．

一方，マレー半島と同様に交易の要衝であり，イバンやカダザンなどの民族が多く暮らすボルネオ島北部においても，19世紀に英国の植民地化が進み，ブルネイ王国から領土を分割する形で，現在のサバ州に英領北ボルネオが，サラワク州には白人王ジェームズ・ブルックによるサラワク王国が形成された．

第2次世界大戦時，英国の植民地は日本軍に占領された．日本軍は華人を在留敵国人とみなし，多くの人びとを殺害したといわれている．戦後，マレー半島部分は一度は英国の支配下に戻るが，1957年にマラヤ連邦として独立し，1963年にはシンガポールとボルネオ島のサバ州・サラワク州が合流した．1965年には，華人が多数を占めるシンガポールがマレー系中心の政府に反発し，マレーシアから半ば追い出される形で分離独立した．

●ブミプトラ政策　シンガポールの分離独立から4年後の1969年，マレー人と華人との間で大規模な民族衝突事件が勃発し，民族対立が表面化した．事態を収拾するため，1971年，政府は新経済政策（通称ブミプトラ政策）を開始し，その結果，ブミプトラが雇用，株式の保有比率，預金の金利，大学など高等教育機関への就学などにおいて優遇されることになった．しかし，ブミプトラの中でも特にマレー人を優先する傾向に対するオラン・アスリやサバ州・サラワク州の先住民の不満，さらには華人やインド人の根強い反発など，ブミプトラ政策が民族間の反目や差別を助長しているという意見もある．2018年5月の政権交代後もこうした動きは続いており，ブミプトラ優遇を見直すべきという声が大きくなってきている．

［信田敏宏］

シンガポール

☞「映画」p.456, 「マリーナベイサンズ」p.662, 「シングリッシュ」p.664

1965年独立時，天然資源もなく東京23区をやや上まわる国土に人口が189万人，華人系，マレー系，インド系など言語，宗教も異なる多民族から構成される都市国家をいかに生き残らせるかは，リー・クアンユー（当時首相）の重要な課題だった．同国は時宜を得た産業構造転換とハブ機能強化を推進し，アジア通貨危機，リーマン・ショックなどの景気後退を経験しながらも着実な経済発展を遂げている．世界経済フォーラムの『競争力報告2017-2018』ではスイス，米国に次ぐ3位（日本9位），1人あたり国民総所得（GNI）は「1962年の490米ドルから2017年に5万4530米ドル（日本3万8550米ドル）」と，世界銀行の調査結果に示される実績をもたらしている．

●経済発展の負の側面　持続的経済成長を支える人的資源の動向は，この国の特徴を端的に示している．その一つは合計特殊出生率（TFR）である．1970年の3.07から2010年には人口維持の目安となる2.1を下まわる1.15になり，2017年も1.16と低迷している．『世界人口予測2017』で国連は，高齢化率（65歳以上の人口比）が2017年の12.9%から2030年には23.2%に上昇し，超高齢社会到来は確実と予測している．急速に進む少子高齢化の結果，高齢者サポート比率は1970年の13.5から2018年には4.2まで低下し，生産年齢人口（20〜64歳の国民）への負担が増加している．この状況に対応すべく，人民行動党（PAP）政権は移民受入れの重要性を訴え，永住権と就労ビザ保持の外国人が1970年の9.6%から2017年には38.7%を占める状況になっている．一方で，人材開発省（MOM）の『労働力調査2017』によれば，国民および永住権者の労働人口中，大卒以上が2007年の23.3%から2017年には35.7%（25〜29歳は55.2%）と高学歴化が進む中で，外国人高技能者との競争激化に対する不満が噴出し，移民抑制政策を宣言せざるを得なくなっている．また，実学重視の能力別教育や効率優先の経済政策に対応できない弱者の切り捨てなど，所得格差の拡大という負の側面も顕在化している．

さらに国境なき記者団の『報道の自由度2018』で，180か国中151位（日本67位）に示されるように，権威主義体制を堅持するPAP政権の表現の自由制限を一要因とする頭脳流出や市民権離れも深刻化している．2012年，テオ・チーヒーン副首相は「2007〜2011年平均で毎年，約1200人が市民権を放棄している」と国会で答弁したが，海外在住者は2004年の約16万人から，2018年には国民の約6%に相当する21万6400人に上昇している．

●文化芸術面からみる新しい動き「文化の砂漠」と長らく揶揄されていた同国だ

が,「1999年までに活気ある文化社会を構築すべき」と訴えた1989年の第2副首相名（当時）による『オン・テンチョン報告』は文化芸術政策の転換点になった. 1991年に芸術活動を支援する国家芸術評議会（NAC), 1993年に国家への帰属意識醸成と文化遺産保護, 博物館展示・企画を使命とする国家遺産庁（NHB）が創設された. さらに2000年, 創造性ある人材育成により, 21世紀にはアジアの芸術ハブにするとの目標設定とともに, 国民統合再強化と創造産業振興を打ち出した『ルネサンス・シティ報告書』が公表された. その後, 中長期計画に基づく集中投資により, 多彩なイベント開催と既存の博物館, 美術館の改修・拡充に加え, 2015年にはナショナル・ギャラリー・シンガポールがオープンし, 文化芸術を取り巻く環境は大きく変化している.

一方で, 文化施設充実によるブランド化を目指すトップダウン型の諸政策とは別に, みずからの多様性に富むルーツを再考するボトムアップ型の新しい動きも見逃せない. 代表例を紹介する. まず, 演劇≪祖母の言葉（Grandmother Tongue）≫である. 中国語方言の潮州語しか話せず孤独感にさいなまれる84歳の祖母と, 彼女の言語を理解できない孫の葛藤を描いた本作は, 2016年シンガポール演劇祭で初演され好評を博した. みずからの実体験をもとに脚本・演出を担当した26歳のトーマス・リムは, 1979年に開始された「華人は華語（標準中国語）を話そうキャンペーン」によって周縁化された方言と, その背景にある文化・歴史を再評価すべきと強調している.

次に, リー・クアンユーの著作『*The Singapore Story*』に代表される正統史観によって封印された歴史再検証の動きである. ソニー・リウは, 1950～80年代の思想弾圧に加え, リー・クアンユーの政敵リム・チンシオンを登場させ, 地に足をつけて生きる庶民の日常生活を描いたグラフィックノベル『*THE ART OF CHARLIE CHAN HOCK CHYE*』を2015年に出版した. 風刺をきかせユーモアにあふれた本書は2017年, 同国で初めてコミックのアカデミー賞と称される米国の「アイズナー賞」の最優秀国際アジア作品賞ほか2部門を受賞した. しかし, 多くのブロガーが「国家芸術評議会（NAC）の祝辞に書名が記載されていないのは, 2015年の出版助成金申請却下時と同様, PAP政権の意向を受けているのでは」と書き込み, インターネット上で論議がまき起こった.

シンガポールは世界経済フォーラムの『世界情報技術報告2016』で, ネットワーク整備指数がフィンランドと並び1位（日本10位）と評価されるIT先進国である. 権威主義体制見直しを求めるソーシャル・メディアの発言力が増しているだけに, 2015年の「建国の父」リー・クアンユー逝去後, PAP政権は難しい政策の舵取りを迫られている.

［盛田　茂］

インドネシア

☞「イスラームと国家」p.236

東南アジア最大の国家であり，この地域の全陸地面積の約42%を占める．約2.6億人（2017年）の人口は世界第4位であり，東南アジア総人口の約41%に達する．赤道直下にあって，米国並みの東西幅を有する島嶼国家である．2017年のインドネシア政府発表では名前をもつ島が1万6056あり，世界一の数を誇る．主要な島はジャワ島，スマトラ島，カリマンタン（ボルネオ）島，ニューギニア島（西半分）である．経済的には堅調であり，2050年には日本を抜いて世界第3位の経済大国になるともいわれている．政治的には，1966年から32年間，スハルト大統領による開発独裁体制が続いていた．1998年に同体制が崩壊して民主化が始まり，今では，東南アジアで最も安定した民主主義体制を実現している．

●宗教的，民族的多様性　インドネシアの特徴はその多様性にある．2010年の国勢調査によれば，ムスリム人口は約87.2%にもなるが，イスラームを国教としておらず，6つの宗教を公認宗教にしている．イスラーム以外の宗教の信者の人口割合は，プロテスタントが7.0%，カトリックが2.9%，ヒンドゥー教徒が1.7%，仏教徒が0.7%，儒教（孔子教）信者が0.5%となっている．ムスリムも多様であり，数多くの宗派が存在する．マーケティング調査専門家たちが発足させたアルファラ研究所の2016年2月のサーベイでは，土着の伝統文化に寛容なイスラーム社会組織ナフダトゥール・ウラマーに帰属意識をもつムスリムが50.3%と最も多い．続いて，20世紀初頭のイスラーム復興運動の影響を受けて近代的教育システムを導入したムハマディヤに帰属意識をもつムスリムが14.9%である．急進派でディスコなどの襲撃をしてきたイスラーム防衛戦線に帰属意識をもつムスリムが2.4%，イスラーム国家樹立を目指し，政党政治に参加しないインドネシア解放党に帰属意識をもつムスリムが0.4%である．

民族も多様である．そもそも，インドネシア人という民族意識が生まれたのは，現在のインドネシアがオランダ植民地支配下にあった20世紀初めである．1928年に，ジャワ人青年組織，スマトラ島出身青年組織などが集い，インドネシアを「一つの祖国・民族・言語」とする「青年の誓い」を採択した．3年半にわたる日本軍政を経て1945年に独立宣言がなされ，反オランダ戦争ののち1949年に独立は国際的に認められた．その後，各地の民族はインドネシア民族の一部を構成するエスニック集団となった．2000年の国勢調査では独立後初めてエスニック・カテゴリーに関する質問を設けた．自己申告に基づくエスニック集団の数は1072にのぼった．上位6民族は，ジャワ◀（41.7%），スンダ（15.4%），マレー（3.5%），マドゥラ（3.4%），バタック◀（3.0%），ミナンカバウ◀（2.7%）である．インドネシア経済の中枢を握っているとされ，時には暴動の標的となってきた華人は自己申告では0.9%にとどまり，通説の3%よりも少ない．

多様性を一つにまとめていくのは容易ではない．アチェ，パプア（1969年併合），東ティモール（1976年に強制併合）では独立運動が続いてきた．スハルト体制は，エスニシティ，宗教，人種，階層に関する活動や報道を厳しく監視した．1979年に起きたイラン革命の影響もあり，イスラーム化がインドネシアでも進み始めると，イスラーム国家樹立運動のような政治運動は徹底的に弾圧した一方，社会的・文化的な面でのイスラーム化は許容していった．エスニック・グループについても自治権拡大要求や独立要求は弾圧したが，文化的な活動についてはインドネシアの多様性を象徴するものとして推進した．1975年にジャカルタ郊外にオープンした150 haの広さをもつ「麗しのインドネシア公園」（タマン・ミニ・インドネシア・インダ）は，そうしたスハルト体制の意図をよく示している．同公園には，各州の主要エスニック・グループの伝統的家屋が建造され，その家屋内に伝統的衣装などを展示しており，インドネシアの文化的多様性を誇っている．

●民主化と社会の非寛容化？　1997年に起きたアジア通貨危機の影響でスハルト体制は翌1998年に崩壊した．その頃，政治社会は極度に不安定化し，一部で地方の独立要求，宗教・民族紛争，反華人暴動などが発生した．新大統領ハビビは，急速な民主化・分権化により不満を解消して秩序の回復を目指した．しかし2002年にはバリで，グローバルなイスラーム急進派につながる勢力による自爆テロが起き，西欧人観光客を中心として202人が死亡するなど，不安定な状況は続いた．

2000年代前半には政治的安定のもとで経済も軌道に乗り始め，都市部を中心として中間層が台頭する中で，文化的・社会的動きが活性化している．分権化で影響力を増した地方自治体の中には，域内多数派の民族・宗教集団に有利な政策を導入する傾向などがみられる．例えば，例外的にヒンドゥー教徒が多数派のバリ州はヒンドゥー・バリ文化を強調し始めている．西欧や日本のように都市化と中間層の増加が世俗化を促すのではなく，保守的イスラームの主流化を招いているともいわれている．伝統的には性の多様性に寛容な地域もあったが，今ではインドネシア全域でLGBTへの寛容度は極めて低い．また，2017年10月の6大都市でのアルファラ研究所のサーベイ結果は，約23%の大学生と高校生がイスラーム国家の樹立を支持するというものであった．

ICT化の影響は著しい．2017年末のインターネット浸透度は約54%であり，オンラインで宗教的差別や民族感情を煽るような真偽ないまぜになった情報が氾濫し，2017年の首都ジャカルタでの州知事選ではそうした情報が選挙戦を左右した．このように，インターネットは，多様性の高いインドネシア社会の亀裂を深刻化させる可能性がある．こうした亀裂の深刻化を防げるかどうかは，インターネット社会に生まれた若い世代にかかっている．

［岡本正明］

ブルネイ

ブルネイは，1984 年 1 月 1 日に英国自治領の地位から脱し，2 月 23 日に名実ともに独立国家となった．建国記念日は 2 月 23 日である．国内で使用される公式国名は Negara Brunei Darussalam（平和の地ブルネイ国，NBD），国連をはじめとして対外的に用いる名称は Brunei Darussalam である．日本では「ブルネイ・ダルッサラーム国」「ブルネイ国」「ブルネイ王国」として知られる．イスラーム（スンナ派）を国教とする国で，スルタンである国王は宗教的権威でもある．「マレー・イスラーム・王政」（Melayu Islam Beraja：MIB）の堅持を国是とする．他宗教の平和的な信仰は認められている．第 1 公用語はマレー語◀，第 2 公用語は英語である．現在はボルキア家第 29 代当主スルタン・ハサナル・ボルキア国王（1967 年～）が国家元首ならびに首相，国防相，蔵相を兼務する．1959 年憲法に基づき開設された国会にあたる立法評議会は，1984 年の独立の日と同時に停止されたが，2004 年に再開された．議員は国王による任命制をとる．膨大な石油と天然ガスに恵まれ，20 世紀半ばから第 28 代と第 29 代国王のもとで国民に手厚い福祉政策を実践している．

首都はバンダル・スリ・ブガワンである．王立のモスク，スルタン・オマール・アリ・サイフディン・モスク◀があり，ブルネイ王宮とならびアジア太平洋地域で最も美しい建築物に数えられている．モスクの近くにはカンポン・アイール，水上集落がある．ブルネイ川の水上に張り出した杭上集落で，数世紀の歴史をもつ世界最大の水上集落といわれ，学校，警察，商店，ガソリンスタンド，モスク，病院などを備えている．

●国土の形成　ボルネオ島の西北部沿岸に位置するブルネイ王国の国土は，日本の三重県とほぼ同じで，5765 km^{2}と非常に小さい．現在の地方行政は 4 地区（daerah / district）からなる（図 1）．1888 年に英国と結んだ保護条約ではリンバン地区は歴史的にブルネイ王国に属することが認められていた．だがこの地区は，1890 年に英国人ジェームズ・ブルックのサラワク王国に編入され，現在まで続く国土が二つに分かれた形ができあがった．この「リンバン問題」は以後 100 年以上もの間，サラワク王国を継いだサラワク州とブルネイ王国との間で争

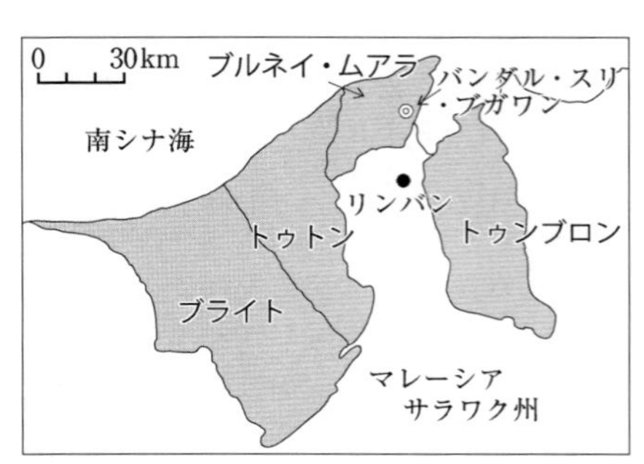

図 1　ブルネイの行政区と首都

われてきた．しかし，2000年代に入り外交的に解決され，マレーシア国サラワク州の一部と認められた．

●歴史　ブルネイ王国は，西暦6世紀から中国では婆利（Po-li），婆羅（Po-lo），渤尼（Po-ni）の名で知られていた．この名がブルネイ王国をさすのか，それともボルネオ島をさすのかについては，歴史家の間で論争がある．問題は，ボルネオという島の名はブルネイが訛ったものだといわれるように，王国の版図はかつては広大だったが，その支配範囲がどれほどだったのかが明確ではないことである．

ブルネイ王国の正史は，1730年代に編纂された『ブルネイ国王の系譜（*Salasilah Raja-Raja Brunei*）』に基づき語られる．これによれば，王国は開祖Awang Alak Betatarが後に「ブルネイ・タウン」とよばれる地に入植地を構え，イスラームに改宗してSultan Muhammad Shah（在位1363〜1402年）を名のり，マレー半島のジョホール王国の王女を娶ったところから始まる．第3代のSultan Sharif Ali（在位1408〜32年）はイスラームの預言者ムハンマドの子孫であるとされる．第2代スルタンの王女を娶ったことから，21世紀の現在にいたるまでこの王国はイスラームの正当な守護者を任じている．

15世紀末から16世紀初頭はブルネイ王国が最も勢力範囲を広げた時代といわれ，その範囲は，ボルネオ島では現在のマレーシアのサラワク州からサバ州の沿岸を越えて，インドネシアのカリマンタン東沿岸部までを覆った．また，北はフィリピンのスールー諸島をも勢力下においた．しかし時代はやがて，ヨーロッパ勢力の東南アジアへの進出期を迎える．ブルネイ王国は19世紀末までにスペイン，ポルトガル，オランダ，米国，英国勢力に領土を奪われ，特に19世紀後半から20世紀前半にサラワク王国，北ボルネオ会社，英国政府との間で結ばれたさまざまな条約の結果として，今日の国土の形がつくられた．

●ブルネイ・ビジョン2035　豊富な石油と天然ガスの生産により，ブルネイの1人あたりGDPは高く，2017年時点で日本の3万8439米ドルに対して2万9712米ドルであり，これは韓国とほぼ同じである．既述のように，国による社会福祉面の手当ては厚い．例えば公務員や民間企業就業者の別なく，外国人を含めて個人に対する所得税はなく，ブルネイ国籍者・永住者は国立病院での医療は無料，小学校から大学まで公立の教育機関では無償教育を行っている．

他の石油産出国と同じように，ブルネイ経済は石油と天然ガスへの依存度が高く，ブルネイ政府は経済の多様化をはかるべく長期国家ビジョンを作成し，その実現に努めている．2008年に発表した「ブルネイ・ビジョン2035」がそれである．目標年までに，国民の生活水準を世界の上位10位にまで引き上げること，国民の教育レベルと技術力を高めて優れたものにすること，石油・天然ガスへの依存から脱却して経済の多様化をはかり，ダイナミックで持続可能な社会国家を実現すること，などを目指している．

［佐藤宏文・加藤　剛］

東ティモール

☞「フェアトレード・コーヒー」p.640

東ティモール民主共和国（República Democrática de Timor Leste）は，国連暫定行政を経て2002年に誕生した，21世紀最初の独立国家で東南アジアで最も新しい国である．通貨は米ドルと，センタボという硬貨である．マレー語◀で「東(timur)」を意味するティモール島は，マレー半島から巨大な弧を描いて連なるスンダ列島の東端に位置する，東西に約470 km，南北は最大で約110 kmの島である．東ティモールはそのティモール島の東半分と，北海岸沖のアタウロ島，東端のジャコ島，そして西側の飛び地であるオイクシから構成される．領土面積は1万5410 km^2，東南アジアではブルネイ，シンガポールに次いで小さく，2015年時点で人口は約117万人である．国民の大多数（99.6%）がカトリックである．

公用語は首都のディリを中心にリンガ・フランカとなっていたテトゥン語と，ポルトガル語の2言語を採用している．1975年から1999年までのインドネシア支配の影響から，インドネシア語◀も多くの国民に理解されている．ただし現在にいたるまで，驚くほどの言語的多様性を保持しており，2010年時点で少なくとも16言語以上の現地語が日常的に使用されており，それらは憲法においても国民諸語として明記されている．

●ポルトガルとインドネシアによる植民地経験　東ティモールの国民国家形成を特徴付けるのは，ポルトガルとインドネシアという異なる宗主国による植民地経験の影響である．日本軍による占領期（1942〜45年）については，短期間で国民意識形成の点での影響は低いとの認識から，ここでは検討の対象としない

ポルトガル人がティモール島に初めて上陸したとされるのは1515年である．16世紀以来，東ティモールがポルトガル領だとする一般的理解の根拠はこれである．実際の植民地化の始まりは18世紀以降で，ポルトガルは1702年，最初の知事をリファウ（現在のオイクシ県）に派遣し，さらに1769年にディリに拠点を移し，ポルトガル領であることを宣言した．しかし，この時代でさえ北部沿岸の一部にコロニーを形成したに過ぎなかった．現在の領域に及ぶ植民地行政を確立したのは20世紀に入ってからである．20世紀初頭，ポルトガル政庁は人頭税を導入し，その重税に反発した首長たちは1911年，ポルトガルに対する最大規模の叛乱を起こした（マヌファヒ戦争）．この戦争に勝利した植民地政庁は，日本軍による占領期を除き，1975年まで植民地支配を継続した．

東ティモールの最初の民族主義運動は1974年，ポルトガル本国における無血の「カーネーション革命」を契機として高まった．この民族主義運動の中核となったのは，シャナナ・グスマン，ジョゼ・ラモス＝ホルタ，マリ・アルカティ

りなど，ポルトガル語による現地住民への近代教育が導入された1960年代に教育を受けた者たちである．近代教育の導入とナショナリズムの勃興は，他のアジア諸国に比べて半世紀以上遅れている．

近代教育の導入が他の地域と比べて遅く，また短期間に終わったことが，現在の東ティモールの言語状況に大きな影響を与えている．インドネシアは1975年12月，東ティモールに軍事侵攻し，その翌年には東ティモールがインドネシアの27番目の州であることを宣言した．その24年に及ぶ支配の間にインドネシアは近代教育を徹底した．インドネシア時代にインドネシア語で教育を受け，ジャワ島やバリ島の大学に進学した若者たちは，軍や警察による人権侵害を訴える学生運動の中心的な存在になった．この民族主義運動の第2世代は東ティモールの独立時点で30～40代となり，人権団体，NGOなど市民社会における中核的な担い手となった．

●宗教と言語―カトリックとテトゥン語　ポルトガルとインドネシアという異なる宗主国の支配を経験した異なる世代が共存していることが，独立後の国民形成を複雑なものにしている．

公用語としてポルトガル語を採用したことは，国民の多数を占めるインドネシア語による教育を受けた世代の排除を意味する．これを補うものとしてのテトゥン語の公用語化であったが，これも二つの意味において問題となった．第1に，テトゥン語は文字言語として確立されたことがなく，また多くの語彙をポルトガル語やインドネシア語から借用し成立していること．第2に，テトゥン語がリンガ・フランカとして成立していたのはディリ以西の西側地域であり，東側地域であるラウテン県などファタルク語圏ではインドネシア語の方がむしろ共通語として機能していた点である．

東ティモール政府は，ポルトガルとインドネシアという異なる宗主国に基づくナショナル・アイデンティティの問題を，カトリックを媒介として解決をはかろうとしている．具体的には2015年，カトリック伝来500周年の祝賀行事を，国家をあげて大々的に行った．カトリック伝来とは，1515年の最初のポルトガル人上陸を意味しているが，現実はポルトガルによる植民地期を通じてカトリック宣教は活発ではなく，ポルトガル時代末期の1970年代においても，信者人口は30%に満たなかった．特に1910年のポルトガル本国の王制から共和制への移行に伴い，すべてのポルトガル領からカトリック修道会は追放され，1950年代後半まで宣教活動は禁止されていた．カトリック人口が急増するのは，皮肉にもパンチャシラ（唯一神への信仰を含む独立五原則）により，公認宗教への帰属が求められたインドネシア時代である．カトリック信仰をナショナル・シンボルに，ポルトガルとインドネシアという異なる植民地経験をつないだ2015年は，東ティモールの国民国家形成において重要な分岐点となった年といえるだろう．［福武慎太郎］

フィリピン

☞「フォークカトリシズム」p.220,「在日フィリピン人」p.724

フィリピンは7100の島々からなり，その数はインドネシアに次いで世界第2位，国土面積は日本より1割ほど少ない30万km^2，そこに1億100万人が住む(2015年の国勢調査速報値)．少子高齢化が進む日本の平均年齢が46歳であるのに対して，フィリピンは半分の23歳，1人の女性が一生に産む子供の平均数を示す合計特殊出生率は2.94人（2015年）で日本の2倍以上．人口の増加はこの先20～30年は着実に続くと予測されている．2000年代の半ばからGDPの年間成長率は6～7%で安定しており，人口ボーナス（15～64歳の生産年齢人口）の恩恵が，この先の経済の持続的成長を後押しするだろう「若き大国」である．

●スペイン，米国，日本による統治　東南アジアの中でフィリピンは，キリスト教と英語教育の二つが際立った特徴となっている．キリスト教は1565年に始まるスペインによる330年ほどの，そして英語は20世紀前半の米国による半世紀弱の植民地支配の遺産である．カトリックは国民の85%ほど，米国支配期に宣教が進んだプロテスタントが約7%，他にはスペインの来航以前にマレー世界との交易を通して受容したイスラームの信奉者が5%ほどでミンダナオ島西南部からスールー海にかけて住んでいる．また，全土の山地に暮らす先住民族が全人口の3～4%を占めている．スペインと米国の支配の間に，今もフィリピン人であることの自覚と誇りの根源となっているフィリピン革命（1896年8月）がマロロス政府（1898年6月）を樹立した．それはアジアで最初の民族独立・解放闘争の勝利であった．評論と二つのスペイン語長編小説『ノリ・メ・タンヘレ：わが祖国に捧げる』（井村文化事業社, 1976）と『反逆・暴力・革命』（井村文化事業社, 1976）でスペイン政庁の圧政と腐敗を糾弾したホセ・リサールは，フィリピン・ナショナリズムの礎として今も深く崇敬され，革命を扇動したとして反逆罪で処刑された日（1896年12月30日）は今も祭日と定められている．

革命への米国の介入と続く比米戦争（1899～1902年）に敗れたフィリピンは，「恩恵的同化」政策を唱える米国の支配のもとで議会制民主主義，英語教育，映画や音楽，ファッションなどの大衆文化を受け入れた．フィリピンが米国のアジア進出のための橋頭堡であったため，先の大戦中に日本は60万の将兵を送り軍政を敷き，フィリピンを激戦の地とした．日本側は48万人を超える戦病死者を出した一方，フィリピン側は政府の公式発表によればゲリラや多くの民間人を含め日本の倍以上110万人の犠牲者を出している．そのため戦後しばらくの間対日感情はきわめて厳しかった．が，1980年代の前半から急増したジャパゆきさん（日本へ行くエンターテイナー）と日本人男性とのフィリピン・パブなどを介した草の根の親密交流が日比の国際結婚の増加につながり，日本人の国際結婚のパートナーとして，フィリピン人は，中国人に次いで韓国・朝鮮人（在日コリアンを含む）と並ぶ上位の3か国の一つとなっている．また貿易立国の日本の輸出入の物流を担う海運では，外航船の75%ほどの船員がフィリピン人である．過去の恩讐を越えて現在では，草の根の民間交流を通して友好的な信頼関係が育まれ，未来志向を基本として両国の絆が深まっている．

●グローバル化の時代になって　かつて冷戦の時代，フィリピンは，国民統合と経済開発において必ずしも順調な発展を遂げることができなかった．マルコス大統領（在任1965〜86年）の開発独裁体制は，前半では一定の成長を実現したが，2度の石油ショックの打撃を受けて後半は失速し，1986年のピープルパワー革命によって崩壊した．非武装の大量の一般市民が首都の目抜き通りを占拠し，現場の報道陣やテレビカメラの注視と監視が国軍の強大な火器を無力化し，体制崩壊にいたるという新しい市民革命のモデルは，その後のアジア，東ヨーロッパなどに波及してゆき，冷戦体制の終わり（1989年）を導く契機の一つとなった．

冷戦が終わりグローバル化の時代となった1990年代から，フィリピンは新たな国際経済システムの中で，専門家，技術者，医師・看護師，家事手伝いやケア・ワーカー，その他，さまざまな職種の労働者を世界各国に送り出す人材輸出大国となっている．現在，総人口の約1割にあたる1000万が移民や出稼ぎとして海外で暮らし働いており，その内訳はおよそ5割弱が永住者，4割が正規の労働者，1割ほどが非正規の就労である．主な行き先は米国と中東そしてアジアであるが全世界に広く散らばっている．彼らの送金の総額は2015年で258億ドル（約3兆円）に達し，7兆円の国家予算の4割以上の額にあたる．そうした海外での就労と生活の体験は，外からフィリピンを眺めフィリピン人であることの自覚を強化している．

東西冷戦の時代にフィリピンは反政府勢力の共産党・新人民軍（CPP-NPA）が大きな軍事力を擁して政府と衝突を繰り返し，国民国家の建設と経済発展を阻害する要因となった．しかし1980年代の末に冷戦が終結し，グローバル化とIT化が進展するとともに持続的な経済成長を遂げるようになってきた．政府の労働力輸出の推進という政策に加えて，米国植民地期の遺産としての英語教育により，海外に出て働くことの心理的バリアが低いことが大量の海外出稼ぎ労働者を生み出している．国内産業に関しては，サービス業がGDP全体の約60%を占めており，わけても欧米の企業のために英語で応対するコールセンター（カスタマーサービス）の成長が著しい．かつて貧富の二層構造からなっていた社会をつなぐ中間層が厚くなってきている．東西冷戦の時代の国民国家・経済の建設競争では「アジアの病人」などと揶揄されてきたが，グローバル化の時代になってフィリピンは国際的な労働移動ネットワークの中で存在感を増し，サービス産業と個人消費が経済成長を推進する新しいモデルとなっている．

［清水 展］

世界の中の東南アジア

東南アジア諸国のほとんどは，第2次世界大戦後に独立した．独立後も，一次産品の生産や中継貿易に依存する経済構造が持続し，本格的な工業化は1960年代以降まで待たねばならなかった．また国民統合や国境をめぐる紛争も起こった．にもかかわらず，東南アジア諸国は経済発展において相当の成功を収めたといってよい．1960年には，現在の東南アジア諸国連合（ASEAN）加盟10か国の名目GDPの合計は世界全体の1％に満たなかったが，2017年までに3.43％に上昇し，米国，中国，日本，ドイツに次ぐ経済規模となっている（World Development Indicatorsのデータベースによる）．世界全体のモノの貿易に占める割合は7.6％で，米国，中国，ドイツに次ぐ第4位，対内直接投資のシェアも6.8％で，米国，香港，中国に次ぐ第4位となっている（ASEAN事務局）．またASEANは，1967年の設立以降，加盟国間の紛争回避に成功するとともに，東アジア地域統合の中で中心的な役割を果たしてきた．

●国際政治・国際経済の中での成長と生存　こうした成功の背景には，東南アジア諸国の多くが開発途上の中小国というみずからの立場を明確に認識しつつ，国際政治経済の動向に敏感に対応してきたという経緯がある．

1949年の中華人民共和国成立を契機に，東南アジアは米国の冷戦戦略の前線として位置付けられた．米ソ冷戦の代理戦争となったベトナム戦争さなかの1967年，インドネシア，マレーシア，タイ，フィリピン，シンガポールの5か国（ASEAN 5）は，東南アジアにおける左派勢力の拡大や大国の介入を防ぐとともに，隣国間の対立を緩和して国家建設に注力するためにASEANを設立した．「反共」の看板を掲げたASEAN 5は，米国や日本などの西側諸国からの軍事・経済援助や民間投資によって資本を蓄積して工業化を進めた．特にシンガポール，マレーシア，タイは，外国資本を誘致して技術と金を集めて先進国向けのモノを生産する輸出指向型成長を遂げた．さらに，1980年代に加速した金融のグローバル化に呼応してASEAN 5の多くが金融の自由化にふみきると，外資流入が加速し，1980年代半ばから1990年代後半にかけての高度成長につながった．

ASEANは，冷戦終結後の変化にも敏感に対応した．とりわけ，自国の賃金上昇と中国の経済的台頭によって外資流入が鈍化することを危惧したASEAN諸国は，1992年に域内での国境を越えた水平分業体制の拡大による国際競争力強化，大規模市場の確保による外資誘致促進を目指して「ASEAN自由貿易地域（AFTA）」の創設を決定し，域内関税率の引き下げや非関税障壁撤廃を進めた．さらに，ベトナムとラオスによる市場経済原理の導入（1986年）や，カンボジア内戦の終結（1991年）に続き，1990年代にはインドシナ3国とミャンマーがASEANに加盟した．2015年末には10か国からなるASEAN経済共同体が発足し，6億人規模の地域経済圏が成立した．

● ASEANの流儀とASEANの中心性　ASEANが設立以降積み重ねてきた規範は，「ASEANの流儀（ASEAN Way）」とよばれている．「ASEANの流儀」とは，一般的に，紛争の平和的解決，内政不干渉原則，コンセンサスに基づく意思決定などをさす．内政不干渉原則のもと，一党支配体制のベトナムやラオスと複数政党制のインドネシアやフィリピンとが同じ地域機構に属することが可能となり，また，1国でも反対すれば決定にはいたらないコンセンサス方式によって，ASEANとしての決定に不満をもつ国の離脱の可能性を低く抑えている．

ASEANのこうした制度は，1989年のアジア太平洋経済協力（APEC）の設立に際しても重視され，さらに，アジア通貨危機から2000年代半ばにかけてつくられていったASEAN＋3（日本，中国，韓国），ASEAN＋6（日本，中国，韓国，インド，オーストラリア，ニュージーランド），東アジアサミット（ASEAN＋6と米国，ロシア）といった東アジア協力においても，規範となっている．また，AFTA以降の経済統合の経験を背景に，ASEANは中国（2004年），韓国（2007年），日本（2008年），インド（2010年），オーストラリアとニュージーランド（2010年）とそれぞれ自由貿易協定や包括的経済連携協定を結び，東アジア地域の経済連携協定のハブとなっている．

●米中対峙とASEANの課題　2008年の世界金融危機を契機に，経済力と自信を増した中国が「海洋強国」政策を推し進め，米中対峙ともいえる状況が生起したことで，東南アジアは政治分野において新たな対応を迫られている．

今日，安全保障と経済の双方の分野で中国に追随しようとする国や，中国を牽制するために米国との安全保障協力を深化させながらも，中国との経済協力も拡大しようとする国，中国と日本の対抗関係を利用して双方から援助を引き出そうとする国など，ASEAN諸国の多様な行動が観察される．とりわけ，シーレーンである南シナ海における中国による人工島建設や軍事設備の導入をめぐり，こうした違いが顕著に現れている．ASEANの流儀も手伝い，南シナ海問題に対するASEANとしての対応はごく控えめなものにとどまっているといえる．

このような新たな国際政治構造において，ASEAN諸国やASEANの行動は，米中両大国の影響圏の外延を決め，大国間の権力バランスを左右し，ひいては国際秩序の未来にも影響を与えうる．ASEANが従来の流儀を修正し，国際政治の将来に一定の影響力をもつようになるのか，それとも，経済統合に終始し，政治分野で積極的な役割を果たすことを避け続けるのか，注視したい．　［鈴木絢女］

第2章

東南アジア世界の形成と変容

隣接する中国やインド，西方のアラブ・イスラーム世界から多大な影響を受けた東南アジアは，三つの文明圏と比べるとその特徴を指摘するのが難しい.「東南アジア」という名称の一般化が20世紀半ば以降というのも，この状況を反映してのことだろう．英領ビルマ研究など個別の植民地研究は第2次世界大戦前に存在した．だが「東南アジア研究」の始まりは戦後である．その学問的営為の一つは，中国，インドなどとは異なる独自な世界の存在を示すことだった．古（いにしえ）のインドや中国などの商人，大航海時代の西洋列強を引きつけた珍奇な森林産物や海産物は，東南アジアの生物多様性の恵みであり，東西世界を結んだ「海のシルクロード」は，東南アジアの海とそこに住む人びとなしにはあり得なかった．このように域内における文化接触，政治関係，人の移動とともに外世界との交渉は，東南アジアの歴史に通底するモチーフである．第1章の各国項目や「大陸部東南アジア」「島嶼部東南アジア」の項目で触れているように，地域のほとんどの国は第2次世界大戦後に独立し，さまざまな形で国民統合へ向けての歩みを始めた．政治・文化的に多様な国々を内包する「東南アジア」は，もともとは外部者が付けた名称だった．しかし1967年のASEANの結成とその後の発展は，他称である地域名のASEAN東南アジアとしての自称への変容過程だと理解できる．域内11か国のうち唯一未加盟の東ティモールも加盟は時間の問題だとされる．地域の特徴が曖昧な東南アジアは，今や主体性をもった地域名称に生まれ変わろうとしている．本章の主題は，このようなダイナミズムを歴史的に俯瞰することにある．

［加藤 剛］

東南アジアの自然と風土

☞「東南アジアの生態区分」p.8

われわれが今日東南アジアで出会う自然は，手付かずの自然であることはまずない．必ず人がかかわっている．人びとは生存と生活のために自然を改変し続けてきたのだ．一方で，こうした人びとの営為・活動のあり方は，人びとを取り巻く自然に強く影響を受けている．この人と自然の不断の関係が風土である．

東南アジアの自然の基盤は森林である．東南アジアは世界に類のない熱帯林地域である．そこに，二つの異なる風土を認めることができるだろう．大陸部と島嶼部である．

●世界有数の森林地域　ユーラシア大陸の東は雨の多い地域として知られ，日本列島を含めてアジア・グリーンベルトとよばれる緑濃い地域が南北に帯状に広がっている．東南アジアはその南端に位置し，1年を通じて植物の成長に必要な気温と水に恵まれ，地域全体に熱帯林が広がる．熱帯林は，大きく二つに分けることが可能だ．常緑の熱帯林地域と季節的に落葉する熱帯林地域である．それが二つの風土，島嶼部と大陸部の違いとなる．

気温の年変化が小さい熱帯は，年間総降水量よりもその季節的な分布の方が植生に大きな影響を与える．一般に月降水量が60mm 以下だと植物の成長が阻害され，100mm 以上だと十分とされるが，前者を乾燥月，後者を湿潤月として，その比

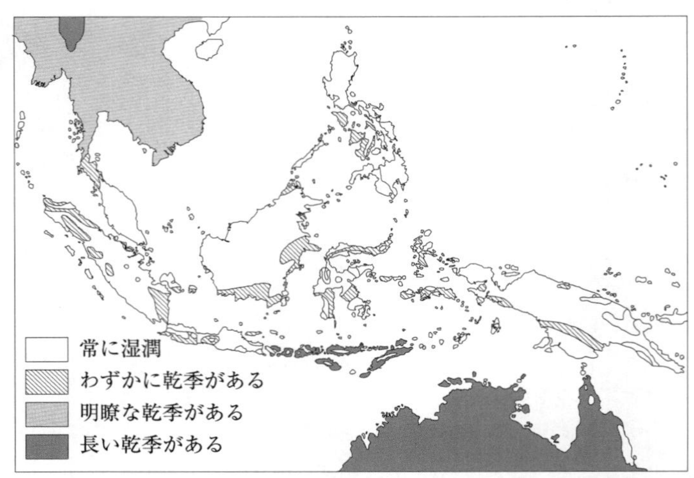

図1　［乾燥月/湿潤月］比に基づく東南アジアの降水パターン（出典：京都大学東南アジア研究センター編『事典東南アジア―風土・生態・環境』弘文堂，1997）

をとったのがQ比である．図1はこのQ比をもとに，東南アジア地域の降水パターンを示したものである．大陸部には明瞭な季節があり，島嶼部では不明瞭である．マレー半島は大陸部の一部であるが，風土的には年中湿潤な島嶼部とされる．

●季節林の大陸部　風向きの変化が大陸部の季節をもたらす．南西からの風が北東に変わる10月頃から乾季になる．ユーラシア大陸東部から冷たく乾燥した風が吹くからだ．木々は葉を落とし，林内は明るく見通しがきくようになる．下草が枯れて茶色く乾いた大地は，土ほこりを巻き上げる．地面は灼熱の太陽にさらされ続けるため，やがて，3～4月には暑季とよばれる最も暑い季節になる．5月には風向きは再び南西になり，海洋を越えた風が雨をもたらす．最初の雨がマンゴーシャワーだ．一雨ごとに木々は新芽を膨らまし，大地はみずみずしい緑色に一気に変わる．大陸部の季節は，メコン，サルウィン，イラワディなどの大河の水位にも現れる．乾季に下がった水位は，雨季には雨を集めて上昇し，氾濫原にあふれ出る．乾季雨季の差が顕著なメコン川では水位の差は7mにもなるところがある．

大陸部の人びとは，この繰り返される乾季と雨季のリズムの中で生活してきた．天水田はもちろん，焼畑の火入れや播種も雨次第である．デルタでの稲作も，川の水位に左右される．森の産物も川の魚相も季節によって異なる．人びとは季節の変化を知識として次世代に伝え，生きる技術をつくりあげてきた．

●常緑林の島嶼部　一方，海に囲まれた島嶼部は，乾燥大陸オーストラリアに近い東部地域を除けば，風向が変わっても1年を通じて湿潤である．そこに広がるのは，常緑の熱帯林，いわゆる熱帯多雨林だ．熱帯多雨林は，高温多湿で人が生活するには不向きなところである．わずかに住む人は熱帯多雨林から離れた「縁（エッジ）」に住居を構えた．具体的には，山地，大河の自然堤防，海の上などだ．例外はジャワ島である．明瞭な乾季があり，火山が水と肥沃な火山灰を供給するため農業が発達し，稠密な人口を支えた．

海は熱帯多雨林とともに島嶼部の風土の基盤である．海上集落は，心地よい風が吹き抜け快適そのものである．マラリアなどの感染症をもたらす病害虫もいない．不快な森には必要なときに入ってゆけばいい．森の中のサゴヤシからはデンプンが採れ，豊富な魚介類とともに食生活の中心となった．

海は，外から人がやってくるところである．外世界の人は熱帯多雨林の「宝」を求めてやってくる．沈香などの香木，香辛料など「宝」はさまざまであり，時代とともに違っている．熱帯多雨林の魅力は，玉手箱のようにその中に何かあると思わせるところだ．その何か，つまり森林産物と外の人をつなぐ媒介者となったのが熱帯多雨林の「縁」に住む人びとであり，彼らが外来者を待つ場所が港（パンカラン）となった．港は，島嶼部の風土の中でひときわ目立つところだ．異なる文化をもつ人びとが集まり，リンガ・フランカが話され，新しい考えや力が生まれ，島嶼部の風土を変えてゆくときの作用点となった．　［阿部健一］

季節のリズム

地球上には季節のさまざまな周期的変化があり，生命はその中で誕生した．イネ科の植物のように１年で発芽から結実までを完結させる作物から主な食糧を得るようになった人びとにとっては，１年間の季節サイクルが生存にとって特に重要なリズムとなる．中でも東南アジアでは，コメの生育に必要不可欠な雨をもたらすモンスーン（季節風）の開始時期とその期間が季節のリズムを形づくる．

●モンスーンが織りなすリズム 大陸部東南アジアでは，モンスーンの影響が明瞭である．インド洋を渡ってくる南西モンスーンは，4～10 月頃に大陸部東南アジアに到達し大量の雨をもたらす．逆に，大陸部から吹く北東モンスーンは乾燥するため，11～3 月に乾季となる．ただし，実際の降雨のパターンは地域ごとに異なる．モンスーン発生のメカニズムは，地球の自転運動や大陸と海洋の配置に由来する地球規模の大気循環が規定するのに対し，実際の降雨は，よりミクロな地形や地表面の状態によっても影響されるからである．例えば，タイでは，4 月に南西モンスーンがもたらす雨が降り始めるが，短い小休止の後，本格的な雨季に入る．最初の降雨にあわせてマンゴーの実がたわわに実ることから，この雨をマンゴーシャワーとよぶ．これはモンスーンの季節内リズムと考えられている．また，モンスーンが直接ぶつかり大量の雨がもたらされる山地の背後にある地域では，相対的に降雨量は少ない．ミャンマー中部やカンボジアの平原，東北タイがこれに相当する．山間盆地では，地域や標高によって雨の降り方が大きく異なる．また，同じ大陸部東南アジアでも，南西モンスーンが山によってさえぎられ，北東モンスーンが海を渡ってやってくる立地条件にある地域では，乾季と雨季の時期が逆転する．ベトナム中南部やマレー半島の一部がこれに該当する．

北東モンスーンが大量の雨を降らせるのは，大陸部に近い島嶼部東南アジア，すなわち，マレー半島やスマトラ，ボルネオ島である．南西モンスーンだけでなく北東モンスーンの降水もあり，これらの地域では年間を通じて多雨になり，降雨パターンの季節性はみられない．さらに北東モンスーンは赤道を越えて南下するとき，オーストラリア大陸に向かって南東に方向を変える．そして，南西モンスーンの時期は，オーストラリア大陸からの乾燥した風がこの逆のルートをたどる．その結果，ジャワでは，大陸部とは異なり，北東モンスーンの時期に雨季，南西モンスーンの時期に乾季となる．先述したように，降雨のパターンは地球規模のメカニズムとミクロな地域の条件とに影響されるため，オーストラリア大陸に近く，その影響を受けるインドネシア東部ではさらに乾季の時期が長い．また，フィリピン諸島からインドネシアのスラウェシにかけての海域世界では，島の配置によって降雨パターンが異なるため，近接する地域でも降雨の開始時期や期間が多様である．

モンスーンによる雨季と乾季のリズムに加えてさまざまな条件が季節のリズムを形づくる．ベトナム北部は大陸の寒気の影響で日本と同様の四季をもつ．春夏秋冬に加えて，冬季にはどんよりとした厚い雲が空を覆い霧雨が町や村を覆いつくす．フィリピンでは台風が，毎年必ずやってくる一つの季節のリズムを形づくる．近年，世界的な気候変動の影響で，台風の進路にも変化がみられ，例えばベトナムでは，かつて北部・北中部を襲うことの多かった台風が，より南部の進路をとるようになった．

●月がつくり出すリズム　気象以外にもさまざまな季節のリズムが東南アジアには存在する．海域世界では，潮の満ち引きは毎日の変動であり，大潮や小潮は，数週間から月単位の変動である．これらは，より大きな海流の変化とも関連しあいながら，魚などの水産資源の繁殖や回遊のサイクルとも関連し，漁業の季節のリズムを形づくる．インドネシアのロンボク海峡以東で知られるパロロはミミズ様の蠕虫で，1年に2回，大量の個体が海面を生殖群泳する．異様な形態にもかかわらず美味で，パロロにまつわるさまざまな伝説が各地に存在することで知られる．実際の発生は現地の暦の上で予測されることからもわかるとおり，太陽の天頂通過日を挟む前後2回の下弦に起こるとされる．

●生物のリズム　植物の中には，数年から数十年に一度，一斉に開花結実するものがある．東南アジアでは，島嶼部のフタバガキ科樹種や大陸部のタケが有名である．通年，湿潤多雨の条件下にある熱帯雨林の植物がどのような環境条件を開花の引き金としているかは不明であった．しかし現在では，エルニーニョ現象として知られる太平洋東部の海水温の変化が，気温の低下をもたらし，島嶼部東南アジアの植物の一斉開花を引き起こすという仮説が有力である．一斉開花は，共生関係が複雑な熱帯雨林の動植物にとってはきわめて重要なイベントであり，その結果，森の資源に依存する人たちにとっても重要な季節のリズムとなる．また，大陸部山地のタケは，発芽から開花・結実にいたるまでの周期が40年を越すことがある．人里に近い場所に群生し一斉に開花し枯死する竹林は，周辺の土地利用に影響を及ぼす．

●不明瞭になった季節のリズム　これらは地球物理的あるいは生物的な要因に由来するさまざまな季節のリズムである．しかし東南アジアでは，ダムの整備やかんがい排水施設の設備により，人為的な水利操作が農作業のリズムを形づくるようになってきた．かつては稲の刈り入れ後にもたれた結婚式が週末や子供の休校時に開催されるというのも新しいリズムのあり方である．また，電気の普及により，夜間の照明やエアコンの利用が急速に進んだ．従来，日長差や寒暖差として体感されていた季節のリズムが，ややわかりにくくなってきている．［柳澤雅之］

熱帯多雨林の世界

東南アジアの熱帯林は大きく二つに分けられる．広義の熱帯多雨林とモンスーン林（熱帯季節林）である．熱帯多雨林は1年を通じて湿潤な気候下で，一方，モンスーン林は明確な乾季のある気候下で生じる．例外はあるが，おおむね熱帯多雨林は島嶼部に，モンスーン林は大陸部に分布する．世界にはアフリカ，南米アマゾン，そして東南アジアと三つの熱帯林地域があるが，とりわけ生物の多様性が高く，巨大なのが島嶼部東南アジア◀の熱帯多雨林である．

●多様な熱帯林　熱帯多雨林は，森林基盤（土壌）の違い・水文条件・標高などによっていくつかの森林タイプ（群系）に分けられる（表1）．その中からいくつか特徴的なものを紹介しておこう．まずは泥炭湿地林である．

泥炭は植物遺体が分解されずに積み重なったものである．普通，寒さで分解が抑制される寒冷地で生じるが，熱帯でも常に水浸しの状態にあると分解が抑制され泥炭が生じる．この熱帯泥炭上に生じた森林が泥炭湿地林であり，スンダ大陸棚の上に低湿地が広がるスマトラ島東海岸，ボルネオ西・南海岸に主に分布する．

クランガス林も特殊な基盤の上にできる．熱帯の土壌は，強い降雨で土壌のミネラルが流出する溶脱作用を受けやすい．その結果水に溶けにくい鉄・アルミニウムが最後まで残り，酸化して赤色を呈するラテライトとなる．ボルネオ島では，この鉄・アルミニウムまで溶脱し，ガラスの原料であるケイ素だけが残ることがある．この白色の砂地が現地の言葉でクランガスとよばれ，貧栄養であるため幹の細く樹高の低い木が密生する森林となる．マングローブ林は汽水域に生じる森林である．熱帯地域の海岸部で普通にみられる森林であるが，海岸線の長い島嶼部東南アジアでは，どこよりも重厚なマングローブ林がみられる．外世界からの来訪者が最初に目にするのは海に面したマングローブ林だ．この海と陸の境界

表1　東南アジア熱帯林にみられる森林タイプ（群系）

森林群系*	水文	土壌	標高(m)
1 熱帯低地常緑多雨林	陸域	成帯性土壌	1200 以下
2 熱帯山地多雨林(低標高)			1200～1500
3 熱帯山地多雨林(高標高)			1500～3000
4 熱帯亜高山林			3000 以上
5 クランガス林		ケイ酸土の土壌	
6 石灰質土壌林		隆起石灰岩地域などの石灰質土壌	
7 超塩基性土壌林		変成岩に由来する超塩基性土壌	
8 海岸林	海岸の海水域	主に砂地	
9 マングローブ林		海岸線の泥地や砂地	
10 汽水林		淡水と海水の混在地(しばしばマングローブ林の後背に位置)	
11 泥炭湿地林	内陸の淡水域	泥炭湿地(貧栄養の泥炭)	
12 淡水湿地林		淡水湿地(富栄養の黒泥･鉱物土壌)	
13 準常緑熱帯林	湿潤な気候下の中の局所的な乾燥地		
14 熱帯湿潤落葉林	(乾燥の度合いによって，さらに細かく分けることもある)		

＊1～13が熱帯多雨林，1年を通じて湿潤な地域に分布する．14がモンスーン林，明瞭な乾季と雨季がある地域に分布する．

にある森林は，幼い魚介類が安全に育つ隠れ家となり，周辺の海を豊かにする．

●狭義の熱帯多雨林—低地フタバガキ林　多様な森林タイプを含む広義の熱帯多雨林に対して，表中の熱帯低地常緑多雨林を狭義の熱帯多雨林とよぶ．われわれが熱帯多雨林と聞いて普通に思い浮かべる深くて巨大な動植物宝庫の森のことだ．この森林を特徴付けるのがフタバガキとよばれる一群の樹種である．狭義の熱帯多雨林を低地フタバガキ林とよぶこともある．

フタバガキ科は，わずかな例外はあるが東南アジアに固有な分類群である．名前の由来は，比較的大きな果実に多くの場合2枚の翼がついていることによる．樹高80〜90mに達することもある森の巨人で，林冠を突き抜け突出木となる．数年に一度不定期に起こるエルニーニョの異常乾燥が刺激となり，一斉に開花・結実し大小の動物に貴重な食物を提供する．熱帯多雨林が賑やかになるときだ．

熱帯多雨林の中は意外と歩きやすい．林床にはわずかにしか光が届かず下草など生えていない．林内は静かで動物の気配はしない．豊かな生物の世界は地上40〜60mの林冠にあり，人は簡単にアクセスできない．人の大きさと比べると，熱帯多雨林は，はるかに巨大である．

●人のいなかった熱帯多雨林世界　東南アジア熱帯多雨林は，長く人を寄せ付けなかった．「森の民」とよばれる人もいるが，熱帯林の中ではなく貫流する川沿いに住む人である．巨大な森林は住みにくいのだ．このことは長く人がその中で生活していたほかの二つの熱帯多雨林と比べるとより明確になる．

アフリカの熱帯林地域の年間降水量は2000mm以下で，しかも2か月ほど雨の降らない季節がある．乾燥に強いマメ科の樹種が多く，樹高はせいぜい30〜40mである．林冠との距離が近く林床の植生も豊かで，森林内に住み狩猟採集で生活することができる．南米の熱帯林も雨季・乾季がはっきりしている．広大なアマゾン川流域は，雨季にはアンデス山脈の降雨を集めて流域全体が冠水する．林床は水浸しになり，魚も森林産物となる．最近の研究では，森林の大部分は原生ではなく，インディオが時間をかけて有用な樹種を植えたり選択的に残した人手が強く入った森林であることが明らかになっている．

一方，東南アジアの熱帯多雨林と人の直接的なかかわりの歴史は浅く，しかも初めから対立的であった．年輪がないフタバガキ科の木はベニヤ材などに加工しやすい．最初にこの森林に多くの人びとがやってきたのは，20世紀半ば以降，木材伐採のためである．商品価値のある巨木が抜き切りされた森林は，1980年代の後半頃からゴム，次いでアブラヤシのプランテーション◀に次々と転換される．熱帯多雨林世界は，一部の保護林を除いて，ほぼ消え去ってしまった．この50年ほどの間のことである．

［阿部健一］

📖 参考文献

［1］ホイットモア，T. C.『【熱帯雨林】総論』熊崎 実・小林繁男監訳，築地書館，1993

熱帯の森林産物と商品作物

☞「プランテーション」p.276,「アブラヤシ栽培」p.278

多様性に富む熱帯林は，森林産物の宝庫である．ただこの森林産物は，人が利用して初めて宝となり，商品となる．これまで東南アジア熱帯林は数多くの有用な産物を提供してきたが，こうした森林産物と商品のリストは，森林と人とのかかわりの歴史を物語ることにもなる．

●異境の奇貨　熱帯林産物の古い記録は，中国の史書に残されている．例えば，漢の『史記』貨殖列伝や『漢書地理志』には，当時の南海の特産物として，「果」「犀」「象牙」などがあげられている．「果」は熱帯の果実．犀も象も熱帯林の動物であり，犀の皮は鎧，角は薬として，象牙とともに珍重された．

図1　樹齢400年と称されるチョウジノキ．この木の花蕾がヨーロッパ市場に運ばれた（テルナテ島にて）

よく知られている熱帯林産物は，沈香・安息香・龍脳などの香木の類だろう．沈香はジンチョウゲ科の複数の樹木，安息香はエゴノキの仲間，龍脳はフタバガキ科の樹木の樹脂である．安息香は大陸部とスマトラ島の山地が産地であり，龍脳はボルネオ産が有名である．沈香は今では広く栽培されるようになっているが，安南山脈に産するものは上質で特に伽羅とよばれた．正倉院の沈香には，織田信長をはじめ，歴代の権力者が少しずつ切り取ったあとが残る．

こうした熱帯の特産物は，庶民が利用できたものではない．遠い東南アジアの森から，いくつもの港を経て，言葉も風習も違う商人の手を通してもたらされ，貴族など特権階級の人だけが手にすることができる高価な奢侈品であった．

●宝から資源へ　大航海時代の幕開けは，異境の奇貨だった熱帯林産物を多くの人が利用できる身近なものにした．大量の物品を東南アジアから運ぶことができるようになったからだ．熱帯林は外世界と直接結びついた．

この時代の熱帯林産物の代表が香辛料である．主要商品となったのは丁子（クローブ）とニクズク（肉荳蔻）．どちらもインドネシアのモルッカ諸島にのみ自生していた．ヨーロッパで塩蔵された肉の腐敗臭を押さえるために欠かせなかった．

丁子はフトモモ科の中高木である．開花前の花蕾には芳香成分があり，乾燥させて使うほか，精油を抽出することもある．ニクズクはニクズク科の高木．種子の中の「仁」がナツメグとよばれるが，種子の覆う仮種皮も香辛料となり，こちらはメースとよばれる．

ニクズクの利用は大航海時代に一気に広まったが，丁子はそれ以前から生薬や含香として知られていた．日本では5〜6世紀には知られており，正倉院にも残されている．含香とは，密教の儀式の折など，香りで口の中を清めることである．

丁子もニクズクも，ヨーロッパの市場で高値で取り引きされた．列強は競い合ってこの商品から最大の利益を得ようとした．モルッカ諸島を押さえたオランダは他の島々に生える木を伐採して富の独占をはかろうとした．対して，自生地以外に植栽を試みて農園を開こうとする動きも出てくる．チョウジノキは，その後アフリカのザンジバルやマダガスカルなどに植栽されて産地が拡がっていった．植栽することで，熱帯林の産物は宝から資源となったのである．

●グローバル時代の熱帯林産物　20世紀半ばには木材が商品となり熱帯林そのものが資源となった．木材の最大の輸入国は日本．合板に加工して海外に輸出し外貨を稼いだ．南洋材ないしラワン材と総称されたフタバガキ科の樹種は，幹が通直で，柔らかくて年輪がないため加工しやすく，合板の原料として最適であった．伐採・搬出して十分採算がとれる巨木は，1haあたり数本である．当初は皆伐していたがやがて採算のとれる木のみを抜伐するようになる．巨木を抜伐して経済的に価値がなくなった森林のことを枯渇林ということがある．

熱帯林産物として最後に登場するのが，ゴムとアブラヤシである．ゴムの木は天然ゴムを産出し，アブラヤシは油脂が食用油や食品などに広く利用される．どちらも今日，われわれの生活にかかせなくなった．重要なのはこの二つの産物が，もともと東南アジア原産ではなく，枯渇林を皆伐した跡地に植栽された外来のプランテーション作物だということである．

ゴムノキ，正確にはパラゴムノキの原産地は，アマゾン流域である．天然ゴムを産出する樹木は多いが，その中で品質が高く産出量が多いのがパラゴムノキである．19世紀末，プランテーション作物として東南アジアに導入されたが，その後地域住民の間でも栽培が広まった．焼畑の休閑期に植えると焼畑地が森林に戻る中で，ゴムノキもほかの木に混ざって成長し，焼畑民の貴重な現金収入源となった．半島マレーシアやスマトラを中心にゴム農園が広がるが，地域住民が主体となった比較的小規模なものが多い．アブラヤシの原産地はアフリカ熱帯である．ちょうど東南アジアのココヤシのように地域の人びとの日々の生活に欠かせない自給用作物だった．それが東南アジアではプランテーションで大規模に栽培され，外貨を稼ぐ商品作物となっている．島嶼部を中心に，20世紀後半から枯渇林は次々とアブラヤシのプランテーションに転換されていった．

ゴムもアブラヤシも，もともとは東南アジア熱帯林の産物ではない．しかしどちらも東南アジア熱帯林地域で広く栽培され，その風景を激変させた．かつて宝や資源を生み出してきた熱帯林はもうほとんど残っていない．　［阿部健一］

東南アジアの海と島

☞「海域世界」p.14

東南アジアは大陸以外に海と島の世界でもある．実際，大陸部に属する国々もラオスを除けば，いずれも沿岸域をもつか海に囲まれている．歴史的にも，東南アジアは海を介して中国やインド，アラブ世界とつながってきた．またその東部では太平洋が広がり，人類史的にはオセアニアへ進出した人類集団の起源地としても知られている．ここでは東南アジアを海と島という視点から整理する．

●東南アジアの海　巨視的にみると，東南アジアの海は東から西にかけて，太平洋，南シナ海，インド洋へとつながっている．太平洋とインド洋という二つの大洋に挟まれる地域が，東南アジアという認識も成り立つ．このうち太平洋は，フィリピン諸島の東海岸から，ニューギニア島やティモール島を含む東インドネシアの島々を囲み，インド洋はミャンマーとメルギー諸島，タイ西岸，マレー半島西岸を経て，インドネシアのスマトラ島西岸やジャワ島南岸と接している．一方，南シナ海はフィリピン諸島やボルネオ島の西海岸と，ベトナムやカンボジア沿岸，タイやマレー半島の東岸域に囲まれるような形で広がり，さらにその北部は中国南岸に接する．

南シナ海に象徴されるように，東南アジアの海は，大陸や島々によって囲まれる特徴をもっている．ゆえに東南アジアは，陸を含めて海の世界ととらえる海域世界論の視点から論じられることも多い[1]．また水深の浅い南シナ海の西側は海面が低下した氷期には陸地化し，マレー半島，ジャワ島，スマトラ島，ボルネオ島を含むスンダ大陸が存在した．動物相の違いから引かれたウォーレス線は旧スンダ大陸の境界線と一致するが，このウォーレス線の東側にあたるバリ島以東の島嶼域は氷期にも大陸化せず，島嶼世界であり続けてきた．海による障壁は，動物相だけでなくヒトの拡散や海洋適応にも影響を与えてきた[2]．後述する海民の多くもウォーレシアの島々に暮らしている．

各海域は，完結した閉鎖性をもっておらず，隣接する他の海域とも有機的に結合している．先の南シナ海は，その南部のジャワ島付近においてはジャワ海とつながり，東部においてはマラッカ海峡を通じてアンダマン海ともつながる．またジャワ海はマカッサル海峡を経てスラウェシ海や，その東部ではフローレス海，そしてバンダ海へと連なる（巻頭付録[4]参照）．

熱帯・亜熱帯地域に位置する東南アジアの海は，その沿岸域でサンゴ礁やマングローブの発達がみられる点にも特徴がある．サンゴ礁海域の生物種は多様性に富む上，その生産量も高い．その豊かな水産資源は，東南アジアに暮らす人びとにとって，食糧資源や交換材，装飾品の素材として重要な役割を果たしてきた．

東南アジアにおける人類による水産資源の活発な利用は，約4万年前にさかのぼる旧石器時代から認められ，現在においても漁撈を中心に水産資源の捕獲や運搬に特化した暮らしを営むサマやバジャウ，モーケンといった海民◀の存在にも認めることができる[2]．その反面，急激な人口増加や漁具・漁船の近代化により，水産資源の乱獲や海の汚染問題など，人為的な攪乱や海洋・沿岸環境の破壊と劣化も近年は進んでいる．

●東南アジアの島　東南アジアの海域世界を構成する島々は，大陸島，火山島，サンゴ礁島に分けられ，島嶼面積や海抜高度，植生，土壌といった自然条件も多様である．まず島嶼面積の大きな大陸島としては，世界的にも2番目に大きな島となるニューギニア島，次いで3番目にランクしているボルネオ島のほか，スマトラ島やスラウェシ島がある．地政学的にはニューギニア島の西側半分がインドネシア領でもあり，東南アジアの一部とも認識できる．ニューギニア島やボルネオ島には標高4000m以上の山や大河川，熱帯雨林がみられるが，地質的に古生層と新生代の堆積岩からなり，活火山はない．

これに対し，現在も活発な火山活動で知られるのが，スマトラ島，ジャワ島やバリ島，その東に連なるスンダ列島の島々と，マルク諸島からフィリピン諸島へといたる多くの島々である．こうした火山分布は，太平洋プレートとインド洋・オーストラリア・プレートが，アジア・プレートの下に潜り込む，プレート・テクトニクスの動きを要因としている[3]．また火山の活動は肥沃な土壌と豊富な湧水を提供してくれるため，人類にとっては暮らしやすい島嶼環境でもあった．

サンゴ礁を起源とする島には隆起サンゴ島と環礁島があるが，東南アジアにおけるサンゴ礁島の占める割合は少ない．しかし，沿岸域に発達したサンゴ礁と同じく，これらの島々が漁撈や水産資源の利用に特化する人びとにとって，その居住域や漁場として果たしてきた影響は少なくない．フィリピンのスールー諸島やスラウェシ島周辺には多くの隆起サンゴ島があり，これらの島々にはサマやバジャウが漁撈を主な生業として暮らしている．

水や土壌が豊かな火山島では水田や灌漑畑作を中心とした暮らし，大きな大陸島では熱帯雨林や低湿地で森林資源や淡水・汽水資源の利用，そしてサンゴ礁やマングローブ林が発達した島や沿岸域では，漁業を中心とした暮らしからなるモザイクこそ，東南アジアの海と島の織りなす風景といえるであろう．

［小野林太郎］

参考文献

［1］関 恒樹『海域世界の民族誌―フィリピン島嶼部における移動・生業・アイデンティティ』世界思想社，2007

［2］小野林太郎『海域世界の地域研究―海民と漁撈の民族考古学』京都大学学術出版会，2011

［3］高谷好一『東南アジアの自然と土地利用』勁草書房，1985

ウォーレス線の区切る世界

19 世紀の半ば，英国の博物学者 A. R. ウォーレスは，バリ島とロンボク島を分かつ海峡から，ボルネオ島とスラウェシ島を分かつ海峡に北上する線の東と西で，動物相に顕著な違いがあることを発見した．この線が後に生物相一般の違いを示すウォーレス線のもととなった．ここではウォーレス線の東，生物地理学がウォーレスにちなんでウォーレシアと名づけた空間を念頭に，ウォーレス線が区切る人間の世界とその系譜を描いてみよう．なお，現在の国家枠組みでは，ウォーレシアはインドネシアと東ティモールに跨る（巻頭付録[3]参照）．

●挟間と混淆の世界　ウォーレシアは，200〜1000 m を超える深海で区切られた熱帯の多島海である．民族や文化の面では，東南アジアとオセアニアに挟まれた挟間と混淆の世界を構成している．人びとの身体的特徴でいえば，ウォーレス線の西と北に連続するモンゴロイドのマレー系の分布と，ニューギニア島に連続するオーストラロイドのパプア系や，双方を祖先とするメラネシア系の分布がここで交錯する．マレー系では明るい褐色の肌，直毛頭髪の人が多く，パプア系・メラネシア系では濃い褐色の肌，縮毛頭髪の人が多い．

傾向としていえば，沿岸・島嶼に航海技術の長けた移動性の高いマレー系の人びとが住み，内陸・山地に比較的，定着性の高いパプア系・メラネシア系の人びとが住む．これらの人びととその混淆からなる民族はきわめて多様で，インドネシアの 2000 年版センサスは 413 もの民族を数えている．

作物栽培では，スラウェシ島の南西半島とロンボク島の西部まではマレー型の水田稲作が多いが，より東ではオセアニアに共通するサゴヤシ栽培，イモ類の根栽，陸稲やバナナなどの焼畑が多くなる．

15 世紀以降のイスラームの伝播，16 世紀以降の西洋による植民地化とキリスト教布教の歴史を経て，ウォーレシアでは宗教も混在するようになった．マルク諸島の北部，スラウェシ島の中・南部，小スンダ列島の西部には，イスラームが定着している．マルク諸島の中部，スラウェシ島の北部にはプロテスタントが，小スンダ列島の東部にはカトリックとプロテスタントが広まっている．山地部では，在地の精霊信仰や祖先崇拝も維持されている．

●ウォーレシアを結ぶ海民の移動と交易　ウォーレシアでは，これら多種多様な人びとがみずからの集団を越えて社会関係を紡ぎ，その関係を全体に連鎖させている．そうした地域生成の鍵になったのは，マレー系の海民◀の移動と交易であった．

16 世紀以前には，マレー人やジャワ人がジャワ島などからマルク諸島に到達した．16世紀以降は，スラウェシ島南部のブギス人・マカッサル人・ブトン人らがウォーレシアの島々に拡散した．彼らがウォーレシアに向かい，またその島々に拡散したのは，ここが自然資源の宝庫だったからである．

マルク諸島とバンダ諸島をそれぞれ原産地とする丁子とニクズクはとりわけ重要であった．ともに香辛料や薬として用いられる．これらは，遅くとも3世紀までに，中国やインドを中心とする交易圏で主要な交易品になっていた．マレー人らはその交易ルートをたどってマルク諸島に到達し，13世紀頃にはテルナテなどの王権国家を築いた．ベッコウや真珠，時代は下がるがナマコなどの海産物も各地で採捕され，中国に輸出された．16～17世紀には，テルナテ王国のほか，スラウェシ島のゴワ王国などが，これら自然産物の交易を経済基盤とする港市国家として隆盛をきわめた．

17世紀からは，オランダ東インド会社がマルク諸島を支配下におき，この地域での植民地化を開始した．とはいえオランダが実効支配できたのは，マカッサルのような主要都市のみで，それ以外の地域では，自前の海域ネットワークと航海技術をもつブギス人らの交易がより活性化した．交易は細分化し，その拠点は拡散した．ブギス人たちは，マルク諸島や小スンダ列島で，先住のパプア系・メラネシア系の人びとと交易関係を結び，しばしばその土地に移住した．こうした歴史過程で，ウォーレシア全体が交易によって結ばれることになった．

●在地の共生とその揺らぎ　先にみたようにウォーレシアは，挟間・混淆の世界である．ここでは16世紀以来，異なる言語，慣習，宗教の人びとが，モザイク状に隣り合って暮らしてきた．彼らの共生を基本とする関係は，冒頭で触れたウォーレスをはじめとする外来者の注目を集めた．民族や宗教間の共生関係は，移動と交易が繰り返されてきたこの多島海の歴史の中で自然に生成した．それはいわば，ウォーレシアを特徴付けるハビトゥス（行為性向）であった．

しかし，そうした共生関係は，1990年代末，インドネシアのスハルト政権崩壊に伴って生じたマルク紛争によって毀損される．紛争ではムスリムとキリスト教徒が衝突し，殺し合いにまで発展したのである．紛争の根本的な原因は今も明らかではない．国軍が誘導したともいわれている．紛争以前の歴史経験が，マルク諸島を含むウォーレシアの共生関係を再生させていくことが望まれる．

［長津一史］

📖 参考文献

［1］ウォーレス, A.R.『マレー諸島―オランウータンと極楽鳥の土地』上・下，新妻昭夫訳，筑摩書房，1993
［2］尾本恵市編『海のアジア4　ウォーレシアという世界』岩波書店，2001

先史時代の人の移動

東南アジアへの人の移動は，ジャワ原人による移住が最も古いとされ，実に190万年前までさかのぼる可能性が指摘されている．アフリカ大陸で誕生したとされる人類の中で，原人は最初に出アフリカに成功したといわれ，その年代は200万年頃と考えられる．これが正しければ，ジャワに進出した原人は，出アフリカを果たした後，かなり短期間で東南アジアまで到達したことになる（巻頭付録[5]参照）．

●東南アジアへの最初の人類移住　人類学的には，原人以降の人類がホモ属とされ，猿人と比べて脳の容量や手の動きなどにさらなる発達・進化がみられた．

原人による出アフリカと移住が始まった200万年前頃以降は，約10万年の期間で寒冷な氷期と温暖な間氷期が繰り返された時代であり，氷期には海面低下により，陸域が増大した．このためジャワ原人は，ジャワ島やスマトラ島がマレー半島などと陸橋でつながり，スンダ大陸が形成されていた氷期の間に陸路で移住したと考えられてきた．ところが近年，ウォーレス線の東に位置するフローレス島で約80万年前の原人による石器群の出土が確認された[1]．ジャワ島とバリ島の間に引かれるウォーレス線より東部の島々はウォーレシアともよばれ，氷期の時代にもスンダ大陸と陸続きにはならず，多島海域であったとされる．このためウォーレシアへの移住・拡散には渡海が必要となり，人類のみならず多くの動物にとってそれは容易ではなかった．

フローレス島での発見は，原人レベルの人類が遅くとも80万年前には海を渡り，島嶼への移住に成功していた事例，それも最古の事例として注目される．さらに島では身長1mほどのフローレス原人も新たにみつかった．彼らは，ジャワ原人が「島嶼化」により小型化したものとの見解もあるが[1]，多様な原人種がいた可能性が出てきている．一方，大陸部東南アジア◀ではまだ原人の発見は確認されていない．しかし，人類の起源地がアフリカ大陸であるなら，ジャワへの移動ルート上にある大陸部でも原人は暮らしていたことが推測される．

●新人による東南アジアへの移住・拡散　東南アジア全域に人類が拡散したのは，私たち現生人類（ホモ・サピエンス/新人）の時代に入ってからで，その最古の痕跡は4〜5万年前頃のものである．ただし近年，東南アジアのさらに東に位置するオーストラリア大陸で，6万年前にさかのぼる新人の痕跡の発見が増えつつあり，新人が東南アジアに進出した年代はより古くなるかもしれない．オーストラリア大陸は当時，ニューギニア島と合体しサフル大陸の一部を形成しており，ここに進出した新人はオーストラリア先住民のアボリジニにつながるオーストラロ・メラネシア系の人びとだったと考えられている．その形態的特徴は，東南アジアの先住民として認識されてきたフィリピン諸島のネグリトや，ボルネオ島のニア洞窟遺跡で出土した4万年前頃の新人頭骨にも認められることから，東南アジアに最初に進出した新人もこうした人びとであったであろう．

最終氷期が終わり，気温が温暖化に向かう1万2000年前以降の完新世期にはいると，海面上昇によりスンダ大陸が消滅し，東南アジアは現在のように大陸部と島嶼部とに分かれていった．スンダ大陸を形成した50％以上の陸地が，南シナ海に覆われることになり，陸地を追われた人びとによる新たな移住や拡散が起こったようだ．また温暖化による海進が進んだ5000年前頃にも，人の移動の活発化が，石器などに代表される考古学的痕跡，古人骨や現代の人びとに残された遺伝的痕跡から指摘されつつある[1]．

●新石器時代以降の新たな人類移住　4000年前頃，島嶼部を中心に新たな移住が開始された．言語的に台湾が起源とされるオーストロネシア語族の拡散である．現在，島嶼部東南アジア◀とオセアニアの大部分（ニューギニアを除く）で話されている言語群は，いずれもオーストロネシア語群に属すが，この語群が人びとの移動とともに拡散したというシナリオとなる．考古学的には，農耕や家畜飼育，土器製作の技術をもったアジア系の新石器集団による痕跡が確認されてきた[2]．3000年前頃からは，台湾原産のネフライトを素材とした耳飾りが南シナ海を越えてベトナム中部の沿岸域や，フィリピン諸島からボルネオ島の西岸で出現している．大陸部ではベトナム中部に分布するチャム語が，オーストロネシア語群に属しており，新石器時代期までさかのぼる人びとの移動の結果を物語っている．

大陸部では同じく3000年前頃より中国からの影響のもと，青銅器や鉄器といった金属器の利用と製作が出現する．2200年前頃までには，ベトナム北部が起源地とされるドンソン系金属器がマレー半島やインドネシア西部を中心に広がった．この頃，西方からはインド系の人びとが香辛料などを求め，東南アジアとの交流を活発化した．こうした新たな交流は，この時期に激増するインド系のガラス製品や土器などの考古学的痕跡から指摘できる[1]．また東南アジアのいたるところに残されたサンスクリット語による石碑や碑文に基づく文字記録や，各地に残る仏教・ヒンドゥー教寺院からも，その多大な影響が認められよう．東南アジアではその後も，マクロ的には中国やインドからの影響のもと，域内では海路や河川を主なルートとして人びとの移動が活発に継続されつつ歴史時代へといたるのである．

［小野林太郎］

参考文献

［1］小野林太郎『海の人類史―東南アジア・オセアニア海域の考古学』雄山閣，2017
［2］ベルウッド，P.『農耕起源の人類史』長田俊樹・佐藤洋一郎監訳，京都大学学術出版会，2008

考古学からみた東南アジア

東南アジア先史時代は，ジャワ原人が出現する190万年前までさかのぼる可能性がある．また最終氷期にあたる6〜5万年前頃には私たち現生人類（ホモ・サピエンス/新人）が出現し出す．これらの時代はいずれも更新世期にあたり，考古学的には旧石器時代となる．やがて約1万2000年前に氷期が終わり，完新世期が始まると，より発展した石器文化の登場などを経て，農耕や土器を伴う新石器時代，金属器の製作や利用が始まる金属器時代を迎える．その後はインドや中国という文明圏からの影響を受けつつ，大陸部と島嶼部で王国や港市国家が出現していく．

●考古学からみた東南アジアの更新世期　更新世期は約10万年の期間で寒冷な氷期と温暖な間氷期が繰り返された氷河期の時代であり，その大半は原人の時代で占められる．東南アジアにおける原人の痕跡は，氷期には大陸部とつながりスンダ大陸の一部となっていたジャワ島や，大陸部とはつながらないウォーレシア海域に位置するフローレス島など，島嶼部でしか見つかっていない（巻頭付録[5]参照）．しかし，その起源がアフリカ大陸であるなら，大陸部にも原人が暮らしていた可能性は高い．

一方，私たち現生人類は最終氷期のどこかで改めて出アフリカを果たし，東南アジアへの移住を開始した．島嶼部ではボルネオ島のニア洞穴で約5万年前の新人骨が得られている．さらにインドネシアの東に位置するオセアニア域のオーストラリアでも，6〜5万年前までには新人が到達していた痕跡の発見が増えつつあるため，東南アジアへの新人の進出もこの頃までには達成されていたと考えられる[1]．また更新世期は，原人・新人ともに考古学的には剥片石器が主流となる旧石器時代に相当し，狩猟採集が主な生業になった．石器は全体的に不定形剥片とよばれる多様な形状の剥片石器が多い．

●完新世前期と新人の時代　完新世期にはいると，海面上昇によりスンダ大陸が消滅し，東南アジアは現在のように大陸部と島嶼部とに分かれた．礫の一端や周辺を打ちかいたチョッパーなどの大型礫石器や，片面のみを加工してもう片方には原礫面を残したスマトラリスなどの礫石器群を主体とするホアビニアン文化は，大陸部から旧スンダ大陸の一部であったスマトラ島にかけて確認される．ホアビニアンの開始年代については諸説あるものの，遅くとも約1万年前には出現している．一方，ウォーレシアやフィリピン諸島では，小型の剥片石器が主流であり，スラウェシ島南部のマロス地域では骨や木などの加工具を石材に押し付け，石などで叩くことでより精巧な調整を施せる押圧剥離によって製作された精巧な尖頭器なども出現する．東南アジアではステゴドンなどの大型哺乳類が更新世後期の最寒冷期にかけて絶滅した可能性が高く，中・小型動物や海産物への高い依存が，石器などの物質文化にみられる変化につながったと考えられる．

●新石器時代と新たな人類移住　土器の出現を示標とする新石器時代の開始年代は各地でばらつきがあるが，カンボジアのラン・スピアン洞穴では紀元前6000年頃の土器が報告されており，おおよそ4000年前頃までにはほぼ東南アジア全域で新石器段階に入ったと考えられる．島嶼部では，言語的に台湾が起源とされるオーストロネシア語族が土器や農耕，家畜飼育の技術を伴い，全域へ拡散し，その過程でそれ以前から居住してきた狩猟採集系の新人集団との接触や混合が進んだ可能性が高い．さらにオーストロネシア語族系の新石器集団は，オセアニア域への移住にも成功し，その全域へと拡散していった．

土器に関しては，北部ベトナムでは，先行するホアビニアン，バクソニアンの文化伝統の中から土器が出現することが確認されている．東南アジアの土器の特徴は，その出現から現代にいたるまで，ほとんどの時代・地域で叩き技法による成形の土器が主流を占めることにある．石器では磨製の有肩石斧，方角石斧などがみられるが，新石器段階からの物質文化は地域的な変異が多い．

居住については，大陸部では新石器時代初期には洞窟，岩陰居住だったものが，前3000年紀頃から各地で平地，低地域へと居住域が拡大した．内陸，海辺，河川域などそれぞれの環境に応じた適応がなされたのであろう．

●金属器時代　1970年代に，前3600年という年代値から世界最古の金属器として注目を集めたものに，東北タイのバーンチェン遺跡・ノンノクタ遺跡出土青銅器がある．しかし現在ではこれらは紀元前2000年期末から1000年期初頭のものであるという見解が広く支持されている．また，ベトナムなど，ある程度年代観の整理されている地域でも，青銅器の出現はさかのぼっても紀元前2000年期末であるため，現状ではこれをもって東南アジアの金属器文化の上限年代としたい．

紀元前1000年期中頃からは鉄器も出現する．金属器は，制作に土器や石器以上の専門技術を要し，原材料の産地が限られているため，生産地と原料地，生産地と消費地を結ぶ広域ネットワークが発達したと考えられる．この頃の金属器文化を代表する遺物は，ドンソン・ドラムとよばれる青銅鼓で前5世紀に雲南で出現し，紀元前4世紀には雲南と北部ベトナムを中心として分布する．これは紀元前2世紀頃までにはフィリピン諸島など一部の島嶼域を除いて，東南アジアの大部に分布し，ドンソン系銅鼓ともよばれる．

［田畑幸嗣・小野林太郎］

参考文献

［1］小野林太郎『海の人類史―東南アジア・オセアニア海域の考古学』雄山閣，2017
［2］坂井 隆他『東南アジアの考古学』同成社，1998
［3］Charles, H., *Early Mainland Southeast Asia: From First Humans to Angkor*, River Books, 2014

インド化

☞「古典文学」p.472,「アンコール遺跡」p.588,「ボロブドゥール遺跡群」p.608

東南アジアの国々をめぐるとき誰しもが強く感じるのは，宗教の多様性である．なかでも，上座仏教（上座部仏教）が盛んなタイと，イスラームが多数派を占めるインドネシアの対照性は際立っている．ところが，二つの国の国章を並べてみると明らかな共通点に気付かされる（図1）．いずれの国章にも，インド神話に登場する神鳥で，ヴィシュヌ神の乗獣であるガルーダ（タイ語ではクルット）が描かれているのである．これは，東南アジアの広い地域において，インドの文化が影響を及ぼし，定着したという事実を示している．その背景にあるのがインド化という歴史的な現象である．

図1　タイの国章（左）とインドネシアの国章（右）（出典：https://www.wikiwand.com/ja/）

●インド化とは　インド化とは，北インドのグプタ朝を中心に成立した古典的なインド文化を，東南アジアの広範囲な地域の社会が能動的に取り込むことで，5世紀前後から14世紀頃にかけて進展した文化および社会の変容である．

インド化の過程で受け入れた要素には，王権の概念，ヒンドゥー教と仏教の信仰，二大叙事詩『ラーマーヤナ』と『マハーバーラタ』およびプラーナ文献（ヒンドゥー教の神話・伝説を集成した一連の聖典）に語られたインド的神話や伝説，ダルマシャーストラと総称される法典にまとめられた社会秩序の概念がある．これらの伝承や概念はサンスクリット語を介して伝達され，主として南インド系ブラーフミー文字によって書き記された．

インド化は東南アジアの社会に大きな影響を与えたが，一方的な受容ではなく，現地社会への適合性に応じて取捨選択が行われた．例えば，サンスクリット語に由来する，「神」「王」「国家」「言語」といった語彙は現在の東南アジア諸語において使われている．インドの叙事詩は換骨奪胎されて社会に溶け込み，現代にいたるまで文芸の重要なテーマとして受け継がれている．また，当初はサンスクリット語の表記に使われた文字は，やがて現地語の表記に使われるようになり，東南アジア独自の文字へと発展した．その一方で，インド的な社会秩序の根幹をなすヴァルナ制（いわゆるカースト制）は東南アジア社会に定着することはなかった．

●インド化の展開　東南アジアは有史前からインドとの間で交流をもっていた．紀元後になると季節風（モンスーン）を利用した海上交易がインド洋に広まり，西方のローマと東方の中国を結ぶ長距離交易が進展する中，東南アジアを経由する海路の利用が活発化することで，インドとの交流はさらに深まった．このような背景の中で中継地における土着の権力が強まり，インドシナ半島南部の扶南や半島沿岸部の林邑などの初期国家が形成された．これらの国家は5世紀前後からインド文化を積極的に受け入れ，ヒンドゥー教や大乗仏教を信奉した．このほかにも，現在のミャンマーからタイにかけてインド化した国家を築いたピューやモンも栄えたが，彼らの場合は上座仏教を主として信奉した．

5世紀前後になって東南アジアのインド化が始まった要因として，北インドにおけるグプタ朝の成立があげられる．グプタ朝ではそれまで宗教の言語であったサンスクリット語が文学や行政の世俗的な場における公的言語として使われるようになった．このサンスクリット語を媒介とする古典的なインド文化がインド各地に広がり，さらには東南アジアと海上交易で結ばれた南インドのパッラヴァ朝を介して東南アジアにも広がったのである．

7世紀に海上交易の幹線がマラッカ海峡を利用するようになると，スマトラ島を拠点に大乗仏教を信奉するシュリーヴィジャヤが栄えた．この頃になると，東南アジアの社会はインド化した文化を自律的に展開する段階に達しており，その後，ジャワ島では9世紀に大乗仏教のボロブドゥール寺院を建造したシャイレーンドラ王朝やヒンドゥー教のプランバナン寺院を建立したマタラム王国，12世紀に大陸部での覇権を握り壮麗なヒンドゥー教寺院アンコール・ワットを建立したクメールのアンコール王国，14世紀に島嶼部東南アジア◀の海域世界を勢力下においたジャワのマジャパヒト王国などが栄えた．

なお，ベトナム中・南部のチャム◀はインド化したが，ベトナム北部は東西交易への直接的な参画をはかった中国の支配下に11世紀初頭まであったため，中国化が進んだ．また，フィリピンは海上交易の幹線から外れていたため，初期国家の形成はみられず，直接的なインド化は進まなかった．

●インド化のその後　11世紀以降，ベトナム以外の大陸部東南アジア◀ではパーリ語を媒介とする上座仏教が広がり始めた．これは，遅れて東南アジアに南下してきたビルマ（現ミャンマー）やタイの人びとが，先住のピューやモンから上座仏教を受容し，その後もスリランカとの交流を通じて体系的に上座仏教を導入したためである．この現象をスリランカの民族名にちなんで「シンハラ化」とよぶことがある．これに対して，島嶼部では海上交易を通じた西方からの影響が強く，13世紀以降，アラビア語を媒介とするイスラームが広がり始めた．冒頭で述べたように，タイとインドネシアがともにガルーダを国章に用いているのは，タイが，クメールを通じて受け入れたインド的要素を上座仏教的な文脈に読み替えたのに対して，インドネシアは，ジャワが継承したインド的要素をイスラーム的な文脈に読み替えて，現在まで継承しているからである．　［青山　亨］

王権と仏教

☞「仏教と国家」p.230

東南アジアの仏教王権は，インド北東部にチャンドラグプタが建国したマウリヤ朝（紀元前 317 年頃～紀元 180 年頃）第 3 代王アショーカ（在位紀元前 268～232 年）の伝承・伝説が残る「力ではなく徳で統治する王」をモデルとする．漢訳仏典（『雑阿含』）で伝わる「阿育王」と，スリランカの伝承『島史』の記述とでは，王の仏教に対する見方は異なる．前者は他宗教も擁護した王として描くのに対して，後者では上座仏教（上座部仏教）のみを支援したと記す．なお，『島史』とはスリランカ最古の編年史的叙事詩『ディーパヴァンサ（*Dipavamsa*）』のことで，仏教成立からアショーカ王までのインド政治史，セイロン建国から 4 世紀半ばまでを記載する．

東南アジアでは『島史』に従う解釈が膾炙(かいしゃ)している．ただし，セイロン経由ながら他のインド文化の要素と同様，仏教王権を外来文化としてそのまま継承したわけではない．インドやセイロンと異なりカースト制のない東南アジア諸土侯国では，前世で積徳行を重ねた有徳者が正法王（ダルマラーチャ），あるいは非常時の転輪聖王（法輪をまわして〈仏法で〉統治するチャクラヴァルティン）として人びとを導くという解釈がなされる．王も臣民も徳を積むという地平を共有する点で，アンコール期カンボジアでの神格化された王（デーバラージャ）と異なる．

●仏教外護者としての王　現世の境遇が前世の行いで決まるという因果応報の世界観は，社会生活の貴賎の由来を説く．同時に，王の境遇や評価もまた功徳の多寡で変異する．タイのスコータイ王朝第 6 代王リタイが即位前に著した『三界経』(1345 年) は，仏法の外護者としての王の役割とその支配を過去生で集積した功徳（宿善）で正当化する．地獄と極楽のモティーフは寺院内壁画などを介して「功徳」の考えを広めた．

正しいダルマ（仏法）による統治とは，俗人として仏教の最大の外護者になることである．出家者集団（サンガ）に衣食住の物質的，経済的支援を行い，そのことで仏法は護持される．法灯の継続に貢献する営みは王の徳政を正当なるものとして喧伝する．16 世紀初頭にタイ北部ラーンナー地域の僧侶が編んだ『チナカラマリー（*Chinakalamali*）』などは，仏教を通じてスリランカ（インド）とのつながりを強調し，かつ自国の仏教の繁栄と社会の安寧を王の功績として讃える．同地域では，仏教史と王統史は等価なものであり続けた．

みずから労働せず施しによって修行に専念し仏法を護持する出家者に対する支援は，王の世俗権力を正統なものとする行いである．アショーカ王伝承，『島史』や後の『大史（*Mahavamsa*）』（ダートゥセーナー王［在位 460～478 年頃］治世下で5世紀後半編纂）を下敷きとする多くの仏教史書が記すように，世俗で最大の外護者としての活動は，そのまま仏教存続繁栄の史実として裏書きされる．ミャンマー，タイ，ラオス，カンボジアの歴史的王権は，阿育王を原型とするインド産の政治文化を自国統治の方法として運用した．布施，寺院施設や仏塔の建立にとどまらず，パーリ仏典の校訂を「結集」の名のもとに後援し，口伝の仏典を翻字して継承する営みはすべて仏法僧を存続させる善行であり，仏教王権を正当なものとする責務でさえあった．タイで最も短命なトンブリー王朝（1767～82年）でも，王は仏典の修復やプラケーオ寺（Wat Phrakaeo エメラルド寺院）を創建した．続く現ラタナコーシン朝では，そうした活動のほかサンガ法の制定も教育制度整備と並行する内務として進められた．1950年スリランカのコロンボに設置された世界仏教徒連盟の事務所も1963年以降バンコクに移り，今なお王をいただくタイは上座仏教の世界的センターとしての役割を果たしている．

●現代における仏教王権　東南アジア仏教で現代に王権を残すのはタイとカンボジアである．植民地にもならず社会主義も経験せずに，王権を維持するのはタイのみである．現代の王権は，上に述べたような古典的言説を敷衍しながらも，イメージとして演出される．国王も同じ現世を生きる人というリアルな認識の普及である．港市国家として貿易を独占し富を蓄積したタイのアユタヤ王朝期に構築された絶対王制以来，王は二つの点で臣民から隔絶していた．権力と富である．国土は王のものであり，国王は国内最大の軍事力と財力をもつ存在となった．寺院への布施の規模も，他のどの俗人が行うものより大きくなければならない．1932年に立憲君主制となった後も，国王は国内最大の富者であり続けた．故ラーマ9世（在位1946～2016年）はタイ史上最も在位期間が長い王となったが，その足跡は絶対君主のイメージから当時の国内の政策を後押しする「開発の王」，そして経済が苦境になると「足るを知る経済」を説く「父たる君主」として国民との距離を縮める．これは国王を取り巻く軍・政・財界のイメージ戦略の推移でもある．同時に，王妃も含めた王室プロジェクトが示すように，王がもつ富を国民に分配するという王の役割を示してもいる．出家者や寺院に最大の布施をするように，王はたとえ収奪者であっても，その富を分かつ役割を担うのである．一方で，1990年代以降のタイでは，起業家の抬頭で国王は財力のみでそうした独占的な権威を正当化し得なくなる．一般人が暮らす生活世界を彩る理想型は，カネのみでは成立せず，品行方正なる高徳の国家元首を求めるようにもみえる．故ラーマ9世が「足るを知る暮らし（経済）（setthakit phophiang）」を説いたのは，そうした仏法王のイメージを惹起するものだったともいえよう．しかしイメージ戦略は逆方向にも働きかける．前国王は個人としてのイメージを喧伝し成功した．現国王のイメージ戦略は定かではないが，公式メディアは，個人的な資質より制度としての王をもの語る方向も模索しているようにみえる．

［林　行夫］

海のシルクロード

インド洋と南シナ海をつなぐ東南アジアでは，古くから海洋交易活動が展開した．東西世界の人びとや産品が往来するとともに，熱帯気候の育んだ東南アジアの産品（例えば，香辛料や沈香，白檀など）も周辺世界に運ばれた．

●東西交流と東南アジアの港市の台頭　インド洋におけるモンスーン（貿易風）を利用した航海が確立する紀元前後より，中国とインド間の海による交流が盛んになる．すでに漢の武帝は，紀元前111年にベトナムに侵攻し，交趾郡，日南郡，九真郡を設け，中国は南海産物の収集に熱心になった．その後紀元1世紀初めには，南インドの黄支国が中国に使節を送った．2世紀になるとローマ皇帝マルクス・アウレリウス・アントニヌスの使節を名のる者が，日南郡を訪れた．

この頃になると，ベンガル湾からマレー半島にいたり，半島を横断してシャム湾から南シナ海，さらに中国へいたるルートが活用され始めた．来航する船舶の風待ちや食糧補給のための，また東南アジアの産品を供給する港市が域内各地に台頭した．1世紀頃にメコン川下流域に建国された扶南（1世紀末～7世紀）の外港オケオや，2世紀に中部ベトナムの沿岸部に台頭したチャンパー（2～17世紀）などは，その代表である．オケオからは，ローマ時代のコイン，宝石，ガラスの装飾品やヒンドゥー神像，中国の鏡などが出土し，幅広い地域との交流を示す．

4世紀終わりから5世紀の前半にかけてマラッカ海峡を通過するモンスーン航海が確立すると，インド船の来航が増加した．また中国に隋・唐が出現すると，東西交易はいっそう活性化した．中継港となり，また東南アジアの産品を輸出できる港市が求められた．パレンバンを拠点としたシュリーヴィジャヤ（7～11世紀）は，その代表である．インド商人やペルシャ商人さらにアラブ商人が来航し，彼らの中には中国に航行する者もいた．パレンバンはまた，東南アジアの産物を集荷する域内ネットワークを構築した．東部インドネシアの白檀やモルッカ諸島の丁子やニクズク，スマトラ産の龍脳や沈香などが集荷され，取引された．

一方，中国人が東南アジアやインド洋に本格的に来航し始めるのは，10世紀以降とりわけ南宋時代の12世紀以降である．中国産の絹織物や陶磁器が大量にもたらされるとともに，東南アジアの森林産物や香辛料に対する需要が高まった．また西方世界でもアッバース朝やマムルーク朝における交易活動の発展，さらにヨーロッパの東方貿易への関心の高まりとともに，インド産だけでなく東南アジアの香辛料や森林産物，さらに東アジア産品への需要が高まった．東西商人が効率よく交易できる東南アジアの港市が求められた．

●マラッカの繁栄　マラッカ海峡の中央部に位置し，15世紀中葉からポルトガルに占領される1511年まで栄えたマラッカは，こうして成立した．マラッカ王家は，海上民やマレー人に影響力を行使し，東南アジア各地とネットワークを構築した．その結果マラッカは，西アジアやインド，東南アジア，東アジアの多様な地域の商人を引きつけた．

マラッカには，来航する商人と接触し，商品価格の決定や商人同士の争いの調停などを行う4人の港務長官（シャーバンダル）が任命されていた．第1はインド西北部のグジャラート出身の代表，第2はインドの他地域および下ビルマのペグー，スマトラのパサイ出身者の代表，第3は他の島嶼部東南アジア（ジャワ，パレンバン，カリマンタン，東部インドネシア，ルソン）出身者の代表，第4は中国およびチャンパーと琉球出身者の代表であった．ペルシャ人，アラブ人，トルコ人，さらにはアルメニア人など西方世界の商人たちは，まずグジャラートに寄港し，東南アジアで商品を得るためにインド綿布を購入して，マラッカへ来ることが多かった．そのためマラッカ側は，彼らをしばしばグジャラート商人として迎えた．

またマラッカでは，船舶を有さない商人が，船舶所有者に商品を委託取引してもらう方式が成立していた．これにより，東南アジア域内をはじめ，中国やベンガル，コロマンデルへも商品が運ばれた．また比較的限られた時間で多量の商品を売りさばかねばならないときは，地元のマレー商人がそれを自船に積み換えて，他港市でも売りさばいた．他地域からの商人にとってマラッカは，きわめて効率的に商品取引できる港市であった．ポルトガル占領直後にこの地を訪れたトメ・ピレスは，マラッカの支配者となる者はヴェネチアの喉に手をかけることになる，とその重要性を語る．

マラッカは1511年にポルトガルに占領される．他方アジア商人は，高関税を課すポルトガル領マラッカを避けて，他の港市に寄港し始めた．アチェ，ジョホール，バンテンなどの港市が，彼らを引きつけた．また16世紀半ば以降，ポルトガル人以外のヨーロッパ人も東南アジアに拠点を構え，ヨーロッパ向けの香辛料取引とともに，東アジア交易にも関与していく．東西交易を展開するためには，東南アジア域内に影響力を行使する必要がある．ヨーロッパ人にとっても，マレー人やブギス人さらに華人らの協力は不可欠だった．ヨーロッパ勢力が彼らの意向に応えられないとき，マラッカ海峡はしばしば彼らの手下が海賊としてばっこする海域となった．19世紀にこの地域が植民地勢力に分断されるまで，海のシルクロードにおける東南アジアの重要性は，東西世界と域内の両ネットワークの接合にかかっていたのである．

［弘末雅士］

参考文献

［1］トメ・ピレス『東方諸国記』生田 滋他訳・注，岩波書店，1966

［2］弘末雅士『東南アジアの港市世界』岩波書店，2004

イスラームの到来

現在，東南アジアでムスリムが住民の半数以上を占めている国家はインドネシア，マレーシア，ブルネイである．また国家単位でみるとムスリムがマイノリティだが地域としてみれば多数のムスリムが住んでいるのがフィリピン南部やタイ南部である．いずれも島嶼部東南アジア◀に位置する国・地域であり，イスラームの到来・拡大が海を通じた人びとの移動と関連していたことがわかる．

●謎の多いイスラーム到来　東南アジアでイスラームが受容されたのは13世紀といわれているが，その経緯について詳しいことはわかっていない．その原因は同時代史料が少ないこと，残されている墓碑・碑文（例えば14世紀初めのトレンガヌ碑文）や外国人による旅行記などはイスラームの到来そのものについては伝えてくれないことである．各地に残されている王統記・伝承・物語はイスラーム化の経緯を伝えてはいるが同時代史料とはいえず，また現地の人びとを改宗させた聖者や奇蹟についての話は史実そのものを記述しているとはいえない．しかしイスラームが地域に根付いていく様を象徴的に語っていると考えられる．

イスラームが東南アジアで受け入れられたのは13世紀だが，ムスリムはイスラーム誕生の初期から東南アジアに到来していた．例えば第3代正統カリフ，ウスマーン（在位644～656年）の時代にはアラビア半島から中国に使節が到来しており，9世紀には中国南部の広州にムスリム商人のコミュニティが存在している．ほとんどの場合，島嶼部東南アジアを経て海路で中国に到来した．それではなぜ13世紀になって初めて東南アジア社会のイスラーム受容が始まったのだろうか．大きな理由は二つあげられる．一つは当時，東南アジアに来る商人の多くがムスリムになったため，彼らを引き寄せるために在地の王朝がイスラーム（法）を導入したという説で，もう一つはイスラーム世界でスーフィズム（いわゆるイスラーム神秘主義）が主要な潮流となり，民衆レベルでの改宗が一気に進んだという説である．これら二つの説が両立するとすれば，イスラーム受容は上（国家レベル）からも下（民衆レベル）からも進んでいったことになる．

実際，13世紀以降，イスラームの理念を統治に反映させた王国が島嶼部各地で現れた．代表的なものをあげるとサムドラ・パサイ（スマトラ北部），マラッカ，ドゥマック（ジャワ北岸），マタラム（中部ジャワ南部），アチェ，ジョホール，バンテン，スールー，マギンダナオである．またジャワのワリ・ソンゴ（九聖人）などイスラーム化に貢献した聖者に関する伝説が各地に存在している．

イスラームの起源にしても，インド，アラビア半島，イラン，中国など，さまざまな説がある．東南アジアの広大な地域のイスラームが特定の地域だけから来たとは考えられず，東南アジア内の各地でそれぞれの文化的・社会的・歴史的文脈の中でイスラームが受容されていったのが実態であろう．

●イスラーム受容の影響　一般的にはイスラームはそれ以前の宗教・文化を追い出す形で定着したと考えられがちだが，以前の価値観がすべて否定されたわけではない．上記の「イスラーム王国」にしても，新たな原理であるイスラームと，それ以前の仏教，ヒンドゥー教の文化や，地元の信仰との微妙なバランスをとりながら統治を行っていた．マタラム王国の建国物語では，イスラーム的な正統性と地元の力をあわせもった存在として王朝が描写されている．ジャワではもとからあったガムランやワヤンなどの伝統芸能が布教のために利用され，イスラーム的な位置付けがなされている．またワリ・ソンゴの墓も，ヒンドゥー時代の寺院の基盤の上に建てられていると考えられている．つまり，イスラーム到来は新たな価値観の「浸透」という方が実態に近いだろう．これはイスラームが軍事征服を伴わない形で東南アジアに受容されたこととも関係している．しかし域内におけるイスラームの拡大は軍事的活動を伴ったこともあったことも指摘しておきたい．

イスラームの受容によって，新たな理念や法が導入され，太陰暦のヒジュラ暦による祭祀の開催など人びとの生活パターンにもイスラーム的な要素が入り込んだ．そのほか現地の社会に影響を与えたのはアラビア語，ペルシャ語など中東の言語や，著作物の形式だろう．マレー語，ジャワ語，ミナンカバウ語，ブギス語など多くの現地語がアラビア文字で表記されるようになり，同時にアラビア語やペルシャ語からの借用語，例えば慣習を意味するアダット（adat：アラビア語でも「慣習」を意味する）が導入されたことで，イスラーム的な概念が意識的・無意識的に根付くことにつながった．宗教に関する多量の注釈書が書かれたことも，当時のイスラーム世界における知的活動の傾向を反映していると考えられる．

もう一つ重要なのは，東南アジアに影響を及ぼした地域として中国やインドに加え中東が新たに現れたことである．前記のサムドラ・パサイの王，メラ・シルがイスラームに改宗した逸話では，カリフの命を受けてマッカからやってきた人物が彼を王に据えたとしており，中東との直接的なつながりが示唆されている．イスラーム受容とともに宗教的義務であるマッカ巡礼に行く人びとが現れただけでなく，宗教の中心としてマッカ，マディーナの2聖地を人びとが意識するようになった．そして中東の文化を取り入れ，元の文化と融合させることによって東南アジアの社会がさらに多様になっていった．もっとも，大量の巡礼者や宗教者がアラビア半島を目指すのはもっと後の時代ではあるが．

このように，イスラームの到来は東南アジア，特に島嶼部東南アジアにとって，現代まで続く価値観，統治の原理，言語，地域的な志向を方向付ける画期的な出来事であった．

［新井和広］

大航海時代

大航海時代は，ヨーロッパ人が非ヨーロッパ世界への進出を通して，貿易活動やキリスト教布教を進展させ，植民地支配の足がかりを築いた時代であった．東南アジアにも，ポルトガル人をはじめスペイン人さらにオランダ人や英国人が，16 世紀以降来航した．一方，東南アジアの在来勢力は，ヨーロッパ人と抗争しつつ，交易活動を活性化させた．

●ポルトガルとスペインの活動　ヨーロッパ人は，遅くともモンゴル帝国が台頭した 13 世紀から東南アジアに来航していた．一方，大航海時代のポルトガルの活動は，この地域に恒常的拠点を構え，キリスト教布教を行うとともに香辛料の独占取引を試みた点で，それまでとは異なった．インドに到達したポルトガルは，1509 年に初めて東西交易の要衝マラッカに来航した．ポルトガルはマラッカの重要性を認識し，同地を占領するため 1511 年 7 月に 16 隻の艦隊を派遣した．マラッカとの戦闘の後，8 月同地を占領した．その後ポルトガルは，翌年モルッカ諸島に到達し，丁子（クローブ）の産地テルナテのスルタンおよびナツメグがとれるニクズクの産地バンダ諸島の住民と交易関係を形成した．

ポルトガルは，マラッカ，インドのゴア，ペルシャ湾のホルムズの拠点をもとにインド洋から喜望峰まわりで，香辛料をヨーロッパに運ぶ独占貿易を試みた．しかし，この長大なルートを統制下におくことは，およそ不可能であった．ポルトガルのコントロールを逃れて，ヨーロッパへ香辛料をもたらす紅海–地中海貿易は，ムスリム商人の主導により相変わらず行われていた．

一方，1521 年，マゼラン率いるスペイン艦隊は，初めてフィリピン諸島に到着した．マゼランはマクタン島で係争に巻き込まれて死去したが，彼の部下はその後モルッカ諸島にいたり，テルナテとライバル関係にあったティドーレのスルタンと友好関係を形成した．これに対しポルトガルも，1522 年テルナテに要塞を築いて対抗した．結局 1529 年にスペイン・ポルトガルの間で，世界を分割するサラゴサ条約が締結され，ポルトガルがスペインからモルッカ諸島の領有権を買い取る形で一応の決着をみた．しかしテルナテも，やがてポルトガルの独占取引を嫌うようになり，ポルトガルの香辛料取引は悪化した．

スペインはその後，1565 年レガスピの率いる遠征隊が，セブ島上陸に成功し，メキシコのアカプルコにいたる帰路の太平洋横断にも成功した．スペインによるフィリピン諸島の植民地化が開始された．しかし，フィリピンではスペインが期待した香辛料や貴金属は，ほとんど発見できなかった．

こうした状況下，スペインの活動を経済的に支えたのが，マニラとアカプルコをつなぐガレオン貿易であった．この貿易は，ポルトガル船や中国船によってマニラにもたらされる生糸，絹織物，陶磁器などをガレオン船でアカプルコに運び，代金としてアカプルコからマニラに舶載されてきたメキシコ銀を充てるものであった．ガレオン貿易は，1815年に廃止されるまで続けられ，フィリピン諸島の植民地経営を支える生命線となった．

●英国とオランダの来航　英国は1570年代にモルッカ諸島に来航し，オランダも1596年に初めてインドネシアに来航した．英国は1600年に，オランダは1602年に，それぞれ東インド会社を設立し，香辛料貿易に参入した．モルッカ諸島にいたったオランダは，1605年にポルトガルをアンボンから追放した．当初バンテンに拠点を構えたオランダは，この地での中国人や他のヨーロッパ人との競合，さらにバンテン王室の意向に左右されることを避けて，1611年にジャカルタに拠点を移した．その後，同地に拠点をもつ英国と競合するようになった．オランダは1618年に英国の商館を焼き払い，翌年その地をバタヴィアと改名し，アジア貿易の拠点とした．モルッカ諸島を追われたポルトガルは，1641年にジョホールの支援を得たオランダにマラッカも奪われた．以降ポルトガルは，東ティモール周辺に拠点を残すのみとなった．また英国も，オランダとの確執を招いた1623年のアンボイナ事件により，モルッカ諸島を追われた．英国は，スマトラ西海岸のブンクルに拠点を残すのみとなった．

オランダは1660年代に，モルッカ諸島の香辛料取引で栄えたマカッサル王国を滅ぼし，多くの敵対勢力を封じ込めた．オランダはヨーロッパ向け香辛料の独占交易を試み，1670年代に東南アジア海域世界で，最も優位な地位を確立した．しかし，1660年代末ヨーロッパにおける胡椒価格の暴落や，清朝の台湾鄭氏に対抗した遷界令（1661～83年）によって，オランダの交易活動も後退を余儀なくされた．ここに，東南アジアにおける大航海時代は終焉を迎えた．

大航海時代に来航したヨーロッパ人は，大量の香辛料や森林産物，中国産の生糸を買い付けた．このため彼らの活動は，東南アジアに，自給的生産活動から商業活動を基盤とする「商業の時代」をもたらす一因となった．マラッカの後も，アチェ，ジョホール，バンテン，アユタヤ，タウングー，ペグー，マタラム，マカッサル，広南などの王国が交易で隆盛した．またバタヴィアやマニラ，マラッカには，後の植民地活動の基盤となるヨーロッパ人の拠点が設けられた．ただし，ヨーロッパ人来航者の多くは男性単身赴任者であり，現地人女性や女奴隷と家族形成をした者が少なくなく，各地に欧亜混血者（ユーラシアン）のコミュニティが形成された．欧亜混血者は，ヨーロッパ人と現地社会を仲介する重要な役割を担った．

［弘末雅士］

📖 参考文献

［1］永積 昭『オランダ東インド会社』講談社学術文庫，2000

「商業の時代」の東南アジア

「商業の時代（Age of Commerce)」とは，1450年頃から1680年頃にかけて東南アジアで貿易ブームが起きた時代をさす．1980年代にこの概念を提唱したA.リードは，この時代に経済だけでなく政治体制や宗教など広範囲に変化が生じ，「東南アジア的」特色が明らかになったとする．リードは，それまで一般的であった王朝の盛衰と交代という歴史叙述を排して東南アジア全体を一つの歴史世界として描き，自然環境に対応した経済のダイナミズムが文化や政治体制に影響を及ぼしていく様を叙述した（巻頭付録[6]参照).

●貿易ブームの要因 リードは三つの要因をあげる．第1は，鄭和の遠征，すなわち15世紀初頭から7度にわたりマラッカ海峡経由でアラビア半島や東アフリカまで派遣された遠征艦隊によって東南アジアの多くの国々が明の皇帝を頂点とする朝貢体制下に入り，国家間の抗争が抑制され貿易が促進されたことである．第2は，イスラーム諸王朝のもとで活発化した西アジアや北西インドのムスリム商人たちが東南アジアを訪れるようになったことであり，第3は，日本や新大陸産の銀が大量に流入するようになったことである．朝貢（国王の使者が特産品を持参して明皇帝に拝謁し，その権威を受け入れること）とそれに対する下賜品(絹や陶磁器など中国産品）の交換に刺激されて，東南アジア各地と中国南岸の間で貿易が活発化した.

中国ではすでにマルク諸島のナツメグ，メース，クローブ（丁子）といったスパイス，ティモール島の白檀，スマトラやボルネオで産する胡椒や沈香などが知られていたが，朝貢貿易とともに取引規模が拡大した．西アジアや北西インドの商人も同様の東南アジア産品を求め，代わりに大量かつ多様なインドの布をもたらした．薄く色鮮やかなインド布は人びとを魅了し，貨幣としても交換された．日本銀は，中国や琉球の商人，中国人を含む朱印船商人などによって東南アジア各地にもたらされた．新大陸銀はヨーロッパ経由でポルトガル人などが運んだほか，スペインのガレオン船でメキシコからマニラに運ばれたものを中国商人が東南アジアの他地域へもたらした．大量の銀は貨幣として流通し，貿易を促進した．利潤に引きつけられて，16世紀からはヨーロッパ人もスパイス貿易に参入した.

●イスラームとカトリックの浸透 港の支配者はムスリム商人を引きつけるために礼拝の場を設けたほか，みずから改宗する場合もあった．イスラームという外来宗教の伝達者となることは，商業港を基盤に新たに台頭しつつある支配者にとって，ヒンドゥーなど先来・土着の宗教を奉じる伝統的支配者と対抗するための正統性の根拠となった．こうしてイスラームは，主に島嶼部東南アジア◀の沿岸部で受容された．スペイン人が次第に支配を広げたフィリピン諸島では，本国から送られる宣教師が，カトリックをまずルソン島各地に，それからビサヤ諸島の低地部に伝えた．これらの外来宗教は，土着宗教と強く混淆しながら次第に内陸部へ浸透した．

●貿易の発達と「東南アジア的」文化の強化　長距離貿易が発達するにつれ，遠来の商人に出会い貿易の場を提供する中継港が発展した．その初期の代表がマラッカであったが，ポルトガル占領（1511年）後は，他の商人が別の港を利用するようになり，その中からアチェ，バンテン，マカッサルなどが台頭した．さまざまな商品が取り引きされる中継港は支配者に莫大な富をもたらし，やがてそうした港を中心とする港市と，港市を富と権威の源泉とする港市国家が生まれた．港市では多数の外国商人が出身国ごとに居住区を形成し，港務長官などにも任命され，コスモポリタンな文化が形成された．港湾使用税に加え特産品の販売権を国王が独占することも多く，そうした中からアユタヤやアチェなど強大な国家が生まれたとリードは論じる．

生産地から港市に産品がもたらされ，輸入品が各地に運ばれるのを可能にしたのは，東南アジア全体に発達した沿岸貿易と河川貿易のネットワークである．もともと豊富な木材を産し波の静かな東南アジア海域では地域内貿易が活発だった．商業の時代にそれがいっそう緊密化し，地域間分業が進んだ．つまり港市や一部の地域は商業や商品作物生産に特化し，食糧を他地域から輸入するようになった．このような分業が可能であったのは，地域内に共通した物質文化が存在したからであり，逆に地域内貿易が活発化したから物質文化の共通化が進んだともいえる．例えば，コメと魚を多く食べる共通の文化が存在したからこそ地域内で食糧の貿易と地域間分業が推進されたのであり，貿易の活発化の結果，例えばキンマ（咬む嗜好品），魚の加工食品，木綿の貫頭衣などが広範囲に拡大したともいえる．こうして東南アジアの特徴的文化が強化され拡大したのが商業の時代であった．

●時代の終焉　17世紀に入ると，オランダ東インド会社が武力を背景に各地の国家に貿易独占権を認めさせ，その産品をバタヴィアに集める貿易ネットワークを構築した．会社はさらに1660年代から1680年代にかけて，マカッサルやバンテンなどライバルとなる主要港を制圧し，貿易支配を固めた．17世紀には日本で輸出制限が強化されて銀の供給が減り，またアチェなどいくつかの有力国は内的要因から弱体化した．こうして，1680年頃までに商業の時代は終焉を迎えたとされる．

［太田　淳］

参考文献

［1］リード，A.『大航海時代の東南アジア』全2巻，平野秀秋・田中優子訳，法政大学出版局，1997-2002

植民地化の波

ここでは「植民地化」を，外来者が一定の領域を支配し，その産品を本国経済に利用し，その地を本国製品の市場として利用することに加え，社会の習慣や制度を支配に都合のいい形に変容させつつ統治することと定義する．植民地支配にはさまざまな時代的・地域的特徴があったが，ここでは主に支配主体と経済政策の観点から，近世における（1a）国家支配と（1b）貿易会社による支配，近代植民地期の（2a）中継港・貿易ルートの支配，(2b) 植民地政庁による直接経済支配，(2c) 民間主導の経済開発を伴う支配，および（3）日本帝国支配に分類し，それらが波のように東南アジアに到来し影響を及ぼした経緯を概観する．

●近世の植民地化　(1a) にはスペインによるフィリピン支配が該当する．スペインの遠征艦隊を率いたレガスピは1571年，地域有力者の協力を得て，マニラに拠点を設けた．中部ルソンとビサヤ諸島低地部に及んだこの時期のスペイン支配の特徴は，カトリック教会組織と密接に結びついて地方社会に浸透を図ったことにある．州の下の支配単位であるプエブロにはスペイン人教区司祭が任命され，貢税人名簿の作成や町長の選出などを通じて行政に強い影響力を持った．町長は地域の長老から互選され，スペイン人支配層とつながる現地人特権階級を構成した．

(1b) にあてはまるのが，オランダ東インド会社によるバタヴィア，バンダ諸島，ジャワ各地などの支配である．会社は1619年に現地支配者から土地を割譲されてバタヴィア（現ジャカルタ）を建設したが，反乱を恐れて現地人をすべて追放した．その結果人口の多くは，華人商人や労働者，インドやインドネシア諸島各地出身の奴隷や傭兵であった．それ以外の地では会社は行政に関与せず，現地首長を通じて指定作物を一定量供出させることに注力した．

●近代の植民地化　(2a) に該当するのは英領ペナン（1786年）とシンガポール（1819年）で，自由貿易の推進と経済活動への国家不介入が目指された．しかし政府は大幅な歳入不足に陥ったため，特にシンガポールでは，アヘンの専売権を主に華人の業者に売って歳入の中心とした．住民のほとんどは移民で，マラッカなどから移住した華人が政庁や英国人商人と提携する一方で，港湾やプランテーションに華人，マレー人，インドのタミル人などの労働者が流入した．

(2b) の典型は，強制栽培が行われたジャワとフィリピンである．オランダ植民地政庁はジャワで，村落ごとに農産物の生産割当を課す「強制栽培制度」（1830〜70年）を実施した．これにより地域社会に貨幣経済が浸透する一方で，農民の階層分化，農地の共同占有などが進んだ．フィリピンでは政庁と結託した修道会が住民から土地などの資産を集積し，大規模な土地所有が進んだ．政庁は強制栽培や専売制度を導入して，タバコなどの商品作物の栽培と輸出を振興した．

(2c) には上にあげた以外の大半の植民地が該当するが，支配の進行や政策には地域差が大きい．ビルマのコンバウン朝は，アラカンへの影響力をめぐって18世紀末から英国東インド会社と抗争し，1824年から3度にわたる英緬戦争の結果，1885年に英領インドに併合された．メコン川下流域は，東南アジアの植民地獲得競争に参入したフランスによって，1861年に武力占領された．フランスはさらに中国市場へのアクセスを目指して紅河流域に進出し，阮朝ベトナムや清朝の軍を破って1885年に支配を認めさせた．フランスはその後も抵抗を鎮圧しながら1907年までにベトナム全土とカンボジア，ラオスを含む仏領インドシナ連邦を完成させた．マレー半島では錫鉱山の利権をめぐる，王室，地方首長，華人労働者の抗争に，英国が1870年代から介入して影響力を強め，1896年にマレー連合州を成立させて保護下においた．1888年に英国は，ブルネイ王国，北ボルネオおよび，民間英国人ジェームズ・ブルックが1841年に設立したサラワク王国を保護領とし，英領ボルネオが成立した．英国の勢力浸透を恐れたスペインは，スールー王国やマギンダナオ王国を攻撃して南部フィリピンを制圧した．オランダ植民地政庁も，英国植民地の拡張に対抗して1820年代からスマトラなどの王国の内紛に介入して影響力を強め，東部インドネシア諸島にも1840年代から海賊行為の取締りなどを口実に遠征を繰り返し，1910年代までに蘭領東インドを形成した．米国は米西戦争を経て，1900年にフィリピンを継承した．

こうしてタイを除く東南アジアのほぼ全域が，20世紀初頭までに欧米の植民地となった．19世紀後半からは欧米民間企業が多額の資本と最新技術を投入して，砂糖，ゴム，マニラ麻，錫などの生産をスマトラ，ジャワ，マレー半島，ルソンなどで拡大させた．スエズ運河の開通，蒸気船航路の開設，海底電信ケーブルの敷設といった交通・通信インフラも整備され，20世紀には蘭領東インドからの石油輸出も急増した．島嶼部東南アジアが輸出産品の生産に特化して食料不足が生じると，英領インド政庁および仏領インドシナ政庁はイラワディ川とメコン川のデルタで水田開発を進め，主に華人が島嶼部東南アジア◀などにコメを輸出した．

このように植民地支配者は，被支配者の一部に特権を与えて行政に利用し，近代にはさらに分割統治を進めて，住民がエスニックグループごとに分断される「複合社会」の形成◀をみた．また植民地政庁の経済政策は，輸出指向型経済と地域間分業を進展させた．そのため，1941年末から日本軍政が外部とのつながりを遮断すると，軍票の乱発なども加わって，経済は壊滅状態に陥った．　［太田 淳］

参考文献

［1］石井米雄・桜井由躬雄編『東南アジア史1 大陸部』山川出版社，1999
［2］池端雪浦編『東南アジア史2 島嶼部』山川出版社，1999

「複合社会」の形成

☞「世界の中の東南アジア」p.42，「東南アジアの華人」p.98，「東南アジアのインド系住民」p.100，「域内移民・出稼ぎ」p.626

英国の植民地官僚であり政治経済学者でもあったJ. S. ファーニヴァルの概念plural societyの訳語．英領ビルマ（現ミャンマー）やオランダ領東インド（現インドネシア）を典型とし，広くは植民地支配下の熱帯属領に共通する社会の在りようを特徴付け，当該社会がもつ社会統合の問題を論じる．複数の「要素」が一つの政治単位の中で生活するも融合せず，要素間に共通の社会的意志が存在しない状況をさす．要素の具体例はヨーロッパ人，「原住民」，中国人，インド人などの人種で，人種は宗教，言語，慣習だけでなく，熱帯属領では白人や有色人種間のカースト的社会階層や職業分化の違いとも関連するゆえ，たとえ隣接して暮らすといえども諸要素が一つになることはない．今でいえば「多民族社会」に近いが，「民族自決」が大西洋憲章の英語表現では「人びとの自決」を意味するように，「民族」概念の一般化は第2次世界大戦後である．他方「人種」には進化論や人種差別的含意があり，人種は概念語には不適切だと避けられた可能性が高い．けだし複合社会を構成するものとして，ファーニヴァルが要素，社会秩序，部分と表現しているのは，ほかに適切な言葉がなかったからだろう．

●複合社会か複数社会か 訳語として「複合社会」を最初に用いたのは，南太平洋研究会訳『蘭印経済史』（原著は *Netherlands India: A Study of Plural Economy*, 1939）だと思われる．1942年刊行以来この語は東南アジア研究者を中心に定着するが，適切な訳ではない．pluralに「複合」の意味はなく，他方「複合」は「二つ以上のものが集まって一つになること」を意味し，訳語はファーニヴァルの意図に反する．以下では「複数の要素からなる社会」の意味で「複数社会」と訳す．

●複数社会の形成とその帰結 複数社会をめぐる多岐にわたる議論を，ファーニヴァルの主著に沿って整理すると概略次のようになる．複数社会は米国，南アフリカ，オーストラリアのような温帯にもみられ，その形成の端緒は温帯でも熱帯でも人口移動に求められる．温帯ではヨーロッパ人による植民が起こり，熱帯では植民地支配下での自由主義的市場経済の導入に伴い，近隣国を中心に外部から安価な労働力が流入した．熱帯のそれは資本による植民であり，本来の意味での人間による植民ではないことから，ファーニヴァルは植民地ではなく「属領」という語を好む．同じ複数社会でも，温帯の入植者とその子孫は本国で歴史的に培われた西洋文明を共有しており，その意味で共通の社会的意志が存在する．

複数社会に対置されるのは単一社会ないし同質社会である．19世紀以前のビルマ社会も人種，言語，宗教を同じくする人びとからなり，農村の土地利用に共同体的側面がみられるなど，コミュニティの社会福祉を重視する共通の社会的意志が存在していたとされる．しかし19世紀の英国支配下において，市場原理主義が導入され移民労働力が流入すると，社会の単一性は失われて複数社会が形成され，要素ごとに乖離した社会的意志の並存が現出した．そこでの要素間のかかわりは生存のために必要な市場での経済関係に収斂し，単一社会の経済関係であれば社会全体の福祉に配慮する社会的需要の縛りがみられるのに対して，複数社会の要素間のかかわりでは利己的な経済的利害の追求が突出し，植民地権力のような超越的な力が加わらない限り，社会は容易に分裂してしまう．当然この議論は，きたるべき脱植民地化の過程で複数社会はいかにして社会的統合を確立維持できるのかという問題意識につながる．ファーニヴァルは，要素間のカースト的関係性の維持，法による支配，ナショナリズムによる単一社会の（再）構築，あるいは連邦主義を検討するが，いずれも現実的な処方箋とはいえない．

「複数社会」概念の意義は，階級闘争的社会観や「未開社会」をモデルとし全体と部分の機能的な連関に注目して全体の安定と存続を前提とする機能主義的社会観と異なり，熱帯属領の社会に着目しこれを複数社会と特徴付けることにより，要素間の人種的・宗教的衝突や社会の分断の可能性を指摘したところにある．そこでは，脱植民地化に伴い，新興独立国を待ち受ける社会統合の問題が予見されている．東南アジアでも，独立後，多くの国で民族紛争，宗教対立が起こった．ただし，かつてのボートピープルやポル・ポトの大虐殺，近年のロヒンギャ◀，現在もくすぶる南タイとフィリピン南部の「ムスリム問題」などの事例を除き，世界のほかの旧熱帯属領に比べると，その度合いや頻度は比較的限定的といえる．その背景には，ASEANという地域連合体の結成や開発政策の進展がある．

● 21世紀の複数社会　自由主義的市場経済，越境する人の移動，社会的意志を異にする複数要素の混在，こう書くと，複数社会は現在もみられることに気がつく．代表例は英国やフランスで，第2次世界大戦後，これら旧植民地帝国の本国には旧属領から多くの移民が渡った．戦後復興期の労働力需要に加えて人権思想の拡大があり，旧属領民の移住，特に脱植民地化過程の紛争地域を逃れてくる移民の規制を厳格化しなかったからで，熱帯の複数社会からの移民が旧植民地宗主国の「複数社会化」を導く皮肉な展開となった．トルコ系移民が多いドイツには交点を欠く「平行社会」という表現さえある．現在これらの国には複数社会的要素が混住するだけでなく，移民第1世代と適応状況を異にする第2，第3世代の存在，正規・非正規移民の混在，中東やアフリカの不安定化に伴う難民の流入など，一つの国の「国民」や「住民」の構成が複雑化している．SNSを通じ外から多言語による影響の浸透もある．「新複数社会」における共通の社会的意志の形成と社会統合は，ホスト社会内の反発・分断を含めて，ファーニヴァルの時代より困難の度を増している．域内低所得国から域内高中所得国への労働力移動が顕著な東南アジアでも，今後同様の問題が起こるのか注目される．　［加藤　剛］

19 世紀と現代東南アジアの枠組み

19 世紀の東南アジアは植民地支配の再編が徐々に進展する時期にあたる．この時代に形成され現代まで続く枠組みは，①勢力地域の領域の確定，②勢力地域内での統治制度の西洋化，③労働と生産の面に現れた．領域の確定と領域の不可侵性は，近代ヨーロッパが生み出した主権国家の主要な要素である．19 世紀以前の東南アジアでは，在地の王国，植民地支配勢力ともに，近代的な領域国家ではなかった．それまでの植民地勢力というと，フィリピンを統治していたスペイン，東インド（現インドネシア）を植民地としていたオランダ，東ティモールに拠点をもっていたポルトガルの三つであった．これら三つの植民地勢力は，東南アジアから香料などの奢侈品の貿易に主眼をおき，必ずしも領域支配の確立を重んじてはいなかった（巻頭付録[7]参照）．

● 19 世紀的転回　19 世紀になると，東南アジアでの植民地の意味が港（点）の支配から土地（面）の支配へと代わった．これにはヨーロッパの産業革命に必要な資源の搾取ならびに市場の確保という意味合いがあり，東南アジア植民地をめぐる勢力図が劇的に転換した．最も精力的に東南アジア進出をはかったのは英国であった．英国は中国貿易への拠点として，1786 年にペナンを領有していたが，その時点では東南アジアの「面的植民地化」を念頭においていなかった．しかし，ヨーロッパでのナポレオン戦争で東インドでのオランダの勢力が減退すると，英国は本格的に東南アジア進出を始めた．1819 年には T. S. ラッフルズがシンガポールを設立し，東アジア・東南アジアの進出およびみずから掲げる自由貿易の拠点とした．1824 年には英蘭協約を締結し，マラッカ海峡の東側にあるマレー半島を英国領，西側のスマトラをオランダ領と定めた．これによりペナン，マラッカ，シンガポールからなる海峡植民地が形成された．そこから英国はマレー半島への進出を本格化し，19 世紀末にはマレー諸王朝を支配下においた．また同時期に英国は，3 次にわたる英緬戦争（1824～26 年，1852 年，1885～86 年）を経て，ビルマを英領インドの一部として併合した．

一方，英国に半世紀遅れて，フランスは東南アジア進出を開始した．1862 年のコーチシナ（ベトナム南部）の植民地化に端を発し，1883 年から 84 年にかけてアンナン（ベトナム中部）を保護国にトンキン（ベトナム北部）を保護領にしてベトナムを支配下においた．さらにはカンボジア，ラオスを保護領とすることで，1899 年にはフランス領インドシナ植民地が成立した．

19 世紀末までに，東南アジアには英領マラヤ，英領ビルマ，フランス領インドシナ，スペイン領フィリピン，オランダ領東インドが形成されるにいたった．タイ（シャム）は，中国への進出をめぐり争いを展開した英国とフランスとの緩衝地帯としての役割を果たし，結果として独立を維持した．19 世紀末までに確立した国境は，20 世紀半ば以降に独立した国々にも受け継がれ，21 世紀の現在にいたるまで継承されている．

●植民地国家の近代化　植民地勢力地域が確定する 19 世紀末になると，その内部では植民地国家の枠組みが近代化した．こうした近代国家化には二つのパターンがあった．第 1 は中央集権的官僚制が構築され，そこに伝統的貴族が編入されるパターンである．マレー王国，オランダ領東インドのスマトラ東海岸とジャワ，北・中部ベトナム，カンボジアがこれに当てはまる．独立を維持しチュラロンコーン大王による近代化を果たしたタイもこの分類になる．第 2 は植民地により開拓され直接統治が行われた地域である．この典型例であるフランス領コーチシナ，英領中・南部ビルマでは，地方の伝統的リーダーを下級官僚として取り入れた．20 世紀初頭にスペイン領から脱して米国の統治が始まったフィリピン（米領フィリピン）も，若干異なるもののこの型に入れることができる．

またこの時期，第 1 と第 2 の近代国家化のパターンを経験した地域では，ヨーロッパ的な建築物や都市が構築され始めた．ヨーロッパ人が家族で移住し，ヨーロッパ的居住空間と制度を移植した．その背景には，蒸気船の商用化が安全な長距離航海を可能とし，1869 年のスエズ運河開通がヨーロッパとアジアの距離を短縮し，さらに熱帯病が克服されたという現実があった．教育，電信・電話などのコミュニケーション技術，鉄道や路面電車なども，植民地都市を象徴するインフラストラクチャーであった．ヨーロッパで導入された近代的な制度は，一世代を経ずして植民地東南アジアに実現したのであった．

●世界経済システムへの編入　1870 年代になると，植民地東南アジアは徐々に世界経済システムの中に組み込まれていった．東南アジアが原材料供給基地となることは，大量で安価な一次産品を宗主国へ提供することを意味し，同時に市場依存型の経済へと転換することでもあった．そのために生産と労働は，市場向けの製品である錫，タバコ，砂糖，ゴムなどに特化していった．

ところが東南アジアでは労働人口が不足していたので，この時期から組織的な労働移民の導入が開始された．特定の民族集団の重要性が増し，中国華南地方からの中国人，インド南部からのタミル人，ジャワ島からのジャワ人が労働移民となった．彼らは契約労働の形をとり，賃金労働者となった．

こうした市場依存の経済，移民労働依存の生産体制は，植民地東南アジアの近代的な枠組みの基礎を支える仕組みでもあった．　［山本信人］

📖 参考文献

［1］石井米雄・桜井由躬雄編『東南アジア史 1 大陸部』山川出版社，1999
［2］池端雪浦編『東南アジア史 2 島嶼部』山川出版社，1999

ナショナリズムの諸相

ナショナリズムの現れ方には，意識，運動，政策の相互に関連する三つの相がある．なによりもそれは日常語とその活字化を通して醸成され普及した．そのために都市中間層の知識人を中心に展開することが多かった．

東南アジアでは，19 世紀末から 20 世紀半ばにかけて，植民地空間の中で国民を意識的に想像して言語化する運動，反植民地的な意識と運動，独立維持のため近代的な国民国家を形成する政策としての上からのナショナリズム，必ずしも自前の国家を求めないが民族としての自覚をもつナショナリズムを観察することができる．

ナショナリズムが意識されるためには，自前の国家の基盤となる領域性を認識する必要がある．植民地の領域を認識する契機は，19 世紀末から導入された西洋式教育制度と官僚制度であった．これらは社会的上昇のための制度であるが，同時にそこで成功することは植民地の中心へと向かう階段を上ることでもあった．この「巡礼の旅」を通して，教科書で学ぶ植民地領域を実体験することになった．

●政策・意識・運動　ところが東南アジアで最初に顕在化したのは，政治権力者による政治主導の上からの公定ナショナリズムであった．タイで 1885 年に実権を掌握したチュラロンコーン大王（ラーマ 5 世）は，国内制度の近代化に着手した．奴隷（タート）と人民（プライ）の解放，教育・軍隊の近代化，鉄道，道路，通信網の整備，地方行政区化を断行し，中央集権的な国家の建設を目指した（チャクリー改革）．1910 年に即位したワチラーウット（ラーマ 6 世）はチャクリー改革を前進させ，義務教育の導入，新国旗の制定，仏暦の導入を断行した．また従来の華人優遇政策を一転させ，華人のタイへの同化政策を推し進めた．

意識と運動としてのナショナリズムは，政治共同体としての国民を想像することである．課題は言葉による闘争と説得の政治が機能するかにあった．その最初の例が，19 世紀末にスペイン領フィリピンからの独立革命を夢見たホセ・リサールであった．彼はスペインへの留学やヨーロッパ各地でアナーキストとの交流を通して，意識としてのナショナリズムと反植民地主義を結びつけた．彼の著した『ノリ・メ・タンヘレ』（1887 年），『エル・フィリブステリモ』（1891 年）という二つの小説は，スペインの圧政に苦しむ植民地フィリピンの実情を描写し独立への意思が込められていた．これらはスペイン語で記されフィリピン人知識層には共感を生んだが，スペイン本国や植民地官僚からはリサールは要注意人物と目されるにいたった．リサールは 1896 年 12 月に処刑されたために，1899 年にエミリオ・アギナルドが達成したフィリピン第一共和国の姿をみることはなかった．

リサールの誕生から 7 年後に海峡植民地ペナンで生まれた林文慶は，自由主義思想の申し子で，英国留学からの帰国後にシンガポールで近代的な中国人性を追求し，新しい中国人の形成に尽力した．自身の母語である英語を通して中国文化に触れ，1897年からは英字誌『海峡華人雑誌』を刊行し，近代的中国人性の普及に努めた．儒教の宗教化，弁髪廃止運動，女子教育にも尽力した．林文慶らは英語を母語としたエリート集団で海峡華人とよばれ，そのように自認していた．彼らの求める中華ナショナリズムとは，海峡植民地での地位向上，そこでの華人としての認知，その支えとして期待する強い近代中国国家の誕生であった．

●説得の政治　1910年代になると，オランダ領東インドでは白人との混血児とジャワ人貴族が植民地からの独立を目指す運動を始めた．E. F. E. ダウエス・デッケルは，1912年にチプト・マングンクスモ，スワルディ・スリヤニングラットと政治的独立を目指す東インド党を結成した．翌年にスワルディが「私がオランダ人であったならば」と題する新聞論説をオランダ語とマレー語◀で発表するや，東インド党は非合法化され，指導者であった3名は植民地から追放の身となった．なお，ここでのマレー語は後のインドネシア語◀のもとになった言葉をさす．ホセ・リサールや林文慶との違いは，宗主国の言語だけではなく現地の日常語のマレー語でもオランダへの皮肉を込めながら解放の意思表明をしたことであった．

やがて言葉による説得の政治運動は，活字の世界から現実社会へと展開した．運動の時代の到来である．1910年代のオランダ領東インドには，ヨーロッパの政治運動から生まれた集会，デモ，ストライキなどの手法を駆使する専従の活動家が登場した．彼らは競って自身の主張を新聞で展開し，街頭で演説を繰り広げた．演説家として名をはせたチョクロアミノト，スカルノらは，マレー語の新聞を通して東インドにその名が知れ渡るようになった．1920年代になると，共産主義，イスラーム主義，ナショナリズムが渾然一体となり時代を動かしていた．

●反植民地ナショナリズムとその限界　1920年から30年代にかけては，東南アジア各地で共産党が組織化される時代でもあった．時系列に並べると，東インド共産主義者組織，南洋共産党，マラヤ共産党，シャム共産党，ベトナム共産党などとなる．共産党は反帝国主義，反植民地主義を掲げ，独立を求める組織的なナショナリズム運動の急先鋒であった．そのために越境的に反共産主義運動の情報交換をしていた植民地国家からは弾圧されるという憂き目に遭い，1930年代には地下活動を余儀なくされた．植民地期東南アジアでは各地のナショナリズムに強弱があった．それが結実して独立国家になるのは，日本軍政期が過ぎてからのことで，戦後の過程は東西冷戦の展開と密接に関係しながら進んだ．［山本信人］

📖 参考文献

［1］アンダーソン, B.『定本 想像の共同体―ナショナリズムの起源と流行』白石 隆・白石さや訳，書籍工房早山，2007
［2］池端雪浦編著『岩波講座 東南アジア史7 植民地抵抗運動とナショナリズムの展開』岩波書店，2002

冷戦構造の中で

冷戦構造は東西対立ともよばれる．米ソの全面的対立の最前線となったヨーロッパを東西に分断した状況に焦点をあて，ベルリンの壁の崩壊までの「長い平和」をさすのが普通である．しかしアジアにおける冷戦を理解する上では，不十分なとらえ方である．冷戦は4つの分裂国家を生み出したが，3つはアジアにあり（中国，朝鮮，ベトナム），そのすべてが内戦を経験した．さらに，1960年代に顕在化する中国とソ連との対立（米ソと異なり，武力衝突までした）と，アジアに激震を引き起こした1970年代の米中接近を念頭におく必要がある．

●冷戦の始まりとその後の展開　日本の降伏とともにハノイで独立宣言したベトナム民主共和国（社会主義体制）に対抗し，再支配をもくろむフランスは南部に反共のベトナム国を樹立した．大国の駆け引きにより，1954年にベトナムは北緯17度線で南北に分断され，統一のための住民投票も実施されずに分断が固定化され，10年後には米国が軍事介入して内戦（ベトナム戦争）が激化していった．結局，米国の撤退と北側の軍事的攻勢とにより，1975年に南の反共政権が崩壊し，翌年にベトナム社会主義共和国として統一を果たした．しかし1970年代末には，南部を中心に中国系住民が出国して難民化した（ボートピープル）．

冷戦構造に巻き込まれたのはベトナムだけではない．マレーシア（1963年まではマラヤ連邦），シンガポール，フィリピン，タイの政府は共産主義勢力による反政府活動に悩まされ，治安維持が政府や軍の重要な役割となった．どちらの陣営にも属さない非同盟・中立国（カンボジア，ラオス，インドネシア）では，どの勢力が政権を掌握するのかという権力闘争が続き，内戦やクーデターといった政治的不安定が続いた．非同盟・中立のビルマ（ミャンマー）では，長く軍事政権が続くものの，独立直後から内戦に見舞われた．

1954年，米国・英国・フランスなどが参加する東南アジア条約機構（SEATO）ができるが，域内からはフィリピンとタイが加わっただけで，集団防衛の義務もなかった．そもそも東南アジア各国が直面した冷戦構造の影響は，侵略の脅威ではなく，政治体制をめぐる問題であったために，同盟のような制度では対応できないものだった．そして1970年代後半に静かに解散した．

カンボジアとラオスは1975年に社会主義国家となるが，カンボジア（ポルポト政権）とベトナムの関係が急速に悪化し，1978年末にベトナム軍がカンボジアに侵攻し，ヘンサムリン政権を樹立して領域のほとんどを支配下においたが，ポルポト派などから構成される対抗政府もできて，内戦が続いた．1979年初めには中国のベトナム侵攻（中越戦争）も起こっている．ここには中ソ対立が影を落としていた．すなわち，中国の推すポルポト派に対して，ソビエト連邦に近いベトナムの推すヘンサムリン政権という構図である．この内戦は冷戦の終結まで続いた．

このような不安定で流動的な東南アジアにあって，東南アジア諸国連合（ASEAN）は，域内に平和と安定をもたらし，さらには加盟各国の経済成長（特に1980年代半ば以降）が世界の関心を惹くようになった．

● ASEANの結成とその背景　ASEANは1967年にインドネシア，マレーシア，フィリピン，シンガポール，タイの5か国によって結成された．インドネシアは，スカルノにとって代ってすでにスハルトが実権を掌握して（大統領就任は1968年），反共政策に舵をきっており，残りの4か国も反共体制だったので，ASEANを反共同盟に擬す見方もあった．その一方で，加盟国の間の紛争・対立要因に注目して，ASEANはすぐに瓦解するとの見方もあった．実際，サバをめぐるマレーシアとフィリピンの対立など，ASEANの将来を悲観的にみる要因には事欠かなかった．

それでは，ASEANを設立した5か国の指導者は，この組織に何を求めたのだろうか．このような組織に対する必要性は大別して二つあった．一つは大国政治に翻弄されないように団結を示すことであり，もう一つは国家建設・国民統合に集中するために隣国との関係を安定・友好にすることであった．

前者については，1971年7月に米中接近の衝撃が世界を駆けめぐったとき，ASEAN諸国は同年11月に東南アジアを平和・自由・中立地帯とする宣言（ZOPFAN宣言）を出して，大国の草刈り場にはならないという決意を示した．また，域外の経済的強国・大国（日本やオーストラリアなど）に対してASEANは対話制度を構築し，1970年代末には，それを外相級に格上げした制度（ASEAN拡大外相会議：PMC）の構築にも成功した．後者については，ASEANに加盟する5か国は，1976年に首脳会議を開催して，東南アジア友好協力条約（TAC）を締結し，互いの紛争を平和的に解決することに合意した．その後，TACはASEAN協力の基礎としてとらえられるようになった．

もちろんASEAN諸国は常に一枚岩だったわけではない．カンボジア内戦をめぐっては，ベトナムに同情的な（そして中国を警戒する）インドネシアやマレーシアと，ベトナムを危険視し中国との協力を辞さないシンガポールやタイとの間では深刻な路線対立が続いた．また，1970年代半ばには経済協力を進めることに合意したものの，各国が各々の経済開発を追求しようとしたせいで，結局，その成果はほとんどなかった．

こうしてASEANの加盟国は，権威主義・開発独裁の国家であると批判されながらも，ASEANという協議の場で相互の善隣友好を強調し，域外に対しては結束姿勢を示し，域内では平和を保ってきた．冷戦が終わる頃には，戦乱や孤立が続いた他の東南アジア諸国とは対照的な国家群になったのである．　［山影　進］

東南アジアと開発

1960 年代，東南アジアに開発の時代が訪れる．世界の冷戦構造の中で西側，つまり，米国を中心とする資本主義陣営に入ったタイ，フィリピン，シンガポール，インドネシアなどが経済社会の開発を強力に進めるようになり，やがてその成長ぶりが世界から注目されるまでになる．

●「上からの開発」 タイのサリット・タナラット陸軍司令官は，クーデターによって権力を握り 1958 年に首相の座に就いた．そして，政治を安定させるためとして議会を停止し，首相に権力を集中させた．同時に，欧米や日本などの西側諸国から外国投資を誘致して工業化をスタートさせた．こうしてタイは，東南アジアにおける国家主導の「上からの開発」の先駆けとなった．1960 年代になると，フィリピンのマルコス大統領，シンガポールのリー・クアンユー首相，インドネシアのスハルト大統領が政権を樹立し，「上からの開発」に着手した（図 1）．

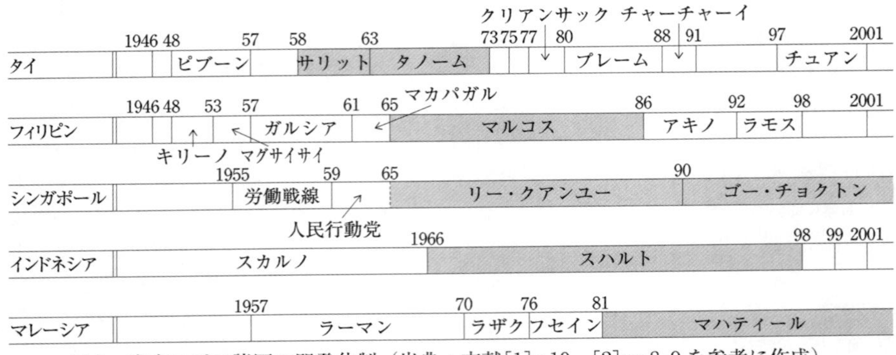

図 1 東南アジア諸国の開発体制（出典：文献[1]p.10，[2]pp.8–9 を参考に作成）

これらの指導者たちが開発を進めるために築いた政治経済体制を開発体制とよぶ．各国の開発体制にはいくつかの共通点があった．1 つめは，開発至上主義である．開発が最も重要な国家目標とされ，開発が進んでいる限りその政権には正統性があるとみなされた．2 つめは，権威主義体制である．開発のためには安定が必要だという理由で国民の自由は制限された．今の時代であれば，人権抑圧国家だと非難されるような権威主義体制も，冷戦下の西側陣営では共産主義の脅威に対抗する強い国家権力が必要だとして容認されたのである．3 つめは，軍または政党による統治である．各国は議会制民主主義の形式をとりつつも，軍または与党が権力を維持できる仕組みを備えていた．4 つめは，テクノクラートによる開発行政である．資本主義の論理に従って経済を運営したのは，大統領や首相から権限を与えられたテクノクラートであった．貿易・投資・援助を通じて西側諸国から資金を取り入れて開発を加速させようというのが，彼らの発想であった．

ただし，開発は，成長を持続させるための経済開発だけを意味していたのではない．成長の果実を社会に行き渡らせるための社会開発，国民という意識を定着させるための国民統合も，開発の重要な要素であった．開発は，タイではガーン・パッタナー，インドネシアではプンバングナンなどとよばれた．その語には各国それぞれの開発理念が埋め込まれ，その理念が社会開発や国民統合のあり方に色濃く反映された．例えば，サリット首相は国王と仏教を国民統合の基礎に据えた．スハルト大統領はジャワ的な家族主義思想を開発に取り入れた．

●開発の光と影　世界銀行が1993年に発表した報告書『東アジアの奇跡』は大きな話題をよんだ．アジアの7か国・地域の成長ぶりが「奇跡」として高く評価されたからである．1970～80年代を通じて開発を推し進めてきたタイ，シンガポール，インドネシア，マレーシアがここに含まれていた．

これらの国はなぜ高く評価されたのか．一つは，成長と分配が同時に進んだことである．高成長が持続しただけでなく，所得の不平等や貧困も大きく減少した．もう一つは，政策介入が「市場に友好的」だったとみなされたことである．従来，開発を進めるには政策介入が不可欠だという考え方と，経済は市場メカニズムに委ねるべきで政策介入はすべきでないという考え方とが対立してきた．だが，これらの国ではテクノクラートが市場メカニズムを活かしながら開発政策を実施したと評価された．輸出指向政策の成功はその一つの現れととらえられた．

各国は当初，輸入代替政策を採用した．輸入品に替わって国産品を生産できるように国内産業を関税などで保護する政策である．1980年代になると，各国は輸出指向政策を打ち出した．国産品を輸出できるように輸出企業を免税などで後押しする政策である．しかし，この政策以上に大きなインパクトをもたらしたのが1985年のプラザ合意であった．日本，韓国，台湾の通貨が切り上がり，採算が悪化した輸出企業が東南アジアに生産拠点を移し，東南アジアからの工業製品輸出が急拡大したのである．東南アジアにとってはまさに幸運であった．

だが，開発を強力に進めようとするほど政府は強権的になり中央集権化する．強い政府が国民統合を進めると多様な地方文化は画一化されていく．それに対する異議申立ての声，ダム建設や環境破壊などに対する抵抗運動は抑圧される．これが開発の影の側面である．やがて1990年代のグローバル化と民主化の潮流の中で各国の開発体制は変容を迫られることになる．

［佐藤百合］

参考文献

［1］岩崎育夫編『開発と政治—ASEAN諸国の開発体制』アジア経済研究所，1994
［2］末廣 昭編『東南アジア史9 「開発」の時代と「模索」の時代』岩波書店，2002

村の世界

人が集まり社会を構成する最も基礎的な単位の一つとして家族がある．家族が集まり集落をなし，集落が集まって共同体としての機能をもった村（村落）をなす．村と都市の違いを厳密に定義して区別することは困難だが，ここでは，農林漁業のように，主に自然資源を利用して生計をたてる世帯が集住し，共同体としての独自の機能を有する範囲を村とよぶ．

東南アジアの村には，土地が代々相続され，その土地に根差した生活が営まれているような定着型の村と，他村からの開拓・移住によって比較的近年に開かれた開拓移住型の村とがある．江戸時代以前から開拓が進み定着型の村が卓越する日本とは異なり，歴史的に人口が少なかった東南アジアでは開拓移住型の村が多い．一般に東南アジアでは，村の開祖と目される人びとの子孫が地味などにおいて条件のよい土地を占有し，村内の社会的地位も高いことが特徴的である．

東南アジアの村の世界を社会的な関係から理解する際に二つの視点があり得る．一つは，個人の関係性に着目すること，もう一つは村の共同体としての機能に着目することである．以下では，大陸部東南アジア◀の村を中心に概説する．

●家族から広がる世界　個人の関係性に着目する場合，親族を中心にした家族関係と，二者関係の連鎖として広がるネットワーク型の社会関係が重要である．両者は重なり合う部分も大きいが，前者は，双系的な親族関係や相続を基本として核家族を構成しながら，兄弟姉妹・親戚縁者，そして疑似的な親族関係を含めた広い意味での家族が，農地の開拓や農作業といった生産面だけでなく，食事の提供や土地相続，資金の融通，家の建築など，村生活に欠かせない相互扶助の単位となる．東北タイの農村では，子供世帯が結婚して独立し親元を離れた後，しばしば末娘夫婦が家に残って老親の世話をし，他の子供たちも親世帯の屋敷地の中に居を構え，同じ農地を耕作し，食事も共にするような関係がみられる．このような複合的な家族の集住を人類学者水野浩一は屋敷地共住集団とよんだ．社会学者北原淳の整理によれば，屋敷地共住集団の特徴は次の通りである．①親世帯を中心として，親子の独立世帯が結合している複合家族の一種である．②その基礎は屋敷地と耕地の親子間での未分割，共同保全にある．③同一屋敷地内での共住と耕地の一次的賃借関係を主とした共同的機能で結ばれる．④親が死亡し，屋敷地と耕地の均分相続が完了すると，たとえ兄弟同士近接で居住していても，共同耕作などの機能は著しく弱まり，複合家族は基本的には解体すると考えられる．ただし，子供世帯のすべてが共住するわけではなく，かといって親の死亡後に兄弟関係が必ずしも疎になるわけでもない．親子関係・兄弟関係のあり方に応じて共住の形態は多様である．

●ネットワークから広がる世界　個人の関係性に着目したもう一つの重要な関係性は，個人の主観に基づく対人関係（二者関係）を基礎とし，その連鎖として広がるネットワーク型の社会関係である．わかりやすく言えば，親戚・知人を核として，個々人の知り合いの範囲がつながった社会関係である．同じ家族の一員でも，基点となる個人によりネットワークの広がりは異なる．このネットワークには知り合いの知り合いも含まれ，当の本人が直接の知り合いではなくとも，共通の知人を介して新たなネットワークが形成される．日本人では遠慮してしまうような間柄であっても，宿の提供や仕事の依頼をすることもまれではない．

●「ルース」と「タイト」　村の共同体の機能に着目すると，共同体的規範のもとに人間関係や土地・資源の利用，農作業等が規制され，社会的・文化的にも村内の慣習が尊重され，その結果，村の内と外が厳密に区別されるような「タイト」な社会と，逆に，規範が緩やかで内と外の区別が不明瞭で，より個人主義的な関係が卓越する「ルース」な社会が存在する．米国の人類学者J.F.エンブリーが提唱した社会類型である．前者の例としては，ベトナム紅河デルタ村落のように，人口が稠密で歴史的にも定着型の村がイメージされる．「ルース」な村としては，開拓移住型の新しい村がイメージされやすい．

ただし，東南アジアは一般に，中国やインドと比べて相対的に人口が疎で流動性が高く，領域の概念は希薄で土地よりも労働力が重視された．村の領域も不明瞭で，共同体的規制の力も基本的には弱いと考えられている．村の共同体の形成と個人の関係性がいかに有機的にかかわっているのかは必ずしも明瞭ではない．村の内部の社会関係の視点とともに，村を取り巻く政治経済的状況の中で村を理解する視点も必要とされ，なによりも，両者が相互に影響しながら村がいかに成立してきたのかという歴史的視点が欠かせない．東南アジアは紀元前後からの東西交易やインド化◀，イスラーム化，欧米列強による植民地支配など，外部からさまざまな政治経済的，そして文化的な影響を受けてきた．他方で，現在の定着型の村の多くは，19世紀以降の植民地期やその後の国民国家建設の中で，村としての役割を強化されてきたことがわかっている．

●変わる村　現在，東南アジアの村はさらなる変化の中にある．都市人口の急増，開拓移住のための新しいフロンティアの消滅，交通インフラの発展，農外就労機会の増大，情報基盤の整備などを契機として，都市と村の関係はますます緊密になってきた．土地や水などの自然資源を利用して生計をたてる世帯が相対的に減少すると，従来のような生産のための共同体的規制は必要とされなくなる一方，都市と同じように，村は生活の場として新たな共同体的機能の創出が必要とされるようになってきた．この意味で都市と村の区別はますますつきにくくなっている．

［柳澤雅之］

都市の世界

☞「都市中間層・富裕層の暮らし」p.358,
「都市スラムの暮らし」p.362

都市は，世界を流転するヒトやモノ・情報に出合いの場を提供する．それらの交換と交感を通じて，常に新しい文化が生み出され，先進性が都市に一定の権威をもたらす．東南アジアの都市は，古来より，こうしたネットワークの結節「点」，権威の中心「点」としての意味をもっていた．しかし，今，都市は「面」としての存在感をも強く主張するようになっている．

●定まる 前近代の東南アジア社会は相対的な小人口に特徴付けられた．港市や駅市といった交易の要所による王権は，外来の新しい文化要素を取捨選択し，改変し，我がものとして身にまとうことで，富や人びとを引き寄せる求心力を獲得した．例えば，古代のインド化◀や近世海域のイスラーム化はこうして進展した．王の権威，交易，都市の盛衰は相関しており，衰退の局面に入れば，往々にして中心性はほかの地点へと移ってしまった．エーヤーワディー川流域では，王都の立地が中流域乾燥平原の内部で転々としたし，時に遠く沿岸部港市へと覇権が移ることもあった．また，マラッカ海峡海域でも常に諸港市が競合しており，商業の時代の覇権港市マラッカが16世紀にポルトガルに占領されると，人びとがこれを避け，ジョホールやアチェなどの諸港市へと分極化が進んだ．

このように移ろいやすい多中心的な状況が，近代の訪れとともに大きく変わっていく．19世紀後半から20世紀前半にかけて，蒸気船航路によって世界市場と密に結びついたタイの王都バンコクや欧米支配下の各植民地都市では，多大な資本が投下されてインフラ整備が進んだ．港湾施設は充実し，造成された土地に道路と上下水道，後には電線が通り，立派なレンガ造り建築が立ち並んだ．こうして少数の近代港市は，特定の土地の上にずっしりと腰をすえ，鉄道や幹線道路で結びつけられた各領域国家の全体を背負いこんだ．地域内の都市間の階層関係は，行政ヒエラルキーに従って，主要港市を頂点にかなりの程度固定化される．理念的な西洋近代に範をとりつつも，それぞれの港市は独自の近代性を体現してそれを後背地に向けて発信した．

●膨らむ 少数の極への集中は，20世紀後半により顕著になる．独立を達成した国民国家の多くが近代港市を素地として首都建設を行った．地域の人口が全般的に増加したことに加え，農村部の貧困や治安悪化などが人口流入に拍車をかけ，これらの首都は国内の他都市に比して不均衡に巨大化してゆく．このような都市を首位都市という．流入した人口の多くは，居住においてはスラム，就業においてインフォーマル・セクターに吸収されたため，この現象は産業化なき都市化や過剰都市化ともよばれた．

しかし，近代マラッカ海峡の覇権港市シンガポールは，国際貿易・金融のハブとしての地位をいち早く確立した．その他の国々も，外資の受入れをてこにして雁行型経済発展を遂げ，特に20世紀末以降，急速な都市化を経験する．東南アジア全体の都市化率は，1950年代には15%程度であったが，今や地域人口の半数近くが都市に住むようになった（表1）．とはいえ，主要都市への人口集中はなおも続いている．ジャカルタ，バンコク，マニラは，郊外や周辺農村を呑み込みながら面的に広がっていき，都市圏の人口が1000万人を超えるメガシティへと成長した．ホーチミン市，ハノイ，クアラルンプール，バンドン，ヤンゴンなどがこれに続く．一部では製造業を中心に産業の集積が進み，経済発展のエンジンとして大都市圏に期待が集まる一方で，過剰都市的な性格は十分に解消されておらず，環境負荷の大きさも懸念されている．

表1　東南アジア諸国の都市化率

	1955	1985	2015
世界	31.6	41.2	53.9
東南アジア	17.1	28.3	47.2
シンガポール	100.0	100.0	100.0
ブルネイ	34.6	65.7	76.7
マレーシア	23.4	45.9	74.2
インドネシア	13.5	26.1	53.3
タイ	18.0	28.1	47.7
フィリピン	28.7	42.2	46.3
ラオス	7.6	13.8	33.1
ミャンマー	17.6	24.4	29.9
ベトナム	13.1	19.6	33.8
東ティモール	10.0	18.6	29.5
カンボジア	10.2	13.9	22.2

（出典：United Nations, *World Urbanization Prospects: The 2018 Revision*）

●せめぎ合う　世界各地の相互依存が進み，国家を背負う大都市同士が厳しい競争にさらされる中で，多様かつ膨大な人口を擁する都市社会における格差や亀裂が，未曽有の政治状況を生み出している．都市富裕層・中間層は新しいライフスタイルを不断に追求し，テレビ，携帯電話，インターネットの普及は，そうしたライフスタイルのイメージをまたたく間に広く拡散するようになった．絶え間なく沸き起こる欲望が，旺盛な消費を導く．しかし，実際にはイメージされる豊かさとは縁遠く，大きなリスクと先行きへの不安を抱えながら，日々を暮らさねばならない人びとも多い．国家間の経済格差や国内での地域間格差を反映して，外国や地方からの移住者や出稼ぎ労働者が，都市内部での相対的に貧しい階層を構成する．特に国内からの移入者は，感得される格差への不満を，投票や街角でのデモといった行為を通じて表明する．都市を舞台として上演される政治が，国家の針路をも左右し得ることは，2000年代後半バンコクの「赤シャツ」対「黄シャツ」の騒乱と以後のタイの政治的混迷が示すとおりである．　［長田紀之］

参考文献

［1］弘末雅士『東南アジアの港市世界―地域社会の形成と世界秩序』岩波書店，2004
［2］大泉啓一郎『消費するアジア―新興国市場の可能性と不安』中央公論新社，2011

グローバル化の時代へ

1990年代，世界はグローバル化の時代に入った．1989年に米国とソビエト連邦が冷戦の終結を宣言し，第2次世界大戦後長らく続いてきた世界の東西分断が溶解した．1991年にソビエト連邦が崩壊し，米国が唯一の超大国となり，米国の唱える経済自由化と民主化がグローバル化時代のキーワードになった．そうした時代の波が東南アジアにも押し寄せる．

●進む経済統合　冷戦の終結は，東南アジアにおいても東西分断を終わらせ，東側陣営内の戦乱を和平に導いた．東側に位置したベトナム，カンボジア，ラオスのインドシナ3国は，和平と復興，市場経済化と開発へと舵を切り，開発で先行する東南アジアの資本主義諸国へのキャッチアップを始めた．時代の変化を読んだタイのチャーチャーイ首相は1988年の就任演説で「インドシナを戦場から市場へ」とよびかけた．ASEAN（東南アジア諸国連合）はもともと共産主義のドミノ現象を防ぐための資本主義諸国による政治同盟として生まれたが，1995年にベトナム，1997年にラオスとミャンマー，1999年にカンボジアを加えて東南アジアのほぼ全域を覆う「ASEAN10」に発展した．

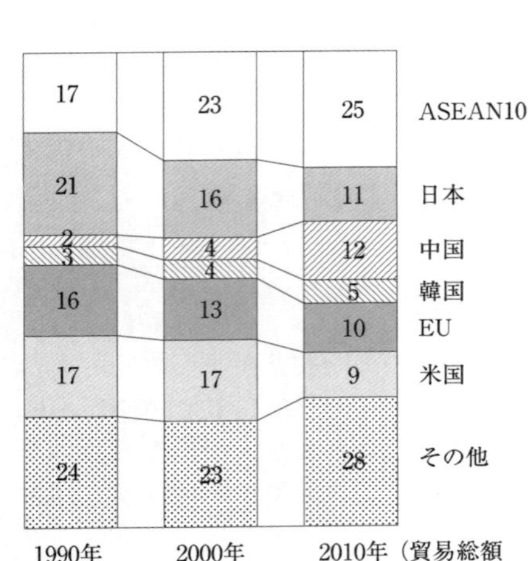

図1　東南アジア諸国の貿易相手国・地域の構成(%)（出典：日本アセアンセンター『ASEAN情報マップ』．原データはIMF World Economic Outlook Database）

東南アジア地域が1990年代を通じて一つになっていく原動力は経済にあった．各国は経済を自由化し，積極的に外国直接投資を呼び込んで自国の産業を発展させ，輸出を伸ばそうとした．図1は東南アジア10か国の貿易相手の変化を表している．1990年代の最も大きな変化は，東南アジアの域内貿易が拡大したことである．東南アジアの貿易総額は10年間に2.6倍に増加し，そのうち東南アジア域内貿易は全体の17%から23%へ，額にすると3.5倍にも拡大した．反比例するように，日本との貿易の割合は低下した．だが，日本との関係が遠のいたわけではない．むしろ逆に，日本は東南アジアにより深く浸透した．各国に工場をもつ日本企業がその工場の間で貿易を始めたのである．例えば，タイにある自動車工場は日本から輸入していた部品をマレーシアやフィリピンの工場からの輸入に切り替えた．国境を越えた部品取引を日本企業が先導し，それが域内貿易の拡大，地域経済の統合に大きく寄与した．

東南アジアの経済統合は実態面と制度面とが車の両輪になって進展した．制度面の中心になったのはASEANである．ASEANは1992年に域内の輸入関税を段階的に撤廃するASEAN自由貿易地域（AFTA）の創設で合意した．それに先立つ1988年，ASEANは関税引き下げによって先述のような部品貿易を促進するブランド別自動車部品相互補完流通計画（BBCスキーム）を開始し，1996年にはこれを製造業全体に広げたASEAN産業協力（AICO）に発展させた．

●「奇跡」から「危機」へ　経済自由化は，国境を越えるモノの流ればかりでなく，カネの流れも活性化させた．成長著しい東南アジアには先進国から短期資金が流入し，東南アジアの企業も自国より金利の低いドル建て資金を盛んに借り入れた．1997年，タイの通貨バーツへの欧米ヘッジファンドによる投機売りをきっかけに，バーツが暴落し急激な資本流出が起きた．通貨暴落はマレーシア，インドネシア，韓国などに次々と伝播した．これをアジア通貨危機という．まさにグローバル化がもたらした負の帰結であった．通貨が暴落すると，自国通貨に換算した輸入価格や海外借入返済額が跳ね上がる．輸入が止まり，企業は債務を返済できず，銀行は不良債権を抱え，経済は麻痺状態に陥った．

タイ，インドネシア，韓国は国際通貨基金（IMF）から緊急融資を受け，IMFの管理下で制度改革を余儀なくされた．わずか数年前に「東アジアの奇跡」と讃えられたこれらの国は，実は政府と企業のガバナンスができていなかったと評価された．そこで，政府から独立した中央銀行，金融監督機関の新設，金融・財政政策の目標管理などの制度が導入された．

●民主化のうねり　米国を唯一の超大国とする世界秩序は，民主主義を世界標準とする思想的潮流を生み出した．東南アジアでは，冷戦期に容認された強権的な開発体制は影をひそめ，各国それぞれのやり方で国内統治に民主的な要素を取り入れていくことになる．

その変化が端的に現れたのが，インドネシアの民主化革命であった．典型的な開発体制であり，東南アジア随一の長期政権となっていたスハルト政権は，アジア通貨危機によって深刻な打撃を受けた．開発の成果は一気に色褪せた．レフォルマシ（改革）の掛け声のもと，在野の政治家や学生だけでなく政権内部からも，自由の抑圧や大統領周辺の汚職・癒着・身内びいきに対する批判が噴き出した．1998年，スハルト大統領は辞任に追い込まれた．これを契機に，統治体制は権威主義から民主主義へ，権力の一極集中から分散へと大きく転換した．人権と自由が憲法で保障され，三権分立が確立し，地方分権化が実行された．2004年に建国史上初めて国民の直接選挙による大統領選挙が平和裡に実施されて，インドネシアは民主主義への移行を完了した．

［佐藤百合］

21 世紀の東南アジア

1990 年代以降，東南アジアは大きく変貌している．東南アジアは ASEAN に包摂された．東ティモールは未加盟だが，早晩加盟するだろう．そして ASEAN 自体が大きく変わった．今世紀の東南アジアはその延長線上にある．

●冷戦終結と東南アジア 冷戦の終結は，まず，経済のグローバル化に対する ASEAN 6 か国（原加盟の 5 か国に 1984 年にブルネイが加盟）の危機意識を高めた．ASEAN 諸国は旧西側の先進国からの投資に依存しながら経済発展・成長を実現してきたが，東西間の壁がなくなり，この地域への投資が減るかもしれなかった．そこで，ASEAN 地域の魅力を高めて，投資を引きつけ続けるべく，1992 年に ASEAN 自由貿易地域（AFTA）の創設に合意した．こうして，アジアで最初の本格的な地域経済統合が始まった．

次に，東南アジアの対立構造が解消した．1980 年代後半，ベトナムは，ドイモイ（刷新）政策を打ち出して，経済・外交政策を大きく転換した．そして，1989 年の中ソ関係の正常化に押されて，カンボジア和平がついに実現した．1991 年のパリ和平協定に基づいて，国連カンボジア暫定統治機構（UNTAC）が設置され，1993 年には新憲法に従ってカンボジア王国が成立した．

● ASEAN の変容 さらに ASEAN の拡大が実現した．未加盟のカンボジア，ラオス，ミャンマー，ベトナム（CLMV）の指導者にとって，ASEAN が加盟国にもたらしてきた相互平和と経済発展・成長は自分たちも享受したい価値であり，ASEAN 加盟が手っ取り早かった．ASEAN 側は本加盟の前に東南アジア友好協力条約（TAC）への加入を CLMV に求め，ベトナムとラオスは早くも 1992 年に加入し，ASEAN オブザーバーの資格を得た．そしてベトナムは 1995 年に本加盟する．さらに残る 3 か国も 1997 年から 1999 年にかけて相次いで本加盟した．こうして 20 世紀が終わる前に，ASEAN は東南アジアを覆ったのである．

ASEAN は域外諸国との対話・協力にも積極的になった．冷戦終結による安全保障環境の激変を踏まえて，1994 年に，日本，米国やオーストラリアなどだけでなくロシアや中国も参加する外相級の ASEAN 地域フォーラム（ARF）を設置して，アジア太平洋地域の安全保障対話を始めた．また，1997 年からは ASEAN 首脳会議の際に日本・中国・韓国の 3 首脳を招待して，ASEAN ＋ 3 首脳会議を主催するようになった．

この時期，アジア通貨・経済危機により，東南アジア諸国は混乱に見舞われたが，日本からの大規模な支援も奏功して，まもなく危機から脱することができた．

● 21 世紀の ASEAN 2003 年，1990 年代初めから進めていた AFTA が当初の目標をおおむね達成できることになった．さらなる目標としてASEAN経済共同体（AEC）を構想していたが，その年のASEAN首脳会議で，AECだけでなく，ASEAN政治安全保障共同体（APSC，合意時点では安全保障共同体：ASC）とASEAN社会文化共同体（ASCC）の3本柱からなるASEAN共同体◀の創設を2020年に向けて目指すことになった．この計画は前倒しされて，2015年末に三つの共同体の創設が謳（うた）われ，2025年に向けていっそうの統合を目指している．

2007年にはASEAN憲章を採択し（2008年に発効），年に2回開催される首脳会議を最高意思決定機関として明記し，各種の閣僚級会議を上記三つの共同体の下の会議として割り当てた．また，1976年にジャカルタに設置された事務局を強化して，3共同体に対応するように再編した．

1990年代に顕著になった域外諸国を巻き込む広域制度構築は，21世紀に入っても続いた．2005年には東アジア首脳会議（EAS）が発足した．会議名にASEANはないが，参加条件にTAC加入（または加入意志）が含まれている．毎年後半に開催されるASEAN首脳会議に併せて，ASEAN＋3首脳会議とEASが開かれている．EASは，ASEAN諸国と日本，中国，韓国，オーストラリア，ニュージーランド，インドで始まったが，2011年からは米国とロシアも加わった．

現在，ASEANは中心性と連結性を追求している．上述のように，ASEANを中心にして，域外諸国も参加する広域制度が幾重にも重なるようにできてきたが，中心性とはこのような制度においてASEANが中心的役割（例えば議長国）を担い続けることを，域外諸国（特に大国）に認めさせることを意味している．現在のところ，中心性の追求は，おおむね上手くいっている．最近，ASEAN諸国に対する中国の影響力増大が話題になっており，対中態度の違いからASEANの分裂傾向を指摘する向きもある．特に南シナ海における領有権紛争をめぐってASEANとしての立場が対中強硬と宥和との間で揺れ動くことがある．しかしASEAN諸国は，程度の差こそあれ，特定の大国の影響力が突出する事態を避けようとしてきた．中国に対しても同様の方針で向き合うだろう．

連結性の追求とは，ASEAN地域全体の一体性を高めることで，道路や鉄道などのインフラ整備だけでなく，各種制度の共通化・簡便化や人びとのつながりも目指している．かつてから社会的・経済的格差が問題になっていたが，CLMVの加盟でますます深刻になった．ASEANとしては，域内格差是正のために取り組んできたが，連結性の向上は格差是正にも貢献すると位置付けられている．

現在，ASEANが域外諸国と積極的に取り組んでいるのは，大陸部の連結性強化であり，これは1990年代からアジア開発銀行が取り組んできたメコン地域（GMS）開発計画と重なっている．さらに東部ASEAN成長地帯（BIMP-EAGA）構想でも，多数の島嶼からなるこの地帯の連結性を高めることが大きな課題となっている．

［山影　進］

第3章
人びとと文化

現在の東南アジアには，山地，平野，海域，あるいは都市に多くの民族が暮らしている．こうした多民族状況は東南アジアの特徴の一つであるが，それはこの地が古来より陸海路を通じてさまざまな人びとが行き交う要所であり，東西交渉の経由地だったことに起因している．特に大航海時代や植民地時代になると，世界の政治経済や社会情勢の影響を受け，波状的に人びとが押し寄せてくるようになり，東南アジアの多民族状況はさらに複雑なものになっていった．異なる文化的背景をもつ人びとが織りなす多種多彩な文化は，時に融合し，時に新たな文化を生み出し，東南アジアの地で息づいている．このような民族と文化の混淆は，東南アジアに世界に類をみない多様性をもたらしたのである．本章では，国別の解説の形をとりながら，東南アジアの多様な文化の担い手である民族について詳しく紹介する．

［信田敏宏］

先住民

東南アジア諸国には,「先住民（indigenous people）」とされる人びとが数多く住んでいる．だが，この言葉の使用をめぐる考え方，あるいは使用する場合の基準は国によって大きく異なる．先住民運動の先進国ともいえるフィリピンでは,「先住民権法」のもとで先住民の存在と諸権利が広く認知されており，政府は，およそ110のグループを先住民として緩やかに認定している[1]．ベトナム政府の場合, 54の公定民族のうち，マジョリティのキン人以外の53のグループを「少数民族」であるとしているが，政治的な思惑から，通常そうした人びとを「先住民」とはよばない．一方，インドネシアでは，1000を超えるともされるエスニック・グループ（サブ・グループを含む）が存在する中，そのうちの365のグループが社会福祉省によって「マシャラカット・アダット（慣習社会/先住民)」として公認されている[1]．しかし，インドネシア政府は,「マシャラカット・アダット」を「indigenous people」として訳出することには懐疑的である．政府の立場は，本来，華人を除くほぼすべてのインドネシア人が先住（土着）性をもつというものだからである[1]．マジョリティであるマレー人を,「先住民」の語義に近い「ブミプトラ（土地の子)」とよぶマレーシア政府の立場もこれに準ずる．

●誰が先住民か 先住民をめぐる問題の本質の一つは,「誰が先住民であるか」という根本的な問いにある．先住民運動が高度に政治化された今日にあって，その同定は多くの利権をはらむからである．国家安全保障への抵触や国益の損失をおそれる各国政府は，先住民の主張の追認には及び腰であることが多い．それに対して先住民系の諸団体は，政府による公認の有無にかかわらず，みずからを先住民として積極的に自称・自認することで，権利回復運動のスタートラインに立とうとする．したがって，先住民の定義をめぐる攻防もいまだに終息の気配をみせない．多くの局面で最も頻繁に引用される定義は，国連人権委員会小委員会の委員長を務めたホゼ・マルティネス・コボが提出した「マルティネス・コボ・レポート」(1981〜83年) [2]におけるもの，およびILO（国際労働機関）169号「独立国における原住民及び種族民に関する条約」(1989年)（ILO公式HP日本語版原文ママ）の条文におけるものの二つである．例えば前者は，次のような定義を採用している．「先住コミュニティ，先住民，先住ネーションとは，侵略および植民地化を受ける以前に遡りみずからの領土を発達させていた諸社会を伴う歴史的連続性をもち，みずからを，現在そうした領土やその一部において優勢である諸社会における，他の構成者とは異なる固有の存在として認識している人びとである(以下略)」．しかしながら，このような定義は現在先住民を自認している人びと

図1　タイの先住民であるリスの人びと

のすべてをカバーすることは到底できず，一定の批判にさらされてもいる．例えば，非定住的な生活様式をもつ少数民族の集団が，武力紛争に巻き込まれることを避けるために山地や森林を移動して知らずに国境を越え，そこで居を構えることになったとする．大半の国境が地続きの山間部に展開している大陸部東南アジア北部は，海という天然の要害で島々が分かたれた島嶼部に比べ，このような国境を跨(また)いだ移動を誘発しやすい．ところが，先の定義に照らし，一定の土地への歴史的な帰属を先住性の基準とする限りにおいては，彼らは先住民たりえない．一方，こうした齟齬を解消するために，より汎用性の高い定義を採用すると，今度はあまりにも多くの人びとが当てはまり混乱を招く．

●先住民プラットフォームの誕生　諸権利の保障を十全に受けられない先住民同士が結束し，国家に積極的に働きかけていくのは現在ではごく普通のこととなった．北米では1960年代に端を発した同様の動きは，東南アジアでは20年程遅れて1980年代にようやく始まった．なかでも「アジア先住民族連合（AIPP）」が，アジア各国で個別に活動していた少数民族NGOをつなぐプラットフォームとして，1988年（事務局開設は1992年）にタイをベースに活動を始めたことが大きい．もっとも，AIPPが本拠地をおくタイですら，先住民を意味する「チョンパオ・プーンムアン」というタイ語が，国内の少数民族の間で本格的に使われ始めたのは今世紀に入ってからのことである．また，タイ政府が先住民の存在を公的に認めたこともない．定住歴が長い少数民族はすでにタイ国民であり，一般のタイ人と同じ法的権利を享受できるため，「先住民」という概念でことさら囲い込む必要がないというのが政府の見解である．しかし，2007年9月に「先住民族の権利に関する国際連合宣言」が出されて以降，東南アジアにおける先住民運動は明らかに勢いづき，AIPPのプレゼンスも確実に増した．同宣言は，一部の欧米諸国から冷ややかに受け止められはしたが，活動の歴史が浅く，所期の目的もまだ達成していない東南アジアの先住民運動にとっては追風となった．高等教育を受け国際経験も豊富な新世代の先住民リーダーには，高度な論理を駆使した政府との交渉が期待されている．

［綾部真雄］

📖 参考文献

［1］Erni, C., *The Concept of Indigenous Peoples in Asia: A Resource Book*, IWGIA and AIPP, 2008
［2］Martínez Cobo, J., "Study of the Problem of Discrimination Against Indigenous Populations", United Nations, UN Doc. E/CN. 4/Sub. 2/1986/7/Add. 4, 1981–1983

東南アジアの華人

☞「華人系宗教」p.222,「華人の音楽芸能」p.486,「春節の祝い」p.632

中国本土と台湾・香港・マカオからの移民とその父系の子孫をさし，かつては華僑(かきょう)と総称した．20世紀後半には，中国国籍を保持する者を華僑，中国外の居住国の国籍を取得した者を華人と呼び分ける方法が広がったが，最近では両者を含めて一語で表すとき華人の語を用いるケースが増えている．

世界の華人人口には諸説あるが，3000万人を超えているのは確実である．そのうち，最も集中しているのが東南アジア地域で，20世紀を通し全体の8～9割を占めるといわれていた．これは，19世紀半ばから20世紀前半に欧米列強による東南アジアの植民地化が本格化した際，開発労働力として大量の中国系移民が渡航したことが最大の理由である．1990年代以降，東南アジアの比率は相対的に下がったが，依然として全体の7～8割を占めるとみられる．他方，東南アジアにとっては，近代以降に流入・定着した外国系出自の人びとのうち最大の集団である．国別にみると，インドネシアとタイが約700万人，マレーシアが約600万人で世界のトップ3を占める（中華民国僑務委員会の2007年の統計）．残りのASEAN諸国も小国のブルネイを除き世界の20位までに入る．ただし，国民総人口のマジョリティを占めるのはシンガポール（約8割）のみで，他の国々ではすべてマイノリティである．

●「華人文化」の三つのベクトル　華人の文化のあり方はあまりに多様かつ変動的であり，「これが華人文化だ」と決定的にはいえない．ひとが「華人であること」を何か特定の文化で規定することもできない．とはいえ，さまざまな文化領域を貫く全体的な特徴やいくつかの方向性を読み取ることは可能である．物質文化であれ精神文化であれ，①「中国的な文化」の移入・保持・再創出，②東南アジア各地の「現地文化」への適応や文化混淆，③かつて「西洋文化」に代表された近代的な文化の先駆的取り込み，という大きく分けて三つの方向が，①→②→③の順序にではなく，しばしば同時に（同じ小集団や個人の中でさえ）並存し，19世紀末から現在まで，地域により，また時代ごとに繰り返し活性化することによって，華人社会はむろん東南アジア社会全体にも重要なインパクトをもたらしてきた，と約言できるであろう．

●言語と宗教の諸相　「中国的」な文化の継承や復興の核としばしばみなされるのは言語である．東南アジアの華人は，もともと福建語や広東語，客家語，潮州語など華南地方の諸言語を話し言葉として持ち込んだ．中国の革命や政治統合が進んだ20世紀初頭以降は，それに呼応する形で共通言語としての華語（マンダリン）が自前の学校や新聞・雑誌などのメディア言語として普及した．だが，中国系諸語を母語とした移民一世に比べ，二世や三世以降では居住各国の有力言語を身につけ，みずからの母語とみなす人びとが増えてゆく．華人に「同化政策」を強いたスハルト体制期（1966～98年）のインドネシアでは，華語の学校教育や使用が厳しく制限されたため，華人の華語能力は著しく低下した．同体制の瓦解後，華語教育や華語メディアの復興現象もみられるが，大きな動きとはなっていない．むしろ，二世以降の華人の間では，植民地期には英語・オランダ語・スペイン語など宗主国の言語，さらに独立後はビジネスや英語圏への留学・再移住などを念頭に英語を修得しようとする傾向が非華人の人びと以上に顕著である．

宗教・信仰の領域でも錯綜した状況がみられる．かつて移民一世が持ち込んだのは主に，儒・仏・道教が融合した三教と祖先祭祀が結びついた「伝統中国的」信仰や，春節・中元節などの年中行事の実践である．各家庭の祭壇と華人集住区に建てられた寺廟がその拠点となった．寺廟に祀られるのは諸仏や道教の神々が中心であるが，植民地期のシンガポールやインドネシアでは，西欧のキリスト教に対抗する独自の文明の象徴として儒教を広めようとする動きもみられた．東南アジア社会で有力な宗教と華人の関係を大きくみれば，タイやカンボジアなど上座仏教（上座部仏教）圏では相対的に親和的，インドネシアやマレーシアなどイスラーム圏では対立的であり，住民集団間の関係にも影響を及ぼしてきた．ただし細かくみれば，タイなどでは上座仏教でなく大乗仏教や新興宗教の諸派を受け入れている場合が多い．また，インドネシアにムスリム華人も少数ながら存在し，マレーシアでは華南に起源をもつ太伯公崇拝がマレー人の土地神信仰と習合した例もある．スペインの植民地期に大部分がカトリック化したフィリピンでは華人のカトリック信者も多い．他の東南アジア諸国でも植民地期以来，新旧キリスト教に入信した華人が一定の存在感を示している．

図1　華人廟での獅子舞

●クレオール華人　前述の①，②，③の三つの方向の競合的な共存や混淆現象を最も体現してきたのは，旧海峡植民地などで独自の社会集団として形成されたクレオール華人（プラナカン）である．中国系移民の男性と東南アジア女性の通婚に由来するクレオール華人は，混淆文化を発展させるとともに，西洋由来の近代文化を身につける上でも華人社会の先駆けとなった．シンガポールやマレーシアでは20世紀末以降，クレオール華人の歴史的再評価や文化復興運動，ひいては社会的存在の認知が彼ら自身のみならず政府レベルでも進みつつある．［貞好康志］

東南アジアのインド系住民

☞「東南アジアにおけるインドの音楽・芸能」p.488

東南アジアとインド世界との間に古くから交流があったことは，ヒンドゥー教や仏教の東南アジアへの伝播などを考えれば容易に理解できるであろう．両地域の交流は主に交易を通じて継続した．大航海時代◀の西欧のアジア進出は，こうした長期の地域間交流を基盤にした．とはいえ，規模は限定的であった．それが一気に拡大するのが西欧諸国による植民地化の展開（主に19世紀）以降である．

●インド系移民の移住史（近世以後） 初期のインド系移民は，英国による受刑労働者の懲罰目的の移動，次いで契約労働者などであった．彼らの多くは東南アジア各地に定住した．その数は，20世紀初頭までに300万人を超すとされる．マレーシアやシンガポールにおけるインド系住民は，この時期の移住者たちの子孫が中核をなす．19世紀半ばからは自由移民が増加した．英領（ビルマ，マラヤ，など）を中心に多数のインド系住民が移住し，ビルマのラングーン（現ヤンゴン）では20世紀初頭に住民の過半を占めるまでになった．ただし，戦後になると「ビルマ化」政策の結果，多くがインドに帰還し，人口面でも社会面でも彼らの比重は低下した．また，英領期を中心に多数のムスリムが現バングラデシュ南東部からアラカン（ラカイン）州北部に移住し，後に「ロヒンギャ◀」を自称する．しかし，ビルマ独立後，彼らは政府から「違法ベンガル人移民」とされ，多数がバングラデシュに流出して今なお大きな問題である．

第2次世界大戦の時期にはインド系多数が英国・インド軍に参加し，その一部は戦後も現地に残った．後で記すネパール系の一部は，こうした人びとの子孫である．大戦期には，華僑の日貨排斥に対し，反英の観点からインド系の一部は日本との貿易を行い，その結果，東南アジアでインド系の存在感が増すことになった．また，インド・パキスタン分離（1947年）前後には，現パキスタンのパンジャーブからインド側へ多数のシク教徒やヒンドゥー教徒が移動を余儀なくされたが，その一部は先に移住していた親族などを頼ってタイへ移動した．バンコクのパフラット市場を中心に多数のシク教徒などのインド系住民が見出せるのは，これらの理由による．

南アジアと東南アジアの関係は，1990年代以降のグローバル化の中で大きく変貌する．東南アジアの急激な経済成長と，インドの自由化・経済発展を受け，多くの人びとが両地域の間を移動している．また，シンガポールやマレーシアの経済発展により，バングラデシュ，ネパール，スリランカ，パキスタンなどから多数の移住労働者がこれらの国々に出稼ぎに出るようになった．

●タイの「ネパール人」とバングラデシュ系ムスリム バンコク中心部のテー

ラー店頭で呼び込みをする若いインド系男性たちの多くは「ネパール人」である．また，安宿街カオサン通り一帯の店で出会うインド系店員の多くも「ネパール人」である．彼らのほとんどはミャンマー国籍のネパール系ビルマ人である．テーラー店の中にいる店主らは，一部はタイ国籍のタイ語話者，一部は在タイ歴の長いネパール系ビルマ人（タイ語も英語も流暢）である．他方，プーケットのようなリゾート地や北部の観光都市でも同様のテーラー店があるが，その店主の多くはネパール国籍の「ネパール人」である．つまり，タイでは，①タイ国籍のタイ語話者（主にタイ仏教の信奉者），②ミャンマー国籍のビルマ語話者（ビルマ仏教徒など），③ネパール国籍のネパール語話者（ヒンドゥー教徒/チベット仏教徒），三つのカテゴリーが混ざり，いずれもが「ネパール人」を自称する，という複雑な状況がみられるのである．彼らは差異を越え「ネパール人」として連帯し，在外ネパール人協会などを設立している．そこではネパール語によるコミュニケーションを基盤としつつも，タイ語やビルマ語，さらには英語でのコミュニケーションで補う，との柔軟性をみせる．このように，彼らは緩やかに「ネパール人」カテゴリーを創出・維持・拡大している．

図1　バンコクでモンスーン到来を祝うティージ祭に集まった「ネパール人」

他方，タイ北部のチェンマイにはバングラデシュ系を自称するムスリム集団がいる．市の中心部から少し南に外れたチャーンクラン地区に，彼らの多くは集中し，地区内にはモスクもある．チェンマイのムスリムとして中国雲南系ムスリムがよく知られているが，彼らの存在はほとんど知られていない．南アジア系の容貌を強く残すことから，彼らは現地で「インド人」だと思われているようだが，その多くは英領インド時代のベンガル東部（現バングラデシュ東部）から来た人びとの子孫である．彼らの来歴や移住の経緯についてはわからないことも多い．ただ，祖先の出身地がチッタゴン地域であること，多くは英領時代に「英国臣民」として移入したらしいこと，主に交易や牧畜を行っていたが地元の娘たちと婚姻関係を結ぶ中で徐々に定住したこと，その後，独自のイスラーム化の過程を経たが，もとのベンガル語や文化は失いタイ・ムスリム化しつつあること，などが明らかになっている．その人口はタイ北部で1500人程度だとされる．他の南アジア系ムスリムのコミュニティ（ビルマ定住後に再移住したビルマ・ムスリムや，ロヒンギャ，など）とは一線を画する形で，彼らは同地に地歩を築いている．

［高田峰夫］

東南アジアのアラブ系住民

東南アジア各国には域外からの移住者やその子孫が住んでいる．最も目立つのは華人やインド系の人びとだが，アラブも少数ながら存在している．彼らが多く住んでいるのがインドネシア，マレーシア，シンガポールの3か国である．特定の地区にかたまって住んでいるわけではないし，ホスト社会との同化が進んでいるため，外形的な特徴や人名からすぐにアラブだとわかるわけではない．

●特定の地域からの移民　現在アラブ系（インドネシアでは keturunan Arab，原意はアラブの子孫）といわれている人びとの多くは近代，特に19世紀以降にアラビア半島南部のハドラマウト地方（現イエメン共和国）からやってきた人びとの子孫である．アラブ世界ではマイナーな地域出身者がアラブ系の多数を占めているのが東南アジアの特徴だといえる．第2次世界大戦以降は新たな移民はいないため，ほぼ全員が東南アジア生まれで，各国の国籍をもっている．アラブというアイデンティティをもっているかどうかは個人によって違うし，日常生活でアラビア語を使用しているわけでもない．しかし大規模な移民が比較的最近だったため，祖先がアラビア半島から来たことは知っているし，ハドラマウトの親戚とつながりがある者も多い．彼らはイスラーム生誕の地からやってきたこと，宗教諸学に通じていた者もいたこと，商業活動を通じてホスト社会の一般の人びとよりも経済的に豊かであったことなどから，人口に対して社会の中での存在感は大きかった．

現在においてもインドネシアやマレーシアでは統治者，閣僚級の政治家，研究者，実業家をはじめとして，各分野でアラブ系が活躍している．アリー・アラタス元インドネシア外務大臣やハーミド・アルバール元マレーシア外務大臣がその例だが，前近代においても東南アジアの王朝で外交を担当していたのは外国人が多かったことを考えると，アラブ系が外務大臣を務めているのはなかなか興味深い．またジャワの画家，ラデン・サーレフ（1880年没）もハドラマウトのビン・ヤフヤー家出身である．宗教界においても，過去にジョホールやバタヴィア（現ジャカルタ）でムフティー（各種の問題について法的見解を示す法学者）を務めたり，各地に学校を開設してムスリムの子弟に教育を行ったりした者がいた．また急進派といわれる人びとの指導者にもアラブ系が多い．

アラブ系が特定の業種とのかかわりが強いことも知られている．繊維産業，出版業，宗教関係用品や香水の流通はアラブ系の存在が大きい．ジャカルタではタナ・アバン地区，チョンデット地区でアラブ系の商店を見ることができるし，スラバヤのアンペル地区ではアラブ経営の宗教書を扱う書店が並んでいる．

●アラブ系の文化的な影響　アラブ系住民がホスト社会に与えた文化的影響を評価するのは難しい．アラブ的な要素，例えばアラビア語やアラブ・ムスリムの名前はハドラマウト出身者だけに帰せられるものではないだろう．

図1　ジャワにおけるアラブ聖者祭

アラブ系の特色として知られているのは，料理ではナシ・ケブリ（Nasi Kebuli）とよばれる，山羊の肉入りの混ぜご飯，ガンブス（Gambus）とよばれる音楽のジャンルである．また宗教行事に関しては，ラーティブとよばれる特定の祈祷やマウリドとよばれる預言者賛歌の中に，ハドラマウト起源のものがある．アラブ系のラーティブはアブドゥッラー・アラウィー・ハッダードがつくったもの（ラーティブ・ハッダード），マウリドはアリー・ムハンマド・アル・ハブシー（1915年没）の「真珠の首飾りの糸（Simt al-Durar）」がよく知られている．ラーティブやマウリドの読誦会はアラブ系の宗教者やその弟子によって特定の日にモスクや個人の家で開催され，近隣のコミュニティの人びとが参加する．

近年みられるのは，インドネシア，マレーシア，シンガポールなどの国からハドラマウトへイスラーム諸学を学びに行く留学生の出現である．ハドラマウトは宗教教育が盛んな地だが，以前は東南アジアから留学するのはアラブ系の子弟がほとんどだった．しかし1990年代以降はマレー人やジャワ人など，地元の人びとが留学生の多数を占めている．

アラブ系の中でもサイイド（預言者ムハンマドの子孫）の宗教者はハビーブ（原義は愛する者）とよばれ，各地で宗教の勉強会を開催している．彼らはスーフィズムのアラウィー・タリーカと密接に結びついている．

また東南アジア各地，特に島嶼部のジャワ島にはアラブ系の聖者の墓があり，参詣者を集めている．ジャカルタ北部のルアル・バタンにあるアイダルース廟や，シンガポールのハビーブ・ヌーフ廟が特に有名である．有名な聖者の場合，毎年決まった日に聖者祭（ハウル）が開催され，聖者の子孫や弟子（孫弟子）たちが聖者の偉業を称える．大きな聖者祭では数万人の参加者を集めることもある．近年ではアブー・バクル・サーリムのハウル（ジャカルタ）やアリー・ハブシーのハウル（ジャワ島のソロ）が有名である．どちらの聖者も東南アジアを訪れたことはないが，子孫が聖者祭を開催している．外来の聖者を東南アジアの人びとが親しめる聖者にしていくこともアラブ系住民が東南アジアの文化に与えた影響だといえるだろう．

［新井和広］

ベトナムの民族

多民族国家ベトナムでは，国家が公認している民族（エスニック・グループ）は，多数民族であるキン（狭義のベトナム人，ベトともよばれる）を含めて54である．2009年の国勢調査で，キンは人口の約86%を占めている．

●ベトナムの民族構成　ベトナムを構成する民族は，表1のように分類できる．

表1　言語系統によるベトナムの民族分類（2009年国勢調査時の人口）

言語系統	民族名（人口：人）
ベト・ムオン語派	キン（7,359万），ムオン（127万）など
タイ・カダイ語系	タイー（163万），ターイ（155万），ヌン（97万）など
モン・クメール語系	クメール（126万），バーナー（23万），セダン（17万）など
マレー・ポリネシア語系	ザライ（41万），エデ（33万），チャム（16万）など
シナ語系	ホア（華）（華人のこと，82万）など
ザオ・モン語系	モン（107万），ザオ（75万）など
チベット・ビルマ語系	ハニ（2万）など

●少数民族の地位　これらの諸民族のうち，キン，ホア，クメール，チャムを除くと，大半の民族は，高地や山岳地帯に居住している．山岳地帯は，人口過疎地だが，戦争では戦略的にきわめて大きな役割をもってきた．1945年のベトナム民主共和国の成立をもたらしたベトミン運動の根拠地だった越北地方，1954年にフランスとの間のインドシナ戦争の最後の決戦の舞台となった西北地方のディエンビエンフー，1975年にベトナム戦争に終止符を打つ軍事作戦が開始された中部高原のバンメトートは，いずれも少数民族が住む山岳地帯だった．ベトナムの近現代史が戦争の連続だったことが，少数民族の意味を高めることになった．戦争への貢献が，今日のベトナムで少数民族の地位を向上させるのに通じたといってよいだろう．

多数民族であるキンは，漢字で書くと「京」になる．「京人」すなわち，文明の光輝く都に規定された都人（みやこびと）というキンの民族名称には，他民族に対する優越感がこめられており，少数民族というと，キンの間では「貧しく後進的な存在」といイメージが広くもたれ，差別意識も存在している．しかし，現在のベトナムで，少数民族出身という出自はそれほど否定的な意味をもってはいない．最近では大学進学率が高まり，少数民族の中にも大学進学を目指す人が生まれているが，政府は，少数民族出身者に対して，大学入試に際して優遇措置を実施している．これをみて，もともとはキンとして育った学生が，親族に少数民族がいるような場合，民族籍をキンから少数民族に変更したいと願い出るケースが少なからず出ている．無論，少数民族をめぐって問題がないわけではない．現在のベトナムは，急速な経済発展をとげているとはいえ，依然，貧困は大きな問題であり，深刻な貧困は少数民族の間に集中している．2012年の数値で，民族ごとの１人平均の収入は，キンを100とした場合，タイーが64.63，ムオンが65.53，モンが43.96，ザオが50.76などとなっている．少数民族は，ベトナム全体の貧困家庭の中できわめて高い比率を占めており，貧富の格差は民族間格差という面を強くもっている．

図１　ハザン省ドンヴァンの朝市でモンの女性（2017年11月）

●少数民族と関連する紛争　また，越北地方，西北地方，中部高原といった山岳地帯が，少数民族の排他的な居住空間という状況は，この間の経済発展に伴う他地方からの人口流入によって，もはや存在しなくなっている．中部高原地方ではコーヒー栽培が急速に普及したが，このコーヒー・ブームもあって，大量の外部からのキン族や北部の少数民族など入植者が入り，1976年には人口の70%を占めていた地元の先住少数民族は，2009年には25.5%を占めるに過ぎなくなった．

ここでは，商品作物の栽培の拡大など，市場原理の少数民族居住地域への浸透に加えて，鉱山や水力発電所の開発などによって，先住少数民族にとっての土地不足が深刻化している．こうした状況を背景に，2001年には，大規模な騒擾事件が発生した．政府は，この事件を，中部高原の先住少数民族の間に以前から存在していた分離独立を求める運動とつながる「デガ（森の人）教会」というプロテスタント教会の「扇動」によるものとみなしている．少数民族の生活不安を背景にキリスト教の信者が増える動向は，西北地方でもみられ，ベトナム政府は警戒をしている．

1970年代末から1980年代の初めにかけては，中国とベトナムの関係の悪化の中で，華人（ホア）が大量に難民として出国するという事態が発生したが，ベトナムと隣国の関係が影響する民族をめぐっては，複雑な問題が発生しやすい．クメール人の間には，メコン・デルタはもともとクメール人のもので，ベトナムに奪われたとして，先住民としてのクメール人の「権利回復」を主張する動きがある．これは，カンボジアとベトナムの関係にも影響する問題で，ベトナム政府は神経を尖らせている．

ベトナム政府は，「平等・団結・相互扶助」を民族政策の基本とし，教育面などでの少数民族優遇策を実施している．こうした優遇策は，民族を利益集団化する面があり，公的な民族として認定されると地位向上につながることから，自分たちのグループを独自の民族として認定してほしいと要求する動きが少なからず存在するといった問題も生まれている．

［古田元夫］

タイー，ヌン

タイーとヌンは，ベトナム東北地方に居住する民族であり，中国の広西省を中心に居住するチワン（壮）と同系列とされている．2009年度国勢調査によるとタイーは163万人，ヌンは97万人とされ，ベトナムの公定54民族のうち，最多数を占めるキンを除いた53の少数民族の中ではタイーが最多人口，ヌンが第6番目の人口を有する．ベトナムの民族識別工作の過程では，タイーとヌンを「タイー・ヌン」として統合し，新たに「タイー・ヌン語」を創出するなど，両者を一つにまとめる試みもなされたが，タイー，ヌン自身の反発もあり実現せず，今日まで「タイー」「ヌン」という個々の民族として分類され，定着している．

●ベトナム王朝とタイー，ヌンのかかわり　タイーとヌンは，東南アジアに広く分布する南西タイ諸語のグループとは別の，主としてベトナム東北地方と中国南部の両側に跨（またが）って分布する中央タイ諸語グループに属する人びとである．もともとは中国の南部からベトナム北部にかけて居住していたタイ系民族であったが，11世紀中頃に独立王国を建設しようとした儂智高の運動が鎮圧されて以降，タイーとヌンの分化が進展したと考えられてきた．キンを中心とするベトナムの歴代王朝にとって，中国と接する東北地方は防衛上の重要な拠点であったため，この地域に居住していたタイ系民族の土侯（首長）に「藩臣」や「土司」という役職を与えてみずからの支配体制に組み込んだ．こうした「ベトナム化」の結果成立した民族がタイーであり，他方で中国側領内に住み，「中国化」が進んだ民族がチワン（壮）とされている．このチワンの一部で，戦乱や自然災害などが発生した際にベトナムの東北地方に移住するも，タイーに同化せず，したがって「ベトナム化」の度合いも低かった人びとがヌンとよばれている．

●共産主義運動と越北根拠地　フランス植民地時代まで，タイーは「トー（土）」とよばれていた．これはキン（京）に対して，山岳地方の土着民一般をさす呼称であったが，フランスの学者が民族名称として扱ったことから，タイーに対する呼称となった．この呼称が，1930年代のベトナムの共産主義者たちの文書にたびたび登場することからわかるように，早くからベトナム化の進んだタイーの中には共産主義運動に積極的に参加する者も多く，東北地方は，ホー・チ・ミンの率いるベトミン運動の根拠地となり，特に地元のタイーの人びとから強い支持を得た．今日でもベトナム共産党や人民軍の高級幹部の中には多数のタイーが含まれており，2001年に少数民族出身者で初めてベトナム共産党書記長に就任したノン・ドゥック・マイン氏もその1人である．

［伊藤未帆］

タ　イ

タイと聞けば，普通はタイ王国かその住民をイメージする．しかし，タイ系言語の話者を意味する広義のタイは，大陸部東南アジアのみならず，インド東北部のアッサムと西南中国をも含む広大な地域に居住している．タイ王国とラオス人民民主共和国という国民国家を築いた集団は，いずれもタイの一派に過ぎない．

●タイの言語と文化　タイ系言語は，文法上は孤立語，音韻上は単音節で声調をもつのが特徴である．方言間の対応はかなり明確なので，話者の分布の広さの割に違いが小さいとされる．その一方で，タイ全体での同族意識は低い．タイの文化に関する研究は，20 世紀にタイ王国における研究を中心としてまず展開した．そのためタイの文化的基層は，パーリ語仏典を伝える上座仏教，灌漑水稲耕作，明確な身分階層制に支えられた盆地政体ムアン（またはムン）にあるとして，1970 年代までにモデル化された．だがその後，これにあてはまらないタイの研究も進んでいる．歴史をさかのぼると，13～14 世紀にかけて大陸部東南アジア北部に，例えばムンマーオ（ミャンマー，シャン州），ラーンナー（タイ王国北部），ラーンサーン（ラオス），シプソーンパンナー（雲南省南部），スコータイ（タイ王国中部）など，タイの国家が次々と勃興した．このいわゆる「タイの世紀」は，8 世紀に雲南省大理を中心に存立した南詔国の主要構成員であったタイが，13 世紀にモンゴルの攻撃を受けて南下したため，というのが通説であった．しかし歴史学と言語学の成果が進んだ現在，タイの故地は広西壮族自治区からベトナム東北部付近と訂正されている．実はこの地域とその周辺にこそ，上記のモデルのタイにあてはまらない集団が集中している．例えばこの地域最大の集団チワン（壮）は，明代より漢族支配を受け入れてきたため，政治面ではムアンを形成しなかったし，信仰・儀礼面でも父系制に基づく祖先祭祀が盛んで，道教と大乗仏教の影響も顕著である．その他，ベトナム西北地方の黒タイや白タイは，ムアンを形成したが上座仏教徒ではない．

●タイの権力基盤　一説によると，自称「タイ」の近似音の「犁」を意味する語に由来するという．その実証は難しいが，タイの多くが河谷や盆地での犁耕にアイデンティティをもっているのは事実である．とはいえ，各地のタイ社会は，灌漑稲作に基づく農業生産力のみに大きく依存していたわけではない．鉱山開発，宝石採取，水陸での交易，市場の管理といった商業と経営活動もその重要な権力基盤であった．［樫永真佐夫］

図 1　鉄鍛冶を行うヌンの村の男性たち（ベトナム，カオバン省）

チャム

チャムは,かつてベトナム中部にあったチャンパー(2〜19 世紀)の主要な人びとである.オーストロネシア語を話し,チャンパー時代には海のシルクロード◀で交易に従事した.ベトナムに残るチャンパーの遺跡やチャムの宗教実践にはヒンドゥー教や仏教,イスラームなどの要素がみられ,人びとが歴史的にこれらの影響を受けてきたことがわかる.ベトナム人の国家との戦闘などによりチャンパーから数多くの住民が拡散し,彼らの子孫とみられる人びとのコミュニティが現在のカンボジア,タイ,マレーシア,中国の海南島などで確認されている.さらに,マレーシアや米国にはベトナム戦争の影響を被って移動した人びと,すなわち近代の難民となったチャムのコミュニティがある.チャンパーの故地,すなわち現在のベトナム中部以外の地域に暮らすこれらの人びとの圧倒的多数は,スンナ派イスラームを信仰するムスリムである.

●ベトナム国内のチャム　言語, 文化的特徴, アイデンティティを指標に定められた政府公認の 54 エスニック・グループの一つに位置付けられ, 人口はおよそ 16 万人である. その中に宗教的帰属意識の異なる 4 つの下位集団が存在し, 地域ごとに独自のコミュニティを形成している. 南部のメコンデルタやホーチミン市周辺のチャムはスンナ派イスラームを信仰し, チャム・イスラームとよばれる. また, チャンパーの最後の王朝があった中部南端 (中南部) のニントゥアン省, ビントゥアン省周辺に暮らすチャムの多くは, ベトナムの「バラモン教」(チャンパー王や祖霊に対する信仰とバラモン教の要素が混交した独自の宗教) を信仰するチャム・バラモン, そして, チャム・バラモンと共通の信仰をもちながらイスラーム的な宗教実践を行うチャム・バニである. 中部のフーイエン省のチャムは, 外来の宗教の影響を受けず精霊信仰や祖霊信仰をもつ人びとで, チャム・ホロイとよばれる.

●言語と文字　チャムは, 公用語であるベトナム語以外に, 母語としてチャム語を使用する. ただし, 話し言葉としてのチャム語や, チャム語を表記する文字には地域差がある. 文字に着目した場合, チャム・ホロイは独自の文字を継承していないが, チャム・イスラームはチャム・ジャウィとよばれるアラビア文字を基礎とするジャウィ文字を, チャム・バラモンとチャム・バニはアカル・トラーとよばれる南インド系文字を使用し, コミュニティでの学習や継承を重視している. 文字に対する認識からも推測できるように, チャム・イスラームはイスラームを, 中南部の二つの集団はチャンパーとの連続性を紐帯とするアイデンティティを強調する傾向がある. なお, 1960 年代 (ベトナム共和国期) と 2000 年代以降には, チャム・バニの一部の人びとがスンナ派イスラームに入信する事例も生じており, そうした人びとはアラビア文字の学習を重視するようになっている.　[吉本康子]

クメール・クロム

クメール・クロム（正確な発音はクマエ・クラオム）は，ベトナム南部のクメール人のことであり，カンプチア・クロムともよばれる．クメール・クロムとは，カンボジアからみて下方，南方のベトナム領のクメール人を意味する．ベトナムの統計（2009年）では同国のクメール人は約126万人であり，大多数がホーチミン市以南のメコンデルタに居住し，特にデルタ沿岸部，バサック川流域のソクチャン省とチャヴィン省に集住する．クメール語を母語とし，上座仏教を信仰するが，移民である華人やベト（キン）人との混住が進み，文化的，言語的混淆が著しい．

図1　クメール語，ベトナム語併記の横断幕を掲げ，仏像寄進の儀礼に向かうクメール・クロム

●狭間の人びと　ベトナム南部は，その歴史をめぐりベトナムでは「開拓地」，カンボジアでは「失地」と考えられており，この二つの歴史認識の狭間でクメール・クロムは政治的に微妙な立場におかれてきた．ベトナム南部はもともとカンボジア王権の影響下にあったといわれ，古くからクメール語を話す人びとが暮らしていた．17世紀以降にグエン（阮）氏政権がベトナム中部から南部へ勢力拡大し，19世紀初頭にはグエン（阮）朝が，現ベトナム領をほぼ支配下においた．同朝ミンマン（明命）帝がクメール語話者の同化政策を進めると各地で反乱が勃発した．19世紀後半にベトナム，カンボジアがフランスによって植民地化された後，1920年代後半以降にカンボジアのクメール語・上座仏教教育がベトナム側のクメール・クロムを対象に整備され始めると，高等教育を求めカンボジアへ向かうクメール・クロムが増えた．両地域を行き交うクメール・クロムの移動傾向や，メディアを介したカンボジアからの文化的影響は，脱植民地化後にベトナム，カンボジア間に国境線が引かれた後も継続し，ベトナム領に組み込まれたクメール・クロムは帰属の曖昧な存在として偏見や差別の対象となっていった．

クメール・クロムで著名な人物として，日本軍進駐下でカンボジアの首相に就任したソン・ゴック・タン（1898-1977）や，ポル・ポト政権下カンボジアの副首相兼外相であったイエン・サリ（1925-2013）などがあげられる．　［下條尚志］

カンボジアの民族

カンボジア社会は民族的な均質性が高い．すなわち，クメール語を話し，上座仏教を信仰するクメール人が人口の大半を占める．近年同国では，民族を項目に立てた人口調査が行われていない．ただし，母国語と宗教信仰に関する2013年の統計資料によると，約1500万人という国内人口の97％がクメール語を母語とし，98％が仏教を信仰する．言語と宗教をそのまま民族の指標とすることはできないが，おおよそ国民の9割がクメール人を自認する状況が示唆されている．

●主要民族のクメール人　クメール人はオーストロアジア語族モン・クメール語派のクメール語を話す民族である．クメール語の文字はインドの古文字に起源をもち，語彙にはサンスクリット語やパーリ語からの借用語が多い．クメール人は，10〜13世紀頃に栄えたアンコール文明の担い手であったこと，そしてその弱体化以後に隣国のタイとベトナムの侵略を受けてきたことを歴史的なアイデンティティとしている．インド文明の影響を受けた王権を中心とする社会構造は，19世紀半ばに始まったフランスの植民地支配のもとでも保持された．他方，近代国家の建設により国境が定められると，タイの東北部やベトナムのメコンデルタ地域に各々100万人を超えるクメール人が分断されて生活する状況が生まれた．

クメール人はもともと，低地に住む農耕民であったと考えられる．フランス人地理学者のJ. デルヴェールは，クメール人の民族的な生産活動は農業だけであると述べた．すなわち，その伝統社会では，王と役人の一部，そして農業以外のほぼすべての職業がベトナム人や中国人などの外国人に担われていた．山地に住み焼畑を営む先住民族と異なり，クメール人は，メコン川やトンレサープ湖の近くの低地に集落をつくり，稲作や漁業をして暮らした．集落は塊状や線状がほとんどで，散村は少ない．その組織は双系的な親族原理によるゆるやかなまとまりを特徴とし，共有地や成員権の認識はない．近隣の住民と共同して上座仏教の寺院を建てていることが多いが，精霊に対する信仰も強い．

●低地の諸民族　低地には，イスラームを信仰する人びと，ベトナム人，タイ人，中国人も暮らす．イスラームを信仰する人びとであるムスリムは，三つの集団に分けられる．まず，中部ベトナムに栄えたチャム王国の末裔であることを自認し，スンナ派の実践を行うチャムがいる．また，チャム王国の末裔という歴史意識を同じくしながら，土着化した宗教実践を保持する少数の集団がいる．さらに，マレー世界からの移住者を先祖にもつと考え，スンナ派の実践をする集団がある．この集団はチャム語を話さず，クメール語を用いて生活してきた．これらムスリムの生業はさまざまで，稲作のほか，漁業や野菜栽培を行う．鍛冶職や精肉業に特化した人びともいる．集団の間の境界は流動的で，人びとは重層的なアイデンティティをもつ．これらムスリムとクメール人は，別々に集落をつくって生活するが，関係は良好で，民族間の対立は目立たない．政府は，ベトナム人や中国人と違い，古くから国内に住んでいた民族とみなしている．そのため，もともとチャム語を話さないムスリムをさした「クメール・イスラーム」という表現を，国内のムスリムの総称として用いる政府文書もある．

図1　低地の稲作村に住むクメール人の夫婦

同じく古くから国内に暮らすベトナム人は，都市や河川沿いに独立したコミュニティをつくっている．ベトナム人は，家具づくりや日用品の加工などを担い，日常的にはクメール人と深く接して生活している．しかし，常に外来の他者として扱われている．ベトナム人に対する敵意を想起させるクメール民族主義が強まった1970年代は，国家による組織的な迫害の対象となった．そのため，国内のベトナム人の人口は一時激減したが，1990年代以降徐々に増加している．

タイ人は，国内西部の国境沿いの地域に暮らす．人口が少なく，クメール人との同化が進んでいる．パイリンで宝石の採掘に携わったシャン系のコラーとよばれる民族がその一例である．

中国人も古くからの住民である．20世紀初頭から1960年代までは潮州出身の移住者が最も多かった．広東，福建，客家，海南の出身者もいた．都市に住み製造業やサービス業に従事するほか，農村での小規模の商いや農業に携わる人びともいた．2000年代以降は，新来の中国人の移住者が増えている．中国人は，ムスリムやベトナム人と違い，クメール人の居住地に分け入って生活する者が多かった．通婚も非常に多い．結果として，今日のクメール人の中には，中国人を祖先にもち，春節などの年中行事を家族の伝統として営む人びとが相当数いる．この点で，クメール人と中国人の境界は曖昧である．

●山地の先住民族　先住民族は森の民であり，主に山地に暮らす．民族集団の数には諸説あるが，クイ，プノーン，スティエンなどのオーストロアジア語族が多い．ジャライなどオーストロネシア語族の民族も少数いる．ロングハウスに暮らし，狩猟採集や焼畑による陸稲栽培を生業としてきた．近年は現金経済が浸透し，開発用地を求めるクメール人の移住が増え，生活環境が一変した．企業による大規模な土地の占有や政府のダム開発で暮らしが脅かされ，困窮する状況から，先住民の権利回復を訴える運動が生まれている．

［小林　知］

ラオスの民族

大陸部東南アジアの中央部に位置するラオスは，さまざまな地域からさまざまな民族が移動してきた歴史をもち，現在も多様な民族が暮らしている多民族国家である．ここでは，国家による民族の分類とその歴史に注目しながら，ラオスの民族について考えてみたい．

●ラオスに暮らす諸民族　ラオス政府は，ラオスに暮らしている諸民族（ラオス語では「ソンパオ」）を，民族言語学の知見をもとに49の民族集団に分類している．タイ-カダイ（あるいはラオ-タイ）系語族にはラオなどの8民族，モン-クメール系語族にはカムなどの32民族，シナ-チベット系語族にはアカなどの7民族，そしてモン-ミエン系語族にはモンとイゥ・ミエンの2民族がそれぞれ分類されている．

2015年に実施された人口・住宅センサスの報告書[1]における民族集団ごとの人口規模をみると，その規模が最も大きい民族はラオで，ラオスの総人口約650万人のうちの53%を占めている．次いで2番目に規模が大きい民族はカムで11%，3番目がモンで9%となっている．これら3民族で全人口の7割を占めることになる．それ以外の民族の人口割合をみると，上記の3民族以外で1%を超えているのは6民族だけで，他の民族は1%を下まわっている．

ラオスは確かに多様な民族が暮らす多民族国家といえる．だが民族ごとの人口割合をみると，ラオスの多民族性は，マジョリティであるラオなどの一部の民族集団と，それ以外の少規模の民族集団によって構成されていることがわかるだろう．

●国家による民族分類の試みの歴史　ラオス政府は，その国土に暮らす多様な民族を分類するためのさまざまな試みを行ってきた．上述の49という民族数も，それが定着したのは2000年代になってからのことであり，その数は歴史的に変化してきた．例えば，現体制が成立する前の1970年代前半には，ラオス政府によって58の民族集団が認められていた．1975年に現体制が成立して以降も，1980年代には67民族が認められたことがあるし，1990年代に実施されたセンサスでは47の民族集団が基準とされた[2]．

また，現在用いられている民族言語学的な基準とは異なる基準で民族を分類することが試みられたこともある．その代表的なものが，1950年代に政治的連帯を企図して提唱された分類方法である．そこでは，山地部が7割ほどを占める国土に分布する諸民族は，居住地の高度や生活様式によって分類し，その上でラオス国民を意味する「ラオ」がつけられたカテゴリー名によって三つに大別された．河川流域の平野部で水稲耕作に従事し，上座仏教を信仰するラオルム（低地ラオス人），山腹地帯で焼畑移動耕作に従事し，精霊祭祀や水牛供犠を行うラオトゥン（中地ラオス人），北部の山頂付近の高冷地で常畑耕作に従事し，精霊祭祀や祖先祭祀を行うラオスーン（高地ラオス人）である．この分類は，現在では非公式なものとなったが，ラオスに広く浸透しており，今でもさまざまな形で用いられている．

図1　紙幣に描かれるラオスの多民族性．中央部の3人の女性が着ている衣装は，特定の民族のものというよりは，それぞれ，ラオルム（中央），ラオトゥン（右側），ラオスーン（左側）を表象する民族衣装をまとっている

●民族分類のゆくえ　こうしたラオス政府による民族分類の試行錯誤の積重ねは，地域レベルでの民族分類にも影響を及ぼすことになる．

2010年，ラオス南部のある県の観光案内所を訪れたとき，その県に住む民族のリストを見せてもらったことがある．そこにあげられた14の民族の中に，「ラオルム」と「プータイ」があげられていた．プータイは民族言語学的な分類であり，居住地の高度により分類されるラオルムとは異なる基準による分類名である．さらにいえば，プータイはラオルムに分類される民族でもある．疑問に思い職員にたずねてみると，そのリストはラオルムと「ソンパオ」に分けているという．ここでいう「ソンパオ」とは，一般的な意味での民族ではなく「少数民族」のことであった．そして続けて，「平野部に暮らしているプータイはラオルムだが，山地部に暮らしているプータイは，ラオトゥンに近い暮らしをしているからラオルムではない，ソンパオだ」というのである．つまり，平野部に暮らしているプータイはラオルムに含められ，山地部に住むプータイは「ソンパオ」の一つとみなされていたのである．

このエピソードからは，ラオス政府が民族分類の試み続けてきた理由の一端をみることができる．政府による民族分類は，地域ごとの民族をめぐる事象を体系的に整理する試みといえる．だが上述のように，政府による民族分類の試み自体が，地域レベルで行われる民族分類の実践に影響を及ぼすこともあり，そのことが体系的に民族を整理することを難しくする一因ともなり得るのである．

ラオスの民族分類の歴史とは，ラオス政府による民族分類の試みと地域レベルでの民族分類の実践との相互作用の結果ということができる．その歴史は今後も終わることなく積み重ねられていくだろう．［岩佐光広］

📖 参考文献

［1］Lao Statistics Bureau, *Results of Population and Housing Census 2015*, Vientiane, 2016

［2］中田友子「民族間関係と民族アイデンティティ」横山 智・落合雪野編『ラオス農山村地域研究』めこん，2008

タイの民族

タイは，タイ系民族が中心となる国であるが，さまざまな民族が存在する．

●平地のタイ系民族と山地民族　タイ系民族は，現在，タイのほか，中国，ベトナム，ラオス，ミャンマー，インドにわたって分布しているが，13 世紀を中心として先住のモン・クメール系民族に代わり，北部の山間盆地や中部の平原にいたるまで多くの王国を築いた．タイは中部，北部，東北部，南部に大きく分けられるが，それぞれ，異なったタイ系民族がその歴史を形づくってきた．アユタヤ朝から現王朝につながる中部の人びと，ラーンナータイ王国の民であった北部の人びと，ラーンサーン王国の民であったラオスおよび東北の人びと．そして，中部の王朝に従属したナコンラーチャシーマー王国からの系譜をもつ南部の人びと．これらの人びとは，現在，タイ・サヤーム（シャム），タイ・ユアン，ラオ，パクタイなどとよばれるタイ系民族である．ほかにも，いわばタイ系のマイノリティといえる人びとが存在している．北部のメーホーンソーン県の主要民族は，隣国ミャンマー・シャン州の主要民族タイ・ヤイであり，北部に分布するタイ・ルーは，現在の中国雲南省西双版納（シプソーンパンナー）タイ族自治州から移住した人びとである．タイ系民族はその多くが平地，山間盆地で水稲耕作を営む．しかし，北部山地には，非タイ系民族が居住しており，先住のモン・クメール系民族（ルワ，ティン，カム），19 世紀以降に中国雲南省などから移住したチベット・ビルマ系民族（アカ，ラフ，リス，カレン）やモン，ミエンなど山腹で焼畑耕作を営む民族と，狩猟採集民のムラブリの 10 民族が政府により「山地民」に指定されている．

1980 年代後半から 1990 年代にかけての急速な近代化・経済成長は，伝統文化の保護・保存に目を向けさせ，「地方の知恵」を重視する政策が打ち出された．地域の文化は国民文化の重要な要素と考えられたのである．しかし，これに対する諸民族の対応はさまざまである．冷戦後に進展したグローバル化は，マジョリティであるタイ民族にはオリジナルな文化の再確認，ルーツ発見への動きをもたらし，国境を越えたタイ系諸民族の動態に影響を与えた．閉ざされていたラオスとタイの国境は開かれ，メコン川両岸に位置する東北タイとラオスに住むラオの人びとは再び活発な交流を始めた．タイ北部のタイ・ルーは故地雲南省・シプソーンパンナーと，タイ・プアンは故地ラオス・シェンクワーンと連携をはかりつつ文化復興運動を進めたが，決してタイという国家に対抗する動きではない．

これに対し，山地民族の文化復興運動は，マイノリティとしての権利確保・生活保全の意味合いをもつ．また，タイの近代化，都市化の進展に伴い，決して山だけが居住地ではなくなった現在の彼らであるが，山への郷愁・居場所意識により，「土地の知恵」重視の文化復興運動が進められている．これは，「地方の知恵」政策による文化保存行事と表向き共存している．一方，現実の問題に関しては，国籍や土地の問題などに関する政府への異議申し立てなどを経て，山地民 NGO 主導のネットワークによる権利確保・生活改善の努力が続けられている．

図1　先住民フェスティバルで芸能を披露する東北タイのクイ民族

「山地民」は，先住民フェスティバルともよばれる行事に参加してその立場を主張しているが，この行事は，一方でタイのすべての民族を含む国家主導の民族文化博覧会の様相を示しており，タイ系のマイノリティもその文化をアピールする機会になっている．

●海民・華人・ムスリム　この行事には，南部の海域を生活領域とするマレーポリネシア語派のモーケンなどの「海民」◀も参加している．彼らは船上生活で小規模漁業を営んでいたが，現在は定住化が進んでいる．また，タイの都市中間層を形成し経済の要となるのが華人である．19 世紀以降，中国から移住した彼らはタイ市民として生活しているが，中国姓に基づく同姓団体や同郷団体，祖霊祭祀儀礼にみられる中国的な世界観などによって華人アイデンティティを保っている．かつては，共産中国への警戒とともに，華人に対する警戒も存在したが，中国の改革開放を経て，基本的に仏教徒であり，国王への忠誠も誓う彼らはタイ国家と矛盾なく存在している．

以上のように，タイの諸民族は，政策と矛盾を抱えつつもその多くが大きな対立を生むことなく国家の中でその位置を確保している．しかし，南タイのマレー系ムスリム地域では，あからさまな反政府運動が続けられてきた．彼らは，英タイ条約によるマレー系諸王国分断によって，タイの住民となった者たちである．タイ国民の統合を目的としたイスラーム教育に対する政府の介入への反発などさまざまな問題が存在し，パタニなど3県で，反政府暴力事件なども起こってきた．

「タイの民族」とは文字通りには，タイという国民国家の民族を意味するが，現在の国境の枠で考えると見誤る．タイの民族の多くは，元来，国境の外側の地域とさまざまなつながりをもつ．グローバル化の進む現在，出稼ぎ，難民，外国人コミュニティの存在など，さらに複雑な状況がある．「タイの民族」は，グローバル化による国境を越えた諸民族の動態としてそこにある．　［馬場雄司］

参考文献

［1］綾部真雄編『タイを知るための 72 章 第2版』明石書店，2014

タイ山地民

タイ山地民とは，タイ北部地域に暮らす非タイ系の少数民族の総称である．タイ国内では「チャオ・カオ（Chao Khao）」とよばれ，合わせて10の民族集団（カレン，モン，ラフ，アカ，ミエン，リス，ティン，ラワ，カム，ムラブリ）がこれに当たる．しかしその内実は多様である．言語学的にみると，シナ・チベット語族，モン・ミエン語族，オーストロアジア語族の三つに大別できる．また生業でみると焼畑耕作と狩猟採集の二つに大別でき，居住地は山間部（標高300～2500 m）で民族ごとに垂直分布していた．人口は全体で100万人ほどだが，民族ごとでは数百人から数十万人と大きな開きがある．なお，山地民の多くは19世紀後半以降にミャンマーやラオスから移住してきたことから，政府は山地民を「先住」民族とは考えていない．

●文化と社会　山地民の多くは移動（遊動）生活を基本的な生活様式としてきた．社会組織はリネージやクランを構成原理とし，これが婚姻規則，統治原理，権力規範などを規定しているが，他民族との間に通婚関係や養子関係も認められる．宗教はアニミズムやシャーマニズム，祖先崇拝などがあり，多種多様な儀礼もみられる．だが1960年代以降の山地民政策を通じて，山地民は大きな社会文化変容を経験してきた．タイ社会からの排除から，タイ社会への包摂による生活の変化は，仏教やキリスト教への改宗，平地社会への同化，都市部や海外への出稼ぎなどと深く結びついている．

●国家との関係　山地民の歴史は国家との関係なくしては語れない．そもそも「山地民」という言葉は，第2次世界大戦後に生じた国家安全保障上の問題から登場した．当時のタイ政府は，国家を脅かす「危険分子」と山地民をとらえ，開発政策と福祉政策を通じた国家への統合を目指した．政府の試みは一定の成果をあげたが，その副産物として売春やエイズ，麻薬中毒などの社会問題も生じている．またいまだに多くの人びとが無国籍状態にあり，土地権や森林使用権のない状況にある．

●「タイ山地民」の現在　「山地民問題は解決済」という政府の姿勢を反映して，2000年代に入ると「山地民」という政策カテゴリーは徐々に消滅し，今日では単なる「社会的弱者」とみなされるようになった．だがこれは民族の消滅を意味しない．平地社会に溶け込みながらも，NGOや知識人らの支援を受けつつ，「元山地民」はみずからの社会的・政治的地位の向上に向けて，また伝統文化の継承に向けて，新たな取組みを進めている．

［二文字屋脩］

タイのムスリム

タイには全人口の約5%，326万人ほどのムスリムが各地に暮らしている．宗教別では仏教徒に次いで多くその内実は多様である．

●多様な出自のムスリム　マカッサルやジャワなどのインドネシア系，インド系，トルコ系などムスリムの出自はさまざまである．北部には回族系，東部にはカンボジア由来のチャム系が多く暮らす．また，ミャンマーから逃れてきたロヒンギャの人びとが各地に避難している．ほとんどのタイのムスリムはスンナ派に属しているが，ペルシャ系などシーア派ムスリムも少数いる．

●南部のムスリム　ムスリムが最も多く暮らしているのは南部である．中でも南部国境3県とよばれるパタニ，ナラティワート，ヤラーでは，3県総人口約171万人の80%以上がムスリムである．タイにはパタニ・マレー語を日常語とする人びとが147万人ほどいるが，ほとんどが同地に暮らすマレー系であり，スンナ派が主流である．その信仰様式は多様で，土着の信仰を織り交ぜている人びともいれば，イスラーム本来の教えを志す人びと，イスラーム復興に加えて，近代的な要素を進んで取り入れようとする人びともいる．マレーシア国境の街スンガイコーロックにはシーア派の人びともわずかに暮らしている．

●中部のムスリム　中部は南部に次いでムスリムが多い.アユタヤ王朝はペルシャ系，チャム系，インドネシア系などのムスリムを重用し，出自ごとに居住地を与えていた．そのため現在にいたるまで，アユタヤには多くのムスリムが暮らしている．首都バンコクでは，出自に応じてムスリムが集住する様がみられる．ラームカムヘーン地区には「リトル・マレー」ともいえるエリアが広がっており，南部から上京してきたマレー系ムスリムが多く暮らしている．若者に人気のサヤーム地区のそばには，チャム系ムスリムの古いコミュニティがある．鉄道エアポートリンクのターミナル駅名にもなっているマッカサンの地名は，インドネシア・スラウェシ島のマカッサル系ムスリムが由来となっている．ビジネス街であるサートーン地区にはジャワ系ムスリムが多く暮らす．ペルシャ系ムスリムを祖先にもつ名家ブンナーク家の住居があるトンブリー地区にも，多くのムスリムが住んでいる．バンコクの隣県ノンタブリーのターイット地区には，パタニー・マレー語を日常的に話すムスリムの古い集落が現存している．

●タイに根付くイスラーム文化　これらの場所に足を踏み入れると，仏教国として知られるタイの別顔をみることができる．また，さまざまな出自のムスリムによりもたらされた文化は，有名なマッスマン・カレーなどタイの食文化に織り込まれて根付いており，タイ文化を形成する要素ともなっている．　［柴山信二朗］

ミャンマーの民族

現ミャンマー（旧ビルマ）を読む重要な視点の一つが「民族」である．民族という多様で多義的な「人」のカテゴリーと，関係する多宗教と多言語の平和的共存という課題を，この国家は，連邦制を掲げて1948年に英領から独立して以来ずっと抱えている．2008年に公布された現憲法でも「多数の民族が共存する国家であること」が明記され（第3条），基本原則においても国是として「連邦の分裂阻止」に続き「民族の団結」をうたっている（第6条第1項，第2項）．その民族政策を主導するのが，マジョリティであるビルマ（現地語でバマー，以下同様）人仏教徒である．同憲法では法の前の国民の平等をうたいながら（第347条，第348条），別の条文では，仏教（第361条のマジョリティ信仰の明記），ビルマ語（第450条の公用語規定）の優位性が明記され，ビルマ文化中心主義の力学が，非ビルマ人，非仏教徒，非ビルマ語に統制的に作用してきたのである．

●民族事情の背景　ミャンマーは，州（State）の行政区分の冠名になっているカチン，カヤー，カレン（カイン），チン，モン，ラカイン（ヤカイン），シャンの7つの少数民族とビルマ人が8つの主要民族を構成する．民族紛争が，地理的に主に国土の周辺部に位置する7州内で勃発するのは，その背景に，同地域が豊かな鉱産資源や森林資源を有すること，一方で，国際的には国境を跨（また）いで同胞の民族が居住していること，他方で，国内的には優越するマジョリティに対するマイノリティとしての複雑な意識などが絡んでいるためである．独立以来，マイノリティの一部が武装化し，国軍との交戦や和平交渉が繰り返されているのが実像である．

1983年以来，30有余年ぶりに2014年4月に実施された国勢調査で，全国で暫定値5148万6253人であると発表された．しかしその内訳である民族別人口結果はいまだに公表されていない．前回調査では，ミャンマーは135の民族（タインインダー・ルーミョー）で構成され，その内訳で，ビルマが67%を占め，シャンが10%，カレンが7%と続いた．今回の調査で，宗教別人口結果が，2016年7月になって仏教徒が推定87.9%を占めると報告されたが，その推定の主因は，在ラカイン州の約100万人の未確定であり，その該当者がロヒンギャ◀（ロヒンジャ）問題と絡むムスリムである．国勢調査結果公表の留保

図1　ヤンゴンの「民族村」の主要8民族の表象（同村広報用ピクチャーより）

に象徴されるように，民族と宗教をめぐるマジョリティとマイノリティとの対立の構図が，ミャンマーにおいてきわめて政治的な課題であることの証左である．

現憲法では，軍人議員を一定数担保する連邦議会は，人民院と民族院の二院制である．また行政区分としてザガイン地方域（Region ＝管区 Division）にナーガ自治地域（Self-Administered Zone），シャン州内にダヌ，パオー，パラウン，コーカンの4自治地域と，ワ自治地区（Self-Administered Division）が新たに設置され，7州に加え，民族院議員選出の権利が認められた．その文脈は，マジョリティと一部有力な少数民族間との政治的妥協であるが，他方で多民族間の境界を固定化し，対立の構図の潜在的な基盤となっていることも否めない．

● 2011年以降の動向　2011年大統領制に移行して，民族政策の状況は，民族，宗教と並ぶもう一つの柱である言語をめぐって変化が認められる．以前は民間レベルで抑制的に実施されていたシャン語などの非ビルマ語などの啓蒙活動が，次第に政府によって認容されつつある．ビルマ語のみが媒介言語とされてきた公教育への少数民族言語の導入に，政権側が前向きに転じたのである．前憲法（1974年公布）で条文上では認められていた非ビルマ語公教育が，初めて認可される道が開けたことになる．また出版物に対する事前検閲の規制も，2011年に緩和され，翌年全廃されている．その動きに呼応して各少数民族の言語文化保存活動も盛んになりつつある．

2013年6月に，政府から公教育での少数民族言語学習を本格的に認める方針が伝達される．2014年9月に制定された国民教育法（2015年6月改正）も少数民族言語教育に言及している．同法43条第1項で，ビルマ語と英語の教育上の併用に関して規定し，第2項で，必要があれば，基礎教育において少数民族言語をビルマ語と併用する教授言語とすることができると明文化されている（改定国民教育法22条においては「必要があれば」という表現が削除されている）．だが，公立学校ではカリキュラム外であり，対象となる生徒数も未確定である．現場においては，少数民族言語で教授できる教員の確保という課題も残る．なぜなら彼らは，公用語であるビルマ語も教授言語として活用できなければならないからである．民族間関係の力学は，少数民族言語教育の文脈においても影響しているのである．

ミャンマーの民族事情は，少数民族の存在に加え，歴史的な背景と現在の国際関係が影響する中国系住民，インド系住民，ムスリム，難民，さらに依然権力を掌握する国軍の存在などを要素として複合化している．人権問題とも絡み，国家顧問であるアウンサンスーチー主導の現政権の最重要政治課題となって今日にいたる．

［髙谷紀夫］

📖 参考文献

［1］髙谷紀夫『ビルマの民族表象―文化人類学の視座から』法藏館，2008
［2］伊東利勝編『ミャンマー概説』めこん，2011

カチン

カチンはミャンマー（ビルマ）北部のカチン州全域とシャン州北部，中国雲南省西端部，インドのアルナーチャル・プラデシュ州東端部に住んでいる．カチンはビルマ語による呼称で，自称はウンポンである．ほとんどがミャンマー内に住み，人口は推計で70～100万人．言語系統としてはチベット・ビルマ語系に属している．カチンの中には，ジンポー，マルー，ラシー，アヅィー，ヌン，ラワン，リスーという7つの言語集団がある．そして，それら7つの言語集団に共通する氏族（共通の祖先をもつ血縁集団．ジンポー語の名称ではマリップ，ンコム，ラトー，マラン，ラパイなど10以上）のネットワークがある．父系氏族なので子供は父方の氏族に属する．同じ氏族同士では結婚できない．女性は結婚しても自分が属する氏族を変えることはない．各言語集団で氏族の名称は異なるが，言語集団の中で最も人口が多く共通語になっているジンポー語の名称を介して，それぞれの氏族を同定できる．各言語集団を横断して結びつくこの氏族のネットワークを通じて，カチンの民族としてのアイデンティティが形づくられている．

さらに，各言語集団の始祖は，同じ父母から生まれた7人兄弟だったというカチン人の起源神話も語り伝えられている．神話では，その父は太古の大洪水で生き残った兄妹の間に生まれた子で，長じて太陽の精霊の娘と結婚し，7人の兄弟が生まれたのだという．だからもとをたとれば7つの言語集団のルーツは同じだと伝えられている．この共通の起源神話もカチンとしての民族意識を培ってきたものだ．

●焼畑農業　街で商業などに従事する人以外，大多数は農民である．平地では水田を，山地や丘陵では焼畑を営んでいる．山間部では一部棚田もみられる．山村で焼畑を中心に狩猟と食用植物の採集を組み合わせ，竹細工や機織り，鍛冶なども行い，自給自足的な生活を送っている．

村には焼畑用地が10～12か所あり，1年ごとに場所を替えて順繰りに焼畑とする．乾季の2月頃に山腹の森を斧や山刀で伐り開き，倒れた木や竹が乾ききった4月頃に焼き払う．地面に積もった灰が天然の肥料となる．4月末から5月半ばにかけて種まきをする．陸稲，アワ，トウモロコシなどの穀物と，ダイズ，カボチャ，トウガン，サトイモなどの野菜を栽培する．5月末からの雨季には草取りに励む．8月末から9月にかけて早稲が実り，10月から11月に雨季が明けると本格的な稲刈りをする．十分な休閑期間を設けたローテーションなので，焼畑用地にはまた樹木が生えてくる．同じ場所での連作は森林破壊と地力低下と土壌流出の原因となるので行わない．農薬や化学肥料も使わない．こうした伝統的な焼畑は自然に調和した古来の生活の知恵に基づく農法である．生産・生活の基盤となる森が再生するように配慮しているのである．

伝統的な宗教は天地の精霊や祖霊を崇めるアニミズムで，稲魂を祀って豊作を祈願する稲作儀礼などもある．稲作儀礼は焼畑の早稲が実り始める頃に行う．焼畑に竹を組んだ祭壇を設け，森の精霊と大地の精霊と祖霊を祀り，蒸したもち米，鶏，干し魚，塩，ショウガ，濁り酒を供えて，豊作を願う祝詞を唱える．しかし，英国植民地時代から欧米の宣教師が布教活動を行い，カチンの間で改宗が進んだ結果，現在は大多数がキリスト教徒になっている．

●民族の自決　カチン人は歴代のミャンマー王朝の支配には服さず，英国による植民地時代も一定の自治を認められていた．第2次世界大戦後，ミャンマー人の間で独立運動が盛り上がり，カチン人など辺境の諸民族が，それに同調して新しく独立するミャンマー連邦に参加するかどうかの歴史的選択を迫られた．1947年，シャン，チンとともに，辺境の諸民族の州自治権を認めるパンロン協定をミャンマー人代表との間に結び，翌年独立した連邦に参加した．しかし，ミャンマー政府は中央集権支配を強め，カチン州の一部が地元住民の意思を無視して中国に割譲されるなどして，自治権は有名無実化されていった．

そうした状況の中，1950年代後半に，カチン人青年層を中心に，多数派のミャンマー人優位の支配体制と同化政策に対する反発と憂慮が高まった．そして1961年，カチン独立機構・独立軍（KIO・KIA）が結成され，民族自決を目指すゲリラ闘争が開始された．1962年のクーデターで政権を握ったネーウィン将軍の軍部独裁体制に対し，カレンやモンやシャンなど少数派の諸民族の民族自決運動とも共闘した．しかし，1988年にミャンマー全土で高まった民主化運動が，ミャンマー軍部によって弾圧された後，軍事政権は軍備増強をして少数民族のゲリラ組織への掃討作戦を強化した．ミャンマーの資源と市場を狙う中国政府からの圧力などもあり，1994年，カチン独立機構・独立軍は政府との休戦協定を結んだ．双方の軍事的位置はそのままで，まずは地域経済の開発を優先し，自治権問題は後で検討するという政府寄りの，カチン側にとっては苦い選択だった．そして自治権問題が進展をみない中，2011年に武力衝突が再燃し，ミャンマー政府軍の攻撃によって多くのカチン人が村を追われ，中国雲南省との国境地帯で国内難民として避難生活を強いられる事態が起きた．2016年にアウンサンスーチー率いる国民民主連盟（NLD）政権が成立し，民主化の一環として少数民族との和平プロセスが進みつつあるが，カチン州での政府軍の強硬姿勢は変わらず，2019年3月の時点で戦闘は治まっていない．

［吉田敏浩］

参考文献

［1］吉田敏浩『森の回廊』NHK出版，1995
［2］リーチ，E.『高地ビルマの政治体系』関本照夫訳，弘文堂，1987

ロヒンギャ

ロヒンギャとはミャンマー西部ラカイン州の北西地域に住むムスリムの民族集団．推定人口は 100〜110 万人（人口調査の対象から除外されているため正確な数字は不明）．ミャンマー政府は民族として認めず，バングラデシュからの「不法移民」集団とみなし，そのため長期にわたり数々の抑圧にさらされ，2015 年以降は国籍もはく奪された．民族的出自はインドのベンガル地方にあり，言語もベンガル語のチッタゴン方言の一つ（ロヒンギャ語）を使用している．

●歴史的背景 ロヒンギャ（ロヒンギャー）という民族名称は，文書の上では 1950 年までしかさかのぼれない．その意味では比較的新しい民族集団だといえる．ただ，この地で栄えたアラカン王国（ムラウー朝，1430〜1785 年）の時代に，多くの上座仏教徒とともにムスリムも一定数居住していたため，集団の起源はそこまでさかのぼることができる．アラカン王国に住んでいたムスリムは，戦争捕虜とその子孫や傭兵などからなり，なかには王宮の役職につく者もいた．また，同王国の 11 代目の国王までは対外的にイスラームの君主名を併用した興味深い事実もある．王国の都はムロハウンといい，ロヒンギャの語源である「ロハン」がこの都の名前に由来していると主張するロヒンギャ知識人もいる．

アラカン王国は 1785 年，ビルマ王国（コンバウン朝，1752〜1885 年）の侵略によって滅亡する．その後，ラカイン地方が英国の植民地となると，ベンガル側から大量のムスリムがこの地に入り，数世代を経て定住するにいたった．20 世紀のアジア・太平洋戦争期（1941〜45 年）には，ミャンマーを占領した日本軍がラカインで仏教徒の一部を武装化し，一方で英国軍もベンガルに避難したムスリムの一部を武装化してラカイン奪還を目指した．両者の戦闘は日英の代理戦争とは別次元の「宗教戦争」と化し，ラカインにおける両教徒の対立を激化させた．

1948 年 1 月にミャンマーは英国から独立する．しかし，当時の東パキスタン（現バングラデシュ）と国境を接するラカイン州北西部には，1950 年代初頭まで中央政府の力が十分に及ばず，そのため，東パキスタンで食糧不足に苦しむベンガル人がラカインに流入し，彼らの中には武装反乱に走る者もいた．この地のムスリムがロヒンギャとして名乗りをあげたのはまさにこの時期であった．

以上の経緯を整理すると，アラカン王国期からのムスリム居住者を「第一層」として，英領期のベンガルからの流入移民がその上に「第二層」として重なり，さらにミャンマー独立後の旧東パキスタンからの新規流入移民が「第三層」として形成され，結果的に「三重の層」からなるムスリムがこの地域に堆積したとみなせる．ただ，彼らが実際にどのように混ざりあい，いかなる理由で「ロヒンギャ」を名乗るようになったのかについては，いまだ明らかではない．その後，1971年に起きた第3次印パ戦争の際にも多くの移民が流入している．

●ミャンマーでの扱われ方　独立後のミャンマー政府は，1960年代初めまでロヒンギャに対して一定の理解を示していた．議会にはラカイン北西部（マユ地方）選出の4名のムスリム議員が存在し，彼らはラカインにおける多数派である仏教徒による抑圧を避けるべく，北西部の別枠統治を政府に要求した．それは一時，中央政府直轄の「マユ特別区」として実現した（その後，有名無実化を経て廃止）．また，一時期はロヒンギャ語の短波ラジオ放送も認められていた．

しかし，1962年に政府軍によるクーデターで議会制民主主義体制が崩され，軍主導のビルマ式社会主義が開始されると，連邦全土で中央政府による一元的統治の強化が進み，それに伴いロヒンギャへの圧力も強まった．特に1982年に改正国籍法（市民権法）が施行されるに伴い，ロヒンギャ排斥は合法化される．同法は第1次英緬戦争開始の1年前にあたる1823年以前から現在の連邦領土内に住む人びとだけを土着民とみなし，正規の国籍が与えられると規定した．国家が公認した135種類の「土着民族」（バマーをはじめ，シャン，カレン，カチン，ラカイン，モン，チン，カヤーなど）がそれに該当し，それ以外の人びとは個別審査のうえ，「準国民」「帰化国民」ないしは「外国人」のいずれかに分類されることになった．ロヒンギャは法的に「外国人」にされる立場に追い込まれた．

●繰り返される大規模難民流出　現実には国籍を付与されたロヒンギャも少数存在したが，多くは政府軍による不法移民対策を名目とした取締り強化のために抑圧され，1970年代後半と1990年代前半に，それぞれ20万人から25万人規模の大規模難民となってバングラデシュに流出する事態を生んだ．いずれも国連難民高等弁務官事務所（UNHCR）の仲介を経て，バングラデシュ政府との間で協定が結ばれ難民の帰還が進められ，その際に臨時の国籍証がミャンマー政府によって発行された．しかし，彼らは2014年の人口調査ではカウント対象からはずされ，その後，臨時の国籍証も無効とされ，翌2015年の総選挙では選挙権と被選挙権もはく奪された．

この間，2012年にはシットウェーで仏教徒ラカイン人との暴動に巻き込まれ，当地在住のロヒンギャは政府によって特定区域に追い込まれた．2015年5月には脱出したロヒンギャが南タイ沖で漂流する事件が発生，翌年10月にはロヒンギャ武装集団による国境警備隊襲撃事件が起き，軍と治安警察の報復によって数万の難民がバングラデシュ側に流出した．2017年8月には同様の襲撃事件がアラカン・ロヒンギャ救世軍（ARSA）によって発生，再び政府軍と治安警察による一般ロヒンギャ住民に対する報復行為が行われ，70数万の難民がバングラデシュに流出し国際問題と化した．政府軍の強硬姿勢と仏教徒が多数を占める国民の反ロヒンギャ感情の両方が壁となり，この問題の解決は決して容易ではない．［根本 敬］

マレーシアの民族

☞「断食明け大祭と犠牲祭」p.258

マレーシアは，マレー系，中国系，インド系，さらには半島山間部や東マレーシア（ボルネオ島）に居住する先住民族系の人びとから構成される「多民族国家」である．総人口約3,160万人（2016年の人口統計）に対する人口比でいえば，マレー系プラス先住民族系が68.6%，中国系23.4%，インド系7.0%，その他1.0%となる．このような民族構成ができあがったのは，おおむね19世紀後半頃のことである．もともとスルタンと称するマレー人統治者を頂点とするいくつかの小規模な国家が点在していた地に，英国の植民地体制下，錫鉱山やゴム・プランテーションでの労働力として中国系，インド系の移民が大量にこの地を訪れた結果，現在のような民族構成になった．

●マレー系　マレーシアでは民族カテゴリーと宗教とが分かちがたく結びついている．マレー系は100%がムスリムである．イスラームは，15世紀にマラッカ王国の王がイスラームに改宗したことを契機にマレー半島各地の小王国にも広まっていった．その後英国植民地政策がイスラームをマレー各王国の国王の専権事項としたこともあって，植民地期に大量流入する非マレー系（非ムスリム）の移民集団にたいして，マレー王権とその臣民，そしてイスラームを一体化させるような社会認識ができあがった．この認識は，独立（1957年）に際して公的に確認される．すなわち，独立後の市民権を非マレー系の人びとに与えることと引き替えに土着の民としてのマレー系の人びとにはさまざまな優遇措置がなされることになったが，そのような優遇措置の対象たるマレー系というカテゴリーを定義付ける指標の一つとしてイスラームがあげられたのであった．

マレーシア憲法はマレー系のカテゴリーを，ムスリムであり，マレー語を習慣的に用い，マレーの慣習に従っている者と規定している（第160条）．逆にいえば，ムスリムでなければ，マレー系ではあり得ない．現在マレー系とされている人びとは，マレー半島，スマトラ，ジャワ，ボルネオなどさまざまな地域にその出自を見出すことができ，必ずしも「一枚岩的」な民族集団として存在するものではなかった．しかし，英国植民地期に，イスラーム，マレー語，伝統王権という三つの共通性が微細な差異を覆い隠すとともに民族アイデンティティの核として新たに立ち現れ，独立後も新国家建設の中でそれが踏襲されることになった．

●非マレー系　マレー系とイスラームの明確な対応関係ほどではないにしても，非イスラームの諸宗教もまた民族的な色彩を強く帯びている．仏教（大乗仏教）徒の多くは中国系であり，インド系の約8割がヒンドゥー教徒である．シク教についても，ほぼそのすべてがインド系によって占められている．それぞれの移民

図1　マレー系ムスリムの人びと．多くの女性が頭を布で覆い，バジュ・クロンとよばれるドレスを身につけている

集団がみずからの宗教とともに定着したことによってこのような宗教状況がもたらされた．これら「民族」宗教の信奉者の間では，それぞれの「民族語」が日常的に用いられ，他の集団との差異をますます際立たせることになる．民族意識と宗教と言葉とが，互いに分かちがたく結びつきながら，マレーシア人それぞれの民族アイデンティティを構成している．

もっとも，キリスト教や，バハイ教，上座仏教（上座部仏教）など，特定の民族との結びつきがそれほど強くはない宗教も存在する．しかしながら，いずれの宗教においても，先に述べた憲法上の規定によりその中にマレー系が含まれることはあり得ず，マレー系すなわちイスラーム，非マレー系諸民族すなわち非イスラーム諸宗教という民族と宗教の構図は強固に保たれている．

●ブミプトラ政策と「マレーシア人」の創造　マレーシアは独立当初から現在にいたるまで国民統合を国家的課題としてきた．特にマレー系と中国系の間で生じた1969年の大規模な民族衝突事件（5・13事件）以降は，マレー系と非マレー系の間にある圧倒的な経済格差こそが統合を妨げているとの認識にたって，英国植民地期以来のマレー系優遇策がいっそう強化されることになった．マレー系と先住民族系の人びとを「ブミプトラ（土地の子）」と総称し，1971年から始まった「新経済政策」を軸に政府が経済に積極的に介入することで，ブミプトラの経済的地位の向上がはかられた．

1990年代に入り，マレー系（ブミプトラ）のある程度の経済的地位の向上が達成されて以降は，優遇策は続けながらも，より統合に重きをおいた方向へと転換がはかられた．1991年にマハティール第4代首相は「2020年構想（Wawasan 2020）」を打ち出し，2020年にマレーシアが先進国入りを果たすとともに，その際には「マレーシア人」としての意識が人びとに共有されることを求めた．引き続きナジブ第6代首相は，2010年に「一つのマレーシア」という標語を掲げ，文化や経済などさまざまな領域においてマレーシアが「一つ」であり，かつ「一つ」になることを強調した．現在，経済発展やグローバル化の進展に伴い，特に都市部においては民族的に異なる人びとの間でも，ライフスタイルなどではかなりの共通化も観察される．果たして現代社会の大きな力が民族やそれと連動する宗教の壁を壊すのか否か．マレーシアの民族関係を理解する上での注目点であろう．

［多和田裕司］

オラン・アスリ

オラン・アスリとは，マレー半島部の「マレー人以外の先住民」をさす語であり，オランはマレー語で「人」，アスリは「本来の，元来の」という意味である．国家によって定められた民族カテゴリーで，言語や慣習，身体的特徴の異なる18の集団が含まれ，それらは「セマン（またはネグリト）」「セノイ」「ムラユ・アスリ（またはプロト・マレー）」，という3グループに分けられている．2010年時点の人口は17万8000人，マレーシア半島部の人口2350万人の0.76％を占め，植民地時代より近代化されてきた「マレー人」と比べ自然に依存した生活を送ってきた人びとである．その暮らしは居住環境や集団によってさまざまだが，ここではクランタン州のバテッという集団の生活をみてみたい．

●バテッの暮らし　バテッとは，彼らの言語で「（みずからと同じ）人」という意味である．みずからと同じ言語を話し，同じ生活を営む人がバテッであり，生活様式の異なる人は含まれない．狩猟採集と森林産物の交易を主な生業としてきた彼らは，資源の豊富な場所へ移動し，それが少なくなると別の場所へ移動するという生活を送ってきた．現在も購入した米とともに，みずからが採/獲ったヤムイモや魚，動物を食料とする．バテッは，狩猟で得られた動物をその場にいる人びとで分け合うことを習慣としている．捕獲者以外の人が肉を分配するのが一般的であり，それによって「あげる側」と「もらう側」という依存関係が形成されるのが回避されるのである．平等であることを重んじる彼らにリーダーは存在せず，誰とどこでキャンプをするかは個々の意思に基づいて決定される．森林が減少した現在，政府が設置した「オラン・アスリ村（保留地）」も生活の場所としており，森での資源獲得が難しくなる雨季の滞在地，男性が森林産物採集キャンプをしている間の女性・子供の滞在地として利用する．

図1　雨季が終わって最初のキャンプ（2011年3月，クランタン州コッ川上流にて）

「保留地」に滞在中には，ラタンや沈香といった森林産物の交易によって手に入れた現金で，米や衣類，日用品を購入する．ラタンとはヤシ科のツル植物であり，沈香はジンチョウゲ科樹木のうち特殊な樹脂を含んだ幹の部分をさす．前者は家具やカゴの材料，後者は香水や線香の香料として利用されており，仲買人が買い付け，国内外で処理・加工されて欧米や中東，日本を含む世界各地で消費される．このような貨幣を介したやりとりが盛んになる以前，バテッは森林産物の交易やマレー農民の農耕の手伝いをして，米や塩，山刀を手に入れていた．彼らは支流域を利用し，マレー農民が本流や下流を利用するというように，それぞれが異なる環境で異なる暮らしを営んでいたのである．こうした暮らしと環境との結びつきが，今日みられるオラン・アスリの多様性に関係する．

●「オラン・アスリ」の制定とその多様性　貨幣を介した経済活動が盛んになる以前，人びとは居住環境に合わせた暮らしを営んでいた．沿岸では漁撈活動，河口から平地では水稲耕作への依存が高く，山麓部では狩猟採集，内陸高地では移動耕作を中心とした生活が営まれていたのである．各集団は川を通じて交易し，それは港を介して海外へと繋がっていたが，19世紀頃より，スルタン（イスラーム系王国の王）の支配下にあると認識された沿岸や下流域の集団は「マレー人」として植民地政府の統治下におかれていった．

一方，奥地や海洋を生活の場とする人びとは独自の政治体系を保っていたが，第2次世界大戦後，共産主義者らのゲリラ活動を受けて発令された非常事態宣言を機に，彼らも政府の管理下におかれることとなった．森林部に潜伏するゲリラ部隊に情報や食料を提供していると考えられた彼らは「アボリジニ」として法的に定められ，保留地に強制移住させられたのである．そして独立後，「アボリジニ」という名称は「オラン・アスリ」に改名された．

独立後マレーシア政府は，森林から木材を切り出して輸出し，そこをゴムやアブラヤシのプランテーションとして開発してきた．トレンガヌ州のスマッ・ブリのように開発予定地を移動しながら暮らしていたオラン・アスリに対しては，新たに保留地が設置され，そこに定住するよう働きかけられた[1]．また1980年代以降はマレーシアの政治状況を受けて，「イスラーム的価値観」が開発に盛り込まれるようになり，政府主導でオラン・アスリのイスラームへの改宗が推進された．その結果，非ムスリムであった彼らの間でも宗教アイデンティティが意識されるようになり，イスラームへ改宗する人もみられる[2]．

急激な開発を経て，オラン・アスリの多くは貧困層として位置付けられている．利用可能な土地や資源の減少が続く中，森林産物や果物，薬草の販売だけでなく，工芸品の販売，歌やダンスの披露といった観光業で収入を得る人もいる．都市へ出て働く人もいるが，国家空間において周縁化されてきた歴史を背景に，言語や慣習が異なりながらも，彼らはオラン・アスリという民族アイデンティティを共有している．

［河合　文］

📖 参考文献

［1］口蔵幸雄『吹矢と精霊』東京大学出版会，1996
［2］信田敏宏『周縁を生きる人びと―オラン・アスリの開発とイスラーム化』京都大学学術出版会，2004

サバ州の民族

マレーシアは多民族社会である．2010年の政府統計の分類に従うと，民族集団として人数が多いのはマレー人（54%），華人（25%），インド系（7%），の順番になる．この三つの民族集団を記せばマレー半島部における社会のおよその見取り図として当座の用は足りる．しかし，マレーシア連邦を構成するボルネオ島を視野に入れたとき，三つの民族集団という把握の仕方はそれほど確かなものとはいえなくなる．

●多様な先住民族　ボルネオ島にあるサバ州には300万人以上の人が居住している．その民族構成をみると，半島部と異なる点がいくつかあることに気づく．最も大きな違いは，マレーシア全体では人口の約半数を占めるマレー人の割合が低い（8%）ことである．その一方で，マレー半島部では少数である非マレー系の先住民系の民族集団が多い点が特徴としてあげられる．最も人口割合の高い民族集団はカダザン/ドゥスンであり，これにバジャウ，マレー，ムルットが続く．「その他のブミプトラ」に含まれるのもサバ州固有の先住民族集団が多く，サバ州政府の公式ホームページ（https://www.sabah.gov.my/cms/）は33の民族集団をあげて民族的な多様性を伝える．これらの先住民族集団が，全人口の多数（77%）を占めているのがサバ州の民族構成の特徴である．

●流動的な民族分類　こうした民族構成の把握は，サバ州社会を知る上で一定の役割を果たす．ただ，これらの民族分類は，時代状況の中で揺れ動いてきた．民族名称として掲出されているものが変更されることがあったし，ある民族分類の中に誰を含めるかというのは，しばしば時代状況の中で変わってきた．カダザン/ドゥスンを例にあげよう．サバ州がマレーシア連邦を構成する一つの州となるとき，内陸部の先住諸民族をカダザンという名称のもとにまとめる試みがあった[1]．ムスリムであるマレー人が多数派を占めるマレー半島との対抗関係から，非ムスリムの先住民族を結集するカテゴリーが導入された．その際に州内の限られた地域で使われていた民族名のカダザンを用いることを，同地域出身の政治指導者らが提唱した．しかし，その政治的試みは頓挫した．自分たちはカダザンではなくドゥスンだと主張する人びとが，州内に少なからずいたからだ．カダザンなのかドゥスンなのか，二つの民族は同じなのか違うのかという問いは，「/」という記号を導入して両者を並記することで一応の解決がはかられているというのが現状である．

民族分類のラベルが揺れ動くだけではない．ある民族分類の中に誰を含めるのかという問いに答えるのが難しい状況は，今日も同じである．人びとにカダザンなのかドゥスンなのか，カダザン/ドゥスンなのかとたずねても，会話の文脈によって得られる答えは異なる．これに加えて，異なる民族集団間の結婚は，ムスリムと非ムスリムの場合には宗教の違いが障壁になることはあり得ても，ないわけではないし，そうでないケースにいたってはとりたてて珍しいことではない．統計上の分類に従うと，父方の民族名を継承することになっているが，都市化が進行する中で，分類上の民族名がそのまま生活様式やアイデンティティまで継承したことを意味しない．また，サバ州はフィリピンやインドネシアと国境を接しており，歴史的に国境を越えた海域世界を形成してきた．流動性の高い地域に住む人びとの帰属をどう把握するのか，あるいは，どのような民族だとみずからを同定しているかという問いには，一義的な答えを受け付けない困難さがある．

図1　都市集落での収穫祭

●移ろう暮らしの中で　先住民と聞くと，伝統的な暮らしを続けているように聞こえるかもしれない．しかし，マレーシアの経済発展に伴って，サバ州の先住民系の人びとも都市部に移住して賃金労働者として働くことが多くなっている．サバ州の都市部にある集落では，内陸部から移住してきたカダザン/ドゥスンの人びとが多く住んでいる．国語であるマレー語は彼らの家庭にも広く浸透しており，子供たちが彼らの母語のカダザン/ドゥスン語を話せないと嘆く声もしばしば聞く．

こうした変化があるものの，都市で暮らすカダザン/ドゥスンの人びとの暮らしから，「らしさ」が完全に失われたわけではない．かつて稲作を生業としていたカダザン/ドゥスンの人びとは，毎年収穫の時期に精霊に祈りを捧げる儀礼を行っていた．都市に暮らすカダザン/ドゥスンの人びとの多くは，カトリックやプロテスタント諸派を信仰するキリスト教徒であり，生業の面でも，稲作は縁遠い存在になりつつあるが，それでも毎年5月には「収穫祭（Pesta Kaamatan）」と銘打った行事の開催を模索している．また，収穫祭のように人びとが集まる機会では，マレーシアの他地域ではほぼ目にすることのできない食べ物や飲み物をともにするなど，都市部の変わりゆく暮らしの中でも，カダザン/ドゥスンの人びとの独自性が感じられる部分は少なくない．

［上田　達］

参考文献

［1］山本博之『脱植民地化とナショナリズム—英領北ボルネオにおける民族形成』東京大学出版会，2006

サラワク州の民族

ボルネオ島の北西部に位置するマレーシアのサラワク州は，274万人の多様な民族集団が暮らす多民族社会である（2016年統計）．民族集団別に最も多いのがイバンで28.9%，次いでマレーが23.3%，華人が23.0%を占めている（2014年統計）．半島部マレーシアと比較して特徴的なのは，人口比率にみるマレーとインド系人口の少なさ，そしてマレーを除く先住民系人口の多さである．2013年以前の統計では，華人の比率がマレーを上回っていたが，近年マレーの人口比率が増えている．これは後述するように先住民でイスラームに改宗した人びとがマレーに含まれる場合があるためである．

●民族範疇の曖昧さ　マレーシア憲法には，サラワクの先住民（Natives）として27の民族名称が記載されているが（表1），各地域にはブラワン，ラジャン，ビントゥル，スガンなどより多くの民族名称が存在する．人びとは長年移動と分裂，統合を繰り返してきたため，同じ民族名称でくくられる人びとの出自やアイデンティティは多様である．また，近年では異なる民族集団間の婚姻も多く，1人が複数のアイデンティティをもち，複数の言語を話すことが珍しくない．そのため，民族集団の区別，あるいは範疇は極めて流動的である．

●三大民族集団―イバン，華人，マレー　最も人口の多いイバンは，サラワク州の中下流域のほぼ全域に居住している．特にイバン人口の多いカピットやシブなどでは，イバン語がリンガフランカとなっており，イバン語を話す華人も多い．

表1　民族集団別サラワク州の人口（2010年）

民族名	人口（人）	民族名	人口（人）	民族名	人口（人）
イバン*	693,358	インド系	7,188	シハン*	504
華人	560,150	クラビット*	5,925	ラハナン*	449
マレー*	551,567	ビサヤ*	5,861	セボップ*	422
ビダユー*	192,960	プゥナン（Punan）*	2,553	タンジョン*	404
ムラナウ*	119,897	ウキット	1,847	ルガット*	323
カヤン*	26,333	クジャマン*	1,807	スピン*	155
クニャ*	23,167	ブキタン*	1,559	リスム*	95
クダヤン*	16,478	カジャン*	1,485	タブン*	89
ルンバワン／ムルット*	15,754	タガル*	1,375	その他	40,172
		カノウィット*	961	非マレーシア国民	113,772
プナン（Penan）*	12,485	シカパン*	744		

*はマレーシア憲法に記載されているサラワクの先住民である．憲法では，これにドゥスンが加わる．

（出典：Population and Housing Censuses of Malaysia 2010）

図1　サゴデンプンを採集するサラワクの少数民族シハン

19世紀から20世紀初頭の首狩りを伴った戦闘では，ブキタン，カノウィット，ラジャン，シハン，ルガット，タタウなど少数の民族集団を他地域へ追いやったり，イバン社会に同化させたりしたといわれる．そのため，イバンと名乗っていても先祖をたどっていくと違う民族集団だったという事例もみられる．

マレーは，サラワク州で2番目に多い民族集団もしくは範疇で，イスラームを信仰する人びとである．ボルネオでは，ムスリムとマレーが同義語で使われる場合がある．ブルネイ・マレーの子孫や半島出身のマレーもいるが，サラワク州で多いのは，先住民でイスラームに改宗した人びとである．イスラームに改宗することを「マレーに入る（マソッ・ムラユ）」といい，マレーとの婚姻を通してイスラームに改宗しマレーになる人が多く，ムスリム人口が増えている．

華人は，サラワク州で3番目に多い民族集団である．出身地によってサブグループに分かれ，福州，客家，福建の順で多い．19世紀後半にシブ近郊の開墾のために移住してきた人びとが多く，後に木材の伐採業を行ったり，都市部でさまざまなビジネスを展開したりするようになる．サラワクの華人で特徴的なのは，先住民との関係である．上流域の小さな町にも華人がおり，先住民との経済活動や婚姻，養子縁組がみられる．

●オラン・ウル　バラム川やバルイ川など，河川の上流域にはオラン・ウル（上流の人）と総称される，キリスト教やブンガン教などの在来宗教を信仰する先住民系の人びとが暮らしている．カヤンやクニャのように社会階層のある集団もあれば，プナンやシハンのように平等主義的な集団もある．バルイ川に特徴的な民族集団は，シカパン，クジャマン，ラハナン，シハンなどであり，バラム川に特徴的な民族集団はクラビット，ルンバワン，ブラワンなどである．イバンを含む先住民系の多くは河川沿いに長屋（ロングハウス）を建てて暮らしていたが，近年は都市部で暮らす人も多い．先住民系の中にはシハン，セボップ，ルガット，リスム，タブンなど人口が1000人に満たない少数民族集団もある．都市部で暮らす人びとが増え，民族集団間の婚姻が増える中，子供たちや孫の世代でどのように言語を維持し，自己を同定していくのかが注目される．　［加藤裕美］

参考文献

［1］内堀基光『森の食べ方』東京大学出版会，1996
［2］石川 登『境界の社会史―国家が所有を宣言するとき』京都大学学術出版会，2008
［3］津上 誠「オラン・ウル―バルイ流域民の現在から」林 行夫・合田 濤編『講座世界の先住民族―ファースト・ピープルズの現在2 東南アジア』明石書店，2005

シンガポールの民族

シンガポールが英国植民地下でアジア貿易ネットワークの中心として発展すると，世界各地，特にアジアから多くの移民が集まった．さらに，英国が大規模なゴムのプランテーション建設と錫鉱山開発のためにマラヤに本格的に介入した19世紀末から，シンガポールはゴムと錫の中継・加工貿易港として労働力の一大中継地として発展し，さらに多くの移民が仕事を求めて集まった．総人口は1824年には1万7000人，1931年には56万人，2017年現在では561万人である．

独立後シンガポール政府は英国の分類を引き継いで，国民を華人（C），マレー系（M），インド系（I），その他（O）に分類している（図1）．最大の移民集団は主に中国大陸南部から移住してきた華人（74%）である．マレー半島やオランダ領東インド（インドネシア）から移住してきたマレー系（13%）は，中世のシンガポールがマレー王国の一部であったため，先住民とみなされる．インド系（9%）の多くはインド南部のタミル地方から移住してきたが，セイロン（現スリランカ）や北インドからの移民もやってきた．ヨーロッパ人やヨーロッパ人とアジア人の間に生まれた子供などが，その他（4%）に分類される．

図1　街を行き交うインド系やマレー系，華人などの多様な人びと

●多文化主義　華人が多数を占めていても，シンガポールではCMIOそれぞれの宗教や文化，言語，生活様式は尊重されて平等に扱われる．この考え方は多文化主義とよばれ，国家建設の重要な価値とされている．4つの民族の主要な宗教の祝日は国家の祝日となり，象徴的な地位の大統領もCMIOの分類を意識してある程度順番に選出されている．学力の劣る児童・生徒に対する学力支援，成人には技術訓練を行う自助組織も，「各民族にはそれぞれ固有の解決方法がある」という理由で，民族別に組織されている．

各人に常時携帯が義務付けられている身分証明書にはCMIO分類が明記され，学校では英語を第一言語，それぞれの母語（華人は華語，マレー系はマレー語，インド系はタミル語，その他は3言語から一つ選択する）を第二言語として習得することが求められる．シンガポール人の80%が居住する公団住宅には，多様な人びとの混住を促進するために人口比率に応じた民族別居住上限比率が定められている．教育現場でのCMIO別成績上位者発表を含めて，人口や社会・経済統計にはほとんどすべてCMIO別の数字も明記される．つまり，シンガポール人は常に自分がどの民族に分類されるのかを意識して（させられて）生活し，それぞれの民族に応じた振る舞いが奨励されているといっても過言ではない．

このように多文化主義は，国民を4つの民族に分類し，英語を共通語としつつ，各民族の言語や宗教を平等に扱いながらも「統制」するという政策であり，言葉を代えていえば，特定の民族あるいはその宗教や言語を優遇して，それを国民統合の価値にはしないということでもある．これは，マレーシアが堅持するマレー系優遇政策をめぐる対立が，1965年のシンガポール分離・独立の大きな要因であったため，マレー系優遇政策とは異なる統合価値があることを示そうとしたのである．マレー系は先住民として憲法上で特別な地位を認められているが，教育費の無償化以外の具体的な措置は講じられていない．

同時に，特定の民族の言語や宗教を擁護あるいは批判するような言動や行動は，扇動法や治安維持法によって厳しい取締りの対象となる．シンガポールで唯一の届出だけで野外集会が認められている公園でも，「人種や宗教などの敏感な問題に関する集会」と当局が判断すれば，届出は却下される．また，宗教調和法は，聖職者が異なる宗教間の緊張を高めるような行動や，宗教団体の名において社会，政治的事柄にコミットすることを禁止している．

●多文化主義を越えて しかしながら，多文化主義は国民相互の民族の違いを際立たせることになり，CMIOを越えたシンガポール人としての一体感やアイデンティティの醸成はほとんど議論されなかった．さらに，1980年代以降には中国との経済関係強化のために華人に華語習得が奨励されたため，民族の分断はより促進されたともいわれている．

ただ，近年に急増した外国人居住者への強い反発は，国民の間に新しい動きを生み出している．この国に居住する外国人の増加はすさまじく，1980年には13万人であったが，2017年には169万人となった．以前はシンガポール人とはあまり競合しない高度技術者や肉体労働者，家事労働者が中心で，その数も限られていたが，政府は高い経済成長を支える人材を確保するために，2004年からあらゆるレベルでの外国人の受入れを拡大し，受け入れた高度人材には永住権および国籍取得を奨励した．そのため，外国人との雇用をめぐる熾烈な競争や不動産価格の値上がり，所得格差の拡大という不満を国民にもたらした．一方で，シンガポール独特の食文化，華語や中国南部の方言，マレー語などの影響を受けて独自の発音やイントネーション，文法体系を発達させたシングリッシュとよばれるローカル英語に注目して，それらをシンガポール人のアイデンティティであると主張する人びとが，若者を中心に増え始めている．これらは，政府が決めた多文化主義を越えた新しい動きとして注目される．

［田村慶子］

インドネシアの民族

ヨーロッパに匹敵する広大な空間に，世界第 4 位の 2 億 5500 万人（2015 年現在）もの人口が，1 万 3000 の島に散らばって住むインドネシア共和国は，1945 年に独立宣言をした若い国である．その住民の話す言葉は 400 以上に及び，それ以上の数の民族を抱えるといわれながら，インドネシア政府が民族別統計を長い間実施しなかったのにはわけがある．

●多民族国家の誕生 この広大な領域はオランダの植民地だった．支配域は 20 世紀初頭にほぼ現在の共和国の領土にまで広がり，その頃から原住民による独立運動も始まる．その画期となったのが，全土の青年団体代表を集めて 1928 年に開催されたインドネシア青年会議で，一つの祖国，一つのネイション，一つの国語の樹立を目指す「青年の誓い」は独立の目標となった．民族の違いを乗り越え，広大な領域を一つの共和国に統一して独立できたのは，同じオランダに植民地支配されたという経験が連帯のバネになったことは間違いない．

●独立後の国家運営と民族政策 独立宣言後 4 年間の独立戦争を戦い，1949 年にようやく独立が国際的に認められた共和国は，その後もしばらく国内反乱に悩まされた．イスラーム国家樹立を目指すものや共産党クーデター未遂事件など，内容はさまざまだったが，植民地支配が長く近代的な施設や制度が整っていたジャワ島と，そうしたものが未整備の地方（「外島」とよばれた）との間の格差も背景にあった．一つのネイションのもとで民族は「ネイションの四肢（suku bangsa）」と位置付けられ，固有性を尊重しつつも違いを強調しないことが政策の基本だった．過半数を占める民族がいないことも民族構成の特徴で，国語も最大民族の母語でなく通商言語だったマレー語を整備したインドネシア語が採用された．

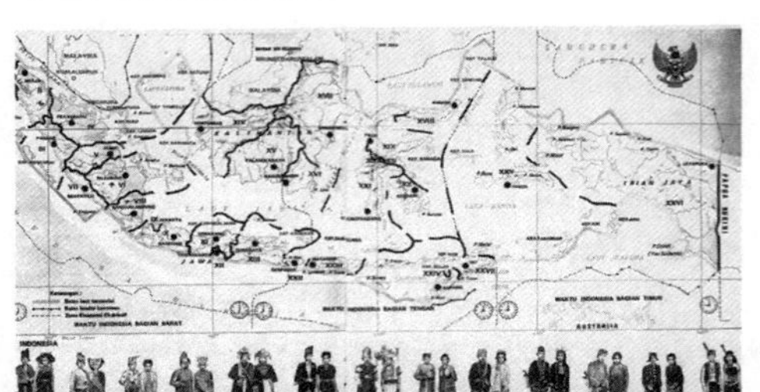

図 1 各州の民族衣装を付したインドネシア地図（小中学生用地図帳）（出典：Imam Suhardiman, *Atlas IPS Indonesia & Dunia*, CV Prima Indonesia, pp.4–5, 1991）

違いを強調すれば分離独立にいたりかねない民族差異を，政府は行政単位の枠に当てはめてその固有性を表現しようとした．この方策はスハルト大統領の時代に顕著で，州や県の主要民族の伝統建築や民族衣装や芸能が地方文化の特色として喧伝され，博物館展示やテレビ番組で多用された．

他方でスハルト政権は民族・宗教・人種問題（頭文字をつなげてSARAとよばれた）にかかわる政治運動に神経をとがらせ，活動を厳しく監視し制限した．宗教問題とは多数派のムスリムとその他の宗教徒の確執，人種問題とは経済の要所を牛耳る華人系やインド系移民と原住民との確執をさし，いずれも国の統一・統合を脅かすとして警戒された．

●2000年センサス　1997年アジア通貨危機後の国内の混乱から翌年スハルト大統領が退陣し，民主化の気運が高まった2000年のセンサスで，共和国独立後初めて民族別集計がとられた．民族の人口統計はオランダ植民地時代に実施されたことがあったが，今回はセンサスの質問項目の一つに民族帰属を聞く項目が盛り込まれた．自己申告に基づく回答で，政府の予想を超える1071の民族名が回答された．8386万人，国内人口の42％弱を占めるジャワを筆頭に，3097万人のスンダ，903万人のムラユ，677万人のマドゥラ，651万人のバタック，545万人のミナンカバウ，504万人のブタウィ，501万人のブギス，411万人のバンテン，349万人のバンジャル，328万人のバリと続く．17位のゴロンタロまでが100万人を，73位のナゲケオまでが10万人を超える一方，最少民族は53人のワンドゥブ・ワンボンだった．また華人は中国籍，台湾籍も含めて250万人だった．

センサスからは民族の集中・分散の様子もうかがえる．ジャワは国内移民政策などにより，ジャワ島以外に1500万人が住む．通商に長けたムラユ，海洋民族のブギス，出稼ぎの慣行をもつミナンカバウなどは故地以外にも散らばって住む．また華人も都市部中心ではあるが全国に散らばっている．

●民族差異の減退？　長く避けてきた民族集計を2000年のセンサスで政府が実施したことは，いくつかの点で示唆的である．抑圧的なスハルト時代が終わり，自由にものが言える状況で民族分布の正確な数値が求められたことは確かだ．スハルト退陣後分離独立を模索する地方の動きが活発化したが，結局それを選択したのはポルトガル領だった東ティモールのみだった．共和国独立後50年以上を経過して，国内の政治経済上の統合は着実に進み，民族の違いだけで簡単に脅かされるものではなくなったともいえる．

また民族間の差異も次第に低減してきているようにみえる．インドネシアでは同じ宗教徒同士でしか結婚できないが，宗教が同じなら配偶者の候補になり，異なる民族の間の婚姻が都市部では常態化している．また都市住民が増えるにつれて，民族語を話せない子供の数も急速に増えている．民族衣装に身を包んだ結婚式は花盛りだが，民族建築は儀礼場所や観光用以外の機能をもてなくなっている．ライフスタイルそのものが汎インドネシア化しており，何代も混血が進んで何人と自称していいかわからない人が増えているのが現状である．　［鏡味治也］

参考文献

［1］鏡味治也編『民族大国インドネシア』木犀社，2012

ジャワ

☞「共食」p.400

ジャワ人は人口約2.5億人のインドネシア人の50〜60％を占める最大の民族である．植民地時代からインドネシア各地に移住しているが，その出身地は，古くから王国が栄えたジャワ島の中・東部である．

●文化の中心としての宮廷　中部のスラカルタ，ヨグヤカルタは，今なお「王」と宮廷文化が色濃く残るジャワ文化の中心と考えられており，言語，舞踊やワヤンなどの演劇，文学など，宮廷が模範とされる．

ジャワ人の日常生活においては，礼儀作法が重視され，婉曲な表現や謙譲が美徳とされる．ジャワ語の最大の特徴である尊敬・謙譲表現は，宮廷において発展したもので，年齢，社会的地位，世代的な地位（子や孫をもつかどうか）の上の者，そして見知らぬ者に対して敬語を用いなければならない．相手の地位や状況を的確に判断し，適切な敬語表現を用いることに神経が注がれる．しかし，国語であるインドネシア語が浸透し，社会的な流動性も増しつつある中，ジャワ語を「正しく」使えるジャワ人は急激に減少している．

●宗教　ジャワ人の大多数はムスリムであり，ジャワの王もスルタンやイスラームの守護者を称号の一部として名のる．元来，ジャワのイスラームは，それ以前に伝播したヒンドゥー教や土着の信仰が混じり合ったものであった．その中からクジャウェン（ジャワ的なるものの意）とよばれる信仰が生まれた．クジャウェンはクバティナン（内的なるものの意）ともよばれ，導師のもと，修行と瞑想により，高い境地に到達しようとするものである．正統な教えに立ち戻ろうとするイスラームの動きにより，異端視され排除の対象となってきたが，根強く残り，近年，宗教として公認されるにいたっている．ジャワでは人生の節目や祈願，感謝の必要な際催されるスラマタンとよばれる儀礼は，村の開祖，山や海の精霊に供物を捧げるものであったが，イスラームの正統化の動きや生活形態の変化などにより，宮廷以外で催されることは少なくなっている．

●芸能・工芸　伝統芸能である人形影絵芝居ワヤンは，マハーバーラタとラーマーヤナというインド由来の物語を基軸とし，その中のエピソードを演目とする．ガムラン（鉄琴，木琴やゴングなどからなる楽団）の伴奏で，ダラン（人形使い）が1人で数十もの声色を使い分けつつ徹夜で演じる．

ジャワの伝統的産品として知られるバティック（ジャワ更紗）は，宮廷女性の技芸として発達し，ヨグヤカルタ，スラカルタ，プカロガンなど独自のモティーフが生まれた．下半身にまとう衣類として用いられることが多いが，絵画や装飾品の技法としても用いられる．

［宮崎恒二］

スンバ

スンバ島は，インドネシア東部を東西に広がる小スンダ列島の中の一つの島で，バリ島とティモール島のほぼ中間に位置する．スンバ島は行政上，東ヌサ・トゥンガラ州に属し，東スンバ県と，中央スンバ県，西スンバ県，南西スンバ県という4県に分かれる．島の面積は約1万1000km^2（四国の約5分の3）で，人口密度が低く，島全体で総人口は約77万人（2016年）である．スンバ島全体がサバナ気候に属し，インドネシアの中でも乾燥した地域である．土壌は主に石灰岩質のため，東部の北海岸部には農業に適さない草原（サバナ）が広がっている．水田は一部にみられるだけで，生業の中心はトウモロコシや，イモ類，豆類の栽培である．一方，比較的雨量の多いスンバ島西部では水田耕作も広く行われている．スンバ島全体で草原を利用した家畜飼養が盛んで，馬のほか水牛・牛・豚・鶏などの家畜が飼育されている．州内のサブ島やロティ島などから移住した外来の民族集団を除いて，大多数の島民はスンバと総称される民族である．

●文化と宗教　スンバを代表するアートとして具象的な模様が描かれた絣織物（イカット）が有名である．主にスンバ島北岸の村々で，腰機という原初的なタイプの織機で織られる．これは男性の衣装となるだけでなく，婚姻のときに妻側から夫側へ贈られる交換財の一つとして使われる．宗教については，スンバ島全体でマラプ（祖先，祖霊）に対する信仰が重要な役割を果たしている．マラプ信仰の儀礼が執行されるのが，スンバ独特のとんがり屋根をもった慣習家屋「マラプの家」である．家屋の前には祖先が埋葬された支石墓が建てられている．マラプはスンバ社会のアイデンティティの一角を占めるものであるが，スンバ全体で「近代化」が進展し，キリスト教に改宗するスンバ人が年々増加している．例えば東スンバ県の統計によると，1986年に人口の37.6%を占めていた「その他の宗派（マラプ）」の信者は2015年には14.2%まで減少した．

図1 「マラプの家」とその前にある支石墓（東スンバ県，2016年10月28日）

［小池 誠］

参考文献

［1］小池 誠『東インドネシアの家社会—スンバの親族と儀礼』晃洋書房，2005

バ リ

☞「ヒンドゥー教」p.226,「伝統音楽」p.432,「仮面芸能」p.450,「バリ島の近代絵画」p.470,「バリのヒンドゥー哲学(トリ・ヒタ・カラナ)」p.574,「バリ州の文化的景観」p.610

2000年の統計で約330万人にのぼったバリ人の多くは，インドネシアのバリ島に住み，島人口の約9割を占める．また隣のロンボク島にも一部居住する．母語は，オーストロネシア語族に属するバリ語である．インドネシア国民の約9割はムスリムだが，バリ人の多くはヒンドゥー教徒である．バリ島には祖霊崇拝と自然崇拝が存在したが，のちにインドから伝わったヒンドゥー教と混交し，ユニークな信仰，世界観，生活様式，芸術・芸能などを発展させた．山岳部には，ヒンドゥー教以前の信仰や文化を残す先住民バリ・アガもいる．バリ人は稲作の得意な人びととしても知られ，かつては多くが農業に従事した．20世紀に「最後の楽園」「神々の島」として島が国際的な人気を博すと，観光業が盛んとなる．2016年の島内就労人口のうち農業従事者は林業と漁業を併せても2割程度に過ぎない．

●バリ人とヒンドゥー教 9世紀末にはバリ島はすでにヒンドゥー文化の影響下にあった．その後島内にはヒンドゥー王朝が栄え，14世紀には，東ジャワを発祥とするヒンドゥー王国マジャパヒトの勢力下におかれた．16世紀にはイスラームがジャワで勢力を増し，この王国は滅びたが，バリはイスラーム化を逃れ，独自のヒンドゥー文化を開花させた．なお近年の研究は，バリ文化の本質をヒンドゥー教に求める見方が，植民地政策，そして独立後の権利要求の運動を経て強化されたことを指摘する．20世紀初頭にバリ全体を統治下においたオランダ植民地政府は，この島をジャワ・ヒンドゥー文化が残る博物館とみなし，みずからをその保護者と位置付けた．例えば祭司や王族や地方領主を，高カーストとして優遇し，現地の役人に採用した．1950年にバリ島が共和国に編入されると，宗教的マイノリティとなったバリ人は国にヒンドゥー教を公認宗教にするよう求め運動を展開した．こうした中で，ヒンドゥー教徒としての意識は先鋭化した．

●世界観・儀礼実践 バリには，ルワ・ビネダという，善と悪で世界が構成されているとする二元論的世界観がある．バリ人は，日々供物を捧げ，頻繁に盛大な儀礼を行うことで知られるが，これら供物や儀礼の中には神々ではなく，悪霊に捧げられるものも多い．善と悪，神々と悪霊の調和のとれた状態を良しとするこの世界観は，宗教実践のみならず，社会生活や人間観にも通底する．

［吉田ゆか子］

📖 参考文献

[1] コバルビアス，M.『バリ島』関本紀美子訳，平凡社，1991
[2] ヴィッカーズ，A.『演出された楽園—バリ島の光と影』中谷文美訳，新曜社，2000

ブギス・マカッサル

ブギスとマカッサルは，しばしばブギス・マカッサルと併記される．その理由は，両民族が社会制度，慣習文化，イスラーム，王国時代の歴史を共有するからである．ただし，ブギス語とマカッサル語は，言語学的には同じ南スラウェシ諸語に属しながら，マカッサル語は他の言語から相対的に孤立しており，マカッサル語話者とブギス語話者とは相互に会話不能である．マカッサル語の孤立性は，マカッサルの居住する南スラウェシ南端部が，約紀元前1万年から紀元後500年頃までは，湿地や河川により地理的に隔てられていたためと説明される．

●マカッサル　人口約160万人（2016年）．族制は双系的，近親イトコ婚により親族紐帯を強化する傾向がある．王国時代以来の身分制に基づく貴族/平民の身分意識も根強い．とくに「シリッ」とよばれる「恥/名誉」の観念は，身分意識と女性に対する性規範と深く結びついている．王国形成は14世紀前後にさかのぼり，他のブギス諸王国と同様，天孫降臨の建国神話をもつ．王国は王権の象徴として剣，槍，旗などからなる神器をもち，異性装の祭司ビッスがその儀礼を執行した．ビッスの儀礼は17世紀初頭に諸王国がイスラーム化した後も途絶えることなく，インドネシア独立後の王制廃止以後，今日まで継続している．ゴア王国は，イスラーム改宗以後，香料貿易の国際的中継基地として最盛期を迎えるが，1667～69年，オランダ東インド会社軍とブギスのボネ王国との連合軍に敗北．以後，貿易の権益はオランダに，地域的覇権はボネ王国に移った．住民の主な生業は水稲耕作，漁業も盛んで特にマカッサル海峡におけるトビウオ漁，オーストラリア北岸近海まで出漁するナマコ漁が知られる．

●ブギス　スラウェシ南西半島の中央部に居住するとともに，スマトラ東岸，カリマンタン沿岸部など島外にも数多く分布する．また18世紀以降，マレー半島にも進出している．ホームランドにおける人口は約360万人，インドネシア全体では約700万人（2016年）．マカッサルとともに，インド南部起源とされるロンタラ文字を有する．豊かな文学的伝統をもち，長大な英雄大叙事詩『イ・ラ・ガリゴ』はブギス最古の王国ルウ王朝の6世代にわたる物語である．19世紀半ばオランダ人宣教師マッテスが収集した同叙事詩の稿本は，2011年ユネスコにより「世界の記憶」（世界記憶遺産）に認定された．

ブギス・マカッサルは，海域世界の形成に大きな役割を果たしてきた．スンダ・クラパ（ジャカルタ北部）などの主要港には今日でもブギス帆船が見出され，島嶼間交易にたずさわる者の多くがブギス・マカッサルである．この事実は，海洋民としても知られる彼らの伝統が現在でも継承されていることを示す．　［伊藤　眞］

バタック

インドネシア北スマトラ州中央に位置するトバ湖周辺の内陸高地に居住し，オーストロネシア語族に属するバタック語を母語とする．インド起源と考えられる固有の文字を有するが，現在ではほとんど使われていない．方言と慣習の差違に応じて，トバ湖北方のカロ，東方のシマルングン，西方のパクパクないしダイリ，南方のトバ，さらにその南に住むアンコラ，マンダイリンの6つの下位集団に区分される．このうちトバが最大の集団であり，バタックという呼称はしばしばトバを指し示すのに用いられることがある．

●生業と親族制度　主たる生業は農業であり，水稲・陸稲耕作を中心にイモ類の畑作，水牛・豚・山羊・鶏などを飼育する．山岳部では焼畑耕作や森林産物採取，トバ湖では漁撈（ぎょろう）が営まれる．20世紀前半から北スマトラ東岸部への移住が始まり，1950年代以降，外部への開拓移住や都市移住が増加した．2010年センサスの分析結果によると，人口は約847万人でインドネシア総人口の3.58%を占め，ジャワ，スンダ，マレーに次ぐ第4位の民族集団となっている．北スマトラ州にその68%が住むが，隣接諸州やジャカルタおよび周辺都市部にも多く住む．今日では公務員・教員・軍人・労働者などとして都市で生活する者も珍しくない．

父系制親族原理が認められ，マルガ（marga）ないしメルガ（merga）という父系出自集団が外婚単位となっている．トバのマルガは十数世代から20世代ほどの世代深度をもつ．母方交叉イトコ婚を理想とするが実際の生起率は低い．夫方居住が原則だが，経済的理由などによる妻方居住もみられる．妻を与えた側の親族集団は妻を受け取った側の親族集団から豊穣と繁栄の源泉として崇敬され，社会関係でも優位におかれる．とりわけ儀礼においてその関係が表出する．

●宗教面の特徴　1860年代に開始されたドイツのライン伝道協会による布教活動の結果，トバではキリスト教への改宗者が増加し，その後シマルングン，ダイリへの布教も進んだ．カロでは，ムスリムやオランダの伝道活動によって改宗したキリスト教徒のほかに，土着宗教の信奉者も根強く存続している．プロテスタントバタックキリスト教会（HKBP）はトバのエスニック教会で，インドネシア最大の教会組織である．19世紀前半に西スマトラで起こったパドリ戦争の影響により，南部のアンコラとマンダイリンにはイスラームが浸透した．

一神教の浸透にもかかわらず，トバにおいては土着宗教の祖先祭祀に端を発する改葬儀礼がキリスト教徒によって行われている．1960年代以降，移住者からの富の還流を背景に，祖先の遺骨を掘り返して再安置する壮麗な改葬墓の建立が増加している．

［池上重弘］

ミナンカバウ

☞「母系制の親族関係」p.314,「パダン料理」p.390

スマトラ島の西スマトラ州に生きる民族で，マレー語系のミナンカバウ語を母語とし，強い民族意識とイスラームへの信仰心があついことで知られる．人口は約646万人（2010年）．西スマトラ州は，内陸部高地ダラットとインド洋沿いの海岸地帯ランタウ・パシシールの二つの地域から構成され，ダラットはミナンカバウ文化の発祥地，伝統文化の継承地といわれる．州都はパダン．主な生業は水稲耕作と商品作物栽培であり，街に近づくにつれ家内工業や商業も多くみられる．西スマトラで最初に王位についたのはアディティヤワルマンであり14世紀のことである．王権は19世紀初頭のパドリ戦争で終焉を迎え，その後，オランダにより植民地体制がとられていく．一方，ミナンカバウの来歴と慣習にまつわる伝承タンボには，そのような外的支配にもかかわらず，ミナンカバウの祖先が自然の摂理に学び，慣習に基づく自律的な農村生活を営んできた様子が述べられている．

●母系制とイスラーム　ミナンカバウの社会は母系制を特徴とする．家督や財は女系を通して相続され，婿入り婚が一般的である．また，母系氏族スクは家族とならび強い絆をもつ．一方，男は若い頃から積極的に出稼ぎし，自身の財を蓄える．行き先は，スマトラ島，首都ジャカルタをはじめとするジャワ島の諸都市，マレーシアのヌグリ・スンビラン州などすでに多くのミナンカバウが移住している場所であることが多い．このようなミナンカバウの生活世界の基礎にあるのは，ナガリという慣習村である．そこではかつてスクによりスラウという礼拝所が建てられ，スクの成員，なかでも若者は時にスラウで寝泊まりしながら宗教指導者からイスラームの教えや伝統武術シラットを学んだ．スラウは20世紀半ば以降徐々に衰退し，ナガリもまたインドネシアの中央集権化に伴い廃止された．しかし，今世紀に入り地方自治が進む中，西スマトラ州ではナガリとスラウに象徴される伝統的な生活世界をみつめ直す機運が生まれている．また，16世紀末のイスラーム化以降，父権を重視するイスラームと母系に基づくミナンカバウの慣習との間で軋轢が生まれることもあった．それでも人びとは両者の間に整合性を認め，一つの社会として築いてきたのであり，それもまたミナンカバウ人社会の特徴といえる．

1958年，ブキティンギを舞台に中央政府に対する反乱が起きるが，数年後には封じられる．それにより政治的発言の場をひととき失うが，それでもなおミナンカバウは20世紀を通して，インドネシアの民族主義運動，文学，ジャーナリズム，芸術の諸分野で活躍し，存在感を示してきた．

［村尾静二］

ブルネイの民族

ブルネイには，隣国マレーシアのサバ州，サラワク州と同様に，ボルネオ島の諸民族が暮らしている．現在のブルネイ王国は，マレーシアのサラワク州に囲まれた小さな国土となっているが，隆盛期には，ボルネオ島からフィリピンの島々にまで広がる地域を支配していた．ブルネイ王国の支配圏内にはさまざまな民族が行き来していたため，現在のように国土が小さくなっても，その民族構成は，かつての王国の多民族性を反映したものになっている．また，英国の保護領であったことから，マレーシアと同様に，華人が多く移住してきたことも特徴のひとつである．

●人口 ブルネイの人口統計は，国勢調査をはじめとして，種々の資料や年代ごとに増減がみられる．2016年の政府の人口統計では，全人口は42万2678人であり，マレー系は27万7700人（65.7％），華人系は4万3554人（10.3％），その他一時的居住者10万1424人（24.0％）とあるが，これは必ずしも正確な数値とはいえない．1980年代にさかのぼる過去30年の政府統計資料をみても，全人口は20万人から40万人前後を行き来している．そもそも国民とは何かという定義が曖昧であることや，統計に在留外国人を含めるのかどうかという基準そのものが一定していないことに原因がある．例えば，ブルネイの人口に関する2015年のインドネシア共和国大使館の統計資料では，約3万人が就労者とその家族の数となっているが，ブルネイの統計資料では，これらのインドネシア人をマレー系として処理する場合もあり得るのである．このほか，外国人就労者の推移がその時々の経済状況によって大きく影響されていることも，ブルネイの統計資料をみる上で考慮しなくてはならないことである．

●土着の民 ブルネイ政府が政治的・行政上から設ける「土着の民（Puak Jati）」の考え方は，インドネシアのプリブミ（Pribumi）やマレーシアのブミプトラ（Bumiputra）とは異なる．ブルネイでは，法律上，「土着の民」の総称をマレー系民族（Bangsa Melayu）として，これを7つのグループに分けている．ブライト（Belait），ビサヤ（Bisayah），ブルネイ（Brunei），ドゥスン（Dusun），クダヤン（Kedayan），ムルト（Murut），トゥトン（Tutong）である．他方，人口の多いイバン（Iban）や，少数派のプナン（Penan）やムカ（Mukah）は「土着の民」に属していない．

「土着の民」であるかどうかは，宗教の違いによる区別ではなく，あくまでも血筋による．この血筋は身分証明書にも記載されている．「土着の民」でない男性との婚姻によって生まれた子の子孫は，7代を経て初めて「土着の民」に編入されることになっている．

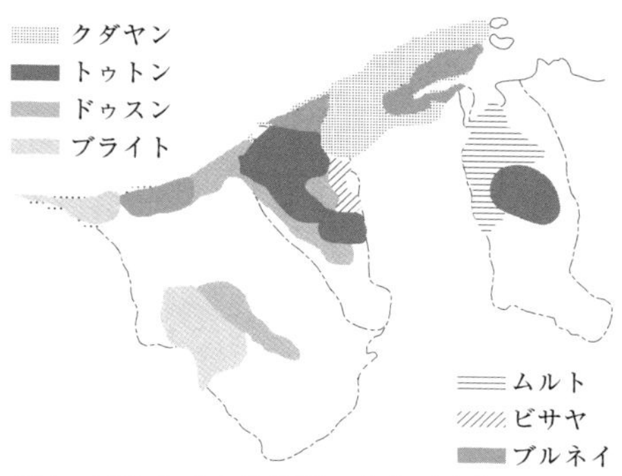

図1　ブルネイ土着民族の分布（出典：ブルネイ国語研究所『ブルネイ土着民族の分布』1991年）

「土着の民」，すなわち，マレー系民族のうち，70～80%がムスリムであるが，キリスト教や精霊信仰・アニミズムなどを信仰している民族もいる．「土着の民」以外，例えば，イバンには，キリスト教，イスラーム，アニミズムを信仰する人たちがいる．ちなみに，身分証明書には，宗教名が記載されるが，精霊信仰・アニミズムなどの場合には「無宗教」と記載される．

今日，これら民族の居住地は各地に広がっている（図1）．例えば，ブライトの居住地はかなりの広がりがみられるが，これは1950～60年代に起きた動乱による治安の悪化や疫病の蔓延によって，ブライトが各地に分散したことが原因であった．また，1950～60年代には，理由は不明であるが，朝鮮半島から多数の人びとがブルネイに移住してきた．彼らは，トゥトン県の海岸沿いに住んでおり，そこにはハングル語の学校もある．

●国籍　ブルネイでは12歳以上のすべての国民・定住者・在留者に，身分証明書の作成と携帯が義務付けられている．身分証明書は，ブルネイの国籍保持者は「黄」，永住権保持者は「紫」，その他外国人は「緑」と分けられている．「土着の民」がすべて国籍保持者「黄」とは限らない．華人系は，定住していても，国籍をもたない「紫」や「緑」の人が多い．たとえ定住者であっても，民族に関係なく「無国籍」の人が多いことも強調しておきたい．彼らは政府が正式に発行する無国籍証明書（無国籍パスポート）を所持しており，海外への渡航がかなり自由にできる．ただし，向かう先の入国管理局での通過に困るケースもある．

●言語　ブルネイの憲法では，第1公用語（国語ではない）はマレー語，第2公用語は英語と定められている．学校教育を含む公用の場では，マレーシアの標準マレー語が使われているが，これは日常で使われているブルネイ・マレー語（Bahasa Melayu Brunei）とはかなり隔たりがある言語である．公用語のマレー語で会話できる人は少なく，双方の共通の語彙は10%前後であり，言語学者が述べるような誤差の範囲で収まる程度などではない．ブルネイの諸民族は，それぞれ独自の言語をもっていたが，それらはすべて口語であったため，民族語に関する文献などは存在しなかった．それぞれの民族語は衰退の一途をたどり，現在では，50歳代以上の人がかろうじて会話ができる程度である．ブルネイ国語研究所は，2005年以降，民族語辞典の作成に着手している．　［佐藤宏文・信田敏宏］

東ティモールの民族

東ティモールの民族というテーマは悩ましい．それは「ティモール人」というナショナルな区分より下位の民族概念が希薄であるためである．しかしそれは東ティモール社会の均質性を意味することは決してなく，実際には人種，言語においてきわめて多様な社会である．

●テトゥン語とクレオール　かつてのオランダ領，現在インドネシア領であるティモール島西部には，ヴァイケノ（ダワン）語を母語とするダワンという多数派民族が存在する．他方，ポルトガル領であった東ティモールには，際立った多数派集団は存在しない．その代わりに公用語のテトゥン語とポルトガル語を除いて18の言語グループが現存する．

最大の言語グループは，公用語となったテトゥン・ディリというクレオール語話者である．国民の36%がテトゥン・ディリを母語として認識している．テトゥン・ディリのルーツといえるテトゥン・テリック話者（6%）を加えれば42%となり，国民の半数近くを占めることになる．しかしこれらテトゥン語話者は，「テトゥン」という民族意識をもたない．これはおそらくテトゥン語自体が，テトゥン・テリックをルーツとしながらも，ポルトガル語や他の現地語の影響を受けながら，植民地政庁の中心地であるディリへ地方から移住してきた人びとの共通語として発展してきたクレオール言語であることに起因するのかもしれない．

●ヴァイケノとベル　ノーベル平和賞受賞者で独立運動の中心人物の1人であったジョゼ・ラモス＝ホルタは，その著書の中で，植民地化以前のティモール島の王権と民族について書いている[1]．その中で彼は，かつてティモール島では，西側にはヴァイケノという民族の国が，東側はベルという民族の王国が有力であったと述べている．これは18世紀のポルトガル語文献に依拠した記述であるが，以降，東ティモールの独立運動について紹介する文献の多くが，これを根拠に，東西ティモールで異なる民族意識が発展したと紹介してきた．

図1　山間部のマンバイ社会の子供たち

ヴァイケノとは西ティモールの多数派民族集団ダワンであることは間違いない．注意が必要なのはベルである．ベルとはティモール島中部のテトゥン・テリックを母語としている人びとの呼称である．ここにはかつてウェハリという王権が存在した．しかし，その権威の及んだ領域はティモール島中部に限定され，東部のファタルクやマカサエなどトランス・ニューギニア語族の地域を含まない．ヴァイケノとベルという民族区分は，当時は西側に拠点をおいていたポルトガル人が，東部の事情を知らないまま伝聞で記録したものであった．つまり，実際はどちらもティモール島西部の民族集団の呼称であり，東ティモールの民族とはいえない．

●東ティモールの中の「東」と「西」　東ティモールには，ポルトガル時代のディリで形成された「東」と「西」という集団意識がある．ここでの東西とは，ポルトガル領とオランダ領という東西ではなく，ポルトガル領ティモール内における東西を意味する．東部出身者の特徴は「フィラク（firaku，他人に背を向けて話す）」とよばれ，「反抗的，独立心」といった含意がある．インドネシア支配の時代，レジスタンスの拠点となり独立運動に最も貢献してきたのは，非テトゥン語圏のファタルク語社会であるといわれている．

他方，西部出身者はカラディ（kaladi）とよばれる．これは「もの静かで受け身であること」を意味するポルトガル語 calado から派生した語というのが通説である．ポルトガル時代，西部出身のブナク人と東部出身のマカサエ人が，商売敵として対立していたことに起因するといわれるが，この東西対立はしばしば紛争の火種として立ち現れる．その最大規模の紛争が多数の国内避難民を出した2006年の騒乱である．騒乱の発端は，独立後の軍や警察組織内部での待遇の不公平への不満であるが，インドネシア支配に協力的だった西部出身者が独立後も恩恵を受けていることへの不満に矛先が変わり，紛争規模が拡大した．

こうした東と西という意識は，民族意識として発展することはなかったし，これからもないだろう．人種的にはメラネシア系が中心といわれるが，ラモス＝ホルタをはじめ独立運動の中心にいた人びとにはポルトガル系クレオールも顕著であり，彼ら独立運動の指導者たちは，独立後の公用語にポルトガル語を採択した．初代首相マリ・アルカティリは，アラビア半島のハドラマウト系移民の子孫でありムスリムである．

東ティモール人という国民意識はいまだ形成途上であり，その下位区分における集団意識も多様であるが，文化的独自性を主張するようなアイデンティティ・ポリティクスもみられない点が，東ティモール・ナショナリズムの興味深いところである．

［福武慎太郎］

参考文献

［1］Ramos-Horta, J., *FUNU: The Unfinished Saga of East Timor*, The Red Sea Press, Inc. 1987

フィリピンの民族

フィリピンは，主要「民族集団」としてあげられる，タガログ（人口約1400万），セブアノ（約2000万），イロカノ（約950万），ヒリガイノン（約800万），ビコール（約560万），マギンダナオ（約110万），タウスグ（約100万），ワライ（約350万），マラナオ（約110万），カパンパンガン（約270万），パンガシナン（約160万）などをはじめとして，数え方によっては140を超える民族からなるといわれる．その大多数は，言語学的にマラヨ・ポリネシア（オーストロネシア）語族に属する民族であり，より狭くみればマレー系，つまりインドネシアやマレーシアの人びとと近縁関係にある．

●フィリピン人の分類基準　分類基準は時代ごとの統治者（スペイン，米国，独立後の諸政権）の意図を反映して変化してきた．独立後の分類（国勢調査）は，基本的に母語による分類である[1]．上記の人口統計も基本的には母語による統計であるが，母語集団が民族集団と同様に扱われることが多い．しかし，何がフィリピンの「民族」であるかは微妙な問題である．タガログ，セブアノ，イロカノ，ヒリガイノン，ワライ，カパンパンガン，パンガシナンなどは，現時点で「民族」とよぶのは困難だろう．確かに，スペイン人が到来した時点では個別の民族とすることが可能だったであろうが，350年に及ぶスペイン統治下のキリスト教化の過程で「キリスト教徒低地民」と総称されるようになり，言語を除いては同質化が進んだ．現在でも低地民諸集団間の文化的・認識的差異がまったくなくなったわけではなく，個別のアイデンティティも存在するが，それは現代日本における「県民性」レベルのものといえよう．

ただ，言語集団に対する民族「的」アイデンティティには（個人差は別として），集団間にも差があると考えられる．例えばイロカノやセブアノ，ワライなら，まだみずからを独自の民族集団と認識する人も存在するかもしれないが，タガログではほとんど考えられない．タガログ語の国語化（法的にはフィリピン語＝タガログ語ではないが，実質的にはほぼタガログ語）およびマニラを中心とするタガログ圏への人の移動・集中によってタガログの「非民族化」が他集団よりも進んでいるといえよう．タガログに関しては，より下位の州レベルのブラカン州民，バタンガス州民アイデンティティなどの方が顕著かもしれない．

他方，キリスト教徒低地民社会の同質化（非民族化）が進行するのと平行して，スペイン人を中心としたキリスト教徒からの差別・抑圧のプロセスの中で，非キリスト教徒集団の「マイノリティ化」が進行し，少数民族の「民族」化，そして民族アイデンティティの生成・強化が進行したと考えられる．特にムスリムに関しては，スペイン人統治者側からの「モロ」という蔑称に呼応して，個別の民族を超えた「モロ・アイデンティティ」が生成されてきた，といえる．

●民族問題・民族政策 フィリピンの民族問題・民族政策は，もっぱら非キリスト教徒少数民族に関するものである．スペイン時代以来，非キリスト教徒少数民族のキリスト教徒社会への同化・統合が基本的政策であったが，なかでも北部ルソンのコルディレラ諸民族と，ミンダナオ島を中心としたムスリム諸民族が民族問題・民族政策の中心であり，常に時の統治者の懸案事項であった．両地域の諸民族は一貫して中央政府の統治に抵抗し，独立後は反政府共産ゲリラとも結びついて，そのため国軍との無数の衝突を繰り返し，多くの犠牲者を生んできた．

本格的に少数民族政策が始まったのは，米国統治時代である．米国は本国での対インディアン政策をモデルとして「非キリスト教徒部族省」を設立し，(キリスト教徒への) 同化政策を推進した．少数民族担当省庁は，独立後も度重なる組織・名称の改編を経て，現在の「国家先住民族委員会」にいたっている．統合政策は一貫していたが，マルコス政権下では先住民族が固有文化を維持する権利は認知された．1974年に「先祖伝来土地法」，1979年に「土地問題調停委員会」が設立されたが，実際には1970年代から1980年代前半にかけて (特にコルディレラやミンダナオで) 多くの先住民族が開発・国のプロジェクトのために土地を追われた．

民主化後のアキノ政権は統合政策から保護政策に転換した．新憲法でも，先住民族の権利，自治区について明記し，幾多の議論を経て，次のラモス政権下の1997年に「先住民族権利法」(Indigenous Peoples Rights Act of 1997) が成立した．同法は，先住民族の先祖伝来の土地，領域への権利を具体的に明記するなど，フィリピン史上のみならず国際的にみても画期的なものという評価もある．しかし，罰則規定がなく実効性に疑問があること，同法の先住民族の定義から対象外になってしまう可能性のある先住民族が存在することなど，問題も多い．また，同法にも明記されたコルディレラとミンダナオの少数民族地域に一定の自治権を与える「自治区」についても，すべての当事者がそれに同意・満足しているわけではなく，両地域での和平の最終的解決策とはなっているわけではない．いまだに紛争の火種がくすぶっているといえる．特にミンダナオ地域では，近年「イスラム国」の影響を受けたとみられる勢力の浸透があり，戒厳令が発令されて (2017年)，再び先のみえない状態になっている．

［玉置泰明］

参考文献

［1］ 合田 濤「第11章 フィリピン―人種・民族概念の生成と変容」青柳真智子編『国勢調査の文化人類学―人種・民族分類の比較研究』古今書院，pp. 177-202，2004

イロカノ

民族言語集団としてみた場合，イロカノは，フィリピン，ルソン島北部のイロコス地方およびカガヤン地方の主要言語であるイロカノ語（イロコ語）を母語とする人びとをさす．しかし後述する広範な移住現象を反映して，イロカノ語を母語としなくても，イロカノという自意識をもつ人びとが少なくないことにも注意する必要がある．フィリピンの2010年センサスでは，イロカノは，全人口の8.8%に相当する約800万人となっている．イロカノは，タガログ，セブアノといった主要な民族言語集団とともに，フィリピンのマジョリティを構成するフィリピン低地キリスト教徒社会に含まれる．親族の認知および関係形成が双方的になされることや，習合的なカトリック信仰が広くみられることなど，イロカノの社会的文化的特性には，他の低地社会の諸集団と共通するものが多い．

●イロカノ・ディアスポラ　イロカノは，フィリピンの諸集団の中でも国内外に多数の移住者を送り出してきた．もともとの居住地であったルソン島北西部のイロコス地方は，西の南シナ海と東のコルディリエラ山脈の間に位置する狭小な土地であり，スペイン植民地統治初期の時点で，人口密度が比較的高かった．19世紀以降，この地方の主要産業であった織物産業の衰退などによって，東のカガヤン地方，南の中部ルソン地方への人口移動が活発化した．

米国植民地統治が始まった20世紀に入ると，国内の移住先はマニラ，南部のミンダナオ島へと拡大した．さらに20世紀初頭にハワイの砂糖黍農園主組合のリクルートがイロコス地方中心に行われたことに端を発し，多くのイロカノがハワイ，後に米国本土へと移住した．この時期にハワイなどに渡ったイロカノの中には，そのまま移住先に留まった者も多かった．その結果，1965年の米国の移民法改正以降の家族呼び寄せも盛んに行われた．ハワイでは，イロカノはフィリピン系人口の最大集団である．1970年代以降，フィリピン政府による労働者送出政策が展開され，世界のさまざまな地域へとフィリピン人の移住先が拡大した．そうした中で，イロカノは，それまでの国内外移住の経験で蓄積された経済資源やネットワークを活用して，積極的にさまざまな国へと移住就労してきた．

これらさまざまな歴史的背景のもとでみられた広範なイロカノの移住現象は，時にイロカノ・ディアスポラとよばれ，フィリピンではイロカノは積極的に移住する人びととしてイメージされることが多い．　　　　［長坂 格］

📖 参考文献

［1］長坂 格『国境を越えるフィリピン村人の民族誌―トランスナショナリズムの人類学』明石書店，2009

セブアノ

ビサヤ諸語の一つであるセブアノ語を話し，フィリピン中部のセブ島を中心に，ボホール島，レイテ島南部，シキホール島，ネグロス島西部などの中部ビサヤ地域を伝統的な居住地とする人びと．特にセブ島における，脊梁山脈に阻まれた狭小な耕地と高い人口密度という要因により，歴史的に域外への移動拡散が盛んであった．このため，北部ミンダナオ地域や，ダバオ市を中心にした南部ミンダナオ地域などにも多くのセブアノが居住し，セブアノ語は中部ビサヤのみでなく，ミンダナオ島のリンガフランカになっている．

●盛んな移住と可変的アイデンティティ　セブアノを含むビサヤ諸島各地からのキリスト教民のミンダナオ島への移住は，20世紀初頭より増加し，次第に先住ムスリムとの対立が顕在化し，1970年代以降大規模な武力紛争が発生した．ミンダナオ島の紛争は，度重なる和平合意にもかかわらず，今日まで最終的な解決にいたっておらず，地域の発展を阻害する要因となっている．中部ビサヤ，そしてミンダナオ島に居住するセブアノ人口は約1960万人（2010年）にのぼり，フィリピン全人口の21%ほどを占め，タガログやイロカノなどとともに国内主要民族集団を構成する．マニラ首都圏や，海外への出稼ぎ・移住も盛んである．セブアノを含むフィリピン中部，南部に居住する人びとを，ビサヤと総称し，セブアノのほかに，イロンゴ（約770万人，2010年），ワライ（約360万人，2010年）などを含む．セブアノのアイデンティティは可変的であり，ビサヤの他言語集団に対してはセブアノとしての意識が顕在化しても，タガログやイロカノなど国内主要民族集団に対しては，ビサヤとしてみずからを語る．さらにムスリムや山岳少数民族に対しては，低地キリスト教民としてのアイデンティティが意識される．

●キリスト教と精霊信仰　今日，セブアノの多くはローマン・カトリック教会に属するキリスト教徒である．しかしその日常的な宗教実践には，カトリックの公式の教義にはみられない，土着の観念との融合が顕著にみられる．人びとの生活世界は，カトリックの諸聖人だけでなく，エンカントとよばれる種々の精霊によって取り巻かれ，それら超自然的な存在が，人間に富や幸福をもたらすと同時に，病や災難をももたらすとされる．一方，病や災難からの回復をもたらすのは，マナナンバルとよばれる呪術的知識を有する民間治療師である．セブアノの特徴的な生業の一つとして，ビサヤ多島海域における漁撈がある．漁民たちは，島々をつなぐネットワークを活用した季節的な移動によって，生業のリスクを分散させ，海域環境の不確実性に対応する生活戦略を編み出している．　［関　恒樹］

海　民

☞「海域世界」p.14

海民には２通りの使用法がある．一つは，「東南アジア海域世界」の海と森のフロンティアに生きる人びとに対して用いられる．もう一つは，海を生業の基盤とする人びとをさすのに使われる．前者を広義の海民，後者を狭義の海民とし，以下で説明を加える．

●広義の海民　東南アジア海域世界とは，熱帯多雨林が卓越する多島海において歴史的持続性をもつ社会文化圏をさす．ここでいう海域とは海だけをさすのではなく，海とつながる河川やマングローブ林といった陸地をも部分的に含んでおり，島嶼部東南アジアだけでなく，大陸部東南アジアの沿岸域にもあてはめることができる．そうした空間に暮らす広い意味での海民としては，南スラウェシを拠点とするブギス人や，マレー半島とスマトラ島南西岸に多くみられるマレー人が典型である．彼らはフロンティアに生活空間を求めており，そのためなら海だけでなく，陸地における経済活動にも従事するという特性がある．

そのような広義の海民の生活様式の特徴として，離散移住傾向の強さ（ディアスポラ性），生業における商業志向の卓越（商業志向性），臨機応変なネットワークによる社会圏の形成（ネットワーク性）の三つが指摘されている[1]．これら三つの特徴は，海に特化した集団である，狭義の海民にも顕著にみられる．

●狭義の海民　東南アジアの島嶼と沿岸には，魚介類の採捕や養殖に従事する漁民，物品を船で運ぶ交易商人，またそうした人びとを襲うことで人間や物資を収奪する海賊などが暮らしてきた．その典型が，しばしば「漂海民」「漂泊漁民」「船上居住民」「海の遊動民」などとよばれる，船を家屋（家船（えぶね）とよばれる）として海上移動してきた狭い意味での海民である．とはいえ現在，彼らのほぼすべては船での生活をやめ，陸に上がっている．

図１　モーケンと家船

彼らの多くは漁民であるが，一部には交易商人や海賊などもいたことが知られている．アンダマン海のモーケン，マレー半島南方沖のオラン・ラウト，ミンダナオ島南西部やスラウェシ島沿岸などの広域に散在するバジャウ（またはサマ）がそれにあたる．

これら３集団は，サンゴ礁の広がる浅海やマングローブ林が叢生する汽水域を中心に移動しながら漁を行ってきた．モーケンはミャンマーとタイの2か国に約4000～5000人，オラン・ラウトはインドネシアに（かつてはマレーシア・ジョホールやシンガポールにもいた）約3000～5000人，バジャウはフィリピン，マレーシア，インドネシアの3か国に約108万人がいるとされる．いずれの集団も海産物を中心とする各種の生物資源を採捕し，それを販売もしくは物々交換することで，陸地住民から現金や米などを得てきた．

●中国向け産品　彼らが取り扱う海産物には，一般的に消費される魚介類のほか，主に中国に向けて運ばれる特殊な南海産品がある．ベッコウ（タイマイの甲羅）や天然真珠は装飾用として，ツバメの巣やフカヒレ，それにナマコ（海参）は食用として需要が高い．なかでもナマコが，3集団にとって最も身近な南海産品の一つである．17世紀末以降，食材として中国全土で広く普及してからは，3集団は主に中国人（華人を含む）の仲買人を基盤とするネットワークに組み込まれた上で，ナマコを求めて海上移動を繰り返してきた．彼らの中には，オセアニア海域やインド洋海域まで進出する者もいた．

図2　乾燥させた干しナマコ

東南アジア海域世界では，海洋志向の高い集団のみが南海産品を通した経済的恩恵にあずかれる機会が発生する．そのため，言語や民族的系譜の異なる集団が，みずからのアイデンティティを操作して，狭義の海民へと帰属先を変えることがたびたび起こった．バジャウ語を母語としない他民族（マンダル人，ブギス人，マドゥラ人，ジャワ人，華人など）が海産物を扱う商業機会をとらえ，バジャウ語を日常言語として用いるようになり，みずからをバジャウとみなす事例が報告されている．そして以前からバジャウである人びとが，血縁や出自を異にする新たにバジャウとなった人びとを排除するのではなく，収容的に受け入れてきたことがわかっている．

このことから，広義の海民の特徴としてあげられたディアスポラ性，商業志向性，ネットワーク性のほかに，混淆性（柔軟なアイデンティティ様式と自生的な共生）が海民全体の特徴として新たに指摘されている[2]．　［鈴木佑記］

参考文献

［1］立本成文『地域研究の問題と方法―社会文化生態力学の試み』京都大学学術出版会，1996
［2］長津一史「海民の社会論―東南アジアにみる混淆と共生のかたち」甲斐田万智子他編『小さな民のグローバル学―共生の思想と実践をもとめて』上智大学出版，pp.280-305，2016

難民と文化

☞「難民と二世，三世」p.732

世界の難民がおかれた状況は，国連難民高等弁務官事務所（UNHCR）のウェブサイトで公開されている『グローバル・トレンド・レポート』で確認できる．それによると難民数は年々増加し，難民生活は長期化する傾向にある．東南アジアでも，かつてはインドシナ難民や東ティモールの難民が発生し，現在では主にフィリピン南部の難民やロヒンギャ難民，ミャンマー難民を域内に抱えている．主な難民受入れ国はタイとマレーシアである．

難民とは，紛争や政治的な迫害による恐怖から逃れてきた人びとである．このため難民とは，必ずしも貧者をさすわけではない．軍事政権など国民を抑圧する政府を批判できる優れた能力のある人もまた，難民となる．難民問題は，その人口規模に着目されがちである．しかし，普通に暮らしていた人を難民にさせる政治的な側面をまずは押さえておく必要がある．

では難民に文化はあるのだろうか．この問いの立て方や難民と文化という組合せに違和感をもつ人もいるだろう．この違和感の背景には，自国を追われた「根無し草」の難民に文化はなく，失われてしまったという認識があるからかもしれない．また開発途上の貧しい国の難民というイメージから，文明的という響きをもつ文化という言葉がマッチしないという直感が働くからかもしれない．

このような「ある文化は，ある土地にのみ根付いている」という狭い文化観を改めてくれるのが，移民や難民である．移民は移住先に完全に同化してしまうのではなく，自国や自民族の文化を維持しながら新しい環境に馴染んでいった．いわば移民は，自分たちの文化の種を異郷で再び花咲かせることで世界の文化の多様性をもたらしてきたのである．難民もまた，彼らが移住した先で自文化を再創造してきた．ここでは，ミャンマー難民の中でもカレンニー難民の伝統文化の復興を事例として，難民＝「根無し草」という見方を再考してみたい．

●難民にとっての伝統行事　カレンニーとは「カレン」という民族名に赤を意味する「ニ」というビルマ語がついたもので，赤カレンという意味である．彼らは，ミャンマーの内戦のため1980年代後半から現在まで，タイの難民キャンプで避難生活を送っている．ミャンマー民主化後も難民が本格的に帰還する目処はたっていない．

難民として暮らすことには，喪失感が伴う．慣れ親しんだ土地から引き離される苦しみや，支援に頼らざるをえない負い目，また難民への偏見から生じる差別にも苦しむことになる．

このような不安を抱える暮らしの中で，人びとを活気づかせるのが彼らの伝統文化である．人びとは，故郷で行ってきた伝統行事を難民キャンプで復興させてきた．伝統行事を行うことは，一時的にでも難民キャンプを「故郷のような場所」にすることであり，難民社会に心理的な安心感を与える．日本でも，東日本大震災後に被災地での民俗芸能や地域の祭りの再興が，復興への歩みとして話題となった．このように伝統文化とは，故郷を失った難民や避難民にとって象徴的に重要な意味をもち，そこで暮らす人びとのつながりを再びつくり出す機会になる．タイのカレンニー難民キャンプでは，ケトボ祭とディクー祭という祭事がそれぞれ4月と9月に行われている．

ケトボ祭とは，御柱を立て世界を創った神を慰撫し安寧を願う祭事である．ディクー祭は，収穫祈願の祭事で家族の良好な関係や連帯を確認する祭事である．これらは，もともと精霊信仰に基づく祭事だがキリスト教徒も仏教徒も参加し，カレンニーという民族的なまとまりやアイデンティティを再確認するものとしても行われている．

●越境する文化　カレンニー難民など国境域の難民キャンプで暮らすミャンマー難民は，2005年以降，UNHCRの第三国定住制度という再定住支援制度を通して，米国，オーストラリア，ニュージーランド，フィンランド，日本などへ再定住していった．

図1　ケトボ祭で立てられる御柱を囲んで踊る人びと

ここで注目すべきは，難民の再定住地となった先進諸国でも，カレンニーの伝統行事が復興していることである．米国のミネソタ州では，難民に理解のある神父のもと，それが精霊信仰の行事であるにもかかわらず，教会をもちいて祭事が行われている．オーストラリアのメルボルンでは，多文化主義の理念のもと自治体が伝統行事を行うための土地を提供している．このように難民とは，「根無し草」で文化を失った人びとではない．

難民とはあくまで政治的な文脈でつくられたカテゴリーである．人びとが移住した場所で行う文化的な実践に目を向けることこそ，難民として生きる人びとを適切に理解するための第一歩になる．

［久保忠行］

📖 参考文献

［1］久保忠行『難民の人類学―タイ・ビルマ国境のカレンニー難民の移動と定住』清水弘文堂書房，2014
［2］クリフォード，J.『ルーツ―20世紀後期の旅と翻訳』毛利嘉孝他訳，月曜社，2002

カレン

現在，カレンといえば，おそらくタイ・ミャンマー国境の難民キャンプや，ミャンマーにおける長きにわたる民族闘争の担い手を思い浮かべる人が多いだろう．しかし，カレンとよばれる人びとの世界は，広くかつ多様である．

●呼称・言語・分布　ミャンマーおよびタイに居住し，チベット・ビルマ語族のカレン系言語を母語とする人びとの英語による他称が，カレンである．タイ語では，カリアン，ミャンマー語ではカインとよぶ．カレン系言語には，40種以上あり，相互に意思疎通が困難なほど異なるものも多い．それぞれの言語で自称が異なり，例えば，スゴー・カレン語では，ブアグニョ，ポー・カレン語ではプロンという．また，言語分類と民族としての自他分類とは必ずしも一致しない．パオー語は，言語的にはカレン語系統に属するが，パオー民族は，現在の分類では，シャンの下位グループとされ，彼ら自身にもカレンという自己意識はない．

ミャンマーでは少数民族中第2の700万人といわれるカレン語系話者がヤンゴン，バゴー，エーヤーワディー，タニンダーリの四管区，カヤー，モン，カイン，シャンの四州に分布する．居住区域も山地から平地のデルタや都市部，生業形態も山地の焼畑の陸稲を中心とする耕作も，低地水田稲作もみられる．タイでは約43万人（2002年）が，ピン川以西の北部各県，西部国境沿いの南はプラチュアプキリカン県まで分布し，多くが山地や谷あいに居住して，やはり焼畑や水田を耕作し，1950年代から公定「山地民族」（チャオカオ）とされた少数民族中最大である．以下では，人口の上で主要なスゴー・カレンとポー・カレンを中心に記述する．

●歴史的経緯　言語分布に基づく分析によれば，カレンは現在のカヤー州北部からシャン州南部が最も古い集住地域とされる．当地域を中心にタイ・ビルマ諸王国間の戦いなどを契機に現在の国境の東西に移動を繰り返してきた．英国植民統治期には，米国人宣教師らによるキリスト教布教が多くのカレン信者を獲得し，教育機会も与えた結果，キリスト教カレンのコミュニティが築かれ，彼らを中心に1881年には，カレン民族協会が設立された．こうした動きにより，当時少数派に過ぎなかったキリスト教徒カレンが歴史の表舞台に立ち，「カレンといえばキリスト教徒」という

図1　ヤンゴンのカレン教会

イメージをつくり上げるにいたった．植民地政府に重用されエリート化したのもごく一部のカレンである．

日本軍によるビルマ侵攻下でカレンとビルマの軍事衝突が生じ，日本軍撤退後，独立準備中の1947年に設立されたカレン民族同盟（KNU）は，カレン州の独立と民族自決権を求めたが認められず，制憲議会選挙をボイコットし，武装闘争を開始した．当初，KNUはラングーン付近に侵攻したが，1950年代には東部山地へ拠点を移した．1960年代後半には，国境の密貿易の税収で成長し，山中の要衝マヌプロウを中心に，少数民族武装集団中最大組織となる．1975年の少数民族組織による民族民主戦線（NDF）の求心力になり，1988年のビルマ民主化運動では，山地に集った市民・学生とともに，ビルマ民主連合（DAB）を結成した．その後，ビルマ軍は国境付近で猛攻を重ね，KNU配下の村や畑を焼き，民間人を虐殺，強姦，強制労働に借り出したため，タイへ10万を超すカレン難民が流出した．マヌプロウは，1995年1月に陥落した．その後も国境の軍事闘争が続き，タイ側の難民キャンプ人口は膨れ上がった．2015年に和平協定が締結されたが，国境域は完全に鎮静化されてはいない．一方タイ側のカレンは，1950年代以降，公定山地民族の一つとして，タイの国民国家統合と開発の対象とされた．

●国境域に生きる　大半のカレンは戦闘や民族闘争と直接かかわることなく生活してきた．カレン社会の親族組織は双系的で，相続は均分ながら両親と同居する娘がより多く相続する傾向がみられる．宗教は，母系近縁者による祖霊儀礼や村落共同体単位の守護霊儀礼などの精霊信仰とともに，多くは上座仏教を実践するが，上述のようにキリスト教の受容も顕著である．その他，時代を越えてカリスマ的指導者を擁したさまざまな宗教運動が勃興し，多様な宗教実践がみられる．

難民に限らず，国境を越えて，タイ側へ多くの移動労働者が流入しているが，そもそもカレンは国境の両側を居住地としてきており，労働のみならず交易や宗教活動など，さまざまな目的で国境を跨（また）いで活動してきた．タイのカレンへのキリスト教布教は，ビルマ側からのカレン伝道師を中心とする働きかけが発端であったし，現在も両国の諸教会は交流をもつ．また，現在まで両国を往来する仏僧やさまざまな宗教運動の指導者がみられる．難民や労働者の流れが，こうした宗教や文化的な往来をも盛んにしている．また，難民キャンプからの第三国定住や，労働機会を求めて海外に渡ったカレンのディアスポラは世界中に形成され，各国のカレン・コミュニティをつなぐインターネットを介したネットワークを形成している．

［速水洋子］

参考文献

［1］ Ardeth Maung Thawnghmung, *The "Other" Karen in Myanmar: Ethnic Minorities and the Struggle without Arms*. Lexington Books, 2013

［2］ 速水洋子『差異とつながりの民族誌―北タイカレン社会の民族とジェンダー』世界思想社，2009

ラ　フ

ラフというのはチベット・ビルマ語系の言語を話す山地民で，伝統的には焼畑農耕を主たる生業としてきた．現在では中国雲南省に約45万人，隣接するミャンマーに約20万人，タイに約10万人，そのほかラオス，ベトナムの山地にも少数が居住している．ラフの集住する集落は，主にメコン川とサルウィン川に挟まれた地域の山地にみられる．

●前近代国家システムの中のラフ　ラフが原郷とする雲南西南部山地は，中国とビルマという大国，および西双版納（シーサンパンナまたはシプソーンパンナー），ケントゥン（またはチェントゥン），孟連（またはムンレム）といったタイ系盆地国家のはざまに位置している．そのため，前近代国家システムのもとでは，タイ系盆地国家に名目上服属し，その統治網の末端を構成してきたが，18世紀以来のローカルな国際関係の間隙を利用し，ラフの自立化が進められてきた．18～19世紀には大乗仏教の伝来とともに，僧侶を仏の化身とみなす政教一致的な複数村落連合が形成される．これら神格化された政治指導者たちは，タイ系盆地国家からの干渉を排除し，みずから王を名乗っていた．

●近代国家と移住　焼畑移動耕作という生業に伴う集落の移転は前近代から行われ，それが徐々にラフの生活圏を北から南へと拡大していった．しかしそれ以外にも，平地国家権力とのトラブルがしばしば大規模な移住をもたらしてきた．18～19世紀の雲南でも，ラフ山地に対する清朝の武力討伐がビルマ側への移住の波を生み出しているが，そうした傾向が特に顕著になるのは近代国家の時代を迎えてからである．19世紀末にビルマ全土が植民地化され，英国植民地勢力の北上を脅威とみなす清朝政府が雲南辺境山地での直接統治を強化し，英領ビルマと中国との間で近代的国境線が確定されると，両国のはざまで維持されてきたラフの自律的政体はその生存空間を失っていく．1880年代の清朝による雲南西南ラフ地区への直接統治の導入以降，19世紀末から20世紀前半にかけて中国政府に対するラフの武装反乱がしばしば発生し，その都度鎮圧を受けた不平分子によるビルマ側への逃亡が繰り返されている．さらに1949年の中華人民共和国の成立と相前後し，共産主義政権を望まない人びとが大量に国民党軍残党とともにビルマ側に脱出している．ラフの移住を受け入れてきたビルマのシャン州でもまた，独立後の政治的混乱に由来する内戦状態が，ラフ人口のタイ側への流出をもたらしている．

●千年王国主義　ラフの平地国家権力との衝突や，それに起因する越境移住は，しばしば千年王国主義的な宗教運動によって動機付けられている．19世紀末の

図1　新年祭の踊り

図2　ラフの神殿

雲南における政教一致的政体の解体以来，まもなく世界の終末が訪れ，神の再臨のもとで自分たちが至福の時を迎えるだろうという千年王国的な予言を伴う宗教運動が断続的に繰り返され現在にいたっている．予言者のもとに彼らを王とあがめる信者たちが周辺各地から集結し，予言者によって神の再臨と既存秩序の無効が宣言され，最終的には国家権力による武力討伐を受けて人びとが隣国に逃亡するというパターンは，19世紀末以降の雲南とビルマの双方で数次にわたり繰り返されてきている．実際に清朝による直接統治の導入直後から民国期にかけ雲南で発生したラフの反乱は，そのほとんどが千年王国主義的な主張を伴っている．

20世紀初頭に英領ビルマのケントゥンを中心に発生したキリスト教への改宗運動も，千年王国的な予言を背景にしている．神の再臨にあたっては神の使いがかつて失われた書物を携えて出現する，と予言で説かれていたことから，宣教師の登場が予言の成就と解釈され，シャン州から雲南に及ぶ大規模な集団改宗へと発展していった．彼らキリスト教徒の一部は，中国共産党政権下での迫害を嫌い，20世紀後半に雲南からミャンマー，さらにはミャンマーからタイ国への大規模な移住を行うことになる．

そのほか，ミャンマー独立後の1950～70年代には，泰緬国境地域に予言者が出現し，みずから神を名乗り，ラフの国家の再建を目指して信者を組織し，ミャンマー連邦軍とのゲリラ戦を展開していた．こうした，千年王国主義とも連動した，ラフ国家の再建を希求する運動は，現在でも各国の周縁部において根強く継続しており，それがさらなる人びとの越境移動を支えている．　［片岡 樹］

参考文献

［1］片岡 樹『タイ山地一神教徒の民族誌―キリスト教徒ラフの国家・民族・文化』風響社，2007

［2］ダニエルス，C. 編『東南アジア大陸部 山地民の歴史と文化』言叢社，2014

第4章
言語と教育

東南アジアの多様な世界を「ことば」という観点からみると，どのようにみえてくるだろうか．歴史的に考えれば，対面状況で交わすことばのやりとりが核となっている．こうした集積が社会的に伝えられる上では口頭伝承は重要であった．一方，こうしたことばを書き表す道具として，南アジア系文字の影響を受けて独自の文字が形成されたり，漢字やアラビア文字を用いつつその地の言語に合わせた表記がつくられたりした．言語を媒介とする知識の継承には，仏教やキリスト教，イスラームなど宗教が大きな役割を果たした．その後，キリスト教宣教や植民地支配を通じてローマ字を文字として使う社会も出てきた．また，国民国家形成の中で西洋型教育制度が導入され始めた．国民国家形成の中で公用語教育が広まると，多民族が共存する社会では多言語状況が教育内で可視化され始める．本章では，こうしたことばをめぐる多様な展開を言語の分布や文字，出版，教育，危機言語といったトピックからみると同時に，公用語となっている言語を核にして，文法的特色や教育，社会の中の言語状況といった観点から取り扱う．

［土佐桂子］

東南アジアの言語

☞「大陸部東南アジア」p.16,「島嶼部東南アジア」p.28

言語は文化のインデクス（指標）のうち重要なものの一つであろう．また，言語は民族のアイデンティティ(自己証明)でもある．東南アジアではさまざまな言語を話す人びとがそれぞれの言語共同体を形づくっている(巻頭付録[8]参照)．

●多様な言語分布　日常話されている土着の言語を言語系統別に示す（表1）．

表1　東南アジアの言語系統

言語の系統	言語の例	言語の分布域
シナ・チベット語族 チベット・ビルマ語派	ビルマ語，カチン語，チン諸語，カレン諸語	ミャンマー，タイ，ラオス，雲南，アッサム
ミャオ・ヤオ諸語	フモン語，ミエン語	ラオス，ベトナム，雲南
タイ・カダイ語族	タイ語，ラオ語，シャン語などタイ諸語，チワン語	タイ，ラオス，ミャンマー，広西，雲南
オーストロアジア語族	カンボジア（クメール）語，モン語，パラウン語，カシ語，ニコバル諸語	カンボジア，ミャンマー，タイ，ベトナム，雲南，アッサム，ニコバル諸島
オーストロネシア語族	マレー語，インドネシア語，ジャワ語，タガログ語，台湾土着諸言語，マオリ語	マレーシア，インドネシア，フィリピン，台湾高地，南太平洋島嶼
インド・太平洋語族	パプア諸語，アンダマン諸語	パプア・ニューギニア高地，アンダマン諸島
ドラビダ語族*	タミル語，テルグ語，マラヤーラム語	東南アジア全域の印僑社会
印欧語族*	ヒンディー語，ベンガル語	東南アジア全域の印僑社会
シナ・チベット語族シナ語派*	広東語，福建語，客家語，北京語	東南アジア全域の華僑社会

*東南アジアがインド文明とシナ文明の交差点に位置していることから，両地域の言語の使用がみられる．

かつては，13世紀末以降イスラームの伝播に伴いその聖典語としてのアラビア語，16世紀以降ポルトガル，スペイン，オランダ，英国，フランス，米国の植民地宗主国の当該言語がそれぞれ使用されていたが，今では英語のみが，現地における共通語として，フィリピン，マレーシア，ブルネイ，シンガポールで話されている．外来言語の話し手の多くは，それぞれ，地域の土着言語との二言語併用者である．また，パプア・ニューギニアでは，ピジン英語から発展した混淆語トク・ピシン語が話され，同国の公用語の一つとなっている．

多くの言語が話されているといっても，地理的な平面空間にさまざまな言語が分布しているだけではない．同一の話し手によって複数の言語が並行して使い分けられる，言語使用の重層性も認められる．

なお，主に語彙のレベルに限られるものの，広く東南アジア諸言語においてインド文明の古典語であるサンスクリット語が，ミャンマーなど南伝上座仏教（上座部仏教）圏においてはその経典語であるパーリ語が，また，ベトナム語などにおいては漢語（シナ語）が，借用語として取り入れられ，文語だけでなく日常の口語にも大きい影響を及ぼしてきた．

●各国公用語の母語人口比 公用語の母語話者の人口比率は全般的に島嶼部より大陸部の方が高い（表2）．

表2 公用語の母語人口比

国 名	公用語（母語人口比）
ミャンマー	ビルマ語（60%）
タ イ	タイ語（シャム語）（66%）
ラオス	ラオ語（60%）
カンボジア	クメール語（85%）
ベトナム	ベトナム語（90%）
フィリピン	フィリピン語（タガログ語）（25%），英語（第二言語として50%）
マレーシア	マレーシア語（マレー語）（47%）
ブルネイ	マレー語（50%）
シンガポール	マレー語（15%），華語（北京語）（70%），タミル語（4%），英語（9%）
インドネシア	インドネシア語（マレー語）（4%）
東ティモール	テトゥン語（80%），ポルトガル語（不明）

（注）東ティモール以外は1990年の人口統計による．
（出典：Crystal, D., *An Encyclopedic Dictionary of Language and Languages.*, Penguin Books, 1994）

ビルマ語，タイ語，ラオ語の数値が意外に低いのは，方言の話し手や今では当該言語を母語とする少数民族の話し手の数が含まれていないからであろう．また，マレー語は，インドネシア，マレーシア，ブルネイで，母語人口比は高くないが，共通語としてあまねく普及している．なお，東南アジアにおいてきわだった言語紛争は起きていない．

［藪 司郎］

📖 参考文献

［1］LeBar, F. M., et al., eds., *Ethnic Groups of Mainland Southeast Asia*, HRAF Press, 1964; *Ethnic Groups of Insular Southeast Asia*, 2 vols, HRAF Press, 1972–75
［2］アシャー，R. E.・モーズレイ，C. 編『世界民族言語地図』福井正子訳，東洋書林，2000.（Asher, R. E., & Moseley, C., eds., *Atlas of World's Languages*, Routledge, 1994; 2nd ed., 2007）

言語・出版・教育

☞「東ティモール」p.38,「キリスト教」p.218,「寺院と教育」p.234,「ポンドック・プサントレンと教育」p.240,「古典文学」p.472,「現代文学」p.474

東南アジアの国々における言語政策は，多くの国において国内の言語の多様性，そして植民地化された国々では旧宗主国の言語の呪縛という二つの大きな課題に取り組むことなしには進めていくことはできなかった．どの言語を国語（国家語，国民語）と定めるかは，新たに生まれた国民国家の大きな選択であった．なぜならその言語によって教科書は出版され，国民の教育が行われていき，読み書きのできる国民を育んでいくからである．東南アジアの国々は主権を確立し国づくりを行う中で，最初のステップとして，また最重要課題の一つとしてこの問題に取り組まなければならなかった．国家の方向性を左右し，かつ民族のアイデンティティを確立するきわめて政治的な課題であったともいえる．その課題を克服して初めて，国民国家の統一を達成することができ，その言語によって識字率の向上，経済開発に取り組んでいくことができた．

しかし，21 世紀に独立した東ティモールのように，まさに今その取組みの途上にある国もある．2002 年にインドネシアとの紛争を乗り越え住民投票によって独立した東ティモールでは，旧宗主国の言語であったポルトガル語と国内で最も通用性の高い言語であるテトゥン語を公用語と定めた．しかし，ポルトガル語を解するのは住民のエリート層に限られており，多くの国民はインドネシア語をテトゥン語とともに日常生活では使用している．限られたテトゥン語の語彙を補充するのがポルトガル語であること，高等教育における英語の重要性の高まり，教授言語と教科書の言語の選択など課題は山積しているが，国づくりの取組みの中で初等教育から民族のアイデンティティを象徴するテトゥン語で教育を行うことにより，徐々にテトゥン語の使用が社会に広まりつつある．

●言語と宗教　一方で，言語による覇権主義的な動きもみられる．マレー語◀がインドネシアなどの島嶼部東南アジアにおいておよそ 1000 年もの長きにわたって共通語としての地位を緩やかに築いていることを背景に，マレーシア，ブルネイでは，マレー語を地域の共通語とするマレー語圏あるいはマレー世界という国境を越えた文化的な結びつきを強調する動きがある．その主張の根拠として，言語に加えてイスラームという共通項があることも忘れてはならない．最大のベストセラーはアラビア語のコーランであるが，それはあくまでも宗教言語であり，日常生活で使われるものではない．一方，インドネシアで出版されたインドネシア語の書籍や映画は国境を越え，元は同じであったマレー語を理解する人びとが住んでいるマレーシア，シンガポール，ブルネイ，タイの南部，フィリピンの南部で消費されている．およそ 3 億人あまりのマレー語圏を形成しているといえる．例えば，小説『愛の唱句（*Ayat Ayat Cinta*）』（2004年）は，このマレー語圏でミリオンセラーとなり映画化された（2008年）代表作である（図1）．

目を大陸部東南アジアに移すと，イスラームではなく上座仏教が一つの共通項としてタイ，ミャンマー，ラオス，カンボジアを結びつけている．パーリ語で書かれた仏典とその教えは，アラビア語のコーランと同様に国境を跨（また）いで宗教教育を通して緩やかな上座仏教圏を形成しているといえる．フランスの植民地であったベトナム，ラオス，カンボジアのうちベトナムは植民地言語からの脱却という課題を他の2か国と共有していたが，古くから中国の影響の強い地域であり，中国文化圏として独自の言語政策を進めた．

図1　最近のベストセラー小説『愛の唱句』

●印刷技術と近代　多様な文化圏を形成している東南アジアであるが，19世紀末からは，西洋近代の波に洗われることになった．一つの例をあげると，小説『ロビンソン・クルーソー』は，東南アジアの植民地のさまざまな言語に翻訳された（図2）．マレー語のものは1875年に，ビルマ語のものは1902年に，スンダ語には1879年に翻訳（翻案）されて出版された．西洋文学の翻訳は写実的な物語の新しさだけでなく，文体の新しさ，装幀や挿画によって，東南アジアの伝統文学に大きな影響を与え，近代文学の誕生につながっていった．20世紀初頭に近代教育制度が普及していく中で，活字で印刷された読み物を読んだ子供たちは近代読者となっていくとともに，それぞれの地域で沸き起こった民族主義運動の担い手にもなっていった．上述の言語の多様性の課題を克服し，植民地言語からの脱却を成し遂げていく歴史的背景として，印刷技術と出版が大きな役割を果たしたといえる．

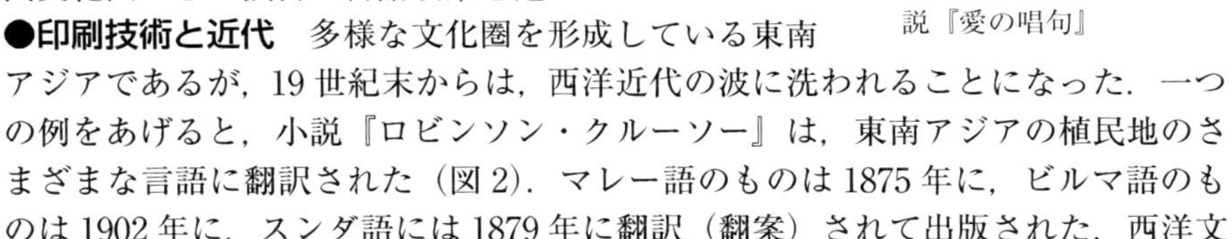

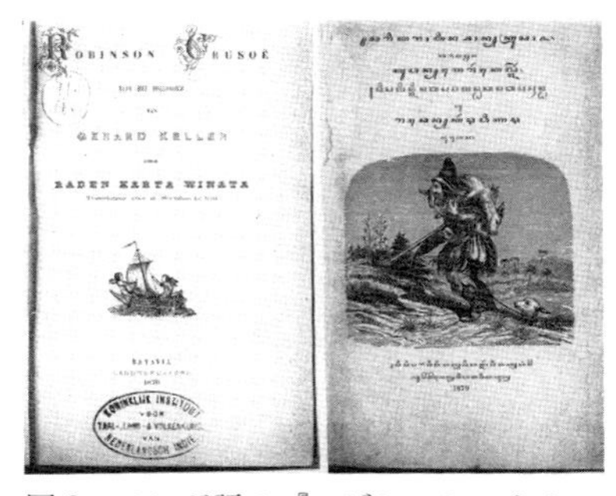

図2　スンダ語の『ロビンソン・クルーソー』．左ページにはローマ字，右ページにはジャワ文字で表記されている

東南アジアの国々では100年前には言語，出版，教育が民族主義運動に代表される政治と結びついたのに対し，今世紀の初頭には，出版産業は経済的な利益を優先し消費文化と強く結びついたものとなっている．ただ，それぞれの国家の存立を揺るがすような言論，例えばインドネシアでは民族，宗教，階級間に関する言説は厳しく制限されており，言論の自由には制限がある中で出版が行われている．

［森山幹弘］

ベトナム語

☞「ベトナムの民族」p.104

ベトナムでは，すべての民族が平等の権利を有することが憲法に明記されている．言語に関しても例外ではなく，「各民族は独自の言語，文字を用い，民族的特色を保持し，独自の風俗習慣，輝かしい伝統と文化を発揚する権利を有する」（第5条第3項）とうたわれている．ところが2013年憲法の改正に伴い，同条項の冒頭に「国家語はベトナム語である」の一文が付され，全人口の8割以上を占める主要民族キンの母語であるベトナム語が，名実ともに他の民族言語とは別格の「国家語」の地位を得た．さらに，「国民は自らの民族を決定し，母語を使用し，コミュニケーションのための言語を選択する権利を有する.」（第42条）と記される背景には，母語が自民族の言語であっても，ベトナム語を「コミュニケーションのための言語」として使用せざるを得ない実情がみえ隠れする．

ベトナム語は，オーストロアジア語族に属し，文の基本語順はSVO型，修飾関係は「被修飾要素+修飾要素」だが，数詞と類別詞は主要名詞の前に置かれる．意味をもつ最小単位は単音節を基本とし，すべての音節に声調がある．

●言語教育と識字率　ベトナムにおける言語教育は，初等教育（5年課程）では「Tiếng Việt（ティエン ヴィエット）（ベトナム語）」，中等教育（前期4年＋後期3年課程）では「Ngữ（グー） Văn（ヴァン）（語文）」とよばれる．初等教育では「Quốc Ngữ（クオック グー）（国語）」とよばれるローマ字正書法の習得が多くの時間を占め，前期中等教育では，文法や修辞法など，規範的な文の構造を実践的に学び，後期中等教育では，一貫して名文の内容を分析，理解，暗記することが課される．一般によく暗記中心のベトナム式教育は，かつての科挙の影響による詰め込み式などとそのマイナス面ばかりが強調される傾向があるが，一般的な大学生が驚くばかりの語彙力を有し，日常会話の中にしばしば慣用句やことわざ，有名な詩の一節を豊富に織り交ぜ，興が乗ると有名な詩人や作家の文章をそらんじるその豊かな言語生活の背景には，大学以前の厳しい国語教育の基礎があることは確かであろう．例えば，著名な古典文学作品『金雲翹』，『陸雲仙』，『傳奇漫録』，『雨中随筆』などの有名な一節が，早くも第9学年（前期中等教育第4学年）の教科書に掲載されており，それらがいかに教育されているかを垣間みることができる．一方，初

図1　初等教育1年生教科書『ベトナム語1』

等教育課程「ベトナム語」の教科書に収められる個々の文章は，短いながらも韻律特長（リズム）に細心の配慮が施されており，「単音節声調言語」であるベトナム語の豊富な声調（開音節6種＋促音節2種）と韻の共通性に意識した，記憶に残りやすい工夫が随所に施されている．また，初等教育第1学年冒頭部分には，ローマ字正書法の覚え方が韻文で示されており，あらゆる部分に韻文を有効に利用したコンテンツが散りばめられている．ユネスコによる識字率調査が90%を超えるという結果は，就学率の高さに由来するのは確かであるが，他方でこのような言語教育の賜物であることも忘れてはならない．

●言語生活の南北差　南北に細長いベトナムは，少数民族の言語を除いてベトナム語だけをみてもその方言差が明らかである．一般にベトナム語方言は北・中・南部の3方言に分けられ，北は中越国境からタイン・ホア省，中部はゲアン省からトゥアティエン・フエ省，南部はダナン中央直轄市からカマウ岬までの地域をさす．特に，中部方言と南部方言の境界にはハイヴァン峠というベトナムの生態系や気候を南北に分断する高い峠があり，方言もそこで分断されてきた．ところが，2005年にハイヴァントンネルが開通したことにより，フエとダナンの往来が容易になり，タイ，ラオスから続く「東西経済回廊」がフエからダナンにつながったことを機に，フエとダナンの方言差も急速に縮まりつつある．3方言の特徴を一言でいうと，北部方言は語末子音と声調を綴り字通りに発音し，南部方言は語頭子音を綴りに忠実に発音する．一方中部方言は，声調が全体的に低く発音され，語彙には古語が多くみられる．特にクアンビン省北部の方言は，古いベトナム語の特徴を多く残すことで知られる．中部に古形が残存する特殊な方言分布は，本来のベトナム語の祖先（ベト・ムオン祖語）の故地が中部にあり，それが紅河デルタを中心にまず北に拡大し，15世紀以降は南に領土を広げ，北・中部方言が南部に広がることとなる．そして1975年の南北ベトナム統一以降，首都ハノイを中心とする北部方言，商都ホーチミン市を中心とする南部方言が互いを影響しつつ変化を遂げ，中部に古形が残った結果である．マスメディアや通信手段の発達は，さらに南北の影響関係を深めると同時に，その対抗意識に拍車をかけているのも事実である．その一例として，待遇表現をみる．ベトナム語では，話し相手への敬意や卑下・親しみのニュアンスを表現するために，人称代名詞を使い分けたり文末助詞を使用する．人称代名詞の多くは親族名称・役職名・職業名の転用であり，本来の人称代名詞専用の語彙は，相手を卑下したり親しみを表現する語としてのみ現在使われる．特に一人称・二人称代名詞としてどの語彙を用いるかにより，聞き手への敬意・卑下の念が露骨に表出されることとなる．その人称代名詞の用法に関し，かつてより南北に差があると指摘されてきた．一般に北部は聞き手への「敬意」の表出を重視するのに対し，南部は聞き手への「親しみ」をより重視するとされるが，同時に，互いのマイナスイメージ（「他人行儀な北部人」「馴れ馴れしい南部人」）として語られることもしばしばある．

● SNS と若者言語 固定電話に比べ携帯電話が圧倒的に普及するベトナムでは，SNS の利用率も高く，オフィスで働く社員のパソコン画面に常時 Facebook が立ち上がっている光景をよく目にする．一時期普及したポケベル，追って急速に普及した携帯電話のショートメッセージ，そしてスマートフォン時代の SNS メッセージを送信することを，ベトナム語では nhắn tin（ニャン ティン）（伝言する）と言うが，そこで取り交わされる言語そのものが「若者言葉」の宝庫である．まず，その表記上の特徴を見ると，通常ローマ字に付される補助記号を使わずに済むような工夫が施されていることに気づく．例えば，tôi → tui（私），rồi → rui（〜した），gì → ji（何）などである．これらの表記は補助記号が省略されているだけではなく，特に母音 u や子音 j の綴りは，現代の南部方言の発音をそのまま綴ったものとみなすことができる（tôi 北部［toj˥］/南部［tuj˥］，gì 北部［zi˨］/南部［ʝi˨］）．口語のスラングに目を向けると，例えば，1990 年代初頭南部ホーチミン市でよく耳にされた nhậu（酒を飲む）という語がある．これは 1773 年に出版されたピニョー・ド・ベーヌ（1741–99）の辞書にも見える「（水を）飲む」を意味する古語であるが，その後 21 世紀になって北部ハノイでもスラングとして広く用いられるようになった．同様に，漢語「新」に由来する xịn（イカした），「醒」に由来する xỉn（酔っぱらった）などの元来南部でのみ用いられていたスラングが，やはり 21 世紀になって北部でも広くスラングとして用いられるのを耳にする．これらの例は商業都市ホーチミン市で使われ始めたスラングが，特に後二者は中華街近辺で使われ始めたと考えられるが，後にハノイでも使われるようになった例である．現在 SNS 上で用いられる独特の表記法に南部方言の要素が部分的にみえることと共通する．ただし，SNS 言語やスラングが拡散する方向が南から北への一方通行というわけでは決してなく，元来北部で用いられていたスラングが南へ広がった例もある．その一例として，最近よく SNS 上で見かける vãi という強意副詞がある．例えば，Đẹp vãi！（［美しい + vãi］すごくきれい！）のように使われるのだが，現在では南部出身者も SNS 上で頻繁に使うスラングである．この語の語源について，一説には，sợ đến vãi đái（［怖い＋ほどに＋もらす＋おしっこ］もらすほどに怖い）> sợ vãi đái > sợ vãi（すごく怖い）となり，そこから「形容詞 + vãi」が「すごく〜」を表現するにいたり定着したものといわれる．いずれの例も，SNS あるいは口語で用いられるスラングが，元来いずれかの地域でのみ使用されていたものが，さまざまな通信手段を通じて最終的に南北両方で用いられるようになった例である．その他，SNS 上では，わざとスペルを崩しつつ現在起こりつつある音変化を反映した表記などもあり（例えば，mình［自分］を mềnh と書くなど）興味はつきない．

●漢字文化の名残り 上述ではベトナム社会における言語使用の実態について紹

介したが，ここでは，過去の漢字文化と現代ベトナムにおける言語生活のかかわりについて考えてみたい．ベトナムは前漢武帝の時代から紀元10世紀まで約千年にわたり中国に支配され，独立後も国家建設の過程でより中国色を深めたといわれる．その過程でベトナム語もさまざまな形で漢語の影響を受けたことは周知の事実であるが，それは単に言語を表記する手段としての漢字の導入という問題にとどまらず，言葉の隅々にいたるまで漢字・漢語の影響を受けたと考えられる．漢字のもつ最大の特徴は，一字が一つの概念を表すという表意性にあると同時に，一つの音（音節）を表すこともその特徴の一つである．それは，原則として漢語の一音節が何らかの意味を表す最小の単位（形態素）に相当し，その単位を一字で表現したからである．一方ベトナム語も，漢語と同じく一音節が一つの意味をもち，音節の構造も「(子音)（介音）（母音）（子音)/(声調)」と同一である．よって，ベトナム人が漢字を改良してつくったチュノムも漢字と同じ構造を有し，文書の形態も同じであったことは容易に納得できる．ところが，フランス植民地時代の言語政策と独立後の識字運動が，それまでキリスト教会内でのみ用いられていたローマ字表記の普及を目指したことにより，最終的に正書法としてローマ字表記が採用される結果となった．言うまでもなくローマ字は表音文字であり，漢字と根本的に異なる文字類型に属する．そのローマ字表記を眺めてみると，まず音節ごとに分かち書きされ，声調記号は母音の上下に付され，母音を囲うように前後に子音文字が配されており，音節の構造までもが一目でわかるような表記法となっているのがわかる．このように，ローマ字表記の中に漢字文化の名残をとどめる典型的な例が「ベトナム書道」である．例えば，図2の掛け軸にはTình（情）という文字が毛筆で書かれており，一見漢字であるかのような字形のまとまりを見ることができる．因みに，現代ベトナム語で「文字」を意味するchữが，同時に「語」の意味で用いられることがある点も漢語と同じである．旧正月には文廟（国子監）の前にある「文湖」のほとりで書道市が開かれ，家族そろって昔の書生の衣装をまとった書道家に縁起の良い文字を書いてもらうXin chữ（文字貰い）の風習もハノイの人びとの生活に根付いている．　［清水政明］

図2　ベトナム書道によるTình（情）の字

参考文献

［1］古田元夫『増補新装版 ベトナムの世界史―中華世界から東南アジア世界へ』東京大学出版会, 2015

［2］Nguyễn Đình-Hoà, *Vietnamese/Tiếng Việt Không Son Phấn*, John Benjamins Pub Co., 1997

カンボジア語

世界遺産アンコール・ワットのあるシエムリアプのカフェでは，7時前からスマートフォンを手にした常連客が生活情報を交換するのが朝の風景である．カンボジアにおける携帯電話の保有率は96%を超え，SNSが主な通信手段として利用されるようになった（2016年，アジア財団ほか）．携帯通信機器の普及は，対面を主としていたコミュニケーション空間を拡大し，識字率の向上を阻害していた居住地域や性別による違いを越えて，多くの人たちが，教室の外でも積極的に読み書きを楽しむようになった．

●系統と話者　カンボジア（クメール）語は，カンボジア王国の公用語であり，系統的には，オーストロアジア語族のモン・クメール語族に属す．オーストロアジア語族の言語の中で，現在も公用語として使われており，固有の文字を有する重要な言語である．

原語には「クメール」にあたる語（図1）と「カンボジア」にあたる語の2語が存在し，言語名や民族名としては前者を，正式国名には後者を用いる．したがって「クメール語」とする方が原語に近いが，本項では国名に一致させた「カンボジア語」を用いる．前者について，現代の標準語では語末のrは発音されないが，ローマ字転写でkhmerと表記されてきたため，日本語のカナでも「クメール」と表記されている．

5年ごとに行われる中間年人口調査（2013年，計画省統計局）によれば，人口の97.1%がカンボジア語を母語としている．2.3%は少数民族の23言語であるが，チャム（オーストロネシア語族）以外は，タンプアン，クイなどカンボジア語と系統を同じくする．国外では，ベトナム南部，タイ東北部，ラオスの一部地域，および20世紀後半の内戦時に難民が定住したフランス，米国，オーストラリアなどの一部地域でカンボジア語が使用されている．国内人口1563万人（2016年，計画省統計局）に，国外の話者も含めると話者数は1700万人前後と推定される．

●文字と音　カンボジアはモンと並び大陸部東南アジアで古くから文化を発展させた民族であり，カンボジア文字による記録は，7世紀からのものが残っている．南インド系の文字を発展させた表音文字を用いているが，古くから使用されていた文字に対し音声が変化したため，文字と音との対応は1対1ではない．書き方は，左から右への横書きである．

文字は，① 33個の子音文字，②子音文字の別字体である脚，③母音記号，④その他の記号から構成される．脚は同系統のタイ文字やラオス文字に存在しない特

子音文字ខ [kʰ]
子音文字រ [r]
母音記号ែ◌ [ae]
ខ្មែរ
[kʰmae]
脚្ម [m]（មの脚）

図1　文字の仕組みの例「クメール」

ក ខ គ ឃ ង
ច ឆ ជ ឈ ញ
ដ ឋ ឌ ឍ ណ
ត ថ ទ ធ ន
ប ផ ព ភ ម
យ រ ល វ
ស ហ ឡ អ

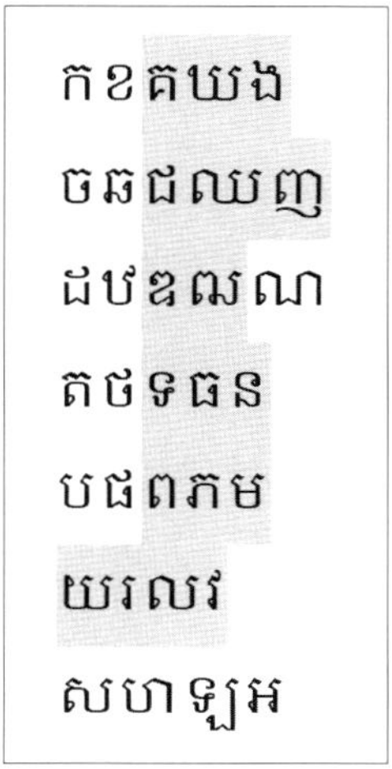

図2　子音文字33個（網掛が第2グループの文字）

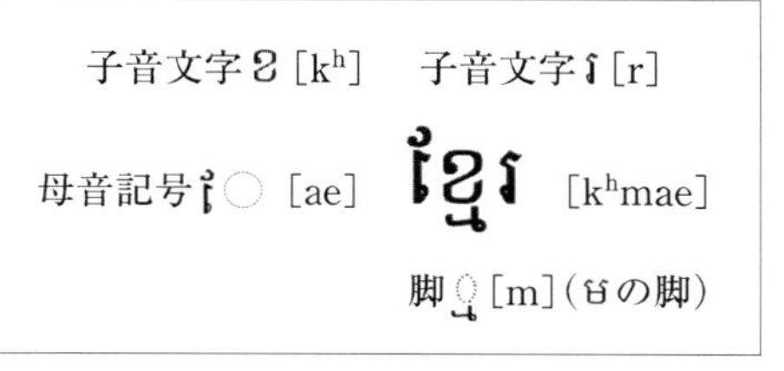

短母音	子音
i ɯ u	p t c k ʔ
e ə o	b d
ɛ a ɔ	m n ɲ ŋ
	j r l
	s v h

図3　基本母音と子音の音素

徴であり，子音文字の主に下に付加され，語中で連続する子音の第2子音以降を表す．母音記号は子音文字の上下左右のいずれか定まった位置につけるが，二つの母音記号を組み合わせて別の母音を示すこともある．

子音文字は，2グループに分類され，どちらのグループに付加されるかで，母音記号の読み方が決まる．この複雑な表記法の背景には，音節頭子音の有声・無声の対立の消失と，それを補完する母音の分化という史的音韻変化があったと考えられる．その他の記号としては，母音の読み方を変える改変記号，同音異義語を区別する記号，語句の反復を示す記号，句点，数字がある．

音節構造は，子音をC，母音をVで表すとC1(C2)V1(V2)(C3)である．(　)内の音は必須ではない．母音の体系は，9種類の短母音を基本とし，長母音，二重母音がある．また，発音するときの声帯の緊張が十分でない息もれ母音がある．短母音の場合は音節末子音（C3）が必要である．子音の体系は，音節頭子音（C1）が17種類のほか借用語に/f/を用いる．音節末子音（C3）は，/b, d, r, s/を除く13種類である．

音節末子音のみ異なる語の例を音韻表記で示す．

/cam/ 待つ，/can/ 月，/caɲ/ 負ける，/caŋ/ 輝く

音節頭の無声閉鎖（C1）/p, t, c, k/ が気音 /h/（C2）と連続するか否かによる対立があり，音節頭の二重子音（C1とC2）の組合せ（例：/kɲ, mh, cŋ, tb/）が豊富である．

●語彙と文法　本来の語彙は，単音節語かそれに接辞をつけた2音節語であり，後者は第2音節に強勢がある．接辞には前接辞と接中辞があるが，過去に派生した語の意味が変化していることも多く，現在では造語能力は失われている．

借用語には3音節を超えるものもある．古くからインド文化の影響を受けたため，文化的な語彙を中心にサンスクリット語とパーリ語からの借用語が最も多い．図2で示した子音文字の並び方も，「あ行」の位置以外は，同じくインドから伝わった日本語の50音順と一致する．その他に，中国語，タイ語，フランス語，英語からの借用も多い．カンボジア語から日本語への借用語としては，「キセル」がある．他に，単独では意味をもたない語を用いて，韻を踏んだ語が連続するのが特徴的である．一部の数詞（6,7,8,9と20）の表現方法から，かつては5進法と20進法を用いていたと考えられる．

類型論的には孤立語である．語の形は変化せず，同じ語が同じ形のまま，文中のどの位置に現れるかという環境によって，異なる役割を果たす．

語順のみで意味が変わる例を音韻表記で示す．

/muoj maoŋ/（1時間），/maoŋ muoj/（時刻の1時）

基本語順は，主語－述語－補語，被修飾語－修飾語，付属語－自立語である．複数の動詞を連続させることができるのが統語的特徴の一つである．客観的な視点の用法が多く，例えば移動動詞の「行く・来る」は，発話の空間（もしくは時間）に向かう移動のみを「来る」で表すため，自宅に招待する場合にも，「明日私の家に行ってください」と表現する．

敬意を表すために適切な呼称を選択するが，親族以外にも親族名称を多用する．実年齢ではなく世代が基準となるため，10代の人が「おじさん」とよばれることもある．日本語と異なり，目下の親族名称（例：弟，子供）も呼称として用いる．名前は，日本語と同じく姓名の順であるが，初対面の目上の相手でも，呼称に「名」の方をつけてよぶ．姓にあたる部分は父か祖父の名であることが多く，兄弟姉妹で異なる姓をもつこともある．夫婦も別姓であるため，一つの家族で3種類の姓が存在し得る．

●教育制度　20世紀後半の内戦により教育制度も変化したが，現在は初等教育6年（就学年齢6歳），中等教育6年である．中等教育（7～12年生）は，公立校が大部分で，私立校に通う生徒は4%に満たない（以下，データは2015年計画省統計局）．修了にあたっては，中等教育修了試験（2期）が実施され，第2期は大学入学と奨学金受給資格の試験も兼ねる．高等教育機関は，2017年現在，120校を超えており，大学生では86%が私立校に通う．公立校の学年暦は，9月から6月の2学期制で，授業は午前7時から開始する．生徒数に対する教育施設や教員が不足する学校は，午前と午後の2部制をとる．

20世紀初頭のフランス保護国時代にはフランス語が公教育に使用されたが，

1953年の独立後は，徐々にカンボジア語に置き換えてきた．現在の教育法では，教授言語を定めていないが，公立校ではカンボジア語が用いられ，初等・中等教育の国定教科書もカンボジア語で記述されている．固有の文字をもたない少数民族の言語をカンボジア文字で記述した2言語併用の識字教科書も存在する．中等教育での外国語科目は英語かフランス語である．高等教育も基本的にカンボジア語で行われるが，外国語のみで教育を行う学科もある．2000年以降に急増した私立のインターナショナル・スクールでは，英語や中国語を教授言語とすることもあるが，高額な学費にもかかわらず，人気がある．

就学率は，小学校（6〜11歳）87.3%，中学校（12〜14歳）43.5%，高校（15〜17歳）21.6%と，年齢が上がるにつれて数値が下がり，首都とその他の地域の差および性別による差が大きくなる．就学しない理由として，女子の41.9%が家計を助けるためとしているように，進学率の低さと中退率の高さは，家庭の経済状態が大きな原因であるが，小学校から留年制度があることも関連している．

●識字率と文字の電算化　7歳以上を対象に，カンボジア語に限定せず簡単なメッセージを理解した上で読み書きできるかを調べた調査では，識字率は80.5%である．最も高い15〜24歳（92.2%）以外の区分では，居住地域や年代別いずれも男性が女性を上まわる．公的機関の掲示，商店の看板，選挙の投票用紙は，非識字者でも認識できるよう図示されているが，数多い小学校中退者は，子供の勉強が手伝えないことや，レストランで渡されたメニューが読めないことを嘆いている．

1975年からの長い内戦による人材の損失は，国語辞典の編纂，文字の電算化にも遅れを招いた．長らく出版事情が良好とはいえなかった一方，地域や年齢を問わず詩作や詩吟が盛んであり，文学は読書よりも吟唱で親しまれてきた．居住地域によっては，流通する出版物の少なさや職業選択の幅の狭さから，学校以外で識字能力を使う機会が乏しかったが，近年，保有率が急上昇した携帯通信機器によるメッセージの交換がその状況を変えつつある．

カンボジア文字が入力できない機種もあり，英語を混在させたり，母音を一部省略したローマ字表記も用いられている．定まったローマ字表記法はないため，よく使われる語も複数の表記をする．　［上田広美］

参考文献

［1］上田広美・岡田知子編『カンボジアを知るための62章 第2版』明石書店，2012
［2］西野節男編著『現代カンボジア教育の諸相』東洋大学アジア文化研究所・アジア地域研究センター，2009
［3］庄司博史編『世界の文字事典』丸善出版，2015

ラオス語

「ラオス語」はラオス人民民主共和国（以下，「ラオス」と略す）の公用語であり，国名をとった言い方である．「ラオ語」ということもあり，これはラオ族の使用言語という意味で，言語学的な言い方である．ラオスには固有の言語を話すさまざまな民族が居住するが，教育言語としてラオス語が使用されており，通信手段の発達とともにラオス語がラオス全域に浸透しつつある．

●分布域と系統 ラオス語の分布域はラオスと東北タイである．話者人口は，主にラオス国内に約600万人（2016年国立統計局）で，この中には日常会話は自民族の言語を話し，ラオス語を母語としない民族も含む．また，東北タイで日常話されている東北タイ方言（イサーン方言）は，ラオス国内のラオス語とは若干の違いはあるものの，広義ではラオス語の方言であり，その話し手は約2000万人だといわれている．ほかに米国やフランスに移住したラオス人コミュニティでもラオス語が使用されている．

言語系統は現在のところ，タイ（Tai）諸語南西タイ語群に属するというところまで認められている．従来はカダイ諸語と一緒にタイ・カダイ（Tai-Kadai）語族としていたが，残念ながら資料が乏しく，現在はそれらを切り離し，タイ諸語までさかのぼれるとする説も有力である．同じ語群にタイ語，黒タイ語などがあげられ，なかでもラオス語とタイ語は非常によく似ている．

●基本文法 ラオス語は形態論的な言語のタイプとしては「孤立語」に属する．換言すれば，接辞がなく，語形変化もなく，そのため文の各成分の文法的機能が語順によって決まる特徴を有する言語である．文の基本語順は「主語＋述語動詞＋補語」のSVO型である．例えば「私は市場に行く」は，「私＋行く＋市場 ⇒ khɔ̀y（私）＋ pǎy（行く）＋ talàat（市場）」となる．修飾関係は「被修飾語＋修飾語」のNA型である．つまり日本語と逆で，飾り言葉は飾られたい言葉の後ろにおく．「私の家」は「家＋私 ⇒ hɯ́an（家）＋ khɔ̀y（私）」となる．付属語は自立語の前におく．例えば付属語「〜から」をつけた「家から」は「〜から＋家 ⇒ càak（から）＋ hɯ́an（家）」となる．さらにはこの「家から」という副詞句を基本語順の文「私は市場へ行く」に加える場合は，この副詞句は修飾部分であることから「私は市場へ行く」文の後ろにおいて，「khɔ̀y（私）＋ pǎy（行く）＋ talàat（市場）＋ càak（から）＋ hɯ́an（家）」（私は家から市場へ行く）となる．

●発音上の特徴 ラオス語の発音上の特徴を一言でいうと「単音節声調言語」である．音節は，頭子音をC_1，母音を短母音はV，長母音あるいは二重母音はVV，末子音をC_2，声調をTとすると，一般に次のように書き表せる．「C_1VC_2/T」または「C_1VV (C_2)/T」(/T は音節全体に声調がかかるという意味である)．このことからもわかるように，母音が短母音であるときは末子音を必ず伴うが，母音が長母音，あるいは二重母音であるときは末子音は任意である．

子音は「/p, t, c, k, ʔ, ph, th, kh, b, d, m, n, ŋ, ɲ, f, s, h, l, w, y /」の 20，基本母音は「/i, e, ɛ, ɯ, ə, a, u, o, ɔ/」の 9 で，それぞれに長短の対立がある．例えば，/khǎy/「開ける」と/khǎay/「売る」は，母音が短母音/a/か長母音/aa/で意味が対立している．二重母音は/ia, ɯa, ua/の 3 種類がある．

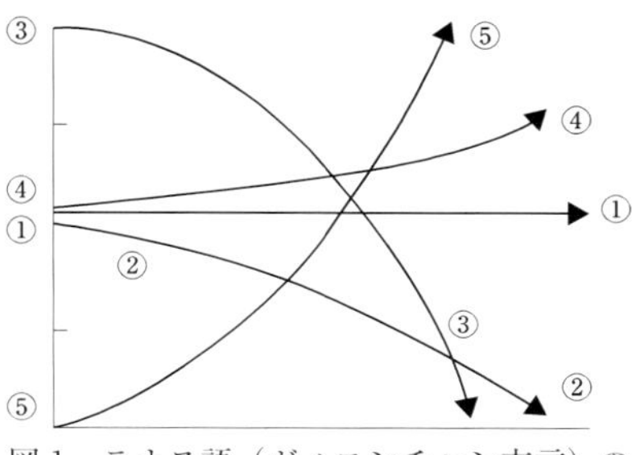

図 1　ラオス語（ヴィエンチャン方言）の声調

声調は首都ビエンチャンで 5 つ，地方によっては 6 つのところもある．5 声調は，①/中平調/②/中降調/③/下降調/④/中昇調/⑤/上昇調/で，おおよそ図 1 のような抑揚である．声調の数のみならず，地域によっては子音や母音の数も異なるなど，総じて地域差が著しい言語である．

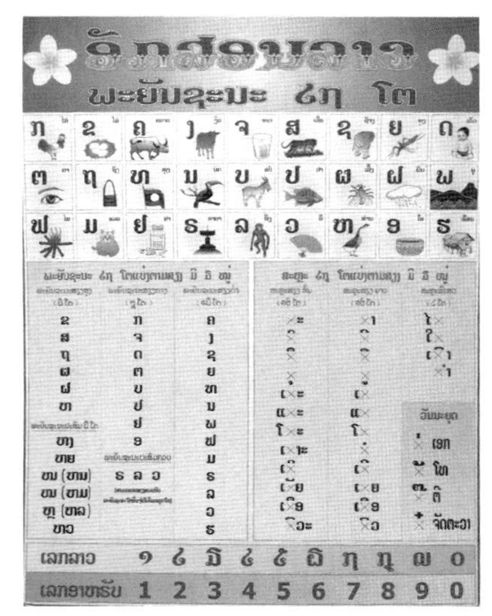

図 2　ラオス文字一覧表

●文字について　ラオス文字は，ラオス国憲法第 9 章第 75 条に定められているように，ラオス国内で公に使用されている独自の文字である．原則として一音一字を表す表音文字で，これらを一定の規則に従って表していく．ラオス語では伝統的に子音字が文字の中心的存在で，辞書も子音字のいわゆるアルファベット順が索引順となっている．子音字は全部で 27 ある．母音符号は，子音字の上下左右のいずれかに付き，声調記号は，音節の種類に依拠する声調規則より必要に応じて頭子音字の右上に書く．例えば，「ラオス語」は「言語＋ラオス→ラオス語」と表現するが，文字にすると，

【ພ/ph/-າ/áa】+【ສ/s/-າ/ǎa/】+【ລ/l/-າ/áa/-ວ/w/】⇒ ພາສາລາວ/pháasǎaláaw/

という具合に一音一字を組み合わせて表していく．文末と文法的に意味の固まりをもつ句と句の間に適当なスペースをおくことがある．

ラオス文字の詳細な文字史は不明である．ブラーフミー文字に起源をもち，古クメール文字をもとにタイのスコータイ文字を経由し，さらには仏典や文学を表す手段として用いられたタム文字の影響を受けて14世紀前後に現在のもととなる文字がつくられたといわれている．

●語彙表現の世界　ここではラオス語における語彙構成と借用語の特徴について述べる．

純ラオス語の基本的な語彙は，/tǎa/「目」，/náa/「田」のように一音節語がほとんどである．その後モノが増えるにつれて，そのモノを表すために既存の一音節語を組み合わせて語彙がつくられた．こうした複合語が多いのも特筆すべき点であろう．例えば/hóoŋ/は大きな建造物，つまり「館」のような意味があり，次にみるように/hóoŋ/から始まる語彙は総じて大きな建造物を表している．

/hóoŋ/「館」＋/hían/「勉強する」＝/hóoŋhían/「学校」

/hóoŋ/「館」＋/mɔ̌ɔ/「医者」＝/hóoŋmɔ̌ɔ/「病院」

ラオスにおける借用語事情は世界の情勢に揺れ動く国史をたどるようで興味深いものがある．例えば，ラオ族は一般には中国南部域から南下してきたのではないか，と推測されており，/mâa/「馬」/thǎan/「壇」など，中古漢語からの借用語も少なくない．しかしこれらはとり込みの時期が古すぎてラオス人の間では純ラオス語だと思われているものがほとんどである．さらには上座仏教の伝来に伴って入った仏典言語であるパーリ語やサンスクリット語からの借用語も多く存在する．この例として/phut/「仏陀」をあげておく．これは日本語の「ぶっだ」と読みが似ていることからも想像が容易であろう．仏教関連用語だけではなく，学術用語や政治・法律用語など，難解な専門用語は両言語からの借用語が多い．そして20世紀前半，ラオスがフランス領インドシナとしてフランスの植民地となると，フランス語からの語彙がラオス社会に浸透する．当時ラオスに入って来た「アイスクリーム」「プール」などは現在でもフランス語からの借用語を使用している．1975年，社会主義国家として歩み出した頃のソ連との親密な関係を反映してロシア語やベトナム語からの借用語もわずかではあるが残存する．そして現在はとにかく英語からの借用語が街に溢れている．その勢いは明白で，以前，「もしもし」はフランス語からの借用語「アロー」であったが，現在はほぼ100%近くが「ハロー」を使用している．また，隣国のタイ語からの語彙の流入も激しい．「友」が/muu/から/phɯan/，「テレビ」が/thóolaphâap/から/thóolathat/に変わりつつある．前者は主に30代以上，後者は20代以下の人びとに使用されており，年代差が著しい言語でもある．

●言語と教育　ラオスの義務教育は，初等教育，および前期中等教育期間の9年間（6〜14歳）である．教育制度は5・4・3制で，初等教育（1〜5年次生）前期中等教育（6〜9年次生）の義務教育の後，後期中等教育または職業技術学校（10〜12年次生）の3年間を経てさらに大学，教員養成学校や職業訓練校などの高等教育機関がある．2学期制で，学年暦は9月1日から次の年の8月31日までである．

「ラオス語」の授業，いわゆる「国語」は小学1年生からあり，まず子音字をアルファベット順に学習する．ラオスは国定教科書が1種類のみで，全国同じ教科書で学ぶ．「国語」の授業は小学1年生から後期中等教育最終学年まで平均して週4コマあり，「文法」「読解」「作文」「書記・聴解練習」などに分けて学習する．ただし，言語教育としては，英語教育の方が国語より盛んであり，小学3年生から必修科目に取り入れられている．都市部では英語塾，英会話学校に熱心に通う子供の姿がみられ，近年では都市部と地方との教育格差が目立っている．

図3　小1国語教科書

従来は初等教育期間中でも留年があること，農繁期には一家総出で田畑に出なければならないことなどを理由に退学率が高かった．また初等教育の就学率も低かった．そのため，政府は地方の社会人を対象とした再教育の浸透に力を入れていたが，近年の就学率の向上とともに初等教育の補習教育は全国的に終了し，代わって中等教育レベルの補習教育や職業訓練教育に力を入れるようになってきている．参考数値であるが，2016年における15歳から24歳までの識字率は，男性89%，女性79%となっている（ユニセフ世界子供白書2016　https://www.unicef.or.jp/sowc/pdf/05.pdf）．

●言語と通信事情　かつてはパソコンでラオス文字を入力するためにオプションのアプリケーションが必要だったが，2017年現在の標準的なOSであるWindows10にはラオス文字が標準装備されている．スマートフォンなどの通信機器を使いこなす若者が都会を中心に広がっていて，ニュースや歌，ドラマなどをタイムリーにキャッチし，さまざまなアプリで世界中の友人とやりとりする様をみていると隔世の感がある．メールなどはローマ字綴りの略語や頭子音字のみを書いて意思疎通をはかったりする．前者は「カラオケ語」といわれ，使いこなしていないと理解できない．先にラオス語とタイ語は非常に似ていると述べたが，テレビの電波は容易にメコン川を越えるため，ラオスの人びとはタイのテレビ・ラジオ番組をほぼ問題なく理解し，享受している．こうした状況からもマスメディアは，ラオス語が日々変化している要因の一つであると考えられる．［鈴木玲子］

📖 参考文献

［1］庄司博史編『世界の文字事典』丸善出版，2015
［2］菊池陽子他編『ラオスを知るための60章』明石書店，2010
［3］ラオス文化研究所編『ラオス概説』めこん，2015

タイ語

一般的に「タイ語」というと，タイ国の国家語・標準語（国語）としてのタイ語のことをさすことが多い．ここではまずタイ国の国語としてのタイ語の紹介をした後に，タイ国のタイ語を含むタイ諸語（タイ・カダイ語族）の広がりについても言及する．

●タイ国のタイ語　タイ国では，これまでタイ語を国語と規定する憲法や法律が制定されたことはない．しかしタイ語は，公的な領域において使われる言語であり，公的教育において国民に対して広く教育されてきた．このような国語としてのタイ語が成立したのは，19 世紀末から 20 世紀初頭にかけて，タイ国が周辺地域の併合・中央集権化を行った時代であった．国家の領域を一元的に統治するためには共通の言語が必要であり，王都とその周辺地域であるチャオプラヤー川下流域で継承されてきたタイ諸語の一つである中央タイ語（シャム語）が，国語として規定されたのである．

いったん国語が成立すると，国内各地の中央タイ語（シャム語）以外のタイ諸語は，タイ語の方言とされようになった．東北タイ（イサーン地方）のラオ語は東北タイ方言あるいはイサーン語に，北タイのタイ・ユアン語（カム・ムアン）は北タイ方言に，南タイのタイ語は南タイ方言とされた（タイ諸語については後述）．

●タイ語の特徴　タイ語には単音の母音が 9（a, i, u, ʉ, e, ɛ, o, ɔ, ə）あり，それぞれ長短の区別をするので，基本的な母音は 18 種類となる．さらに二重母音・三重母音がある．子音については，語頭・音節頭にくる頭子音が，声門閉鎖音「ʔ-」と半母音の「y-」と「w-」を含めて 21 個ある．二つの子音からなる二重頭子音（kl-, kr-, kw-など）の組合せが 12 通りで，英語の spring, screw のような三重頭子音はない．日本語や英語の子音にはない無気音と有気音の区別（k-/kh-, c-/ch-, t-/th-, p-/ph-）がある．語末・音節末にくる末子音は数が少なく，「-k, -t, -p, -ŋ, -n, -m」の 6 つのみである．そのうち，「-k, -t, -p」は子音を破裂させず，音を止めるのが特徴である．例えば，「-k」は「がっかり」（gakkari）の「がっ」（gak）のように，「-t」は「ぴったり」（pittari）のときの「ぴっ」（pit）のように，「-p」は「さっぱり」（sappari）のときの「さっ」（sap）のように，後続の子音を発音する前に止める．

基本的な語は一音節からなるものが多く，平声，低声，下声，高声，上声の 5 つの声調がある．声調が異なれば，同じ発音でも意味が違ってくる．例えば maa（母音を重ねて書くと長母音を表す）の場合，平声では「来る」，低声では「水に漬ける」，下声は意味なし，高声では「馬」，上声では「犬」の意味になる．

語順は基本的にSVO型であるが，その内容が自明である場合にはしばしば語が省略される．修飾語は被修飾語の後ろにくる．時制，格，数などによる語形変化がなく，文脈・語順・前置詞などによって文法的な意味が表現される「孤立語」である（以下のタイ語の発音表記では声調符号を省略している）．

例：phom　chɔɔp　ʔahaan thai　maak
　　僕　　好き　食べ物　タイ　とても（僕はタイ料理が大好きです．）
　　kin　　khaao　　rʉʉ yaŋ
　　食べる　ごはん　もう～したか？（もうごはんを食べましたか？）

タイ語は，さまざまな言語・文化との接触から，多くの借用語を有する．抽象的な語（宗教用語・政治用語・学術用語など）にはサンスクリット語やパーリ語からの借用語が，生活の中で使われる用語には中国語（特に潮州方言）からの借用語が多い．

例：rattha-prahaan（クーデタ）＜rattha（国）-prahaara（殺す）［パーリ語］
　　kuoi-tiao（米粉からつくった白い麺）＜粿条［中国語潮州方言］

●タイ文字の特徴　文字はインド系の表音文字を使い，左から右へと書いていく．タイ文字には，42の子音文字（かつては子音文字は44あった），母音符号の組合せが30通り，4つの声調記号，さらに若干の補助記号があり，これらを組み合わせて文章を記述する．21の子音の発音に対して，子音文字が42なので，子音文字には同音異文字が複数ある．特徴的な点は，母音符号は独立した文字とは

k: ก　kh: ค ข ฆ　ŋ: ง　c: จ　cha: ฉ ช ฌ
s: ซ ศ ษ ส　d: ด ฎ　t: ต ฏ　tha: ท ฐ ฑ ถ ธ
n: น ณ　b: บ　p: ป　ph: ผ พ ภ　f: ฝ ฟ
m: ม　r: ร　l: ล ฬ　w: ว　h: ห ฮ　なし: อ

図1　子音文字の種類

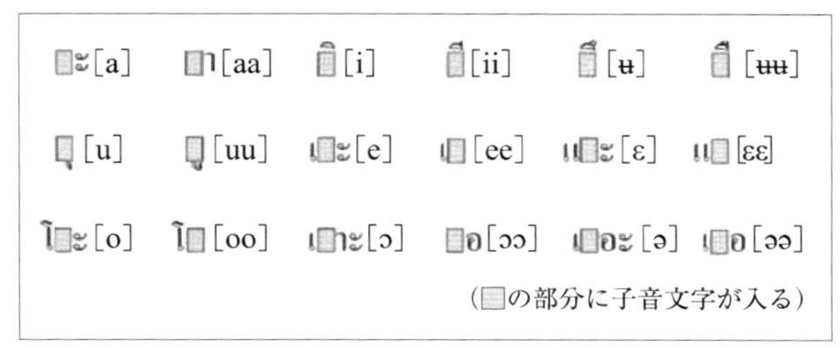

図2　母音符号の配置

1:๑ 2:๒ 3:๓ 4:๔ 5:๕ 6:๖ 7:๗ 8:๘ 9:๙ 0:๐

図3　タイ数字

みなされず，必ず子音字の前後左右に配置されることである．また独自の数字をもつ（図3）．

声調は，頭子音字と母音・末尾子音と声調記号の組合せによって決定されるため，同一の声調記号でも，組合せによって異なる声調となることもある．タイ語の文章には，語を分かち書きする慣習はない．また句読点は用いずに，語句のかたまりや文の切れ目に適宜スペースを入れる．正しい綴り字を覚え，スペースを手がかりに，文脈に即して語句や文の切れ目を読み取っていかなければならない．以上のことから，タイ語の文章を不自由なく読み書きできるようになるためには，一定期間の修練が必要となる．

例：ประเทศไทยรวมเลือดเนื้อชาติเชื้อไทย เป็นประชารัฐไผทของไทยทุกส่วน
pratheet thai ruam lʉat nʉa chaat chʉa thai pen prachaarat phathai khɔɔŋ thai thuk suan
「タイ国は血肉を共にしたタイ民族であり，すべてがタイの人民の国家・領土である」（タイ国国歌の最初の部分）

タイ語はインド文化，中華文化の影響を強く受けているため，サンスクリット語・パーリ語や中国語の南方方言からの借用語を数多く有する．また，クメール語やマレー語などの隣接する言語からの借用語も多く，近年では英語からの借用語も増えてきている．サンスクリット語やパーリ語，英語などの借用語の場合，もとの言語の綴りをなるべく保存しようとするため，タイ語の発音では発音しない文字も表記される．英語の psychology の最初の p のようなものである．このような「黙音字」の存在が，タイ語の文章の読み書きをさらに難しくしている．

例：กษัตริย์［kasat］（王）kasatriya と綴り，下線部を読まない．< kṣhatriya［サンスクリット語］
อีเมล［iimee］（電子メール）iimeel と綴り，下線部（最後の l）を読まない．< email［英語］

●教育　タイ国では，1921年の義務教育法によって，全国に近代的な学校教育制度が導入されるようになった．学校教育は，幼稚園・初等教育6年，中等教育前期3年・後期3年，大学が4年の，6・3・3・4年制である．学校教育においては，タイ語が国語として教えられ，またタイ語を教授語として授業が行われている．義務教育は，当初の初等教育4年から6年に，そして現在は前期中等教育3年（中学3年）にまで拡充している．初等教育6年の就学率は97%で，中等教育への就学率も79%に達している．高等教育（短大・大学）の進学率も48%と徐々に高学歴化が進んできている．成人識字率は93.5%である（2012年のUNESCOのデータ）．学校教育を通し，タイ語の読み書き，正書法，そこで使われる諸概念が国民に教育され，共通のコミュニケーションの基盤が形成されている．

国内には，南部のマレー系住民，北部の山地に住むチベット・ビルマ語系，モン・クメール語系などの言語を話す「山地民」などタイ語あるいはタイ諸語を母語としない少数民族も居住しているが，学校教育を通してタイ語を学んでおり，国内ではほぼどこに行ってもタイ語がコミュニケーション手段として通用する．

主要な新聞や多くの書籍が国語であるタイ語によって書かれて出版され（英字新聞や華字新聞もあるが），テレビやラジオなど公共放送もタイ語によって行われている．電子メディアの空間も基本的にタイ語・タイ文字によってコミュニケーションが行われている．タイ国ではSNSの普及率が67%で，多くの人がSNSを利用しているが，メッセージを送る場合にもタイ文字を使用するのが普通である．

●「タイ語」の広がり　国家の枠組みを前提とすると，国語としてのタイ語は主としてタイ国の領域内に限定して使われる言語である．しかし，タイ語と系統的に近い関係にある諸言語へと観察の範囲を広げると，現在の国家の枠組みを超えてユーラシア大陸東南部に広がるもう一つの「タイ語」の姿がみえてくる．

言語系統的にみると，タイ国の国語のタイ語（Thaiと表記される）は，「タイ諸語」（Taiと表記される）の一つである．タイ諸語は中国南部から，大陸部東南アジア，インド東部までの範囲に広がる言語のグループで，李方桂（1977年）の分類に従うと，①北方タイ諸語（Northern Tai：中国南部），②中央タイ諸語（Central Tai：中緬国境地域），③南西タイ諸語（Southwestern Tai：中国西南部から大陸部東南アジア，インド東北部）の三つに分けられる．

各グループの代表的な言語としては，①中国南部の貴州省のプイ（布依）語・広西省のチワン（壮）語，②中国の広西省・雲南省のヌン（儂）語・トー（土）語，ベトナム北部のタイ（Tay）語，③中国雲南省のダイ（傣）語，ベトナム北部のターイ（Tai）語，ラオ語，タイ語，ミャンマー東北部のシャン語，インドのアッサム州のアーホム語があげられる．さらに，これらのタイ諸語は，中国湖南省・貴州省のトン（侗）語・スイ（水）語や海南島のリー語などの言語を含めて，「タイ・カダイ語族」を形成しているという研究者もいる．　［村上忠良］

📖 参考文献

［1］新谷忠彦『黄金の四角地帯―シャン文化圏の歴史・言語・民族』慶友社，1998
［2］Li, Fang-Kuei（李方桂）, *A Handbook of Comparative Tai*, University Press of Hawaii, 1977
［3］冨田竹二郎『タイ日大辞典』日本タイクラブ・めこん，1997

ビルマ語

ビルマ語（緬甸語）というのはミャンマー連邦共和国（以下「ミャンマー」）における唯一の公用語（2008 年憲法第 15 章 450 条）で，同国の中での実質的な共通語，教育言語，メディアの言語である．ミャンマーではほとんどの場面においてビルマ語でことがなされる．

図 1　ミャンマーで社会主義政権時代から存続する国営書店の看板

この言語は本来ミャンマーの一民族であるビルマ人の母語である．1989 年の国名変更（ビルマ→ミャンマー）に伴い日本では「ミャンマー語」も用いられるようになった．ただミャンマー政府は国内の民族の総称をミャンマーとし，主要民族のビルマと区別していることから，言語名としては「ビルマ語」というのがよいだろう．国家の公用語という意味ではミャンマー語でよいかもしれない．

ミャンマーにおいて国語は規定されていない．これには政治的にデリケートな問題がからんでいると考えられる．ミャンマーには 135 の民族が住んでいるとされ，そのすべてではないにせよ，固有の言語を有していることが少なくない．名目上，それらすべての民族は等しく「ミャンマー人」なのであり，ビルマ人の言語だけを国家の特別な地位に据えることは民族間の融和政策に影を落としかねない，という思惑がみてとれよう．

識字率は統計によってばらつきがあるが，全体としては 89〜92% ぐらいである．年齢，性別，地域による差が大きいことが知られている．高齢者は識字率が低く，年齢が下がるに従って高くなる．性差は高齢者では男性が，若年層（特に就学年齢）では女性の方が高いようだが，全体としては男性の方が 6% ほど高い．これは仏教徒の男児が幼年時に出家し寺で読み書きを習うという習慣があることも影響しているだろう．またヤンゴンなどの都会では 95% を超えるが，少数民族の住む州では 65〜75% という数字も報告されている．このような状況から，ミャンマーでは独立（1948 年）後これまで何度か識字率向上運動が実施されている．

●教育について　ミャンマーの学校教育は基礎教育が小学課程 6 年，中学課程 4 年，高校課程 2 年の合計 12 年間となっている（義務教育は小学課程のみ）．大学は通常 4 年間だが，優等課程というものがあり，こちらは 6 年間である．

憲法上の定めはないものの，上述のとおりビルマ語はミャンマーにおける教育言語である．少数民族地域で幼稚学年，小学 1 年では補助的に少数民族語を使われることもあるようだが，公教育ではもっぱらビルマ語のみによって行われる．また仏教僧院は公教育の機会に恵まれない子供たちに対する生活サポートとともに公教育に準ずる教育（多くは小学課程修了程度まで）を行っている例が少なからずある．これは主に地域の人たちの寄付によってまかなわれている．

小学校から大学1年まですべてビルマ語という教科が設定されている．大学においても必修科目である．文法という科目が中学課程から導入されるが，基本的には正しい作文をするための教科といってよいだろう．ビルマ語は書き言葉と話し言葉の差がかなり大きく，訓練を受けないときちんとした文章を書くことが難しいという事情がある．

●系統と分布　シナ・チベット語族，チベット・ビルマ語派に属し，チベット語とともに古代から豊富な文献を有する言語である．話者数は第一言語話者（総人口の約7割），第二言語話者を合わせればミャンマーの人口（5141万人，2014年推計）に近い数字になると推定される．通用範囲は，移住先（タイ，シンガポール，日本など）での小規模なコミュニティを除けば，ミャンマー国内に限られるといってよい．

●言語の特徴（1）文法的特徴　ビルマ語の文法は「日本語とよく似ている」としばしばいわれる．それは①基本語順がSOVで語順が比較的自由であること，②名詞に付く助詞（cf. てにをは）がある，といったことを根拠としているようだ．これに加え，③名詞文，④のだ文についても紹介する．

① 基本語順　ビルマ語の基本語順はSOVで，動詞（より正確には述語）が文末に置かれるのが最も自然な語順である．格助詞で主語，目的語などの文法関係が明示されるなどすると，基本語順に従っていなくても許容される．

ငါ	ထမင်းကြော်	စားတယ်။	ထမင်းကြော်ကို	ငါ	စားတယ်။
ŋà	tʰămíɴdʑɔ̀	sá-dɛ̀	tʰămíɴdʑɔ̀-gò	ŋà	sá-dɛ̀
俺	チャーハン	食べる-[事実]	チャーハン-ヲ	俺	食べる-[事実]

「俺はチャーハンを食べた」　　「チャーハンを俺は食べた」

② 名詞に付く助詞　日本語の「てにをは」のように，名詞の後ろに付いてさまざまな働きをする助詞がある．上述の文法関係を表す格助詞もそれにあたる．上記例文に現れる-gò「を」は目的語を表す格助詞，ほかに主語「～が」や位置「～に/で」，所有者「～の」，到着点「～に/へ」などを表す格助詞もある．さらにこのほかに「～も」「～さえ」「～だけ」といった副助詞の類も豊富である．

③ 名詞文　名詞文とは述語が名詞的な要素であるものをいう．断定の助詞「だ」によってつくられる「私は学生だ」のようなものである．ただし名詞文をつくる助詞はなく，名詞を二つ並べることにより文となる（例：ŋà tɕáuɴd̪á「俺は学生だ」）．この二つの名詞の関係はさまざまなものが許されるようで，ウナギ文「僕はウナギだ」（「僕が注文したのはウナギだ」の意）や逆行ウナギ文「ウナギは

僕だ」(「ウナギは僕が注文した」の意) も状況的に明白なら可能である.

④ のだ文 「私はウナギを食べた」に対し「私はウナギを食べたのだ」という文が日本語に広くみられる. 前者は単に事実を述べているのに対し, 後者は背景説明 (「実はあのとき…」など) や聞き手の情報修正 (「ドジョウじゃなくて…」など) など, さまざまな含みをもつ. これとよく似た文がビルマ語にもある (ŋá t^{h}ămíɴdʑɔ̀sá-dɛ̀. 「俺はチャーハンを食べた」: ŋát^{h}ămíɴdʑɔ̀sá-dá. 「俺はチャーハンを食べたのだ」).

これ以外にも, 省略がしばしば起こることも日本語に近い. ただ可能表現や使役表現などが複数あり, それぞれ意味が異なるなど, 容易ではない面もある.

●言語の特徴 (2) 語彙

① 人物を指示する語彙 日本語と同様, 人物を指示する語彙がかなり豊富で, その使い分けは少々やっかいである. 人称代名詞では一人称と二人称が話し手の性別により別の語彙が用いられる. また実際の会話ではいずれの人称でも親族名称, 例えば「おじ」「おば」「兄」「姉」「弟」「妹」などを使うのが最も自然だ. これは相手との関係によって使い分けねばならない. 30 歳代ぐらいまでの女性は自分ことを「娘」ということが非常に多い. なお相手が僧侶や教師の場合は「御坊」「先生」といった語彙を用いねばならない.

② 借用語 日本語が古代に中国語, 近年に西欧諸語から大量の語彙を借用したように, ビルマ語もまた周辺言語から大量の語彙を借用している. 古代は仏教の聖典語であるパーリ語が中心で, 宗教的な語彙や抽象的な語彙を借用した. その一部は複合語やイディオムなどをかなり大量に生み出しており, もはやこういった借用語はビルマ語の血となり肉となったということができるであろう (例; sêiʔ < citta [パ]「心」+ pù-「熱い」[ビ] →「心配する」など. なおビルマ語本来語の sêiʔ は「四分する」の意味). 音や綴りが変化して, 今やビルマ語本来語との区別がしづらいほどのものも少なからずある (例; yôuʔ「姿」< rūpa [パ]「色 (しき), 物質」など).

近代は英語からの借用が中心である. 1885 年にビルマ全土が英国植民地となることで英語が入ってくるようになる (第 1 次英語接触). しかし現代的には, 1962 年から続く鎖国的政策から開放政策に転じた 1990 年代以降の第 2 次英語接触がビルマ語に大きな影響を与えつつあることが注目される. 特に 2010 年代に入っての携帯電話 (スマートフォン) の普及に伴うインターネット (特に SNS) 利用者の爆発的な増加がこれを決定付けたといえよう.

ミャンマー人のインターネット利用の大部分は Facebook だと考えられる. 情報の検索やメッセージのやり取りはほとんどこれで済まされる. 当然のことながらこれに関する借用語が多くある.

လိုက်လုပ်ပါ။ lâiʔ-lôuʔ-pà < like (いいね! してください)

ရှယ်လိုက်ပါ။ ɕɛ̀-lâiʔ-pà < share（シェアして）
などは Facebook 抜きには到底考えられない外来語の使用法である．

●言語の特徴（3）音声　ビルマ語は単音節言語といわれるように一つの音節が一つの意味を担っていることが非常に多い．そのためか，頭子音に日本語にはない区別がいくつかあり，また音の高さやその変化によって区別する声調がある．

日本語にない頭子音の区別として強い息漏れを伴うかどうか，や，無声化するかどうか，といったものがある．息漏れがあるものを有気音（または帯気音），ないものを無気音という（例：p^{h}à「修繕する」と pà「含む」）．無声化とは有声音（声帯が震える）である鼻音や半母音の初頭が無声化する（声帯振動がなくなる）ものである．例えば，mà「固い」に対し hmà「注文する」など．前者の区別は大陸部東南アジアの言語によくみられる特徴だが，後者は世界的にみてもかなり珍しい（同系統のチベット語などにはある）．

声調もまた大陸部東南アジアの言語の多くが共有する特徴で，音の高さや変化によって意味を区別するシステムである．ビルマ語には低平調，高平調，下降調という3種の声調が区別される．例えば，tɕà「時が経つ（低平調）」，tɕá「聞こえる（高平調）」，tɕâ「落ちる（下降調）」など．

なお母音には単母音7種（a，i，u，e，ɛ，ɔ，o），二重母音4種（ai，au，ei，ou）あり，この区別もまた日本人にとってはやっかいである．

●使用文字　ビルマ文字は南インド系文字の一種で，真円を基調とする．先住民族であり，今もミャンマー国内およびタイ国内に居住するモンの文字（モン・ビルマ文字）を受容して，11 世紀頃から書かれ始めたと推測される．現存する最古のビルマ語資料はミャゼディ碑文（1112 年）である．この碑文は四面柱で，ほぼ同じ内容のことがパーリ語，モン語，ピュー語，そしてビルマ語でそれぞれの面に刻まれている（この特徴から「ビルマのロゼッタ・ストーン」などといわれ，死語となったピュー語の解読が進むかと期待されたが，今日にいたるまで十分な成果を収めてはいない）．

その後，ビルマ語表記には一貫してこの文字が使われ，ほかの文字でビルマ語が書かれることはなかった．ただ近年，インターネットの普及により，Myanglish というローマ字によるビルマ語の表記が少なからず使われているようである（http://www.globalnewlightofmyanmar.com/myanglish-singlish-hinglish-etc/）．シンガポール英語のような英語の変種ではなく，あくまでビルマ語をローマ字表記しようというものである．表記法は必ずしも統一的ではなく，友人同士，知り合い同士の中で綴り方についてある程度決まっているようだ．今後，ビルマ語全体の表記に影響を与えることは考えにくいが，サブカルチャー的に今後も使用されていく可能性はあるだろう．

［岡野賢二］

マレー語

☞「インドネシア語」p.188,「ジャウィ文字」p.208

マレー語は，マレーシア，シンガポール，ブルネイの国語・公用語である．マレー語を母語または第二言語として用いる話者は，これらの国に3200万人程度いると推定される．この数字は，マレーシアとブルネイの総人口にシンガポールのマレー人を足したものである．華人を総人口の約75%とするシンガポールでも，かつては多民族の間の共通言語としてマレー語が用いられていた．しかし現在では，そのような光景はごくまれにしかみられず，完全に過去の遺産となってしまった．シンガポールにはほかに三つの公用語（英語，華語（北京語），タミル語）があり，国語であるマレー語は単なる象徴でしかない．

●広義のマレー語 「マレー語」という言語名には，広義の用法もある．上記の狭義のマレー語に加え，それと言語学的な特徴を共有する一連の言語変種（方言）の集合体をさす．広義のマレー語の使用地域はかなり広い．国でいえば，上記3国に加え，タイ，インドネシア，フィリピン，東ティモール，スリランカ，オーストラリアが含まれる．タイ深南部およびインドネシアのスマトラ島とカリマンタン（ボルネオ）島の一部では，もともとマレー語が土着の言語である．その他の地域へは，交易や話者の移住などによりマレー語が伝播し，独自の変種が誕生した．使用地域がこれほど広範囲であるのは，マレー語がかつて島嶼部東南アジアにおける交易の共通言語であったためである．つまり，マレー語は，現在の英語のように，母語を異にする人びとがやりとりする際の第一選択肢であった．

マレー語変種の中には独自の名称でよばれるようになったものがある．その多くはインドネシアに存在する．例えば，パプア（ニューギニア）島のマレー語は，言語学者の間ではパプア・マレー語とよばれるが，地元では「パプア語」というよび方が普通である．インドネシアの国語の「インドネシア語」というのも，マレー語変種の一つである．この名称は，インドネシア独立の際に，新たな国家名に合わせて付けられたものである．したがって，インドネシア語と狭義のマレー語は，ともに広義のマレー語の変種であり，2言語は方言関係にある．マレーシアのマレー語も，国家名に合わせて「マレーシア語」とよばれることがある．なお，日本語で書かれた比較的古い文献では，マレー語を「ムラユ語」とよんでいることがある．前者は英語のMalay，後者はマレー語のMelayu（ムラユ）に基づくという違いだけで，別の言語をさすわけではない．

広義のマレー語は使用地域が広いだけでなく，話者人口も多く，約3億人にのぼり，マレー語は，東南アジアだけでなく，世界レベルでも大言語といえる．ただし，そのすべてが母語話者であるわけではない．第二言語話者が多くを占める．第二言語としてのマレー語話者の言語運用能力は，独立当初には必ずしも高くなかった．しかし，教育や社会での広範な使用を通じ，着実に向上している（シンガポールを除く）．これは特にインドネシアで顕著である．マレーシアでも，同様の変化がみられるが，個人差も大きい．それには，以下に述べるような社会的背景がある．

●公教育におけるマレー語の使用　マレーシア，シンガポール，ブルネイは，英国植民地・保護領であった．そのため，政治，経済，行政，科学技術，教育などの社会基盤が形成される過程では英語が用いられ，マレー語は日常会話や文芸，宗教に用いられる，という明確な二言語併用状況にあった．独立後，マレー人が人口の多数を占めるマレーシアとブルネイでは，政府がマレー語の言語面での整備とその使用の振興を積極的に進めた．その結果，マレー語が社会のより多くの局面で用いられるようになった．華人を多数派とするシンガポールでも，憲法152条において，マレー人が「シンガポールの先住民族」であり，ゆえに政府には「マレー語を保護，維持，支援，育成，推奨する責任がある」ことになっている．しかし，現実にはマレー語の使用範囲は独立時よりも縮小している．

マレー語の浸透に大きく寄与するのは，公教育での使用である．シンガポールでは，小学校（6年），中高等学校（5年）での「母語（Mother Tongue）」科目を除き，マレー語は教授されない．履修する母語科目は，家庭での実際の使用言語とは無関係に，身分証明証上の民族により指定される．マレー人は，マレー語を履修することになる．指定された母語科目に加えて，その他の母語科目を履修することは可能になっているが，その機会は一握りの生徒にしか与えられない．そのため，非マレー人のマレー語力が独立時より劇的に低下したのはいうまでもなく，マレー人（約15%）がマレー語を使用する時間や場所も縮小した．

マレーシアとブルネイでは，科目として以外に，教授言語としてもマレー語が用いられている．ブルネイでは，小学校（6年）の最初の3年間は，理数科目以外の科目はすべてマレー語で教授される．小学校の理数科目および中高等学校（4〜5年），大学予備課程（2年），大学（4年，一部専攻を除く）では，英語が用いられる．シンガポール同様，教育制度全般において英語が中心的な役割を果たすが，全国民がマレー語学習の機会を与えられ，基本的マレー語力を有する．

マレーシアの教育制度は，複雑である．小学校（6年）には，2種類が存在する．標準の国民学校では英語以外の全科目がマレー語で教授される．それに加え，国民学校に準ずるが，華語（北京語）で教える国民型学校（中華）とタミル語で教える国民型学校（タミル）が存在する．これらの学校でも，マレー語は必修科目で，その教授はマレー語で行われる．学校の選択は個人の自由である．ブミプトラ（マレー人とその他の先住民族）は国民学校，華人は国民型学校（中華），インド人は国民型学校（タミル）を選択する傾向が強い．しかし，国民型学校（中華）

を選択するブミプトラや国民学校を選択する華人・インド人も少なくない．中高等学校（5年），大学予備課程（1～2年）では，英語以外のすべての科目でマレー語が教授言語となる．そのため，小学校に国民型学校を選択した生徒には，その後のマレー語による教育に対応できるように，移行学級とよばれる，1年間のマレー語集中学習の機会が用意されている．大学（4年）では普通，文系学部ではマレー語，理系学部では英語が教授言語である．小学校と中高等学校でも，理数科目の教授言語を英語に変更するという政策が2003年から2011年まで実施されていた．しかし，生徒の学力低下などの理由により，現在ではその他の科目と同じ言語での教授に戻っている．いずれの段階においても私立学校は例外で，多くが英語や華語を教授言語とする．このような教育制度のおかげで，華人をはじめとする，マレー語を母語としない人びとのマレー語力は独立時に比べ，格段に向上した．現在では，マレー語がマレーシア国内全体でほぼすべての人が理解する唯一の言語である．

●民間部門でのマレー語の使用　マレーシアとブルネイでは，マレー語が名実ともに国語・公用語として機能しているが，社会の中での英語の役割はいまだに大きい．公的部門ではマレー語の使用が徹底されているのに対し，民間部門では英語や華語が広く用いられている．例えば，買い物をしたときに発行されるレシートは普通，英語である．商品のパッケージで英語（と華語）だけでマレー語がないものをよくみかける．企業のウェブサイトも英語だけでマレー語がなかったりする．主要ショッピングセンター，自動車メーカーは日系企業も含め，英語のページしか設けていない．銀行のウェブサイトでマレー語があるのは，メイバンクのオンラインバンキングと，明らかにマレー人をターゲットとする国民銀行，マレーシア・イスラーム銀行だけのようである．ショッピングセンターの中にある飲食店では，メニューが英語のことが多い．自動車の所有や銀行口座の保有，大型ショッピングセンターでの買い物は，現在のマレーシアでは決して贅沢なことではなく，平均的な国民がごく普通に行うことである．

だからといって，日本人が日本語を理解するのと同じレベルでマレーシア人が英語を理解しているわけではない．細部まで理解し，正しい英語で流暢にコミュニケーションできるのは，主に大都市に暮らす一部の人びとだけである．それにもかかわらず，英語の使用がなくならない根源的な理由は，長期にわたる二言語併用状況の中で築かれた人びとの言語意識であろう．実用的にはマレー語の方がうまく機能するにもかかわらず，ある種の局面では「マレー語ではだめ」，「英語であるべき」という意識が社会の中で暗黙に共有されているのである．そのような意識を反映し，英語崇拝も根深い．上述の小学校・中高等学校における理数科目英語化の失敗は，政策立案者が現実の言語使用状況を軽視し，もっぱら言語意識からくる理想主義に走ってしまったために生じたといえる．企業活動においても同様で，消費者に対して提供される情報や商品にマレー語が欠如しがちなことは先に述べたとおりである．さらに，従業員に対しても英語力を求める傾向がある．そのため，英語環境にある一部の層が情報・知識の獲得や就職において有利になり，貧富の差につながる，英語格差が生じている[1]．

●マレー語の言語的特徴　ここまでは，マレー語の使用方法についてみてきた．最後に，そのマレー語がどのような言語かについて概観する．言語をその歴史的な類縁関係から分類するとき，マレー語はオーストロネシア語族という系統に属する．島嶼部東南アジアの土着の言語のほとんどがこの語族の言語である．オーストロネシア語族は，北は台湾，南はニュージーランド，西はマダガスカル，東はイースター島とアジア・太平洋地域に広範囲に分布する．

マレー語は，世界の他の言語に比べ，音韻・文法ともに単純である．これは，マレー語が島嶼部東南アジアにおける交易の共通言語として発展し，多民族間のコミュニケーションに用いられていたことによる．母音は，aiueo に曖昧母音の ə を加えた6つしかない．子音も，いわゆる鼻濁音（ŋ）が語頭や語中に現れることを除けば，特殊なものはない．語ごとに決まったアクセントは存在しない．

表記には，ローマ文字が用いられる．ローマ文字採用（1904年）以前は，アラビア文字をもとにして考案されたジャウィ文字を用いていた．現在でも，マレーシアとブルネイでは，看板や紙幣などにジャウィ文字表記をみることができる．

基本語順は，主語＋述語である．「私はパンを買う」のような他動詞文の場合，Saya beli roti（サヤ ブリ ロティ）［私 買う パン］のように，主語＋動詞＋目的語（SVO）の順になる．時制は存在せず，現在・過去といった時間関係は，「昨日」などの具体的な時間を表す表現や，文脈により伝えられる．英語のように，動詞が主語の人称・数に合わせて語形変化することはない．「私の名前」のような名詞修飾構造では，nama saya（ナマ サヤ）［名前 私］のように修飾語が後ろから前へ修飾する．英語の the や a(n) のような冠詞や，日本語のガやヲに相当する格標識は存在しない．

語形成においては，接辞法が文法の中で大きな役割を果たし，規則的でかつ多用される．接辞には，接頭辞，接尾辞に加え，前後を取り囲む周接辞も存在する．辞書では，語根を見出しとし，具体的な語はその下位項目として掲載される．例えば，語根 baca（バチャ）「読」の派生語には membaca（ムンバチャ）「読む」，dibaca（ディバチャ）「読まれる」，bacaan（バチャアヌ）「読み物」，pembacaan（プンバチャアヌ）「読むこと」などがある．これらの語を調べるには，b で辞書を引き，まず語根の baca をみつけなければならない．［野元裕樹］

参考文献

［1］野元裕樹「英語格差を生きる」東京外国語大学言語文化学部編『言葉から社会を考える—この時代に〈他者〉とどう向き合うか』白水社, pp.65-67, 2016
［2］ファリダ・モハメッド，山本佐永『Jom Belajar Bahasa Melayu—マレー語を勉強しよう—会話中心』Universiti Sains Islam Malaysia, 2016

インドネシア語

1928 年 10 月 28 日，第 2 回インドネシア青年会議の中で『青年の誓い』とよばれる宣言が採択された．この宣言は「我々インドネシアの青年男女は一つの祖国，インドネシアを承認する．我々インドネシアの青年男女は一つの民族，インドネシア民族を承認する．我々インドネシアの青年男女は統一言語インドネシア語を尊重する」という三つの条文から成り立っているが，簡潔に「一つの祖国，一つの民族，一つの言語」としばしば紹介される．だが，果たして「一つの言語」は「統一言語」と同じ内容を表すものだろうか．そもそもインドネシアの言語は一つなのだろうか．

「1945 年インドネシア共和国憲法」とよばれる現行憲法の第 36 条で，国語はインドネシア語であると定められている．その一方で第 32 条に「国家は国民文化の財産として地方語を尊重し，これを保護する」と定めている．実は，インドネシアの言語は一つどころか，多数の言語が存在しており，複雑な言語事情を抱えているのである．

●インドネシア語をめぐる背景　インドネシア語はインドネシアの国語・公用語であるが，もとをたどるとマレー語（ムラユ語）という言語の 1 バリエーションである．インドネシア語あるいはマレー語はオーストロネシア語族に属する．

古来，東西の交易の要衝であったマラッカ海峡の周辺ではマレー語が用いられており，このマレー語が交易の際の共通言語（リンガ・フランカ）となっていた．そして現在のインドネシア地域へも，交易を通じてマレー語がかなり古い時期から広まっていった．17 世紀からおよそ 300 年にわたるオランダ植民地時代の末期になると，各地で民族主義運動が活発化する．オランダ領東インドという枠組みが一つにまとまる形となり，冒頭に述べた 1928 年の『青年の誓い』へとつながっていく．すでに多くの地域に広まっていたマレー語を共通の言語とし，インドネシア語という名称を用いることになった．『青年の誓い』は国家にとって非常に大きな意味をもっており，10 月 28 日を「青年の誓いの日」として記念行事が毎年行われ，10 月を「言語月間」としている．

インドネシア語は人工言語だといわれることがあるが，実際にはそのようなことはない．マレー語という自然言語に対して，国家の枠組みとなるインドネシアという名称を用いてインドネシア語と名付けられたのである．英国の植民地支配という異なる歴史をたどったマレーシアでは，憲法で国語をマレー語とした．インドネシア語とマレーシアのマレー語とはある程度の意志の疎通が可能であるが，これら二つの言語の間には語彙などさまざまな面で大きな違いがみられる．

●インドネシアの地方語　インドネシアには，インドネシア語以外にも地方語とよばれる言語が数多くある．その数を特定するのは難しいが，日本の国語研究所に相当する言語育成振興局は，2017年初めに646の地方語があると発表している．地方語の話をすると「方言みたいなものか？」とたずねられることがあるが，方言ではなくそれぞれ別の言語としているのだ．基本的な構図として，生まれてからまず各地域の地方語で育てられ，学校教育などを通じてインドネシア語を習得していく．つまり，インドネシア語は多くの国民にとっていわば第二言語なのである．大まかなイメージとしては，日常の生活では各自の地方語を用い，公的な場面では国語であり公用語でもあるインドネシア語を用いる．

国勢調査には，5歳以上で日常のコミュニケーションにどの言語を用いているかという項目がある．2010年のデータによると，79.45%（約1億7000人）が地方語を，19.94%（約4200万人）がインドネシア語を用いると回答している．この数字をみる限りでは，地方語が非常に大きな地位を占めていると思われる．

地方語で最も話者人口が多いのはジャワ語で，2010年国勢調査では約6800万人（約32%），スンダ語がそれに続き約3200万人（約15%）となっている．ちなみにバリ島にもバリ語という地方語があり，約340万人（約1.6%）が日常的に用いている．

しかし，地方語がすべて安泰なわけではない．646の地方語のうち，すでに消滅した言語が11，危機的な状況もしくは消滅のおそれがある言語が14という数字もあげられている．これらは話者人口がきわめて少ないために消滅したり消滅のおそれがあるといえる．だが，消滅の危機は必ずしも話者人口の少ない言語だけに限らないかもしれない．地方語のうちスンダ語を例にとって，どのような言語状況にあるかをみてみよう．

●インドネシアの言語状況―スンダ地域を例として　東西に延びるように横長の形をしているジャワ島のうち，およそ西3分の1がスンダ語圏である．文化的な境界と一致するわけではないが，行政区画としては西部ジャワ州とバンテン州にほぼ相当する．現在の中心的な都市は，1955年に開催されたアジア・アフリカ会議の舞台となった西部ジャワ州の州都バンドゥンである．なお，ジャカルタのあたりはブタウィという別の文化圏でマレー語ブタウィ（ジャカルタ）方言が用いられ，ジャワ島の中央と東側の残り3分の2はジャワ語圏である．

スンダ語はインドネシア国内の地方語としてはジャワ語に次いで2番目に多くの話者人口を抱える大言語であり，一般に子供は生まれてからスンダ語で育てられ，母語すなわち第一言語として習得していく．日常はスンダ語で生活し，学校教育や仕事，あるいは公共の場ではインドネシア語を用いるという言語の「棲み分け」が思い描かれる．

ところが，バンドゥンのような都会では，日常の生活の中でスンダ語だけでなくインドネシア語も聞こえてくる．19.94％が日常的にインドネシア語を用いるが（2010年国勢調査より），1990年の国勢調査では10.73％であり，20年の間に10％近くも増加したことになる．しかも，スンダ語話者は以前から約15％とされており，1990年には日常における使用言語の割合はスンダ語の方が多かったのが，2010年には逆転してインドネシア語のほうが多くなっている．

バンドゥンでスンダ語よりもインドネシア語が日常的に使われる理由として，次のようなことが考えられる．バンドゥンは大きな町であるため人びとの行き来も盛んであり，スンダ語を解さない人たちも少なくない．学校教育はインドネシア語で行われるため，スンダ人の家庭でも授業で後れをとらせまいと子供をインドネシア語で育てることもある．首都ジャカルタから比較的近いこともあり，ジャカルタの影響を受けやすい．メディアなどを通じてインドネシア語があちこちにあふれ，「田舎くさい」と思われるスンダ語よりも「都会的」という印象をもつインドネシア語を使おうとする傾向が強くなってくる．とりわけスンダ語には敬語体系があり，その使い分けに頭を悩ませたり間違いをおそれたりするよりも，敬語体系のないインドネシア語を用いてしまおうとする心理もあるようだ．スンダ語の話者人口はバリ語に比べて格段に多いが，日常的に使おうとする割合はスンダ語よりもバリ語の方が高いという報告を聞いたこともある．

スンダ語の衰退に危機感を抱き，スンダ語を守ろうとする動きもある．憲法で地方語の地位が保証されているほかにも，2000年代に入り地方自治の権限が拡大したことに伴い，スンダ語を守り発展させるための条例が制定された．初等・中等教育のレベルでは，地域独自の言語文化に関する授業の実施が法律で義務化されており，西部ジャワ州ではスンダ語の授業が行なわれている．インドネシア語もスンダ語も，表記にはラテン文字（いわゆるアルファベット）を用いるが，図1のようにバンドゥン市内では道路名の表示にラテン文字の下に古い時代に用いられたスンダ独自の文字を併記しているのをみかけることもある．また，例えば「ようこそ」にあたる表現として，インドネシア語（selamat datang）ではなくスンダ語（wilujeng sumping）を公的な場所で用いることもある．スンダ語やスンダ文化を守ろうとする動きの一端が，このようなところにもみられる．

図1　バンドゥン市内のブラガ通りの道路標示．下にスンダ文字が書かれている

●インドネシア語の様相　インドネシア語は，スマトラ島のリアウ地域を中心に用いられていたマレー語がもととなり，国語・公用語として整備されてきた．1988年には言語育成振興局が『インドネシア語標準文法』と『インドネシア語大

辞典』といういわば国定の文法書と辞書を刊行している.

だが書きことばと話しことばとの差はかなり大きい. 最近では, bahasa gaul(バハサ・ガウル：直訳「付き合いの言語」)とよばれる話しことばが大きな地位を占めている. 文法的にはマレー語ジャカルタ方言が基本となっているが, さまざまなスラングなども取り入れられている. メディアを通じて情報の中心地であるジャカルタから bahasa gaul による話し方が大量に発信されることになる. このような話しことばは, 特に若者にとっては都会的であるというイメージが強いといえる. また SNS なども広く普及しており, bahasa gaul の浸透にも拍車がかかる.

ジャカルタのあたりの言語はマレー語ジャカルタ方言とすでに述べたが, おそらくジャカルタ出身者の多くが母語をインドネシア語だと認識しているだろう. ところが, 2010 年に小学校卒業試験のインドネシア語の科目について報じた新聞記事によると, ジャカルタの児童は普段からインドネシア語を話しているから簡単だろうと思っていたら実は難しかったといい, 一方でスマトラ島の児童はさほど難しくなかったといっていた. ジャカルタの子供たちは書きことばと話しことばの差を認識することなく同じインドネシア語だと思い込み, ジャカルタ以外の子供たちはフォーマルなインドネシア語を授業で意識する必要があるという異なる状況も, この国の言語状況の複雑さを映し出しているように思われる.

地方語とインドネシア語, 地方語の影響を受けたインドネシア語, インドネシア語の書きことばと話しことば, さらには英語や中国語などの言語. 地域によっては 1 人の人が複数の地方語を使い分けることもあるという. インドネシアは言語の状況が複雑に絡まり合った多層言語社会である, ともいえよう.

●インドネシア語の特徴　インドネシア語の文の基本的な枠組みは「主語－述語」で, 述語が動詞の場合にはいわゆる SVO の語順となる. 名詞句内では「被修飾語－修飾語」の語順をとる. オランウータン (orang utan) は直訳すると「森の人」だが, オランが「人」, ウータンが「森」を意味するというのが好例であろう.

語を構成する際に接辞という文法的要素を多用することも大きな特徴である. 例えば, jalan「道」に ber- という接辞をつけて berjalan「進む」, makan「食べる」が -an という接辞を伴って makanan「食べ物」となる.

●インドネシアの教育　初等教育機関として小学校 (6 年), 中等教育機関として中学校 (3 年) および高等学校 (3 年) があり, 小学校と中学校が義務教育にあたる. 高等学校レベルには技術・職業系高等学校もある. 高等教育機関としては大学 (4 年) のほかに技術・職業系の専門学校などもみられる. 教育機関は基本的に教育文化省の所管であるが, 宗教省の管轄のもとにイスラーム系の宗教小学校や宗教中等学校, 宗教高等学校も存在する.　［降幡正志］

参考文献

［1］森山幹弘・塩原朝子編著『多言語社会インドネシア』めこん, 2009

フィリピン語・タガログ語

フィリピン共和国は，東南アジアのすべての国がそうであるように，多言語国家である．7000もの島々からなるこの島嶼国家には200ほどの多様な言語が話されている．英語だけでなく普通話，広東語，福建語などの中国語諸方言も話されているが，ほとんどの言語はオーストロネシア語族に属している．この語族には，ルソン島北部のイロカノ語，ビサヤ諸島のセブアノ語，ヒリガイノン語，ワライ語などさまざまな言語があるが，その中でも現在最も話者人口が多く，政治・経済・文化の点で重要な役目を果たしているのがタガログ語である．

タガログ語は，フィリピンの首都であるマニラを中心に，ブラカン州，ラグナ州，カビテ州，リサール州，バタンガス州などで話されており，母語話者人口は3000万人ほどと推定される．それに加えて，経済発展を遂げる国の首都の言語であるため，そこに流入する非タガログ語母語話者によっても話されている．さらに，フィリピンの国語・公用語でもあるため，理念的にはフィリピン全土で話されている．国語・公用語としてのタガログ語はフィリピノ語（フィリピン語，ピリピノ語とも）と称し，理念上・法律上タガログ語とは別の言語だが，言語実質としては同じと考えてよい．

●世界の言語におけるタガログ語の特徴　タガログ語が属するオーストロネシア語族は台湾，島嶼部東南アジアおよび太平洋の島々で話される世界最大級の言語グループである．とりわけ，フィリピンの諸言語はインドネシア語，マレーシア語，ジャワ語，バリ語など他の島嶼部東南アジアの言語ときわめて近い関係にあり，共通する語彙も多い．書記体系としては現在ではラテン文字を用いるが，かつては，ブラーフミー文字に由来しジャワのカウィ文字と同源のバイバインというインド系の文字を使用していた．

文法の点では，タガログ語を含むフィリピンの諸言語は東南アジアだけでなく世界の中でも特筆すべき特徴をもっており，「フィリピン・タイプ」言語とよばれている．主語ではなく動詞が文頭に現れ，名詞と動詞の区別をするのが難しいだけでなく，東南アジアの言語としては珍しく動詞が複雑な語形変化（フォーカス・システムとよばれる）をすることも知られている．

語彙からみた場合，その歴史を反映して多様な言語から語彙を借用している．現在のインドネシア語やマレーシア語の母体となったマレー語からは多くの借用語をとりいれており，サンスクリット語などインド諸語の語彙もマレー語を通じてタガログ語に流入した（例：mukha「顔」，saksi「証人」）．また，他の東南アジアの諸言語がそうであるように，中国語諸方言，とりわけ福建語からの影響も大きい（例：lumpia「春巻き」や kangkong「空心菜」）．植民地時代にはスペイン語からも語彙を数多く借用した（例：dos「2」，mundo「世界」）．しかし，最近タガログ語に最も影響を与えている言語は英語である（後述）．

●地方語のタガログ語から「国語」のフィリピノ語へ　タガログ語がフィリピノ語として国語になるまでには複雑な経緯があった．もともとスペインや米国による植民地時代にはスペイン語や英語が公用語として政府や教育で用いられていた．しかし，20 世紀前半から首都マニラの言語であるタガログ語を国語として推す動きが起こり，1937 年には正式にタガログ語が国語の基盤として選ばれた．他の言語よりも広い範囲で話されており，文学的伝統も長く，首都マニラで話されていることなどがその理由である．1959 年には他の言語を母語とするフィリピン人に配慮し，タガログ語色を薄めるためにピリピノ語（Pilipino）という名称が考案され，1973 年憲法でピリピノ語は英語とともに公用語の一つとなった．

最終的にタガログ語は 1987 年憲法でフィリピノ語という名で「国語」に定められた．1987 年憲法第 16 条第 6 項第 1 段落で「フィリピンの国語はフィリピノ語である」（“The national language of the Philippines is Filipino”）と宣言されており，続く第 7 項においてはコミュニケーション・教育のための公用語としてフィリピノ語に加えて英語も指定されている（“For purposes of communication and instruction, the official languages of the Philippines are Filipino and, until otherwise provided by law, English”）．言語名が Pilipino から Filipino に改称された背景には，タガログ語で用いられないが他のフィリピン諸語では用いることもある「F」の文字を使うことでタガログ語色をさらに消そうという意図がある．

●「タガログ語=フィリピノ語」の光と影　紆余曲折を経つつも，タガログ語=フィリピノ語はフィリピン共和国を統合する国語・公用語として着実に根付いている．古い調査ではあるが，1989 年のアテネオデマニラ大学の調査によれば，フィリピン全土の 92％の人がタガログ語を理解し，83％が話すことができ，88％が読むことができ，81％が書くことができるという．名実ともにフィリピンの国語・公用語といってよい．この背景にはタガログ語による出版，創作，報道，芸能活動がきわめて盛んであることがある．実際，タガログ語による教科書や文学作品，児童書，漫画，雑誌などは数多く出版され，街の本屋で気軽に手に取ることができるようになっており，タガログ語の映画も毎年何十本も発表されている．タガログ語の歌は OPM（Original Pilipino Music）とよばれる一つのジャンルを形成し，街の音楽販売店でもオンライン音楽配信サービスでも手に入れ聞くことができる．

メディアに話を移すと，テレビ・ラジオは基本的にタガログ語で放送されている．もちろん英語で放送されているものもあるが，ABS-CBN や GMA などの大きなテレビ局に話を限れば，タガログ語で放送されている場合がほとんどである．日本のアニメや韓国のドラマなどはタガログ語吹き替えで放送されており，英語の映画もタガログ語字幕あるいは吹き替えで放送されていることもある．新聞はというと，*Daily Inquirer*，*Philippine Star*，*Manila Bulletin* など紙媒体の新聞は基本的に英語で書かれているが，ABS-CBN や GMA などのテレビ局が運営するオンラインニュースサイトではタガログ語で国内のニュースが配信されている．

ただ，教育の言語はというと，教育システムが米国による植民地支配の影響を大きく受けていることもあり，フィリピノ語・英語併用のバイリンガル教育が行われている．フィリピノ語およびその関連科目ではタガログ語=フィリピノ語が用いられるものの，それ以外の科目では英語が用いられる場合が多く，華人学校では中国語や福建語が教育の言語として使用されており，タガログ語はあまり使われない．このため，普段の生活ではタガログ語を用いるフィリピン人であっても，英語や中国語で数を数えたり計算したりする．最近では，Mother Tongue-Based Multilingual Education（MTB-MLE）という母語に基づく多言語教育を推進する動きもあり，タガログ語地域ではタガログ語による教育が，それ以外の地域では現地地方語での教育が目指されている．

このように，タガログ語=フィリピノ語はフィリピン共和国を統合する言語として一定の役割を果たしつつある．一方で，この事実はタガログ語を母語としないフィリピン人にとっては，自分の母語ではない言語が国語となったことを意味しており，反発する人びとも少なくない．タガログ語=フィリピノ語の使用を Imperial Manila（政治力・経済力・文化的威信が集中するタガログ語地域を揶揄する表現）による文化侵略として批判を展開する活動家も根強く存在する．さらに，タガログ語が浸透したために，本来その土地で話されていた言語が子供たちに継承されず，その言語の母語話者が少なくなるという事態も起こっている．これらは，国語・公用語が存在する多言語国家であればどこでも程度の差こそあれみられるものであり，フィリピンの状況が特殊というわけではないものの，タガログ語が国語・公用語として採用されたことの負の側面といえる．

●タガログ語とフィリピンの文化の多様性　タガログ語は，フィリピノ語として共和国を統合するシンボルであると同時に，この国の多様な文化を体現する存在でもある．特に，タグリッシュとよばれる話し方のスタイルがそれである．教育において英語が用いられるフィリピンでは英語とタガログ語を混ぜながら話すことが日常的に行われるが，そのスタイルを Tag(alog) と (Eng)lish で Taglish とよぶ．これは単に英単語を頻繁に用いるというだけにとどまらず，会話の途中でタガログ語になったり英語になったり切り替わるのである．このタグリッシュはフィリピンで話される英語変種であるフィリピン英語と相互作用してフィリピン独特の多言語空間を生み出している（図 1 はタグリッシュによるエッセイの一部である）．

タガログ語が英語と共存しながら変化しつつある一方で，タガログ語の話し手もまた多様化している．タガログ語を学習する外国人も少しずつ増えており，タガログ語を（あまり）話さない外国生まれのフィリピン人や外国人がフィリピンで芸能人として活躍する例も目立っている（例：James Reid）．大手芸能事務所 Star Magic では芸能活動に有利なように自社タレントにタガログ語を教育しているほどである．タガログ語で発信する YouTuber も世界各地におり（タガログ語を継承語として話す米国人の活躍が特に顕著である），タガログ語で歌うビデオを投稿する YouTuber はフィリピン人か否かを問わず多い．さらに，タガログ語が使用される場も多様になっている．フィリピンでは人口の1割を超える1000万人の人びとが海外で働いているといわれるが，その人たちが海外でタガログ語を話している．日本でもタガログ語で発行された情報誌が手に入るほどだ．それだけではない．インターネット上には，Facebook や Twitter，ブログにタガログ語の投稿があふれている．Wattpad などのオンライン作家コミュニティでタガログ語の作品が無償で公開され広く読まれている．ラテン文字で表記するという偶然がコンピューターでの利用を容易にしている側面もある．

> **Lessons learned in Saigon**
>
> **Sometimes you have to meet a few wrong ones to find the right one**
>
> I am talking about the hotel. Pero sige, puwede natin i-connect sa ibang aspeto ng buhay natin iyan.
>
> Hindi namin nagustuhan ang hotel na binook namin online so on our first day, my friend and I had to look for a new hotel.
>
> The hotel we booked via the Internet was $15 a night. May free breakfast and Internet connection pero nasa third floor kami at walang elevator. Maliit ang banyo at ang kuwarto, at maingay ang air-con.

図1　エッセイ：Lessons learned in Saigon の一節（出典：Capili, N., *Parang Kayo, Pero Hindi*. Anvil Publishing, Inc., p.37, 2013）

最後にフィリピン人の創意工夫がつまったタガログ語の言葉遊び baligtad「逆さま・裏返し」を紹介しよう．単語を逆さまに読む造語法で，古典的な例だとエストラーダ元大統領の愛称である erap がある．これは pare「友だち」を後ろから発音したものだ．ほかにも pater「父」→ erpat，mater「母」→ ermat，tigas「堅い」→ astig「すごい」などがある．erpat は pater を pat と er に分けた上で逆にしている．2017年の流行語に lodi と petmalu があったが（前者は憧れの人や成功者に対する呼びかけ，後者は「すごい」「ヤバイ」に相当する形容詞），前者は erap のように idol「アイドル」を逆さ読みし，後者は erpat のように malupit「残酷な」を malu と pit に分けて逆にしている．このようにタガログ語は，フィリピン人の創造性と遊び心と相まって，フィリピン文化の重要な要素の一つとなっている．

［長屋尚典］

少数言語と消滅危機言語

動物の世界では，ニホンウナギやクロマグロは絶滅危惧種とよばれることがある．実は，言語の世界にも，消滅の危機に瀕した言語があり，危機言語とよばれている．現在，世界において話されている言語の20～50%は，21世紀の末の時点で消滅しているだろうと予想する言語学者もいる．もし動物の世界でこのようなことが起こったら，大変なことだと考える人が多いと推測される数字である．

●東南アジアの言語の数 では，世界において，そして東南アジアにおいて，どのくらいの数の言語が話されているのであろうか．「エスノローグ」という世界の言語のカタログのような本によると，世界において7099の言語が，東南アジアにおいて1245の言語が話されている．この本は，最新の研究成果が反映されるまでに時間がかかるなどの問題点はあるものの，現時点においては最も包括的なデータである．よって，以下ではこのエスノローグの最新版である第20版に主に基づいて記述を行う．

●言語の活力 エスノローグは，言語の活力，すなわち危機の度合いを13のレベル（「国際レベルで使用されている」のレベル0から「消滅」のレベル10まで）に分け，それらを大きく5つの範疇，①強固（レベル0-4），②発展中（レベル5），③普通（レベル6a），④問題あり（レベル6b, 7），⑤死につつある（レベル8a, 8b, 9）にまとめている．ここでは，「問題あり」と「死につつある」に該当する言語を危機言語と考える．なお，レベル6bは，すべての世代で，対面コミュニケーションにおいて用いられているが，使用者が減っている，レベル7は，親世代は自世代内ではその言語を使用できるが，子供世代にその言語は引き継がれていない，レベル8aは，活発な使用者が祖父母世代かそれより上の世代に限られる，レベル8bは，使用者が祖父母世代かそれより上の世代に限られ，使用する機会は少ない，レベル9は，民族的コミュニティのアイデンティティとしては機能しているが，シンボル的使用を超える熟達度の人はいない，と定義されている．

●東南アジアにおける危機言語 アジアの中で，東南アジアは526言語と危機言語が最も多く（以下は東アジア，南アジア，西アジア，中央アジアの順），危機言語が占める比率は42.3%で第3位である（1位東アジア，2位西アジア，4位中央アジア，5位南アジア）．そして，表1が示すように，東南アジアの中で危機言語が最も多いのはインドネシア（348言語）で（複数の国に分布している言語の場合は国ごとにそれぞれ数えている），以下，マレーシア，ベトナム，フィリピン，ラオスおよびタイ，ミャンマー，カンボジア，シンガポール，東ティモール，ブルネイの順である．危機言語の中でも，「死につつある」の範疇に限定すると順位が

表1　東南アジアの国別の言語の活力

	ベトナム	カンボジア	ラオス	タイ	ミャンマー	マレーシア	ブルネイ	シンガポール	インドネシア	東ティモール	フィリピン
総言語数	109	27	81	70	118	134	15	24	707	20	183
強　固	1	5	1	2	11	11	8	5	18	2	41
発展中	15	5	10	26	49	6	3	8	81	1	72
普　通	50	4	48	20	37	7	1	0	260	11	45
問題あり	37	8	20	17	18	95	3	10	272	5	14
死につつある	6	5	2	5	3	15	0	1	76	1	11
危機言語	43	13	22	22	21	110	3	11	348	6	25
危機言語数の順位	3	8	5	5	7	2	11	9	1	10	4
強固（比率%）	0.9	18.5	1.2	2.9	9.3	8.2	53.3	20.8	2.5	10.0	22.4
発展中（比率%）	13.8	18.5	12.3	37.1	41.5	4.5	20.0	33.3	11.5	5.0	39.3
普通（比率%）	45.9	14.8	59.3	28.6	31.4	5.2	6.7	0	36.8	55.0	24.6
問題あり（比率%）	33.9	29.6	24.7	24.3	15.3	70.9	20.0	41.7	38.5	25.0	7.7
死につつある（比率%）	5.5	18.5	2.5	7.1	2.5	11.2	0	4.2	10.7	5.0	6.0
危機言語（比率%）	39.4	48.1	27.2	31.4	17.8	82.1	20.0	45.9	49.2	30.0	13.7
危機言語比率の順位	5	3	8	6	10	1	9	4	2	7	11

（出典：Simons, G. F. and Fennig, C. D. eds., *Ethnologue: Languages of Asia.*, 20th ed., SIL International, 2017）

やや変わり，該当する言語が最も多いのはインドネシア（76言語）で，以下，マレーシア，フィリピン，ベトナム，カンボジアおよびタイ，ミャンマー，ラオス，シンガポールおよび東ティモール，ブルネイの順である．

「死につつある」に該当する言語は特に急いで調査，記録を行う必要があり，一部の言語学者によってその努力が続けられている．レベル8bに該当するチュウン（サオチ）語（話者10人，オーストロアジア語族，カンボジア），レベル8aに該当するバンティック語（話者3000人，オーストロネシア語族，インドネシア）など，日本の言語学者によって研究が行われてきた例もある．

危機言語の中には，比較的昔からその存在が知られている言語もあるが，最近になって危機言語として「発見」された言語もある．ラオスの公定民族の一つであるアカ（2015年の国勢調査では人口11万2979人）には多数の下位集団があることはわかっていたが，これらの下位集団がどのような言語を話すのかは，最近までほとんどわかっていなかった．国家による民族分類ではコンサートとよばれているアカの下位集団（自称はスマ）が，アカ語とは異なる言語（スマ語，シナ・チベット語族）を話し，人口は約70名足らずであることがわかったのは，筆者が初めて言語調査を行った2008年のことである．地理的理由，政治的理由などにより，言語調査があまり行われてこなかった地域では，今後もこのような例が出てくるものと推測される．

［加藤高志］

東南アジアの教育

☞「寺院と教育」p.234,「ポンドック・プサントレンと教育」p.240

伝統的な学習は宗教と結びつき，大陸部では上座仏教の寺院で，イスラーム化された島嶼部では礼拝所（ランガル，スラウ）や寄宿塾（ポンドック・プサントレン）で行われた．キリスト教世界のカテキズム（教理問答）と同様，宗教共同体の一員になるための通過儀礼として，仏教では男子が一定期間，寺院に入って学ぶ慣行があり，イスラームでも基礎的なクルアーン学習の伝統があった．

●植民地支配と教育　植民地支配は国家に付随する制度として世俗的な近代学校をもたらした．宗主国の言語による支配階層のための学校と，現地語による庶民の学校に区別されたが，現地語の読み書き算（3R's）の学習は価値が理解されず，収入と結びつく手仕事の導入や通学の強制が行われた．キリスト教ミッションの活動は宗教的中立性・世俗性に配慮して抑制されたが，男女別学と女子校の設置は女子教育の機会拡大に与った．英領マラヤでは本国のエリート学校「パブリックスクール」をモデルに1906年に王族・貴族の子弟のために全寮制の「マレー・カレッジ」が創設された．インドネシア（オランダ領東インド）でも20世紀に入ると「倫理政策」のもと，近代学校制度が拡充・整備される．オランダ語教育の拡大はカルティニに示されるような民族の目覚めにつながった．B. アンダーソンが指摘するように，中央集権的な学校制度の階梯を登ることによって，村から町へ，そして最終的には植民地の中心へ向かう「巡礼の旅」はナショナリズムの形成に与った．イスラーム教育も改革思想・近代思想の影響を受けて学校制度を取り入れ，マドラサやアラブ学校が設立された．第1次世界大戦以後は民族主義運動の高まりを背景に，植民地政府に対抗する学校が各地につくられた．1922年にオランダ領東インドに設立されたタマンシスワは伝統的な学びを近代学校の中で再生させようとした．ナショナリズムの高まりを背景としたさまざまな学校設立は，政府による補助と引き換えに統制を招いた．日本軍政期にはヨーロッパ言語を排除し日本語教育が強制され，独立後の国家語強化につながった側面もある．

●国家形成と教育—言語・宗教　第2次世界大戦後，植民地支配の遺産による多民族・多言語社会を前提に，国民統合・国家形成に取り組むことになった．インドネシアでは小学校3年までは地方語を補助的に使うが，以後は国家語のインドネシア語で統一した．マレーシアではマレーシア語（マレー語）を国家語，英語を公用語として，それらを教授言語とする学校種に加えて，初等教育段階は華語とタミル語（タミール語）を教授言語とする学校も認めた．1969年の人種暴動を機にブミプトラ（マレー系とその他の先住民）優遇政策がとられ，英語を教授言語とする学校がマレー語に転換された．シンガポールは4公用語，すなわちマレー語，華語，タミル語，英語を認めるが，教育については英語を教授言語とし，補助的に民族語も学ぶ．フィリピンではタガログ語をフィリピン語として国家語化したが，教科によりフィリピン語と英語を使い分ける．大陸部では国家語としてそれぞれベトナム語，ラオ語，カンボジア（クメール）語，タイ語，ミャンマー語が定められ，国家語の普及・強化がはかられてきたが，山地少数民族を抱え容易ではなかった．

インドネシアはパンチャシラ（国家五原則）のもとに宗教教育が義務付けられ，公認6宗教（イスラーム，プロテスタント，カトリック，ヒンドゥー教，仏教，儒教）のいずれかを学ぶ．1965年の共産党蜂起未遂事件以後，宗教教育の必修的性格が強められた．マレーシアはイスラームを公式宗教とし，ムスリムの生徒にはイスラームの宗教教育が，それ以外の生徒には道徳教育が必修となった．また，イスラームに関する権限は基本的に州にあり，州立のイスラーム中等学校やイスラーム・カレッジなどが存在する．フィリピンでは政教分離原則にカトリックの圧力が及び，任意選択制宗教教育という形態が取られてきた．大陸部では基本的に上座仏教の仏教教育が行われる．フランスの植民地支配から独立したカンボジアでは教育の世俗性を掲げる一方で，宗教・カルト省がおかれ，信仰の自由とともに宗教の独立性が保たれている．

●教育の国際的次元　1965年に発足した東南アジア教育大臣機構（SEAMEO）のもとに，共通の課題に重複なく共同で取り組む方向が目指され，地域的な事情にあわせて，教育改革（INNOTECH，フィリピン），理数教育（RECSAM，マレーシア），言語（RELC，シンガポール），高等教育（RIHED，タイ），熱帯生物学（BIOTROP，インドネシア）など分野別のリージョナル・センターが設置された．インドネシアでは戦後賠償留学生をはじめ日本留学経験者が多く，元日本留学生協会プルサダ（Persada）がダルマプルサダ大学の設立に与った．マレーシアでは1981年からルックイースト政策が掲げられ，日本で多くの留学生が学んだ．1997年のアジア通貨危機以降，留学のハブへの転換がはかられ，海外大学との連携や分校の設置が進み，アフリカ，イスラーム諸国からの留学生が増加した．

1979年のイラン・イスラーム革命以降の世界的なイスラーム復興は，地域のイスラーム教育熱を高め，1983年には，マレーシア国際イスラーム大学が創設された．「知識のイスラーム化」が課題とされ，宗教に限定せずに経済，工学，医学などもイスラームの理念のもとに統合しようとする．インドネシアでも，宗教省管下のイスラーム宗教専門大学（IAIN）の総合大学（UIN）化がはかられてきた．マイノリティ・ムスリムに対するアラブ諸国の支援が積極的に行われ，過激思想の流入にもつながった．他方，穏健なイスラーム思想形成とかかわって，伝統的なポンドック・プサントレンの教育も注目されてきた．［西野節男］

📖 参考文献

［1］村田翼夫編著『東南アジア諸国の国民統合と教育』東信堂，2001

高等教育

☞「女性の高学歴化」p.506

東南アジア初の大学であるサン・イグナシオ大学は，イエズス会がスペイン植民者の子弟を教育するために1589年にマニラで設立された．英国が1949年にシンガポールに設立したマラヤ大学の前身は1905年に創設されたエドワード7世医学カレッジである．このカレッジに，官吏養成機関であるラッフルズ・カレッジが合併してマラヤ大学となった．

これらの例が示すように，東南アジアの大学のほとんどは欧米植民地政府が現地ヨーロッパ人の就学，もしくは現地人の官吏や医師の養成を目的として設立され，またその歴史はサン・イグナシオ大学以外は新しい．それは，植民地宗主国が長い間，最低限の読み書きのための初等教育あるいは下級官吏や教員養成のための教育機関しか重視しなかったからである．なお，東南アジアで唯一植民地支配を免れたタイでも，最も古い歴史をもつチュラロンコーン大学が設立されたのは1917年で，官吏養成のためのタマサート大学が設立されたのは1934年である．

●大衆化される高等教育　東南アジア諸国が独立を獲得し，経済発展のために多様な分野における高度職業専門人を育成することが喫緊の課題となった1970年代あるいは1980年代には，各国で大学をはじめとする高等教育機関（単科大学，専門大学，短大，高等専門学校など）の数が急増し，高等教育が大衆化された．

2016年国連『人間開発報告書』によれば，高等教育を受ける年齢層における就学率が高い東南アジアの国はタイ53%，シンガポール47%（シンガポールの数字は『人間開発報告書』に掲載されていないので，同国2010年国勢調査に依拠した），フィリピン36%，インドネシア31%，マレーシア30%である．

タイの数字が高いのは，高まる高等教育需要に対して，高卒以上の資格があれば無試験で入学できる開放・遠隔方式のラムカムヘン大学（1971年設立）とスコータイ・タマティラート大学（1971年設立）という二つの大学が2013年で52万人の学生を集め，高等教育の大衆化を積極的に進めているからである．なお，1990年代末まで少数の国立大学が高等教育を独占してきたシンガポールとマレーシアでも2000年代に入ると国立大学を増やし，私立大学の設立も認めるようになった．マレーシアでは2017年現在20の国立大学と21の私立大学，ほかに20以上のカレッジがある．シンガポールには政府の全面補助を受ける6つの大学（国立大学2校と公設民営方式で設立された私立大学など4校）がある．これに国立教育学院と5つのポリテクニック（高等専門学校）があり，学生数は約17万人を超えた．大規模な高等教育人口をもつインドネシアとフィリピンでは，国立と私立大学（カレッジを含む）の数はインドネシアで約2000，フィリピンでは約1500にものぼる.

なお，インドネシアやマレーシアではイスラーム高等教育も行われるようになり，インドネシアでは全国に総合大学，単科大学などの多数のイスラーム高等教育機関があり，マレーシアでは1983年に中東型の大学システムであるマレーシア国際イスラーム大学が設立された.

●世界の注目を集めるNUS　ロンドンの教育雑誌が発表する「世界の大学ランキング2017」でシンガポール国立大学（NUS）が24位，もう一つのシンガポールの国立大学である南洋理工大学（NTU）は54位に選ばれた．アジアの大学だけでみるとNUSは2年連続第1位である．このランク付けは学術研究業績，教員・学生の比率，国際化，学生の留学や留学生の比率などの項目で決定される．なお，英国がシンガポールに創ったマラヤ大学が1962年にシンガポール大学となり，私立の華語大学として1956年に創設された南洋大学と合併して，1980年にNUSになった．マラヤ大学クアラルンプール分校が現在のマラヤ大学である.

図1　NUS中央図書館

「アジア最高の大学」NUSは二つのキャンパスに16学部55の学士課程をもち，3万7000人が学ぶ（図1）．一方のNTUは4学部に3万5000人が学ぶ．NUSは2002年に政府が打ち出した「グローバル・スクールハウス」構想のもとで，世界40か国のトップ大学と300の交換留学制度を設けて「アジアの教育のハブ」としての地位を固めた．学生数全体に占める留学生の比率は16%，その出身国は120か国にも及ぶ．交換留学のほかに，卒業後は一定期間シンガポールで働くことを条件に政府奨学金を海外の優秀なエリート学生に支給する制度も設け，優秀な外国人人材を誘致して国家のさらなる発展を目指している．さらに政府は膨大な資金を使って，世界トップクラスの研究者をNUSとNTUにヘッドハンティングしている.

2013年に開講したイェール・NUSカレッジによって，NUSの国際的評価はさらに高まった．このカレッジはシンガポール初のリベラルアーツカレッジで，300年の歴史を誇る米国のイェール大学に匹敵するカリキュラムをもつ．1期生はシンガポールを含む25か国から150人が選抜され，世界最高水準の国際性をもつ大学となっている．ただ，近年は急増する外国人学生に対して，シンガポール人学生の不安と不満が高まっているため，政府は外国人学生や研究者の入国条件を厳しくしつつある．優秀な外国人材の確保と国民の不満のバランスをどうとるのか，シンガポールの高等教育は新たな課題に直面している.　［田村慶子］

教育と開発

☞「ジェンダーと開発」p.526

東南アジア諸国は1990年代の通貨危機や2000年代のリーマン・ショックの影響を受けつつも一定のペースで経済成長を続けており，それに伴い教育，保健医療，福祉といった社会開発分野も着実に拡充を遂げている．とりわけ教育分野は，経済開発や社会開発を進める上で不可欠な人材を育成するという観点，ならびに多文化・多民族・多宗教の社会である東南アジア諸国において国民意識を形成し，国家の安定を目指すという観点から，基本的にすべての国で重視されている．

●東南アジア諸国における教育の現状　近年，東南アジア諸国の開発が進む中，学校教育への就学率も高くなっている（以降のデータはユネスコ統計研究所のデータベースから，2013〜15年のいずれかの年のデータとして入手）．初等教育の純就学率をみると，インドネシアが89.7%，他の国々は90%台であり，基礎的な学校教育が普及していることを示している．しかしそれと同時に，障害をもっていたり，僻地で暮らしているといった理由で，未だに初等教育へのアクセスを十分に得られない子供たちがいることも忘れてはならない．

一方，各国間の差が出てくるのが，中等教育段階からである．前期中等教育の純就学率をみると，カンボジア，ラオス，ミャンマー，東ティモールが40〜50%台であるのに対して，その他の国々は70%台半ば以上であり，ベトナムやマレーシアのように90%前後の国もある．さらに，後期中等教育に関してはこの差がさらに広がり，前期段階の就学率が低い4か国が10〜30%程度という低い水準に留まっている中，ブルネイやタイは70%前後であり，その他の国々も50%以上となっている．特に経済開発を目指して労働集約型の産業から高付加価値の産業へと構造転換していく上で，中等教育段階の拡充が多くの東南アジア諸国で重要な政策課題として掲げられている．

なお，東南アジア諸国の特徴として，いずれの教育段階においても男女間格差があまりない中，高等教育に関してはタイ，フィリピン，マレーシア，ブルネイといった国では女性の就学率の方が男性よりも高い状況にあることがあげられる．また，シンガポールに関しては公式なデータを政府が発表していないため不明であるが，すべての教育段階においてきわめて高い水準にあることが推測される．

●教育の質に関する課題　このように教育機会へのアクセスが基本的に向上している一方，学校や大学における教育の質を改善することが，重要な課題として広く認識されている．例えば，東南アジア諸国の多くの学校では教師主導の教授法が一般的に実践されているが，経済開発協力機構（OECD）による「生徒の学習到達度調査（PISA）」などの影響を受けて世界的に生徒中心の教授・学習の重要性に注目が集まり，2000年代から東南アジア諸国でも教授法や教育内容，カリキュラムに関する改革が導入されている．その中で，特に教師の力量を向上させることが不可欠であるという意識が高まり，教員養成制度の拡充を各国が進めている．

また，東南アジア諸国の経済開発が進む中で工業化社会の担い手を育てることが必要となり，より複雑化した職務につくことのできる人材を育てるために，学校教育の内容を高度化するための教育改革も各国で進められている．同時に，学校教育の拡充だけではそうした社会的要請に応えることが難しいため，職業技能訓練や高等教育における高度産業人材の養成といった領域も重視されるようになっている．こうした文脈の中で，東南アジア諸国では後期中等教育段階ならびにポスト中等教育段階における職業技能訓練が拡充するとともに，主に私立大学を中心に高等教育セクターの拡大が急速に進んでいる．しかしながら，それらの訓練プログラムや訓練校，さらに新興の私立大学の中には，十分な質の教育を提供しているとはいいがたく，収益を上げることを一義的な目的としているとしか考えられないようなプログラムや機関が少なくないことに留意する必要がある．

●教育格差の拡大とASEAN共同体が目指すもの　ASEAN共同体の設立に象徴されるように域内での政治や経済の相互依存が深まるなかで，国境を越えて活動できる人材の育成が東南アジア諸国にとって重要な課題となっている．そのような人材の育成を目指して，多くの国で英語教育が教育政策の優先分野として掲げられ，公立学校のみならず私立学校やインターナショナル・スクール，さらには英語塾などの民間機関も含めて，多様な英語教育が行われている．こうした中，例えば東南アジア諸国のインターナショナル・スクールは現地のエリートや富裕層の子弟が多く通う学校となっている．それは，現地の学校の質が相対的に低いために起こっている面もあるが，英語教育を中心とした「国際」的な教育環境に子供を通わせたいという保護者の思惑による面が強い．こうしたインターナショナル・スクールの隆盛が，今後，東南アジア諸国における教育格差のさらなる拡大の要因となり，ひいては社会経済的な格差の固定化へとつながっていくことが懸念される．

ASEAN社会文化共同体の目的として「ASEANアイデンティティ」の形成が掲げられ，教育が果たす役割の重要性が強調されている．そうした中，教育段階や学事暦といった制度面での共通化が進むと同時に，「ASEAN学習」という教科・領域が各国のカリキュラムに導入されるといった教育の内容面に関する共有化の動きもみられる．もちろん，「共同体」としてカリキュラムや教科書をどこまで共有するのかについては，各国で異なる歴史認識の複雑さなどもあり容易ではない．しかし，共通化・共有化を媒介としつつ，教育の質を一定の水準へと向上させるための多様な試みが，国際機関や地域機関（東南アジア教育大臣機構：SEAMEOなど）とも連携しながら各国で積み重ねられている．　［北村友人］

東南アジアのインド系文字

☞「インド化」p.62

大陸部東南アジアのカンボジア語，ビルマ語，タイ語，ラオス語は，独自の文字によって表記される．これらの文字群は，前3世紀インドのアショーカ王碑文を記したブラーフミー文字に遡ることができ，「インド系文字」と総称される．

●ブラーフミー文字　ブラーフミー文字は，インド・アーリア系に属する当時の口語プラークリット語を書き表すためにつくられた表音文字である．子音を表す字のまわりに母音などを表す記号を付加して音を表す．母音記号の付かない子音字は母音-aを伴って読まれ，子音字を縦に重ねた結合字によって子音の連続を表す．文の初頭が母音の場合，それは専用の母音字によって表される．後にこの文字はより古いアーリア系言語のサンスクリット語を書き表すのにも用いられ，インド各地に広まってデーヴァナーガリー文字など現代インド諸文字のもととなった．

●文字の受容と自言語への適応　東南アジアにアーリア系言語の音を伝えたと考えられるインド系文字は，4〜5世紀南インドのパッラヴァ・グランタ文字である．34の子音字，11の母音字と10の母音記号，鼻母音や母音末の気音を表す記号，そして単独の子音を表すために子音字に付加される記号（ヴィラーマ）などの要素を備えていた（図1）．この文字を最初に受容したマレー（広義の），チャム，クメール，モン，ピューなどの民族は，本来の用途に加え，自言語を表記するのにこの文字を流用した．その際，表音の仕方に大きな変化が生じた．

アーリア系言語の表記では，文を表す音の並びを語ごとに分割せず，ひと続きに書く．語が子音で終わるとき，その子音は次の語の初頭音とひとまとめにして書かれ，文字から語の切れ目を判断することができない．これに対して，東南アジア諸言語の表記では語の切れ目を明示する．この目的のために，アーリア系言語の表記では文末の子音を表す以外出番のなかったヴィラーマが多用された．一方，結合字は語中の子音連続を表す用途に特化した．子音で終わる場合に限られるものの，語の切れ目が明示されるようになったことは，文字の可読性を増したといえる．現代の東南アジアインド系文字の多くはヴィラーマを用いなくなったが，語末子音で音を区切るという性質は変わっていない．

インド系文字が本来表記したアーリア系言語と，オーストロネシア系（マレー，チャム），モン・クメール系（クメール，モン），チベット・ビルマ系（ピュー）の諸言語では，音のしくみが違うため，後者を表記する際に文字要素の不足が生じた．自言語の音を適切に表記するために，新たな要素や組合せが導入された．これらの文字の多くはアーリア系言語の表記という本来の用途にも引き続き用いられ，それに必要な要素は自言語の表記に不要であっても保持された．

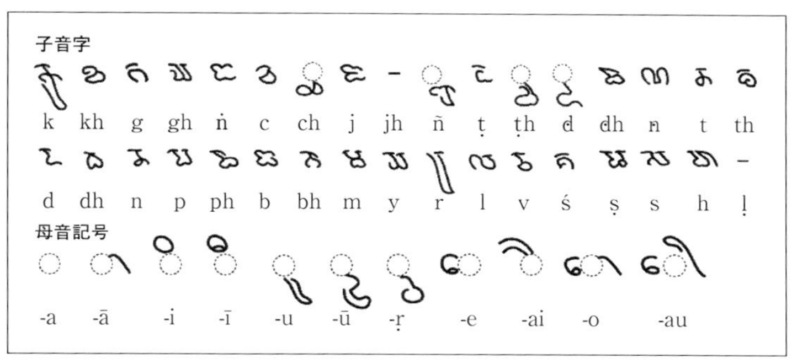

図1　ベトナムのミーソン遺跡にあるサンスクリット語碑文C96（658年刻成）の子音字と母音記号．パッラヴァ・グランタ文字が現地化していく過程の一段階と考えられる．この碑文では，子音字のうちjhとḷは現れず，◌を付した子音字は結合字の中のみに現れる

●さらなる受容と分化　マレーによる受容の結果，ジャワ文字，バリ文字などが生まれた．クメール文字はタイ語などタイ中・北部で話されるタイ系言語の表記に，モン文字はビルマ語（チベット・ビルマ系）の表記に，それぞれ流用された．ビルマ語，タイ語にはモン語，クメール語にない声調という音特徴がある．ビルマ文字はモン文字の一部の記号を活用して声調を区別するしくみを編み出し，タイ文字は声調を表す記号を新たにつくり出した．ビルマ文字はタイ系言語を表記するシャンやタイ・ナなどの文字のもととなった．また，モン文字がクメール文字の流れを引く北部タイの文字の要素を取り入れて，やはりタイ系言語を表記するラーンナーやタイ・ルーなど「タム文字」と総称される文字を生み出した（図2）．

図2　各種東南アジアインド系文字フォントの子音字k（図1のkと比較してみよう）

オーストロネシア系言語を表記するスマトラ島のレンチョン文字，バタク文字，スラウェシ島のロンタラ（ブギス）文字，フィリピンのバイバイン（タガログ）文字などもインド系と考えられるが，その受容や成立過程にはいまだ定説がない．

現代の東南アジアインド系文字のほとんどは，読むために複雑な読音規則を習得する必要があり，初学者を悩ませる．その原因の多くは，文字の成立後に言語に起こった音の変化である．

［澤田英夫］

📖 参考文献

［1］東京外国語大学アジア・アフリカ言語文化研究所編『図説　アジア文字入門』河出書房新社，2005

チュノム文字

ベトナム語を表記するために考案され，20 世紀初頭まで用いられた文字で，現代の正書法では Chữ' Nôm，チュノムでは「字喃」「𡨸喃」「𡦂喃」などと表記される．ベトナムの固有語を表記するために，漢字そのもの，あるいはその部首を組み替えたり形を改良してつくられた．西夏文字，契丹文字，女真文字などは，漢字の構成法にならいつつも構成要素の形が漢字とは異なるので「疑似漢字」とよばれ，漢字の字体をそのまま利用するチュノムは「派生漢字」とよばれる．他の派生漢字として広西壮族の古壮字（方塊字）などが知られる．

●起源と構造　チュノムは自然発生的で，創作者や時期を特定することが難しい．13 世紀頃から多く用いられ始めたという歴史書の記述があるが，現物が残る考古資料としては，ベトナムの人名を記すために漢字が当てられた例が 11 世紀頃から見え始め，「紹豊二年壬午」（1342 年）の年号を記した，ベトナム北部ニンビン省ノンヌオック山の「護城山碑文」に，約 20 の漢字がベトナム語の数詞，度量衡，地名・人名を記すために用いられている．内容はノンヌオック山頂に建てられた「天龍寺」への寄進者リストで，初期のチュノムの例と考えられる．

チュノムをその構成法により分類すると，①漢字のベトナム式読音（ベトナム漢字音）を借りてベトナムの固有語を表記する仮借字，②表音要素としての漢字音あるいは他のチュノムの読音に表意要素の部首を付加した形声字，③ 2 字の漢字の意味を組み合わせてベトナムの固有語を表記する会意字，④ 2 字のベトナム漢字音を表音要素として組み合わせてベトナムの固有語を表記する会音字の 4 種に大別される．このうち仮借字と形声字が全チュノムの約 9 割を占め，他の例は極めて少ない．④の例は比較的古い時代の資料にみられ，ベトナム語の古音を知るための貴重な手がかりとなる（表 1）．

表 1　チュノムの分類

分類	例	チュノムの読み	意味	表音要素のベトナム漢字音
①仮借字	些	ta［ta^{1}］	我々	些 ta［ta^{1}］
②形声字	𢆥	năm［năm^{1}］	年	南 nam［nam^{1}］
③会意字	𡗶	trò'i［ʈʂɤj^{2}］	天，空	
④会音字	𢁑	trái［ʈʂaj^{5}］＜blái［blaj^{5}］	果物	巴 ba［ɓa^{1}］＋頼 lại［laj^{6}］

●書かれる内容と歴史　チュノムが使われ始めてからフランス領時代（19 世紀後半以降）までのベトナム社会におけるチュノムの位置付けを知るには，『指南玉音解義』など伝統的な辞書の編纂方法をみるのがよい．西洋のキリスト教宣教師が編纂したローマ字表記のベトナム語辞書とは異なり，ベトナムで編纂されたすべ

ての辞書は，漢語をチュノム表記のベトナム語で解説するという形態がとられており，漢語が主でベトナム語が従という関係が明確である．例外的に，胡季犛（ホー・クィ・リー）（在位1400年）や阮文恵（グエン・ヴァン・フエ）（在位1787〜92年）がチュノムの国字化を試みたが，いずれも短期執政のため実現しなかった．

国家の公文書が漢文で書かれる一方，さまざまな文書がチュノムで記された．仏教の民衆化が進んだ15世紀以降，漢文で書かれた大乗仏典のベトナム語への翻訳が盛んとなり，現存するチュノム文書の中でも最古の文字形態を残すといわれる『仏説大報父母恩重経』漢文・チュノム対訳版などが出版された．また，中国（明）の支配から再び独立を勝ち得た15世紀には民族意識が高まり，ベトナム史上最初のチュノム詩集，阮廌（グエン・チャイ）（1380–1442）の「国音詩集」（『抑齋遺集』第7巻所収）が出現した．

現行ローマ字正書法の基礎が17世紀にカトリック宣教師によりつくられるが，彼らも布教活動に際し当初ベトナムの言語と文字の習得に勤しんだ．イタリア人宣教師ジローラモ・マイオリカム（1591–1656）の手書きのチュノム著作『徳主支秋』（『主イエス』）や『翁聖衣那枢伝』（『聖イグナチオ伝』）などの作品は，その独特の字体が印象的である．

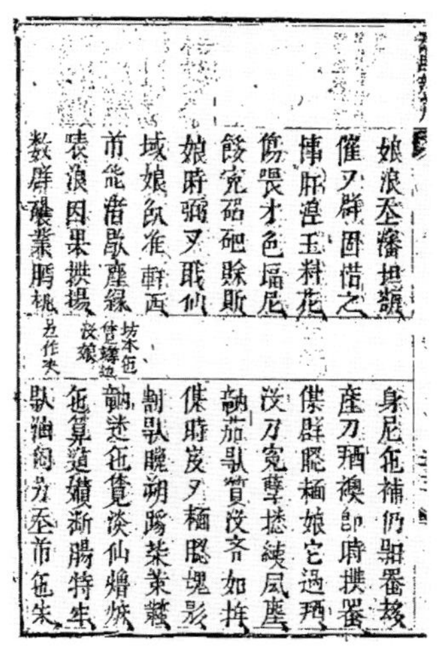

図1　阮攸『金雲翹』（数奇な運命をたどった女性翠翹の恋物語）

18〜19世紀は，チュノム文学の興隆期で，阮攸（グエン・ズー）（1765–1820）の『金雲翹（キム・ヴァン・キエウ）』，阮廷炤（グエン・ディン・チェウ）（1822–88）の『陸雲仙（ルック・ヴァン・ティエン）』など，韻文作品の傑作が生まれた．その他，民間医療や葬礼のマニュアルなどがチュノムで書かれたが，『寿梅家礼（ト・マイ・ザー・レー）』は今でもそのローマ字版が読み継がれている．19世紀後半フランスによる植民地化が本格化し，その言語政策として漢文・チュノムの使い手であった伝統的知識人にもローマ字の習得が求められ，1945年ベトナム民主共和国成立以降，文盲一掃の手段としてローマ字が一般大衆に教えられ，知識人の世界からもチュノムが姿を消していった．

［清水政明］

参考文献

［1］西田龍雄『漢字文明圏の思考地図』PHP研究所，1984

［2］三根谷 徹『中古漢語と越南漢字音』汲古書院，1995

［3］清水政明「字喃の創出からローマ字の選択へ」『月刊 言語』36(10)，2007

ジャウィ文字

主に島嶼部東南アジアにおいてはマレー諸語を表記するためにアラビア文字が用いられてきた．これをジャウィ文字あるいは，アラブ・ムラユ文字とよぶ．ジャウィ文字には，通常のアラビア文字に加え，「p, c, g, ng, n, v」を表記するために（v は 1986 年マレーシアで考案），点を増やした新しい 6 つの文字が追加されている．

●文字と言葉の歴史　マレー語は 7 世紀頃より，南インド系ブラーフミー文字などによって記されてきたが，13 世紀頃からヒンドゥー教・仏教に代わり，イスラームが当地に影響力を及ぼし始めると，合わせてジャウィ文字が広く使われるようになった．現存する最も古い記録は，マレー半島東部で発見された 1303 年のトレンガヌ碑文であるが，紙に書かれた最も古い記録は，1516 年にスマトラ北端に位置した，東南アジア最初のイスラーム王国とされるサムドラ・パサイ王国のスルタン・ザイナル・アビディン（Sultan Zainal Abdin）が書いた書簡であるとされている．

16 世紀以降，アラビア語にマレー語の行間翻訳が付された書物が登場し，17 世紀にはアチェで，アブドゥルラウフ・アル・シンキーリー（`Abd al-Ra'uf al-Singkili, 1615–93）やヌルディン・アル・ラニーリ（Nur al-Din al-Raniri, 1658 年没）

図 1　ペゴン（ジャウィ文字ジャワ語）で書かれた写本（19 世紀）．ジャワの諸王国ではイスラーム流入後もインド系のジャワ文字が使用され続けたが，最初にイスラーム化が進行した北海岸では，ジャウィ文字を使用する宗教活動が活性化した（Ahmad Rifa'i, *Sharin al-Iman*, インドネシア国立図書館所蔵）

などのイスラーム学者達(ウラマー)によって，クルアーン解説や法学などのイスラーム諸学の書籍が現地語で，多く執筆され始めた．その後，18世紀には島嶼部東南アジア各地で，イスラーム書が執筆され，それらは寄宿学校での教材となり，写本により広く知れわたるようになった．こうして，ジャウィ文字はイスラームの知識とともに各地に浸透した．

図2　アチェ州の庁舎前面．Kantor Gubernur（州庁舎）とラテン文字とジャウィ文字で表記されている

さらに，マレー語以外の地方語も，ジャウィ文字によって表記されるようになっていった．ジャウィ文字は，マレー語以外に，アチェ語，ガヨ語，ミナンカバウ語，スンダ語，ジャワ語，ブギス・マカッサル語，ゴロンタロ語，テルナテ語，ウォリオ語，タウスグ語，マラナオ語，イラヌン語，マギンダナオ語，チャム語などの，主に島嶼部東南アジア各地の地方語で用いられ，特に，アラビア文字（ジャウィ文字）表記のジャワ語はペゴン，ブギス・マカッサル語はセランとよばれた．アラビア文字には，母音文字が「a, i/e, u/o」の三つしか存在しないため，ジャワ語やフィリピン諸語で用いられる場合には，子音文字の上下に母音符号が付加され，初心者にも読みやすく書かれている．

19世紀以降，東南アジアにおいて，オランダ，英国などの西欧諸国による植民地統治が積極化し，現地諸語は次第にラテン文字（ローマ字）表記に変えられていったが，イスラーム的価値観を守る目的から，さまざまな団体により19世紀後半からジャウィ文字による定期刊行物が，英領マラヤ（特にシンガポール）やオランダ領東インド各地で多数出版され，国境を越えて広く流通した．しかし，次第にラテン文字の出版物に押され，消えていった．

●ジャウィ文字の現在　戦後インドネシアやマレーシアの各地では，国語表記としてラテン文字が採択されたが，現在においても，ムスリムが意識的にジャウィ文字を使用しているケースがみられ，ジャウィ文字が使用されたイスラーム書は今も各地で出版されている．また，地域文化保存・育成のために，公的な内容の看板をジャウィ文字にしたり，ジャウィ文字の習得を学校教育の一科目に採用したりする地域も多い．　［菅原由美］

参考文献

［1］Gallop, Annabel Teh, "A Jawi sourcebook for the study of Malay paleography and orthography" *Indonesia and the Malay world*, 43(125), pp. 13-171, 2015
［2］「特集：アジア・ムスリムのネットワークと運動」『上智アジア学』27, 2009

第5章
宗教と世界観

東南アジアにおいては，多くの社会で自然環境と密着した形で展開するアニミズムがみられる．加えて，ヒンドゥー教のほか，仏教，イスラーム，キリスト教といった世界宗教が取り込まれ，独自の宗教，世界観がつくり上げられた．国家の形成には，仏教やイスラーム，キリスト教などが統治と深く結びつき，支配者にとっての正統性原理が，しばしばこうした宗教からもたらされた．一方，政治に深く結びついた宗教から派生したり，時には反発したりして，新しい宗教が生まれることもあった．社会の中で展開する呪術や民間療法なども，その土地の人びとにとって重要な意味をもっている．他方で人の移動が盛んになり，移民の宗教が入ってくることもあり，グローバル化の流れの中で，宗教間の共生も重要な課題となりつつある．本章では東南アジアの宗教や世界観を，地域の特質や宗教建築物，あるいは聖典や口承といった幅広い観点から取り上げる．［土佐桂子］

東南アジアの宗教

☞「インド化」p.62，「王権と仏教」p.64，
「イスラームの到来」p.68

東南アジアには，三つの大宗教のそれぞれが支配的である国が存在する．ASEAN 10か国のうち，タイ，ミャンマー，ラオス，カンボジアでは上座仏教（上座部仏教），ベトナムでは大乗仏教が，フィリピンではキリスト教（カトリック），インドネシア，マレーシア，ブルネイではイスラームがそれぞれ支配的である．シンガポールは，いくつかの宗教が混在している．特定の宗教が「国教」と定められているのは，マレーシア，ブルネイのイスラーム，カンボジアの仏教のみであるが，シンガポールとベトナムを除き，その他の国々では，一つの宗教の信者が国民の多数を占める．

●外来宗教の受容　外来宗教の伝播は東南アジアの歴史と深くかかわる．前1世紀頃から，インドから商人やバラモンが東南アジアの各地を訪れるようになり，3世紀頃には，いわゆるインド化が始まった．ヒンドゥー教はいくつかの王国に広がり，9世紀頃に建立されたジャワのプランバナン寺院などの遺構が残っている．しかし，シンガポールやマレーシアなどのインド系住民は別として，信者が今日まで残っているのはインドネシアのバリのみである．あまり時を経ずに伝えられた仏教は，大陸部の広い地域に広がり，現在にいたっているが，島嶼部ではジャワのボロブドゥールなどの遺跡を残すのみである．イスラームは，13世紀頃から海上交易路を通じて東南アジアに伝えられた．キリスト教は16世紀頃からヨーロッパ人の来訪とともに伝来した．フィリピンはスペインによる植民地支配を受け，カトリックが広まった．それ以外の地域では，イスラームや仏教が広がっていなかった山岳地帯や奥地などの少数民族が，オランダやドイツなどのプロテスタントの宣教の対象となった．東南アジアと中国の交易関係には長い歴史があるが，道教，儒教などは現地に根付いた華人以外には広がっていない．

外来宗教の受容は，在地勢力の覇権争いと絡み合い，しばしば政治的な色彩を帯びた．15～16世紀，ジャワにおいては，北岸を拠点とするイスラーム王国の興隆により，ヒンドゥー王国であるマジャパヒトは衰退し，ヒンドゥー教徒はバリへ逃れた．またアンボンやテルナテでは，イスラームとキリスト教がほぼ同時期に到来し，王国間の抗争と絡んで，モザイク状の分布を示した．王国の支配者は，ヒンドゥー王国においては，王は神の化身，イスラーム王国では預言者の代理人を自称することが多かった．仏教国においては，国王は仏教の教義に即した正法を体現する，あるいは仏教の守護者として位置付けられた．

●土着の宗教　外来宗教到来以前，東南アジア各地には土着の信仰があり，タイではピー，ミャンマーではナッ，インドネシアやマレーシアではハントゥ，フィ

リピンではアニトなどとよぶ精霊の存在が信じられている．精霊は，一方で石や樹木などの自然物，池や川などの特定の場所，風水害や雷などの自然現象，あるいは物品などと，他方で異常死した人間や動物と結びつけられる．これらの精霊は病気や災難を引き起こす，あるいは逆にその助力を得て幸運を得ることができると考えられている．こうした精霊に働きかけるために，祈祷師（民間治療師，インドネシアではドゥクン，マレーシアではボモ，タイではモータム，ミャンマーではウェイザーなどとよぶ）が活動する．また精霊が人に憑依する現象も知られている．伝来した外来宗教は，当初，これらの信仰を時に包摂しつつ広がっていき，伝統的な信仰は現代でも根強く残っている．上記のような祈祷師は，仏教やイスラームと無関係ではなく，僧侶や導師などがその役割を果たしている場合も多い．伝統的な信仰はしばしば外来宗教と混ざり合い，新たな発展や解釈を生み出すなど，複雑な様相を呈してきた．例えば，ジャワのクプルチャヤアンは，土着の信仰とヒンドゥー教，そしてインドを経由して伝えられた神秘主義的なイスラームが混じり合ったものであり，外来宗教との相互作用により生まれた宗教である．

●宗教とナショナリズム　第2次世界大戦後，植民地支配を脱するなど東南アジア諸国は，近代国家としての体裁を整え，ナショナリズムを鼓吹する過程で，支配的な民族集団と結びついた外来宗教は，国教として制定されるか否かとは関係なく勢力を増し，しばしば少数者を圧迫する傾向にある．仏教が主流であるタイでは南部のムスリムが，またミャンマーでは西部のムスリムであるロヒンギャ◀が，フィリピンでは南部のムスリムが，それぞれ中央政府の圧力を受けている．インドネシアでは各地に散らばるキリスト教徒がしばしば攻撃の対象になっている．

異なる宗教を信じる人びとの間の対立関係は，20世紀末までさほど目立つことはなかった．タイ南部ではムスリムと仏教徒が，インドネシアのアンボンではムスリムとキリスト教徒が，平和裡に共存しており，タイやミャンマーでは，山岳地帯に住むキリスト教徒の少数民族と平地の仏教徒の間の接触があまり頻繁でなく相互に棲み分けていた．

しかし，特にイスラームについて顕著であるが，海外のムスリムとの接触が活発になるにつれ，暴力に訴える過激な教えの影響を受けて，東南アジアのムスリムの中にも，ほかの宗教の信者やみずからと異なる考え方をもつムスリムに対する寛容性を認めない動きも現れている．また，生活の中に混じり込んでいた伝統的な信仰の要素もやはり排除の対象となりつつある．

とはいえ，上記のような対立は，必ずしも異なる宗教間の対立とは単純化できない．その背景に，国家統一や経済開発を進める中央政府の地方への支配強化，経済格差，はたまた国内の政治勢力間の抗争などがあることを知る必要がある．

［宮崎恒二］

上座仏教（上座部仏教）

☞「王権と仏教」p.64，「仏教とジェンダー」p.542

今日のミャンマー，タイ，カンボジア，ラオスで多数派を占める仏教は，前3世紀にセイロン（スリランカ）で創建された大寺(だいじ)に由来する上座仏教である．パーリ語での自称テーラヴァーダ（長老［P. thera］のいったこと［P. vāda］）は「仏陀の教え」を意味し，元来は特定の部派をさすものではない（P. はパーリ語）．

●大寺派の戒統と実践　大寺派の上座仏教は11世紀頃からモン族を介して東南アジア諸国の王を通じて伝播し始める．後にミャンマーやタイで編まれた仏教史書や年代記は15世紀にセイロンで受戒した者や戒壇(かいだん)の設置を記している．一方で，セイロンでは大寺派の伝統は紆余曲折を経た．創建直後の276年に弾圧を受けるが，4世紀初頭に恢復，マハーナーマ王の治世（412〜434年）に南インドより来島したブッダゴーサ（仏音）が『清浄道論』（429年頃）ほかを著して現在に継承されるパーリ語三蔵を整えた．その後，大乗の影響を受けた無畏山寺派，祇多林寺派が抬頭するが，12世紀半ばのパラッカマバーフ1世王（1123-86）は両派の僧侶に大寺派での再得度を命じた（1164（65）年）．王とマハーカッサパ長老によるサンガの浄化と和合により，大寺派は国家が承認する正統仏教となった．しかしセイロンは16世紀以来，ポルトガル（1505〜1658年），オランダ（1658〜1796年），英国（1796〜1948年）と間断なく植民地支配を受ける．オランダ統治領時代，大寺派の戒統が途絶え，大寺派の「輸出先」であったビルマやタイに特使を送って僧団を招請した．最終的に1753年，タイ（アユタヤ）からの僧団が戒壇を再興，現在の大寺派の主流シアムニカーヤとなる．上座仏教では戒統が途絶えると，時代を問わず戒統を実践継承するほかの国や地域の比丘(びく)を招請し面授することで法灯を継いできた（ポル・ポト後のカンボジアなど）．

上座仏教では，戒(かい)（P. sīla）や教え（P. dhamma）は直接面授の口伝で継承された．サンスクリットや漢語で書写し，ことば＝教え＝の新たな解釈で生じた部派仏教や，自利利他の菩薩道から仏陀の教えを「仏陀になる教え」に読み替えていく紀元後の大乗仏教とは異なる．近現代にパーリ三蔵が各民族・国語文字で記されるようになっても，口伝の実践は知識の授受で重要な意味をもち続ける．

227条の具足戒(ぐそくかい)を受けて僧侶（比丘(びく)）となった者は，現代でも新月と満月の日（布薩日）にみずからの行いを戒にてらして検め懺悔する（波羅提木叉(はらだいもくさ)）．その場所は受戒の場と同じく，「結界（P. sīmā）」をもつ布薩堂である．戒を仏法存続のかなめとし，出家者の戒の実践は，その集団（サンガ）の修行生活の規範（律，P. vinaya）に基づく犯戒の罰則規定とセットである．諸段階の悟りを得て阿羅漢(あらかん)，涅槃(ねはん)へいたるために，戒は苦の根源である執着（煩悩）を滅する礎にして不変の真理とみなす．姦淫や窃盗，殺生や妄語を犯せば大罪（波羅夷）となり，出家者の資格を失って俗人にもどる（還俗）．律による自浄作用をもつサンガは，世俗法と無縁の実践共同体となっている．

●僧俗と国家　上座仏教で出家者は皆元俗人である．僧侶は修行者であって職業ではない．東南アジアでは，貴賤問わず成人前の男子なら10の戒条を受ける沙弥，20歳以上なら227の具足戒を得て比丘になることを人生儀礼としてきた．いずれが卓越するかは同じ国内でも地域差がみられ，タイ中部，東北部では生涯に複数回比丘となる例が多い．還俗するかしないか，出家期間も個人の裁量である．

生産・労働しない出家者の独占物のようにみえる上座仏教は，受容する俗人信徒と社会があって存在し得る．その俗人社会は，個別にして多様な慣習や土着の精霊祭祀を継承する歴史的な環境をもつ．外来の上座仏教は俗人が求める実践を創出しつつ定着した．サンガを支える布施，法灯を嗣ぐ持戒，出家は功徳を生む行いとする積徳行や，仏法の力で災禍や悪霊を祓う実践などがそれである．

俗人は律と無縁ながら布薩日には5条，8条を比丘に請うて守る．日々の食施や持戒行は女性が主となる．出家仏教の現実は俗人信徒が寺院施設を造成しみずから出家して供養されるという，僧俗男女を相互に分かちがたくつなげる実践で紡がれてきている．

東南アジア仏教徒社会で国内の出家者を国民，寺院を国の施設として登録管理するのはタイの「サンガ統制法」(1902年）を嚆矢とする．その制定は近代的な教育制度と宗務の整備，徴税，徴兵制の導入と軌を一にしていた．同様の法制度化は東に国境を接するカンボジア（1943年勅令），ラオス（1951年勅令）に踏襲された．ミャンマーは，1980年に内務宗教省宗教局に公認9派を登録し，国家中央サンガ運営委員会，国家サンガ大長老委員会を設置，出家者に僧籍証所持を義務づける「全宗派合同サンガ大会議」を開催した．公認9派以外の宗派は和合消滅したわけではない．タイでも登録義務のない寺院施設では，制度をすりぬける形で瞑想止観を主とする実践が継承されている．

どの国でも国家が出家者や寺院を登録管理するようになり，寺院仏塔数は増え続けている．他方で出家者数は緩やかに減少しつつある．特に10代の沙弥出家は義務教育の整備と高等教育就学者の増加で減っている．弾圧されたポル・ポト時代前の状況に恢復してきたカンボジアでも2015年より出家者数は減少に転じた．タイでは国家仏教庁が世俗教育カリキュラムと学事暦にそって夏季休暇中の集団得度を奨励している．他方で，各国の在家信徒の活動が活発かつ広範なものとなっている．瞑想実践のほか，阿毘達磨に関心をよせる俗人の教学学習の隆盛，そして各国の上座仏教サンガは戒統が異なるとして正式認可をしていないものの，仏教の国際化を推進すべく超宗派的に設置された国際戒壇や大乗系の比丘尼より受戒して出家する女性が増えている．

［林 行夫］

イスラーム

☞「イスラームの到来」p.68,「ジャウィ文字」p.208,「イスラームとジェンダー」p.544,「ムスリムファッション」p.546

図1　マラッカのカンポン・クリン・モスク．島嶼部東南アジアの伝統的なモスク建築の様式をとどめている

東南アジアにはおおよそ2億6000万人のムスリムが居住している（2015年推計）．これは東南アジアの人口の約40%強にあたる数である．東南アジア域内では，ムスリムは特に島嶼部に多い．インドネシア（全人口に占めるムスリムの割合は87.2%），マレーシア（同61%），ブルネイ（同78.8%）などはムスリムが多数派の国家であり，シンガポール（同14.7%）も少なからぬムスリム人口を抱えている．東ティモールにもごく少数だがムスリムが存在する．フィリピン（同5%）ではミンダナオ島など南部に集中している．一方，大陸部東南アジアの5か国においては，いずれも人口比では5%に満たないが，タイのいわゆる深南部3県ではムスリムが多数派を占めている．

イスラームは，主としてアラブ，ペルシャ，インドなどから，それら地域と中国を結ぶ海上交通路を往来するムスリムによって東南アジアにもたらされた．イスラーム到来の正確な時期を特定することは不可能であるが，14世紀から18世紀にかけて島嶼部東南アジア各地に定着していったものと考えられる．13世紀末のサムドラ・パサイ王国を契機に，マラッカ王国，アチェ王国，マタラム王国などイスラームを戴く王権が島嶼部各地に出現した．16世紀以降の西洋列強による植民地化は，政治的権力と宗教的権威の分離，西洋法の導入，世俗的な教育制度の確立など，イスラーム諸王権の旧来の秩序体系を大きく変容させることになった．第2次世界大戦後に独立を果たしたインドネシア，マレーシア，シンガポール，ブルネイなどの諸国においては，その適用範囲や軽重には違いがあるものの，西洋的な行政，司法，教育などとイスラーム的なそれとが二重に存在している．

●東南アジア・イスラームの諸相　コーランおよびハディースを法源とするイスラームは，原理的には「単一」の宗教である．また東南アジアのイスラームは，主としてスンナ派シャーフィイー法学派に属していることから，ムスリムの日常的な宗教実践に関しては地域全体を通じて共通する部分も多い．断食月明けの大祭や巡礼祭（犠牲祭）などの年中行事や，割礼や葬儀などの通過儀礼◀において，特に島嶼部では同じようなイスラーム的慣行が多くみられる．また地域のイスラーム指導者を中心に発展した塾（ポンドック，プサントレンなど）での教育や，ジャウィ文書とよばれる，アラビア文字を用いたマレー語の表記方法なども，近代国民国家体制が整う以前のこの地域に共通する特徴である．

一方，植民地時代の経験や独立後の国民国家体制は，イスラームのあり方に大きな違いももたらしている．マレーシアやシンガポールでは，イスラームは，植民地期に急増した非ムスリムである中国系，インド系住民に対するマレー系住民のアイデンティティとしての側面が強く出ているが，インドネシアでは，スマトラ島やジャワ島などの各地域を横断して広がりながら，国家を構成する多数の民族集団に共有されている．イスラームと国家との関係については，マレーシアがイスラームを国教として位置付け，イスラーム教義解釈を法制度的に政府が独占することで「正統なイスラーム」が政府によって一元化されているのに対して，インドネシアにあっては，イスラームは公認宗教の一つではあるものの，教義解釈における正統性についてはさまざまなイスラーム団体などに委ねられている．

●イスラーム復興　1980年代以降，主にマレーシアやインドネシアなどで，イスラーム復興と総称されるような動きが現れた．これは経済発展とともに高学歴化，専門職化した都市中間層を中心に，日常生活においてイスラームの規範をより強く意識して行動しようとするような変化であり，同時に，社会をイスラームの規範に従ったものへとつくり替えようとするものであった．この動きは政治にも反映し，マレーシアでは，ムスリムが主導するマレー系政党（統一マレー人国民組織と全マレーシア・イスラーム党）の間でイスラーム的であることが政治的主張として争われ，その結果，政策面でのイスラーム化が進展した．インドネシアでは，1997年のアジア通貨危機を契機に，ナフダトゥル・ウラマやムハマディヤなどのイスラーム勢力が民主化要求運動とも結びつくことで，長期にわたる開発独裁体制がその幕を閉じた．

●現代的課題　東南アジア諸国が抱える現代的課題の中には，国民国家体制や経済発展の矛盾が民族対立や地域間対立として現れ，それにイスラームが重なりあうという構図となっているものも多い．ミャンマー（ラカイン州）とバングラデシュ国境付近に多く居住するロヒンギャ◀と称するムスリムの帰属・難民問題，タイ南部のムスリムが集中的に居住する地域と仏教徒中心の中央政府との確執，フィリピン南部のミンダナオ地方におけるムスリムへのイスラーム「過激派」勢力の影響力の強まりなど，すべて民族問題，貧困・格差問題といった現代世界に共通する課題とイスラームとが結びつきながら難問化している例である．

［多和田裕司］

キリスト教

☞「フォークカトリシズム」p.220

東南アジアのキリスト教徒は総人口の2割強と推定されており，数としては仏教徒数と同程度の規模である．しかし，キリスト教は，上座仏教（上座部仏教）やイスラームと比べると，東南アジアの宗教として広く認知されてはいない．その理由の一つとして，キリスト教という枠組みに複数の多様な宗派が内在しているため，まとまった全体像がみえにくいという事情がある．例えば上座仏教と大乗仏教を一緒にして扱うことに無理があるのと同様に，カトリシズムからバプテストのみならずペンテコステ派やカリスマ運動までをまとめて全体を論じることは難しい．キリスト教のさまざまな諸派は互いに影響を与えつつも，独自の歴史をたどってきた．また教派の空間的分布パターンにも大きな違いがみられる．よって本項では，キリスト教の二つの柱としてカトリシズムとプロテスタンティズムを取り上げる．

●カトリシズム 東南アジアへキリスト教が伝わったのは，16世紀のことであり，日本と同様にイエズス会のバスク人司祭フランシスコ・ザビエル（1506-52）による．ザビエルは1545年にポルトガル領マラッカに到着し，やがてその地で鹿児島出身の日本人に会い，1549年に薩摩半島に到着することになるが，彼がまず宣教を始めたのはモルッカ（マルク）諸島を中心とするポルトガル領であった．スペインとポルトガルというイベリア半島の支配者にとって宣教は海外進出の大義名分であり，スペイン領フィリピンやポルトガル領東ティモールでも植民地体制とカトリック教会は不可分の関係にあった．

カトリシズムは当初，外から持ち込まれた外来の宗教であったが，数世紀を経て支配下の人びとに受け入られ，文学，音楽，建築，衣装などで現地文化と融合していく．また，植民地民地支配者によって持ち込まれた教義，儀式，象徴を逆手にとって，反植民地支配活動や独立運動が展開されていくようになる[1]．カトリシズムに言及せずに，フィリピン，東ティモール，ベトナムの政治や文化を語ることはできない．

●プロテスタンティズム カトリシズムと比べ，プロテスタンティズム宣教は特定の国家権力と密接なつながりをもたなかった．カトリシズムの宣教が，現在でもポルトガル，スペイン，フランスの旧植民地に集中しているのに対して，プロテスタンティズムの場合，宣教運動と植民地支配は一体ではなく，宣教運動はしばしば国家から独立し，独自の展開をみせた．その分布のパターンを「中心なき拡散」と形容できる．英国やオランダは，植民地の被支配者に不必要な反感を抱かれることをおそれたため，自国の宗教を広めることに積極的ではなく，プロテスタンティズムの宣教師は多くの場合米国人であった．

信仰としてのプロテスタンティズムは，特に都市部のエリートと辺境の少数民族に盛んに受け入れられてきた．資本主義社会の都市部エリートとプロテスタンティズムの親和性についてはこれまで多くの研究で指摘されてきたが，東南アジアでとりわけ興味深いのは辺境少数民族との関係である．東南アジアには，スンダ海棚の孤島からヒマラヤ山脈のふもとまで，多くの民族が暮らしているが，山地民をはじめ少数民族の多くがプロテスタンティズムに改宗した．例えば，インドネシア・スラウェシ島北東部ミナハサ半島のミナハサの人びとも，ミャンマー北部に暮らすカチン人も，今日その9割以上がプロテスタント系キリスト教徒である．前者はイスラームの中での少数派，後者は上座仏教の中での少数派という立場を強く意識している．マイノリティに積極的に受け入れられるというこの分布のパターンは，仏教やイスラームのみならず，カトリシズムとも異なっているといえる．

●キリスト教と近代　少数民族のキリスト教への改宗にはさまざまな要因があるが，教会による組織的な識字運動および聖書翻訳の影響は特に大きかった．聖書のみに神学的権威を認めるプロテスタンティズムの信徒にとって，識字は決して欠かせない能力であったので，プロテスタント教会は世界各地で識字運動を推進した．19世紀に入り，欧米からプロテスタント派の宣教師が東南アジアにたどり着くと，彼らは少数民族言語の正書法を次々と発案し，組織的な識字運動を展開する．最新の印刷技術は多くの辺境民にとって超自然的現象であり，その「魔術」に魅入られた人びとも少なくはなかった．

しかし，キリスト教化は一時の熱狂的現象で終わらず，教育・啓蒙活動の世俗的な効果の蓄積とも相まり，長期間の継続的な現象となる．識字運動などを契機に集団的な改宗が起こった地域では，キリスト教は民族的アイデンティティの形成にも寄与していく．

少数民族の改宗などを通して東南アジアのキリスト教徒は増加したが，キリスト教がこの地域にもたらした変化は，信者の増加に限られるものではない．19世紀以降，キリスト教は世界各地で識字運動，公衆衛生，女子教育といった啓蒙的運動を推進し，世俗的な変革も担った．東南アジアで活動した宣教師にも医師，看護師，教育者，技師が多く，キリスト教は各国の中央でも近代化に多大な影響を与えた．

［今村真央］

📖 参考文献

［1］イレート，R. C.『キリスト受難詩と革命―1840～1910年のフィリピン民衆運動』川田牧人他訳，法政大学出版局，2005
［2］寺田勇文編『東南アジアのキリスト教』めこん，2002
［3］片岡 樹『タイ山地一神教徒の民族誌―キリスト教徒ラフの国家・民族・文化』風響社，2007

フォークカトリシズム

☞「フィリピンのバロック様式教会群」p.616

フォークカトリシズムは，そのままカタカナで表記されることが多いが，民俗的カトリシズムや民衆カトリシズムともよばれる．ローマカトリック教会のような組織的，制度的な宗教では，信仰体系から日々の具体的な宗教実践にいたるまで，教義学，神学的な立場からその望ましいあり方，奨励される事柄が定められている．同時に多くの場合，カトリックに改宗する以前から保持されていた宗教，信仰体系，宗教的世界観が形をかえてカトリシズム実践の中に引き継がれている．

●フィリピンのカトリシズム　東南アジアの中でもカトリック信徒が多数を占めるフィリピンを例として考える．フィリピンについては，米国人人類学者でイエズス会司祭のF. リンチの論考が知られている．リンチは，フィリピン独特のカトリシズムの要素として，カトリック教会の儀礼と信仰，スペインとメキシコの影響，スペイン植民地化以前のマレー系基盤の三つをあげ，さらに信徒の宗教実践の中には，教会として黙認，不許可，または非難せざるを得ない要素が観察されると指摘している．

上の分類は分析概念として有効だが，宗教実践のあり様は多様で，リンチ自身も論じるように，人びとはこうした差異を意識しているわけでない．信徒たちが彼らの考えるカトリシズムをどう実践しているかを知ることが，フィリピンのキリスト教を理解する手がかりとなる．

フィリピン国民1億人の83%がカトリックである．フィリピンにおけるカトリシズム宣教は1565年以後，スペインによるフィリピン諸島の植民地化とともに始まる．当初，フィリピン住民は外部から持ち込まれたカトリシズムに抵抗したが，19世紀の終わりまでには，南部のムスリムや山地民を除く平地部の大多数の住民はカトリックとしてのアイデンティティをもつようになった．現在でもカトリック教会は強力な社会制度として機能している．

図1　マニラ首都圏のサント・ニーニョの行列

信徒が守るべき教会行事は，カトリック教会暦により世界中どこでも同じだが，フィリピンの教会に認められた特別な祝日もある．

図2　絶えざる御助けの聖母をまつるマニラ首都圏バクララン教会

1月9日のキアポの黒いナザレ人，1月第3日曜のセブのサント・ニーニョ，9月第3日曜のナガのペニャフランシャの聖母の祝日をはじめ，スペインやメキシコから導入され，フィリピンで独自の展開をとげた聖人崇敬に人気が集まる．特に聖母に対する信心は各地で観察され，フィリピンのカトリシズムを色彩豊かで，より民衆的なものにしている．

フィリピンで顕著にみられるカトリックの宗教実践に，クリスマス前に12月16日から9日間，早朝4時か5時に始まる雄鶏のミサがある．タガログ語でシンバンガビとよばれ，東京でもフィリピン人のために行われている．また，聖週間つまり受難節の最後の1週間には，教会の公式の儀礼とは別に信徒宅や司祭のいない小聖堂で，パッションとよばれるキリスト受難詩を信徒が詠唱したり，受難劇を演じることもある．パンパンガ州では聖金曜日にみずから十字架上に磔にされ，キリストの受難を追体験することもある．またキリスト再来の地と信じられている南タガログ地方バナハオ山で灼熱の太陽光の中で聖地をたどる人びともいる．

●町の教会と村の宗教実践　宗教実践のあり方は教会とのかかわりによっても異なる．農村部の町の中心には教会があり，司祭が常駐して日々の司牧にあたる．日曜のミサ（その代わりの土曜夜のミサ）に加えて，平日でも毎朝ミサがあげられ，夕方には聖母などの聖人に対する祈りが行われる．結婚式，葬儀以外に，幼児洗礼，初聖体，堅信式，守護聖人の祝日の祭りもある．それに対して，町から離れた村には小聖堂はあっても，司祭が姿をみせるのは年に1度の村の聖人の祭りの時だけであることが多い．村人は定期的にミサに出席できるわけではない．村によっては宗教的職能者が父なる神や聖母マリアの霊を憑依し，人びとを慰めたり病治しを行うこともある．こうした超自然的現象を教会や司祭は公には認めないが，禁止することもない．一般の信徒たちはそうした現象をもカトリックとしての宗教実践の一部であると認識している場合が多いからである．［寺田勇文］

📖 参考文献

［1］リンチ，F.「フィリピンのフォーク・カトリシズム」ホルンスタイナー，M.R.編『フィリピンのこころ』山本まつよ訳，めこん，pp.131-152，1977

華人系宗教

☞「東南アジアの華人」p.98,「華人の音楽芸能」p.486,「春節の祝い」p.632

「東南アジア」という概念ができるよりも，はるか昔から，現在の東南アジアの国々にあたる地域は，中国大陸に住む人びとに「南洋」として知られていた．特に東南沿岸部にある福建省と広東省は南洋への移民を多く出していた．そのため中国大陸からの移民とその子孫である「華人」は，東南アジア各国の住民に少なからず含まれている．各国の民族政策や宗教政策は異なり，また移民してきた過程も各華人社会によって異なるため，それぞれの華人社会で観察される宗教現象は多様である．しかし，移民とともに信仰・祭祀の慣習が中国の出身地から持ち込まれ，移民後にも出身地および他の華人居住地（特に1949年の中国の共産主義革命の後には香港と台湾）との交流が続いて「華人らしさ（Chineseness）」が保持されたことに起因する共通性も認められる．この華人の民族性と結びついた宗教現象は「華人の宗教」とよべるであろう．

また，一方で東南アジア文化の異種混交性を反映した「華人系宗教」とよぶべき現象も観察される．それは，華人の宗教が東南アジアの現地社会と接触するなかで変容して独自のものになったり，東南アジアの他の民族に受け入れられて普及したりする現象である．以下では，ベトナム・ホーチミン市の三山会館と光南仏堂に焦点をあてて，華人の宗教および華人系宗教に関係した現象を例示する．

●三山会館の神々　華人が宗教活動を行う場所として重要なのは，華人の同郷会館である．それは出身地別の相互扶助組織であり，かつ事務所になる．建物としての会館は，出身地の民間信仰の神々を祀る廟を併設している．ここで紹介する三山会館は，福建省福州府（現在は福州市）の出身者の同郷会館になる．福州府からの移民の子孫で，父の代にベトナムに帰化し，阮朝（グエンちょう）の高官となった鄭懐徳（ていかいとく）は，19世紀のはじめに『嘉定城通志』という，現在のホーチミン市にあたる場所の地誌を著した．そこには華人居住区のチョロンに，関帝廟，福州会館，広東会館，潮州会館，天后廟，温陵会館，漳州会館があると書かれてある．

この福州会館が，三山会館である．現在三山会館には多くの神々が祀られている．主神は天后（てんこう）聖母という女神で，天后，媽祖（まそ），阿婆（あば）ともよばれている．その向かって右に註生娘娘（ちゅうせいじょうじょう），左に福徳正神（ふくとくせいしん）が祀られている．天后聖母の脇に，子授けの女神の註生娘娘を祀るのは，福建人の会館に特徴的で，広東人（広府人）の会館では，天后の脇に金花娘娘（きんかじょうじょう）が祀られる．なお，現在三山会館に祀られている関聖帝君（関帝）の神像は，もともと『嘉定城通志』記載の関帝廟に祀られていたものである．

三山会館には祈願の補助を専門にする女性が複数いる．社稷公爺爺（しゃしょくこうやや）と石敢當爺（せきかんとうや）

爺(や)の位牌の脇に虎の像が置かれていて，その前に依頼者とともに座り，紙製の祭祀用品一式を使って呪文を唱える．呪文の言葉はホーチミン市華人社会の共通語の広東語である．彼女たちにベトナム語で祈願を依頼する参拝者もいる．同郷会館の廟ではあるが，その宗教活動はさまざまな人びとに開かれている．

図1　ホーチミン市の三山会館では，主神の天后聖母の，向かって右脇に註生娘娘が祀られている（2017年8月）

●先天道から明師道へ　先天道は18世紀の後半に中国江西省に成立した青蓮教（無為金丹道）の一分派である．東南アジアの華人社会には，独身で菜食をし，剃髪をせずに仏教の修業をする，斎姑とよばれる女性たちがいて，彼女たちが共同生活する，斎堂とよばれる宗教施設がある．この斎堂には先天道の流れをくむ施設も多い．また先天道と同じく青蓮教の分派にあたる一貫道は，中国の共産主義革命後に台湾で勢力を伸ばし，近年は台湾人が東南アジアへ進出するのに伴い東南アジア諸国へと広がって，華人ではない民族の信徒も増やしている．

中国からベトナムへ入った先天道には複数の系統があるが，そのうち2008年にベトナム政府から宗教団体としての認可を受けた明師道の起源は，19世紀に活躍した張廷芳(ちょうていほう)（東初と号した）にさかのぼる．この東初派のホーチミン市における最初の施設は，19世紀末に広東人が建設した玉皇廟（現在の福海寺）であると考えられる．そして玉皇廟の近くに，現在公認された明師道南宗仏堂教会（Giáo Hội Phật Đường Nam Tông Minh Sư Đạo）の本部となった光南仏堂が，1920年に建設された．

先天道は，儒教・仏教・道教の「三教」を基礎とし，無生老母（瑶池金母）を祀り，弥勒下生信仰をもっている．近いうちに弥勒が救世主として現れるという千年王国論は，19世紀末から20世紀の初めの時代，フランス植民地支配の終結とベトナム国家の復活を期待したベトナム南部のキン人（ベトナムの主要民族）をひきつけた．明師道で修業したキン人には，後にカオダイ教の指導者となったチャン・ダオ・クァンらが含まれる．2009年時点では，首都ハノイを含むベトナムの18の省と都市に，施設52，信徒1万人があり，明師道の信徒の大多数がキン人である．

［芹澤知広］

📖 参考文献

［1］華僑華人の事典編集委員会編『華僑華人の事典』丸善出版，2017

［2］芹澤知広「ベトナム華人が祈りを捧げる場所」『月刊みんぱく』328，p.10, 2005

［3］武内房司「先天道からカオダイ教へ」武内房司編『戦争・災害と東アジアの民衆宗教』有志舎，pp.265-289, 2014

新興宗教

新興宗教とは，仏教やキリスト教のような世界宗教と比べて，成立時期が比較的新しい宗教やその組織，またはその活動を通じて生じた宗教的な社会現象のことをさす．新宗教，新宗教運動ともよばれる．

この定義を踏まえて，東南アジアの新興宗教を理解するには，次の二つの点に配慮し，伝統宗教と関連付けながら，より広い視点でとらえることが重要になる．一つめは，東南アジア諸国が脱植民地主義を掲げ国民国家形成を目指した過程で展開したナショナリズム運動との結びつきである．二つめは，独立後の急激な経済発展と社会変化によって，宗教活動に対する人びとの考え方や個人の選択が多様化し，それにより宗教自体も大きく変化している点である．

●ベトナムにおけるナショナリズム勃興と新宗教運動　ここではベトナムの事例を取り上げたい．フランスの植民地化が確立する19世紀後半以降，ベトナム（当時の仏領インドシナ）では大小さまざまな新興宗教が設立された．中には，既存の宗教や思想を再編し独自の世界観を形成して，急速に発展したものも多い．

そもそもベトナムは大陸部東南アジアの最東端に位置する中華文化圏である．前2世紀から後10世紀までの中国支配の過程で儒教，仏教，道教が伝わり，その後，独立した王朝が成立すると，それぞれの思想は王朝体制のみならず人びとの日常生活にも浸透し，土着の信仰や慣習に適応しながら変化を遂げた．そのため多数派民族であるキン人（いわゆるベトナム人）の信仰生活は，中国との共通点がある一方で，固有の特徴もある．例えばキン人にとって最も身近な宗教で，ベトナム国内最大の信者数である「仏教」の信仰活動には，仏教的死生観，儒教的祖先崇拝，道教的聖母信仰，そして土着のアニミズムなどの習合をみることができる．異なる信仰や思想が習合し，「仏教」という解釈で実践されるキン人の宗教観を，ベトナム宗教研究では「三教」とよび，特有の宗教的特徴として理解する．

「三教」を基盤に構成されるベトナムの伝統宗教は，フランス植民地主義が確立する前後に活性化したキン人による抗仏運動の中で政治的意味を与えられながら，新宗教運動として展開した．当時ベトナム北中部の各地域では，愛国者が「善壇」という組織を創設し，ナショナリズムを人びとに啓蒙するための場としていた．「善壇」の活動の中心は「降筆」とよばれる霊媒行為であった．愛国者たちは，「降筆」を介してベトナムの代表的な女神の柳杏公主をはじめ，神格化した民族的英雄や中国の道教神などを降臨させ，その「お告げ」を聞き取った．そしてそれを『経』に編纂し，道徳的規律として人びとに教え広めることを通じて民族意識の覚醒を促そうとした[1]．各地で確認されたこの「善壇」の活動は，その後，一方では民族解放運動を牽引し，他方では大規模な新興宗教組織の誕生へと結びついていく．その一つがベトナムの代表的な新興宗教カオダイ教である．

●今日のカオダイ教　カオダイ教は1926年にカンボジアとの国境地域にあるタイニン省で設立された．ゴ・ヴァン・チェウやレ・ヴァン・チュンを中心に，キン人と華人の知識人エリートたちが組織の体制化を担った．先述の「善壇」同様の組織を形成し「降筆」を行っていた彼らが，資産家階級を取り込みながら，広大な土地をタイニン省に確保して宗教都市を建設した．教団設立後，カオダイ教はメコンデルタ流域に住む貧農層やプランテーションで働く労働者層の間で，フランスの圧政から彼らを救済する新たな思想として受け入れられ，急速に発展した．また教団組織設立当初から次々と宗派別れし，20近くの異なる組織が中南部地域一帯で独立した本山を設立して，多様な活動を展開した．これによりカオダイ教は，南部地域はもとより中北部地域にも布教され，信者総数150万人とも300万人ともいわれた．

図1　カオダイ教の儀礼風景

ベトナム戦争期にかけては，複数の宗派組織が武装化し，当代の政権と対立したり，革命に傾倒し民族独立運動に加担したりするなど，その政治的立場もさまざまであった．しかし1976年にベトナムが社会主義国として成立すると，南部地域における大規模な政治勢力に成長していたカオダイ教各宗派組織は，共産党政府による宗教政策に従った活動を強いられ，いずれの宗派組織もその活動を小規模化せざるを得ない状況におかれていった．

ベトナムの経済発展が急速に進んだ1990年代以降は，各宗派組織が政府からの法人資格を徐々に与えられ活動を再開し始めた．ただし，かつて活動方針を決定する上で重視していた「降筆」を介する霊媒行為は政策上禁止され，宗教的神秘性は減退しつつある．今日では，都市生活者への瞑想指導や，貧困層への無償医療提供，高齢者ケアといった社会福祉，また亡くなった信者の葬式への支援など，現代ベトナムの社会状況により適した活動に重点をシフトしている．また一部の宗派を除き，複数の宗派組織が記念儀礼で一堂に会し，共産党政府への協力体制を公言するなど，組織存続をかけた体制づくりも現代の特徴である．

［伊藤まり子］

参考文献

［1］今井昭夫「仏領期ベトナムの『善壇』と民族運動―『道南経』の思想世界」武内房司編『越境する近代東アジアの民衆宗教―中国・台湾・香港・ベトナム，そして日本』明石書店，2011

ヒンドゥー教

☞「東南アジアのインド系住民」p.100,「葬式・お墓事情」p.342,「バリのヒンドゥー哲学（トリ・ヒタ・カラナ）」p.574

東南アジアへのインド文明の影響は，前3世紀頃から海洋交易を通じてビーズなどの産品の到来に始まり，その後ヒンドゥー教や仏教も伝わり，4～5世紀になると各地の王がサンスクリット名を名乗りサンスクリット語の碑文を残すようになる．王は神の化身であるとする思想・信仰がカンボジアのクメール王国やジャワのマジャパヒト王国などの繁栄を支えた．しかしそれら古代王国は，その後大陸部では上座仏教を，島嶼部ではイスラームを信奉する勢力に打ち負かされて衰退し，ヒンドゥー教の信仰も民衆レベルでは例外的な地域を除いて仏教やイスラームの普及の波に飲み込まれてしまった．

●現代のヒンドゥー教徒　現代の東南アジアでまとまった数のヒンドゥー教徒が暮らすのはインドネシアとマレーシアである．インドネシアの人口は2015年統計で約2億5500万人だが，2013年の宗教省統計では全人口の1.69%がヒンドゥー教徒とされ，およそ430万人にのぼる．マレーシアの人口は2015年の統計で約3100万人であり，そのうちヒンドゥー教徒は6.0%，約190万人である．マレーシアのヒンドゥー教徒は19世紀以降にプランテーション労働者として移住してきたインド系移民の子孫たちであり，故地での信仰を持ち込んだものである．一方，インドネシアのヒンドゥー教徒は，イスラームや後のキリスト教伝道師が入らなかったバリ島をはじめとする地域で，土着信仰と混淆しながら継承されてきた信仰を，インドネシア政府がヒンドゥー教として認定したものである．

●インドネシアの宗教政策　第2次世界大戦後独立したインドネシア共和国は，国内多数派のムスリムに配慮した独特の宗教政策をとってきた．憲法の前文に明記された国是「パンチャシラ（5つの柱）」の第1項に「唯一なる神の信仰」を掲げ，独立当初はイスラームとキリスト教以外は宗教と認めなかった．宗教省を設置し，イスラーム部門，キリスト教部門，その他の部門に分けて教徒を把握し，モスクや教会設立やメッカ巡礼などを支援するとともに，同じ宗教徒間でしか認められない婚姻の認可にもかかわっている．

●バリ人のヒンドゥー教認知運動　1950年に共和国に加わったバリ島住民は，政府にみずからの信仰をヒンドゥー教という宗教として認めてもらうために種々の取組みを行った．バリの人びとの伝統信仰は，土着の祖先崇拝に，特にマジャパヒト王国の支配下でもたらされたヒンドゥー教思想と儀礼が融合したものである．実践としては村の寺院での定期祭礼と家族ごとの通過儀礼◀が中心だった．

まず唯一神の信仰という国是を満たすために，独立後インドに留学していたバリ人学生らの助けを借りてインドで文献を調べ，ヒンドゥー教のすべての神々は唯一なる存在が特定の局面で特定の姿をとって現れたものに過ぎず，そのサン・ヒヤン・ウィディという存在こそヒンドゥー教の唯一神であると訴えた．聖典としてリグ・ヴェーダがあり，聖職者制度については世襲のバラモン祭司と村が選ぶ寺院祭司の就任儀礼を整備した．儀礼や祭礼の分類と体系化も1950年代に行われた．

図1　県の管轄する寺院の定期祭礼（バリ島，2001年）

こうした働きかけが功を奏し，政府は1965年の大統領令でヒンドゥー教を国の公認宗教として明記するにいたった．公認されたヒンドゥー教には，バリ人のほか国内各地のイスラーム化されなかった人びとが名乗りを上げた．

●ヒンドゥー教評議会による改革運動　認知運動にあわせてバリの人びとは，旧来の儀礼中心の集合的な宗教実践から，日常的に1人でも礼拝できるような信仰に向けての改革に取り組んだ．バラモン祭司と宗教有識者からなるヒンドゥー教評議会が1959年に設立され，ヒンドゥー教徒の代表団体として改革案を協議し政府にその実施を働きかけた．評議会は1963年にヒンドゥー教師範学校を設立し，その卒業生が教師となって小学校でのヒンドゥー教授業が1966年から始まった．1967年には教義書『ウパデサ』を刊行し，また唯一神を祀る祭壇一つだけを配した寺院の建立を都市部で始めた．1969年には首都ジャカルタに最初のヒンドゥー寺院が完成し，以後デンパサールや東ジャワのいくつかの都市でも建立が続いている．

評議会は宗教実践の改革にも取り組んだ．日常的にどこにいても祈りを実践できるよう，日の出と正午と日没時にみずからマントラを唱えて祈る「1日3回の祈り（trisandya）」を提唱した．また満月と暗月（月がまったく見えない日）の夜に寺院に集まって合同で祈る習慣の普及にも努めた．1日3回の祈りは小学校の朝礼などに取り入れられ，バリで制作のテレビ放送ではその時間に祈りを告げる合図と映像が流される．満月と暗月の夜の寺院での祈りは都市部に出て暮らす若者の間で定着しつつある．これらは明らかにイスラームの1日5回の礼拝や金曜日にモスクに集まって祈る慣行を意識したものである．

バリ人が認知運動を主導したことにより，インドネシアの公式ヒンドゥー教は寺院の様式や祭司の形態，儀礼の構成などの点でバリ色の強いものになっている．改革的実践が若年層から浸透する一方，バリ島では伝統の儀礼が今も盛大に催され，両者の併存がインドネシアのヒンドゥー教の特色となっている．

［鏡味治也］

精霊信仰

☞「呪術的思考」p.656

「15年ほど前，隣村で農地を耕していたら巨人の人骨が見つかった．わしらよりも大きな古代人の骨だ．壺も出てきたので昔の墓があったのだろう．その夜，骨が置かれていた小屋に，僧侶と村人が集まった．古代人のピー（精霊）に宝くじの番号を占ってもらうためだ．僧侶が経文を唱え始めると，途端に風が強くなり，雷が鳴って雨まで降ってきた．みな震え上がって僧侶のそばに身を寄せた．ふと上を見ると巨大な蛇が小屋の梁を這いずりながら，わしらの様子をうかがっていた．宝くじの番号が，どうなったかなんてさっぱり覚えていない．」

東北タイの村には，こうした精霊ピーの話が溢れている[1]．人びとは仏教を信仰しながら，精霊の世界はそれとは少し異なった地平に広がっている．

●東南アジアのアニミズム 精霊信仰はアニミズム（animism）ともよばれる．人類学者 E.B. タイラーが宗教の起源として提唱した概念で「霊的存在への信仰」を意味する．精霊信仰が多神教さらに一神教へと発展するという進化主義的な図式が批判されると，タイラーのアニミズム論は衰退した．しかし多くの地域で日常生活に根差した精霊への信仰が存在することから，アニミズムは議論の出発点として現在も有効である．

東南アジアでは，タイやラオスのピー，ミャンマーのナッ，カンボジアのネアックター，マレーシアやインドネシアのハントゥなど，精霊はさまざまな名前でよばれる．死者や祖先が精霊になることもあれば，人間起源でない精霊もいる．川や森には自然の精霊がおり，村落や土地の守護霊は住む人びとに恩恵と災厄をもたらす．田んぼや米倉の精霊は豊穣を司る．

世界宗教の神や法が論理的に構成されているのに比べると，精霊概念はきわめて曖昧である．精霊とその他の存在の区別や，精霊の種類の分類は厳密ではなく，日常的に語られて可変的に概念化される．精霊にかかわる専門家も，呪術師，治療師，悪霊祓除師，占い師，霊媒，司祭など多岐にわたるが，専業というより農業従事者が多く，専門分化は徹底していない．

精霊信仰については，M. スパイロのビルマの精霊祭祀や，S.J. タンバイアによる東北タイの精霊信仰の古典的研究がある．そこでは涅槃志向，功徳重視の仏教が他の信仰に卓越するものとして図式化され，精霊信仰は仏教の補完物であり，宗教生活を「裏側」から照射するものであった．

●精霊信仰の現代的布置 しかし現実の精霊信仰は，常に世界宗教を参照枠とするわけではない．近代化が進展し国家宗教が卓越する中，精霊信仰は衰えるどころか逆に活発化している．現代の精霊信仰を眺める上で重要な論点をいくつか紹介しよう[2]．第1に，歴史と権力関係である．東南アジアでは近代国家形成期に，精霊信仰が非合理や後進性の象徴とみなされ，過去の悪習として宗教の周縁に追いやられた．現在の世界宗教と精霊信仰との関係にはこうした歴史的な権力関係が反映されている．バンコクの幽霊譚ナンナークの物語が好例であろう．

図1　東北タイで祀られる樹木の精霊の祠

また資本主義経済の影響も見落とせない．グローバル資本主義によって社会秩序が再編されるなか，呪術によって富の獲得や経済的成功をはかる「オカルト・エコノミー」の活性化が指摘されている．タイでは精霊の宿るルークテープ人形に経済的成功を祈願したり，インドネシアでは選挙に勝つために候補者が呪術師から精霊を購入したりするなど，精霊と資本主義の関係が新たに構成されている．

アニミズムの現代的な位置付けには，存在論的転回も深くかかわる．E. B. ヴィヴェイロス・デ・カストロやP. デスコラは自然と文化を対立させる従来の西欧モデルを批判して，人と動植物，モノのすべてを意志をもったエージェンシーとして眺め，関係論的にとらえる視角を構想した．精霊の観点（perspective）から東南アジアのアニミズムを俯瞰すると，狩猟採集社会では精霊と人の間に平等主義的な関係がみられる一方で，国家をもつような稲作社会では精霊と人，また精霊同士の階層的な関係がみられる．自然と文化または人を単純に対立するものとしない見方には，エコロジー思想とのつながりも指摘でき，東南アジアの精霊信仰の幅広いあり方が明らかになる[2]．

ポピュラー文化の文脈での精霊の視覚化も注目に値する．精霊は目に見えないことが多く，東南アジアでは鳥肌などの感覚や夢を通して人びとに感受されてきた．しかしマンガや映画，テレビで描かれることによって，精霊の可視化が進展している．例えばタイのピーポープやピークラスー，フィリピンのアスワンは映画に頻繁に登場するし，タイでは子供向けの精霊図鑑まで出版され，視覚的な娯楽として新たな意味付けがなされつつある．

東南アジアの精霊信仰は，歴史的過程と現代社会の様相を反映させながら，人びとの日常生活の基盤を豊かに彩り続けている．　［津村文彦］

参考文献

［1］津村文彦『東北タイにおける精霊と呪術師の人類学』めこん，2015
［2］Arhem, K., & Sprenger G., eds., *Animism in Southeast Asia*, Routledge, 2016

仏教と国家

☞「王権と仏教」p.64

宗教集団と国家の関係について，日本ではかなり厳格な政教分離政策がとられているが，東南アジアの国々の多くは，いずれの国も厳格な政教分離を行っていない．ミャンマー，タイ，ラオス，カンボジアといった上座仏教圏の国々（および南アジアのスリランカ）では，現在いずれも，宗教集団とりわけ仏教僧の集団であるサンガと国家の関係がきわめて緊密である．宗教界が国政に介入する事態は極少数の政治僧の活動にみられる程度でまれであるが，国家の方はサンガや諸宗教団体に補助金を支出し，教育上の支援を与え，幅広い統制を行っている．タイでは公教育で宗教教義の教育も行われている．

●憲法の宗教規定と宗教行政機関　現行憲法をみてみると，いずれの国でも仏教（上座仏教）を重視する文言が記されているのがみてとれる．

ミャンマーの 2008 年憲法には，「国家は，仏教を国民の大多数が信仰するところの特別の地位が与えられた宗教であることを認める」（第 8 章第 361 条）と記されている．

タイの 2017 年憲法には，「国王は仏教徒であり，かつ宗教の至高の擁護者である」（第 2 章国王・第 7 条）といった規定や，「国は，仏教およびその他の宗教を，国は擁護し庇護しなければならない．大多数のタイ国民が長きにわたり信仰してきた宗教である仏教を擁護し庇護するにあたり，精神と智慧（ちえ）を向上させるために，上座仏教の仏法を学び広めることについて国が奨励し支援しなくてはならない…」（第 6 章国の基本政策方針・第 67 条）との文言がある．

カンボジアの 1993 年憲法ではより直截に，「仏教は，国教とする」（第 3 章クメール市民の権利及び義務・第 43 条）とうたわれている．ラオスではやや仏教重視の色合いが薄れるが，1991 年公布（2003 年改訂）の憲法には，「国家は，仏教徒及び他の教徒の合法的な活動を尊重し及び保護する．国家は，比丘，沙弥及び宗教の聖職者が，祖国及び人民のために有益である活動に参加するよう動員し及び奨励する．宗教の間及び人民の間を分裂させるあらゆる行為は，禁止する」（第 1 章第 9 条宗教活動の尊重・保護）と，宗教一般ではなく仏教と他宗教という区分がみられる．ただしこれらの諸憲法には，いずれも信教の自由を認める条項も組み込まれている．

つまり，上座仏教圏の国々では，一方で仏教を特別視し，他方で諸宗教に平等に対応する信教の自由も掲げるといった，二つの政教関係あるいは二つの宗教観が混在しているのである．またこれらに合わせて，国家の宗教業務に携わる省庁も仏教と他宗教といった形で業務や部署がおおむね二つに分かれている．

●国家主導の政教関係形成の要因

このような国家主導の政教関係が形成されやすい要因はいくつかある．

第1には，国王の統治の正統性をダンマ（法．仏法であり，また宇宙の秩序を形成する道徳律）におき，王は人びとにダンマを説くサンガを支援・統制し，ダンマに反しない政治を遂行するという前近代の「上座仏教国家」における統治理念が，今日の為政者の統治についても道徳性や正統性を付与するものとして説得力をもっているという点である．

図1　仏教祭礼時にプッタ・モントン（国家の仏教儀礼場）の回廊上部で参拝する枢密院議員の一団．左モニターは同時刻に王宮寺院ワット・プラケーオを詣でる国王の映像（タイ，2017年）

第2に，出家者集団のサンガ自身が，自身の集団管理を自律的に行いきれない（具体的には，戒律違反者を還俗させサンガから排除する社会的・物理的力を十分にもっていない）という矛盾を抱えており，これを補足するのが国家権力によるサンガの支援・統制であったという面も指摘できよう．

第3に，各国の全寺院や僧侶（国によっては女性の出家修行者も）が国家単位で組織化されるのは近代以降のことで，しかもサンガではなく国家の主導によって行われてきた点が指摘できる．それぞれの国で，自律した公認諸宗派はあるのだが（ただしラオスは1派に統合している），国家規模でのサンガの統一組織ないしは連合体は，主に国家の梃入れによって形成された公設集団なのである．

第4の要因として，多数の僧侶・寺院と各地の人びとを結びつける広域なネットワークが秘める統治面での潜在的不安を，国家が認識していることもあげられる．最後に第5の要因として，国家が僧侶や寺院を教育や福祉などの行政資源として活用したいという思惑があることが指摘できる．実際，全国的に組織化されたサンガは，近代教育機関の代替機関でもあり，また貧困家庭の学生（主として男子学生）を受け入れる福祉的役割を果たしてきた．

一方，教育水準の向上，少子高齢化，移民労働者の増加，IT化によるネットワークの形成といった現象は，今後，上座仏教と国家の既存関係を揺るがす要因となっていく可能性があるだろう．

［矢野秀武］

📖 参考文献

［1］矢野秀武「上座仏教圏における宗教と国家―宗教関連制度に関する基礎情報」『駒澤大学文化』36, 2018

寺院と出家

☞「仏教とジェンダー」p.542

「寺院」を構成する物質的要素は，①出家者が生活・修行する建物・モノ（僧坊や日用品），②ブッダを象徴する建物・モノ（仏塔や仏像），③その他の神々・精霊を象徴する建物・モノ（祠や神像）など多岐に渡る．ただし現実の寺院は，必ずしもこれらすべての要素を含んでいるわけではない．例えば②および③の要素だけで一つの寺院を構成している場合もある．つまりこのタイプの寺院には出家者が常駐していない．しかしここではそうした寺院は除外し，出家者が常駐している寺院（僧院）に限定して，その特徴を紹介する．

●出家者の概要　寺院は，一義的には「生活・修行をともにする出家者たちの共住集団」と定義できる．上座仏教（上座部仏教）の出家生活は，律とよばれるルールによって規定されており，特に「性欲」と「物欲」にかられた言動を避けることが求められる．例えば出家者は一切の性行為をしてはならない．また経済活動や生産活動を行ってはならない．生活基盤を在家者（一般信徒）の布施に依拠する乞食（こつじき）（托鉢（たくはつ）によって日々の生活の糧を得ること）というあり方が，出家生活の大原則である．こうした律を守る出家生活こそが，上座仏教の理想的境地である涅槃を実現するための，唯一ではないが最適な手段であるとされる．また，在家者の布施に依拠しなければ生活できないという点において，在家者といかにかかわるかが常に問題になり得る．

もちろんこれは出家者の教義的な定義であり，実際に教義（特に律のルール）をどこまで，どのように守るかは多様である．こうした違いが宗派とよび得るような寺院間の差異をもたらすこともある．また，生涯を出家者で過ごすとも限らない．多くの上座仏教徒社会において，還俗（出家者をやめること）は珍しくない．さらに，一時出家という慣行がみられる地域もある．つまり数日から数か月という一時的な期間だけ，出家するという慣行である．ミャンマーでは青少年期，タイでは成人後の一時出家が一般的である．

●ミャンマーの寺院　寺院の活動内容，社会とのかかわりも，国や地域によって多様である．ここではミャンマーの事例を紹介してみたい．人口（約5100万人，2016年推計）の約80～90％が上座仏教徒であるミャンマーでは，約52万人の出家者（一時出家者は含まない）が，約6万5000の寺院に分かれて居住している（2015年）．寺院の規模（出家者数）は1人から1000人を超える規模まで多様である．その活動内容は，①出家者の修行，②在家者に対する各種サービスの2本柱から成り立っている．

出家者の修行は，①律に則った出家生活，②教学（仏典学習），③瞑想から構成されている．この内，①は出家生活全体をおおうものだが，②および③にどれくらいの時間と労力を割くかは，出家者によって多様である．一般的には，10代から20代前半まで教学中心の生活を送った後，さらに専門的な教学に進んだり，瞑想修行を行ったりする．そして機会に応じて自分の寺院を構え後進を育てる．在家者に対する各種サービスについていえば，村落部の寺院は，村落生活の結節点として，村人の多様な宗教的・世俗的ニーズを満たしているのに対し，都市部においては専門特化した寺院の活動がみられる．

図1　托鉢に行く出家者たち

第1に，瞑想指導がある．ミャンマーでは1950年代以降，出家者・在家者を問わず，より簡便に瞑想修行ができる環境が整備されつつある．それに伴い多くの出家者が，自身の寺院で瞑想コースを開いたり，瞑想指導者として活躍したりしている．第2に，教義解説がある．これは瞑想方法を含む仏教教義をわかりやすく解説するというサービスである．近年は，さまざまなメディア（テレビ，本，DVD，説法会など）を駆使してより大規模に行われる傾向にあり，教義解説のうまい出家者たちは，文字どおりアイドル的な人気を博している．第3に，現世利益的サービスがある．特に人気なのは各種の占いであり，占いに長けた出家者のもとには，宗教の枠を超えて熱狂的な信者たちが集まる．第4に，社会福祉がある．ミャンマーでは，孤児や貧しい子供たちの面倒をみたり，世俗教育を施したりする活動が目立つ．

さらに出家者個人の活動に目を向ければ，さまざまな政治的主張を民衆に訴え，政府や議会に圧力をかけるような活動に従事している出家者も少なからずいる．軍人支配の時代においては，軍政の圧政に苦しむ民衆を代弁し民主化運動を推進する力となった．また2011年の民政移管以降は，ムスリムに対し仏教および仏教徒の権利を守るという運動が顕著になっている．

ただしこうした在家者に対する直接的なサービスだけが，寺院の社会的役割ではない．より広範かつ一般的な役割は，「在家者からの布施を受け取る」ことにある．在家者にとって，布施とは輪廻転生の中で良い生まれ変わりを可能にする功徳を積むための重要な手段であり，出家者はその最上の受け手（福田）とされる．つまり出家者が存在し，布施を受け取ること自体が，重要な社会的役割となっている．こうした役割に特化しているのが「森の僧（寺院）」である．彼らは在家者への直接的サービスをせずに，人里離れた場所で出家修行に邁進するがゆえに，在家者から支持され，ときに熱狂的な崇拝現象を引き起こすこともある．［藏本龍介］

寺院と教育

☞「東南アジアの教育」p.198

寺院における在家の学習/教育は，上座仏教社会において，教義の主たる担い手である出家者の集団サンガの再生産システムの周縁に位置付けられる．しかし同時に，寺院における在家の学習/教育は，社会における知識や技術の普及にもきわめて重要な役割を果たしてきた．この役割は，大陸部東南アジアにおいて，19世紀半ば以降に本格化する植民地支配や，その後の近代化やグローバル化の中で大きな変容を遂げてきた．

●寺院における学習/教育の伝統 上座仏教の特徴の一つは，出家と在家を明確に区別することにある．出家者は，戒（P. sīla）と律（P. vinaya）を守り，涅槃（P. nibbāna）とよばれる理想の境地に到達することを究極的な目標として仏典学習（P. pariyatti）と瞑想実践（P. paṭipatti）に専念する（P. はパーリ語）．出家者の共住空間である寺院では，仏典の知識は師から弟子へ，主として口伝によって継承されたが，やがてそれを体系的に学び，教える独自の仕組みが整えられた．

また，都市部であれ村落部であれ，寺院は長らく在家者にとっても唯一の教育機関であった．上座仏教社会では伝統的に，男性は一生に一度は出家することが望ましいとされ，出家は通過儀礼◀を意味するものであった．男性は出家中，仏教だけでなく，占星術や薬草治療などに関する多様な知識や技術をも身につけることができた．また彼らが還俗することで，こうした知識や技術は世俗社会へと普及した．ほかにも，寺院にはしばしば，「寺子」とよばれる在家の子供（主として男児）たちが寄宿していた．彼らは，僧侶の身のまわりの世話をするかたわら，僧侶からマナー，道徳，読み書きや算数などを教わるのである．「寺子」の中から後に正式に出家する者も少なくなかったようである．

●寺院における学習/教育と近代 寺院における学習/教育に大きなインパクトを与えたのは，西欧列強による植民地化と国家による教育の制度化である．ミャンマーは19世紀後半に英国によって，またカンボジアとラオスは20世紀初頭にフランスによって，それぞれ世俗教育を目的とした学校が設立された．一方，直接的な植民地支配を免れたタイにおいても，19世紀初頭からキリスト教宣教師による教育活動が活発化し，19世紀半ばには王室で外国人教師を雇用した教育が開始された．これらのことは，アクセスには制約があったものの，在家の教育が寺院以外の場に開放されていったことを意味している．しかし，既存の寺院における学習/教育の仕組みは，多くの国で近代学校制度を普及させるための基盤として位置付けられ，僧侶は教師として，また寺院は校舎として活用された．例えば，タイでは19世紀末頃に，ラーマ5世（チュラロンコーン王）が「寺院学校」なるものを登場させたが，これはやがて全国民に無償の義務教育を認める初等教育法（1921年）の施行を導いた．重要なことは，国家による教育の制度化の過程において，寺院における学習/教育の伝統が排除されるどころか，積極的に取り込まれていったことである．他方で，世俗教育機会の拡充によって，寺院における学習/教育は次第に出家者中心の性質を強めていった．

図1　教育機会を求めて寺院に寄宿する子供たち（タイ中部アーントーン県内，2015年）

●在家の「宗教」教育　ところが，寺院における在家の学習/教育を再興する動きが起こる．19世紀末に英国植民地支配下にあるスリランカを訪れた西洋人オルコットは，キリスト教学校の数に対して仏教学校が圧倒的に少ない現状を目の当たりにし，仏教の改革・復興に精力的に取り組んだ．その活動の一つがキリスト教教会の日曜学校をモデルとした仏教日曜学校であり，後に東南アジア各地に伝えられた．タイの場合，1950年代半ばにサンガ法王とマハーチュラロンコーン仏教大学学長が，スリランカとミャンマーの両国を視察訪問し，タイでも仏教日曜学校を普及させようと注力した．仏教日曜学校では，出家者のみならず在家者も教師を務め，仏教教義に関する基礎的な知識のほか，マナーや道徳なども教えられた．こうした取組みは，サンガの相対的な地位の低下や，在家の仏教離れに対する危機感を背景として，寺院における在家の「宗教」教育が再編されていったことを示している．

●寺院における学習/教育の現在　人・モノ・情報の流動化が加速する近年のグローバル化は，寺院における在家の学習/教育に新たな局面をひらいている．例えば，都市部や国境付近の寺院では，教育機会を求めて「寺子」になったり，出家したりする越境労働者の子供たちが増加する傾向がみられる．彼らの学習/教育の経済的基盤は，信徒からの布施に加えて，海外NGOからの寄付であることも少なくない．ほかにも都市部の寺院やそれに類する宗教施設では，瞑想コースなどに多数の女性や外国人の参加者が集まり，活況を呈している．このように，寺院における在家の学習/教育の伝統は，社会変動の中で新たな意味や価値を付与され，不断につくりかえられているのである．　　　　　　　　　　　　　　　　　［岡部真由美］

📖 参考文献

［1］石井米雄『上座部仏教の政治社会学』創文社，1975

［2］Wyatt, D. K., *The Politics of Reform in Thailand: Education in the Reign of King Chulalongkorn*, Yale University Press, 1969

イスラームと国家

東南アジア各国はいずれも多民族多宗教である．現在までほとんどの国が宗教間の対立や政治問題を抱え，少数派の人権が制限ないし抑圧される傾向がある．ムスリムは，インドネシアのように国民の9割近く（2億人以上）を占める国から，ベトナムのように1%に満たない少数派（10万人程度）の国までその割合は大きく異なる．

ムスリムが多数派のインドネシア，マレーシア，ブルネイ各国においても，イスラームの位置付けは異なる．インドネシアでは，少なくとも建前上，公認された諸宗教は平等である．マレーシアとブルネイでは，憲法がイスラームの特別な地位を定めている．こうした条件において，インドネシアやマレーシアではより広範にイスラーム法（シャリーア）を施行する政治体制を目指す運動（イスラーム主義運動）が起こってきた．少数派のフィリピンやタイでは分離独立や自治権の獲得を目指す運動が続いている．両国でも近年イスラーム主義運動の影響がより高まっている．ミャンマーの少数民族ロヒンギャ◀のように，国民形成から疎外され，近年になって抑圧が高まるケースもある．

●イスラーム政党・組織と国家　東南アジアにおける大半のイスラーム政党や組織は，国民国家や民主主義制度の枠組みの中で，みずからの要求の実現や支持者の拡大を目指している．ここでは，ムスリムが多数派のインドネシアとマレーシアに絞って，イスラーム政党・組織と国家との関係を考察したい．

ムスリムが人口の9割近くを占めるインドネシアでは，イスラームと国家の関係をめぐってムスリム内部の政治的亀裂が形成されてきた．独立時の憲法草案（ジャカルタ憲章）から最終的に削除された「ムスリムはイスラーム法を遵守する」という一文が主たる争点となった．イスラーム政党は，ムスリムの優位を憲法に明示することを望み，ジャカルタ憲章の「復活」を目指した．しかし，共産党の排除を経て1966年に成立したスハルト体制において，イスラーム政党や組織は潜在的な反体制勢力とみなされた．30年以上続いたスハルト体制は，多民族多宗教の国民国家形成に力を入れる一方，宗教組織を監視，抑圧し，そして取り込んだ．1998年の民主化以降は，イスラーム政党が多数結成されたが，多くの有権者の支持を目指して包括政党化し，世俗政党との区別が次第に曖昧になった．また両者を含む連立政権が常態化している．ジャカルタ憲章はもはや争点ではなくなった．

他方で，近年顕著なのは，主流のスンナ派イスラームからの「逸脱」を理由とした政敵や少数派への攻撃である．「イスラームからの逸脱」は，同時に国民国家への脅威と宣伝され，ナショナリズムの文脈でも正当化される．主要宗教組織は一体性を欠き，こうした傾向の歯止めとして効果的な役割を果たせていない．2016年9月に，華人キリスト教徒であるジャカルタ州知事バスキ・プルナマによる「宗教冒涜」発言事件により，断罪を要求する大規模なデモ「イスラーム防衛行動」が起こった．イスラーム主義者が主催した「イスラーム防衛行動」には，野党勢力が加わり，2019年4月の大統領選挙における政権交代を目指して動員を繰り返した．

図1　インドネシア最大のイスラーム組織ナフダトゥル・ウラマー（NU）指導者が1998年に設立した民族覚醒党（PKB）の選挙ポスター

以上のように，インドネシアでは「イスラームと国家」間の緊張関係はおおむね解消された一方で，イスラームが政治的競争の中で武器となり，社会を分断する要因となっている．

憲法にイスラームの優位が明示されているマレーシアでは，宗教組織の組織化や自律性が相対的に低い．もっぱらマレー人ムスリムの与野党が宗教的正統性を競ってきた．1969年にマレー人の経済的劣勢への不満から起こった暴動をきっかけに，新経済政策（通称：ブミプトラ政策，NEP）とよばれるマレー人優遇政策が実施された．さらに政府がイスラーム化の旗を降り，マレー人アイデンティティにおいてイスラームへの比重が高まった．都市化や非マレー人にもマレー語教育が広がる中で，与党である統一マレー人国民組織（UMNO）は都市部のマレー人に受け皿を提供したのである．

他方，野党の全マレーシア・イスラーム党（PAS）にはイスラーム主義者も多数参加してきた．UMNOはしばしばPASの急進性と対比して，より中道で現実的であることを強調した．しかし，近年はUMNO主導の一部地方政府がイスラーム刑法を導入するなど，イスラーム化により踏み込んで，PASの分断と取り込みをはかった．これらの要素が与党連合の延命に貢献した．

マレーシアにおいては，「イスラームと国家」の結びつきが強く，非ムスリムの間に疎外感と不満をもたらしてきた．しかし，2007年に選挙改革を求めて開始されたブルシ（Bersih，清潔）運動は，宗教やエスニシティを越えた新たな集合意識をつくり出した．また野党からは距離をおいて党派性を否定した．ブルシ運動は汚職スキャンダルを隠蔽しようとした政府への批判を強め，2018年5月の政権交代への露払いを務めた．

［見市　建］

モスクと礼拝所

☞「スルタン・オマール・アリ・サイフディン・モスク」p.612,「日本のモスク」p.740

モスクはアラビア語では「マスジド」とよばれる. マスジドという語の意味は「跪拝するところ」, すなわち礼拝をする場所である. 礼拝はどこでしてもよく, この意味では「地上はすべてマスジドである」というハディース（ムハンマドの言行録）もあるが, 東南アジアで通常ムスリムが「マスジド」（あるいはその現地語表現）とよぶのは, より公的で規模が大きく, 金曜礼拝が実施できる施設である. これに対して, より小規模な礼拝所は「スラウ」「ムソッラ」などさまざまな名前でよばれ, 金曜礼拝以外の日常の礼拝や勉強会などを行う場所とされる. 以下の記述では, 前者を「モスク」, 後者を「礼拝所」とする.

図1　ドームと塔/尖塔（ミナレット）のある典型的なモスク. 手前は水場で, 男性が礼拝の前の清めを行っている

●モスクの機能　モスクは礼拝の場であるが, 東南アジアで最も普及している解釈では, モスクでの礼拝が義務となるのは金曜日の昼の金曜礼拝時, 男性のみである. ほかの時間にモスクで礼拝をすることは推奨されるが義務ではない. 女性も, 2人以上の集団で礼拝をするのが1人で礼拝をするよりもよいとされるが, 場所は家でもよい. このため, 金曜礼拝以外の礼拝の時間にはあまり人がいないモスクもみられる. モスクは, 礼拝の場であるほか, 教育, 喜捨（ザカート）の支払い, 結婚や葬儀といった宗教儀礼や, 宗教に関連する各種集会の実施といったさまざまな機能がある.

モスクの職員には, 集団礼拝や各種儀礼の主導, モスクの運営などを行う「イマーム」, 毎時礼拝のよびかけを行う「ムアッズィン」, その他, 事務員, 学習の場を併設している場合はその教員などが常駐している. これらの職員には多くの場合, モスクを管理する行政機関や自治組織によって一定の給料が支払われる. 例えば, マレーシアの国立モスクは宗教発展庁の管轄であり, イマームを筆頭に事務員, 宗教儀礼の担当者, 図書館やメディアの担当者など, 総勢40名が庁の公務員として常駐している.

一方, 礼拝所は礼拝所が含まれる建物の管理者や, 近隣のコミュニティの人びとが管理しており, その機能も主に礼拝と教育, 集会の実施などに限定されている. モスクは多くの国で宗教行政機関の管理下にあるが, 礼拝所はそうでないものが多い．このため，モスクでの活動はより公的で，これを管轄する政府などの方針に合うものに限定されるが，礼拝所での活動はより私的で，政府などの方針に必ずしも合致しない活動も含む幅広いものとなる傾向がみられる．

図2　集団礼拝に参加する人びとの列と，メッカの方角のへこみ（ミフラーブ：中央），説教台（ミンバル：右）

●礼拝所の様式　モスクの典型的なイメージはドーム型の屋根や塔/尖塔（ミナレット）であろうが，これらは実は必要な要素ではなく，モスクを成立させるための建築的な条件はない．東南アジアには，アラブ文化や中華文化，ジャワやマレーといった現地の文化の建築様式の影響を受けたさまざまなスタイルのモスクが存在する．だが，多くのモスクに共通する点もみられる．図2にみられるように，まず礼拝堂がメッカの方角（キブラ）を向いて設計されており，礼拝堂内部の正面の壁にあるアーチなどの形をしたへこみ（ミフラーブ）によってそれが示されている．集団で礼拝を行う際には，礼拝を主導する人がそのへこみの正面に立ち，ほかの人びとは一歩下がった位置に列をなして並んで礼拝を行う．ミフラーブの横には，金曜礼拝の説教をするための説教台（ミンバル）がおかれている．礼拝所の場合は上の要素はないことが多く，部屋の正面がキブラの方向を向いていなければミフラーブはなく，その方向に向けて絨毯をしいて目印とするなどの工夫がされている．

●礼拝の空間　モスクや礼拝所では男性と女性の空間が分けられている．例えば，図1のように比較的大規模なモスクでは，ミフラーブやミンバルのある礼拝堂の中心部の前の方は男性の空間で，その後方に衝立で仕切られた場所と2階以上が女性の空間となっている．モスクでも礼拝所でも，礼拝のときには男女の空間がきちんと分けられるが，それ以外の宗教講和や結婚式といった機会には，男女が前後や左右にゆるやかに分かれるか，やや混じるなど柔軟になる．

モスクでも礼拝所でも，礼拝を行う条件となる洗浄（ウドゥー）を行う水場とトイレが設けられている．男性の水場は図1のように公に見える場所にあることが多いが，女性の水場は髪などの隠さなければならない部分（アウラ）が男性に見られることを避けるため，厳格に仕切られている．また，多くのモスクで求められるルールとして，モスクの敷地内に入る時はアウラを隠すため，男性は膝からへそまで，女性は手や顔を除く全身を覆う服装が求められる．モスクの中心部となる礼拝専用の空間は，非ムスリムや月経中の女性，幼児などの入室を禁じる場合もあるが，これはモスクの方針によって大きく異なるので随時確認が必要である．

［久志本裕子］

ポンドック・プサントレンと教育

☞「東南アジアの教育」p.198

イスラーム圏にはどこにでも，啓典コーランやイスラーム法学などを学ぶ教育機関が存在する．東南アジアではそのような宗教教育機関は寄宿制であることが多いために，アラビア語のfunduq（宿泊所）から派生したポンドック（マレー半島），ポーノ（タイ），あるいはプサントレン/ポンドック・プサントレン（インドネシア）とよばれる．そこで教えるのはグル（先生/師），ウスタズ（男性教員），ウスタザ（女性教員）で，主宰者はトッグル/トゥアン・グル（マレー半島），キヤイ（ジャワ）である．フィリピンでは，早くからコーラン塾はあったが寄宿制とはならず，1930年代にマドラサとよばれるイスラーム学校が設立されるようになった．なお，他地域ではマドラサは特に近代教育体系を整えた宗教学校をさす．プサントレンは教育内容の差が大きく，また形態の違いもあるために，統計上の数字は出しにくい．世界最大のムスリム人口を擁するインドネシアの宗教省データ（2017年）によると，全国でプサントレンは約3万校，サントリ（生徒）は約400万人であり，8割強がジャワ島に集中する．この種のイスラーム学校で教育を受ける生徒は同年代の1割弱であると推定され，大半が私立学校である．インドネシアでは，かつてイスラーム寄宿塾は地域によって異なる名称であったが，現在では一律にプサントレン（「サントリのいるところ」というような意味）とよばれている．なお，サントリは現代では「敬虔なムスリム」という意味でもよく用いられ，また女生徒が増えたことからサントリワティ（女子サントリ）という言葉も用いられるようになった．

図1　ソロガン：プサントレンでの伝統的教授法のひとつ

●プサントレンの歴史　プサントレンがいつ頃からジャワに存在したのかは定かではないが，アラビア語文献キタブを学ぶ場としてジャワ語文献で確認できるのは18世紀後半であり，オランダ語の文献に登場するのは19世紀に入ってからである．当初は，コーランの読誦や礼拝などの宗教儀礼を学ぶ初歩的教育（しつけ）を行うランガル（礼拝所）での学びを終えて，キタブ学習を受ける塾のような場であった．まだ社会にイスラームが浸透しない時代には，布教の拠点としての役割を担っていた．評判の高い先生のもとには遠くからも生徒が集まり，その家のまわりに簡素な宿舎が建ち，土地やモスクが寄進されて一つの宗教共同体的な空間を形成するようになった．ジャワの一般庶民にとってはこれが唯一の教育の場であった．教師と生徒が1対1で向き合うソロガンと，講義形式のバンドンガンという二つの教授法があったが，教育内容は体系化されておらず，しかもその盛衰は主宰するキヤイの力量次第で，1代限りで消滅というプサントレンも多かった．

このような伝統的イスラーム教育は，20世紀に入って，オランダ植民地政府やヨーロッパからのキリスト教団が「原住民」対象の近代教育機関を設立するようになると，同じムスリムから批判されるようになった．1912年に結成されたイスラーム改革派系の団体ムハマディヤ（ムハンマドに従う人びと）は，段階別の教育プログラムを備え，普通科目（非宗教科目）も取り込んだ近代体系の学校（マドラサ）を設立して都市部にその勢力を伸ばした．これに対して，プサントレンのキヤイは1926年にナフダトゥル・ウラマー（NU（エヌ・ウー），ウラマーの覚醒）を結成して，農村部へのムハマディヤへの進出を阻んだ．一方，プサントレンの中にも漸進的に改革を始めるところもあった．独立後1960年代末からの「開発」政策の発進で教育機関が整備され，公立マドラサも設立されると，公的に通用する免状を出せないプサントレンは存続の危機に瀕した．

●近代への対応　プサントレン側は，マドラサや普通（非宗教系）学校をプサントレン内に設置して宗教教育の体系化をはかったり，普通科目を充実させたりして自己革新をはかるほか，財政基盤を整えて施設を充実させるなどして存続をはかった．宿舎で朝夕にコーランやキタブを学び，昼間はマドラサか普通学校へ通う形式が増えた．マドラサも全科目が宗教分野であったり，逆に宗教科目がわずかしかないところまでと幅広くなり，中には外国語（英語，アラビア語）での会話を義務付けたり，ITを重視したり，職業科を備えたところまである．その結果プサントレンは，数十人規模から，幼稚園から大学までを備えて大規模化したところまでと，多種多様化した．大手のプサントレンの多くは，委員会組織をつくって役割分担をする集団指導体制をとっている．さらに，かつては農村部に集中していたが，都市部にも出現し，そのイメージを大きく変えつつある．

数世紀にわたってプサントレンが生き延びたことは，イスラームの発展をはかる一つの指標でもある．イスラーム規範の発信地として，また広いイスラーム世界とのつながりをもつイスラーム文化の拠点としての役割を果たし続けている．プサントレン教育を受けた知識人・文化人の活躍も，インドネシアの文化の多元性に彩りを添えている．子弟関係，姻戚関係，同窓会などの人間関係を通しても独特のアイデンティティを有しており，特にジャワの場合，プサントレンと周辺社会との結びつきは強い．その多くがNUの傘下にあり，国内最大の宗教社会団体としてNUが社会に影響力を有する土台となっている．ただし，教授される教義も厳格なサラフィー主義からリベラルな多元主義まで，その志向性は大きく異なり，その意味でもプサントレンのバリエーションは広がっている．　　　　［小林寧子］

ハラール

☞「ハラール食」p.386,「ローカライズされる日本食」p.718

宗教には，善と悪，正と邪といった価値体系があり，またこれに基づいた当該宗教の信徒として適切な行動規範が存在する．イスラームにおいては，シャリーア（イスラーム法）とよばれる規範が策定されており，信徒であるムスリムの日常生活の細部にいたるまで影響を与えている．

●ハラールとハラーム　イスラームでは，聖典クルアーンや預言者ムハンマドの言行であるスンナなどを法源として，信徒が従うべき規範であるシャリーアが編纂されている．シャリーアは，信仰告白や礼拝，断食などの儀礼的行為，結婚・離婚や相続などからなる親族関係，あるいは犯罪と刑罰を含めた社会的領域のみならず，衣食住や経済活動といった日常生活の細部も対象としている．

シャリーアは，ムスリムの行動に対し，イスラーム法の観点から合法とみなされる行為と，刑罰が科される禁止される行為とを示している．このうち，前者の行為やそのような行為を導き出す事物はハラール，後者の行為やそのような結果を招く事物は，ハラームとよばれる．この規範に基づいてムスリムがハラームを避けて現世で生きることが，来世で天国か火獄のいずれかにいたることをアッラーが決定する（最後の審判）際に用いる判断要因となる．

●現代社会におけるイスラームの実践　シャリーアで示される価値・規範は，ムスリムの日常生活に適用される．そのためムスリムが日常生活の中で使用する商品・サービスもまた，ハラールであるべきだとされる．特にグローバリゼーションが進展した現代消費社会においては，ムスリムが使用する商品・サービスの中に思わぬ形でハラームの要因を含んでいる可能性がある．法学派によって解釈に相違はあるものの，ファッションならば頭髪や身体の特定部位をあらわにする服装が，飲食物ではアルコールやブタ由来の成分が，金融では融資や預金に課される利子が，ハラームであるとされている．そのため，これらの要因を排除した商品・サービスが提供されない限り，日常生活の場面でシャリーアを遵守できなくなる．このような商品・サービスを提供する産業は，ハラール産業とよばれている．

中東の湾岸諸国のようにムスリム人口比が高い国では，地域社会には異教徒に由来するハラームのものは存在しないという前提にあるため，日常生活で消費する商品・サービスがシャリーアに準拠しているかを，使用するたびに確認する必要性は低い．他方，東南アジアのように他宗教の信徒や他民族の人びとと共生する社会に暮らしていたり，あるいは貿易によって非イスラーム諸国で製造された商品の輸入が増加したりすることで，ムスリムにとってハラームである商品に接触する危険性が高まる．そこで，各商品・サービスがシャリーアを遵守しているかを確認するハラール認証制度が誕生した．これは，各商品・サービスが準拠すべきルールであるハラール認証基準と，各商品・サービスの専門家およびシャリーアの専門家とが同基準通りに製造されているか検査・認証を行うハラール認証機関からなる．マレーシアの場合，金融産業は中央銀行と証券委員会が，それ以外については首相府イスラーム開発局（JAKIM）が認証機関として，表に示した基準に基づき各商品・サービスに対してハラール認証を実施している．

表1　マレーシアのハラール認証基準

認証基準	対象となる物品・サービス
MS 1500：2009	食品・飲料，レストラン，畜場
MS 2200：2008	化粧品，衛生品
MS 1900：2005	品質マネジメント
MS 2200－2：2012	骨皮膚，毛皮
MS 2300：2009	マネジメント・システム
MS 2393：2010（P）	用語の定義
MS 2400－1：2010	運輸
MS 2400－2：2010	倉庫
MS 2400－3：2010	小売
MS 2424：2012	医薬品
MS 2594：2015	水
MS 2610：2015	観光

（出典：Halal Industry Development Corporation のウェブサイト〔http://www.hdcglobal.com〕）

●異教徒との共生　ハラール産業がムスリム向けの商品・サービスを積極的に供給することが，ムスリムによるイスラームの実践をより確かなものとしている．したがってハラール産業の興隆の背景には，ムスリムとしてより正しく生きていきたいムスリムの増加があるといえる．他方，このようなムスリム意識の高まりは，地域社会において非ムスリムとの断絶を生むのではないかとの懸念も指摘されている．確かにマレーシアにおいては，窃盗などハラームとみなされている行為を行った者に対する身体刑であるハッド刑の導入をめぐり，2014年以降イスラーム主義政党と華人政党などとの間で対立を招いた．

しかしながらハラール産業においては，その商品・サービスの多くがイスラームに反すると目される要因を排除することで成り立っているため，他宗教の信徒による消費が可能なものも多い．例えば，菜食主義者向けのベジタリアン・ヴィーガン認証とハラール認証を同時に取得している食品も存在する．また生産サイドにおいても，2016年のマレーシアの実績によれば，ハラール認証を取得した企業のうち，マレー・ムスリムを中心とするブミプトラ企業の割合は32％程度であり，68％は非ブミプトラによる国内企業と東南アジアの周辺諸国や日米欧などの外国企業によるものであった．そのため，信仰に基づくムスリムの日常生活の基礎であるハラールである商品・サービスは，その大きい部分が非ムスリムによって成り立っていると指摘できる．

［福島康博］

声の文化と宗教

東南アジアでは，長い間文字の使用が限定的で，口頭によるコミュニケーションが重要な役割を果たしてきた．しかしその一方で，ヒンドゥー教，仏教，イスラーム，キリスト教の聖典・経典の受容とともに文字も入ってきた．さらにこれらの文字は改変され，東南アジアの諸言語を記す文字として普及していった．そのため東南アジアでは，口頭コミュニケーションを中心とした文化（声の文化）が豊かに残っているのと同時に，文字に依拠した文化（文字の文化）も広くみられる．ここでは，文字の影響を受けていない「声の文化」を「一次的な声の文化」とし，文字の影響を受けつつも，声の側面を強く保持しているものを「二次的な声の文化」としておく．

●一次的な声の文化─精霊信仰における声　口頭によるコミュニケーションは，人間同士だけではなく，超自然的存在との交流においても重要である．守護霊や祖霊への祈りは司祭や儀礼職能者によって口頭で述べられ，守護霊や祖霊のことばは依り代・シャーマンの口を通して人びとに伝えられる．

例えば，大陸部東南アジア内陸山地に居住するアカの人びとは，父系祖先の系譜をたどることで共通の神話的祖先へとつながっており，世代深度が50～60世代にもわたる祖先の系譜を記憶している．そして葬儀の際には，神話的祖先から直近のものまですべての父系祖先の名を暗唱し，その最後に死者の名を付け加える．アカの葬儀における祖先名の朗誦は，死者を祖先の中に位置付けるだけではなく，死者が「祖霊の国」へ向かうための行程も示しているとされる．

図1　僧侶による攘災儀礼．相談者の四方に座った僧侶が護誦経を唱える（タイ北部チェンマイ県）

図2　シャン語で書かれた仏教書を朗誦する朗誦師（タイ北部メーホンソン県）

ボルネオ島内陸部に住むプナンの人びとは，豊穣をもたらしてくれるカミに「うた」で語りかける．プナンの「うた」は，定型の句ではなく，日々の生活での経験や身のまわりの出来事などから喚起されたイメージを即興でことばにして，旋律の反復や押韻の「声」の技法を駆使して延々とうたい続けられていく．また，プナンの人びとは，日々聞こえてくる鳥の声をカミのことばとして聞き，そのメッセージを受け取る．このような声の力による宗教実践は，現在でも東南アジアの広い地域でみられる．

図3　シャンの女性仏教徒による仏教讃歌『初転法輪経』の斉唱

●二次的な声の文化—書かれたものと声　外来の宗教伝統は，文字に書かれた聖なる聖典・経典を東南アジアの宗教的世界にもたらした．しかし，ヒンドゥー教司祭のマントラ，上座仏教の僧侶の誦経，コーランの朗誦，キリスト教の讃美歌やオラシオなど，これらの聖なるテクストは声に出して唱えられるものであり，東南アジアの「声の文化」と親和性をもっていた．上座仏教の儀礼では，聖典であるパーリ三蔵経典に由来するパーリ語誦句が僧侶によって朗誦され，その朗誦を拝聴することが積徳になるとされる．人びとは，僧侶の声を通して，ブッダの教えに触れるのである．また，聖なるテクストの朗誦自体が，宗教的な力を有すると考えられており，攘災儀礼や延命祈願の儀礼の中でパーリ語誦句が朗誦される．

また東南アジアの「声の文化」は，文字をもつことにより，その特徴を色濃く反映した地域語のテクストを生み出してきた．例えば，タイでは，クローン・スアットとよばれる朗誦詩がアユタヤ朝以降多数つくられた．クローン・スアットは，比較的平易な韻文で書かれた説話文学である．仏教の教えを説くクローン・スアットは，仏教儀礼の中で僧侶や在家信徒に朗誦され，僧侶の説法やパーリ語誦句の朗誦の拝聴と同じように，それを拝聴することは積徳になるとされる．テキストの内容に加えて，脚韻・中間韻・特定音節への声調指定などの韻文の形式，朗誦者の声の調子や朗誦の技巧といった音声的要素によって聴衆を楽しませる．朗誦と拝聴というテキストの享受の形態から「耳で読む」文学ともいわれる．

［村上忠良］

参考文献

［1］オング，W. J.『声の文化と文字の文化』桜井直文他訳，藤原書店，1991

［2］卜田隆嗣『声の力—ボルネオ島プナンのうたと出すことの美学』弘文堂，1996

［3］トリーシン・ブンカチョーン『タイ中部におけるクローン・スアット形式の文学』チュラーロンコーン大学アジア研究所，2004（タイ語）

民間療法

☞「ジャムー売り」p.296

東南アジアで広くみられる民間療法には，生薬，マッサージ，食餌療法，接骨，瀉血などがある．生薬の多くはその地域の在来植物に由来するが，一部で動物や鉱物が用いられることもあり，また薬方にはインドや中国の伝統医療の影響がみられる．例えば，インドネシアではジャムーとよばれる生薬飲料が飲まれているが，これはショウガ科の根茎を中心に数種の薬用植物からつくられる液体で，鶏の卵や蜂蜜などが混ぜられることもある．ジャムーは行商や露店で症状に応じたものを求めてその場で飲むほか，お湯で粉末を溶いて飲むタイプの分包された製品も売られている．

また，占い，託宣，護符，祈願や儀礼なども民間療法に含まれる．土着の病因論は人びとの信仰と深くかかわっており，病気の原因が精霊，祖霊，死霊，魂の喪失，あるいは他者によってかけられた邪術など，超自然的力によるものとされることがあるからである．その場合，専門家が呪術的手段を用いてそれらに対処するが，彼らの呪文にはしばしばイスラームやカトリックの祈祷文，仏教の経文の影響がみられ，民間療法の場でも宗教の重層性が認められる．

●民間療法の専門家　民間療法の知識は，例えば身近な薬草の効能や出産後の食物禁忌のように，その地域の多くの人びとによって共有されているものもあれば，一部の専門的な治療者のみが有するものもある．また，治療者の中でも特定の技法に特化して治療を行う人と複数の技法を組み合わせて治療にあたる人がいる．治療者の分類や呼び方は民族や地域によって異なるが，例えばボモ（bomoh，マレーシア・マレー人社会），ドゥクン（dukun，インドネシア・ジャワやスマトラなど），バリアン（balian，インドネシア・バリ），アルブラリオ（arbularyo，フィリピン・タガログ地域），マナナンバル（mananambal，フィリピン・ビサヤ地域），モームアン（mo mueang，タイ北部）とよばれるような人びとは，クライアントの症状にしたがって儀礼を行ったり生薬を処方したり，さまざまな技法を用いて治療にあたることが多い．

図1　手製の塗り薬を用いてマッサージをするタイの民間治療師

このような民間治療師（呪術的側面に注目して呪医，あるいは祈祷師とよばれることもある）の治療法は，クライアントの心と身体に働きかける全体的なものだといえるだろう．近代医療が普及し，保健所や病院などの医療機関へ容易にアクセスできるようになっても，民間治療師は人びとの求めに応じて治療を行い，健康ケアにおける一定の役割を果たしている．地域によっては，近年になって再び彼らの活動が活発化してきたところもある．

●多様化する民間治療師の実践　タイの例から，国家による伝統医療の制度化と治療師の実践についてみてみる．タイでは1993年に保健省医療局内にタイ医療研究所が設置されてから，伝統医療をタイ医療として制度化し普及させる活動が進められてきたが，その過程で地方の民間治療師たちの活動も活発化してきた．それ以前は地域の人びとからの慣習的承認に基づいて，自宅で小規模に治療を行うだけであった治療師たちの中にも，民間治療師グループへの参加を通して活躍の場を広げる人や，タイ医療の許可証を取得して公的に承認される人が現れてきた（図1）．

1990年代以降，タイではエイズの社会問題化，中央の保健医療政策，代替医療や土着の知恵に対する人びとの関心の高まりなど，さまざまな要因が絡み合う中で，各地に民間治療師のグループやネットワークがつくられ，治療にかかわる知識交換会議，研修やイベント開催といった活動が行われてきた．治療イベントでは，治療師が施術を通して来場者に知識や技法を紹介しながら，積極的に社会との接点をつくり出そうとする様子もみられた．民間治療師グループは，治療師同士の交流を促進し，状況に応じて行政，NGO，知識人や医療従事者など外部の人びとや機関と連携しながら活動を行うことで，治療師に新たな知識と活躍の機会を与えたといえる．

タイ医療の許可証を取得する民間治療師も出てきている．比較的若い治療師のなかには所定のカリキュラムを修めて試験に合格し，特にタイ薬学の許可証を取得した人，あるいは取得を目指す人がいる．また，ごく少数ではあるが，「仏暦2542年医療行為法」（1999年）で新たに認められた実績審査によってタイ医学の許可証を取得した治療師もいる．なお，その後に施行された「仏暦2556年タイ医療専門職法」（2013年）で，タイ医療はそれまでの4分野（タイ医学，タイ薬学，タイ助産学，タイ・マッサージ学）から，タイ民間医学を加えた5分野になり，治療師の実績審査に関する規定は同法に引き継がれた．

現在，民間治療師のクライアントは地域や社会階層を超えて多様化している．人びとが治療師のもとを訪れる理由についても，近代医療では治療が困難な慢性病や原因不明の心身不調，健康ケアにおける自然志向，人間関係や人生の悩みなどさまざまである．社会的状況の変化に応じて，人びとのあらゆる苦悩，期待や欲望に応える柔軟性を備えたところに，民間治療師が求められ続ける理由があるように思われる．

［古谷伸子］

呪　術

☞「呪術的思考」p.656

人は生活を営む上で，正邪合わせてさまざまな願望・欲望をもつ．例えば試験でよい成績をとりたい，子宝に恵まれたい，耕作地に豊作をもたらすような天候に恵まれたい，自分に悪意をもつ人間と衝突しないように過ごしたいなど，生活環境と条件によって内容はさまざまである．それらの願望・欲望を果たすために，現実世界における「科学的」とされる合理性や物質的因果性に基づく認識や方法（例えば植物の生育を水分・養分・日照などの天候条件を適合させて促すことや，ガラス窓に石を投げつければ割れるといった直接的物理現象）のみによらずして，時に神霊の作用を前提として結果を引き起こそうとする行為ならびにそれを成り立たせている知識を呪術とよぶ．呪術には対自然/対ひと，行為/不行為(タブー)，一般人によるもの/専門家によるものといった，さまざま分類が可能である．東南アジア社会で呪術にたずさわる専門家は，例えばマレー社会のボモ，タイのモー，ジャワのドゥクンなど，地域によって多様である．

●東南アジアにおける呪術　自然現象そのものに働きかける呪術の例をいくつかあげよう．天候呪術の代表的な例は雨乞いであるが，ジャワではすり鉢の中にビンロウジの外皮を入れてココヤシの葉で払って雨滴の落ちる音を模す．ラオスではパゴダに集まっての新年儀礼の際に豊作祈願が行われ，床にあけられた穴に水を注いで雨を表す．風に対する呪術として，ボルネオ島先住民の間では，嵐が起こると銅鑼を鳴らして自分たちの存在を知らしめ自分たちの家が吹き飛ばされないようにする．また農業や漁業などの労働を介して自然環境にかかわる際にも呪術は重要な働きをする．スマトラ内陸部では，籾まきの際，女性が髪をほどいて後ろに垂らし，稲の豊作の状態を模倣する．インドネシアでは米の霊を人間さながらに扱う呪術が豊富で，開花期の稲は妊婦と同様に慎重に扱われ，田で鉄砲を撃ったり大音量を発したりすることはタブーとされる．ビルマのカレン人の間では，稲の実りが悪いときはケラーという米の霊を稲に呼び戻すための呪文が唱えられ，上ビルマでは収穫の後，田から米倉までの道に沿って籾や籾殻をこぼしておくことによって，米の霊を確保しておく[1]．漁業に関する呪術として，筆者がフィリピン・ビサヤ地方で観察した事例では，漁民が漁獲を得て帰港した際には，「海の王（Hari sa Kadagatan）」とよぶ海の精霊に返礼として，一定の手続きに則って１匹か２匹の魚を浜辺の木の枝にかけておく．

このように天候や自然の運行に働きかけたり日々の労働を成功させたりする呪術とともに，人の幸不幸を人為的に操作する邪術とよばれる呪術行為，いわゆる「のろい」も広くみられる．フィリピン・セブ地方の事例では，以下の６種類が報告されている．

①バラン：昆虫や小動物を攻撃対象の体内に送り込んで危害を加え，相手に病気や死をもたらす．最も一般的で邪術の総称とされる．

②ウシック：より小さな生物や砂やガラス片など無生物を使用して時間をかけて攻撃対象に被害を及ぼす．

③ヒロ：精霊に祈願して精製した毒を爪の間に忍ばせるなどして相手の飲食物に盛る直接的な攻撃．

④パクトル：未洗礼の幼児の頭蓋骨（木製の人形で代用する場合もある）に攻撃対象の名を告げて死にいたらしめるよう呪いをかける．

⑤ラガ：もともと「煮る」という意味をもち，攻撃対象の髪や唾，足跡などを採取し，特定の植物や毒性のある動物，死者の毛髪などを混在させた呪物と一緒に煮込むことにより，攻撃対象に高熱や身体の腫れ，嘔吐や流血などをもたらす．

⑥サンパル：現地語でバハグバハグとよばれる海洋生物が満潮時には身体を膨張させ干潮時には縮小させる習性を利用し，この生物にラガ同様の内容物を飲み込ませて海に戻すことにより，満潮時には攻撃対象の胃が膨張し干潮時には縮小する繰り返しで苦しみ，やがて胃を破裂させてしまうという[2]．

呪術はこのように個々の行為が細々と決められており，観念や教義を伴わずとも即行為へと向かう一般的性格がみられる．

●妖術・邪術・呪術　上記のような人に対する攻撃の呪術は，社会によっては「邪術（sorcery）」とか「妖術（witchcraft）」とよばれる．前者は悪意ある攻撃意図によって積極的に攻撃対象に危害を加え，後者の妖術は妖術師とみなされる人物の体内に存在する特定の物体から発散される神秘的威力によって人の健康や財産に危害を及ぼす．東南アジア社会では，概念的にも用語としても両者は必ずしもその差異が明確に意識されず，それらを総称する語も存在しない場合が多いが，概して邪術にあたる実践の方がはるかに頻繁にみられようである．他の社会では，その被害が疑われると邪術をかけた者を探索・告発し，賠償に応じないときには復讐がなされることが多いのに対して．東南アジア社会では，それら一連の行動が顕著にはみられず，社会的葛藤が回避される傾向がある[3]．流動性の高い多民族による社会構成を反映して周辺諸集団や他所者などに対して告発がなされる場合もあるが，不幸や葛藤を処理する回路が社会的次元とは別に探求される場合もある．［川田牧人］

📖 参考文献

[1] フレーザー，J. G.『金枝篇』第1巻，第6巻，石塚正英監修，神成利男訳，国書刊行会，2004，2012

[2] Lieban, R., *Cebuano Sorcery: Malign Magic in the Philippines*, University of California Press, 1967

[3] Watson, C. W., & Ellen, R., eds., *Understanding Witchcraft and Sorcery in Southeast Asia*. University of Hawaii Press, 1993

宗教の共生

東南アジアは歴史的にも多様な宗教が信仰されてきた．現在，ムスリムは全人口の 40% を超える．島嶼部東南アジアのインドネシアは世界最大のムスリム人口を擁し，またマレーシア，ブルネイ，そして南部フィリピンや南タイなどの地域にも居住している．大陸部東南アジアのビルマ（現ミャンマー），タイ，カンボジア，ラオスなどでは上座仏教が主に信仰されている．このほか，ベトナムやシンガポールでは儒教，仏教，道教に代表される中国系宗教が多く，フィリピンは東南アジア唯一のキリスト教徒が多数を占める国である．

●二つの「宗教の共生」 「宗教の共生」といった場合には，2 種類の共生を考えることができる．一つは，生活の中での世界宗教とローカルな民間信仰の併存状況であり，もう一つが，イスラームや仏教といった世界宗教の共存状況である．

第 1 の共生については，歴史的に基層的なローカルの信仰の上にイスラームやキリスト教といった世界宗教が後に入り，精霊信仰と世界宗教が二層をなすというモデルや，「大伝統と小伝統」「経典宗教と民衆宗教」といった二元論として議論されてきた．東南アジアにおいては，M. E. スパイロがビルマの精霊祭祀と仏教を異なる宗教体系とする二元的見方を示し，東北タイで調査した S. J. タンバイアは仏教とローカルな精霊信仰を相互補完的にとらえて，二元論を越える複合的な村落宗教の見取り図を示した[1]．

多様な宗教状況にある東南アジアの特徴としては，むしろ第 2 の共生としての，異なる世界宗教が共存する実態を指摘することができよう．共生の最たる形態は，二つの宗教の境界をまたぎ越す通婚関係にみることができる．歴史的にみても，宗教を超えた通婚は，さまざまな特徴のある存在を生み出している．19 世紀には，中国人男性とムスリムであるマレー人女性の間に生まれた子たちはババとよばれ，1819 年に英国がシンガポールに上陸したときの最初の居住者として，ローカルな中国人社会で力をもっていた．また，インドネシアのプラナカンも，ムスリムの妻と中国系仏教徒の夫の通婚による子孫であり，夫の属する中国人コミュニティのメンバーとなっていた．

●現代の宗教の共生 現代においては，異なる宗教間の通婚や改宗といった「共生」の報告は少なく，むしろ宗教の違いによってマイノリティとなった側に多くの死傷者や難民を生み出している状況にある．例えば，キリスト教徒が 9 割近くを占めるフィリピンにおいて，ムスリムも 2 割以上を占める南部のミンダナオ島で多くのムスリム難民を発生させているミンダナオ紛争や，仏教徒が多数派のタイにおいてムスリムの多い南部のマレー半島東海岸を中心とした紛争，ミャンマーにおけるムスリムをめぐる問題，特にバングラデシュとの国境地域におけるロヒンギャ◀の難民などが国際的にも重要な問題として浮上している[2]．これらの報道や報告からは，ムスリムと非ムスリムの間の境界が強調され，宗教の違いが紛争の原因となっているかのような印象を受けるかもしれない．

しかし，宗教が異なることが必ずしも緊張や軋轢を生み，社会的分裂を生み出すわけではない．その一つの事例としてタイにおけるムスリムと仏教徒の共生をあげることができる．タイ南部の西海岸においては，ムスリムと仏教徒が同じ村落に居住し，通婚もしばしばみられる．通婚に際しては，仏教徒側がムスリムになるケースとムスリムが仏教徒になるケースがある．どちらが改宗するのかは，その夫婦の実家の資産や宗教的な背景など状況次第である．この地域においては，親がムスリムから仏教徒になり，その子供が今度は逆に通婚によりムスリムになる，もしくは親が仏教徒からムスリム，子供がムスリムから仏教徒になるといった親子で宗教が交差してしまうといったケースもしばしばみられる．こうしたムスリムと仏教徒の関係は，例えば同じタイでも東海岸のムスリムが多数派である地域の状況とは異なっている．そこでは，通婚によって仏教に改宗してしまうとムスリム・コミュニティから排除されてしまうのである[3]．バンコクやチェンマイなど，仏教徒が大多数である都市においては，ムスリムと仏教徒の通婚はさらに多く，バンコク東部のムスリムが多く居住する地域の調査ではムスリムと仏教徒の通婚者の割合は全婚姻数の30%を超えるという報告もある．

図1　タイ南部の村で一緒に遊ぶムスリムと仏教徒の子供達

こうした事例からは,「宗教が異なるがゆえに争いが起こる」わけではなく，宗教という境界が，ある政治社会的状況において，利用されたり，他の要因と絡まりあうことで，軋轢や紛争が生み出されているといえよう．南タイの事例ではムスリムも仏教徒も「どの宗教も人がよりよく生きることを教える」という．このような宗教の共生は，実は世界各地でみることができる．いずれも，人と人がともによりよく生きることを目指すことで,「宗教の共生」は実現しているといえよう．

［西井凉子］

参考文献

[1] Tambiah, S. J., *Buddhism and the Spirit Cults in North-east Thailand*, Cambridge Univ. Press, 1970

[2] 床呂郁哉他編『東南アジアのイスラーム』東京外国語大学出版会，2012

[3] 西井凉子『死をめぐる実践宗教—南タイのムスリム・仏教徒関係へのパースペクティヴ』世界思想社，2001

宗教と災害

「災害の時代」ともいわれる現代，世界各地で種類や規模を異にするさまざまな災害が起きている．東南アジアでは，今世紀に起こったものだけでも，タイやインドネシアといったインド洋沿岸の国々に甚大な被害をもたらしたインド洋津波（2004年）や，ミャンマーとフィリピンを襲ったサイクロン（2008年，2013年）など枚挙に暇がない．

一般に災害（復旧・復興段階を含む）について考える際，主として政治や経済，歴史，自然環境といった被災地社会を構成する諸領域との関係に焦点があてられる．そこにおいて宗教は，しばしば災害とは無関係のもの，あるいは災害の様相に与える影響が小さいものとみなされがちである．しかし，宗教は，災害をめぐる住民の認識や対応のあり様に影響を与えるなど，災害と不可分の関係にある．

●宗教からみた災害　災害と宗教の結びつきは，災害に関する人びとの基本的観念である災害観にみて取ることができる．例えば，タイ南部のインド洋津波の被災地では，「津波は神（アッラー）が不信仰者に与えた罰・警告」とする津波観が，インドに本部をもつ世界最大のイスラーム団体タブリーグによってムスリム住民の間に広まった．これまで津波を経験したことがなかった住民にとって，津波とそれに伴う被害は，彼らの理解や想像を越えるものであった．津波が起きた科学的な理由を知っていたにもかかわらず，住民は，科学よりも自分たちの日常に親和的な宗教（イスラーム）を用いることで，この突如として降りかかった新たな災厄を理解可能なものにしたのである．また，「イスラームの教えに従った生活を送ることで，新たな津波による被害を防ぎ減らすことができる」という，先の津波観を基盤とした防災・減災策も津波後，住民の支持を集めた．

図1　インド洋津波の直後に行われた集団礼拝の様子．モスクに入りきれないほどの住民が集まった

こうした災害観と防災・減災策の浸透は，住民の宗教実践に変化を生んだ．例えば，津波後，ムスリムの義務とされる五行（1日5回の礼拝をはじめとする5つの行為）をはじめとする日常的な宗教実践に励む住民が急増した．また，アッラーに対する願掛けや，アラビア語のアッラーの文字に酷似した津波の航空写真を載せたビラの護符化といった防災・減災を主な目的とする宗教実践が新たに誕

生している．アッラーへの畏敬の念の深化ともいえるこうした住民の宗教実践の変化は，災害が被災地の宗教のあり様に与える影響の大きさを如実に表している[1]．

●復興支援と宗教　宗教はまた，被災地の復旧・復興の過程にも深く関与している．宗教にかかわる個人や団体，組織は，東南アジアをはじめとする世界各地の被災地で，発災直後からさまざまな支援活動を行ってきた．先にみたタイ南部のインド洋津波の被災地では，住民が信仰するイスラームにかかわる団体とともに，キリスト教系の団体が支援活動を行った．例えば，米国に本部をおくワールド・ビジョンは，キリスト教の博愛の精神に基づき，発災直後から異教徒であるムスリム住民に対して，食料品や日用品といった生活物資の支給や，道路をはじめとするインフラの整備など，さまざまな領域で支援活動を展開した．支援物資の不足や不正分配といった問題とは無縁であったワールド・ビジョンの支援活動は，行政による支援活動を補完する役割を果たすなど，被災地の復興を牽引した．

こうしたワールド・ビジョンの支援活動を，大半の住民は肯定的に評価した．また，住民の中には，ワールド・ビジョンと協働する者も現れた．津波前は，キリスト教に関する情報の不足やそれに基づくキリスト教徒への偏見から，ワールド・ビジョンに対して非協力的であった住民の態度が津波後，大きく変化したのだ．また，支援活動以外の場面でワールド・ビジョンのスタッフと交流を深める住民が現れるなど，ワールド・ビジョンによる復興支援を契機に宗教の壁を越える動きが生まれている．

以上のように，被災地において災害は宗教の領域に深くかかわる一方，宗教も災害の相貌に影響を与えている．無関係と思われがちな災害と宗教は，実のところ深く結びついているのだ．さらに両者の関係は，先にみたタブリーグやワールド・ビジョンの影響力の大きさからもわかるように，グローバル化が進む今日，ますます深化している．

宗教とのかかわりから災害をとらえることは，災害が物理的な破壊にとどまらない多面的な現象であり，かつ多次元的な現象であること[2]を私たちに教えてくれる．それはまた，地域に合った望ましい復興支援のあり様や防災・減災策の構築に向けて貴重な情報を提供するなど，喫緊の課題である災害に強い社会の構築に寄与するものでもある．東南アジアをはじめとする世界各地の災害について考える上で，災害と宗教の関係は無視できないものといえるだろう．　［小河久志］

📖 参考文献

[1] 小河久志『「正しい」イスラームをめぐるダイナミズム―タイ南部ムスリム村落の宗教民族誌』大阪大学出版会，2016

[2] ホフマン，S.M.・オリヴァー=スミス，A. 編『災害の人類学―カタストロフィと文化』若林佳史訳，明石書店，2006

宗教とソーシャル・キャピタル

ソーシャル・キャピタル（SC）という言葉は，L. J. ハニファンが学校教育の改善にコミュニティの役割を説く中で初めて用いられた．SC は互酬的社会関係，信頼，ネットワークを含む社会関係資本と定義され，経済学で用いられる人的資本と対をなす．この概念は R. パットナムや N. リンによって米国の社会科学で広く用いられるようになった．パットナムは SC が民主主義や経済発展の基底をなすと考えたのに対して，リンは社会関係や社会階層の分析に用い，社会的勢力の源泉としてのネットワークを示す鍵概念として用いる．ほかの研究者もどちらかの用法をふまえてそれぞれの SC 論を展開し，SC と教育，地域経済，市民社会などとの関連を論じる．

次に，宗教と SC の関連を問う近年の研究動向を紹介したい．歴史的に宗教集団も宗教文化でも，超越的存在や神秘的存在を媒介とした人びとのつながりの重要性を指摘してきた．家族・親族・部族・民族を越え，同じ教えを信奉する人びと同士の互酬的関係・相互の信頼・連帯を強化したのである．その意味で，宗教文化や宗教団体こそ SC を醸成してきたのだが，他方で自分たちの側ではない他者を救済の教えや現実的な暴力によって排除・攻撃してきた歴史も有する．教団内には身分や階層，男女格差もある．

●宗教集団と地域開発　パットナム以降，宗教集団，とりわけキリスト教会による SC の活性化によって，人びとの社会活動や市民社会が活性化するという研究が進められた．米国では多様なデノミネーションが形成され，教会コミュニティを通して精神的安寧のみならず，日常的交際や職探し，票の取りまとめまでなされる．他地域においても，歴史宗教として当該社会において勢力を有するカトリックや福音主義教会，上座仏教やイスラームが SC を醸成し，社会福祉的活動や政治的市民参加を推進してきた歴史がある．以下では，タイの上座仏教僧侶による地域開発の事例研究から SC の役割を考察する諸研究を検討する．

1960〜70 年代に東アジアや東南アジアにおいて開発独裁政権が誕生したが，タイでもサリット将軍（首相）が「仏教―国王―民族」をタイの柱として王室，タイサンガ，行政を利用した開発総動員体制を築いた．地域の篤農家や僧侶，海外の NGO も地域開発に従事し，特に開発に従事する僧侶（開発僧）が注目された．

最初は政府の開発政策の影響を受けた僧団による開発が多かったが，1980 年代から地域出身の僧侶が NGO と協同して住民の自助組織形成を支援した開発が増え始め，1990 年代には環境破壊や消費文化・薬物に依存する生活の克服を目指した開発や，エイズ/HIV の感染者にタイ方医療の民間薬，瞑想修行による精神安定でケアを施すホスピスなども増えてきた．この時期から2010年頃までタイの開発僧は，社会参加型仏教の典型例としてNGOやタイおよび海外の研究者から着目されたのである．

しかし，社会現象と研究には20年近い落差があり，典型的な開発僧は1990年代初頭にはほぼ姿を消した．人びとの暮らしは消費社会化・情報社会化を通して変貌し，農村でも僧侶に開発のリーダーシップを期待する声は減り，都市的生活様式やホワイトカラーの仕事に由来するストレスを軽減する瞑想修行や生きがいそのものを仏説に求めるような宗教志向性が，人びとの間で主流になった．

●社会開発と僧侶　このような知見は，社会開発に従事する僧侶を典型例だけではなく地域においてバランスよく調査していくことで初めてわかることである．1990年代中期に実施された100名を超える東北タイの開発僧調査では，①文化的資源（僧侶の信用と宗教的守護力の活用），②歴史・政治的正当性（開発言説を内面化しながらも独自な開発を指向），③僧侶主体のSC（頭陀行により情報の伝達者・媒介者となる僧侶と僧やサンガのネットワーク）利用があることが明らかにされた．僧侶→寺委員会→村・区の委員会/行政→村人→村外で出稼ぎ中，あるいは成功して都市に在住の村人→村外の篤志家というような経路で依頼と応答がなされることから，SCは確かに地域開発に機能している．他方で，僧侶と村人，村人相互の信頼関係というSCよりも，僧侶個人の属性（カリスマ，人間性，社会性）が地域を越えて，都市民や政治家・資産家から巨額な布施と開発資金を呼び込む事例も多く見受けられた．

タイの開発僧の研究は，宗教とSCが社会開発に寄与するポジティブな面に着目するものだったが，文化人類学が民族誌の対象とする社会では，人びとのつながりには階層的・権威主義的な構造が反映されており，既存のSCを強化すれば，差別的・排他的集団の構造が強化されることもある．クローニズムやコミュナリズムとの関連でSCを考えると，SCが閉鎖的な利権集団を構成し，諸集団の葛藤や軋轢を増幅する可能性も大いにあり得る．

現代のSC論は北米や開発途上国のみならず，日本の町興しや地域創生においても可能性を射程に収めているが，SCを構成する個人の自律性や主体性，成員間の比較的フラットな関係が重要である．諸条件が整わないと，パットナムが論じ，また東南アジアのタイが開発途上の段階で好循環をみせたSCの活用例は，どの地域でも適用可能とはいえないことに注意が必要である．　［櫻井義秀］

参考文献

[1] リン, N.『ソーシャル・キャピタル―社会構造と行為の理論』筒井淳也他訳，ミネルヴァ書房，2008

[2] パットナム, R.『哲学する民主主義―伝統と改革の市民的構造』河田潤一訳，NTT出版，2001

[3] 櫻井義秀・濱田 陽編『アジアの宗教とソーシャル・キャピタル』明石書店，2012

水かけ祭り

全身ずぶ濡れになりながら，嬉々とした表情で手桶や水鉄砲で水を勢いよくかけ合う若者や外国人観光客たち．無礼講ともいい得る激しい水のかけ合いは，大陸部東南アジアで見られる今日の水かけ祭りを象徴する風景である．最近は日本でも，水かけ祭りがテレビニュースなどでよく紹介されるようになったが，見知らぬ人に水をかけたり，水をかけられたりすることは，どのような経緯で「あたり前」となったのだろうか．

●水かけ祭りの起源　大陸部東南アジアでは，長かった乾季が終わりに差し掛かる新暦の3月から4月にかけて，気温が1年で最も高くなる．木陰で休もうにも，熱風が吹きつけ，途端に汗が噴き出してしまう．水かけ祭りは，人びとが涼を求める，まさにこの暑季に行われる．水をかけられることは，何よりも気持ちがよい．

タイでは水かけ祭りのことを「ソンクラーン（songkran）」とよぶ．これはサンスクリット語由来の言葉で，「通過する」ないし「移動して入っていく」という意味をもつ．太陽が，「十二宮運行域」の中のある「宮」から別の「宮」へと上昇することをさす．伝統的に，太陽が陰暦5月の満月の日に「白羊宮」（牡羊座）へと上昇することを新年の始まりとみなし，これを大ソンクラーン（マハー・ソンクラーン）とよんでほかのソンクラーンとは区別してきた．やがて，ソンクラーンといえば，大ソンクラーンのみをさすようになった．今では政府によって，新暦の4月13日～15日の3日間が「新年」として国民の祝日に制定されている．

水かけ祭りは，寺院での布施，経典の読誦，仏像および僧侶への灌水，砂仏塔づくり，魚や鳥の放生など，さまざまな仏教的な実践を伴うが，もとはインド発祥の儀礼であったと考えらえている．例えば，タイでこの行事の起源神話として継承されてきた「ソンクラーン女物語」の内容にもバラモン色が濃く表れている．それによると，カビラ梵天王は，インドラ神の命に背いて賭け事に挑戦したものの負けてしまったため，約束どおりみずからの首を斬り落として命を絶った．斬り落とされた梵天王の頭には毒薬が詰まっており，地上においておくことも，海に捨てることもできない．そこに現れたインドラ神は，梵天王の娘である7人の天女すなわちソンクラーン女に，高坏に王の頭を載せて洞窟内に安置するよう命じた．以来，新年がめぐってくると，7人の天女が交代で梵天王の頭を洞窟から取り出し，須弥山をお練り行列をして回る務めを果たすようになったのだという．

これはあくまで一つの物語に過ぎず，祭りの起源をめぐっては各地で多様な物語が継承されている．しかし，多くの地域では水かけ祭りが終わると，いよいよ本格的に田植えが開始されることから，水かけ祭りは乾季に終わりを告げ，豊作を祈願する農耕儀礼としての性質を持ち合わせている．

●水かけ祭りの地域的な広がり　タイ周辺の多くの地域でも同様に水かけ祭りが行われている．カンボジアではチョール・チュナム・トメイ，ミャンマーではティンジャン，ラオスではピー・マイ・ラーオ，西南中国では漢語で潑水節，タイ語でポイ・ソンラムとよばれている．

図1　村の中で水をかけ合って新年を祝う若者たち（タイ北部チェンマイ県内，2006年4月）

タイ北部チェンマイの水かけ祭りは，サリー・ピー・マイ・ムアンとよばれ，東南アジア域内でも規模が大きくかつ華やかなことで有名である．人びとは従来，花，線香，蝋燭および香水や聖水を携えて，仏像，仏塔，僧侶そして年長者のもとを訪れ，水をかけて畏敬の念を表すことを欠かさない．かつて，訪問者が年長者の髪の毛を洗い清めたことにちなんで，この慣習をダム・フア（洗髪儀礼）とよぶ．現在のダム・フアでは，年長者の手に静かに水をかける程度だが，着替え用の新しい衣服を贈る習わしがある．また，チェンマイ旧市街中心部では，名刹プラシン寺に祀られるシヒン仏（獅子仏）像を，台座に載せて練り歩くパレードも行われる．シヒン仏は，ラーンナー王朝第7代王が15世紀に同寺に安置して以来，地域の人びとの篤い信仰を集めてきた．観光化の影響もあって，仏像を拝み，仏像に水をかけようとする人びとの群れでパレードは例年大賑わいとなる．

●水かけ祭りの今日的様相　水かけ祭りはまた，普段は遠く離れて暮らす家族・親族や友人らが顔を合わせる機会ともなる．祭りの熱気に浮かれた人びとが，昼夜を問わず酒宴を開くため，この時期には，飲酒を主たる原因とする事故や事件が1年間で最も多く発生する．タイでは10年以上前から，警察による取締りのほかに，「禁酒ネットワーク（Stopdrink Network Office）」などのNGO/NPO組織が中心となって，「安全」で「楽しい」水かけ祭りを実現するための運動が全国的に展開されている．交通事故の撲滅のみならず，健康の促進や性暴力の軽減を目指す社会的側面と，仏教の戒律遵守を促す宗教的側面とが結びついた，こうした運動もまた，水かけ祭りという伝統的な年中行事のあり様を変化させつつある．

［岡部真由美］

参考文献

[1] アヌマーンラーチャトン，P.『タイ民衆生活誌（1）祭りと信仰』森 幹男訳，井村文化事業社，1979

断食明け大祭と犠牲祭

断食明けの大祭と犠牲祭は，ともにイスラームで最も重要な祭日である．断食明けの大祭（イード・アルフィトル）は，イスラーム暦のラマダーン（断食）月が明けたシャウワール月（第10月）の初日であり，犠牲祭（イード・アルアドハー）は，ズー・アルヒッジャ月（第12月）の10日目にあたる．マレーシアおよびシンガポールでは，断食明けの大祭をハリラヤ・プアサ，犠牲祭をハリラヤ・ハジと称している．マレー語で，ハリとは「日」，ラヤは「偉大な」，プアサは「断食」，ハジは「メッカへの巡礼（あるいは巡礼経験者を示す称号）」を意味する．以下，マレーシアの事例を中心に両祭日についてみていこう．マレーシアに限っていえば，ハリラヤ・ハジよりもハリラヤ・プアサの方がより盛大である．

●ハリラヤ・プアサ　ハリラヤ・プアサはイスラームの五行の一つである1か月の断食が無事に終わったことを祝う日である．ハリラヤ・プアサが近づくと，ムスリムはハリラヤ用に衣服を新調したり（バジュ・ラヤとよばれる．バジュは「服」の意），家の掃除や飾り付けなどに忙しい．地方から都会に出てきているムスリムの多くはハリラヤ・プアサにあわせて帰省する．祭りが近づくと街中のショッピングモールやターミナル駅などは，ハリラヤ・プアサを祝う大きなモニュメントに彩られ，帰省客と買い物客で大賑わいとなる．

ラマダーン月が終了しシャウワール月が始まったことは新月の確認によって決定される．これは，現在はもちろん天文学的に事前に計算されているが，それでも伝統を踏まえ各州の担当者による目視での新月確認が行われている．ラマダーン月の最終日の日没後，テレビやラジオでシャウワール月の開始が正式に報じられると，ムスリムの祝祭気分は一気に昂揚する．

図1　人びとの結びつきを再確認するハリラヤ・プアサ［提供：村松智子］

ハリラヤ・プアサ当日の朝，ムスリムは地域のモスクに赴き皆で礼拝を行う．その後，親戚や友人，知人宅へと相互訪問したり，墓参したりして過ごすが，会う人すべてと互いに手をとって「スラマット・ハリラヤ（ハリラヤおめでとう），マアフ・ザヒル・ダン・バティン（私の外面および内面（の罪）を許して下さい）」と挨拶を交わす．ハリラヤ・プアサは人びとの結びつきを再確認する機会ともなっている．

ハリラヤ・プアサにあわせて，ムスリムには困窮者に対する施しが課せられている．少数の例外を除いてムスリムはラマダーン月からハリラヤ・プアサの朝の礼拝までに，ザカート・フィトラとよばれる喜捨を行わなければならない．マレーシアではザカート・フィトラの支払いは現在では現金でなされるが，かつて穀物で支払われていた慣行を受けて，毎年各州が米の価格をもとに金額を定めている．ちなみに2017年は，ほぼすべての州で7マレーシア・リンギット（おおよそ200円）とされていた．

ハリラヤ・プアサは公的には2日間（当日と翌日）が休日となっているが，ほとんどのムスリムは前後を含めて1週間から10日ほど休みをとる．そのためムスリムが地方に帰省した街は，ハリラヤ・プアサ後数日は閑散としている．

●ハリラヤ・ハジ　ハリラヤ・ハジにおいても，当日の朝からモスクで特別な礼拝が行われる．その後，親戚や友人，知人を相互に訪問するのはハリラヤ・プアサと同様である．ハリラヤ・ハジの日であるズー・アルヒッジャ月の10日目は，これもイスラームの五行の一つに数えられるメッカ巡礼の最終日にあたる．犠牲祭が別名巡礼祭ともよばれる所以である．この日巡礼者たちは，イブラーヒームがアッラーの命により息子を犠牲にしようとした際に身代わりとなる獣が現れたという故事にならい羊や山羊などを屠ることになっているが，巡礼に行かなかったムスリムたちは，それぞれの地で犠牲の獣を捧げるのである．捧げた後の肉は貧しい者に分け与えるものとされている．ただ経済発展とともに相対的にいわゆる貧困層が減じたマレーシアにあっては，ハリラヤ・ハジの休日を利用して集まった人びとに振る舞われることも多くなっている．

●ハリラヤ・プアサの現代的変容　近年では，伝統的な形とはやや異なるようなハリラヤの過ごし方が観察されることも多い．例えばハリラヤにあわせてオープンハウスと称される催しが随所で開かれる．これは自宅や職場で食事などをともにしながら歓談するという一種のパーティーであるが，多民族多宗教というマレーシアの社会的背景から，イスラームの行事であっても非ムスリムの参加も多くみられ，ムスリムと非ムスリムの間の協調や相互理解の場を提供する役割も果たしている．オープンハウスは，有力政治家や企業家などが大規模に催すことで，社会貢献活動としての一面をもつと同時にみずからの力の大きさを示す機会ともなっている．さらに，ハリラヤの商業化の度合いも著しい．商業施設や公共施設から一般家庭までハリラヤのデコレーションは年々派手になり，バジュ・ラヤも，家族や友人同士で凝ったデザインにそろえるなど，ファッション性を競い合っているかのような現象もみられる．またハリラヤの休暇を利用して，海外旅行などに出かける者も増加している．

［多和田裕司］

第6章
生 業（なりわい）

人びとの日々の暮らしは生業によって支えられている．狩猟採集を中心とした時代，生業は生存の手段だけでなく，わかちあいや助け合いなど，人びとにさまざまな喜びや価値をもたらすものでもあった．しかし，その後，生業は，農業や水産業，工業など，時代を経て多様化し，グローバル化の現在では，これまでの生業や産業が急速な勢いで変化してきているのも事実である．東南アジアにはゴムやアブラヤシなどのプランテーションに加えて，IT 産業などの最先端の産業が興る一方，ジャムー売りやバティックの製作など，町中でどこか懐かしい生業がまだみられる．グローバル化の中で均一化されゆく生業は，東南アジアにおいては，まだ多様性が残されているといえるのである．そこには，多種多様な民族と文化を受け入れてきた東南アジアの人びとならではの活気あふれる姿が映し出されている．本章では，現在の東南アジアにおける多様な生業の実態とそれらに従事する人びとの活動を紹介する．

［信田敏宏］

狩　猟

人類史の99.7%は狩猟採集を行っていた時間であり，農耕を始めたのは残りの0.3%の時間であるといわれる．狩猟は，人類にとって動物性たんぱく源獲得のための重要な生業活動である．槍，吹矢，弓矢，罠，猟銃などを用いて，原生林から二次林，耕作地，果樹園，集落の近辺に生息する多種の哺乳類，鳥類，両生類などを捕えることができる．特にボルネオのシハンやプナン，マレー半島のオラン・アスリ，フィリピンのアエタ，インドネシアのオラン・リンバ，タイのムラブリなどにおいて，狩猟が盛んに行われてきた．またタイのカレンやフィリピンのバタック，ボルネオのイバンなど農耕を主に行う人びとにとっても，狩猟は副次的に行われてきた．狩猟によって得られる肉は，ハンターに渡される分，猟犬の取り分，コミュニティ内での分配用と部位が決まっていることも多い．またマレー半島のスマッ・ブリやボルネオのシハン，イバンなどでは，トーテムや守護となる動物，食物規制の対象となる動物が存在し，人びとの精神世界とのつながりも深い．

●大陸部東南アジアにおける狩猟　大陸部においては，罠猟が発達しており，ネズミやトリ，リス，コウモリなど小型の動物が自給用に捕られている．大きな動物は市場で売られる傾向にある．タイのムラブリでは，罠を用いて小型のトリやブタバナアナグマ，タケネズミを捕ることがある．カレンでは，ヘビ，コウモリ，ムササビなどを捕り，ミエン（ヤオ）では，イノシシのほかに笛やおとりを用いて野鶏を捕る．ラオス北部に暮らすカムは，銃や仕掛け罠を用いて，イノシシ，シカ，クマ，トラといった大きな哺乳類から，トリ，リス，ジャコウネコ，ニワトリといった小動物を獲っている．

●島嶼部東南アジアにおける狩猟　熱帯雨林が広がる島嶼部においては，より大きな動物が槍や弓矢，吹矢，猟銃によって捕られている．フィリピンのアエタやバタック，パラワンは，弓矢，猟犬，槍，罠を用いてフィリピンヒゲイノシシ，シカ，ニシキヘビ，サル，ジャコウネコ，などを狩る．インドネシア，北スラウェシでは狩猟動物の半数以上がネズミで，次いでコウモリ，スラウェシイノシシ，クスクスを多く獲っている．中部スラウェシでは，槍や竹罠を用いて，シカ，バビルサなども狩る．インドネシアのスマトラ島に住むオラン・リンバは，槍や罠を使って時に猟犬を伴いイノシシやシカを捕える．マレー半島においては，オラン・アスリによる吹矢猟が盛んであり，樹上動物や林床の小動物を狩る．矢毒にはイポーとよばれるクワ科樹木の毒を塗る．スマッ・ブリではダスキールトンとクロカンムリリーフモンキーが全体の狩猟動物の90%を占める．同じくマレー半島のジャハイは，吹矢を用いてオオコウモリ，ヒヨケザル，スローロリスなどの樹上動物を捕まえる．バテッも，吹矢でジャコウネコ，シベット，マメジカ，テナガザルなど樹上，林床の動物を狩っている．

ボルネオ島では猟銃，罠，吹矢，槍を用いた狩猟が盛んである．槍や吹矢の管はボルネオテツボなどの固い木でつくり，罠の種類は十数種類ある．槍や猟銃を用いた猟では，猟犬を連れていくこともある．獲物が取れた際には猟犬にも分け前があり，猟犬は家族のように扱われる．ボルネオ島において最も多く狩猟をされている動物はヒゲイノシシである（図1）．ヒゲイノシシはフタバガキ科樹木の結実時期に個体数を増やし島内を大移動する．人びとにとって最高のごちそうだ．その他，ホエジカや，スイロク，マメジカやシベットも獲る．多くは自家消費用であるが，ローカルマーケットで獣肉が売買されることもある．

図1　ヒゲイノシシの狩猟

●商業目的の狩猟　食糧のための狩猟だけではなく，市場経済に組み込まれた商業化した狩猟も存在する．1973年に「絶滅のおそれのある野生動植物の種の国際取引に関する条約（ワシントン条約）」が採択され，多くの国で野生動物保護の法律を制定している．しかしながら実際には，公の目を忍んで売買されることも多い．例えば，ベトナムとラオスにおいては，ホエジカ，タケネズミ，イノシシ，リス，モモンガ，クマの胆のうなどが市場で売られ中国へ輸出されている．ベトナムでは特にドゥクラングール，クレストテナガザルおよびアッサムモンキーが薬効のある種としてよく狩猟される．タイやミャンマー，カンボジアにおいても，クマの胆のう，前足，骨が中国に輸出され，漢方薬の原料やレストランでの食材となっている．ベトナムやカンボジアではセンザンコウ（図2）も漢方として利用されよく捕獲されている．ボルネオ島においてもヤマアラシの胃石，センザンコウの鱗，マレーグマの胆のうが，漢方として取引されている．人びとの食糧を確保するための狩猟を認めつつ，いかに希少種を保全していくかが課題となっている．　［加藤裕美］

図2　センザンコウ

📖 **参考文献**

［1］口蔵幸雄『吹矢と精霊』東京大学出版会，1996

［2］Richard, B. L., & Richard, D., *The Cambridge Encyclopedia of Hunters and Gatherers*, Cambridge University Press, 2004

［3］加藤裕美「動物をめぐる知—変わりゆく熱帯林の下で」市川昌広他編『ボルネオの「里」の環境学—変貌する熱帯林と先住民の知』昭和堂，2013

採　集

採集とは，野生の植物や小型の動物を採って集めることである．英語では“gathering”の同義語として，“collecting”という用語が使われることがある．しかし，“collecting”は，一般に多くの植物や甲殻類のように既知の予測可能な場所にあって，ほとんど探す必要のない資源に用いられる[1]．また，採捕と訳される“foraging”は人間を含めたすべての種類の動物が食糧を見つけるための活動をさす．人類は，数百万年という歴史において，狩猟と採集を営んできた．1万年前に農耕が始まり，狩猟採集民（hunter-gatherer）は次第に変容し，吸収されていった．さらに，近代文明との接触により急速に減少し，現在では熱帯雨林や砂漠，極北など一部の地域にだけ残存している．東南アジアにおいては，狩猟採集民とされてきた集団に属する人口はボルネオに約2万5000人，フィリピン諸島に約1万5000人，マレー半島に約7000人，スマトラに約5000人，ラオスとタイの国境付近など大陸部に数百人程度とされる[2]．狩猟採集をやめた人びとを含めても6万人弱であり，6億3000人を超える東南アジアの人口の0.01%に過ぎない．以下では，それらの人びとの主食を確保する採集からみておこう．

●自給用の採集　フィリピン諸島やマレー半島，スマトラなどではヤムイモが主な炭水化物源である．ヤムイモは有毒で毒抜きが必要な種もあるが，年間を通じて複数の野生のヤムイモが利用されている．ヤムイモの採集効率は種ごとの掘りやすさや分布によって異なるが，平均すると稲作の効率と同程度である[2]．ただし，ヤムイモなどの根茎類は貯蔵性が低いため，頻繁に収穫を行う必要がある．

一方，ボルネオではヤムイモの利用は限定的で，ヤシから得られるデンプンを主に利用している．ヤシ科は約200属，2600種からなるが，樹幹の髄部にデンプンを蓄積するヤシはサゴヤシとよばれ，14属が知られている[3]．「サゴ」とは「デンプン質の粉」を意味する．ボルネオの狩猟採集民であるプナンが特に好んで利用するのは，チリメンウロコ・ヤシ（*Eugeissona utilis*）である．チリメンウロコ・ヤシは，ボルネオの内陸部に広く分布し，急な斜面や尾根に群生している．樹幹の髄部に含まれているデンプンを抽出し，乾燥させると長期間の保存が可能になる．サゴデンプンには鉄分が多く含まれており，マラリアによる鉄欠乏性の貧血予防になる．現在では，多くのプナンが焼畑を行っているが，年配の人ほどコメ食よりサゴ食を好む．また，肉類のおかずにはサゴ食，魚類のおかずにはコメ食という組合せで食べるという声も聞く．狩猟の道具は吹矢である．大型の野生動物を射る際には，クワ科やマチン科の植物から採集した樹液を矢毒として使う．誤って矢毒が人体に入ってしまった場合，解毒用の薬草もある．薬草にも増して，果実や薪など日常的に利用する林産物に対して豊富な知識を有している．

●交易用の採集　交易のために採集する林産物として，沈香，籐，グッタペルカ樹脂，蜜蝋，ダマール樹脂，龍脳，イリペナッツなどがある．沈香が採集できるのは，世界でもインドから東南アジアにかけての熱帯雨林地帯に限られている．ジンチョウゲ科ジンコウ属（*Aquilaria*）などの樹木にまれにその幹の一部に樹脂がにじみ出て黒い塊になる．その樹脂が沈香である．火をつけ，燻すことによって，清澄で幽玄な香りが発生する．沈香はアジアの社会や文化，宗教とのかかわりが深く，その市場価値は突出して高い．プナンの沈香採集でまずいえるのは，一定量の沈香を見つけるには，相当の時間と体力，かつ運も必要である．彼らは森の中で沈香樹を探す際，注目するのは落葉と樹皮である．落葉を見つければ，ただちに数十 m の範囲でその樹木を見つける．そして，樹皮に少し切れ込みを入れ，樹脂の集積部ができているかどうかをチェックする（図1）．すべての沈香樹に樹脂が生成しているわけではない．もし樹脂ができていれば，基本的にはその部分だけを斧やナイフで削りとっていく．彼らが立木を残す理由は，再び沈香の成分ができるかもしれないと考えているからだ．2000 年代前半まで，マレーシア，サラワク州で原生林とともに暮らす人びとの間では沈香採集が大きな収入源であった．ところが，近年沈香からの収入が途絶えてしまった．なぜなら，外部からの侵入者が沈香を盗伐するケースが続出しているからである．ほかの自然保護区などでも盗伐が起きている．外部者による採集行動においては，効率性が重視され，樹脂の有無にかかわらず伐採する．このまま無秩序な盗伐が続けば，天然の沈香は早晩枯渇してしまう．2004 年，「絶滅のおそれのある野生動植物の種の国際取引に関する条約（ワシントン条約）」の附属書Ⅱに沈香は掲載された．また，ボルネオ中央高地に残存する原生林を国境越えて保護しようという動きもある．今後，自然保護の実効性を高めていくとともに，地域住民による持続的な林産物採集をサポートする仕組みが求められている．　［金沢謙太郎］

図1　地元の狩猟採集民が沈香樹の表皮をカットして，樹脂の含有をチェックしている様子（マレーシアのサラワク州，2014 年）

📖 参考文献

［1］ Sutton, M. Q., & Anderson, E. N., *Introduction to Cultural Ecology*, Berg, 2004

［2］ 小泉 都「人類を支えてきた狩猟採集」井上 真編『東南アジア地域研究入門 1 環境』慶應義塾大学出版会，pp.1-90, 2017

［3］ サゴヤシ研究会編『サゴヤシ—21 世紀の資源植物』京都大学学術出版会，2010

焼　畑

焼畑は世界の熱帯地域から温帯地域にかけて広く営まれてきた農法の一つである．その特徴は，耕作期間と休閑期間の組合せによる土地利用にあり，湿潤な東南アジアでは，植生の遷移を利用した雑草の抑制技術であることが多い．焼畑では陸稲を中心に，トウモロコシや雑穀，イモ類などが栽培される．焼畑は20世紀中頃には，東南アジアで広く営まれていたが，20世紀末以降に，換金作物の栽培を目的とした常畑への転換をはじめ，有用樹の植林，そして自然保護区の設定，などが進められる中で，急速に姿を消しつつある．例えば，タイ北部では1970年代には焼畑が盛んに営まれていたが，21世紀にはほぼ姿を消している．このような状況の中，ミャンマー，ラオス，ベトナムそしてインドネシアでは，2010年においても国レベルで広く焼畑が営まれており，特にインド東部のミャンマーと接する地域，ラオス北部，パラワン島（フィリピン），西カリマンタン（インドネシア）では，焼畑が盛んに営まれている[1]．焼畑が衰退するにつれて，焼畑は平地では営まれなくなり，国家の周縁に暮らす人びと，例えば少数民族の人びとによって営まれることが多くなっている．

●焼畑とは？　焼畑について具体的にみてみよう．ここでは，焼畑を「ある土地の現存植生を伐採・焼却などの方法を用いることによって整地し，作物栽培を短期間行った後，放棄し，自然の遷移によってその土地を回復させる休閑期間をへて再度利用する，循環的な農耕」と定義する．

焼畑では，まず，森林などの植生を伐採・焼却することで整地して畑をつくる．その畑を1年から3年ほど使い，雑草が目立つようになると，その後5年から十数年はその畑の利用を放棄し，別の場所を新たに整地して畑をつくる．休閑期間を経て，休閑させていた土地（休閑地）の植生が草本から木本へと遷移すると，繁茂していた地表の雑草が死滅する．そうすると，再び休閑地を整地して畑として利用するのである．焼畑を営む人びとは，植生の遷移という自然の力を利用することで，雑草を抑制し，重労働である除草作業を大幅に軽減できるのである．もし，植生が遷移するのに十分な休閑期

図1　焼畑での陸稲収穫の様子．穂摘み具（ほづみぐ）を使い稲穂部分を収穫している．陸稲と同じ畑にキャッサバなどが混作されている（フィリピン・パラワン島，2010年9月）

間をとらないならば，除草作業などに大変な労力が必要となってしまう．このほか，畑を休閑させる効用として，土壌に有機物が蓄積されるなど，土壌の養分循環の観点を中心に，多様な効用が知られている．焼畑の要点は植生を「焼く」ことではなく，畑を休閑させることにある．

焼畑の休閑地は，畑としては利用されないが，日常的に，家畜の放牧，野生動物の狩猟，そして多様な林産物の採集，などの場として利用されている．このため，通常，休閑地は畑として利用している土地と併せて，その地域の慣習で管理されている．

ところで，焼畑は大規模な森林破壊をもたらすのだろうか．近年，焼畑は，森林の伐採・焼却を伴うものの，大規模な森林破壊はもたらさない活動だと考えられるようになっている．大規模な森林破壊が起きた地域の土地利用を分析したところ，休閑期間が確認できず，大規模な森林破壊の要因は，焼畑ではなく，常畑の拡大などであったからである．

●焼畑を営む人びとの暮らし　焼畑を営む人びとは，一般に焼畑を営むと同時に，家畜飼育や狩猟採集など多様な生業を複合的に営んでいる．タイ北部やベトナム北部では，一つの世帯が丘陵地で焼畑を営みつつ，平地では水田稲作に従事する事例が知られている．焼畑というと森林利用のイメージが強いが，焼畑を営みながら，河川もしくは海での漁撈（ぎょろう）にも積極的に従事する地域もある．

このように焼畑を営む人びとが多様な活動に複合的に従事できるのは，焼畑が労働生産性の高い活動だからである．1年のうち焼畑だけをしていたのでは，時間をもて余してしまうのである．焼畑農耕社会は多様な活動を複合的に営むことで生計が維持されている社会である．

以上のように，焼畑は「粗放的」ととらえられることが多いが，農業生態学的な観点などからみても，きわめて合理的な農法である．農業技術や社会経済の状況が変化してゆく中で，焼畑の衰退は今後も多くの地域で避けられないものである．ただし，焼畑をやめたり，やめさせることが，いついかなるときも正しい選択というわけではない．状況によっては，今後も，焼畑が最善・最適な農法である地域もあるからである．

焼畑が衰退してゆく中で，焼畑を営んできた人びとの生活をいかに維持してゆくのか，そして焼畑を営む中で培われてきた多様な知識をいかに次の世代に伝えてゆくのか，が大きな課題となっている．

［増野高司］

参考文献

［1］Heinimann, A, et al., "A Global View of Shifting Cultivation: Recent, Current, and Future Extent" *PLOS ONE*, 12(9), e0184479, 2017
［2］増野高司「アジアの焼畑」片岡 樹他編『アジアの人類学』春風社，2013

稲　作

☞「米」p.394

稲作とは栽培植物のイネを栽培し，食料や食材としての米を収穫する一連の活動である．東南アジア各地では，熱帯の気温と雨量をいかして多様な稲作が営まれてきた．東南アジアで１年間に生産される米の量は現在約１億1000万ｔにのぼり，ベトナムやカンボジアでは年間１人あたり約240kgの米が消費されている．このように，食生活を支える主食としての米，また市場経済における商品としての米の生産に，稲作は重要な役割を果たしている．

●イネの栽培化と品種の分化　イネ（*Oryza sativa* L.）はイネ科穀類の一種である．今から約１万年前，野生イネ（*Oryza rufipogon*）を祖先に，まずジャポニカ亜種が中国東部の珠江中流域で栽培化され，後にジャポニカ亜種と野生イネが東南アジアや南アジアで交雑してインディカ亜種が成立したと推定されている．その後，イネの栽培が大陸部東南アジアから島嶼部東南アジア方面に広がるにつれ，気候や地形，栽培の方法や米の食べ方に応じて，植物体や穀粒の大きさや色，形などの外見，実りの時期が早いか遅いか，栽培に水分がどの程度必要かといった性質，食味や香りなどの特徴が異なる品種がそれぞれの地域で分化していった．このような品種は，近代的な育種技術によって育成された品種と対比して在来品種とよばれる．

●種類と景観　東南アジアの稲作は，水田での稲作と焼畑での稲作に大きく分けられる．デルタや平原，盆地などで行われる水田稲作では，畔で区切った耕地に，雨水を利用したり川や溜池から水路で水を引いたりして一定期間水を溜め，水稲だけを連続して栽培する．また山地の斜面では，小面積の水田を階段のように連ねた棚田で稲作が行われる．水田稲作の一般的な作業は，まず土を耕し，表面を平らにした後，そこに稲籾をまいたり，苗を植えたりして栽培を始める．次に肥料を施す，雑草を取り除く，水分を管理するなどしてイネを育てる．やがて穂が出て米が実ると，穂摘みや稲刈りによって収穫する．

図１　収穫したイネをたたいての脱穀

一方，焼畑での稲作では，山地の森林で樹木を伐採したり焼き払ったりして耕地を開き，そこで１年から数年間陸稲を栽培した後に栽培をやめ，休閑によって森林植生を回復させるサイクルが繰り返される．また，陸稲とともに，アワやハトムギなどの雑穀，イモ類，マメ類などがしばしば混植される．

●社会と文化　稲作を生業の基盤とする東南アジアのコミュニティでは，土地や水などの限られた資源を公平に分配したり共同作業を順調に行ったりするために，社会組織や取決めが整えられてきた．また種まきや田植えの前に豊作を祈る，栽培中に稲魂を敬い禁忌を守る，収穫後に豊作に感謝するなど，作業の節目ごとに儀礼が執り行われてきた．さらに共同作業や儀礼とあわせて祝宴を開き，スイギュウやブタを屠るなどしてつくられた特別な料理を共食することも多い．つまり東南アジアの稲作は，コミュニティにおける人間関係や慣習，価値観などと密接にかかわりながら営まれてきたのである．

●収穫物の利用　水田や焼畑で収穫された穂や籾は，高床式の穀倉などに貯蔵された後，籾殻をはずし，ぬかを取り除いてから，調理されて食卓に上がる．米の主な調理法には，粒のまま加熱して飯，粥，おこわなどにする粒食と，粉にひいてから麺類や菓子類をつくる粉食とがある．また魚類や塩と一緒に発酵させてなれずしにしたり，麹を加えて酒を醸したりすることもある．さらに米以外にも，わらや籾殻が家畜の餌や燃料，ものづくりの材料などに利用されている．

●ウルチとモチ　イネには米に含まれる内胚乳デンプンの性質が異なるウルチイネとモチイネとがあり，食感の異なる粳米（うるちまい）と糯米（もちごめ）がそれぞれ収穫される．東南アジアや南アジア，東アジアの稲作地域の大部分では，イネの栽培面積に占めるウルチイネの比率が高く，粳米を炊いた飯を日常の主食としているのに対し，モチイネの栽培面積は少なく，糯米で菓子やスナック，餅などをつくる程度である．ところが東北タイ，北タイ，ラオス，ミャンマー東部では，モチイネの栽培比率がきわめて高く，糯米を蒸した「おこわ」が日常的な主食とされるほか，糯米の菓子やスナックも好んで食べられている．さらに，おこわにあわせて特定の副食が用意されたり，おこわを手づかみで口に運ぶという食べ方がされたりするなど，粳米を主食とする地域とは別の食体系が成立している．このようなモチイネに特化した栽培や食文化は，ほかの稲作地域やほかの穀類の栽培地域にはみられず，大陸部東南アジアにおける稲作の際立った特徴といえよう．

●変化と再評価　東南アジアの稲作はもともと自給自足を目的に行われてきたが，1900年代初頭の植民地統治期に米を売って現金を得る商業生産へと転換する，1960年代の「緑の革命」によって近代品種と集約的な栽培技術が普及する，1970年以降のさらなる経済成長の中で農業の機械化や合理化が進むなど，その実態は大きく変化してきた．一方，近年では，農業の多面的機能として，地域で継承されてきた栽培の知識や技術，在来品種とその伝統的利用法，水田や焼畑の生態系における生物多様性や景観の保全などを再評価する動きが広まっており，東南アジア各地での稲作の多様なあり方が注目されている．　［落合雪野］

漁　撈

☞「魚食」p.404

東南アジアは，海と島の海域世界◀からなる島嶼部と，河川沿いや沿岸部に人口が集中してきた大陸部よりなる．ゆえに漁撈（ぎょろう）や水産資源の利用は，古来より重要な生業の一つとなってきた．また日々の糧を得るための生業の一つとして継続されてきた漁撈は，近代以降は商業性を強め，現在は漁業として実践されることも多い．多種多様な漁具や漁法の利用によって行われる点や，歴史的に漁撈・漁業に専業的に従事してきたサマやバジャウといった海民◀の存在に特徴がある．ここでは生業的漁業を漁撈，商業的漁業を漁業とし，その事例を紹介する．

●生業的漁業としての漁撈　東南アジアにおける生業としての漁撈は，沿岸域や外洋域を漁場とした海産物を対象とした漁撈と，河川や湖，水田といった内水域を対象とした漁撈とに分けられる．人類史的には，原人の時代に相当する50万年前頃の遺跡から淡水産の貝殻が出土しているほか，フローレス原人が発見されたフローレス島のリアンブア遺跡でも，多種に及ぶ淡水産の魚貝類が出土している．特別な漁具を用いる必要がなく，採集によって捕獲可能な貝類の利用は原人の時代にもかなり活発に行われていた可能性がある[1]．また東南アジアには1000種近くの淡水魚種が生息しており，こうした淡水魚を対象とした漁撈も古くから行われていたと推測できる．ただし現時点での考古学的な痕跡は，5万年以降の私たち新人（現生人類）によるものが多い．

海産物を対象とした漁撈の痕跡も，現時点では新人以降のものに限られている．このうち東南アジアで最も古い海産物の利用痕跡は，約4万年前にさかのぼる東ティモールやスンダ列島の遺跡群で確認されている．いずれも多様な魚貝類が出土している．特に外洋魚種となるマグロやカツオの仲間と，サンゴ礁などの沿岸域に多く生息するブダイ科やニザダイ科，ハタ科などの魚種が認められることから，すでに沿岸域から外洋域に及ぶ多様な漁場で漁撈が展開されていたようである．また遊泳速度の速いマグロの仲間の捕獲は，早くから釣り漁も行われた可能性を示唆している．実際，ティモール島では2万年前頃にさかのぼる貝製釣針も出土しており，現時点では世界的にも最古の釣針事例の一つとなっている[1]．

図1　海民サマによるサンゴ礁での網漁風景（2003年）

これに対し，沿岸魚種を対象とした漁法としては，突き漁や毒漁，筌/籠漁，網漁が一般的である（図1）．潮汐変化を利用した石干見や定置網漁も沿岸域では広く利用されている．これらの漁法が普及した時期については不明な点が多い．しかし漁具の多くは，タケやトウ属，ココヤシやマニラアサの繊維（網用）などの植物か，貝や石（漁錘）が素材として使われてきた伝統があり，先史時代にまでさかのぼる可能性もある．ただし近年，これらの素材は金属やゴム，プラスチック製品などに代わりつつある．釣針も金属器時代までは貝が素材として一般的であったが，金属器時代以降は青銅・鉄製の釣針が増え，近年では延縄用の釣針など，多種多様な釣針が利用されている．

●小規模漁業と大規模漁業　商業的に実践される漁業は，基本的に小規模漁業となる．このため，生業的漁業である漁撈との区別は，技術や漁具からは難しい．投資される労働力や漁獲量が多ければ，余剰分が商品として販売され，少なければ自己消費されることも少なくない．このうち内水面漁業では，まき網や地引網，四つ手網，投網などの網漁と竹や籐で編んだ籠漁が最も一般的で，その盛期は雨季と乾季の間となる減水期や増水期となる．

魚が陰を好む習性を利用した柴漬け漁も，大陸部やインドネシアの内水面で行われていたが，1970年代頃から海水域での柴漬け漁が大規模化・近代化した．伝統的には竹などでつくった浮体をロープと錘で海上に固定し，ヤシの葉などにより陰をつくる漁法で，集まった魚の捕獲には敷網が使われてきた．しかし，ベトナムやフィリピン，インドネシアでは，より規模が大きく漁獲効率の高い巾着網漁業が普及し，船の大型化や漁獲量の大規模化が進んだ．柴漬け漁は，フィリピンではパヤオ，インドネシアではパヤンやルンポンの名称が一般的である．

一方，カツオ漁としては，マルク諸島やスラウェシ島北部で伝統的に行われてきた一本釣り漁フナイ（funai）や，日本からの影響を受けた一本釣り漁フハテ（huhate）が知られる．後者には10トン以上の漁船が使われ，その数も増加傾向にある．水揚げされたカツオやマグロ類のうち，小型のものは国内消費される傾向が高いが，大型のものや質の良いものは日本を含む海外へも輸出される[2]．

サンゴ礁を主な漁場とする沿岸漁業は，サマやバジャウなどが主に従事してきた．歴史的には商品価値が高く，特殊海産物ともよばれるナマコやフカヒレの加工と販売，近年では活魚としての価格が高いベラ科やハタ科魚類の畜養と輸出（空輸も含む）も広く実践されている．これらの最終的な消費地は，シンガポールや香港などの中華圏である．また先進国で人気の高い観賞魚の捕獲を目的としたシアン化物などを利用する毒漁や，破壊的漁業として知られる爆弾漁は，1970年代以降に各地で盛んに行われ，多くの沿岸域が影響を受けたが，漁場の悪化や取締りの強化により，近年では減少傾向にある[3]．

［小野林太郎］

📖 参考文献

［1］小野林太郎『海の人類史―東南アジア・オセアニア海域の考古学』雄山閣，2017
［2］北窓時男『地域漁業の社会と生態―海域東南アジアの漁民像を求めて』コモンズ，2000
［3］秋道智彌『海洋民族学―海のナチュラリストたち』東京大学出版会，1995

水産業

東南アジアの海は，魚やエビ，クジラ，真珠貝，ナマコ，その他の水産生物を，食料はもとより，薬，油，装飾品などとして人びとにもたらしてきた．とはいえ，20 世紀初頭まで，ほとんどの海面は未開発であった．その後，魚介類の需要が増したり，供給量が不足すると，新たな漁場が常に開拓され，第 2 次世界大戦後数十年間で，目をみはる漁獲量が達成された．ところが 1990 年代になると，ほとんどの海面は開発しつくされ，漁場の変更もままならなくなり，漁獲量は急減した[1]．

●現代の東南アジア漁業 現在の東南アジアは，上記の指摘とはうらはらに，世界的な漁業生産地域となっている．表 1 に主要な国の漁獲量を示した．インドネシアは中国に次ぐ世界第 2 位であり，ミャンマー，ベトナム，フィリピンも世界の上位 10 か国に含まれる．かつて東南アジア最大であったタイの凋落ぶりがわかる．動物性たんぱく質の取得に魚介類が占める割合が，各国で上昇していることも推察できる．他方，技術革新に伴う大きな漁獲強度が投下されているのではないか，また，資源の持続的利用がはかられていないのではないか，といった懸念が生じる．最近では養殖業による生産量も著しく，2014 年にはインドネシアは 426 万トンと世界第 3 位，ベトナムが 340 トンと世界第 4 位，ミャンマー，フィリピン，タイがいずれも 80～100 万トンの生産量である．ほとんどが汽水域の池中養殖と海面養殖であり，海外向けのエビ類（ブラックタイガーやバナメイ）やハタ類などが養殖されている．漁業は外貨獲得の有効な手段でもある．

表 1　東南アジア各国の近年の漁獲量　　（単位：千トン）

国　名	2005	2006	2007	2008	2009	2010	2011	2012	2013	2014
インドネシア	4,685	4,785	5,030	4,994	5,103	5,374	5,648	5,719	6,038	6,438
ミャンマー	1,732	2,007	2,244	2,506	2,767	3,063	3,333	3,579	3,787	4,083
ベトナム	1,988	2,027	2,075	2,136	2,281	2,414	2,514	2,705	2,804	2,919
フィリピン	2,270	2,319	2,500	2,561	2,603	2,612	2,363	2,323	2,332	2,351
タイ	2,814	2,699	2,305	1,873	1,871	1,811	1,835	1,720	1,825	1,770
マレーシア	1,214	1,286	1,386	1,398	1,398	1,433	1,379	1,477	1,489	1,464
カンボジア	384	482	458	431	465	490	561	567	639	625

（出典：FAO 統計による）

●漁業の二重構造と多様な漁村 各国の漁業者数（2014 年）をみると，ミャンマー 298 万人，インドネシア 267 万人，フィリピン 191 万人，ベトナム 53 万人，タイ 16 万人，マレーシア 14 万人である．タイのように，ある程度，商業的漁業形態が確立している国があるものの，各国の漁業経営は，漁業生産の大部分を占める少数の商業的・企業的漁業経営体と大多数の小規模漁業者からなるという二重構造を呈している．

それでは小規模漁業者が住まう漁村はいかにして成立したのであろうか．何世代にもわたって定着した人びとが形成してきた漁村が基盤にあることはいうまでもない．それに加えて，①船上生活者が定着した漁村，②中国からの移民が形成した，いわゆる華人漁村，③宗教上のマイノリティが排斥され，辺境などに形成した漁村，④国内外の移住政策によって形成された漁村，⑤土地なし農民などが都市周辺に形成した漁村，⑥内戦や政情不安の結果，避難した人びとが形成した漁村，などが各地にみられる．

●マレーシアの小規模漁村　半島マレーシアの東海岸にあるスククは南シナ海に注ぐ大河パハン川の河口部右岸に立地する．戸数200以上，人口約3000人の村である．マレー人が約700人のほか，カンボジア人が2000人以上，さらに住居を与えられて集住する先住民（オラン・アスリ◀）が約100人住まう（2014年）．

1960年代までは水田が広がるマレー人の半農半漁村であった．ところが，1969年に高潮が襲い，稲作が不可能となり，水田は荒れ地と化した．その後1976～77年頃にカンボジア人難民5家族が村に流入した．これを契機としてカンボジア人難民の定住が相次いだ．難民はマングローブ林を伐採し，家屋をみずからの手で建てた．また，マレーシア政府やイスラーム系の援助機関から得た支度金，および集荷魚商人からの借入金によって，漁船と漁具を手に入れ，漁業を始めた．流入と定住はその後も続き，約20年のうちに感潮クリーク周辺にカンボジア人集落と船溜りが形成されていった．スククは，伝統的なマレー人漁村に，前述の⑥と④が合わさったような漁村といえる．

主たる漁業は，沿岸で行われるアジ・サバ類およびエビ類をねらう刺網漁である．約120隻の漁船のうち40隻はマレー人，80隻はカンボジア人の漁船である．漁獲物は村に住む複数のマレー人魚商人が買いあげる．このほか，内湾部やクリークで行われる小エビの押しさで網漁やマングローブガザミのかご漁，カキや巻貝の採集など，一部に自給的機能を含む多様な漁業がみられる．刺網で漁獲されるが魚商人が買いあげない海産ナマズは，各漁家の女性が塩干魚に加工する．行商人がそれらを買い取りにくる．漁獲物はさまざまな動きをみせるのである．

東南アジアの漁業を理解するには，商業的漁業のみならず，統計には現れない小規模漁業とそれに支えられる生活世界を知ることが求められる．　［田和正孝］

📖 参考文献

［1］Butcher, J. G., *The Closing of the Frontier: A History of the Marine Fisheries of Southeast Asia, c. 1850-2000*, Institute of Southeast Asian Studies, 2004

［2］田和正孝『東南アジアの魚とる人びと』ナカニシヤ出版，2006

家　畜

☞「肉食」p.402

東南アジアは湿潤で雨量が多い熱帯あるいは亜熱帯の気候であることから，乾燥地域や草原地域に特徴的な，ラクダ，ヤギ，羊などの家畜を伴う牧畜民的な生業はほとんど展開せず，稲作を営む農耕民的な生業において，水牛，牛，豚，鶏などの家畜があわせて飼育されてきた．農耕民にとって家畜は長らく希少価値が高い存在であり（特に水牛や牛），家畜を食肉利用する際には，通常，儀礼的手続きを伴い，その後に食されてきた．

●伝統的な家畜飼育　東南アジアにおける伝統的な家畜の飼育状況は生業との関連から，インドネシアのバリ島あたりを境に，組合せが異なる．すなわちおよそ東側は豚とイモ，西側は水牛・牛とコメの組合せであった．一方で，鶏は東南アジアで広く飼育されてきた家畜といえる．またイスラームが信仰されるようになった地域では，供犠利用と関係してヤギが飼育されてきた．

水牛は南アジア，牛は西アジアが家畜化の起源地とされる．また鶏と豚の起源地の特定は難しいが，東アジア（中国南部）はその候補の一つである．鶏と豚は，それぞれの野生原種とされるセキショクヤケイとイノシシが，東南アジアに現在も分布していることが特徴であり，娯楽としての闘鶏や民族固有の儀礼での供犠利用など，東南アジアに暮らしてきた人びとは，長年にわたり家畜飼育を含めた生業文化を形成してきた．水牛には，河川型と沼沢型の二つの分類がある．東南アジアにみられる水牛は沼沢型であり，一般に乳利用を伴わない（フィリピンの一部地域では利用される）．一方，南アジアでは河川型の水牛が飼育されて，乳利用が行われている．水牛は水田稲作での耕起に利用されてきたが，その方法には，犂を引かせて耕起する犂耕と，蹄で水田を踏ませて耕起する蹄耕の二つがあり，東南アジアでは犂耕が大陸部を中心に浸透し，蹄耕は島嶼部の一部地域でみられた．犂耕には文化的にインドあるいは中国に由来する二つの系統があり，犂を引く水牛頭数がインド系は2頭であるのに対して，中国系は1頭と異なる．

水牛と牛を比較すると，水田の耕起では牛より水牛が卓越して利用され，牛はどちらかといえば畑地の耕起や，荷駄，交換，供犠などで利用されてきた．牛の系統としては，大陸部東南アジアでは中国系の黄牛やインド系のゼブ牛，島嶼部ではバリ牛などが利用されてきた．

豚は漢民族の影響を受けてきた東アジアと同様に，東南アジアでも飼育されてきた．ただし，島嶼部へのイスラームの浸透後は，信仰との関連でムスリムの人びとには忌避されてきている．一方，都市部における華人由来の豚肉食文化の浸透と関連して，とりわけ20世紀以降，大陸部東南アジアでは豚の飼育が盛んになってきている．

これらの家畜の伝統的な飼育では，昼間は放し飼いに近い状況が好まれてきた．ただし，夜間は安全のために，囲いや小屋に入れられた．例えば水田地域では，高床式の住居の床下などが飼育場所としてよく使われてきた．水牛や牛の場合，夜間は床下で眠り，朝方放牧に出されて夕方に戻されるといった具合である．人間は2階で生活し，残飯が下に捨てられ，家畜に与えられた．このような残飯の餌利用は豚において特に顕著であり，東南アジアの周辺地域にも共通する特徴である．特に豚便所とよばれる，人間の便所を兼ねて人糞を豚に餌として与える飼育場所は，日本の沖縄をはじめ，かつては東アジアに広くみられた．

●現代の家畜飼育　近代的な産業としての畜産業は，東南アジアにおいても近年発展が著しい．高い効率での生産を目指して，改良品種の大規模な飼育を行い，畜産物の国内消費と他国への輸出が盛んになってきている．

図1　タイの山地における小規模な家畜の飼育

国連食糧農業機構（FAO）の統計から状況を概観すると，2014年に，水牛は1320万頭，牛は4840万頭，鶏は3億200万羽，豚は7540万頭，ヤギは3110万頭，羊は1750万頭が，東南アジアで飼育されている．特徴として，豚はベトナムで2680万頭と多く，東南アジアの3分の1の量を生産し，次いでミャンマーが1380万頭，フィリピンで1180万頭となっている．またイスラームが広く信仰されるインドネシアとマレーシアでも，それぞれ770万頭と180万頭の豚が飼育されている．そしてヤギと羊の大半はインドネシアで飼育されている（ヤギは1860万頭，羊は1610万頭）．

例えばタイでは，水牛は102万頭，牛は490万頭，豚は760万頭，ヤギは45万頭，羊は4万頭が飼育されている．そして鶏は2億6700万羽と桁違いの数が飼育されており，鶏肉は170万トンが生産されて，そのうち60万トンが輸出されている（ちなみにタイの人口は約7000万）．タイの農村では伝統的な文化として儀礼的手続きを伴う肉食と，それを支える小規模な家畜飼育がある程度継続している．その一方で，国レベルの視点は，養鶏産業が非常に発展して（実態としてはCPなどの巨大企業とその下請け業者が担う），世界的な鶏肉輸出国であることを示している．人びとがこれまでに形成してきた生業文化としての家畜との多様なかかわりは，東南アジアにおいても，都市的世界の拡大や生産効率の追求という思想の影響を受けて，その姿を変えつつある．［中井信介］

参考文献

［1］秋道智彌編『図録 メコンの世界―歴史と生態』弘文堂，2007

プランテーション

見渡す限り続く広大な土地に整然と植えられた単一の農作物，収穫作業にいそしむ数多くの労働者，煙をたなびかせる加工工場．プランテーションと聞いて思い浮かべるのはこうした光景だろうか．しかし今日，農作物の生産と関連してプランテーションということばが用いられる場合，こうした生産単位としての大農園をさす以外に，プランテーション部門といった呼び方で，経済活動の１部門をさす場合があることに注意が必要である．

●プランテーションの二つの意味　生産単位としてのプランテーションとは，土地・労働力・資本を大量に投入した大農園の中でも，特に熱帯・亜熱帯に立地し，国際市場向け商品に加工・処理される単一の作物を栽培し，園内に一次加工工場・処理施設や労働者の居住施設を併設しているような大農園をさす．企業的な組織，工場にみられるような労働規律，栽培・加工技術における近代的な科学技術の応用といった点にも特徴がある．

一方，経済活動の１部門としてのプランテーション部門とは，プランテーション作物の栽培とその一次加工までの経済活動を意味する．ここでプランテーション作物とは，プランテーション（大農園）で栽培の対象となってきた作物群のことで，マレーシアやインドネシアでは，食料作物に対比されるものとして，その作物が政策上具体的に定められている．ここで重要なことは，大企業が大農園で生産する場合だけでなく，農民が零細な農園でプランテーション作物を栽培し，それが工場に運び込まれ加工されるような場合も，プランテーション部門の経済活動に含まれるという点である．プランテーション作物の生産を，前者のようなケース（大農園部門）と後者のようなケース（小農園部門）に分けた場合，東南アジアでは小農園部門が重要な役割を果たしている点に特徴がある．東南アジアの社会経済変動の中でのプランテーションの位置付けや意味を考える上では，プランテーション部門という枠組みでとらえた方が有意義だといえるだろう．

●マレーシアとインドネシア外島部におけるプランテーション部門の拡大　東南アジアでプランテーション部門が経済の重要な１部門となっている地域は，マレー半島，スマトラ島，ボルネオ島，ジャワ島，それにミンダナオ島などフィリピン中南部の島々である．以下では，マレーシアとインドネシア外島部に焦点をあて，プランテーション部門の拡大過程を振り返ってみたい．

この地域における最初の大規模なプランテーション部門の拡大は，植民地支配下での，20世紀初頭のゴム・ブームを契機とするものである．このときはマレー半島西部やスマトラ島北東部の丘陵地帯に，ヨーロッパ系や中国系資本の大農園が数多く開かれ，南インドや南中国，ジャワ島から大量の労働力が導入された．さらに農民の間にもゴム栽培が広がり，農村経済に大きな影響を与えた．

図1　スマトラ島中部リアウ州におけるアブラヤシ農園開発

第2次世界大戦後は，マレーシアでもインドネシアでもプランテーション部門の再建がはかられたが，新たに，国家的プロジェクトと連動したプランテーション部門の拡大が起こる．マレー半島では，1970～80年代に中央部～東部の未開発地域に，マレーシア連邦土地開発庁（FELDA）をはじめとする政府系機関の入植地が数多く建設され，入植者の小農園から構成される新たな形態の大農園が出現した．こうした動きは，1990年代にはボルネオ島のサバ州，サラワク州に移る．一方インドネシアでは，1980～90年代に過剰人口を抱えるジャワ島からの移住政策と連動しつつ，スマトラ島やボルネオ島カリマンタンの未開発地域に，核となる大農園とその周辺の入植者の小農園から構成される，中核企業-小農（PIR）方式とよばれる形態の大農園が多数建設された．これらのプロジェクトではアブラヤシが中心的な作物となった．

そして最後は，1990年代以降今日にいたる，マレーシア，インドネシアの経済成長と連動したプランテーション部門の拡大である．民間セクター，公的セクターに蓄積された資本が，スマトラ島やカリマンタンなどの未開発地域における大規模なアブラヤシ農園開発に向かった．開発地域には広大な泥炭湿地林地帯も含まれ，火入れによる農園開発が大規模な煙霧災害の主原因にもなった．この拡大過程では，企業ばかりでなく，多数の農民や一般大衆がアブラヤシ栽培に参入し，特にインドネシアでは，小農園部門が大農園部門に比肩する存在となっている．

以上のように，東南アジアのプランテーション部門は，決して植民地期の遺産として存在しているのではなく，独立後の国家建設から今日にいたる経済成長の過程で，国家・企業・大衆を巻き込みながら，急激な拡大を遂げてきたのである．しかし今日，低賃金労働力と低コストの土地を求めての外延的な拡大には限界がみえ，一方で経済発展は，域内での低賃金労働力の確保を困難にしていく．環境や社会への配慮も厳しく問われる中，産業としての成熟をいかにはかれるか，東南アジアのプランテーション部門は大きな課題に直面しているといえるだろう．

［永田淳嗣］

アブラヤシ栽培

☞「熱帯の森林産物と商品作物」p.52

アブラヤシ（*Elaeis guineensis*）は，西アフリカ原産のヤシ科アブラヤシ属の多年生植物で，その果実の中果皮（果肉）からパーム油が，核（種子）からはパーム核油が採れる．いずれも現在，その加工品が食用を中心に広範な用途に需要され，2003 年以降，パーム油だけでも植物性油脂の中で最大の生産量が達成されている．このような発展は，1848 年にアブラヤシの木がオランダ領東インドのジャワにもたらされ，1911 年以降スマトラ，英領マラヤでの大規模栽培が開始されたことに端を発する．現在では，東南アジア諸国でアブラヤシの栽培とパーム油の生産が行われているが，その中心はインドネシアとマレーシアであり，両国で全世界のパーム油生産量の 8 割以上を占めている．

●栽培法，商品特性　現在，一般的な種は Tenera 種といわれる交雑種で，1 年弱の育苗を経て整地済の土地に 1ha 当たり 130 本ほどの密度で植えられ，約 3 年後に 2〜3cm の果実を数千個つけた房（生果房）が木の先端に生り，以後 25〜30 年間収穫され続ける．果実の質（油脂分の含有量など）や収量は樹齢によって変化していく．20 年を過ぎる頃から収量が低下し始めるのに加えて，樹齢とともに木が高く成長するため果房の収穫が困難となり，再植の時期を迎える．

アブラヤシの本質的な商品特性は，それが搾油のためだけに生産・販売されることにある．それ以外では，農園内で飼育されている牛や豚が果房から剥落した実を食べる程度で，人が自家消費することはない．またアブラヤシは，収穫後，中果皮内にリパーゼという酵素が発生して腐食しやすくなるため保存が利かず，短時間で工場に搬入され搾油工程にかけられる必要がある．一般に，24 時間以内の搬入が工場側の求める条件となっており，農園を造成する際には搾油工場への近接性およびその他のアクセス可能性（道路の整備状況，運搬手段の有無，仲買業者の存否など）が重要となる．

●開発・栽培主体　アブラヤシ栽培とパーム油生産の発展は，農園企業と小農によって担われてきた．1960 年代からアブラヤシ栽培の振興を重要な開発政策の一環として取り組み始めたマレーシアでは，英国植民地期以来の民営農園企業のほか，連邦土地開発庁（FELDA）などの政府系機関が農園開発の主体となってきた．その背景には，地方部に多く居住するマレー系の人びとの所得水準を引

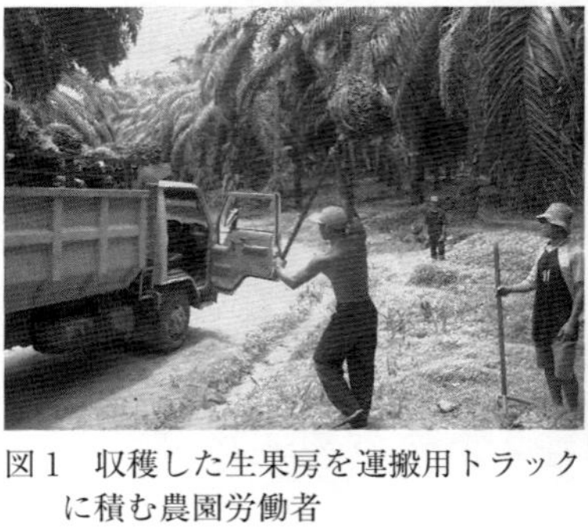

図 1　収穫した生果房を運搬用トラックに積む農園労働者

上げようとする政策的意図があった．前者は労働者を雇用してアブラヤシ栽培を行い，後者は小農を地方農村部に入植させて栽培の主体とした．

一方，1970年代末から本格的にアブラヤシ栽培の振興に取り組み始めたインドネシアでは，当初は国営農園企業が，1990年代からは民営農園企業が開発を牽引し栽培の主体となってきた．また，自立した小農の育成を目的として農園企業が自社農園の近隣地域に小農を入植させる中核企業–小農（PIR）方式というスキームが政府によって奨励される中で入植小農が増え，スキーム外で農園を開発する独立系小農と合わせて主要な開発・栽培主体となってきている．

マレーシアでは，約574万ha（2016年現在）のアブラヤシ農園のうち，民営農園企業の所有が約61%，政府系機関が開発し入植小農によって所有される農地が約23%，残りの約16%が独立系小農の所有となっている．インドネシアでは，約1112万ha（同）の農園のうち，国営農園企業の所有が約6%，民営農園企業の所有が約52%，入植・独立系小農の所有が約42%となっている．

●所得・労働力受容への効果と問題　上記2大生産国におけるアブラヤシ・パーム油産業は，多数の労働力の受け皿になるとともに，日本円で3兆円規模の所得を発生させている．パーム油からさまざまな最終製品にいたる価値連鎖まで考慮すれば，その労働力受容・所得に及ぼす効果はさらに大きくなる．

他方，農園拡大に伴うさまざまな問題も生じてきている．主な問題としては，農園造成に際しての森林消失やそれに伴う生態系の減退，先住民の生活への負の影響があげられる．また，特に小農に関しては，生果房の保存が利かないことに起因して，取引関係上パーム油搾油工場を経営する企業に依存し，生果房の販売価格がその時々の市況に左右されるという問題がある．このほか，当該地域の農業が単一作目栽培への依存を深めることでアブラヤシの不作や市況悪化による影響をより深刻に受けてしまう状態になること，従来の耕作文化が失われてしまうことなどがある．相当の資金を要する再植が小農所有農園において将来円滑に行われるかも重大で，その資金確保のためにさらに農園を拡張するという行動が広くとられれば，当地の農業の脆弱化を加速させかねない．

マレーシアのアブラヤシ資本は，すでに原産地である西アフリカなど他地域に進出しているが，世界第3位のパーム油生産国タイ，南部ミンダナオでアブラヤシ農園開発が行われているフィリピン，端緒的ではあるがベトナムを筆頭に農園開発の動きがある大陸部など東南アジア諸国で，今後アブラヤシ栽培のどのような展開があるかも注目される．

［林田秀樹］

参考文献

［1］国際農林業協働協会編『アブラヤシとココヤシの生産，加工と流通』国際農林業協働協会，1998

［2］岩佐和幸『マレーシアにおける農業開発とアグリビジネス』法律文化社，2005

チャ栽培

☞「喫茶文化」p.424

チャノキはツバキ科の常緑樹で，灌木性の小葉種と高木性の大葉種に大別できる．一般的に，前者は中国種，後者はアッサム種とよばれ主にインドやミャンマーにみられる．チャはその発酵の度合いにより，緑茶（不発酵茶）や紅茶（発酵茶）などさまざまに加工され利用されている．以下，植物としてのチャはカタカナ，加工品としての茶は漢字を用いて区別する．

●原産地周辺のチャ利用　東南アジアのインドシナ半島北部は，チャの原産地とされる中国西南部の雲南省や貴州省の山岳地帯と隣接しており，古くからチャが栽培され，利用されてきた．チャは交易や焼畑耕作による民族の移動に伴って他地域に伝播したと考えられる．特に，ヤオ（瑤）人の移動とチャの分布が一致しており，東南アジアへは，ヤオ人やその後喫茶文化を広く発展させた漢人との交流を通じて広がっていったと推測される．

インドシナ半島北部では，チャを飲用と食用両方に加工し利用している．この地域では伝統的に緑茶が飲まれてきたが，その製法には蒸してから天日干しするタイプと，中国から伝来した釜で炒るタイプの2種類ある．このほか，ベトナムでは，生葉を加工せずに直接煮出す飲み方もみられる．

また，中国雲南省南部からラオスとタイの北部，ミャンマーでは，チャを漬物にして食す習慣がある．これらはそれぞれ「竹筒酸茶」「ミアン」「ラペッソー」などの呼称で知られているが，実際に漬物茶をつくっている民族は，これを「ミアン」あるいはそれに類似した発音でよんでいる．一方，現在世界で用いられているチャ/茶の呼称をみてみると，その多くが中国の広東語「チャ」と福建語「テー」を起源とする二つの呼称に分けられる．前者は陸路で，後者はオランダ東インド会社によって海路で伝播した地域で用いられている呼称である．チャ/茶を「ミアン」とよぶインドシナ半島北部には，中国の飲茶文化が広まる以前から独自の食茶文化があったと考えられる．

●ヨーロッパによって拡大されたチャ栽培　17世紀初頭にオランダ東インド会社が中国と日本から茶の輸入を始めると，ヨーロッパには飲茶習慣が広がった．当初輸入したのは緑茶だったが，次第に紅茶の人気が高まっていった．ヨーロッパの人びとは，ヨーロッパでの茶需要の高まりと，東南アジア地域の植民地化を背景に，東南アジア各地でチャ園の開発に着手した．ジャワ島では，17世紀末にオランダ人によって中国種の栽培が始められ，19世紀になるとアッサム種が栽培されるようになった．そして，第2次世界大戦以前はジャワ島とスマトラ島を合わせて世界第4位の生産量を誇った（ITC World Tea statistics）．マレー半島でも，20世紀前半に英国人によるチャ園開発が行われた．また，古くからチャ栽培が行われていたインドシナ半島でも，ヨーロッパによってより規模の大きなチャ園の運営が行われるようになった．現在のベトナム北部ではもともとチャ栽培が行われていたが，20世紀に入ると中部以南でもフランス人によってチャ栽培が行われるようになった．現在茶生産を行っている国は50か国ほどあるが，そのうち東南アジア各国の生産量は，ベトナム5位，インドネシア7位，ミャンマー9位，タイ16位，マレーシア23位，ラオス25位である（FAO 2014年）．

●ミャンマーの茶生産　ミャンマーでは，伝統的な製茶法と植民地期以降の製茶法双方をみることができる．シャン州ナムサン郡は，ミャンマーで最も古い茶産地として知られ，標高1700～2000mほどの山なみの尾根筋に沿って村が点在し，斜面がチャ園として利用されている．ここでは，主にモン・クメール系のパラウン（自称タアン）人が茶生産を生業としている．チャ栽培の起源は明らかになっていないが，この地域の人びとの間では，ビルマ初の統一王朝パガン朝の第4代アラウンスィードゥー王（在位1113～65年）からチャの種を授かったという伝承が伝えられている．この地域のチャは，アッサム種とされる．伝統的には高さ2mを超すチャ樹に梯子をかけてチャ摘みを行っていたが，現在は人の背丈ほどに剪定している．収穫は3月末から11月までで，すべて手作業で行う．

図1　チャ摘みの様子（ミャンマー・シャン州ナムサン郡，2012年）

ナムサン郡では，伝統的に2種類の茶が生産されてきた．一つは緑茶（不発酵茶），もう一つは生葉を蒸してから揉み樽の中で発酵させた漬物茶（後発酵茶）である．1939年には，英国によって紅茶（発酵茶）の生産が始められ，現在はこれら3種類すべてを生産している．ナムサン郡の茶生産の特徴は，生産者が3種類の茶の中から，茶葉の状態，季節，市場の動向を考慮しつつ加工する種類を選択していることにある．この地域のパラウン人は，古くからシャン人やビルマ人など近隣の諸民族と交易を行い，茶を売って米や塩などを手に入れてきた．現在でも，生産された茶の多くは，マンダレーやヤンゴンなど都市部に出荷されている．ミャンマーでは，パラウン人はチャ栽培を行う民族として知られている．茶の広告にはパラウン民族衣装の女性が，パラウン民族党の商標にはチャの新芽が用いられている．茶は彼らの重要な民族アイデンティティとなっている．［生駒美樹］

📖 参考文献
［1］大森正司他編『茶の事典』朝倉書店，2017

ケシ栽培

☞「グリーンツーリズム」p.558

アジアの近現代史は，ケシの存在を抜きに語ることができない．ケシから採取されるアヘンは，文字通り歴史を動かしてきた．例えばアヘン戦争（1840～42年）は，清朝の弱体化を露呈し，結果的に清を植民地化の危機にさらした．また，東西冷戦において大陸部東南アジアが代理戦争の舞台となった際には，アヘン（およびそこから精製されるヘロイン）は，少数民族勢力の最大の資金源ともなった．これにより，世界最大のケシ栽培地域となったミャンマー，ラオス，タイの国境地帯は，一時期「黄金の三角地帯」とよびならわされることとなる．21世紀に入って以降，アフガニスタンで反政府勢力の最大の資金源となっているのもアヘンである．2017年時点，世界で流通しているアヘンの90％以上がアフガニスタンで生産されたものであるとされる．このようにケシは，その可憐で色鮮やかな花弁とはうらはらに，たびたびアジアにおける政治の影の部分を縁どってきた．

●大陸部東南アジアにおけるケシ栽培の歴史　大陸部東南アジアでケシの栽培が一般化したのは，19世紀中盤以降のことである．清朝支配下の雲南でパンゼーの乱に敗れた回人らが，現在のミャンマー・カチン州およびシャン州にあたる地域に流れ込み，資金源のためにケシ栽培を開始したのが，1860年代から1870年代にかけてであるとされる[1]．これと前後して英国もまた，3次にわたる英国・ビルマ戦争でビルマ（現ミャンマー）の領土を段階的に手中に収めていく中，北ビルマでケシ栽培に着手し，19世紀末までには，ケシ栽培は現在のタイやラオスの北部を含む大陸部の広い地域へと浸透していった．第2次世界大戦後には，タイとビルマの国境地帯を割拠していた多くの少数民族勢力が，米国政府の間接的支援を受けながらヘロインを資金源に大規模な反政府（対ビルマ政府）戦線を組織していく．少数民族のリーダーの中でも，シャン州北部のコーカン（果敢）をベースとしたロー・シンハン（羅興漢），シャン州南部にモン・タイ軍（シャン人の解放軍）の軍事基地を設けたクン・サの名前はよく知られている．こうしてケシは，軍事やイデオロギーと結びつくことで，大陸部東南アジアに根を下ろした．しかし，1980年代に入って国境地帯の軍事的な緊張が緩和に向かい，さらに1990年代になり，合成化合物である覚醒剤が大量に流通するようになると，生産が自然条件に左右される天然化合物であるヘロインは，次第に以前の勢いを失う．現在では大陸部東南アジアで「麻薬」といえば，覚醒剤をさすことの方が多い．

●栽培・収穫・流通　ひとくちにケシといっても多くの種類があり，ここでいうケシとは，アヘンの採取が可能なソムニフェルム種のケシ（ハカマオニゲシなど）

をさす．日本でよくみかけるヒナゲシよりも草丈が長く，葉もケシ坊主もはるかに大きい．花弁が落ちた後のケシ坊主に刃物で切り込みを入れると，白濁した乳液が滲出するが，これを乾燥させて半固形状にした焦げ茶色の物質が生アヘンである．ここから25種類以上のアルカロイドを分離することができ，なかでもよく知られているのが医療用麻薬として用いられるモルヒネである．ヘロインは，このモルヒネに2種のアセチル基を加えることで精製することができる[2]．

図1　ケシの花とケシ坊主

大陸部東南アジアの山間部では，一般に9月から10月にかけてケシの播種を行う．8月から9月までには焼畑でのトウモロコシの収穫を終えてしまうため，多くの場合，そうした畑の雑草を丁寧に除去した後，長い堀棒を用いて土に穴をあけ，そこにケシの種子を播いていく．12月から1月にかけて開花し，しばらくすると花弁が落ちてケシ坊主が残る．ここに数枚の鉤爪刃を束ねた器具で切り込みを入れ，乳液が出てきたらしばらく放置して乾燥させる．それを別のヘラ状の器具でこそぎ取り，ようやく生アヘンとして出荷できる状態になる．かつては，少数民族がケシを栽培し，それを雲南系漢人の交易商が買い上げて広く流通させるというのが大きな構図であった．だが，1980年代以降，山間部の村々が徐々に近代化していくにつれ，少数民族の中からも栽培と収穫だけでなく，ヘロインへの精製からその売買までをも手広く扱う大規模な生産者兼ディーラーが登場するようになり，販売網の組織化が進んだ．

●ケシの功罪　覚醒剤が主流の現在にあっても，大陸部の少数民族にとってケシ栽培は生業上の選択肢として着実に残っている．特にミャンマーとラオスは，今なおアフガニスタンに次ぐ世界最大級の生産地である．ケシは，気候条件さえ合えば栽培への着手が比較的容易であると同時に，換金作物としてのリターンも小さくないため，政府の目が届きにくい山間部の貧困地域では一定の需要をもっている．ゆえに，医療用麻薬を生み出す植物として人びとに福音を届けつつも，争いと混乱の源でもあり続けている．

［綾部真雄］

📖 参考文献

［1］TNI（Transnational Institute）, *Withdrawal Symptoms in the Golden Triangle: A Drugs Market in Disarray*, Drukkerij Primavera Quint, 2009

［2］綾部真雄「ケシの残像と生きるリスの人々」落合雪野・白川千尋編『ものとくらしの植物誌―東南アジア大陸部から』臨川書店，pp.271-294, 2014

バティック

☞「衣服」p.466,「東南アジアの無形文化遺産」p.578

バティックとは，いわゆるロウケツ染めのことである．日本ではジャワ更紗という名称で親しまれてきた．本来，1色ごとに文様の部分をロウで覆って染料液に浸し，そのロウを落としては次の文様にまたロウをかぶせて染めるといった手作業の繰り返しによって，多色の文様を染め上げる技法をさす．また，その技法を用いてつくられた模様染めの布そのものもバティックとよばれている．

●バティック製造業の歴史的展開　バティック技法の歴史的起源については諸説ある．日本での呼び名のとおり，インドネシアのジャワ島各地でつくられてきた個性豊かなバティックが世界的にも知られているが，インドネシアのマドゥラ島，スマトラ島やスラウェシ島，あるいは隣国のマレーシア，さらにタイ，ミャンマーにも産地は広がっている．ジャワ島の場合，産地ごとにバティック製造業の発展の経緯や担い手が大きく異なる．かつては宮廷の女性たちがたしなみとしてバティック製作に従事していたといわれる中部ジャワでは，王家とゆかりのある伝統文様を中心に，天然染料による藍色と茶色を主としたバティックが長らくつくられてきた．それに対し，北海岸の諸都市では華系，アラブ系，オランダ系の人びとがバティック工房を経営し，海外文化の影響を強く受けた，個性的な意匠のバティックをそれぞれに発展させた．

バティック生産の歴史は，さまざまな技術革新に彩られてきた．もともとロウ置きの作業は，細い口のついた銅製の筒型用具，チャンティンを使って手描きで行われていたが，チャップとよばれる銅製のスタンプで型押しをする方法が19世紀半ばに導入され，生産量が飛躍的に増大した．この新技法は工房の規模拡大にもつながった．さらに白生地や化学染料，ロウなどの原材料をほぼすべて輸入に頼るようになり，結果として華人資本による支配が強まった．

性別分業についてみると，チャンティンによる繊細なロウ描きは，今日にいたるまで女性の仕事である．それに対し，スタンプを使う型押しはもっぱら男性職人の手で行われる．従来，女性のロウ置き作業は熟練労働とはみなされておらず，型押し職人として新しく雇われた男性たちとの間に莫大な賃金格差が生じた．染めの工程も，村々で細々とつくられていたバティックの場合は，特に藍染を中心に女性たちが担っていたといわれるが，工房生産が主流になってからは男性の専業となった

図1　ジャワ島（チレボン）の工房でロウ置き作業をする女性たち

型押しによる低価格帯の製品を中心にバティックの着用が大衆に広まったのはインドネシア共和国独立後の1950年代である．しかし1970年代にシルクスクリーンによるプリント・バティックが登場すると，たちまち市場を席巻し，さらに大規模工場生産の機械プリント製品が追い打ちをかけた．安価な量産品の市場参入によって，特に甚大な打撃を受けたのは，型押しバティックであった．

●ファッション化の影響　手間もコストもかかる高級手描きバティックは，都市上層・中間層の女性を顧客とするニッチ市場を見出した．今も伝統的な手描きバティックを作り続ける工房では，手わざとは思えないほど緻密な文様のロウ置きを女性たちが黙々とこなしている．他方，もともと綿布を素材としてきたバティックの技法を絹やシフォンに応用する動きは，1970年代からみられた．また，バティックは本来，一枚布のまま，腰衣として下半身に巻き付けるためのものであったが，今では男性用の開襟シャツや女性用ブラウス，ワンピースなど，洋装に広く用いられている．2009年にインドネシアのバティックがユネスコ無形文化遺産の代表リストに登録されたことで，下火になっていた関心が再燃し，ちょっとしたバティック・ブームが沸き起こった．だが，デパートなどで山積みになって売られ，多くの人が買い求めるのは，ロウケツ染めの技法でつくられたものではなく，「バティック風」の文様をプリントした大量生産品である．

図2　ジャカルタのショッピングモールでバティック・ファッションに身を包む人たち

手描きバティックの産地であっても，技法には変化が生じている．伝統的なバティックの場合，布の両面にロウを置く作業を繰り返してから染めるため，裏表なく精緻な文様が描き出されることになる．また，儀礼用の正装としては，腰衣として用いる長方形の布（カイン）と同じ色柄のストール状の布（スレンダン）をセットで製作・販売していた．だが，大きさが異なるカインとスレンダンに同じ文様のロウ置きをし，同じタイミングに染め上げるためには複雑な工程管理が必要である．今では，どうせ服地として縫製されるのだからと，片面だけのロウ置きに特化する業者も増えている．

バティックのみならず，インドネシアという国民国家の枠内で特定の民族文化の継承に結びついている多彩な伝統染織が「われわれインドネシア人」の所有物であり，国民全体の文化遺産であるという主張が，伝統染織の活用に積極的なファッション・デザイナーたちや政治家の口にもよく上るようになっている．だが，昔ながらのやり方でバティック製作に従事する人の数は今後も減り続けるのであろうか．

［中谷文美］

染　織

布作りは多くの民族にみられる欠くことのできない生業の一つである．布は，原料から繊維を取り出し績むあるいは縒って糸をつくる工程，糸を染める工程，それらの糸を直行させて織る工程など複数の工程を経て製作され，さらに，できあがった布は目的に合わせて加工される．布は身体を包む衣料として用いられるほか，贈与や交換，権威や神聖化あるいはアイデンティティと結びつき，社会生活の諸領域において広範な役割を果たす[1]．それは，先に述べた分節的な製作工程を通じた多岐にわたる染織技術の発達と，決して無縁ではない．

●東南アジア染織の形成　東南アジア諸地域は歴史的に，インド・中国との交易を通じて多大な文化的影響を受けてきた．16 世紀ヨーロッパ諸国の進出による東西香辛料貿易において，インドの染織品である木綿の更紗や絹の経緯絣「パトラ」は重要な役割を演じた．とりわけ，パトラが東南アジアの土着の染織に与えた影響ははかりしれない．それは，経絣にみられる大胆な矩形の構図や華麗な花文にうかがえる．バリ島テンガナンの木綿の経緯絣「グリンシン」も，パトラに起源をもつと考えられている．

土着の染織において，木綿や絹が普及する以前，素材は芭蕉・パイナップルなど植物の靭皮繊維が利用された．染色は藍染めが広く行われ，タイ，フィリピン，インドネシアでは泥染めも報告されている．インドネシア東部，中部の島々では，藍染めと茜染めによる経絣が発達した．藍はナンバンコマツナギの葉の発酵建てあるいは生葉染めにより，茜は多種の木の実・根による下地染め（先媒染）の後，ヤエヤマアオキの根で染められる．スラウェシ島の経絣には，茜と藍で染めた絣文様部の両側に泥染めのボーダーがおかれたタイプがある．このような藍・茜染めと泥染めの併用は，この地域で使用されてきた染料素材の推移を示している．

機織りについてみると，低地部で足踏み手織機（高機）が普及する以前，腰機は東南アジアの代表的な織機具であった．腰機に先行する織機として，座位によって腰と下肢で経糸を支持する「からだ機」が台湾，ベトナム，ラオスの山間部でみられる[2]．それに対して腰機は，経糸の一方を家屋の梁に取り付けることによって，長い布を織ることを可能にした．腰機で織った布は，裁断を要しない腰巻（サロン/サルン），腰布，褌，肩掛けなどの衣装として用いられた．サロンは，今日も東南アジア各地で正装として着用されている衣装様式である．文様技法に転じると，まず，地の経糸の浮きによる経浮文技法が発達し，その後，平織地に多色の文緯を挿入する緯浮文技法が各地に広がった．スマトラ島やバリ島で発達した「ソンケット」は，絹地に金糸・銀糸が織り込まれた華奢な織物として儀礼で使用されてきた．一方，経浮文技法は衰退の一途をたどったが，まれな例として，西ティモールでこの種の織物は「ソティス」とよばれ，現在も製作されている[3]．

●新時代の伝統織物　インドネシア南スラウェシ州山間部に居住するトラジャ人は，20世紀に入り紡績糸がヨーロッパから流入する以前，主にパイナップル繊維を績んで布を織り，衣服とした．木綿栽培が始まった後も，トラジャでは染色技術が未発達であったため，島内交易で得た幾何学文様の絣布が死者儀礼で用いられ，動植物模様のインド更紗は聖布「マア」として，祝祭儀礼で飾られた．

第2次世界大戦後，新しい工業製品がローカル市場へもたらされ，紡績木綿糸と化学染料の使用が本格的に始まった．北トラジャ県サッダンは，さまざまな種類の織り布の出荷地そして観光の「織りの村」として発展した．しかし，その他の地域では，自家消費のための布の生産は輸入製品におされて衰退した．このように，戦後の市場経済の浸透は，在来の機織りを商品生産と衰退の両極へ追いやった

ついで1980年代，ポリエステル繊維の登場は伝統的手織物の大衆化をもたらした．多色の化繊糸は製造における糸染めの工程を省き，生産の効率を一挙に高め，さらに，地域における需要の拡大は，家内商品生産に拍車をかけた．近年，伝統のサロンに代わって縦縞「パミリン」や緯浮織「パルキ」による幾何学文のほどこされた衣装が儀礼や公式の場で着用され，これらは地域文化を代表する「伝統織物」と考えられるようになった．タナ・トラジャ県では，半世紀も前に機織りが廃れた村で織物生産が復活している．さらに，機織り技術が伝承されてきたサッダンでは，2017年9月「サッダン織り祭典」が開催され，地域手織物のパテントを確立する法的手続きに入ることが宣言された．地域の手織物は観光資源であると同時に，地域の文化資源として認識されるようになった（図1）．このような背景のもとで，昨今，近代化によって失われた天然素材や植物染料が見直され，古い装飾文様への関心が高まっている．　［日下部啓子］

図1　「伝統織物」のパテント化を目指す「サッダン織り祭典」（北トラジャ県，2017年）

📖 参考文献

［1］ワイナー，A. B.・シュナイダー，J.「序論」ワイナー，A. B.・シュナイダー，J. 編『布と人間』佐野敏行訳，ドメス出版，pp.1–9, 1995

［2］吉本 忍『世界の織機と織物』国立民族学博物館，2013

［3］Kusakabe, K., "The Sotis Weave of Timor" Achjadi, J., *Floating Threads: Indonesian Songket and Similar Weaving Traditions*, Sriwijaya Pustaka Indonesia, pp.194–197, 2015

竹細工

☞「楽器」p.434

東南アジアの国々を訪れると，日常の生活において，竹がさまざまな用途に使われていることに気づく．竹細工とは，一般に，竹を加工したり，竹ひごを編み込んで細工物をつくったりすることをさすが，東南アジアでも竹は日常生活においてさまざまに用いられてきた．

●竹のある生活　アジアを中心に繁殖する竹類は，大まかに温帯系の竹と熱帯系の竹に分けることができる．日本でみられる竹は温帯系の品種で，長い地下茎（単軸型）が地中を這い，そこに芽が生えてくるため，1本1本が離れた様相の竹林を形成する．東南アジアの竹は熱帯系の品種で，地中に伸びない短い地下茎（連軸型）から芽がかたまって生えるので，株立ちの様相を示している．

東南アジアでは，多様な種類の竹があり，簡単に細く薄く裂くことができ，しかも強度があることなどから，その利用範囲は広く，建築資材から運搬用の道具，農具，漁具，籠，箒，傘など日常の道具にいたるまで，さまざまなものに用いられる．

東南アジアの家屋はその多くの部分，屋根，柱，壁，床，床のござにいたるまで竹が用いられる場合も多い．また，工事現場の足場などにも竹は利用されている．タイの農村などでは，高齢の男性たちがチャクサーンとよばれる竹編細工にいそしむ姿によく出会う．細く薄く長く紐状に切った竹ひごを編んでいく技を用いて，鶏を飼育する籠や，魚を捕獲するための籠などさまざまなものをつくりあげる．また竹ひごを編むほか，竹を巻いてつくった漆器もみられる．照明スタンドの傘に用いるなど現代の生活にも応用され，製品として販売されている．

竹工芸を観光の目玉とする地域も多い．例えばバリ島のボナは竹工芸の村として知られている．こうした地域には竹細工職人が集まり，竹製の家具や雑貨などが現地で観光客に販売されるのみならず，世界中に輸出販売されている．

●竹楽器　竹を用いた工芸品の一つに楽器がある．東南アジアには多くの竹楽器が存在し，竹笛，竹筒琴，竹口琴など形状，音の出し方などによって分類される．

笛類は広くみられるが，インドネシアの竹琴ジェゴクや，複数の竹筒を手でもって同時に鳴らすアンクルンなどもよく知られている．また，フィリピンのトガトンなど長さの異なる竹筒を地面に叩きつけて音を出すものや，竹筒に弦を張り両手で奏でる竹筒琴も広くみられる．竹は80〜100年の周期で花が咲くことや中が空洞であることなど，ほかの植物と異なる竹独特の特徴があり，そのため神秘的な植物と考えられ，かぐや姫の物語などにもみるように，幹の空洞に霊的存在が想像されてきた．このため竹笛の音色は，神や霊の声と考えられたりもする．大陸部東南アジアの山地民族モン人の笙は，葬式の際に死者の魂をあの世に送る役割を果たしているといい，ほかの楽器とは異なる宗教的な意味合いをもたされる．また，竹楽器と分類されてはいるが，フィリピンのカリンガ人のバリンビン（竹に割れ目を入れたものを腕や手のひらに叩きつけて音を出す）のように，音楽の演奏というより蛇を脅す，悪霊を払うなどの目的をもつものもある．これも，竹の音の呪力とかかわるかもしれないが，音を出して鳥や獣を追う「ししおどし」のような農業とかかわる用具と共通する性格をもつ．音を出す道具を広く「音具」と総称するが，東南アジアにはこうした農業にかかわる竹を用いた音具がある．

タイ北部ルワ人の「ピ」もそうした音具の一つである．通常，長さの異なる３本の竹筒それぞれの下方に竹棒をさしたものを片方の手の指の間に挟み，その竹棒を片方の手にもった別の竹棒で叩いて音を出すという構造をもち，三つの音を用いてさまざまな旋律をつくり出す．これは毎年８月に行われる陸稲の稲魂をもてなすための儀礼のときのみに奏でられる．稲魂を村に招くとともに，聖なる竹林の竹を用いてピをつくり，村人たちが村を行進しながら奏で，その音で稲魂をもてなす．数日村に留まった稲魂は，最終日にも村人のピの行進に送られ畑に帰り豊作が約束される．同時にその年の役目を終えたピは森に返される．この間，娯楽のための楽器の演奏は禁じられており，ピはそうした楽器とは一線を画している．ピは，旋律をもち，その旋律を「音楽」として楽しめる要素もある．しかし，その目的はあくまで豊作を願って稲の魂をもてなすことなのである．その意味では，音具の中の，木魚や教会や寺院の鐘など宗教にかかわる法器に近いものかもしれない．

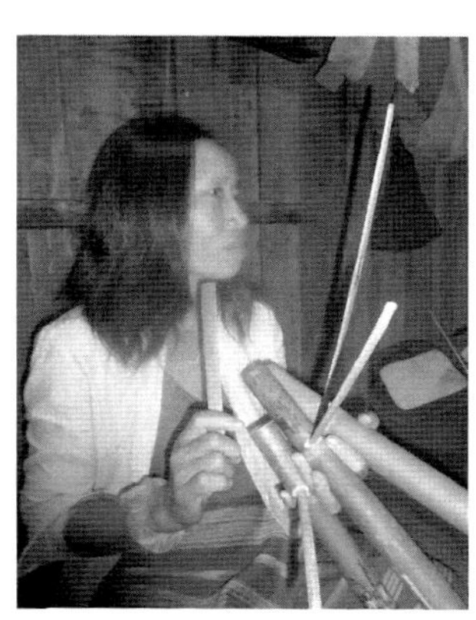
図１　ルワの竹楽器ピ

ピのような竹製の音具や竹楽器に分類されるものは，技術的には竹編み細工など農民の生活の中で行われる営みの延長上にあり，誰でも製作可能なものが多い．実際，竹編み細工に使う鉈などの道具は，そのまま竹楽器づくりに用いられる．生活道具を竹で製作する，余暇や信仰のための楽器を竹で製作する．これらは，竹を必要とする村落社会に根付いた営みなのである．［馬場雄司］

📖 参考文献
［1］内村悦三『タケ・ササ図鑑―種類・特徴・用途』創森社，2005
［2］沖浦和光『竹の民俗誌―日本文化の深層を探る』岩波書店，1991
［3］落合雪野・白川千尋編『ものとくらしの植物誌』臨川書店，2014

土　器

☞「工芸」p.464

土器と聞くと，縄文土器や弥生土器といったすでに使われていない古代の遺物を思い浮かべる人も多い．しかし，現在にいたるまで土器は特定の時代や場所に限定されずに使われてきた．東南アジアにおいても，水甕(がめ)，調理用鍋，料理用鉢，洗面器，酒や魚醤を入れる貯蔵用の壺など，多岐にわたる日用品として人びとの生活と密接にかかわってきた．例えば水甕は，生活用水や飲料水を雨水に依存しなければならない干ばつが激しい地域において，雨水を貯めるために必須であった．同時に，土器は表面の孔に浸透した水が気化熱を奪い，水を美味しく冷やすため，水甕として好まれる特徴を持ち合わせていた．

東南アジアの土器づくりは，日本の徒弟制度や，南アジアやアフリカで報告されている身分制度に基づく職能集団ではなく，可塑性に富む粘土を獲得しやすい土地に住む農民の間で農閑期の副業として営まれてきた．1990 年代にアメリカ人の陶磁史研究者 L. A. コートらが実施した大陸部東南アジアにおける焼締陶を含む土器づくりに関する広域調査によって，その特徴が明らかになっている．底が丸い調理用鍋などは，叩き技法の成形と野焼きでつくり，それらの作業は女性が担っていた．一方，底が平らの貯蔵用壺などは，回転台を用いる紐づくりの水挽き技法と半地下式の窯の焼成でつくり，それらの作業は男性が担っていた．このように大陸部東南アジアの土器づくりには成形や焼成の技術の特徴と性別役割分業とのかかわりが指摘されている[1]．

近年，日用品としての土器は，アルミニウム製の鍋といった工業製品の流入により，需要が低下するに従って急速に衰退へと向かっている．しかし，別の用途の土器をつくることによって，発展してきた土器づくりもある．その事例として以下にタイ東北部の事例を二つ紹介したい．

●日用品から装飾品へ　多くの土器づくりが衰退に向かう中，タイ東北部随一の産地へと発展してきたのはナコンラーチャシーマー県チョクチャイ郡ダーンクウィアン行政区の土器づくりである．ダーンクウィアンの人びとの従来の生業は稲作であり，稲刈りが終わる 12 月から 3 月頃の農閑期に土器づくりをしていた．乾季にあたるこの時期に，原材料の粘土の採集から焼成まで，さらには完成品を牛車に乗せて近隣県へ移動しながら米や農作物などと物々交換や貨幣交換をしていた．1970 年代までこのような生活を続けてきたが，徐々に稲作をやめて土器づくりに特化し，現在では植木鉢や人形，壁画用のタイルのレリーフ，土製ビーズといった，多様な製品をつくるようになっている．

このようにつくる土器が多様化したきっかけは，1970 年代にバンコクや都市部で広がった民主化運動にかかわった学生活動家たちが村に逃れて滞在した際，遊び心で装飾性のなかった土器の表面に花などの彫刻模様を施したところ，高値で売れたことである．それが評判をよび需要も高まったことから，室内外の装飾用に多様な製品を生み出すようになった．また，日本の愛知県瀬戸市にて，窯業の研修経験のあるナコンラーチャシーマー県の職業訓練学校の美術教師が村人にレンガ窯の技術を教えたことで，高まる需要に対して安定した供給が整ったことも大きな変化としてあげられる．需要と供給の条件が整った結果，村人たちは農業をやめて土器づくりに専念し，土器づくりは副業から専業になった[2]．

●遺物から骨董品へ，そして土産物へ　東南アジアの土器を語る上で欠かせないのは，タイ東北部ウドンタニー県ノンハン郡に位置し，1992年に世界遺産に登録されたバーンチェン遺跡である．この埋葬遺跡からは人骨とともに，土器や青銅器，ビーズ製品といった副葬品が大量に見つかった．なかでもクリーム色の地に赤褐色の渦巻き模様を施した彩文土器は，その模様とともに遺跡のシンボルとなっている．現在，この渦巻き模様や土器のオブジェは村中のいたるところで飾られており，世界遺産の村として，さらには古代遺跡の村として，観光資源として活用されている．

バーンチェン遺跡は1966年に世界へと紹介されると，当初，年代測定の結果が紀元前4000年とあまりに古く出てしまったことから，これまでの東南アジアの歴史観を塗り替える可能性がある遺跡として考古学をはじめとする学術界の注目を集めた．さらに土器をはじめとする遺物が骨董業界からも注目され，高値で取引されることになった．村人たちにとって，ただそこにあった遺物が突如として価値をもつものとなり，彼らは屋敷地からそれらを掘り出してバンコクや海外からやってくる古美術商らに販売し，ブームが収束するまでの一時，お金を稼いでいた．

現在では，バーンチェン国立博物館の周辺の土産物店では，渦巻き模様を施した土器のミニチュアや原寸大の土器を土産物として販売している．これらについては，近隣の村で成形，焼成をし，バーンチェンで渦巻き模様の絵付けを行っている．さらには，渦巻き模様を図案化し織り込んだ絣織やマグカップといった商品展開が進んでいる．

以上のように，社会変化とともに日用品としての土器の需要は低下したものの，室内外の装飾品として多様化が進んだ土器，そして観光化した村で土産物となった土器は，現在も村人たちの生活の糧としてつくられている．　［中村真里絵］

📖 参考文献

［1］コート，L. A. 他「東南アジアにおける現代の土器および焼締陶の生産に関する地域調査」佐藤サアラ訳『（財）瀬戸市埋蔵文化財センター 研究紀要』8, pp.106-192, 2000
［2］中村真里絵「土器つくりの現在と専業化プロセス―タイ東北部土器生産地ダーン・クウィアンの事例から」『物質文化』93, pp.73-86, 2013

インフォーマル経済

☞「都市スラムの暮らし」p.362

東南アジアの都市では，屋台やバイクタクシー，廃品回収，小さな修理工房など，さまざまな零細・小規模の経済活動をみかける．これらは「インフォーマル経済」とよばれ，公式統計では十分に把握されていないことが多いものの，従事者にとっても，マクロ経済にとっても重要な意義をもっている．ただし，定義や理論は時代ごとの政策的関心によって変わってきた．初期の開発経済学は，インフォーマル経済を開発途上国に特有の現象とみなし，経済が発展すれば，縮小，消滅すると考えていた．しかし，急速な経済発展を経験した国においてもインフォーマル経済は広範に存在し続けている．一方で，先進国における非正規雇用の増大など，フォーマル部門の「インフォーマル化」がみられるようになってきた．

表1　非農業従事者（就労者）におけるインフォーマルな雇用の比率

地域／国	1994年/2000年	2004年/2010年*1
アジア	65	−
東・東南アジア*2	−	65
南アジア	−	82
インドネシア	78	76
フィリピン	72	70
タイ	51	42
中国		33
インド	83	84
北アフリカ	48	45
サブサハラアフリカ	72	66
ラテンアメリカ	51	51

*1 各国データは2009年もしくは2010年の数値である．
*2 中国を除く．
（出典：ILOの資料より）

●定義と規模　現在使用されている国際的な定義は，国際労働機関（ILO）が2003年に提示したもので，インフォーマル経済を「インフォーマルセクター」と「インフォーマルな雇用」のマトリクスでとらえる．前者は「事業所」を対象とし，自営企業や登記されていない企業などが該当する．後者は，「仕事」における就労地位や雇用形態に着目している．2013年の推計値によると，農業従事者を除いた場合，2010年の時点で「インフォーマルな雇用」の比率はタイで約40%，インドネシア，フィリピンでは70%を超えている．

●理論的変遷と政策　初期の政策は主に撤去・排除が中心であった．例えば，タイでは1960年代のサリット政権時代に，サムロー（三輪タクシー）を前近代的な交通の象徴として禁止した．また多くの国では，屋台・露天商が，衛生問題，町並みの美化，交通を妨害する要因だとして撤去する方針がとられた．国際的に，積極的な見方や支援政策が登場し始めるのは1970年代である．まずILOが1970年代初頭にアフリカで実施した調査をもとに，「働いているのに貧しい人びと（Working Poor）」に注目し，そこでの職業を「インフォーマルセクター」として概念化し，その雇用創出力を評価した．ILOはその後，当時の議論に対して自己批判を行い，現在のように「インフォーマル経済」を総称として採用した．東南アジアでも1990年代頃から徐々に，一部の職業に対する支援政策が出てくるようになる．例えば，タイでは1990年代以降，都市貧困政策やスラム対策の中で貧困層の社会経済面，特に「職業」支援の重要性が認識されたため，インフォーマル経済従事者が政策対象となり始めた．また，マイクロクレジットのような小規模融資制度の設置は，各国でみられるようになった．さらに2000年代の特記すべき取組みは，タックシン政権（2001～06年）の政策である．いわゆるインフォーマル経済従事者を「制度外経済・雇用」，フォーマル経済を「制度内経済・雇用」と定義し，大規模な実態調査を実施し，バイクタクシーの登録制度などを導入した．その背景には，課税や社会保障制度の整備に対する問題関心があった．

●生成と拡大の要因　インフォーマル経済はグローバル化の進展に伴って，もしくは都市化の結果として，生成，変容，消失を繰り返す[1]．その生成と変容のダイナミズムは複雑で，経済発展に反比例して縮小するというような単線的なものではない．生成・拡大する契機は，第1に都市化の進展とそこから派生するサービス需要がある．バンコクの交通渋滞を背景に，1980年代に登場したバイクタクシーはその一例である．第2は，景気変動や経済危機時にみられる拡大であり，1997年の金融危機の際には，解雇された人が自営業種や内職に参入する事例が観察された．第3は，競争環境の変化や，大企業に有利な制度環境，未発達な金融流通制度といった，制度的制約がもたらす零細・小企業の起業の事例である．地縁や血縁関係といった社会的ネットワークに依存した取引関係をもつところも多いが，中には事業を発展させ，フォーマル企業として台頭していく場合もある．

学歴による制約がある上に，限られたリソースしかもたない貧困層にとっては，インフォーマル経済は稼得機会であり，生業である．多くの国では，インフォーマル経済従事者を対象とした社会保障制度は未整備であり，加えて不安定で低収入の職種も多いため，従事者はさまざまなリスクを抱える．しかし，リスクにうまく対応しながら事業を拡大していけば，高い収入を得ることも可能である．成功している小企業のみならず，より高い技能水準や投資が必要とされる一部の自営業であれば，それなりに高い収入が得られる可能性が高い．学歴に分断された労働市場においては，インフォーマル経済職種こそが，人びとにとって現実的な選択肢であり，社会上昇の契機ともなり得るのである．近年は都市再開発の活発化による露天商の撤去の増大（ジャカルタ，バンコク，ホーチミン市など）や，外国人の出稼ぎ労働者の増加と劣悪な労働条件，インフォーマルな下請け関係の増大などが問題になっている．いかにインフォーマル経済のダイナミズムを損なわず，従事者が抱える不安定性に対処するかが今後の課題である．［遠藤 環］

参考文献

［1］遠藤 環『都市を生きる人々―バンコク・都市下層民のリスク対応』京都大学学術出版会，2011

家事労働

☞「シンガポールの家族」p.328,「移民・ジェンダー・市民権」p.530,「女性労働」p.532,「ディアスポラ」p.536,「域内移民・出稼ぎ」p.626

国際労働機関（ILO）は，お手伝いさんやメイドさんを「家事労働者」とよび，雇用関係を結び家庭で働く人と定義している．家事労働者には，男性も女性もいるのだが，ここでは外国の家庭で家事，育児，介護などに有償で携わる東南アジアの女性たちについて述べる．

●背景と契機　東南アジアでは，裕福な家庭が国内の貧しい女性をお手伝いさんとして雇うことが一般的である．しかし近年，東南アジアの女性は国境を越え，移民家事労働者として働くようになった．その一つの契機となったのが，1970年代の石油ショックである．石油ショックは開発途上国を二分した．産油国では石油ブームにより，未曾有の労働力需要が生み出された．一方，非産油国では国際収支が悪化し，大量の失業者を抱えるようになった．続く1980年代には，香港，シンガポール，台湾，韓国のようにアジアの新興国が経済の高成長を維持した．経済成長に乗り遅れた東南アジアの国から建設業やサービス業に従事する労働者の送出しが促進された．

東南アジアの家事労働者送出し国の代表として，フィリピンをあげることができよう．石油ショックの影響を受けて，フィリピン政府は海外出稼ぎを国策として推進するようになった．1974年に海外雇用を促進する労働法を制定し，1982年には労働雇用省の管轄下に海外雇用庁を創設した．その結果，1970年代前半に中東産油国の建設現場に大量の男性がリクルートされ，続いて女性が医療関係者，サービス業従事者，家事労働者として渡航し始めた．1980年代には，アジアの新興国で女性が社会進出したことに伴い家事労働者の需要が増えた．1980年代後半までにはフィリピンでも大量の女性が単身で海外出稼ぎに行く「移民労働の女性化」という現象がみられるようになった．

東南アジアでは，フィリピンのほか，インドネシアが多くの家事労働者を送り出している．一方，国外から家事労働者を受け入れている国に，シンガポールや産油国ブルネイがある．また合法，非合法を含め，タイにはミャンマー人が，マレーシアにはインドネシア人やフィリピン人が働いているなど，経済格差により隣接する国から家事労働者を含めた労働者が流入する現象が起きている．2013年のILOの統計によると，世界の約850万人の女性移民家事労働者の24%が東南アジアと太平洋地域（オーストラリア，ニュージーランドを含む）で働いている．

●頻発する人権侵害と対策　一方，海外で働く女性家事労働者の数が増えると，長時間労働，無休労働，給料未払いなどの劣悪な労働状況や，雇用主からの虐待やセクハラ，レイプなどの問題が浮上するようになった．家庭というプライベートな空間での仕事は外から監督がしにくく，移民家事労働者には労働法が適用されない場合が多い．それゆえに，雇用主に対して脆弱な立場におかれることになる．

図1　サウジアラビアで食事の準備をする家事労働者（2013年3月14日）

このため送出し国政府には，家事労働者を保護するという課題がつきつけられる．フィリピンやインドネシアは，家事労働者に渡航前研修を義務付けている．自国の家事労働者が多い国にはシェルターを設けるなど，彼女たちの保護が大使館の一大任務となっている．不当な措置に対し，抗議の意味を込めて，家事労働者の新規雇用を停止することもある．しかし，こうした対策はかえって非合法の雇用を増やし，効果的ではないといった指摘がある．

一方，移民家事労働者の保護のための民間の活動を当局が一定程度容認している場合，家事労働者自身が労働条件や権利向上を求めて運動に参加することがある．例えば香港では，フィリピン人とインドネシア人が国籍を越えて連帯し，街頭デモを展開する．これに対して，中東産油国やシンガポールでは社会運動の取締りが厳しいため民間の活動は限定的であり，家事労働者自身も運動を展開することは困難である．こうした国の家事労働者は，帰国後にNGOなどの社会運動に参加することもある．

●送出し社会に与える影響　未婚であれ，既婚であれ，女性が単身で海外に移動し，家事労働者になる現象は，送出し国の社会にさまざまな影響を及ぼしている．一方，母親が家庭を不在にすることは，夫と妻のジェンダー役割分業にはあまり変化をもたらさないことが，フィリピンの例では報告されている．例えば，母親が不在となった中間層の家庭では，父親が母親の代替をして家事をするのではなく，国内から女性家事労働者が雇われる場合がある．家事労働者を雇う余裕がない家庭では，祖母や姉妹，または長女が家事や子供のケアを担う．家族のために身を犠牲にして働く女性，夫婦仲の危機，母親が長期不在の中で育つ子供といったテーマは，多くの映画の題材となっている．　［石井正子］

参考文献

［1］上野加代子『国境を越えるアジアの家事労働者―女性たちの生活戦略』世界思想社，2011

［2］細田尚美編『湾岸アラブ諸国の移民労働者―「多外国人国家」の出現と生活実態』明石書店，2014

ジャムー売り

ジャムーはインドネシア，特にジャワにみられる治療，健康増進，美容などを目的とした伝統生薬である．ジャムーあるいはジャンピ（ジャムーのジャワ語における最上の敬語形）の調合形態はヒンドゥー思想に基づく治療薬を基礎とし，ヒンドゥー・ジャワ時代に一部の民間や王家に残され，社会がイスラーム化しても治療効果のあるものとして継承されてきた．

その主原料は，ショウガ，ウコン，バンウコン，クスリウコン，イモニガショウガ，オオバンガジュツ，などのショウガ科植物である．そのほか，ツヅラフジ科のイボツヅラフジ，キツネノマゴ科のサムビロト，キンマの葉，タマリンド，タマリンドの葉，米，ココヤシの砂糖なども使われる．これらの天然素材が組み合わされて煎じられたり，すりつぶされたものに湯が混ぜられたりしてジャムーになる．工場製のものは5〜7gにパック包装された散剤か錠剤，行商人に販売されるものは液体の煎剤が普通である．

2015年，インドネシアのジャムー産業にはシド・ムンチュル社（売上約2兆ルピア/約160億円），アイル・マンチュル社，ジャムー・ジャゴ社，ニョニャ・ムニル社（2017年8月破産），ムスティカ・ラトゥ社を筆頭に大手16社，中小1144社が参入しており，年間20兆ルピア（約1660億円，うち2兆5000億ルピアは輸出稼得）を売り上げている．同国において，抗生物質や身体機能向上を刺激する成分など化学物質を含んだ近代的医薬品をあわせた医薬品全体の年間売上のうち，ジャムーの売上はおよそ3割に相当する．また，ジャムー産業の中でも医薬品部門に300万人，飲食・美容・化粧品部門に1200万人が雇用されている．

●ジャムー・ゲンドン　行商人に販売されるジャムーの多くは手製である．客の要望にあわせて，工場製の散剤を湯で解き手製の煎剤に溶かし込む場合もある．清涼感がウリで透明感のある黄色のシノム（タマリンドの葉），デトックスや痩身が期待されるオレンジ色がかった黄色のクニル・アサム（ウコン・タマリンド），疲労回復や食欲増進を見込める真っ白なブラス・クンチュル（米・バンウコン），体臭予防に効く緑色のクンチ・スル（オオバンガジュツ・キンマの葉），痒みや糖尿病の症状緩和によいとされる真っ黒のパヒット（イボツヅラフジ・サムビロト）など，原料や色や効能の違うさまざまなジャムーがつくられ，売られている．少々青臭くても苦くても健康のためなら飲もう，慣れればおいしいという味にジャムーは調合されている．人びとは自分の体質・体調にあったジャムーを愛飲しているし，シノムやクニル・アサムは幼児にも好まれている．

煎剤はペットボトルやガラス瓶に詰められ，数本が一つの竹籠に入れられ，肩から斜め掛けにした縞布で背負われ行商される．ほかにも籠には湯の入った魔法瓶，工場製の散剤数種，口直し用のシロップ，はちみつ，時に薬用酒や地鶏の卵が入っている．行商人は，コップを入れて水を張った小さなバケツを手に提げている．彼らも彼らが背負う手製のジャムーも，等しくジャムー・ゲンドンとよばれる．ジャムー・ゲンドンには，女性が圧倒的に多い．ジャワの伝統的な上衣とろうけつ染めの腰巻き布に編み笠という装いの人もいれば，最近ではTシャツとスカートに，イスラームの教えにのっとったベールをまとう人も目につく．手押し屋台，自転車，バイクを利用して行商する形態もみられ，そこには男性の姿もある．工場製の散剤を商う街角のスタンドやキオスクでは，男性の売り子が活躍している．すなわち，小商人の手を通じて大手ジャムー企業の製品が末端消費者に届けられることで，ジャムー産業全体が支えられているという一面がある．

行商人は毎日決まった時間帯のルート上の顧客を相手に，コップ1杯2000ルピア程度（約20円，標準米換算で200g分）でジャムーを商う．工場製の散剤を溶かせば，1杯あたりの値段は5000～6000ルピア（40～50円程度，同500～600g分）に跳ね上がる．とはいえ，インドネシアの庶民にとってジャムーを常飲することは，社会保障機関（BPJS）の保険が利く病院に行列して近代西洋医療サービスを受け，近代的医薬品を購入するよりも，ずっと手軽で安価な健康法なのだ．

●一大モノ売り集団　東ジャワ州マラン県の1地区で活躍するジャムー売り（約10人）は，少なくともここ10年間，各人の商売ルートを大きく変更することなく，顧客を相手に商売を続けている．大都市から辺境の村々までインドネシア全域で活動する多くのジャムー売りの出自は，中ジャワ州ソロ地方の特定地域にある．彼らは一定期間ある場所に出かけて行っては早晩出身村へ戻るという循環移動を行い，出身地とのつながりを断ち切らない．なお，女性のジャムー売りの配偶者には，ミートボールスープや鶏そばなどを扱うモノ売りが多い．ジャムー・ゲンドンが日本軍政期前後に各地の街角に姿を現すプロセスに関連した職に就いている人びと，例えば伝統的なアイスクリーム売り，ジャワ風そば売り，年末の風物詩として姿をみせる紙製トランペット売りなども，ジャムー売りの配偶者としてしばしばみかける．このように，ジャムー売りはさまざまな別のモノ売りに取り巻かれて一団をなしているし，ソロ地方特定地域の出身者は一大モノ売り集団としてインドネシアのインフォーマル・セクターの一角をしっかりと占めている．　［間瀬朋子］

図1　商売中のジャムー売り

参考文献

［1］高橋澄子『ジャムゥ インドネシアの伝統的治療薬—歴史と処方の解釈』平河出版社，1988

物乞い

現代の日本では「こじき」行為をすることもさせることも，憲法第27条（勤労の権利と義務）のもと，軽犯罪法や児童福祉法で禁止されている．つまり「ホームレス」は存在しても，物乞いは存在しないことになっている．「こじき」という言葉自体，差別的とされ使いにくい．一方で，東南アジアには，物乞いする人がいるし，物乞い行為や物乞いする人をさす現地語も使われている．例えば，フィリピンのセブアノ語では物乞いのことを「マグパルオイ」(憐れみの感情を引き起こす) とよぶ．物乞いは仕事とはいえないかもしれない．『2013年世界開発報告』(仕事特集) が物乞いを含まなかったように，現代の労働観では否定されがちである．

●フィリピンのダバオ市　フィリピンのダバオ市には，サマ・ディラウト（以下，サマ）という文化的少数者が沿岸集落に暮らしている．彼らは，スールー・サンボアンガ地域から治安不安定のため，1970年代以降に移住してきた人びととその子孫で，学歴の低さや文化的障壁から，漁業，行商，物乞いという限られた生業についている．物乞いは，女性，子供，高齢者，身体障がい者に多くみられる．年齢とともに，「物乞い—行商—物乞い」と転換する者もいる．生涯を通じて単身生活者であることはまれであり，家族と隣人にかこまれて暮らしている．

ダバオ市はドゥテルテ大統領の出身地であり，道徳と規律の厳しい市政で知られており，物乞いは条例で禁じられている．しかし，多くの場合，サマの物乞いは見逃され，市場，教会，食堂，交差点などで，小銭や食べ物を乞う姿がみられる．彼らは市民が15日ごとに給料をもらうことを把握しているし，クリスマスの季節にはより積極的に施しを訴える．サマらしい分散居住ネットワークを活かして都市から都市へと移動しながら物乞いをする者もいる．一方で，キリスト教化が進み，宣教師・牧師や社会福祉開発省職員の介入対象となる世帯も増え，「物乞いは恥ずかしい」と語る人も増えている．

●インドネシアのジャカルタ特別州　一方，インドネシアのジャカルタでの話．東南アジア最大というイスティクラル・モスクの正面に向かう道の真ん中に，車椅子に座った中年のムスリム男性がいるのを見かけたことがある．その姿から物乞いと勘違いしたが，実際には，彼は参拝者が脱いだ靴を入れるプラスチック袋を売っていたのである．「物乞いは禁止されているからね」と笑いながら教えてくれた．多めに袋の代金を払って，モスクの中に入ると，喜捨の箱がそこかしこにあった．憐れみは大切だけれども，物乞いはさせないという価値観なのだろう．「じゃかるた新聞」(2013年8月14日）によると，ジャカルタ特別州では，物乞いのような路上の秩序を乱す行為が2007年に条例で禁じられた．また，政府は断食明け大祭（レバラン）後に物乞い摘発強化をはかっていた．特に他人の子供を抱きながら金銭をねだる物乞いの摘発に力を入れた．ジャカルタ以外の都市でもストリートチルドレンは存在し，その生業には行商人，廃品回収人，ストリートシンガーのほか，物乞いもあるという[3]．なかでも物乞いが多いのは，マラン，マカッサル，スラバヤ，スマランなどであり，女児が多い．物乞いを含むストリートチルドレンが存在する背景として，貧困・格差の問題と家族の弱体化があると指摘されている．

●カンボジア　大陸部東南アジアでは，強制的移動や人身売買に関連して物乞い現象がみられる．アジアのストリートチルドレンに関して，保護者が不在／機能していないときに子供が直面するリスクの一つに，物乞いがあると指摘されている[1]．物売りなど，ほかの生業，さらに犯罪とも連続体（スペクトラム）になっていると考えられる．犯罪には，往々にして家族を含む成人，組織が関与していることが多く，時には連れ去られることもある．例えば，カンボジアでは強制的な物乞いや孤児院観光が問題になっている（*Global Slavery Index 2016*）．また，タイは，みずから外国に労働者を送出しながら，周辺諸国から労働者を受け入れている国である．人身売買といえば女性と子供が対象で，花嫁や売春という印象があるかもしれない．しかし，タイやインドネシアの漁業，中国の工場，ベトナムではその他の業種で労働力が求められ，成人男性や少年が人身売買される事態もある．国境を跨（また）いで移動させられた人びとの中には，物乞いにされるカンボジアの人もあった[2]．

●国家と社会のせめぎあい　東南アジアにおいても，近代化の過程で，他者に施しを乞う行為は路上から排除される傾向がある．国家と社会のせめぎあいの中で実現する社会福祉が不十分な諸国でも，人口構成が若いうちは物乞いも「ホーム」を見出し得る．強制的な移動により「ホーム」から引き離される場合は別であるが．また，日本のように高齢化や個人化が進行したとき，相互扶助に関する市民の合意が得られなければ，物乞いかつ「ホームレス」となる人も増えるかもしれない．物乞いの姿は，私たちが生きる社会を映している．　［青山和佳］

📖 **参考文献**

［1］ Islam, M. R., "Population Shifting and Risks of Street Children in Asia: Possible Social Work Interventions" *Global Social Welfare*, 4(3), pp.149–157, 2017

［2］ Pocock, N. S., et al., "Labour Trafficking among Men and Boys in the Greater Mekong Subregion: Exploitation, Violence, Occupational Health Risks and Injuries" *PLOS ONE*, 2016, http://journals.plos.org/plosone/article?id=10.1371/journal.pone.0168500（2017年9月10日参照）

［3］ Mulyani., L., "Street Children and Broken Perception: A Child's Right Perspectives" *Masyarakat Indonesia*, EDISI XXXVII, No. 2, pp.178–198, 2011

廃品回収業

経済のグローバル化がいわれる今日の世界では，多種多様かつ膨大な量の商品が各地で生産されており，それらはさまざまな場所で暮らす人びとの手に渡り，消費されている．そうした商品の多くは，遅かれ早かれその機能や価値を失っていき，持ち主はいつかそれを手放す．

しかし，あるものに価値があるのかどうかの判断は，自然や文化や歴史的な背景，技術的な環境，経済力，個人の趣味嗜好などによって大きく違ってくる．廃棄された家具を誰かが自分の家に持ち帰って，その先何年も大切に使うかもしれない．さびついた古釘は，多少もろくなっていたり折れ曲がったりしていても，誰かにとってはまだ十分に実用的かもしれない．使用済みコピー用紙の束は，裏返して壁紙代わりに貼り付けていけば，粗末な部屋をそれなりにきれいにみせてくれるかもしれない．手放す者にとっては不必要で無価値なものが，別の誰かにとっては必要で価値のあるものとして，再生されて活用される．このように，ものの価値が無から有へと切り替わるその境界で，廃品回収業は行われている．

●東南アジアの廃品回収事情　今日の日本で廃品回収は，リサイクル，環境保護といった思想と結びついている．東南アジアでもそうした取組みはあるが，それらと直接の関係をもたずに，利益を求める個人あるいは集団によって行われることがはるかに多い．彼らは，地球環境に配慮したり，エコロジカルなライフスタイルを追求したりしているのではなく，生活の資金を得ようとしてこれを行う．廃品を換金するためにはまとまった量がある方が有利なので，彼らはごみ処分場や町のすみずみから，できるだけ多くの廃品を集めようとする．鉄，アルミニウム，銅などの金属は種類によって値段が大きく違うため，機械部品は細かく分解され，銅線のビニール製の被膜も手間をかけて取り除かれる．こうした彼らの一つひとつの作業によって，一定の量の，細かく分類された廃品が集められる．

図１　廃品回収人とその荷車（インドネシア，西ティモールの町にて）

このような廃品回収人の存在は，行政が先進国をモデルとして組織的で効率的なごみ収集システムを導入しようとするとき，しばしば問題視される．非衛生的で，危険で，非効率的な方法によって廃品を回収しているとみなされる彼らは，行政による活動の妨げになるとして排除の対象ともなる．しかし，インフォーマルな廃品回収業が，一定の人びとに仕事を与え，貧困を軽減し，行政が負担すべき経費を浮かせて，産業に原材料を安価で提供し，資源の浪費を抑え，都市環境の美化に貢献しているのだとして，その意義を積極的にとらえる主張もある[1]．

●西ティモールの廃品回収人　インドネシアの廃品回収の事例として，ジャカルタやバリなどの大都市から出るゴミの処理のために設けられた「最終処分場」のゴミ山と，そこで換金可能な品物を探し集めて生活を成り立たせている人びとの姿がしばしば取り上げられる．本項ではそれとは異なる，ある地方都市での事例を紹介したい．西ティモールの町クパン市で廃品回収を仕事としているのは，町から離れた丘陵地帯の農村からやってきた人びとである．数か月，数週間といった町での出稼ぎ期間中に，彼らは荷車を押して町のあちこちを歩きまわり，空き瓶，古金属，プラスチックなどの廃品を回収する．それらは親方によって買い取られ，コンテナ船でジャワやバリの工場に運ばれて，やがて新しい製品の一部として再生し，再び各地に散っていく．一方，廃品回収人たちは，こうした仕事によって手に入れた現金を彼らの故郷である村に持ち帰る．現金の大部分は，結婚やその他の人生儀礼において，相手方の家族への贈り物や，集まった大勢の人びとにふるまう食事のために費やされている．町に滞在しているときの彼らは，みずからの労働力を切り売りしながらどうにか現金収入を得ている貧しい出稼ぎ農民である．村に戻った彼らは，手に入れたお金の大半を儀礼において他者への贈り物のために使い果たすことによって，一人前の人間として，家族の一員としての責任をまっとうし，祖霊による祝福がたしかに得られたという満足や幸福感を手に入れている．

図2　廃品を整理しているところ（インドネシア，西ティモールの町にて）

廃品回収によって，あるものが価値のない存在から価値のある存在に切り替わる．さまざまな国や地域の事例からは，都市における富める消費者と貧しい出稼ぎ人やスラム住民との格差を，凝縮したかたちでみることができるだろう．西ティモールの事例からは，それだけに留まらず，廃品回収という行為を通して，富の正しい使い方や社会のあるべき姿について違った価値観をもつ異なる経済が，違ったままでつながる様をみることができる．　［森田良成］

参考文献

［1］Medina, M., *The World's Scavengers: Salvaging for Sustainable Consumption and Production*, AltaMira Press, 2007

やくざ

いつの時代，どの社会にあっても「やくざ者」「無法者」「無頼漢」「ごろつき」「無宿」「ならず者」「暴漢」といった範疇でくくられる者たちは存在する．インドネシア一般ではプレマンやジャゴ，マレーシアではギャングのマレー語なまりのゲン，ベトナムではサーホイ・デン，タイではナックレーンがこうした者たちといえる．彼らは，共同体あるいは社会秩序の内と外の狭間にあって，社会秩序を規範付ける正義の体系を無視して暴力を行使する可能性があり，実際に行使する社会的性格を有する者たちである．徹底的に反社会的で犯罪行為に従事していれば単なる「悪漢」「悪党」であろうし，富者から金品を奪って分け与える庶民の味方としての性格も兼ね備えていれば「義賊」ということになる．

彼らが集団になり組織となり始めると，日本なら「愚連隊」「任侠集団」「暴力団」とよばれる．国家の暴力装置である警察や軍隊と違い，社会的・私的に暴力を武器とする集団や組織という広い意味で考えると，東南アジアにはこうした集団や組織は多様なタイプがあり，国家との関係が比較的近いことが多い．時には，警察官や兵士がそうした組織の構成員でもある．また，ビジネスの利権や縄張りの獲得・維持を主たる目的として暴力を行使するギャングやマフィアは都市部で多い．地上げ，借金取り立て，高利貸し，ナイトクラブなど歓楽街ビジネスの治安確保や経営など合法・非合法のグレーゾーンのビジネスだけでなく，売春，麻薬，密輸，賭博，違法伐採など非合法なビジネスにも関与している．そのため，彼らにとって警察・軍隊や政治家とのネットワークは不可欠であることが多い．

●マレーシア　2013 年現在，賭博など違法ビジネスに従事しているギャング組織数は 49，構成員数は 4 万 313 人だと内務省は発表した．マレーシアは主にマレー人，華人，インド人からなる多民族国家であり，ギャングも基本的には民族ごとに組織化されている．最大のものは，5440 人の構成員を抱えるインド系のギャング 04 である．

●ベトナム　フランス領植民地末期から第 1 次ベトナム戦争の頃まで，ビンスエンとよばれるアウトロー一派がホーチミン市の歓楽街で勢力を誇った．近年であれば，ナム・カムとよばれる黒社会の頭目がホーチミン市を中心にカンボジアや台湾に及ぶネットワークを武器に，合法・違法ビジネスを支配していた．

●タイ　首都バンコクで警察につながるギャングが歓楽街で影響力をもってきた．1970 年代以降，地方にも開発の恩恵が及ぶ中，精米業，土建業，運輸ビジネスなどの合法ビジネスに加えて，違法伐採，麻薬取引，違法賭博，売春などの非合法ビジネスにも乗り出して財をなした華人系地方実業家，通称チャオポーが地方都市で勃興した．1980年代半ばから民主化が始まると，チャオポーの中には地方政界，そして中央政界でも影響力をもつ者も現れた．2004年には76州に39のチャオポーがいると警察は報告している．彼らは，勢力圏の維持と拡大のために暴力に訴えることもあった．バンコクから派遣される内務官僚にせよ警察にせよ，こうしたチャオポーの非合法ビジネスを黙認して金銭的見返りを受けながら，彼らと共存してきたが，2014年以降の軍政下で軍がバンコクも含めて利権を独占し始めているともいわれている．

●フィリピン　マニラではトンド地区を中心として，トゥルー・ブラウン・スタイル13など複数のギャングが乱立・抗争してきた．各地にネットワークをもち，麻薬，窃盗，人身売買など違法ビジネスに加えて，恐喝，請負殺人に関与しているグループもある．フィリピンでは地方ごとに有力な政治家一族がおり，中央・地方政界で地盤を築いて政治経済的利権を獲得していることが多い．ライバル一族との抗争に備えて，警備会社に仕立てた私兵団をつくり，やくざ者を雇っている．やくざ者が政治家一族をつくり上げた例もある．例えば，ミンダナオ島オサミオ市のパロジノグ一族は，1980年代に軍がつくり上げた反共自警団を率いたやくざ者を起源としており，身代金目的の誘拐や恐喝，麻薬取引で影響力を拡大した．寛大さもあり，地元ではロビン・フッド視されており，1990年代後半に政界進出を果たした．2016年に就任したドゥテルテ大統領は麻薬撲滅を至上命題として，8000人以上の末端の麻薬ディーラーを殺害するだけでなく，麻薬売買に関与する市長たちも逮捕・殺害の対象とした．2016年には警察がパロジノグ一族の市長やほかの2人の市長を殺害しており，やくざ者の強制排除が進んでいる．

●インドネシア　32年間続いたスハルト権威主義体制下で軍が反共を目的の一つとして，やくざ者やゴロツキを組織に取り込んでいった．パンチャシラ青年団のような全国組織に加え，各地に地方組織をつくり上げた．軍を後ろ盾として，こうした組織は合法，非合法ビジネスに進出して利権を獲得していった．1980年代半ばには，組織化だけで，やくざ者を抑え込めなくなり，軍が5000人以上のやくざ者を射殺してさらし者にするという「謎の射殺」事件が起きたりもした．1998年にスハルト体制が崩壊する前後からインドネシア各地の治安が不安定化すると，上記の組織に加え，宗教やエスニシティに基づく自警団や金銭目的の暴力集団が勃興し，やくざ者が頭目につく事例も目立った．バンテン地方のやくざ者の頭目は，軍や警察ともつながりながら，一気に地方政界を牛耳る政治家一族に転身していった．この事例のように，民主化はやくざ者の政界進出を促進した．

東南アジアは歴史的にグローバルなネットワークのもとで発展を遂げてきており，中国，韓国，台湾，ロシアのマフィアや日本の暴力団なども進出している．こうした集団は，地元のやくざ者とも連携しながら密輸，麻薬，人身売買などのビジネス拡大をはかっている．

［岡本正明］

売買春・男娼

☞「セックスワーカー」p.524

売買春の定義は簡単ではない．ここでは『日本大百科全書』に従い，売春を「対償を受け，不特定の相手に対して，性関係をもち性サービスを提供すること」と定義し，その提供者をセックスワーカーとする．女性による売春に加え，男性(男娼)，トランスジェンダーによる売春も存在してきた．借金漬けの女性，貧困ゆえに親が斡旋業者に売り払った女性，誘拐されたりだまされたりして売春をさせられている女性などの場合，対償を主に受け取るのは，その女性を管理・監督している売春宿やエージェントであり，女性は搾取の対象でしかない．

●前近代の売買春　世界的に売春は古代からみられ，東南アジアでも，例えば，タイのアユタヤ王朝時代（14〜18 世紀）には華人街に売春宿があり，合法的であり徴税されていた．しかし，前近代には売春は目立たなかったという．現地男性エリート層は複婚をするか妾を囲うことが多かった．また，中国，インド，アラブからの商人は，短期的な契約結婚や内縁関係に入った現地女性をセックスパートナーとし，家事労働力とした．16 世紀以降に交易目的で東南アジアにやってきた西欧人男性も同様の関係に入っていった．交易関係の拡大により西欧人男性，農園・鉱山労働者や都市部の苦力として中国人男性が急速に増加すると，売春が目立ち始め，主に都市部にいた奴隷，解放奴隷の女性がセックスワーカーとなった．

●植民地支配の深化と売買春　19 世紀後半のスエズ運河開通により，西欧人男性の妻も東南アジアに同行するようになり，道徳的に現地人の妾が問題視された．その一方で，植民地支配が深まる東南アジアには，西欧や中国からの独身男性が増え続けたため，女性セックスワーカー需要は拡大し続けた．英国に始まる産業革命が西欧の経済発展を促す一方，周辺地域の搾取は深刻化していき，貧困からセックスワーカーとなる女性も増えた．東南アジアの貧困地域だけでなく，中国の南東部や日本の島原，天草といった最貧困地区からもシンガポールを中心として東南アジアにセックスワーカーが流れ込んだ．中国人セックスワーカーは阿姑(あくう)とよばれ，日本人セックスワーカーはからゆきさんとよばれた．また，西欧でセックスワーカーをしていた女性もやってきた．

宗主国にとって，売春による性病感染は脅威であり，オランダ領東インド，フランス領インドシナ，そして英領マラヤは売春を禁止していたが効果はなかった．そのため，19 世紀半ば，売春合法化に踏み切った．公認娼館を設置し，セックスワーカーの登録と定期検査をした．その目的は軍人，西欧市民，そして経済成長に不可欠な労働者の性病感染防止であった．買春行為は放任で，非公認売春が横行したが性病予防効果はあったといわれる．しかし，20 世紀に入ると，プロテスタンティズムの倫理，近代啓蒙主義，女性の法的平等を求めるフェミニズムを背景とする廃娼論が強まり，フランス領インドシナを除いて売春が再び違法となった．結果として違法売買春が横行したため，性病感染が拡大した．

1942年以降，日本が東南アジア各地で軍政を始めると，セックスワーカーだけでなく一般現地女性も従軍慰安婦として慰安所で働かされた．強制売春の性格が強く，国際的には性奴隷制であったという位置付けが定着している．

●売買春のグローバル化・多様化とHIV/エイズ　第2次世界大戦終了後のベトナム戦争により，東南アジアで売春が一大産業になった．フィリピンやタイにできた米軍基地の周辺に歓楽街ができた．従軍中の米軍兵士は短期間の休暇（R&Rとよばれた）が与えられ，東南アジアではバンコク，クアラルンプール（後にペナン），シンガポール，マニラに行くことができた．タイのパッポン，パタヤ，フィリピンのアンヘレスが米軍兵士向けの歓楽街として発展し，ゴーゴーバー，マッサージ・パーラーなど多様な種類の性産業が誕生した．

1960年代に入り，日本が経済成長を始めると，韓国，台湾に続いて，フィリピン，タイに向けて日本人男性の買春ツアーが始まり，1970年代にピークを迎えた．現地と日本の女性団体などから反発を受けて，1980年代にはこのツアーが下火になると，暴力団などのエージェントを通じて，ジャパゆきさんとよばれるフィリピンやタイの若い女性がダンサーやセックスワーカーとして来日し始めた．東南アジアに進出する日本企業が増えると，バンコクのタニヤ，ジャカルタのブコックMといったカラオケやバー中心の現地駐在日本人向け歓楽街が誕生した．そこでは，従業員の女性を連れ出すタイプの売春がメインである．

東南アジアの経済成長に伴い，現地男性向けの売春もグローバル化し始め，中国や東欧ロシアなどからもセックスワーカーがやってきている．売春宿や置屋といった物理的な売春空間・施設だけではなく，たちんぼ，カラオケやバーで働く女性のいわゆる「持ち帰り」，出会いクラブ，マッサージ・パーラーといった形態での売春に加え，今では，オンラインでの売春が目立つ．インドネシアではイスラーム的倫理が強調され始め，スラバヤのドリーなど自治体が設定した公設風俗街が姿を消しつつある．結果として，オンライン売春が加速化している．

男娼や売春するトランスジェンダーについては，植民地時代の頃から存在しているが記録が少ない．東南アジアが経済成長を始め，都市部が拡大し始めて多様な性産業がみられるようになると，とりわけバンコクやマニラで男性やトランスジェンダーの売春が公然と行われるようになっている．

最後にHIV/エイズの流行と売春の関係について触れる．1980年代後半からHIV/エイズが東南アジアで流行し始めると，売春が感染原因として問題視された．タイでは100%コンドーム着用キャンペーンなどが政府主導で行われ，女性のセックスワーカーをもっぱら加害者扱いする言説を生んでしまった．［岡本正明］

出稼ぎ

☞「フィリピン」p.40,「ジャパゆき」p. 538,「域内移民・出稼ぎ」p.626

日本において「出稼ぎ」という言葉で一般に想起されるのは，東北や北陸といった寒冷地の農村に暮らす男性が，実入りのある仕事が少ない冬の数か月間，都市の建設現場などで働き，故郷の家族に定期的に仕送りする姿ではないだろうか．それと対照的なのが，ブラジルなど南北アメリカの国々への長期の「移住」という語である．移住者（あるいは「移民」）は新天地で一旗揚げてから故郷に錦を飾る存在である．東南アジアの農村部において，「出稼ぎ」と「移住」という日本語の感覚で人の移動パターンをとらえようとすると，とまどうかもしれない．なぜならば，東南アジアでは人びとの生活の中に移動がそもそも組み込まれており，一時的な就労のための「出稼ぎ」と，故郷を去り別の土地で生活を始める「移住」を区別してとらえていないことが多いからだ．

●東南アジアにおける人の移動の特徴　東南アジア地域の社会的特徴の一つとして，人びとの移動性の高さがしばしばあげられる．19 世紀末まで東南アジアは，世界的にみても，人口密度が著しく低い地域だった．このような地域で生まれ育った人びとの間では，個人的なネットワークで情報を得ながら新しい生活の場を求めて絶えず分岐・分散し続ける性向がみられるという．20 世紀に入り東南アジアでは人口が急速に増えたが，現在でもなお，人口が疎らで移動性が高かった時代の社会の特徴は持続している．例えば，ボルネオ島をホームランドとするイバンの人びとの間には，「男は旅に出て一人前」とみなされる「ブジャライ」という慣習がかつてからあった．彼らは旅に出て，結婚相手を探したり，焼畑に適した土地を見つけたり，威信財を獲得したりして村に戻った．イバンの男性は，20 世紀後半に増えた建設現場や木材伐採現場での臨時の仕事も，都市での多様な仕事に就くことも，ブジャライとよぶという．

このように東南アジアでの「出稼ぎ」には，日本の「出稼ぎ」のニュアンスに近い月々の仕送りが主目的である場合も，移動先で何かの機会を探すことが主目的の場合も含まれる．例えば，フィリピン中部のサマール島では，20 世紀半ばから，島から約 500 km 離れた首都マニラに出稼ぎに行く人が出始めた．当時から現在にいたるまで，マニラに出た女性は家事労働者，男性は建設現場や港の労働者として働くことが多い．島のある村で実際の仕送りの金額と頻度を調べてみると，仕送りが家族の主要な収入となっているケースは，家族の生活費や子供の養育費を稼ぐために親が出稼ぎしている場合や，責任感の強い未婚の子が親に仕送りする場合に限られ，全体としては少数派だった．ほかの未婚の子は，村を離れた後に数回，親に送金した後は，緊急時や帰省時に金を渡す程度で，それ以外は自分の身を立てることに専念していた．マニラなど都市部へ出稼ぎに行った人びとのその後を聞いてみると，数年後に村に戻ってきた人は半数以下で，残りは出稼ぎ先か別の土地に移住していた．

●国外への出稼ぎとそのインパクト　現在の東南アジアでは，国内だけでなく国境を越えての出稼ぎも盛んである．その第1のきっかけとなったのは，オイルショック後の中東の産油国が建設ラッシュで不足した労働力を埋めるために，アジアの労働者を大量に雇用し始めたことだった．それ以降，主な出稼ぎ先は，中東だけでなく，経済成長の著しいアジアの国々へと広がった．

国外への出稼ぎと国内の出稼ぎを比べると，いくつかの目立った違いがある．まず，出稼ぎの経済効果の違いである．国外への出稼ぎは，国内の出稼ぎと比べて一般に，得られる給与が格段に高い．そのため，国外への出稼ぎが順調に達成されれば，短期間に高収入が得られる．国外出稼ぎ者は通常，契約期間終了後に帰国しなくてはならないため，彼らが得た収入の大半は出稼ぎ先ではなく出身地で消費される．国外出稼ぎ者が出身地に豪邸を建て，多くの耐久消費財を買い込む姿をみることは，今日の東南アジアでは珍しいことではない（図1）．国外出稼ぎ者からの送金が世帯レベルだけでなく，出身地域や国全体の経済状況も向上させるかどうかは興味深い点だが，現実には個々の偏差が大きいために説得的な結論を導き出すことは難しく，今でも議論の分かれるところである．

図1　フィリピン人海外就労者が故郷の村に建てた家

次に，国外への出稼ぎでは，あっせん業者の役割が大きいが，悪質なあっせん業者の存在が問題点として指摘されている．国際労働機関（ILO）の研究によると，ほかの地域に比べてアジアでは国外出稼ぎの過程が高度に商業化されているという．国内の移動と違い，国外への移動は国家が出入国や雇用を高度に制度化し管理している上に，国外の雇用機会を探すことは一般の人には困難なことが多い．そのため，あっせん業者が必要となるのだが，なかには労働者を騙し，搾取のために利用しようとする業者も少なからず存在している．人身売買の被害者となるケースも後を絶たず，国際的な法整備や取締り，コミュニティ・レベルでの啓蒙教育が不可欠との声があがっている．

［細田尚美］

📖 参考文献

［1］坪内良博『小人口世界の人口誌―東南アジアの風土と社会』京都大学学術出版会，1998
［2］細田尚美「海外就労先を開拓し続けるフィリピン」安里和晃編『労働鎖国ニッポンの崩壊―人口減少社会の担い手はだれか』ダイヤモンド社，2011

第7章
社会に暮らす

東南アジアの社会はきわめて多層的，多元的である．その民族数の多さもさることながら，家族・親族システムはそれぞれの個性を映し出す．双系制の親族関係が優越している東南アジアにあって，父系制や母系制の親族システムがひときわ独自性を発揮するというのも，東南アジア社会の特質であろう．一方で，社会の基礎単位としての家族が国民国家にどのように統合されてきたのか，また今日高齢化が進む中で家族がどのような役割を果たしているのかは，各国の家族・福祉政策などをみれば，その位置付けが明らかになるであろう．さらに，日々の暮らしに刻まれた家族・親族行事から，成員のライフサイクルに合わせた家族の多面的な位相が浮かび上がる．近年のグローバル化を背景とした階層間格差や地域間格差の拡大も，家族関係や社会関係を大きく変化させる要因である．このような社会の分断や排除は，国民国家の枠を越えてメガシティや地域社会で共通の特徴を帯びつつある．本章では，東南アジアの社会的特質である家族・親族に関連する諸問題をさまざまな角度から取り上げていく．［岩井美佐紀］

双系制の親族関係

東南アジアには双系的な親族組織が広くみられるが，このことが同地域の社会組織原理や，ジェンダー役割を説明するときに，しばしば言及される．双系制とはどのような組織原理なのだろうか．そこに見出される東南アジアの特徴はどのようなところにあるのだろうか．

●双系的親族組織 東南アジアの平地社会，大陸部でいえばタイ，ミャンマー，ラオス，カンボジアの平地，島嶼部ではマレーシアのマレー系社会，インドネシアのジャワなどを中心に双系的親族組織が広く見出せる．単系の場合，単一の先祖から父系ないし母系に子孫をたどり，出自集団を形成するのに対し，双系の場合，個人を起点に父方・母方両側の親族をたどるため，メンバーシップは際限なく広がり，明確な所属と輪郭をもつ集団を形成することはない．したがって個々人によってシンルイ（キンドレッド）と認識する人びとは異なり，そうしたそれぞれの関係の網の目が重なり合い，境界のない関係の広がりが形成されるのである．

このように，まずは単系的な親族組織との対比によって説明するのがわかりやすいのだが，双系制は，bilateral と英語でいうように，父方母方の二つの入口から限りなく広がり，傍系を巻き込んでいく創発的な側面があり，また cognatic ともいうように，cognate，すなわち関係をたどっていくシステムである．例えばタイでは，ピー・ノーン（キョウダイ）という言葉が広範囲に使用される．イトコから遠縁の親戚のみならず，少し親しくなった他人でも，相互に年齢を確かめ合いピー・ノーンと呼び合う．こうして親族用語を用いて関係を創出していくのである．また家族関係は，フィリピンのコンパドラスゴのように儀礼・擬制的親子関係のみならず，親分子分のような形で，一般的な社会関係の象徴となる．

●ルースな構造から圏的広がりとネットワークへ 帰属の明瞭な集団を形成しないことから，こうした親族組織の特徴は，東南アジアのさまざまな社会的特質の説明にあてられてきた．「緩やかに構造化された」社会というのがその筆頭である．1950 年に，タイ社会に関する多分に印象論的な論文において J. F. エンブリーが提示した特徴で，その後批判されつつも，どこか東南アジア社会の特質をとらえていることも否定できない．社会の基盤としてのわかりやすい集団原理や権威の構造が不在ということでもあり，それにより，関係の形成や組換えの柔軟性と創造性が生まれる．立本成文は，権威の中心をもたずにどこまでも広げられる関係性の網の目を特徴とする社会として，東南アジアをネットワーク型社会とした．また，集団の論理ではなく，関係性の論理が重要であることから，「間柄の論理」を提唱したのは，東北タイ農村で調査を行った水野浩一である．社会を個々の関係性の連なりと理解する点で同様に，マレー漁村の世帯内外の人間関係をもとに，関係性の文化が社会を規定することを論じたのがJ. カーステンの関係性の論理である．今一つ，東南アジアの社会的特徴として言及されるパトロン-クライアント的な上下関係もまた，こうしたネットワーク的な関係性の広がりによって説明される．そのつながり自体が，親族の関係性と直接的にも疑似的にも重なりつつ，流動的・可変的に編成・再編成されるものと特徴付けられてきた．

●女性の位置付け　双系的親族組織はまた，女性の自律性の高さの説明にしばしば引用される．権利義務が男性にのみ継承される傾向の父系親族組織とは異なり，双系的な組織原理のもとでは，相続は，原則として男女問わずキョウダイ均分である．また，東南アジアの双系制社会で，明瞭な規定ではないにせよ，結婚時にどちらかというと妻方居住が選好される．特に娘の1人が親と同居する形が多くみられる．となると，家族や世帯における女性の決定権も役割も大きくなりやすい．女性が家族を養うために働くことが当然とされ，経済的にも責任を負うことにもなるのである．そして，家族関係については，マレー社会のように，イスラームの男性優位を強調する社会でも，家庭内では女性中心主義的なところが多い．

●家族圏　双系的な親族組織のもとでは，集団原理が不在であるということは，社会の最小単位は，同居集団であり，その多くは夫婦と親子による核家族的な世帯，あるいは，そこに祖父母と未婚のキョウダイが同居しているような形態が最も一般的である．ところが，それにぴったりと対応する「家族」という語彙が見出せない場合が多い．タイ語で最も頻繁に用いられるバーンは家，クロープクルアは，竈(かまど)を囲む空間を表している．つまり，核家族に近い小家族の形をとりつつ，固定的な集団としての家族が概念化されていないのである．家族は，むしろ夫婦や親子といった結合に基づく1対1の関係をもとに，同居の如何にかかわらず広がりゆく関係がつくる家族圏として認識され，同居はその一時的顕現と理解するのが妥当である．ただし，こうした圏的な広がりをもつ家族関係に対して，政策的に，例えばタイ，シンガポール，インドネシアでも，高齢化政策の中で家族がケアの担い手として明示されているが，それが示す範囲は非常に曖昧ながら，基本的には夫婦と親子関係に基づくケアが期待されており，そこには近代的な家族観が見出せる．東南アジアの家族・親族のあり様は，変動を続けている．

［速水洋子］

📖 参考文献

[1] 立本成文『家族圏と地域研究』京都大学学術出版会，2000

[2] Carsten, J., *The Heat of the Hearth: The Process of Kinship in a Malay Fishing Community*, Clarendon Press, 1997

父系制の親族関係

☞「バタック」p.140

現在人類学では，始祖から父系子孫をたどる際，世代ごとの明確な親族関係が示されるものをリニージと称し，そのうち上の世代から下の世代まで大中小の分節構造をなす「分節リニージ」と一定の地域内で機能する「地域化リニージ」に分けられる．分節リニージは，政治，生活の協同などの問題に対し，必要に応じて，分節の世代深度を加減し，親族の次元内で解決し得る自律的構造をもっている．一方，地域化リニージは分節構造をもたず，村などの地域に単数または複数リニージが居住する．

●東南アジアの父系親族 東南アジアには分節タイプがまれで，マラヨ・ポリネシア諸語の最北端に住む台湾の原住民ツォウ，ブヌンにかつて認められていた．しかし，日本統治による山地治安の確保と平地近くへの移住政策により，血筋の距離に応じた相互扶助が機能しなくなった．

一方，島嶼部南の，インドネシアのバリやバタック[1]などの社会に地域型リニージの父系制親族集団が認められる．父系親族はマルガと称され，外婚単位となっている．これらの民族は父方居住の規範をもち，父系親族の屋敷地共住集団を形成する．

●ベトナムの父系親族 大陸部では，東端のベトナムで，西部少数民族の漢族を除き，黒タイ系の父系少数民族[2]や多数民族キン[3]に地域化型リニージが存在する．村落結合の強力な点では，日本に通じるが，血縁を辿る「内」（父方）とたどらない「外」（母方）を峻別しており，日本の婿養子を正当な継承者とみなすような疑似父系制と異なり，真の父系といえる．このような明確な父系原理によって形成される親族集団をゾンホ（dòng họ，血縁の流れの意）とよぶ．

図1 父系親族の墓参り

ゾンホは，家譜（族譜）や祠堂などを備える．北部ベトナムの紅河デルタの場合，村落内での婚姻の高い比率を反映して，ゾンホは主に地縁結合の強い村落内で形成され，その境界を越えて活動が拡大することは滅多にない．数百年の歴史をもつ伝統村落では，人口が増えるのに伴い，一つの親族集団として規模が大きくなり過ぎた場合，下位のサブグループが生成される．ゾンホは複数のカイン（分枝）に分かれ，相互に独立した単位となる．つまり，人工的な外婚単位を創出することで同姓不婚を回避し，村落内での通婚圏を狭めないという措置がとられてきたのである．

このように，儒教文化圏として中国の影響を強く受けたベトナム社会は夫方居住の家族システムをとるため，女性は一般的に嫁ぐ存在である．女性たちは婚姻を機に「生前は父の故郷へ，死後は夫の故郷へ」と帰属が変更する．しかも男児選好が優先し，子供の性別に応じて妻の位置付けは夫の家族・親族内で大きく変わるのである．

●父系同族意識と祖先祭祀　近年では，各族が争って新たな祠堂を建設したり，修復したりする傾向がみられる．位牌の配置は，始祖から近祖までの連続性にこだわらない．これは祖先から子孫までの個別的記録や，伝承への関心が薄いからである．族譜やそのもととなる備忘録においても，命日に重点がおかれ，代数を重ね個人的記憶が薄れ，始祖と近祖の中間の具体的なつながりが不明確な「中空構造」が生ずる．これに対処するため，正面に観音像が置かれ，その裏に歴代の位牌と合同香炉が配置されている．

節日には，大きな始祖の墓に子孫が集まり草刈り盛土などの手入れをして祭物を供え拝礼後，下の世代の墓にも線香を供えてまわる．しかし，墓の位置はわかっても祖先の名前，世代などは近祖にいたるまで長老もわからない．これにも，中空構造が表れている．

キンの人びとの間では，来世が現世の引写しであるという来世観が明確に意識されている．例えば，筆者の調査村では，仮埋葬の際，参列する親族とは別に，周囲の墓の家族が現れ，自己の祖先の墓に線香を手向け「隣に新顔が入ってくるが，怪しいものではないから心配せず暮らすように」と報告していた．また，祖先の墓の脇に大きな祭壇が用意され，墓の守護神に対し僧などによる祭祀が行われる．これは，墓や墓地を管理している神を丁重に祀ることで，祖先の安寧を願う来世観を反映していると考えられる．さらに，心づくしの料理膳に加え，人形，家，車など入念につくられた冥器を墓前に供えるのは，単なる儀礼的象徴に留まらず，来世でも祖先が暮らし向きに困らないようにという未来観を反映している．このように，父系同族集団は祖先祭祀を継承することによって現世と来世をつないでいるのである．

［末成道男］

📖 **参考文献**

［1］池上重弘「トバ・バタック社会における“ラジャ・フタ”の性格とその変化」『静岡県立大学短期大学部研究紀要』第10号，1996

［2］樫永真佐夫『ベトナム黒タイの祖先祭祀』風響社，2009

［3］末成道男『ベトナムの祖先祭祀—潮曲の社会生活』風響社，1998

母系制の親族関係

☞「チャム」p.108

人間社会は一般に血縁をどうたどるかの規範をもつ．社会的に避けるべき性的関係や婚姻規制の範囲を明確にし，財産相続のルールを定め，親族集団の形成原理や集団間の関係を規定する上で重要だからである．母系制は，血縁を母方の系統により認知する親族制度で，母系出自集団が社会的・政治的に重要な機能をもつ制度をさす．結婚後の居住形態には分拠居住（いわゆる妻訪婚の居住）や新拠居住などもあるが，より一般的には妻方居住ないし（妻側の）母方居住である．

●世界の中の母系社会　1957年と古いが，「マードックの世界民族誌サンプル」というのがある．世界の諸地域から抽出した565の文化に関する民族誌に基づくデータ集で，それにより親族組織の形を比較すると，母系の社会は全体の15%で，父系（44%）や双系（36%）の社会に比べて少ない．代表的な事例はナバホ（北アメリカ），パラオ諸島民（ミクロネシア），アミ（台湾），摩梭（モソ）（中国），ガロ（インド），アサンテ（アフリカ）などで，世界各地でみられる．

●東南アジアの事例　上述の母系の諸特徴を制度として併せもつ社会は少ない．だが，その「濃淡」はあっても，「母系的」特徴を備えた社会は珍しくない．東南アジアについて概観すると，例えばミャンマーならびにミャンマー・タイ国境域に住むカレンでは，親族組織は双系的だが妻方居住の傾向が強く，子供の誕生時などに母系親族を中心に祖霊に対する儀礼を行う．財産相続は均分を旨とする．ラオスから東北タイにかけて住むラオの間でも，親族組織は双系的だが妻方居住が卓越し，相続面では最後に結婚し，老親の面倒をみる末娘が優遇される．

ベトナム中南部の少数民族チャム・バニは母系で，「土着化したイスラーム」を信仰する．母系出自集団が存在し，同一集団の成員は共通の墓地に埋葬される．逆にいえば墓地を共有し，葬送儀礼を同じ墓所で行い，断食月に墓参りをして祖霊祭祀を行う人びとが母系出自集団を形成する．断食月は祖先崇拝との関係が深く，一般のチャム・バニに断食の順守はみられない．ムスリムだとの自意識も薄い．「同じ墓に入る者同士は結婚できない」とされる．妻方居住で，夫は一般的に自分の母系出自集団の墓地に埋葬される．相続は母系に基づき，末娘が実家の家や儀礼で用いる祭祀用具を継承し，老親の面倒をみる傾向にある．

●世界最大の母系社会ミナンカバウ　母系の諸特徴を制度としてよく示す社会は，インドネシアのミナンカバウ◀である．ナガリとよばれる村にはスクと総称される複数の母系氏族が存在する．同じスクの成員はキョウダイとみなされ通常は結婚できない．かつては同一母系に連なる近縁の何組かの母子が大家屋に各自の寝室を得て住み，夫は妻訪いだった．母子の経済基盤は母系相続の田畑などの不動産である．慣習に基づく母子の「後見人」は母方のオジであり，スクを異にする夫/父ではなかった．スクの長はパングルで，「母方のオジ」と同列の母系親族である．19世紀半ばにオランダ植民地支配が進展するまで，村の社会的政治的紛争などはパングルの合議により裁定された．植民地支配は政治行政面の変化とともに貨幣経済や近代教育の浸透をもたらし，夫婦関係と父子関係を強化することになり，居住形態も妻方居住に移行した．しかし変容を経験しつつも，現在にいたるまで母系制は実践面でも理念面でも維持されている．

●母系社会は消える運命か？　欧米研究者の母系制への注目は古く，その嚆矢は法学者 J. バッハオーフェンの『*Das Mutterrecht*』(1861年)，英語で Mother Right である．ドイツ語の著作の中心概念は，父権制/家父長制との対比で母権制と表現され，主に英米の人類学で展開をみた親族制度の発展史的解釈の先駆けとなった．古代には婚姻制度はまだなく乱交が一般的で，必然的に出自は母系に依拠し政治的力も女性が握り，父権制は後の高次の発展段階に生まれたとする．この議論は，母権制の存在は歴史的に確認できないとして，20世紀初頭には否定された．

1950年代になると「母系パズル」が論じられた．母系社会では血縁の継承は女によるが，権威は男（母方のオジ）の手にある．父系社会では，男は権威も血縁も息子に継がせられるのに対して，母系社会の男はこれができない．この「齟齬」はいかに解決可能かという問いである．60年代にかけての論調は，パズルは解決不能だ，母系社会は近代化によりいずれ消滅の運命にある，というものだった．

これに対して1970年代になると，フェミニスト人類学者が異見を唱えた．母系パズルの問題設定は，一夫一婦制や核家族を規範とする西洋的・男中心的な家族観・親族観に基づくと批判し，母系社会の存続例や女性の社会的影響力の重要性を民族誌的に示し，男女関係・親族関係のあり方の多様性を指摘した．80年代以降のミナンカバウ研究には欧米女性研究者によるものが多く，フェミニスト人類学者のこの社会への高い関心を示す．権力や支配の意味を捨象し，女性の社会文化的中心性を強調する意味で「母権制」を再定義する試みもみられる．

母系的慣行，特に妻方居住の大きな特徴は，夫が妻の実家ないし近隣に移り住むため，家族の日常生活が妻方の親族ネットワークを中心に営まれることである．これが女性にとって大きな物質的精神的支えとなり，夫からの自立性を高めることは以前から指摘されてきた．近年はより具体的に，妻方居住や母系社会一般において，家庭内暴力や性的暴行の発生率がほかの親族制度下の社会よりも低いことが報告され，母系社会の再評価がみられる．

［加藤　剛］

📖 参考文献

［1］吉本康子「バニの生活集団とラムワンについて」『ベトナムの社会と文化』3, pp.139-157, 2002

［2］加藤　剛「大きな家の百年　ミナンカバウ｜西スマトラの水稲耕作民｜インドネシア」佐藤浩司編『住まいにつどう』学芸出版社，pp.83-104，1999

ベトナムの家族

ベトナム人の家族は「ザー・ディン」(家庭) と表現することが一般的であるが,「ニャー」(住居) を用いることもある.「家族みんなでご飯を食べる」と表現する際, 家族をさす語がニャーであるように, 住居空間やかまどの同一性が重視される. 一方で, より広い範囲の親族と区別がつかない場合もよくある. 家族は親族集団に取り込まれているため, 主に父系親族間での住居出入りが比較的オープンで柔軟な家族関係が垣間みえる. ベトナム人の家族のあり方には地域差があるが, ここでは北中部を中心に述べていく.

●結婚・家族関係 ベトナムでは夫婦と未婚の子女からなる核家族が基本であるが, 姓は父系を継承し, 娘も婚姻に関係なく一生父親の姓を名乗る点では, 東アジア文化を受容している. 南部では, 母方の姓も父方の姓の後につけて並列させるなど, 双系的な性格が強くなるが, 代替わりすれば, 孫の世代で祖母の姓は消失する. このように, 系譜を考えれば, 父系親族が継続性と規範性をもった集団としてより優越するが, 実体的な家族圏の範囲としてはそれほどの違いはみられず, 状況に応じて助け合う家族関係を維持している.

ベトナムで一般的な婚姻形態は嫁入り婚で, 結納や「嫁迎え」の儀式が重視される. 新郎は仲人とともに新婦の自宅を訪れ, 祖先の祭壇に拝礼した後, 新婦を自宅に迎え入れる. そこでも, 新郎新婦が揃って新郎の祖先の祭壇に拝礼する. 婚礼披露は盛大に執り行われ, 両家合わせて数百人もの親族, 友人, 同僚などが招待される. 結婚についてジンクスがあり, 夫婦の干支によって相性を判断することもある. 例えば酉年の女性にとって相性がいい男性は巳年と丑年で, 相性が悪いのは子年と午年とされる. 相性占いを気にする親に反対されると, 結婚が破談になる場合も出てくる. このように結婚に親の意向が強く反映されるのは, それが両家の姻戚関係を公的に示す行事であり, 双方の家族・親族の社会的威信に大きな影響を及ぼすからである.

子供の養育について「内孫のしつけの失敗は母方の祖母の罪 (Cháu bà nội tội bà ngoại)」ということわざがある.「内」= 父方と「外」= 母方を分ける明確な家族規範のもと, 母方の祖母が孫をいくら苦労して世話してもその恩恵は父方の祖母が受けるという意味である. 実際, 夫婦共働きが一般的なベトナムでは, 妻が気兼ねのいらない実母に預ける場合が多い. また, 孝行という道義的な観点や世間体から, 老人介護も家族の中で行われる. 公的な介護サービスがほとんどないベトナムでは, 都市在住の裕福な家族が「おしん」とよばれる住み込みの介護労働者を雇うケースがよくみられる.

●居住形態，相続，家族祭祀　ベトナムの家族の居住形態は，基本的に夫方居住をとる．親やキョウダイなどは近所に居住しているので，日常的に行き来し，ともに食事をしたり情報交換したりするなど，常に緊密なやり取りを交わしている．家族構成は，家族の成長サイクルに従い変化するが，大抵の場合，新婚夫婦は夫の両親と一定期間同居し，妻の「嫁修行」が始まる．同居期間は2～3年程度，最初の子供の養育補助も受けながら，独立していく．親の屋敷地に余裕があれば，息子夫婦は別棟を建てる．この同居期間は，さらに二つの段階を経ている．つまり，親夫婦と息子夫婦が同じ鍋釜で炊事し共食する完全同居期間と，息子夫婦が独立に向けて親夫婦とは別の鍋釜で炊事し別食する部分同居期間である．①「嫁」が夫方家族の一員となり生活スタイルを学ぶ，②一時的であれ親夫婦の家計に依存することで経済的なサポートを受けられることがメリットだとされる．こうした独立までの居住サイクルは，長男夫婦から末息子夫婦まで繰り返されるので，どの息子の妻も一度は夫の親と同居経験がある．また独立後，同一敷地内に家屋を建てるので，家計は別だが一種の「屋敷地共住集団」を形成することが多い．儒教的な家族規範から，長男が老親の面倒をみる扶養義務を負う傾向が強いが，どの息子と同居するかは親の意向が尊重される．ベトナム戦争時代は生活が困窮し，親世代との同居期間は比較的長くなるが，ドイモイ以降，経済的に豊かになると，世帯分けのサイクルが早まっている．

葬式は盛大に行い，喪主は長男が務める．子供たちは白色，孫たちは黄色など，ハチマキの色で世代がわかる．都市のような人口密集地では火葬も増えているが，農村部では土葬が一般的である．父母の遺産は，宅地などの不動産の場合，すでに他家に嫁いだ娘たちが相続することはほとんどない．親の住居に誰も住まなければ，そこを家族の祭壇専用の場所としてもよい．ただし，亡くなった父母の祭祀（あるいはその家で代々供養してきた祖先も含む）は長男が執り行う．次男以下のキョウダイは一同に長男の自宅に集合し祖先祭祀を行うが，費用は兄弟間で平等に負担される場合が多い．

図1　住居の中央には祖先の祭壇が置かれている（北部の農村）

一方，南部メコンデルタの場合，流動的な居住を繰り返すため，親族の系譜認識が浅く，長男ではなく末息子夫婦が老親の自宅と祭壇を引き継ぐことで，扶養の責任ももつ．また，双系的な結びつきが優勢し，便宜的に妻方居住が選ばれたり，祭壇に父方と母方の家族が選択的に合祀されたりと，かなり柔軟な対応もみられる．

［岩井美佐紀］

カンボジアの家族

1975〜79 年の民主カンプチア時代（いわゆるポル・ポト時代），急進的な共産主義政権のもと，家族は解体され，性別と年齢層別の集団に再編された．就学前の子供たちでさえ親と切り離されて子供労働班に所属させられた．幸いなことに，この家族解体期間は長期に及ばずにすんだため，ポル・ポト政権崩壊後，家族生活はすぐに再開された．しかしながら，この時代には飢餓や粛正によって多くの人命が失われ，多くの世帯で家族成員の欠損が生じた．ポル・ポト時代を含む 20 年余の内戦時代での男性の死亡率上昇が，人口性比の女性への大きな偏りを生み出した．人口全体の性比はかなり正常化したが，70 歳以上人口に限れば，男性：女性の人口比が 66：100 と影響が残る（2015 年推計）.

●カンボジア家族の基本原理と氏名　本項では，カンボジアの多数派民族クメールに絞って述べることとする．クメールは，父系もしくは母系といった単系出自集団を形成しない．各個人は父方・母方両方の親族（血族および姻族）を広く認識し，相互にかかわりをもちながら生活している．こうした社会は双系制社会とよばれる．

カンボジア語の「クルオサー」は通常「家族」と訳されるが，①配偶者，②夫婦とその子供，を意味する語であって，さし示す範囲が狭い．一方，家族を含む親族全体を「ボーン・プオーン」と通常よぶ．ボーン・プオーンは，狭義ではキョウダイをさすが，広義では家族を含めた父系・母系両方の親戚関係にある人びとを意味する．後述するように，世帯構成の面で「家族」と「親族」には連続性があり，明確な境界がないともいえるため，ここではボーン・プオーンを家族親族と記述することにする．

カンボジア人の氏名は，日本と同様，氏・名の順である．しかし，家族成員の氏は必ずしも一致しない．結婚に際して氏を変える習慣がないため，夫婦は通常，別姓である．現在，父子同氏とするのが一般的であるが，父の名を子の氏とするという，近隣諸国にはない，珍しい「しり取り」方式や，父方祖父の氏または名を付ける方式もあり，その方式を子によって変える家族まである．このように，カンボジアの氏は父系優勢であるものの，代々続く同一氏とは限らないのである．カンボジア人は自分を取り巻くキンドレッド，つまり直系および傍系の親

図 1 「私たち，ボーン・プオーンです」

戚を広く認識している．日本語ではハトコが傍系の最大範囲であるが，カンボジア語にはハトコの子同士を意味する親族名称が存在する．

●婚姻・世帯・相互扶助　今日では恋愛結婚も珍しくはないが，従来は親や年長の親族による紹介婚が普通であり，農村部では現在もその傾向が強い．紹介される結婚相手には，イトコやハトコといった親族が含まれることがある．

カンボジアでは妻方居住が優勢である．結婚後の女性が実家か実家の近所で生活することが比較的多いのに対して，男性は結婚に際して妻側の家もしくは村に移動することが比較的多い．これを親側からみれば，息子は遠くに婚出するかもしれないが，娘は近くにいてくれる存在ということになる．子供への農地の分与は，たいてい結婚後まもなく行われ，均分相続を原則とする．結婚後も親元にとどまる子供（多くの場合，末娘）が，家屋，屋敷地，家畜を受け継ぐ．

統計上，核家族世帯が最多であるが，きわめてさまざまなタイプの拡大家族世帯もまた存在する．3世代・4世代同居世帯もあれば，未婚のキョウダイやオジ・オバが同居する傍系型拡大家族世帯も珍しくない．世帯構成はその時々の状況で柔軟に変わる．例えば，核家族世帯を構成している妹夫婦のところに，離婚した姉が子連れで数年間身を寄せる，などということもある．

公的な社会保障制度が整っていないカンボジアでは，「たよりになる家族親族がいること」こそが社会保障となる．医療費を家族親族間で支え合い，余裕のある兄姉が弟妹の教育費を負担するなどの金銭的援助もあるが，むしろ一般的なのは，世帯構成を柔軟にすることによる相互扶助である．例えば，離婚や死別でひとり親になった女性は，実家の両親か近所に住む姉妹と同居し，子育てと就労の両立をはかる．両立が難しい場合には親族世帯に長期で子供を預けるなど，「子の世帯間移動」によって子は直接的な援助を受ける[1]．高齢者のケアについても，高齢者が子供の世帯間を移動することにより，負担を1人の子供に集中しないようにする工夫がみられる．

今日，高等教育の普及や都市化に伴い，従来的な家族のあり様に変化がみられる．1990年代初頭に5.0を超えていた合計特殊出生率が，2015年には2.6へと半減した．急速に進行する少子化は家族親族の減少をもたらし，近い将来，子供や高齢者のケアの仕方に大きな変化を強いることであろう．

なお，仏教国カンボジアでは，6万人弱の若い男性が出家者として寺院に居住し勉学に励んでいるほか，修行者として寺院生活を送る高齢者（女性が多い）が存在することも付言したい．宗教実践の一環として，長期間家族を離れ寺院生活を送ることが，社会的に受け入れられているのである．　［高橋美和］

📖 参考文献

［1］佐藤奈穂『カンボジア農村に暮らすメマーイ（寡婦たち）―貧困に陥らない社会の仕組み』京都大学学術出版会，2017

ラオスの家族

ラオスは多民族国家であり，国名のもととなっているラオは最大の民族集団であるが，それでも人口の半分程度を占めるに過ぎない．ラオ以外に同じタイ系集団に属する複数の民族集団や，モン・クメール系の諸集団，チベット・ビルマ系集団，そしてモン，ヤオといった集団が居住する．それぞれ，固有の言語や歴史，文化的特徴をもち，家族のあり方もさまざまである．ここではそのすべてを網羅することができないため，ラオのみを取り上げることにする．

●ラオの家族と「家」 ラオの家族（コープ・クワー）は一般に，核家族を基本とする．しかし，血縁関係・婚姻関係に基づく集団としての家族より，社会的に認知度が高く，重視されているのが，居住集団であり，生産消費単位としての「家」（フアン）である．そのメンバーには夫婦とその子供からなる核家族に加え，夫婦どちらかの親，未婚または配偶者と離婚ないしは死別したキョウダイ（時にはその子供も）だけでなく，何らかの事情で同居する親戚が含まれることも珍しくない．例えば，都市部や町では，高校や大学へ通うために，あるいは働くために農村部からやってきた親戚の子供を預かることはごく普通に行われている．

同じ家に暮らす人びとは，家族であろうと一時的に同居する親戚であろうと，伝統的に同じ田畑を耕して生産活動を行い，そこから得た収穫，収入でともに生活することを原則としてきた．1軒の家に米倉は一つであり，そこに収穫した米はすべて収められ，フアンのメンバーは同じく一つの炉で蒸したおこわと料理されたおかずをともに食べる．近年，地域によっては雇用労働の機会が増え，定期的に現金収入を稼ぐ若者がいる世帯も増加してきた．こうした世帯主以外のメンバーが稼ぐ現金収入に関しては，当人が全額を親に手渡すこともあるが，一部をこづかいとして手元において自分で使い，残りを親に手渡すケースも比較的多い．賃金労働の増加に伴い，世帯内部に経済的な一定の独立性をもつメンバーが徐々にみられるようになっている．

結婚当初は，男性は妻の両親と未婚のキョウダイらが暮らす家に同居する妻方居住婚を行うケースが多いが，たいてい数年後には独立し，別に家屋を建てて住む．キョウダイが次々と結婚して独立し，最後に残った子供が結婚後も親と同居を続け，最後までその面倒をみて，家と残った財産を継承する．フアンからの独立に際して多くの場合，家屋を建てる敷地とともに田畑の一部と，時には家畜を一部分配してもらい，米倉も別に建てる．フアンからの独立はすなわち経済的独立を意味する．ただし，相互扶助の関係は独立後もさまざまな場面で緊密である．例えば，農作業や冠婚葬祭などの行事の際には必ず互いに手伝い合い，経済的な負担もフアン間で分担する．どちらかの家のメンバーが病気になり，多額の治療費が必要な場合，できる限りの援助を行う．どちらかの家で米が不作のとき，あるいは人手が足りず，十分に米を生産できない場合，余裕のある方が米を分けるなどして助ける．逆に，例えば土地を売るなどして大きな臨時収入が入った家は，その一部を別の家に分配するなどして援助することもある．こうしてフアンとそこから独立したフアンは一種の運命共同体ともよべる強固な連帯を形成することが珍しくない．

●祭祀集団としてのフアン　ラオの親族システムは，タイ人と同様，父方と母方を特に区別しない，双系的な特徴をもつ．クランやリネージといった，単系出自集団は形成せず，何世代にもわたる長い系譜の認識はない．ただ，一般に，自他ともに認める仏教徒であるラオはその一方で，祖先祭祀も重視する．祖先の霊はフアンとそこに住む人びとを守る存在として認識されており，その祭祀を怠ると，時にその怒りを買い，災いがもたらされると考えられている．毎年，8月から9月頃には死者に食べ物を供える儀礼，ブン・ホーカオ・パダップディンや，祖先を供養する儀礼，ブン・ホーカオ・サラークが行われる[1]．この二つの儀礼はもともと純粋な仏教教義にまつわるものではないが，仏教寺院で儀礼が執り行われる．例えば，ブン・ホーカオ・パダップディンのときには村人たちは祖先のためにさまざまな食べ物を用意し供える．また，寺院の敷地にある亡くなった親族の遺骨が納められた一種の墓（タート）の前に線香やろうそく，花などを供える．朝になると寺院では僧侶たちが経を唱え，信者たちは亡くなった親族に功徳を送るために布施や寄進を行う．ラオスの仏教儀礼はこのような祖先祭祀とときに強く結びつき，独自色をみせている．

図1　ブン・ホーカオ・パダップディンのときに祖先の墓に供物を捧げる家族

祖先の存在が強く意識されるのは，儀礼のときだけではない．赤ん坊は，例えば亡くなった祖父母の誰かと同じ身体的特徴（同じ部分にあるあざなど）を認められると，その人の生まれ変わりとみなされる．フアンでは，こうして子供が誕生やその成長の過程で，祖先の誰かと同一視されることで，その記憶が受け継がれていく．東アジアの一部の地域のように連綿と続く長い系譜の認識はなく，祖先といってもせいぜい2，3代前までに限られるが，こうして記憶された祖先の存在はフアンの連帯を象徴するものでもある．

［中田友子］

参考文献

［1］星野龍夫「遺跡と年中行事」綾部恒雄・石井米雄編『もっと知りたいラオス』弘文堂，1996

タイの家族

2015年，タイで生殖補助医療に関する新しい法律（「生殖補助医療によって出生した子供を保護する法律」）が施行された．この法律は商業的代理出産を禁止する一方で，法的婚姻関係にあるタイ国籍の夫婦による代理出産は容認している．その際，代理母となるのは原則的に夫婦いずれかの直系血族以外の血縁者とすることが明記された．前年に相次いだ外国人とタイ人代理母をめぐるトラブルを受けてスピード可決されたこの法律は，姉妹は代理母として容認する，というタイの社会的認識を浮き彫りにする形となった．

●妻方居住慣行と母中心的な家族のつながり　家族を示すタイ語は「クロープクルア」である．クルアはかまど（竈），クロープは包み込むという意味をもち，文字通り同じかまどで食事をともにする間柄，すなわち居住と家計を共有する世帯をさしている．2000年の統計によると，世帯構成は核家族（60.3%）や2〜3世代同居の直系家族（23.9%）が多く，次いで単独世帯（10.1%），夫婦と複数の子供家族や孫からなる直系・合同家族（1.8%）などである．

タイでは広範な地域で妻方居住を慣行とし，理想的には（末）娘夫婦が生家に残り，老いゆく親とともに暮らす．ただし農村部では，姉妹は結婚後も親と同屋敷地内，あるいは近隣に居を構え，世帯を越えて協力し合う傾向がある．例えば親が健在なうちは，姉妹は親の所有する農地でともに働き，主食のもち米などの収穫物も分配する．親が年老いてくると，村に残る姉妹が不動産を分配して相続し，婚出する兄弟は動産を相続する．1960年代に東北部農村で調査を行った水野浩一は，こうした妻方居住制に基づく世帯を越えた生産と消費の共同関係を「屋敷地共住集団/結合」として概念化した．また親世帯と子世帯は，結婚前の娘や姉妹という地位のまま日常的な時間の大部分をともにし，子供の養育，老親の扶養といった家族成員に対するケアの面でも相互に協力し合う．

図1　ともに食事をする母と娘，孫

このような世帯を越えた関係性の中心にあるのは，母と娘，姉妹など女性親族同士の相互扶助である．例えば農村部では，日常的に孫やメイ・オイの養育に協力するだけでなく，親が死亡，あるいは諸事情から子供を手放した場合は，祖母やオバが引き取って養育する．また姉妹が子宝に恵まれない場合は，実子を養子にして渡すこともある．さらに都市での就労に依存する現代では，子供を村の祖母やオバに預けて移住労働に出る子育て世代も珍しくない．社会保障制度が不十分なタイにおいて，こうした母中心的な家族を基軸にした女性親族同士の相互扶助は，移住労働者の子育てにおいて必要不可欠であり，セーフティネットの役割を果たしている．

●家族による社会的ケアの授受とそのゆくえ　タイはすでに高齢化社会である一方で，1970 年代以降少子化も急速に進んだ．1960 年代には 6 を超えていた合計特殊出生率は，2015 年現在 1.53 にまで下がり，先進国とほぼ同水準を示している．すなわち家族や親族が引き受けてきた社会的ケアの授受の仕組みにおいて，その担い手不足を引き起こす可能性を示唆している．

今のところ農村部では，老親の扶養は子供，特に同居や近居する娘たちが中心に担っており，深刻な担い手不足は顕在化していない．親が老いてくると徐々に生業活動の中心が娘家族に移り，親は経済的役割から距離をおく．さらに身体が衰えると，生活の世話全般を娘に依存するようになる．このような親と娘の関係は，土地の分配や協働を媒介にして，ライフコースの中で養育され，扶養されるという互酬的なものである．養育してもらった親を独居させるのは慣習に反しており，親の世話のために就労先から戻る娘や，遠方には働きに行かずに家に残る未婚者の姿もみられる．

農村部で老親の扶養問題が顕在化していないのは，現在ケアを担う娘世代がまだ少子化世代ではなく，複数の姉妹の相互扶助が成立しているためであろう．少子高齢化が進み，若者や子育て世代の出稼ぎ，都市移住が常態化する農村部では，子供の養育や老親の扶養など社会的ケアの授受は世帯単位で孤立するのではなく，女性親族を軸にした拡大家族的つながりの中で複数の担い手によってやりくりされてきた．

しかしその担い手は，今後ますます減っていく．子供の養育は，少子化の中で妻方だけではなく夫方の祖母やオバも孫やメイ・オイの世話をする，あるいは保育サービスを積極的に利用するなど，既存の社会関係に依存しながらも現代的文脈に合わせて適応しつつ実践されている．その一方で，老親の扶養は介護サービスの利用など公的領域への広がりがみられず，その負担が娘にのみ還元される傾向にある．すなわち高齢者のケアに関しては，ますます家族，特に実娘への依存がみられ，それは家内的領域の中でさらに内に向かっていく力として働きかねない．

こうした状況を鑑みると，タイ農村部の家族の形や関係性は，社会的ケアの授受をめぐってまさに過渡期にある．農村部の人びとのセーフティネットにもなってきた家族のつながりをめぐる変化は，過渡期で起こる一時的なものなのかどうか，今後の研究に期待したい．

［木曽恵子］

参考文献

［1］水野浩一『タイ農村の社会組織』創文社，1981

ミャンマーの家族

ミャンマー連邦共和国には，公称135の民族が住むとされている．民族的にも宗教的にも多様な人びとが居住しているが，本項では，人口の約7割を占める多数派民族で，その多くが上座仏教（上座部仏教）徒であるバマー（ビルマ人）に焦点を当てて，家族について考えてみたい．

●家族を構成する原理 ビルマ人が母語とするビルマ語で，家族は「ミターズ」という．「ミ」は「母」，「ター」は「息子」，「ス（ズ）」は「集まる」という意味からもわかるように，ビルマ人は「母子の集合」すなわち夫婦とその子からなる核家族を，家族構成の基本原理としている．

核家族というと現代日本とそう変わらないように思えるが，家族のメンバーシップが固定化され，集団としての境界がはっきりした日本の家族とは明確な違いがある．それはビルマ人の家族が，夫婦や親子，キョウダイといった婚姻および血縁関係のみで構成されるわけではないからである．上記の関係性に加え，そこに含まれる個人と親しい関係にある他者を含む，複数の二者関係が累積した状況の産物が，ビルマ人の家族であるといえる．したがって，血縁関係にない者を排他的に扱う日本とは，大きな違いがみられる．

例えば，「ムエザー」とよばれる代理養育慣行により，子供のない夫婦や未婚の女性などが，知り合いの子供を養子に迎えるのは珍しいことではなく，しかも，養子に迎えられた子供が，生家と行き来しながら生活する場合もある．また，世帯内の主たる者の弟子や親しく付き合う他者が，家族同然に暮らすケースのほか，都市部の家では，地方の貧困家庭の子供を預かって食事を与え，学校に通わせる代わりに，家事を手伝わせる「エインボー」をみかけることもある．

このように一見すると，誰が家族で誰がそうでないのかわからないように思えるが，家族でなければ決して行わないこともある．一つは世帯単位で実施する，血縁を通じて継承される「先祖伝来の精霊」の祭祀である．しかし，特に都市部では，たとえ精霊を継承していても，仏教的価値観と相いれない精霊を祀らない世帯が増えているなど，祭祀は衰退傾向にある．もう一つが，「鍋」（オー）の共有である．生計を同じくすることを「同じ鍋で食べる」（タオーネサーデー）というように，「同じ鍋」でつくられる食事をいつでも自由に食べる権利は，生計を同じくする家族にのみ限定される．実際，同じ家に住む子供でも，ムエザーの子供とエインボーでは食事をとる際に違いがみられる．つまり家族とは血のつながりだけでなく，モノや経験の共有が当然視される親しい関係性を有する個々人の集合によって構成されるものであり，食事は家族の外延を縁取る重要な一つの要素となっている．

●婚姻と相続　上記では，家族が「同じ鍋で食べる」仲間であることを示したが，結婚に際し親元を離れ，新たな家族と独立した家計を営むことは，「鍋を分ける」（オークエデー）という．日本ではかつてイエを継ぐ長男が，親の財産を相続する代わりに両親の面倒をみるという慣習が一般化していたが，父方や母方といった単系出自とは異なる双系制の親族体系をもつビルマ人の社会では，子が結婚して「鍋を分ける」際に，親は子の性別にかかわらず，財産を均等に分割して渡す均分相続が行われる．また，親は最後まで自分の財産を残しておき，最後まで家に残る子供（多くの場合娘）と同居し，死後すべて相続させるという末子相続が一般的である．

結婚後の居住形態は，夫婦の状況に合わせて千差万別で，特に決まっている訳ではないが，妻方居住が好まれる傾向がある．村落部では，親世帯の屋敷地の空いている場所に家を建て，生計を分けながらも困ったときは互いに助け合う屋敷地共住集団をつくる場合もあれば，片方の親と折り合いが悪くなったので，もう片方の親世帯と同居したり，家を建てる資金が溜まるまでは，互いに親世帯の家に住むといったケースもみられる．

日本人の感覚からすると，イエや墓はどうなるのかと考えるかもしれないが，ビルマ人には世代を越えて継ぐべきイエという概念がない．さらにもともと苗字がないため，結婚に際して改姓問題も生じない．すでに述べたように，そもそも家族とはさまざまな二者関係が積み重なってできた状況の産物であるため，その構成員が変わることもしばしば起こりうる．また，遺体を墓地にそのまま埋葬する村落部では墓標はつくられず，火葬する都市部でも遺体を焼き場に預けただけで，遺灰を持ち帰ることもほとんどない．というのも，輪廻転生を説く上座仏教において，遺体は単なる抜け殻で，死後は魂の転生こそが重要であると考えられるからだ．さらに，双系制の親族体系で，縦の出自より横の関係性を重視する（例えば，互いにマタイトコであることは知っているが，どのような親族関係でマタイトコになっているか詳細はわからない）こともあり，故人を偲ぶよすがとしての墓は，通常つくらない．

また，「ビルマ仏教徒慣習法」では，向こう両隣7軒の承認を得るという社会的認知によって，その婚姻は正式なものとなる．近年では裁判所で婚姻誓書を作成する人もいるが，多くの場合は，大勢の人を招待した結婚式の挙行や，婚姻した事実を新聞で告知するなどの方法で2人の関係を公に知らしめれば，その関係性は法的有効性をもつことになる．しかし，仏教徒と非仏教徒との婚姻に際し，配偶者の宗教法が適応されることで，仏教徒にとっては正式な婚姻でも，相手にとってみれば事実婚となるというケースが問題視され，仏教徒の特に女性を保護するための法律がつくられたりもしている．　［飯國有佳子］

マレーシアの家族

マレーシアは，複数のエスニックグループを含む多民族国家である．数的に最も多いマレー人（ムラユ）のほかに，他の土着の人びとや移民の子孫である中国やインド系の住民などがそれぞれ固有の家族生活を営んできた．本項では，「土地の子」（ブミプトラ）の代表格とされるマレー人について主に述べる．現代マレー人家族には，世界共通の様相が多いので，一昔前の農民あるいは漁民について述べることが不可欠だが，それは戦前日本の家族生活を語るのに似ている．マレー人家族のあり方もいくらか地方差があり，ここで例示するのは，主として東海岸クランタン州のものである．

●家族のあり方　マレー人家族は，核家族の構成で高床木造家屋に住むことが多い．近くに親や兄弟姉妹の家族が住んで，同じ屋敷地に親族の共住が行われることがしばしばみられ，この中で日常生活が営まれた．核家族は孤立せず，周囲の親族との交流は密で，核家族以外の親族を一時的に受け入れることもあった．

同じ屋敷地に住むのは，子のうちの１人か２人であることが多い．子の男女を問わず，農地の余裕がある親の方を選ぶ傾向がみられた．もっとも，新婚時はしばらくの間，妻の親の家屋に同居することがあった．夫方，妻方にほぼ同等の重みをもたせる親族のあり方を双系的あるいは双方的とよぶが，マレー人の親族はこれに該当する．

マレー人が信奉するイスラームでは男子中心の家族形成を行う傾向があり，生まれた子はアーマッド・ビン・バカール（バカールの息子アーマッド），ロキア・ビンティ・バカール（バカールの娘ロキア）というように，個人名に父親の個人名を付けてよばれた．イスラーム法は，詳細な体系を有するが，原則的には父親の遺産は，寡婦である母親の取り分である８分の１を除いて，子の間で分割され１人あたり男子が女子の２倍を得ることになっている．他方，伝統的なマレー人の間では，慣習法（*adat*）を選択することも許されており，その場合男女の取り分は平等である．かつては死亡傾向が高かったので，生存する子供の数が限られていたが，高い出生率が保たれたまま死亡率が低下する状況のもとでは，親の財の細分が著しかった時代もあった．家族計画の導入に消極的な政府の政策に後押しされて，多子の家族が多い時期もあった．

●結婚と離婚　結婚はイスラームの手続きに従い，イスラームの導師のもとで，夫が妻に一定の婚資を与え，娘の保護者（通常父親）との間に結婚契約を取り結ぶことによって成立する．この儀式に並んで，慣習法による儀礼が行われることが多かった．かつては早婚傾向が顕著で，1970 年に東海岸クランタン州のある農

図1　マレー農民の家族（1970年）

村で行われた調査では，結婚経験者の平均初婚年齢は16.5歳，最頻値は15歳であった．適齢に達すると男女ともほとんどすべてが結婚した．顕著な早婚傾向は，学校教育の普及，特に中学校教育の義務化とともに姿を消した．

早婚は，高い離婚傾向を伴っていた．イスラーム法では夫は自分の意志で，妻に離婚を宣言する特別の言葉であるタラックを与えて離婚することができた．このほかに妻から離婚を請求する手続きも準備されている．離婚は夫からの決定となっていても，実際には妻からの請求による方が多かった．離婚手続きが安易に利用されると，離婚率がきわめて高くなり，クランタン州の内陸部では，1970年時点で，結婚100に対して70を超える離婚が登録されている．頻繁な離婚は，頻繁な再婚を伴っていた．離婚は結婚後まもなく，子供ができないうちに生ずることが多く，結婚生活はひとたび安定すると永続的であった．1980年代以降，離婚がイスラームの精神に反するという見解が強調され，離婚率もまた急低下していった．

イスラームにおいて4人までという制限を加えて許容されてきた一夫多妻は，実際には一部の人びとによって実行されてきたが，これに対してもまた制度的な制約が強化されるようになった．

●マレー人以外の家族　マレー人以外の家族についても触れないわけにはいかない．オラン・アスリ◀の一部家族は，宗教的な色付けを除くとマレー人に共通する要素を多くもっていた．また，サラワクのイバンの家族は，伝統的な時代には，日本の「家」に共通点をもつ一子相続の傾向を示したともいわれる．

華人系やインド系の家族は，それぞれの故国の慣習をある程度維持していた．華人における祖先祭祀やインド系住民におけるヒンドゥー教の影響などがあった．他方，働き場所である都市やプランテーションにおける労働生活は，生活単位としての核家族の機能をおのずから強化する側面があった．

異なったエスニシティに属する住民が交わる過程で，古くは，マラッカにおける華人とマレー人の通婚でババ家族が形成された．異民族間の通婚もいくらか行われたが，マレー人との婚姻は，配偶者の改宗手続きを経て行われるのが通例であった．宗教的な障壁は現在でも存在するが，エスニシティの境界は鉄の壁ではなかったようにみえる．

［坪内良博］

シンガポールの家族

シンガポールで最も多い世帯構成はいわゆる核家族である．2015年の1世帯平均人数は3.39人で，夫婦とその子供という世帯が最も多い．国民の80%が政府の高層公団住宅（住宅開発庁HDBが管轄するため，HDB団地とよばれる）に住むが，結婚する2人には購入にあたって政府から補助金が出るため，ほとんどの若者は結婚が決まると公団住宅を申し込んで，親世帯から独立する．「一緒に公団住宅を申し込もう」というのがこの国ではプロポーズの言葉になっている．

男女とも18歳になると結婚することができるが，ムスリムの結婚・離婚はイスラーム法（シャリーア）のもとで行われるため，非ムスリムとムスリムの結婚登録はそれぞれ別に行われる．シャリーアは，妻たちをあらゆる面で平等に扱うことが可能な場合に限って一夫多妻を認めている．非ムスリムは一夫一妻である．結婚式は，多くの華人カップルやキリスト教のインド系などはスーツとウェディングドレスを着てホテルなどで行うが，マレー系は現在でもマレーの伝統的な衣装で行うことが多い．

HDB団地の部屋は1部屋タイプから5部屋タイプ，さらにエグゼクティブ・タイプとよばれる5部屋以上のゆったりしたタイプまで6種類ある（図1）．2015年で団地に住む世帯の40%が4部屋タイプに，31%がエグゼクティブ・タイプに住んでいる．さらに団地の90%は分譲（持ち家）である．この高い持ち家率を可能にしたのは，一部の低所得者しか賃貸を認めないために購入する以外の選択肢がないこと，政府の中央積立基金制度によって，毎月給与から強制的に積み立てられて55歳にならないと引き出せない貯金が，団地購入の頭金には例外として使えるため，国民の購買意欲がかき立てられたためである．

図1　HDB団地

●進む高齢化と少子化，外国人家事労働者の急増　急速に進む高齢化と少子化は，高齢者介護をどうするのかという大きな課題を投げかけている．65歳以上の高齢者が人口に占める割合は2002年には7.8%であったが2014年には12%となり，シンガポールは東南アジアで最も早く高齢化の進む国となった．政府は「家族の絆」を強調し，子供夫婦が親との同居もしくは近隣居住を選択すると，多額の補助金や各種の税の優遇措置，希望する場所や物件を優先的に選択できるなどの奨励策を設けている．また，経済的自立が困難になった親は子供に経済的支援を求めることができるという「両親扶養法」という法律も施行した．そのため，65歳以上の高齢者の66.7%が子供と一緒に住んでいて，シンガポールは東南アジアの中で子供と暮らす高齢者の割合が最も高い国の一つでもある．ただ，女性の労働力化の進展，出生率低下，独身者の増大は，高齢者の家族介護を困難にしつつある．15～64歳の女性の労働力化率は2015年で約60%となる一方で，出生率は1.2人まで下がり，35～39歳の独身者は男性で20.3%，女性で16.9%にものぼる．

このような状況のもと，家事・育児・介護を外国人家事労働者に任せる世帯が増大している．この国では2017年で約23万人の家事労働者が働いていて，5世帯に1世帯以上は家事労働者を雇用していることになる．1987年には2万人ほどであったから，その急増ぶりがわかるであろう．家事労働者のほとんどはインドネシア人，フィリピン人で，その月収は500～800シンガポールドル（約4万～6万5000円）である．なお，家事・育児・介護は女性が中心になって行うという性別役割分担意識がいまだに根強いため，外国人家事労働者はすべて女性である．2011年で介護が必要な高齢者や障がい者を抱える世帯の実に49%が家事労働者を雇用している．雇用者は「家庭内に住みこんでいる他人」が介護するなら家族が介護するのと変わらないと考えているのであろうし，高齢者や障がい者の公的介護施設が十分でないからでもある．

●お墓事情 葬儀は寺院や会館，団地1階のボイドデッキとよばれるスペース，教会（キリスト教徒）などで行われることが多い．華人の墓は1970年代までは土葬が一般的であったが（図2），政府が土地不足を理由に火葬を強制しているため，現在はほとんどが火葬された後に，寺院や会館の敷地内の墓地や政府が設立した郊外の墓地に埋葬されている．キリスト教徒は教会の墓地に，ムスリムはモスクの墓地に埋葬されることが多い．ムスリムと一部のキリスト教徒には土葬が認められている．ヒンドゥー教徒はインドでは土葬も行われるがシンガポールでは必ず火葬し，遺灰は指定の海辺か東海岸のチャンギ近くの海に散骨する．経済的に余裕がある家族や信仰の深い人たちは，わざわざヴァーラーナシー（ベナレス）にまで赴いて，ガンジス川に流すこともある． ［田村慶子］

図2 1973年に閉鎖されたシンガポール最大の華人墓地ブキッ・ブラウン墓地

📖 **参考文献**

［1］田村慶子『シンガポールの基礎知識』めこん，pp.101-103，pp.192-197，2016
［2］田村慶子編『シンガポールを知るための65章 第4版』明石書店，第26，32，34章，2016

インドネシアの家族

インドネシアは300を超える多様な民族が暮らす島嶼国家である．言語や衣食住など生活文化の点で多様性が認められるだけでなく，家族や結婚に関する慣習でも大きな違いが存在する．例えば北スマトラ州のバタックや，東ヌサ・トゥンガラ州のスンバのように，父親をたどる系譜関係を重視する父系制が重要な役割を果たす民族もあれば，その反対に西スマトラ州のミナンカバウのように母親との系譜関係だけを重んじる母系制で有名な民族もある．インドネシアの総人口の約3分の2を占めるジャワ島に住む民族，つまり中部と東部に住むジャワと西部に住むスンダおよびスラウェシ島南部に住むブギスとマカッサルは，父系または母系という一つの系譜関係だけを重視するのではなく，子供が父親と母親の双方の親族とのつながりを重んじる双系制社会である．インドネシアでは，人口の集中するジャワ島など中央部に双系制社会があり，周辺部に父系または母系という単系制の社会が存在するといえる．

●スンダの家族　双系制社会の一つである西ジャワ州のスンダ農村では，地域によって多少異なるが，夫婦と子供だけから構成される核家族世帯の比率が80～90％を占めている．スンダ社会では，世帯主夫婦が単身になった老親と同居しているか，または結婚して間もない子供夫婦が親と同居しているケースで，直系家族型世帯が構成される．結婚後の居住は，一般的にいって娘夫婦が親と同居（妻方居住）する方が多い．

近年，西ジャワ州からサウジアラビアや台湾など海外に移住労働者として働きに出る女性が増えている．海外で得た収入を，未婚のときは，親，つまり自分が育った家族のために，さらに結婚後は自分の子供たちの教育費などのために使うことになる．海外にいる間，夫ではなくて彼女自身の母親が子供の世話をするのが一般的である．祖母による孫の世話が既婚女性の移住労働を支える．現代インドネシアにおいて，海外からの送金で家計を支える「妻＝母親」が増加していることは，「母中心的な家族」が背景にあることを示している[1]．もともと裕福ではない階層では，何らかの商売を営む女性の収入が家計に対して占める割合が高かった．

図1　サウジアラビアで働いていた女性と彼女の収入で改築した家屋（西ジャワ州カラワン県）

●スンバの家族　インドネシアの多数派民族であるジャワ島のジャワやスンダとは違い，スンバ社会では土地所有・社会的地位（階層）・儀礼（祖先祭祀）に関係する父系氏族（カビフ）と「家」（ウマ）という社会単位が重要な役割を果たす[2]．氏族は，氏族の始祖（マラプ）の父系子孫から構成される父系親族集団である．「家」というのは，「マラプの家」という，慣習に従って建築された慣習家屋を儀礼の場としてもつ親族集団のことである．このような慣習家屋は，スンバだけでなく，北スマトラのバタックや西スマトラ州のミナンカバウのような単系制の社会でみられる．

スンバ社会では男性からみて「母方交叉イトコ」をさす親族名称で示される範囲の女性と結婚するべきだと慣習が定めている．「母方交叉イトコ」とは，最も近い関係でいえば，母の兄弟の娘をさす．実際には，男性にとって配偶者の選択範囲は広く，例えば母が生まれた親族集団（妻の与え手）に属する同世代の女性にまで広がる．北スマトラのバタックや，東ヌサ・トゥンガラ州のいくつかの民族でこの結婚の体系（一般交換）が報告されている．このような結婚は財の交換と密接に結びつく．スンバ人にとって，慣習に従い妻の受け手（夫側）と妻の与え手（妻側）の間で婚資の交換が行われ，初めて結婚は正当なものとなり，妻が出産した子供は父親の親族集団に属することになる．

●都市部の家族　インドネシアでは民族ごとの慣習に従った家族が存在する．祖父母などが暮らす故郷の農村部では，民族ごとの独自性が今日まで続いているが，移動性が高まる現代社会において移住した先の都市部では慣習による拘束が弱くなっている．首都ジャカルタで，同じムスリムである双系制のスンダ女性と母系制のミナンカバウ男性が結婚して核家族を営むことはよくある．また，スンバ女性が民族は違うが，同じキリスト教徒である男性と結婚することも起こりうる．多様な民族性をもった人びとが混住する都市部では，夫婦と子供からなる核家族世帯があたり前となる．

インドネシアの家族を現代日本の家族と比較すると，世帯構成の柔軟性と融通性という特徴が浮かび上がってくる．インドネシアでは地方から進学や就職のために上京したオイやメイなどが都市部に住む親族の家屋に同居するのはよくあることである．核家族がほかの親族を排除して閉鎖的な単位になることなく，必要に応じて柔軟にほかの親族や，場合によっては非親族を受け入れている．これは，もともとインドネシアに限らず東南アジア全体に認められる家族圏[3]という特徴を明白に示すものである．

［小池　誠］

参考文献

［1］ギアツ，H.『ジャワの家族』戸谷　修・大鐘　武訳，みすず書房，1980
［2］小池　誠『東インドネシアの家社会―スンバの親族と儀礼』晃洋書房，2005
［3］坪内良博・前田成文『核家族再考』弘文堂，1977

フィリピンの家族

☞「ディアスポラ」p.536,「フィリピノ・ホスピタリティ」p.670

フィリピン社会について論じる研究は，フィリピンの人びとの社会生活における家族の重要性および中心性を強調してきた．フィリピンの家族は人びとの強い愛着の対象であり，経済，政治，宗教の領域における重要な社会的単位ともなることが繰り返し指摘されてきた．以下ではフィリピンのマジョリティを構成する低地キリスト教徒社会の庶民層の人びとに照準をあわせつつ，家族の一般的特徴を概略した上で，その現代的展開に関する議論（国際移住の中の家族）を紹介する．

●家族の一般的特徴　家族の範囲を集合的に表す語彙としては，タガログ語のマグアナックやスペイン語起源のパミリアがよくあげられる．後者のパミリアは英語のファミリーとともに，人びとの日常生活において頻繁に登場する語彙である．しかしパミリアがさし示す範囲は必ずしも明瞭ではない．夫婦と未婚の子供からなる核家族の範囲をさす場合もあれば，夫婦とその子供およびその孫，さらにはほかの近親者や姻族を含むより広い親族の範囲をさす場合もある．むしろ，夫婦と子供からなる最小単位を核としつつ，父方，母方双方に同心円状に拡大する親族関係の中で，状況や文脈に応じて伸縮するまとまりとして家族がイメージされているといった方がよいだろう．

夫婦は結婚後，なるべく早くみずからの世帯を構えた方がよいとされる．そのため，世帯構成は夫婦と未婚の子供からなる核家族世帯が比較的多くなる．しかし夫婦と子供に加え，さまざまな事情によりほかの近親者が共住する世帯は少なくないし，そうした世帯の構成が特に例外的とみなされるわけでもない．さらに国内外への移住などにより夫婦の一方が不在の世帯も珍しくないなど，実際の世帯構成は高い可塑性，流動性をもっている．

夫婦が新たに世帯を構えるときに，どこに世帯をおくかについては特に決まったルールはない．宅地の有無や田畑，職場へのアクセスなどの個別的諸条件を勘案して決められる．ただしその際，特に農村地域においては，夫婦いずれか一方の親やキョウダイの家の近くに世帯を構えることが普通である．それら近接する近親者の世帯の間では，育児や高齢者の介護の支援，モノの貸し借り，おかずの交換，人生儀礼の宴の手伝いなど，さまざまな相互扶助行為が日常的になされる．

近隣に居住していない場合でも，家族・近親者による支援は盛んである．例えば，経済的余裕のある者が，高等教育に進学するオイやメイを支援することは珍しいことではないし，オジやオバ，祖父母などの近親者が実親に代わり子供を養育することもよくみられる．1組の夫婦が独立した世帯をもつという理想はある程度共有されるが，それぞれの世帯は，独立性の高い生活圏を形成するというよりは，核家族の範囲を越えた近親者の互酬的ネットワークの中に，いわば深く埋め込まれた形で存在しているといえる．

●国際移住の拡大と家族　フィリピンは現在，多くの国際移住者を送出している．このような広範な国際移住現象と，人びとの社会生活における家族の重要性を背景として，多くの研究がフィリピンからの国際移住と家族のかかわりに注目してきた．

一般に，家族は，人びとの国際移住経験についての語りの中での中心的な主題となる．移住者達は，外国に行ったのは「家族の生活を向上させるため」と語ることが多い．「家族のため」の移住という点の強調が，時に，人びとの個人的な移住目的や家族内の力関係をみえにくくすることには注意すべきだが，多くの移住者が国際移住の理由や効果・影響を，あたり前のように家族とのかかわりで語ることは，フィリピンの人びとにとっての家族の中心性を照射している．

移住過程や，家族の移住後の移住者，非移住者それぞれの生活において，近親者間のさまざまな相互扶助がみられるという報告も多い．例えば親が子供を残して移住する場合，親に残された子供たちは，同居する，あるいは近隣に居住する近親者からさまざまなサポートを受けることが普通である．逆に，移住者たちからは，残された家族に対して送金や贈物がなされることが一般的であるが，送金を通した持続的な経済的支援の範囲が，親子関係を越えて近親者にまで広がることも多い．国際移住は，近親者間の相互扶助が世帯の枠を越えて頻繁になされるというフィリピンの家族関係のあり方を，維持強化するような形で拡大してきたといえる．

1980年代から多くのフィリピン人女性が国外で就労するようになり，そうした「国際移住の女性化」の家族関係への影響にも注目が集まった．フィリピンでは世帯の意思決定のあり方などから夫婦関係は比較的平等とされることも多いが，一般に，家庭内では父親には稼得役割が，母親にはケア役割がより多く期待される．そうした中で子供を残して移住就労する母親の多くは，家族に送金するだけでなく，頻繁な電話や日用品の送付などを通して母親に求められるケア役割をも担おうとするという．こうした事例は，「国際移住の女性化」が多くの庶民層の女性に国内で得ることのできない新たな稼得の機会をもたらす一方で，既存のジェンダー秩序を維持，再生産する方向にも作用することを示している．　［長坂 格］

📖 **参考文献**

［1］清水 展「子供をめぐる家族と社会—フィリピン理解のための試論」『社会科学論集』30, pp. 69-109, 1990

［2］玉置泰明「『フィリピン低地社会』研究序説—社会関係の視点から」『民族學研究』47(3), pp. 265-296, 1982

［3］小ヶ谷千穂『移動を生きる—フィリピン移住女性と複数のモビリティ』有信堂高文社, 2016

近代家族法

夫婦，親子の関係および相続に関する事項を定める家族法は，社会の基本的な構成原理を定める法であり，国家にとっては住民を把握・管理する上では重要な法律である．東南アジア諸国は大半が多宗教多民族から構成される上に，植民地法制の「遺産」を引き継ぐ部分もあり，家族法のあり方は多様である．戦前から制定していたタイ，植民地時代の法を独立後に改訂したフィリピン，マレーシア，独立後にすぐ家族法を制定したベトナム，数十年を経て成立させたインドネシアと異なる．ほかにも何度も改廃を重ねる国もある．また，宗教別の家族法を定めたり，あるいは下位の法で扱いを宗教別の施行を定めたりと複雑である．さらに，宗教との関連を述べると，同じくイスラーム法をアラビア語古典文献から抽出して条文化させたムスリムを対象とする家族法でも，インドネシア，マレーシア，フィリピンでは，規定内容の異なる条文がいくつもある．家族法にはそれぞれの地域社会のあり方が影響していると同時に，その政府の家族や社会のあり方に関する理念が反映されている．

●インドネシアにおける家族法（婚姻法）の成立　独立以前では，刑法，商法においては西洋近代法が導入されていた．オランダ植民地政府は人種別・宗教別の婚姻法を定めていたが，住民の大半を占めるムスリムに対しては同種の法はなかった．ムスリムの間ではイスラーム法に則って婚姻する習俗が浸透しており，オランダはこの分野への干渉を避けた．この場合のイスラーム法とは，古典文献に記されたウラマー（宗教学者，イスラーム法学者）の見解である．しかし，1938年にムスリム対象の婚姻登録法を導入しようとしたが，複婚（多妻婚）を認めない条項がムスリムの反発を呼び起こし，廃案となった．

独立後，多くの国では法整備に取り組み，家族法に関してはできるだけ男女に対等の権利を与えて近代国家の体裁を整えようとした．インドネシアでも古典文献にあるイスラーム法を条文化するために議論が繰り返した後，スハルト政権（1966～98年）下で本格審議がなされた．スハルトは諸行政法規を成立させて中央集権的な政治体制を整えたが，婚姻法もその一つであった．古典的イスラーム法にない条項（特に複婚禁止）があったために法案審議は紛糾したが，婚姻における宗教の位置付けを明記するなどの妥協を経て，婚姻法は1974年に成立した．婚姻法の主要原則はその解説に明記されている．第1に婚姻登録の義務付け，第2に単婚（一夫一妻婚），第3に婚姻適齢の設定，第4に婚姻問題への裁判所の介入，第5に婚姻における男女同権を確立，がそれである．婚姻法は全国民対象であったが，施行細則を定めた政令（1975年）でムスリムの婚姻は宗教役所

(KUA)に，非ムスリムの婚姻は住民・民事登録局にそれぞれ登録することが定められた．

図1　婚姻締結式で資格確認をするKUAの役人（中央の男性）

婚姻法は，それまでウラマーの説くイスラーム法に則って婚姻・離婚手続きを行えば足りると考えていたムスリムに対し，国法に基づいて行政手続きをしなければならないことを徹底させようとした．スハルトは開発を第一義に掲げており，開発推進には政治的安定が何よりも必要と考えていたが，「安定した社会は安定した家族から」という理念に基づき，離婚および複婚に裁判所の裁定が必要であることを定め，同一夫婦の離婚再婚を制限した．婚姻適齢の設定は，不安定な結婚生活の発生を防ぐとともに，出生率の上昇を抑止する人口政策にも対応したものであった．「夫は家長，妻は主婦」と規定し，性的役割分業を伴う核家族を想定している．さらに，文民公務員の婚姻離婚許可に関する政令（1983，1990年）では，複婚は実質的には不可能にしており，複婚を抑制したい政府の本音が窺われる．国家が家族の問題に干渉・介入する，法律が習俗をリードすることが強く意識されている．しかし，相続事項については規定がなく，慣習/慣習法に従うのかイスラーム法に従うのかについては選択が可能となっている．

●ムスリム家庭裁判所　婚姻法に裁判所の役割が規定されたことから，その制度・法廷組織を定めた「宗教裁判法」（1990年）が成立した．この裁判所では，イスラーム法に基づいて判断が下されることから，ほかの国では「シャリーア裁判所」ともよばれている．その内実は「ムスリム家庭裁判所」とでもよべるものであり，審理においては協議が優先される．しかし判断の典拠とされる『イスラーム法集成(KHI)』（1991年）は，政令よりも下位に位置する大統領令で発布されたために，その法的強制力は曖昧である．その結果，判事は以前と変わらず直接古典文献を参照とすることが多く，判断の平準化には疑問が呈されている．

しかし，法制定から40年以上を経ても婚姻登録は徹底しておらず，政府は「既婚夫婦」にも登録を呼びかけ続けている．また，婚姻法に規定されていない異教徒同士の婚姻については，1980年代後半から登録は困難になっているが，最高裁判所の判事の間では見解が分かれる．ただし，海外で婚姻締結した場合は現地発行の証書が有効とされるため，抜け道はある．

なお，国際結婚では，かつては子の国籍は自動的に父親のそれと同じとされていたが，2006年に国籍法改正がなり，母親の国籍も選択対象となった．さらに，民主化後に創設された憲法裁判所は，2010年に婚外子の相続権を認める判断を示し，論議をよんだ．婚姻法は長年の課題を抱えつつ，さらに変化する家族のあり方にも対応が求められることになるであろう．　［小林寧子］

家族政策

家族の崩壊が叫ばれる日本であるが，東南アジアにおいても，出生率の急激な低下，高齢化，介護者の負担増加などさまざまな問題から家族の危機が叫ばれている．ヨーロッパ社会では，産業革命を契機として，公的な生産領域と切り離された形で女性の家庭での役割が強調され，出産という人口の再生産の場である「家庭」が，資本主義社会の生産システムに貢献する人口を確実にするものとなった．「近代家族」の観念はこうして生まれ，ヨーロッパ産業社会で普遍的なものになったとされる．

●東南アジアの家族と政策　東南アジアでも，近代以降「家族」というものが制度化されてくるが，必ずしも西洋のような過程をたどったわけではない．植民地化，国民国家建設，国家アイデンティティの模索，資本主義経済の浸透による中間層の台頭，という道筋とかかわって「家族」の概念が産み出されてきた．

東南アジアでは，国家建設のプロセスで，「家族」が利用された．とりわけ，開発独裁時代の東南アジアでは，西洋的な「近代家族」とも異なる「アジア的家族」が喧伝された．例えばリー・クアンユー首相のシンガポールでは儒教的理念に基づいてそのことが主張され，マハティール首相のマレーシアでは父権家族と「アジア人」であることが主張された．「家族主義」を掲げるインドネシアでは，スハルト大統領夫妻を父・母，国家を家族としてとらえ，女性は妻として母として，夫を，国家を支えるべきとされた．またタイにおいても，国家を家族になぞらえ，国王は父，王妃は母のイメージがもたれている．

東南アジアではこのような国家政策のもとで家族の制度化と公的領域と異なる家族的領域の規範化が行われてきたが，トップダウンでの家族の定義に対して，階層や民族によって異なるさまざまな反応が生じた．法や制度上の政策は現実の慣習に直接作用しなかった．例えばマレーシアでは中間層女性がこうしたトップダウンの政策に時に反対の声をあげている．

東南アジアの，特に多くの平地農村社会では，双系的な親族組織のもとで，兄弟姉妹間の均分相続や，妻方居住の傾向があることなどが指摘され，また，家族・親族の紐帯が，二者間関係に基づいて，世帯を超えたネットワークとして広がっていることが指摘されてきた．国家が推進する家族イデオロギーは，こうした現実の社会関係に基づく人びとの生活における日常の行為と相容れない部分があった．このことをタイの事例でみてみたい．

●タイにおける家族政策の展開　タイにおいて地域コミュニティでの家族政策の展開は，まず子供の公的な支援の必要性の高まりによってなされ，家族の価値が強調された．麻薬の使用などが問題となった1990年代，子供の非行防止のため，家族の道徳イデオロギーが強調され，両親の質を向上させることで子供の非行に由来する社会問題を解決することが目指された．その一方で，高齢化の進展で増加した老人のケアも1990年代から重要な政策となり，政府はさまざまなトップダウンのキャンペーンを行ってきた．1998年の経済危機後の地域再生の鍵となるものとして，「家族」「コミュニティ」の力を強化する政策が打ち出された．そうした中で，家族道徳として強く温かい家族であることが強調され，それに従った「強い家族」を創出するプロジェクトも行われた．国家政策では，片親の家族，孫の面倒をみる年老いた祖父母といった状況を「崩壊した家族」と位置付け，両親が不在の子供ほど素行がよくないと考えられたりもした．しかし，「強い家族」創出プロジェクトが行われたある地域では，必ずしも両親が揃った家族の創出に向かったわけではなかった．そこでは，彼ら自身の解釈で家族の紐帯を強くする活動が行われた．

このケースの地域では，両親と子供を単位とする近代的な意味での家族を示す「クロープクルア」という公的な用語は日常生活ではあまり用いられず，ヤート（世帯を超えた親族）のつながりが現実に意味をもっていた．元来，世帯を超えた相互扶助が意味をもつこの地域では，両親が不在でも必ずしも子供の素行が悪くなるわけではなかった．このケースでは，プロジェクトの進行によって，若者は世代を超えたつながりについて関心をいだき，高齢者と若者の絆が強まるような結果をもたらした．クロープクルアという概念自体，近代になってからつくられたものであり，農村での生活実態に即したものではないのである．村人たちは政策を無条件にトップダウンで受け入れたのではなく，自分たちの問題を自分たちで解決する潜在的力をつくり出した．そこには村人自身のアイデアが加わっていた．

●多様な家族形態　一般的に近代化が核家族化と家族の弱体を招いたといわれてきたが，それは前近代的な大家族が，近代家族を経て，それが崩壊していくという定式化されたプロセスとして理解されがちであった．しかしこうした理解は，あるべき家族像の崩壊を説くイデオロギーのもとに想定された神話であることが指摘されている．事実，本来，子と親が独立した生活を営み，その上で互恵的な関係を築く形がみられるジャワの例や，一緒に暮らすが食事は別という半同居の形がみられるベトナムの例など，東南アジアには多様な家族形態がある．

人，モノの越境移動が盛んになった現在，東南アジアに移住した外国人との結婚や，ケア労働者の移住などにより，家族自体が流動的な状況にある．そうした状況の中，今後の家族政策はどのような展開をみせるのであろうか．［馬場雄司］

📖 参考文献

［1］Hayami, Y., et al., ed., *The Family in Flux in Southeast Asia: Institution Ideology, Practice*, Kyoto University Press and Silkworm Books, 2013

高齢化問題

東南アジアの多くの社会で高齢者は社会的に尊重されてきたが，グローバルに進行する高齢化は，この地域も例外ではない．特にシンガポール，タイを筆頭に，今や高齢化は国家的な社会問題とされている．またほとんどの国で，高齢化とともに少子化が進行し，家族形態そのものに変化がみられる中で，長期的な高齢者ケアを誰が担うかが問われている．そうした中で，高齢化がもたらす問題は，国によって，また同じ国でも社会階層によって異なり，細やかな対応が必要である．

●高齢化の状況　世界規模の人口の高齢化の中で，すでに1982年にウィーンで第1回国連高齢化会議が開催された．東南アジア諸国では当時まだ高齢化に関する認識は薄かったが，例えばタイでは，これに呼応して第1次国家高齢者長期政策（1982～2001年）を打ち出している．国連では，65歳以上の人口が全人口に占める割合が7%を超えた社会を高齢化社会，14%を超えると高齢社会と定義している．世界は2005年に高齢化社会，2040年には高齢社会となるとされる（その間35年間）が，ASEAN諸国では，2025年に高齢化，2045年には高齢社会（その間20年）となるとされ，その進行が急であることがわかる．特に，シンガポールとタイは，すでに高齢化社会であり，2020年代前半には高齢社会に突入すると予想されている（表1）．高齢化の背景には，医療の近代化と平均寿命の伸長，そして少子化による若年層との人口比の変化がある．医療の進歩や生活の変化はまた，高齢者を中心とする健康と疾病分布の変化にもつながっている．いわゆる生活習慣病とされる高血圧症をはじめとする脳や心臓の疾病が増加している．社会的には健康意識が高まり，体重や血圧などが重要な指標として認識されるようになった．

表1　ASEAN諸国における65歳以上人口の比率（%）

	1970	2000	2015	2025	2035	2045
ASEAN	3.6	4.9	5.9	8.3	11.5	14.2
インドネシア	3.3	4.7	5.2	7.0	9.9	12.8
ベトナム	5.4	6.4	6.7	10.1	14.6	18.8
タイ	3.5	6.6	10.5	16.1	22.8	28.4
フィリピン	3.0	3.2	4.6	5.9	7.5	9.0
ミャンマー	3.7	4.8	5.4	7.5	9.9	12.2
マレーシア	3.3	3.8	5.9	8.4	11.4	14.3
カンボジア	2.6	3.1	4.1	5.6	8.1	9.2
ラオス	3.1	3.6	3.8	4.6	6.0	8.0
シンガポール	3.3	7.3	11.7	19.3	26.7	32.2
ブルネイ	3.6	2.4	4.4	8.6	14.5	21.0
日本	7.0	17.2	26.3	29.4	31.9	35.5

（出典：国連統計2015から，大和総研作成表より一部転載）

●社会保障と社会関係資本　社会保障制度については，例えば，シンガポールでは，給与所得者の積立預金による自己拠出型の年金制度があるものの，自営業や数多い移民については支えがない．今や中進国のタイにあっても，「豊かになる前に高齢化が進んだ」とされ，社会保障制度自体は，ごく一部の給与所得者をカバーするのみである．したがって，国家的施策として社会保障を推進する上での限界はすでにみえており，これは他諸国についてもいえる．国家的な社会保障制度に限界がみえている中で，タイではコミュニティにおける支援センターやボランティア制度の強化が進められているほか，社会保障制度の弱体を補うべく月々の高齢者給付金が交付されている．各国の政策は，ケアの担い手として家族とコミュニティに明示的に期待している．従来から東南アジアは社会関係資本が豊かだとされてきたが，ケアの社会化が不可避な状況なのである．

●高齢期の過ごし方 政策はともかく高齢者のケアは，どこの国でも基本的には家庭内で行われている．シンガポール，タイやインドネシアからは，独居ないしは老夫婦のみの世帯が若干ずつ増加しているという報告はあるものの，例えばバンコクでも，独居であっても近くに子供が住んでいて頻繁に出入りする例が多いと報告されている．同居の規範が変化し，子も親も別居を選びつつ支え合うという傾向が強まっているのも事実だ．男女別でみれば，伴侶のない高齢者はタイでもインドネシアでも，女性が圧倒的に多い．これは，結婚時の年齢が男性の方が高い上に，寿命が女性の方が長いこと，また，男性は比較的高齢になっても再婚する率が高く，女性の再婚は困難であるということにも起因する．寺院や宗教施設が高齢者の生活や活動の場となる例のほか，地方行政によるコミュニティ単位の健康増進，高齢者向けの活動や施設なども増えている．2002年にWHOが打ち出したActive Agingは，高齢者の健康維持，社会参加と安全な環境の維持を目標にして，高齢者が元気で社会参加することを理想とするが，この理念は，東南アジアの諸国でも影響力をもつ．

●介護・老人ホームなど タイでは，身寄りのない困窮した高齢者のための公立救貧施設は，1950年代から設立された．しかし，これはあくまでも，ケアが得られない，家族のいない高齢者のための施設であり，「親を大切にする」規範の強い一般市民の感覚からいえば，施設に預けるのは恥ずかしいことである．それでも高齢化とともに身体の自由が効かず，生活のケアを必要としながらそれが得られない高齢者が増え，家庭内のケアでは追いつかず，シンガポールやタイでは，そうした高齢者のための私立の施設が少しずつ増えてきている．こうした施設に入居できる経済階層は，公務員や専門職，あるいは，ビジネスマンなど，中間層以上である．しかし施設におけるケアの質を保証する行政的な支援や介入はほとんどされていない．こうした施設の最大の悩みは，ケア労働者の確保である．高齢者問題は，東南アジアでは貧窮と階層問題とますます直結していくだろう．

［速水洋子］

📖 **参考文献**

［1］大泉啓一郎『老いてゆくアジア―繁栄の構図が変わるとき』中公新書，2007

［2］末廣 昭編『東アジア福祉システムの展望―7カ国・地域の企業福祉と社会保障制度』ミネルヴァ書房，2010

通過儀礼

☞「寺院と出家」p.232

通過儀礼とは，人間が年齢を重ね成長・成熟していく漸次的な変化に区切りを入れ，現在の社会的地位や役割から次の段階の地位・役割へと移行させるための儀礼である．生まれた子供を社会の一員とするための新生児儀礼や，子供から大人への移行を印付ける成人儀礼があげられる．また，生から死への移行を印付ける葬送儀礼も一種の通過儀礼ととらえることができる．

●成人儀礼 ここでは成人儀礼に焦点をあててみていく．大陸部東南アジアの上座仏教圏では，男性が一生に一度は僧侶や見習い僧として一時的に出家する慣行があり，一定期間の出家生活ののち還俗する．また伝統的なマレー・ムスリム社会では，男子が8〜14歳くらいで割礼を受け，その後15歳くらいまでの間に寄宿学校でコーラン学習を行う．これらの宗教的修業経験は男性の成人の過程とみなされている．そのため，出家式や割礼式が一種の成人儀礼と位置付けられている．ミャンマーでは，女子の成人儀礼として，男子の見習い僧の出家式とともに，女子の穿耳儀礼が行われる．豊かな耳飾りを飾れる女性になれるようにと願って，耳にピアスの穴をあけるのである．またカンボジアでは，初潮を迎えた女性が一定期間外出を控え，家事の諸技術を身につける期間を過ごす「陰籠もり」の慣習があり，その期間が明けたときには祝宴を開催する．

図1 バリ・ヒンドゥー教徒の削歯儀礼（提供：大橋亜由美）

上記の割礼や穿耳のように，成人儀礼にはしばしば，身体加工が伴う．例えば，インドネシアのバリ島のヒンドゥー教徒の間では，10代後半から20代の男女が，切歯（前歯）と犬歯を削って平らにする削歯儀礼が行われる．

●上座仏教圏の一時出家 東南アジアの上座仏教社会における一時出家の慣行は，伝統的教育を受ける機会であり，また自分の子を出家させることが親の大きな積徳行とされることから，「親孝行」の機会でもある．出家する年齢は，ミャンマーやタイ北部のように20歳未満で見習い僧として出家する場合と,中部タイやカンボジアのように20歳以上の成人僧として出家する場合の二つに大別できる．しかし，いずれの場合にも出家経験をすることが一人前の男性と認められる条件となっている．

●シャンの見習い僧の出家式 ミャンマー東北部からタイ北部の内陸山地に居住

するタイ系民族のシャンはその多くが上座仏教徒で，10歳前後の男子が見習い僧として出家する．シャンの出家式は，村落単位でまとまって行われ，1回の儀礼で十数名から多いときには30～40名ほどになる．見習い僧になる出家志願者はサーンローン，見習い僧の出家式はポイ・サーンローン（サーンローンの祭り）とよばれる．

図2　サーンローンの練り歩き

出家式は3日間で行われる．初日に出家志願者は華やかな衣装に着替え，冠をかぶり，肩車をされて，村や町を練り歩く．出家志願者は，初日から2日目にかけて練り歩きを行い，各家を訪問し，そこで茶菓のもてなしを受ける．このような練り歩きと歓待の2日間を過ごした後，3日目に志願者は寺院へと向かい，そこで華やかな衣装を脱ぎ，黄色い袈裟を身にまとい，十戒を受け，見習い僧となる．伝統的には，3か月間の出家生活を送り，その間に基本的な文字の読み書きや仏教の教理について学んだのち還俗する．見習い僧の出家を終えたものは，名前の前に敬称サーンを付けてよばれるようになる．この敬称がその男性の出家経験を表す．

見習い僧の出家式は，男子の成人の過程としての一時出家の慣行の中で，「適齢期」に達した男子を母親に象徴される家庭の場から引き離し，修行生活へと移行させる通過儀礼として位置付けられる．近年では学校教育の普及により，出家の期間が短くなり，修業経験の内実が伴わない一時出家が増える傾向にあるが，成人儀礼としての見習い僧の出家式は熱心に行われている．［村上忠良］

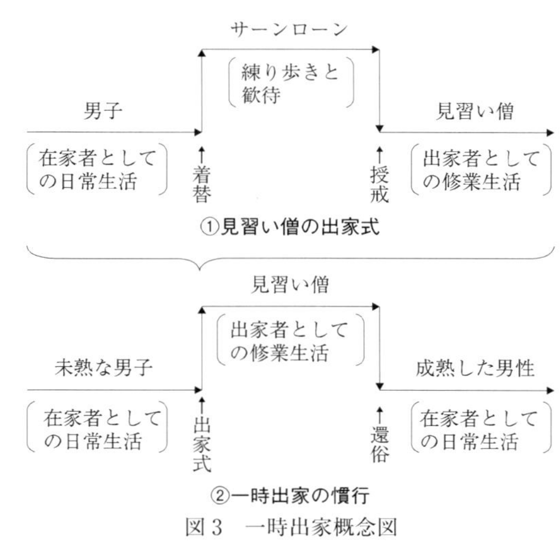

図3　一時出家概念図

参考文献

［1］Keyes, C. F., “Ambiguous Gender: Male Initiation in a Northern Thai Buddhist Society”, Bynum, C. W., et al., eds., *Gender and Religion: On the Complexity of Symbols*, Beacon Press, pp.66–96, 1986.

［2］村上忠良「タイ国境地域におけるシャンの民族内関係―見習僧の出家式を事例に」『東南アジア研究』35(4)，pp.663-683, 1998

葬式・お墓事情

☞「ヒンドゥー教」p.226

東南アジアにおける葬制は，世界宗教の教義のみならず，世界宗教を受容する以前の土着の信仰や慣習の影響を受けており，島嶼部/大陸部では人びとの信仰によってさまざまな葬法や葬儀のほか，死にまつわる観念がみられる．

●東南アジアにおける葬制　東南アジアにおける葬制のおおまかな特徴として，以下の４点があげられる．第１に，東南アジアでは土葬，火葬，水葬，風葬がみられるが，とられる葬法は一つではなく「複葬」されることがある．例えば，フィリピン・ルソン島の山地に住むイフガオは，遺体を椅子に座らせる展示葬を行った後に，毛布に包んで山の斜面の洞窟に仮埋葬し，死後３年以上経ってから洗骨儀礼を行ってきた[1]．洗骨儀礼は，遺族が死者の夢をみる，または病気を患うことを契機として始められ，３回から５回ほど行われた後に遺骨は庭に埋葬される[1]．このように，遺体は２回以上にわたって処理されることがある．第２に，葬儀や忌日供養で弔問客に食事を振る舞う慣習がみられる．例えば，インドネシアやマレーシアのムスリムはイスラームの教義に則って葬儀を行い，遺体を墓地に土葬した後に，喪主が近隣住民を招いて共食儀礼を行う．この共食儀礼はイスラームの教義にはなく，土着の慣習にあたる．人びとは共食儀礼で死者を偲び，生者間の社会的な結びつきを再確認する．第３に，死者の社会的地位によって異なる葬法がとられる．例えば，ミャンマーの上座仏教徒は，死者が特に著名な高僧の場合，時間をかけて葬儀の準備を行い，遺体を火葬またはミイラにして仏塔に安置する．他方で，一般の人びとの場合は葬儀の後に遺体を墓地に土葬，ないし火葬する．第４に，その死が自然，または不自然であるかによって異なる葬法がとられる．これは，その死に方によって死後の運命が決定される観念と関係している．

●インドネシア・バリ人ヒンドゥー教徒の葬制　東南アジアでは，葬儀は死者の親族や近隣住民の相互扶助のもと営まれる．インドネシア・バリ人ヒンドゥー教徒の葬制を事例として取り上げ，葬儀における相互扶助について考えてみよう．バリ島の人口の約８割を占めるバリ人ヒンドゥー教徒は，ヒンドゥー教徒のコミュニティである慣習村とその下部組織であるバンジャルに成員として属しており，成員の葬儀は相互扶助のもと慣習村の埋葬・火葬のための共有地で行われる．バリ人ヒンドゥー教徒は火葬が一般的であるが，一時的に遺体を埋葬した後に遺骨か形代(かたしろ)を用いて火葬することもある．遺灰は，海または川に流されるため，共有地に墓碑が置かれることはない．このほか，風葬を行う地域もある．都市部のバンジャルでは，成員は一律の香典をおさめるほか，死者の家で遺体を沐浴させ

図1　牛棺

た後に火葬塔に乗せて慣習村の共有地まで運び，火葬することが慣例となっている．遺体が慣習村の共有地へ運ばれる際，バンジャルの演奏集団の音楽が激しさを増す中，死者の家族を先頭に成員らが連れ立って華麗な火葬塔と牛棺（図1）を運んでいく様子は非常に賑やかである．慣習村の共有地に到着すると，遺体は牛棺に移された後に火葬され，海に散骨される．そして，死者の霊魂は家族が浄化儀礼を行った後に父系出自で継承される屋敷地の寺院に祀られ，祖霊として子孫らに崇拝される．

葬儀は，通過儀礼◀の中で最も費用がかかり，供物づくりや火葬塔担ぎでは多くの労力が必要とされる．人びとは，ほかの成員の葬儀で手伝いをすることで，自分の死に際しても同様のお返しが得られるという期待のもと，持ちつ持たれつの互酬性によって葬儀を行っている．葬儀における相互扶助は慣行として行われているが，自分の死の際に相互扶助を得られるかどうかは，生前の相互扶助へのかかわり方次第でもある．そのため，老年期にさしかかったバリ人ヒンドゥー教徒の中には，自分の死に際して相互扶助を得られるかどうかを不安に感じる人が少なからずみられる．

●新たな選択肢としての火葬場　都市部において2009年末からヒンドゥー教徒を対象とした火葬場の運営が始まり，葬儀のあり方に変化がみられる．父系出自で共通の始祖を祀る氏族の組織がこの火葬場を運営し，火葬と霊魂の浄化儀礼の準備と実施を比較的低料金で請け負っている．慣習村で葬儀を行うと，遺族は供物づくりをしながら弔問客の対応に追われ，さらに費用の問題から霊魂の浄化儀礼を終えるまでに数年かかることもあるが，この火葬場では遺族は儀礼の準備と実施を組織に依頼し，また弔問客へ振る舞う食事を業者に外注することで，火葬と霊魂の浄化儀礼を1日で済ませることができる．このように，儀礼にかかる費用や時間，さらに労力の削減が可能となる火葬場の運営が始まったことで，バリ人ヒンドゥー教徒は慣習村における相互扶助に頼らなくとも，家族を中心とした葬儀を行えるようになった．この火葬場の利用は年々増加傾向にあり，慣習村の共有地に代わる新たな選択肢となりつつある．　［小池まり子］

参考文献

［1］合田　濤『イフガオ―ルソン島山地民の呪詛と変容』弘文堂，1997
［2］内堀基光・山下晋司『死の人類学』弘文堂，1986
［3］大林太良『葬制の起源』中央公論社，1997

普段着と晴れ着

☞「染織」p.286,「衣服」p.466

普段着と晴れ着は，日本のハレ（晴）とケ（褻）という生活のリズムに基づく二項概念である．日常の衣服の総称である普段着（褻着）と，祭礼や年中行事，冠婚葬祭などの特別な時空間で着用する衣服，あるいは単に上等な衣服という意味で晴れ着が使い分けられる．普段着と晴れ着では，新旧，素材，色や柄，衣装形態，組合せ方や着方など多くの違いがある．ただし両者の境目は明瞭ではない．日常生活の場とは異なる他所に行くときに着用する「よそゆき」は，晴れ着を兼ねていることもある．また普段着は，労働に従事しないときの服をさすが，仕事着や労働着，野良着などの多くは普段着からの転用でもある．

●普段着，労働着，正装，盛装　東南アジアにおいて普段着は男女ともに，長方形の布の両端を縫製して筒状にした巻衣や，長方形の布を巻いて着用する腰衣に代表される．巻衣には，ラオスのシン，カンボジアやマレーシアのサロン，ミャンマーのロンジーなどがあげられ，腰衣は，インドネシアで多く着用されている．大陸部東南アジアの山地民は，貫頭衣，長衣，ズボン，巻きスカートなどを着用する．このような普段着は，農業や漁撈といった彼らの生業や，高温多湿な気候や生活環境と密接に結びつき，労働着としての役割も果たしている．

それに対し晴れ着は，フォーマルな場での正装や，華やかな装いである盛装としてみられる．タイやインドネシアでは，王朝時代の王族や貴族の衣装を現代に踏襲した装いが正装とみなされ，婚礼の場などで着用される．またタイ，ラオス，ミャンマーなどの仏教徒が寺院に行く際の装い，インドネシアのムスリムの礼拝時の装い，ヒンドゥー教徒の儀礼時の装いなども，絹地に金糸や銀糸を織り込んだ布を使用したり，肩掛けやベールで肌を覆ったりと，普段着とは一線を画する正装だといえよう．山地民は，祭祀儀礼や婚礼時に，銀の装身具を装着することで，普段より華やかな盛装となる．

●山地民モンの普段着と晴れ着　中国雲南省からベトナム，ラオス，タイの山地に居住するモンは，かつては焼畑農業をしながら移動を繰り返してきた人びとである．大麻を素材として布を織り，藍染めやろうけつ染め，刺繍をしながら服をつくってきた．モンは服を，「未着用の新しい服」，「着用済みだがまだ新しい服」，「着古した服」，「破れ始めている服」，と4段階で区別する．「未使用の新しい服」は，毎年旧正月とその3日目から始まる祭りで着用される．このときに新しい服を準備できないと，家の経済力や，作り手の女性の技量や裁量が問われることになる．そのため，旧正月に新しい服で着飾ることは，特に服づくり全般を担う女性にとって大きな関心事である．また婚礼衣装や新婦が持参する服にも新しい服が準備される.「着用済みだがまだ新しい服」は, 2, 3年の間, 定期市や冠婚葬祭に出かける際に着用するよそゆきの役割を担う. それが着古されると, 労働着となる. 農作業や家事労働のときに着用するものだ. モンには風呂や水浴びの習慣がないため, 途中でよそゆきを着る機会がなければ, これを1週間ほど着続ける. 寝巻きにもなる. 一番よく着られている服という意味では, 普段着だといえる.「破れ始めている服」は, 最も格下の労働着になり, いよいよボロになると, 風呂敷や紐, 手拭き用布など別の用途へと転用される.

このようにみると, 服の一生は晴れ着から普段着, ボロへと緩やかに移行していくかのように思えるが, そういうわけでもない. まだ新しい服でも, デザインや着心地が気に入らなければ, よそゆきから労働着へと一気に格下げされる. あるいは, 着用しないまま放置され埃をかぶり, ボロとしてしか使用されなくなる. 逆に気に入った服は, 近場へのよそゆきから, 軽労働着まで幅広く機能する. 一方,「未着用の新しい服」は, 一目で了解される技量の高さや経済力, それを身に着けたみずからの美しさを披露するという目的においては, 晴れ着だといえよう. しかし, 特に老世代が長持の中に長年にわたって仕舞っている未着用の服には, 母親の形見や, 製作途中で着用機会を失った服が含まれており, 今後晴れ着として着用される可能性は低い.「未着用の新しい服」がすなわち晴れ着だとも単純にはいえない. どこまでが晴れ着でどこからが普段着なのかという明確な線引きは難しい.

近年, モンの服には, これら従来の4段階の区別には収まらない新たな晴れ着のカテゴリーが現れている. 1990年代以降, 中国雲南省文山ではモンの服が工業製の布地を使用した既製服として商品化され, ベトナムやラオスにも流通している. 年々, 装飾過多になる既製服は, 特に若い女性の間で旧正月の祭りや婚礼時に着用するものとして選好される. 服の表面いっぱいに縫い付けられたビーズ飾りやレース, 膨らんだ袖, 絞ったウェスト, 丈の長いスカートは, ドレスの様相でまさに晴れ着である. これらからは, 普段着としての機能性が完全に排除されており, ほぼ1度の旧正月シーズンにしか着用されない. このような服はモンにとって, これまでの「未着用で新しい服」という意味ではとらえられず, 単に「新しいスタイル」であるとしか表現することができないものである. 既製服の流通により, 非日常性や装飾性の高さを伴った新たな晴れ着観が創出されたといえるだろう.

●現代の装い　判然たる晴れ着の出現は, 普段着との線引きも明確にする. 現在, 東南アジアでみられる普段着の多くは, 安価な工業製の布地を使用したものや, Tシャツにジーンズといった洋装である. 日本のきもの同様, かつての普段着と晴れ着の曖昧な領域は失われつつある.

[宮脇千絵]

📖 参考文献

[1] 福田アジオ他編『日本民俗大辞典』上・下, 吉川弘文堂, 1999
[2] 桃木至朗他編『新版 東南アジアを知る事典』平凡社, 2008

台所と調理道具・食器

☞「土器」p.290

図1　ベトナムの台所風景

東南アジアの食文化も他の文化と同様，インドと中国の影響がみられる．インド系の特徴は石臼やすり鉢と石杵で薬草や香辛料をすりつぶした調理法であり，中国文化圏の特徴は早くから箸と碗を使用して米を食してきたことである．東南アジアでもベトナムは陶磁器生産が早くから活発に行われた．ベトナム人の主食である米の栽培はドンソン時代から始まり，米や食材の調理には，土製支脚や五徳を台にして，土製釜を載せ，木材や藁で火を焼べて煮炊きした（図1）．土製釜と土製支脚の組合せでの煮炊きは，フングエン時代から使用され，後期新石器時代以降の北部の伝統調理法であった．土製釜は，考古学的遺物の中でも最も多く出土するものであり，土器は家の近くの空き地で，野焼きで生産されていた．

●農村の台所と都会の台所　木や藁を焼べると煙を多く出すため，台所は屋外スペースや別棟に設置された．台所はベップとよび，竈の意もある．竈の前に座り込み，藁を足して火の加減を調節しながら調理する．竈の周辺では，地面に座り込んで，地べたにまな板をおいて食材を切るなど調理の準備をする．母娘や嫁姑ら女たちの話の弾む時間である．燃料は，木材や藁から練炭へ，また1990年代頃から都市ではガスコンロや電気炊飯器が普及するようになり，農村的な台所から近代的な台所へと変化していった．またアルミニウムやステンレスの鍋の普及とともに，土製鍋は使用されなくなり，土製鍋で炊いたご飯は今や高級レストランのメニューの「コムニエウ」として残っている程度となった．

●台所の神様　ベトナムの民間信仰で今でも根強く残っているのが，オンタオとよばれる竈神信仰である．旧暦の12月23日に，竈神が天に昇り1年の家で起こった出来事を神に報告し，大晦日の30日に戻ってくると考えられている．現在でも紙の冠と靴3セットを家の祭壇に供え，23日に燃やしてその灰と竈神が鯉に乗って天に昇るよう生きた鯉や魚を川や池に放つことから，ベトナムにとって台所は重要な場所であることが理解できる．

●調理道具　調理道具は，鍋，甑（蒸籠の一種），包丁，まな板，すり鉢だけでいかなるベトナム料理の調理も可能である．農村では煮炊きだけでなく，炒め物や揚げ物も鍋で調理する光景をよくみる．かき混ぜる道具はお箸であり，また炊きたてのご飯をかき混ぜるのは，しゃもじの代わりにドゥア・カーとよばれる2本の大型の幅広い箸が使用され，釜の蓋の開閉もこれで行う．包丁は，陶器碗の底部で研がれる．台所には，さまざまな壺や甕（かめ），ガラス瓶がおかれており，その中には調味料（ヌオックマム，塩，砂糖，ラード，油，味の素）や食料（米，芋，漬物など）が入っている．ほか，野菜や食器を洗うためのザルや盥（たらい），胡椒などを擂るすり鉢があり，竹で編んだゼーとよばれる釜敷は鍋の持ち運びに欠かせない．角の方には薬草酒を漬けた壺もおかれている．ほか，水切り用の竹製ざる，米を分別する大型ざるなどさまざまな種類のザルがある．バックニン省フーラン村などで600〜700年間継続して生産されてきた壺，甕，甑，釜，たらいなどの陶器は，プラスチック製品の普及により，農村の家庭でもみかけることがなくなった．

●食器　現在でも農村での食事は，家の床にゴザを敷いて，中央に銅製やアルミニウム製の大盆をおき，大盆を囲んで家族がゴザに座る．大盆に配置される食器は定位置があり，中央にヌオックマムや塩·胡椒にレモンを絞ったものなどの浸けタレの小碗がおかれ，そのまわりに，おかずの入った小皿がおかれる．タレの入った小碗を中央にしておかず皿を花びらのようにきれいに配置するのが大事である．大きめの汁碗，茶碗，小碗，平皿が最低限必要な食器であり，食器棚にはそれらが収納されている．宴会時には，肉や魚料理が増え皿の数が増えるだけで，碗皿の種類は変わらない．また，米製麺のブンやフォーなどには大碗が使用される．普段使いとは別に親族の命日など宴会用に茶碗と皿をたくさん購入して準備している．ベトナムの家庭では，安価かつ硬質で割れにくい中国陶磁器が使用されている．

配給制時代は，食料が不足していたため，たくさん食料が入っているように見せる腰折碗（鳥の絵碗，バット・コン・ガー）が使われていた．食器のほか，北部ベトナムで客のもてなしに欠かせないのが茶器セット（急須，湯飲み）である．応接セットの机の上におかれ，訪問客は，急須に茶葉を入れて熱いお湯を注ぎほどよく入れた温かいお茶をもてなされるのが常である．同じ小さい湯飲みは飲酒にも使われる．嗜好品に使う道具として，男性は竹筒や陶器製の水タバコ用の煙管（きせる），女性は檳榔（ビンロウ）の実を噛むための石灰壺など，それぞれ愛用品をもっている．

●ベトナムの高級・モダンな陶磁器　現在，高級と考えられている食器は，ベトナム南部の白地に金を縁取ったミンロン製の陶磁器である．迎賓館や国家機関の客間で使用され，各国首脳への贈呈品ともなっている．

一方，観光客にはバッチャン焼が人気で，ドイモイ以降，「安南焼」の再興で注目を浴びた．最近では，「ニューバッチャン」とよばれる器壁の薄い陶磁器が人気である．また，バッチャン村隣のキムラン村では，日本の陶芸家によるろくろ成形の技術指導が行われていた．

［西野範子］

参考文献

［1］西村昌也『ベトナムの考古・古代学』同成社，p.360, 2011

家屋・調度品

家屋とは，雨露をしのぐためのシェルターとして，生活の器としての意味が第一義であろうが，さまざまな意味体系・シンボリズムを帯びていくものでもある．

●屋根型の表現　インドネシアの島ごと，民族ごとに異なるような多様な屋根のかたちが，その好例であろう．ミナンカバウの家屋は，緩やかにカーブした棟や倒れ込んだ妻面などが特徴的だが，その形態は水牛の角を表すという．トラジャの家屋は，妻がさらに外に大きく倒れた鞍型屋根が目立つ形である．ジャワでよくみられるジョグロという屋根型は，中央部が尖った山のようになったものである．これらの屋根型について，船を象徴したものととらえる見方がある．

多様なシルエットをみせる屋根があるが，その架構は実は単一の基本型に源があるという説がある．円錐形に長材を集めたもの（ちょうど日本の竪穴式住居の架構に似たものとなる）から，斜めに長材を交差させる叉首（さす）が抽出される．これに棟木を渡し，垂直材としての柱を組み合わせることで，次第にバリエーションが増えていく，というものだ．複雑に台形を組み合わせたシルエットのカロバタックの家屋の架構でも，このバリエーションとして説明がつく．

建築材料としては，東南アジアは森林資源に恵まれた土地柄ゆえ，チーク，ラワンといったいわゆる南洋材から，ヤシや竹も構造材として使用される．ただ，一方で寺院などに使われるレンガ，石は，一部を除き住宅には使わない（木材枯渇以降は使用されるようになったが）ように古来から峻別されていたことがうかがえ，そのため，アンコールのような巨大な都市遺跡でも，石造寺院群がいくつも残されているのに比して，当時の住宅はすべて朽ち果てて地上にその姿をみることはない．わずかに，それら石造寺院のレリーフに刻まれた都市景観から，当時の住宅の姿を偲ぶしかない．このように，伝統的な東南アジアの家屋は，限られた素材，限られた構法で，実に多様な世界を出現させたということができる．

●土間か高床か――家屋と住まい方　一見，千差万別にみえる家屋だが，広くアジアの広がりの中でみたとき，土間による地床か，木造などで床をつくる高床か，という視点で分類すると，その見取り図を描きやすい．東南アジアでは高床が多いが，ところどころに地床が存在しており，その分布に特徴が見出せる．ベトナムの沿岸部・平野部にみられる地床型は中国の影響と考えられ，その他の国の華人居住区でももちろん地床である．また，ジャワ，バリ，ロンボクにも地床が広く存在するが，これはヒンドゥー教の影響とする説もある．つまり，地床は一部の地域にしか存在していないことになる．しかし，これも歴史的な変遷を経ての結果であり，例えばボロブドゥールのレリーフをみれば，かつてはこの地も高床式の家屋が建つ地域であったことがわかる．平野は水漬き，山間部は旺盛な植生に阻まれて，一般に地表にそのまま住めない土地柄であることから，高床が主流となることは納得できるが，その姿もこれまた多様である．地面よりわずかに上げただけのものから，ツリーハウスのように見上げるような高さにウッドデッキを設けるものまであり，一概に高床とひとくくりにすることも難しそうである．また，一方の地床も，ただ地面を平坦にならしたものから，石灰などを混ぜた三和土(たたき)を用いるもの，また，ロンボクの一部には1mくらいの高さまで土を盛り上げたものまで，やはり多様性が認められる．地床式を持ち込んだとされる中国でも，干闌式という高床式住居が南部の主流であり，日本にも竪穴式と高床式として両者が併入している．この分布の違いは多くの問いをはらんだまま，幾多の歴史的変遷の結果の産物として，各地の風土に根付いた存在となっている．

●家族のための器としての家屋　家屋の構成は，母屋と釜屋などいくつかの建物で屋敷地を構成する分棟式と，一つの家屋に諸機能を合同させる一棟式があるが，後者では何世帯もが一つ家の中に暮らすロングハウス形式も，東南アジアでは島嶼部・大陸部ともにみられる特徴的な形式である．ロングハウスは，ウッドデッキの上にリニアな集落を形成しているようにもみえるが，かたやタイにみられるように，いくつもの棟をチャーンというデッキでつないでいく形式もある．母屋を中心に世帯の数に応じてチャーンが伸び縮みする様や，巨大なワンルーム住居の中で性別・長幼・婚姻・身分などが空間的ヒエラルキーとなり生活空間が構成されている様をみて取ることができ，R. ウォーターソンがいうように，住居と親族集団を同一視することが家屋の構成原理となっていることが認められる．

家屋内部では，高床式ではユカ坐の生活のため調度はあまり必要とされないが，マレーハウスなどではテラスの欄干から派生した形でベンチが設けられ，ベッドもつくり付けの造作となっているなど，家具・調度と家屋が連続している様がみて取れる．地床式では，大型の寝台が持ち込まれることが多いが，それは就寝時以外にもくつろぎ・団欒(だんらん)に使用され，ユカ坐式の生活スペースとなっていることが散見される．台湾で日本の畳敷のことを「総舗（部屋全体のベッドの意)」とよんだように，高床式の発生の一形態を想起させるものではある．このように，東南アジアでは元来は家屋内に調度品が多くはなかった．

さて，近代化・都市化が進展する現代の東南アジアの住宅と，これらの伝統的な住まい方に連続性を見出すことは可能だろうか．信仰空間ではやはり根強い継続性があるほか，住宅の間取りにその片鱗をみることも可能であろう．エントランスのドアを開けると，日本ならば玄関に廊下が続くところ，東南アジアの多くの住宅ではいきなりホールになっていることが多い．こんなところに親族が集う「ひとつ屋根」の記憶が宿っているのかもしれない．　［大田省一］

トイレ事情

トイレほど大切なものはない．1日のうちに必ず何度かお世話になる．トイレで過ごす時間は，積算すると人生のうち3年間ほどになるそうだ．その時間を，いつもと違うよそのトイレで過ごすこともある．とまどったり，驚いたりすることは多い．まず私的な経験をもとに，東南アジアでのそうした事例を紹介しようと思う．トイレは，私的な空間で私的な時間を過ごすところだから，話がプライベートになることをお許しいただきたい．ただ最後は公の話にするつもりだ．トイレは，実のところ，きわめて公的な問題であるからだ．

●さまざまな「トイレ」 インドネシアのジャワの集落で，浅く流れる川の真ん中にサロン（腰布）をたくし上げしゃがんでいる人をみた．驚いたが感慨も深かった．初めての海外で，違う世界があると実感できたからかもしれない．1980年の前半のことである．この頃は水田の中の灌漑用の用水路でも，お尻の先を水面につけた人もよくみかけた．ジャカルタの人通りの多い街中の川でもみかけたこともある．川で用を足し，流すのは合理的である．糞尿は溜めない方がいい．川はいわば巨大な水洗トイレだ．若い女性など，さすがにオープンに用を足すことははばかられるから東南アジアの川沿いの集落では，「トイレ」を川の上に設えることが多い（図1）．まさに厠(かわや)である．川に浮かぶ筏の上や，杭上の桟橋を川に突き出した先に設置する．板やヤシの葉でしゃがんだ姿だけが隠れるようなものから水浴び場も一緒にした小屋のようなものまで，素材・形・大きさはさまざまである．そのような水の上のトイレの一つにスンダ地域の養魚池の上のトイレがある．人糞を魚の餌として利用するもので，究極の水洗トイレである．

図1　川に浮ぶ「トイレ」

ここで，糞尿の利用について記しておく．農業への利用は日本をはじめとする東アジアが中心であり，東南アジアではほとんどない．例外は中国に近く人口稠密で集約的な農業が長く行われていたベトナム・紅河デルタ一帯だろう．1990年代には，トイレは小便器と大便器に分けられていた．用途が違うからだ．大便は豚の餌に，そして尿は肥料として農地にまかれる．ただ近代化とともに，糞尿利用は急速に減った．東南アジアの農村地域では，歴史的に糞尿利用がほとんどみられなかったこともあり，トイレがないことは普通であった．それで日常生活で困ることはない．屋外排泄．家のまわりに「トイレ」はちゃんとある．

インドネシア・スマトラ島のバタックの集落に宿を借りたことがある．翌朝，トイレの場所をたずねると，落ちていた木の枝をわざわざ拾って裏手の林の方を指し示した．その枝をそのまま手渡される．用便中，新鮮な「食べもの」を狙ってくる犬を追い払えということである．振り返ると気配を察した犬がすでに尻尾を振っている．大陸部の山地の少数民族の集落では，犬の代わりに豚に注意しなければならないこともあった．トイレに行くときにもつのは棒だけではない．水を入れた容器は，トイレットペーパー代わりとして欠かせない．野外に散乱するトイレットペーパーほど醜悪なものはない．なにより水を使う方が，はるかに清潔である．町のトイレでも，トイレットペーパーではなく，洗浄のためバケツに水をためたり，専用のシャワーが備えてあったりするところが多い．

●清潔なトイレを　人類は長くトイレなしですませてきた．人口が少なく，大地が感染症の原因となる排泄物を速やかに分解・吸収できるかぎり問題はなかった．問題は人口が集中したときである．トイレがなければ，排泄物からさまざまな感染症が蔓延する危険性が増す．2015年に国連は2030年までに達成すべき「持続可能な開発目標」（SDGs）を掲げたが，その中の重要目標の一つが屋外排泄を撲滅するということである．屋外排泄の東南アジア各国の比率は，2015年の時点で，カンボジア60%，ラオス37%，東ティモール36%，インドネシア29%，フィリピン10%，ミャンマー6%などとなっている．1990年から世界的に減少傾向にあるが，まだまだ屋外で用をたす人の数は多い．屋外排泄の撲滅は，単純にトイレを設置すればいいわけではない．糞尿の処理の不十分なトイレはかえって不衛生である．せっかく設置しても，使えないトイレも多い．例えばラオスの水田稲作集落のトイレ普及率は国や国際機関の援助を受け90%を超えるが，屋外排泄をする人はまだ20%を超えている．集落と日中農作業をする水田の距離が遠いためである．また東ティモールなどでは小学校を中心に援助団体がトイレを設置したが，必要な給排水施設が伴っていないため多くが誰も使うことのできない「開かずのトイレ」となった．

屋外排泄撲滅という目標達成のためには，まず人びとの排泄行動とその背景にある文化を理解することが重要である．男女の違いなどは，おろそかにされやすい．次に地域の人びとが公衆衛生の重要さを理解すること．例えば，淡水魚や野菜を汚染するタイ肝吸虫症を防ぐために屋外排泄をやめることをラオスの住民が知ることである．その上で，ともに対策を考えることになる．目標達成は簡単ではないが不可能でもない．ベトナムは1990年に39%であった屋外排泄率を2015年には0.7%にし，屋外排泄の撲滅にほぼ成功している．　［阿部健一］

📖 参考文献

[1] UNICEF East Asia and Pacific Region Office, *Second Regional Review of the Community Led Total Sanitation （CLTS） in the East Asia and the Pacific Region*, 2016

庶民の足

都市化が進む東南アジアで，今日でも人口の半数が居住する農村部における庶民の足とは基本的に徒歩か中古自転車・オートバイである．中距離となると安価な路線バス，乗合タクシーとなり，長距離は大型バス，従来型鉄道となる．一方都市部では，所得向上と分割払いの普及により爆発的に販売を伸ばしているオートバイやスクーターが庶民の足となる．中長距離でもそれらを利用し家族旅行でも利用する．遠距離ともなれば最近は格安航空線（LCC）なども利用されることもある．その膨張する東南アジア都市部では三つの大きな変化が起きている．1番目は急速な経済成長がもたらした自家用車とオートバイの増加，2番目はそれに伴う渋滞，そして最後に IoT（internet of things）である．ここでは新旧さまざまな交通手段の混在する都市部の庶民の足を中心にみてみよう．

●変化と連続性　人口増加する都市部では従来型鉄道の再整備，新しくモノレールや地下鉄（MRT）などの整備を迫られた．東南アジアのどの国でも自家用車を購入できる所得層は中産階級以上であり，その余裕がない庶民層がほかの交通機関を利用する．もともと，大量輸送手段は中産階級の自家用車通勤による渋滞緩和の手段として建設され，バンコクのように割高な運賃で運営しているもの，フィリピンのマニラ，マレーシアのクアラルンプールやシンガポールのように適正運賃で庶民の足といえるモノレールや地下鉄もある．従来型路線バス・鉄道も中距離を移動する庶民には欠かせない．タイでは路線バスなどの公共交通機関やソンテウという小型トラックの荷台に縦に座席をつけた乗合タクシーやトゥクトゥク，モタサイというバイクタクシーが主である．ラオスのビエンチャンではタイからのトゥクトゥクや路線バスなどが主な庶民の足といえよう．タクシーは運行しているが運賃は乗車前交渉で台数は少ない．カンボジアでは 1990 年代初頭まではベトナムと同じシクロとよばれる輪タクと UNTAC 後大量に輸入された日本製中古カブを利用したモトドップ（ម៉ូតូឌុប）が首都交通を支配していたが，最近はタイからのトゥクトゥクをまねたバイクタクシーとインド製のバジャイ・トゥクトゥクがシェアを広げつつある．それにつれてシクロをみることは市場や王宮周辺のみとなり，庶民の足というよりも荷物運搬機能と観光客向けの営業が多くなっている．ベトナムではかつてはシクロが主要な交通機関であったが，今はバイクタクシー（モトバイ，セオム）の急速な普及によりシクロはその場所を失いつつある．後発国であるミャンマーのヤンゴンでは従来型の交通機関は中古乗合バス，輪タク（サイカー）や古い汽車がある．オートバイが禁止された結果，サイカーの登録数は 2015 年時点で 2 万 6000 台とされる．近年，日本からの中古車輪入が増加し，それを利用したタクシーが約6万台あるがGrabを導入することによって，渋滞の緩和と公正な価格と安全を売り物に観光客の誘致を目指している．

ジャカルタでは「後進性の象徴」という理由からベチャ（輪タク）は1991年に一度，姿を消した．1997年に再登場し2〜3名が乗れるベチャやバジャイ（図1）は主に市場周辺で荷物を大量に積む利用が多くなっている．2018年1月にはアニス・バスワデン州知事によって再運行が許可されたが，最近2名乗れて，床部分に荷物がおけるスクーターの販売増はベチャやLPGを使用する新型バジャイの乗客を奪っている．マニラではトライシクル（オートバイにサイドカーを付けた乗り物）やジープニー（ジープを改良した乗合タクシーでどこでも乗り降りできる）が一般的である．ジープニーには配車アプリであるGrab jeep，タクシーにはUber（2018年3月に東南アジアから撤退した）やGrabが利用されていたが，2017年7月末をもって規制が強化された．クアラルンプールではモノレールやバス，電車が一般的な庶民の足である．ここでも交通渋滞が深刻であり，渋滞時間帯以外に利用されるタクシーも配車アプリのGrabやGo-jekが普及し始めている．

図1　1998年のベチャとバジャイ，オジェクの共存風景（中央ジャカルタのタムリン通り）

● IoTと配車アプリの普及による変化　このように都市部ではIoTによる急激な変化が起こっている．それまでは乗車前の運賃交渉が普通であった庶民の足にもIoTの波が押し寄せている．格安スマホや中古品の普及はGo-jekやGrabなどの東南アジア諸都市で利用されている大手配車アプリ使用を推進した．インドネシアでは現在のバイクタクシー（オジェック）運転手総数は2万5000人と推定されているが（Jakarta Globe 2017.7.31），運転手への搾取や乗客を奪われたというタクシー業界からの抗議により配車アプリの規制強化が始まっている．東南アジア各国の諸都市では，法制度が脆弱な国ほど，規制が甘く乱立する傾向がある．カンボジアではパスアップ，イツモなど，独自の配車アプリを立ち上げている．マレーシアでは規制されていたが現在はMy TeksiやGrabが多い．タイでもGrabが多いが規制が強化されている．ベトナムでは税金未払い問題に揺れたUberとGrabが一般的であった．配車アプリ料金は公正ではあるが，庶民にとっては値切る醍醐味が失われる側面もある．しかし高齢者が従事するインドネシアのベチャ，カンボジアのサムロー（輪タク）など，その利用者である都市貧困層などはスマホをもたず配車アプリも使いこなせない．グローバル化やIoT化の波には，そもそもついていけない高齢者や最も貧しい人びとの周縁化は進んでいる．

［東　佳史］

村の共有資源管理

農山漁村に暮らす人びとにとって，身のまわりの森，川，海などの自然は，生活に不可欠な基盤である．これらの自然資源は，個人所有というよりも，集落，村，親族などが共同で利用管理している場合が多い．そこには，資源管理をめぐって人の行動を律する規範があり，人と人のかかわりがある．東南アジアでは，バリ島の水利組織スバックやマルク諸島一帯のサシなど，慣習に基づく伝統的な資源管理（慣習的管理）が知られるほか，国の政策や開発を契機に再編・強化されたり，新たに生まれたものもある．ここでは，村の共有資源管理を「村や集落など小規模な集団による，資源の共同利用・管理」と広く定義しておこう．

●共有資源の管理は可能か？　共有資源管理をめぐっては，生物学者 G. ハーディンが「共有地の悲劇」（1968 年）の中で次のような論を展開したことで知られる．すなわち，誰もが利用できる共有地では，誰しも自分の利益を最大化しようとするため，資源の乱獲が起こり，共有地は無残にも荒廃する．この悲劇への回避策は共有地の私有化か，公有化である，と．これに対しては，多くの研究者が，共有資源が持続的に管理されている例が世界各地にあることを示しながら反論し，コモンズ論として理論化していった．東南アジアをフィールドとした研究も数多い．共有資源管理という切り口から，東南アジアのどんな側面がみえてくるだろうか．インドネシアの森をめぐる慣習的管理の事例を中心にみてみよう．

●慣習的管理　インドネシアをはじめ，東南アジアの森林のほとんどは国有（国家管理）である．19 世紀後半以降，近代的法制度が整備されるに伴い，多くの国々で，「所有権が立証できない土地は国有」と定められたことに端を発している．近代的所有の概念に照らせば，慣習的管理は所有権があるとはみなされがたい．その結果，森を生活の基盤としてきた人びとが，国立公園の設定や農園開発などにより，森から追われ，社会問題化するケースも多い．

「所有権が立証できない」背景には，慣習的管理が次のような特徴をもつことがあげられるだろう．①慣習が村人間で口承や身体化される形で伝えられてきたこと（口承性，身体性），②資源の状態や資源への人びとの働きかけの度合いにより保有形態が柔軟に変化し得ること（転換性，柔軟性），③資源をめぐる権利やかかわりが多様かつ重層的であること（重層性），④カミ・精霊・祖霊など超自然的存在が人びとの資源利用を律していること（神聖性），である．例えば，スラウェシ島山間部で焼畑を生業の柱とするとある村では，焼畑地は畑として利用されている間は私有地化するが，長く休閑が続くと共有地化する場合もある．また，森の利用をめぐっては数多くのタブーがあり，村人はさまざまな現象（星の現れ方，

図1 「禁伐」の森で伐採した住民から，「慣習」に基づく罰則として牛を受け取った村の慣習組織のメンバー（2006年12月）

儀礼で屠る鶏の状態など），夢，憑依を通じて現れる予兆を読み解き，カミ・精霊・祖霊と交信する．悪い予兆が出れば，作業は中止となり得る．「災いがもたらされる」からだ．

こうした慣習は，外部者には「曖昧」「非科学的」と映るだろう．しかし，村人の間では，土着の信仰・世界観と深く結びつき，資源利用を律する規範として機能してきた．とはいえ，商品作物栽培が広がり，焼畑が常畑化するなど，生業形態や生活様式が変われば，こうした規範が機能しなくなる可能性もある．

慣習を文書化・地図化することで，自然保護区域内での慣習的管理に対する法的認知を得た村もある．村人間の暗黙の了解事項である慣習を，外部者にもわかる形に再解釈・翻訳し，可視化する作業を村人が進めたのである．例えば，スラウェシ島のとある村でつくられた慣習文書には，「50度以上の傾斜地と川岸から50 m以内は禁伐」など外部者にもわかりやすい表現が並ぶ．また，この村の慣習組織は，村に移住してきた他民族も含む形で再構築された．

この村のような取組みは，地域に固有で，柔軟な特徴をもつ慣習的管理を規格化し，硬直化させる可能性もある．しかし一方で，外部にも開かれた形で慣習的管理を再構築し，村の自治力を強化させる可能性もある．

●新たな共有資源の創出　開発政策の実施に伴い，村外から持ち込まれる資源と村内にある資源を組み合わせることで，新たな共有資源が生み出される場合もある．例えば，ジャワ島のある村では，公共事業省から村が補助金を獲得して深井戸ポンプを村有地に設置し，地下水を利用した村営水道事業を2008年から開始した．2014年には3億ルピア（約270万円）を超える収益をあげ，その2割を村の開発予算に繰り入れている．この村では，さまざまな村落開発事業を実施する中で，資源を共同で管理する組織と経験を村が蓄積していたことが基盤にある．近年各地で増え始めているマイクロ水力発電や「ゴミ銀行」（資源ごみを住民が集め換金する活動）なども，村の新たな共有資源管理となり得る取組みとして注目できる．

村の共有資源管理は，人びとの世界観や経験に根ざし，地域に固有な側面をもつ．しかし，村人間だけに了解され，閉じられたものとしてみるのではなく，法制度・政策との関連，生業や生活様式の変化，政府やNGOなど外部との関係性を視野に入れ，動態的にとらえる視点が今後さらに重要となるだろう．［島上宗子］

参考文献

［1］秋道智彌『コモンズの人類学―文化・歴史・生態』人文書院，2004
［2］井上 真編『コモンズ論の挑戦―新たな資源管理を求めて』新曜社，2008

頼母子講

世界，特にアジア，アフリカ地域には，日本の頼母子講に似た在来の金融講が数多く存在する．東南アジアでは，インドネシアのアリサン，フィリピンのパルワガン，ベトナムのホイなどが知られるほか，マレーシア，タイ，ビルマ，香港，東ティモールなどでもその存在が報告されている．人類学者C. ギアツは，1950年代のインドネシア・東ジャワでの調査をもとに，アリサンをはじめとする世界各地の講を「回転型信用講」と概念化し，農耕社会が商業社会へと移行する過程で，農民の伝統的な社会関係を動員しながら，経済発展に不可欠な現金貯蓄を促し得る仕組みとして注目した．研究者の間ではその後，「回転型貯蓄信用講(ROSCA)」の総称が定着し，貧困解消や住民組織化の手段として，開発実践の分野でも注目されている．

●講の仕組み　講の基本的な仕組みは次のとおりである．何人かの人びとがグループをつくり，定期的に一定の掛金を持ち寄る．毎回持ち寄られた掛金は，くじや入札などの方法で選ばれたメンバーに給付される．メンバー全員に給付が一巡するまで講は続けられる．以上を基本としながらも，講の規模や仕組みにはバリエーションがみられる．

今ではあまりみられなくなったが，かつて日本にもさまざまな講が組織されていた．東南アジア研究で知られる人類学者J. F. エンブリーは，1930年代の熊本県須恵村での調査をもとに，村でみられた「講」について記述している．現金をやり取りする金融講，米など現物をやり取りする講，傘や靴，布団，家畜の購入など目的が限定された講，女性のみが参加する婦人講，荷馬車引きなど同業者による講，寺で行われる講など，講の対象物，目的，主体とも多様である．また，給付順の決め方（入札，くじ引きなど），掛金への利子や担保の有無も，講の規模や目的によりバリエーションがある．東南アジアでどのような講がみられるのか．具体例の一つとして，インドネシアのアリサンをみてみよう．

●インドネシアのアリサン　アリサンは，インドネシアの多様な層・地域で広く実施されている．ジャワ語源といわれるが，起源ははっきりとはしない．掛金への利子はなく，くじにより配分され，規模も比較的小さいものが多い．経済的機能よりも，メンバー間の親睦や絆を深める社会的側面が強い講だといえる．こうした特徴は，ギアツの調査時から今にいたるまで大きな変化はみられない．

例えば，ジャワ島中部のK村（人口約900世帯）では，村内で100近いアリサンが実施されている．アリサンを目的に組織されたものもあるが，婦人会や隣組など既存のグループの活動の一つとして実施されるものが多い．K村でアリサンが組織されたのは筆者が確認できた限りでは，1970年代以降であり，開発を目的とした住民の組織化が進む中で急増していった．

図1　アリサンのくじ引き．人びとをひきつける楽しみのひとつだ

掛金は2017年現在で1口1万ルピア(約90円）前後，参加人数は30～50名程度で，100名を超えるものは少ない．くじに当たって受け取る額は数十万ルピア程度である．例えば，30名のアリサンに全員が1口1万ルピアで参加し，毎月1人にくじが当たるとすると，くじの当選者に30万ルピアが渡される会合が30回続くことになる．農業労働で得られる日給が3万ルピア程度であることを考えると，アリサンは，くじ引きの楽しさを伴いながら，少額の現金を気軽に貯蓄できる手段となっているといえるだろう．

アリサンにはお茶と茶菓子がつきもので，くじに当たったメンバー宅が次回のアリサンの会場となる．会合に欠席するとくじに当たっても無効となるため，アリサンは会合への出席を促し，親睦を深める手段としても機能している．こうしたアリサンは，農村部だけではなく，経済発展が進んだ都市部の近隣者，同郷者，職場の仲間，同窓生など，比較的富裕層を含む人びとの間でも広く組織されている．

経済的機能が強いアリサンもある．例えば，K村近くの市場の商人たちが組織していたアリサンには，100名以上が複数口参加し，くじに当たったメンバーには数百万ルピアが渡されていた．会合は開かれず，くじ引きは毎日行われる．メンバーは掛金を毎日決められた時間までに世話役に納入し，くじに当たった人は世話役から金を受け取るのである．

●地域を読み解く糸口　規模に違いはあるものの，入札形式や利子を伴うアリサンは管見の限りみられない．これは，複雑な利子計算を伴う中国の講や，規模や目的によりバリエーションがみられた日本の講とは対照的である．また，アリサンが30～50人規模が多いのに対し，フィリピンのパルワガンは3～5人規模が一般的だという．西アフリカ地域では200人，400人の大規模な講の報告がされている．こうした講にみられる違いは，地域の社会経済状況だけではなく，地域の社会関係や文化的特徴を読み解く糸口としても注目できる．　［島上宗子］

📖 参考文献

［1］Geertz, C., “The Rotating Credit Association: A ‘Middle Rung’ in Development” *Economic Development and Cultural Change*, 10(3), 1962

［2］エンブリー『日本の村落社会―須恵村』植村元覚訳，関書院，1955

［3］泉田洋一「農村金融の発展と回転型貯蓄信用講（ROSCAs)」『宇都宮大学農学部學術報告』15(1)，1992

都市中間層・富裕層の暮らし

☞「超大型ショッピングセンターと生活文化」p.634

経済のグローバル化のもと，持続的な経済成長から中所得国の仲間入りを果たした東南アジアにおいては，階層として厚みを増した中間層に注目が集まっている．日本の経済産業省「通商白書」は，中間層を「世帯の年間可処分所得 5000～3 万 5000 ドル以下の世帯構成員」，富裕層を「3 万 5000 ドル超の世帯構成員」と定義し，2008 年時点でこれらが世帯人口の過半を占める中所得国としてマレーシア（84.1%），タイ（58.7%），フィリピン（43.7%）をあげ，これにインドネシア（39.9%），ベトナム（15.6%）が続くと予想した．

また米国ブルッキングス研究所は，2016 年の世界人口のうち中間所得層（1 日 1 人あたりの消費支出 10～100 ドル購買力平価 PPP の世帯員として定義）は 320 億人規模に達し，うち約 30%が中国，インド，インドネシア，ベトナム，タイ，マレーシアのアジア中間層に占められると推計した．さらにアジア中間層の比率は 2030 年に 64%まで拡大し，かわって世界の中間所得層に占める欧米の比率が現在の 50%から 25%（2030 年）に低下するとの見通しを報告している．このように東南アジアの中間層の拡大は，世界経済の動態がアジアへとシフトする流れを象徴し，世界の消費市場を十数年後に牽引する役割を国際機関や各国政府から期待されている．

●広がる中間層のライフスタイル　東南アジアの都市部では，その日暮らしから解放された個人が，教育やメディア，医療，保険に投資し，娯楽やカルチャー活動を展開する中間層のライフスタイルが拡大している．

総就学率（2015 年）統計から，学齢人口の 3 人に 1 人以上が高等教育を受けている国としてタイ 49%，フィリピン 39%，マレーシア 26%，ベトナム 29%があげられ，成人人口に占める携帯/スマートフォン登録者数もシンガポール（96/88%），マレーシア（96/71%），タイ（96/64%）を筆頭に，フィリピン（87/55%）とインドネシア（85/43%）の普及率が日本（88/54%）と同等以上の水準にある．

余暇活動では，例えばバンコク市民の 8 割が海外旅行を経験し，休日には冷房のきいた大型カフェ・レストランでの外食，米国やタイ映画の鑑賞，ショッピングなどを謳歌し，週 1～2 回はフィットネスやヨガ，サイクリング，ゴルフなどのスポーツにいそしんでいる（日本貿易振興機構レジャーサーベイ 2012 年）．またグローバル化とともに成長した中間層・富裕層は，その英語力と高等教育を背景に，グローバルな媒体との接触頻度も高い．しかし，それは必ずしもグローバルなグッド・ガバナンス論が重視する規範意識（民主化や環境重視，公平さ）の共有につながるとは限らない[1]．むしろ，アジアの中間層は「みずからの既得権に敏感で，保身的な行動もとる」傾向があり，「みずからの利害を表出する可能性が高まった」とみるや政治的行動も変えるアンビバレントな政治的態度が特徴的である[2]．

●都市中間層の増大と政治的役割　都市中間層の増大は，それぞれの社会と中間層が求める社会的安定の中身によって，社会的対立の中和をもたらす場合もあれば，逆に社会的対立を固定化させる場合もある．もともと経済的格差が大きく民族構成も複雑な東南アジアにおいて，中間層出現の初期（1980～90年代）には，下層と教育や職業の境界が明確に分かれたエリート中間層の出現が注目され，社会的リーダーとしての中間層が民主化など市民社会的な価値を担う可能性に国際社会からの役割期待が高まった[1]．かわって，広範な都市中間層が形づくられた2000年代以降は，消費の中流化を基盤に，民族間，都市-農村間，ホワイトカラーと農民・労働者間の境界や差異を曖昧化し，共通の消費文化や価値観を創出する存在としての中間層に注目が集まっている．特に，イスラーム原理主義政党の台頭と並行して民主化が進むインドネシアでは，拡大する都市中間層が，民族・組織など特定集団への帰属意識に基づく保守的政治（アイデンティティの政治）にとどまらず，中間層共通の政治文化を創出する可能性に知識人らが期待を寄せている．民族間の利害を超えて中間層としての価値意識から政党や政治家を選択する個人が増えることで，「多様性の中の統一」原理を体現する階層文化が創出され，政治社会が安定化することに期待が集まっているのである．

他方，大都市-農村間に政治・経済的断裂があるまま発展を遂げてきたタイでは，東北部の農村住民や下層から根強く支持されたタックシン派政党に都市中間層の多くが批判を強め，2006年9月クーデターから13年にわたる国政の混乱や軍政が容認されてきた．都市中心の資源配分やエリート中心の政治になじみのあるタイの都市中間層は，農村の所得向上を目指して農民にばらまき政策を続けたタックシン政権の長期化を拒み，政治的自由の一部を放棄しても，国家構造の転換を押しとどめるクーデターと軍政を容認したといわれる．社会がタックシン派と反タックシン派に分かれて分裂状態に陥った背景に，タイの都市中間層がみずからの優位な地位の保全を目指す「地位政治」の影響があるとされる．

教育のチャンスに恵まれ，職業や所得の安定した個人が層をなす東南アジアの中間層は，消費ブームの担い手だけに留まらず，原理主義的な信条の世俗化，社会の統合・分裂といった社会の安定問題に，プラスにもマイナスにもかかわる存在である．肥大化する中間層の意識や役割の分析は，とりもなおさず東南アジアの市民社会の行方，政治の安定を占う課題に直結している．　［船津鶴代］

📖 参考文献

［1］服部民夫他編『アジア中間層の生成と特質』アジア経済研究所，2002
［2］園田茂人編『勃興する東アジアの中産階級』勁草書房，2012

都市の集合住宅

東南アジアのどの都市でも，似たような集合住宅が建っている．日本でもおなじみの団地の風景は，東南アジアの都市でも同様にみられる，ありふれた風景となっている．このような「団地」は，いつ，どのようにつくられたのだろうか．

●東南アジアの集合住宅政策　都市の人口問題は，第2次世界大戦前の植民地時代からすでに発生しており，英国領の「都市改善トラスト」，フランス領の「HBM（廉価住宅），HLM（集合住宅）」などの仕組みが導入され，公的な集合住宅供給が開始されている．さらに，独立後は首都などへの人口集中が加速し，住宅問題は各国にとって重要な課題となった．域内でこれにいち早く対応した国に，北ベトナムがある．集合住宅とは，人びとをグルーピングして，文字通り「一つ屋根の下」に収める装置であり，本質的に共産主義思想とは親和性があるものともいえる．1950年代に建設されたハノイ市内のグエンコンチュ団地は，集会室など共用部分も十分に備えたものであった．これは既存市街地の周縁に付け足すような立地であったが，次世代のザンボー，キムリエン団地などでは，敷地内に学校・商店も備えた，自己充足型の郊外新都市地区を目指したものであった．

もう一つ，国そのものが「団地国家」とよばれるほど，集合住宅建設に熱心なのがシンガポールである．狭小な島国ゆえ，住宅不足は早くから問題視され，1920年代からシンガポール開発トラストにより集合住宅建設が始められ，その事業は独立後はHDB（住宅開発局）に受け継がれる．1952年に建設が着手されたクイーンズタウンは，中心地区を離れた島の南西部につくられたが，規模や計画の面でモデルとされたもので，以降も巨大なニュータウンが国のあちこちに建設された．現在にまで続くこの政策の結果，国民の8割が公共住宅に住まうという，均質化された風景がみられることとなった．

他国でも，都市部での住宅問題は同様であった．インドネシアでは独立後より国民住宅公社を設立し，集合住宅を建設したが，公務員向けに2万戸あまりを供給した後は尻すぼみの状況になってしまう．タイでは1950年代よりバンコクで集合住宅建設が始められたが，本格化するのは1973年にNHA（タイ住宅公団）が設立されて以降である．しかしながら，両国を含めて域内全般に，資金や制度面での問題などから，都市の集合住宅は民間任せの様相を帯びていく．

●団地の現代史　東南アジア新興国家では都市の住宅問題は喫緊の課題であったし，国土建設の過程では計画的住宅供給は政策の一つとして重要視された．ただ，これは大戦後の復興という点では，東西陣営を問わず世界各地で共有された問題意識であった．そのため住宅地の計画原理は国や地域の垣根を越えて広がりをみせた．当時の代表的なものでは，米国発の「近隣住区理論」，ソビエト連邦（ソ連）発の「ミクロライオン」がある．両者ともに学校の通学区をベースに住区を計画するもので，商業施設や文教施設を盛り込んだ計画，また業務地区は都心に依存する傾向をもったのも同様であった．また，近代都市計画の原理に基づいて，住棟配置を実現するという考えが，洋・陣営の東西を問わず広く計画者側に信じられていたことがある．この結果として，あちこちに均質なコンクリートの箱が等間隔に並ぶ殺風景な都市景観が出現することとなった．均質なハードウェアは均質なソフトウェア，つまりは均質な国民像を創出していくこととなり，公的な集合住宅は，管理する側の国家としては，実に都合のよい装置であったといえよう．一方それは，衣食足り住が足りた後の国民にとっては，物足りないものとなることもまた必然のことである．この結果，さまざまな住戸プランや，富のシンボルとして高層マンション，ショッピングセンターとの合同開発などが盛んになった．しかし，近年の開発が，住み手の側の多様な住空間の欲求に応えているかは疑問である．かえって，床面積あたりの価格という経済原理に支配されたユニバーサルな状況に陥っている感も否めない．

●集合住宅に宿る地域性　むしろ，ここにいたるまでの過程の方が，都市生活者の多様さを反映している面もある．タイでは，1970年代後半から低所得者層への住宅供給の補助金が削減されてしまい，そのため居住者の自助努力に期待する方向へと政策が転換された．最低限の生活インフラを整備して，あとは居住者が自分で建設を進める「サイト・アンド・サービス」といわれる手法は，スラム改善にも導入されるなど，土地の状況に応じた宅地開発を行える手法として広まっていった．インドネシアでは，集合住宅建設にまわすお金がない代わりに，既存市街地に手を加えるカンポン改善事業が長年取り組まれている．これらは，住まい手の意識を喚起するものとして注目される結果を残している．

一方，集合住宅が立ち並ぶ，社会主義的な都市景観を一応は実現したベトナムでも，その過程には独自の道のりがあった．建設機械，輸送機器などが十分になかったため，もっぱら人力が頼りとなったが，それは強力な住民組織があって初めて可能になったことであった．また，いったん出来上がった集合住宅も，冷戦後期の統制経済制度のもとでは，不足する住戸面積を補うためや，はたまた家畜や菜園などの副業のために増築があちこちで行われて，無秩序な形態へと変貌した姿をみせることとなった．どちらも，集合住宅というユニバーサルなスタンダードを設定したことで，却って顕わになった地域性だといえよう．住宅は「買うもの＝商品」と化してしまったことが現代社会の憂いの一つではあるが，最近ではさらに「住まないもの＝投機対象」とされてしまうほど，その位置付けも変貌している．これも，都市化の趨勢が止まない東南アジアの実態を反映した事象であることに間違いはない．

［大田省一］

都市スラムの暮らし

☞「インフォーマル経済」p.292

国連人間居住計画（UN Habitat）のデータによると，2014年の時点で東南アジアの都市人口の28.4%が，依然としてスラムに住んでいる．国別では，カンボジア（55.1%）が特に高く，そしてミャンマー（41.0%），フィリピン（38.3%），インドネシア（21.8%）であった．

●東南アジアの都市化とスラム　東南アジアは1960年代以降，急速な都市化を経験した．国連のデータによれば，1950年の東南アジアの都市化率は15.5%に過ぎず，世界平均の29.6%と比べても低位だった．ただし，都市人口成長率は世界平均より高い傾向にあり，2015年の時点の都市化率は47.6%に達した（世界平均は54.0%）．都市化の進展は自然増ではなく，主に社会増（都市への人口移動）によるものであった．また，主に首都を中心に一極集中型の首位都市が形成されたことが特徴である．バンコク，マニラ，ジャカルタといった都市は1990年代までには人口1000万人前後を抱えるメガ都市となった．農村部からの大規模な人口移動は圧縮され短期間で起こったが，これらの流入者が購入可能な安価な住宅は絶対的に不足していた．そのため，多くの人びとが，「余った土地（線路沿いや湿地などの条件不利地）」に自力建設で居住地を構えた．最初は2，3家族に過ぎなかったのが，後に続く者が絶たず，次第に密集化したコミュニティが形成された．それがいわゆるスラムである．

●スラムの形成過程　都市への流入者にとって，最初の課題は住まいの確保である．民間市場では安価な住宅が供給されておらず，賃借市場においてさえ，最低賃金水準で働く工場労働者や不安定なインフォーマル経済従事者にとっては家賃負担が重い．そのため，現実的な選択肢は親戚・知人宅に居候するか，自力建設で住宅をつくることであった．廃材を使うことが多いため，外部者からは「汚い」と否定的な見方をされることも多く，また火災や災害に対して脆弱である．それでも，自力建設の住宅が集合することで形成されたコミュニティには，人びとが都市を生き抜くために必要な諸機能が備わっている．

●コミュニティの機能とリスク　自力建設のコミュニティの機能は第1に，居住空間としての柔軟性である．農村と比べると都市の居住コストは高く，土地は希少である．自力建設の住宅であれば，家族構成の変化や時々のニーズに合わせて，増築・改築することが容易である．また，家計の観点からは「累積的投資」が可能となる．予選制約の大きな家計から，家族のライフサイクルの各段階（出産，育児，就学，職業投資など）とその時々のニーズに合わせて，支出優先事項を決定し，経済的に余力がある場合には住宅の改善にも資金を注入する．長期間に渡って，少しずつ，可能な範囲で住環境を改善していくのである．

第2の機能は，コミュニティの複合的な機能である．多くの住民にとって，コミュニティは生活空間であるだけでなく，生産や消費活動の場である．コミュニティ内では，屋台，洗濯屋，雑貨屋，美容院・床屋，修理工房など，さまざまな経済活動が展開されている．つまり，インフォーマル経済従事者にとっては，コミュニティは労働の場であり，市場でもある．

第3に，リスクや制約による影響を吸収する機能である．例えば，雑貨屋や屋台は後払いやばら売り（タバコ1本，薬1錠からなど）など，顧客の経済状況に合わせて柔軟なサービスを提供してくれる．コミュニティ内は階層化されており，一様ではないが，最貧層や1人暮らしの高齢者に対してはさまざまな手助けがなされることも多い．よりフォーマルな活動としては，高利のインフォーマル金融に頼らざるを得ない現実をふまえて，貯蓄組合を運用している所もみられる．

第4に，自力建設の住宅は身分保障の機能ももつ．例えば，タイでは，土地が不法占拠のスラムであっても，住宅に対しては仮の住居登録を発行している．これは，国際的に居住権・生存権に関する議論が高まった1990年代に開始された．初期の暴力的な撤去や移転政策が失敗に終わり，スラムが増大し続けたこと，また1980年代に始まる物理的インフラ改善といった支援政策に加えて，社会経済的側面の改善，つまり職業や土地の権利問題への対応が重要であると認識され始めたからでもあった．地方に戸籍を残している住民にとって，住所の保証は都市での就職活動などにおける身分保障の役割を担った．また，借金の際に，「資産」として担保にするといった，市場のルールに準じた活用・実践の例もみられる．

●グローバル化のダイナミズムの中で　グローバル化が進む中，バンコクやジャカルタといった首位都市は，周辺地域を巻き込んでメガリージョンを形成し，一国の経済的富の大部分を生み出している．都市部の繁栄を支えているのは，大資本や海外からの投資家だけではない．さまざまな低賃金職種のサービス業や建設労働に従事する都市下層民もまた都市の経済を支えている．ただし，その恩恵は等しく分配されているわけではなく，都市内格差は拡大傾向にある．都市のコミュニティは，決して都市の中に「農村」をつくり出したわけではなく，非常に「都市的」な機能をもつ，開かれた空間である．同時に，住民にとっては，住宅費の節約，仕事の創出，住民同士の相互扶助など，都市を生き抜くために必要な手段を可能としてくれる空間である．現代，再開発の活発化に伴って，多くのコミュニティが近代的な居住空間へと置き換えられようとされている．コミュニティがもつ諸機能を損なわず，再現可能な空間形成をできるかどうかが一つの鍵であるといえる．

［遠藤 環］

📖 参考文献

［1］遠藤 環『都市を生きる人々―バンコク・都市下層民のリスク対応』京都大学学術出版会，2011

第8章
食 文 化

東南アジアの文化の中でも，食は世界の人びとを魅了し続ける魅惑の文化である．古来より東南アジアの香辛料がヨーロッパ人のあこがれの食材であったように，現在でも東南アジア各国の料理を食することは，これらの地を訪れる観光客の一番の目的といっても過言ではない．東南アジアの料理は，食材だけでなく食べ方や食器，調理器具などが多種多様で，さらに，中華料理やインド料理，ヨーロッパ料理などからの影響を受け，バラエティに富んだものとなっている．一方で，イスラームやヒンドゥー教などにみられる宗教上の食の制限によって，異なる民族が共に食することが困難な場合もある．とはいえ，五味の調和にとどまらず，香りや食感，盛りつけにいたるまで，五感を刺激する料理が供されることが東南アジアの食の魅力となっている．本章では，東南アジアの人びとのさまざまな暮らしに根ざした多様な食文化を紹介する．
［信田敏宏］

東南アジアの食文化

☞「日本社会に溶け込んだ東南アジアの食」p.750

「ラーマカムヘーン王の御代，スコータイのくにやよきかな，田には米あり，水には魚あり」13世紀末，スコータイ王朝の第3代，ラーマカムヘーン王が記したというスコータイ第一碑文にある文句である．タイでは小学生が暗誦しているような，有名なものである．

この米と魚という基本セットはタイに限ったことではなく，東南アジア全体に共通するといってよい食文化の特徴である．一方，日本を含めた東アジアでは概して，米，あるいは穀物と大豆が基本のセットであり，大豆が味噌，醤油のような調味料や豆腐などの基本的な副食物となる．東南アジアではそれと同様に，主食である米と魚醤（ぎょしょう），塩辛のような調味料（塩辛は副食品である場合もあるが，調味料という位置付けの場合が多い），そして，おかずの中心になったりもする．それだけでなく，水田の中，あるいは河川から水田へと水を引く，灌漑用水のような水田まわりで小魚をとるような事例が多い．石毛直道はそれを「水田漁業」と名付けたように，稲作と魚をとることが暮らしの中で，基本的なセットになっている．稲が育っていく水田は，天敵である鳥から身を隠すのに具合がよい．魚が育つ頃には，稲の収穫のために水を抜くので，その時期にまとめてとれるということでもある．それを保存する術として，魚醤のような発酵食品も発達した．

●米食　一部の少数民族では，タロイモ，ヤムイモなどの芋類，あるいはサゴヤシのデンプンなどを主食とする例もあるが，米が圧倒的といっていい．多数派の平地民との接触を経て，米食に変化するという例も多い．その米は長粒種であるインディカが多い．それを基本的に「湯取り方」といわれる炊き方で炊く．たっぷりのお湯を沸かし，その中に洗っておいた米を投入し，芯がなくなったところでお湯を捨てる．インディカはただでさえ，粘りけがジャポニカよりも少ないが，その炊き方でさらにぱさぱさになる．そのような嗜好だということである．同じ米食でも，ラオスから東北タイ，北タイ，ミャンマーのシャン州などではもち米になる．インディカ種の「モチ」である．こちらは竹を編んでつくった蒸籠で蒸したものが主食である．うるち米の地域は，スプーンとフォークで皿に盛ったご飯と，おかずを食することが一般的であるが，このもち米主食地域では，粘りけのあるもち米を手でつまみ，おかずにつけてから（あるいは一緒につまんで）口に運ぶような食べ方になる．

●インド文化の影響　東南アジアは「インド化された国々」ともよばれる．ベトナムやフィリピンの北部を除く東南アジアのほとんどの地域が，インドの文化の影響を受けている．食文化の面でそれをいうと，特にスパイスの多用ということがそれにあたる．東南アジアのほとんどの地域に，カレー的なスパイスを多用した料理が存在する．インドの影響，あるいはそれと共通する文化ということである．細かくみると，マレーシアからインドネシアのあたりの島嶼部によりスパイスを多用する文化があり，大陸部でもないではないが，生で葉などを利用するハーブの利用が目立つという違いはある．

また，ココナッツミルク，つまり，ココヤシの実の内側についた白い果肉を削り，水を加えて揉んで濾したミルク状の液体を，カレーなどの料理に用いるのも，インド，特に南インドからスリランカ，そして，南太平洋の島々にまで共通する文化である．粉食と乳利用の北インドよりも，米食含め，南インドと共通する部分が多いということである．

図1 すり鉢でスパイスや魚醤などすりつぶすのが料理の基本（カンボジア）

●生食 東南アジアにオリジナルなものとしては，野菜類の生食があげられる．朝鮮半島を数少ない例外として，南アジアから東アジアまでの地域では生食はしないところが圧倒的だが，東南アジアでは魚醤やスパイスを合わせた「タレ」に，生野菜をつけて，ご飯と一緒に食べる．あるいは，ベトナムのように生野菜に料理を包んで食べたり，タイのように焼きそばの類に生野菜を混ぜながら食べるというようなものもある．

●調理 調理道具については，インドと中国の間という位置関係そのまま象徴的にみられる．インド式の取っ手のない円錐形の鍋，サドルカーンなどの石臼，ペティナイフのような包丁など，インドと通じる部分と，中華鍋，中華包丁が混在している．調理法では先に述べたように，蒸すということに特徴的なもち米地帯以外は煮ることと直火で焼くことが一般的であったところに，近代になって中華風の炒め物も入り，あるいは欧米や日本から電化調理道具も入って，都市部では一般化している．

●多様な食文化 島嶼部を中心としたイスラームと大陸部の上座部，ベトナムの大乗という仏教，フィリピンなどのキリスト教のような宗教の違いが，食のタブーという面でも違いがみられる．加えて，スペイン，米国が宗主国であったフィリピンのみならず，フランス植民地であったベトナム，カンボジア，ラオス，オランダ植民地であったインドネシアなど，タイ以外は植民地だった国々によって，宗主国の文化的影響もある．食べられているパンなど，それが顕著に現れる．加えて，近代からの華僑の影響，あるいは近代化，グローバル化の中での，特に都市部での食文化の変容など，さまざまな要素を受けて，多様な食文化を発達させている．

［森枝卓士］

ベトナムの食

☞「台所と調理道具・食器」p.346

ベトナムは熱帯から亜熱帯に属するため，地域ごとに食材や調味料が発達し，料理のバラエティが豊かである．ベトナム料理の特徴は，パクチーなど香りの強い生野菜をふんだんに使うことと，料理ごとに異なるタレの多彩さにある．ヌオックマムはタイのナームプラーと同様，ベトナム料理のベースとなる魚醤(ぎょしょう)で，強烈な臭いが特徴である．マムとは小魚を塩に漬け込み発酵させた調味料の総称で，魚の種類によって，風味や合わせる食材も異なる．小魚以外にも，日本では佃煮にされるアミエビや沢エビを発酵させたマムトム，マムズオックなどの発酵食品がある．

●水の恵み　大河メコンの恵みは，ベトナム人の食卓を彩ってきた．淡水魚の種類はきわめて多く，季節によっても旬の魚が異なる．魚料理の定番は，何といっても土鍋で甘辛く煮付けたカー・コー・トであろう．この料理の主役は脂ののった切り身の雷魚やナマズから，骨ごと柔らかく煮込むドジョウまで幅広い．味付けは，ヌオックマムと胡椒，砂糖あるいはココナッツの汁で甘辛く仕上げ，トウガラシの辛さが味を引き締める．その他，魚を主役とした料理として欠かせないのは，カインチュアとよばれる，甘酸っぱい淡水魚の具沢山スープである．こちらも雷魚などの大振りの切り身魚やすり身魚を盛り沢山の野菜やトマトとともに炊く．味付けはトマトやスターフルーツ，パイナップルなど酸味のある食材を用い，暑い気候でも食欲をそそる．白飯とカー・コー・ト，それにカインチュアは，ベトナム南部の代表的な家庭料理である．これに，山盛りの生野菜，ナスの塩漬けを添えてお盆にのせれば，準備完了である（図1）．白米は細長の粘り気のないインディカ米で，スープをかけて食べるのに最適である．人数分の茶碗とお箸がそろえば，さぁ，家族の食事の始まりだ．一家がゴザで車座になり，小さな子供たちから「いただきます」（ベトナム語では，どうぞ召し上がれという）と年長者に向かって声をかけるのがマナーである．家庭料理をのせる盆はマムとよばれ，冠婚葬祭の宴席で招待客の人数を数える単位にもなる．

図1　マム（盆）に盛られた家庭料理

また，フォーやブンなど，米粉でつくられる麺類もベトナム料理の代表といえる．牛肉か鶏肉のフォーは全国どこでも食べられるが，もともとは北部の料理である．一般的には，牛肉はターイ（レア）かチン（ウェルダン）のどちらかを選ぶ．ライムとトウガラシのソースを入れて食べる．ブンは，フォーよりも断面が丸い生麺で，ブンチャー（甘いタレに七輪で炙った豚肉とたっぷりの生野菜を添える），ブンダウ（揚げ豆腐や香菜とマムトムに付ける），ブンボーフエ（豚足入りのトウガラシの激辛スープ）など，レパートリーも多い．以上の米粉は生麺が主であるが，ライスペーパーなど天日干しして乾燥させ，調理することもできる．揚げ春巻きや生春巻きは，ライスペーパーを戻し，食材を包んで食べる料理で，それぞれのタレがついてくる．

●軽食とデザート フランスの食文化がベトナムに根付き，ベトナム料理は多様な進化を遂げてきた．その最たるものがバインミーで，フランスパンにベトナムのローカルな食材を挟んだサンドイッチである．通常のフランスパンに比べ，外側はサクサク，中身はフワッとしており，空洞が多くて軽い．ベトナム人の朝食や小腹を満たすスナックの定番である．聖マリア教会の見える路地に座ってバインミーをかじりながらベトナムコーヒーをすすれば，どこかフランスの街角にいるような錯覚に陥るかもしれない．

ベトナムのデザートお菓子は，チェーとよばれる甘味が有名である．チェーは，緑豆，小豆，蓮の実，白豆，黒豆，紫イモ，ピンクや緑などのカラフルな寒天などから組合せで選ぶ（五目チェーは全種類）．暑いベトナムでは，砕いた氷と混ぜる氷小豆が定番である．なかでも，フエ宮廷チェーとよばれるチェーのチェーン店は特に人気がある．興味深いことに，このフエ宮廷チェーはフエ近郊のキムロイ村出身者が各地で支店を開いている．おそらく秘伝のチェーのレシピを守るためであろう．

その他，地方色豊かなベトナムの伝統的スイーツを紹介しよう．ハノイで有名なのは，バインコムとよばれる緑の色鮮やかなお餅で，緑豆の餡が入っている．さわやかな甘さと早稲独特の香りで，ハス茶によく合う．中部フエは，メースンとよばれるゴマ入りの甘いお菓子が有名である．トロピカルフルーツが豊富な南部メコンデルタでは，ドリアン入りのバインピアとよばれる菓子や，ケオズア（ココナッツキャンディ）が特産品である．その他，ムットとよばれるジャムまたは甘納豆も豊富で，ジャックフルーツ，タマリンド，蓮の実など，お正月用のお菓子として用いられる．

●食の安全と健康 現在，食の安全が大きな社会問題となっている．農薬に過敏になった都市消費者は減農薬の生野菜をスーパーで買う．市場で売られている野菜は仕入先が不明なため何度も塩水で洗い，農薬を落とすのが常識となっている．中国から闇ルートで入ってくる合成着色料や保存料を使ったソーセージや不衛生な環境で製造される生麺がよく摘発される．また，お湯を注ぐだけで手軽に食べられるインスタント麺は朝食として人気が高いが，近年では化学調味料の摂取過多が問題になっている．急速に変化した食生活が原因で，糖尿病や高血圧などの生活習慣病にかかる人も増えている．［岩井美佐紀］

カンボジアの食

カンボジアの人びとは食材が自然でかつ新鮮であることにこだわる．味の濃いソースに旨みを頼ることをせず，本来の滋養と味覚の刺激を楽しもうとする．調理法は元来，煮る，焼く，蒸すという3種類だけだった．今は炒めたり，揚げたりもするが，それらは中国の食文化を受容してから始まったものだという．調理法が単純な反面，魚の発酵食品と，刻んだハーブなどをすり鉢に入れ，叩いてつくるクルゥァングとよばれる調味食材は種類が多く，家庭ごとの味がある．

●基本としての米と魚 カンボジアの主要民族であるクメール人の食の基本は，米と魚である．熱帯モンスーン気候がつくる，雨季（5～10月）と乾季（11～4月）の周期的な降雨量の変化が，カンボジアの自然環境の第一の特徴である．クメール人は，雨季の雨を利用して稲作を行い，水の流れから魚をとって生活してきた．主食は，うるち種の長粒米である．もともとは，柔らかさ，香り，腹持ちなどの食味の特徴が異なる伝統品種が多く存在した．近年は，市場向けの換金用品種が広く栽培されるようになっている．しかしそれでも，好みの味にこだわって伝統品種を自家消費用に残す人びとがいる．大人は年間1人あたり150～160kgの精米を消費する．現代の日本人の3倍以上の消費量である．農家の食事では，ゴザか，低い卓の上にご飯を盛った人数分の皿が円く並べられ，中央におかずが置かれる．各自は，スプーンを使っておかずを皿にとり，ご飯と一緒に食べる．食堂では汁物の椀が用意されることもある．家庭ではご飯のお皿に汁をかけてそのまま食べる．

魚も，クメール人の食卓に欠かせない．早朝に開く生鮮市場では，野菜や肉とともに，多くの種類の魚が売られている．塩蔵のアジなども売られているが，淡水魚が主である．近年は天然魚が減り，養殖魚が増えた．ナマズや雷魚，コイ科の在来魚に加え，ティラピアなど外来魚もみかける．調理は，焼いたり，揚げたりするほか，スープの具材にすることが多い．人びとに「クメールの伝統料理は何か」とたずねると，魚を使った料理の名前があがる．タマリンドやレモングラス，ライムの果汁などで酸味を効かせた数種類のスープや，カボチャ，若いジャックフルーツの果肉，青いパパイヤ，モヤシ，小粒のナス，魚のぶつ切りなどを，煎った砕き米と煮込んだソムロー・ココーとよばれるスープがその代表である．茹でた魚の肉をほぐしたものは，塩や魚醤，ハーブと和えてディップにして葉野菜と食べたり，レモングラス，ターメリック，ショウガ科のクチャーイ，エシャロットを叩き合わせた調味食材をココナッツミルクと水で煮込んだスープと混ぜ，ソーメン状の麺にかけて食べるノム・バンチョックという料理の材料にしたりする．これらの伝統料理の味付けには，プラホックとよばれる塩漬け魚の発酵ペーストが欠かせない．魚の発酵食品は，魚醤や，煎った米を混ぜてつくるプオークなど，多くの種類がある．

以上に述べてきた伝統料理はいずれも，ほとんど油を使わない．先に述べたように，調理油と鉄鍋を使う調理法は，中国の影響である．民族的な区別は，クメールは魚と鶏肉，中国は豚肉と牛肉といった食材の区別にも及ぶ．ただし実際は，お金さえあれば豚肉や牛肉も普通に購入され，よく消費されている．

●食事の作法と変化 カンボジアの家庭では，一般に女性が調理を担当する．食事は朝，昼，晩の3食が基本である．農家の朝食は白粥と干し魚などで簡単にすます．家族は各自が別々に食べてから仕事にでかける．早朝に田畑の作業を終えてから朝食をとることも多い．都会では，クイティウとよぶ中国風の汁そばや，焼いた豚肉や鶏の腿肉を合わせたご飯を食堂で食べたりする．調理担当の女性は朝早いうちから市場に行き，食材を買う．昼食と夕食には，ご飯と一汁一菜を理想としておかずが用意される．都会では，惣菜屋におかずを頼ることも多い．祖父母などの年長者がいれば，一番美味しい部分を取り置き，子供より先に食べてもらう．夫婦や子供らは，全員がそろうことを重視せず，適当なタイミングで集まっただけの人が食事を始める．客がいる場合は，客人と男性が先に食事し，女性と子供らは後に食べる．上座仏教の寺院で参列者が共食するときも，通常は男女で席が分けられる．

街の食堂では，ベトナム製の茶葉などを使ったお茶が無料で供される．砂糖は入れずにそのまま飲む．現在は一般家庭でもお茶を飲むが，もともとは，煮冷ましの水をそのままか，乾かした特定の木の根や煎った木の実を煮出したものをお茶がわりに飲んでいた．みずから栽培できるタバコやビンロウ（檳榔），キンマと比べると，お茶やコーヒーは，特別な嗜好品だったのだろう．一方，甘みをもつ菓子は大変好まれる．バナナを餡に包んだ粽（ちまき）や，米粉のケーキの類は種類が多い．甘みが足りない場合は，ヤシ砂糖を加えて食べる．黒色の米を発酵させた甘酒もある．各種の果物からは，甘みのほか，酸味や渋味も楽しむ．未熟のマンゴーの果肉を，塩と砂糖にトウガラシを混ぜたスパイスと一緒に口に入れると，清涼感が口に広がり，熱帯の暑さと疲労が和らぐ．

ある旅行案内書は，カンボジア料理とは「辛くないタイ料理である」と説明する．辛くない，ハーブを多く用いるといった点は的を射ている．しかし，素材そのものの味を楽しむ姿勢がより明らかだという特徴を強調したい．このことは，人びとの間に根強い，冷凍食品や農薬に対する忌避感にも通じる．ただし最近は，経済発展とともに，ハンバーガーやピザのチェーン店や甘いミルク入りコーヒーのスタンドが街に乱立するようになった．独自の自然環境，調理方法，食べ方，味覚がつくった食文化は，岐路にさしかかっている．

［小林 知］

ラオスの食

日本にはラオス料理店が少ないため，ラオスの食についてほとんど知られていないが，実はタイ料理を通じて，すでにおなじみになっている要素もある．これは，ラオスに隣接する東北タイや北タイの食文化が，地続きのラオスと特徴を共有していることによる．日本にタイ料理として紹介されたメニューの中には，東北タイ・北タイあるいはラオスの食文化から生まれた食べ物が並んでいる．例えば「ソムタム（パパイヤサラダ）」はタイ料理の定番だが，ラオスの人たちは自分たちこそ元祖だと考えている．というのは，味の決め手になる塩漬け魚の発酵調味料「パデーク」を使うのは，ラオスや東北タイに限られるからである．

●主食はもち米　ラオスの食の第1の特徴は，もち米を蒸したおこわを主食にしていることである．炊いたごはん（うるち米）と異なり，独特の粘り気とモチモチ感がある．おこわをふかすには前日の晩から準備が必要で，もち米を一晩水に浸しておき，翌朝，竹製のざるに移し替え，湯が沸騰した鍋にかけて蒸す．蒸しあがると，竹製のおひつに入れて保存する．

ラオスは国民1人あたりの年間米消費量が世界最上位の国の一つであり，国連食糧農業機関（FAO）の推計では，1人あたり160kgの米を消費している（日本は54kg）．炊いたごはんを食べる人も増えてきたが，人口の6割が農村に住むラオスでは現在でも多くの人が毎日おこわを食べている．農家の人たちは，うるち米より食べごたえがあり，おなかが空きにくいので長時間働けるという．反対に，都市生活者は，もち米はお腹が一杯になるので仕事に差し支えるという．

もち米はおこわだけでなく，お菓子や酒の原料にもなる．もち米をココナッツミルクと混ぜ，竹筒に詰めて蒸し焼きにした料理「カオ・ラーム」は甘くてよい香りがし，ごはん代わりや，おやつとして食べられる．また，沖縄の泡盛とルーツを同じくする蒸留酒「ラオ・カオ」がもち米からつくられる．泡盛同様，ビンを振ったときの泡立ちのよいものが良い酒である．

●野生の食材　料理は地方ごとに食材や調理法が多様だが，基本的な特徴は野生の食材が多いことである．都市部ではもはや入手できないが，農村部の住民は現在も森や川での食材調達に毎日少なからぬ時間を割いている．野生の食材といっても野草や木の芽やタケノコ，ならびに魚や小動物（カエルや昆虫など）が大半を占め，シカなど大型動物が食卓にあがることはめったにない．食材の多くは季節性があり，1年のうち決まった時期にしか取れない．その中で魚は1年を通して入手・利用可能であり，農村の食生活に欠かせない食材となっている（図1）．

代表的な料理は，肉や魚のたたき「ラープ」である．生あるいは火を通したミン

	1月	2月	3月	4月	5月	6月	7月	8月	9月	10月	11月	12月
キノコ類					⇨	⇨	⇨	⇨	⇨	⇨		
タケノコ				⇨	⇨	⇨	⇨	⇨	⇨	⇨	⇨	⇨
野草	⇨	⇨	⇨	⇨					⇨	⇨	⇨	⇨
野菜・果実*	⇨	⇨	⇨	⇨	⇨	⇨	⇨	⇨	⇨	⇨	⇨	⇨
貝類	⇨	⇨	⇨	⇨	⇨	⇨					⇨	⇨
魚類	⇨	⇨	⇨	⇨	⇨	⇨	⇨	⇨	⇨	⇨	⇨	⇨
虫類									⇨	⇨		
両生類	⇨	⇨	⇨	⇨	⇨	⇨						
鳥類	⇨	⇨	⇨	⇨					⇨	⇨	⇨	⇨
齧歯類	⇨	⇨	⇨						⇨	⇨	⇨	⇨

＊栽培種

図1　ラオス中部に住むモン・クメール語系焼畑民マンコンの食材カレンダー

チ状の肉・魚を，ハーブや炒った米と一緒にすり鉢で混ぜ合わせてつくる．また「ヤーナーン」という植物の葉を絞ってとった深緑色のジュースに，タケノコや野草などを加えて煮込んだスープ「ケン・ノマイ」は独特の緑色をしているが，地方ごとに食材が異なる郷土色豊かな料理である．さらに鶏や魚の炙り焼「ピン」や，トウガラシやニンニク，ハーブ類をついて混ぜ合わせたつけダレ「チェオ」など，あまり手をかけず，食材そのものの味や食感を活かした料理が多い．

味付けのベースは塩漬け魚の発酵調味料「パデーク」だが，アクセントとして動物の胆汁や魚の内臓を入れて苦味を加えることがある．また，肉や魚料理の付合せに，苦味や渋味のある野草や木の芽，木の葉が好んで食べられる．苦味や渋味があることで食がさらに進むという．

●食事の仕方　食事は1日3食で，朝と晩は家族で食べ，日中は各自おなかが空いたときに食べることが多い．家族で食べるときは，おかずの皿やスープの器を並べた竹製のテーブルを囲んで座る．そして，手元に置いてあるおひつから右手の指でおこわをひとつまみ取り出すと，そのままおかずに手を伸ばし，おこわでおかずをつまみとって口に運ぶ．おかずを1人ずつ取り分けることはなく，スープを食べるためにスプーンを使う以外は，基本的におこわをはさんだ指が箸代わりである．

食事のとき年長者は最後まで食べるのがマナーとされる．普通は食事が終わった者から順にテーブルを離れるが，年長者が先に食べ終わると，年少者は遠慮してそれ以上食べられなくなる．そのため年少者が遠慮せず，たくさん食べられるようにという心遣いである．

●健康問題　農村では魚のラープがよく食べられるが，淡水魚の生食に起因する「タイ肝吸虫症」の感染リスクが明らかになっている．これは水田や河川でとれるコイ科魚類を十分加熱せず生で食べることでヒトに感染する．長期的に肝硬変や胆管がんを発症するリスクがあるが，短期的には自覚症状がないため，リスク意識が生まれにくい．伝統的な食文化のよい部分を守りつつ，問題のある食行動をどう改変するかが公衆衛生上の課題になっている．

［西本 太］

タイの食

☞「食と健康」p.428

タイ料理の特徴の一つに，食材とスパイスやハーブの組合せの発想の豊かさがある．タイの市場に行くと，熟れる前の青いマンゴーを薄くスライスしたものをビニール袋に入れて売っているが，これに付いてくるディップが興味深い．さまざまなタイプがあり，典型的な赤黒いディップは，ヤシ砂糖，白砂糖，トウガラシ粉末，食塩，干しエビの粉末，お湯などを混ぜ合わせたものである．これだけを口に入れるとエビの生臭さが際立つが，青臭さの残るマンゴーと一緒に食べることで，中和されて独特の味わいをもつようになる．このようにタイ料理では，主食材が何であるかにより，組合せを違えたディップ（ナーム・チム）が無数に存在し，豊富なスパイスやハーブの種類がその多様性を支えている．

●「辛さ」の来歴　タイ料理に欠かせない材料として，ナームプラー（魚醤），ココナッツミルク，ヤシ砂糖，トウガラシ（特にプリッキーヌー），タマリンド，ライムなどの基本調味料に加え，パクチー（香草），ショウガ（カー），バイマクルート（こぶみかんの葉），ニンニク，レモングラス（タクライ）などの原料があげられる．なかでもトウガラシは，辛さで知られるタイ料理の代名詞的な原料であり，それなくしてタイ料理は成立しないようにすら思えるが，タイへの到来は比較的に新しく，アユタヤ時代（1351～1767年）の中期以降であると考えられている．16世紀の初頭にアユタヤ王朝との貿易を開始したポルトガル商人が，インド経由でもたらしたという説が強い[1, 2]．この頃すでにクローブやナツメグなどのスパイス類が多く使用されていたことも知られており，当時，西インド諸島をはじめとする世界各地との交易が進んでいたことがわかる．また，港市国家としてのアユタヤに出入りしていた華人，日本人，インド人，マレー人の商人などが，食材や調理法の多様化に貢献したともいわれる．

16～17世紀の史料からは，当時の食が米と魚を中心としつつ，ニンニクやハーブ類，カピ（塩漬けしたエビを発酵させてペースト状にしたもの）などを豊富に使用している様子がうかがえるが，「辛さ」に関する記述は登場しない．一方，条約締結のためにタイを訪れていた英国のJ. ボウリング卿が1855年に，「シャムの人びとは日常食としてかなりの量のカレーをつくりおきする．これらは通常とても辛く，ヨーロッパ人の口を焼く」[1]と記していることからも，ラタナコーシン朝（1782年～）にいたる頃までには，トウガラシを多用する現代タイ料理の原型がほぼ完成していたものと思われる．

●調理法としてのタム　タイ料理の調理法は実に多様であり，それぞれに対応した特定の語彙がある．なかでも特徴的なのが「タム（叩き和える）」である．クロックとよばれる石臼（木製，素焼き製のものもある）に材料を入れ，サーク（すり棒）で叩き，潰し，和える一連の作業を称する．食材を単に切るだけではなく，叩いて和えることで，エキスや旨味の深い次元での抽出と混合が可能になるほか，繊維がほぐれることで適度な食感も得られる．「ソムタム（青パパイヤの細切りの和え物）」や，トウガラシ，ニンニク，パクチーの根などを潰し，各種調味料を加えてペーストにした「ナム・プリック」もこの製法でつくられる．

図1 ソムタム（左上），カイヤーン（右上），カオ・ニアオ（下）

●主食と地域差 中部と南部ではインディカ種のうるち米，北部と東北部では同じくインディカ種のもち米を主食としているため，それぞれの米のタイプに合うように，前者ではケーン（スープ状の煮込み）類が，後者ではタム系の料理やナム・プリック類がより発達したというのが，タイ料理の地域差に関するごく一般的な理解である．また，北部・東北部ではもち米を手で小さくこね，それをナム・プリックなどにつけて食べることもよく知られている．しかし，これはあくまで原型のようなものであり，現在では，東北タイ出自のソムタム，カイヤーン（焼鳥），カオ・ニアオ（もち米）の3種の組合せがタイ全土で国民食のように食べられるなど，地域差は次第に薄れつつある．

●屋台文化の発達 かつてタイでは，男性は公務員，軍人，僧侶になることが強く奨励されたため，都市部での商業には華人と女性が従事することがごく一般的となり，結果的に女性の社会進出が促進された．その名残もあってか現在でも共稼ぎ世帯が大半で，仕事上がりに夕食を手っ取り早く済ませるために，外食や屋台でのテイクアウトを選択する人びとが多い．俗にラーン・カン・ターン（道端の店）ともよばれる屋台の発達は目覚ましく，繁華街や市場の脇，コンビニエンス・ストアの前など，いたるところで豊富なヴァリエーションの料理を提供する屋台群を確認することができる．クイッティアオ（米麺）やバミー（小麦麺），日本でもガパオの名前で知られるパット・クラプラオ・ラート・カーオ（ひき肉バジル炒め乗せご飯）などが，代表的な屋台料理としてあがる． ［綾部真雄］

📖 参考文献
［1］ Warren,W., *The Food of Thailand*, Periplus Editions, 2004
［2］ Pouron,R., *The Thai Food Complex: From the Rice Fields to Indsutrial and Organic Foods*, White Lotus, 2013

ミャンマーの食

☞「ミャンマーの民族」p.118

ミャンマーには，公式には135の民族がいるとされ，多様な民族料理が存在する．最も主流はビルマ料理だが，一定規模の町には必ず中華やインド料理店がある．またヤンゴン，マンダレーなどの都市ではシャン，ラカイン（ヤカイン），カチン，モンなど各民族料理のレストランも増えている．

●ビルマ料理 東南アジア料理と類似点も多々あるが，ビルマ料理の特徴は，とにかく油だといえる．食事の基本をさす「米，味噌，醤油」といった言葉をビルマ語で探せば「スィー・サン・サー（油・米・塩）」だろう．油の原料は南京豆やゴマで，いずれも中央平原で栽培される．

図1 ビルマ料理（2017年9月）

もちろんビルマ料理には他の東南アジア料理に共通する点も少なくない．例えば米は粘り気の少ないインディカ米が主流で，伝統的には，沸騰したときに湯を捨てる「湯取り法」で炊く．ちなみに，この湯は捨てずに，乳幼児や老人の栄養補給に飲ませることもある．調味料には魚醤（ぎょしょう）（ガンピャーイェー），塩辛ペースト（ガピ）などの発酵調味料，加えて生や乾燥させたトウガラシがよく使われ，この点も東南アジア料理との共通項といえるだろう．魚醤にトウガラシを入れたソースに，生や茹でた野菜をつけ（トゥ）て食べる「トゥザヤー」は定番の副菜である．食事は伝統的には手で食べ，欧米から入ったカトラリーとしては，ナイフは使わず，スプーンとフォークを用いる．この点も多くの東南アジア社会に共通であろう．

ミャンマーは長年の政治状況もあって，外食産業は長年さほど盛んでなく，料理方法も家庭料理の方がバラエティに富んでいる状況が続いた．ただ家庭料理も大衆料理屋も，一番のご馳走は間違いなく「油煮（スィービャン）」であろう．大量の油にタマネギ，ニンニク，ショウガ，トウガラシを叩き潰したペーストを入れて炒め，下味を付けた好みの肉を入れて，水を足し，その水が蒸発するまで煮る，つまり油（スィー）が戻る（ビャン）まで煮込む料理をいう．ビルマ料理の食堂では調理済みの油煮を入れた鍋が並んでおり，蓋を取ると，どれも油の海に何がしかの塊が浮かんでいるといった具合で，ミャンマーではどれほど油が豊富かを思い知らされる瞬間でもある．油を大量に使うことで食材の痛みを抑え，保存性も増すといわれる．

また，サラダに似た「アトゥ」も定番である．タマネギやニンニクのスライスをそれぞれからっと揚げたものが必須で，多くの家庭ではこれを大量につくって常備している．通常は好みの食材一種を，揚げタマネギやニンニク，豆粉，干しエビの粉，ピーナッツの粉，油，魚醤，トウガラシ，ライムなどで混ぜて食べる．好まれる食材としては，トマト，キャベツ，三つ葉に似たミンクワユエッなどである．アトゥは通常副菜だが，ご飯や中華麺を土台に，野菜や肉類を混ぜてアトゥにすると，立派な食事，軽食となる．現地でも，アトゥは酸味，塩味，油の配合と混ぜ加減が難しいとされ，人気店は非常に繁盛する．ビルマ料理は，上記の料理のほか，炒，揚，蒸，茹，焼など，一般的な調理法はすべて存在している．

●食事に関する慣習と健康志向 米の飯（タミン）が一般的「食事」をさすのは日本とまったく同じである．ただ，食事時間は異なり，午前10時前後と午後6時前後に2度食べる．ビルマ語では前者を「朝食」とよぶが実質的にはほぼ昼食である．また，起きてすぐに何も食べないわけではない．食べるのだが呼称がなく，最近は英語の「ブレックファースト」を借用することもある．こうした朝起きぬけの食事は必ずしも飯を主食とせず，多様な選択肢がある．家庭内では冷や飯に豆を入れて炒飯にするのが一般的だが，コーヒー，紅茶とトースト，あるいは中華揚げパンとでもいうべき油条を浸して食べることもある．また屋台の麺料理も好まれる．下ビルマ（南部ビルマ）では，雷魚や豆を茹で，レモングラスやショウガ，ニンニクで香りを付けたスープを米麺に掛けて食すモヒンガーという麺が人気である．そのほか，鶏肉をココナッツミルクで煮たスープを中華麺に掛けるオウノーカウスェ，マンダレーなど上ビルマ（北部ビルマ）では，米の太麺をベースに，茹でた肉類，生のタマネギ，揚げたタマネギとニンニク，豆粉などで和えたモンディーが人気である．また，中華系喫茶店では，肉まんや各種点心が，インド系喫茶店ではナンやプラター（パーラター）がある．こうした移民系料理に加えて，近年では，タイ系民族であるシャンの麺料理，胡椒とトウガラシをきかせた魚汁をかけて食べるラカイン麺料理など多様な麺が1か所で食べられるような店も増えつつある．

一方，世界中のどこでもあるように，ミャンマーにも確実に健康ブームが押し寄せている．長年どちらかといえばふくよかなタイプが好まれ「太ってて美しい（ワロフラロ）」という表現も存在したが，痩せ型が徐々に好まれるようになっている．高血圧，心臓病，糖尿病はミャンマーの三大疾患となり，メディアの自由度が増えたこともあって，啓蒙的な健康情報も飛躍的に増えた．「油は控えめに」という標語も流布し始めた．また，南京豆やゴマが輸出用にまわり，国内ではマレーシアから輸入した安価なパーム油が出まわっていたが，油そのものの種類にも気をつけ始めた．カインカインチョウというビルマ料理店では，化学調味料を使わず，「当店ではオメガ3の油を使用しております」という張り紙を出して，健康に気をつける一部都市民の支持を得ている．

［土佐桂子］

マレーシアの食

多民族国家マレーシアでは，民族ごとにさまざまな食文化がある．半島部のマレー料理，中華料理，インド料理などに加え，ボルネオ島にもさまざまな民族の多彩な料理がある．

ほとんどの民族で主食は米である．米は東南アジアのほかの地域と同じ細長いインディカ米で，それを炊いた白飯と数種類のおかずを一緒に食べるのが家庭料理の定番である．マレー料理はココナッツミルクと，各種のスパイス，トウガラシを多用した辛いおかずが多い．粘り気の少ないインディカ米と一緒に食べるため，汁気のあるカレー風の料理やスープが少なくとも1品は用意されるのが普通である．華人系はいわゆる中華料理で，海鮮を使ったものも多い．インド系もココナッツミルクとスパイスを多用するが，マレー料理とは違い，カレー味をしたものが多い．ボルネオ島のサバやサラワクでは，ココナッツミルクやスパイスはあまり使わず，どちらかというと華人系の料理に近いおかずが食べられている．この地域では，柑橘でしめた生魚の料理もある．

食事の際，おかずは大皿に盛りつけられ，各自皿に盛った白飯の上におかずを取り，混ぜながら食べる．華人系以外は，家庭では手で食べることが多いが，都市部の食堂などではスプーンとフォークで食べる．華人系は箸を使う．

●さまざまな調理法　米は白飯として食べる以外に，ココナッツミルクで炊いたり，焼き飯，お粥にするほか，ココナッツの葉などを編んだ中に米を入れ，長時間煮て固めたものが，祝いの料理や軽食として食べられている．米以外に麺料理も豊富で，特に華人系は種類が多い．米や小麦粉からつくられた細さや長さが異なるさまざまな麺を，汁麺として，また，タレを絡めて食べる．ミー・ゴレンとよばれる焼きそばも，マレー系の朝食やインド系の屋台などでよく食べられている．そのほか小麦粉からつくったタネを薄く伸ばし，重ねて層にして油で焼いたロティ・チャナイや，トセ（インドではドーサとよばれる）など，インド風のパンにもさまざまな種類がある．

図1　マレー系の家庭料理

「もうご飯食べた？」というフレーズが挨拶代わりになるほど食べることが好きなマレーシア人．食事と食事の間に間食をすることも多く，軽食やお菓子の種類も豊富である．揚げバナナやクロポッとよばれる魚せんべいのほか，米粉や小麦粉を使ったお菓子があり，調理法も，蒸したり，焼いたり，茹でたり，揚げたり，さまざまである．料理と同様にココナッツミルクが多く使われ，またパンダンとよばれるタコノキ属の植物の葉が風味付けや色付けに使われる．一年中暑い気候のため，かき氷や果物も好んで食べられている．

●外食天国マレーシア 高級レストランから庶民的な食堂，道端の屋台までマレーシアは外食する場所も多い．地元の料理だけでなく，マクドナルドやケンタッキーなどのファストフード，西洋料理のレストランのほか，最近では日本食レストランも人気になっている．

また，マレーシアでは結婚式や葬式などに際して一緒に食事をする習慣があり，マレー語ではクンドゥリとよばれている．各民族や宗教の祝いの際に，家にご馳走を用意し人を招くことをオープンハウスというが，最近は異なる民族や宗教の信徒のオープンハウスを訪問し合うことも多くなってきた．ただしさまざまな宗教が混在するマレーシアでは，信仰する宗教によって食べられないものがある．ムスリムのマレー系は豚肉や豚に由来するもの，アルコールが含まれたものは口にしない．華人系はその逆で，豚肉を好んで食べる人が多い．ヒンドゥー教徒のインド系や仏教徒の中にも牛肉を食べない人は多いし，肉系のものはまったく口にしないベジタリアンもいる．他の民族・宗教の人が来る場合には，こうしたことに配慮して，彼らが食べられる料理が別に用意される．またさまざまな民族・宗教の人が食事をともにする場合は，鶏肉や海鮮料理を食べることが多い．

●低い食料自給率と高い肥満率 このように多彩な料理を楽しむことができるマレーシアだが，実は食料自給率はあまり高くない．マレーシア農業・農業関連産業省の統計によると，2014年の食料自給率は，米71.6%，野菜81.3%，果物56.0%，牛肉28.6%，牛乳4.9%で，主要な食品の中で自給率が100%を超えるのは鶏肉，卵，魚だけである．稲作に適した平野が少ないマレーシアは，歴史的に米の生産量が少なく，近隣国からの輸入に頼ってきた．輸入食品の安全性がしばしば問題になる中，政府は食料自給率向上の目標をかかげ，野菜の自給率は上がっているが，一方で若年層の農業離れは進んでおり，米を含むその他の食品の自給率には大きな変化はみられない．

マレーシアの食をめぐるもう一つの大きな問題は，高い肥満率である．マレーシア保健省の調査によると，全人口の30%以上が肥満であるともいわれ，東南アジアの中でも突出して高い．肥満率の高さは運動不足が主な原因であるとされているが，野菜の消費量が少ないなど，食生活の問題も指摘されている．

［戸加里康子］

シンガポールの食

図1 フードコート

19 世紀初頭からアジア貿易ネットワークの中心として発展したシンガポールには，世界，特にアジア各地から多くの移民が仕事を求めて集まったが，そのほとんどは単身の男たちだった．男女の比率が同じになるのは 1950 年代に入ってからで，長い間シンガポールはほぼ「男の世界」だった．そこで，彼らが簡単に食事を済ませるための屋台◀が発展した．ホーカーセンターやフードコート（建物内にあるエアコン付きのホーカーセンター）とよばれる屋台は，公団住宅，バスや大量高速鉄道（MRT，都心では地下鉄，郊外では高架鉄道）のターミナルの近く，ショッピングセンター内などあちこちにあり，現在でもシンガポールの食生活の中心である（図 1）.

朝食をそろって屋台で食べて，昼食はそれぞれの職場や学校でとり，帰宅してから家族でまた屋台に出かける，あるいは屋台で買って持ち帰るという家庭も決して珍しくない．高温多湿の気候では食べ物がすぐに傷んでしまうし，人口の多数を占める華人が，胃に悪いことを理由に冷えた食べ物を好まないからである．また，美味しい料理が低価格で提供されているからでもある．

どの店も政府が定期的に厳しい衛生検査を実施し，その結果は A，B，C などのシールで店の前に提示されている．ほとんどは B であるが，美味しいお店であれば C であっても人びとはあまり気にしない．最近は外国人でもわかるように，メニューが写真付きで店頭に表示されている．お店は中華料理，マレー・インドネシア料理，インド料理から日本料理，韓国料理など多彩で，デザート専門店もある．食事はかなり衛生的で安心できる．以前は手で食べることも多かったが，現在は箸やフォーク，スプーンが一般的である．

●シンガポールを代表するローカルフード　そんな屋台でうまれたシンガポールを代表する食が，チキンライス，フィッシュヘッド・カレー，デビルズ・カレー（悪魔のカレー）で，もともとは賄い料理だった．

チキンライスは，茹でるかローストした鶏肉を生姜汁や甘口醤油，トウガラシを薬味に鶏ガラスープで炊いたご飯と一緒に食べるもので，もとは中国の海南島出身者の華人が余った鶏肉の切れ端を，やはり余った鶏ガラスープでご飯と一緒に炊いて食べた賄い料理であった（図2）．

図2 チキンライス

フィッシュヘッド・カレーとは華人が発明したとされるカレーで，大きな魚の頭（フィッシュヘッド）をさまざまな野菜と一緒にカレー風に煮込んだものである（図3）．これも，不要になった魚の頭を野菜のくずと一緒に煮込んだ賄い料理であったが，今ではインド料理店やプラナカン料理（中華料理とマレー料理のフュージョン）店の定番メニ[illegible]ある．なおプラナカンとは，15世紀後半と[illegible]かなり早い時期にマラヤ地域に渡って現[illegible]性との通婚などを通じて土着化した主に中[illegible]の人びととその子孫をさす．プラナカンは[illegible]民地下で，独特の言語や食べ物，服装な[illegible]かな文化を築いた．

図3 フィッシュヘッド・カレー（中央左に大きな魚の頭が見える）

デビルズ・カレー[illegible]う恐ろしい名前のカレーも，もともと「デ[illegible]（残り物という意味のポルトガル語）カレ[illegible]とよばれ，ヨーロッパ人とアジア人との間に生まれた子供とその子孫であるユ[illegible]シア系シンガポール人が，ハムやベーコン，野菜などのクリスマスの余り物を[illegible]レー風に煮込んだ賄い料理であった．これが美味しいと評判になり，今ではユーラシア料理専門店の代表メニューになったのである．デザートの代表はチェン[illegible]ルとよばれる緑色のゼリー，ココナッツ，小豆入りのかき氷であろう．ほかに[illegible]豆乳やマンゴーのプリン，多彩なフルーツジュースも人気である．

多様な移民たちの簡単な賄い料理が，現在ではシンガポールを代表する食となったことは，この国のルーツを物語っていてとても興味深い．なお，バクテ（骨付き豚肉を漢方のハーブと一緒に煮込む）やラクサ（スパイシーなスープに米麺が入ったラーメンのようなもの）もシンガポールでよくみられるが，本場はマレーシ[illegible]ある．

[illegible]，屋台の食事は塩分や糖分が多くて味も濃い．60歳以上の国民の3分の1が糖尿病に罹っているのは，屋台の食事とデザートや練乳たっぷりのコーヒーが原因であるといわれている．2017年8月の独立記念式典でリー・シェンロン首相が塩分と糖分の摂取を控えるよう国民に呼びかけるほど，糖尿病は深刻な国民病になっている．

［田村慶子］

インドネシアの食

広大な国土をもつインドネシア共和国は，地域ごとに自然環境も歴史も民族文化も宗教構成も，また近代化やグローバル化の影響の度合いも大きく異なるため，その食を一つにまとめて語ることは難しい．

●主食　ジャワ，スマトラ，バリなど人口密集地の多くは米を主食としている．米の伝統品種はジャワニカ種であり，炊飯法はいろいろあるが，一般的に米の茹で汁は捨てず，適度に粘りのある米飯が評価される．1960 年代半ば以降の「緑の革命」による米の増産や，2002 年以降政府が補助金により貧困世帯へ格安の米を供給したラスキン制度の影響を受け，米食は全国に普及しつつあるが，伝統的な主食は地域によって異なる．小スンダ列島など雑穀を食べていた地域では，トウモロコシがもたらされるとこれが雑穀にとって代わった．乾燥品をご飯のように炊いたり，炒ってはぜさせたものを平たく叩いたりして食べる．東部から中部インドネシアの多くの地域では，サゴヤシデンプン，タロ・ヤム・甘藷・マニオクなどのイモ，バナナ，パンノキの実を主食としている．サゴヤシデンプンは，練り粥にしたり，四角く平たく焼いたりする．イモ，バナナ，パンノキの実は茹でる，蒸す，揚げるなど単純な調理法が多いが，パプア地域では地面に穴を掘り葉で包んだ食べ物と焼石を入れて蒸し焼きにする「石蒸し」もみられる．

●インドネシア料理とヌサンタラ料理　一般にメニューや料理書で「インドネシア料理」とよばれるものは，地方や民族の枠を越えて広く普及しているものだが，もとをたどるとほぼ稲作地域の食べ物である．ムスリム人口が約 9 割を占めるため，ほかの宗教が優勢な地域で発達した豚や犬の肉料理は特殊な郷土料理とされる．2000 年代半ばからのグルメ・ブームにより，フード・フェスティバルの開催や料理書の出版が盛んになったが，国内各地の料理を集めたイベントや料理書の名には，島国インドネシアの国土をさす「ヌサンタラ」という語がしばしば冠される．これは，地域的な多様性を保ちながら一つのまとまりとしてインドネシア全土の料理を総称するニュアンスを含む．

●調理法　基本の調理法は，スパイスや調味料をすりつぶしてペースト状にしたものを油で炒め，主材料（肉・魚・野菜）を入れて，水やココナッツミルクを加えて煮るというもので，ほかに，揚げる，炒め煮にする，焼く，蒸すなどの調理法が日常的によく使われる．葉や竹を使った蒸し焼きも各地にみられる．日常的な調味・香辛料としては，塩，グラニュー糖，ヤシ砂糖（ヤシの花序液からつくる固形の茶色い糖），砂糖味の甘い醤油，乾燥小エビペースト，タマリンド・トマト・ナガバノゴレンシなどのすっぱい果実や柑橘類の果汁，コリアンダー・白胡椒・クミン・ククイナッツ・ナツメグ・カルダモン・ジャワニッケイなどのスパイス，ショウガ・ナンキョウ・ウコン・バンウコン・ニンニク・アカワケギ・レモングラス・マメアデク（サラーム）の葉・ココナッツなどがある．

●インドネシア料理の例　最も代表的な料理は，ミナンカバウの民族料理であるスパイシーなパダン料理◀の数々である．さらに，甘めのジャワ料理に由来するラウォン（黒いスープ）やグデグ（未熟パラミツと鶏肉の煮込み）や大豆発酵食品テンペの料理各種，スンダ人やブタウィ人の好むサユールアサム（野菜のすっぱいスープ），起源地の特定が難しいほど一般化したものとして，オポール（鶏肉やアヒル肉のココナッツミルク煮），サユールロデ（ココナッツミルク入りの野菜スープ），サンバルゴレン（揚げた素材のチリソース煮），アヤムゴレン（鶏の唐揚げ）やナシゴレン（炒飯），揚げ豆腐やその応用料理などさまざまな食べ物がある．サテ（串焼き）やソト（スパイシーな具沢山のスープ）のように，一つの名前でも，地域ごとに味付けや具材が異なる郷土色豊かな料理もある．

●食事様式　食事様式は時系列型ではなく空間配置型で，家庭での典型的な食べ方は，床に敷物を敷き，1品ずつ大皿に盛った料理や米飯の器を中央に並べ，これを囲んで床に座り，各自1枚の取り皿に米飯とおかずを自由に取り合わせて，右手で混ぜながら食べるというものである．食具にスプーンを使う場合もあり，右手にスプーン，左手にフォークをもつ場合もある．外食施設ではテーブルと椅子，スプーンとフォークを使うのが一般的で，家庭でもそういった様式が増えてきている．献立の構成としては，米飯に，肉・魚・卵などの料理を1種類以上，野菜や大豆製品などの料理を1種類以上，サンバル（チリソース）か辛い料理，クルプック（マニオクデンプンの揚げせんべい）を取りそろえるのが規範的である．

●象徴性をもつ食　サラダの一種「ガドガド」は，茹で野菜や揚げ豆腐など多様な食材を，その個性を残したままピーナッツ・ソースでまとめており，多民族国家としてのスローガン「多様性の中の統一」を象徴するとされる．また，ジャワの儀礼食「トゥンペン」は，世界を象徴する山の形にターメリックライスを型どるもので，その頂点部分はリーダーシップと深く関連付けられており，現在は全国的にさまざまな場面で登場する．第7代大統領ジョコ・ウィドドは，2014年の就任記念式典において，手ずから切り取ったトゥンペンの先端をタクシー運転手や小規模商人として働く女性たちや女子学生に手渡すことで，女性を尊重し，民主主義を堅持する庶民派という立ち位置を演出した．　［阿良田麻里子］

参考文献

［1］阿良田麻里子『世界の食文化6 インドネシア』農山漁村文化協会，2008
［2］阿良田麻里子「インドネシア料理と地方の料理」村井吉敬他編『現代インドネシアを知るための60章』明石書店，pp.124-127，2013
［3］松山 晃『東南アジアの伝統食文化—その形成と系譜』ドメス出版，1996

フィリピンの食

フィリピン諸島にはさまざまな民族言語集団が居住しており，食のあり方も多様である．セブアノ[2]，タガログ[3]などの食を中心に概観してみよう．

フィリピンの食事は，米やトウモロコシといった主食と，焼き物や炒め物，煮物，フライなどのおかず，汁物，副菜類からなる．セブアノ語圏では「シュ・トゥ・キル」(sutukil：shoot to kill との語呂合わせ）を看板にかかげる食堂を多く目にするが，これは主食とともに食べるものがスグバ（sugba，焼き物)，トゥワ(tuwa，汁物)，キラウ（kilaw，マリネ）であることを示している．

特筆すべきは食べ方である．各自の皿（あるいはバナナの葉）にご飯を盛り，おかずや副食を取り合わせ，汁物を少しずつ混ぜて食べる．今日ではスプーンとフォークを用いることが多いが，素手で食べることもある．

料理の名前は食材と調理法を組み合わせたものが多い．食材に関して，魚は海水魚の種類が豊富で，淡水魚ではバングースやティラピア，ナマズなども食べる．肉は豚肉が好まれるが，鶏肉が一般的である．野菜は日本で目にする野菜はほぼ市場で手に入れることができる．加えてカンコン（空心菜)，サヨテ（ハヤトウリ)，カラモンガイ（モリンガ）が炒め物や汁物に使われる．調味料は，塩，酢，魚醤，砂糖が主であり，トヨ（豆油）とよばれる醤油も用いられる．アミや小魚を発酵させたバゴオンやココナッツミルク，タマリンドも多用される．発酵食品には，ビヌブラン（ライスワインをつくる途中でできる）などがある．

1日の食事は3回であるが，その間に間食をする．間食は，セブアノではパイニタンとよばれ，伝統的にはプトマヤやビビンカ，スマンなど，糯米(もちごめ)やキャッサバでつくった菓子を食べる．胃を温める意味があり，早朝に食べることもある．

●新しい食材　他の東南アジアの食と同様，フィリピンの食も大航海時代◀に新大陸からもたらされた外来の食材抜きにしては考えられない．メキシコとのガレオン貿易を経てもたらされた食材は，サツマイモ，トウモロコシ，パイナップル，カカオ，モンゴ豆，トウガラシなど多岐にわたる．このうちサツマイモは，福建省を経由して琉球，日本列島の人びとの重要な栄養源となっていくが，フィリピンでは，主食や副菜の食材というよりも家畜の飼料として栽培されることが多かった．またトウモロコシは，後にビサヤ地域で主食としてコメと同様の役割を果たすことになるが，当初は，雑草のようなものであったらしい．

一方，カカオは，イエズス会の宣教師が珍重したということもあり，主に飲料として普及する．セブ島などでは，カカオ豆をタブレアという固形物に加工し，それを溶かしてホット・チョコレートをつくる．それをシクワテとよぶ．長らく衰退していたが，ここ数年，復活してきている．カカオを用いた料理には，チョコレート粥とでもいうべき，チャンプラードもある．チャンプラードには，トゥヨなどの干物の小魚が添えられ，朝食や間食として食べられている．

中国大陸からもたらされた食材や料理もある．他の東南アジアの地域と同様にビーフン（米粉）やミソア（麺線）などの麺を用いたミキ（麺奇）やバミ（肉麺），パンシット（便食）などのスナックがポピュラーである．またルンピア（春餅）やホンバ（烘肉）などもよく知られている．

●温と冷　他の東南アジアの地域と同様，フィリピンの食でも，「熱い食べ物」と「冷たい食べ物」のバランスが強調される．ただし，今日では調理の温度に関して言う人も少なくない．一般に，身体を「温かい状態」にしておくことがよいとされ，急に体を冷やす食べ物の摂取は避けられる．例えば，朝食に「冷たい食べ物」であるバナナやパパイヤ，柑橘類などは禁忌とされ，果物でも「熱い食べ物」に属するグァバやパイナップル，マンゴーなどは可とされる．

温・冷は，身体を冷やすとされる風/空気とも関係しており，冷たい風が吹くときにはチャンプラードなどの「熱い食べ物」を食べる．また出産後の女性は，風/空気が体内に入りやすいとされ，薬草などを用いて身体を温める．

●外と内の間　フィリピン社会における食の意味を知るために，視点をキッチンの位置に移してみよう．フィリピンのキッチンは，家屋の中と外との境界に置かれる．居住スペースの外に置かれるセブアノ語圏のアブハン（ダーティーキッチン）はその典型である．食材は外と内とをつなぐ場で調理されることを経て，食べられるものとなるのである．ただしキッチンの存在感は，こうした外と内を橋渡しする中間的な場が，フィリピンならではの特徴をもつことを示唆している．フィリピンの食材の中には，野菜と雑草との間に位置付けられる食材もあるという[1]．生魚を酢と生姜でマリネしたキニラウや，孵化しかかったアヒルの卵を蒸したバロットも，禁忌の対象となりがちな中間性そのものを食しているといえる．

外と内を橋渡しする中間的な場で，食べ物に火を通したり，調理法を明示した名称を与えたりと，食べるためには慎重な手続きが必要である．一昔前のフィリピンでは，自分の田んぼで収穫した米しか食べない人が多くみられたが，米が祖霊と関係し，それを誰とともに食べるかは，誰が近しい存在で誰がそうでないかを示すものであった．食物を食べるということは，外界から身体や家の中に，食材とそれに伴うシンボルを取り込むことを意味するのである．　［宮原 曉］

📖 参考文献

［1］尾上智子「『遊び』の領域」宮原 曉編『東南アジア地域研究入門 2 社会』慶應義塾大学出版会，2017.

［2］Alix, L. T. E., *Hikay: The Culinary Heritage of Cebu*, University of San Carlos Press, 2013.

［3］Fernandez, D. G., *Palayok: Philippine Food through Time, on Site, in the Pot*, Bookmark, 2000.

ハラール食

☞「ハラール」p.242,「ローカライズされる日本食」p.718

イスラーム法に照らし，許された合法的な物事をハラール◀，禁じられた不法な物事をハラームという．ここでは飲食に関することを扱う．

●食物 原則として，禁じられた物以外はハラールである．聖典であるコーラン/クルアーンや，預言者の言行スンナを記録したハディースで明確に繰り返し禁じられている食べ物は，死肉，流れる血，豚肉，邪神への捧げ物である．そのほか細かい記述をもとに，体に害のあるもの，牙のある獰猛な動物，猛禽類，飼育下のロバなどがハラームとされる．死肉とは，自然に死んだ動物や撲殺など不正な方法で殺された動物をさす．陸の動物や鳥はムスリムがイスラーム法に則って屠畜しなければならない．正しく処理した肉をハラール肉とよぶ．流れ出た血は捨てるが，内臓や皮などは食べてよい．「海から取れる物」とイナゴは死肉の例外で，異教徒が殺しても水揚げにより自然に死んでもハラールである．ただし「海から取れる物」の解釈は宗派や法学派で異なる．ウロコのある魚（とエビ）のみとする宗派・法学派もあるが，東南アジアの主流であるスンナ派のシャーフィイー法学派では，カエルやワニなど水陸二つの世界に跨（またが）って生きるものを除き，魚・鯨・エビ・タコ・貝など水生動物は，淡水産でも海水産でもウロコの有無にかかわらずハラールとする．ハラールかどうかわからない疑わしいものはシュブハあるいはマシュブーとよばれ，避けるべきとされる．

●酒 酩酊性のある飲料はハムルとよばれ，ハラームである．しかし飲酒を禁ずる啓示は聖遷以降に下されたものであり，イスラームのごく初期には飲酒は禁じられていなかった．また酒を禁ずる啓示の中に酒には良い点もあると認める部分もある．そのため酒に対する態度は地域や人によって差があり，料理の風味付け程度に使うことは問題ないと考える人も，酔わなければ飲酒してもよいと考える人もいる．しかしイスラーム法学者 Y. アル・カラダーウィは，世界中の言語に翻訳された著書『ハラールとハラーム』において，一滴でもハムルを加えると飲食物はハラームになるとしている．後述するハラール認証制度でもハムルの使用は一切許可されない．ただしハラール認証規格では，ハムル由来でない合成エタノールで器具や人体の殺菌をすることや，合成エタノールで抽出した香料を使用することがハラールとされる場合もある．また，途中で人手を加えずに糖からアルコールの段階を経て酢酸発酵した酢は，通常，ハラールとされる．

●ハラール認証規格とハララーン・タイイバン ハラールか否かの区別は神のみが決められることであるため，実際の飲食の場面では一人ひとりの信徒の判断が尊重される．しかし現代の食品製造においてはさまざまな物質が意外な材料からつくられており，判断が難しい．そこで多民族が共生する東南アジア諸国を先駆けに，イスラーム法学者と技術面の専門家からなる第三者機関が市販品のハラール性を検証するハラール認証制度が生まれた．飲食品以外にも対象分野を広げつつ，規格の明文化と精緻化が進んでいる．インドネシアでは1980年代末に乳製品から豚由来物質が検出された事件をきっかけに認証制度が始まった．2000年にはうま味調味料の製造工程で発酵に用いる菌を保管していた培地が，豚由来の酵素を触媒としてつくったものだったことがわかり，問題となった．触媒は化学反応を触発するもので，培地にも最終製品にも残らない．しかし認証規格では，豚と犬やその派生物は重度の不浄をもつため，接触による不浄の連鎖を断つには，土を使った浄めを最低1回は含め，計7回の浄めを行う必要があるとされる．

現在，東南アジアの主要なハラール認証規格は，食品安全に使われるHACCP（ハサップ）やISO 9001，ISO 22000の手法を援用し，製造過程で混入や交差汚染のリスクのあるポイントを洗い出し，事前に対策を決めている．その結果，ハラール認証取得品はハラール性と安全性の両方を満たしているという主張が生まれた．これを表すキーワードがアラビア語のハラーラン・タイイバン（マレー語風の発音ではハララン・トイバン）である．グローバル・ハラール・ハブ政策のもとハラールビジネスを牽引し，いち早く明文化した認証規格を公開したマレーシアや，認証機関の国際組織「世界ハラールフード評議会（WHFC）」の事務所をもつインドネシアは，世界のハラール認証に多大な影響力をもっていたが，近年は湾岸協力会議（GCC）やイスラーム協力機構（OIC）の認証制度の台頭により，求心力にやや陰りがみられる．

●解釈や実践の多様性　認証規格は，事件が起こるたびに厳格化の一途をたどっている．また，2010年代以降，豚を含むとされるE番号（ヨーロッパの食品表示で食品添加物の種類を表す番号）のリスト情報が広がった．このリストは信憑性に欠けるが，根強い影響力をもち，さまざまな風評被害を生んだ．その結果，添加物の由来物質まで気にするムスリム消費者が増えている．ただし，宗派や法学派，基層的食文化，社会階層，家庭環境，個人の性格によって，信徒の解釈や実践は多様である．また，1人の人でも，身近な人との関係や教育や経験を通して考えが変わることもあるし，TPOに応じて柔軟に態度を変えることもある．ゆえに，ムスリム対応では，決めつけは禁物である．無配慮にもならず，過剰防衛にもならず，多様性を鑑みて，情報開示とていねいなコミュニケーションに基づき，選択肢を示してムスリム自身の判断を尊重する態度が望まれる．

［阿良田麻里子］

📖 参考文献

［1］阿良田麻里子編『文化を食べる 文化を飲む―グローカル化する世界の食とビジネス』ドメス出版，2017

［2］小杉 泰他編『大学生・社会人のためのイスラーム講座』ナカニシヤ出版，2018

ニョニャ料理

英国植民地政府の重要な進出拠点の一つであったマラッカでは，15 世紀から 17 世紀にかけて福建省や広東省の潮州などを中心とする中国の華南地域から貿易商人が渡来し，現地マレー人女性と結婚し，それにより現地化したコミュニティが生まれた．このコミュニティに属する人びとのうち男性をババ（峇峇：baba），女性をニョニャ（娘惹：nyonya）とよび，総じてババ・チャイニーズと称するようになった．1795 年に英国がマラッカを占領し，マラッカがペナンやシンガポールとともに海峡植民地となると彼らは「海峡華人（海峡植民地僑生華人）」ともよばれるようになった．今日ではマレー半島のみならず，タイ南部，マレーシア，シンガポール，インドネシア，フィリピン南部の一部から構成されるマレー語世界一帯の現地化した華人を総じてプラナカン（peranakan）とよぶのが一般的である．

ババ・チャイニーズ社会は，経済的に豊かで高度な英語運用能力をもつエリート層を中心に構成されていたことから，中国よりも英国植民地政府により強い忠誠心を示したといわれる．しかし文化的にも英国文化の強い影響下にあったわけでは決してなく，宗教的には中国文化の影響を受けた祖先祭祀などを行う一方で，言語や文化に関してはマレー文化の影響を強く受けた．例えば，ニョニャの民族衣装バジュ・パンジャンはマレーの伝統的な民族衣装バジュ・クロンの影響を受けたものであるとされる．同様に，ニョニャ料理もマレー文化の影響を強く受けた食文化である．

●ニョニャ料理の特徴 ニョニャ料理は中華料理でよく使われる食材を基本としながら，マレー料理のスパイスや調味料を使うため，香り豊かで，味わいは甘ずっぱく辛いのが特徴である．ココナッツミルクを使った煮込み料理も多いがハーブ類をよく用いるためさっぱりしている．ニョニャ料理で用いられるハーブ類は，例えばレモングラス，ショウガ，ミントリーフ，ターメリック，ブラックナッツ，エシャロット，タマリンド，バンウコン，カルダモン，ラクサリーフ，パンダンリーフ（タコヤシの葉）などがある．調味料としてよく使われるのはブラチャンである．ブラチャンはオキアミを塩と発酵させた調味料で，東南アジア一帯では広く使われる調味料である．インドネシアではトゥラシ，タイではカピ，フィリピンではバゴオン，中国広東省では蝦醤（しゃーじゃん）とそれぞれ呼び名を変えるが基本的には同類のオキアミを発酵させた魚醤の一種である．

ニョニャ料理には地域ごとに細かい違いがある．例えばマレー半島の北部に位置するペナンのニョニャ料理はタイ料理の影響を強く受けているため，タマリンドやライムの絞り汁を使った酸味のある味わいが特徴である．一方，マラッカやシンガポールはインドネシアの影響を受けココナッツミルクを多用する．例えば，ニョニャ料理の中でもマレー半島で最も一般化したラクサは北部と南部ではスープがまったく異なる．ペナンのアッサムラクサは，酸味のある魚介出汁の澄んだスープにプリッとした歯ごたえのある押出し米粉がよく合う．他方，クアラルンプールやシンガポールではラクサといえばココナッツミルクの入った濃厚なカレー味のスープである．ここに米麺や小麦麺を加えると，スープが麺に濃厚に絡み食べ応えがある．これ以外にもサラワクラクサやシンガポールのラクサなど地域ごとに独自の発展を遂げたラクサも数多く存在する．シンガポール・カトン地区発祥のカトンラクサは，カレーラクサのスープに細かく切った麺を入れたもので，麺をすするというよりはレンゲでスープを飲むように食べるので，スープを味わうための1杯ともいえるだろう．

図1　ニョニャ料理で多様されるオクラ料理（左）と鶏のモチーフの食器（提供：戸加里康子）

図2　米粉を揚げた器に切干大根ときゅうり，エビをのせたクエ・パイティ

●変化するニョニャ料理レストラン　ラクサに代表されるニョニャ料理は，すでにマレー半島では日常的な食文化の一部となっている．その一方で，2008年にマラッカとペナンが「マラッカ海峡の歴史都市群◀」として世界文化遺産に登録され，プラナカン文化が注目を集めるようになると，プラナカン文化を前面に打ち出したニョニャ料理のレストランが都市部に次々とオープンするようになった．例えば，チェーン店の「ニョニャ・カラーズ」では鮮やかな色が美しいニョニャ菓子や軽食を手軽に楽しむことができる．また，「小娘惹」ではドリアや炒飯など，メニューに並ぶ料理の数々はなんでもありで，ほとんどすべてのメニューに「ニョニャ」と冠することでニョニャ料理店としての体裁を保っているようにさえみえる．店内のインテリアにはパステルカラーの美しいプラナカンタイルやガラスを多用することで，一種の懐古主義的な，「懐かしい過去」を思い起こさせる特徴ある店づくりをしている．このようにして，ニョニャ料理はプラナカンのその出自と同様に，さまざまな文化要素を取り入れながらその姿を変化させ続けている．

［櫻田涼子］

パダン料理

☞「ミナンカバウ」p.141

パダン料理とは，インドネシアは西スマトラを故地とするミナンカバウ人の民族料理のことである．ミナンカバウの中心都市がパダンであることから一般的にパダン料理とよばれている．

マレー世界におけるミナンカバウ人・パダン料理の位置付けは，世界における華人・中華料理の位置付けに似ている．ミナンカバウ人はマレー系の諸民族の中では特に商才に長けた民族として知られていて，インドネシアのみならず，マレーシアやシンガポールやブルネイなどマレー世界に広く移住している．母系制社会であるミナンカバウは，ムランタウ（出稼ぎ）とよばれる習慣をもち，男性は，女系をたどって相続される財産とは別に，みずから財を築き経験を深めるために故郷を離れて暮らす．出稼ぎ先の商売の代表的なものが，パダン料理店の経営である．伝統的には財を築いた後に故郷に帰って結婚するものとされていたが，現在ではそのままムランタウ先の地を住まいと定めて落ち着く場合も多い．

パダン料理店は，辺鄙な町にもたいてい一つはあるため，ミナンカバウ以外の民族の人びとにも親しまれており，まったく食文化の異なる地域へ行っても，とりあえず慣れ親しんだものが食べられる場所として重宝されている．また，ミナンカバウ社会はイスラーム色が強く，信仰が篤いことでも知られているため，マレー系に多いムスリムの人びとにとって，パダン料理はハラール性という意味でも安心できる食べ物である．

●パダン料理店　パダン料理店には共通した特徴がある．できあがって食べるままになった多種多様な煮物料理や揚げ魚が，1種類ずつ大きな容器に入れられて，常温で店頭にきれいに並んでいるのである（図1）．店舗はミナンカバウの伝統的な舟形家屋の屋根や装飾をモチーフにしていることが多い．本格的なパダン＝レストランでは，客がテーブルに着くだけで，何も注文しなくても，小皿に取り分けた十数種類の料理と米飯を目の前に出してくれる．客はめいめい1枚の大きな取り皿に米飯とおかずをとって食べる．出された料理をすべて食べる必要はなく，食事を終えたら食べた皿数を数えてもらって支払う．肉や魚のスープカレーのような料理の場

図1　パダン食堂の店頭に並べられた料理（2007年）

合，肉や魚をとらず，口をつけていないきれいなスプーンで汁をとる程度ならば支払わなくてよい．一方，大衆食堂や，ワルンとよばれる固定式屋台では，店頭でおかずを見ながら注文すると，1枚の皿に米飯とおかずを盛り合わせてくれる．防水紙やバナナの葉を使って一人前ずつ包んでもらい，持ち帰ることもできる．パダン料理に限らず，インドネシアではこういった盛り合わせの形式を一般的にナシ・ラムス，包んで持ち帰る食事をナシ・ブンクスとよぶ．

●パダン料理の特徴 パダン料理には，複雑なスパイスをすりつぶして合わせたペーストとココナッツミルクで辛く煮込んだ料理が多い．例えば，黄色いスープカレーのようなグレイ，油が分離するまで煮詰めたカリオ，茶色になるまで何時間も煮詰めて水分を飛ばしたルンダンなどが有名である．一つの料理に主食材を複数組み合わせて入れるのでなく，魚のグレイ，鶏肉のグレイ，山羊肉のグレイ，牛の皮のグレイというように，別々の料理として調理する．ルンダンの主材料は，典型的には牛や水牛の塊肉であるが，鶏肉など他の食材のものもある．ナス・魚・エビ・肉など油で揚げた主食材に赤唐辛子をたっぷり使ったチリソースを絡めるサンバラド/バラドも各種取りそろえられている．魚も肉も徹底的に加熱するため，常温でも日持ちのする料理が多い．そのほか，揚げ物や焼き物用の鶏肉をスパイスで煮て下味をつけ加熱しておき，注文に応じて揚げたり焼いたりする．通常，揚げ物は表面がきつね色になるまでからからに揚げるが，鶏肉をごく短時間さっと揚げて白く仕上げるアヤムポップという料理もある．

パダン料理店で供されるものは，肉や内臓，魚やゆで卵など動物性の主材料を使った料理が多く，野菜料理は限られている．マニオクの若葉をココナッツミルクで煮込んだりゆでて細かくつぶしたりしたものや，ナスのバラド，衣のないポテトコロッケのようなプルクデル，揚げた豆腐やテンペ（大豆をクモノスカビで発酵させた食品），細切りのテンペやジャガイモや小魚やピーナッツをからっと揚げて辛いソースでからめたサンバル＝ゴレン＝クリンなどがあるが，生野菜はほとんど提供されない．

●インドネシアおよびマレー世界における位置付け パダン料理はインドネシアを代表する料理である．インドネシアの料理は多種多様な郷土料理の寄せ集めであるが，「インドネシア料理」を紹介する料理書には必ずパダン料理が何種類も紹介されている．CNN が 2011 年に発表した「世界のおいしい料理ベスト 50」の第1位にルンダンがランク入りし，インドネシアでも大きく報じられた．パダン料理にはもてなしにふさわしい手の込んだご馳走料理が多いため，民族や国家の境界を越えてマレー世界で広く消費されている．しかし，油やココナッツを多用し，味の濃い料理が多いため，近年，健康志向の高い人びとの間では，コレステロールが高いなどといって，頻繁に食べることを避ける傾向もみられる．

［阿良田麻里子］

ゲテモノ

「ゲテモノ」などという言葉を学術の場で用いるとはいかがなものかと本項の依頼を受けて思った．文化は相対的なものである．魚の刺身だって世界の多くの民族からみればゲテモノでしかない．私たちにとっては普通の食べ物なのに．ゲテモノとはある文化の人間が別の文化の食べ物に感じる「違和感」にほかならない．…なんて正論はさておき，やっぱりヘンな食べ物には誰しも興味がある．特に東南アジア，それもインドシナ半島には日本人にとって見慣れない食材や料理が多い．ここでは筆者がこれまでに食べた珍妙な食べ物の中からベスト５を選んでみたい．

●調理すれば美味しい「特急」　第５位竹虫．タイのチェンマイでは「ロッドゥワン（特急）」とよばれている．竹の中に住む，長さ5cmくらいのイモムシだが，頭部が細くなっており，まさに新幹線のような容姿だ．タイ北部では非常にポピュラーで，レストランでも提供している．私は初めてチェンマイに行ったとき，市場で生の竹虫をみつけた．「これ，おいしい？」と訊いたら，売り場のおばさんが「もちろん！」と笑うので，そのまま一つ，つまんでパクッと食べてしまった．噛むと，ぶちゅっとした液が流れ出るし，全然うまくなかったが，そのまま飲み込んだ．すると，おばさんが驚愕．「この人，生で食べてる!!」．私も驚愕した．実は油で揚げて食べるものだったのだ．それならそうと早く言ってほしかった．フライにすると，サクサクになり，えびせんをもっと軽やかにした感じで美味．

●ベーコンのような両生類　第４位カエルの燻製（図１）．ミャンマーの辺境地域ではみかける．アマガエルより少し大きいカエルの内臓をとり，煙で燻したものを油で揚げている．手足を伸ばして苦しみもがいているような風情で，口にするには若干の抵抗感があるが，食べてみるとベーコンそっくりのコクとうま味と香り．ビールのつまみにうってつけだ．

図１　カエルの燻製

●針動物の「肝」　第３位ヤマアラシ．ミャンマーにはまだ熱帯雨林が広く残っており，住民は野生動物を狩って食べる．シカやイノシシの類いが多いが，意外にヤマアラシもよく捕れる．筆者は２度食べた．頭の方は普通の毛が生えているが，首の後ろあたりからだんだん毛が太く固くなり，先が尖ってくる．胴の中程になると白と焦げ茶色の長さ10cm以上の象牙のように固い針となる．調理前にこれを抜くのがけっこう厄介．その後，火で炙って毛を焼き，さらにぶつ切りにして煮込む．肉の味はわりと普通．ちょっと豚肉に似ているように思った．野生動物の肉らしく固かったが，臭みは感じなかった．内臓の一部が「肝」のように珍重されている．滋養強壮剤にもなるし，妊娠中絶薬にもなるとカチンの人びとはいう．とても苦い．

●巨大グモは食べ過ぎると胸焼けする　第2位タランチュラ．カンボジアを長距離バスで移動していたとき，中部のターミナルで女性が籠に入れて売っているのを発見．長さが15cmもある．素揚げしてあり，味付けは塩とトウガラシ．同行していた妻は匂いを嗅いで「クモくさい」と拒否反応．たしかに長いこと使ってなかった物置みたいな匂いがした．妻はゲテモノは何でも食べる人で，彼女がこれまで唯一，食べられなかったのがこれ．筆者はこの巨大クモを間違って10匹も買ってしまい，その日はタランチュラで胃もたれした．

図2　カンボジアで食べたタランチュラの素揚げ

●タイ東北部の虫イタリアン　第1位虫イタリアン．タイの東北部（イサーン）は世界でも最高レベルの虫食地帯．アリの成体と卵，セミ，コオロギ，バッタとなんでも食べる．

筆者にとって一番強烈だったのは虫イタリアンの店．シェフはイタリアで修行したことがあるといい，本格的なピザやパスタを出すのだが，地元客の要望に応じて虫をトッピングする．例えば，虫ピザは，ピザトーストにコオロギやバッタを乗せモッツァレラチーズやケチャップと一緒に焼いたもの．美味いことは美味かったが，虫の足が口に引っかかり「虫がなければもっと美味かったろう」と思ったのも事実．

●ゲテモノ感を炸裂させるのは異文化衝突　続いて出てきた「虫サンド」はコオロギやアリの成体そして卵があふれんばかりに詰まっている．トマトやキュウリ，ポテトフライと一緒にきれいに盛りつけされるとかえって気持ち悪い．虫食は村の民家や市場でみると食材の一つにみえるが，都会風の場所でみると「あ，虫が入ってる！」と思ってしまうのだ．まさに違和感．虫ならぬ無心で食べるのがコツだ．アリの卵はぷちゅぷちゅした食感が意外といい．このサンド，ビールには合う．そして極めつけはパスタ．なんと茹でたパスタの上にタガメやセミやバッタが山盛り．まるで残飯に虫がたかっているように見える！　虫よりパスタの方が食べるのが気持ち悪かった．

あくまで文化は相対的なもの．だから同じ文化の中で完結してほしいのに，他の文化のものと合わせると違和感が満ちてゲテモノ感が炸裂してしまうのだった．

［高野秀行］

米

☞「稲作」p.268

東南アジアの米といえば，粒の長いインディカのパサパサしたうるち米を思い浮かべる人が多いのではなかろうか．タイカレーにもナシゴレンにも，インディカ米がしばしば用いられる．実際，東南アジアではインディカ米が多く生産され，しかもインディカのうるち米を主食とする地域の方が広い．しかし，ベトナム西北部に住む黒タイや白タイの村で伝統食にありついたら驚くかもしれない．熱帯ジャポニカ（ジャバニカ）のもち米を蒸したおこわだからだ．中国雲南省南部，ミャンマー北部のシャン州，タイ北部と東北部，ラオス，ベトナム西北部の広い地域で，熱帯ジャポニカやインディカのもち米が主食とされている．

以下では黒タイの米食文化を手がかりに，東南アジアにおける米食の特徴を述べたい．

●もち米文化 炉の火の上に，口がやや狭まった鍋を置き，蒸し器をのせて口を塞ぐ．蒸し器はゆるやかに下方が狭まった円筒形の繰り木であり，底には竹で編んだ目の細かい簀（す）の子（こ）が敷いてある．こうしてもち米を蒸しておこわにするのである．豆やイモなどを加えて蒸すこともあり，どれもかなりおいしい．もち米には，掘り棒やクワを用いて焼畑でつくられる陸稲と，マグワや犂（すき）で水田を耕起してつくられる水稲の双方があるが，除草の手間がかかる陸稲の方が，歯応えがあっておいしいと黒タイの村人はいう．特に，赤や黒のもち米は，火入れして1～2年の肥沃な畑でしかできず，生産量が限られ美味なので普通のもち米の2倍以上の値段で売買される．伝統的にベトナムのデルタや海岸部に住み，うるち米食の方が卓越している多数民族キン（ベト）も，西北部の黒いもち米の蒸留酒ネップ・カム酒を珍重する．

図1　もち米を蒸す黒タイの女性（ベトナム，ソンラー省）

黒タイは，水に浸しておいたもち米を中に詰めた竹筒ごと炉の火で炙って蒸し焼きにした竹筒飯（カウ・ラム）も食べる．ひと手間かかるので，村では大事な来客や，体力の回復のために家事労働が免除されている出産直後の女性にふるまわれてきた．近年は都市化と観光化の進展とともに，ドライブインなどでも売られるようになった．なおタイでは，ココナッツミルクや砂糖などを加えた竹筒飯も，お菓子としてよく売られている．

そのほか，正月にはカウ・トムとよばれる緑豆と豚の脂身を入れた粽(ちまき)もつくる．中国のみならず粽(ちまき)は大陸部東南アジアにも広くある．地方や民族によって形や大きさ，包む葉，中の食材，つくり方にバリエーションがある．蒸したもち米を搗(つ)いたいわゆるモチを，盆地に住む黒タイはつくらない一方で，同じ地域の高地に住むモン（中国では苗族）は，日本と同様に横杵(よこぎね)で正月にモチを搗く．なお，タイ北部のラフやリスなどチベット・ビルマ系民族はエゴマなどを混ぜ，しばしば竪杵(たてぎね)で搗く．

図2　正月に搗いたラフのモチ（タイ，チェンマイ県）

もち米は，酒造り（蒸留酒と醸造酒）のほか，塩漬けの魚を乳酸発酵させてなれずしをつくる際にも用いられる．

●米食の変化　黒タイの人びとがうるち米を食べないわけでない．1950年代以降，ベトナム政府は米の増産のために西北部でもうるち米生産を奨励し，黒タイも水田の稲のほとんどをうるち米に切りかえた．炊いたうるち米食が広まった理由は，こうした農業政策のみに帰することはできない．テレビなどで国内外からの情報がもたらされたことで，うるち米を食べる方がおこわを手で握って食べるより都会的で洗練されていると考えられるようになった，という人びとの意識変化にもよる．

うるち米食の普及は副食も変えた．蒸す，煮る，炙るに加えて，炒める，揚げるという油を使って調理した料理を増やしたからだ．主食とおかずの相性のためである．なお，これまで油といえば，各家庭で豚の脂身から熱を加えてとった貴重なラードだったが，ガスコンロの導入とともに市販の植物油も普及しつつある．

●粉米　うるち米を挽いて粒にして蒸した「しとぎ」を細切りにした麺は，東南アジアの飲食店街ならどこにでもある簡便な食材だが，黒タイの村には普及していない．薄く円盤状のしとぎを日干ししたライスペーパーを用いた春巻きは代表的なベトナム料理だが，黒タイの村の食卓では珍しい．

図3　簀の子の上にひろげて日干ししているライスペーパー（ベトナム，ホーチミン市近郊）

このように粉米食は自給的な農村には少ないが，都市部では粉米を用いた団子やういろうなどのお菓子も種類豊富である．当然，農村部への貨幣経済の浸透や都市化の進展とともに，農村でも粉米食品の消費が増えている．　［樫永真佐夫］

麺　類

麺という概念は非常にややこしい．例えば，麺文化の起源の地である中国では，その文字，麺が表すように，麦（粉）を面状にのばして料理したものである．だから，餃子や焼売，饅頭は麺であるが，米の粉からつくるビーフンや蕎麦は麺とはよばない．対して，日本語の麺や英語の noodle は麺状，つまり，糸，線のような細長い食品という感覚が強い．蕎麦であれ，ビーフンであれ，麺という認識である．ちなみに石毛直道は，「穀物，マメなどの粉を主原料として，線状に加工した食品で，原則として，茹でたり，煮たりして，主食，あるいは準主食的な料理の主材料として食べられるものである」（『麺の文化史』）と定義している．

●東南アジアの麺　東南アジアの麺についての感覚は，この定義に近い．国により，微妙に違いはするものの，米であれ，小麦であれ，区別される感覚はない．場合によっては，緑豆などからつくる春雨なども，仲間に分類している．石毛は，麺は大別すると三つのパターンがあるという．①こねた小麦粉を引っ張って，棒状にのばしていったソウメンのようなのばし麺．②麺棒で広げた生地を刃物で切って，線状にする，手打ち蕎麦のような切り麺．③下に穴があけられた容器にこねた粉を入れて，押し出してつくる，ビーフンの類．押出し麺．東南アジアの麺を俯瞰すると，①はあまり目立たず，②と③が多い．特に，もともとが米食地域であるから，小麦の麺よりも，米粉の麺が目立つ．例えば，タイの場合でみると，米粉の切り麺系として，クィティアオのセンレク（細め），センヤーイ（太め）．押出し麺系列のセンミー（さらに細い）と，カノムチーン（中央タイ），カオプン（東北タイなど），そして，小麦粉の切り麺，バミー，緑豆の押し出し系，ウンセンなどがある．ビーフンや河粉（ハーフン米粉でつくった幅広の麺）のような米粉の麺と，小麦粉でつくった黄色い中華麺が混在しているのは，東南アジア全体に共通しているといえる．それらが，湯麺（たんめん），ラーメンのようなスープ入りの麺にされたり，和え麺にされたり，あるいは炒め麺にされたりするわけだが，ものによって調理法も異なる．

●独自に展開する麺文化　ところで，パッタイという甘辛くした炒め麺はセンレクでしかしないし，タイの醤油味の炒め麺，パッシーユーではほぼ，センヤーイである．カノムチーンはココナッツミルク風味のタイカレーをかける食べ方が一般的であるし，ウンセンはクイティアオのようにスープ麺として食されることもあるが，一般的にはサラダ，ヤームに入れたり（ヤーム・ウンセン），カニなどシーフードの蒸し物（プーオプウンセン）に使ったりする．

前述のように，麺は中国起源である．中国北部の粉食地帯で発達した．それが伝播した南部の稲作地帯で，米でつくる工夫としてビーフンの類が生まれた．それらが，東南アジアにも伝わり，独自の麺食文化を花開かせている．ただし，多くは近世，清朝末期あたりからの華僑の流入とともに広まったものであると考えられる．雲南省など内陸部からのルートも考えられるが，一般的には海側のルートのそれが多いように見受けられる．何にしろ，比較的新しい食文化ということができる．その中でも，中国のオリジナルな姿をほぼそのまま伝えるものと，現地のローカルな食文化との融合が進んだものがある．シンガポールなど中国系の住人が多い地域では，当然かもしれないが，その名も福建麺（フッケンミー）や潮洲魚圓麺（テョーチュウ・フィッシュボール・ヌードルと英語で書かれていたりする）というように表記されており出自がわかる．そのルーツとも関連するが，福建，広東，およびその一部，東部の潮州などが目立つ．それらは御本家のそれとさほど変わらぬ姿で供されている．あるいは先のタイのクィティアオも，起源は潮州である．粿條（コエティオ）からアレンジされたものであるが，ナームプラーがベースとなり，トウガラシや砂糖などの味わいが極端に使われ，タイの味と化している．

図1 ベトナム，ホーチミン市の屋台．米の麺と小麦粉の麺と．好みで麺を選んでというタイと同じようなシステムのもの

ミャンマーのオンノカウスエはその影響を受けて発達したと思われる，北タイのカオソーイは中華風の小麦の麺（米の場合もある）にココナッツミルクのカレーだれをかけたものであったり，前述のカノムチーン，あるいはマレーシアのラクサのようにニョニャ料理◀（マレー系と中華の混合料理）の系譜から発達したものもある．日本のソース焼きそばのように，御本家のそれから，相当にアレンジがされ，現地の味と化しているものがある，ということである．また，興味深いのはベトナムで，他国は地域差が比較的少ない料理であるが，地域ごとに名物となっている．ハノイのブン，ブンチャー（ソウメンのような米麺）であったり，ホイアンの太めの和え麺，カオラウであったり，南部で目立つフォーであったりと分かれるのは他国よりも中国との関係が古く深いためか．マレーシアの焼きそば，ミー・ゴレンなどはインド風のスパイシーな味付けのものだったり，同じくスパイシーではあるが，マレー風のパターンなどのアレンジもある．

食べ方としては，中国の原形に近いものは概して箸で食べられるが，土着化が進んだものはフォークとスプーンであったりする．いずれにしろ，麺は東南アジアで，特に軽食，あるいは外食として定着している．大衆的な食べ物として愛されている．

［森枝卓士］

香辛料

☞「熱帯の森林産物と商品作物」p.52

香辛料とは，飲食品に少量加えることで好ましい芳香や風味や辛味をつけるものの総称で，主に植物の種子，果実，つぼみ，葉，茎，樹皮，根茎などからなり，典型的には乾燥させたものをさす．

●大航海時代　15世紀半ばから17世紀半ばの大航海時代◀，香辛料は，西洋列強がアジアを目指す大きな要因となった．東南アジアや南アジアに産する香辛料は，肉食を重んじる西洋の食文化において重要な意味をもっていた．アラブ商人に握られていた貿易ルートを回避し，インドをはじめとする熱帯アジアで直接香辛料を調達するため，ヨーロッパから喜望峰をまわってアジアへと達する航路ルートが開拓されたのである．

香辛料の中でも，胡椒，クローブ（丁子），ナツメグがとれるニクズクがとりわけ貴重なものであった．胡椒はインド原産であるが，早い時代からインド以外の地にも伝わって定着し，大航海時代にはすでに広く東南アジアで栽培されていた．現在のインドネシアに当たる地域へは，1世紀頃には伝わっていたとされる．一方，クローブとナツメグは，現在インドネシア領となっているマルク諸島（別名モルッカ諸島，香料諸島）を原産地とし，18世紀にいたるまでこの地域以外ではまったく栽培されていなかった．そのため，ポルトガル，スペイン，オランダ，英国が，クローブとナツメグの産地の権益をめぐって，現地の王国を巻き込みつつ激しく争ったという歴史がある．またこの頃トウガラシなどアメリカ原産の食材もヨーロッパ経由でアジアにもたらされ，定着している．

図1　タイのすり鉢「クロック」［国立民族学博物館所蔵］

図2　インドネシアのすり皿「チョベック」

●香辛料の利用法　東南アジア諸国の調理では，一般的に，香辛料・ハーブ・香味野菜などの香りの高い食材と，塩味・甘味・酸味・うま味などの味をつける調味料とを複雑に組み合わせて，料理の味を決める．そのため，ごく基本的な下ごしらえとして，これらの食材をつぶして混ぜ合わせるという作業がある．タイ，ラオス，ミャンマーなどの大陸部では，一般的に深い鉢に入れた材料を棒で叩いてつぶしながら混ぜ合わせる（図1）．一方，インドネシアやマレーシアなどでは，浅い皿状の道具に材料を入れ，すり石やすりこぎですりつぶして，なめらかなペースト状にすることが多い（図2）．

●一般的な香辛料　冒頭でも述べたように，日本語で香辛料，英語でスパイスというと主に乾燥させたものをさす．しかし，東南アジア地域は気候風土が香辛料栽培に適し，多くを現地で生産しているため，種類によっては乾燥させずに新鮮な生のものを用いることがある．

以下に，東南アジアで比較的ポピュラーな香辛料をあげてみる．主に乾燥させた状態で使うものとしては，コリアンダー（コエンドロ），胡椒，ナツメグ，クローブ，クミン，カルダモン（ショウズクまたはビャクズク），シナモン（セイロンニッケイまたはジャワニッケイ）などがある．新鮮な状態でよく使うものとしては，トウガラシ，小粒で辛いキダチトウガラシ，エシャロット（アカワケギ），ニンニク，レモングラスの茎，コブミカンの葉，ニオイアダンの葉，ホーリーバジルの葉，葉セロリ（オランダミツバ／スープセロリ）など，そしてショウガをはじめナンキョウ（ガランガル），ウコン（ターメリック），バンウコン，オオバンガジュツなど香りの違う多様なショウガ科植物の根茎がある．

国や地域によって，頻繁に用いられる香辛料もその使い方も異なる．インドネシアやマレーシアでは，コリアンダーの種はよく使うが，大陸部でよく使われる葉や根（日本での通称はタイ語由来のパクチー）は，あまり使わない．ククイナット（キャンドルナット）の種，サラーム（マメアデク）の葉は，他地域ではあまり使わないが，インドネシアやマレーシアでは非常に日常的な食材である．トーチジンジャー（カンタン）のつぼみ・茎・実などは，独特の芳香と酸味をもち，タイ，マレーシア，インドネシア，フィリピンなどで食べられているが，インドネシアでは特定の地方の郷土料理にのみ用いられるものとされている．

●香辛料とハーブ・香味野菜の区別　上で取り上げたもののうち，主に新鮮な状態で使うものは，香辛料というよりも，ハーブや香味野菜とよんだ方がふさわしいかもしれない．しかし，乾燥の状態を手がかりに，香辛料とそうでないものとの間に明確な境界線を引くことは困難である．例えば，トウガラシ，レモングラス，ナンキョウ，ウコン，バンウコンなどは，乾燥品も市販されていて，新鮮なものと乾燥品は互いに置き換えることができる．また近代化が進み，家事の省力化が進むにつれて，売買の際の食材の形態も変化している．丸のままの状態から，ペーストや粉末にして売られるようになったり，もっぱら新鮮な状態で売買されていたものが，乾燥品のボトル詰めになったりしている．　［阿良田麻里子］

📖 参考文献

［1］吉田よし子『香辛料の民族学―カレーの木とワサビの木』中央公論社，1988

共　食

☞「ジャワ」p.136

食べ物を共に食べることは，人を結びつけるのに特別な意味をもっており，東南アジアもまた例外ではない．東南アジアでは，食べることが，親族の結びつきに意味をもつことを指摘する研究もある．ここで重視されるのは，共に食べることよりも，同じものを分け合うことである．例えば，マレーシア，インドネシアを中心とする地域に暮らすマレー系の人びとにとって，家族が食卓を囲むことは，必ずしも一般的なことではない．食べることは恥ずかしさとも結びつくため，親しくない人との食事は特に避けられる．共に食べることは，冠婚葬祭や儀礼など，特別な機会が中心である．

●多様な信仰と共食　東南アジアは，さまざまな宗教・信仰が混ざり合う地域である．アニミズム（霊的存在への信仰），ヒンドゥー，仏教を信仰する地域では，食べ物は供物としての意味をもち，儀礼の際には特別なものが準備される．儀礼の際に食べる行為は，超自然的な存在との共食の意味をもっており，その場に集う人びとも，共に食事をする機会になる．

イスラームを信仰する地域では，断食月とその後に行われる大祭，そして犠牲祭が共食をする機会となる．1か月の間日中の飲食を絶つ断食月は，断食を終える日没時に，一緒に食事をする会が開かれる．また，犠牲祭では，モスクで牛やヤギの肉を使った料理が準備されて，その場に集まった人びとが共食をする．

東南アジアの宗教は重層的な構造になっており，それぞれの信仰や慣習が混交している．一例として，ジャワのスラマタン儀礼を取り上げる．スラマタンは，ジャワのムスリムが，誕生，結婚，死などにかかわる人生儀礼や祝い事の際に行ってきた儀礼である（図1）．主催者の家に近所の男性たちが招かれ，料理を囲んで祈りをささげ，少し食べた後で，料理をそれぞれの家に持ち帰る．このように，その場での共食よりも同じものを分かち合うことに重点がおかれることは，前述の東南アジアの親族との料理の分かち合いに共通している．

図1　ジャワの共食儀礼

スラマタンの料理は，儀礼が行われる機会ごとに決まりがあり，供物の意味をもっている．これは，ジャワにイスラームが伝わる以前の信仰の影響を受けているとされるが，スラマタンでの祈りは，イスラーム式のものである．イスラームの影響力の強まりと，近代化の進行とともに，現在では，儀礼の場も姿を変えている．スラマタン儀礼は，供物の意味を料理がもつこと，イスラームに基づかないとされる死者儀礼の際にも行われることなどが問題となり，減少しているのである．

図2 大皿に盛りつけられたインドネシアの家庭料理．各自で皿に取ってばらばらに食べる

●共食儀礼をめぐる変化 インドネシアのジャワを例に，近年の儀礼と共食を取り巻く変化をみる．儀礼の場での変化については，マレーシアなど他の東南アジア社会でも広くみられる．近年のインドネシアでは，イスラームの影響力が強まっており，イスラームの勉強会が活発化し，テレビやインターネットを通じても情報が流される．このような動きを受けて，「より正しい」宗教実践への関心が高まっている．前述のスラマタン儀礼のように，ジャワではさまざまな信仰の要素が融合しているが，冠婚葬祭などの場でも，非イスラーム的とされるものが排除され，イスラーム的な要素が強調されるようになってきている．また，このような変化は費用の節約，時間の短縮などにつながっている面もある．

儀礼は共食の機会であると同時に，準備のために隣人や親族の女性たちが，集ってともに調理をする場としても重要であった．準備の合間にも休憩時間には食事が出され，手伝いに参加した女性たちがおしゃべりをしながら共食をする機会となっていた．また，手伝いに参加した女性たちを含む近隣の世帯に，箱詰めの料理が主催者から贈られた．近年では，効率化を重視してケータリングの活用が拡大してきており，インドネシアの経済成長に伴う収入増加もこれを支えている．このような変化に伴って，儀礼の場での共食は変化している．

一方では，テレビで食べ歩きや料理を紹介する番組の放映が増え，外食産業も発達するなど，儀礼以外の場で，日常の中での共食の機会は増えてきている．SNS上でも共食の場や料理の写真はよく見られる．食べることと恥ずかしさの感覚は，こうした変化の影響を受けると考えられ，東南アジアでの共食の姿は，変化の過程にあるといえる．

［塩谷もも］

参考文献

［1］Geertz, C., *The Religion of Java*, The University of Chicago Press, 1976
［2］Janowski, M., & Kerlogue, F., *Kinship and Food in South East Asia*, NIAS Press, 2007
［3］櫻田涼子他編著『食をめぐる人類学—飲食実践が紡ぐ社会関係』昭和堂，2017

肉　食

人間が肉食を盛んに行うようになったのは，脳の容量が増え石器を使うようになった約50万年前頃からとされる．東南アジアに暮らす人びとも，家畜や野生動物の肉を現在まで食してきているが，地域としては肉以外の食べ物も豊富にあり，雨量の少ない乾燥地あるいは寒冷地と比較すると，肉食に対する依存度は従来概して低い．

●東南アジアにおける肉食　一般に肉食は大きく二つに分けられる．牛，豚，鶏といった家畜の肉を食するものと，イノシシや野鳥などの野生動物の肉を食するものである．当然のことながら肉食の背景には，肉をなんらか調達する生業としての家畜飼育と狩猟がある．東南アジアは端的には森と海の世界であり，都市的な地域を除けば，基本的には農村と漁村の地域から成り立つ．すなわち東南アジアにおいて肉食は，森の世界に近い農村社会を中心に育まれてきた文化であり，都市における肉食は基本的に農村から供給された肉を消費してきたものである．もちろん肉を食材にした現代的な料理の成立背景には都市文明がかかわっている．

都市文明とのかかわりでいえば，高度な制度や組織をもつ仏教やイスラームなどの宗教は，都市にその中心があり立派な寺院が存在する（小さな寺院は農村や漁村にもある）．東南アジアにおいて大陸部は仏教，島嶼部はイスラームがそれぞれ信仰される宗教として卓越し，肉食はそれぞれの宗教体系と密接な関係がある．まず宗教と肉食との関係では，肉の供給源となる生き物の殺生が推奨されないという点が共通する．またイスラームを信仰する者は豚を食べない．ただしこのような信仰と肉食規範の関係は，一般論としてある程度成立するが，個人レベルでは信仰に対する考え方により例外が生じる．

東南アジアにおける従来の肉食の多くは，儀礼を伴うものであった．市場経済の浸透が進み，儀礼を伴わない肉食が増えゆく世界の流れの中にあって，東南アジアは肉食と儀礼の関係が現在まで強く残る地域でもある．

●タイにおける肉食　現在，バンコクをはじめ，タイで都市部へゆけば道路沿いに屋台が並び，昼食や夕食をそこでとる街住みの人びとをみることができる．カオ・マン・ガイ（蒸し鶏肉ご飯）やカオ・カー・ムー（煮込み豚肉ご飯）といった，庶民が気軽に食べる肉料理を提供する屋台は，どこの街へ行ってもみかけるものである．ただしタイ料理の定番となっているこれらも，もとは現在の中国を故地とする華人が持ち込んだ文化であり，20世紀以降に定着して現在にいたるものである．タイに限らず東南アジアにおける華人の存在は，経済的な側面も含めて非常に大きく，肉食の文化にも大きな影響をもたらしている．

タイの農村においてある程度自給的な暮らしをしてきたタイ系民族の人びとにとって，主なタンパク源は近隣の川や水田周辺の魚や昆虫であり，肉食としては鶏肉食が多少ある程度であった．そして牛・水牛の肉は儀礼などの特別な機会に食べるまれなものであった．例外として，塩漬け加工された保存食のソーセージ（ネームとよばれるものが有名）は，市場に出回りある程度食べられてきた．このネームと蒸したもち米の組合せは，携帯性に優れ，ちょっとした旅路に都合よい．

またタイにおいても北部の山岳地域には中国南部を故地とするモンなどの少数民族が分布している．彼らは山岳地域でもあることから水田稲作はあまり行わずに焼畑稲作を行い，家畜についても豚を好んで飼育してきた．彼らは中国南部にいた頃からの豚肉食文化を維持している人びとである．

モンの豚肉食について紹介しよう．彼らは日常的には，なにより米を食べている．一方，非日常の機会に食べるのは，なにより豚肉である．このために，モンの人びとは現在も自家で豚を飼っている．世帯の単位でみると，1年のうちに少なくとも2回（祖先祭祀と正月祝い），豚をつぶして，たらふく食べる機会がある．祖先祭祀の行われる時期は，陸稲の種まきを始める頃（4～6月）にある程度集中しており，儀礼は宗教的な職能者（村に数人いる）により，半日近くかけて行われ，豚を供犠して祖先の霊に捧げる（図1）．捧げた豚の肉は，その後料理され，親族一同が宴会で共食する．

図1　タイのモンによる豚供犠．儀礼中に豚の喉元をナイフで刺して血を採る

モンの豚肉料理は，肉をぶつ切りにして塩茹でした単純なものである．このほかに，生肉を刻んで血と香草を混ぜたものをつくる場合もある．このような非日常食としての肉食は，米と多様なおかずからなる日常食と比較すると，料理としては単純化している．また最近はあまり獲れなくなってきているが，農閑期などにイノシシが獲れたときには臨時の宴会が催され，男たちの楽しみとなっている．豚肉を食べる機会は定期的なものだが，イノシシ肉を食べる機会は，ある日偶然に訪れる．

このような豚肉食は，ラオス北部やベトナム北部に分布する少数民族において類似しており，タイに限らず，大陸部東南アジアの山岳地域における食文化の特徴となっている．

［中井信介］

参考文献

［1］高井康弘他「家畜利用の生態史」河野泰之編『生業の生態史』モンスーンアジアの生態史 1，弘文堂，pp.145-162，2008

魚　食

海と島の海域世界からなる島嶼部と，河川沿いや沿岸部に人口が集中してきた大陸部からなる東南アジアでは，魚食は古くから重要な食文化の一つであった．また魚食と密接にかかわる漁撈（ぎょろう）◀は，東南アジアにおいても近代以降はその商業性を強め，沿岸域や河川，湖を中心に海民◀や漁民によって実践されてきた．東南アジアにおける魚食とその文化は多岐にわたるが，ここでは魚食の対象を，①内水域を主な舞台とする汽水・淡水魚と②沿岸や外洋域を生産地とする海水魚に分け，その事例を紹介する．

●汽水・淡水魚の魚食文化　河川や湖，水田といった内水域での淡水魚を材とした魚食は，歴史的には大陸部東南アジアやジャワ島，スマトラ島といった比較的大きい島々で知られてきたが，近年では全域でみられる．東南アジアの先史時代における淡水魚の食資源としての利用は，私たち現生人類（ホモ・サピエンス）による痕跡が増える3万年前頃までには各地の遺跡で出土が報告されている．淡水魚の中でも古くから人気があるのは，脂や肉量が豊富なナマズやギギ類などである．ナマズ類の人気は現代でも高く，揚げや焼き料理の代表的な食材の一つだ．

内水域での魚食で特筆すべきは，水田や貯水池を利用して養殖されたミルクフィッシュ（和名サバヒー）やコイ類の食利用である．ミルクフィッシュは，インドネシア語でバンデン（bandeng），フィリピン語でバンガス（bangus）とよばれ，歴史的にはフィリピンやインドネシアの水田地域でその養殖が古くから営まれてきた．しかし，近代的な養殖が発達し，その生産量が激増したのは第2次世界大戦後である．さらに近年においては，海外への輸出向けとなるエビ類の養殖のほか，中国ゴイやインドゴイ，南米原産のティラピア類の養殖やその食利用も東南アジアの各地でみられるようになった．これら養殖魚は揚げや焼き料理のほか，煮込んだスープ料理の具としても好んで食されている．

●海水魚の魚食文化　東南アジアで最も古い海産物の利用痕跡は，約4万年前にさかのぼる東インドネシアの遺跡群で確認されている．いずれも多様な魚貝類が出土している．特に外洋魚種となるマグロやカツオの仲間と，沿岸域に多く生息するブダイ科やニザダイ科，ハタ科などの魚種が確認されており，島嶼部においては旧石器時代より多様な海産魚が食されていたようだ．その調理法は不明な点が多いが，東南アジアにおける魚料理は，煮る，焼く，揚げる，蒸す，が一般的で，刺身のような生食による調理はほとんどない．またなかでも人気が高いのは，煮ると揚げる調理法である[1]．

しかし，これらの調理法は歴史的にみれば，早くとも土器などの調理容器を出現する新石器時代以降と考えられる．それ以前の時代はやはり焼くか燻すで，新鮮な場合には生食もあったであろう（図1・2）．また東南アジアにおける魚の伝統的な調理法として，日本の鮨文化にも影響を与えたといわれる，なれずしや魚醤といった発酵食品としての利用も忘れてはならない[2]．

図1 ボルネオ島のサマ，あるいはバジャウの女性が，土製焜炉（土器）を使って，サンゴ礁の魚を焼いている風景

図2 図1の方法で焼いた魚（ブダイ）

一方，近世以降の東南アジアで最も一般的だったのは煮るで，塩やスパイスなどと魚を混ぜた汁料理は各地でみられる．また古くから中国やインドといった文明圏の影響を受けてきた東南アジアでは，炒めるや揚げる，蒸すといった調理法を多用する中華料理や，多種の香辛料を使ったインド料理的な調理法も認められる．しかし多くの地域で，こうした調理法が普及したのは西欧諸国による東南アジアの植民地化が進んだ近代以降であろう．特に植民地時代に宗主国による政策によって，中国やインド系移民が移住した地域では，その傾向がより強い．冷蔵や輸送技術が進んだ近年では，鮮魚や活魚を店先に並べ，その場で調理する中華系の海鮮料理は，東南アジアの各地でみられるようになった．ハタ科やベラ科の白身魚が高級魚として知られ，畜養により成長した魚を活魚で流通させ，蒸し料理や揚げ料理にするのが有名である．

魚料理にも欠かせない香辛料では，アメリカ大陸原産であるチリ（トウガラシ）の普及も植民地時代期以降であるが，今では東南アジアにおける調理に欠かせない調味料となっている．比較的早くからポルトガルに植民地化された東インドネシアの島々では，同じくアメリカ大陸原産のトマトとチリを刻み，レモン汁などを混ぜたソースで，焼き魚や揚げものを食べる料理があるが，これも植民地時代の名残といえるかもしれない．

［小野林太郎］

参考文献

［1］小野林太郎『海域世界の地域研究—海民と漁撈の民族考古学』京都大学学術出版会，2011
［2］石毛直道，ケネス・ラドル『魚醤とナレズシの研究』岩波書店，1990

菜　食

☞「上座仏教（上座部仏教）」p.214,「寺院と出家」p.232

菜食とは肉食を避け，穀物，豆類，野菜，ナッツ，種，フルーツ豆，穀類などの植物性食品のみをとることをさし，特に菜食を続ける人を菜食主義者という．ただし，信仰や思想，集団の実践に応じて「食べてよい物」は異なる．1847年に設立された英国菜食主義協会の定義を簡単に示すと表1のようになる．

表1　食べてよい物，使用してよい物

集団名	肉類	卵	乳製品	毛皮皮革
ラクト・オボ・ベジタリアン	×	○	○	○
ラクト・ベジタリアン	×	×	○	○
オボ・ベジタリアン	×	○	×	○
ビーガン	×	×	×	×

（出典：文献[1]より）

菜食は宗教，思想と深くかかわる．例えばヒンドゥー教では，バラモンなど上級カーストは菜食を守る．東南アジアのインド料理店には必ず菜食メニューがある．一方，イスラーム，ユダヤ教，キリスト教の場合，食にかかわる規定は存在するが，特に菜食を推奨することはない．ただ，欧米では18世紀キリスト教福音主義者が動物愛護法を制定し，動物保護という観点から菜食主義が広がった．より厳密な派はビーガンといい，動物の使役やその結果得られる蜂蜜のような食物も避ける．またこの場合「食文化」にとどまらず，革，毛皮，ウール製品の不使用といった生活スタイルにもつながる．

●仏教と菜食　東南アジアでみられる菜食は，仏教を背景としたものが主流といえる．経典での記述をもとに，仏陀は肉食をしていたと解釈されているが，仏教，特に大乗仏教では不殺生という観点から菜食は奨励される．表1でいえば肉魚類と卵を避けるラクト・ベジタリアンである．東南アジアの料理に乳製品を使うことはまれだが，仏教における菜食では牛乳やチーズ，ヨーグルトの摂取は問題ない．ベトナムのフエはベジタブル・レストランが多数存在することで有名である．ここでは仏教の影響で，旧暦の1日と15日（新月と満月）に菜食を食べる慣行がみられる．また，タイでは旧暦の9月（西暦では9月から10月）にプーケットなど南タイ中国系住民を中心にキンチェー（菜食祭）が開催される．この期間は菜食を守り，いつもより精進することが奨励され，中華料理店でも特別メニューとして菜食が準備される．キンチェーは一定期間の菜食だが，中国系僧院・尼僧院などが儀礼の際に菜食料理を準備することもある．中華料理の菜食は，麩，蒟蒻，各種野菜を烏賊，海老，魚などの形に細工して調理することも多い．

●上座仏教社会と菜食の実践　上座仏教社会でも教義解釈は大乗系と同じで，菜食をしなければならないというわけではない．ただ個々の仏教徒が，みずから定め，不殺生戒の実践として菜食を行うことは少なからずみられる．ミャンマーを例にあげれば，雨安居の3か月ほど，あるいは，その期間内の自分が生まれた曜日に菜食を守ることがある．この場合，家庭内でも曜日によって，菜食を守る者と守らない者が出てくるので野菜や豆で簡単な炒め物を1, 2品つくる．菜食なのでもちろん肉は入れないし，魚醤なども使わず，塩や醤油で味付ける．菜食者はそのおかずだけを食べ，ほかの家族は肉料理に加えて，その料理をつまむことも可能というわけである．

さらに菜食が社会的な実践となり，菜食コミュニティを形成する事例もある．例えば，カレンやシャンなど山地民の中では，カリスマ的指導者を中心とした仏教，キリスト教系のカルトが生じるが，菜食を守ることが意外に多かった．またカレンのキリスト教徒には菜食を守るセブンスデー・アドベンチスト派も少なくない．

一方，上座仏教には，悟りや力を求めて山にこもり瞑想修行を行なう「森林の僧」の系譜があるが，不殺生の戒を守り山で修行する場合，現実には菜食とならざるをえない．例えばモン州のアランタヤー長老（1914-95）や，カレン州のターマニャ山長老（1915-2003）などは，ある時点から菜食をはじめ，修行の結果超自然的力を獲得したと噂された．僧院の周囲が宗教用地として認定され，在家者が居住し，内部では菜食を守る．この場合，用地内は「不殺生の土地」となり，菜食は領域に付随する．僧侶にならって生涯菜食の誓いを行う者もいるが，そうでなければ土地の外では肉食は可能である．実際に菜食を長期に守ることが困難で，故郷の村に帰る者もいた．

他方で，菜食を長く続けることにより身体的・感覚的変化を感じることもある．肉料理の匂いを臭みと感じるようになったり，身体を清涼と感じるといった話も多い．また生まれ故郷に戻っても，酒を飲んでの喧嘩が多くて気持ちが安らがない，家禽の匂いが気になるといったことを語る人もいた．仏教の菜食用地内では家禽や使役牛の飼育は許可されず，ビーガンと重なる側面もある．また，カレン州の事例は内戦の地にあり，移住してきた人びとは，国連の定義でいう「国内避難民」にあてはまる人間も少なくない．内戦地では菜食の土地は一種のサンクチュアリとして機能し，「菜食」実践に平和や反暴力のメッセージ性が付与されるという解釈も可能であろう．

［土佐桂子］

参考文献

［1］Vegetarian Society HP：https://www.vegsoc.org/definition

［2］Whorton, J. C.「菜食主義」『ケンブリッジ世界の食物史大百科事典』4，小林彰夫・鈴木建夫監訳，朝倉書店，2005

［3］土佐桂子「菜食がもたらす社会空間」西井凉子・田邊繁治編『社会空間の人類学―マテリアリティ・主体・モダニティ』世界思想社，pp.352-372，2006

イモとバナナ

東南アジアの農耕の歴史をさかのぼると，イネや雑穀など種子をまいて殖やす作物を基礎にした種子農耕文化よりも先に，種イモの植え付けや親植物からの株分けなどによって殖やす作物の栽培を基礎にした根栽農耕文化が行われていたと考えられている．根栽農耕文化を代表する作物が，タロイモやヤムイモなどのイモ類とバナナ，サトウキビなどであり，これらをまとめて「根栽作物」とよぶ．根栽作物は，種イモの植え付けや親植物からの株分けなどの栄養繁殖によって栽培され，食生活においてカロリー源となる栽培植物である．地下部を利用する野菜の「根菜」（例：ダイコン，ニンジン）とは区別しておきたい．

●農業や食文化での役割　東南アジアのほとんどの地域では，現在，稲作中心の農業と米を主食とする食生活が定着しており，根栽作物の食料としての重要度はイネに比べて低い．しかし，イモ類やバナナは庭畑や焼畑で広く栽培され，主食を補う炭水化物源として，また副食やスナックの材料として利用されている．さらに島嶼部東南アジアの東部では，タロイモやヤムイモ，バナナを細かく品種に分類して栽培する，サゴヤシを栽培し幹に蓄積したデンプンを主食とするなど，根栽作物が今なお農業や食文化に重要な役割を果たしている地域がある．

●イモ類の特徴　デンプンを蓄わえた地下貯蔵器官を利用する植物をイモ類という．世界には約1000種のイモ類があるが，その多くが野生植物で栽培植物は一部にとどまる．地下貯蔵器官には根が変形したもの（例：サツマイモ），茎が変形したもの（例：サトイモ），担根体が発達したもの（例：ヤマノイモ）などがある．

収穫後の調整や調理に手間のかかる穀類とは異なり，イモ類は掘り棒や鍬を使ってイモを掘り上げてから，そのままたき火で焼く，石や葉で包んで蒸すなどの簡単な方法で食べられるという特徴がある．ただし有毒成分や硬い繊維が含まれていて，そのままではイモを食べにくいことがある．その場合には，イモを水にさらしたり圧迫したりして有毒成分を除去する，イモをすりおろして繊維とデンプンを分離させるなどする．また水分を多く含むイモは腐りやすく，長期間の貯蔵はできない．このため時期をずらして複数回種イモを植え付けて収穫の機会を増やす，生育期間の異なる複数の品種を植えるなど，長期間にわたって繰り返しイモを収穫する方法がとられる．

イモ類のうち，東南アジアからオセアニアにかけての地域で栽培化されたのが，タロイモとヤムイモである．タロイモには，サトイモ科のサトイモ，インドクワズイモ，アメリカサトイモ，インドオオコンニャクなどが含まれる．このうち，東南アジアで最も広く利用されるのがサトイモである．サトイモには植え付けた「親イモ」を大きく育てて利用するものと，親イモから派生した「子イモ」を利用するものとがあり，蒸しものや煮もの，汁ものなどに調理される．また葉柄（ずいき）や葉身を野菜としたり，ブタの飼料としたりする．インドオオコンニャクは地下の球茎を利用するイモで，ミャンマー東部，ラオス北部，タイ北部ではこんにゃくに加工され，和えものなどがつくられる．ヤムイモにはヤマノイモ科のダイジョやトゲイモが含まれ，蒸す，煮るといった方法でイモを食べるほか，カシュウイモのように地上部のむかご（珠芽）を利用するものもある．

中南米から伝播し，東南アジアで栽培されるようになったイモ類にキャッサバ（トウダイグサ科），サツマイモ（ヒルガオ科），ジャガイモ（ナス科），ショクヨウカンナ（カンナ科）がある．キャッサバはイモの収穫量が多く，芽や葉が野菜として使えるため，19 世紀以降東南アジア各地にその栽培が広がった．サツマイモは 15 世紀以前に南米から直接ニューギニア島に伝わったほか，スペイン人によって太平洋航路経由でもたらされたともいわれる．ショクヨウカンナは地下茎のイモを蒸して食べるほか，ベトナムでは麺に加工して春巻きの具にする．

●バナナの特徴　バナナはバショウ科バショウ属の多年草で，大陸部東南アジアからマレシア区系（スマトラ島，マレー半島からニューギニア島にかけての地域）の西部で栽培化されたミバショウ群と，マレシア区系の東部で栽培化されたフェイバナナとがある．ミバショウ群には果実の大きさや形，果肉の肉質や糖度，色，香りなどの異なる多くの品種がある．これは二倍体の野生バナナが複雑に交雑し，染色体の数が変化して成立したものである．また，二倍体のバナナでは果実に種子ができるが，三倍体では種なしとなって果肉を食べやすい．このため，現在流通するバナナのほとんどはミバショウ群の三倍体種なしバナナになっている．

東南アジア各地では，果実のほかにバナナの花序や葉も利用される．果実の利用では，完熟したものを生で食べる場合と，未熟または完熟のものを調理して食べる場合とがある．調理では果実を火で炙ぶる（図 1），米粒や米粉と混ぜ合わせて蒸す，ココナッツミルクで煮込む，衣をつけて油で揚げる，薄切りして乾燥させた後に素揚げするなど，多様な食品がつくられる．花序は野菜として利用され，生のまま麺類の付け合わせにしたり，細かく切って和えものや汁ものなどにしたりする．バナナの葉は，株元で重なり合って茎のようにみえる葉鞘と，先端でひらひらした葉身とからなる．葉鞘の中心部は野菜として食べられる．葉身は食品を盛るためのマットや皿として，また食材を運んだり，ちまき状に包んで加熱したりするための包装材となる．さらに，宗教儀礼ではバナナの果実や植物体が供物や祭具として使われることがある．　［落合雪野］

図 1　バナナを加熱調理する

保存食

保存食とは，原材料のまま保存できるような種実類（ナッツ）に加えて，原材料の腐敗を防ぐために乾燥，燻製，塩蔵，酢漬け，発酵などの加工を施した食品である．乾燥させた獣肉，食肉，魚介，林産物などの干物や乾物は，東南アジアならばどの市場でも売られている．また，小麦，蕎麦，米などからつくられる乾麺なども保存食の一種と考えられる．塩蔵や酢漬けされるものには，野菜，果物，タケノコやキノコなどがみられる．発酵保存食は，食肉，魚介，大豆など地域や民族によって多様な種類がみられる．ここでは東南アジアでみられる保存食のうち，発酵食品を中心にいくつかを取り上げて説明しよう．

●魚介類の保存食　東南アジア全域にみられるのが魚介類の発酵保存食である．魚介類に塩を混ぜて容器で放置すると，原料に含まれる酵素の作用で蛋白質が分解し発酵する．積極的に魚肉を分解させて液体を利用するのが魚醤油で，魚肉を利用するものが塩辛と分類される（図1）．塩辛を潰したり，上澄みを利用したりする塩辛ペーストも各地でみられ，魚だけではなく小エビもよく使われる．また，魚を原料に塩と飯（煎米や米糠の場合もある）を加えて乳酸発酵させるなれずしもみられる．なれずしと塩辛は保存食であるが，塩辛の副産物ともいえる塩辛ペーストと魚醤油は調味料である．これらなれずし，塩辛，塩辛ペースト，魚醤油の一覧を表1に示す．

図1　東北タイの塩辛プラーラー

なれずしは大陸部に分布し，島嶼部には一部に点在するのみである．魚醤油は

表1　東南アジアの魚の発酵食品（[1]をもとに作成）

	なれずし	魚醤		
		塩辛	塩辛ペースト	魚醤油
ベトナム	マムチュア			ヌオックマム
カンボジア	プオーク	プラホック	プラホック	タクトレイ
ラオス	ソムパー	パデーク	パデーク	ナムパー
タイ	プラーソム	プラーラー	プラーラー	ナームプラー
ミャンマー	ガチン	ガピガゥン	ガピ	ガンピャーイェー
マレーシア	プカサム		ブラチャン	ブドゥ
インドネシア			トゥラシ	ケチャップイカン
フィリピン		バゴオン		パティス

東南アジアのほぼすべての地域でみられるが，20世紀以降に大量生産されるようになって普及した．インドネシアでは魚醤油は華僑が持ち込んだ食品と考えられている[1]．なれずしや塩辛の歴史は非常に古く，稲作の定着と同じぐらいではないかと考えられる．モンスーンの影響で漁獲が特定の時期に集中するので，大量の魚を漁獲が少ない時期のために保存する必要が生じ，塩の入手が可能であった場所でつくられ始めた．それがラオスから東北タイの付近と推測されている[1]．

●大豆の保存食　大陸部東南アジアでは，茹でた大豆を枯草菌（*Bacillus* spp.）で発酵させた大豆発酵食品がみられる．日本の納豆と同様の発酵食品で，ベトナム北部，ラオス北部，タイ北部，そしてミャンマー・シャン州のタイ系の人たちはトゥアナオ，ミャンマー・カチン州のジンポーの人びとはノープー，そして同じくカチン州のラワンの人びとはノーシーとよぶ[2]（図2）．ノープーやノーシーは日本の納豆と同じく煮豆を枯草菌で発酵させた状態で飯と一緒に食べるが，トゥアナオは，発酵させた後に豆を潰して乾燥させて1年以上保存できる状態に加工することが多い．乾燥させたトゥアナオは，ラオス北部，タイ北部，ミャンマー・シャン州などでみられ，油で揚げて食べるほか，調味料としてさまざまな料理に利用される．

図2　ミャンマー・シャン州の市場で売られているトゥアナオ

●めずらしい保存食　中国・西双版納からラオス，タイ，ミャンマーの山地部には，後発酵させた「食べる茶」がみられ，ラオスやタイではミアン，ミャンマーではラペッソーとよばれる（図3）．飯のおかずではなく嗜好品として食されることが多い．また，ラオスとタイ北部では，タイ語ではネーム，ラオ語でソム・ムーとよばれる発酵豚肉ソーセージがつくられている．新鮮な豚肉に塩，トウガラシ，ニンニク，飯を入れて発酵させるだけで，適度な酸味がある．これは乳酸発酵により，pHが低下して微生物の増殖が抑制されるので，生食も可能である．

図3　タイ・チェンマイの市場で売られているミアン

［横山 智］

📖 **参考文献**

［1］石毛直道，ケネス・ラドル『魚醤とナレズシの研究』岩波書店，1990

［2］横山 智『納豆の起源』NHKブックス，2014

ナマコ

中国料理では，干シイタケや乾燥ナマコのような乾燥食品を総称して「乾貨(ガンフオ)」とよぶ.

●乾貨と特殊海産物 そんな乾貨の頂点に君臨するのが,「参鮑翅肚(シェンパオチードゥ)」とくくられる，乾燥ナマコ（海参），干アワビ（鮑魚），フカヒレ（魚翅），魚の浮き袋（魚肚）である．いずれも滋養に富んだ乾燥海産物である．特にナマコは高麗人参に匹敵する薬効があると考えられており,「海の人参」という意味で，海参(ハイシェン)とよばれている.

中国で参鮑翅肚が普及したのは，清代以降のことである．特筆すべきは，これらの乾燥海産物の主要な産地が，現在にいたるまで東南アジアや日本など近隣諸国であることである．特に東南アジアではナマコを食べる習慣がなく，輸出目的にナマコが採取されたことから，研究者によっては特殊海産物とよぶこともある[2]．スラウェシ島からナマコを求めて遠くオーストラリア北岸にまで航海し，アボリジニと交流をもった事例も存在する.

世界で知られる1200種ほどのナマコのうち，現在，70種ほどが食用として利用されている．そのうち温帯に生息するナマコでは，マナマコ（*Apostichopus japonicus*）を筆頭に，数種が利用されているに過ぎない．他方，熱帯のナマコは多様であり，東南アジアからインド洋，南太平洋にかけての海域では少なくとも40種のナマコが乾燥品に加工されている.

●刺参と光参 中国料理におけるナマコ食は，北方の刺参(ツーシエン)文化と南方の光参(クワンシエン)文化の二つに分類される．両者が交わるのは，上海あたりである．刺参とは，ツンツンに刺がたったナマコである．他方，光参は，ツルツルしたナマコをさす．両者の名称と差異については，中医学食材百科ともいえる『本草綱目拾遺』(1765年) に言及されているように，ナマコ食文化の黎明期ともいえる18世紀にすでに意識されていたほどに根本的なものである.

日本列島近海に生息するマナマコが刺参の代表格であり，東南アジアに産するチブサナマコ（*Holothuria fuscogilva*）とハネジナマコ（*H. scabra*）が光参の横綱である（図1)．刺参と光参の違いは，その大きさにある．乾燥重量でいうと，刺参は30g以下のものがほとんどであるが，光参には300gを超すものも珍しくない．この差異は，調理法や給仕法の差異として具現化する．一般的に北京料理は小皿で個別に給仕されるのに対して，広東料理では円卓の中央に大皿で給仕されたものを，各自が切り分けて食べる．この給仕スタイルの差異からも，北京料理では小ぶりの刺参が求められ，逆に広東料理では大ぶりの光参の需要が大きいことも理解できる．偶然とはいえ，刺参を産する日本列島が北京に，光参の生産地東南アジアが広東に近かったという地理的要因も興味深い．

神戸中華街の黄棟和さん（1940年生まれ）によると，北京料理と広東料理とでは，乾燥ナマコの調理法が異なるという．戻したナマコはゼラチンの塊で，それ自体には味も香りもない．だからこそ，スープ（出汁）の味と香りが決め手となる．同時に，「口ざわり，舌ざわり」も無視できない．スープが染み込むまでナマコを煮込む北京料理では，煮込んでも形が崩れず，プリプリさも失われないマナマコが好都合である．他方，熱帯産ナマコ（に多い光参）は，煮込むと溶けてしまう．そのため，熱帯産ナマコの場合には，溶ける直前に火を止め，とろみをつける必要がある．したがって，光参を味わうコツは，とろみをつけたスープとともに，ドロっとナマコを口に入れることとなる．

図1　光参の代表格．チブサナマコ（猪婆参）（フィリピン，マンシ島，1998年）

ところが，料理もファッションと同じく，流行がある．高級料理になればなるほど，舌の肥えた客人をもてなすため，斬新な工夫が必要となる．香港などの広東料理でも，近年は北京料理風にナマコを小皿で給仕するようになってきた．もちろん，そこで使用されるのは小ぶりな刺参であり，伝統的に珍重されてきた熱帯産のチブサナマコが小皿に切り分けられたものではない．この現象は，「伝統」的な調理スタイルにこだわらず，積極的に他文化の料理の特徴を吸収していく新広東料理（ヌーベル・カントニーズ）とよばれる広東料理の進化の過程ととらえることができる．

しかも，遼東地域に端を発する刺参志向は，広東出身者が生活する海外の都市にも伝播しつつある．2008年ぐらいからであったと記憶しているが，もともとは広東省や福建省など中国南部（光参文化圏）からの移民（いわゆる華僑・華人）が多いマレーシアやシンガポールなどでもマナマコ需要が高まってきている．こうした現象は，南洋華人を中心とした光参文化圏に，政治経済力の高まった北京風の食文化が影響しつつある現象だとも解釈できる．と同時に，不断に斬新さを追求するヌーベル・カントニーズが，従来の「伝統」的なナマコ料理を発展させていく過程とも解釈できる．また，500万人を超すともいわれる米国在住の中国系住民の間でも，刺参需要が高まってきているように，刺参ブームはグローバルな展開をみせている．

［赤嶺 淳］

📖 参考文献

［1］木村春子監修『乾貨の中国料理』柴田書店，p.4，2001
［2］鶴見良行『海道の社会史―東南アジア多島海の人びと』朝日新聞社，1987

フルーツ

東南アジアはフルーツの宝庫である．市場では，色鮮やかな熱帯のフルーツが並び，中には日本でまったく流通していない種類もみられる．街を歩けば綺麗にカットされたフルーツや果実を搾ってジュースにしてくれる屋台が軒を並べる．東南アジアでは，どこでも食べたいときに手軽にフルーツが入手できる．

●フルーツと季節　東南アジアの気候は，年中暑く湿潤だと思われがちだが，そのような地域は熱帯雨林気候の赤道付近に限られている．緯度が高くなるにつれて年に1〜6か月ほどの乾季が現れる熱帯モンスーン気候もしくはサバナ気候に変化し，この雨季と乾季の時季がフルーツの出まわる時季にも影響を与える．

例えばインドシナ半島では，3〜4月のプレ・モンスーン季の降雨のことを，マンゴーを早く熟すのを助けるのでマンゴー・シャワーとよぶことがある．そして5月の雨季に入ると本格的なマンゴーの季節となる．日本で知られている5種類の熱帯フルーツが市場に出まわる時季を表1に示す．1月に降雨が多い南半球に位置するインドネシアのジャカルタに対し，5〜10月に多く雨が降る北半球に位置するフィリピンのマニラとタイのバンコクでは，フルーツが出まわる時季が異

表1　東南アジアのフルーツ暦[1, 2]

フルーツ	地域*	月											
		1	2	3	4	5	6	7	8	9	10	11	12
タマリンド	インドネシア						◎	◎	◎				
Tamarindus indica	タイ		○	○	○	○							
(マメ科)	フィリピン	◎	◎	◎	◎	◎							
ドリアン	インドネシア	◎	◎								◎	◎	◎
Durio zibethinus	タイ				◎	◎	◎	○	○	○			
(パンヤ科)	フィリピン							○	○	○			
マンゴー	インドネシア									◎	◎	◎	
Mangifera indica	タイ			○	◎	◎	○						
(ウルシ科)	フィリピン	○	○	○	◎	◎	◎	◎	◎	○	○	○	○
マンゴスチン	インドネシア	◎										◎	◎
Gercinia mangostana	タイ				○	○	◎	◎	◎				
(オトギリソウ科)	フィリピン						○	○	○				
ランブータン	インドネシア	◎	◎									◎	◎
Nephelium lappaceum	タイ					○	◎	◎	◎				
(ムクロジ科)	フィリピン						○	◎	◎	○			

◎容易に入手可能　○入手可能
*インドネシアはジャカルタ，タイはバンコク，フィリピンはマニラの市場データ．

なることがわかる．季節に関係なく年中出まわるフルーツもある．その代表は，ココナッツ（*Cocos nucifera*），バナナ（*Musa* spp.），パイナップル（*Ananas comosus*），そしてパパイヤ（*Carica papaya*）で，年中収穫可能である．

●フルーツか野菜か 年中みられるパパイヤは，利用方法も多様である．日本では完熟した果実を食べるものとされているが，東南アジアでは，完熟果実と同じか，おそらくそれ以上の頻度で，未熟の青い果実を調理して食べる．未熟のパパイヤを利用した料理としては，タイのソムタム，ラオスのタム・マーク・フンが知られる（図1）．青いパパイヤを刻み，トウガラシ，ニンニク，ライム，魚醤，砂糖などを加えて，棒で叩いたサラダのような料理である．ご飯のおかずとして食べられるが，間食されたり，お酒のつまみになったりすることも多く，都市部には屋台もみられる．東北タイやラオスでは，魚を発酵させた調味料プラーラー（ラオ語ではパデーク）や沢ガニを加えることが多い．未熟のパパイヤは，明らかにフルーツというよりは野菜のように利用されている．

図1 東北タイのソムタム

さらにインドネシアやマレーシアでは，パパイヤの葉や雄花が料理に使われる．バナナの花（花苞(かほう)）も各種の料理に使われる．したがって，東南アジアには，使われる部位によって，フルーツとなったり，野菜となったりする種類が多い．

●独特な食べ方 さらに食べ方にも特有の食文化がみられる．タイでは，柑橘類や未熟の青いマンゴーなどに，トウガラシ，砂糖，塩などが混ざったプリック・グルアが一緒に付いてくる．インドネシアでは，カット・フルーツにヤシ砂糖やトウガラシを混ぜたルジャックが国民的なデザートとなっている．また，タイのカオニャオ・マムアンは，ココナッツミルクや砂糖で味付けしたもち米にマンゴーを添えて，さらにココナッツミルクソースをかけて食べるデザートである（図2）．

図2 バンコクのカオニャオ・マムアン屋台

日本人の感覚では考えられないフルーツとトウガラシ，またもち米との組合せであるが，東南アジアでは普通に受け入れられている．甘い，すっぱい，辛いという独特の味付けは，フルーツの食べ方にもみることができる． ［横山 智］

📖 参考文献

［1］渡辺弘之「くだもの」桃木至朗他編『新版 東南アジアを知る事典』平凡社，pp.133-134，2008
［2］吉田よし子『熱帯のくだもの』日本コンピューター情報，2003

酒

酒とはアルコールを含む飲料（あるいは食品）である．その分類法にはいくつかあるが，基本的に「醸造酒」と「蒸留酒」に分けられる．

醸造酒は原材料に含まれる糖分を酵母などの力を借りて「アルコール発酵」で酒にしたものである．果汁を用いるワインの類やハチミツを用いたミードのように糖分が含まれるものはそのままアルコール発酵に導かれるが，米や麦などの穀物の，そのままでは糖分ではないデンプンは，モヤシ，カビなどの力で「糖化」させ，その上で発酵させる．日本酒やビールがその仲間である．モヤシというのは，穀類が発芽する際に，胚種にデンプンを糖化する酵素マルターゼが形成されるので，それを利用する「萌やし」である．

蒸留酒はアルコールと水の気化温度の差を利用してつくられたものである．醸造で酒になっているものを温め，水より先に気化するアルコールを多く含む蒸気を冷やして再び液体にし，醸造酒よりアルコール度数の高い酒にする技術である．ウイスキー，ジン，焼酎などがその仲間である．

●糖質の醸造酒といえばヤシ酒　糖分を含んだ材料からの醸造酒の代表が，ヤシ酒である．ヤシの花序，花軸，先端の成長点などを切り，にじみ出る糖分を多く含んだ液体を集める．それが自然酵母で発酵して酒になる．サトウヤシ，ココヤシ，ナツメヤシなどさまざまなヤシからつくられる．ヤシが多く存在する島嶼部のあちこちでつくられていて，また，後述する蒸留酒も含めて今も広く飲まれている．

サトウキビからつくる酒も広く分布していた．サトウキビはニューギニア原産であるが，古くから東南アジアにも広く分布している．その絞り汁には当然のように多くの糖分が含まれるから，自然に存在する酵母から発酵した酒が古くから飲まれていたと考えられる．フィリピンのルソン島，ベトナムの中部で現在も存在する．

●「糖化」させてつくる醸造酒　東アジア同様，穀物などを「糖化」させてつくる醸造酒では，東南アジアでもカビ，つまり麹を用いる．ただし，日本の黄麹のみのバラ麹とは異なり，広く中国大陸でも用いられるクモノスカビ，ケカビなどのもち麹である．これと米や雑穀などを用いて酒にしたものが，各地にみられる．例えば，「壺酒」とよばれる酒．これは，もち米やトウモロコシなどに麹をつけ，壺に詰めて籾殻をさらにその上に詰めたりした上で密封して発酵させる．上の籾殻などを取りのぞき，水を加えてよく混ぜ，下にフィルター状のものを付けたストローで飲む．水分がなくなったら，さらに水を加えて飲む．

ところで，これは飲むことを前提にしているものだが，そのままの状態で食べるものもある．モロミとでもいうべきものを食べるのである．発酵させることによって，腐敗を遠ざけ，日持ちさせるという目的でいえば，飲むことにこだわる必要はないわけだ．メソポタミアで生まれたビールが，発酵によって日持ちのする粥のようなものであったことを考えると，不思議はない．そして，この発酵飯とでもいうべきものに，加水したもので後述の蒸留酒もつくられたりする．

●蒸留酒　ここまで記した醸造酒は，ヤシ酒を除けば，普通の旅では，なかなか出会えない酒である．ヤシ酒も都市部では難しいかもしれない．しかし，蒸留酒は違う．大陸部東南アジアやフィリピンなどでも，今でも店舗で普通に購入も可能だし，ラオスのルアンパバーン，ミャンマーのシャン州，インレ湖のような観光地としても名高いところを訪ねて，観光ルートの中にも小規模ながら，蒸留所が存在していたりもする．珍しいものではない．ラオス北部の山岳少数民族，カムの集落では，人びとは朝から蒸留酒づくりをしている．庭先の薪の火で，大鍋を温め，蒸留された液体が，ぽたぽたと外の容器にたまり，焼酎のような匂いがあたりに漂っている．

図1　庭先で朝から蒸留酒をつくる（ラオス北部）

●ビール，ワイン，ウイスキー　東南アジアで最もよく飲まれる酒といえば，間違いなくビールだろう．ベトナムの333（バーバーバー），フィリピンのサンミゲル，タイのシンハ，シンガポールのタイガーなど以前からよく知られたもの以外にも，新しいブランドも多く生まれており，日常的によく飲まれている．これに加えて，最近の傾向としては，ワインの生産があげられる．熱帯の東南アジアのことゆえ，比較的冷涼な山岳部でつくられることが多いが，ベトナム，タイ，ミャンマー，フィリピンなどでワインづくりが始まっている．大陸部では，雨季と収穫時期が重なり，それはワインづくりには圧倒的に不利なのではないかと思っていたが，剪定の時期をずらすことで，ブドウの収穫を乾期にすることが可能になったようである．また，国によってはラム，ウイスキーのようなヨーロッパ起源の蒸留酒もつくられ，一般的な飲料となっている．

［森枝卓士］

参考文献

［1］山本紀夫編『増補酒づくりの民族誌』八坂書房，2008

［2］石毛直道他編「132 世界の酒，133 飲酒の文化」『週刊朝日百科―世界の食べもの』朝日新聞社，1983

ビンロウ

ベトナム西北部の盆地を中心に居住するタイの一集団に黒タイがいる．ベトナムではターイと公称される民族の地方集団の一つに分類されている．黒タイの民族歌謡といってもよいくらい愛されている歌に，「ソン・チュー・ソン・サオ」がある．その歌詞は同じ村で生まれ育った男女の哀切な恋物語になっているのだが，その中にビンロウを贈って求婚する有名なシーンがある．娘の両親は，良質なビンロウの実を遠くまで足を運んで慎重に選んで手に入れ，非の打ち所のない作法で贈りに来た幼なじみの若者を邪慳に追い返し，腐りかけのビンロウの実を無礼に投げ入れるように寄越した他村の金持ちドラ息子を，娘の夫に決めてしまう．いったい，ビンロウの実は何に用いられ，またそれにどのような価値があるのだろうか．

●ビンロウの利用 ビンロウとはマレー半島原産ともいわれるヤシ科ビンロウヤシのことだ．古くよりこの植物は嗜好品や生薬として用いられてきたため，その分布は，西はインド西部から東はオセアニア西部にいたる広範囲に及んでいる．ベトナムでもその実の外皮は脚気，消化不良，排尿障害に，種子は寄生虫による胃腸の不調，腸炎，赤痢などに効果がある医薬品として用いられてきたが，嗜好品としての利用の方が一般的である．ビンロウの実，キンマの葉やつるを石灰と同時に噛むと，それぞれの成分が化学反応を起こして赤く発色し，軽い興奮と酩酊感，高揚感が得られる．ビンロウの実に含まれるアレコリンに中枢興奮作用があるからである[1]．これをベテルチューイング（ビンロウ噛み）とよび，常習性がある．

図1　ビンロウヤシの木（画面右寄りの2本と左寄りの1本）が生えた村落景観（ベトナム，ホアビン省）

●ベテルチューイングの衰退 黒タイの間でもベテルチューイングは，特に成人女性が20世紀までしばしばたしなんできた．一方，男性にとってはたばこである．筆者の記憶では，酒に酩酊しているところに，同じくすっかりできあがった高齢の女性たちにからまれ，ベテルチューイングを強要されたのは2002年が最後である．石灰と割いたビンロウの実を包んだキンマの葉を口の中に放り込むと，水気が少なく硬い植物繊維のくしゃくしゃした噛み心地にとまどう．だがそのうちに頭に血がのぼる．精進が足りない筆者は快楽どころか吐き気さえ催し，この稀有の組合せによる民間の「向精神薬」を発明したご先祖たちを恨んだものだ．

だが，筆者のベテルチューイングとの邂逅がいつも不幸だったのは，この習慣の栄光ある時期を知らなかったからなのかもしれない．かつて東南アジアでは来客へのもてなしとしてベテルチューイングはたしなまれ，そのための道具類も各地で発展を遂げた．タイやミャンマーでは漆塗りや彫刻で意匠を凝らした木や竹でつくられた容器や盆などが人びとに所望された．いかにも女性好みの装飾が施された瀟洒（しょうしゃ）な銀の小型容器は，携帯用石灰入れである．腰帯からぶら下げるための銀の鎖が付いていることも多い．現在では古美術品や貴金属として扱われているこれらは，20世紀初めまで華やいでいたベテルチューイング文化を偲ぶよすがである．

図2　ベトナム，ライチャウ省の貴金属店にあったベテルチューイングの携帯用銀製品

●村落生活とビンロウ　東南アジアの多くの地域でベテルチューイングはすたれた．それは，口のまわりから中まで真っ赤にして，赤い唾液と噛みかすをぺっぺっとはき出す女性の姿が，前近代的で不潔でみっともないとみられるようになったからである．また着色による歯の黒ずみも，美容の観点からうとまれるようになった．さらに，口腔がんの危険性が高まるという医療的観点からの警告が追い打ちをかけた．もはや眠気覚ましや虫歯予防などの効果は，ベテルチューイングに期待されていない．黒タイの村で，若い頃からこの習慣に親しんできた世代の女性たちはすでに70歳代以上なので，いずれなくなるかもしれない．だが，この習慣がすたれても，村からビンロウの実やキンマの葉がすぐに姿を消す訳ではないだろう．「ソン・チュー・ソン・サオ」で求婚のためにビンロウの実を贈ったように，これが財や親族同士の連帯を象徴しているからだ．今でも家の新築祝い，冠婚葬祭やさまざまな年中行事で，ビンロウの実とキンマの葉は，小さい平皿に載せられて，父系祖先を祀る祭壇にお供えされている．　［樫永真佐夫］

図3　市場で売られているビンロウの実とキンマの葉（ベトナム，ソンラー省）

📖 参考文献

［1］野林厚志「ビンロウ」高田公理他編『嗜好品文化を学ぶ人のために』世界思想社，pp.71-75，2008

タバコ

タバコは東南アジアにおける重要な嗜好品の一つである．南米を起源地とするタバコは，大航海時代◀にヨーロッパ人によって世界各地に伝わった．東南アジアへの伝播は16世紀にスペイン人宣教師によって中米から直接フィリピンへ持ち込まれたのが最初とされる．また，ヨーロッパ経由でも17世紀にポルトガル人によってインドネシアへ持ち込まれた．その後，中国商人を介するなどして，栽培と利用が東南アジア全域へ急速に広まっていった．

植物としてのタバコは小さな種子と大きな葉に特徴がある．タバコの栽培は，直径1mmに満たない赤褐色の種子を苗代に播くところから始まる．苗を本畑へ移植して約4か月を経た頃から，大きく生長した楕円形の葉が順次収穫される．途中，葉の生長をうながすために花芽が摘み取られる．収穫後，長時間の乾燥プロセスを経て，黄色や茶褐色になった葉タバコが利用に供される．

●東南アジアのタバコ利用法　世界各地には嗅ぎタバコや噛みタバコなどの利用法があるが，東南アジアではそのような利用はほとんどみられず，もっぱら喫煙によって用いられる．ただし，ベテルチューイング（石灰を塗ったキンマの葉でビンロウ◀の実を包んで噛む）に混ぜ物として加えられることは多くあり，これは噛みタバコの一種といえる．

喫煙は，現代の日本人にもなじみのある工場製の紙巻きタバコ（シガレット）や，トウモロコシの包葉やバナナの葉，新聞紙などによる巻きタバコによるものが一般的である．巻きタバコには香り付けのためにさまざまな植物が混ぜ入れられることがある．葉巻（シガー）やパイプによる喫煙は少なくなっているが，ベトナムでは竹筒でつくられた水パイプによる喫煙が広く庶民の間で行われている．

図1　乾燥を終えた葉タバコが積み上げられている様子（ミャンマー・ミンヂャン郡，2017年8月）

タバコは日常的な嗜好品であると同時に，儀礼や接待の場面にもしばしば登場する．例えば，タイ北部では仏教寺院や精霊にまつわる儀礼で噛み茶（漬物茶）とともにタバコを用いる習慣がある．ミャンマーでも精霊へのお供え物に加えられることがある．結婚儀礼の中でタバコが特定の役割をもつインドネシアの事例も複数報告されている．また，特別な行事ではなくとも，来客へのお茶にタバコが添えられて出されることは一般にみられる．ミャンマーでは王朝期の有名な詩の中で若い男女の心をかよわせるモノとして詠まれるなど，古くから人びとの暮らしのかたわらにタバコが存在してきたことをうかがわせる．

●東南アジアのユニークなタバコ　東南アジアには地域性を色濃く反映した個性的なタバコがある．その代表格がインドネシアで広く普及している「クレテック」である．刻みタバコに丁子が香料として混ぜられているのが特徴であり，甘みのある独特の香りと味をもつ．名称は，燃焼時に発する小さな音の擬音語に由来している．クレテックは19世紀後半にジャワ島でトウモロコシの包葉やバナナの葉を用いた巻きタバコとして誕生した後，急速な発展をとげ，現在では機械化された工場で生産された紙巻きの製品が主に流通している．

ミャンマーにも独自の巻きタバコ「セィボレイ」がある．その名が「軽い巻きタバコ」を意味するとおり，喫味はマイルドである．葉巻のような外観が特徴的であるが，外側に巻かれているのは葉タバコではなく，ムラサキ科の樹木（カキバチシャノキ）の葉である．内部には，果物やパルミラヤシの液汁からつくった酢で香り付けされた刻みタバコ（葉に加えて茎や根も含まれる）やさまざまな樹木のチップが巻き入れられており，吸い口側にはトウモロコシの包葉でつくったフィルターが付く．製造はほとんど手作業でなされている．近年，人気面でシガレットに押されているが，地方の農村部を中心に依然として根強い支持がある．

図2　ミャンマー式巻きタバコで一服する農村男性（ミャンマー・ミンヂャン郡，2017年8月）

タバコは，その消費規模の大きさから，歴史的に為政者たちの関心をひいてきた．東南アジア諸国でもタバコ税を課したり，あるいは専売制度をとるなどして，政府が財政収入源として注目してきた．また，世界的なタバコの健康被害への関心の高まりとともに，東南アジアでも公共スペースでの喫煙やパッケージの警告表示に対する規制の厳格化が進みつつある．一方で，タバコ製造業界にとって東南アジアは依然として魅力的な市場の一つであり，多国籍の巨大タバコ企業の進出競争が繰り広げられている．　　　　　　　　　　　　　　［松田正彦］

図3　健康被害の警告ラベルを付して出荷されるミャンマー式巻きタバコ（ミャンマー・ミンヂャン郡，2017年8月）

コーヒー

☞「グリーンツーリズム」p.558,「フェアトレード・コーヒー」p.640

東南アジアに初めてコーヒーの苗木がもたらされたのは，1696 年，オランダ領東インド諸島（現インドネシア）のジャワ島であったとされる．当時インドのマラバールから送られた苗木は洪水のため枯死したが，1699 年，再度同じルートで輸送された苗木は見事成長した．以降，インドネシアの多くの島々，フィリピン北部，タイ南部，タイやミャンマーの山岳地帯，ラオス南部やベトナムの中部の高原地帯などでコーヒーが栽培されるようになった．一方，飲料としてのコーヒーは，東南アジア全体に広まっているわけではないが，ベトナムやインドネシア，ラオスなどのコーヒー生産国において日常的な飲み物として消費されている．ちなみに，インドネシアやマレーシアではコピ，ベトナムやタイ，ラオス，カンボジアではカフェとよばれているが，どちらも同じものをさす．

●ロブスタ種と練乳　全世界的にはコーヒーといえばアラビカ種が比較的高値で取り引きされる一方，ロブスタ種は低級品とみなされており，インスタントコーヒーの原料として安い価格で取り引きされている．だが，タイやラオス，ベトナムに限っては，近年の都市におけるカフェブームが到来する前，多くの人びとはアラビカ種ではなく，ロブスタ種のコーヒーを好んで飲んでいた．

図 1　練乳入りのラオスのコーヒー

もっとも，彼らはこのロブスタ種をブラックで飲む訳ではない．ここではタイやラオスの農村の食堂で一般的に出されるコーヒーのいれ方について具体的にみていく．こうした食堂では，深く焙煎したコーヒー豆をパウダー状になるまで細かく挽いた既製品を使用している．欧米や日本ではエスプレッソにする場合のみ極細挽きにするが，タイやラオスの地方では多くの場合，一般的に極細挽きのコーヒーが使用されており，同地域の特徴の一つである．

こうした食堂では，取手のついたステンレス製の容器やネル（布）フィルターといったコーヒーをいれる器具がひととおりそろっている．ステンレス製の容器に，ネルフィルターを入れ，そのフィルターの中に既製品のコーヒーの粉を入れる．そこに熱い湯を注ぐと，フィルターから容器にドロッとした黒い液体が抽出される．このネルフィルターのような抽出器具も，同地域に特有のものである．

その後，練乳のたっぷり入った分厚いガラスのコップの上に，ネルフィルターを外したステンレス製の容器から抽出されたコーヒーを注ぎ，客に出されるコーヒーが出来上がる（図1）．客は練乳とコーヒーをかき混ぜて飲む．コーヒーというよりチョコレートのような甘苦い味がする．彼らにとってのコーヒーは本来の苦さよりも練乳の甘さが強調され，甘い飲み物として認識されている．

もっとも，東南アジア全体でコーヒーはこのような飲まれ方をしている訳ではない．ベトナムではネルドリップ方式よりも，フランスからもたらされたといわれるカフェ・フィン（cà phê phin）という，底に小さな穴がたくさん開いた小型のステンレス製フィルターを使用する．これを練乳入りのグラスの上にのせて，コーヒーの粉を入れ，湯を注いでグラスにドリップする．一方，インドネシアでは，グラスに極細挽きのコーヒーを直接入れて，その上に湯をかけて飲む．この場合，練乳ではなく，砂糖をコーヒーの粉と同時に入れる．コーヒーの粉がカップの下に沈んだ後，抽出された上澄み液を飲む．

ラオスでは，練乳たっぷりのコーヒーが，2010年頃から徐々に東南アジア各地にみられる「スリー・イン・ワン（3 in 1）」とよばれる既製品におき換わりつつある．スティック状の包装の中にインスタントコーヒーと砂糖，粉状のミルクが入っており，コップにこの粉を入れ，湯を注ぐだけで簡単にコーヒーが飲める．農村の食堂でも巨大な鍋で湯を沸かし，ネルドリップでいれるコーヒーは姿を消しつつある．

●コピ・ルアック 東南アジアのコーヒーの中でも特徴的なのは，インドネシアのコピ・ルアックである．これはジャコウネコ（ルアック，*Paradoxurus hermaphroditus*）に熟したコーヒーの実を食べさせた後，排泄されて出てきた豆を乾燥させてつくったコーヒーである．ジャコウネコの腸内の消化酵素の働きや腸内細菌によって発酵させた豆は，独特の香味をもつといわれ，コーヒー市場において生豆は1kgあたり数万円と通常の数十倍の高値で取り引きされている．このジャコウネコは南アジアや東南アジアの森に広く生息しており，ジャコウネコのコーヒーは，今やインドネシアばかりでなく，ベトナムやラオスでも生産されるようになった．だが，このようにコピ・ルアックが珍重されるようになったことで，野生のジャコウネコを捕獲し，狭い檻に閉じ込め，無理矢理コーヒーの実を食べさせる業者や農家が現れるようになった．これは動物虐待の可能性があるとして市民団体が問題視している．

近年の経済発展により，バンコクやジャカルタ，マニラなどの東南アジアの都市部ではスターバックスが複数の店舗を構えているばかりでなく，スターバックスに類似したスタイルの都市型カフェも多数登場した．こうした傾向は全世界的にコーヒーの（とりわけアラビカ種の）消費量を上昇させている．このようなグローバル化の波は東南アジアのコーヒー文化を急激に変えつつある． ［箕曲在弘］

喫茶文化

☞「チャ栽培」p.280

東南アジアでは，さまざまな国や民族の交流の歴史によって，多様な喫茶文化がみられる．

●東南アジアの伝統的な喫茶文化 東南アジアのなかでもインドシナ半島北部は，茶の原産地と隣接しており，食茶と飲茶の喫茶文化が併存している．タイとラオスの北部，ミャンマーでみられる食用の漬物茶は，来客時のもてなしや，冠婚葬祭，儀礼などに用いられてきた．また，茶を飲む習慣は，古くから移り住んだ華人によって東南アジア一帯へと広がった．

このほか，東南アジア一帯では，茶と同様に，人びとが集まる場や儀礼，冠婚葬祭でタバコやビンロウ◀を供する習慣がみられる．喫茶文化を，人びとが集い嗜好品を嗜む場の文化と広くとらえるのであれば，こうした習慣も東南アジアの伝統的な喫茶文化といえよう．

●植民地期以降の新たな喫茶文化 17世紀以降ヨーロッパが東南アジア各地で影響力を強め20世紀初頭にかけて次々と植民地化していく過程で，東南アジアには紅茶やコーヒーを中心としたヨーロッパの喫茶文化がもたらされた．

英国の植民地となった現在のミャンマーやマレーシア，シンガポールでは，紅茶文化が浸透した．この地域では，もともと乳製品を用いる習慣はなかったが，英国や先に英領となっていたインドの飲み方にも影響を受け，砂糖や無糖練乳（エバミルク），加糖練乳（コンデンスミルク）を入れた紅茶が飲まれるようになった．マレーシアやシンガポールでは，濃く入れた紅茶と練乳を，二つの容器を使って交互に高い位置から移し替え，泡をたててつくった「テー・タレ」とよばれるミルクティーが飲まれている．オランダによってチャ栽培が始められたインドネシアでは，無糖，加糖両方の紅茶が飲まれている．

フランスの植民地となった現在のベトナム，ラオスでは，コーヒー文化が浸透した．ベトナムでは，緑茶文化が強い北部に対し，南部ではアルミ製のフィルターで濃く入れたコーヒーに，練乳や砂糖を入れたものが親しまれている．ラオスでも練乳と砂糖入りのコーヒーが普及した．一方，ラオスと文化的に結びつきが強い隣国のタイでは，植民地化されなかったためにコーヒーを飲む習慣は広がらなかった．オランダによってコーヒー栽培が始められたインドネシアでは，細挽きのコーヒー粉と砂糖を入れたグラスに湯を注ぎ，沈殿するのを待ってから飲む．練乳を入れる場合もある．

近年東南アジアでは，外資系のコーヒーチェーンや地元のコーヒーチェーン店が増えている．例えば，マレーシアでは，中国人移民が営む飲食店がもとになったとされる喫茶店「コピティアム」が人気で，コーヒー豆に砂糖とマーガリンを加えて焙煎し練乳を加えたコーヒーが飲まれている．また，「スリー・イン・ワン(3 in 1)」とよばれる砂糖と粉ミルク入りのインスタントコーヒーは，各国で普及している．このほか，ペットボトルの茶飲料が手軽な飲み物として浸透している．東南アジアで販売されている緑茶飲料には砂糖が入っているものが多い．

●ミャンマーの喫茶文化 ミャンマーでは，食用の漬物茶，飲用の緑茶と紅茶すべてが人びとの生活の中に根付いており，古くからの茶利用と植民地期以降の喫茶文化が豊かに共存している．「ラペッ（ソー）」とよばれる食用の漬物茶は，チャの葉を蒸して揉み漬け込んだものである．この地域における食茶の歴史は少なくとも16世紀前後までさかのぼるとされる．ビルマ王朝時代には，王が崇高な食べ物として好んでいた．また，当時の裁判では被告，原告双方が判決に同意した際に茶を食す習慣があった．「肉は豚，果物はマンゴー，葉物は茶」というミャンマー多数派民族ビルマ人の好みを表す言葉があるように，茶は好んで食されてきた．スーパーマーケットでは，いくつものブランドのさまざまな味付けの商品が販売されている．油や塩，ニンニク，トウガラシ，ライムなどで味付けした漬物茶を，トマトやキャベツ，干しエビなどと和え物にしたお茶の葉サラダ「ラペットウ」は人気がある．漬物茶専用の漆器に揚げ豆や干しエビ，ゴマなどとともに盛りつけて客に供する習慣も広くみられる．

図1 喫茶店の様子（ミャンマー・ヤンゴン市，2013年）

また，緑茶の葉は多くの家庭に常備され，飲食店や屋台では緑茶「イェヌエヂャン」を無料で飲むことができる．ミャンマーでは，茶をつまみ，茶を飲みながら談笑するという光景がよくみられる．

英国植民地時代に新しく入ってきたミルクティー「ラペイェ」も人気がある．街には多くの喫茶店「ラペイェサイン」があり，客は紅茶の甘さ，渋さや練乳の量などを細かく指定し注文することができる．紅茶やインスタントコーヒーのほか，インド系や中華系の軽食メニューも充実している．喫茶店は，憩いや社交の場であるとともに，商談の場でもある．長らく続いた軍事政権時代には，情報交換の場として重要な役割を果たしてきた．従来喫茶店は女性が入りにくい場だったが，2010年代に入ると，軽食メニューが充実した新しいタイプの喫茶店が急増し，女性客も増えている．

[生駒美樹]

📖 参考文献

[1] 大森正司他編『茶の事典』朝倉書店，2017

屋　台

インドネシアにワルンとよばれるものがある．車輪付きの小さい屋台＝グロバックを使い，客が座るベンチやスツールがあって初めてワルンとよばれる．移動しては売り歩く行商はワルンとよばない．基本的には，本項で扱う屋台は，このワルンに準じるものである．ただし，このグロバックのようなもの，天秤棒の商売のようなものでも，小さいものでも，椅子の類を用意してあるものは屋台という仲間と扱ってよいように思う．その前提で話をする．

図 1　インドネシア，ジャカルタの裏通りの屋台．自転車のグロバックなど

庶民的な食の場，屋台が多く存在する地域と，そうではないところがあるが，東南アジアは明らかに，多いところである（あるいは，あった）．

図 2　カンボジア，プノンペンの市場の屋台．市場ではこのような形態が一般的．あるいは高いテーブルと椅子もある

どの国でも，都市部の市場周辺，あるいは街角，路地裏などに屋台がある．定住型の，テーブルと椅子をその前に広げるようなタイプから，移動可能な車のついたもの，あるいは天秤棒で売り歩くようなタイプ，さらには小舟の屋台（客は水路脇に座り込んで，あるいは別の小舟の中で食べる）というようなものまで，さまざまである．

●屋台のはじまり　ところが，その隆盛はさほど古いものではないらしい．「20世紀前半までのバンコクの写真をみても，現在のように道端にリアカー改造の簡易店舗を開いて，恒常的にその場所で商売をするような業態の店，いわゆる屋台はまったくみられない．クイティアオの場合，多くは船で売りに来るものであり……」と『世界の食文化 5—タイ』にはある．「現在タイの街で普通にみられるような，半常設の屋台という業態は，おそらくは 1950 年代初めからの発生であろう．1950 年代後半に留学した日本人歴史家によれば，その時にはすでに現在みるのとかわらない屋台の営業が行われていたという」（文献[1] p.143）とある．

屋台が広まっていく時期については，国によって微妙に違いがある．あるいは盛衰もある．1970年代末頃のラオスでは，首都のヴィエンチャンでも屋台は目にしなかった．記憶にない．あるいは，東南アジアではないが，あの中国でさえ，1980年代初頭あたりでは，北京の繁華街でもほとんどなかった．

前述のグロバックやタイの屋台舟，あるいは各地にみられた天秤棒のような商売はそれ以前からもみられたようであるが，私たちが現在，屋台として認知しているようなものは，比較的新しいということである．

その背景には，圧倒的な都市化がある．仕事先から簡単に家に食事に帰れぬ状況は，外食を盛んにする．それ以前に，19世紀末から20世紀初頭の清朝末期，不安定な政治状況から東南アジアに移住した，華僑の存在がほとんどの国で大きい．「当時（というのは20世紀初頭）のバンコク（チャオプラヤー川の東岸）中心部は中国人のコミュニティが多く，小さな食堂などは皆中国人の経営だったという．彼らは主にカレーなどをかけたご飯（これはタイ人が食べた）や雑炊（これらは中国人に好まれた）を売った．『お持ち帰り可』の焼きそばもあった」[2]．このような店をもつにいたらない者は，天秤棒で売りに歩く．あるいは，小舟で売ってまわるというようなことから，屋台という形態の商売が広まっていった．そのことを証明するかのように，屋台料理の多くは中華料理起源の麺類であったり，炒めものではないか．

●屋台の変容 ところで，あったと過去形で述べたのは，場所によってはそれがすでに変容しているからである．例えば，シンガポールなど，1980年代までは屋台もみられたが，今やそれはホーカーセンターとよばれる，定住型の屋台街に姿を変えている．公団のアパートの一階部分であったり，あるいはショッピングセンターの一角などが屋台街となっている．路上の占有を認めない法的規制が背景にあるが，このような状況はバンコクやマニラなど，多くの都市，国でも進行中である．

とはいえ，家庭での料理の頻度が非常に低いのは，東南アジアの都市部全体に共通する傾向である．キッチンのないアパートなどもさほど珍しくない．そのような中で，屋台的な存在の重要性は変わらない．単身，あるいは少人数の家庭で料理をするより，この手の店で食事をするか，テイクアウトというパターンはすでに定着している．さほど，変わらぬのではないか．

最近の傾向としては，このホーカーセンターのような場で，ローカルな料理や中華，インド料理のみならず，和食や韓国料理の店まで珍しくなくなっている．屋台も食生活もグローバル化しているというべきか．

［森枝卓士］

参考文献

［1］山田 均『世界の食文化5―タイ』石毛直道監修，農山漁村文化協会，2003

［2］岩崎輝行・大岩川 嫩編『「たべものや」と「くらし」―第三世界の外食産業』アジアを見る眼85，アジア経済研究所，1992

食と健康

☞「肥満化」p.646

何をどのように食べ，飲むかは人の健康状態に大きく影響する．そのため，地域ごとの主食の違いや塩分の多少といった食の特徴は，それぞれに集団の健康状態を形づくってきた．例えば，コメなどの主食に強く依存し肉や魚などの動物性食品の摂取が少ない集団では鉄欠乏性貧血を生じやすく，カンボジアやラオスで高い割合でみられる．また，乳製品や卵，緑黄色野菜に多く含まれるビタミンAも，インドネシアなど多くの地域で不足が指摘されている栄養素である．特に乾期が長く続き，年間を通して気温の高いところでは，ビタミンAの豊富な野菜や果物が育ちにくく摂取が不足しがちである．現在では多くの国でサプリメントが配られているが，都市と村落など地域によってその普及に大きな差がある．

●栄養転換 人びとの食は，さまざまな生態条件，複雑な民族構成を反映して，実に多様である．しかし，近年のグローバル化，都市化といった大きな潮流は，異なる地域の人びとの食を巻きこんでその変化に通域的な流れをつくりだし，食と健康のかかわりを変えてきた．

かつて人びとの食事は穀類・イモ類や野菜などを中心とした食物繊維に富むものであった．しかし現在では，食の生産，流通，マーケティング分野などでのグローバル化が進み，開発途上国においても糖や脂肪の多い栄養バランスを欠いた加工食品が容易に入手できるようになっている．加えて，1997年のアジア経済危機を挟みながらも，経済成長に伴って人びとの所得は上昇を続け，こうした食品はますます多くの人にとって手の届くものとなりつつある．特に，都市化によって増えた都市居住者はこの影響を強く受けると同時に，その活動がこの流れを加速させてもいる．こうした一連の変化を受け，現在ではより多くの人がいわゆる西洋型の食事を取り入れるようになっている．その結果，全体として動物性食品や植物油，精製糖の消費量は増え，野菜や豆類，雑穀類の消費量は減少傾向にある．こうした食のパターンの一連の変遷を栄養転換とよぶ．

●二つの「二重負荷」 東南アジアの多くの国では，特に子供を中心として，低栄養（エネルギー，栄養素の不足による低身長，低体重など）がいまだ高い割合で観察される．例えば東南アジアの5歳未満の子供の低身長は，1990年には47.0%，2000年には38.2%と減少傾向にあるものの，2016年現在においても25.8%と高率である．しかしその一方で，栄養転換の進展とともに広がった糖・脂肪の多い栄養バランスを欠いた食は，日常生活における身体活動レベルの低下とあいまって，開発途上国においても過体重や肥満の増加をもたらしている．すなわち，東南アジア諸国では，依然として残る低栄養と増えつつある過体重・肥

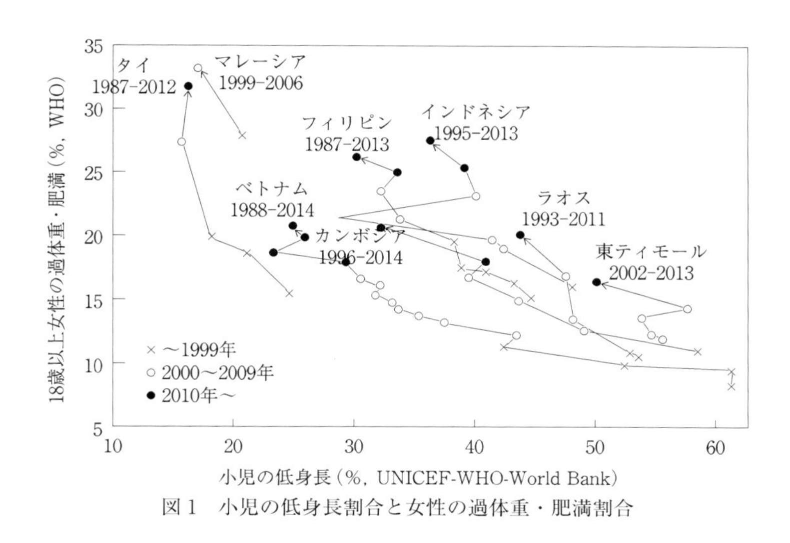

図１　小児の低身長割合と女性の過体重・肥満割合

満が併存しており，栄養の不足と過剰が同時に生じているのである．図１では，小児の低身長の割合と女性の過体重・肥満の割合の近年の変化を９か国について示した．いずれの国も右下から左上へと移っているが，インドネシアやラオスでは低身長の割合が高いままに過体重・肥満が増加していることがみてとれる．このように，ある集団において過体重や肥満と低栄養がともに高い割合で生じている状態を栄養不良の二重負荷という．

さらに，感染性疾患と非感染性疾患に同時に苦しむ，疾患の二重負荷状態も指摘されている．東南アジア諸国では，社会基盤の整備や衛生環境の改善が不十分なため，結核やマラリア，細菌性の下痢症といった感染症が依然として公衆衛生上の重要な課題である．しかし，栄養転換を含む近年の生活スタイルの変化は，糖尿病や高血圧，脳血管疾患や心血管疾患などの生活習慣病（非感染性疾患）の増加をまねいている．つまり，ここにはいまだ残る感染性疾患と新たに広がる非感染性疾患に同時に苦しんでいる現状がある．東南アジア地域における非感染性疾患による死亡の増加は他地域と比較しても顕著であり，人口の高齢化の影響も大きいとはいえ，健康的な食生活の重要性が増していることは間違いない．

ふりかえると，現在の先進国はゆっくりと時間をかけて栄養転換を経験した．そのため，低栄養を十分に減らしてから過栄養へ，感染症を抑えてから非感染性疾患へと保健施策の重点を移していくことができた．現在の東南アジア諸国は急速に栄養転換を経験しつつあるために，低栄養と過栄養，感染症と非感染性疾患に同時に直面し，これらに対処しなければならないところに困難がある．

［小坂理子］

第9章
芸術・芸能・娯楽

インドネシア東カリマンタンの洞窟で発見された壁画が，4万年以上さかのぼるものだということが明らかにされた．これを描いたのがどのような人びとだったのかは明らかではない．しかし，この例は，芸術・芸能・娯楽が人間の本源的な活動であることを表している．東南アジアの芸術・芸能・娯楽は，地域の歴史の中で多様に発展すると同時に，交流の結果としてさまざまな共通点をもっている．インド起源のラーマーヤナが，東南アジア各地で描かれ，彫られ，語られ，演じられていることや，こぶのようなでっぱりをもつゴングが広い地域で使われていることなどはその例といえるだろう．また，近年，グローバル化とともに，古くから伝えられてきたものを継承する意識的な努力が行われるとともに，域外からの影響をますます強く受けて，次々と新しい表現や楽しみが生み出されている．本章では，躍動する東南アジアの創造的なエネルギーの表れとしての芸術・芸能・娯楽を探る．

［福岡正太］

伝統音楽

東南アジアには大小の多様な民族が分布しているように，その伝統音楽も多様である．その多くは元来，精霊信仰，祖先崇拝，仏教，ヒンドゥー教，イスラームなどの諸宗教とかかわる儀礼，さらに舞踊，演劇，影絵人形芝居（ワヤン）といった諸芸能，またインドから伝わった『ラーマーヤナ』や『マハーバーラタ』を起源とする古典文学などの朗誦と深く結びついて演奏されている．多様な伝統音楽が展開している東南アジアだが，その基層には広く共通する音楽文化が存在している．

●基層音楽文化の形成と発展　東南アジアの音楽を歴史的に概観する上で重要なのは，その音楽文化の基層部分の形成である．歴史的には資料が乏しいゆえに，正確な年代を示すことは難しいが，紀元前後にベトナム北部で誕生した初期金属器文化であるドンソン文化で誕生した銅鼓は，ゴング・チャイム文化と歴史的関係をもつ．ゴング・チャイムとは，複数のゴングが一定の音階に調律された旋律打楽器である．この銅鼓がゴング・チャイム文化の中で用いられる青銅製の大小のゴングへと発展していった過程は明確ではないが，ゴング・チャイム文化は，広く東南アジアに伝播し，この地域の伝統音楽の基層部分を形成した．

ゴング・チャイム文化は，その素材である青銅のもつ神聖性ゆえに，そのアンサンブルは，各地のさまざまな儀礼と結びついて演奏されるだけでなく，ゴングそのものが神聖視されることも少なくない．特にゴング・チャイム文化のアンサンブルがガムランとして発展したインドネシア，ジャワ島やバリ島で用いられる大型ゴングには特に超自然的な力が宿ると考えられ，演奏時にはさまざまな供物が供えられることが多い．またバリ島では独自の暦に基づいて年に一度，青銅製のガムラン楽器に多くの供物を供え，僧侶により祈りが捧げられる日が設けられている．特にバリ・ヒンドゥー教の儀礼と深く結びつくバリ島のガムランは，現在でもその宗教儀礼と深く結びつき，寺院の周年祭，通過儀礼など数多の儀礼において不可欠な存在である．なぜならバリ島では青銅製のゴング・チャイムから発される音は，人間だけではなく，目に見えない超自然的な存在に対して演奏されるものと考えられているからである．それゆえ，人が誰もいない空間で長時間演奏が行われていることも珍しいことではない．またゴング・チャイムのアンサンブルは，器楽音楽としてのみならず，舞踊や舞踊劇などの芸能とも深く結びついている．またゴングが神聖で，かつ貴重なものであったことから，それらは宮廷で上演される舞踊や芸能の伴奏音楽にも用いられた．またバリ島では現在もなお，神々に捧げる神聖な舞踊の伴奏などにガムラン音楽が用いられている．

東南アジアの基層音楽文化として，ゴング・チャイム文化とは別に特徴的なのは東南アジア各地にみられる豊富な種類の竹を楽器として使用し，発展していった音楽文化である．竹笛（インドネシアやマレーシアのスリンなど），口琴（インドネシアのゲンゴンなど），竹琴（ベトナムのトルンなど），日本の笙（しょう）と同じ発声原理と構造をもったフリーリード楽器（タイやラオスのケーンなど）などその種類は非常に多い．またガムランの青銅製メタロフォン（金属製の音板をもつ打楽器）の共鳴筒としても竹は重要な役割を担っている．

●音楽的特徴　音階は五音音階，もしくは七音音階に調律されている．なお七音音階をもつ音楽は西洋音楽や西アジアの音楽の影響を受けた地域に多数みられる．これらの音高は，伝統的には西洋音楽のように標準的な高さが厳格に定められているわけではなく，地域によって，楽器によって少しずつ異なっている．その一方で，インドネシア，バリ島のガムランのように二つの楽器が対になってわずかに音高をずらして調律され，同時に叩くことで独特な「うなり」を生じさせるなど，独特な調律システムをもっている地域もある．

東南アジア音楽には，拍が正確にキープされる規則的な拍節をもった音楽，拍が不規則なフリーリズムの両方の音楽がみられる．またゴング・チャイム文化やそれに影響を受けた音楽では，規則的な拍をもちながら，異なる声部が別々のリズムを演奏し，それが一体となり一つのリズムパターンをつくる「入れ子リズム」が用いられている．ベトナムやラオスの内陸部の山間地域や高地の少数民族では，1人が異なる音高のゴングをもち，複数の演奏者が異なるリズムでゴングを叩くことで，独特なリズムパターンと旋律が浮かび上がる．またインドネシアのムスリムの人びとによるルバナとよばれる片面枠型太鼓の合奏，バリ島のケチャの発声もまた「入れ子リズム」が用いられている．

●伝統の継承　世界各地の伝統音楽を伝える文脈が，近代化の中で大きく変化しつつあるのは，東南アジアも同様である．儀礼の変化などはもちろんだが，外的要因による文脈の喪失，例えば20世紀の例でいえば，ベトナム戦争，ポルポト政権による政策などによって，ベトナムやカンボジアの宮廷などに伝承されてきた音楽は喪失の危機にさらされてきた．そうした中，東南アジアの伝統音楽は新たな文脈の中，さまざまな方法により継承が行われている．多くの国々に共通なのは，公的な教育機関における伝統音楽教育の実施である．例えば，インドネシアでは1950年代後半にはインドネシアの複数の地域に伝統音楽高校を設立，その後，インドネシア各地の伝統音楽を学ぶ芸術大学を設立し伝統芸能の若い世代の担い手の育成を行っている．またコンクールなど「競争の原理」を導入することにより，伝統音楽への取組みを推進する政策をとっている．観光という新たな文脈もまた，伝統音楽を継承する文脈の一つととらえられるだろう．　［梅田英春］

楽　器

東南アジアの楽器文化の特徴は竹と青銅の楽器が豊富にあることだ．青銅についてはゴングの項に譲り，ここではまず竹楽器についてふれてみよう．人びとは吹く，叩く，弾く，ほかの素材と組み合わせるなどの方法で，竹から豊かな響きを生み出してきた．例えばインドネシア，バリ島のジェゴッグは竹筒を音階状に並べ，叩いて旋律を演奏する竹楽器合奏である（図 1）．太くて長い竹を筏のように並べた低音楽器の地をうねるような響きと，小型の高音楽器の軽快なリズムが合わさった独特の音楽である．またラオスや東北タイには，日本の雅楽で演奏される笙（しょう）の仲間ケーンが，ラムという伝統的な歌のやりとりや舞踊の伴奏に用いら

図 1　インドネシア，バリ島のジェゴッグ（浜松楽器博物館所蔵）

図 3　インドネシア，バリ島のクンダン．ワドン（左）とラナン（右）が対になる

図 2　ラオスの切手に描かれた楽器．右からケーン，木琴（ラナート），歌，太鼓（コン・タポーン）．太鼓の形状は，実際にはもう少し丸みを帯びている

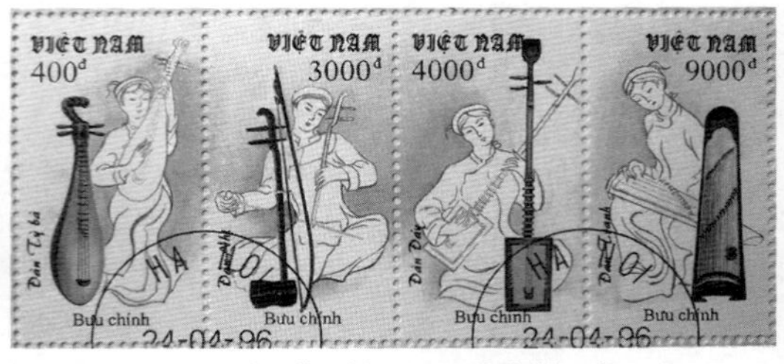

図 4　ベトナムの切手に描かれた弦楽器．左からダン・ティバ，ダン・ニー，ダン・ダイ，ダン・チャイン

れてきた（図2）．ケーンは，竹筒の中にはめ込まれた金属製リードの形状により，息を吹いても吸っても音が出るため，息継ぎせずに長いフレーズを吹き続けることができる．竹筒を共鳴筒にし，皮を切り出して弦にしたり，別素材の弦を張ったりして，指ではじいて演奏する竹製のツィター（琴）類も東南アジアの各地にみられる．

多様な竹楽器が生み出された背景にはこの地域の自然環境がある．竹は東南アジアでは豊富に自生する上に生長が早く，一般に安価で比較的加工しやすい，すぐれた楽器素材なのである．

●周辺地域からやってきた楽器　東南アジアの楽器の中には周辺地域から伝来し，この土地に根付いて発展した楽器も多い．インドネシアのボロブドゥール遺跡のレリーフに描かれた横長の両面太鼓や小型のシンバルは現在も東南アジア各地で演奏されているが，もともとは古代インドから伝来したものと考えられる．両面太鼓はインドネシアやマレーシアではクンダン，グンダンなどとよばれ，音程の異なる2個あるいは数個を組み合わせて演奏することが多い．バリ島では太鼓のペアを「男（ラナン）」と「女（ワドン）」（図3），マレーシアでは「子（アナ）」と「母（イブ）」とよび，インターロッキング奏法（それぞれ異なるリズムパターンを歯車のように組み合わせて一つの音の流れをつくる）で演奏する．

大陸部では中国の影響も強く，ベトナムでは琵琶（ダン・ティバ）や箏（そう）（ダン・チャイン）のような中国起源の弦楽器が歌の伴奏や器楽合奏に用いられている（図4）．ベトナム中部のフエに伝わる雅楽（ニャー・ニャック）は明の影響を強く受けた器楽合奏で，かつては宮廷音楽として演奏されていた．

マレー半島周辺では西アジアからイスラーム伝来とともにダブルリードの笛類（スルナイなど）や枠太鼓（丸い枠に皮を張った一面太鼓類，ルバナなど）も伝わった．ルバナはインドネシアではイスラームの布教活動に用いられ，現在でもムハンマドを讃える詩の朗誦に用いられている．

●西欧の影響　植民地時代には西洋の楽器も伝わり，各地で独自の音楽文化を生み出した．インドネシアのスラウェシ島北東部のムシック・バンブーやフィリピンのムシコン・ブンボンのように，西洋式ブラスバンドを起源とする竹楽器を用いた，独特の合奏形態も生まれた．またバタヴィア（現ジャカルタ）近郊ではポルトガル起源の小型ギターを使ったクロンチョン音楽が生まれた．20世紀以降になると都市部を中心に，西欧の現代的なポピュラー音楽が人びとの生活に浸透していく．ギター，ドラムからなるバンド演奏も盛んで，現代的な楽器と伝統的な楽器のコラボレーションもさまざまな形で展開している．　［増野亜子］

参考文献

［1］皆川厚一編『インドネシア芸能への招待―音楽・舞踊・演劇の世界』東京堂出版，2010

ゴング

複雑な倍音と長い余韻を含むゴングの音は，精霊が住む森や大地を震わし，葬送儀礼では現世と死者の世界をつなぐ．ゴングは宗教的な力をもち，威信を示す楽器として古くより東南アジア各地の宮廷や地域の有力者によって所有され，農耕・通過儀礼◀，王宮の儀式，さまざまな祭祀の際などに演奏されてきた．現在では観光の文脈で舞台芸術の伴奏楽器として用いられることもある．

●ゴングとゴング演奏　ゴングは楽器分類学（ザックス=ホルンボステル分類）では，ゴング属に分類される体鳴楽器（それ自体の振動によって音を発する楽器）である．東南アジアでは，打面中央に丸い突起があるこぶ付きゴングと，打面が平らな平ゴングの2種類のゴングが使われている．素材は主に青銅で，鉄や真鍮のゴングが代用品として使われている地域もある．ばちの材質や叩き方によっても変わるが，大型のこぶ付きゴングはうなりを伴う音圧の高い低音を出し，小型のこぶ付きゴングは音高順に並べられ，比較的ピッチのはっきりした音を出すことが多い．ゴングは通常複数個を1セットとして，しばしばほかの金属打楽器や太鼓などとともに演奏に用いられる（図1）．一定の音階に調律された小型のこぶ付きゴングセットをゴング・チャイムとよぶ．島嶼部東南アジアでは，大型のこぶ付きゴングは，天井や木枠から紐でつり下げて演奏されることが多く，小型のこぶ付きゴングは水平の台（に張られた紐）の上に音高順に並べて演奏されることが多い．また打音の直後に手や身体の一部を使って消音（ミュート）するテクニックもさまざまな方法がある．

図1　ベトナム中部高原のゴングセット

インドネシアの青銅打楽器を中心とする大編成のアンサンブルであるガムランは，その音色や旋律の美しさ，複雑なリズムの重なりから世界中に多くの愛好者がいる．その楽器編成は地域によって異なるが，中部ジャワのガムランでは，楽曲の節目などに打ち鳴らされる大型のゴング・アグンや比較的大型のクンプルといったこぶ付きゴング，主旋律の装飾を担うボナンなど小型のこぶ付きゴングが演奏に用いられる．フィリピン南部のムスリムにより伝承されるクリンタンとよばれる打楽器アンサンブルも比較的によく知られている．ミンダナオ島西部のマラナオの例では，水平に並べられた8個1セットのこぶ付きゴング（クリンタン）の奏者が即興的に旋律を奏で，2個1セットの大型のこぶ付きゴングであるアグンと中型のこぶ付きゴングのバブンディールの奏者が太鼓とともにリズムを刻む．

大陸部東南アジアの宮廷音楽では，環状の木枠の上に小型のこぶ付きゴングを音高順に並べ，その中心部に奏者が座って演奏する形態がしばしばみられる．例えば，タイのピーパート合奏におけるコーン・ウォン，カンボジアの宮廷音楽で使われるコーン・ウォン，ミャンマーの打楽器主体の合奏であるサイン・ワインにおけるチー・ワインなどである．

フィリピンのルソン島北部の山岳民族は，地域コミュニティの儀礼の際にガンサとよばれる平ゴングを演奏する．このアンサンブルでは各奏者はそれぞれ1枚の平ゴングを，拳などを使って入れ子式（インターロッキング）に叩くことでリズムや旋律を生み出す．同様の演奏形態は，ベトナム中部高原の山岳少数民族にもみられる．例えば，バナ，ジャライのゴングアンサンブルでは，十数名の奏者が異なる音高に調律されたゴング（平ゴング，こぶ付きゴング）を各1枚もって入れ子式に叩くことで複雑なメロディ，リズムを奏でる．このような多数の村人の参加と，各奏者が一音のみを担当する平等性の上に成立するゴング演奏は，地域コミュニティの調和の維持にも役立っていると考えられる．

●ゴングの製作，調律　ゴングの製作方法には，「鋳造」「鍛造（熱間鍛造）」「打ち出し（冷間鍛造）」の3種類がある．鋳造は，ゴングの形・直径に合わせてつくられた鋳型の中に土と籾殻でつくった原型を詰めて焼成した後，溶かした金属を鋳型に流し込み，冷やして固まったゴングを取り出して成形する方法である．鍛造は，溶かした金属を石の粗型に流し込んでつくった円盤状の塊を，火に入れては複数の職人がハンマーで叩き伸ばす作業を繰り返してつくる方法である．打ち出しは，丸い形にくり抜かれた金属板を，火を用いずにハンマーで叩いて成形する方法である．現在でも東南アジア各地でゴングが製作されており，例えば，インドネシアのジャワ島やバリ島では鍛造のゴングが，ミャンマー中部マンダレーでは鍛造や鋳造のゴングが，ベトナム中部沿岸部では鋳造や打ち出しのゴングが製作されている．

ゴングはセット全体が適切な音程関係と音色に調律されている必要がある．ゴングの調律はハンマーでゴング表面を細かく打って基音や倍音の出方を調整することで行う．インドネシアのバリ島では，パンデとよばれる楽器鍛冶が音叉を使ってゴングの調律を行っている．ベトナム中部高原では各民族のゴング調律師が民族ごとに異なる音階にゴングを調律している．ゴング調律師はゴングの微妙な音色，音高の変化をみずからの耳を頼りに繊細に聞き分け，ほかのゴングの音とも比較しながら，調律箇所を探りハンマーを打っていく．このような技術は演奏と比較してもはるかに高度な技であり，その技術継承が危ぶまれている地域もある．

［柳沢英輔］

掛け合う歌

歌による掛け合いは世界中にみられるが，東南アジアもその例外ではない．大陸部でも島嶼部においても，それぞれの文化や風習に従ってさまざまな歌の掛け合いが行われている．全体として男女が恋愛の一環として掛け合いをすることが多いが，それ以外にもさまざまな目的で歌の掛け合いは行われている．

●大陸部における歌の掛け合い　大陸部東南アジアでは幅広く歌の掛け合いがみられる．中国と国境を接するミャンマー，ラオス，タイの山岳地域に暮らすラフやアカ，リス，フモンなどの民族，さらにベトナムのタイやサンジウなどの民族では男性と女性による掛け合いが行われる．内容は男女の恋愛が多いが，ほかにも挨拶などさまざまな内容が歌われる．

タイ中部ではお祭りのときなどにプレーンプーンバーン（村の歌）と総称される民謡が歌われる．ほとんどは男性と女性による当意即妙の掛け合いや，ソロとコーラスによるコール＆レスポンス形式で，伴奏なしで歌われることが多い．歌詞は即興のこともあれば口頭で伝承され記憶されたもののこともある．こうした歌は農事暦や祭日にあわせて歌われる．歌詞の内容はさまざまであるが，恋愛の駆け引きはほとんどどこでも歌われている．ラオが多く暮らすタイ東北部でもラムとよばれるラオ語の民謡が歌われている．これは笙の一種であるケーンの伴奏で男女の歌い手が掛け合いをするものである．歌の内容は恋愛から仏教説話までさまざまある．プレーンプーンバーンやラムといった民謡は現在掛け合いから離れ，ラムシンやルークトゥンのようなポピュラー音楽へと発展している．

ラオスの主要民族はタイ東北部と同じくラオであり，ラムもタイより素朴な形で歌われている．ラオスでは北部の民謡はカップ，南部の民謡はラムとよばれ，あわせて「カップラム」という言い方もよくされる．カップグムやラムシーパンドンなど，どちらも地域ごとにさまざまなスタイルがあり，結婚式や追善供養儀礼などの際に歌われる．歌詞の内容は歌の場に関するものや仏教説話，恋愛の掛け合いなどがある．いずれもケーンが伴奏で男女の掛け合いが歌われる点は同じであるが，どちらかというとラムの方がリズミカルで韻律のはっきりした歌が歌われるのに対し，カップはゆったりしたリズムでのびやかに歌われる．例えばフアパン県のカップサム

図1　カップサムヌアの様子

ヌアは，あまり韻律のはっきりしない歌をゆっくりとした旋律に乗せて歌を掛け合う（図1）．歌詞のほとんどは歌い手が記憶している大量の定型句からその場に合わせて選ばれたものである．

タイやラオスにおいて恋愛の掛け合いは人気があるが，そのほとんどは半職業的な歌い手によって歌われるものであり，あくまで娯楽として歌われている．

●島嶼部における歌の掛け合い 島嶼部東南アジアは大陸部と比べて掛け合い歌は少ないが，フィリピンの島々やボルネオ島，インドネシアなどに歌の掛け合いがみられる．フィリピンのスールー諸島で歌われているバヨークは，限られた音域の単純な旋律に，修辞を凝らした歌詞を乗せて恋愛の駆け引きなどの歌を掛け合うものである．ルソン島北部の山岳地帯に暮らす諸民族も歌の掛け合いをさまざまな目的で行っている．例えばボントックは葬儀で死者を讃える歌を男女のグループが掛け合いで歌うし，カリンガは結婚式において新郎側と新婦側の人びとがそれぞれ結婚式の宴会を讃える歌を掛け合う．またボルネオ島のサラワクや西カリマンタンに住むイバンにはティマンとよばれる詠唱があるが，これは霊をよぶために歌い手が掛け合いで行うものである．

また，島嶼部からマレー半島のマレーシアにかけて広くみられるのがパントゥンという形式の詩による掛け合いである．マレー半島のミナンカバウはパントゥンの掛け合いを割礼や婚礼，収穫後の娯楽として行うし，スマトラ島のブンクル州では深夜に女性の家で男女がパントゥンの2行詩で恋愛の掛け合いを行う．スラウェシ島のブギス・マカッサルも海や畑での仕事の後4行詩のユーモラスなパントゥンを掛け合って楽しむという．

●掛け合う歌の今 掛け合う歌は現在，社会の変化や観光化などの影響で失われたり姿を変えたりしつつある．ベトナムにあるクアンホという掛け合いの歌を例にとってみよう．これは男女のグループが相互に歌を交わして腕前を競う芸能であり，男性の問いに女性が答える恋愛の掛け合いが多いが，ほかにも友情や信仰，葬儀などについても歌われる．この歌はベトナムの伝統的な民俗文化として重要視されていて，発祥の地とされるバクニン省のものは2009年にユネスコ世界無形文化遺産に登録されている．この歌は発祥地とされる村々で「正統的」な「古い」スタイルが守られる一方，1960年代からプロフェッショナルなグループによって新しい現代的なスタイルが生み出され，マスメディアを通じて広まっている．こうした変化の中で芸能の商業化や文化遺産化をめぐる葛藤がさまざまなアクターの間で起こっている．こうした事例は世界各地でみられ，いずれも今後どのように芸能が変化していくのかが注目される． ［梶丸 岳］

📖 参考文献

［1］ Miller, T. E., & Williams, S., *The Garland Handbook of Southeast Asian Music*, Routledge, 2008

ポピュラー音楽

20世紀，マスメディアの普及とともに，欧米を発信地とするポピュラー音楽が全世界に広がった．世界で同じ音楽が楽しまれるようになる一方，その音楽様式や楽器を取り入れて各地で新しい音楽が生み出された．以下，本項では，主に20世紀に東南アジアで生み出された，比較的地域色の強いポピュラー音楽について取り上げる．

●ポピュラー音楽の誕生　19世紀末から20世紀初頭にかけて新しい音楽を人びとの間に広めたのは，バンサワンやコメディ・スタンブルなどの移動劇団であった．それらにより広められた音楽の一つとしてインドネシアのクロンチョンがある．クロンチョンは，ジャカルタ郊外のポルトガル系住民の居留地トゥグで伝えられてきた音楽がもととなり，19世紀末以降，コメディ・スタンブルなどに用いられて広がっていった．1930年代に入ると，レコードが普及し，ラジオ放送が本格化して，その人気はますます高まった．オランダ領東インド各地の出身者や華人など，文化的背景を異にする人びとが集まる都市において，クロンチョンは共通の音楽として根付いていく．そうした性格ゆえに，独立運動の中で多くの人びとが一緒に歌える歌として，国民的な性格を強めていくことにもなった．1930年代から活躍したイスマイル・マルズキやグサン・マルトハルトノらの歌は今日にいたるまで愛されている．

●映画とポピュラー音楽　第2次世界大戦後，娯楽の花形となった映画とともに人気を博す音楽家が増えていった．その代表的な例がマレーシアのP. ラムリーだろう．1947年，ペナンにおいてラジオ局が主催する歌のコンテストで優勝し，彼は歌手として活躍を始める．そして彼の歌を聴いた映画監督B. S. ラージハンスに見出され，映画の世界に入る．インド映画の影響を受け，音楽と踊りが散りばめられた映画が流行する中，最初の出演作《愛》(1948年) において，彼は吹き替えで歌を歌うプレイバック・シンガーとして評判をよぶ．その後次々と映画に出演し，俳優，歌手，そして作曲家として有名になり，監督やプロデューサーも手がけるようになる．1973年に亡くなってからも，彼の作品は愛され続け，1990年には，マレーシアを代表する女性歌手シーラ・マジッドが，彼の作品を集めたアルバム「伝説」を発表した．

●ポピュラー音楽といかがわしさ　ポピュラー音楽は，しばしば，いかがわしさを伴う音楽としてさげすまれてきた．1970年前後にカセットテープが音楽メディアとして急速に普及するのとともに，爆発的に流行したインドネシアのダンドゥットもそうした音楽の一つである．インドの映画音楽，マレー歌謡，アラブ音楽，ロックなどの影響を受けて誕生したダンドゥットは，都市の下層の人びとと結びつけてイメージされた．ダンドゥットの王とよばれるロマ・イラマは，そんなイメージを払拭し，イスラームの教えを広めることを自分たちの音楽の使命とすることを宣言し，メッカへの巡礼を果たしてハジの称号を得た．彼が主演した数々の映画の中でも，イスラーム的な道徳を強調するストーリーが描かれている．1989 年以降，民放テレビ局が次々と開局すると，ダンドゥットを集中的に放送する局も現われ，ダンドゥットがより広い層に受け入れられ，社会的なイメージの改善につながった．一方で，2000 年代には，腰を激しく振るダンスで女性歌手イヌル・ダラティスタが一躍有名になり，官能性を売り物とするダンドゥットの流れも健在であることが明らかになり，社会的な議論を引き起こした．

●戦争とポピュラー音楽　カンボジアの伝説的な歌手，作曲家シン・シサモットは，1950 年代から 1970 年代前半にかけて活躍し，海外のポピュラー音楽の要素を取り入れたカンボジア歌謡の一時代を築いた．しかし，クメール・ルージュがカンボジアを支配した時代に行方がわからなくなった．クメール・ルージュの時代を経験したリティ・パン監督による映画《消えた画》の中では，当時失われてしまったものの象徴としてシン・シサモットの歌が流される．また，ベトナム戦争もポピュラー音楽のあり方に大きな影響を与えた．急増した在外ベトナム人たちは固く連帯し，米国などにおいて独自の音楽シーンを形成した．チン・コン・ソン作曲「美しい昔」を歌い日本でも人気のあった女性歌手カイン・リーも，米国に渡った音楽家の1人である．さらに移住先で生まれた世代が新しい音楽を生み出し，その CD や DVD はベトナム本国でも楽しまれ，在外ベトナム人音楽家抜きでベトナムのポピュラー音楽は考えられなくなっている．

●伝統音楽のポピュラー音楽化　1980 年代末から 1990 年代にかけてのワールドミュージックブームの背景には，ポピュラー音楽化する伝統音楽の展開があった．そうした音楽の一つであるインドネシアのジャイポンガンは，伝統的な合奏音楽ガムランを用い，ダイナミックな太鼓と舞踊，力強い歌を特徴とする音楽・舞踊である．1980 年代，ジャイポンガンを生み出したバンドンの街では，ラジカセで音楽を流しながらストリートでジャイポンガンを踊る若者がたくさんみられ，やはり当時流行していたブレイクダンスと人気を二分していた．また東北タイやラオスでは，伝統的に歌い継がれてきた歌ラムを舞台化し，大勢のバックダンサーを従えて歌ったり劇を演じたりするパフォーマンスが人気をよび，その派手な舞台はますます発展している．

　こうしたジャンルは，欧米の最先端の音楽を追い求める都会の若者にはさげすまれる傾向があることも否定できないが，東南アジアの音楽のつきることのないバイタリティを示している．

［福岡正太］

ロック，ポップス

ロックやポップスの「本場」である欧米で流行った音楽が，何年後かに遅れてアジアで受容されるのはよくあるが，そのタイムラグはネットの普及により日本と東南アジアの間で急速に縮まりつつある．東南アジアでも日本同様，欧米に引けをとらないロックやポップスが人気となっている．しかし，東南アジアの政治社会的文脈をふまえれば，日本や欧米との違いがみえる．

●東南アジアの政治社会的文脈におけるロックとポップス 1960年代〜1980年代にかけて東南アジアでは音楽ジャンルごとの支持層の違いが鮮明であった．タイ歌謡ルークトゥンやインドネシア大衆音楽ダンドゥットが低所得層を中心に支持されたのに対し，ロックやポップスを演奏する人びとやそれらを好んで聴く支持層は都市中上層に限られていた．

加えて，東南アジアのロックは政治の影響をじかに受けてきた．冷戦期，左翼寄りの政権や共産主義体制はロックを「堕落した音楽」「西洋の模倣」として規制・禁止した．一方，欧米文化を受容し経済成長を優先する権威主義体制期にロックは開花する傾向にある．例えばカンボジアでは1960年代〜1974年までの親米政権期にロックンロールが全盛を迎えたが，翌年から共産党独裁時代に突入しロックは即禁止された．インドネシアでは1960年代前半に反植民地主義のスカルノが西洋音楽を規制したが，スハルトは即座に規制緩和し，1967年から1978年にかけてハードロックが黄金期を迎える．ただし，外交面では親米的な権威主義体制も国内では人びとを政治的に抑圧したため，米国のような反体制的対抗文化運動を生むことはまれであった．

1980年代以降の経済成長と民主化は，ロックやポップスに変化をもたらした．特にインディーズ音楽は大手レーベルに所属せず自分たちだけで音源を製作・流通する実践として1990年代前後のマレーシアやタイ，インドネシアで隆盛する．

●インドネシアのインディーズ音楽の誕生 インドネシアの1980年代は一部の大手レーベルに所属するミュージシャンの「ポップ化」と「スター化」が目立った時代だった．産業化が進展すると技術が進歩しエレクトロ系音楽などのポップスが支配的になった．メディアは親しみやすい音楽に気軽に「ポップ」の語を冠して，それまでの大枠ジャンルとしてのポップ・インドネシアに新たなジャンルを加えた．各地方の音楽的要素を融合したポップ・ダエラ（地方ポップ）や，おしゃれなポップ・クレアティフ（クリエイティブ・ポップ）は1980年代に流行した代表的ポップスである．歌詞も恋愛をテーマとするようになりやや消費主義的傾向をみせる．カセットの売上げやテレビの視聴者も増えスター歌手が誕生する．ロック界においても大観衆を集めるカリスマ的ロックスターや巨大ロックバンドが生まれる．

このような大衆化の反動として生まれたのがインディーズであり，とりわけそれを主導したのは激しいサウンドを基調とするメタル，パンクなどのアンダーグラウンド音楽である．アンダーグラウンド音楽を実践した多くは大学生，すなわち1980年代の開発の恩恵を受けた若者である．経済成長は都市化を進展させ，分厚い中間層を生み，音楽の演奏者だけでなくそれを享受する支持層＝市場を拡大させた．豊かさはアンダーグラウンド音楽という大衆受けを前提としない非商業主義的実践＝インディーズの土壌を生んだ．

インディーズのミュージシャンの多くは，ワルネットというネットカフェなどで海外の音楽情報をあさり，1980年代の英米圏のオルタナティブ・ロック（メタリカやニルヴァーナ）に影響を受けて学生同士バンドを組み始めた．1990年以降はメディア規制が緩和されMTV放送が始まりビデオ・クリップを自作してプロモーションした．さらに1997年アジア通貨危機は自分たちの力だけで地元のバンドの音源を流通させるDIY（Do It Yourself）的実践を促進した．彼らはビジネス優先の大手レーベルとは契約せず自由に仲間同士で独立した小規模レーベルを設立した．2010年代半ばにはジャカルタなど大都市だけでなく各地方都市に数多くのインディーズ・レーベルが存在するようになった．

●インドネシアのインディーズ音楽の発展　レーベルが整備されるとインドネシアの巨大な若者市場（約1億人）を背景に，所属ミュージシャンの音楽が欧米ロック，ポップスの代替として国内で自給自足的に消費されるようになる．さらにネットの急速な普及によりソーシャルメディア上で簡単に自分たちの音源を世界中に発信できるようになった．

インディーズの楽曲に比較的英語詞が多いのは，権威主義体制期であれば検閲を回避する術であったが，多くは海外展開を視野に入れているためである．バンドンのポップバンド，モッカはファーストアルバムを全編英語詞でリリースし，15万枚という異例の売り上げを記録した．バリのパンクバンド，スプルマン・イズ・デッドはインディーズでの活躍が注目を浴びソニーミュージックと契約し国内外で大成功した．

面白いのは流行のサイクルが1970年代のロック，1980年代のポップ，1990年代にロック，そして2000年代にまたポップと大雑把に十年単位で入れ替わる点である．2010年代前半にはジャズやフォーク調のインディーズ・ポップが勢いづいてきた．さらに，近年インディーズの中で欧米圏の同時代音楽だけでなく自国の過去の音楽を参照するミュージシャンが増えてきた．歴史豊かなインドネシア音楽を現代風にアレンジすることは，「西洋の模倣」としてのロック/ポップスから脱却することにつながるだろう．

［金　悠進］

伝統舞踊

東南アジアの伝統舞踊には，王族や貴族といった時の権力者の庇護を受けた職業舞踊家によって形成された「古典舞踊」とプロ・アマを問わず地域住民が演じて楽しむ「民俗舞踊」がある．これらは人びとの生活を彩る娯楽を目的に実践されるほか，祭礼や儀礼において神聖性にかかわるチャネルとして，また，文化の諸相を表すメディアとしての機能も果たしてきた．

●舞踊劇と『ラーマーヤナ』 伝統舞踊において，舞踊と演劇は密接な関係をもつ．現在では「演劇」というと台詞劇を連想しがちだが，舞踊と音楽，歌唱，語りの総合芸術である舞踊劇は演劇史上，台詞劇より古い形態として知られる．舞踊劇では，舞踊家が中心となり，歌手が歌う歌詞や語り手の言葉が表す内容，そして，音楽が表現する情景・状況・情緒などを身振りや舞踊で視覚化することで物語が進行する．舞踊家自身が台詞を言いながら動く場合もあるが，バレエのように言葉をまったく用いずに物語の内容を身体表現のみで示すこともある．

東南アジアにおける舞踊劇の主要な演目の一つに，古代インドの叙事詩『ラーマーヤナ』がある．主人公ラーマ王子が阿修羅のラーヴァナに妃シーターを奪われたことをきっかけに始まる長い旅の物語，そして，クライマックスではラーマ王子率いる猿軍とラーヴァナ率いる阿修羅軍との戦いを描いた壮大な叙事詩である．この物語は南アジアから東南アジア一帯に伝播し，文芸・美術・音楽・舞踊・演劇など多様な芸術表現に影響を与えてきた．さらに，物語は国や地域によって独自の解釈を加えた発展をし，東南アジアにおける舞踊劇や影絵芝居における中心的題材として現在も演じられている．タイでは『ラーマキエン』，カンボジアでは『リアムケー』，ビルマでは『ヤーマザッ』，インドネシアやマレーシアでは『ヒカヤット・スリ・ラマ』など，独自の名でよばれ，それらは例えば，インドネシアの舞踊劇ワヤン・ウォンやタイとカンボジアの仮面（舞踊）劇コーン，ラカオン・カオルの演目として伝承されている．この『ラーマーヤナ』を中心として発展した東南アジアの舞踊劇は役の類型化を生み出した．ラーマ王子に代表される優美な所作が魅力の「男役/天人役」，シーター妃に代表される美しい「女役/天女役」，ラーマの宿敵，ラーヴァナに代表される荒々しい「阿修羅役」，そして，阿修羅と戦うラーマを兵士として支える道化的でアクロバティックな動きが特徴的な「猿役（ハヌマーンが代表的）」．4 種類の役はそれぞれ異なる舞踊パターンをもち，それが各国における古典舞踊の源泉として，その他の舞踊や舞踊劇にも活かされている．

●儀礼と舞踊 伝統舞踊の担い手たちは，神々や精霊などの超自然的存在，すなわち，人間の力を超えた聖なる存在との結びつきを通じて特別な力を操ることがある．例えば，タイには「願解き」という慣習がある．学業成就，宝くじ祈願，家内安全，厄よけ，健康祈願など，人は聖なる存在に向かってさまざまな祈願をする．願い事をするとき，「願成就の暁には返礼する」ことを信仰の対象に約束するのだが，その返礼として舞踊が奉納されることがある．タイで「奉納舞」というと，願掛け時ではなく願解きに際して行われるのが一般的だが，それは返礼を怠ると，別の災厄に見舞われると信じられているためである．みずからの願から解放されるために実践する願解きの儀礼は社会的慣習として広く普及した．

聖なる世界とのつながりが深い舞踊家たちは，舞踊の技そのものや伝承行為自体に特別な意味を与えてきた．タイの師匠崇拝「ワイクルー」の儀礼や慣習はその一例といえよう．タイの舞踊家にとって師匠とは現世の指導者のみをさすのではなく，何世代にもわたって知恵と技を伝承し続けてきた神聖なる存在の総称であり，その頂点には神々が位置する．図1はタイの古典舞踊家が現在も定期的に実践しているワイクルーの儀礼であり，師匠への敬意と崇拝を表す儀礼行動とともに特別な舞踊曲の伝承が行われる．祭壇に祀られているのは『ラーマーヤナ』の世界観を支えるヒンドゥー教の神々や仙人，阿修羅などをかたどった仮面や師匠の写真である．祭壇は彼らにとっての師匠観，すなわち，何代にもわたる技の伝承者である師匠とその頂点にたつ神々という構造を視覚的に表している．現世の舞踊家にとって，儀礼という神聖な雰囲気の中で舞踊曲の伝承を執り行うことは，舞踊家自身に常人の力を超えた超自然力とのかかわりを再認識させる機会となっている．

図1　タイの師匠崇拝儀礼

●人びとの暮らしと舞踊　庶民の間で伝承されてきた民俗舞踊には各地の生活文化を色濃く反映したものもある．遊びや仕事，コミュニケーション（男女の求愛行動も含む），信仰，年中行事（冠婚葬祭や祝祭礼），食，衣装，工芸，武術，自然，環境など，伝統的な暮らしの中に息づくありとあらゆる文化の諸要素をモチーフとして舞踊がつくられてきた．稲刈りや魚捕り，糸紡ぎ，竹棒飛び遊びなど，伝統的な暮らしの中に存在していた文化は，機械化や都市化，グローバル化が進んだ現代では失われかけている．これらの民俗舞踊には，古くから受け継がれてきた演目のほかに，20世紀後半以降の舞踊家らが，伝統文化の魅力を再評価するという目的で新たに創作した曲も数多く存在している．このような舞踊の創作活動も含め，伝統的な文化の諸相を生き生きと伝える「生きた民俗博物館」とでもよぶべき舞踊の役割は，今後ますます求められるだろう．　［岩澤孝子］

コンテンポラリーダンス

東南アジアのコンテンポラリーダンスは，豊富な伝統舞踊をもとにした創作の試みとして，多くの地域で盛んに上演されている．コンテンポラリーダンスは，欧米においてはクラシックバレエなどの伝統舞踊を脱構築することを目指して，より自由度の高い振付を指向したモダンダンスを継承する形で浸透したとされる．東南アジアでは，20 世紀の中頃以降に植民地支配からの独立などを経て，国家を代表し得る芸術を模索する活動の中で創作舞踊の技法が重視され，欧米由来の創作技法が採用されて浸透していった．創作の手法や作品の概念は主として欧米由来のモダンダンスやコンテンポラリーダンスに基づいて 1950 年代以降に発展してきたが，ダンスのカテゴリーとしての「コンテンポラリー」という名称は 1980 年代後半頃から，多く用いられている．この言葉は美術や音楽や演劇などほかの芸術ジャンルとの関連ももちつつ，実験的で革新的なジャンルを表す言葉として浸透していったと考えられる．欧米においてこの概念が伝統からの脱却を目指していたように東南アジアでも伝統舞踊からの脱却という側面がみられるが，その一方で，インドネシアなど一部の地域では伝統舞踊の再生や伝統的要素の効果的な提示方法の模索という側面も強調されてきた．コンテンポラリーダンスは，国家を代表し得る芸術創作の成果として重視されるとともに，世界に発信される普遍的な芸術創造という側面もあるという両義性をもちつつ発展してきたといえるだろう．

●作品のテーマ　作品のテーマはさまざまであるが，1990 年代までは継承であれ脱却であれ「伝統」というものに対峙する姿勢が顕著に見受けられる．伝統的な物語世界を題材とする創作作品が多くみられ，また作品のコンセプトに伝統的な要素を取り入れる場合もある．また，環境破壊などをはじめとする開発や近代化へのアンチテーゼも提示されてきた．上演に用いる音楽やダンスの身体的な動作に関しても，伝統的な要素の影響を色濃く残すものもあり，また伝統的な要素からの脱却を目指すものもみることができる．インドネシア・ジャワ島の演劇世界に基づく作品をはじめとして多様な作品創りに取り組むサルドノ・W・クスモ（1945 年生まれ）やタイの仮面舞踊劇コーンに基づく斬新な作品を発表しているピチェ・クランチェン（1971 年生まれ）などの活躍をみることができる．

伝統舞踊をみずからの基盤とするダンサーがいる一方で，1970 年代以降に生まれたダンサーの中には，東南アジアにおける経済発展と，欧米文化の浸透の影響を強く受けた人びともいる．彼らは，独自の表現方法を模索しながら活動している．みずからの主要な文化的基盤である欧米のダンスに，伝統的なテイストを取り入れつつ世界へ向けて新たなジャンルを発信していくケースもみられる．

●多様な劇場空間　現在では東南アジアの各地に建設された多様な劇場空間がこれらのコンテンポラリーダンスの上演活動を後押ししている．この背景には東南アジア各地の政治的安定や経済発展，そして各地で発展した都市文化の開花などの影響も顕著にみられる．現在東南アジアの各地で成長しつつある都市部中間層の人びとをはじめとしてコンテンポラリーダンスの発展を支える社会階層の充実も影響している．劇場には大規模なものから小規模なアートスペースまで多様な形のものがみられ，各地のアーティストたちの共同創作が行われる芸術交流の場としても機能している．例えばシンガポールを代表する演出家オン・ケンセンによってプロデュースされたシンガポール国際芸術祭（2016年開催）においては，国内の大劇場から小規模アートスペースにいたる多様な劇場空間を舞台として，東南アジアをはじめ各国からのダンサーや舞踊団が上演や共同制作を行った．またこうした劇場空間は必ずしもダンスのみでなく，各地におけるモダンアートの展示会や映画祭，演劇祭などとの関連も深い．フィリピンにおいて開催されている映画祭シネマラヤなどでコンテンポラリーダンスの上演が行われていることなども事例の一つであるだろう．また身体表現や身体表象を主要な要素とするダンスの上演は演劇の中でも用いられることが多いため，コンテンポラリーダンスもまた現代演劇の発展と密接な関係をもっている．今日の東南アジアにおける多様なクリエイティブ・インダストリーの興隆に伴って，コンテンポラリーダンスもまた発展しているといえるだろう．

図1　2015年9月アジア・フォーカス福岡国際映画祭の開幕式にて．インドネシアのJecko's Danceによるアニマル・ポップの上演

●メディアの発展の影響　ライブの上演活動の多様化がみられる一方で，メディアによる普及も顕著にみられる．ダンスは音楽のように1970年代以降に発展したカセットテープやCDなどの音響メディアの影響を受けにくかったが，1990年代以降の画像メディアの飛躍的発展とともにメディアを介した普及が顕著にみられるようになっている．1970年代後半以降テレビによる普及がみられ，それに加えて1990年代にはビデオCDなどのメディアの影響が大きくなった．その後2000年代になりインターネットの急速な発展により多くの人びとが画像メディアを通して，ダンスに触れることができるようになっている．　［福岡まどか］

東南アジア芸能における女形

女形とは演劇や舞踊において男性が女役に扮することをさす．日本の古典芸能の中では「女方」の表記が本来のものとされているものの，現在ではより一般的表記として「女形」が広く用いられている．ここでもそれにならい「女形」の表記を用いる．

●古典芸能における女形　東南アジア芸能における女形はさまざまな芸能ジャンルの中でみられる．各地の伝統的な舞踊劇や仮面劇の中で女形が活躍してきた．例えば大陸部のタイにおける仮面舞踊劇コーンは古代インドの叙事詩『ラーマーヤナ』の物語を上演するが，魔物や猿などの役に扮する俳優は仮面をつけて登場し，王子や王女に扮する俳優は仮面をつけずに登場する．現在では女性の俳優によって演じられることが多い王女などの女性役は，以前は男性が演じる伝統もあったとされている．同じように『ラーマーヤナ』を演じるカンボジアの仮面劇ラカオン・カオルにおいては，演者は全員男性とされており，現在でも王女などの女性役は男性の俳優によって演じられる．演劇における類型化されたキャラクターの中で，姫や王女などの女性役は，男性の貴公子や王子などの洗練されたキャラクターの動作やしぐさとの互換性が高い．そのため，細身でしなやかな体形の男性が女性役に扮することが多くみられる．また，衣装や化粧法なども重視されており，これらの類型化されたキャラクターに関する化粧法は芸術学校などでも習得が重視されている．古典舞踊においても大陸部のタイをはじめ各地で女形の伝統がみられ，島嶼部においても宮廷舞踊などで女形の伝統が発展してきた．インドネシアでは，現在は女性が演じる宮廷舞踊の踊り手に以前は少年を起用していたケースもあるといわれている．

このように，宗教的儀礼や宮廷の行事などとの関連が深く神聖視されてきた芸能ジャンルの中では，主として演者は男性とされてきた．仮面劇や宮廷舞踊などで女性役や女性の踊り手を男性が演じる伝統が重んじられてきたのは，伝統芸能の演者の多くが男性に限られてきたためであるといえるだろう．こうした伝統は20世紀になって多くの女性の演者が舞台上演において活躍するようになってからは変化しつつあり，地域によっては女形の伝統がすたれつつあるケースもみられる．

図1　インドネシア・中部ジャワの女形ダンサーによる上演

●大衆演劇における女形　大衆演劇や民衆演劇の中でも女形の伝統がみられる．例えばインドネシア・ジャワ島の大衆演劇ルドルックの中には女形の歌手兼踊り手が登場して，幕開けの歌と舞踊を披露する．これらの女形の役者は，その歌唱や舞踊の熟練の度合いもさることながら，洗練された美しい身のこなしや化粧の技法など，身体表象の面でも注目の的とされてきた．マレーシアの大衆演劇バンサワンにおいても，伝統的には女性役は男性の俳優によって演じられており，20世紀初頭以降に女性の俳優が演じるようになったとされる．

図2　インドネシア・東ジャワの大衆演劇ルドルックの幕開きに演じる女形俳優（ジョグジャカルタ，2016年12月）

●女装者　また東南アジアには，日常的な女装者の伝統もみられる．これらの女装者はタイでは「カトゥーイ」，フィリピンでは「バクラ」，インドネシアでは「ワリア」などのさまざまな名称で知られている．伝統的には女装と化粧の技術に長けた人びととして知られており，化粧師や美容師としても活躍してきた．このように自分あるいは他人の外見を変えることができる特別な技法が重視され，伝統的な儀礼や芸能上演における化粧師として活躍するケースも多く，芸能の世界とも密接なつながりがみられる．さらに，実際に歌い手や踊り手として活躍している人びとも多くみられる．現在，タイなどでよく知られているニューハーフショーなどにおいても，女性的な身体表象とともに歌やダンスなどの技能が重視されている．

●男役を女性が演じる事例　なお東南アジア芸能においては，男性が女性に扮する女形の伝統とともに女性が男性に扮するケースもみられる．上述のように，演劇の中の女性役と男性の洗練された貴公子役などとの互換性が高いため，王子や貴公子役を女性が演じることもある．島嶼部のインドネシアでは，観光芸能などで演じられる舞踊劇や仮面芸能において王子役などの男性の役に扮する女性の演者を比較的頻繁にみることができる．またジャワ島の宮廷舞踊劇ランゲンドリヤンをはじめとして，宮廷舞踊劇の中には女性の演者のみによって演じられるものもある．

［福岡まどか］

参考文献

［1］Peacock, J., *Rites of Modernization: Symbols and Social Aspects of Indonesian Proletarian Drama*. The University of Chicago Press, 1968

［2］Tan, S. B., *Bangsawan: A Social and Stylistic History of Popular Malay Opera*. Oxford University Press, 1993

仮面芸能

東南アジアには土着の自然崇拝や祖先信仰と関連して用いられた仮面が多くあった．この地に仏教，ヒンドゥー教，イスラーム，キリスト教などさまざまな宗教が流入すると，現地の仮面芸能を減退させたり，活性化させたり，変容させたりした．例えば，東ジャワで栄えた仮面文化はイスラームの流入により人気が衰えたとの報告がある．他方ヒンドゥー教の影響を受けた地域では，多様な仮面芸能が育まれた．インド由来の古代叙事詩『ラーマーヤナ』や『マハーバーラタ』を演じるものも多い．また複数の地域で用いられる物語として，ヒンドゥー・ジャワ時代の王子パンジの英雄物語もある．

仮面芸能には，現在でも儀礼の一部として上演されるものから，世俗的な余興として上演されるものまである．前者の場合，仮面はご神体として神聖視されたり，かぶり手や観客のトランスが起きたりすることがある．なお，顔の表現や身体の動き，劇の構成，上演機能などの点で影絵劇と類似点がみられるものも少なくない．以下に代表的なものを紹介する．

●島嶼部　インドネシアのジャワ島とバリ島には多種の仮面芸能が存在する．西ジャワには，仮面を取り替えつつさまざまな役を演じ分ける舞踊トペン・チルボンがあり，世俗的なイベント，そして通過儀礼や農耕儀礼で上演されている．仮面の裏に付けられた突起を演者が口にくわえて装着する．また，『パンジ物語』を演じるシーンがある．仮面のかぶり手は声を発さず，代わりに語り部が語ったり歌ったりする．東ジャワのマランに伝わるワヤン・トペンも同じく『パンジ物語』を演じる．また東ジャワには巨大な獅子の仮面をかぶって舞うレオッグ・ポノロゴもある．演者は重量が数十kgにものぼる仮面を歯で噛んで支える．演者のトランスを伴うこともある．孔雀の羽，そして時に本物の虎の顔の皮が用いられる．

隣のバリ島では，ヒンドゥー教が土着の信仰と混交し豊かな芸能文化を育んだ．ヒンドゥー寺院の祭に関連して上演される，聖獣バロンと魔女ランダが登場する儀礼劇チャロナランは，しばしば観客や踊り手のトランスを伴う．バロンはシヴァ神の，ランダはその妻であるドゥルガー神の化身ともいわれ，両者の戦いが演じられる．バリの村ではバロンやランダの形をした仮面を守護神として祀る村も多く，これらがチャロナラン劇に登場することもある．そのほかバリには，『ラーマーヤナ』や『マハーバーラタ』を演じるワヤン・ウォン，歴史物語を演じるトペン・ワリなどがある（図1）．トペン・ワリは，寺院祭や火葬などの多様な儀礼に上演が必須とされるため，非常に上演頻度が高い．少数の演者が複数の仮面を付け替えながら多数の役柄を演じるが，チルボンのものとは異なり，ゴム紐で仮面を固定する．また演者は自分自身で台詞を語る．イスラームの浸透したジャワ島では仮面や影絵人形における人間や神々の姿形は様式化し抽象化したといわれる．他方，イスラーム化せず，ヒンドゥー教が栄えるバリ島では仮面や人形に人間の顔のリアルな表現がみられる．神話ではなく歴史物語を演じるトペン・ワリで特にその傾向が強い．

図1　バリ島のトペン・ワリに登場する王役

その他，ボルネオ島には，ダヤックの豊穣儀礼に登場するフドックなど，土着の宗教儀礼に関連した仮面が多種存在する．マレー半島では，先住民マー・ムリ（オラン・アスリ◀）の用いる，祖霊の仮面が比較的よく知られている．また，歌舞踊劇メッ・ムルンや，語り芸アワン・バティルにも仮面がみられる（図2）．フィリピンでは，キリスト教の聖週間に開催されるローマ兵に扮するモリオネスがある．またネグロス島ではカラフルで笑顔の仮面を被るマスカラ祭りが開催される．

図2　語り芸アワン・バティル（提供：上原亜希）

●大陸部　大陸部で代表的なのは，タイの仮面舞踊劇コーンである．紙粘土に着色し真珠貝やガラス飾りをちりばめた仮面を頭からかぶり，『ラーマーヤナ』を演じる．かつてはすべての役柄が仮面をつけた男性によって演じられたが，現在仮面は悪役や猿役だけが用い，また女性も上演に加わることがある．100人以上の役者が登場することもある大掛かりなもので，宮廷で栄えた．演者自身は喋らないが，語り部と歌い手がつく．このコーンと同系統の仮面劇がミャンマー，ラオスそしてカンボジアにも存在している．宮廷起源のこれらの芸能に加え，儀礼や年中行事に登場する仮面もある．例えば，ラオスの新年は祖霊を表す仮面をつけて踊り，土地を浄化し祝福する．ミャンマー，タイ，ラオス，ベトナムの国境地帯には，儀礼に祖先の仮面を用いる山岳民族がいくつか存在する．［吉田ゆか子］

参考文献

［1］吉田ゆか子『バリ島仮面舞踊劇の人類学―人とモノの織りなす芸能』風響社，2016

［2］福岡まどか『ジャワの仮面舞踊』勁草書房，2002

［3］Coldiron, M., "Masks in Traditional Asian Theater, IV. Southeast Asia" Siyuan Liu ed. *Routledge Handbook of Asian Theatre*, Routledge, 2017

影絵芝居

影絵芝居は，動物の皮からつくられた人形に光をあて，白いスクリーンに映し出された影を動かしながら演じられる．トルコから中国まで世界の広い地域にそれぞれの影絵芝居があるが，東南アジアでもカンボジア，タイ，マレーシア，インドネシアなどで演じられてきた．カンボジアとタイには，人形の大きさや上演方法の違う2種類の影絵芝居があり，カンボジアではスバエク・トムとスバエク・トーイ，タイではナン・ヤイとナン・タルンとよばれている．マレーシアとインドネシアでは，どちらもワヤン・クリットとよばれる（図1）.

●さまざまな影絵芝居 「大きな皮」という意味のスバエク・トムとナン・ヤイは，大きな影絵人形を複数の人形遣いが操る（図2）．人形遣い以外に物語の語り手と音楽の演奏者で上演が行われる．人形には，1枚の中に複数の登場人物が描かれた物語の場面を表すものと，登場人物ごとのものがある．どちらも人形自体は動かない．人形遣いは，大きなものでは1m以上にもなる人形を頭上に掲げ，音楽に合わせてステップを踏みながら踊るように人形を遣う．人形の影だけでなく，人形を操る人形遣い自身の影もスクリーンに映し出され，またスクリーンの裏側だけでなく，表側に出て演じることもあり，非常にダイナミックな影絵芝居である．

図1 マレーシア・クランタン州のワヤン・クリット

マレーシア，インドネシアのワヤン・クリット，タイのナン・タルンでは，1人の人形遣いと音楽演奏者で上演を行う．人形遣いはスクリーンの後ろに座り，1人ですべての人形を操る（図3)．スクリーンの下に据えられたバナナの幹に，人形の持ち手を突き刺すことで，1人で複数の人形を遣うことができる．人形は肩やひじのところで動くようになっているものが多く，地域によって両手が動く人形と，片手しか動かない人形がある．人形遣いは人形を操るだけでなく語りも

図2 カンボジアのスバエク・トム（提供：三輪 悟）

行うが，性格の異なるさまざまな登場人物を，声音を変えてすべて１人で演じ分けるのは，人形遣いの腕の見せどころである．カンボジアのスバエク・トーイは複数人の人形遣いが，それぞれ一体ずつの人形を操りながら，台詞を言う．

図３　１人で複数の人形を操る人形遣い（マレーシア，クランタン州）

●物語と登場人物　上演される物語は，『マハーバーラタ』や『ラーマーヤナ』，そしてそれぞれの地域に伝わる物語である．『マハーバーラタ』と『ラーマーヤナ』は，古代インドの叙事詩だが，インド文化の影響を受けている東南アジアの広い地域で，さまざまな芸能の演目となっている．ただしそれぞれの地域でさまざまなバリエーションがあり，もともとの物語から派生したその地域独自の演目も上演されている．

東南アジアの影絵芝居では，道化役が大きな役割を果たすことが多い．ジャワではスマル，バリではトゥアレン，マレーシアのクランタンではパッ・ドゴルとよばれている．こうした道化役はみな，半裸の姿で，真っ黒な皮膚をもち，腹や顔の一部が出っ張るなど醜い容姿をしていながら，実は天界の最高神の化身で，大きな力をもっていると考えられている．道化役が息子や相方との間に繰り広げるコミカルな会話は，しばしば観衆の笑いを誘い，影絵芝居の見せ場の一つとなっている．

人形は，水牛，牛，ヤギなどの皮からつくられる．持ち手は水牛の角，木，竹などである．人形の形もそれぞれの地域ごとに特徴があり，例えばジャワのワヤン・クリットは手足が細長く，鼻が尖った独特の形をしている．

●影絵芝居の現在　影絵芝居は，火葬儀礼などさまざまな宗教儀礼，結婚式などの祝いごと，そして大衆の娯楽として上演されてきた．しかし中には衰退の危機に瀕したもの，現在直面しているものもある．カンボジアのスバエク・トムは内戦やポルポト時代に上演が完全に禁じられた．しかし内戦が終わった1990年代に復活され，復興の努力が進められている．また，イスラーム主義政党が州政権を率いているマレーシアのクランタンでは，ワヤン・クリットに「非イスラーム的」要素があるとして，1990年代初めから州内での上演が実質的に禁止されている．首都クアラルンプールや国内の他の都市での上演，またクランタン州内でも観光客向けの上演などは続けられているが，入場料を徴収して多くの観衆を集めた最盛期の頃のような上演は行うことができない状況にある．

一方，ミラーボールやスモークなど新しい技術を取り入れた上演や，スターウォーズに題材をとった演目など，新しい影絵芝居の試みも行われ，人気を集めている．

［戸加里康子］

人形劇

東南アジアの各地には，それぞれ特徴のある人形劇が伝えられている．精巧につくられた人形，それらの人形に命を与える人形遣いの技，物語の場面をほうふつとさせる語り，観客を異なる世界にいざなうような音楽，こうしたさまざまな要素が合わさり，一つの人形劇が成り立っている．欧米の影響を受けて成立した人形劇も盛んだが，この項目では伝統的な要素を色濃くもつ人形劇を扱う．

●ムアゾイ・ヌオック　ベトナムの水上人形劇ムアゾイ・ヌオックは，池の中で演じられる人形劇で，ベトナム北部の紅河流域で伝えられてきた．人形遣いは，池の操り小屋の中で水に浸かって，長い棹の先に取り付けられた人形を操る．人形にはさまざまな仕掛けがほどこされており，小屋の前の水面で前後左右に移動しながらさまざまな動作をするほか，回転したり小屋の柱を登ったり火をふいたりする人形もある．上演は，人びとの日常生活や動物の動きをコミカルに描写したり，有名な物語の一場面を演じたりする比較的短いシーンの連続から構成されている．北部ベトナムに成立した李王朝時代（1009～1225年）の碑文に，この人形劇にふれたものがあり，李王朝の初め頃には水上人形劇が存在し，王もしばしばそれを見物したと考えられている．また，水上人形劇のために建てられたあやつり小屋には，16世紀頃にまでさかのぼれるものもあり，その頃には現在の上演スタイルに近いものが成立していたと思われる．水上人形劇は，稲作のサイクルにあわせ，豊作を願ったり祝ったりする祭りなどで上演されてきた．

図1　ムアゾイ・ヌオックの上演

●ヨウテー・プェー　ミャンマーの人形劇ヨウテー・プェーは，操り人形劇である．首や手足の関節が自由に動くようにつくられており，各部分に結びつけられた糸を上からたくみにさばきながら操る．ビルマの人形劇についてふれた記録は，15世紀にさかのぼる．1444年の碑文には，王がほかの芸能と並んで人形劇を寺院に奉納したことが記されているそうだ．人形劇は，18世紀末から19世紀に最盛期を迎え，王国の種々の行事やパゴダ（仏塔）の祭などで上演された．客人を歓待するためにも演じられたようで，この頃ビルマを訪問した要人の多くが人形劇についてふれている．1855年にビルマを訪れたインド総督一行のメンバーの1人は，人形劇が俳優による演劇よりも人気があると記している．ヨウテー・プェーの上演は，サイン・ワインとよばれる楽団の音楽を伴奏に，夜を徹して行われ，数日間続けて演じるのがならわしだったという．上演は大きく2部に分かれ，第1部では不思議議の森の広場を舞台として，順々にいろいろなキャラクターが現れて踊った．夜がふけ第2部に入ると，仏陀の前世を描いたジャータカ物語，歴史物語，パゴダの伝説などから一つのエピソードが演じられた．ヨウテー・プェーは，古典舞踊にも大きな影響を与え，人形の動きをまねた舞踊のレパートリーが今日まで受け継がれている．

●ワヤン・ゴレック　インドネシアの人形劇ワヤン・ゴレックは，木彫りの人形（ゴレック）を用いる人形劇で，ジャワ島，特に西ジャワのスンダ人社会で人気がある．人形は，胴を貫く心棒の先に頭が取り付けられ，胴は左右に回転し上下に動き，手に取り付けられた棒で腕を操ることができる．影絵芝居ワヤン・クリットと関係が深く，ダランとよばれる人形遣いが1人ですべての人形を操り，語り，歌い，伴奏の音楽ガムランにも指示を出すという共通の特徴をもつ．結婚や男子の割礼などの祝い事，農耕儀礼，さまざまな行事などで演じられるほか，厄除けや願掛けなどのために上演されることもある．本格的なワヤン・ゴレックの上演は，夜8時か9時頃から明け方近くまで演じられる．西ジャワでは，インド起源の叙事詩『マハーバーラタ』や『ラーマーヤナ』からのエピソードを演じることが多いが，中部ジャワやジャワ島北海岸の諸地域では，ムハンマドのおじ，アミール・ハムザの物語などイスラームに関連する物語のほか，ジャワ島を舞台とする歴史物語なども演じる．ワヤン・クリットとともに人形劇ワヤンとして，ユネスコの無形文化遺産代表リストに記載されている．

●その他の人形劇　タイでは，アユタヤ朝時代にまでさかのぼるといわれる王宮の人形劇フン・ルアンの伝統があった．人形は約1mと比較的大型で，頭を心棒で支え，人形の下に出ている糸を引いて操った．王族の葬儀などの際に『ラーマーヤナ』などの物語を演じた．フン・クラボークは比較的小型の人形を用いるもので，頭を心棒で支え，手に取り付けた棒で手を操る．19世紀末に生み出され，広い層に支持された．フン・ラコーン・レックは，20世紀に初頭に生み出された人形劇で，フン・ルアンの複雑な機構を単純化した人形で演じる．文楽のように3人で1体の人形を遣い，頭と右手を操る役，左手を操る役，足を操る役に分かれている．動きは基本的に仮面舞踊劇コーンを踏襲しており，人形遣いも踊るような仕草で人形を操る．『ラーマーヤナ』などの物語を演じる．フン・クラボークとフン・ラコーン・レックは一時廃れていたが，20世紀後半，再び復興された．ラオスでも，ルアン・プラバンの王宮で演じられたイポックとよばれる人形劇があった．一時期廃れていたが，復興の努力がなされている．　［福岡正太］

映　画

☞「日本で上映された東南アジア映画」p.746

グローバル化進展に伴い映画製作においても人材の国際流動化が進んでいる．

英国放送協会（BBC）は「米国映画史上の偉大な映画100作」（2015年）で，米映画を「監督の出生地は問わず，米国資本を得て製作された映画」と定義し「32作がこの条件に該当」と述べている．また同協会の「21世紀の偉大な映画100位」（2016年）では「新たな古典に相応しいアジア映画登場に注目」と特記して，アジア出身監督作品11作をあげている．そのうちアピチャッポン・ウィーラセタクン◀監督の3作を含め8作が共同製作（中国，香港，台湾に区分）であることから，出資会社の同地域への高い関心を示す一例だと考えられる．この背景には，次世代産業育成の一環としてアジア諸国が2000年前後より展開する創造産業振興政策が，映画産業の追い風になっていることがある．一方，東南アジア諸国は経済成長に伴う多様な社会問題を抱えており，表現の自由拡大は重要な共通課題となっている．国際共同製作と表現の自由に焦点を合わせ，東南アジア映画の発展と課題についてシンガポールを例にとり検討する．なお，日本の映画祭で上映された作品には邦題も付け，それ以外は原題のままとする．

●シンガポールの映画産業の変遷と映画政策　同国の国際共同製作は，「マレー映画の父」と称されたP. ラムリーなどの人材に加え，インド，フィリピンから監督，技術者を招き，1950～69年に267本を製作したショウ・ブラザーズとキャセイ・クリスの「マレー語映画黄金時代」が起点となる．だがマレーシアからの分離独立とインドネシアのスカルノ大統領の「コンフロンタシ（対決）政策」により二大市場を失い，ショウは1967年，キャセイは1972年にスタジオを閉鎖した．さらに人民行動党（PAP）政権は，小規模な国内市場での映画産業化は不可能として支援政策をとらなかったため，長編映画は1970年代に10作以下，1980年代には皆無となり長期の停滞期を迎える．

しかし，1985年より公的支援を受けず短編映画製作を継続していたエリック・クー監督の長編第2作《12Storeys（12階）》（1997年）が同国初のカンヌ国際映画祭招待作品になり，また過去の興行記録を塗り替えたJ. ネオ（Jack Neo）主演の《Money No Enough》（1998年）が映画産業振興政策の火付け役になった．

現在，映画政策は情報コミュニケーション省（MCI）の統括下，メディア情報通信開発庁（IMDA）が実施部隊になり，2020年完工予定のデジタル・メディア総合施設メディア・ポリス建設に加え，積極的な映画製作助成と人材育成を推進している．1998年創設のシンガポール映画委員会（SFC，現在同庁の一部門）は，1995年の長編映画1作から2017年には11作との実績をもとに「映画再生」を喧伝している．とはいえ，国家芸術評議会（NAC）の調査によれば，2015年の興行収入に占める国産映画はわずか5.2%である．ブランド向上と創造産業発展を至上命題とするPAP政権の映画振興政策と，製作資金を公的助成に加え海外にも求めざるを得ない監督にとって，国際共同製作推進による海外市場拡大は共通の目標になっている．一方，MCI大臣が検閲委員会幹部の任命権を有する状況は公的助成選定基準にも影響を及ぼしていることから，海外投資家の影響力をテコに表現の自由拡大を目指す監督とMCIの対立関係が顕在化している．

●国際共同製作と表現の自由　父の死刑執行者だった老絞首刑執行官の後継者になるまでの新任官の葛藤を描き「死刑制度」の問題を提起したブー・ジュンフォン監督の《Apprentice》（2016年）は，IMDAの助成に加え，E. クー監督のザオウェイ社（Zhao Wei Films），F. ボルジアのアカンガ社（Akanga Film Asia），ドイツ，フランス，香港の製作会社，さらに韓国，カタールより助成を受け，カンヌ国際映画祭ある視点部門で上映された．

インド系K. ラジャゴパール監督は，2013年のリトル・インディア暴動などの社会問題を背景とし，出所後に妻と娘を探す主人公の心理を繊細に描いた《A Yellow Bird》（2016年）を製作した．本作は，IMDAの新人長編映画製作助成（2012年）を得てアカンガ社とフランスが共同製作し，インドと中国から俳優を招き，カンヌ国際映画祭批評家週間で上映された．

一方でPAP政権は，封印された歴史再評価については強硬な姿勢を保持している．予防拘束と無期限拘留を規定する「国内治安法」から逃れ，現在もタイ，英国に居住する亡命者にタン・ピンピン監督みずから聞き手になり完成させた《To Singapore, with Love》（2013年）は，国益を損なうとして国内上映・配給禁止の指定を受け，現在も解除されていない．本作は，製作資金の一部を釜山国際映画祭アジア映画基金の助成を受け，ドバイ国際映画祭アジアアフリカ・ドキュメンタリー映画最優秀監督賞を受賞した．禁止指定見直しを求める声明書には上述2監督に加え，長編デビュー作《Ilo Ilo（邦題：イロイロぬくもりの記憶）》（2013年）で，カンヌ国際映画祭カメラ・ドール，台湾金馬奨作品賞，新人監督賞，脚本賞を受賞したA. チェン監督も署名している．

英国留学後，シンガポールと英国を製作基地とするチェン監督は筆者に「シンガポール人監督としてではなく，作品で評価してもらいたい．みずからの創作願望を満たしてくれる素材と資金提供者が現れればどの国にでも行く」との姿勢を明らかにしている．さらなる国際共同製作進展のためには，監督の創造性と問題意識表象を可能とする「表現の自由」拡大が東南アジア諸国に共通して求められている．

［盛田　茂］

B級映画

B級映画とは何か？　映画研究者四方田犬彦は，どの国の映画も3種類のフィルム（国際映画祭用のA級映画，国民映画，ローカルなB級映画）に区別することが可能だと述べている．そして，ローカルなB級映画とは，国民国家が成立した後，繰り返し国民のアイデンティティを確認するために制作される「国民映画」の共同体帰属性の延長に，広大に広がっている映画的領野であると指摘している．

● B級映画の特徴　四方田はB級映画の特徴として，第1に，低予算で製作されていること，第2に，監督は国外では無名で，そもそも国内でも観客はフィルムを観る際に，監督ではなく，スターや俳優の名前を基準として判断すること，第3に，監督は独創的な映画美学を主張する芸術家ではなく，与えられた課題をソツなくこなす，熟練の職人であること，第4に，大量に制作され，しばしばシリーズ化されること，第5に，言語を理解し，生活信条に深い共感を抱いている者でない限り，接近することが難しいため，膨大なフィルムは国外では評価されるどころか，その存在すら認知されていないこと，などをあげている[1]．

さらに，四方田によれば，東南アジアのB級映画には，大別して5つのジャンルが存在する．①史劇，②メロドラマ，③コメディ，④アクション，そして⑤怪奇である．①史劇には民族精神を鼓舞し国威発揚を目指す硬派と，メロドラマと結合してノスタルジアに訴える軟派が存在する．②メロドラマはローカルな要素とハリウッド映画からの結合として成立する．前者は社会に固有の伝統的な大衆演劇に由来しており，その背後には宗教的な社会規範と道徳意識が控えている．後者は欧米からくる近代意識の風俗化である．③コメディも大衆演劇に由来する．ただし，純粋な喜劇映画はまれで，大概の場合，コメディはあらゆるフィルムにあたかも不可避の香辛料であるかのように振り掛けられている．④アクションは比較的新しいジャンルである．ハードな格闘技をスクリーンに導入する試みは，1960年代に香港で功夫(クンフー)映画や武侠映画が興隆し，1970年代にブルース・リーブームが世界中を席巻した折に東南アジアで開始されてからである．⑤怪奇は厳粛なジャンルである史劇と対立する．公式的な歴史物語の裏側に隠れている無名の庶民を主人公とし，彼らの倹しい日常生活が破綻し修復されるという「小さな物語」に留まり続ける．さらに，ハリウッドと違い，東南アジアでは怪奇は純粋に独自のジャンルとして成立し得る場合はまれで，怪奇は史劇の裏をかきつつメロドラマを積極的に取り入れ，ところどころにおいてコメディに助けられながら，アクションに目配りを怠らない．つまり，怪奇はあらゆるジャンルと結合し，そこから養分を与えられながら発展してきたジャンルで，混淆を本質としている[2]．

●歴代興行収入1位の映画　では，B級映画の代表例として，ASEAN（東南アジア諸国連合）加盟国半分にあたる5か国の歴代興行収入1位の映画を取り上げる．

［インドネシア］　警官コメディ《Warkop DKI Reborn: Jangkrik Boss! Part 1》(2016年)，アンギ・ウンバラ監督．ワルコップDKIと名乗るお笑いトリオが主演で，1970～90年代まで国民的人気を博したシリーズのリメイクである．続編も2017年9月に公開された．監督は1980年生まれ，アクションコメディ《Comic 8》(2014年～）シリーズも人気のヒットメイカーである．

［シンガポール］　兵役コメディ《Ah Boys To Men 2》(2013年)，ジャック・ネオ（梁智強）監督．パート4（2017年）まで製作された人気シリーズは，最初，徴兵制度の45周年を記念し，軍の全面協力を得て制作された．主人公は徴兵制度に服役中の若き兵士たち．監督は1960年生まれの人気コメディアンである．

［タイ］　ロマンティックコメディ《愛しのゴースト（邦題)》(2013年)，バンジョン・ピサヤタナクーン監督．現在まで繰り返し映画化されてきた，国民的怪談メー・ナーク・プラカノンをロマンティックコメディに大胆に改変した作品である．監督は1978年生まれで，《心霊写真（邦題)》(2004年）でタイ・ホラー映画の新潮流を創ったヒットメイカーである．

［フィリピン］　ゲイコメディ《The Super Parental Guardians》(2016年)，ジョイス・バーナル監督．主演はゲイの人気コメディアン，ヴァイス・ガンダ．2017年末に，この監督＆主演コンビの新作，ヒーローコメディ《Gandarrapiddo: The Revenger Squad》も公開され，大ヒットした．

［ベトナム］　ロマンティックコメディ《17歳の恋愛注意報！（Jailbait)》(2017年)，レ・タイン・ソン監督．一夜を共にした美女が18歳未満の学生だったことから，プレイボーイは彼女から脅され，振り回される，ベトナム版ティーンムービー．監督は1977年生まれで，続編も2018年4月に公開された．

以上，東南アジアのB級映画は圧倒的にコメディが人気で，なかにはシリーズ化されている作品もある．しかし，B級映画の中でもコメディは，アクション，怪奇と比較して，国外で紹介されることは少ない．なぜならば，セリフにスラングや方言が多用され，社会の背景を共有しない国外の観客には笑いのツボが理解しにくいからである．それでも国内で人気が高い理由は大衆演劇に由来する老若男女を問わない間口の広さと，怪奇同様，あらゆるジャンルと結合しやすい柔軟さ，そして祝祭性にあると推察される．　［坂川直也］

📖 参考文献

［1］四方田犬彦『日本映画は信頼できるか』現代思潮新社，2017
［2］四方田犬彦『怪奇映画天国アジア』白水社，2009

テレビドラマ

テレビはドラマからニュース番組，スポーツ中継，バラエティ番組まで多様なジャンルの番組を放送している．日本と同様に東南アジア各国でも，視聴率の上位にはかならずドラマが並んでいる．各局が制作したドラマに加えて，海外制作のドラマがいつの時代でも人気を得ている．テレビドラマというジャンルは，海外から入ってくるグローバルな番組と，国内で制作されるローカルな番組とがせめぎ合う場となっている．海外ドラマの制作国に関しては時代ごとの移り変わりが激しい．本項ではインドネシアのテレビドラマとその歴史を主に紹介するが，インドネシアと同じような現象が東南アジア全体で起きていることをみていくために，フィリピンも取り上げたい．

●インドネシア 1962年にインドネシア共和国テレビ（TVRI）が開局し，その後，27年間にわたって国営放送1局独占時代が続いた．政府のプロパガンダ的な性格が強い番組も放送されたが，娯楽番組のジャンルの一つとしてシネトロン（sinetron）が視聴者の注目を浴びていた．これはSinema Elektronik（直訳すれば電気映画）の略語で，テレビドラマをさすインドネシア語である．TVRIは自局制作のドラマだけでなく，海外制作のドラマも放送した．1973年，まだ白黒テレビの時代に米国製のメロドラマ（soap opera）「ペイトン・プレイス（Peyton Place）」が放送され，さらにオーストラリア製のメロドラマ「エデンに戻る（Return to Eden）」が放送され，驚異的なヒットとなった．日本の朝の連続テレビ小説「おしん」も1986年にTVRIで放送され大きな話題となり，その後，何回か再放送されている．1980年代後半，TVRIの番組の2割を海外製番組が占め，視聴者の人気を集めていた[2]．

1989年からインドネシア初の民放テレビ局RCTIがジャカルタで開局し，TVRIによる独占に終止符がうたれ，多チャンネル化の時代が始まった．民放が開局して間もない1990年代前半は，各局とも番組を制作する体制が十分にできていなかったため，米国制作を中心に海外ドラマが占める割合が高かった．その中には，テレノベラ（telenovela，テレビ小説）と総称される南アメリカ製のメロドラマも含まれていた．さらに，1995年から「東京ラブストーリー」など日本製の若者向けテレビドラマが放送され，注目を浴びるようになった．ただし日本製ドラマの人気は長続きせず，2000年代に入ると日本や東アジア諸国と同様に，韓国製ドラマが圧倒的な人気になった．「秋の童話」に続き，日本と同様に「冬のソナタ」も大ヒットした．このように多様な海外ドラマがグローバル化の推移とともに話題となってきた．

海外ドラマと並んで自国制作のドラマは常に安定した人気を保ち，さまざまなジャンルのヒット作が数多く生まれた．コメディタッチのドラマとしては，ヒット映画のテレビ化でドゥルとその家族が織りなす人間ドラマ「学生のドゥル（Si Doel Anak Sekolahan）」（RCTI，1994年放送開始）や，ジンというお化けの登場する「ジンとジュン（Jin dan Jun）」（RCTI，1996年放送開始）が代表的な作品である．その正反対に，愛と憎しみ，嫉妬やいじめが織りなす典型的なメロドラマ「賞賛されて（Tersanjung）」は，インドシアール局で1998年から放送され女性層の人気を集めた．このほか，シラットという格闘技を使いジャワの王国が舞台となる時代劇や，イスラーム色の強い家族ドラマも放送されている．最近のドラマでは，2015～17年にRCTIで放送された「路上の子（Anak Jalanan）」が高視聴率を上げた．バイクを乗り回しレースにも出るボーイが主人公で，彼の恋愛や，バイク・グループ間の抗争などが描かれているアクション物である．

●フィリピン　国営放送も存在するが，ABS-CBNとGMAという二大民放局が圧倒的なシェアを誇っている．テレビ放送の歴史はインドネシアよりもはるかに長く，ABS-CBNは1946年にアジアで最初の民放テレビ局としてスタートした．スペインによる支配の後，1898～1946年と米国の植民地だったため，映画やテレビなどのマスメディアは米国文化の影響を強く受けている．そのため自国制作のドラマ以外に米国製ドラマが数多く放送されていた．このように米国志向の強いフィリピンにあっても，ほかの東南アジア諸国と同様に韓流ブームが席巻したのは注目に値する．2003年の「秋の童話」に続き，次から次へと韓国製ドラマが放送されるようになった．さらに「イヴのすべて」や「フルハウス」など韓国製ドラマのリメイク版がいくつも制作された．とはいえ，いつの時代も人気俳優が出演する自国制作のドラマが高視聴率を得ていた．映画と同様に，テレビドラマでも恋愛物とアクション物が視聴者の関心を集めていた．2015年以降の話題作としては，ABS-CBNがプライムタイムに放送した「甘い恋（Dolce Amore）」と「地方から来た男（Ang Probinsyano）」をあげることができる．前者はイタリア人の養女となったが，フィリピンに帰ってきたセレーナを主人公とするラブロマンスであり，後者は警察官リカルドが麻薬シンジケートに戦いを挑むアクション物で，40%を超える視聴率を獲得した．美男美女の俳優が主役を演じるラブロマンスまたはアクション物が高視聴率をとるのは，近年インドネシアでもフィリピンでも共通である．

［小池　誠］

参考文献

［1］小池 誠「第9章 テレビに映る激動の時代と社会」『インドネシア―島々に織りこまれた歴史と文化』三修社，1998

［2］Kitley, P., *Television, Nation, and Culture in Indonesia*, Ohio University Center for International Studies, 2000

彫刻・絵画

東南アジアの歴史時代は，紀元後に来航したインド商人たちによってインド文化が伝えられたことによって始まった．彼らがもたらしたヒンドゥー教と仏教は，芸術分野でも大きな影響を及ぼした．東南アジアではそれまで先史文化の中でも原始絵画はすでに新石器時代以前にみられ，彫刻も巨石文化の中で発達を遂げていた．そのような土台にインド系の要素が加わって，大きな発展となった．

●先史時代 2万年前以前とされる最古の岩壁画は，インドネシアのスラウェシ島南部の石灰岩洞窟レアンレアン（Leang Leang）で発見されている．ここで多いのは手を置いて顔料を塗った手形だが，それとともに狩猟の対象であった動物を描いたものもある．6000年前から3000年前頃の新石器時代になると，メコン川中流域右岸のタイ側のプープラバット（Phu Phra Bat）やパータエム（Pha Taem）に残る岩壁画では具象的な人物や動物・魚が多く描かれている．世界各地の残る新石器時代の岩壁画と同じように，これらを描いた顔料は基本的に赤色の酸化鉄である．

一方，後1000年頃までの初期金属器時代に相当する巨石文化では，インドネシアを中心に石像が多く製作された．これには目と性器を強調した祖先の立像，そして動物を攻撃する戦士像の二つの種類がある．前者は台湾東海岸に起源をもつもので，典型的なスラウェシ島中部のパリンド（Palind）像は，腿以下を表現しない象徴的表現で高さ3m近くになっている．後者は明らかに大陸部のドンソン青銅器文化と関係しており，スマトラ島南部のパスマ（Pasemah）高原の象石などきわめて具象的な動きのある表現を示している．いずれも後には，ミクロネシアからポリネシアまでの太平洋地域まで影響を及ぼした．

●初期歴史時代 仏教とヒンドゥー教はインドでは早くから崇拝対象としての彫刻を作成していたが，両者の古典的な芸術活動が完成した4世紀頃までには東南アジアとの交易活動が頻繁になった．

まず南インドの東海岸やスリランカを起源とする衣服の襞を強調したアマーラヴァティ様式の青銅仏像が，インドネシアのスラウェシやベトナム中部のチャンパー王国地域で発見されている．在地の木製仏像も製作されており，ベトナム南部のプノム（扶南）王国地域での発見は多い．また裸体に近い北インドのサルナート様式石製仏像ももたらされて，ボロブドゥールに代表されるシュリーヴィジャヤ・シャイレーンドラ王国やミャンマーのピュー都市国家群での石製仏像製作を促した．ボロブドゥールのレリーフは絵画的な彫刻の頂点といえるが，背景として木造の高床建物が描かれるなど明らかに在地要素が認められる．またベンガル地域の後期密教の仏像の影響は，特にミャンマーのバガンとインドネシアのジャワ島東部でみられる．バガンの仏教寺院の多くは，見事なフレスコ壁画を残している．なお唯一中国系仏教の影響を濃く受けた北部ベトナムでは，11 世紀以降の中国的な仏像が残っている．

ヒンドゥー教の影響も同時に深く進んでいた．最初の顕著な例はメコン川下流のプレ・アンコール期の石像群である．ヒンドゥー神像としての基本的な要素を維持しつつ独自の動きのある自由な表現をとった像が多くつくられた．隣接するチャンパー王国ではその要素はさらに発展し，踊るシバ神像などを含めてリズミカルで印象的な石像が数多く残されている．チャンパー彫刻の多くは，アンコールの寺院群の彫刻よりも感動を与えるものが多い．仏教寺院以上にヒンドゥー教寺院は基本的に外面も神像やレリーフで飾るため，参拝者への影響は大きい．インドネシア，プランバナンの『ラーマーヤナ』や，アンコール・ワット第 1 回廊の天地創造などの長大なレリーフ群はその好例である．

図 1　アプサラ台座．ベトナム，チャキウ（Tra Kieu）出土

●後期歴史時代　13 世紀から 15 世紀にかけて東南アジアではゆっくりした宗教革命が起きる．それまでの大乗仏教・密教そしてヒンドゥー教に代わって現在につながる上座部仏教（上座仏教）とイスラームが人びとの心を捉えていく．イスラームは基本的に彫刻絵画への直接影響は少ないが，上座部仏教は大陸部に多大な変化をもたらした．特にアユタヤなどの南下してきたタイ系諸王国はスリランカ起源の上座部の原則にのった仏像をさまざまな素材でつくり続けた．上座部に固有のものではないが，大型の涅槃仏が各地で頻繁に製作されるのもこれ以降である．またミャンマーのモンは，バゴー（Bago）などに残るジャータカ説話を表す大型の施釉パネルを製作した．

だがヒンドゥー教の影響はこの時代にも深く残っていた．その好例は 18 世紀末に製作されたバンコクのワット・プラケオのラーマーヤナ壁画である．またジャワやバリの人形劇の原型であった絵巻は，同じようにマハーバーラタやラーマーヤナを題材としてこの時代につくられている．

フィリピンなどでは植民地化とほぼ同時に始まったカトリック化に伴い，キリストやマリアの像が彫刻や絵画で多数製作されている．［坂井　隆］

参考文献

［1］肥塚　隆編『世界美術大全集　東洋編 12　東南アジア』小学館，2000

工　芸

現在，東南アジアの観光地に行けば多数の土産物店があり，売られているもののほとんどは多様な工芸品である．食べ物についで外国人が容易に接することができる品々だが，本来的には各地での伝統王権と深いつながりがあったもので決して安価な土産物として誕生したわけではない．ここでは焼き物と金属器を概観し，漆器にも触れてみたい．

●焼き物　その誕生は世界中のどこにでもある土器である．しかし東南アジアの土器には発見地が世界遺産に登録された，タイのバンチェン（バーンチェン，Ban Chiang）彩文土器がある．独特の大胆な赤色曲線文で飾られた美しさは人びとを魅了し，かつては多くの盗掘を引き起こして日本を含む外国へ不法で持ち出されたものは多い．また最初は四大文明より古いとされた年代は修正されて前2世紀前後となったが，印象的な独自の美を示すことは変わらない．そこから始まり現在まで続く土器製作伝統は，後に大陸部各地に豊かな陶磁器を生み出すことになった．土器製作伝統は急速に失われつつあるものの，今日まで各地に残っている．多くは先史時代以来の叩き技法で成形されるが，タイ東北部を中心に制作者が土器のまわりを回る「人間ロクロ」技法も残っている．

図1　東北タイ・バンチェンの彩文土器

陶磁器は大きく二つの異なった起源に分かれる．まず北部ベトナムで盛んになった，中国陶磁の影響での皿や碗などの食器製作伝統がある．それに対してバガンやアンコールで始まったのは，寺院建築の装飾部材としての発達である．バガンでは仏塔を飾る施釉レンガや寺院外壁の施釉されたジャータカなどの説話パネルが12世紀までには誕生したが，同じ頃までにアンコールでは寺院建築の瓦の一部が施釉されるようになった．やがて後者ではその技術は，金属器壺を模倣して黒釉がかけられたクメール陶器に発展した．一方，ベトナムでは中国陶磁に似た青磁や白磁が13世紀頃までつくられ続け，やがてそこに独自の図柄を表した白釉鉄彩などが加わっていく．

そのような下地の東南アジア陶磁に大きな発展をもたらしたのが，モンゴル帝国下の中国で誕生した染付磁器の普及であった．ベトナムではかなり忠実にその模倣を行って，低火度焼成のベトナム染付陶器を生み出した．また南下を始めたタイは北部タイ地域で鉄絵陶器の生産を青磁とともに開始した．さらにその技術はシーサッチャナーライ（Si Satchanalai）での爆発的な生産につながる．ほかに中部ベトナムのチャンパー青磁，またミャンマーのトワンテ（Twante）青磁などが加わって，15 世紀には東南アジア陶磁はインドから西アジアや東アジアにまで輸出されるようになった．その背景には明王朝の貿易制限策による中国陶磁輸出減少状態があった．中国陶磁の輸出が再開された 16 世紀後半以降も，ミャンマーの黒釉白彩大甕や中部タイの無釉壺などの貿易品容器は 17 世紀末までインド洋海域全体から東アジアまでの貿易で使われ続けている．

●金属器　東南アジアの金属器生産開始は古いが，最も特徴付けられる銅鼓は紀元前 2 世紀には雲南と北部ベトナムで誕生した．内陸河川での独自の祭礼に関係した楽器として生まれた銅鼓は，表面に鋳出された文様と大きさから宝器としての意味が込められ，瞬く間に東南アジア全体に運ばれていく．銅剣・銅斧を含めてドンソン（Dong Son）文化の伝播として理解されるこの青銅器文化の拡散は，東南アジア地域全体を包括する最初の文化的現象だった．

形を少しずつ変えながら銅鼓の子孫たちは，現在でも生きている．北部ベトナムのムオンたちは祭礼の楽器として使い続けているが，インドネシアのヌサトゥンガラ列島東部では重要な婚資として人びとの間を動いている．さらに 15 世紀までには誕生していたジャワのガムラン打楽器群も，何らかの形で銅鼓の影響を受けて出来上がった可能性が考えられる．

独自の金属器とは別に，インド化の過程でインドから密教法具などの各種金属器法器が各地に伝わった．おそらく両者の伝統が混じり合う中で，島嶼部では独特の鉄剣クリス（kris）が 13 世紀頃までには普及した．クリスは刃部が大きく波打つ短剣で，ジャワでは今日でも貴族の象徴として扱われている．

また種子島銃として日本に伝わった火縄銃の発火部分はポルトガル占領後のマラッカで考案されたと考えられており，広義の金属器に入る．

●漆器　すでに先史時代には漆の利用は，大陸部で始まっていた可能性は高い．また北部ベトナムは中国占領時代には中国漆器が何らかの形で入ってきていたと思われる．

しかし伝世品をみるなら，独自の漆器文化はミャンマーのバガンで誕生している．それは籃胎漆器椀から始まり，乾漆製の仏像にいたっている．そして 16，17 世紀には北部タイのランナーで，箱・経櫃などの寺院調度具として発展し日本にも輸出されている．やがてアユタヤでは螺鈿として発展したが，1930 年代以降フランス植民地時代のベトナムでは漆絵画が生まれている．そのような幅広い漆器文化が大陸部にみられる．

［坂井　隆］

📖 参考文献

［1］肥塚　隆編『世界美術大全集　東洋編 12　東南アジア』小学館，2000

衣　服

東南アジアの多くは熱帯雨林気候だが，世界の他の地域と同じように少なくとも新石器時代には植物繊維が使われ始めていたことは考古資料から間違いない．これが明らかに体を覆う衣類となった証拠は，ドンソン文化の銅鼓などの装飾でみることができる．それは同時に鳥の羽のような頭飾りや帽子などの儀礼的な部分も含んでいた．

●衣文化の特徴と変遷　自然条件よりも精神的な意味が，この地域での衣文化の出発だったのかもしれない．おそらくそのような先史時代の伝統を引き継いだ地元で誕生し今日まで残る在来衣文化の中には，狭義の衣料品に含まれないものがある．

インドネシア領ニューギニアの高地に住む人たちは基本的に体を覆わないが，男性は生殖器に常にコテカ（koteka）とよばれるペニスケースをつけている．これは細長いヒョウタン状のものを乾燥させてつくったもので，長さは50cmほどもある．先端に羽状の飾りをつけ，表面にはさまざまな文様も描かれている．決して暑くはない地域に住む彼らは，明らかに特定の精神的な意味が込められたこのもの以外身につけていない．そこに衣文化の一つの出発が何であったのかを，今日まで示しているといえる．

広範囲に分布しているのは，樹皮打撃布である．これは樹木の内皮を煮たものを，石製の道具で長く打ち続けて柔らかくした布である．この布は太平洋地域を含めた赤道直下の地域各地でみられるようだが，インドネシアのスラウェシ島内陸では今日でも製作されている．現在の道具とかなり似たやや大きな細長い石器も比較的多く各地で発見されており，このような織らない布が東南アジアの基層文化では大きな意味があったことになる．

●インド系の綿織物染色　しかし他の要素と同様に，歴史時代を誕生させたインド系文化の伝来は衣類にも決定的な変化をもたらした．それは渡来インド人がもたらした綿織物であり，またそれに施された染色技術である．

紀元前後には渡来したインド人たちが最初にもってきた商品が綿織物であった可能性は高く，衣類としての使用は地元民にとって可視的な社会的秩序を伴う初期国家形成にかかわる意味があったに違いない．少なくとも8世紀前後にかなり多くの人びとが綿織物をまとっていたことは，ボロブドゥールなどのレリーフにみることができる．

そして重要な染色技術が同時にインドからもたらされた．布のろうけつ染めのバティック（batik）と糸の括り染めのイカット（ikat，絣）である．最初は各地域

図1　インドネシア，スンバ島のイカット（絣）

にふさわしい模様で染色された織布が輸入されていたが，やがて時間の経過とともに技術移転が始まり各地でそのような染色文化の在地発展が起きた．インドと異なって綿花栽培とはセットではなく，輸入された白布や糸に地元で染色した可能性も大きい．

バティックはインドネシアのジャワ島が有名だが，カンボジアにも長い伝統がある．イカットはインドネシアのスンバ（Sumba）島などのヌサトゥンガラ列島東部に広く分布しているだけでなく，タイ東北やラオスなどにも同じ技術での糸染めがある．そして何らかのルートで沖縄や日本にも伝わった．島嶼部での現在のイカットの分布域の多くは，伝統的な王国の形成が未発達だった地域と重なっている．それだけにどのような経過によって，インド系の技術が地元に移転されたのかは興味深い謎である．

●代表的な衣服　まず重要なものは，インドネシア・マレーシアのサロン（sarong），ミャンマーのロンジー（longyi）などの腰巻で，これは多くの地域で男女共に用いている．裁断しない比較的長い布を下半身にまとうもので，高音多湿な気候ではとても快適である．南インド起源であり，ベトナムを除くほとんどの地域で現在まで普通に使われている．

同じ裁断されていない短いスカーフも多く使われているが，特にカンボジアではクロマー（krama）とよばれる布が有名である．普段男女ともに首に巻いているが，時に頭髪を覆い，また買い物入れにもなる万能布である．

現代の国民服では，ベトナムのアオザイ（ao dai）がある．これはチャイナドレスと同じ清朝の旗袍から生まれたもので，男女両用である．ベトナムでは学校の制服として日常的に使われる機会が多い．またフィリピンの男性用国民服バロン・タガログ（barong Tagalog）はスペインに由来するが，独立後にR. マグサイサイ大統領が使用して以来，礼服となっている．

ほかにも現在のほとんどの東南アジアの国々は，国民服をもっている．ヨーロッパ的なデザインのバティック製開襟シャツは，大統領も着るインドネシアの礼服になっている．またマレー語世界の華人女性たちは，独特の華やかな文様で飾られたニョニャ様式のバティックのサロンを正装として着ることが多い．

［坂井　隆］

📖 参考文献

［1］肥塚　隆編『世界美術大全集　東洋編 12　東南アジア』小学館，2000

現代アート

かつてはアジアの現代美術に対する注目度はきわめて低かったが，1990 年代以降中国やインドの現代美術が世界的に注目される中，東南アジアの現代美術への注目度も高まってきた．背景には，東南アジアの経済力の上昇や情報機器や交通手段の発達があり，また東南アジア美術の展示の場が急増していることも一因である．

●東南アジアにおける「美術」の誕生　東南アジア諸国に近代的な美術概念や美術制度が移入され，ヨーロッパ美術の影響下に近代的な美術表現がみられるようになったのは，おおむね 1930 年代のことで，当時，この地域のほとんどが列強の植民地統治下にあった．オランダ領東インドのバタヴィアで，旧来の理想化された風景画を激しく批判して，植民地の現実を描くことを主張した S. スジョヨノや，アカデミズムからの解放を叫んだフィリピンのヴィクトリオ・エダデスらが，近代美術運動の最初の主導者である．

1941 年末，日本軍の侵攻によって，芽生え始めた近代美術の動きは頓挫し，その本格的な開花は，東南アジア各国が独立を果たして，国家的枠組みが整う 1950 年代から 1960 年代にかけてのことであった．

この時期の東南アジアの美術家たちは，キュビスムやフォーヴィスムなどヨーロッパ近代美術の諸潮流を受容しつつ，新たな国家の成立を背景に，ナショナル・アイデンティティの追求を大きな課題として制作した．また不安定な社会状況を反映して社会主義リアリズムや，国際的な抽象美術の影響を受けた作品も多くみられた．また，対仏，対米戦争を戦ったベトナムでは，戦争を主題にした作品が多数制作され，絹絵や漆絵という独自のジャンルも発達した．

●現代美術への転換期　1980 年代後半から 1990 年代にかけて，東南アジアの美術は大きな転換期を迎えることになった．それまでは，手法の面では，具象的な形態を表現するにしろ抽象的なフォルムを追求するにしろ，額縁に入った絵画や台座に置かれた彫刻が主流であったが，日用品などを素材にしたインスタレーションとよばれる仮設的な空間造形や，身体表現によるパフォーマンスが盛んに試みられるようになった．また主題の面では，政治的，社会的なテーマが，一気に増加した．その背景

図 1　タン・ダウのパフォーマンス

には，東西冷戦構造の崩壊と民主化の波，そして経済成長による都市問題や環境破壊，また交通や情報通信手段の発達など，社会の急激な変化や，それに伴う旧来の価値観の変質があった．東南アジアの美術家たちの間で，そうした変貌する現実に反応しようとする新たな現実主義ともいうべき態度が広まり，若い世代の美術家たちは，新たな手法で，新たな主題に挑んで注目された．シンガポールのタン・ダウ，タイのモンティエン・ブンマーなどがその代表的な存在である．

1990 年代から 2000 年代にかけては，コミュニケーションをテーマに，街中で行われるパフォーマンスや，観衆が見ることにとどまらず直接的に参加するタイプの作品，あるいは制作過程に市民が参加するプロジェクト型の作品など，従来の美術のあり方にとらわれず，作品を媒介に観衆との新たな関係性を構築しようとする美術家や，「美術とは何か」という問い自体を問う作品も現れ，全体的に，美術の表現形式が「モノからコトへ」と移行する傾向がみられるようになった．タイのリクリット・ティラワニは，観覧者にタイ料理を振る舞う作品で，こうした傾向を先駆的に推進した美術家として知られる．

21 世紀に入り，東南アジアのみならずアジアの各地で，ビエンナーレやトリエンナーレを冠した国際現代美術展が急増し，東南アジアの美術家たちの発表の場が増え，域内の交流も活発になっている．それに伴い，目立った主流の傾向などはみられなくなり，表現はますます多様化している．一方，これまで現代美術があまり活発とはいえなかったミャンマーやカンボジア，ラオスなどからも注目の美術家が現れるようになった．また，映像作品が手軽に制作されるようになり，映像を用いる美術家に興味深い作品が多くみられるが，なかでもカンヌ映画祭で最高賞を受賞したタイのアピチャッポン・ウィーラセタクンなど国際的な関心を集める美術家も登場している．

また，東南アジアの近代美術を大規模に収集展示するナショナル・ギャラリー・シンガポールが 2015 年に開館したのは大きな出来事で，これによって観衆は，初めて東南アジアの近代美術の歴史を実際の作品によってたどることができるようになった．また同館は，ポスト・コロニアルな視点を取り入れた意欲的な展覧会を開催し，東南アジア美術史の再編を進めている．その刺激は他の東南アジア諸国に及び美術展示を通じたナショナル・ヒストリーの語りが注目されるようになった．　［後小路雅弘］

図２　ナショナル・ギャラリー・シンガポール

バリ島の近代絵画

バリ島は世界最大の群島国家インドネシアにあり，ジャワ島の東に位置し，西に隣接するロンボク島とはウォーレス線で隔てられている．東京都の 2.6 倍の広さに 280 万人が暮らす．ムスリムが多数を占める国インドネシアで唯一ヒンドゥー教文化が色濃く残り，16 世紀以降，独特の洗練されたバリ芸術を生み出してきた．バリ芸術は，舞踏，音楽，演劇，建築，工芸など多岐にわたるが，ここでは 20 世紀前半の美術運動に焦点をあて，その近代化の本質に光をあててみたい．

●ワヤン様式　バリ島で近代絵画が現れてくるのは 1930 年代初めのことである．それ以前のバリ絵画は生活芸術として目立たない存在であり，日用品や彩色木像などを除いて絵画は以下の 3 種に限定されていた．

① 寺院や神殿の軒先に吊るされる長い帯状の絵画

② 王侯貴族の寝室や居間に板や布の壁掛けとして用いられた長方形の絵画

③ 1 年の各月の吉凶の日を示す占星術の暦に加えられる絵図

これらは神話や伝承をもとにした絵物語であり，人びとによく知られたヒンドゥー教叙事詩やバリ神話のエピソードを扱ったものがほとんどである．例えばラーマ王子の物語である『ラーマーヤナ』や，バーラタの戦いを伝える『マハーバーラタ』などであり，前者は人間関係の倫理を説き，後者は輝かしい戦いの様相を伝え，いずれも勧善懲悪のストーリーを核とする．そうした物語は東ジャワ島のエルランガ王朝（11 世紀）の宮殿で上演され，その後バリ島へ伝わったワヤン・クリット（影絵劇）などを通し，広まってゆく．その影絵人形からヒントを得て，人の身振りや感情を抽象化したこうした絵画スタイルはやがてワヤン様式として浸透し，今なおバリ島東部クルンクン周辺の画家たちに受け継がれている．

しかしこれら画一化された，古来から伝わる絵画形式に突如として大きな変化が訪れる．そのきっかけとなったのは，外国人画家たちのバリ島来訪だった．ドイツの新即物主義の画家ヴァルター・シュピースがバリ島にやってきたのは 1927 年のことであり，シュピースは同時期にバリに来ていたオランダ人画家ルドルフ・ボネらと協力し，バリの画家たちに紙やキャンバスに絵具や墨で絵を描くことを教え，さらに西洋絵画の遠近法の概念を示していった．

このような外国人画家たちの教えを引き金に，1936 年にはピタマハ画家協会（「ピタマハ」は大いなる生命力の意）が設立される．この協会の基本方針は，当時，シュピースやボネが住んでいたウブド村の画家たちを一つの組織としてまとめ，展覧会などによりメンバーの作品が売れるよう援助することであり，同時にメンバーの絵を批評するフォーラムがつくられ，画家たちが高い芸術的水準を保持してゆくことが目指された．こうして設立したピタマハ画家協会を拠点に，バリ島絵画は大きく変革されてゆく．

さらにいえば外国人画家たちが残した遺産は技術的なことや組織的なことに留まらなかった．バリの画家たちはシュピースらの教えによりやがて神話や宗教上のテーマばかりではなく，自分たちのまわりの生活や自然を深い感情を込めて描くようになっていった．

ワヤン様式の過去の絵画の制約から離れ，村の生き生きとした日常や風習，家族や市場，鳥獣や森，海といったリアルな風景が新たな画題として現れ，絵物語から対象を一場面に描き出す自律した絵画への移行が行われ，偉大な神々や英雄たちの世界に代わり，祝祭や沐浴や踊りや花々などの光景が描かれるようになる．人間の顔の表情や身振りも生々しくとらえられ，以前は厳密に規定されていた動作や姿勢にも躍動感や自由さが出て，遠近法による背景も一段と現実感を増した．

●バリ独自の発展　しかしバリの近代絵画は西洋絵画の概念や技術を導入したにしろ，決して絵画を西洋絵画のようにしたわけではない．1824年，英国とオランダの間で結ばれた英蘭協約によりオランダ領東インド（ほぼ現在のインドネシア）の領域が確定して以来，インドネシアはオランダの統治下におかれた．特に両世界大戦間，バリはオランダ領植民地としてヨーロッパ流の統治や教育が導入され，新聞雑誌映画なども次々と輸入され，観光客も訪れ，新時代に入っていたが，バリの人びとはそのような西洋の影響を全面的に受け入れたわけではない．バリの人びとは自分たちを深い精神の部分で形づくっている自然の大いなる力をよりどころに，その力を生活の中で流動化し続けた．

こうしたことはバリの近代絵画にもあてはまる．バリ絵画の伝統と様式は大きな変容にさらされ，新たな相貌がイメージに現れたが，バリの画家たちはこの島が大地の隅々にみなぎらせている魔術的な力をみきわめ，その濃密な波動と生命力を絵画に移し変えようとした．画面には確かに遠近法が取り入れられたが，そのパースペクティブは森の中で溶けてしまったようにみえる．いや遠近法は逆に森を循環する圧倒的な揺らぎを際立たせているかのような役目を果たしている．すべてを自己という一点に集中させ，目に見えるものにしようとした西洋の遠近法とは異なり，バリ絵画では遠近法とは見えない多数の力の集合を際立たたせるものなのだ．

バリの近代絵画は西洋と東洋という枠組みを無効にしただけでなく，前近代と近代という直線的な時間軸も押し流してしまった．そのような力と密度の特異性は，ほかの東南アジア各国の近代絵画の展開と比べるといっそう明確になり，その現代における重要性をうかがい知ることができるだろう．［伊藤俊治］

古典文学

遠く古い時代の作品でありながら，時代を越え，時には形を変えて参照され続ける文学作品が古典文学である．『万葉集』の歌がカルタ取りで親しまれ，『竹取物語』がアニメで鑑賞されるのは，その好例である．また，東アジアにおける漢文学や，西洋におけるギリシア・ローマ文学のように，現在の国民国家や公用語の境界を越えて古典が定められたり，その翻訳や翻案が自国の古典になったりすることもある．東南アジアの社会は，多民族から構成されており，歴史的にインドや中国の文化，上座仏教，イスラーム，キリスト教の影響を受けてきたことから，古典文学のあり方も多様である．

●古典文学の特徴　本項が扱う東南アジアの古典文学とは，19 世紀末から 20 世紀初めにかけて近代文学が出現する以前の，前近代の書承の文学である．近代文学の登場期は，タイを除くと欧米の植民地支配が深まった時期でもある．欧米の影響下に近代化する社会に出現した近代文学を代表するのは，都市における大衆の日常生活を個人の視点で写実的に描く散文小説であった．印刷技術の普及と学校教育の整備によって読者層も大衆の中に広がった．

これに対して，前近代においては口承の文芸活動が主流であったため，書承の文学活動は主として王宮を中心とした王侯貴族，宮廷詩人，官吏や，宗教施設を中心とした宗教者によって担われていた．作品の主題も王族の英雄的な活躍や宗教的な内容が多かった．また，口承の伝統を反映して，各言語固有の韻律を生かした韻文が文学作品の主流であった．口承文芸は，朗誦，儀礼，演劇などの民衆の芸能とも密接につながっており，書承の文学にも深く影響を及ぼした．書承作品を伝える貝葉や折本などの写本は，戦乱や写本伝承の断絶によって散逸することもしばしばあった．さらに，東南アジア古典文学の特徴としてあげるべきは作品の越境性である．古来，インドや中国などの文化の影響を受けてきた結果，外来の作品が形式や内容の現地化を伴う翻案や翻訳のプロセスを経て，国民文学の根幹をなす古典文学とされてきた．また，東南アジア内の諸地域の間でも，時には戦争を契機として，文学作品が伝播することはまれでなかった．

●島嶼部の古典文学　フィリピンを除く島嶼部では，インド化◀を経験した後，イスラーム化が進展した．特筆すべきは，9 世紀後半にサンスクリット語からジャワ語に翻訳された『ラーマーヤナ』である．東南アジアで現存する最古の文学作品であるばかりか，インドを含めてサンスクリット語から現地語に翻訳された最古のラーマーヤナである点で画期的である．この後，東南アジアには複数のルートを経由して流通したラーマーヤナに基づく作品が各地の言語でつくられ，芸能の題材にもなって広く民衆に親しまれた．この意味で，ラーマーヤナは東南アジアを代表する古典文学作品である．

ジャワ語文学では，『アルジュナ・ウィワーハ』などのインド叙事詩の伝統を規範にした作品が15世紀頃までつくられた一方，より土着的な一群のパンジ物語なども生まれた（図1）．イスラーム化してからは19世紀にロンゴワルシトなどの宮廷詩人が活躍したが，インドネシアが共和国として独立し，インドネシア語が公用語となると，ジャワ語文学は地方語文学の地位に後退した．

図1　伝統的なジャワ語文学はこのような貝葉写本に記録され伝承された

イスラーム化の後に発展したマレー語文学では，ラーマーヤナのマレー語版『ヒカヤット・スリ・ラマ』や，『スジャラ・ムラユ』に代表される散文の歴史物語がつくられた．また，インド化の影響を直接的に受けなかったフィリピンでは口承文芸の伝統が続いたが，スペインによる植民地化とともに，スペイン語やタガログ語によるキリスト教を主題にした作品や世俗的な作品がつくられた．

●大陸部の古典文学　ベトナムを除く大陸部では，インド化を経験したのち，上座仏教の浸透が文学に影響を与えており，インド由来の作品や布施太子物語などの仏教物語の翻案が盛んに行われた．その中でも古い作品としては，17世紀頃に成立したカンボジア語版のラーマーヤナ『リアムケー』があり，芸能の題材にもなって民衆に親しまれている．

タイ語文学では，アユタヤ朝のナーラーイ王時代に最初の黄金時代を迎えた後，ラタナコーシン朝のラーマ1世時代にはラーマーヤナのタイ語版『ラーマキエン』やマレー語を経て受容されたパンジ物語のタイ語版『イナオ』がつくられた．ラーマ2世時代には詩人スントーン・プーが活躍してタイ古典文学を代表する『クンチャーン・クンペーン』がつくられ第2の黄金時代を迎えた．ラーンサーン王国で発展したラオ語文学では，ラーマーヤナのラオ語版『プラ・ラック・プラ・ラム』が知られている．ビルマ語文学では，インワ朝時代に仏僧シン・マハー・ティーラウンタによってビルマ最古の散文物語がつくられた．その後，コンバウン朝時代には優れた戯曲家が出て演劇が栄え，ビルマのアユタヤ攻略の結果としてビルマ語版のラーマーヤナやイナオなどがつくられた．

長く中国文化の影響下にあったベトナムでは，チュノム（字喃）で表記されたベトナム語文学が18世紀頃から隆盛し，グエン・ズー（阮攸）による中国の『金雲翹伝』を翻訳した『キム・ヴァン・キエウ』（金雲翹）がベトナム古典文学の傑作として知られる．

［青山 亨］

現代文学

☞「東南アジア文学の翻訳」p.742

東南アジア文学という場合，いくつかの注意が必要である．例えば，アラブ文学は，アラビア語を表現手段として，主にイスラームが信仰される世界を対象とする文学とひとまず定義できるだろうが，東南アジアには共通の言語も宗教も存在しない．また，国別に，インドネシア文学やフィリピン文学，シンガポール文学などといっても，多言語社会インドネシアには，国語であるインドネシア語だけでなく，ジャワ語やスンダ語などの地方語で書かれた文学作品がありそれぞれに読者がいる．タガログ語を中心とするフィリピン諸語，英語，あるいはスペイン語で表現するフィリピン文学，英語，華語（中国語），マレー語によるシンガポール文学も同様である．つまるところ，東南アジア文学とは，東南アジアという歴史的にも，社会，文化，宗教的にも多様性に富んだ地域で，多様な言語で表現された文学というしかないのである．東南アジアでは，文学言語は日本文学における日本語，フランス文学におけるフランス語ほど自明なものではない．インドネシア，フィリピン，マレーシア，シンガポールのような多言語社会では，何語を文学の言語とするかは，どのような世界を，どのような読者に，どのように提示するのかということと不可分なのである．

●歴史と社会に向き合う 東南アジアには，民族（国民）の困難な歴史に向き合い，その希望や哀しみ，また怒り，勇気を言語化してきた硬質な文学者の系譜がある．フィリピンのホセ・リサール，フランシスコ・シオニール・ホセ，タイのシーブーラパー，インドネシアのプラムディヤ・アナンタ・トゥールらである．彼らは植民地支配であれ独裁政治であれ，人びとに不条理を強いるものに対峙し，雄渾（ゆうこん）な作品を書いてきた．なかでもプラムディヤは，ノーベル文学賞の有力候補と目された東南アジアを代表する小説家だが，彼が生きた80年余の生涯は，オランダの植民地支配とその終焉，日本軍政，独立革命，初代大統領スカルノによる新国家建設と破綻，「9.30日事件」と大量虐殺，30年を超えるスハルト独裁政権とその崩壊，改革の時代，とインドネシアの現在を形づくった出来事がすべて生起した時代である．彼はこれらの時代がさしむける課題に正面から向き合い数多くの小説を書いてきた．プラムディヤの名を世界に高めた『人間の大地』『すべての民族の子』『足跡』

図1 プラムディヤ・アナンタ・トゥール

『ガラスの家』の4部作は，19世紀末から20世紀初めのジャワ島を舞台に，植民地支配下の人びとが被抑圧民族として目覚め，立ち上がっていく姿を，ある貴族出身の青年の自己変革，精神的遍歴を通して描いた大河小説である．プラムディヤは生涯に3度，合わせて18年近い投獄・流刑を経験しているが，この長編歴史小説も「9.30日事件」の政治犯として抑留されていたバンダ海の流刑地ブル島で書いたもので，スハルト政権下では長らく禁書扱いされてきた．

●政治のことば/文学のことば　東南アジアの文学者たちは，プラムディヤのように，政治権力との危うい緊張関係の中で創作を行ってきた．ベトナムの女性作家ズオン・トゥー・フオンは，ドイモイ（刷新）後のベトナム文学を代表する小説『虚構の楽園』（原題『盲者の楽園』）の中で，登場人物の1人にこう語らせている．「この世の中で起こっていることは，すべて認めなくちゃいけないんだ．それがどんなに悲しい現実だとしてもね．君の叔父さんはべつだん特殊な人じゃない．あの手の人間に，僕は何度も会ったことがあるよ．あの連中は人生の大半を費やして，この世に楽園を築こうとしているんだ．だけどあまりにも愚かなために，楽園とはどういうもので，そこへたどり着くにはどうしたらいいかわからないんだ．それが夢みたいに遠くにあればあるほど，すぐ手に届く物だけを目の色変えて追い求めるようになるんだ．目的のためには，彼らは手段を選ばない．それは彼ら自身にとっても，その後の世代にとっても，悲しいことだけどね」[1]．この小説は，1950年代半ばの共産党による土地改革を背景に，若い女性の回想を通して，改革によって否応なく相対立する立場にたたされた者たちの過去と現在を，ベトナム戦争後の困難な時代の中で浮かび上がらせていくが，筋立てそのものに劇的な展開はなく，どこにも激越な政治批判があるわけではない．しかしその静かな，淡々とした語り口には，「楽園」を目指すベトナム共産党の政治的言説を相対化，無化する力がある．

東南アジアの文学は，プラムディヤやズオン・トゥー・フオンだけで語り得るものではない．近年はどこの国でも，ポップ小説とよばれる流行小説が大量に生産され，消費されている．インドネシアやフィリピン，タイの強権的な政治，あるいはベトナム戦争を知らない世代には，「大きな物語」を書くことが難しくなっているのも事実である．それでも，インドネシアによる東ティモール併合の闇を描いたセノ・グミラ・アジダルマが1999年，桜の季節に日本で行った講演で語った「日本の作家にとって窓から見えるのは桜の花かもしれない．だが，われわれの窓越しに見えるのは血の河である」ということばは，文学者たちの視線の先にあるものをよく示していよう．東南アジアの文学は歴史と社会の現実を離れては成立し得ないのである．

［押川典昭］

📖 参考文献

［1］ズオン・トゥー・フオン『虚構の楽園』加藤 栄訳，段々社，p.277，1994

ポピュラー小説

東南アジアにおいて「若者向けのポピュラー小説」の盛衰は，当該社会の「発展」のプロセスを知る上での指標となる．書籍メディアの生産・流通を支えるインフラ状況，識字率の推移，メディアの普及がもたらす情報リテラシーに加え，「若者」というターゲットそのものが，モラトリアム期の享受を許された就学者層の増加や，市場として彼らを組織化する消費文化や価値観の浸透を前提として成立している文化ジャンルであるからだ．これらの小説群は，政治的・社会的メッセージとは無縁な「ポップ」さや「グローバル」さを特色とする．発展の著しい東南アジア諸国ではそれぞれに異なる国情を背景としながらも，若者向け書籍の売り上げやタイトル数は増加の傾向にあるようだ．識字率の高さで知られ，民主化による出版ブームのさなかにあるミャンマー，国際機関などの助成に頼りつつ出版インフラの拡充を急ぐラオスやカンボジアにおいても中国や台湾を経由して日本のコミックが流入し，それらを踏襲した現地語の若者向けノベル群が登場している．また，電子媒体の普及が著しい東南アジアでは印刷媒体だけでなくデジタルコンテンツが若者向けメディア市場に登場し，「カドカワ」に代表される日本のライトノベルがタイ，シンガポール，インドネシアで既存の日本文化産業と連動して商戦を繰り広げている．米国のヤングアダルト向け小説が市場をリードしていたフィリピンでもタガログ語によるライトノベルの翻訳が登場している．インドネシア，マレーシアで流行しているイスラームを主題としたポピュラー小説群も，後述するようにそうした日本の「ラノベ」に酷似したフォーマットやストーリー展開のものが少なくない．

●インドネシアの事例　インドネシアにおける若者向けポピュラー小説の産業化は1970年代半ば以降，スハルト政権の開発政策が生み出した都市中間層向けのライフスタイル誌の創刊ブームに乗じて展開した．グローバルな消費文化普及のエージェントとなるべく登場したこれらの雑誌は，当時の若者たちの貴重な情報源であり，連載されていた小説は彼らにとってのロールモデルや自己像を提示するものとして次々とノベライズ化された．1987年に出版され，シリーズ通算で100万部を超える国内では異例のヒット小説となったヒルマン作の『ルプス』シリーズはその草分けだろう．ジャカルタに住む高校生・ルプス少年を主人公に，ショッピングモールやファストフード店など，当時まだ目新しかった消費文化を若者たちが不器用に受容する現場をコメディータッチで描いたこの小説は，「スマホ」もインターネットもなかった時代にそれを読む若者たちの意識を内輪受け的な共感で繋ぎ，「若者向けポップ小説」という一大ジャンルを確立した．

近年，インドネシアでは電子媒体の普及が印刷媒体に著しい衰退をもたらし，新聞，雑誌の休・廃刊が相次いでいる．しかしながら書籍メディアの売れ行きは比較的に安定しており，なかでも「若者向けポップ小説」は新たなトレンドを展開させつつ継続的にベストセラーを生み出している．『ルプス』シリーズの時代から都市中間層を主とする読者たち自身の価値観や自意識を集約する世界を描いてきたこのジャンルは，近年ではテレ・リエ，ラディティア・ディカ，イラナ・タン，イカ・ナタッサらによって牽引されている．『ルプス』の時代とは異なり，近年の作家たちの作品の特徴はもっぱら「移動性」や「越境性」である．留学や旅行を通じてインドネシアを離れた主人公たちは，異郷の地や移動の途上で出会いを経験し，見分を広める．昨今のインドネシアでは都市中間層のイスラーム回帰という現象を受けてイスラームをテーマとする物語が量産されており，これらの小説群においても「移動」や「越境」は「旬」の題材である．アグ・イラワン・MNの『ハジ・バックパッカー』やアスマ・ナディアの『アッサラーム・アライクム・ペキン』などのように，大掛かりな海外ロケを経て映画化されるベストセラーが少なからず登場し，その一方でローカルなイスラーム寄宿舎を舞台とする「ラノベ」仕立てのラブコメディ群が出版されるなど，ストーリー，スタイルの両面でグローバルな「越境性」を特徴とするテクストが流行しているのである．

●電子メディアの影響とその反動　以上の背景には電子媒体の普及がもたらすイメージや情報のボーダーレスな流通があり，さらにそうした現象は小説のテクストのみならずテクスト産出や流通の構造，受容する読者のリテラシーそのものにも影響を与えている．近年，アメリカ発の小説投稿アプリ Wattpad がインドネシア国内に急速に普及し，著しく利用者を増やしている．それを受けて，2015年のベストセラーとなったエリスカ・フェブリアニの『ナタンのために』のように，Wattpad のアプリ内で読者の評価を得た小説が出版社に採用され，出版されるという書籍化のルートが確立されつつある．また独自の投稿サイトから小説を募って書籍化し，市場化することに特化した出版社の設立が地方を中心にみられる．もっとも電子メディアによる印刷メディアの席巻が加速化する一方で，若者世代の間では近年，「アナログ文化」への奇妙な回帰志向がみられる．2015年に出版されたピディ・バイクの『ディラン』3部作は1990年代前半のバンドンを舞台とした恋物語である．「インターネット」や「スマホ」が一切登場しない物語の中で，若者たちの思いは「手紙」や「日記」，あるいは「ポエム」を通じて他者に伝達される．『ルプス』シリーズを彷彿とさせる「すこしだけ昔」なカルチャーに彩られたこの小説は発売と同時に異例のベストセラーとなり，映画化された．こうした現象は昨今の「レコード」や「旧作映画」のリバイバル現象と同様にデジタル主導の「コピー文化」に対する若者たちの「反動」を感じさせ，興味深い．

［竹下　愛］

移動劇団

移動劇団とは，移動可能な舞台装置を用い，小編成で地方などを巡業する劇団のことをいう．東南アジアで移動劇団が誕生したのは19世紀後半である．19世紀は，運輸・通信技術の発展，中国人およびインド人労働者の流入などを背景に，演劇の国際化が進展した時代であった．中国からは京劇団が巡回公演し，カンボジア，ベトナム，ジャワ，ボルネオなどでは京劇団を模倣した混成劇団が多く結成された．

一方，1869年スエズ運河の開通は，最短でも100日以上要した帆船による喜望峰まわりのロンドン・シンガポール間の距離を，蒸気船によるスエズ運河経由で約40日にまで短縮させた．移動距離の短縮は，南インドと東南アジアの交流の構図も変えた．1850年代にインドのボンベイ（現ムンバイ）で結成されたパールシー劇団は，1870年代以降，ムンバイから蒸気船でビルマ（現ミャンマー），英領マラヤ（現マレーシアとシンガポール），オランダ領東インド（現インドネシア）に向かい巡回公演を行った．英国の最新舞台技術と経営体制を導入し，ウルドゥ語の文学やペルシャの物語などを題材に，北インドの音楽と舞踊を演じたパールシー劇団は，幻想的な舞台装置などで東南アジア各地の観客を魅了した．この劇団の影響を受け，マレーシアではバンサワン，そしてインドネシアではコメディ・スタンブルとよばれる劇団がそれぞれ結成された．

これらの劇団は，舞台照明や道具幕・舞台脇セットを使用したプロセニアム・ステージで演技を行い，固定的な演目に特化せず，世界各地の物語や演目を演じた最初の商業劇団であり，主に儀礼や祝い事，来賓をもてなす機会に演じられた従来の伝統演劇とは異なる形態であった．パールシー劇団がもたらした新しい演劇形態は，19世紀末にタイで成立した大衆演劇リケーにも取り入れられた．リケーの起源については不明な点が多いが，マレーシア北部のディケー，あるいはディキルとよばれるイスラームの祈祷の掛け合いが由来といわれている．

●移動劇団の特徴と音楽の相互作用　移動劇団は，東南アジアの多様な社会構成を背景に，結成当初から混成劇団の性格を有していた．例えば，1885年にペナンで結成された最初のバンサワン，「プシ・インドラ・バンサワン・オブ・ペナン」の所有者はインド人ムスリムのママッ・プシで，一方，1891年にスラバヤで結成されたコメディ・スタンブルの所有者は富豪華僑ヤップ・ゴアン・タイ，監督がユーラシアン（欧亜混血者）のアウグステ・マヒューであった．また，19世紀末にシンガポールで結成された「インドラ・ザニバル」の所有者は，ボンベイ生まれのバイ・カシムであった．これらの劇団は，開通したばかりの鉄道や船などを利用してマレーシア，インドネシア，タイ各地で巡回公演を行い成功を収めた．移動劇団の多元性は音楽の相互作用を促した．バンサワンでは当初，インド音楽を模倣した音楽が演奏されていたが，演目の多様化に伴い，劇中で演奏される音楽も多様化し，マレー，中国，インド，中東，西洋などのさまざまな音楽が演奏された．楽器も，パールシー劇団によってもたらされたハルモニウムのほか，バイオリンやフルート，コルネットなどの西洋楽器も使用された．

コメディ・スタンブルでは当初西洋音楽が主体であったが，高い作曲能力をもつマヒューは，スタンブルとよばれる独自の歌を作曲し劇中で演奏した．マヒューは1893年にバタヴィア（現ジャカルタ）巡回公演を行った際に大衆音楽クロンチョンの歌手をリクルートし，その後のコメディ・スタンブルの演奏音楽の主流となった．

両劇団の劇中で演奏された音楽は，国境を越えて行われた巡回公演によって各地に広がり，音楽の相互交流を促した．この傾向は，20世紀初頭以降のグラモフォン（レコード）の到来によってさらに加速化し，20世紀前半以降の大衆音楽の形成の土台となった．なお，移動劇団の活動は地方の劇団の活動にも影響を与え，ジャワでは，コメディ・スタンブルの活動に刺激を受けたルドルックやクトプラなどの大衆巡回演劇団が台頭した．

●移動劇団の活動拡大と遺産　移動劇団の活動は20世紀以降さらに拡大した．1925年にバタヴィアで結成された「オリオン」は，看板女優リブットを擁してシンガポールとマレーシアでも人気を得た．リブットは多くのレコードを録音し，クロンチョン歌手としても大きな成功を収めた．フィリピンでは，フィリピンと英国の混成劇団である「タマン・スティア」が結成され，1930年代前半にジャワ島とシンガポールで巡回公演を行った．1926年に東ジャワでロシア人ペドロが結成した「ダルダネラ」は，団員がインドネシア，マレーシア，フィリピン，グアム出身者などから構成される多国籍の劇団であった．「ダルダネラ」は多くの流行歌手を輩出したほか，東南アジア域外に活動範囲を広げ，1930年代にはアジア各地で巡回公演を行った．「ダルダネラ」は，その規模，活動範囲から判断して，東南アジア最大の移動劇団といえる．これらの移動劇団はその後，映画の発展に伴い徐々に衰退していくが，移動劇団で活躍した人達の多くは，その後映画に活動の場を求め，1950年代以降の東南アジアの映画界をリードした．移動劇団は，映画とラジオが本格的に導入される前の東南アジアにおいて最も重要な商業文化形態であったといえる．　［田子内 進］

📖 参考文献

［1］ Cohen, M. I., *Komedie Stamboel: Popular Theater in Colonial Indonesia 1893-1903*, Ohio University Press, 2006

［2］ Tan, S. B., *Bangsawan: A Social and Stylistic History of Popular Malay Opera*, Oxford University Press, 1993

［3］ 田子内 進『インドネシアのポピュラー音楽 ダンドゥットの歴史』福村出版，2012

大衆芸能

大衆芸能とは一般大衆が楽しむ芸能である．洗練された芸術的芸能に対して庶民的で俗っぽい芸能，つまりＢ級グルメの芸能版といえばイメージしやすいのではないだろうか．まず，東南アジアの代表的な大衆芸能を歌や踊りを中心としたものと芝居・語り芸を中心にしたものに分けて紹介する．最初は歌や踊り中心タイプのものである．ミャンマーの打楽器を中心とした楽団音楽サイン・ワインや舞踊アニェイン，カンボジアの仏教催事に踊られるチャイヤム，そしてインドネシアには竹で編んだ馬に跨(また)がり霊を憑依させて踊るジャティランがあり，またクロンチョンやダンドゥットという西欧を含めた外来の音楽と融合した大衆音楽のショーも盛んに開催されている．

次に芝居・語り芸タイプのものである．ベトナムでは水上人形劇ムアゾイ・ヌオック，道化が活躍する歌舞劇チェオ，現代歌劇カイルオンが代表的なものだ．ミャンマーには古典劇を現代的にアレンジした喜劇ザッダビンや道化が活躍するルーシュインドーがある．ラオスには歌劇ラム・ムーやラム・プーンがある．カンボジアでは影絵芝居スバエク・トムとスバエク・トーイ，仮面劇ラカオン・カオル，中国とベトナムの歌劇の影響を強く受けたバサック劇が知られている．インドネシアには影絵芝居ワヤン・クリット，大衆演劇クトプラがあり，マレーシアには演劇バンサワンがある．そしてタイでは音楽漫才モーラム，民衆劇リケー，フィリピンでは芝居コメディア，宗教劇セナクロが代表的なものである．

●東南アジアの大衆芸能の特徴　こうした多様な東南アジアの大衆芸能の特徴として，多様な文化の影響を複合的かつ重層的に受けていることが，まずあげられる．大きくは，中国文化，インド文化，中東・イスラーム文化，そして旧宗主国の文化の影響である．例えば，インドネシア，ジャワの影絵芝居ワヤン・クリットの物語はインド古典叙事詩である『ラーマーヤナ』と『マハーバーラタ』を主な題材とする．さらにイスラーム化の過程で，イスラームの要素が融合されていった．ジャワのイスラーム９聖人の１人スーナン・カリジョゴがワヤン・クリットを使ってイスラームの教えを広めたとするエピソードは，ジャワで広く知られている．また，フィリピンのコメディアはスペインの三幕物芝居が土着化したものとされている．次に，大衆芸能ならではの特徴として観客と演者の垣根が低いことがあげられる．観客は舞台と一体化し，一緒に歌ったり踊ったりし，芝居で登場人物間の争いの場面になれば主人公を応援し，悪役には罵声をあびせかける．そして，観客は素人芸人としてあるいはセミプロとして演じる側にまわることも珍しくない．中には，下手の横好きで周囲に迷惑がられている落語の「寝床」の旦那のような素人もいる．さらに，笑いの要素も欠かすことができない．芝居・語り芸タイプのものでは，道化が重要な役まわりを演じている．タイのモーラムは歌と漫談が中心であり，ジャワの影絵芝居ワヤン・クリットと大衆演劇クトプラでは道化役が登場し，芝居の進行上も重要な役割を演じる．

●ジャワ大衆演劇クトプラ　ここでさらに，東南アジアの大衆芸能について，インドネシアのジャワ大衆演劇クトプラを例としてみてみる．クトプラは，ガムランの伴奏で，ジャワ時代劇を中心とした演目が舞台にかけられる．演目には，千一夜物語に代表される中東の物語（スタンブーランとよばれる）や中国版「ロミオとジュリエット」として知られている「サンペとエンタイ（梁山伯と祝英台）」に代表される中国物も含まれている．新作がかけられることもある．例えば，1990年代半ばにテレビ放送され大人気だった日本の「仮面ライダーブラック」をパロディー化した舞台が上演されたこともある．クトプラでは，女性や領土をめぐる争いが笑いやアクションそして恋を語る甘いシーンとともに演じられる．観客から観劇料をとる商業公演もあるが，多くの場合は公演主催者が芸人集団に公演料を支払い観客には無料で楽しんでもらう．また，村の公民館建設費用のような何らかの資金集め目的で，観劇料をとるタイプの公演が行われることもある．

図1　クトプラの舞台（1995年）

代表的な上演機会は結婚式，割礼といった通過儀礼，インドネシア独立記念日を祝う催し，断食月明けの大祭やイスラーム寄宿学校の終了式，王宮主催の預言者ムハンマド誕生祭スカテンといったイスラームの祭事，そしてジャワの伝統的な村祭りである．1990年以降は，企業の創立記念日，選挙キャンペーンに上演されることも増えてきた．1980～90年代，クトプラは最も人気のある娯楽だった．しかしその後1990年代後半からテレビやインターネットの急速な普及による娯楽の多様化や，ワヤン・クリットに比べて通俗的過ぎて低俗とのイメージがつきまとったこともあり，人気に陰りがでてきた．一方で，ワヤン・クリットは斬新なテクニックを駆使する個性的な人形遣いの登場や社会のジャワ伝統文化回帰のトレンドなどの後押しで人気を盛り返してきている．こうした時代とともに変化していく姿を追いかけることも，大衆芸能をみる醍醐味である．私たちは大衆芸能を通して社会の変化をみることができるのである．　［青木武信］

📖 参考文献

［1］赤松紀彦編『アジアの芸術史　文学上演編Ⅱ　朝鮮半島，インド，東南アジアの詩と芸能』藝術学舎，2014

現代演劇

東南アジアでは演劇と舞踊は伝統的に一体のもので，動きは様式性をもち，言葉は韻律を伴って歌や語り物として発せられた．西洋からリアリズム的な近代演劇が導入されたのはおおむね19世紀末から20世紀初頭にかけてで，さらにそうした演劇が独自の表現を切り拓いたのは，多くの国で第2次世界大戦後のことであった．しかしながら，国ごとの経緯や現状は政治，社会体制，民族問題などによって一様ではあり得ず，ここではいくつかの視点を示す．

●ポストコロニアルと演劇　植民地を経験した国々では，ポストコロニアル（植民地主義の後続）時代は演劇の展開において重要な時期であった．例えば，19世紀末まで300年以上にわたってスペインの支配を受け，引き続いて米国の統治下に入ったフィリピンは，スペインからはコメディアやサルスエラなどの伝統的な音楽劇を，米国からはヴォードヴィルや西洋古典劇を取り込んで近代演劇の土壌を築き，その強力な地盤が独立（1946年）後の演劇運動を可能にする．とりわけPETA（Philippine Educational Theater Association：フィリピン教育演劇協会）は，社会的手段としての演劇の可能性を示した重要な例である．高まる反米運動に呼応して1967年に設立されたPETAはみずからをピープルズシアター（民衆演劇）と位置付け，教育者，労働者などさまざまな階層を取り込んでコミュニティ演劇運動を展開していった．上演はそれまでの多くがそうであった植民地言語の英語でなく，フィリピノ語であった．戒厳令下，ワークショップを核とするPETAの活動は首都圏に留まらず島々へと広がり，いくつもの地域劇団の誕生にかかわっていく．フィリピンの現代演劇の裾野の広さは東南アジア随一といえるが，それにはこうしたポストコロニアルの演劇運動が大きく関係している．

●伝統と演劇　西洋演劇と伝統演劇を創造的に融合させることは，多くの国が試みたアプローチであった．1万3000余りの島々からなる島嶼国インドネシアはそれぞれの地域が固有の伝統を有しており，独立（1949年）後，西洋的な演劇にそれらを再構築して取り込む試みがなされる．その最も重要な作品の一つが，先鋭的な詩人レンドラ（1935–2009）の作・演出になる「祭事劇」であった．レンドラは1967年に中部ジャワの古都ジョクジャカルタにベンケル劇団を立ち上げ，同作品はその旗揚げである．台詞も一貫したストーリーも廃され，古いジャワ詩の朗誦，暗喩的な擬音，抽象的な身体表現のみによる削ぎ落とされた舞台は観客の想像力を駆り立て，「近代化の中でノイローゼにかかっている現代インドネシア」をめぐって全土にセンセーショナルな議論を喚起する（レンドラはその後，民衆への影響を恐れる政府によって公的な行動を制限されるにいたる）．ここでレンドラが試みたのは，スラマタン（安寧を祈って人びとが静かに会食する中部ジャワの伝統儀礼で，村の精霊もともに参加するとされる）のイメージを使って，カタルシスと思考の停滞からの脱却を人びとに促すことであったといえる．伝統的な要素を創造的に用いることは，今もインドネシアの現代演劇，現代舞踊の大きな特徴である．

●多民族と演劇　多民族・多言語国家においては，何語で演じるかは繊細な問題をはらんでいる．例えば200年を越す植民地政策の遺産としてマレー系69%，中国系23%，インド系7%（外務省ホームページ2019年2月1日付データ）という民族構成にあるマレーシアでは，その不条理から1969年に大規模な人種暴動が勃発し，マレー人およびマレー語を優遇するブミプトラ政策が導入される．それにより近代演劇は事実上マレー語のみになっていくが，ここに疑問を投げかけたのがインド系演出家クリシェン・ジット（1941-2005）であった．ジットは1984年，ほかのインド系・中国系アーティストとともに，多民族からなる「マレーシア」の創造性とは何かを追求する場としてファイブ・アーツ・センターを立ち上げ，「1984年，いまここで（1984 Here and Now）」などを英語で上演する．上演禁止措置こそ免れたものの英語上演は社会問題として大きな物議をかもし，マレーシア演劇のおかれた複雑な環境を改めてあぶり出すことになった．

その後，中流階級の出現に伴って，ともすれば型にはまりがちなマレー語劇よりもハイブリッド的な英語劇に魅力を感じる観客が増え，中国語劇の上演も普通に行われるようになり，現在は上演言語による分断は表立ってはいない．それでも多民族国家では，何語で演じるかは，時に信条を問われる踏絵となる．

●グローバリズムと演劇　東南アジアでは中流階級の出現とグローバリズムの台頭が80年代後半からみられるが，いち早くそれを経験したのは「東南アジアの優等生」と称されるシンガポールであった．演劇については1980年代後半から劇団に優遇措置を設けるなどで文化政策に取り込み，1990年代に入るとさらに「芸術のためのグローバル・シティ」を標榜し，2000年代には東南アジア随一の巨大複合文化施設エスプラナードをオープンさせ，域内最大規模のシンガポール国際芸術祭も着々と成功させてきた．一方で，マレーシアから分離独立し，中国系，マレー系，インド系，その他という4つの民族を構成グループとするこの国は，国の統一をはかるために人種問題や政治などのテーマを検閲で禁じてきた．しかしながら，大きな環境が整う一方で，みずからの歴史や社会の細部といったオルタナティブなテーマを自由に扱えないことへの危機を感じる演劇人も少なくない．

グローバル世界の分脈の中で自分を相対化することと，自身の歴史や社会といったローカリティに分け入っていくこと．この双方にどう向き合っていくかは，形は違えど今後どの国の演劇もが直面する課題であろう．　［畠 由紀］

音楽芸能の断絶と復興

東南アジアでは，舞踊や芝居などの芸能は生活と深く結びついて存在してきた．その一方でこれらの芸能は，伝承を担う人びとの意図とはかかわりなく，社会の変化に巻き込まれてきた．この地域の多くの国は植民地となった経験をもつ．植民地政策から脱却し自国の文化を発展させようとする段階で，紛争や内戦の影響により，断絶させられた芸能もある．社会が刻々と変化する現代において，一度途絶えた芸能をもとに戻すのは困難なことだ．それは，どのように復興できるのか．例として，カンボジアの大型影絵芝居スバエク・トムを取り上げる．

●注目され始めた途端の断絶　スバエク・トムは，ウシの大きな一枚皮に人物や場面を透かし彫りしてつくった等身大のパネルを用い，野外で演じる影絵芝居である．1920 年代から 1970 年まで，世界遺産として知られるアンコール遺跡のあるシエムリアプ州で伝承されてきた．演目は，インドの古代叙事詩『ラーマーヤナ』のカンボジア版『リアムケー』のみ．上演は主に，高僧のための大規模な火葬儀礼の場で，その期間に合わせ 7 晩をかけて演じられた．

カンボジアは 1953 年にフランスから独立した．1960 年代に入って首都プノンペンに王立芸術大学が創設され，あわせて地方の芸能への調査も進んだ．スバエク・トムも注目され，シエムリアプの演者が芸術大学へ招かれて学生に指導したり，海外公演に参加するなど，国の芸能として振興していく機運が高まった．だが，1970 年に軍部によるクーデターで新政権が発足すると，抵抗勢力との間で内戦が始まり国内は混乱する．戦火が激しかったシエムリアプでは上演はもとより 200 体以上の皮パネルの保管も危うくなった．パネルの消失を怖れた芸術大学が保管を申し出て，1971 年頃にすべてのパネルがプノンペンに移された．その後，1975 年に政権を握ったポル・ポト軍は，共産主義国家の建設を急速に推し進めようとする圧制を敷いた．旧社会の文化，宗教，教育にかかわるすべてが否定，排除され，スバエク・トムを含むあらゆる伝統芸能の伝承は途切れることとなった．

●中央と地方それぞれの復興　1979 年にポル・ポト政権が終焉を迎え，新たな政権のもと，文化情報省（現文化芸術省）はすぐにプノンペンにおいて芸能の復興に取り掛かった．スバエク・トムについては，ポル・ポト軍によって廃棄された皮パネルを拾い集めるとともに，海外の博物館が所蔵する資料をもとに足りないパネルを制作，短い演目をつくり，海外で披露することもいち早く始めた．

しかし，シエムリアプの伝承者が活動再開するには時間がかかった．その理由には，ポル・ポト政権下での過酷な生活で主要な演者を失ったこと，皮パネルが手元になくなったこと，残った演者が一座の結成を諦めていたこと，また，地域

図1　皮パネルの制作

全体としてもこの規模の大きな芸能を復活させる経済的余裕がなかったことがあげられるだろう．復活は，1990年代後半にようやく実現した．芸術大学関係者らの働きかけで海外からの支援を得て，新たなパネル一式が，師匠の役を担える元演者に託されたのだ．この時点で，師匠の年齢は70代後半，芸能を次世代に引き継ぐのにぎりぎりの時機だった．師匠の子や孫，村の少年たちで構成された一座は，開始数か月後には火葬儀礼で演じる機会も得た．だが，火葬儀礼などの祭事とスバエク・トムのかかわりを知るのは高齢者ばかりになっており，若者の多くはスバエク・トムを観たことがなかった．王族用語を多用する韻文の語りや古典音楽に合わせ緩やかに進む芝居は時代遅れとも受け取られた．一方で，政情が安定するにつれシエムリアプは観光化が進み，古典舞踊や民族舞踊を見るツアー客が急増した．スバエク・トムも外国人観光客に向けた短い上演を行うようになった．

●国を代表する芸能として　2005年，スバエク・トムはユネスコによって「人類の口承及び無形遺産に関する傑作」として宣言された（後に無形文化遺産の代表リストに統合）．これにより，2003年に同じく宣言されていた古典舞踊とともに国を代表する芸能と位置付けられ，国際空港に皮パネルが展示されたり，国が主導する催事で演じるなど，国内外に向けて本格的にアピールがされるようになった．

プノンペンでは文化支援を行うNGOの活動が目覚ましく，海外のアーティストとの交流も多い．そうした刺激の中で，スバエク・トムを単体ではなく，舞踊や芝居など他の芸能に組み込む演出が流行するようになった．文化芸術省では省内の芸能局所属の役者が上演活動に携わるが，やはり混合劇を制作している．舞台芸能として進化させるため，現代の需要に沿った演目を作成していくべきという意見が首都ではしばしば聞かれる．これに対してシエムリアプの一座では，伝えられてきたものを守るという意志が強い．そのため流行との隔たりに悩むこともあるようだが，例えば，外国人が物語を理解しやすいよう翻訳字幕を出す，演技や皮工芸のワークショップを行う，カンボジア人向けに現代語の解説を入れるなど，理解と関心を促すための試みもしている．

最近では，文化芸術省が主催するイベントでシエムリアプの一座が上演を任されることもある．国内外へ発信する役目を負う省庁と，伝承者としての民間の一座がときに協同していくことで復興が一歩前進することが期待される．　［福富友子］

📖 参考文献

［1］上田広美・岡田知子編著『カンボジアを知るための62章 第2版』明石書店，2012

華人の音楽芸能

バリ島のバトゥール湖畔に建つヒンドゥー寺院と男女の巨大な人形であるバロン・ランドゥンの起源神話ともなった中国人の娘とバリの王スリ・ジャヤ・パングンの婚姻譚や，元の東南アジア進出の歴史が物語るように，この地域には比較的早くから華人が移住してきていた．しかし現在の東南アジア華人に直接的につながる人びとの，特に華南地域からの大量移動が起こったのは 19 世紀末（清代末期）のことである．現在も伝わる音楽芸能の多くは，その際に福建，広東，潮州，海南，客家など，言語集団ごとにもたらされた．シンガポールやマレーシアのペナン，インドネシアのジャワ島北部などの福建系，クアラルンプールで広東系，タイのバンコクで潮州系など，その居住域の偏りに従い，それぞれの地で音楽芸能が実践されてきたのである．

しかし人びとの移動と現地社会への適応は，それらの音楽芸能の姿を維持しようとする力学が働く一方で，少しずつ変わってもきた．中国東北部からの新たなる移民が増えつつある中で，現在の実践は必ずしも国ごと，言語集団ごとの特徴としてとらえられるようなものではなくなり，芸能の地理学を越えるような実践がみられるようになっている．

●故地とのつながり 言語集団や地縁関係に基づくコミュニティの中で展開した芸能の多くは，主として寺廟の儀礼に際して用いられるものや，コミュニティの連携を深めるために行われてきたものであった．特に華南地域からの移民が伝えた民間宗教の実践では，儀礼と戯劇が深く結びついており，神明の聖誕などの儀礼の際には各言語で上演される歌劇の閩劇，潮劇などのほか，加礼戯（糸操り），布袋戯（指人形/ハンド・パペット），鉄線戯（ロッド・パペット）などの人形劇が上演されて，儀礼的にも大きな役割を果たした．同時に祭礼の際に用いられる佛曲（儀礼音楽）や鑼鼓（野外楽）などの音楽のほか，南音や潮州音楽などのコミュニティを核として伝えられるものなども，それぞれの移住先で盛んに行われた．

その上演を支えたのは，東南アジアの各地で結成された音楽芸能グループと，故地から招聘された師匠たちの連携であった．各グループ内に指導者をもつ場合もあったが，折に触れて故地から師匠を招聘して学ぶというスタイルが定着してきたのである．この学習スタイルは，音楽芸能が中国で文化大革命によって大打撃を受けたときに思わぬ形で役にたつことになった．中国国内で壊滅的打撃を受けた音楽芸能は，革命後，東南アジア各地のコミュニティの維持してきた実践とレパートリー，資金援助などによって急速に回復することになったからである．

しかし急速に進んだ社会の変化が，音楽芸能を維持するのを困難にした場合もある．儀礼の際に用いられる戯劇で潮州語を母語とする人びとが行う潮劇を例にすると，現状ではマレー半島全体規模で移動する劇団の姿がみえてくる．ペナン島やシンガポールなどで，儀礼の際に潮劇を上演しようと思っても，現地のグループが高齢化に伴い上演できない場合に，タイから潮劇のグループを招聘して上演してもらうようなことが起こっているのである．

また地域を越えてつながり，芸能を維持しようとする活動も行われるようになっている．例えばユネスコの無形文化遺産代表一覧表に記載されている南音は，中国や台湾のみならず，東南アジア各地の音楽グループが集まって南音大会唱とよばれる大会を開き，横の連携を深める仕組みをもっているし，潮州音楽のグループでは，国境を越えてレパートリーを学びあい，共有することも行われる．

●故地との断絶と芸能の変容　一方で，それぞれの地の社会的環境のもと独自の展開をして，その芸能スタイルが変容し，担い手が変わったものもあった．音楽芸能の経験した変容を福建系の人形劇である布袋戯を例にみてみよう．

布袋戯は，シンガポール，マレーシア，インドネシアなどで行われるが，ミャンマーにも最後の人形遣いがいて，彼の地でも行われていたことが確認できる．しかしながら，マレーシアのブミプトラ政策やインドネシアのプリブミ政策のように先住民優遇政策が行われる国でその実践を維持するのは，かなり困難を伴った．特に政治的圧力と華人に対する直接的弾圧のあったインドネシアでは，上演場所が政府によって規制され，厳重に管理下におかれた．漢字で書かれた書物は当局による疑いをかけられないよう，すべて焼却された．上演内容は事前にチェックされ，内容によっては上演許可が下りなかったり，変更を求められたりしたほか，上演を強行すると逮捕されることもあった．使用言語もインドネシア語に変更された．故地や周辺諸地域のコミュニティとの連携が断ち切られて，物語や音楽の流行が入ってこなくなった．その一方で，担い手の多くは現地の人びと，東ジャワではジャワ人などに変わっていった．こうして布袋戯はインドネシアで唯一の国語インドネシア語で上演するワヤン・ポテヒとなったのである．

しかしこうした変容のほかにも，音楽芸能の姿を現代の創作手段として活用することで，その維持をはかる動きもある．その主体となったのは，さまざまな芸術活動を通じて社会への働きかけを行うアーティストたちの集団である．先の布袋戯を例にとれば，シンガポールのフィンガー・プレイヤーズ（十指帮）やマレーシア・ペナンのオンバ・ポテヒ（破浪布袋戯）などを例としてあげることができる．これらのグループは布袋戯の伝統的な形をきちんと学んで記録，継承する活動を行いつつ，芸能を新しいコンテクストへと置き換え，新たなる創作物とするような活動を行っている．こうした活動を通じて，現地の状況に即した形での音楽芸能のあり方が提唱されるようになっているのである．　[伏木香織]

東南アジアにおけるインドの音楽・芸能

インド世界と古くから交流をもつ東南アジアでは，4〜5世紀頃からインド文明の受容がみられた．インドの文化は陸路やマラッカ海峡を通じてもたらされ，仏教やヒンドゥー教，言語などが伝わっている．今日でも東南アジアの諸言語の中には，サンスクリット語起源の語彙が多数みられ，舞踊や民俗劇あるいは影絵芝居などの芸能を通じて，古代叙事詩の『ラーマーヤナ』や『マハーバーラタ』のローカル化したものが人びとの間で親しまれている．一方，近代以降のヨーロッパ諸国による植民地支配の影響によって，人や物の交流が大規模に拡大した東南アジアには，労働力としてインド系移民が数多く流入し，それに伴う形でインドの音楽・芸能も伝播した．

●インド系移民の流れと文化伝播　東南アジアへのインド系移民の流れは，英領インド時代の18世紀末から始まり，海峡植民地（現シンガポールとマレーシア）や英領ビルマが主な移動先であった．彼らの入植と定住のパターンは，囚人による強制労働，管理された入植，自発的な移住の三つに分かれ，特に海峡植民地時代に渡った人びとは，南インドのタミル地方出身の低カーストが多く，彼らは紅茶，コーヒー，サトウキビ，ゴム園などのプランテーション労働や建築・港湾整備などに従事していた．こうした影響から，今日でも東南アジアのインド系コミュニティの大多数を占めるのはタミル人であり，伝播したインドの芸能は，南インドのものが主流を占めている．

海峡植民地に移住したインド系移民たちは，言語や食文化をもたらしただけでなく，ヒンドゥー寺院を建立するなどして彼らの宗教的行事や慣習を維持した．シンガポールやマレーシアのヒンドゥー寺院で行われる日々の礼拝儀礼や結婚式には，ナーガスワラム（オーボエのような管楽器）とタヴィル（両面太鼓）からなる南インドの伴奏音楽が用いられるほか，祭儀や行事を彩る不可欠なものとしてカルナータカ音楽（南インドの古典音楽）やバラタナーティヤム（古典舞踊）の公演が盛んに行われている．こうした芸能実践の空間は，文化的エートスを視聴覚的に示す媒体の役割を果たし，新旧のインド系移民が互いに出会い，交流する共通のプラットホームをつくり出している．

●シンガポールにおけるインド芸能の発展　東南アジアでインド系移民の居住者が最も多いのはマレーシアだが，インドの音楽・芸能に関する各種団体の設立はシンガポールが一足早かった．シンガポールでは，1920年代頃まで現在のセレギィー地区あたりの公共空間において，インドの舞踊や演劇，民俗芸能などがインド人によって上演されていた．その後，1950年代に入るとインドの音楽・芸能を教授する機関が設立され始め，インド系有志によって創設されたシンガポール・インド芸術協会（1949年）が著名なインド人舞踊家を招聘して舞踊公演やワークショップを開催したり，シンガポールを訪れたインド人舞踊家のK. P. バスカーがバスカーズ・ダンス・アカデミー（1952年）を組織したりした．また当時流行していたラジオ放送では，カルナータカ音楽やタミル語劇が盛んに放送されて人気を集めていた．

1980年代に入ると，インドの音楽・芸能はシンガポール政府の支援のもとで発展し始めていく．シンガポール国立大学芸術センターやラサール美術大学，南洋芸術学院などにはインド音楽や舞踊を学ぶコースが開講され，政府系外郭団体の人民協会（PA）が運営するコミュニティ・センターでも同様のクラスが開かれるようになり，同協会の傘下ではシンガポール・インド人オーケストラ＆合唱団（1985年）も結成されている．芸術文化政策を推し進める近年では，中等教育カリキュラムに教育省と国家芸術評議会（NAC）が支援する芸術教育プログラムが組み込まれ，インドの音楽や舞踊を体験・鑑賞する機会が増えている．また，全国インド音楽コンクールやカラ・ウルサワム（インド芸能祭）といったイベントも政府主導のもとで毎年開催されており，インドの音楽・芸能がシンガポールの「ナショナル」な文化として位置付けられている．

●ボリウッド映画のグローバルな拡がり　一方，20世紀後半からのインド映画のグローバルな隆盛による影響も見逃すことはできない．世界一の映画制作数を誇るインドにおいて，芸術・社会派映画を除いた多くの作品は娯楽性の高い商業映画である．こうした映画は地方の大衆演劇やパールシー演劇の流れを汲み，歌と踊りが満載のミュージカル様式を踏襲している．特に「ボリウッド」の名で知られるヒンディー語映画は，国内はもとよりインド系移民が数多く暮らすネパール，スリランカ，欧米諸国，湾岸アラブ諸国，南アフリカだけでなく，言葉がわからない東アフリカやロシア，中国などでも人気を集めている．東南アジアではシンガポールやマレーシアのほか，インド系移民が少ないインドネシアでもインド映画が定期的にテレビ放送されており，大衆音楽のダンドゥットにはインド映画の挿入歌をカバーしたものがレパートリーとして定着している．

また映画の中で登場する一連のミュージカル・シーンは「ボリウッド・ダンス」とよばれ，インド映画の枠組みを超えてさまざまな形でグローバルに受容されている．欧米発のダンス・リアリティー・ショー番組の東南アジア版には，ボリウッド・ダンスを模倣したグループがたびたび登場し，都市部ではボリウッド・ダンスを教えるスタジオもみられる．さらに，フィットネス効果をうたう「ボリロビクス」なる運動も誕生し，シンガポールのフィットネスジムではインド系だけでなく中華系シンガポール人の間でも人気を集めている．　［竹村嘉晃］

賭け事・娯楽

東南アジアにおいての「賭け事」は，かなりの人が「娯楽」として楽しんでいるとみられる．各国において法律によって賭け事は禁止されている．しかし，ムスリムが多数を占める地域を除いて，賭け事が黙認されることも多い．国民の9割以上が仏教のタイでは，バンコクの競馬やムエタイなど，国や市町村の許可を受けた賭博以外は，基本的に禁止である．ひそかに村落でサイコロ賭博を行っていても密告により罰金を徴収されることもある．しかしながら，葬式などの場合，葬儀費用を捻出する為にサイコロ賭博を行っても黙認されるようである．これは，ラオスでもフィリピンでも同様であった．

●カジノブーム 近年，東南アジアでは，多くの国々でカジノが流行である．フィリピンでは，公認のカジノの収益は，スポーツ振興などにも使われ，経済効果の高いものとして公認されている．ラオスやカンボジアは，自国民がカジノに入るのは，表向きに禁止されているが，実際には黙認されているようである．カジノは，その国の大きな収入源になる賭博である．タイ人は，カジノが認められないため，「タイの金持ちは，隣国カンボジアに遊びに行く」という．また，ブルネイやマレーシア，インドネシアは，ムスリムが多いため，賭け事は禁じられているが，ブルネイを除いて，外国人のためのカジノは，許されている．また，ベトナムは，2017年3月に外国人だけではなく，自国民にもカジノが解禁されたばかりである．

●賭博好きなタイ人 東南アジアの中でも，前述したタイは，賭け事の好きな国として知られている．違法合法を含めて，さまざまな賭け事が行われている．例をあげれば，サイコロ賭博やトランプ賭博，闘鶏，闘魚，闘虫，ボートレース，ムエタイ，宝くじなどである．インターネットを使用する人びとの間では，サッカー賭博が流行しており，2014年に行われたワールドカップは，約5000人の逮捕者を出している．インターネットの普及により，賭け事のスタイルも変化してきたのである．タイ人は，スポーツや勝敗が伴うものには，必ずといってよいほど，賭けを行っているのをみかけるが，その代表的なものは，タイの国技といわれるムエタイ賭博であろう．ムエタイ賭博は，スタジアムの中だけではなく，テレビ中継でも行われている．テレビ局も

図1　闘魚を楽しむギャンブラー

視聴者がギャンブラーであることを意識し，生中継でムエタイを放送し，スタジアムの内外では，多くの情報屋が携帯電話にて，情報を発信している．東北タイの貧困家庭では，手っ取り早く，収入を得るためにムエタイ選手になることを選ぶ子供もいる．ムエタイのジムでは，プロ選手として試合をするようになると，ジムで寝泊まりし，宿泊や食事も提供される．少年は，ファイトマネーが安い上に，八百長試合をする可能性が低いので，賭けをしやすい対象なのである．少年は，ギャンブルの道具として，職業を得ることになる．タイのムエタイは，賭博の為に試合が行われているといってもよいほど，賭け事が支えているスポーツである．

●フィットネスブーム　タイの伝統的な娯楽といえば，セパタクロー◀という籐で編んだボールを蹴って遊ぶスポーツが有名である．ところが，近年の経済成長から，都市を中心に中間層が増加し，さまざまな遊びやスポーツが行われるようになってきた．高級なスポーツクラブが急増し，ムエタイジムではなく，タイ式ボクシングのプライベートレッスンのほか，さまざまなエクササイズが充実している．ルンピニー公園では，健康のためにジョギングや太極拳をする人が増え，大手のスーパーマーケットの前では，夕方6時頃になると，100人以上の主婦や初老の老人までもがエアロビクスで汗を流している．ロードバイクのような自転車も増加しており，バンコクの厳しい渋滞をさけるように，車の間を通り抜けていく姿がみられる．また，近年ブームになっているのは，マラソン大会である．大会に参加するには，夜中や早朝に出発する厳しい条件であるが，インターネットで参加募集の告知をすると，たちまち定員に達して締め切られてしまう．かつて，運動で汗を流すことや，苦しい運動を嫌う傾向にあったタイ人の娯楽観が変わってきたようである．

図2　中高年層によるエアロビクス

●その他の娯楽　タイの若者は，休日に，エアコンの効いた大型ショッピングモールや映画館に遊びに行き，夜は生バンドが演奏しているおしゃれなディスコに行くのが流行している．タイの若者は，スマートフォンや携帯電話の普及からゲームや自撮りをしたり，SNSを使った遊びがブームになっている．［菱田慶文］

参考文献

［1］菱田慶文『ムエタイの世界―ギャンブル化変容の体験的考察』めこん，2014
［2］NATION：http://www.nationtv.tv/main/content/crime/378415524/

格闘技

スポーツとしての空手，テコンドー，ボクシング，柔道などが広まっている一方で，各国の伝統格闘技も維持されている．これらはおおよそ以下の三つに分類できる．①手足による打撃中心の立ち技格闘技（タイのムエタイ，ミャンマーのラウェイ，カンボジアのボッカタオ），②打撃，投げ，関節技を中心とする技の体系を型稽古で伝承してきた，道着着用で行う中国武術系格闘技（ベトナムのボビナム，インドネシアやマレーシアのシラット，ミャンマーのバンドー），③打撃，投げ，関節技のみならず武器も使用する総合戦闘術（タイのクラビー・クラボーン，フィリピンのエスクリマやブノ）である．そのほか，ベトナム農村で祭礼の日に行われた日本の相撲に似たダウ・ヴァットもある．これは民衆版画として有名なドンホー版画における代表的な題材にもなっている．

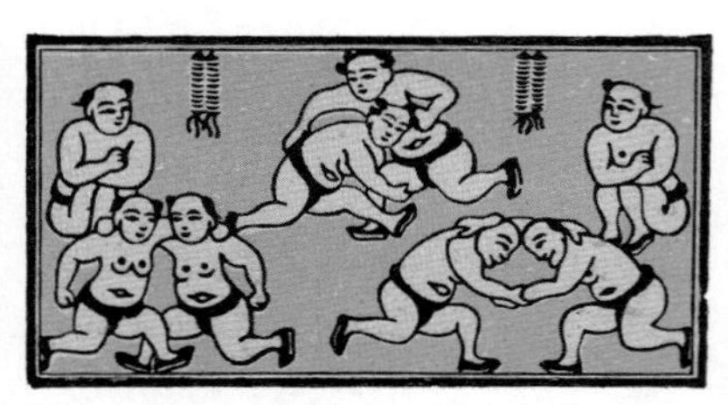

図1 ドンホー版画に描かれたダウ・ヴァット（グエン・ダン・チェー作画）

●ムエタイの成立と発展 伝統格闘技の近代スポーツ化と国際化の事例として，ここではムエタイを取り上げる．タイ式ボクシングともよばれるムエタイは，パンチとキックのみならず，ヒジ打ち，首相撲（腕で相手の首を抑えて相手の攻撃を制する組み技）などもルールで認められている．トランクスをはき，拳にはボクシンググローブをはめ，リングで対戦する．体重に基づく階級制がある点，勝敗をKO（またはTKO）か判定によって決定する点はボクシングと同じだが，ラウンド数は異なりプロが3分間5ラウンドである．試合場のみならず地方にもあるムエタイ観賞室などでも，その勝敗をめぐってギャンブルが行われる．タイのみならず，ラオスでもテレビ放映を通じて人気がある大衆娯楽である．

ムエタイはスコータイ王国時代（1238〜1377年）にすでにあったとも伝えられるが，確たる証拠はない．アユタヤ王国時代（1351〜1767年）以降の伝承は多く，ビルマ軍によって首都アユタヤが陥落した1767年にビルマ王の御前試合で，捕虜であったタイの拳法家カノムトムが，ビルマの拳法家をことごとく打ち倒し美しい妻を与えられてタイに戻った話や，バンコクを首都とする現ラタナコーシン朝（1782年〜）を創始したラーマ1世治世の1788年に，天下無双を自負するフランス人拳闘家兄弟をタイの拳法師範が易々と打ち負かした話などは特に有名である[1]．

一般にムエタイは戦乱の時代の軍事訓練として確立したといわれるが，これもはっきりしない．だが，かつての拳法が現代のムエタイとは異なっていたことは間違いない．その古い形式はムエボーラン（古式ムエタイ）の中に色濃く残っているとされる．護身的で芸術性が高いその格闘技術は，タイの俳優トニー・ジャーの超絶アクションを通じて世界的に有名になった．

ムエタイの前身の格闘技はムエ・カートチュアックである．20世紀初めまで式典や祭礼の余興として仏教寺院の敷地の土の広場などでその試合は催された．小さい穴を開けたココナッツの実を水に浮かせ，沈むまでを一ラウンドとして，選手たちは拳に紐だけを巻き，禁じ手なしの打撃ルールで一方が降参するまで闘った．勝者は賞金や名誉を受け取った．ミャンマーのラウェイはムエ・カートチュアックに近いとされる．3分5ラウンド制だが，選手は腕にバンデージを巻くだけで，頭突きも急所攻撃もルールで許されている．

1920年代以降，ボクシングにならってリングやラウンド制が導入された．1940年代にはラジャダムナン・スタジアムが建設され，ムエタイの近代的ルールが制定された．以来，国民的スポーツとして，「タイの国技」といわれるほど発展する．

●ムエタイの国際化とギャンブル化　その後ムエタイは，国際化とギャンブル化の2方向に向かう．まず，1960年代から大山倍達が創始した極真空手との交流試合，梶原一騎原作の漫画『空手バカ一代』(1971～77年)，日本で生まれた新スポーツ「キックボクシング」のテレビ放映などを通じて，ムエタイが世界的に広く知られるようになった．また1990年代になると，空手団体正道会館が開催した「K-1グランプリ」が国際的人気を博し，そこでのムエタイ選手の活躍もムエタイの知名度と世界的な競技者人口の上昇をもたらした．「K-1」はムエタイから，①肘打ちと首相撲などの技，②ギャンブル，③試合前のワイクルーという祈りの舞いや試合中の生演奏に代表される宗教性とローカル性，の三つを取り除いたスポーツとみることもできる．

図2　ラジャダムナン・スタジアム2階席のギャンブラーたち

さて，タイ国内でギャンブル化が顕著に進んだのは，1980年代以降である．ギャンブラーを喜ばせるためのマッチメイクが優先されるようになり，番狂わせの起こりやすい軽量級の人気が高まった．その結果，ファンが低所得者層に偏った．また，選手たちもギャンブラーを意識した試合の駆け引きや試合運びを行うようになり，足技と首相撲を多用するようになった[1]．　［樫永真佐夫］

📖 参考文献

［1］菱田慶文『ムエタイの世界―ギャンブル化変容の体験的考察』めこん，2014

セパタクロー

☞「SEA Games」p.622

東南アジアにはセパタクローに代表されるような，脚を使ったボールゲームが多数存在している．なかでもセパタクローはネットを挟んで脚や頭を使って行うバレーボールに似た競技で「足のバレーボール」，また激しい動きを伴うことから「空中の格闘技」ともよばれている．「セパ」はマレー語で「蹴る」，「タクロー」はタイ語で「（籐で編んだ）ボール」という意味である．

●セパタクローの歴史 9世紀頃から東南アジアの各地で行われてきた脚で行うボールゲームがもとになっているという．現在のように競技としてのルールが統一されるようになるのは1965年のことで，この年にアジアセパタクロー協会が設立され，統一ルールが整備された．これは当時3回目にあたる東南アジア半島競技大会（Southeast Asian Peninsular Games，東南アジア競技大会 South East Asian Games：SEA Games）においてセパタクローが競技種目として採用されたことによるものである．その後，1988年には国際セパタクロー連盟が設立された．1990年には北京で行われた第11回のアジア大会で正式種目となり，1998年には女子の種目も正式に加わった．セパタクローで使用されるボールは，もともと籐で編まれていたが，現在ではプラスチック製のボールが使われ，男子用は重さが170～180gで直径13.5cm，女子用は重さ150～160gで直径14cmであり，12の穴が開いている．また，セパタクローのコートの広さはバトミントンと同じで，ネットの高さは男子が155cm，女子が145cmとなっている．

●セパタクローのルール 3人で1チームとなり，対戦相手となるチームとはネットを挟んで対陣する．ゲームの方法は，ネットの張られている下にあるセンターラインの両側に設けられた半径90cmのクォーターサークルから選手の1人がボールをトスし，そのボールを半径30cmのサービスサークルにいる選手が相手のコートに蹴って入れることで試合が始まる．自分のコートにボールが飛んでくると3回以内でボールを相手のコートに返し，21点を先取すると1セットを取得することになる．試合は2セットを先取したチームが勝ちとなる．

●東南アジアのボールゲーム セパタクローは東南アジア競技大会やアジア大会の競技種目ということもあり，東南アジアのすべての国に普及している．しかし，東南アジアではそれぞれの地域や民族に固有の脚で行うボールゲームが存在している．マレーシアやインドネシアのセパラガ，フィリピンのシパ（籐で編まれたボールを使うこともあるが，一般的には5円玉のような穴の開いたメタルに何本ものビニールひもを通した，羽根突きの羽のような形状のシャトルコックを用いる．ベトナムではダーカウという），ラオスのカト，タイのジャンクイタクロー，ミャンマーのチンロンなどである．ラオスのカトはセパタクローと同じものであり，またベトナムのダーカウは，セパタクローと同じコートで，ボールではなくシャトルコックを用いて対戦する形式である．マレーシアのセパラガは，3人対3人に分かれてネットの張られていない円形のコートで，正面にいる相手チームの選手に対して強力なパス（シュート）を出し，相手が受け損ねると得点となる．タイのジャンクイタクローは，上空に籠やリングを吊って，その中にボールを蹴り入れるのであるが，その蹴り方の難易度で得点を争う．フィリピンのシパやミャンマーのチンロンは蹴り技の妙技を見せ合うものである．

●ミャンマーのチンロン　なかでもミャンマーのチンロンは，ほかのボールゲームとは大きく異なっている．「チン」はビルマ語で「(竹や籐で編まれた）籠」のことであり，「ロン」は「球体」を意味することから，この運動の総称としてだけではなく，ここで使用するボールもまたチンロンとよばれる．現在行われているチンロンは，試合の形式，ソロ演技の形式（台に上って1人でボールを蹴ったり，縄跳びをしながらボールを蹴ったりする），そして原初的な運動形態として古くから行われ，現在，最も広く普及しているワインチンの形式に大別される．ワインチンは6人で1チームとなり，お互いが助け合い，ボールを落とさないようにさまざまな技で蹴り続けるというもので，ボールが地面に落ちれば，拾って最初から始めるのである．ワインチンがほかのボールゲームと大きく異なる点は，競争しないことである．敵や味方に分かれることがないため勝者や敗者は存在しない．チンロンは，夕方，路地や空地，あるいはチンロン場で行われているが，仏塔（パゴダ）の祭などで披露されることもある．これを「アフラカチン（「美しいスタイルでチンロンを蹴る」の意)」とよぶ．アフラカチンには，僧侶やお祭に足を運んでくれた人たちに楽しんでもらうとともに，それらの人たちを「もてなす」という意味も込められている．美しいスタイルでチンロンを蹴るために，チンロンの練習ではボールを使わずに身体の動かし方だけを練習する「型練習」がある．200種類以上ある技は，このチンロン独自の練習によって身に付けるのである．またチンロンは，子供からお年寄りまで一緒にプレーすることができ，近年では女性のプレーヤーも増加している．このようにチンロンは生涯スポーツの要素も兼ね備えており，現在でも人気の伝統スポーツである．［石井隆憲］

図1　街中でのチンポエ（チンロン祭）

📖 参考文献

［1］石井隆憲『チンロンの神髄』明和出版，2012

闘　鶏

闘鶏とは雄の闘争心を利用して鶏を闘わせあう娯楽であり，東南アジアに広くみられる文化である．闘鶏そのものは東南アジアという域内に収まる文化ではないが，鶏（*Gallus gallus domesticus*）の野生原種であるセキショクヤケイ（*Gallus gallus*）の分布域は大陸部東南アジアと重なり，闘鶏は東南アジアにおける人間と鶏の文化的な結びつきの豊かさの一端を示している．

●闘鶏の概要　闘鶏は，セキショクヤケイの雄がもつ，縄張りとそれを侵すものへの攻撃性を巧みに利用し，家畜化した闘鶏用の鶏もその性質を現在まで維持していることから成立している人間の営みである．人間は鶏を家畜化する過程で，いつの頃からか闘鶏を行ってきた．例えば，考古学的証拠は4000年前のインダス文明の頃には闘鶏が存在していたことを示している（モヘンジョ・ダロ遺跡から闘鶏の印章が見つかっている）．ちなみに鶏飼育の証拠について，現在までに確認された最古のものは，8000年ほど前の中国の遺跡（河北省と河南省）にさかのぼる．

東南アジアでみられる闘鶏は儀礼，娯楽，賭け事など，多様な意味をもってきた．とりわけ，娯楽や博打としての闘鶏の魅力は東南アジアに限らず，世界的な支持を得てきた．日本における軍鶏(しゃも)はアジアの闘鶏品種に由来し，江戸時代には大いに多様化したことが知られている．またヨーロッパや米国でも闘鶏は盛んに行われ，ワシントンやリンカーンといった米国大統領も闘鶏好きであったことが知られる．ただし米国では，死ぬまで戦わせる残忍性が問題となって禁止され，スペインでも闘牛は許されているが，闘鶏は禁止となっている．

この闘鶏を禁止する方向性は，文化と動物の権利の問題がかかわる時代の流れとみなすことができる．東南アジアにおいて，例えばインドネシアでは1981年に，カンボジアでは2009年に禁止となっている．ただし，インドネシアのバリでは儀礼や娯楽としては続けられ，ベトナムでは祭礼時の闘鶏は合法であるが，博打を目的とする闘鶏は違法とされるなど，国家の枠組みと法律の状況により差異がみられる．

●タイにおける闘鶏　闘鶏はこれを育んできた文化が，民族や地域の儀礼と深くかかわっている場合に，現在まで根強く残り，継続されている．タイなどの大陸部東南アジアにおいて闘鶏が盛んに行われている理由には，鶏の家畜化が起きたと推定される場所に近いことに加えて，人びとの信仰と儀礼において切り離すことができない豊かな文化が育まれてきたことがあげられる．タイでは16世紀のアユタヤ時代に，ナレースワン王が戦いの勝敗を闘鶏で占ったことがよく知られている．

タイとその周辺国では現在も闘鶏が盛んに行われているが，闘鶏は試合会場に限らず日常的に行われる娯楽であり，人びとは日頃から，ちょっとした暇な時間に自分たちが大切に育てている鶏同士を闘わせる景観がある．農村の家の庭先に，半球の竹かごに1羽ずつ入れられた鶏をみつけたら，それはかなりの確率で闘鶏用に飼育されている鶏である．この娯楽は基本的に男性のものであり，小学生くらいの男の子からこれを楽しんでいる．タイ語でカイ・チョンとよばれるこのような闘鶏は，日常の気軽で気晴らし的なものから，特殊な飼育や訓練を経て大会で勝利し，非常な高値での取引が行われるものまで幅広い．

タイやラオスで町の少し外れにゆくと，直径5m程度の円形の囲いを備えた闘鶏場をみつけることができる．闘鶏場では囲いの周辺を観客が取り巻き，その中で闘わせる．例えば前半15分，休憩5分，後半15分といった試合時間で，鶏はにらみ合い嘴でつつきあい闘う．勝敗はどちらかが倒れるか，逃げ出すかであり，両方動かなくなった場合は引き分け，といった具合である．このようなタイやラオスの闘鶏では，鶏が死ぬまで戦わせることは基本的にない．一方で英国などのヨーロッパに入った闘鶏は足に刃物をつけて殺しあう決闘的なものである．フィリピンの闘鶏にはこの方法があり，ヨーロッパ経由の闘鶏文化の影響を受けた地域の特徴である．

図1　ラオスの闘鶏場における試合の様子

タイの農村でも森に近い山村などに行けば，自給用に飼育している鶏が，昼間放し飼いにされている．この鶏は特に闘鶏用ではないが，時折，雄同志のにらみ合いが自然と始まることがある．これに気付いたまわりの子供や青年が，臨時の闘鶏試合としてひとときを楽しむことがある．このように闘鶏は人びとの暮らしと非常に近いところに存在する．また森に入りセキショクヤケイを狩猟して，運よく捕獲できた野鶏(やけい)と家の鶏を交配させようと試みる人もいる．タイ語でカイ・パーとよばれるこの野鶏について，人びとはその鳴き声や形に加えて，とりわけ雄の羽色を愛でて，そこに美を見出している．また，家の庭先で飼育されている鶏は食用である以前に，民族に固有の儀礼において供犠に欠かせない存在でもある．このように東南アジアにおいては，暮らしと生業そして信仰と儀礼の関係において重要な存在として鶏があり，その延長上に鶏同士を闘わせる闘鶏文化も育まれ維持されている．

［中井信介］

参考文献

［1］秋道智彌「鶏と人間をめぐる現在」秋篠宮文仁編『鶏と人』小学館，pp.167-194，2000

子供の遊び

☞「賭け事・娯楽」p.490，「闘鶏」p.496

ここでは東南アジアにおける子供の遊びを扱う．ただし，伝統的な東南アジアの社会では，いわゆる「子供」概念も現代の都市化された社会とは異なり，いわゆる「おとな（成人）」と，それ以前の区別は必ずしも明確ではないこともある．そのため，ここでは成人による遊戯の一部も含めて紹介することとする．

そもそも東南アジアの文化は土着の基層文化に加えてヒンドゥー教，仏教，イスラームなどの外来文化が流入し，さらに植民地化以降はキリスト教や欧米文化などの影響が追加されて混淆的な文化を形成していると語られることが多いが，遊びについても同様の状況を指摘することができる．すなわち，東南アジアの遊びは，その民族や地方ごとに独自のものもあるが，他方ではアジアの他地域や欧米などと共通するものも少なくない．ただし起源は外来の遊びでも，東南アジアに伝播した過程で現地の文化・社会に合うように土着化されたものも多い．

国によっては，ナショナリズムの観点から現地の遊びが誇るべき伝統的な文化遺産であるとして称揚され，今日に伝わる雑多な遊びの中で「外来の遊び」と「土着の遊び」を区別し，前者を排除して後者を称揚する傾向もある．しかしながら，上述のように東南アジアの遊びには総じて外来文化の影響が強く，果たして明確に区別できるのかどうかについては，現地の研究者の間でも意見が分かれるところである．例えば東南アジアで一般的な伝統的な遊びの中にも，かくれんぼやハンカチ落とし，じゃんけん，石蹴り，竹馬，鬼ごっこ，お手玉，おはじき，ビー玉などといった日本の遊びと共通するものが少なくない．

こうして外来文化の影響を受けつつ発展してきた東南アジアの多種多様な遊びを網羅的に紹介することは到底できないが，ここでは主に島嶼部を題材として現地の遊びの代表的なものを紹介していきたい．

●肉体の強健さを競うもの　ここには筋力や瞬発力，持久力などを競うものが含まれる．例えばレスリングの一種や腕相撲，指相撲，足相撲など広義の格闘技がその代表であり，ほかに鬼ごっこ，追いかけっこ，石合戦，綱引きなども東南アジア各地に存在する．フィリピンではヤシの葉に人を乗せ，それを競技者が引っ張って競争するレースやココナッツの実を割ってつくった下駄のようなものを履いて走る競争なども伝統的な遊戯のひとつである．

●器用さや知能を競う遊び　筋力だけではなく手先の器用さが関係する遊びとして凧揚げ，およびその凧同士を闘わせる遊びをあげることができる．凧を使う遊びはインドネシアやマレーシアなどいわゆるマレー世界の各地で広く普及している．ほかにも器用さを競う遊びとしてヨーヨー遊びや独楽回しなどがある．ちなみに凧揚げも独楽回しも元来は宗教儀礼と関係が深かった.

また東南アジアではセパ（ないしシパ，セパ・ラガ，セパ・タクロー）などとよばれる伝統的な球技も盛んである．これはインドネシアやマレーシア，フィリピンをはじめ各地に分布しているが，概してラタン製のボールを使った球技の総称である.

知能を競う遊びの典型的なものとしてダマとよばれるフィリピン式チェスをあげることができる．これはラインを引いた段ボール紙や木の皮などの盤上で，木，石，瓶の蓋などを駒にして行う.

●模倣やロールプレイングの要素が強い遊び　このほかに特徴的な遊びとして模倣やロールプレイなどの要素が強い遊びをあげることができる．そのひとつとしてバカバカハンとよばれるフィリピンの伝統的な遊びがある．これは地面にラインを引いて円をつくり，そこに牛（バカ）役のプレイヤーが入る．牛役のプレイヤーは，あたかも本物の牛のように円内で四つ足になり，牛の鳴き声や動作を真似る．この牛役は円から出ることを許されない．他のプレイヤーは円外からたくみに接近して牛の胴体にタッチし，タッチできた回数を競うが，その際に牛の足に触ったりした者は牛役に交代しなくてはならない.

またロールプレイ的な要素の強い遊びとして子供たちのままごとや買い物ごっこをあげることができる．買い物ごっこでは，東南アジアでの日常の売り買い場面で特徴的な値引き交渉を再現して，買い手役が売り手役からいかに値切って買うのかを再現して遊ぶ．この遊びは，子供たちに現実の商売の仕組みを学習させる社会化機能があると見ることもできるが，逆にいえば伝統的な東南アジア社会に存在する売買プロセスに潜むゲーム性や演劇性を逆照射していると考えることもできるだろう.

●遊びの道具，おもちゃ　ここまであげてきた伝統的な遊びでは，概して人間の生身の身体を用いるか，遊び道具としても竹や木，石ころなどの身近なものを材料にした単純なものが多かった．また島嶼部東南アジアの沿岸で生活する漁民の間では，伝統的に竹馬は子供の遊び道具であると同時に杭上家屋間での移動・交通手段として用いられるなど，遊び道具やおもちゃと日常の生活用具の区別は比較的緩やかであった．ただし，なかにはスンカやマンカラなどと東南アジア各地でよばれる専用の遊び道具を使った一種のボードゲームなども存在する．なお都市化やグローバル化の影響で，欧米や日本ないし中国製の大量生産された子供向けおもちゃやコンピューター・ゲームの類が，急激に浸透しつつあるのも近年の東南アジア社会の顕著な特徴である.　［床呂郁哉］

📖 参考文献

［1］ 床呂郁哉「フィリピン」大林太良他編『民族遊戯大事典』大修館書店，pp.406–410，1998

第10章

ジェンダー・セクシュアリティ

東南アジアにおける女性の地位は，儒教的家族規範をもつ東アジアのそれに比べて高いといわれている．世界経済フォーラムが毎年発表するジェンダー・ギャップ指数では，日本が100位よりも下位に位置するのに対し，フィリピンを筆頭に東南アジアの国々は軒並み2桁にランクインしている．かといって，東南アジアにおいて柔軟なジェンダー観や多様なセクシュアリティが社会で無条件に容認されているか，といえば，そうとも限らない．母・娘としての家庭内の役割がことさら強調され，公的な領域ではまだ十分に能力を発揮しているとはいい難いのが実情であろう．近年のグローバル化を背景とした国際結婚・離婚や家事・介護労働移動など，いわゆる「移民の女性化」は東南アジア社会を大きく揺さぶっている．一方で，宗教的権威に対して，または国民統合の文脈において不利な立場にあった性的マイノリティの人びとがみずからの尊厳と市民権を求めて声を上げ始めている．本章では，このようにダイナミックに変貌を遂げる東南アジアのジェンダー・セクシュアリティのあり様を多角的な視点から掘り下げていく．

［岩井美佐紀］

東南アジアの男女観

東南アジアの女性は自律性が高いとされてきた．歴史家のA. リードは，近世以降，西洋人旅行者が，東南アジアの市場で商売し世帯を切り盛りする女性たちに出会い，インドや中国と比較して，驚きをもって記録してきたと指摘する．東南アジアの女性が経済的にも自律し，離婚再婚も自由な社会が少なくないこともあり，他地域に比して平等と自由を享受しているという見方は，根拠がないわけではない．しかし，だからといって東南アジアの女性は地位が高い，あるいは，東南アジアにおいて男女の相違は重要ではない，と十把一からげにいうことは同地域の多層多元的な男女をめぐる実態も言説も十分反映しているとはいえない．

●男女の役割分業 自律性の高さの理由として，双系的親族組織に基づく社会が多く，そこでは財産相続も男女を問わず均分であること，そして経済活動が活発であることがあげられる．また，妻方居住が多いため，娘の1人が親と同居するなど，娘と両親の関係や世帯における役割が重視され，女性は親と物理的・経済的・心理的に密接な関係を保つ．逆に，娘として母として，世帯における責任が重く，家計に貢献し，キョウダイや両親を支えるためにも，活発に経済活動を展開する．そのため女性は農作業，市場，ビジネス，大学や教育現場などさまざまな場面で活躍する．世帯レベルでも，国家レベルでも，経済的貢献度が高く，先進国と比較しても，労働力率や雇用率も高いが，その実態は，インフォーマル・セクターや臨時雇用も多く，官職であれば，女性は上位に上がるほどその比率が少なく，給与平均も男性より低い．

●ジェンダー・イデオロギー タイやマレー社会では，母＝養育者としての女性の役割やイメージが強調される．養育者としての役割は，実質的には女性の家族に対する経済的な責任につながっている一方，そのこと自体によって，女性が劣位におかれる文化的な威信の構造があることが指摘されてきた．例えば，タイの仏教社会では，母として養い手としての役割によって，家族の必要に縛られて生きる女性，世俗から離れられない女性，計算高く実利的で金銭授受の商売に向いているという女性観が語られる．

一方，男性は出家の道を通じて，僧侶として尊ばれ，威信を得ることができる．仏教の経典教義そのものは女性をめぐって多様な解釈の余地を残すとしても，現在の東南アジア上座仏教社会では，女性出家の道は阻まれており，ローカルな実践として男女をめぐる価値観や行動規範に仏教が正当性を付与する形になっている．またマレー・イスラームの世界では，情欲と理性を対置し，情欲の抑制の欠如は，悪や悪霊の仕業であり，男性が極めることができる深い理性こそが人間の最も尊厳ある姿であるとする．そして，女性は家庭と市場という世俗の場と最も密接で，物欲や情欲が強く，日常のより低次元の事象にかかわり，理性については散漫であるとする支配的な言説がある．この同じ言説は他方で，家庭内では女性が優位にあり，妻は何事も夫に相談はするにしても，実質的な決定権を握っていることと無縁ではない．ジャワでも，男性は世俗のしがらみが少なく，禁欲，自己鍛錬，自己統制により霊力をもち，洗練され，欲望や感情を抑制することができ，政治や宗教において活躍するべく，日常性を超越し，聖性に近づけるという．

こうした支配的言説がある一方で，ジャワでも女性達が常に男性の賭け事や放蕩と無責任を嘆くのであり，ゆえにこそ女性が家庭で実権を握り，実際には自己統制をして家族を守り責任をもつともいう．このように支配的イデオロギーの背後で，言説と実践は錯綜する．マレー社会でも，より日常実践的なレベルでは，支配的言説とは逆転して，女性は日常的な諸事を有能にこなし，母や娘としての責任のゆえに自己統制に優れ，男性は無責任で，金銭感覚も欠如しているとする言説もあり，ジェンダー・イデオロギーは多元的である．さらに，社会的上下関係を論ずる上では，ジェンダー以上に年齢，家柄，教育，職業，民族的出自，文化的素養や霊力などが重視され，威信と経済的地位は，必ずしも相関しない．

●男性性と女性性　一方，家庭や夫たる男性の縛りから外れた女性は危険視される．支配的言説において，女性は母や妻であるか誘惑する愛人や娼婦であるかどちらかということになる．

男性性に関しては，例えばタイでは上述の僧侶と並んで，ボクサーを男性性の象徴とする分析がある．いずれも男子が男性化していく過程で，男性性の価値や，スタイル，感性を築いてきた領域であり，階層を問わずタイ国民における男性性の身体的イデオロギー的基盤を形成してきたという．いずれも威信の獲得につながる道でありつつ，その過程で搾取や苦悩と戦い，階層社会における力関係の中で闘争する男性の象徴である．と同時に，女性を排除する男性の特権と名誉の世界として，男性性のイデオロギーを創出し，社会的上昇の道を象徴し，階層化された世界における男性支配の構造の基盤にも，国家的な英雄崇拝の場にもなる．いずれも道を極めるために，厳しい階層的コミュニティの中で修行と自己鍛錬をする．これは，上述の抑制や理性の男性性と相通ずるともいえるだろう．

以上のように，東南アジア社会において男性性と女性性の言説は多重であるが，さらにそこに多元的な性としてトランスジェンダーも重要な要素として加わり，単純な二元論として男女を描くことはできない．　　　　　　　［速水洋子］

📖 参考文献

［1］ Ong, A. & Peletz, M., eds., *Bewitching Women, Pious Men: Gender and Body Politics in Southeast Asia*, University of California Press, 1995

女性と政治

東南アジア諸国の女性と政治をめぐる状況は，この20年くらいの間に大きく変化している．以下，現状要因について述べる．

●国会における女性議員比率とクオータ制度　東南アジア諸国の国会における女性議員比率は，この数十年間の間に大きく上昇しているが，ラオス，ベトナム，カンボジアなど社会主義時代を経験したことのある国々において女性議員比率が高い傾向がみられ，女性議員比率が高い国々においては一定枠を女性に割り当てるクオータ制度が導入されているということが一つ重要なポイントである．

シンガポールでは1970年から84年まで女性国会議員が皆無だったが，2000年代に入り，与党PAP（人民行動党）が若い世代にアピールするため，家父長的なイメージを払拭すべく自主的にクオータ制度を導入したことで，女性議員比率を大きく伸ばし，2016年には23.8%で，域内5位になっている．

国会における女性議員比率が域内最高の38.5%である東ティモールにおいてもクオータ制度が導入されている．しかしジェンダー平等の点では同国は世界125位で，東南アジア諸国の中で最も低い．実際，村落レベルにおける女性の政治参加についてみれば，女性村長の比率はわずか2%で，日本と同レベルである．2016年にはこうした状況を変えるために，すべての村長候補，副村長候補に女性候補を入れなければならないとする法律を通過させたところである．

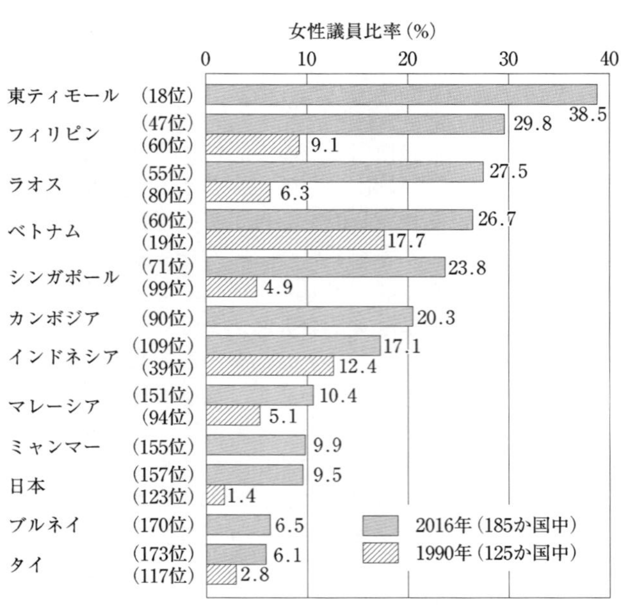

図1　国会における女性議員比率と順位（出典：世界銀行のサイト情報に基づき作成．http://data.worldbank.org/indicator/SG.GEN.PARL.ZS）

クオータ制度の内容は一様ではない．イン

ドネシアにおいては2000年にジェンダー主流化に関する大統領令が出され，2003年に制定された総選挙法からクオータ制度が導入されているが，「各政党は少なくとも30%の女性代表権を考慮して各選挙区において候補者を決定することができる」というゆるやかな内容で，比例区で女性候補がリストの下の方におかれるなどの差別が存在していることが問題点として指摘されている．とはいえ，同国の女性議員比率の順位は，11か国中7位であるが，比率自体は17.1%で，9.5%の日本と比較するとはるかに高い．

ちなみにフィリピンでは，クオータ制度は導入されていないが，東ティモールに次いで国会の女性議員比率が高い．同国ではジェンダー・ギャップが小さいことが女性の政治参加を容易にしていると考えられる．2016年のジェンダー・ギャップ・レポートによると，フィリピンのジェンダー・ギャップ指数は0.786で144か国中7位，アジアで最もジェンダー平等な国である．また同国では，候補者らが，アキノ，マルコス，エストラーダなどの政治王朝に属していれば，性別に関係なく高い支持が得られるなどの状況も影響している．

●女性政策の変化を促す要因　女性の政治参加を促す方向へと女性政策が変化するかどうかは，文化的・宗教的ジェンダー規範ともちろん関連してはいるが，民主化の度合いや政治体制，国や政党の指導者らの考え方などとも密接に関連していると考えられる．この数十年間に東南アジア諸国で起きた大きな変化は，国際女性会議などで議論のキーワードが，1980年代以降，「開発と女性（WID）」から「ジェンダーと開発（GAD）」へと移行し，女性を開発の過程に統合するだけでなくジェンダー平等に配慮することの重要性が各国で共有されるようになったことによるところが大きい．またフィリピン，インドネシアなどにおいては，海外の財団からの豊富な資金が女性の政治参加を促す啓蒙活動や政策提言活動を行うNGO活動一般を支えている．カンボジアにおいても，1989年にベトナム軍が撤退した後，国連監視の暫定政府のもとで多くの女性NGOが組織され，民主的憲法を制定するため活発に運動し，現在まで積極的に活動している．海外からの資金を受け活動するNGOが社会変革のために果たしている役割は小さくない．しかしながら，インドネシアでは，ジェンダー平等の視点からの婚姻法改革やLGBTの権利擁護などにかかわるNGOが，欧米の財団から資金を得て活動している状況があり，そうした分野での活動は，保守派イスラーム勢力から批難の対象とされてきている．民主化の進展は，より西欧的な人権意識と，イスラームの伝統に基づく保守的な人権意識の対立をますます表面化させてきており，同国の女性政策は，そうした価値観のせめぎ合いの中，難しい局面を迎えている．［大形里美］

📖 参考文献

［1］World Economic Forum, The Global Gender Gap Report, 2016（http://reports.weforum.org/global-gender-gap-report-2016/rankings/）

女性の高学歴化

☞「高等教育」p.200

国連『世界の女性 2015』によると，1990 年から 2012 年までの間，世界的に初等教育の普遍化は達成しつつある一方，依然として男女差が残る地域もある．そのような中，東南アジアでは男女ともに平均して純就学率が 90%を超えている．特に，女子の純就学率は 77%から 90%へと飛躍的に伸びており，男子の純就学率 92%に迫る勢いである．また，前期中等教育（日本の中学校相当）にみられる男女差は平均 5%以下程度とあまり大きくない[1]．

さらに，東南アジア各国に共通して高等教育の総進学率は伸びており，男性よりも女性の総進学率が上昇している．表 1 より，高等教育への総進学率（2012 年）に 5%程度以下の男女差しかない国に，インドネシア，ラオス，ベトナムがあげられる．ブルネイやマレーシア，ミャンマー，タイの場合は，男性よりも女性の総進学率が上回っている．ただし，教育，健康福祉，人文科学系関連分野を卒業する女性が多く，科学や工学系分野を卒業する女性は少ないという専攻分野の偏りは，東南アジアでも依然としてみられる[1]．

表 1　東南アジアにおける高等教育の総進学率（%）

国名	1993年		2000年		2012年	
	男性	女性	男性	女性	男性	女性
ブルネイ	4.7	6.5	9.3	15.8	14.5	25.3
カンボジア	2.0	0.4	3.8	1.2	19.6	12.0
インドネシア	11.4	7.6	16.0	14.1	29.4	25.0
ラオス	1.9	0.8	3.5	1.8	19.7	14.4
マレーシア	−	−	25.0	26.5	32.7	39.1
ミャンマー	4.5	6.0	−	−	11.8	15.8
タイ	18.1	20.6	32.1	38.2	46.4	58.8
ベトナム	−	−	10.8	7.8	24.2	24.6

（出典：United Nations, 2015, Statistical Annex Table3.11（https://unstats.un.org/unsd/gender/chapter3/chapter3.html）より作成）

●政治・経済分野で女性は活躍しているか？　東南アジアにおいて女性の高学歴化が進む国は多い．しかしながら，学校や大学を卒業した後に，政治・経済分野で女性に男性と同様かつ同等の機会が提供されているかには課題が残る．男女平等や男女格差を測る国際指標の一つにジェンダー・ギャップ指数（GGI）がある．GGI は，世界経済フォーラムが，「グローバル・ジェンダー・ギャップ・レポート（The Global Gender Gap Report）」において公表している，経済，教育，政治，保健の 4 つの分野のデータに基づく男女間格差の大小を測る指数である．

GGI（2016 年，144 か国中）によると，東南アジアでは，フィリピンが第 7 位，ラオス 43 位，シンガポール 55 位，ベトナム 65 位，タイ 71 位，インドネシア 88 位，ブルネイ 103 位，マレーシア 106 位，カンボジア 112 位，東ティモール 125 位にランクされている．一般的に，東南アジアの女性の地位は高いと知られているが，4分野を総合した順位では，フィリピンを除いて順位が高いとはいえない．

東南アジアには各国独自の開発政策が女性活用を促し，女性の高学歴化をもたらした国もある．女性の高学歴化が政治・経済分野での女性の活躍につながるか否かには政府の思惑が関係するため，結果に限界があるのは必然である．

●女性の高学歴化の解釈と未来への課題　女性の高学歴化には，多様な社会文化的要因が複雑に絡み合っている．例えば，インドネシアでは，イスラームの教えに基づき，男女は本来的に役割が異なるために修学の目的が異なる．そうした独自の女子教育観は，独立後の開発期に「妻として，母としての役割と責任を放棄することなく，職業人としても働き，家計を助けるという〈開発の中の女性の役割〉と〈家庭人としての役割〉の二重の役割を女性に課」すという形でインドネシア政府に利用されてきた[2]．つまり，本来的に男女で修学の目的が異なるとすれば，学校や大学を卒業した後に，社会で男性と同様かつ同等に女性が活躍できるか否かという点から，女性の高学歴化を単一的に解釈することは難しい．

また，他地域で育まれてきたジェンダー理論に基づく解釈や評価のあり方に再検討を促す事例もある．例えば，マレーシアでは，初等教育から高等教育まで男女間で目立った差がない上に，性役割観の影響を受けながらも女性自身が多様な進路を選択している．一般的に性役割観は女性の教育選択の阻害要因になると考えられてきたが，必ずしも教育選択する上で障壁になるとは限らない．マレーシアの事例は，高学歴化に男女間ギャップがあるという意味で特質が認められる[3]．他にも，タイやミャンマーにおける女性の高学歴化の事例について，各国独自の文脈による解釈が待たれるところである．

近年，東南アジア域内・域外を問わず高等教育のネットワーク化が進み，タイやマレーシア，シンガポールの各国政府は地域のハブとなるべく尽力している．東南アジアの女性の高学歴化はもはや一国内の事象ではなく，広く東南アジア域内や域外への留学という女性の選択肢の広がりという観点からとらえる必要がある．また，東南アジアに留学してくるアジアの他地域の女性やアフリカの女性に，東南アジアのジェンダーと教育の現在や未来がどのような影響を及ぼすか，女性の高学歴化の未来への新たな課題も残される．［鴨川明子］

📖 参考文献

［1］United Nations, *The World's Women 2015: Trends and Statistics*, UN Publication, p.72, pp.75-76, 2015

［2］服部美奈『インドネシアの近代女子教育―イスラーム改革運動のなかの女性』勁草書房, p.294, 2001

［3］鴨川明子「マレーシアにおける女子・女性の教育―男女間格差の解消とジェンダー平等という2つの課題をめぐって」村田翼夫編『東南アジアの教育モデル構築―南南教育協力への適用』学術研究出版，pp.114-134，2018

フェミニズム運動

東南アジアではフェミニズムを欧米の産物として忌避する傾向があるが，フェミニズム運動が男女平等・女性解放を掲げ，女性問題の解決を目指すものであると定義するならば，東南アジアは世界でもフェミニズム運動の盛んな地域であるといえよう．タイを除いて植民地化された東南アジアでは，フェミニズムを含む欧米の文化がもたらされ，また植民地に対する抵抗運動の中からフェミニズム運動が生まれた．独立後の東南アジアは開発独裁やベトナム戦争の時代を経験したが，それは第2波フェミニズム，1975年の国際女性年，1976年からの国連女性の10年という，国際フェミニズム運動の時代でもあった．それらの影響のもとで，そして民主化運動とともに，東南アジアのフェミニズム運動は大きく発展して現在にいたっている．

●植民地支配とフェミニズム運動 1902年から米国の植民地となったフィリピンでは，1921年に女性クラブ全国連合が結成されてから，女性参政権獲得運動が全国に広がった．1934年にフィリピン独立準備政府は，女性参政権付与の是非を30万人以上の女性の賛成を条件とする国民投票に委ね，45万人以上の女性が賛成投票するという圧倒的な支持で女性参政権が実現した．上流階層の女性が中心であったという批判もあるが，法案を提出し続け，運動を各階層の女性に広げ，粘り強く闘争を進めていったフェミニズム運動の勝利であった．

オランダ領東インド（現インドネシア）では女性組織が1910年代から数多くつくられ，ナショナリズムの高揚の中で1928年に第1回インドネシア女性会議が開催された．そのとき設立された上部団体がその後コワニ（インドネシア女性会議）と改称されて現在まで続いている．女性たちが求めた一夫一妻制を原則とする婚姻法の制定は独立後にもち越され，論争を巻き起こしたが，一夫多妻制に最も激しく反対したインドネシア共産党系の女性組織グルワニ（インドネシア女性運動）が1965年の9月30日事件で壊滅するとともに，運動も穏健化し，スハルト政権下で成立した1974年の婚姻法は妥協の産物となった．

ベトナムでは独立運動を担うベトミンの一翼として多くの女性組織を糾合した連合体が，独立後の1946年にベトナム女性連合会と改称し，再植民地化をはかるフランスとの戦争に女性たちを動員した．ベトナム戦争では北ベトナムの女性組織として何百万人もの女性を戦時の諸活動に動員するとともに，男女平等を実現する好機とみて，女性の地位向上を目指す運動を展開した．南ベトナムでは女性連合会の姉妹組織である南ベトナム解放女性連合会のほかに，いわゆる第三勢力の「生きる権利を求めるベトナム女性運動」などのフェミニズム運動があった．

●民主化とフェミニズム運動　フィリピンでは反政府運動内部の女性差別に抗議して，1970年にマキバカ（新しい女性の自由な運動）が設立されたが，1972年からの戒厳令で地下に潜った．1983年設立のカラヤーン（自由のための女性運動）は，1981年設立のピリピナ（フィリピン女性運動）とともに明確なフェミニズム運動を担った．1984年設立のガブリエラ（改革・統合・リーダーシップ行動のための女性連合）は，農民や都市の貧困女性の団体の連合体で，階級的視点が強かったが，1986年に民主化運動が成功するとフェミニズム的な運動を展開し，2003年には女性政党として登録し，女性議員を輩出した．現在フェミニズム運動は数多くのNGOを中心に多様な運動を展開している．

インドネシアでは1980年代から活動し始めた女性NGO諸団体が，1998年の民主化運動に貢献したが，同年に起きた華人女性に対する集団レイプ事件の真相究明をいち早く求めた．現在もNGO中心のフェミニズム運動が活発である．マレーシアでも1980年代から多様な女性NGOが次々に運動を展開した結果，1994年に家庭内暴力法が制定され，2001年には憲法に「性による差別の禁止」が明記された．シンガポールでは1983年に政府が高学歴女性の多産を奨励したことを批判して，1985年にAWARE（行動と研究のための女性協会）が結成され，同国でほとんど唯一のフェミニズム組織として，調査・研究・教育など多様な活動を行ってきたが，近年は特に外国人女性の家事労働者に対する雇用主の暴力の問題に取り組んでいる．

植民地化されなかったタイでも民主化運動や国連女性の10年の影響でフェミニズム運動が起こったが，ナショナリズムの制約が少ないだけ，より国際的で，先鋭化する傾向がある．NGOのEMPOWERは性産業従事者の要求に取り組み，国際的な組織にまで発展した．また民主化とは異なるが，1986年のドイモイ後のベトナム女性連合会は農村女性の起業のための小口融資の制度を整え，近年は労働力輸出や国際結婚の名のもとに国外で働く女性たちの問題にも取り組んでいる．

● ASEANとフェミニズム運動

ASEAN女性委員会（ACW）は，地域協力を通して女性の権利とジェンダー平等を進めるとしている．2016年の第15回大会では女性のリーダーシップを促進することを強調した（図1）．多様なエスニシティや宗教をもつ東南アジアの女性リーダーたちが一堂に会する場は貴重である．　［片山須美子］

図1　2016年10月にシンガポールで開催された ASEAN 女性委員会第15回大会（出典：http://asean.org/asean-women-unite-to-promote-womens-leadership/）

カルティニ

カルティニ（1879-1904）は，インドネシアではラデン・アジュン・カルティニ（Raden Adjeng Kartini，ラデン・アジュンは貴族の未婚女性の称号）と称され，「民族覚醒の母」としてまた女子教育への貢献などから1964年，「インドネシア共和国国家独立英雄」に列せられた．生誕日4月21日は「カルティニの日」に制定され祝賀行事が催される．1985年，カルティニの肖像画が紙幣に採用された．オランダ語書簡集『*Door Duisternis tot Licht*（闇を通って光へいたる）』（1911年）の著者として『*Lexicon van de Nederlandse Letterkunde*（オランダ文学作家人名事典）』にも名をとどめる．

しかし，カルティニが生きた時代は独立運動が始まる以前の20世紀転換期である．それはオランダによる間接統治体制が完成しオランダ人官吏と現地人官吏による統治が機能する中で，県知事の令嬢としてカルティニは伝統文化に育まれ，同時に，ヨーロッパ人小学校で最も早くオランダ語教育を受けた世代の女性であった．このことから，カルティニは伝統（後進）から近代（進歩）への移行を体験した，あるいは両者の間を行き交う「原住民」の象徴として，「近代精神」の体現者として輝かしく描かれてきた．確かに，カルティニはみずから苦悩した未婚女性に対する慣習（婚前閉居など）を破り，結婚に関する慣習（強制婚・一夫多妻・幼年婚など）を批判した．書簡には女性の地位向上について，女子の中等教育，特に自立のための職業教育の必要性が記されている．彼女は「初のジャワ人女子校を創立した原住民女性」として顕彰されるが，実際には，知事邸の中に開いた幼い少女たちを対象とする私塾を開校して半年後に，志半ばで望まぬ結婚をして去った．その1年後，彼女は子息を出産し25歳で亡くなった．

●二つの書簡集　カルティニを知る手がかりとして二つの書簡集がある．一つは先述した*Door Duisternis tot Licht*で，編者はオランダ領東インド政庁教育・宗教・産業局長官J.H. アベンダノン（1856-1925，カルティニの文通相手）である．出版の目的を「ジャワに女子校開設」とし，書簡は女子教育を阻む慣習に対するカルティニの批判と教育理念を主題に編まれた．1913年，小学生対象の「カルティニ学校」が開設され目的は成就した．が，編集過程で原書簡の削除，大胆な「切り貼り」による書簡の合成が行われ，偏ったカルティニ像を構築する端緒となった．そのインドネシア語抄訳版『*Habis Gelap Terbitlah Terang*』（1938年『邦訳：暗黒を越えて―若き蘭印女性の書簡集』日新書院1940年）は今も版を重ねる．もう一つの書簡集は，オランダ王立地理言語民族学研究所（KITLV）から1987年に出版された『*Brieven: aan mevrouw R. M. Abendanon-Mandri en* *haar echtgenoot*（アベンダノン夫人とその夫宛書簡集）』で，この刊行によって *Door Duisternis tot Licht* に収録されたアベンダノン夫人宛書簡・アベンダノン氏宛書簡・夫妻宛書簡は，それらの原書簡の3割程度だった事実が判明した．

●カルティニの社会活動 カルティニは文通，オランダ語書籍によって女性解放思想に共鳴し，唱道者である「新しい女性」が19世紀末のヨーロッパで萌芽した平和運動や社会福祉活動に専心する姿勢に共感した．カルティニはいう．「私が依って生きる愛・共感・権利という三つの概念は，ヨーロッパの方々に学びました．」また，「我友すなわち肌の白い姉妹の考えや精神に強く共感します．ヨーロッパの新しい女性によってなされた努力と活動に私はすべてを捧げたい」と，表明し実行した一例が，彼女が育った中ジャワ・ジュパラの木彫工芸振興活動への貢献である．カルティニはアベンダノン長官の支援を受け，また，「全国女性工芸展」（1898年オランダで開催）に出品したバティック（ロウケツ染め）が耳目を集めた縁で，当時，女性解放を指向するオランダ人女性たちが主導し，東インドの芸術復興を目指す団体（本部オランダ）の知遇を得て活動を軌道に乗せた．

当時の東インドにおける典型的な木彫は儀式用の像や道具類などに施され，その用途は極めて限られていた．カルティニの活動はオランダ語を活用して，ヨーロッパ人を顧客とし受注・品質管理・納品などの責任を彼女自身が担い，職人に顧客の要望・製品のコンセプトを伝え，オランダ人にジャワの卓越した技能を発信し続けた．彼女は，植民地社会で隷属的立場にあった生産者の主体性を主張しイニシアティブを取り続けた．彼女は社会的に弱い立場の職人の声を代弁すると同時に，職人達を拘束する因習からの解放を呼びかけた．それが新製品の開発に直結し，ヨーロッパ市場へ進出し，地域振興に結びついた．彼女の一連の奉仕活動は，今日の「ジュパラ高級家具」の礎を築いた．

1903年，第5回内国勧業博覧会（日本政府が初めて公式に外国政府に参加を求め，外国からの出品物を大阪市で展示）に出展された作品はきわめて高い名声を博した．このことは，カルティニたちの協働が生んだ工芸品の「美」を人びとが洋の東西を問わず共感し，互いの理解を推進する絆となることを意味した．

カルティニは活動を通じて，二つの世界を生きた彼女だけができる相異なる文化価値を仲介した．それは，オランダ語教育を受けたジャワ人であり女性という社会的拘束に苦しめられ続けたカルティニでなければできなかった使命であった．このように新思潮に共感しそれを実行する中で，彼女は民族の枠組みそして東インドを越える新しい関係性を求めて，新たな一歩を踏み出していた． ［富永泰代］

参考文献

［1］Kartini, *Letters from Kartini: An Indonesian Feminist, 1900–1904*, Coté, J. ed. Monash University, 1992

［2］Kartini, *On Feminism and Nationalism: Kartini's Letters to Stella Zeehandelaar 1899–1903*, Coté, J., ed., Monash University Press, 2005

アウンサンスーチー

アウンサンスーチー（1945-）は，ミャンマーの国民的英雄であるアウンサン将軍の長女で，アジアにおける著名女性政治家の１人といえる．アジアで活躍してきた女性政治家は少なくない．インドのインディラ・ガンディー，フィリピンのコラソン・アキノ，インドネシアのメガワティ・スティアワティ・スカルノプトゥリ，タイのインラック・シナワトラなどはいずれも，父，夫，兄弟といった親族が政治家で，その後支持者の期待に応えて政治にかかわるようになった女性たちであり，アウンサンスーチーもまた例外ではない．

ただし，彼女はアウンサン暗殺時わずか２歳であった．15歳の時，インド大使を務めた母キンチーについてニューデリーで学校に通い，それ以来，長く祖国を離れていた．オックスフォード大学に進学，米国での国連勤務後，英国人M.アリスと結婚した．子育てをしつつロンドン大学東洋アフリカ学院博士課程に進学し，独立期のナショナリズム研究を目指していた．京都大学にも滞在して資料を収集していたが，1988年に母の看護のためミャンマーに立ち寄った際に民主化運動が始まり，まわりの期待に応え，徐々に関与を深めることになった．有名なシュエダゴン・パゴダでの演説で，民主主義のための闘争を呼びかけ，その後国民民主連盟（NLD）を結成し，民主化運動を牽引していくことになる．当初，彼女の姿に父親を重ね合わせていた国民は少なくなかっただろうが，演説や全国遊説などを通じて，正しいと信じることをなすべきと率直に呼びかける彼女の姿勢は，民衆の心をつかみ，広範な支持を獲得していった．しかしその後クーデターで政権を取った軍部は四半世紀支配を続け，彼女は３度にわたって自宅軟禁状態におかれる．演説やメッセージが，ビデオや書き物の形でこっそり出まわることはあっても，公共の場では名前の言及すらタブーとされる時期が続いた．可視化されない彼女の存在が，国内の支持と期待，そして国際社会の注目を集めてきたともいえる．

●ジェンダーからみる民主化運動　ミャンマーの女性は東アジア，南アジア社会と比較すると，社会的にも活躍し，婚姻における財産権や相続などでも比較的平等の権利を有してきたといわれる．しかし，政治をみれば，国王が統治する王朝時代以来，反植民地運動も含めて，男性が中心であった．加えて，ネーウィン政権時代を含めると半世紀続いた軍人支配は，男性優位の政治体制をさらに確固としたとも考えられる．例えば国会議員における女性比率は，独立直後1948年の3.1%（255名中８名）をピークとし，ネーウィンによるクーデター後の1959年にはさらに減り，軍事政権では国会そのものが開かれなくなる．首相や大臣ら政府重職は天下りの退役軍人が占め，公務員の上位役職も大臣についてきた軍人が指名され，必然的に男性が多くなる．公務員内で女性は4割から5割いたが，次長級以上の女性比率は1997年で0.06%ときわめて少ない[3]．一方，男性中心の軍事政権と女性も包摂する民主化派という対比は存在したが，民主化派もまずは民主主義獲得を焦点としてきたといえるだろう．

図1　民族衣装のアウンサンスーチー（ミャンマー外務省カレンダー表紙より，2018年）

2010年の総選挙で成立したテインセイン政権は，期待以上の民主化を推進し，NLDも補欠選挙には参加し，アウンサンスーチーは下院議員として国政に参加し始めた．言論統制も緩み，多数のジャーナルはこぞって彼女の写真を表紙に掲載し，意見や党情報も広範に伝わるようになっていく．興味深いのは，彼女はもともと必ず民族衣装を着用し，センスや着こなしの良さでも有名だったが，これが民族衣装の新たな人気につながったことである．軍政時代，「ミャンマー文化」の保存は，大学での民族衣装着用義務など，上から，それも女性に押し付ける形で行われてきた．しかし海外のファッション情報が一気に流入したこの時期に，アウンサンスーチーによる民族衣装の着用を通じて，衣装や小物が注目され，新しいトレンドが生まれつつある．

2016年総選挙では圧倒的勝利を収め，NLDは第1政党となった．しかし，2008年の憲法には，アウンサンスーチーを想定してつくられたといわれる，家族がミャンマー国民でない人間の大統領就任などを禁じる59条（F）項目がある．憲法改正も間に合わず，側近のティンチョーが大統領に就任し，彼女は新たにつくられた国家顧問という地位に就くこととなった．ちなみに，NLDが参加した補欠選挙以降，国会議員における女性比率は急増し，2012年補欠選挙では6%，2015年総選挙で13.7%になった．彼女が女性議員の擁立を推進した成果もあるといわれる．とはいえスーチー政権は民族・宗教対立，税制改革，強制移住など前政権から引きずる諸問題のほか，将来を担う次世代指導者の養成も含め，課題は多いといえる．

［土佐桂子］

参考文献

[1] アウンサンスーチー『アウンサンスーチー演説集』伊野憲治訳，みすず書房，1996
[2] 根本 敬『アウンサンスーチーのビルマ—民主化と国民和解への道』岩波書店，2015
[3] 土佐桂子「ジェンダーの視点から見たミャンマーの民主化プロセス」『ジェンダー史学』9, pp.23-38, 2013

戦争とジェンダー

☞「戦争顕彰モニュメント―英雄的ベトナムの母」p.650

近代以降の東南アジアにおける戦争といえば，主にインドネシアやベトナムなどの民族独立戦争やレジスタンス運動などをさすことが一般的である．新生国家が「国民」を創出し，兵士となって戦場に送り出すためには，効率的な動員システムを構築する必要がある．兵士の大半が男性であるのは，武器や装備などが男性仕様となっているからであり，「男らしさ」の象徴は多くの敵を殺す勇敢な男性兵士に対して付与されてきた．一方，女性は主に産む性としての役割（妻や母）をより強く求められてきた．このようなジェンダー・イデオロギーはタイやフィリピンなどにおいても宗教的な観念と相まって共通の行動規範をつくり出す．本項では，第1次インドシナ戦争とベトナム戦争における女性の役割とジェンダー・イデオロギーについて述べていく．

●銃後の社会　ベトナム戦争当時，北緯17度線を境にベトナムは二つの国に分断されていた．一つはベトナム民主共和国（北ベトナム）であり，もう一つはベトナム共和国（南ベトナム）である．総動員期の北ベトナムでは女性は「女らしさ」＝「家庭的」な良妻賢母の役割を背負わされてきた．戦争遂行のために「すべてを前線に」というスローガンのもと，男は兵士として戦地に赴き，女は銃後で家族と集落を守るという，性別役割分業が明確であった．特に，1965年から始まる米国軍の北爆に備えるため，この時期，「三つの担当」という国威発揚キャンペーンが展開された．三つの担当とは，国防，生産，家庭の領域で女性が中心的に担うことをさす．

ある老女は，出征中の夫を心配させないように子供を立派に育て，嫁としてもしっかり家庭を切り盛りしたと当時を述懐する．民兵として賦役労働に精を出す若い女性も結婚すれば，夫の家族中心の生活となり，夫不在の家計を預かり，生産活動に邁進した．一方，未婚のまま適齢期を過ぎ親元に残った女性たちは肩身が狭い人生を送った．彼女たちは，「体が弱いと家族を支えられなくて苦労させるから」と結婚を諦めていた．また，夫の親と同居中に夫が戦死した場合，子供がいれば婚家に残るが，いなければ実家に戻され再婚した女性たちも少なくない．女性は結婚し，子供を産んで一人前というジェンダー・イデオロギーを刷り込む場として家族が都合よく機能したことを物語る．

●戦争と女性戦士　近現代の戦争で名を遺した女性革命家の中で特に有名なのは，ヴォ・ティ・サウ（1933-52），グエン・ティ・ディン（1920-92）やグエン・ティ・ビン（1927-）などであろう．いずれも，抗仏ゲリラ組織や南ベトナム解放民族戦線に参加し，功績を残した．グエン・ティ・ビンやグエン・ティ・ディンは戦争を生き延び，南北統一後，ビンは副大統領，ディンも国家評議会副議長など政府の要職に就くなど，歴史の表舞台に立ち続けた．

一方，ヴォ・ティ・サウは1949年12月（1950年という説も）にフランス軍に逮捕され，コンダオ島の政治犯収容施設に収監中の1952年に銃殺処刑された．彼女は民族独立を目指す歌を歌いながら処刑台に向かい，多くの囚人を勇気づけたという．ベトナムのジャンヌダルクと称されたサウが今日でも特に人気が高いのは，18歳の若さで非業の死を遂げたことと関係がある．死後，仲間の囚人に密かに埋葬された墓の墓標が看守にいくら壊されても再建されるという超常現象によって，サウの墓は心霊スポットとして人気が高い．サウは霊験あらたかな魂が宿る超自然的な「仙女」として崇められた．このエピソードは，夭折した若い女性が霊的な存在であるという伝統的観念と合致している．ただし一方で，サウは正気を失い気のふれた女性だったという説もあり，彼女の功績が手放しで称賛されているわけではない．

図1　多くの参拝者が訪れるヴォ・ティ・サウの墓

同様に，『トゥイーの日記』(2005年) がベトナムで43万部もの大ベストセラーとなり，一躍有名になったダン・トゥイー・チャム（1942-70）も，27歳という若さで命を落とした．彼女は北部ハノイ出身で，従軍医師として1966年からみずから志願し，中部クアンガイ省の野戦診療所に赴くが，1970年米国兵に狙撃されて殉職している．彼女の日記は，若い負傷兵に姉として接する愛情が溢れていると同時に，男社会の共産党内部の保守的な雰囲気への嫌悪感で満ちている．無念の死を遂げたトゥイーの日記が日の目をみたのは，その日記に超自然のパワーを感じたベトナム共和国の軍曹がある米国兵士に保管するよう勧めたからである．日記はその米国兵によって35年ぶりに家族のもとに返された．日記が偶然にも保管され，出版されなければ，彼女の魂の叫びが後世に伝えられるという奇跡は起きなかったであろう．

ベトナムの全国組織，退役軍人会の大半は男性メンバーである．戦争の公的記憶が男性たちに独占されている限り，女性たちは銃後を支える「母」と「妻（嫁）」という補完的な立場に追いやられるだけでなく，ステレオタイプから逸脱する若い女性たちは周縁化され続ける．「英雄的な母」の巨大なモニュメントはあっても，「英雄的な娘」のモニュメントはない．

［岩井美佐紀］

参考文献

［1］ダン・トゥイー・チャム『トゥイーの日記』高橋和泉訳，経済界，2008

国家とジェンダー

独立以前の東南アジアの伝統社会では，東アジアや南アジアに比べて，女性の経済的地位は高かったといわれている．それは，多くの東南アジアの家族が凝縮力の弱い双系的親族（父系制や母系制と違い，出自集団に確固とした組織原理をもたない親族システム）の結合であったことや，当時の人口が少なかったため，土地よりも労働力が重視され，「女性も外で働いていて当然」という社会通念が形成されたからである．

ただ，このような相対的な経済的地位の高さは，政治的・社会的地位には決して反映しなかった．イスラームやヒンドゥー教，仏教，儒教的規範を含めた多様な文化において規定される性別役割は根強く，多くの倫理規範は女性に対して重く課せられ，それが男性による女性の支配を正当化したからである．また，女性の教育は植民地期以前の伝統社会においてはほとんど無視され，幼児婚や重婚，男性からの一方的な離婚が女性を苦しめていた．

●独立後も後まわしにされる「女性の問題」 欧米の植民地宗主国やキリスト教会は女子教育にも力を注ぎ，都市部エリート階級の女性の一部は一定教育を受けて専門職にも従事するようになったものの，女性全体の地位は決して向上しなかった．女性に貞節と父や夫への従属を奨励し，女子教育はそのような道徳規範の伝達にも力を入れるという，当時のヨーロッパの王朝やキリスト教会の性的規範も東南アジアに持ち込まれたからである．さらに，20 世紀になって東南アジア各地では民族意識が高揚したが，自治や独立の獲得がまず優先され，女子教育の遅れや婚姻問題は，社会全体の問題ではなく「女性の問題」として後まわしにされた．

独立後の多くの東南アジア諸国は，先進国からの資本・技術の導入と国内の安価な労働力の動員を集中的に行い，輸入代替工業化および輸出指向型工業化政策を進めた．若い未婚女性は繊維，履物，衣服製造など労働集約型産業の単純・未熟練労働者として動員され経済発展を支えた．親が男子に優先的に教育をつけたがったため，女性たちは初等教育のみで労働市場に出たからである．また「従順で使いやすい」というジェンダー的なステレオタイプゆえに，男性との賃金や昇進での差別は深刻であった．女性もまた「家族のため，兄や弟のため」という家父長制的な規範を内在していた（させられていた）ために，単純・未熟練労働者として安価な給与と差別的な待遇で働くことを受け入れた．経済発展最優先の政策の中で，女性の権利擁護や性別格差の問題は再び後まわしにされたのである．

一方で，インドネシアの「女性の５つの任務」やシンガポールの「家族の価値」にみられるように，多くの政府は家族を社会の基本的単位に位置付け，女性には労働者として経済発展に貢献すると同時に，家庭内の家事労働も行うことを求めた．経済発展に邁進したい政府は社会福祉予算を最小限に抑えるため，そのいわば「ツケ」を女性に負担させようとしたのである．そこにもステレオタイプ化されたジェンダー役割をみることができる．

●ジェンダーの主流化を目指して　このような状況に変化が訪れるのは1980年代である．1979年に国連で女性差別撤廃条約（CEDAW）が採択され，ジェンダー平等が国際的課題となった．さらに，教育の普及と民主化の進展は，市民社会，特に女性NGOの活動を活発化させ，ジェンダーの主流化（男女の不平等を解消するため，国家のあらゆるレベルの政策やプログラムの策定にあたり，それが性別に異なる影響をもたらすことに留意して，女性が男性と同等の便益を享受できるように配慮すること）を目指した活発な活動を促すようになり，多くの政府はジェンダー平等を国家政策に掲げるようになったのである．

2017年に世界経済フォーラムが発表した144か国のジェンダー・ギャップ指数（国別の開発段階とは無関係に，国内の男女差を経済参加・機会，教育水準，健康・生存，政治エンパワーメントの4分野12指標ではかる）の国別順位において，東南アジアで中位以上に入るのは，フィリピン10位，ラオス64位，シンガポール65位，ベトナム69位である．なお，日本は114位である．

フィリピンが上位なのは，1990年代以降の民主化運動においてジェンダーの主流化が積極的に推進されたためである．ただ，男女同一労働同一賃金が法的に確立していないため，女性の所得は男性よりもかなり低い．また親族に男性の有力政治家がいないと政界に進出できないため，女性の政治進出も進んでいない．1980年代から急増した女性海外労働者は，それぞれの家庭を仕送りで支え，国民経済に貢献しているにもかかわらず，「性別役割分担から逸脱する存在」として非難されてもいる．ラオスやベトナムでは，市場経済が導入されると教育の無償化や社会福祉が削減され，貧富の格差とともに男女格差が拡大しているといわれる．

シンガポール政府は女性差別的な法を改正し女性の社会進出を奨励している．ただ，介護の必要な高齢者や幼児のいる家庭の半分が外国人家事労働者を雇用しており，その数は2017年で約23万人にのぼる．この国のジェンダーの主流化は，近隣諸国の貧しい女性たちに支えられているのかもしれない．

CEDAW採択から約40年が過ぎ，東南アジア各国もジェンダーの主流化に取り組んできた．だが，性差別的なジェンダー概念は容易に変化させられるものではない．ステレオタイプ的なジェンダー規範は，さまざまな法律，慣習，国民のジェンダー意識や日常生活に大きな影響を与えている．女性の社会進出および経済的自立が達成されても，家族・親族内で女性が母・嫁・娘という役割に縛られ続ける限り，すなわちその意識を再生産する家父長的な規範から解放されなければジェンダーの主流化は困難であり，「女性の解放」は達成されないであろう．［田村慶子］

民主化とLGBT

性的マイノリティにとって民主化はよいことなのだろうか．レズ，ゲイ，バイセクシュアル，トランスジェンダー（LGBT）という性的マイノリティと国家の関係を以下の6か国についてみていくことにする．

●非寛容な諸国―シンガポール，マレーシア，インドネシア シンガポールは万年与党体制を堅持しており，政治的自由度は低く，国家はLGBTに差別的である．シンガポールでは，英国植民地時代から続く刑法第377条Aが男性間の性行為などを禁止している．国家は象徴的に同条項を堅持することで，LGBTへの非寛容な姿勢を鮮明にしている．2007年，LGBT活動家たちはこの条項撤廃のための請願を国会に行い，2010年代には同条項の違憲審査を司法に求めたものの，同条項の撤廃にはいたっていない．2009年からは，シンガポールで唯一，抗議集会が行えるホンリム公園で，外資系の協賛もありLGBTの権利擁護集会ピンクドットが開催されてきたが，2017年からは国家が外国人・外国資本の参加を認めなくなった．このように，シンガポール国家のLGBTへの公的スタンスは厳しい．

マレーシアは，シンガポール以上にLGBTに差別的である．英国植民地時代以来の刑法第377条により，同性愛は処罰対象である．人口の6割を占めるムスリムの場合，各州のシャリーア法により同性愛や異性装は処罰の対象である．1981年に首相となったマハティールはイスラーム的価値観，アジア的価値観を強調して，LGBTを批判した．彼は，1998年のアジア通貨危機への対策で対立したアンワル・イブラヒム副首相を同性愛容疑で逮捕した．2009年に首相に就任したナジブ・ラザクは，連立与党の汚職体質などを批判する社会運動に直面した．この運動の弱体化を狙って，ナジブはマレー・ムスリムの支持獲得を狙ってイスラームを強調し始め，LGBTを国家とイスラームの敵とした．2018年5月，史上初の政権交代が起きて民主化の兆しがある中で，反LGBT運動が勢いを増している．

人口の8割強がムスリムのインドネシアの場合，マレーシア同様，イスラーム的観点からLGBTには非寛容である．32年間続いたスハルト権威主義体制のもとではLGBT差別は目立たなかった．1998年の民主化以後，LGBT活動家たちが政治化してLGBTの人権擁護運動を始めた．とりわけ，2012年のジャカルタ州知事選において，トランスジェンダーの活動家たちが多元主義的立場を取るジョコ・ウィドドを支援したことが関心をよんだ．2014年の大統領選挙では，各地のLGBT組織がジョコ・ウィドドを支持した．こうしてLGBT運動が政治化・表面化するにつれ，反LGBT運動も強まった．2016年頃から，急進派イスラーム・グループや国軍などが，イスラーム的規範や国家原則に基づいてLGBTを敵視していった．その結果，LGBT 活動家たちの活動余地が狭まっている．

●寛容さを示す諸国―ベトナム，タイ，フィリピン　ベトナムは共産党一党独裁政権でありながら，LGBT には寛容な動きをみせている．その理由は，人権問題に厳しい西側諸国との関係強化につながるし，少数派の LGBT は政治的に脅威ではないからである．2012 年に政府が家族婚姻法の再検討を始めると，LGBT 団体や同性婚支持者が同性婚の合法化を求め，政府は LGBT 団体からの意見の聞き取りを行った．2014 年に改正された家族婚姻法は，同性婚禁止条項を削除した．

タイは社会的・文化的に LGBT に寛容であり，LGBT 運動も活発である．しかし，トランスジェンダーが性転換手術をしても身分証明書上は性別変更が不可能な状態が続いているように，国家による LGBT の権利承認は進まなかった．2007 年，ようやく憲法が性差に基づく差別禁止条項を含めることで LGBT への差別も禁止対象とした．2011 年には，国防省がトランスジェンダーを精神疾患患者扱いしてきたことは不適切かつ違法という司法判断が下された．2012 年には国家が LGBT を支援対象とし，また，ジェンダー平等法を採択することで，LGBT の権利擁護が強化された．同じく 2012 年には，トランスジェンダーのヨンラダー・スアンヨットが県自治体議員に当選した．当時は民主主義体制であり，それが LGBT の権利実現と政界進出につながった面もある．しかし，軍政下の 2018 年には，同性カップルに結婚とほぼ同じ権利を認める法律を公布しており，民主化だけが LGBT の権利実現をもたらしたわけではない．

フィリピンもタイと同様に社会的・文化的に LGBT には寛容であり，1986 年の民主化以後，LGBT 運動は活発である．政策レベルでは，タイ同様，トランスジェンダーの性別変更を認めず，同性婚合法化も実現していないが，2000 年以降，LGBT 差別禁止法制化の動きが始まった．地方では 15 市と 5 州が LGBT 差別禁止条例をもつ．国政レベルでは，影響力の大きいカトリック教会の反対もあり，LGBT 差別禁止法案は国会を通過していない．しかし，2012 年には教育省が LGBT の子供への差別やいじめを認めない方針を打ち出した．政治的には，2003 年に LGBT 政党ラッドラッド党（ただし，議席数 0）が誕生している．2016 年には，有力な政治家一族出身でトランスジェンダーのジェラルディン・ロマンが国会議員に選ばれ，LGBT 差別禁止法案の実現を目指している．

以上のことをまとめよう．今では LGBT は東南アジアで重要なテーマである．インドネシアの場合，民主化が LGBT 運動と反 LGBT 運動両方を活性化させた．マレーシアでは民主化が反 LGBT 運動を激化させた．万年与党下のシンガポールは LGBT への締め付け強化を始めている．民主主義政権下のフィリピン，社会主義政権下のベトナム，軍政下のタイは，LGBT の権利擁護を進めている．東南アジアでは民主化が LGBT にとって良いとは一概にいえない．　［岡本正明］

セクシュアリティの多様性

東南アジアの伝統社会では欧米発生のゲイやレズビアンといった性的指向に基づく排他的で明確なアイデンティティが形成されることはなかった．一方，東南アジアの人びとは性自認が身体的性別と一致しないトランスジェンダーについて地域や国ごとにさまざまな呼び名を与えて認識してきた．タイではカトゥーイ，ミャンマーではアチャウッ，フィリピンではバクラ，マレーシアではバポッやポンダン，インドネシアではワリアやバンチなどがそれにあたる．また，東南アジア各地でみられる伝統芸能や舞踏の一部の演者，祖先崇拝の儀礼の場面で登場するベトナムのダオマウやインドネシアのブギスのチャラバイ，マレーシアの結婚式で服飾やメークを担当するマッアダムのように，専門的職業について社会の中で尊敬を受けてきたトランスジェンダーや異性装者の人びとも存在してきた．1990 年代以降には性的マイノリティの頭文字をとった LGBT や LGBTIQ といった言葉が普及するようになってきたが，タイのカトゥーイやフィリピンのバクラのような言葉は現在でも一般庶民の間で使われ続けている．つまり，異性愛規範から外れるセクシュアリティを罪や自然に反するものとして類型化し否定してきた欧米社会と比べて，東南アジアの社会ではセクシュアリティは性的指向と性自認の両方の面で曖昧さを残しながら多様性を維持してきたといえるのである．

●差別と抑圧　東南アジアの社会では欧米社会より相対的にセクシュアリティの多様性が認められてきたからといって，そこに差別や抑圧がないわけではない．現代の東南アジアの一部の国では政府が同性愛や両性愛を法律によって禁じている．英国の植民地統治を経験したマレーシア，シンガポール，ミャンマー，ブルネイには通称「ソドミー法」とよばれるインド法を経由して英国から継受した刑法 377 条の規定がある．この規定は「自然の摂理に反する性交渉」を禁止しており，同性間の性交渉だけでなく異性間のオーラルセックスや獣姦も禁止してきた．同規定を持ち込んだ英国やその旧植民地の一部がソドミー法の規定を廃止していく中で，マレーシア，ミャンマー，ブルネイではこの規定が植民地統治期から現在でもそのままの形で残っている．シンガポールでは 2008 年に刑法 377 条が改正されたが，男性同士の性交渉を禁止する規定は残された．さらに，マレーシア，ブルネイ，インドネシアのアチェ州ではムスリムを対象にシャリーア法によって同性愛や両性愛を禁止している．マレーシアではイスラームの価値観やナショナリズムに反するとの理由で同性愛者嫌悪の社会運動が組織されたこともある．マレーシアやブルネイなどと異なって法的に同性愛や両性愛を禁止しておらず，一見すると性的マイノリティの人びとの生活や活動が社会のさまざまな場面で目につきやすいタイ，フィリピン，ベトナムでも社会の中には有形・無形の厳しい差別や抑圧が存在する．学校，職場，地域コミュニティでのいわれのないイジメや差別はもちろんのこと，特にトランスジェンダーの人びとは医療や家族関係などで大きな苦悩と葛藤を抱えることも少なくない．

●性的マイノリティによる社会運動　近年では，政府や社会からの差別や抑圧を前にして，性的マイノリティの人びとがみずからを組織化して社会運動を起こす動きが活発化している．東南アジアの性的マイノリティによる運動は，一般的に1980年代から1990年代にかけて組織化されていった．この時に運動の組織化を促したのは，HIV/エイズの流行や欧米留学をしたゲイやレズビアンの活動家の影響であった．HIV/エイズの流行は性的マイノリティの人びとが情報交換や相互支援を目的とした組織を設立する契機となったが，こうした組織はHIV/エイズの伝染の拡大を防ぎたい政府からの支援の受け皿となったことでさらなる発展を遂げた．1980年代から1990年代にLGBT運動を始めた活動家たちの中には主に中間層出身で欧米留学中にゲイ/レズビアンあるいはクィア関連の研究・思想や運動の実践に触れた人びとが多くいる．こうした運動の典型例がインドネシアで1987年に設立されたガヤ・ヌサンタラや同じ年にマレーシアで設立されたピンク・トライアングル（2000年からはPT財団に改称）である．

2000年代以降は，東南アジアの性的マイノリティの人びとはみずからを組織化するだけに留まらず，さまざまな場面で政治・社会的な承認を求めようとする動きを本格化させつつある．フィリピンでは2003年に性的マイノリティの権利擁護を求める東南アジア初のLGBT政党であるラッドラッドが結成され，2016年には下院選挙で初のトランスジェンダーの政治家が当選している．シンガポールではピンクドット，マレーシアではセクシュアリティ・ムルデカ（2011年に政府によって禁止される）のようなアートやパフォーマンスを通じて，性的マイノリティのネットワーク拡大と一般社会での理解向上を促すようなセクシュアリティの祭典が実施されてきた．東南アジアの性的マイノリティの活動家の間では国境を越えた地域レベルでの協力関係を深めながら各国政府へのロビー活動を進めようとする動きも本格化しつつある．2011年に発足したASEANソギー（性的指向と性自認を合わせた言葉）・コーカスはそうした動きが実体化した例である．

東南アジアの性的マイノリティの間で社会運動が近年活性化しつつあるといっても，ゲイ，レズビアン，トランスジェンダーの間に見解や意見の相違があり，社会階層，民族，イデオロギーによって運動が分断されやすい実情があることも確かである．だが，政府や社会からの抑圧や差別だけでなく，コミュニティ内部での困難や矛盾を抱えつつも，性的マイノリティの人びとが団結して現状を変えようとする試みは，現代の東南アジア社会や文化を映す鏡であり，社会の多様性の維持や民主主義の深化に大きく貢献するものであると評価できるだろう．　［伊賀　司］

女性と経済

☞「インフォーマル経済」p.292

女性と経済活動のかかわりをとらえる重要な指標の一つは，労働市場への参加率である．東南アジアは，一般的に女性の就労率が高いことが知られている．日本では，出産・育児などを契機に女性がいったん労働市場を退出するＭ字カーブがみられるが，東南アジアではそのようなカーブは観察されない．また，専門職や政治家に占める女性比率も日本より高い国が多い．もう一つ重要な指標は，男女間における差異である．男女平等度は必ずしも経済発展度に比例しない．世界経済フォーラムが毎年発表するグローバル・ジェンダー・ギャップ指数では，日本は111位（2016年）であったが，東南アジア各国で日本よりも順位が低いのは112位のカンボジアのみであった．特に，「経済的参加と機会」に関する順位は，日本の118位よりも低い国はなかった．実際に，男女は平等であると感じている人は多い．自身の国において「男女は平等だ」と考えている人は，日本は15%のみであるが，東南アジア各国では，最も低いミャンマーでも54%，最も高いブルネイは85%であり，それ以外の国は65〜77%であった（2004年の調査結果）[1]．

●女性の労働市場参加率 まず各国の労働市場参加率を確認してみよう．2016年における参加率は，高い順に，ラオス81%，ベトナム79%，カンボジア78%，タイ70%，シンガポール66%である．相対的に低いのが，フィリピン52%，マレーシア52%，インドネシア52%であり，特に後者2か国はムスリムが多い国であり，家父長的社会において女性の公的領域における行動を制約するパルダの規範がかかわっていると考えられる．男性は，ラオスの78%が最も低く，カンボジアが88%であるが，その他の国は85%前後であった[2]．

グローバル化の進展の中で，これらの国の女性労働者が国際的に注目された契機は次の二つである．第1の契機は，プラザ合意（1985年）以降の日系企業の進出によって国境を越えた生産分業体制が深化した時期である．東南アジア各国では縫製産業などに多くの女性が参入した．多国籍企業が女性を選好する傾向は，ジェンダー研究者からは「手先が器用という神話」であるとして批判されたが，1990年代からの労働集約的産業の発展と急速な工業化を支えたのは主に若年の女性労働者であった．第2の契機は，先進国における人口・家族構造の変化に伴うケア労働に対する需要の高まりと，国際労働移民の「女性化」である．シンガポール，台湾，香港といったアジアの先進地域や一部の欧米先進国に向かう東南アジアからの移民の女性比率は2000年代以降，ますます高まっている．第1の契機が製造業への参入であったとすれば，第2の契機はサービス業における女性の参入であるといえる．

●女性の就業条件の特徴　それでは，女性の就業条件はどうであろうか．国際的には，低賃金職種においては女性の比率がより高く，相対的賃金が低いことが知られている．同種の職業における賃金格差をみると，東南アジア各国でも女性の方が相対的に低いが，日本よりはその差が小さい国が多い．例えば，男性を100とした場合，シンガポール81，フィリピン80，マレーシア79，タイ77，カンボジア76，インドネシア68であり，日本の66より低いのはベトナムの64だけである．また管理職における女性比率も高い．職種別にみると，「行政職・管理職」は男性を100とした場合，フィリピン87，シンガポールとタイ51である．それ以外の国は男性優位が顕著であり，ベトナム35，マレーシア29，インドネシア24，カンボジア22である．ただし，日本は13に過ぎない．一方で，「専門職・技術職」は女性の進出が進んでいる．男性を100とした場合，フィリピン160，タイ127，ベトナム117，インドネシア108は女性比率の方が高い．続いて，シンガポール91，マレーシア80，カンボジア54であり，日本63より低いのはカンボジアのみである[2]．東南アジアの多くの国では，一見すると男女間の労働市場における格差は小さくみえるが，これらの国では階層間格差が大きい点には留意が必要である．タイの事例研究では，インフォーマル経済職種においては，女性はより低賃金職種に多く，また家事の延長のような職業（露天商，清掃，洗濯請負など）に集中していることが観察された[3]．

●無償労働との狭間で　女性の社会進出が進んでいる一方で，性的役割分業が無いわけではない．特に無償労働に対する貢献度は女性の方が高い．国連開発計画（UNDP）の『人間開発報告』によると，タイにおける有償労働，無償労働の1日あたりの使用時間は，それぞれ男性360分：女性268分，男性55分：女性188分であった．バンコクの都市下層民の居住地を対象にした事例研究では，女性が主婦と稼ぎ手として二重の役割を担っており，世帯内協力（主に夫婦間）が弱い世帯ほど，世帯の再生産や職業への投資における女性の制約が大きいことが明らかになっている．妻の就業状況にかかわらず，夫婦が収入を共有する家計が多い日本とは異なり，タイの場合は，夫婦の財布が分かれている場合が多い．したがって，夫婦の協調が十分でない世帯ほど，妻の労働時間は長く（無償労働時間を含む），妻の家計に対する貢献度もより大きい傾向がある[3]．階層別・男女別の格差や，女性の就業実態と世帯内役割については，地域横断的な研究の発展が，今後ますます必要となるだろう．［遠藤 環］

📖 参考文献

［1］猪口 孝他編『アジア・バロメーター―躍動するアジアの価値観―アジア世論調査（2004）の分析と資料』明石出版，2007

［2］World Economic Forum, *The Global Gender Gap Report 2016*, World Economic Forum, 2016

［3］遠藤 環『都市を生きる人々―バンコク・都市下層民のリスク対応』京都大学学術出版会，2011

セックスワーカー

☞「売買春・男娼」p.304

セックスワーカーとは，何らかの形での性的な行為を通じて金銭を得る仕事に従事する者を広くとらえる概念である．東南アジア諸国におけるセックスワーカーの属性や活動のあり方は多様だが，その大多数を占めるのは，男性相手に商業的性交渉を行う女性である．セックスワーカーが被る人権侵害，すなわち貧困層の女性や未成年者などの経済的・社会的な弱者が性産業に巻き込まれて（事実上の人身売買による場合もある）劣悪な労働を強いられる事態は，東南アジアの全域に程度や規模の差こそあれ共通する，深刻な社会問題となっている．

●経済発展と性産業の拡大　東南アジアの性産業は，各国における経済発展と軌を一にして拡大してきた．第2次世界大戦後のタイでは，第一次産業から第二次産業へという経済の構造変化につれて生じた，農村部からの若年労働者の人口流出が，都市部や主要観光地へのセックスワーカー供給の基盤となった．また，相対的に貧しい農村部では，現金収入を得るために一部の人間がセックスワークに頼らざるを得ない状況も生じた．国家の経済発展と性産業の拡大とが相関する歴史的な構造は，マレーシア，インドネシア，フィリピンなどでも同様に確認される（そしてベトナムなどの社会主義諸国も，同じ道をたどりつつある）．農村部または貧困層出身のセックスワーカーが，国内の都市部のみならず国外へと移動するケースも少なくない[1]．特にフィリピンではその傾向が顕著であった．売買春は多くの国で非合法とされたが，現実的にはその存在が黙認されたまま，今日にいたっている（一方で，児童売春や人身売買の廃絶，売春街の閉鎖などに向かう動きも，生じ始めている）．

1993～94年に実施された大規模な調査による推計では，「インドネシア，マレーシア，フィリピン，タイの全女性人口の0.25～1.5%の女性が売春に従事し，セックス産業が国内総生産（GDP）に占める割合は，2～14%の間であると考えられる」[3]．また同調査は，それら4か国におけるセックスワーカーの数を，インドネシアで14～23万人，マレーシアで4.3～14.2万人，フィリピンで10～60万人，タイで15～30万人と見積もっている[3]．実態を把握しにくい性産業についての具体的な推計は貴重であり，この数字は現在においても，各国の実情から大きく乖離してはいないと考えられる．ただし，セックスワーカーの属性や活動は多彩であり，その定義の仕方によって「セックスワーカーの数」は大きく変動し得るため，こうした数字はあくまでも目安の域を出ない．

●セックスワーカーの文化的背景　経済構造に加えて，東南アジア諸国では一般に，とりわけ女性を性産業に押しやるような文化的な土壌があるとされる．すなわち，強固な性の二重基準である．男性による婚姻前の性交渉は悪癖とみなされないのに対し，女性のそれは恥となる．その結果，貞節な妻と娘とは別に，婚姻外性交渉を生業とする女性を，社会が必要とするのである．地域によっては，家族を経済的に支える役割期待が妻や娘に強くかかり，そのために必要な収入を得るべく，女性がやむなくセックスワークに就く場合もある．女性の性を商品化する構造は，国際インバウンド観光開発にも持ち込まれた．外国人男性に向けて現地女性の魅力を強調する観光マーケティングが展開され，彼らの期待に応える存在として，セックスワーカーが観光産業の一翼を担うことになったのである[2]．

●セックスワークの多様な形態　一般的な売春施設では，セックスワーカーは経営者との雇用関係のもとに性労働を提供して賃金を得る．そこでの労働内容や条件は雇用者によって厳格に管理され，セックスワーカーが特定の客の相手を拒むといった業務上の自由は制限される．ほとんどの国では，さまざまな営業形態や規模の娼館が，地方の小都市にも存在している．そうした場所では性労働の価格は低く抑えられ，当然ながらセックスワーカーが得る賃金も高くはない．職場環境や衛生状況も良好とはいいがたい．貧困な農村部からまとまった前払い金と引き替えに連れて来られ，借金によって売春施設に縛り付けられるという事実上の人身売買すら，いまだに根絶されていない．対して大都市や観光地では，売春施設やセックスワーカーの多様性が増し，外国人や自国の富裕層を対象とする高級売春も，一定の規模で成立している．ただし高級売春についても，業者による管理下にある限り，客が支払う代金の相当な割合が中間搾取される構造は，地方の売春施設と基本的に変わらない．

東南アジア有数の大都市であるバンコクでは，日本のソープランドに相当するマッサージパーラーなどの売春施設が数多くあるのに加えて，酒を提供する飲食店のホステスによる店外での売春も盛んで，そこではセックスワーカーが一定の選択の自由を得ている場合もある．また女性のみならず，男性やトランスジェンダー/セクシャルも，セックスワークに従事している．セックスワーカーの顧客の多くは男性だが（その性的指向が女性であるとは限らない），女性を客とする業態も存在する．富裕層や観光客相手の，業者による制度的管理が比較的希薄なセッティングでは，性の売り手と買い手の間に感情的な要素が介在したり，性行為以外のさまざまな活動をともにしたりするなど，狭義の売買春のイメージにはあてはまらないような複雑な関係性が生じることもある．　［市野澤潤平］

📖 参考文献

［1］青山 薫『「セックスワーカー」とは誰か―移住・性労働・人身取引の構造と経験』大月書店，2007

［2］タン・ダム・トゥルン『売春―性労働の社会構造と国際経済』田中紀子・山下明子訳，明石書店，1993

［3］リン・リーン・リム編著『セックス「産業」―東南アジアにおける売買春の背景』津田 守他訳，日本労働研究機構，p.4, 1999

ジェンダーと開発

本項では，国際開発政策および実践におけるジェンダー主流化の潮流を踏まえつつ，東南アジアの社会文化的特徴に基づくローカルなジェンダーのありようを，主にインドネシアの例から考えたい．

開発におけるジェンダーは，政治経済，社会生活における男女間の不均衡を是正していく関係変容のための概念装置であり，それゆえに，当該諸国の文化的背景や，政治経済事情の影響を色濃く受ける．国際開発理念として標準化されてきたグローバルな男女平等とその道程も，ローカルな社会の側からとらえ直して歴史上の経緯を踏まえ，個々に意味付ける作業が常に求められている．

●開発におけるジェンダー主流化の取組み　「ジェンダーと開発（GAD）」は，女性の開発への参加促進が中心だった1970年代の「開発と女性（WID）」を踏まえ，1980年代に提唱された．WIDからGADへの移行により，女性のみに焦点を当てるのではなく，既存の制度や男女関係そのものが社会的につくられるさまを見直し，変容を促すようなアプローチが求められてきた．また，ミレニアム開発目標（MDGs）を経て2015年に出された「持続可能な開発目標」（SDGs）では，目標5で「ジェンダー平等の達成とすべての女性と女児のエンパワーメント」が掲げられている．

このような国際開発政策におけるジェンダー主流化の潮流を背景に，東南アジア各国においても，女性の地位や役割を意識した政策が展開してきた．

●開発政策にみる女性の役割─家庭と社会　東南アジア各国の政策における女性の役割への言及は，国際社会におけるジェンダー主流化の動きとリンクするものであった．しかし同時に，それ以前の男女役割をもとに，開発政策動向に即した解釈を施されつつ実践されてきた．例えばインドネシアの場合，「開発の時代」といわれたスハルト長期政権下で，その時々の開発計画に家庭内および労働力としての女性の役割が示され，開発への女性の参画が言及されてきた．しかし，農村

図1　村の会議参加者に食事を準備する女性たち（左）と，供された食事を食べる男性たち（右）（2014年）（提供：日野恵実）

部における女性向けの社会教育プログラムである家族福祉運動（PKK）が，県，郡，村などの行政首長や役職者の妻たちを筆頭とする組織として活動が進められてきたことにもみて取れるように，女性たちは「妻・母・主婦としての役割」を果たすことで家庭や国家に資することが最も重要とされてきた．中谷文美は，こういった女性の家庭内役割を優先する規範が，家族全員で経済活動に従事しなければ生活を維持できない大半の人びとの現実にそぐわないことを指摘している[2]．

●ローカルセンシティブな開発再考の糸口として このように，国際開発におけるジェンダー主流化では，女性の役割向上という問題設定が明白であるが，ジェンダー概念が，社会的・文化的に規定される性別役割と説明されているように，ジェンダーのローカルな状況は多様で複雑である．中でも女性性を同一視するようなアプローチは，「女性」間に横たわる社会階層や経済格差，信仰の差異などの他側面とあわせみることが肝要である．上述のインドネシアでも，経済的に裕福な一部の女性たちは，家事労働者を雇用することで，社会活動や経済進出を可能としてきたが，一部の女性の家事労働を，他の女性が担うことで担保される構造は，男女役割関係の変容を求めるジェンダーの観点からは，根本的な解決策とはいえない．東南アジアでは女性の地位が相対的に高いとされるが，ジェンダー課題は経済格差や社会階層などによって，同一性の人びとの間での断絶や差異，搾取が含まれる複雑な課題であり，単純化して同一視はできない．

また性的マイノリティといった表現からLGBT，SOGIへと，ジェンダーの多様性をめぐる国内外の議論が高まる中で，開発とジェンダーで取り扱うべき課題もまた，個別地域社会の実情を理解することから始める必要性に迫られている．例えばインドネシアでは，一方では，スラウェシ島南部のチャラバイのように，伝統的に結婚式の着付など，特定分野の職業人としてトランスジェンダーの人びとが社会的な役割を得てきた地域がある．しかし他方では，性的多様性を認めていこうとする国際的な動きに連動して展開するLGBT集会が，イスラーム急進派によって妨害されるなど，まさに国是である「多様性の中の統一」をいかに成すかが試されている．

国際的な潮流を背景に，国家によって解釈を施され，地域の歴史や文化を基盤としながらも変化する社会のもとで揺らぐジェンダーの実態を理解することは，グローバルイシューとして標準化されやすい開発課題を，地域の動態的な実情から再考していく重要な糸口となるのではないだろうか． ［小國和子］

参考文献

［1］田中由美子他『はじめてのジェンダーと開発―現場の実体験から』新水社，2017
［2］中谷文美「開発のなかの女性と家族」長津一史・加藤 剛編『開発の社会史―東南アジアにみるジェンダー・マイノリティ・境域の動態』風響社，2010

親密圏とケア

☞「家事労働」p.294

東南アジアでは，誰が子供や高齢者のケア（養育や介護）を行っているのだろうか．一般的には，東南アジアにおいてケアの主な担い手は家族である．世界的にみても家族がケアの主な担い手となっている社会は多い．しかし，世界各国のケア・レジーム（ケアの責任分担体制の類型）を比較してみると，東南アジア諸国では「国家」「市場」「コミュニティ」などによるケアに比べて，「家族」によるケアの比重が大きいことがわかる．

その背景には先進諸国が産業化と近代化のもとでケアの負担を「国家」「市場」「コミュニティ」「家族」の間で分散化してきたのに対して，極端に早いスピードで近代化を経験してきた東南アジア諸国では，福祉国家体制を構築する前に少子高齢化が進んできたために，国家による社会福祉制度の整備が追いつかず，結果として既存の家族制度を基盤とした育児や介護に頼らざるをえない状況がある．

とはいえ，東南アジア諸国では先進諸国が産業化のもとでつくり上げてきたような近代的な核家族が制度的にも理念的にも浸透しておらず，このことが逆に閉鎖的なユニットとしての家族によるケアではなく，さまざまな契機に基づくつながりが生み出すネットワーク状の家族・親族関係（家族圏）によるケアを可能にしているということができる．このようなつながりに基づく家族関係を東南アジア社会の文化的特徴とみなす議論もある．一方で，このようなつながりの構築を家族がケアを担わざるを得ない社会状況に対する人びとの戦略的な対処として理解すべきだとする観点もある．

●家事労働者　日本での家族によるケアと比較して，東南アジアで特徴的なのは，家事労働者による家庭内ケアが比較的に大きなウェイトを占めていることである．例えばシンガポールでは，女性の社会進出を促進するために外国人家事労働者の雇用を促進してきた．近年では，そういった家事労働者が家庭におけるケア・ワーカー（ドメスティック・ケア・ワーカー）としての役割も期待されるようになっている．マレーシア，タイ，ベトナムなどでもドメスティック・ケア・ワーカーとして家事労働者を雇用するケースが増えている．特に，儒教的規範が強い地域ではケア・ワーカーの雇用がいわば「親孝行の下請け」を生みだしている．上述の枠組みにそうならば，東南アジアでは「家族」＋「市場」（家事労働者の雇用）によるケア体制が展開しつつあるということができる．

注意すべきは，これらの家事労働者のほとんどが女性であるということである．東南アジアでは家事労働や家庭内ケアのアウトソーシングによって女性の社会進出が日本などに比べて進んでいる．他方で，家事やケアは女性の仕事であるというイデオロギーが保持されたままである．そのため，女性の社会進出を支えるためにより貧しい女性たちが家事労働者として雇用されるという状況も発生している．

●親密圏　このように，家族によるケアといった場合にも，東南アジアでは，狭い意味での家庭や家族にとどまらない多様な人びとが介在している．そのような状況を分析する上で「親密圏」という概念が有効である．親密圏はもともとヨーロッパにおける公共圏の形成に関する議論の中で，その対概念として導入されたアイデアである．公共圏とは，すべての人びとにかかわる事柄について，公開的な討議を行い，人びとの要望を可視化し，承認していく多様な空間や制度の領域である．これに対して，親密圏は個別的な愛情や共感に基づいて相互承認を行っていくさまざまな場所のことをさしている．親密圏を構成する制度の代表格は家族である．私的領域（プライベート）と違って，親密圏はその定義からして誰かと親密な関係でつながっていることが前提である．したがってそのつながりは家族の領域の外側にも広がっていく可能性をもっている．場合によっては，広がりをもった親密圏での相互連帯を基盤として，その後ろ盾のもとで公共空間での主張を繰り広げていくようなこともある．

その点で，東南アジアにおけるケアをめぐるつながりを分析することは，親密圏を基盤とした公共圏の形成の可能性をさぐる上でも有効である．さきほど述べたように，東南アジアの親密圏は先進諸国に比べてより開かれているということもできる．開かれた親密圏で展開される東南アジアのケアは，上述のケア・レジーム論での領域区分の再考を促す手がかりにもなり得る．この点でも東南アジアにおける親密圏とケアについての議論を進める意義は大きい．

●グローバル・ケア・チェーン　東南アジアはグローバルな関係の中ではドメスティック・ケア・ワーカーの代表的な供給地である．台湾，香港，シンガポールなどではインドネシア，フィリピン，ベトナムなどの外国人家事労働者が数多く働いている．経済的な理由による国際結婚をここに含めるならば，かなり多くの東南アジア出身者が家庭内ケアの担い手として国外に移動していることになる．これらのケア・ワーカーたちの多くは女性であり，ケアすべき自分自身の家族を地元にかかえている場合も多い．その場合，彼女たちは自分たちの家族・親族（その多くは女性）に自分の家族のケアを依頼することになる．いわば，ケア労働の肩代わりがグローバルなレベルで連鎖している状況がある．そのような中，東南アジア地域は自国におけるケア・レジームの構築に取り組みつつ，ケアの供給者を国外に提供するというアンビバレントな状況にあるということができる．

［加藤敦典］

移民・ジェンダー・市民権

本項では，東南アジアをめぐる最大のジェンダー化された移民の流れ，移民家事労働者と結婚移民についてみていこう．20 世紀半ばから後半にかけて経済的に発展した欧米・東アジア諸国では，高学歴化した都市中間層女性を労働力化した．いくつかの国では，女性を生産労働と再生産労働という二重労働の担い手とした．しかし他の国々では，生産労働に従事する女性の代わりに，海外から再生産労働者を補填する仕組みができた．送出国では，海外出稼ぎが，送金という形で「良い娘/妻/母」としてのジェンダー規範を満たす装置となった．この女性たちが送り出されたトランスナショナルな労働市場では，人種・エスニシティ・階層や国籍にジェンダー化されたステレオタイプが付与され，移民家事労働者や，家事・育児・介護の担い手たることを期待された結婚移民が「売り出さ」れる．受入れ国でこの移民女性たちは，それぞれの社会のジェンダー規範に沿って，よい家事労働者/妻/母であるかどうかをはかられる．そしてその評価が，彼女たちの（法的）地位の安定-不安定につながっていく．この，R.S. パレーニャスが「家庭性という名の力」とよんだ，ナショナル空間からトランスナショナル空間に連なるジェンダー化された構造の中で移動し，働く移民労働者たちを，P.C. ランらは再生産労働者とよび，コンステーブルらは親密性の労働者とよんだ．

●ジェンダー化された移民家事労働者　東南アジアは，移民家事労働者の受入れ地であると同時に，送出し地でもある．シンガポールは，1970 年代から国家レベルの政策で移民家事労働者を導入している．マレーシアやタイの都市中間層家庭も，近隣諸国から移民家事労働者を受け入れている．これに対してフィリピンは，世界でも最大の家事労働者送出し国の一つであり，それを追う家事労働者送出し国がインドネシアである．移民家事労働者の行き先は，シンガポール，香港，台湾，中東，北米，南欧など世界各地に広がる．

移民家事労働者の労働市場では，子育て世代の女性の市場価値が高い．これは，再生産労働には女性が適しているという，ジェンダー・イメージが労働者の価値を決めるためである．しかし，家事労働者ビザは，家族呼び寄せの権利を認めないことが多い．また移民家事労働者は，家庭という私空間でしばしば単独で働くという特殊性をあわせもつ．この私空間での労働は，彼女たちを，潜在的な家族・家庭生活の破壊者として警戒の対象とする．このため一方で移民家事労働者は，女性的な魅力が削ぎ落されるほど，価値が高いということになる．こうして移民家事労働者は，「女性らしさ（化粧することなど）」を制限するルールやプレッシャーを課される．受入れ国の中には，移民家事労働者に定期的な健康診断を課し，妊娠が判明すれば強制退去となる制度をもつ国も存在する．つまり移民家事労働者は，女性ならではの家庭性というジェンダー・イメージによって労働者として市場価値を付与される反面，彼女たち自身の女性性は抑え込まれ，彼女たち自身の再生産の権利は否定される．そこには移民家事労働者をめぐるジェンダー規範の矛盾が横たわる．

●結婚移民とジェンダー規範　東南アジアでは，フィリピン，タイ，ベトナムなどが，主な結婚移民の送出し国である．この時，フィリピン，タイからは欧米諸国やオーストラリアへ，ベトナムからは台湾と韓国へ，といったように移民の移動ネットワークには，特定のマリッジ・パターンがみられる．

図1　結婚移民と家族．旅好きなこの家族で，夫と子供たちがもつオランダ・パスポートのビザなし渡航可能国は170か国以上，妻がもつタイ・パスポートのビザなし渡航可能国は30か国程度（2017年）である

結婚移民へのビザの付与は，真正な婚姻関係かどうかで決まるとされることが多いが，何をもって真正な「結婚」とするかは，地域や社会通念によって多様である．また，結婚移民の増加に伴いその離婚も増える中，離婚時に子供の親権や引続きの滞在資格を求める場合には，しばしば受入れ国の社会通念に基づいた「母親」の規範に沿って，その資格を付与される資格があるかどうかが判定される――これをキム・ミンジョンは，「エスニックな解釈に基づく母としての市民権」とよんだ．結婚移民にとって，市民権取得の要件は，その土地のジェンダー規範と絡み合っている．

移民家事労働者も，結婚移民も，受入れ国では親密な労働者として家庭機能の一部を補填し，同時に送出し国へは母や娘として家族へ送金するなどの形で貢献しながら，どちらの国の国民・市民としての権利も十全には享受できない，トランスナショナルな社会空間に生きている．そしてその社会空間は，ナショナルな空間と同じように，一定のジェンダー規範を再生産する空間なのである．

［石井香世子］

📖 参考文献

［1］ Parrenas, R. S., *Servants of Globalization: Migration and Domestic Work*, (2nd ed.), Stanford University Press, 2015

［2］ Lan, P. C., *Global Cinderellas: Migrant Domestics and Newly Rich Employers in Taiwan*, Duke University Press, 2006

［3］ Cheng, C. M. C., & Choo, H. Y., "Women's Migration for Domestic Work and Cross-Border Marriage in East and Southeast Asia: Reproducing Domesticity, Contesting Citizenship" *Sociology Compass*, 9/8, pp.654-667, 2015

女性労働

☞「家事労働」p.294

国連経済社会局によると，サウジアラビアやアラブ首長国連邦などの6か国からなる湾岸アラブ諸国は，欧州や北米と並び，東南アジアから1000万人強の移民労働者を受け入れてきた．とりわけ女性に視点をあてると，フィリピンとインドネシアの女性たちが湾岸アラブ諸国に移動しており，フィリピン人は専門職から家事労働までのあらゆる職種につく一方，インドネシア人はもっぱら家事労働者として働くという違いがあるものの，これらの国々の社会経済に深く入り込んでいることがわかる．しかし，湾岸アラブ諸国では，しばしば人権侵害や移民労働者への不当な待遇が国際社会から非難されるほど，移民労働者の活動は厳しく制限される．このため，これらの国々の外国人は国籍や階層によって極端に分節化され，家族やごく親しい友人とのみ関係を形成している．特に家事労働者は，就労先の国内労働法の対象に入らないため，湾岸アラブ諸国における外国人労働者の中でも自国民に対して最も脆弱な存在である．外部社会との接触が極端に限定される一方で，家事労働は，就労先社会で自国民との深い付き合いをもち，就労先家族との間で相互に影響を与える職種である．そうした状況下で家事労働者はこれらの家族成員とどのような関係をとり結ぶのだろうか．

●伝統再生のための家事労働者　湾岸アラブ諸国の家庭では，「家事労働者に休日や休息時間を与える」という考え方はなく，世帯主夫婦の夫人である女性雇用主の要望するままに働くことが求められる．移動の自由という考え方もなく，家事労働者だけの外出は原則的に認められず，家事労働者が留守番をせざるを得ない場合は，外から鍵をかけて不審者が出入りできないようにする．断食月の週末ごとに行われる親族の集まりには家事労働者も同伴し，ほかの世帯で働く家事労働者とともに調理や片付けなどを担ったりする．長年世話してきた子供が結婚するのであれば，その子供とともに新居に移動することもある．家庭での「小児保育」という仕事内容で就労契約を交わしたものの，実際に家庭に入ると掃除，洗濯，アイロンがけ，料理，介護，宿題の代行など，家事労働全般をする羽目になる女性たちは数多い．文句を言いたくても家事労働者は国内労働法の範疇になく，契約期間をただひたすら無事に終えることが最大の対処法となる．

他方で，家事労働者を雇用することにより女性雇用主が社会進出する香港やシンガポールとは異なり，湾岸アラブ諸国では女性たちは必ずしも働きに出ない．むしろ，子供を多く産み，拡大家族との関係を継続する伝統の再生のために，みずからの手足となる労働力を外部に求めるのである．そのため，家事労働者をいかに管理できるかが重要となる．フィリピン人の給料設定は高いが（これはフィリピン政府が要求したため），英語も使えて機転が利き，綺麗好きであることから，フィリピン人を雇用することは女性雇用主の間で一定の地位を得ている．だが，その逆もしかりで，安い給料で，反論もせず，みずからの思いのまま働かせることができるインドネシア人やエチオピア人の方を好む女性雇用主もいる．

●影響の与え手としての家事労働者　湾岸アラブ諸国の家庭に外国人家事労働者が入ってきたのは1980年代からである．今日の世帯主たちは，彼女たちがいることがあたり前の世界で育ってきた．このため，家事労働者がなくてはまわらない家庭がほとんどであり，むしろ家事労働者に依存する女性も増えている．湾岸アラブ諸国の女性の教育程度が上昇してきたものの，家父長的慣習のもと，夫には強く物を言えない女性もいる．買い物は男性の役割で，夫が生活必需品を買ってくれなかったり，妻の欲しいものを買い与えなかったりする家庭では，かえってフィリピン人などの「物おじしない」家事労働者に「〜が足りないから，買ってきてほしい」と夫に言ってもらい，現物を家事労働者を介して受け取る女性雇用主もいるという．宗教的側面においても，フィリピン人ムスリムが予想外の影響を与える例もある．一般的に彼らは，イスラームの中心である「中東」に憧れを抱き，そこに暮らすアラブ人も敬虔なムスリムだと考えている．しかし，いざ家庭に入ってみると，特に若い世代と比べて家事労働者の方がイスラームを誠実に実践していたり，宗教的知識をもっていたりすることもある．むしろ，家事労働者からイスラームについて新たに学ぶという，いわば雇用＝被雇用の主従の関係性にパラドックスが生じる場面が生活のさまざまな場面でみられることもある．

●影響の受け手としての家事労働者　フィリピン人もインドネシア人も家事労働者は結婚や出産後も家族のために海外で就労する．高額な斡旋料が発生する男性の国際労働移動に対し，女性の家事労働は低額もしくは斡旋料が発生しないなど，ハードルが低いためだ．そうして「必要」のために海外就労し，みずからの生殖家族と物理的・心理的に疎遠となる一方，雇用主家族と親密な交流をもつにいたる事例もある．例えば，ケアをする子供との間で親密な関係が結ばれ，雇用主の子供を「私の子」とよんだり，子供に「第2のお母さん」とよばれたり，労働契約期間が終わって帰国しても，その子に請われて再び同じ家庭で契約を結ぶ例が後を絶たない．家事労働者が雇用主のイスラーム実践を間近で見るうちにみずからもイスラームに改宗し，それを雇用主家族が歓迎することによって，家族的関係が形成され，「家族ならば〈休日〉がなくてもあたりまえでしょう」と本人が契約関係を拒むことがある．これについて，家事労働者がみずからの居場所を雇用主家族に求めた結果であるという議論があるのに対し，「イスラームに改宗するとマダム（女性雇用主）から信頼してもらえる」「給料が上がる」といったような功利的理由によるものだとする議論もある．　［渡邉暁子］

看護師・介護福祉士

☞「外国人技能実習生」p.734

近年，経済連携協定（EPA）を通じて来日した看護師・介護福祉士候補や，看護奨学生，介護分野の技能実習生など，多様な外国人保健医療人材がよく話題にのぼる．少子高齢化や女性の社会進出が進む今日，日本では病院・介護施設が中国人看護学生や日本人配偶者のヘルパーなどを養成する一方で，対東南アジア諸国経済連携協定（EPA）を通じた受入れも試行されている．

●EPA による看護・介護人材の受入れ　まず 2008 年にインドネシア，翌年にはフィリピン，2014 年にはベトナムからの受入れが始まった．候補者は訪日前後に約 1 年間の日本語研修を受け，看護は 3 年間，介護は 4 年間，各地の病院・施設で就労しながら日本語での国家試験に臨む．ただし保健医療人材には多数の法規や資格制度の縛りがあるので，免許を取得するまでは補助的業務に携わる．そして国試に合格すれば半恒久的に就労できるが，合格しなければ帰国となる．

だが日本語という壁に加えて，疾病構造や看護・介護の教育制度も国ごとに差があるため国試合格者数は伸び悩んでいる．2008～18 年度の 11 年間に 3 国から受け入れた看護師・介護福祉士候補は 5602 人にのぼるが（表 1），国試累計合格者は看護 413 人，介護 985 人にとどまった．遅れて始まったベトナム人の受入れには日本語能力試験 N3（日常的な日本語が理解できるレベル）取得が要件付けられ，介護受験者の 9 割前後が合格している．日本政府は試験問題の漢字にルビを振り，一定以上の点数取得者に 1 年間の滞在延長を認めるなどの救済措置をとり，雇用主も看護師候補に准看護師試験も受けさせるなど苦心している．

●職場適応・家族形成にみるジェンダー問題　東南アジアでは男性看護師も比較的多く，高学歴者ほど経営者や教員，保健省職員などを目指す．だが日本では女性の募集が中心で（特に看護師），配属先に女子寮しかない，女性中心の職場に男性が入るとやりにくい，などの理由で敬遠されがちである．また EPA 候補者を将来の幹部候補として育てている受入れ機関も少ない．よって男性候補者は選抜である程度淘汰され，来日しても優秀な人材ほど定着するのかが懸念される．

インドネシア人に多いムスリム女性の場合はベール着用の問題もある．豚食の忌避や 1 日 5 回の礼拝，断食などの宗教的義務には比較的理解があるのに，ベール着用は衛生上よくない，患者・入居者が怖がる，などの理由から受入れ機関との間でトラブルになりやすい．白い布を頭に巻きつけて三角巾のように着用する，などの妥協案で大概は収まるが，なかには他機関へ移る者もいる．

EPA 候補者は家族形成でも問題に直面する．まず，大半が 20～30 代の候補者たちは熱心に結婚・出産の機会を求め，既婚者の場合は家族呼び寄せを願い出る

表1 EPA候補者の国籍・分野別新規入国者数

国名	分野	2008	2009	2010	2011	2012	2013	2014	2015	2016	2017	2018	合計
インドネシア	看護	104	173	39	47	29	48	41	66	46	29	31	653
	介護	104	189	77	58	72	108	146	212	233	295	298	1792
フィリピン	看護	–	93	46	70	28	64	36	75	60	34	40	546
	介護*1	–	217	82	61	73	87	147	218	276	276	282	1719
ベトナム	看護	–	–	–	–	–	–	21	14	18	22	26	101
	介護	–	–	–	–	–	–	117	138	162	181	193	791

＊1 フィリピン人介護就学生も含む（2009年27人，2010年10人）
（出典：国際厚生事業団2019年受入れパンフレットより作成）

が，雇用主側がしばしば難色を示す．これは国試合格に専念させるためだが，同時に養成のコストや産休・育休を考えて「当分は夜勤を」「長期休暇は迷惑」と御礼奉公を要求する職場文化でもある．また，女性が配偶者・恋人を呼び寄せるのは男性より難しい．一定のキャリア・地位がある男性ほど渡日を嫌がるためである．家族と長く離れることもキリスト教，イスラームなどの宗教観からはよしとされない．さらに，滞日中に子供が生まれ，第2子，第3子と続くと，母子ないし家族で帰国して実家やメイドに頼るケースも少なくない．

●東南アジアにおける看護・介護のあり方 東南アジアには富裕層や外国人駐在員向けの介護士・ホームナースを除いて専門的介護職は存在せず，看護師・助産師も年齢が上がるにつれてデスクワーク中心となる．よって看護・介護の現場は比較的若い看護師と看護助手などの補助人材，そして患者の家族やメイドが主力となる．日本のような完全看護の概念はなく，複合的な人材活用は質的担保が難しい反面，個々の看護師・助産師の負担を減らし，特に女性は出産や子育てなど重要なライフステージをのりきって「細く長く」勤続しやすくなっている．

東南アジアでは都市部を除き，今なお感染症対策や母子保健，農村指導などの需要が高い点も日本とは異なる．農村医療を看護師か助産師のみが支えている地域も多く，周産期看護中心のためほぼ女性と，まさに「女の仕事」だ．移住労働に赴く看護師には，高給よりも本国で役立つ先端技術の習得を望む者も多いが，日本では産科などへの配属はまれだ．多くは高齢者・障碍者の食事や排泄の介助に従事し，「雑用を押しつけられている」「日本で学べることは何もない」と不満が募る．こうしたミスマッチをなくすためには，候補者本国の保健医療の需要を探り，日本で学んだ技術・知識をどう活かすか検討する必要がある．［奥島美夏］

参考文献

［1］奥島美夏編『日本のインドネシア人社会』明石書店，pp.293-317，2009
［2］奥島美夏「外国人看護師・介護福祉士候補の受け入れをめぐる葛藤」池田光穂編『コンフリクトと移民―新しい研究の射程』大阪大学出版会，pp.109-136，2012

ディアスポラ

☞「フィリピンの家族」p.332

ディアスポラ（diaspora）とは，ギリシャ語で「散らされている者」を意味し，かつては特に故郷パレスチナを奪われ別の土地で暮らすことになったユダヤ人の離散状態をさす言葉だった．だが，その後，ユダヤ人に限らず，越境移動し，世界各地に住む，さまざまな民族集団についても使われるようになった．輸送通信技術の発達などによって，現在では，世界各地で国境を越えて移動することも，つながりを維持することも容易になった．このようなトランスナショナルな時代に，ディアスポラという言葉が表現しようとしているのは，別の国に長期間暮らし，時には世代が代わっても，祖国に対して強いつながりを感じる移民たちの複雑なアイデンティティや思いである．

●東南アジアにおけるトランスナショナルな人の移動　ディアスポラという言葉は，東南アジアの文脈でも使われる．以前，その代表は，植民地時代に中国やインドから東南アジアに半強制的に移住させられた労働移民とその子孫だったが，1990年代頃から，祖国よりも良い仕事や生活環境を求めて国外へと出る東南アジアの人びとについても使われるようになった．労働移民に限っていえば，東南アジアの主要な移民送出国は，フィリピン，インドネシア，カンボジア，ミャンマー，ラオス，ベトナムである．特にフィリピンは，国外からの個人送金額が，中国，インドに次いで世界第3位の移民送出大国である．フィリピン人が2015年に祖国へ送った金額，約3兆円は同年の国家予算の4割に匹敵した．また，東南アジアは，国外で働く移民女性の割合が高いことでも知られる[1]．なかでも，家事労働者や介護労働者の主要送出国であるインドネシアとフィリピンは，1990年代頃からほぼ毎年，女性が労働移民全体の過半数を占める状態が続いている．

●中東のフィリピン人ディアスポラ　フィリピンでは現在，人口の1割にあたる1000万人が国外に在住している．大別すると，その約半分は米国などの移民国に永住者として暮らし，残りは中東やアジアなどの非移民国で短期の契約に基づき働く移民労働者である．移民労働者が最も集中しているのは，アラブ首長国連邦（UAE），オマーン，カタール，クウェート，サウジアラビア，バーレーンの6か国からなる中東の湾岸アラブ諸国である．産油国として有名なこれら6か国に，約250万人のフィリピン人が家事労働者，販売員，ホテル従業員，工場労働者，事務員，看護師，技師などとして働いている．彼らの中には，一時的滞在者という身分のまま，短期契約を更新して長期に働き続ける人が多く，ここでは多様なディアスポラの生活風景がみられる．

彼らの話によると，湾岸アラブ諸国での仕事は長時間労働を強いられ，解雇になれば即刻国外退去となるなど不安定な上に，生活面では結社の自由や表現の自由がないためストレスが溜まるという．他方，本国に比べれば高い給与が得られ，治安が良く，都市インフラも整備されているため，職場や生活環境に慣れてしまえば，住み心地は悪くないと語る．この地域ではホスト国への社会統合はなされないため，長期滞在者にとっては「仕事だけで，楽しみがない」ことが問題だが，地域内に無数にあるフィリピン人コミュニティがディアスポラ生活を送る間の大家族の役目を果たしている．コミュニティの核となっているのは，職業，趣味，出身地，宗教（宗派），出身大学などに基づく団体である．各団体は，機会があるごとにメンバーが集まり，神へ感謝しながらフィリピン料理を食べ，情報交換や助け合いをする（図1）．助け合いはメンバー内に限らない．雇用主の家で虐待されシェルターに逃げてきたフィリピン人家事労働者に対し帰国費用をカンパしたり，フィリピンでの災害時には義援金を送ったりする．たまたま出会ったフィリピン人の手助けをすることもあり，同国人同士のインフォーマルなセーフティネットにもなっている[2]．

図1　ドバイの公園でフィリピン料理を食べながら休日を楽しむ家事労働者（2013年2月）

●故地の家族との関係　国外に在住する多くのフィリピン人は，自分がディアスポラ生活を送る理由として，自分だけでなく，家族全員を豊かにすることだと語る．実際，国外在住者の故地の家族の大半では，海外送金により経済状況が良くなる傾向がみられる．しかし，海外就労が社会に広まることに批判的な意見もある．その一つが，子供への悪影響や夫婦関係の崩壊といった，離散家族の負の側面である．フィリピンのジェンダー規範では母親が中心となり子供を育てることが重要とされるため，この問題は特に海外就労中の既婚女性にとって深刻である[3]．現実には母親不在でも家族の絆が弱まることはないという報告も出されている．しかし，家族のより良い暮らしを実現させるために国外で働き続けるか，それとも家族と一緒にいるために帰国すべきかを悩まない既婚女性は，ほぼいないといってよいだろう．ディアスポラ生活を送る人びとの多くは，このような自身の国外在住と故地の家族との関係について複雑な思いをもち続けて生きている．

［細田尚美］

参考文献

［1］カースルズ，S.，ミラー，M. J.『国際移民の時代 第4版』関根政美・関根 薫監訳，名古屋大学出版会，2011
［2］細田尚美「UAE在住フィリピン人の生存戦略とコミュニティの多様性」細田尚美編『湾岸アラブ諸国の移民労働者—「多外国人国家」の出現と生活実態』明石書店，2014
［3］小ヶ谷千穂『移動を生きる—フィリピン移住女性と複数のモビリティ』有信堂高文社，2016

ジャパゆき

☞「日本に暮らす東南アジア出身者」p. 722,「在日フィリピン人」p.724

明治期から太平洋戦争にかけての時期，少なからぬ数の日本人女性がアジア各地の娼館で働き，彼女らは当時「からゆきさん」とよばれていた．その後，1980年代以降の日本のバブル経済期には，フィリピンをはじめとする東南アジアから日本へ「エンターテイナー」として出稼ぎに来る労働者の女性が増加した．彼女らは戦前の「からゆきさん」にちなんで「ジャパゆき」（ないし「じゃぱゆきさん」）などとよばれるようになった．

●「ジャパゆき」全盛期 「ジャパゆき」の増加は，日本とフィリピン（日比）間の国際結婚数を増加させ，1993年の時点では年間6000件以上もの日比間の国際結婚を記録するようになった．こうした日比国際結婚のフィリピン人の大半は，「ジャパゆき」すなわちフィリピン・パブとよばれるバーやクラブなどでホステスとして働く女性出稼ぎ労働者たちであった．こうした女性は「歌手」や「ダンサー」など「エンターテイナー」（ないし「タレント」）の名目としてビザ発給されていることが多かった．実際の状況では各地のフィリピン・パブなどにおいて，そこで働く「エンターテイナー（タレント）」は事実上，男性客のテーブルに着いて接客業に従事するホステスとほぼ同義語といえるものだった．こうした状況は2000年代の半ば頃まで続いた．

●転換期の「ジャパゆき」―入国管理政策変更の影響 しかし2005年前後を境目に状況は大きく変化した．同年，米国政府国務省はその報告書の中で日本におけるフィリピン人「エンターテイナー」の出稼ぎ労働を事実上の人身売買であるという趣旨の批判的報告を公表した．この米国政府による批判を受けて，日本政府はフィリピン人への入国管理政策の再検討を行い，結果的に翌2006年以降からフィリピン人「エンターテイナー」へのビザ発給を著しく厳格化していった．この結果，日本に入国して働く「ジャパゆき」，すなわちフィリピン人「エンターテイナー」の数は激減することとなった．例えば「エンターテイナー」のビザで働くフィリピン人女性労働者の数は2004年時点で5万691人と推定されるが，2010年時点ではその数は6319人にまで減少した．

この減少の直接的な帰結として日比間の国際結婚の件数も大きく減少することとなった．2006年はフィリピン人女性へのビザ発給の厳格化の本格化前にいわば「駆け込み」的に日比間の国際結婚を申請するケースが増加し，実に1万2150件もの結婚件数を数えた．しかしその後，本格的なビザ発給の厳格化によって日比間の国際結婚件数は激減していった．2013年時点ではその件数は3118件であり，2006年時点の件数の約4分の1近くにまで激減した．

さらに，2005年から06年以降の移民政策の厳格化の影響は，「エンターテイナー」へのビザの発給の減少だけには留まらなかった．すでにその時点で日本人と結婚して日本に滞在していたフィリピン人女性に対しても，日本滞在に関して必要な在留資格証明の取得や更新のプロセスがより厳しくなるという傾向が認められた．この背景としては入国管理当局側が，日比間の国際結婚にいわゆる偽装結婚が紛れ込んでいるのではないかという疑いを抱いたためであった．このような偽装結婚の横行は，ある意味では正規の労働ビザの発給の厳格化といわば裏表を為す現象である．2005年から2006年には，「エンターテイナー」向けビザ発給の厳格化によって日本に行く機会が閉ざされてしまう前に，日本人男性と「駆け込み」的に結婚してしまおうとする動きも頻出した．

●日比国際移動の現在　そして2007年以降には，日本政府による「エンターテイナー」向けビザの発給がいよいよ本格的に厳しくなった影響を受けて，偽装結婚はフィリピン人出稼ぎ労働者の女性が日本へ入国するための主要な代替手段として浮上することとなった．偽装結婚以外では，Facebookをはじめとするインターネット上のソーシャル・メディア（SNS）などを通じて結婚相手を探すという方法も登場した．偽装結婚やソーシャル・メディア，紹介などを通じた日本人男性との結婚といった手段は，いずれも日本政府の方針の変化によって，従来のように入国することが困難になったことによる苦肉の策という側面がある．

偽装結婚は違いも大きいが，概して日本人やフィリピン人のブローカーが仲介者として介在し，日本人男性が「夫」名義を書類上，提供し，フィリピン人女性はその「妻」として日本に入国するが，実際にはフィリピン・パブなどでホステスとして働き，毎月の収入の一部をブローカーそして「夫」名義の男性に払うというパターンが多い．各種の悪条件や結婚までの煩瑣で時間のかかる事務手続き，そして発覚時に日本で当局に逮捕・強制送還の対象となるなどの潜在的なリスクにもかかわらず，ブローカーのオファーに応じて偽装結婚という手段を通じて日本へ入国するフィリピン人女性の事例は，少数ではあるが現在も存在している．

ただし総じて2000年代の半ば以降は，フィリピン・パブで「エンターテイナー」として働くフィリピン人女性，つまり典型的な「ジャパゆき」の数は激減しており，また来日するフィリピン人労働者もその職種は必ずしも水商売だけではなくケアワーカーや工場勤務，その他のサービス業などに多様化しつつある．こうした状況に伴って「ジャパゆき」や「じゃぱゆきさん」という呼称自体も，もはやフィリピンでもほとんど使用されなくなりつつある．近年では安価なLCC航空の普及などを背景に，出稼ぎではなく観光旅行などのために来日するフィリピン人の数も増加している．またフィリピン人女性と日本人男性の間の子供も現在では成人年齢に達した者が増え，スポーツや芸能界などをはじめ各界で活躍する日比国際結婚二世の世代の姿も目立つようになってきている．　［床呂郁哉］

儒教とジェンダー

☞「父系制の親族関係」p.312

現代の東南アジアは宗教面では上座仏教やイスラームが強く，華人・華僑を除くと儒教的価値規範に基いたジェンダー認識は一般的ではない．しかしベトナムは中国・朝鮮・日本などとともに「漢字・儒教文化圏」とされ，政治・経済面のみならず文化面でも東アジア，とりわけ中国から多大な影響を受けてきた．

前近代ベトナム史中の著名な人物として徴姉妹をあげる人は多い．当時，後漢支配下のベトナムにおいて徴則（チュン・チャック）・徴弐（チュン・ニー）の姉妹は紀元40〜43年にかけて反乱を主導したものの光武帝に派遣された馬援（ばえん）により鎮圧された．そのほかにも趙嫗（バーチェウ）の反乱（248年）など，中国諸王朝の支配下にあったベトナムでは反乱指導者として女性がしばしば現れることから，当時のベトナムは母系（もしくは系譜概念が希薄な）社会であったとする説が有力である．しかし，独立後のベトナムの歴代王朝は中国に対抗してみずから「小中華」たらんとし，とりわけ黎（レ）朝以降に中国的政治制度が積極的に導入された結果，儒教の国教化や公文書における漢字の使用により，社会文化面でも中国から多大な影響を受けた．現代ベトナムで「伝統文化」とされるものの原型は多くが儒教の影響を受けつつこの時期に形成されたと考えられる．例えば亭（Đình，集落の守護神を祀った集会所的施設）を中心とした村落共同体，ゾンホ（Dòng họ）とよばれる父系親族集団などはその代表例である．

●儒教の普及　亭やゾンホは紅河デルタにおいて最も早く成立したと考えられる．ハノイのハンノム研究院所蔵の碑文拓本を見ると，17世紀以降の紅河デルタでは村人達が共同で資金を拠出することにより集落の亭や祖先を祀った族祠堂が盛んに建設されており，これを記念した碑文が無数に残されている．また同時に家礼書（儒教的儀礼マニュアル）が相次いで出版されている．なかでも『寿梅家礼』は村々の守護神の祭祀についての執行規定が付加されるなどの工夫がされており，時としてその通俗性を批判されながらも普及していった．裏を返せば，厳格な儒教的知識人からの反発や議論を引き起こすほどの影響力が『寿梅家礼』にはあり，それだけの社会的需要が17世紀以降のベトナム社会にはあったということである．ただ実際，17〜18世紀の村々の族祠堂や亭でどこまで儒教的に「正しい」儀礼が行われていたか疑わしい．ベトナム中部フエの事例では，実際の宗教実践では儒教・仏教・道教の3教が混淆した状態にあったことが史料的に確認されており，多くは儒教的知識人から「低俗」「卑俗」と非難されても仕方ないものであったと推測される．しかし一般庶民にとって必ずしも完璧に儒教的である必要はなく，むしろ自分たちの実際的需要を満たしつつ，儒教的にも「そこそこ正しい」マニュアルの方が重宝されたであろうことは想像にかたくない．一部の人びとに限定されていた儒教が，ある種の文化的ファッションとして民間に普及する過程において，『寿梅家礼』はそのような社会的需要に合致していたのであろう．

●ゾンホとジェンダー　このように17〜18世紀にかけてベトナムでは庶民レベルにまで一応は儒教が普及する．法令類でも三従四徳に代表される儒教的な女性のあり方が強調され，亭を中心とした集落運営でも明らかに女性が排除されている．これはベトナムの女性の地位にどのような影響をもたらしたのであろうか．ゾンホの中には15世紀以前までさかのぼる系譜を主張する一族も少なくないが，家譜の現存状況から判断する限り，一般庶民レベルで家譜が編纂されるようになるのはおおむね17〜18世紀である．これは族祠堂や家礼書などと軌を一にする現象であり，この頃から庶民レベルでも親族集団の父系化が進行していたと考えられる．実際，15世紀成立とされる『黎朝刑律』では遺言なくして死亡した場合は男女均分相続することが定められており，儒教普及以前のキン族社会における女性の財産権の強さを示しているが，現存する18世紀以降の遺言書の財産相続では男性優位の傾向が強い．

しかし，このような変化が一朝一夕で進展したわけではない．寄進状況をみる限り，亭による集落運営が男性中心になった分，逆に仏教寺院は女性中心のコミュニティとしての性格を強めている気配があり，女性の経済力が急速に低下したわけではない．むしろ男性・女性のコミュニティの棲み分けが進んだだけのようにもみえる．家族関係をみても，ゾンホ自体は父系血縁原理を原則としつつ，一族の女性と婚姻した男性は容易に「婿入り」が可能である事例や，また結婚後に妻方の家族集団と共住していたと推測される事例も確認される．これらは男性が女性側の親族集団に取り込まれるケースが少なくなかったことをうかがわせる．実際には父系・母系といった原則性の乏しいまま複数世帯で構成されていた屋敷地共住集団が，儒教の影響により夫方居住が主流となった結果，徐々に父系に偏向した親族集団へと移行し，現在のゾンホの原型になったと推測される．しかしゾンホでの父系血縁原理の不徹底は必ずしも女性の社会的地位の高さに直結しない点は注意すべきである．たとえ妻方居住であっても，その結果として成立した世帯においては夫の家父長権が強いという状況も十分にあり得るが，いまだ実証的な研究に乏しいため確たることはいえない．今後の研究の発展が望まれる．

［上田新也］

📖 参考文献

［1］末成道男『ベトナムの祖先祭祀—潮曲の社会生活』風響社，1998
［2］嶋尾 稔「『寿梅家礼』に関する基礎的考察（1）〜（4）」『慶応義塾大学言語文化研究所紀要』36〜39, 2005〜08
［3］上田新也『近世ベトナムの政治と社会』大阪大学出版会，2019

仏教とジェンダー

☞「上座仏教（上座部仏教）」p.214

上座仏教は，大陸部東南アジアにおいて，国民の大多数が信仰する宗教であり，壮麗な寺院，黄衣をまとった托鉢の僧侶たち，そして僧侶を敬い，供物をささげ，その説法や読経に耳を傾ける一般の在家信徒の姿は，この地域が継承してきた伝統宗教の美しい光景である．この光景において注目すべき点は，黄衣の僧侶はほぼすべて男性であり，僧侶を囲む在家信徒の多くが女性であるという点である．従来，上座仏教圏の国々では，比丘尼（311 戒を受戒した女性出家者）は，10 世紀末のスリランカですでに断絶し，以来，女性は男性の比丘（277 戒を受戒した男性出家者）と同じ形式での出家は不可能とされてきた．だが 2000 年代以降，タイではスリランカなどの外国サンガ（僧団）と国内の一部の比丘の支援を受けて，数十名のタイ人女性が比丘尼としての出家を果たし，弟子の沙弥尼を育成しながら，旧来の社会通念に再考を迫っている．ただし，比丘のみからなるタイの国家サンガは，旧来の認識を変更しておらず，これらの比丘尼・沙弥尼を同じサンガの一員として認定していない．公的認定を受けた比丘尼サンガの不在，すなわち仏教徒女性が男性と同様の出家者となることが公式に認可されていないという現状は，現代仏教における最も顕著なジェンダー間格差といえよう．

●比丘尼サンガ不在が現代タイ女性に与えた影響　タイでは，不在の比丘尼を補完する形で，メーチーとよばれる剃髪・白衣の女性修行者の存在が普及した．メーチーは，在家のステータスのまま一時的に修行する際に守る八戒を恒常的に守ることにより，いわば事実上の出家者として生きる存在である．近年にはパーリ語試験最上段・上段合格者のメーチーが出ているとはいうものの，高度な宗教教育の機会が幅広くタイのメーチーに普及しているとはいいがたい．タイでは，約 20 万人の比丘が存在するのに対し，メーチーは約 5000 人に過ぎず，その中で高等教育を受けたメーチーは，一握りである．

一方，タイには比丘とほぼ同数の約 20 万人の性産業従事者の女性が存在すると推計される．比丘尼サンガ復興の主唱者は，次のように指摘する．女性が男性と同じ条件で出家できる条件が整っていれば，20 万人の性産業従事者の女性に対し，世俗的価値の追求によって生じる肉体的・精神的な苦痛を伴った生き方に代わって，物欲の制約の中で美しく生きる宗教の道を提供することができる，と．

●比丘尼サンガの存続・復興を阻む遠因　では，仏教における比丘尼サンガの消失が，ジェンダー間の均衡を欠き，女性の不利益につながっているとすれば，なぜその復興がなされないのであろうか．その背景には，比丘尼になるための受戒手続き規定の複雑さがある．比丘尼志願者は，2 年間の修行を経た後，比丘・比丘尼双方の授戒師による授戒式を経て，比丘尼になる．その手続きは，比較的単純な比丘の出家手続きと比べ複雑で，いったん授戒師となる比丘尼が不在となると，新たな比丘尼の出家が手続き的に不可能と考えられるようになった．

この比丘尼の出家手続きに関する規定は，ブッダが最初の比丘尼マハーパジャパティーの出家の許可と引き換えに授けたとされる「八敬法」の中に含まれる．八敬法には，ほかにも「比丘尼は，たとえ授戒後100年たっているような古参者であっても，すべての比丘に対して敬礼，合掌してこれを敬わなければならない」など，明確に比丘尼を比丘の下位に位置付ける規定が含まれる[1]．

八敬法は，今日まで，世界各地に展開する仏教サンガにおいて，仏典の一部として尊重されているものの，仏典の言語であるパーリ語に精通した現代の比丘・比丘尼，そして文献学者は，八敬法がブッダの言葉ではなく，後世の付加物であるとする．その根拠として，比丘尼戒311戒の中に八敬法が位置付けられていないこと，その規定がすでに確立した比丘尼サンガの存在を前提としていることなどが指摘され，それはブッダが最初の比丘尼志願者に対して語った言葉とは考えにくいとされる[2]．平川彰は，比丘尼の出家そのものはブッダが決定し，比丘と比丘尼との接触に一定の制約を設けたと推測し，仏陀の死後100年頃に，仏教サンガを引き継いだ高僧たちによって，今日に伝わる八敬法が成立したと推定する[3]．つまり八敬法は，ブッダ自身が定めたものではなく，後世の高僧の女性蔑視の観念を反映したものが，経典の一部に追記されたとの見解を示す．その影響は，いったん消失した比丘尼サンガの復興を困難にしたにとどまらない．後世の仏教コミュニティは，男性出家者による宗教的権威の独占を自明のこととし，女性を劣位に定めるジェンダー秩序を伝統的規範として定着させた．その結果，当初ブッダが定めた男女一対の仏教サンガを大きく歪曲させたのである．

現代のフェミニズムは，ジェンダー格差に異議をとなえる．一般社会では，人びとの意識・価値観の変革とともに，その是正に向けた法的・制度的改革の取組みがはかられつつある．しかし，宗教におけるジェンダー格差の是正は，必ずしも世俗の社会と歩調を合わせて進むとは限らない．宗教においては，世俗の価値観の変容に対し，宗教の枠組みの中で尊重されてきた伝統的規範・論理が優先されることが多く，宗教コミュニティ内部における変革の合意形成には，より時間を要する．スリランカやタイなど伝統的上座仏教国では，既存の宗教的権威である比丘サンガ全体の合意を待たず，比丘尼サンガの形成を先行させ，その存在を通して徐々に旧来の規範に新たな解釈を迫っている．［伊藤友美］

参考文献

［1］佐々木 閑『出家とはなにか』大蔵出版，pp.205-211, 1999

［2］Sujato, B., *Bhikkhuni Vinaya Studies: Research and Reflections on Monastic Discipline for Buddhist Nuns*, Santipada, p. 66, 2012

［3］平川 彰『比丘尼律の研究』平川彰著作集 第13巻，春秋社，p.73, 1998

イスラームとジェンダー

☞「イスラーム」p.216,「近代家族法」p. 334

イスラームにはジェンダー不公正のイメージがまとわりつくが，それはどこに由来するのだろうか．ムスリムの行動指針あるいは規範となる「イスラーム法」を探る必要がある．これは啓典コーランと預言者の伝承記録ハディースをウラマー（宗教学者，イスラーム法学者）が解釈して導き出す．この営為は8世紀に始まり，その「知」はアラビア語文献の中に蓄積されてきた．古典的イスラーム法には確かに，女性に特有の規定がある．義務とされる礼拝，断食，巡礼は，月経時の女性は行ってはならない．また，礼拝では男女は隔離されるのに加え，男性がいる場合は女性が集団礼拝の先導者になることは禁じられている．さらに，婚姻契約を結ぶ際は，女性は後見人をたてて婚姻契約を締結することが定められていたり，複婚（多妻婚）が容認されていたりと，相続配分は男の子が2に対して女の子は1という具合に，女性の権利を制限する数々の規定がみられる．しかしながら，このような規定は中世のウラマーが男性中心主義的に解釈した産物とも考えられ，法学派によって見解は微妙に異なることもある．

●東南アジアのコンテクスト　古典的イスラーム法が編み出された地域から遠い東南アジアでは，女性に関する規定に別解釈はあるのだろうか．

17世紀のアチェ王国では，女性スルタンが即位したが，外国人ウラマーの進言で退位した．19世紀末，オランダのイスラーム研究者スヌック・フルフローニェは，ジャワで婚姻締結後に新郎が誓約する「タクリク・タラク（条件付き離婚）を「賞賛すべきアダット（慣習）」と記している．この起源は，17世紀のマタラム王国時代に，宗教役人が婚前条件を読み上げて新郎に誓約を求めた「ジャンジ・ダレム（王との約束）」であるとされる．長い間夫に去られた妻を，その夫から解放させることが目的であったという．婚前に女性から男性側に条件をつけることは古典法でも認められてはいるが，このような形態はイスラーム法からの「逸脱」であるという．現在では，婚姻登録証に印刷されたタクリク・タラクを新郎が任意で読み上げることは多い．また，ジャワでは夫婦の共有財産を離婚時に折半する慣習「ゴノ・ギニ」も古典法にはないが，夫婦が共同作業をする農業社会では必要と容認されてきた．このように，社会の状況に応

図1　結婚式の始めのコーラン朗誦．かつては男性が朗誦した部分のインドネシア語訳を女性が朗読するだけであったが，近年は双方が交替で行う

じて女性の権利を保障する法学解釈がなされることはあった．

近代になると，古典法にはない新しい問題が生じた．インドネシアのイスラーム団体の法学検討記録には次のような問いが登場する．「女性が自転車に乗る練習をするのは是か非か」（植民地末期），「女性は戦闘に参加すべきか」（独立闘争期），「女性は国会議員になれるか」（初の総選挙期），「女性が夜労働すること」（開発推進期）．ウラマーは，おおむね柔軟な解釈を示すか態度を保留した．

その一方，古典法で許容されてきた複婚（多妻婚）については，20世紀初頭以降西洋教育の恩恵に浴した女性から批判の声があがった．これに対して，イスラーム系知識人は，性道徳ではキリスト教社会の方が堕落していると激しく反発した．複婚批判はムスリムを見下す西洋帝国主義の所業ととらえたのである．ムスリムのアイデンティティの問題と重なり，独立後の婚姻法案審議でも，単婚（一夫一妻婚）を確立させようとする政府に対して強い反対が出て，複婚は条件付き許容という妥協がなされて法が成立した．その一方，インドネシアは世界に先駆けて，女性のイスラーム法判事（宗教裁判所）を登用した．

●ジェンダー公正をめぐる議論　イスラームとのかかわりでジェンダー公正が多く語られるようになったのは1980年代後半である．インドネシアでは，宗教裁判法案とその判事が判断典拠とする『イスラーム法集成（ＫＨＩ（カーハーイー））』（案）をめぐる議論がなされる中で，古典的イスラーム法の批判的再検討の必要性が叫ばれた．同じ頃，女性問題を扱うNGOが続々と登場して，女性の権利や地位を向上させようという気運が高まった．これは海外の動きとも連動し，コーランにおける男女の対等性を強調する女性神学者の見解が紹介され，カイロの人口会議（1994年）での「性と生殖に関する権利」「エンパワーメント」というコンセプトが導入された．国内でも1983年に創設された「女性役割省」が，1999年に「女性エンパワーメント省」と名称を改め，民主化後はこの問題に対する関心が高まるかにみえた．

しかし，2004年に宗教省内の研究部から発表された「イスラーム法集成対案」が大きな波紋を引き起こし，ジェンダー公正へ向けた流れに水をさした．「イスラーム法集成対案」は婚姻法において，女性に男性と対等の権利を与え，複婚を禁じることを提案した．これは保守的ウラマーや宗教裁判所の判事の非難を浴びただけでなく，ジェンダー公正を唱道してきたNGOもその急進性に躊躇した．その後，この分野における議論は進捗していない．

他の分野同様に，ウラマーは古典法にない問題については比較的融通のきいた見解を出す反面，文献に膨大な蓄積のある家族法などについては新しい解釈をなかなか容認しない．しかし，複婚実践者に対する世間一般の視線は厳しいし，また，古典法で扶養費は夫の義務とされても，現実では妻も生計のために働かざるをえない．イスラームは社会で実際に起きている問題に適切に対応することを求められ続けるであろう．

［小林寧子］

ムスリムファッション

☞「イスラーム」p.216,「ファッション」p.714

ムスリムファッションと聞くと，黒いベール姿の女性を連想する人が多いかもしれない．しかし，そのイメージとは異なり，東南アジアのムスリムファッションは，色とりどりでファッショナブルなものが多い．特に2000年代に入ってからは，その傾向が強まっており，ムスリムファッションショーなども行われている．

●ムスリムファッションの多様さ　ムスリムファッションは，地域ごとの違いもあり，多様である．共通しているのは，肌を露出しないデザインになっていることだ．これは，ムスリムが人に見せてはいけない体の部位を覆うためである．このほかに，体の線が出ないこと，透けない生地であること，異性の服装を真似たものでないことなどの決まりもある．

ムスリムファッションとして着られるものには，長そでの上着，長い丈のスカートまたはズボンのセット，あるいは体全体を覆うワンピースもある．ムスリム向きにつくられたものだけではなく，人に見せてはいけない体の部位を覆うものであれば，洋服，あるいはいわゆる民族衣装でもよい．例えば，半そでTシャツとミニスカートの組合せであっても，アームカバーやレギンスを着用することで肌を露出しないように工夫して，着られる場合がある．

女性用のムスリムファッションは，イスラームの代表的な象徴の一つであるベールとセットになっている．ベールは，頭部だけを覆う小さなサイズのものから，上半身をすっぽりと覆う大きなものまであり，色もさまざまである．東南アジアでは，顔の出るタイプのものが一般的だが，なかには目を除いて顔全体を覆うベールを着用する人もいる．ベールを着用する理由については，聖典コーランの中にある光り章の一部「外部に出ている部分はしかたないが，そのほかの美しいところは人に見せぬよう．胸には蔽いをかぶせるよう」[1]に言及されることが多い．この記述からも，ベールの色や形に厳格な決まりはなく，解釈によって多様なものが存在し得ることがわかる．

ベールの着用については，19世紀にフェミニズムの影響を受けた脱ベール化現象が中東で起こり，着用する女性は減少した．しかし，1970年代に拡大した世界的なイスラーム復興の動きを受けて，中東でも再びベールを着用する女性は増加した．この動きは，ベールやムスリムファッションを日常的に着用していない人も多かった東南アジアのムスリム女性にも，拡大していった．

●近年の傾向と変化　ここからは，インドネシアを例に東南アジアのムスリムファッションについて紹介する．インドネシアでも，イスラーム復興の影響を受

図1　インドネシアのムスリムファッション

けて，1980年代以降，都市の高学歴女性を中心として，ベールを着用する人が出てきた．しかし，スハルト政権時代には，イスラームの政治的な影響力が警戒され，1980年代から1990年代初めにかけて，公立学校でベールの着用が規制された．スハルト政権時代が終わりを迎えた1998年以降着用者が増加し，2000年代に入ってからは，ファッション性に富んだベール，ムスリムファッションが登場し，さらに着用者が増えた．インドネシアでは，ベールは，クルドゥン，ジルバブ，ヒジャブとよばれる．ベールの形によってよび分けられ，時代によっても，どの語が一般的に用いられるかは変化している．

ムスリムファッションを着用している女性に，ベールを着用する理由について聞き取り調査をしてみると，当然のことながら，信仰に基づいた行為であることが説明され，また自分で選択したことだという点が強調される．その一方で，着用者が増えたことで，ベールを着用しないことに対して周囲の目が気になること，高級なムスリムファッションを身につけることで得られる評価など，それ以外の理由について言及されることもある．

また，ファッションとしての流行という面もあり，芸能人がファッショナブルなムスリムファッションを身につける機会の増加，専門ファッション雑誌の出版，インターネットでの情報提供やビジネスも盛んである．ムスリムファッション産業の発展は，政府も重視しており，他の東南アジア諸国，中東への輸出拡大にも期待がかかっている．日本でも，2016年にムスリム向けのハラールビジネスのイベントで，「日本初の」ムスリムファッションショーが開催された．

しかし，このようなファッション化が進む中で，近年ではより正しいムスリムファッションに対する関心も高まっている．イスラームの決まりを守り，かつファッショナブルなムスリムファッションも登場している．従来のものよりもベールが大きめで，ゆったりしたデザインになっており，近年では人気を集めている．

［塩谷もも］

参考文献

［1］『コーラン』中，井筒俊彦訳，岩波書店，p.236，1958
［2］床呂郁哉他編『東南アジアのイスラーム』東京外国語大学出版会，2012
［3］野中 葉『インドネシアのムスリムファッション―なぜイスラームの女性たちのヴェールはカラフルになったか』福村出版，2015

一夫多妻制

一夫多妻制を含む複婚制は婚姻に関する規範の一つであるが，単婚制（一夫一妻制）とはその規範原理が異なる．単婚制は重婚（複婚）を禁止し，配偶者は同時に1人に限るという命令規範である．一方，複婚制は配偶者が複数でもよいという許容規範である．したがって一夫多妻制は1人の男性が複数の女性を妻としてもよいという許容規範であり，複数妻を娶れという命令規範ではない．

イスラーム法を施行している国以外は，民法では単婚制を執っているところが多い．例外的にミャンマーでは複婚を禁じる法律がなかったが，2015年に複婚を禁止する法律が成立した．一方，慣習法では一夫多妻を認めている社会が少なくないので，一夫多妻制については①民法，②慣習法，③一夫多妻婚の実態の三つのレベルでみてゆく必要がある．身分制社会や貧富の差が大きい社会では，首長・貴族や富裕層が一夫多妻を行うのは地位や威信を示す意味もあり，身分や貧富による頻疎の違いもある．それも，近代化に伴って身分制が変容し単婚制の民法が施行されると，徐々に一夫多妻婚を抑制するように変化してきている．したがって，過去の民族誌で一夫多妻制の存在が報告されていても，現在もその社会で一夫多妻制があり，実際に一夫多妻婚が生じているとは限らない．単婚制の民法をもつ社会では一夫多妻婚の件数が公式統計に載るわけではないので，慣習法で一夫多妻婚を認めていても実態が把握しにくい．また，単婚制民法下では，慣習法による一夫多妻婚の場合に第一妻と第二妻以降の妻との間に相続などに関して法的な地位の違いが生じる点も多妻婚の抑制要因となる．

イスラーム法では，妻たちを平等に扱うことを条件に4人まで妻を娶ることが許容されているが，事情は単純ではない．マレーシアではムスリム男性には多妻婚が認められているが，多くの州のイスラーム家族法条例で，既存の妻の同意や男性の収入の証明，裁判所の事前許可など，一夫多妻婚が安易にはできない手続きを定めている．フィリピンのマラナオ社会では，一夫多妻婚には既存の妻の同意が必要である上に，慣習法では平等な扱い以上に第一妻とその子の方を大切に扱わなくてはならない．このように民法または慣習法で一夫多妻が許容されていても，実態として一夫多妻婚が多く生じるとは限らないのである．

●一夫多妻制の分布　上に述べたような一夫多妻婚の現状把握の難点を前提に，これまでの民族誌で一夫多妻制が報告されている民族をみてみる．マレーシアを含む島嶼部でムスリムの多い社会では，ジャワ，ムラユ，モリ，ササク，マンガライ，ミナンカバウ，マラナオなど多数の社会で一夫多妻制が報告されている．一方，非イスラーム社会でも，スンダ，ニアス，アロール，バリ，エンデ，テトゥム，トラジャ，サカイ，マンダヤ，ハヌノー・マンヤン，スバヌン，スロッド，アパヤオなどに一夫多妻制の記述がある．大陸部でも，タイ・ヤイ，タイ・サヤーム，タイ・ユアン，タイ・ルー，ラオ，チン，カチン，アカ，リス，モン，ミエン，キン，ムオン，ムノンガール，ジャライ，クムなどの多くの民族のもとで一夫多妻制が報告されているが，イスラームとの相関はみられない．

一夫多妻制の慣習法の詳細については，第二妻以降を娶るときの手続，離婚の手続，妻たちの地位の差の有無，夫の財の相続権，出生した子供の地位と権利，祖先祭祀がある社会では祖先としての妻たちの地位などに着目する必要がある．

●一夫多妻制の実例　民法で単婚と規定されていても慣習法で一夫多妻が認められている社会の例をあげる．タイではかつては民法でも一夫多妻が認められていたが，1953年民法改正後は法が認めるのは単婚だけである．しかし，慣習的には正妻以外の女性との継続的な性関係が許容されることがあり，第二妻をさす「小さい妻」（ミア・ノーイ，mia nɔi）といった概念がある．

タイのミエン（ヤオ）社会においても，第二妻の存在は少ないが慣習的に認められている．ミエン語で「妻」はアオ（au）である．第二妻はアオ・ファイ（au fai）といわれ，娶るには第一妻の承認が必要であり，簡単な儀礼を行う．一方，第一妻が死んだ後の後妻はアオ・トン（au tɔn）とよばれる．これを娶るにも簡単な儀礼が必要である．これらに対して，第一妻は，アオ・ロー（au l̥ɔ）という．「大きな妻」の意味である．一方，ファイもトンも「小さい」を意味する．ロー/ファイは単なる大小だが，トム（tom：大）/トンは大人/子供のように格の違いも含意し得る．このように，第一妻存命中の第二妻と第一妻死後の後妻とを区別している．複数の妻は同居することもあるが，別の家を構えていることの方が多い．ミエンは死後に「家先単」という祖先簿に儀礼名が記載される．第二妻，後妻ともに，死後は夫の配偶者として，第一妻とともに儀礼名が併記される．その際には第一妻と第二妻，後妻の名称などには格の違いは記されない．また正式の手続きを踏んだ第二妻の子供は，第一妻の子供と同じ地位が認められる．夫死後の遺産分配では，第一妻と後妻の場合，第一妻と夫が形成した財（土地など）は第一妻の子が相続し，後妻と夫が形成した財は後妻および後妻の子が相続する．第二妻の場合も同様である．「誰がつくった財か」は明確に意識されている．

［吉野 晃］

📖 参考文献

［1］LeBar, F., et al., eds., *Ethnic Groups of Mainland Southeast Asia*, Human Relations Area Files Press, 1964

［2］LeBar, F., ed., *Ethnic Groups of Insular Southeast Asia, Vol. 1: Indonesia, Andaman Islands, and Madagascar*, Human Relations Area Files Press, 1972

［3］LeBar, F., ed., *Ethnic Groups of Insular Southeast Asia, Vol. 2: Philippines and Formosa*, Human Relations Area Files Press, 1975

婚　資

婚資は bridewealth の訳語であり，聘財(へいざい)ともいう．花嫁代償ともいうが，この語は現在あまり使われない．結婚に際して夫方集団から妻方集団へ贈与される財である．逆の妻方集団から夫方集団へ贈与される財は groomwealth という用語があり，インドネシアのミナンカバウやベトナムのムノンガール，コホーにみられるが，日本語訳は決まっていない．一般に，婚資として贈られる物は，当該社会において特に価値があると認められている物であり，現金とは限らない．

婚資の機能は，①娘の婚出に対する代償，②婚姻締結の承認，③姻族間の関係の強化などが考えられる．①婚出に対する代償としての機能は，妻が夫方に移動する夫方居住がルールとなっている社会において顕著である．婚姻締結交渉あるいは婚礼そのものにおいて，婚資の贈与が不可欠の要素として組み込まれている場合には，②婚姻締結承認の手続の一部となっているとみなすことができる．婚資の贈与がその後の夫方・妻方の贈与交換をもたらす契機となっている場合，または一連の贈与交換の一部となっている場合には，③姻族間の関係強化の機能を果たしているとみられる．

●婚資慣行の分布　東南アジアにおいて，婚資慣行が報告された民族は百余りに及ぶ．大陸部ではビルマ，チン，カチン，タイ・ヤイ，タイ・サヤーム，タイ・イサーン，タイ・ルー，ラオ，タイー，ミエン，モン，アカ，リス，ラフ，キン，ムオンなどの民族で婚資慣行がみられる．島嶼部ではジャワ，スンダ，マドゥラ，アチェ，マカッサル，バタック，アトニ，ニアス，スンバ，マンガライ，エンデ，リオ，ムラユ，オラン・アスリ，ムルット，タガログ，マラナオ，タウスグ，スバヌン，ブキドノン，バゴボなどのもとで婚資慣行が報告されている．婚資慣行がある諸民族のうち，夫方居住制が伴うのは40%強の民族であり，その他の民族は妻方居住，選択居住，独立居住などの夫方居住以外の婚姻居住制が行われていた．婚資の機能については①娘の婚出に対する代償がしばしば指摘されるが，東南アジアにおいては婚資と夫方居住との相関はあまり高くない．

●婚資の実例　東北タイでは妻方居住制であり，末娘夫婦が両親と同居し扶養する．姉（たち）夫婦は短期間両親と同居した後に妻方の屋敷地内に独立居住し，親の世帯と供に屋敷地共住集団を形成する．一方で，夫方から妻方へシン・ソートという婚資が紙幣と現物の金で支払われる．これは「母乳代」（カー・ナム・ノム）ともいわれる．婚資の額は末娘の方が姉（たち）より高い．シン・ソートは正式の結婚のために必要であり，②婚姻締結承認の機能の側面が強い．

一方，タイの山地民ミエンの場合，夫方居住に伴う婚資贈与が行われている．

ミエンの婚資は銀の延棒であり，標準的な数は12本であるが，この本数は交渉次第で増減する．婚姻交渉は，5回の交渉と儀礼を経て婚礼となり，婚礼までの交渉に2年以上かかる．4回目の儀礼の際に延棒1本と5回目の儀礼の際に2本の婚資が支払われる．婚礼の時には2本の延棒が支払われるが，全額を婚礼までに支払うわけではない．結婚後も数年～10年くらいの間隔で，夫が妻の両親に分割で支払ってゆく．一度に全額支払っては「水臭い」「情がない」とされる．すべて払い終わると儀礼を行い完済を確認する．ここでは，婚資は①～③の機能を果たしており，結婚時には①婚出の代償と②婚姻締結承認が強調され，結婚後は③姻族関係強化の機能を果たしている．

マレーシア・サバ州のムルットにおいても，夫方居住制に伴う複雑な婚資慣行がある．婚資は陶製の大きな壺，銅鑼，貝製・金製・銀製の装飾品，衣類，水牛・牛などからなり，非常に高額で数量も多い．これらの婚資は，婚礼，婚礼の数年後に行うブルイ儀礼（妻方主催），その後に行うティナウ儀礼（妻方主催）の3段階で分割払いされる．「おれたち（ムルット）は死ぬまで婚資を支払う」といわれるほどである．このムルットの婚資も①～③の機能をもっており，特に③姻族関係強化の意味に重点がおかれる．ミエンとムルットの例では，未済婚資の負債が逆に姻族間の関係の維持に一役買っている点が注目される．

●婚資と一般交換　婚資は夫方集団から妻方集団への贈与であると述べたが，父系出自集団間で循環婚すなわち一般交換を行っている社会では，送妻者集団（妻方）と受妻者集団（夫方）の間に結婚後も相互に贈与が行われ，婚資はその一部として組み込まれることになる．そうした社会は，インドネシアに多くみられ，バタック，ニアス，スンバ，エンデ，リオ，マンガライ，アル，ケイなどにおいて婚資と一般交換が併存している．スンバでは夫方居住制であり，婚礼において夫方から馬・水牛と金属製の装飾品が妻方に贈られ，その返礼として妻方から豚と織物が贈られる．その後も大きな儀礼の際に送妻者集団と受妻者集団間で男財と女財の贈与交換が行われる．バタックも夫方居住制であり，婚姻に際しては米・豚の婚資が贈与されるが，婚礼後も送妻者側と受妻者側の父系出自集団間で女財（織物）と男財（短剣，実際には紙幣で代替）の交換が儀礼の度に継続的に交換される．

［吉野 晃］

📖 参考文献

［1］竹内隆夫「タイ家族の構造再考」『立命館国際研究』27(4), pp.293-315, 2015
［2］上杉富之『贈与交換の民族誌―ボルネオ・ムルット社会の親族と祭宴関係のネットワーク』国立民族学博物館研究叢書1，国立民族学博物館，1999
［3］池上重弘「トバ・バタックの祖先祭祀における媒介者としての女性―父系出自体系と非対称的姻族関係との関連から」『比較家族史研究』15, pp.19-44, 2001

第11章
観光と文化遺産

ASEANは，その成立50周年を記念して2017年を「ASEAN観光年」に定め，大々的な観光キャンペーンを展開した．観光は，東南アジア諸国における主要産業の一つであり，その収入は各国の国家運営をも左右し得る．対GDP比では，アンコール遺跡を擁すカンボジアで約18%，国際的な観光都市バンコクや多くのリゾート地を擁すタイで約11%を占めるほどである（2015年度）．ダナン（ベトナム），セブ島（フィリピン）などのビーチリゾートが東南アジアにおける観光のイメージをリードしてきたが，1980年代から1990年代にかけて東南アジア諸国が相次いで世界遺産条約を批准してからは，アンコール遺跡（カンボジア），ボロブドゥール遺跡群（インドネシア）などの文化遺産も世界の注目を集めるようになっていった．近年では，タイやシンガポールのメディカルツーリズムが世界市場を牽引するようになるなど，東南アジアにおける観光は常に動きの中にある．本章では，東南アジアにおける観光という現象を俯瞰すると同時に，世界遺産に代表されるさまざまな文化遺産や自然遺産の現状，観光をめぐって展開しつつある新しい動向を概観する．［綾部真雄］

東南アジアと観光

UNWTO（国連世界観光機関）は「観光（tourism）とは継続して1年を超えない期間内に，レジャーやビジネスあるいはその他の目的で，日常の生活圏外の場所に訪れ，滞在する人びとの諸活動で，訪問先で報酬を得る活動を除く」と定義している．レジャーに限定されない「旅・移動」に含意される意味空間の広がりも含めて理解するならば，東南アジアにおける観光は民衆を日常生活から分離し精神的な啓発を伴う宗教実践である「世俗的巡礼」，例えばジャワ世界におけるスーフィー聖墓参拝にさかのぼることができる．しかし，本項では19世紀に誕生した「近代観光」以降に焦点を当てて概観する．

●近代観光の成立 19世紀末，蒸気船の定期的な運行によりレジャーを目的にした長距離移動が可能になり団体旅行を組織する旅行社が開業した．トマス・クック社は，英国から東南アジア地域を訪れるルートをパッケージ化し，オリエンタルトラベラーズガゼットの初版が出版された．当時出版されたガイドブックにはタイやマラヤにおいて遊猟に適した場所などがページを割いて紹介されていることから当時の旅行家・探検家の嗜好がうかがえる．「近代観光」は植民地主義の展開を基盤に東南アジア地域に普及し，その基盤施設として「コロニアル・ホテル」とよばれる大型ホテルが設立された．バンコクのオリエンタルホテル（1876年），ペナンのイースタンアンドオリエンタルホテル（1885年），シンガポールのラッフルズホテル（1887年）などはその典型である．陸移動のインフラとして英領ビルマでは1877年に，英領マラヤでは1886年に鉄道が敷かれたが，タイでは1911年にホアヒン駅が完成した．

東南アジアの「近代観光」の成立において植民地宗主国への留学・遊学は重要な役割を果たしている．タイのラーマ6世は9年にわたる英国留学を経験しており，帰国後に英国で学んだ「海水浴」という当時の近代西洋医学に基づく海水治療法を実践できるようなマルカターイヤワン宮殿をホアヒン近郊に別荘として建立した．イタリア人の建築家がデザインした鉄道ホテルでは，西洋から取り寄せられた食材が提供され，スコットランドの技師によりロイヤルホアヒンゴルフコースが設計された．ホアヒンにおける別荘の保有はステータスシンボルとして認識されるようになり，タイ人の上層階級の「避暑地」として発展した．当時のタイおよび東南アジア社会の上層階級は，植民地社会の文化的空間を体験するためにホアヒンへ旅行していたといえる．

写真の技術および印刷技術の波及の影響も大きい．写真が絵画に取って代わり，写真撮影された東南アジア地域のイメージが西洋社会で大量に印刷された．

同時に，写真を撮るべき対象は何かが西洋からのまなざしで選別され，東南アジア社会・文化の表象が欧米社会において形成されていく過程でもあったことは注目に値する．「楽園の島」としてのバリ島への「観光のまなざし」もまた，こうした文脈を背景に1920～30年代のオランダ植民地期に住み込んだ作家，画家，写真家，人類学者たちにより生み出された．そして，バリの観光文化はこの時期の欧米との接触以来，現在にいたるまで創出され続けているといわれる[1]．このようなホストとゲスト間の「観光のまなざし」の権力構造は，その後もエスニック・ツーリズムという文化表象の消費の文脈（特に少数民族に対して）の中で再生産されている[2]．

●経済開発手段としての観光政策 冷戦が激化する中，東南アジアの資本主義・自由主義陣営の安全保障と経済成長の促進を目的に東南アジア諸国連合（ASEAN）が創設された．この時期ベトナム戦争を背景にタイ政府は米国軍とR&R（Rest & Recuperation）条約を締結する．バンコク，パタヤはR&Rの休暇滞在先として開発され米国軍兵士に提供された性的娯楽サービスは，セックス・ツーリズムという一大産業として発展した．

観光は外貨獲得の重要な手段として位置付けられ，東南アジア地域の観光開発は外資依存のもとで推進された．しかし経済面で恩恵を受ける一方で，社会，文化，環境の側面で観光開発の弊害も表面化してきた．例えば，1980年代に入ってからもタイを訪れる外国人観光客の7割程度を男性が占めており，現地女性によるサービスを先進国の男性が享受し，消費するという産業構造は続いていた．

●東南アジア社会における中産階級の台頭と観光 1992年にASEAN域内での連携による観光政策キャンペーン（Visit ASEAN Year）が初めて組まれ，2002年には東南アジア域内観光をさらに強化する政策（Visit ASEAN Tourism Campaign）も展開された．この時期から国連の開発目標に呼応して持続可能性（Sustainability）やCBT（Community-based Tourism）が国家政策でも注目されるようになるなか，東南アジアを訪れる観光客数は，四半世紀ほどで2000万人（1991年）から1億人（2015年）にまで増えている．東南アジア地域を観光する主体も変化し，全体の75%に相当するアジア人のうち，ASEAN域内からの観光客数が42%を占めるまでになった．このような変化に伴い観光の形態もまた多様化（メディカルツーリズム◀，ボランティア旅行，ロングステイ◀など）する一方で，自国民による国内観光も盛んになりつつある[3]． ［豊田三佳］

📖 参考文献

［1］Picard, M., & Robert, E. W., eds., *Tourism, Ethnicity and the State in Asian and Pacific Societies,* University of Hawaii Press, 1997

［2］豊田三佳「観光と性―北タイ山地の女性のイメージ」山下晋司編『観光人類学』新曜社，pp. 131-140, 1996

［3］Winter, T., et al., eds., *Asia on Tour: Exploring the Rise of Asian Tourism*, Routledge, 2009

インバウンド観光とASEAN意識

東南アジアは観光政策，特にインバウンド（外国人観光旅行）誘致に熱心な地域である．「ツーリズム・ハイライト（2018年）」（国連世界観光機関）によれば，1995年から2017年にかけてインバウンド到着者総数は世界全体で5億3100万から2.5倍の13億2600万に増え，東南アジアでは2850万から1億2040万へと4.2倍に増加した．隣国の中国やインドの経済発展を考えると，今後もインバウンドは増え続けるだろう．東南アジアは現在，世界で最も注目される観光目的地である．

● 2017年国別インバウンド到着数　主な国をみると，タイ（3540万）が世界10位，マレーシア（2600万）15位，シンガポール（1390万）28位，インドネシア（1300万）30位，ベトナム（1290万）31位で，ほかはフィリピンの662万を筆頭に600万以下にとどまる．ちなみに日本（2870万）は12位である．国別状況とは別に，東南アジアの観光政策の特徴は，東南アジアそのものを観光目的地としてブランド化しようとの試みがあることで，その表れがASEAN観光年である．

● 1971年と92年の観光年　1967年の設立以来，ASEANは観光を地域協力事業の一つに据え，常任委員会のもとに観光特別委員会を設置した．詳細は不明だが最初の観光年は1971年で，同年3月には域内観光事業者の組織ASEAN観光協会が結成された．76年のASEAN事務局設立後は，観光小委員会が通商・観光委員会のもとにおかれ，81年にはASEAN観光フォーラムが始まった．観光振興のための年次国際商談会で，観光にかかわるASEAN各国の官民組織がブースやイベントを用意し，参加旅行業者などへの売り込みを行う．その後87年開催の公式首脳会議後の「マニラ宣言」で，経済協力の一環として観光産業の育成がうたわれ，ASEAN結成25周年の92年をASEAN観光年とする旨が表明された．観光年では共通ロゴの制定や記念切手の発行，各種観光振興イベントが開催されている．なお国として観光年を最初に設けたのはタイで，80年のことである．

● ASEAN設立50周年記念　1990年代後半にアジア通貨危機，インドネシア政変，加盟国拡大があり，ASEAN観光年事業は長いこと実施されなかった．実現は2017年である．結成50年を祝うASEAN観光@50周年記念祝祭キャンペーンで，地域全体を観光目的地として売り出すことが企図された．ASEANのブランド化はすでに2002年のASEAN観光合意書でうたっている．域内の文化や経済の多様性と，それが観光面でもつ相互補完的な利点を指摘し，豊かで多様な自然，文化，美術工芸をASEANの魅力として売り込むことが提案された．祝祭キャンペーンでは観光客の1回の滞在を長くし，2か国以上の訪問へとつなげるパッケージツアーなどが企画された．1年間で830億米ドルの観光収入を見込んだが，実際には1311億ドルにのぼりキャンペーンは大成功だったといえる．

●新たな観光戦略　2010年にASEAN観光フォーラムがブルネイで開催され，それまでの国別の観光スローガンとは別に，地域全体をブランド化する標語「東南アジア：あたたかさを感じよう」が紹介された．特設ウェブサイトによる各種旅行情報やプランの提供を通じ，東南アジアのもてなしや気候のあたたかさ，文化的魅力と観光経験の多様性をアピールし，欧米日中などの中間層を呼び込む戦略である．「東南アジア」を前景化するのは，域外では「ASEAN」の認知度が低く政治連合のイメージが強いため，地域の観光ブランド化には不適とのコンサルタントの意見による．標語は現在も使われているが，名称上の混乱を招き，既存のASEANのブランド力を損なうと一部の観光業界誌から厳しい批判を浴びた．

●域内観光とASEAN意識　2007年署名のASEAN憲章は第36条で「一つのビジョン，一つのアイデンティティ，一つのコミュニティ」をモットーにし，15年にはASEAN共同体◀が歩み始めた．立派なモットーも具体化の方策抜きでは絵に描いた餅である．方策の一つが2010年の「ASEAN連結性マスタープラン」で，域内国間の多面的な連結性や一体化の強化を掲げ，特に「人と人との連結性」では教育や観光を通じた相互理解の促進と地域意識の醸成をあげる．観光面では11年までに域内の主要国際空港に特別入国審査路ASEAN Laneの設置，12年までに段階的なビザの緩和などが提案されたが，前者の実施は域内で一様ではない．16年には「ASEANのためのASEAN」キャンペーンのもとで域内観光を推進している．

憲章もマスタープランも「ASEANアイデンティティ」に言及する．だがそれがなにかの説明はない．ASEANはもともと多様な国の集まりで，それも今では加盟国が当初の倍に増えており，アイデンティティの措定は容易ではない．それだけに，種々の連結性を通じた市井レベルでのASEAN意識の涵養が重要となる．過去十数年間，ASEANの年間インバウンド到着数の4割以上は域内観光客である．2016年の場合，1億1076万人の42%，実数で4652万人が域内観光客で，これはASEAN人口の約7.3%にあたる．経済的波及効果に加えて，観光が域内相互理解やASEAN意識の促進に貢献することが期待される所以である．

● ASEANと東南アジア　インドネシア語新聞の例では，ASEAN関連の記事はASEANを見出しに多用する．だが英語の略称から東南アジアは読みとれず，10の稲を束ねたASEANのロゴから東南アジアはみえてこない．他方で観光ブランド化と似た混乱が域内スポーツ大会の名称にもみられる．2年に1回開催される競技大会はSEA Games◀で，障がい者のそれはASEAN Para Gamesである．1971年と92年の観光年時と違い，加盟国の領域がほぼ東南アジア全域を覆う現在，ロゴの背景に地図をあしらうのも一考だろう．地域連合体としてのASEANが「東南アジア」という地理的身体（ジオボディ）をもつ共同体のイメージに近づくだけでなく，名称をめぐる混乱も軽減されるからである．　［加藤　剛］

グリーンツーリズム

グリーンツーリズムとは，農村地域を訪ねて現地の生業を体験したり，そこで生産される産物を味わったりする観光形態のことである．もともとはドイツやフランス，イタリアなどのヨーロッパで提唱されたものであるが，2000年代になると東南アジアでも徐々に普及していく．もちろんそれ以前から，農を主たる生業とする地域を訪れる観光形態は存在していた．例えば，タイ北部の山地少数民族を訪ねるトレッキング・ツアーなどは1970年代からすでに行われていた．しかし，これらの観光においては，農という生業よりも，色鮮やかな民族衣装や儀礼などエスニシティにかかわる側面に焦点があてられることが多かったといえる．

しかし2000年代以降，農などの生業が主たる資源となる観光が，一部の山地少数民族社会でも生まれていく．そして前述のトレッキング・ツアーがもっぱら外国人観光客をターゲットにしているのに対し，新たに登場したグリーンツーリズムの主たるマーケットはタイ人観光客である．こうした状況は，他の東南アジア諸国でも共通してみられ，その意味では東南アジアのグリーンツーリズムは，国内観光の発展の中で，広まったといえる．

東南アジアにおいて，こうしたグリーンツーリズムが発展した要因としては，以下の二つの点が考えられる．まず第1に，急速な都市化と社会変動が進む中で，地方の農村社会をノスタルジーの対象としてみるまなざしが都市中間層の間で生まれたことである．言い換えれば，農という生業やそれを取り巻く景観を審美的なまなざしでとらえるような見方が都市住民を中心に広まったということである．そして第2には，東南アジアの一部の地域で地方分権が進み，村落開発の一環としてグリーンツーリズムの手法が模索されるようになっていたことである．特にタイでは，1997年のアジア通貨危機も相まって，農村経済の再建としてグリーンツーリズムが積極的に取り入れられていった．もっとも，都市化や地方分権の進展のあり様は国によってさまざまであり，いまだグリーンツーリズムとよびうるような観光形態がさほど発展していない地域もある．以下では，東南アジアでグリーンツーリズムが最も発展している地域のひとつとして考えられるタイ北部を事例に，その一端を紹介したい．

●王室プロジェクトと山地少数民族　すでに述べたように，一部の山地少数民族社会では，主にタイ人観光客の間で農業やその産物に触れる観光が盛んに行われている．そしてその多くは，王室プロジェクトがかかわる地域に集中している．王室プロジェクトとは，前国王であるラーマ9世によって1969年に始められた農業普及プロジェクトであり，現在は1992年に創設された王室プロジェクト財団がその管理と運営にあたっている．主な目的としては，アヘンの原料となるケシ栽培とそれに直結する焼畑の撲滅，山地少数民族の生活水準の向上などがあげられ，タイ北部の5県に38か所の開発センターを有し，264の村が同プロジェクトにかかわっている．

王室プロジェクトでは，ケシの代替作物として，付加価値の高い有機栽培の高原野菜・果物を生産し，バンコクやチェンマイなどの都市部にある直営店舗では，生鮮野菜の他，ジャムやジュース，石鹸，化粧品などの加工品も販売している．王室プロジェクトが生産する商品は，その高い品質と王室というネームバリューによって，タイ国内では人気のブランド商品となっている．北タイでは，こうした王室プロジェクトの生産地を訪ねる観光が，タイ人観光客の間で人気となっているのである．王室プロジェクトの開発センターは，もともとは高原野菜をはじめとするケシの代替作物の研究を行うフィールド・ステーションとしての性格が強かったが，現在ではセンターの敷地の一部を観光農園としても活用し，植物園や有機野菜を使ったメニューを提供するカフェなども併設されている．

●ケシの民からコーヒーの民へ　そして一部の地域では，王室プロジェクト主導のグリーンツーリズムのみならず，近隣のコミュニティのメンバーが中心になって運営するコミュニティ・ベースド・ツーリズムの取組みも行われている．例えば，タイ北西部に位置するメーホンソン県にある山地少数民族カレンの村では，王室プロジェクトによって導入されたコーヒーの有機栽培を行い，村内で焙煎した豆を協同組合方式で観光客に直接販売している．メディアで紹介されたこともあり，年々訪問客が増える中，近年ではバンガローを併設し，コーヒー生産の見学に訪れる観光客の対応も行っている．

図1　王室プロジェクトによって導入されたコーヒー栽培を行うカレンの集落．村の周囲にある豊かな共有林などでコーヒーが栽培されている

こうした村でコーヒー栽培に携わる住民が，観光客を案内する際に繰り返し語るのが，カレンは森と共存してきた「森の民」であるという点である．この村では，村の共有林にコーヒーの木を植えることで，生態系に配慮した栽培を行っている．カレンの人びとは，コーヒーという新たに導入された生業を「森と共存するカレン」という文脈で語ることで，かつてタイ社会に流布していた「ケシの民」というステレオタイプなイメージに抗って，「コーヒーの民」という新たな自己成型をしているのである．

[須永和博]

メディカルツーリズム

1997年のアジア通貨危機以降，アジアの新興国では医療を求めて国境を越える患者を対象に，医療産業と観光産業の連携のもと，メディカルツーリズムとよばれる新しい観光形態の産業化が推進されている．

●アジアのメディカルツーリズム メディカルツーリズム振興国として知られるタイやシンガポールでは，外貨獲得による経済成長の手段として政府主導でメディカルツーリズムを促進する政策を実施し，一定の成果をあげている．

2000年代に入り，メディカルツーリズムは世界各地で成長産業となった．欧米やオーストラリアなど先進国の患者が新興国の安価な医療や健康増進を求める「北から南へ」の移動に関心が寄せられてきたが，実際は，新興国の医療を求める近隣諸国の患者の「南から南へ」の移動がその大部分を占めている．アジアのメディカルツーリズムも地域内移動が主であり，格安航空会社の普及による交通手段の拡大と中間層の増加によって患者の往来が活発化している．シンガポールとタイに加えマレーシアが，インドや中国，中東諸国，インドネシアやミャンマー，ラオスなどASEAN諸国の中間層・富裕層の患者を受け入れ，少子高齢化や疾病構造の変化によって多様化する当該地域の医療ニーズを満たす役割を担っている．

メディカルツーリズムを推進する国々にはいくつかの共通点がある．一つは，外国人患者の主たる受入れ先は民間病院であり，株式会社や多国籍企業としての側面をもつ点である．シンガポールとマレーシアでは，アジア最大手の民間医療グループ「パークウェイ・パンタイ」の病院をはじめ，グローバルな連携をもつ医療機関が拠点となっている．さらに，国際的な医療認証機関であるJCI（Joint Commission International）の認証などを取得し，多言語対応や観光サポートなどのサービスやアメニティを充実させ，高級ホテルのような施設を完備している．タイやマレーシアでは，国民のための医療を担う公立病院と，外国人居住者や国内の中間層・富裕層向けの医療サービスの提供やメディカルツーリズムによる営利を追求する民間病院の棲み分けがなされ，医療の二極化が生じている．一方，シンガポールでは，公立病院の民営化によって良好な経営状態と医療の質が維持されており，公立病院と民間病院の医療の質に差がなく，公立病院でも外国人患者を受け入れている．二つめは，産業政策としての医療という点である．シンガポール政府は2003年に「Singapore Medicine」というキャンペーンを開始し，健康診断や各種外科手術，放射線治療など最先端の医療技術による高度医療を外国人患者向けのサービス産業として振興した．タイでは，性転換手術を含む美容整形やスパ・ウェルネス産業を中心としたヘルスツーリズムを発展させた．シンガポールとタイの事例からは，それぞれ既存のヘルスケア関連分野の強みを生かしたメディカルツーリズム振興によって「アジアの医療ハブ」としての地位を獲得していくさまがみてとれる．

●マレーシアの取組み　マレーシアは，メディカルツーリズム振興と医療産業の育成を官民協働で行う保健省管轄の政府系組織であるマレーシア医療観光協会（MHTC）を2009年7月に設立し，メディカルツーリズム振興に本格的に着手した．治療目的の外国人渡航者の場合，ビザを30日間，6か月，最大1年まで延長可能であり，良質な高度医療を比較的安価に提供できることを強みとする．JCI認証を取得した8つの病院を含む国内74の民間病院がMHTCに加入し，そのうちの19病院はエリート病院に選定されており，MHTCの先導のもと官民一体となって外国人患者の受入れ体制が整備されている．

MHTCによると，2016年にマレーシアの外国人患者受入れ数は92万人を超え，12億マレーシアリンギット（約325億円）の収益をあげている．出身地別にみると，インドネシア62%，中東諸国7.4%，インド3%，中国2.6%，日本2.6%であり，アジア・中東諸国のムスリムが主要なターゲットであることがわかる．MHTCはインドネシア，ミャンマー，ベトナム，バングラデシュ，インド，中国に海外拠点を開設し戦略的なマーケティングを行っているが，なかでもミャンマーやベトナム，中国，さらに，カザフスタン，キルギスタン，ウズベキスタンなど中央アジア諸国を新興市場として重視している．

マレーシアでは「ハラール医療ツーリズム」を新たに展開している．「ハラール治療」の開発を推進し，ムスリム対応の食事や病院施設の整備，ハラール薬品を使った治療を行っている．オマーン，リビア，カザフスタンは，マレーシア政府と政府間協定を締結し，自国民のマレーシアでの医療費を負担している．「グローバルハラールハブ」としての地位を確立させたいマレーシアは，成長産業であるメディカルツーリズムとハラール産業の融合によって医療サービスの高付加価値化をはかり，みずからの文化資源を利用することで患者・消費者を集めている．

アジアにおけるメディカルツーリズムの発展の過程では，代理出産や臓器売買による社会倫理的問題や医療の不平等な分配など国家の枠組みを超えた課題も生じている．医療提供側と患者送出側の双方が，国家による法的整備や政策の見直しを図り，医療産業と市民社会の協働により問題解決に取り組む必要がある．

［小野真由美］

📖 参考文献

［1］真野俊樹『グローバル化する医療―メディカルツーリズムとは何か』岩波書店，2009

［2］豊田三佳「シンガポールにおけるメディカルツーリズム」『自治体国際化フォーラム』3月号，財団法人自治体国際化協会，2011

［3］Chee, H. L., et al., "International Medical Travel and the Politics of Transnational Mobility in Asia" *Asia Pacific Viewpoint*, 58(2), pp.129-135, 2017

コミュニティ・ベースド・ツーリズム

コミュニティ・ベースド・ツーリズム（CBT）とは，観光の受け皿となる地域コミュニティが観光開発・運営に主体的にかかわることで，観光からの経済的・社会的恩恵を地域コミュニティのメンバーに適正に分配すべきであるという観光開発の理念である．国家や外部資本による大規模な観光開発が，自然環境や地域の生活の場に大きなインパクトを与えてきたことに対し，より持続可能で，適正な観光のあり方を模索する中で提唱された考えであり，東南アジアで1990年代後半以降，徐々に広まっていった．

おそらくその嚆矢の一つとなったのが，タイの事例であろう．現在タイは東南アジア諸国で最もCBTが盛んな国の一つとなっているが，その普及には現地のNGOが果たした役割が大きい．その中で最も中心的な役割を担ってきたのが，タイ国コミュニティ・ベースド・ツーリズム研究所（CBT-I）である．CBT-Iの前身となったのは，バンコクに拠点をおくNGOの1プロジェクトとして創設されたREST（Responsible Ecological Social Tours Project）である．RESTは，国際的なビーチリゾートであるプーケットに隣接するパンガー県ヤオノイ島においてCBT導入を支援し，この取組みがのちに国際的な賞を受賞したことで，タイにおけるCBTの先駆的な事例と称されるようになった．その後RESTは，活動の場をタイ北部にも広げていき，2006年にはチェンマイに拠点を移し，CBT-Iと改組した．CBT-Iはタイ国内の活動のみならず，CBT運営に関する書籍をタイ語・英語で出版し，国際フォーラムを主催するなど，国際的なネットワークを形成してきた．こうした一連の活動が評価されて，2012年には世界トラベル・ツーリズム協議会から表彰を受けている．このようにCBT-Iは，前身のRESTの時代から，一貫してタイ，ひいては東南アジアのCBTを牽引してきた団体である．

●自文化を外部に発信する手段としてのCBT　では，タイにおけるCBTの具体的な活動内容をもう少し詳しくみていきたい．前述のヤオノイ島は，島民の大半がタイ系ムスリムであり，小規模漁業に従事している人びとが多い．観光客は島滞在中，住民の家にホームステイをしながら，島民の生活文化を体験したり，宗教生活について学んだりする．観光客には，あらかじめムスリムの慣習とそれに基づく島滞在時のルール（飲酒や肌の過度な露出の禁止）が説明され，滞在中はそれを守ることが求められる．

このような取組みがヤオノイ島で導入された背景としては，以下の二つの点を指摘できる．まず第1に，住民の大半を占めるムスリムの慣習に配慮した観光のあり方を模索するということである．プーケットから高速船で30分程度の距離にあるヤオノイ島では，徐々に外部資本によるリゾート開発が進行していた．こうした中，「第2のプーケット」になることをおそれた一部の住民が，コミュニティ主導での観光開発を模索することを目指していったのである．上述のような，ムスリムの慣習についての説明やそれに基づく滞在時のルール設定などは，こうした文脈でつくられたものである．

そして第2には，住民の主たる生業である小規模漁業のあり方を外部に発信するメディア（媒体）としてCBTを利用するという考えである．当時，ヤオノイ島が立地するパンガー湾では，小規模漁業に従事する島民と外部の大規模なトロール漁船との間で資源利用をめぐるコンフリクトが深刻化していた．タイの漁業法では，沿岸から3km圏内は小規模漁業従事者の保護のため，トロール漁船の操業は禁止されている．しかし当時は，こうした法律を無視したトロール漁船がヤオノイ島沿岸域で漁を行っていた．そこで，ヤオノイ島の住民は，観光客に小規模漁業を体験・学習してもらうことで，彼らが抱えている問題を外に向かって発信するということを企てたのである．

こうした自文化を外部に発信する手段として観光を利用していくという考えは，タイのほかの地域においても顕著にみられるものである．CBTを受け入れているコミュニティのメンバーは「CBTはビジネスではない」ということをしばしば語る．すなわち，CBTとは単なる経済活動ではなく，自分たちが抱えている問題を外に広め，その問題を変革していくという，いわば社会運動としての側面を強くもっているのである．

●政策的対象としてのCBT　前述した通り，タイにおけるCBTの発展には，NGOの存在が重要な役割を果たしてきたわけだが，こうした動向はほかの東南アジアにおいても似たような状況がみられる．ただし今日では，NGOだけでなく，政府のさまざまな機関もCBTの開発に積極的に介入するようになってきている．これには，地方分権化が進められる中で，コミュニティが国家の政策方針に取り込まれ，さまざまな村落開発の取組みが行われるようになったという政策的要因が大きい．例えばタイでは，政府観光庁がタイ観光賞（Thailand Tourism Awards）の一つとして，優れたCBTの取組みを村落・住民団体単位で表彰するといったことをしている．また，こうした国家的枠組みのみならず，2016年にはASEANレベルでホームステイを受け入れるコミュニティの認証評価を出すといった試みも始められている．これらの取組みは，従来的な観光開発の中でしばしば周辺化されてきたホスト社会の人びとのエンパワーメントを支えているという点では一定の評価ができるかもしれない．しかし，認証評価を得るための基準が厳しく，コミュニティ内でも一定の経済水準に達している世帯のみが参入できる状態を生んでしまっているなどの問題も散見される．　［須永和博］

NGO のスタディツアー

スタディツアーとは一般に，歴史的な出来事のあった場所や社会的問題の生起しつつある現場を訪れ，何らかの教育的な関与を行うことをさす．なかでも現地で活動を行う NGO が企画するツアーについては通常，その活動現場を訪れて現地の状況やプロジェクトの実際をみたり，受益者と触れ合ったりすることを通して理解を深め，同時に国際協力の課題や成果を知ることを目標としている．

学会や旅行業法などによる公式の定義はない．フィールド・スタディ，サービスラーニング，インターンシップなどといった単語もほぼ同様に用いられることがあるが，決まった使い分けはない．スタディツアーを見学や視察を主としたものとし，作業活動や実習を主としたワークキャンプを対置させる使い方もある．一般の観光と比べて，目的が明確であるため参加者がより主体性をもちやすいことや，NGO の活動内容やそれへの支援という共通項を介した参加者と受入れ側との双方向性・相互性，これらに基づく信頼感の醸成，ツアー後の継続性などといった特性などから，「オルタナティブツアー」とよばれることもある．

ツアーを企画する側にとっては，支援者の拡大や活動への理解を深めてもらうだけでなく，国際協力にかかわる人材の発掘・育成につながる機会にもなり得るものであり，また同時にしばしば重要な資金源でもある．

●スタディツアーの歴史 日本では 1980 年前後から，インドシナ難民の流出やアフリカの飢饉をきっかけに，国際協力 NGO の活動が盛んになっていく．スタディツアーは当初，こうした事情を背景に，NGO スタッフや支援者がその活動地の様子を知るために始まった．

1990 年代以降，国際協力への関心の高まりもあって，参加者を一般に広くよびかける形式が広まっていく．2010 年にスタディツアー研究会が NGO を対象に行ったアンケートによると，訪問先上位 10 か国のうち半分までがフィリピン（第 2 位），タイ（同 3 位），カンボジア（同 5 位）などの東南アジアの国であった[1]．

●東南アジアのスタディツアーの魅力 東南アジアと日本は距離的に近く，よって時間的にも予算的にも訪問しやすい．稲作をはじめとして文化習慣にも類似点が少なくない．経済的にも深い関係にあって，親日的な人も多いことに加え近年では治安面で安定している国が多い．

タイでは，村人による環境保全を支援する日本の NGO が，日本の大学が企画した河川環境の調査を現地の中学校との合同事業にして，環境教育が成功したことがある．学生は水質調査の方法を教えると同時に村人の暮らしの基である水に関して分析してみせ，中学生は自分たちの家で一行を受け入れて，彼らの暮らしを紹介することで，互いに視野を広げ，意識を高めるプログラムができた[2]．このように互いの近接性は，自分たちと異なる人びとの暮らし方や価値観，文化の多様性に対する視野を広げさせ，自分たちの社会を相対化し，ボランティア活動ならではの相互的な効果も享受するといった，NGO によるスタディツアーの魅力をより引き出しやすくしていると考えられる．

●スタディツアーの課題　何よりも，訪問される側の視点に敬意を払うことが大切である．東南アジアでは，過去の戦争において日本人に国土を蹂躙され，大きな被害を被った歴史があることを例外なく次の世代に伝えていることを忘れてはならない．また，NGO の活動の対象，つまりツアーの受入れ側の住民などは多くが社会的弱者であり，それによる負担や悪影響があっても，よほどのことでもない限り，支援者でもあるツアーの企画者に異議を唱えることは難しい．類似点はあっても，東南アジアはきわめて多様な，日本とは違う歴史と文化をもった独自の地域なのである．

しかし実際には，企画者の意識の低さや，ツアーからの収入を優先することによって，受入れ側の思いを顧慮せず，安易な資金の流入が経済的な自立の機会などを奪っていることもある．例えば子供たちへの精神的な負担を考慮しない孤児施設への度重なる訪問，受入れ側の国の政策・法律や，地域の文化習慣を無視した植林活動，つくりっぱなしの井戸，トイレ，学校，図書館，村の慣習や人間関係を乱すような受入れ態勢や謝礼の設定など，枚挙に暇がない．さらに，日本と訪問国双方の旅行業法の順守や，安全管理も大きな課題である．

今や経済成長著しい東南アジアから，多数の観光客が日本を訪れるようになった．NGO としてのかかわり方もおのずと変化が求められており，スタディツアー自体も常にそのあり方を問われている．

●スタディツアーのこれから　国際協力 NGO の活動は，本来，それぞれの分野に関する極めて高度な専門性があって初めて可能となる．スタディツアーには，現地の状況や活動を広く知らせ，たくさんの人たちにそれらの多くが「私たちの問題」であることを伝え，ひいては次の世代の育成につなげていく機会を提供する役割がある．「近くて遠い」東南アジアとの間によいツアーを企画し，またよいツアーに参加して地域や問題への理解を深めていくことが，お互いをつなぐ新しい関係を育んでいくことになる．

［木村　茂］

参考文献

[1] スタディツアー研究会編『実践的！スタディツアー学—NGO スタディツアーの考え方とつくり方』スタディツアー研究会, 2016

[2] 木村　茂・佐藤哲夫「国際協力 NGO の事業展開と連携—“Link・森と水と人をつなぐ会”のタイにおける活動の事例から」平成 24 年度 外務省 NGO 研究会『大学と NGO の連携—大学との連携促進による，国際協力 NGO の組織力強化』関西 NGO 協議会，2013

リゾート開発

東南アジアにおけるリゾートは，西洋列強による植民地主義と密接にかかわりながら発展してきた．そもそも，リゾートに不可欠なホテルというインフラ施設は，19世紀の西洋で成立したものであるが，植民地主義の拡大に伴い西洋人の往来が盛んになる中で，東南アジアをはじめとする非西洋地域にも拡大していった．

今日でも東南アジアには，シンガポールのラッフルズ・ホテル（1887年創業）やマレーシア・ペナンのイースタン・アンド・オリエンタル・ホテル（1889年創業）など，植民地時代に建てられたホテルが多数残り，コロニアル・ホテルやヘリテージ・ホテルなどとよばれ，世界各国の富裕層を魅きつける宿泊施設となっている．そして，それらの一部は単なる宿泊施設という機能を越えて，文化遺産としての価値付けが与えられ，その地域のランドマークとなっているものも多い．

東南アジアにおいて植民地期に建設されたホテルは，当初二つの意味を有していた．まず第1に，西洋人が異国にいながらも西洋的なライフスタイルを享受することができるという点である．言い換えれば，異国を旅する中で直面する異文化のリスクを軽減する装置として機能していたといえよう．そして第2には，西洋人の優勢＝支配の力を現地社会の人びとにみせつけるモデルという点である．当時，西洋列強による植民地主義を道徳的に支えていたのは，「文明の伝道者」としてみずからを位置付け植民地主義的介入を行うというものであった．こうした中，植民地都市に形成された豪華絢爛なホテルは，西洋の近代性を象徴する場所として，その優越性を示すシンボルの一つでもあったのである．

●高原リゾートの開発　こうしたホテルは植民地都市だけに建設されたわけではない．植民者たちは，東南アジアへの植民地化に際して，熱帯アジア特有の高温多湿の気候に悩まされていた．そこで，探検隊などを派遣して，避暑施設に適した場所を探索するプロジェクトを各地で始動していく．こうして「発見」された冷涼な気候の高原地帯に，英語でヒルステーション（hill station）とよばれる高原避暑地が次々に開発されていく．このような植民地主義下に開発されたヒルステーションは，東南アジアにおけるリゾートの原初的形態の一つと考えることができる．そしてヒルステーションには，ホテルだけでなく，教会や各種スポーツ施設，ヨーロッパ人の子弟が通う学校，西洋野菜の栽培地など，西洋的な暮らしを享受するためのさまざまな施設が開発されていった．こうしてヒルステーションもまた，植民地において西洋近代の優越性を示す空間としても機能していったのである．

ベトナムのダラットやマレーシアのキャメロン・ハイランド，インドネシアのバンドゥンなど，植民地期に形成されたヒルステーションの中には，今日でも人気の高原リゾートとなっている場所も少なくない．ただし，現在こうした高原リゾートに赴く観光客の多くは，西洋人ではなく，現地の富裕層である．東南アジアにありながら西洋的景観がみられる高原リゾートは，今日の東南アジア社会においてある種のあこがれとして受容され，そこへ赴くことが現地の富裕層にとってステータスとなっているのである．このような国内観光を主たるマーケットとしたヒルステーションの今日的状況からは，かつて西洋列強の優越性を表象した高原リゾートが，ポストコロニアルな状況の中で新たな権威として機能していると考えることもできる．

●場所性に立脚したリゾート　では，かつて東南アジアの高原リゾートに西洋的ライフスタイルのエッセンスを求めた西洋人観光客は，今日東南アジアのリゾートに何を求めているのだろうか．その一つは，いわゆる3S（Sun, Sea, Sand）から構成されるビーチリゾートであろう．プーケットやバリ，ランカウイなど，東南アジアは世界有数のビーチリゾートを多数有しており，これらのリゾートの主たるマーケットは，今日でも欧米を中心とする外国人観光客である．

しかし，3Sから構成されるビーチリゾートの中には，外部資本による大規模開発が行われたことで，深刻な環境破壊や生活の場の荒廃を生んだケースもある．こうした状況に対し，地域住民や国内外のNGOなどによる反開発運動などが高まる中，リゾートをめぐる新たな試みが1980年代後半からなされるようになっていく．環境への配慮はもちろん，ヴァナキュラリズム（vernacularism）とよばれる地元の生活景観など，その土地固有の感覚をリゾートに取り入れたり，地域コミュニティのメンバーがリゾート運営に積極的に関与したりするコミュニティ・インボルブメント（community involvement）をコンセプトにしたリゾートの登場である．こうしたリゾート開発の見直しは，地域側からの批判だけでなく，消費者側の嗜好の変化にも起因している．すなわち，3Sに代表されるような文化的独自性を欠いた代替可能なリゾートに飽き足らず，リゾートが立地する地域の文化やコミュニティとの交流を希求する消費者層が増えてきたのである．

おそらくその先駆的な試みの一つとなったのは，バリ島内陸部のクデワタンという集落に1989年に開業したアマンダリであろう．インドネシア人起業家のA.ゼッカが創業したアマンリゾーツが運営するアマンダリは，リゾート内の各ヴィラの構造や外観，配置などは周囲の民家構造を忠実に反映させ，従業員の多くを地元から雇用するなど，徹底した場所性の立脚を実現したリゾートとして知られている．

［須永和博］

📖 参考文献

［1］稲垣 勉『ホテル産業のリエンジニアリング戦略』第一書林，1994

LCCの成長

世界各地の航空輸送市場において，ローコストキャリア（LCC）が活躍している．LCCとは，「効率化向上によって低い運航費用を実現し，低運賃かつ簡素化された航空輸送サービスを提供する」航空会社のことである．主な特徴として，低運賃，機内食などの付帯サービス有料化，機内娯楽設備の撤廃，エコノミークラスのみの単一座席クラス，所有航空機種の統一，高密度な座席配置，高い航空機稼働率，2地点間運航，セカンダリー空港の活用，高いインターネット予約率，マイレージプログラムなし，職員の複数業務兼務，などがあげられる．日本では格安航空会社という運賃に注目した呼称が定着しているが，以上の特徴の一部を実行し低費用な航空輸送を実現しているのがLCCである．1990年代に米国で浸透し，2000年代に入ってから，ヨーロッパ，オーストラリア，南米，東南アジア，北東アジアの順に世界各地に広がっている．ただし，2010年代よりLCCは多様化・ハイブリッド化しており，すでに低運賃ではないLCCも存在する．

●東南アジアにおけるLCCの浸透　東南アジア域内は，欧州域内と並んで世界で最もLCCシェアが高い地域であり，2013年以降は提供座席数シェアで50%を超えている．東南アジアでLCCが浸透した理由は大きく三つあげられる．①エアアジア（AirAsia）というリーディングカンパニーがアジアのLCCを牽引したこと，②LCCの提供する低運賃が中間層増加中の東南アジア諸国の潜在需要に火をつけたこと，③他国での合弁会社設立によってグループ会社によるネットワーク拡張戦略が成功したことであり，③は他地域ではみられない独自の戦略である．

1990年代後半から進められたASEAN域内航空自由化の成果として，2015年末に「ASEAN単一航空市場」が実現した．これは，自国あるいは相手国を発着する域内すべての国際空港間において，政府による制約なしに，どの航空会社にも無制限な運航を認めるものである．しかし，欧州域内を一つの市場に統合した「欧州共通航空領域」とは異なり，第3国間輸送やカボタージュは認められていない．こうした状況下で，合弁会社によるネットワーク拡張がLCCによって進められている．マレーシアのエアアジアは，2004年にタイとインドネシアで合弁会社を設立し，国内線や両国を発着する国際線の運航を開始した．2012年以降，フィリピン，インド，日本でも合弁会社を設立し，同様の運航を開始している．さらに，中長距離専用のエアアジアXを設立し，短距離同様にタイとインドネシアに合弁会社がある．これにより，マレーシア資本の航空会社であるにもかかわらず，実質的にほぼアジア全域の空港を発着できる体制を築きあげた．オーストラリアのジェットスター航空（Jetstar Airways），インドネシアのライオン・エア（Lion Air）など他の大手LCCもエアアジアを追随し，同様の戦略でグループ会社によるネットワーク拡張を推進している．東南アジアでLCC間競争が激化している主たる理由はここにある．

●LCC利用者の特徴　2005年にバンコクのドンムアン（Don Mueang）空港，2013年にハノイのノイバイ（Noi Bai）空港，2014年にジャカルタのスカルノハッタ（Soekarno-Hatta）空港において，国内線を利用する旅客に対する実態調査が実施されている．いずれも利用目的と選択理由をたずねており，LCCが従来型のレガシーキャリアとは異なることが明らかになっている．ここでは，ハノイでの調査結果を中心に，バンコクやジャカルタと比較しながらLCC利用者の特徴を紹介する．

ベトナムでは，レガシーキャリアのベトナム航空（Vietnam Airlines），LCCのジェットスター・パシフィック（Jetstar Pacific），ベトジェットエア（VietJet Air）の3社が国内線を運航している．ベトナム航空の利用者は高所得層中心で平均年齢が相対的に高く，利用目的は業務が70%，友人訪問・帰省が21%，観光はわずか8%である．一方，LCC 2社の利用者は中間層中心で20代の利用者が多く，利用目的は業務が50%，友人訪問・帰省も34%と多く，観光は15%である．また，ベトナム航空の選択理由は，高い安全性，遅延の少なさ，座席の快適性が上位となった一方，LCCの選択理由は低運賃が圧倒的に多かった．ほか2都市の調査と比較しても，所得層が異なること，LCC利用者は若年齢層中心，レガシーキャリアとLCCの選択理由はほぼ共通と，多くの点で一致している．

都市によって異なるのは利用目的である．レガシーキャリアとLCCの業務目的は，それぞれバンコク35%と20%，ジャカルタ37%と35%，友人訪問・帰省がバンコク40%と53%，ジャカルタ50%と52%，観光がバンコク24%と26%，ジャカルタでは11%と9%となった．ジャカルタでは，レガシーキャリアであるガルーダ航空（Garuda Indonesia）とLCCであるライオン・エアの利用目的に大きな差は無い．しかし，業務が多く観光が少ない点はハノイと似ている．友人訪問・帰省（VFR）は，バンコクとジャカルタでLCCはともに50%を超えており，ハノイの結果と合わせてもLCCの主たる利用目的であることがわかる．バンコクは業務のシェアが相対的に小さい分，観光のシェアが多くなっている．これは，観光を楽しむ余裕のある富裕層がバンコクに多いことと無縁ではないだろう．すでに調査から10年以上が経過しており，観光目的のシェアはより大きくなっている可能性がある．現に，日本を訪問するタイからの観光客は近年急増しており，彼らがLCCを使って東南アジア諸国を観光巡りしているのかもしれない．LCCは低運賃という魅力により，友人訪問・帰省を主たる目的として中間層や若年齢層に利用されている．今後，所得の上昇に伴って，先進国同様に観光目的の利用者が増加するであろう．　　　　［花岡伸也］

観光都市バンコク

タイの首都バンコクは，首都圏人口が1000万人を超える東南アジアでも有数のメガシティであるとともに，世界各地から観光客が集まる観光都市でもある．マスターカードが行っている「世界渡航先ランキング」によれば，2017年にバンコクを訪れた外国人渡航者数は推計約2005万人であり，世界第1位であった．特に，近年は中国人観光客の比率が急速に高まっており，同年のバンコクを訪れる中国人比率は全体の34%まで上昇した．なぜバンコクには世界中から観光客が集まってくるのであろうか．

●バンコクの魅力　バンコクの歴史は決して古くはなく，1782年に現在のバンコク朝の都がおかれたことが，王都バンコクの始まりであった．かつて繁栄したアユタヤの都を再現しようと，歴代の国王は多くの王宮や寺院を建立してきた．特にチャオプラヤー川と環濠で囲まれたラタナコーシン島とよばれる旧市街に大きな寺院が集中し，ワット・プラケーオ（エメラルド寺院）をはじめとする歴史・文化遺産が形成されてきた．

一方，ラタナコーシン島の南東のチャオプラヤー川沿いには，中国人商人が集まるチャイナタウンが形成され，経済の中心地として発展してきた．現在は東西に延びるヤオワラート通りがメインストリートであり，さまざまな商品を扱う商店が数多く立ち並ぶ活気のある界隈となっている．特にこの通りにはストリートフードとよばれる屋台が多く，これを目あてに多くの観光客も集まってくる．また，市内の北方に位置し，週末のみ開かれるチャトゥチャック市場は，非冷房の大屋根の建物の中にさまざまな商品を扱う多数の店が立ち並ぶ一大マーケットと化しており，迷路のように入り組んだ通路には地元民のみならず観光客も多数訪れる．このような人やモノが溢れる混沌とした都市の雰囲気がバンコクのもう一つの魅力であり，熱気あふれる雑然としたアジアの都市のイメージを醸成している．

図1　屋台が立ち並ぶチャイナタウン界隈（2014年）

他方で，バンコクは高層ビルや大型商業施設が立ち並ぶ洗練された都市でもある．現在の商業中心地はラタナコーシン島やチャイナタウンよりもさらに東のサイアム・スクエアからラーチャプラソン付近にかけてであり，大規模なショッピングモールが多数立ち並び，冷房の効いたモール内には世界各地の有名ブランドの商品を扱う店が並んでいる．また，近年はスパなどのウェルネスツーリズムや人間ドックなどのメディカルツーリズム◀も盛んとなっており，高所得者のショッピングやリラクゼーションの場としてもバンコクの人気は高まっている．このような洗練された近代都市としての顔も，バンコクは持ち合わせているのである．

観光資源の幅の広さとともに，提供されるサービスの幅の広さもまた，バンコクの魅力である．ストリートフードで提供される安価な屋台料理もあれば，高級レストランでのディナーも楽しめる．市場で汗をかきながら安い土産物を探すこともできれば，涼しいショッピングモールで有名ブランドの高級品を買うこともできる．そして，バックパッカー向けのゲストハウスもあれば，超高級ホテルも存在する．このようにさまざまな階層に向けたサービスが提供されていることが，多様な観光客のニーズを充足しているのである．

●インドシナ半島の玄関口としてのバンコク　バンコク自体の観光資源もさることながら，タイ自体の観光資源がきわめて豊富であることもまた，バンコクを訪れる観光客を増やしているといえよう．バンコクは典型的な首位都市であり，国内交通面でも一極集中が進んでいることから，タイ各地を訪れる観光客もバンコクを経由することが多い．タイ国内にはさまざまな観光資源が存在し，世界遺産に指定されたアユタヤやスコータイなどの歴史資源，北部の山岳少数民族の独特な文化を売り物にしたエスニックツーリズム，東部や南部のビーチリゾートなど，観光資源は枚挙に暇がない．これらのタイ国内各地に点在する観光地を訪問する際に，ついでにバンコクに立ち寄る観光客も多い．

また，バンコクはインドシナ半島全域の玄関口としての機能も果たしている．そもそも，バンコクは古くからヨーロッパと東アジアやオセアニアを結ぶ航空路の中継点として機能しており，バンコクに寄港する航空路線は以前から多かった．このため，バンコクへの航路は航空会社間の競合も激しく，世界的に格安航空券が普及した1990年代から相対的に安い価格で訪問することが可能であった．さらに，2000年代に入って格安航空会社（LCC）が出現すると，バンコクを拠点とする国内線，国際線のネットワークがさらに緻密化した．このため，バンコクはカンボジア，ラオス，ミャンマーなど周辺国を訪れる観光客の中継点として機能することとなり，インドシナ半島の玄関口としての機能を高めたのである．

このように，バンコク自身のもつ観光資源のみならず，インドシナ半島の玄関口としての機能を有することが，バンコクを訪れる観光客が増加した要因であろう．しかしながら，2000年代半ばから続くタイの政治対立が，観光地バンコクの潜在的な足枷となっている．2014年のクーデター以降は対立が強制中断状態となっているが，今後民政復帰の過程で対立の再燃は避けられない．世界で最も渡航者数の多いバンコクの将来も，決して安泰ではない．［柿崎一郎］

OTOP（一村一品運動）

図1 OTOP フェアの様子（2012 年 8 月）

タイに少し滞在している者，あるいは，タイ雑貨，アジアの工芸品に関心のある者なら一度は聞いたことがある単語が，一村一品運動（OTOP）であろう．OTOP とは，1980 年より日本の大分県で始まった一村一品運動をモデルに 2001 年より当時のタックシン政権により導入されたトップダウンの地域経済活性化のプロジェクトである．「オートップ」と発音され，「一つのタムボン（日本の町に該当する行政単位）で一つの特産品をつくろう」というプロジェクトであり，特産品は，農産物，伝統工芸品，ハーブ，装飾品，健康食品，加工食品など多彩な分野にわたっている．

これらはどこで手にすることができるのであろうか．答えは，「タイ国内どこでも」である．しかし，有名なものは年 2 回バンコク北部（ノンタブリー県）のムアントーンタニーの国際展示場で行われる OTOP フェアで入手できる．その他，各地のショッピングコンプレックスでも規模の大小はあれ，通年目にすることができる．

タイ国内務省地域発展局長官によると 2017 年 1 月現在で OTOP の業者（個人，法人，協同組合を問わない）は約 4 万，売上は 2017 年度予想 21 億 6500 万バーツ（約 71 億 4000 万円）で，過去 10 年間で 12%の成長率，今後 3 年は 18 から 22%の成長率を見込んでいる．また，品目は 2011 年度の数字で 8 万 5173 品である．

このように「OTOP」という言葉は，過去 10 年間でタイ社会に広く浸透してきたが，一方，OTOP のコンセプトの枠組みが曖昧になってきたという問題もある．中小企業（SME）の物産展と合同で開催されることもあり，また，前述のムアントーンタニーの OTOP フェアでも，バンコク近郊の大都市圏の出品物は，一般的な商品と何ら変わらない商品を販売しており，本来の OTOP のコンセプトが，SME 物産展と限りなく重なっている．

●成長する OTOP このマンネリな状況を打破するものとして，OTOP は次のステージに現在向かっている．その大きな二つのキーワードが，①「ASEAN（東南アジア諸国連合）」と，②「GI（地理的表示）」とよばれるものである．

まず，①の「ASEAN 諸国」との関係であるが，ASEAN 諸国内での「ヒト・モノ・カネ」の自由化が 2018 年現在のプラユット政権で国家戦略ロードマップの中に策定されている．これにより，誰でもASEAN加盟国10か国，人口約6億人の市場にアクセスできる．これによりOTOPの物品もまたASEANの市場にアクセスすることができるのである．また，さらに広域なアジア太平洋地域の市場も視野に入る．もっとも，この自由化は，諸刃の剣であり，タイからほかのASEAN諸国へのアクセスが容易になるとともに，近隣国からの類似の物品のタイへの流入が容易になるということをも意味している．よって，今後OTOPの物品でも，ほかとの差別化をはかることのできない物品は競争にさらされることとなる．

図2　GIマーク（出典：タイ国知的財産管理局（Department of Intellectual Property）HPより）

そこで，出現してくるのが2番目の「GI」というキーワードである．GIとは，Geographic Indicationの略語である．これは，WTOの「知的所有権の貿易側面に関する協定」中に記載された「ある加盟国の一地方の地名が購入者あるいは消費者に対して品質，名声，あるいは商品の容態を連想させ，その商品の地理的特性を規定するもの」という条項を意味する．換言すれば，各県の特産品をGIとしてタイ国の知的資産管理局がロゴを発行し，認証するというものである．このラベルにはQRコードが付され，物品の履歴や生産者が特定できるという仕組みになっている．GIとして認められるためには，特定の味，形態などの要件を満たしていなければならない．2017年5月現在で，タイ国全県77県中，53県76品目がGI商品として認定されている．

このGIにより，OTOPの地域の特産品にローカルな付加価値を与え，地域での雇用を創生し，生産者は出稼ぎをせずとも持続的に収入を得ることができる．それにより，地域のコミュニティの維持，地域伝統文化の継承という，文化面での価値を生み出しグローバル化の中での地域の特色を生み出そうとしている．また，QRコードの利用は，タイ国の「プラチャーラット（国民国家）」戦略，「タイランド4.0（IoT『モノのインターネット』利用による国家レベルでのコミュニケーションレベルの格上げ）」戦略などの閣議決定による，国家開発計画に沿ったハイテク技術利用によるオンライン化を想定し，物理的な制限を超えたアクセスを可能にするものである．

このように，OTOPは，現在の市場の容態に即して成長している．ここでは，消費者とのコミュニケーション手段も革新的な最先端技術を利用し，品質管理および，物の背景となるつくり手や，いわれ，特色などの薀蓄を消費者に訴求し，差別化をはかっている．

［石高真吾］

参考文献

［1］石高真吾「OTOP」綾部真雄編『タイを知るための72章 第2版』明石書店，pp.80–82, 2014

バリのヒンドゥー哲学(トリ・ヒタ・カラナ)

トリ・ヒタ・カラナ（Tri Hita Karana）は，バリ・ヒンドゥーの精神を表す概念である．2012 年に登録されたバリ州で初となるユネスコ世界文化遺産の名称にも記載されており，その普遍的価値と特異性が評価されている．しかし，このトリ・ヒタ・カラナという語句は，ヴェーダはもとよりヒンドゥーの経典にはみられず，バリ独自で発展したといえる．

●トリ・ヒタ・カラナの概念形成　トリ・ヒタ・カラナは，イ・ワヤン・ムルタ・ステジャによって提唱され，イ・グスティ・クトゥッ・カレルとイ・マデ・ジャパが 1968 年から 1970 年頃にかけて普及させた．この 3 人はいずれもバリ・ヒンドゥーの名士であり，インドネシアにおけるヒンドゥー教代表機関のパリサダ・ヒンドゥー・ダルマ（Parisada Hindu Dharma）の指導者，ヒンドゥー教・仏教社会指導（Bidang Bimas Hindu dan Buddha）バリ州総局局長，プラジャニティ（Prajaniti）とよばれる政治部門団体の会長をそれぞれ務めた．この語句が初めて公の場で使用されたのは 1966 年 11 月 11 日開催のバリ・ヒンドゥー教徒闘争会バリ州会議（Konferensi Daerah I Badan Perjuangan Umat Hindu Bali）で，その目的はパンチャシラ（建国五原則）とバリ・ヒンドゥーに対する関心を喚起することであった．

トリ・ヒタ・カラナは，サンスクリット語の「トリ」(数字の 3)，「ヒタ」(安全，繁栄，喜び)，カラナ（理由）から構成される．三つの語を合わせて「神と人間，自然環境と人間，人間と人間との調和の取れた関係が生み出す繁栄」を意味する．図 1 が示すように，神と人間との垂直関係，自然環境と人間および人間と人間との水平関係の均衡を追求する．

図 1　トリ・ヒタ・カラナ

1980 年に「持続可能な開発」という概念が提唱されて以降，観光分野でもサスティナブル・ツーリズムの機運が高まりをみせたが，バリではジョグジャカルタのガジャマダ大学とカナダのウォータールー大学が共同で「持続可能な開発事業」を進め，トリ・ヒタ・カラナの理念がその推進に欠かせないことが確認された．しかしスハルト権威主義時代の観光開発は，地元社会へ与える影響を十分に考慮しないまま中央政府指導のもとで進められた．トリ・ヒタ・カラナの精神を重んじる声が拡大したのは，スハルト体制崩壊後である．

●民主化とトリ・ヒタ・カラナ　スハルト時代に本格化した観光開発によって，

バリにて1930年代から続いた慢性的な貧困状態は緩和された．その一方で観光の弊害が現れた．州内の8県1市間の観光収入格差，廃棄物や森林破壊などの環境問題，バリ島外部からの低賃金労働者や投資家の制限なき流入，農地の観光施設への転用とそれに伴うスバック（Subak，水利組織）の弱体化などがその例である．開発や政府への批判は権威主義体制下で封じ込められたため，問題は深刻化した．社会問題がメディアを通して批判されるのは，情報相に与えられてきた出版物発行許可権が廃止された1998年6月以降のことである．2000年には地元最大メディアのバリ・ポスト・グループが外国人観光客を対象に調査を実施し，そこで環境問題の深刻さが露呈した．課題の克服に向けてグループ傘下のバリ・トラベル・ニュースは，サスティナブル・ツーリズム推進にかかわる評価体制を構築し，トリ・ヒタ・カラナ観光賞プログラムとして2000年に始動した．

民主化の促進を目的に2001年には地方分権化が実施され，中央政府から権限と財源の多くが県と市に委譲された．皮肉なことにバリの社会問題は地方分権化後に広がりをみせている．主な理由として，ホテル・レストラン税の増収のために地方政府が開発に乗り出したこと，観光業に精通したバリ島外の投資家の誘致が盛んなこと，観光セクターの成長に伴い廃棄物が増加しているが，地域住民の習慣や処理施設の機能が量・質への変化に未対応であることなどがあげられる．

2012年の世界遺産登録は，バリが抱えるこれらの社会問題を解決する最後の手段として注目されている．州内の5県がその範囲に含まれるが，登録後はバリ州全土を対象にスバックの機能回復を目指して地域住民と政府が協力し，山林，湖，河川，田園地帯の保全に向けて補助金の増額，インフラや法律の整備に着手した．スバックは祭祀集団でもあり儀礼を盛んに実施する．11世紀には既に存在したと考えられており，まさしく神，自然環境，人間の調和を重視するトリ・ヒタ・カラナの精神を体現する社会の礎といえる．

以上のようにトリ・ヒタ・カラナの理念は国内外で注目されているものの，開発をめぐってはその精神から乖離した実態がみられる．一方でトリ・ヒタ・カラナ観光賞プログラムや世界遺産登録などの国際的な活動を通し，その理念が国内外から再評価を受けることで持続可能な観光開発の促進に寄与している．トリ・ヒタ・カラナはバリが抱える社会問題の克服に欠かせないキーワードである．

［井澤友美］

参考文献

［1］Wirawan I M. A., *Tri Hita Karana: Kajian Teologi, Sosiologi dan Ekologi Menurut Veda*, Pāramita, 2011

［2］Windia, I W., & Wiguna, W. A. A., *Subak Warisan Budaya Dunia*, Udayana University Press, 2013

［3］井澤友美『バリと観光開発―民主化・地方分権化のインパクト』ナカニシヤ出版，2017

世界遺産の政治学

ユネスコの遺産事業には，世界遺産，世界の記憶および無形文化遺産◀がある．記憶遺産については，中国による「南京大虐殺文書」の登録や韓国による「従軍慰安婦関連資料」の登録申請に対して日本政府がユネスコに抗議し，一時分担金の拠出を留保したことがある．以下では世界遺産とその政治化を取り上げる．

●世界遺産誕生の経緯　1972 年のユネスコ総会で「世界の文化遺産および自然遺産の保護に関する条約」が採択され，世界遺産委員会が設立された．文化遺産，自然遺産，文化と自然の両方の価値を備えた複合遺産の 3 種類があり，条約はこれらを登録し保護・保存することを目的とする．世界遺産の登録申請の対象は，ほかの二つの遺産事業と違い移動が不可能な有形の文化財や自然遺産である．

性格の異なる「文化」と「自然」が同じ枠組みにあるのは，2 種類の保存運動の接合による．戦争の産業化と総動員化による破壊力の増大を受け，文化財保護の必要性は 20 世紀初頭から認識された．1945 年設立のユネスコ憲章には，文化財保護のための国際条約の制定を勧告する旨が明記されている．その実現は，60 年代前半のヌビア遺跡保存運動，具体的には，アスワン・ハイ・ダム建設により水没が懸念されたアブ・シンベル神殿などの移築・保存のための国際キャンペーンの成功により大きく前進した．自然保護推進を担ったのは，1948 年設立で 60 年代に世界自然保護基金（WWF）の設置や絶滅危惧種レッドリストの作成にかかわった国際自然保護連合と，西部探検・西部開拓を通じて壮大な自然を「発見」し，1872 年のイエローストーン国立公園設立により世界で初めて国立公園の制度化をなしとげ，1962 年に第 1 回世界公園会議を主催した米国である．71 年には別々の条約提案が検討されたが，これが一本化されて世界遺産条約となった．

●東南アジアの世界遺産　東南アジアの 11 か国はすべて世界遺産条約を批准しており，主要登録遺産は本事典の 11 章で紹介されている．総数は 2017 年現在 38（文化 22，自然 15，複合 1）で，内訳はインドネシア，ベトナム（8 つずつ），フィリピン（6），タイ（5），マレーシア（4），カンボジア（3），ラオス（2），ミャンマー，シンガポール（一つずつ）である．国の誇りと観光振興のため，多くの国がさらなる遺産登録を目指して暫定リストを世界遺産委員会に提出している．2017 年現在，総数は 74 で，多い順にインドネシア（19），フィリピン（19），ミャンマー（14），カンボジア（8），ベトナム（7），マレーシア（4），ラオス（3）である．

●不思議な地域区分　ユネスコの英語版ウェブサイト（2018 年 4 月 2 日閲覧）では世界遺産を地域別と国別で確認できる．地域区分はアフリカ，アラブ諸国，アジア・太平洋，ヨーロッパ・北米，ラテンアメリカ・カリブ海である．ここではヨーロッパと北米が一括りにされ，アラブ諸国だけが民族・言語による区分である．驚くのはイスラエルの扱いで，当然「アフリカ」「アラブ諸国」からは外れる．ではどこかというと「ヨーロッパ・北米」である．北米が英語圏，端的には米国を意味することは，メキシコが「北米」から外れていることから推測される．

上の区分の背景には，一方にイスラエル（1999年遺産条約批准）と米国，他方にパレスチナ国（2011年国連加盟申請，同年ユネスコ加盟承認ならびに遺産条約批准）と「アラブ諸国」という対立の構図が透けてみえる．パレスチナ国は，国家としての地位を高め（12年に国連総会オブザーバー団体から同国家に格上げ），イスラエル占領地域の遺産登録により領土の国際的承認を狙ったとされる．現実に12年以降「イエス生誕の地」など三つの文化遺産が申請・登録された．米国とイスラエルは一連の動きを非難し，前者は2011年にユネスコの分担金支払いを停止，さらにトランプ政権は，ユネスコは「反イスラエル」的だとして18年末に脱退すると発表，イスラエルも同調を表明し，実際に両国とも脱退した．パレスチナの地には旧約聖書・新約聖書時代，十字軍時代，オスマン朝期などの遺跡が重層的に数多く存在し，イスラエル側にとって遺跡の存在や発掘物は占領地の領土化やその拡大の歴史文化的根拠としての利用価値がある．1967年以降イスラエルは占領地で考古学的調査を開始したが，研究成果も発掘物もほとんど公表されていない．遺跡と考古学をめぐる複雑な状況が，いついかにして奇妙な地域区分に結びついたかは不明だが，政治的背景を想像せざるを得ない．ちなみに，日本ユネスコ協会連盟のウェブサイトでは純然たる地理的区分を用いている．

●国境と世界遺産　世界遺産は後世に伝えられるべき「顕著な普遍的価値」をもつ遺産であり，人類全体にとって価値のあるものを意味する．一方，登録を申請できるのは条約締約国である．雄大な自然や古い遺跡は現存の国民国家の形成以前から存在し，本来国や国境とは無縁である．この乖離からときに意外な事態が生じる．北米のナイアガラの滝やアフリカのヴィクトリア湖が世界遺産でないのは，複数の国に跨（また）がって存在し，関係国による共同申請や共同管理体制の構築が難しいためと想像される．国境に位置する文化遺産の場合は武力紛争に発展することさえある．一例がカンボジアとタイの国境に建つプレアヴィヒア寺院◀である．

観光産業の経済的重要性が増大する中，ユネスコの三つの遺産事業をめぐる国際競争は激しさを増し，また注目度が増すにつれてその政治利用も目立ちつつある．世界遺産の経済学とともに政治学が注視される所以である．　［加藤　剛］

参考文献

［1］アンダーソン,B.「世界遺産という滑稽にして愚かな企て」小崎哲也編著『続・百年の愚行』加藤　剛訳, Think the Earth, pp.129-134, 2014

［2］Keane, D., & Azarova, V., "UNESCO, Palestine, and Archaeology in Conflict", *Denver Journal of International Law and Policy*, 41(3), pp.309-343, 2013

東南アジアの無形文化遺産

世界遺産（1972年採択），世界の記憶（1992年選定事業として創設）と並びユネスコが実施する遺産事業で，2003年のユネスコ総会で採択され，06年に発効した．世界遺産の対象が，移動不可能な文化財や自然遺産であるのに対して，無形文化遺産には，①口承による伝統および表現，②芸能，③社会的慣習，儀式および祭礼行事，④自然および万物に関する知識および慣習，⑤伝統工芸技術の5分野があり，対象は「モノ」ではなく，あくまでも「文化」である．2013年に和食が「日本人の伝統的な食文化―正月を例として」と評価され無形文化遺産に登録されたのも，旬の食材の味を生かし，年中行事とも密接にかかわるなどの食文化が評価されたのであって，特定のレシピや料理が登録されたわけではない．詳細は「ART+LOGIC=TRAVEL［旅を考えるweb］」を参照．

●世界遺産との違い　世界遺産は人類にとって意味のある「顕著な普遍的価値」を有し，後世に伝えられるべき古（いにしえ）の遺産をさす．必然的に太古から続く雄大な自然と，文化については古代文明の遺跡，特に何世紀にもわたって形をとどめる石造建築物をもつ遺跡が対象となりやすい．だが1980年代になると，これは西洋的価値観の反映だとの批判が聞かれるようになった．90年代半ば以降には，商業化された文化の影響がグローバル化により拡大し，世界の各地で文化的多様性が失われ，口承表現，伝統芸能などの将来が危惧されるようにもなった．

こうした背景のもとに生まれたのが無形文化遺産である．無形文化遺産はより生活文化に近く，普遍的価値が問われることもない．当該社会や地域にとっての重要性や保護体制の存在が，登録にあたっての重要要件である．両者の性格の違いや関係国の関心の度合いを反映して，遺産数にみる国別ランキングは異なる．世界遺産の場合，2017年12月現在，トップ10の半分を西ヨーロッパの5か国が占める．無形文化遺産のトップ10はより多様な顔ぶれで，前者にはない日本，韓国，トルコ，クロアチア，モンゴル，イランを含む．米国・英国などは条約を結んでいない．一説によると，米国が未締結な理由の一つは，無形文化遺産（例えば「コンドルは飛んでいく」に代表されるフォルクローレのような民族音楽や伝統医療）が知的財産権と結びつくと，自国の不利益になるからだという．なお中国だけは，二つの遺産のトップ10に名を連ねている．

●東南アジアの無形文化遺産　域内11か国は全て無形文化遺産条約を締結している．ただし締結時期は異なり，一番早いのはベトナム（2005年），遅いのはシンガポール（2018年）である．2017年12月現在，ベトナム（12），インドネシア（9），カンボジア（4），フィリピン（3），マレーシア（1），ラオス（1）の6か国で計30件の登録があり，件数でベトナムが世界12位，インドネシアが16位である．域内の無形文化遺産の例を，先述の5つの分野の3つについて紹介する．

① 口承による伝統および表現：世界遺産に登録された棚田で有名なフィリピンのイフガオ族のハドハド詠唱は，英雄譚，古来の風習，祖先の知恵，稲作技術などを伝える古くからの詠歌で，200以上の物語からなる．長大で繰り返しが多く文書化が難しい．田植え，稲刈り，葬儀，洗骨式の際に，主として年長女性の語り手と女性コーラスの掛け合いで「ハドハド（詠唱）」する．棚田での反復作業や葬儀での長い見守り時間の倦みを和らげ，同時に知識の伝承の役目も果たす．

② 伝統芸能：カンボジア宮廷舞踊は，古くは神や王のための奉納舞踊として，戴冠式，葬儀など王室の儀式で演じられた．ポル・ポト時代に一時消滅の危機に瀕するも，関係者の努力により復活した．かつては宮廷関係者のものだったが，復活後は一般の人でも踊れる．主要演目にはリアムケー（ラーマーヤナ物語）に基づく舞踊劇と，アンコール・ワットの壁画にみる天女アプサラの舞姿をもとにした創作古典舞踊アプサラダンスがある．現在はホテルなどのショーでもみられる．

③ 祭礼行事：ベトナムの「雄（フン）王祭り」は，紀元前2879年にベトナム最初の国・文郎国を建国したとされる伝説上の王の命日，旧暦3月10日に，東北部フート省の雄寺を中心に開催される．雄王は18代，2500年以上にわたり文郎国を支配したとされる．2007年に国の祝日となり，今では約400万人が祭礼を訪れる．雄王墓へ線香を手向け，銅鼓の演奏や獅子舞などが催される．

●バティックはどの国のものか？　移動が不可能な世界遺産でも国境沿いに位置するものは，プレアヴィヒア寺院◀のように，その帰属をめぐり国家間の武力紛争にまで発展することがある．無形文化遺産は移動ないし伝播が可能であり，帰属をめぐる紛争が生じやすいと考えられる．歴史的文化的に関係が深いインドネシアとマレーシアには，バティック（ロウケツ染め），ワヤン（影絵芝居），クリス（伝統的短剣）など，共通する伝統工芸や芸能が多い．ユネスコによる無形文化遺産の制度化後，共通の文化遺産の帰属をめぐり両国でSNSを巻き込む大騒動となった．共同申請の途は模索されず，それ以前に登録されたワヤンとクリスに続き，2009年にバティックもインドネシアの無形文化遺産に登録された．この件に関する両国の「敵愾心」は現在もくすぶっている．

国の威信だけでなく，「無形」とはいいながら，アプサラダンスやバティック・シャツのように，「文化」を具象化することにより観光資源としての有用性が認識される現在，国境を跨（また）いで存在する無形文化遺産の帰属をめぐる論争・紛争は，今後増えこそすれなくなることはないだろう．

［加藤　剛］

参考文献

［1］Kurin, R., “U.S. Consideration of the Intangible Cultural Heritage Convention.” *Ethnologies*, 36(1), pp.325–358, 2014

文化復興

文化復興とは古くて新しい主題である．一度衰退した文化を再活性化させようとする営みをそうよぶのであれば，それは古来，洋の東西を問わずに人類史の片隅で無数に生起してきた．一方，急速な近代化やグローバル化を背景に，「失われゆくもの」としての文化がわかりやすく表象し直され，時に市場価値を付与され，国家や地域社会の政治的思惑に絡み取られていったのは，近代以降の新しい現象である．しかしそれは同時に，社会的余剰が十分ではない状況下では，一部の文化が価値の低い「無駄」として切り捨てられ得ることも意味する．現代的文脈での文化復興とは，多くの場合，このように一度忘れ去られかけた文化を「再発見」し，そこに新たな価値を与え直す過程である．東南アジア諸国もまた，国によって少しずつ時期を違えながら，多かれ少なかれ同様の過程を経験した．

●国民文化と地方文化　文化復興には，大別して国家が主導するものと地域コミュニティやエスニック・グループが主導するものがある．このとき，後者は分離主義につながるものとして政府に警戒されることがあるため，国家運営が安定している状況下でなければ成立しにくい．東南アジア諸国の場合，外交手腕を駆使して植民地化をまぬがれたタイを除けば，すべて第2次世界大戦後に独立した若い国ばかりである．植民地宗主国の旧領土内に住むという共通項でかろうじて人びとがつながっているケースもあり，多くの国で，まずは内政の安定と国民意識の涵養が最優先課題とされた．

インドネシアはその典型である．世界有数の多民族国家であるだけに，建国5原則（パンチャシラ）の一つにもあえて「インドネシアの統一」をうたい，なによりもまず「国民」と「国民文化」を創出することに心血を注いだ．また，それぞれの州の文化を保護や振興の対象となる国民文化と周縁的な地方文化に二分し，地方文化の中でも国家に資する価値がないと判断したものは事実上政策の中で切り捨てた[1]．伝統儀礼や伝統芸能を最大の観光資源としてきたバリでも同様のことが起こり，大正琴を原型としたプンティンという弦楽器の演奏，サプ・レゲールとよばれる浄化儀礼などは，一時期消滅の危機に瀕した[1]．ところが，1997年の通貨危機による経済の疲弊が，状況を一変させる．1999年，同危機が引き金となって独裁色の強かったスハルトの長期政権が倒れた後，2000年を機に新政権は大々的な地方分権化をはかる．文化行政の一部も地方に移譲され，これを機に「アジェグ・バリ（Ajeg Bali，古き良きバリに戻ろう）」というスローガンのもとで，文化復興の流れが一気に加速していった[1]．

●文化復興の政治学　文化復興の流れは，多くの場合，社会や環境の大きな変化への応答という形をとる．東南アジアでは，通貨危機（1997年）やスマトラ沖地震（2004年），ネオリベラルな価値の急激な流入などがそうした変化にあたる．一方，伝統やローカルな価値を見直す世界的な気運が，東南アジアに少しずつ浸透していったことの影響も見逃せない．1985年以降，各国が順に世界遺産条約を批准していき，1994年までには，ブルネイ（2011年批准），シンガポール（2012年批准）を除くすべての国が批准を終えた（後発の東ティモールは2016年に批准）．世界遺産リストへの記載項目の増加は，文化の復興という観点からは望ましいことである．

しかし，世界遺産登録に伴う当該遺産の価値の急騰が，現地社会に歪な変化をもたらすこともしばしばある．フィリピン・ルソン島北部イフガオ州の山岳部に展開する棚田は，「顕著な普遍的価値を有する文化的景観」として評価され1995年に登録を受けたものの，その後の一大観光地化が伝統工芸である木彫市場の肥大化を誘発し，木々の過伐採による森林の保水力低下が起こった[2]．結果，棚田の生命線である水の供給がダメージを受け，2001年には，普遍的価値が低下しつつあるとして「危機遺産リスト」へ掲載されることになる[2]．

●見直される「民衆の知恵」 ローカルな伝統や価値が，消えゆくものから国家の精神的基盤へと位置付け直されることもある．タイでは，1980年代の早い時期から，草の根の知識人によって「コミュニティ文化（ワッタナタム・チュムチョン，watthanatham chumchon）」こそが国家や社会を律する基盤であるという議論が行われていた[3]．これに共鳴した一部の政治家らが同様の思想を徐々に政治姿勢に取り込み，1997年のいわゆる国民憲法の施行時には，政策にも反映させた[3]．この頃を境に，官民を問わずタイ国民がこぞって使ってきたのがプーム・パンヤー（phumpanya，民衆の知恵）という言葉である．薬草治療を含む伝統医療，伝統農法，種々の祭礼，民族服，方言などがこれにあたる．現在の北部タイでは，金曜日に銀行員がモーホム（mohom，農民服）を着て業務をこなし，子供たちが民族服を着て学校に行くのはごく普通の光景である．政府や自治体の予算が付きやすくなったこともあり，今世紀に入ってからは，文化復興系のイベントが非常に多く開催されるようになった．タイ各地で，フーンフー（fuunfuu，復興する），スープ・サーン（suep saan，受け継ぐ）などの言葉がイベント告知の看板を賑わせている．

［綾部真雄］

参考文献

［1］梅田英春『科学研究費助成事業研究成果報告書―インドネシア地方分権化下バリにおける文化復興運動と文化政策にみる芸能の変容』2013（http://id.nii.ac.jp/1132/00000831）
［2］菊地淑人「『世界遺産』の棚田をめぐる国際的・国内的保護の変遷」『日本建築学会計画系論文集』77(679), pp.2265-2270, 2012
［3］重冨真一「タイにおけるコミュニティ主義の展開と普及―1997年憲法での条文化に至るまで」『アジア経済』50(12), pp.21-54, 2009

ハロン湾

ハロン湾（Vịnh Hạ Long）は，ベトナム北東部，クアンニン省ハロン市の南に位置する．北部湾（トンキン湾）に面する約1553 km^{2}の同湾一帯には，大小約3000余りともいわれる島々や奇岩群が林立し，その中に多くの鍾乳洞や遺跡などが存在する（図1），ベトナム有数の景勝地である．

図1　ハロン湾と奇岩群．左：闘鶏岩（提供：石井彩子）

●ハロン湾の成り立ち　ハロン湾は「海の桂林」とよばれることがある．中国広西省チワン族自治区にある山水画のような桂林の地形になぞらえてであるが，もともとハロン湾一帯は中国南西部に連なる石灰岩台地の一部であった．これが気の遠くなるような長い年月をかけて沈降し，さらに地表に露出した石灰岩が，二酸化炭素を含んだ雨水や海水によって浸食され，現在みられるような複雑なカルスト地形の景観がつくりあげられたのである．また，多くの島の周囲は断崖で無人島のため，植物や昆虫，鳥など，貴重な生物が守られている．

●ハロン湾の歴史　ハロン湾の地域に人類の居住の痕跡が認められるのは，先史時代からであり，特に3500〜5000年前の遺跡は，考古学的にハロン文化とよばれている．ハロン文化の遺跡からは，精巧につくられた多様な磨製石器や，胎土に貝殻を混ぜ表面に独特な文様をもつ土器，アクセサリー（装身具）など特徴的な遺物がみつかっており，その分布域はハロン湾の島々や海岸地帯の山，洞窟などに及んでいる（図2）．したがって，この時代のハロン湾の人びとは，狩猟や採集，漁撈を行い，また，農業や家畜の飼育などを行いつつ，海を志向し，対外的な交流も行っていたと考えられている．時代はくだり，前2世紀，ベトナ

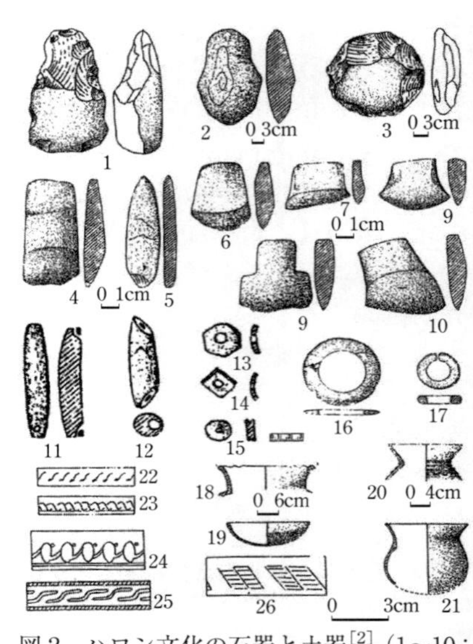

図2　ハロン文化の石器と土器[2]（1〜10：石器，11〜17：装身具，18〜26：土器）

ム北部に中国からの支配が及ぶが，10世紀これを脱した後の李(リー)朝時代(1009〜1225年)，ハロン湾の地域（海域）において，すでに国際的な貿易港が存在したことがベトナム史書の記録からうかがえ，石灰岩質の島々からも貿易陶磁や貨幣などが発見されている．それら島々は，現在カットバ島以外は無人となっているが，時として海賊の隠れ家となり，モンゴル帝国の侵攻（1288年白藤江の戦い）など，外敵からの攻撃に際しては，防衛の要となった．そして，阮(グエン)朝時代(1802〜1945年)のハロン湾は，歴代の皇帝たちによって愛され，船に乗って遊覧に興じる風光明媚な場所でもあった．

●「ハロン」の由来　「ハロン」の意味について，漢越辞典（漢語・ベトナム語辞典）によれば「下龍」（または「降龍」），すなわち，天から降り立つ地上の守り神である降り竜のことである．自然，ハロン湾には竜にまつわる伝承がのこされている．それは，昔この地域が中国に侵攻されたときに，天から竜が降り立ち，敵を打ち破ったというものから，山から竜の親子が現れて敵を倒し，そのとき口から吐き出した宝石が奇岩群となったというものまである．なお，その逆の昇り竜は，ベトナム王朝の古都タンロン（「昇竜」，現在のハノイ）に名を残している．

●ハロン湾と世界遺産・観光　ハロン湾は，1994年にユネスコの世界遺産（自然遺産）に登録され，2000年に登録範囲が拡大されたことで，現在434 km^{2}の範囲内の775もの奇岩群が構成資産となっている．また，ハロン湾は，自然史上，人類史上の貴重な遺産であるとともに，ベトナムおよびアジアにおける一大観光地となっている．その目玉は何といっても，湾内に林立する動物のような奇岩群と美しい造形の鍾乳洞を遊覧船でめぐる「ハロン湾クルーズ」であろう．加えて，ハロン湾には，水上の家船に暮らす人びとがいて，そこで営まれる水上市場をめぐるツアーなども人気である（図3）．こうしたハロン湾をめぐる観光地化の急激な進展に伴い，大規模なテーマパークの建設計画も進行しており，2016年には海上ロープウェイの運行が開始された．遺産としてのハロン湾の保全管理と観光産業との両立が今後の重要な課題といえる．　［俵 寛司］

図3　島の入り江と水上市場（提供：石井彩子）

参考文献

［1］Ha Long Bay, World Heritage List, UNESCO（http://whc.unesco.org/en/list/672）

［2］菊地誠一「ベトナムの考古文化(5)―新石器時代後期」『学苑』852，pp.49-63，2011

ハノイのタンロン遺跡

タンロン遺跡（昇龍皇城遺跡）は，ベトナムの首都ハノイで発掘が続いている遺跡群で，タンロンはハノイの旧称である．李朝時代の1010年から阮朝によってフエに都が移される1804年までほぼ一貫してベトナム諸王朝がここに都をおいたため，李朝初期から黎朝末期まで，さらには阮（グエン）朝下のハノイ（河内）省城（阮朝期には中国清朝との外交儀礼が行われた）まで，各時代の遺跡が重層しているのが特徴である．2010年8月にユネスコの世界遺産に登録された．

●発掘の開始 2002年，ハノイの新国会議事堂建設工事予定地で行われた緊急発掘作業で，李朝期にさかのぼる巨大な宮殿遺跡が発見された．地番からホアンズィエウ18番遺跡と命名され，同年12月から本格的発掘調査が始まり，発掘面積は約1万9000 m^2 にも及んだ．この遺跡の重要性にかんがみ，ベトナム政府は同遺跡の発掘と出土物の保存を決定し，2006年からはベトナム文化情報省が日本の外務省および文化庁の支援のもと，ベトナム・日本合同調査委員会を立ち上げ，遺跡調査班，建築調査班，保存修復班などによる調査が開始された．

ベトナムのホン（紅）河デルタは2000年以上の開拓史をもつが，技術的な問題もあり，都市や村落はホン河本流および支流が造成した自然堤防地帯や残丘地帯などに形成された．13世紀に成立した陳朝では大規模な堤防網建設事業が行われたが，その目的は「減水」レベルであり，王都タンロンもたびたび洪水の被害を受け，王宮はハノイの中でも最も高みに建設された．そのため，遺跡が重層することとなった．発掘現場からは排水溝の遺構や排水管と思われる遺物が大量に発見され，水害対策に腐心したことがうかがえる．

●発掘の現状 同遺跡の発掘作業には致命的な失敗があった．上述のごとく李（リー）朝期の宮殿跡を最下層として，黎（レ）朝，阮朝期の遺構が存在したはずなのだが，短期間に一気に李朝期遺構にまで掘り進んだため，黎朝，阮朝期の遺構はほぼ残っていない状況にある．また雨期対策を十分にとっていなかったため，遺跡・遺物の破壊や劣化も進んでおり，十分な準備をもとに再度調査を行うため遺跡の埋め戻しを勧める学術的見解と，観光開発に重きをおき，現状保存を主張する行政側の意向とが衝突している．現在，同遺跡は応急ではあるがテントによって全体が覆われ，出土品を保存，陳列する建物も併設されている．

同遺跡の東側に黎朝期の端門，敬天殿跡地，後楼，阮朝期の北門が南北ほぼ一直線に存在する地区があり，国防省からハノイ市に土地の管理が移管されたことから同地区の発掘調査も本格化した．端門の中央門から敬天殿跡に延びる煉瓦づくりの遺構が見つかり，ベトナム人学者の多くは道と解釈しているが，壁である

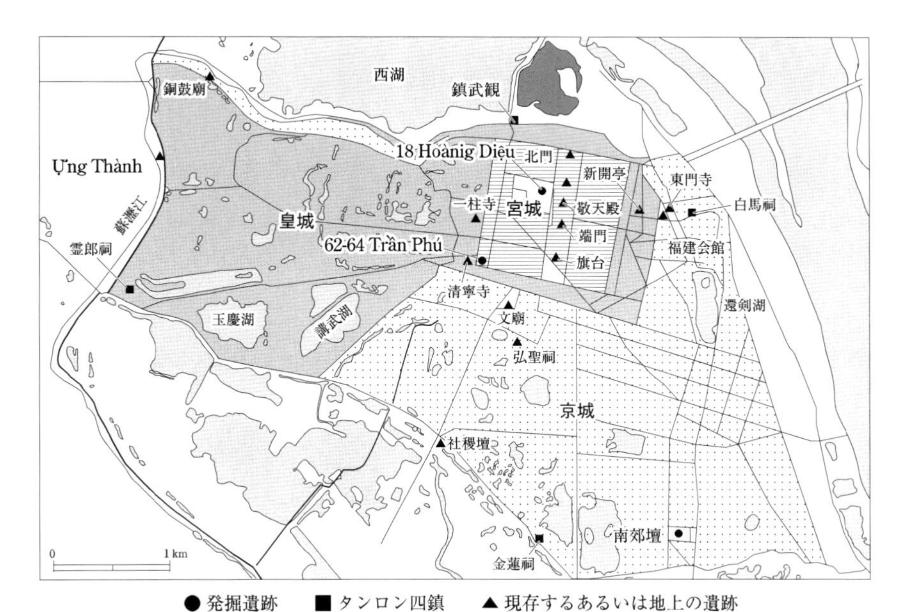

図1　タンロン京城—皇城—宮城地図（出典：西村昌也「ヴェトナム三都物語 前編—タンロンの歴史」『東南アジア埋蔵文化財通信』9・10（合冊），p.131, 2007 を加筆修正）

との日本人研究者の意見もあり，歴代王宮の中心軸がどこであったかは，黎朝期には上述の端門—敬天殿跡であったこと以外，決着をみていない．また国防省時代の建築物も多く残り，発掘は遅々として進んでいない．

●文献史学の立場から　残念ながら現存するベトナムの文献資料からも各時代の王城の再現には限界がある．李朝初代太祖と二代太宗時代の王城については年代記『大越史記全書』に詳しい記載があり，王城の全体像が描ける上に，多くの宮殿や楼門などのあったことはわかるが，王城全体および各建築物の規模や様式などはわからない．またホアンズィエウ18番発掘地が王城全体のどの部分にあたるのかも諸説紛々である．陳（チャン）朝期にはまとまった資料がなく，次の黎朝期には15世紀につくられたとされる絵地図集『洪徳版図』を後世加筆修正したと思われる同名の地図が多く残されており，不完全ではあるが，京城—皇城—宮城の三層構造の都城が存在し，現ハノイ市中心部のホアンキエム区・バディン区・ハイバーチュン区とドンダー両区の北半分に相当すると考えられている．阮朝期には旧皇城域内東部が西洋風のハノイ省城として再建され，ハノイ省関連の役所群や，阮朝皇帝が清朝使節を迎える行宮がその中に建設された．　［八尾隆生］

📖 参考文献

［1］東京文化財研究所編『日越タンロン城関連研究論集』東京文化財研究所，2012

フエの建造物群

フエの建造物群は，ベトナム中部，トゥアティエン=フエ省の省都フエに位置している．フエは，ベトナム最後の王朝である阮(グエン)朝（1802～1945年）の首都であり，フォン川（香江）河畔の市街地とその郊外には，阮朝時代の都城，王宮，皇帝陵，仏教寺院および関連の遺跡が数多く分布している．

●フエと阮朝の歴史　フエは，かつてベトナム中・南部を支配したチャンパー王国（Cham Pa）の土地であったが，陳(チャン)朝（1225～1400年）の頃に大越国の領土となった．16世紀から始まる南北抗争時代，フエは広南阮氏（1558～1777年）の首都となり，1636年には富春(フースアン)城が築かれた．18世紀後半，西山党の乱（1786～1802年）でフエも占領されるが，広南阮氏の生き残りでフランス式軍隊の援助を受けた阮福暎(グエン・フオック・アイン)は，1801年にフエを奪還し，阮朝の初代皇帝，嘉隆(ザーロン)となる．国号を越南とあらためた彼は，フエをその首都と定め，中国（清）の北京や紫禁城をモデルとする本格的な都城の造営に着手した．その後の歴代皇帝たちによってフエは発展するが，フランスのインドシナ進出により，1887年ベトナムはフランス領インドシナ連邦に組み込まれ，やがて1945年8月24日に最後の皇帝である保大(バオ・ダイ)が退位し，王都としてのフエの歴史は終焉をむかえる．

●都城　都城は京城ともよばれ，政治的，軍事的機能だけでなく，王宮，紫禁城をもつ皇帝の居城でもある．フエの都城は，フォン川の北岸にほぼ正方形をなし，中国の伝統的な都市計画を踏襲する一方，フランスの影響を受けたヴォーバン式とよばれる鋸歯状(きょしじょう)を呈する分厚い城壁に囲まれ，その周長は10kmに及ぶ．城壁南側中央（正面）には3層の旗台が設けられ，城壁の北東角には鎮平台とよばれる砲台が張り出し，川からの攻撃にそなえる．城内は縦横に走る街路によって区画され，王宮のほか，六部，機密院などの政府機関，慶寧宮，保定宮，浄心湖などの離宮などがおかれた．そのうち国子監は阮朝最初の大学であり（現フエ博物館），保定宮の隆安殿は移築され1928年にカイディン博物館となった（現フエ宮廷骨董博物館）．都城正面旗台の南，フォン川に面して敷文楼，グエンルオン殿があり，その先にはフォン川を挟んで御屏山(ごへいざん)がみえる．御屏山は都城としての中国的思想や宇宙観を表す重要な要素であった．

●王宮　王宮は，皇帝が執務を行う場所であり，皇城あるいは大内ともよばれた．都城の南側中心部に位置する王宮は，東西642m，南北568m，城壁と外側の濠によって囲まれた数多くの重要な建造物がならぶ．王宮は都城と同じく縦横の街路によって区画され，南側中央は午門，太和殿を中心とした行政区，その左に阮朝の先祖を奉った太廟，右に歴代皇帝を奉った世廟がある．北半中央は皇帝の居住区である紫禁城であり，その西側に奉先殿と延壽宮，長生宮が並び，東側には内務府と幾暇園(きかえん)などがおかれた．

図1　午門（提供：石井彩子）

●皇帝陵　都城の南西部の丘陵地帯には，阮朝歴代皇帝の陵墓が点在する．嘉隆，明命(ミンマン)，紹治(ティエウチー)，嗣徳(トゥドゥック)，育徳(ズクドゥック)，同慶(ドンカイン)，啓定(カイディン)の7人の陵墓は，周囲の自然環境とも完璧に調和し，中国の陵制にならう一方で，おのおのの皇帝の性格や志向から独創性をもち，彼らがおかれた歴史的状況を映し出している．以上のほかにも，都城の郊外には仏教寺院や関連の遺跡が存在する．例えば，皇帝が天をまつる儀式のための南郊壇，文廟・武廟，1601年建立の7重の塔をもつティエンムー（天姥）寺，ヴォイレ殿と闘技場（虎圏），ホンチェン殿，鎮海城などである．

図2　カイディン帝廟内（提供：石井彩子）

●保存修復と世界遺産　1946年からの第1次インドシナ戦争と1960年代のベトナム戦争の戦闘により，フエの建造物群は甚大な被害を受け，王宮の約80％は焼失し，少数の建物を残すのみとなった．1980年代後半，ベトナムのドイモイ政策が始まり，フエの建造物群の保護・修復に関する国際協力の機運が高まった．1990年代にユネスコを通じて多国間の協力・援助が実現し，1993年には「フエの建造物群」としてユネスコの世界遺産（文化遺産）に登録された．現在では建造物群の多くで保存修復・復原が進み，かつて宮廷の劇場（閲是堂）で演奏されたニャー・ニャック（雅楽）も2003年ユネスコの無形文化遺産に登録され，訪れる観光客を楽しませている．　［俵　寛司］

📖 参考文献

［1］早稲田大学ユネスコ世界遺産研究所「フエの歴史と建築」（http://vietnam.lah-waseda.jp/index.html）

［2］Complex of Hué Monuments, World Heritage List, UNESCO（http://whc.unesco.org/en/list/678/）

アンコール遺跡

カンボジア北西部のアンコール地方は，現在のシエムリアプ州内にあり，そこにはアンコール朝（801～1431年）時代に建造された都城・寺院・祠堂・橋梁・貯水池・盛土版築道路などの大遺跡群がある．特にシエムリアプ市郊外には有名なアンコール・ワット（12世前半建立）とアンコール・トム（12世紀末から13世紀にかけて建立）の2大都城趾がある．これらを含めて99か所の遺跡がユネスコの世界遺産に登録（1992年）されている．

●アンコール遺跡の特色 世界最大級の石造伽藍というアンコール・ワットをはじめ，その規模の大きさ，建物の回廊と身舎（もや）を飾る秀麗な浮彫は圧巻であり，本殿に安置されていた神・仏の彫像は神秘的な微笑を浮かべ，その美術は世界的に名高いことで知られている．王朝の盛衰は遺跡（寺院など）の増減にも一致する．

アンコール朝は，「神なる王（デヴァラージャ）」のもとに少数の王族と実務高官とその一族たちが，政治・社会・経済・宗教などの実権を握り，専制的にとりまとめていた．神なる王には宇宙世界を模した都城，国家鎮護の寺院，それに王宮の3点セットの建立が求められていた．それゆえ，この地域には大きな遺跡が残存し,集中した．もう一つの理由は,このアンコール地域には須弥山思想にふさわしい聖山(プノンクーレン山),聖河(シエムリアプ川),聖都(アンコール都域)があると考えられ,歴代の王26名はこの3点セットをアンコールの地に造営し続けた．

寺院には2種の型があり，一つは5層の基壇（内部に土砂封入）で構成するピラミッド型寺院で，須弥山思想をその形態に取り入れている．もう一つは平地型祖寺院で，基壇上に列状に配列され，王の身内や親戚を祀り，僧院も同じ様式である．建築技術はインドから伝わった迫り出しアーチ技法で，内部空間を広げる場合にはそれに準じた高さが必要であった．クメール人建築家はこの構造的限界を克服し，アンコール・ワットでは高さが65mの中央祠堂が建立された．寺院では開口部の上部に桁石・楣石など硬い石材が架け渡しされ，窓や入り口がつくられている．この楣石には素晴らしい浮彫り彫刻が施され，宗教美術のショーウインドーでもあった．建材の砂岩はアンコール都城から約30km離れたところから切り出され，石材は雨季の洪水時に筏流しで運ばれていた．ラテライト（紅土石）は近くの地中表層部から採石，レンガは建立寺院近くで焼成できたので大量に供給できた．アンコールの建築では石工により加工された石材を接着剤なしに，石材と石材をすり合わせて積み上げ，接合させてきた．

●アンコール・ワット スーリヤヴァルマン2世（1113年即位）が約35年かかって建立，しかし，一部未完成．幅190mの環濠に囲まれ，東西1.4km，南北1.5

kmのカンボジア版ヒンドゥー教の寺院である．本殿上部の4基の祠堂はヒマラヤの峰々を，中央祠堂は須弥山を象徴し，環濠は大海を表し，寺院は聖山のふもとの聖都を模していた．この遺跡の特色は，①祠堂・身舎の頂上まで全壁面に多彩な文様が彫り込まれている．②本殿を取り巻く外回廊（200m × 180m）には内壁に帯状の大浮彫りが刻まれ，インドの叙事詩をカンボジア風に翻案し描いている．③壁面の空間には約2400体のデヴァター（女神）立像が浮彫りで描かれている．④中央祠堂の砲弾型の塔身は天空にそそり立ち，信仰心の高揚感を掻き立てている．参詣者の視線を天空の一定点に集中させるという巧みなトリックでもある．

●アンコール・トム　次に1181年に即位したジャヤヴァルマン7世は，仏教を篤信し，宗教都城ヤショダラプラ（アンコール・トム：大きな都城の意味）を造営，国家鎮護寺院バイヨンを建立した．バイヨンの塔頂には観世音菩薩（アラロキテシュヴァラ）の四面仏尊顔を飾り，仏陀の慈悲が四囲を照らす．周囲12kmのこの都城は同じく環濠に囲まれ，城壁（高さ23m）と5城門があり，城門の上部には四面仏尊顔をいただいている．城門の前の陸橋では54体の巨像デヴァ（神々）と阿修羅が並び，大蛇の胴体で綱引きをしている（乳海攪拌）．仏面塔の建築様式は世界で類例をみない独特の設計である．バイヨンは外・内の2重の回廊に囲まれ，階上のテラスから仏陀尊顔が高く低く，身近に見ることができる．中央には16小祠堂を配した円形状の中央祠堂がそそり立ち，その上部に四面仏塔を積み上げ，頂上まで45mの高さがある．外回廊の浮彫りには庶民の日常生活や，壮烈な戦闘場面などが描かれ，その構図，手法，図像，題材とも写実的な迫真性にあふれ，見ごたえがある．この時代の建築様式には，多くの四面仏塔が配され，国内各地に102の施療院や121の宿駅を建設．ジャヤヴァルマン7世は建寺王といわれている．1296年に元朝使節の随員として周達観がアンコールを訪れ，その見聞録『真臘風土記』を著わした．1350年頃から数度にわたりアユタヤ（タイ）との激戦があり，1431年に王都は放棄され，南部へ遷都された．17世紀の朱印船貿易隆盛の頃，多くの日本人がアンコール・ワットをインドの祇園精舎と思い，巡拝していた．十字回廊など14個所に日本人墨書跡が確認でき，その年代は1612年から1632年に及んでいる．世界で初めてのワット絵図面（「祇園精舎の図」）が日本で発見されている．

アンコール・ワットはその後，仏教寺院に衣替えし，仏教の聖地として近隣の参詣者が訪れ，そのため密林に埋もれずに済んだ．12世紀から13世紀初めにかけての王朝最盛期にはその領域が，ラオスのビエンチャンからタイの中部スコータイ，西がベンガル湾近くのプラサット・ムアンシン寺院とマレー半島北部，東がベトナム南部の南シナ海におよぶ大帝国であった．当時アンコール都城の人口は約40万人を超えていたという．宣教師の報告によれば，17世紀のアンコール・ワットの中央祠堂には，金箔の色が残っていたという．　［石澤良昭］

プレアヴィヒア寺院

プレアヴィヒア寺院は，2008年にユネスコの世界遺産リストに登録されたカンボジアのヒンドゥー教遺跡である．同国ではアンコール遺跡に次ぐ2番目の世界遺産登録となる．現存する主な建築物は，11〜12世紀にかけて，アンコール王朝の支配下で造営された．10項目ある世界遺産への登録基準のうち，「(i) 人間の創造的才能を表す傑作である」点に合致しているとの評価を受けている．

図1 プレアヴィヒア寺院（提供：Chanthul Suos, UNESCO Phnom Penh Office）

●国境地帯の寺院 プレアヴィヒア寺院は，カンボジア－タイ国境の分水嶺をなすパノム・ドンラック山脈の南麓にあたる500mの断崖上に位置しており，北側がタイ領，南側がカンボジア領である．クメール美術を代表する建築や彫刻もさることながら，眼下に望むカンボジアの平原はまさに壮観であり，多くの観光客を惹き付けてやまない．また，タイ語では「カオ・プラウィハーン」という名で知られ，寺院の北側一帯はタイの国立公園として管理されている．

分水嶺をなす山脈の断崖上という立地にもかかわらず寺院がカンボジア領にある理由は，20世紀初頭の国境画定作業に求められる．現在の国境線は，カンボジアの宗主国であったフランスとタイ政府が1904年および1907年に設置した合同国境策定委員会によって決定された．同委員会は，国境は分水嶺に従うという取り決めをしたが，フランスが作成した地図ではプレアヴィヒア寺院とその周囲のみがカンボジア領に含まれていたため，地形的にはタイ側にありながら，地図上はカンボジア側にあるという状況が生じたのである．タイ政府は1934年の測量で分水嶺との不一致に気付いたものの，異議を申し立てることはなかった．

第2次世界大戦に入り日本軍がフランス領インドシナに進駐すると，それに乗じたタイは領土拡大を狙ってフランス領インドシナと戦争を引き起こした．その結果，日本の調停によって1941年1月にフランスと条約を締結し，タイはプレアヴィヒア寺院を含むカンボジア西北部の領土を獲得した．大戦が終結すると，国境は1941年以前の状態に戻されることになったが，タイは継続して遺跡の実効支配を行い，フランス・カンボジアからの撤退要請にも応じなかった．

●領有権と世界遺産登録をめぐる対立　1953年に独立したカンボジアは，膠着状態が続くタイとの二国間交渉を諦め，1959年10月6日，プレアヴィヒア寺院および周辺地域の領有権を主張して国際司法裁判所（ICJ）に提訴した．ICJが1962年6月15日に示した判決は，プレアヴィヒア寺院に対するカンボジアの領有権を認めるとともに，タイに対しては警備隊の撤退を求めるものであった．タイは1908年にフランスから受領した地図について異議を申し立てたことがなく，それが国境線を容認してきた事実とみなされたのである．

1970年代になると，カンボジアは20年に及ぶ内戦に突入する．ポル・ポト派はタイ国境地帯を拠点として抵抗を続け，プレアヴィヒア寺院周辺にも地雷を設置したため，一般人が寺院を訪問することは困難となった．一方，タイが寺院につながる国境をようやく開放するのは1990年代に入ってからのことである．その後も，両国の関係に応じて国境は閉鎖と開放を繰り返した．

2007年にカンボジアが世界遺産への登録を申請すると，寺院の北側を取り巻く4.6 km^2の地域について両国の主張する国境線が食い違っていることから，ユネスコはタイと共同申請をするように求めた．最終的に，係争地域については両国が共同管理するという提案にタイ政府が合意したため，カンボジアは単独申請を行い，2008年7月に世界遺産に登録された．ところが，単独申請を認めたタイ政府を売国奴と糾弾する政治団体の一部がカンボジア領へ不法侵入を繰り返し，タイの軍部も国境地帯での駐留を継続した結果，ついに衝突が発生し，双方に死者を出す惨事を招いた．さらに2008年12月に誕生したタイのアピシット・ウェーチャーチーワ政権は，衝突と停戦が繰り返される中，国連関係機関やASEANなど第三者による調停を頑なに拒み続けた．これに対しカンボジアは，1962年判決の再解釈をICJに請求した．ICJが2013年11月11日に示した判決は，プレアヴィヒア寺院とその周囲に対するカンボジアの領有権を再確認するとともに，4.6 km^2の国境未画定地帯については両国の話し合いによる解決を促すものであった．その後，タイ側の国境は閉鎖されたままであるが，カンボジア側からのルートは整備が進み，アクセスが比較的容易となっている．

世界遺産とは，第1次世界大戦，第2次世界大戦などを教訓として，国際紛争による略奪や破壊から文化財を守るために生まれた側面をもつものであることを考えると，プレアヴィヒア寺院は世界遺産という制度そのものの意義を問い直す事例ともいえるだろう．　［日向伸介］

📖 参考文献

［1］ユネスコウェブサイト（http://whc.unesco.org/en/list/1224/）
［2］東 壽太郎「プレア・ビヘア寺院事件」波多野里望・松田幹夫編著『国際司法裁判所―判決と意見』第1巻（1948-63年），国際書院，pp.286-299，1999

ルアンパバーン

1353年，ファーグム王（在位1353～73年）は，近隣諸国を平定し，シエンドン・シエントーン（Xiang Dong Xiang Thong）とよばれる街を都としてラーンサーン王国（百万象国の意味）を樹立した．

●王国の繁栄　ラーンサーン王国は，カンボジアのアンコールから高僧とパバーン仏を招来し，上座仏教を導入した．16世紀中頃，セターティラート王は仏教の聖地として栄えたこの街を「パバーン仏の都」という意味のルアンパバーンに改名している．この王国は，仏教布教に力を注ぎながら平和と繁栄を築き上げ，19世紀末まで存続した．16世紀には「クンブロム年代記」の編纂が開始され，仏教の価値観やラオの世界観が混じり合いながら固有の文化が顕著化した．ウィスン（在位1501～20年）の息子ポーティサラート王（在位1520～48年），孫のセターティラート王（在位1548～71年）の時代になると，ラーンサーン王国の勢力はさらに強大になった．人口増加に伴い，ラオの世界はコラート高原やチャンパーサック地方に拡大した．1558年，1560年にセターティラート王はタウングー朝ビルマ勢力からより離れたビエンチャンに遷都した．

17世紀のスリニャウォンサー王（在位1637～94年）時代は，仏教芸術の黄金期であった．例えば，この時代の見習僧は，シエンドン・シエントーン（ルアンパバーンの旧称）での永住を勧められた．神聖な経典は，出家信者によって転写され，研究された．例えば，仏陀生前物語の本生譚（*Jataka*）の50話のうち27話はラーンサーン王国のラオによって創作されたものといわれる．生前物語の一つ布施王子物語（*Vessantara Jataka*）はルアンパバーン王国の諸王たちの理想として注目を集めた．現在もその一場面は，ルアンパバーン市内にあるシエントーン寺院などの壁画に金箔のレリーフとなって描かれている．こうした在来の文化が敬虔な仏教徒によって解釈され，変容していく過程は仏教化とよばれる．

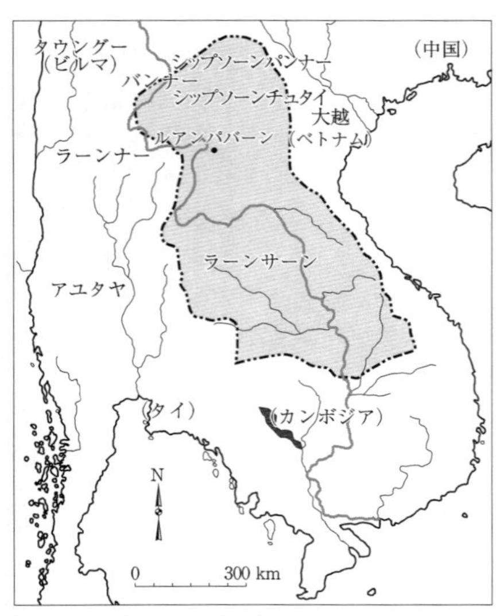

図1　16世紀の大陸部東南アジア．ラーンサーン王国と現在のラオスの版図が重なる

●分裂と誕生　スリニャウォンサー王の

死後，ラーンサーン王国は王位継承争いで混乱に陥った．勢力を伸ばしていたシャム（タイ）が干渉し，1707年，ラーンサーン王国からビエンチャン王国とルアンパバーン王国，1713年にチャンパーサック王国が成立した．ラーンサーン王国最後の国王サイオンウェ（在位1698～1707年）はビエンチャン王国の初代国王となり，他方，スリニャウォンサー王の孫キンキッサラート王がルアンパバーン王国の初代王として即位した．ラーンサーン王国は2度と再統合されなく，ルアンパバーン王国がラオス北部の諸小国（ムアン）を統治した．

19世紀を通して，ルアンパバーン王国の権力と権威は衰弱せず，ルアンパバーンは政治・商業・文化の中心地として栄えた．20世紀には第2次世界大戦中にフランス・タイ戦争（1940～41年）が起こり西側の領土（サイニャブリー県）を一時期喪失するが，1946年のフランス・タイ条約でラオスに返還された．1946年8月27日，フランス-ラオス暫定協定の締結でラオス全土はルアンパバーンの君主制を保持したまま，ルアンパバーン王国最後の王シーサワンウォンが，ラオス王国の初代王として即位した．その後，1975年のラオス人民民主共和国の成立に伴い，元ラオス王国国王スワンナプーマーは新政府の大統領顧問に就任した．ルアンパバーンは，王国の分裂，フランス領植民地時代や独立と国家の統一を目指した国内戦争を経験する波乱の数世紀をたどってきた．とはいえ，スリニャウォンサー王統治下の仏教信仰の隆盛期に築かれた仏教芸術は，現在もなお市街地に暮らす敬虔な仏教徒の仏教実践の中に息づいている．

●世界遺産と観光地化　近年のルアンパバーンは，1995年の世界遺産登録以降に生じた急激な観光地化により，人びとの暮らしを変えてきた．ラオス観光開発部の統計によると，2016年の海外からの観光客のルアンパバーン到着率は，2010年の205％と驚異的な数値を示した．2017年には，前年に比べさらに5.3％の増加率を記録し，約47万人の外国人観光客が訪れた．大自然の大滝に加えて，フランス建築が基本となったルアンパバーン様式の仏教史跡や建造物なども観光名所として指定されており，観光客の姿が後を絶たない．

英国旅行誌『ワンダーラスト（*Wanderlust*）』（2014年），『ニューヨーク・タイムズ（*The New York Times*）』（2017年）などで「今，世界で一番行きたい世界遺産・国」に選ばれるなど，ルアンパバーンは世界からも注目を集める．タイ・ラオス共同映画『サバイディー・ルアンパバーン』（2008年）の放映を皮切りに，ラオスを「遠くて近い隣人」と形容してきたタイでルアンパバーン旅行ブームに火がつくなど，ソフトパワーによる後押しも受ける．［平田晶子］

参考文献

[1] マーチン・スチュワート-フォックス『ラオス史』菊池陽子訳，めこん，2010
[2] Holt, J., *Spirits of the Place, Buddhism and Lao Religious Culture*, University of Hawai'i Press, 2009
[3] 阿部健一他編『ラオスを知るための60章』明石書店，2010

スコータイと関連の歴史上の町

スコータイ歴史公園は，現在のスコータイ市の西方10km余りに位置する．中心には幅1.4km，長さ1.8kmの方形をなし，三重の城壁と壕をめぐらした都城が復元，整備されている．城内には，王宮跡，王宮に隣接して，高さ9mの大仏を擁する塔を含む多くの仏塔が並ぶ最大寺院ワット・マハータートをはじめ，多数の寺院跡などがある．城外の西北角にあるワット・シーチュム，西方の小丘上にあるワット・サパーンヒンにも，それぞれ高さ15mの座像，12mの立像の大仏がある．北側のワット・プラパーイルアンには3基のクメール様式の塔がある．

●タイ国史の揺籃期へのまなざし　この地に起こった王国が今日のタイ領内で成立した最初のタイ人国家とみなされるため，スコータイはタイ国史の始まりの地とよばれることが多い．スコータイの歴史について，タイの公教育では，クメール人の支配を脱して独立したタイ人の首長から数えて3代目のラームカムヘーン王の時代に，北はメコン河岸から南はマレー半島に及ぶ最大の版図を築き，スリランカから伝来した上座仏教を擁護する慈父のごとき王による理想的な統治が行われたと教えている．最古（通説では1292年制作）のタイ文字・タイ語史料とされる「ラームカムヘーン王碑文」には「このスコータイのクニは良し．水中には魚が棲み，田んぼには稲が生う．王は道行く人民から税をとらない…」とうたわれる．

こうしたスコータイへの関心は，1907年にワチラーウット皇太子（後のラーマ6世王，在位1910～25年）が当時「北方諸国」とよばれたこの地域を訪れ，『プラ・ルアンの国を旅する』(1908年) と題した旅行記を著して往時を偲んだことがきっかけで高まった．皇太子はカンペーンペットからスコータイを経て，シーサッチャナーライまで，約120kmにわたって土手状に続く遺構を象の背に揺られてたどり，それを「プラ・ルアンの道」(図1) とよんだ．「プラ・ルアン」とは，伝説上のスコータイ王の総称である．皇太子は旅の途上，「ラームカムヘーン王碑文」などのスコータイ碑文のテクストを携えて，照らし合わせながら実地検分を行い，碑文の記述の信ぴょう性が確かめられたと主張した．しかし今日の研究では，スコータイ都城内にラームカムヘーン王時代の造立が立証される遺構は皆無であり，航空写真で確認できる「プラ・ルアンの道」沿いにはアユタヤ時代初期以前の遺構はみつからない．そして，「ラームカムヘーン王碑文」自体の真正性にも疑義が出され，19世紀に同碑文を発見したラーマ4世王モンクット（在位1851～68年）が制作したという説を唱える学者もいる．

スコータイの歴史公園化は，1977年から国民の文化とアイデンティティの涵養（かんよう）

を重点施策とした政府の第4次国家経済社会開発計画のもと，国際的認証も目指した遺跡保護事業として進められ，1988年に公開された．公園整備の青写真は「ラームカムヘーン王碑文」に依拠しながら描かれた．東門から都城に入ると，ラームカムヘーン王に擬したブロンズ製の座像が迎えてくれ，碑文のレプリカも置かれている．園内で毎年1月に同王の祭りが開催され，官民をあげて昼夜賑やかに祝われる．

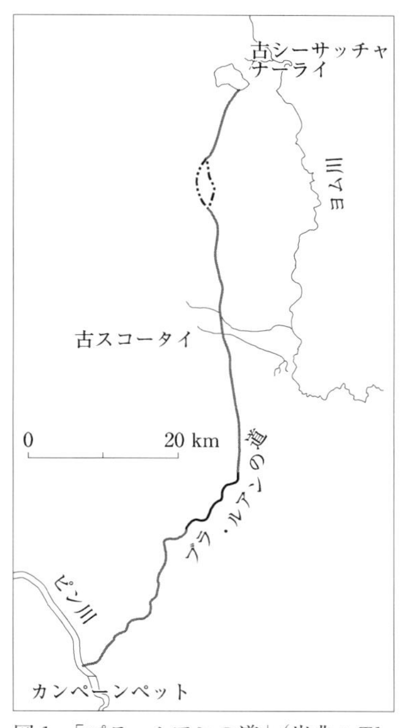

図1　「プラ・ルアンの道」（出典：*The Journal of the Siam Society*, vol. 81, Pt.2, 1993 より抜粋）

●シーサッチャナーライとカンペーンペット

スコータイから北へ約70km離れたヨム川縁に位置するシーサッチャナーライ歴史公園の古址もスコータイと同じく三重の壁をめぐらし，内外に300近くの史跡を数えるが，城壁内のワット・チャーン・ロームほか4仏教寺院がとりわけ目をひく．シーサッチャナーライの名は14世紀の碑文中にスコータイと連結して現れるので，当時の王は両地を治めていたことがわかる．またおそらくスコータイ王国成立以前から陶磁器を産した．かつての伝説は製陶の起源を中国人陶工の来住に帰したが，近年の研究は農業に付随した土着の技術で，モーン人が担った可能性が高いとみる．アユタヤ時代には海外にも輸出され，桃山時代の日本に舶載されて茶人たちが珍重した焼き物スンコロク（宋胡録）の名は，この地の窯場に由来する．

スコータイから逆に南へ下っていたるピン川の両岸に跨（またが）るカンペーンペット歴史公園のピン川西岸地区はナコーンチュムの名で14世紀のスコータイ王リタイの碑文に現れる古址で，モーン人が集まる下ビルマのマルタバンを起点とする交通路の分岐点に位置した．後に開けた東岸のカンペーンペットにはラテライト製の大寺院が多く，盛期のアユタヤ時代にヨーロッパの影響を受けたとみられる建造物がある．

世界遺産スコータイにおいて見出だされるのは，幾多の時代の変遷と域外との絶えざる交流を通じた複合的な文化受容の有様である．　［飯島明子］

アユタヤの歴史上の町

アユタヤとは14世紀から18世紀に中部タイを支配したアユタヤ王国の首都である．今日もレンガ造りの仏塔や寺院の跡が往時の繁栄を伝えている．その歴史的な価値が評価され，アユタヤ歴史公園は1991年にユネスコ（国際連合教育科学文化機関）の世界遺産に登録された．登録名は「アユタヤの歴史上の町」である．

●歴史上のアユタヤ　1351年，既存の勢力をまとめて，ラーマーティボーディー1世が王となり，都アユタヤをチャオプラヤー川，ロッブリー川，パーサック川が合流する地点に建立した．周囲12kmを川と城壁に囲まれたアユタヤは，「不敗」を意味するその名にふさわしい要害であった．肥沃な稲作地帯を擁し，河川を介して北方と南のシャム湾へと通じていた．歴代の王は勢力を伸ばしていく．15世紀には，南はマラッカ王国を圧迫し，東はアンコール朝の都を落とし，北はスコータイ王国（1240?～1438年）を編入した．16世紀には隣国タウングー朝ビルマとの戦いに突入する．アユタヤは1569年にビルマの支配に屈するも，ナレースアン王のもとで再び独立を達成して17世紀に最盛期へといたった．

アユタヤでは主に上座仏教が信仰された．王宮は基壇しか現存していないが，歴代の王が建立した寺院や仏塔を多数目にすることができる．例えばワット・マハータートは，14世紀後半にボーロマラーチャー1世とラーメースアン王が建立した仏塔とされる．ただし今日見られる遺構は17世紀の再建による．塔の高さは50mに達したといわれ，その地下には黄金などでつくられた7重の容器に入れられた仏舎利が奉納されていた．

また，海とつながっていたアユタヤは港でもあり，東南アジア各地はもとより中国，琉球，日本，インド，ペルシャからも商人が来航した．時あたかも大航海時代，16世紀にはポルトガル人やスペイン人が香辛料などを求めて東南アジアに来航した．アユタヤの南にはポルトガル人町があり，教会も建てられた．17世紀前半には朱印船制度のもと，日本人商人たちが銀を元手に鹿皮や鮫皮をタイで購入した．チャオプラヤー川東岸には人口1500人に達した日本人町があり，その北にはオランダ東インド会社が商館を構えた．これら外国人の居住地跡は世界遺産の指定区域にあるわけではないが，アユタヤの性格を知る上で欠かせない．宮廷もまた国際色豊かであった．ときに日本人やポルトガル人の傭兵が王に仕え，ペルシャ系，ヨーロッパ系，中国系の高官もいた．アユタヤの歴史は1767年にコンバウン朝ビルマによって滅ぼされ，廃墟となるまで続いた．

●アユタヤ遺跡の修復と世界遺産への登録　スコータイ遺跡とともにアユタヤ遺跡の修復が本格化するのは20世紀半ばからである．1956年に文化省芸術局が修

図1　ワット・プラシーサンペット

復に着手した．タイ政府は近現代タイに連続するとされる両王国の遺跡を修復することで，ナショナリズムを喚起しようとした．

しかしこの時期に芸術局が行った遺跡の保全と修復は杜撰なところもあった．1967年には国外から，ユネスコが策定したヴェネツィア憲章に従って修復を行うように勧告された．同憲章は，修復作業はオリジナルな材料と確実な資料を尊重し，推測に基づくべきではないなど，遺跡修復の基本理念を示している．

1969年に政府はアユタヤ遺跡の保全計画を承認し，1970年代前半に芸術局はワット・プラシーサンペットやワット・マハータートなどの遺跡を精力的に修復・再建した．一方で1970年代は民主化運動の高まりによって伝統的な価値観が動揺した時期であった．それに対して政府はタイ国民としての意識を再強化するために遺跡保全に力を入れた．1980年代に政府は大金を投じてアユタヤ歴史公園を整備していく．

1980年，政府はユネスコにアユタヤを世界遺産の候補として申請したが，ようやく1991年にスコータイ遺跡とアユタヤ遺跡が世界遺産に登録された．その際に世界遺産委員会はスコータイとアユタヤこそが（それらの支配域は現在のタイよりも小さく，ほかにも政体が存在したにもかかわらず）近現代タイの前身であるとするタイのナショナル・ヒストリーによりつつ両遺跡の価値を説明した．一方で芸術局による遺跡修復はときに推測に基づく再建であると批判されることもあった．またユネスコが指摘するように，登録当時アユタヤの諸仏塔内部の壁画の保護は不十分であった．世界遺産への登録は，そのような芸術局の修復にお墨付きを与えたという見方も提示されている．

もう一つ，アユタヤの各遺跡の建立時期について，芸術局は歴史学者ダムロンラーチャーヌパープ親王（在位1862～1943年）の説に依拠して説明することが少なくない．例えば3基の仏塔が並ぶ勇壮な遺跡，ワット・プラシーサンペットである．20世紀初頭にダムロンは，ラーマーティボーディー2世（在位1491～1529年）が2基の仏塔を建てて父王と兄王の遺骨を納め，後に王の死後，その遺骨を納めるためにもう1基が建立されたと推測した．しかし同時代史料によれば現在の姿になったのは18世紀であるという反論が出ている．にもかかわらず芸術局による説明に変化はない．実のところ，前述のナショナル・ヒストリーの枠組みをつくったのもダムロンである．それも含めて，ダムロンの所説が世界遺産という衣をまとって生き続けているともいえるのかもしれない．　［川口洋史］

パガンとピュー古代都市群

2014年6月，ハリン，ベイッタノー，シュリークシェトラ（タイェーキッタヤー）の3遺跡がミャンマーでは初めてユネスコの世界遺産に登録された．しかし，世界の三大仏教遺跡の一つであるパガン遺跡は，より規模が大きく壮麗でありながら，世界遺産登録は長く認められなかった（2019年に登録）．11～13世紀に建造された仏塔（パゴダ）や祠堂が2000以上も現存する，世界でも例を見ない遺跡であるが，遺跡内にゴルフ場が建設されたり「修復」という名の無秩序な荘厳化が行われたことが問題視されたという．ユネスコの基準からは逸脱していると判断されてきたが，人びとの信仰を集める「生きた遺跡」である証でもある．

●ピューの古代都市群　10世紀以前のミャンマーでは，ピューとよばれた（自称はTircul）人びとが，エーヤーワディー川中流域の乾燥地帯にいくつかの国家を築いていた．現在確認されている都市の遺跡は，上記の3遺跡のほか，テーゴウン，ワディー，マインモー，ダガウンなどで，いずれも，楕円形もしくは角が丸みを帯びた矩形の城壁，外壕をもち，中心に宮殿と思われる建造物や都城内外に仏塔や僧院址が確認されている．これらの都市の成立年代や相互の政治的関係は不明な点も多いが，それぞれの遺跡では1辺が30cm以上の大型の煉瓦が使用され，一部には平行する直線や曲線などを描いた指描痕をもつ煉瓦が共通してみられ，火葬した人骨を納めた骨壺，表面が旭日や王座，裏面がスリーヴァッサ（ラクシュミー神・吉祥天の宮殿）が打刻されたピューコインとよばれる銀貨，碑文，ビーズなどが出土しており，ピュー文化圏が成立していたことは間違いない．こうした指描痕付き煉瓦や旭日・王座の代わりにホラ貝が打刻された銀貨が海岸部の都市遺跡からも出土しており，より広範囲な文化の広がりが確認できる．7世紀には，東西4km，南北5kmと，他の都市の2～3kmに比べて，大規模な城郭を有するシュリークシェトラが大きな勢力をもった存在に成長し，高さ47mの円筒形の覆鉢をもつ仏塔ボーボージーや巨大な砲弾型の仏塔パヤージー，パヤーマなど大型のパゴダが建造されるなど仏教文化が花開いていたことがわかる．そのほか，パガンの祠堂建築の祖型と考えられる小型の祠堂ベーベー，レーミェッフナーなどが注目に値する．また諸所の寺院址などから，銀製鍍金舎利容器やブロンズ製四臂観音像，ヴィシュヌ神のレ

図1　パヤーマ・パゴダ，シュリークシェトラ

リーフをはじめとして（6～7世紀），石造の仏像や浮彫仏伝図，ブロンズ製の楽人小像群が出土している．

図2　パガン遠景

●パガン　エーヤーワディー川中流域に成立したパガン王国（1044年～13世紀末）の前史も不明な点が多い．通説では，8世紀頃，中国から南下してきたビルマ人はマンダレー南方のチャウセー地方に定着し，9世紀にはパガンに政治権力を築き上げたとされている．さらに，アノーヤター（1044～77年）以前のいずれかの時期に，ピューなどの文化を吸収しつつパガンの南のミンブー地方にも定着していった．アノーヤターは，パガンを中心として，肥沃な農業地帯であるチャウセー，ミンブー両地方をエーヤーワディー川の舟運を利用しておさえ，下ビルマの海岸地帯に勢力を拡大していった．この王国のもとでは，国王や高官だけでなく財力のある人びとによって仏塔や祠堂，僧院が数多く建立され，現在もパガン都城の内外のおよそ6.5km四方の地に約2300の遺構・遺跡が群在している．パガン時代前半期の記録はほとんどがモン語であったため，一般的にはモンの文化的影響が強調されるが，前代のピュー文化との連続性がうかがえるのみならず，東インド，パーラ朝美術やスリランカの影響も強く感じられ，同時に，釣鐘形の覆鉢をもつ仏塔や，南アジアや東南アジアでは唯一広範にアーチ，ヴォールト構造をもつ祠堂建築などにパガンの独自性がみられる．また，祠堂建築には内部の側壁や天井に壁画（仏伝図，本生図など）の描かれているものが多くあり，注目される．なかでも，保存状態のよいローカーテイッパン（12世紀），密教的要素を色濃くもつパヤートンズー，ナンダマンニャ（ともに13世紀）などが重要である．膨大な数のパゴダ，祠堂の建築を支えた背景には，敬虔な信仰心はもちろんのこと，よりよき来世を求め，究極的に涅槃への到達を願って，功徳を積む人びとの思いがあり，獲得した功徳を分配することによってそうした人びとの願いを叶える存在としてみずからの地位を確立しようとした支配者階層の意図が深くかかわっていた．こうした宗教施設の造営・修復は，公共工事的側面を強くもち，経済の活性化をもたらした．しかし，同時に寄進された土地や奴隷（労働力）は免税となり，これらが集積されていくと国家の財政にとって大きな打撃となっていったが，みずからの正統性にかかわる問題であるのでこれを止めることは不可能であり，結果的に王国の衰退につながっていった．［渡邊佳成］

参考文献
［1］石井米雄・桜井由躬雄編『東南アジア史1 大陸部』山川出版社，1999
［2］大野 徹『謎の仏教王国パガン』NHKブックス，2002
［3］Moore, E. H., *Early Landscapes of Myanmar*, River Books, 2007

マラッカ海峡の歴史的都市群

2008年，マラッカとペナンの旧市街地がユネスコの世界文化遺産に登録され，これがマレーシア最初の世界遺産となった．正式名称を「マラッカ海峡の歴史的都市：ムラカ（マラッカ）とジョージ・タウン（Melaka and George Town, Historic Cities of the Straits of Malacca）」といい，当初は同じようにマラッカ海峡に面するシンガポールとプーケットの歴史的市街地も含めることが検討された．マレーシア観光・文化省国家遺産局が全体の申請手続きの調整を行う中で，シンガポールとプーケットとでは同じ文化財的価値を共有できないとして共同申請を断念した．

●世界文化遺産の評価点　世界遺産の10の基準に照らし合わせて，基準Ⅱ（人類の長期にわたる文化交流を示すもの），基準Ⅲ（現存するあるいは消滅してしまった伝統や文明の比類なき証拠となるもの），基準Ⅳ（人類のある重要な時代を示す建築や景観）において高く評価された．すなわち，マラッカ海峡の港町は数百年にわたり東西交易の拠点となり，マレー，中国，インド，イスラーム，ヨーロッパ他からの文化が混在融合し，それらは色濃く建物や景観に現れている．世界文化遺産地区は保存対象のコアと，準保存のバッファーから構成され，後者は周囲に広がる非保存地区との景観的断絶を補うとともに，今後のコア地区への移行が期待されている．

マラッカ海峡は古くから東西交易ルートの要所で，シュリーヴィジャヤ王国やムラカ王国の庇護のもとで東西の商人たちがその港市に集まるようになった．16世紀に入り西洋諸国が商業活動に参入すると，木造建築が占める伝統的な港市の姿は一変し，彼らは海に向けて要塞を構え，また組積造で倉庫や家屋を建て，アジア系住民を近傍に住まわせていった．このムラカとジョージ・タウンではこのような植民地都市の面影が構造物と生活様式に強く残されている．

●ムラカ遺産区域　ムラカのコアはムラカ川の両岸に跨（また）がり，東岸は歴代の権力施設があったところで，ムラカ王国時代の王宮が博物館として復原され，また，ポルトガル支配時代のサンチャゴ砦やセント・ポール教会，そしてオランダ支配時代のスタダイス（政庁）やキリスト教会などが現存している．一方，西岸には歴史的市街地が広がり，街路に面して，住居，店舗，宿屋，作業場などの多目的に使用されるショップハウスが軒を並べ，また，街区の中ほどにはヒンドゥー寺院，モスク，道教寺院，墓廟などの宗教施設が点在する．2008年当初のコア面積は38.62haであったのに対して，2011年の登録見直しでは45.3haへと微増しただけだったが，バッファーは134.03haから242.8haへと2倍近くに増大した．これは，鄭和の来訪伝説をもつ三宝廟と華人墓地となっている広大なブキット・

チナ（中国丘）と，交易港の重要な構成要素であるムラカ河口域を付け加えたからである．

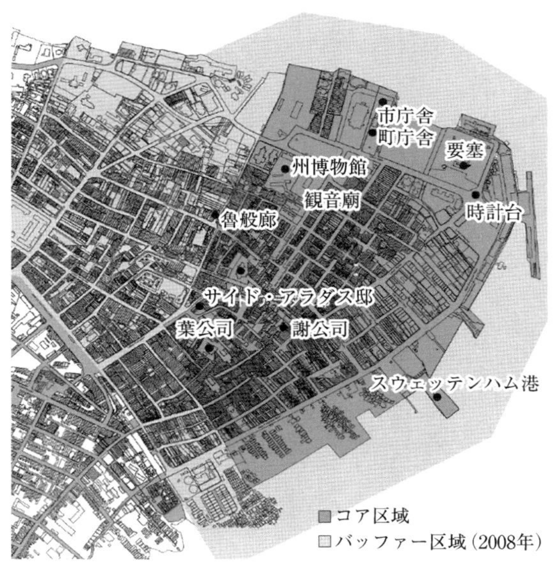

図1　ジョージ·タウン世界遺産区域

バッファーを含むムラカの世界文化遺産は州政府出資の世界遺産事務所が管理し，新築から増改築までの建築確認，修理の技術指導，現状建物の監視と指導を行っている．クアラルンプール国際空港から車で2時間，シンガポールから車で3時間という位置にあるために，短期滞在観光客を相手にした開発の圧力が強い．そのため，多くのショップハウスが土産物屋や骨董品屋に改装されてしまい，ムラカに根付いた多民族文化をまもり，見せるという趣旨からは外れる傾向にある．世界遺産管理ガイドラインの遵守は管理事務所の監視と指導によるのではなく，建築史研究者や保存建築家の支援を受けながら，地域住民と資本家がみずからの責務とするシステムづくりが必要であろう．

●ジョージ・タウン遺産地区　ジョージ・タウンはペナン島東端部の地名で，18世紀末，英国東インド会社の私貿易商だったF. ライトがケダ王から島の租借を受け，ここに要塞と市街地を築いた．およそ世界遺産のコア区域に重なり，ムラカの同地区の約2倍にあたる109.38haを占める．北側に要塞，広場，役所が並び，南側には商売と生活のための市街地が格子状に広がる．英国植民地時代，シンガポールほど開発の圧力がなく，また，第2次世界大戦後，賃貸統制法によって開発が抑えられ，多民族住民の住環境がそのまま残る希有の例である．バッファー区域はコア区域を取り囲むように設定されており，150.04haを占める．特にペナン通りが走る西側一帯が広くなっており，20世紀初頭，この通り沿いはホテル，映画館，デパートなどが建設され，商業娯楽の中心地であった．

マレー半島の華人にとってジョージ・タウンは故郷であり，1970年代からペナン・ヘリテージ・トラストが歴史文化の掘り起こしと保存運動を始めた．世界遺産申請をリードするとともに，世界遺産登録後は同管理事務所と協力しながら，維持管理のための啓蒙活動を積極的に進めている．　［泉田英雄］

キナバル自然公園

キナバル自然公園は，ボルネオ島北部，マレーシア・サバ州内で自然保護などを管轄する団体サバ・パークスが管理する自然公園の一つである．1964年に国立公園として設置され，2000年にはユネスコ世界遺産に指定された．ボルネオ島の最高峰であるキナバル山（マレー語ではGunung Kinabalu，海抜4095m）を中心に7万5370haを有している．同公園は，その裾野に広がる世界でも有数の豊かで多様な生態系を抱えていることを特徴とする．キナバル自然公園はサバの西海岸のラナウ地区内にあるクロッカー・レンジに位置する．公園本部は海抜1520mの地点にあり，サバ州の州都であるコタキナバルから約88kmの距離にある．公園本部にはキナバルの自然に関する博物館，世界遺産であることを示す記念碑，さらに現地の多様な植物を集めた植物園や宿泊・休憩施設などを備えている．

●歴史的背景　キナバル公園とキナバル山が位置するボルネオ島北部西海岸は，16世紀以降には主にブルネイ王国の緩やかな影響下にあった．ボルネオ島北部では沿岸部にはサマ（ないしバジャウ）人，イラヌン人などのマレー系の海の民であるムスリムの漁民や交易民が暮らし，一方で内陸部にはカダザン・ドゥスン人とよばれる農耕民が暮らしてきた．キナバル山はカダザン・ドゥスン人らから伝統的に聖なる山として崇拝の対象とされてきた．19世紀以降は同地域には北ボルネオ勅許会社などを通じて主として英国による植民地統治が進んだ．

現在のサバ州の州都コタキナバルもその名をキナバル山に由来するとされている．キナバルの語源には諸説あり，完全には一致していないが，一つの俗説では「華人の未亡人」を意味するという説がある．この説は，その昔，この山に棲む竜が守るとされる真珠を得ようと何人もの華人が挑戦しては命を落としたという伝説に由来する．しかし，より一般的にはドゥスン語で（霊魂に関係する）大きな玉石ないし山を意味するnabalu，あるいはaki nabalu「死者の休む場所」（akiは祖先ないし祖父などをさす）に由来するという説が有力である．いずれにしても現地のドゥスン人はキナバル山を先祖ないし死者の霊の安息の地として神聖視してきた．特にキナバル山の西部に位置するトゥアラン地区に住む多様なカダザン・ドゥスン人のコミュニティにおいてはキナバル山は伝統的な歌や民話・伝説などでしばしば言及され，概してキナバル山は死者の霊魂が宿る土地とされてきた．現在でも同地域では人が死ぬことを「キナバル山に登る」というイディオムで表現する．以前は登山に際して，キナバル山に宿るとされる霊魂をなだめるための儀礼が現地出身のガイドらによって実施されることもあった．その場合には家禽を供儀し，卵やベテルナッツ（ビンロウ *Areca catechu*）その他の供物を供えた．

図1　キナバル山

キナバル山が近代的なスポーツ登山の対象となるのは19世紀の英国人による植民地統治以降である．キナバル山への西洋人の関心は1800年代の初期にまでさかのぼる．記録に残っている最初の登頂はヒュー・ローによるもので，彼は1851年にキナバル山への登頂に成功した．同山の山頂のローズピークの呼称は彼の名に由来している．これ以降も動植物の標本採取を含む科学的探検・学術調査などの目的でキナバル山や周辺地域への西洋人による探検や登山が繰り返し試みられてきた．

その後，キナバル山周辺を含む北ボルネオ西岸は，第2次世界大戦中の短い日本占領期と，戦後の英国による直接の植民地統治を経て，1963年には隣接するサラワク州とともにサバ州としてマレーシア連邦に編入され，この時期以降，キナバル山周辺も自然公園としての制度的・組織的な整備が進んだ．キナバル山周辺が公園として指定されるのは北ボルネオがマレーシア連邦に編入された翌年の1964年であった．

●キナバル自然公園の近況　1965年には，キナバル山への登山者700人を含む879人が公園を訪問したことが知られている．1975年には2126人の登山者を含む7086人へと約10倍に訪問者数は増加した．1994年には公園への訪問者は，2万9574人の登山者を含む20万907人にまでさらに増加した．2009年には25万人以上の訪問者を記録し，うち5万人が山頂まで到達するなど，近年，キナバル自然公園への訪問者は大幅に増加の傾向にある．

キナバル山はマレーシア国内ではもちろんのこと，ヒマラヤからニューギニア西部の間における最高峰であるが，世界でも最も多様性の高い地域の一つでもあり，このためキナバル公園は保護の対象とされている．キナバル公園内での高低差は152mから4095mに及び，熱帯雨林の低地と丘陵地そして高山の植生に大別される．同公園は，世界最大の花とされるラフレシアや食虫植物ウツボカズラをはじめとする希少な植物を含む多様な植物の宝庫でもある．こうした植物の一部は，現地のドゥスン人社会では伝統的な薬用植物としても利用されてきた．

同公園周辺には，少なくともボルネオ島全体の植物種の少なくとも半分以上が存在するとされる．またボルネオ島の鳥類，ほ乳類，両生類の種の半分近く，爬虫類の3分の2近くが同公園内に生息すると推定されている．　［床呂郁哉］

シンガポール植物園
――シンガポールまちづくりの聖地

1859年英国植民地に設立されたシンガポール植物園は，建国50周年の2015年シンガポールで初めてユネスコ世界遺産に登録された．現在，敷地は63.7haあり，ブキ・ティマ，セントラル，タングリンの3地区で構成される．シンガポール植物園だけでなく，シンガポール全土の緑を管理する国立公園局本部も敷地内にあり，国立蘭植物園以外は無料で，開かれている．熱帯植物園という教育・研究機関としての役割だけでなく，ジョギングやピクニックなど憩いの公共公園の顔をあわせもつ．そして，世界遺産としての価値を保全しながら，新しい多様なコンセプトの庭や公園が1995年の国立蘭植物園開園以降，次々につくられ，森が遷移するような変化が感じられる．過去と現代が重層し，保全と開発が織りなす美しく魅力的な風景は，シンガポール150余年の歴史を示す一断面である．

●数奇な歴史　現在のシンガポール植物園はオーチャードロード北西端のシンガポール中心部に広がるが，T. S. ラッフルズがフォートカニングにナツメグのとれるニクズクやクローブを植えたのが嚆矢である．1822年から1823年に訪星した東インド会社コルカタ植物園監督官のN. ウォーリッチの影響を受け，ラッフルズは植物学的かつ実験的な植物園へと改修したが，ラッフルズ没後，1829年に植物園は廃止された．

19世紀，シンガポールの原生林は中国人移民によって，タンニンの原料であるガンビールや胡椒といった換金作物へ開墾された．実際，植物園もガンビール農園で，食用澱粉を得るためのサゴヤシが2本今でも植物園に残っている．ただし幸運にもすべての原生林が失われたわけではない．1859年，農業園芸協会は6つのジャングルを含むタングリン地区22haにシンガポール植物園を創設した．現在，レインフォレストとよばれる原生林は，その貴重なジャングルの一部である．その土地は，農業園芸協会会員で，19世紀のシンガポールにおいて大きな影響力を有しワンポアとよばれた実業家フー・アー・カイの寄付による．1960年，L. ニーベンが監督官として雇われ，すぐにガンビール農園後の二次植生を除去し，芝生を植え，緩やかな園路をつくり，園内の最も高い丘を野外音楽場とする英国式風景庭園に改修した．1879年，41haまで拡大した植物園に，ニーベンの後にキューガーデンから招かれたJ. マートンはエコノミックガーデンをつくる．それは経済的に，コーヒー，サトウキビ，ゴムノキといった植物がシンガポールやアジア熱帯地域で栽培できるかという研究・実験を行う植物園であった．

植物園の発展期を支え，足跡を残したのは初代園長H. N. リドリー（1888～1912年），第3・6代園長R. E. ホルタム（1925～42，1946～49年），副園長E. J.

H. コーナー（1929～45年）であろう．ブラジルからキューガーデンへ持ち込まれたゴムは，スリランカを経てシンガポール植物園へ渡ってきた．リドリーは，ゴム栽培をシンガポールで成功させ，木を傷つけることなく大量のゴムを採取する方法を開発し，自動車産業の発展とともに，東南アジアのゴム産業の礎を築いた．シンガポールの国花はラン（バンダ・ミス・ジョアキム）であるが，ホルタムはランの人工交配を始め，ラン栽培を輸出産業まで高めた．リドリーもホルタムも，植物園での研究と実験を産業創生と連関させ，国や地域のあり方を変える影響を及ぼした．コーナーも優れた植物研究者であったが，彼の業績は日本統治下（1942～45年）で昭南植物園となった際，日本軍へ嘆願し，火山・地質学者の田中館秀三と協力し，植物園と博物館の保全に成功したことである．その後，徳川義親侯爵が総長になり，戦時下にもかかわらず研究機関としての活動は継続された．そして戦後，植物園は英国へと戻り，シンガポール建国によって，国の大切な宝となった．

図1　現在のシンガポール植物園

●園内にある歴史的建造物　園内には44本の保護樹木のほかに，植物園の歴史を担ってきた人びとや活動を表象する保存建築が点在している．現在，歴史資料館であるバーキルホール（1868年），フレンチレストランとして活用され，ブラック&ホワイトとよばれるシンガポール特有のバンガロースタイルのE. J. H. コーナーハウス（1910年），現在ヘリテージ・ミュージアムで，シンガポールでは珍しいエドワード様式建築のホルタムホール（1921年），1860～61年に整備された野外音楽ステージに建つバンドスタンド（1930年）などがその代表例である．

●シンガポール都市計画の象徴としての植物園　国土すべてが都市計画によってつくられたシンガポールで，ガーデン・シティは建国当初からのコンセプトである．1967年，リー・クアンユー首相（当時）はガーデン・シティ運動の先頭に立ち，熱心に植樹を行ったが，その苗木の大半はシンガポール植物園から提供された．それ以来，植樹された木々は，国立公園局によってすべてデータ管理されている．今日，都市計画はシティ・イン・ア・ガーデンへと発展し，公園の中に暮らす都市を目指している．清潔・安全で緑豊かというClean & Greenに加えBlue，水が重要なテーマであり，飲料水の確保から親水空間まで都市政策の要諦となっている．そして，水と緑の豊かな環境づくりはシンガポール版生物多様性への試金石であり，その範で核となるのがシンガポール植物園なのである．　［木下　光］

参考文献

［1］Taylor, N., & Davis, A., *A Walk through History: A Guide to the Singapore Botanic Gardens*, National Parks Board Singapore Botanic Gardens, 2015

スマトラ熱帯雨林

☞「プランテーション」p.276

スマトラ島は北西から南東へ約1900kmと長く，中央部を赤道が横切る．島を縦断する脊梁山脈には，標高3805mのクリンチ山を最高峰として，標高2000m級の山々が点在し，そのいくつかは活火山である．島の西側は急斜面の山地とわずかな平地で構成されるのに対し，東側には低地帯が広がる．こうした特徴ある地形に熱帯性気候や豊富な降水量が加わることでさまざまなタイプの熱帯林が成立し，動植物層の中には固有種・希少種もいる．また，安息香や樟脳，籐などの林産物の宝庫でもあり，古い時代から交易品として採取され，一部地域には狩猟採集を生業としてきた少数民が暮らす．スマトラでは多様な生態系と人びとの暮らしが育まれてきた一方で，近年では森林減少が世界で最も深刻に進行している．

●進む森林開発　スマトラ島では，農地や居住空間の拡大，木材伐採といった人間活動のため，1980年代初頭までに火山土壌帯や沖積土壌帯にあった低地林の約7割が消失した．一方，比較的手つかずに近いかたちで残されたのが脊梁山脈の山地林と東岸域の泥炭湿地林である．熱帯泥炭地は，高温多湿という条件下で，倒木や落葉・落枝といった植物遺体が腐敗しないままに堆積して形成されたものであり，その上に成立するのが泥炭湿地林だ．スマトラは世界最大の熱帯泥炭地を有し，人間が利用しにくい条件にあったことで開発を逃れた．しかし，1980年代になると，ここにも開発の波が押し寄せる．特に泥炭湿地林では，大企業によりパルプ用材となる早生樹の一斉造林が進んだ．泥炭地開発は森林破壊や生物多様性消失を招くだけではなく，温室効果ガスのもととなる炭素を大量に排出し，地球温暖化も促す．泥炭地開発は，水路を掘って湿地内の水分を排出し，泥炭地を乾燥させることから始まるが，泥炭は酸素に触れると分解が始まり，二酸化炭素が排出されるのだ．1997年に京都で開催された気候変動枠組み条約締約国会議で温室効果ガスの排出削減が議論されると，炭素の貯蔵庫といえる泥炭地は一気に注目を集めた．また，乾燥した泥炭地では火災が発生しやすい．いったん引火した泥炭は地中で燃え広がり，地上からの消火が難しくなる．そして，火災からの煙は，マラッカ海峡を越えてマレーシアやシンガポールにも及び，ヘイズ（煙害）として国際問題ともなっている．

●遺産としての熱帯雨林　進展する森林消失にインドネシア政府や国際社会は手をこまねいていたわけではない．スマトラ島には計10の国立公園が制定されている．このうち脊梁山脈に位置する三つは，生物多様性保全を目的する「スマトラ熱帯雨林遺産」として，2004年にユネスコの世界自然遺産に東南アジアで初めて認定された．とはいえ，違法伐採や密猟のために，2011年には「危機にさらされている世界遺産リスト」に加えられている．また，泥炭湿地林の広がるリアウ州東岸部では，2009年にユネスコの「人間と生物圏」プログラムのもとで，ギアム・シアク・クチル-ブキット・バトゥ地区の森林とその周辺が生物圏保全区として認定された．ここで特筆すべきは，この生物圏保全区の設立を民間企業が主導してきた，という点である．この民間企業はこの地域一帯でパルプ用材の人工造林を進めてきたが，その過程で天然林の違法伐採や地域住民との土地紛争，泥炭地の大規模開発などを招いてきた．これを国際NGOなどが強く非難し，商品のボイコットまで起きた．そこで，この企業は方向転換をはかり，州政府や州林業省，インドネシア科学院などと連携し，生物圏保全区の認定に向けて動き出したのである．熱帯林保全を前面に出すことで，それまでのネガティブなイメージを払拭しようとしているともいえる．

●森林保全と在地社会　このようにみると，熱帯雨林の保全は政府や国際機関などが主導となって進められてきたようにみえる．とはいえ，在地社会で受け継がれてきた森林の利用慣習をみると，そこにも保全の形がみえる．例えばリアウ州中部の内陸部では，オオミツバチ（*Apis dorsata*）が営巣する大木はシアランとよばれ，聖なる木として護られてきた（図1）．森林開発の過程で外部者との間に土地紛争が生じると，地域住民はシアランの木をシンボルとして土地に対するみずからの権利の正当性を主張することもあった．しかし，2000年代以降，地域住民の間でアブラヤシ栽培がブームとなり，人びとの暮らしが伝統的焼畑や林産物採集から離れると，シアランの木が伐採・売却され，農地として開墾された事例もある．このように，今日では在地社会の慣習的な森林利用は，暮らしの変化とともに後退しつつある．一方，自然環境・歴史・文化といった地域固有の資源を活かしながら地域振興をはかる取組みに，エコツーリズムがある．そこでは，外部者のみが地域資源の魅力を享受するという一方向のものではなく，ツアーを通じて地域住民も地域資源の価値を再認識し，地域住民と外部者の相互関係を通じて地域の価値や魅力が創造されることを理想とする．国際社会の基準や政治的駆け引きにより熱帯雨林の価値付けが進む中で，そこにいかに地域住民の視点と主体的かかわりを引き込むかが鍵となる．　［増田和也］

図1　水田とアブラヤシ大農園に囲まれて残るシアランの木

📖 参考文献
［1］百瀬邦泰『熱帯雨林を観る』講談社，2003
［2］川井秀一他編『熱帯バイオマス社会の再生—インドネシアの泥炭湿地から』京都大学学術出版会，2012

ボロブドゥール遺跡群

図1　東側から見た全景．自然の丘の上に築造

インドネシアのジャワ島中部にあるボロブドゥール（Borobudur）は，東南アジアの3大遺跡の一つとして名前をよく知られている．この8世紀の遺跡は，単独の建造物としては世界最大の仏教遺跡である．

●概要　しかし普通イメージする仏教寺院とはまったく異なっている．内部に入れるような建物ではなく，頂上が平らな巨大なピラミッド形（一辺118m，高さ41m）を膨大な量の石材で組んだものである．何の空間もない内部は自然の丘の上に土を盛っており，このような仏教建造物は世界中どこにも同じものはない．

全体は3部分に分かれるが，下位の二重基壇と中位の回廊の四辺中央には上位に達する階段が設置されている．中位の回廊は5段に築かれ，それぞれ内側と外側壁に432個所の仏龕（ぶつがん）が設けられている．ブッダ坐像は各辺で異なった手の組み方を示し，それらが見おろす回廊の壁面は1460面のレリーフパネルで覆われる．レリーフの内容は下段からブッダの誕生から悟りを開くまでの話（仏伝），ブッダの前世での善行説話群（ジャータカ），そして善財童子の巡礼物語（華厳経入法界品）で構成されている．

平坦に近い上位は3段の円壇に72基の釣鐘状の小型ストゥーパを配置し，中央には巨大なストゥーパがある．格子状に石を積んで築かれた小型ストゥーパの中にはそれぞれ1基のブッダ坐像が入っているが，中央ストゥーパの中には存在しない．原始仏教のあり方を残すように，ここでの礼拝対象はあくまでブッダ坐像ではなくストゥーパなのである．中位各段のレリーフパネルを説教とともに見ることで，参拝者を上位のストゥーパに導き，そこで礼拝させるという設計になっている．

またボロブドゥールから2kmの直線上にパウォンとムンドゥという二つの石造寺院が並んでおり，ムンドゥの内部には石造三尊像が残っている．これらを含む遺跡群は，中部ジャワを支配していたシャイレーンドラ王朝が8世紀後半から半世紀以上の年月をかけて築いたものである．

●役割　航空写真で見ると，基壇と回廊は全体で7重の正方形に近い形になっているが，その内部に三重の上位円壇が配置されているのがよくわかる．これは密教でのブッダの世界を表すマンダラ図とほとんど同じである．また回廊第1段から4段までの東西南北各面，第5段の全面そして小型ストゥーパ内のブッダ像は両手の組み方の違いで6種類の異なったブッダを表しており，この相違も初期密教の考え方をより所にしている．

そのためボロブドゥールの基本的なあり方は大乗仏教から別れたばかりの密教の教義を表すモニュメントで，同じ時代の奈良東大寺，特に特異な建造物である頭塔(ずとう)との共通点も多い．しかしブッダ誕生から約1000年間，密教の成立までの舞台となったインド地域では，ボロブドゥールの原型を探すことはできない．釣鐘状ストゥーパの形はスリランカのものに近く，またブッダ像は北インドのものにかなり似るが，ピラミッド型構造全体の先例は見当たらないのである．一方，インドネシアでは仏教伝来以前に山岳信仰にかかわる巨石文化の階段状土製ピラミッドが築かれている．また，少し遅れた時期のボロブドゥールに似た階段状ピラミッド型構造の基壇をもつ仏教建造物は，大陸部東南アジアでいくつも建てられている．

そのためボロブドゥールの原型は，東南アジア在来の山岳信仰に関係する先史時代ピラミッドと考えられている．豊富なレリーフにはインドにはない高床建物やオーストロネシア語族特有のアウトリガー船などインドとは無関係の描写が多いが，仏教伝来以前と思われるピラミッド状建造物自体も描かれている．

●保存　19世紀初めに再発見された時ボロブドゥールは，噴火した火山灰に由来する土に覆われていた．それを取り除いて百年を経ると直接スコールを浴びることでの浸水状況により石組に大きな歪みが生まれ，最初の修復を20世紀の初めにオランダ植民地政府が行った．そしてさらに半世紀過ぎて，すべての石を外して積み直すことでの，根本的な修復がユネスコによってなされた．

しかし地元のインドネシアでは仏教徒の多くは15世紀頃にはイスラームに改宗しており，現在宗教的な意味でのボロブドゥール参拝者は皆無に近い．一方，特に外国人を対象とする観光化は急速に進み，そこから生じる社会的な歪みによって，1991年の世界文化遺産登録にもかかわらず，何回も反政府勢力による爆破計画の対象になってしまった．現在世界最大のムスリム人口をもつインドネシアに，世界最大の仏跡があるという矛盾した状態になっている．それだけにボロブドゥールの今後の良好な保存には，インドネシア社会の安定が最も必要とされている．

［坂井　隆］

参考文献

［1］伊東照司・田枝幹宏『ボロブドール遺跡めぐり』とんぼの本，新潮社，1992

バリ州の文化的景観

2012年，バリ島の棚田，その水源とされる湖および稲作や水の信仰にかかわる寺院群が，「バリ州の文化的景観：トリ・ヒタ・カラナの哲学を表現したスバック・システム」の名で，バリ州初の世界遺産に登録された．スバックとは，灌漑用水を管理し，水を公平に分け合うことを目的とした農民による水利組合であり，用水路の整備にくわえ，作付けの時期や回数，稲の種類などの管理も行う．島内には約1200のスバックがあるとされ，なかには1000年以上の歴史をもつものもあるという．このシステムは，効率的かつ民主的なバリの農耕を支えている．またスバックは，水や稲を司る神々を祀る寺をもち，メンバーは，共に農耕儀礼を実施する．水入れ，田植え，稲刈りといった農作業の各節目で，祈りや供物を捧げるのである．このように，スバックは，食料生産だけでなく，信仰とも深くかかわるものであり，人と人，人と自然，人と神々の間の調和を重んじるバリ・ヒンドゥー教のトリ・ヒタ・カラナの哲学を体現する存在と位置付けられた．

世界遺産に登録された具体的なサイトは5つあり，合計で約2万haを占める．それぞれを簡単に紹介しよう．①ウルン・ダヌ・バトゥール寺院．水を司る女神デウィ・ウルン・ダヌを祀る寺院である．②バトゥール湖．ウルン・ダヌ・バトゥール寺院が守護する湖であり，すべての泉や川の源と信じられている．③ペクリサン川流域のスバック景観．聖水の泉のあるティルタ・ウンプル寺院が含まれている．④バトゥカル山保護地区スバックの景観．広大な棚田の風景が広がるジャティ・ルウィ村を含む．⑤タマン・アユン寺院．ムングイ王国の王家が建てた美しい寺院で，周囲に水が張り巡らされ，その水は近隣の農地を潤す．

●バリと農業　愛媛県ほどの面積の小さな火山島であるバリでは，農地に適した土地が限られているが，斜面を棚田として利用し，高い生産性を維持してきた．バリでは農業は観光業に次ぐ，主要な産業の一つである．農業の中でも稲作は，特に信仰と結びつく．母なる大地の神デウィ・プルティウィ，水の神デワ・ウィシュヌ，稲の神デウィ・スリなどは，特に稲作とかかわりが深い．かつては年に米を二期作とするか，あるいは年の半分を稲作に，もう半分を畑作にあてることが一般的であった．20世紀後半に生育の早い高収量品種が導入されると，三期作も可能となった．現在バリで食される米のほとんどはこの高収量品種である．なお，米は人びとの主食であり，またヒンドゥー教の供物づくりに欠かせない材料でもある．

●世界遺産化とジャティ・ルウィ村の現在　上述のように，5つのサイトが世界遺産となったが，そのうちバトゥール湖周辺とティルタ・ウンプル寺院，そしてタマン・アユン寺院は，登録前から既に人気の観光地であった．それに対し，主要観光ルートから外れたジャティ・ルウィは知名度が低かった．世界遺産登録を機に，最も注目度を上げたのは，このジャティ・ルウィであろう．

図1　ジャティ・ルウィの棚田の風景

世界遺産への登録を目指す動き自体，もともとジャティ・ルウィ村の棚田を中心としたものであった．バリの棚田の中でも，この村のそれは，規模の大きさ，そして今ではあまりみられなくなった在来種の赤米を生産し続けているという点に特徴がある．バリ島内に自然環境に配慮した持続可能な観光開発を目指す動きが生まれると，農村保全と観光開発の両立を掲げるジャティ・ルウィのプロジェクトが立ち上がる．2001年に一つのスバックが管理する棚田を対象として世界遺産への最初の申請が行われたが登録にはいたらなかった．その後いくつかの変更を経て，現在のように，対象の棚田の範囲を広げ，関連の寺院や湖を加え，トリ・ヒタ・カラナの哲学との結びつきを前面に押し出した形での申請となった．2008年には暫定リスト入りし，2012年に正式に登録された．

世界遺産への登録後，ジャティ・ルウィを訪れる観光客数は飛躍的に伸びた．多くは外国人であり，フランス人をはじめヨーロッパからの者が多い．レストランや土産物屋も建てられ，トレッキング・コースが複数用意されている．自主的にゴミ拾いをする観光客の姿も見られ，この地が高い環境意識をもつ者たちを惹きつけている様子もうかがえるが，そういった層に限らず，棚田風景を愛で，赤米を使用した伝統的料理を楽しむ多くの観光客が訪れる．一方で，観光収入の分配をめぐる対立や，観光優先の農業のあり方への葛藤，農地の保全に伴う土地利用の制限が引き起こすジレンマなどの問題が報告される[1]．観光地化とそれに伴う地価の上昇によって，多くの水田が失われ，人びとの農業離れも目立つ現代バリにおいて，農業と観光業の良い関係を探るジャティ・ルウィのケースは，上述の諸問題への対処法も含め，今後も注目を集めてゆくだろう．　［吉田ゆか子］

参考文献

［1］永野由紀子「世界遺産登録後のバリ島ジャティルイ村の変化—慣習村間の対立と『多元的集団構成』」『専修人間科学論集 社会学篇』，6(2)，pp.27-41, 2016

［2］井澤友美『バリと観光開発—民主化・地方分権化のインパクト』ナカニシヤ出版，2017

スルタン・オマール・アリ・サイフディン・モスク

☞「ブルネイ」p.36,「ブルネイの民族」p.142

ブルネイの観光資源といえば，首都バンダル・スリ・ブガワンからだと，橋が掛かる前はマレーシア・サラワク州リンバン地区を越えたテンブロン国立公園でのエコツーリズムや，ミレニアム APEC で王国の威信をかけて 7 年越しで建設された「7 つ星」エンパイアホテル（The Empire Hotel and Country Club），コンベンション参加のための国際コンベンションセンター（ICC）などが代表的だ.

マレーシアに囲まれたボルネオ島の一角，シンガポールの「隣国」で通貨も等価交換されるこの国は人口密度 70 人/km^2ほどで，もちろん都市国家などではないが，首都の中心はマリーナならぬ，ブルネイ湾からのブルネイ川が占めている.

ブルネイ発祥の地カンポンアイルは，現在でも 2 万人が暮らす水上集落で，通路が板張りで張り巡らされ，家々をつないでいる．住民は対岸に駐車する自家用車まで水上タクシーで渡って通勤する．水辺の裏庭ではテングザルが群れをなし，ボルネオ島の中でも容易にアニマルウォッチングを楽しめるポイントだ.

川縁には推定資産 4 兆円という国王の巨大な王宮があり，部屋数は 1800 室といわれている．4000 人収容のバンケットホールなど，目を見張る豪華絢爛さだ．ラマダン明けのオープンハウスでは，一般にも開放され，ブルネイにこんなに人がいたのかと思うほど混雑する.

●オールドモスク　こうしたウォーターフロントの支流クダヤン川から引かれた水辺にそびえるのが，スルターン・オマール・アリ・サイフディーン・モスクである．1958 年，28 代目スルタン，オマール・アリ・サイフディーン 3 世の命で建てられたブルネイのシンボルであり，東南アジアの中でも有数の歴史をもつイスラーム王国の一大シンボルである.

図 1　オールドモスク夜景

イタリアから招かれた建築家によって，大理石，水晶をはじめとする高価な輸入財，例えば金色に輝くドームはベニス製の金箔モザイク 350 万枚で覆われ，床壁のイタリア大理石，英国シャンデリアなど，建築物としても見所は多い．このモスクのミナレットの高さ 52m が，市内で建築物の基準になっており，これを超える建築は禁止されていた．水辺の儀式用の石造りのボートは，コーランの朗読が行われ，16世紀のマリガイ（王冠）を象っている．

礼拝でごったがえす金曜以外は観光客も見学できる．オールドモスクともよばれ，日本では単にオマール・アリ・サイフディン・モスクと紹介されることもある．

●ニューモスク　一方，ニューモスクとよばれるのがハッサナル・ボルキア・モスクである．ハッサナル・ボルキア国王の在位25年（1992年）を祝うため7年がかりで1994年に完成したブルネイ最大のモスクで，市内中心部から3km離れた繁華街ガドン地区にある．建設のため王より100億円以上が寄進され，最大収容人数は6000人を誇り，空調設備を完備し，ここで開催される主な宗教行事はテレビ中継される．29代目スルタンにちなんだ29の黄金のドームの屋根は，金箔をガラスで覆ったタイルが使用され，ライトアップ時には黄金がゆらめく．大規模モスクの観光はどこも同じだが，非ムスリム見学者は備え付けの黒いガウン着用が義務付けられている．

［舛谷 鋭］

図2　オールドモスク正面

図3　ニューモスク夜景

図4　モスクと見紛う王宮内部

📖 参考文献

［1］大河内 博『ブルネイでバドミントンばかりしていたら，なぜか王様と知り合いになった。』集英社インターナショナル，2014

［2］下元 豊『もっと知りたいブルネイ』弘文堂，1986

［3］竹田軍郁『観光開発の手法と実践―ブルネイ観光マスタープラン作成をモデルとして』創英社，2003

フィリピン・コルディィリェーラの棚田群

フィリピンの総人口の3〜4%を占め，かつては少数民族，現在では先住民とよばれる100近い民族グループがフィリピン各地の主に山地で暮らしている．その中で多くの人口を擁するのが，標高1000mを超える山々が連なる北ルソン中央部山地（コルディィリェーラ・セントラル地域）である．そこの6つの州（アブラ，アパヤオ，ベンゲット，カリンガ，イフガオ，マウンテン）に，それぞれ集住地域をもつ7つの異なる民族（イバロイ，カンカナイ，カリンガ，イスネグ，イフガオ，イカラハン，ボントック）が住み分けて共存し，地域の人口は172万人（2015年）である．棚田群は各民族が耕作し広く散在する．

●北ルソン山地の先住民として　かつてはアニミズムの世界観に基づく宗教・儀礼実践を行っていたが，現在ではほとんどが洗礼を受けてキリスト教徒となっている．一方1997年に先住民権利法（Indigenous Peoples' Rights Act：IPRA）が成立したことに象徴されるように，先住民としての自己認識と権利主張が積極的になされるようになってきている．近年，海外にまで出稼ぎに出るチャンスが増え，それで得た収入によっていったんは衰微した祖先祭祀や伝統儀礼を復活させ盛大に祝うようになってきている．

コルディィリェーラの中心であるバギオ市は，米国植民地時代の初期に建設された標高1000mほどの高原都市である．そこに近いベンゲット州では，20世紀初頭に同市へのアクセス道路の建設に従事した数千人の日本人労働者の一部が工事終了後も残り，多くが野菜栽培に従事した．その技術を受け継ぎ高原の冷涼な気候を活かして，同州では野菜の栽培が盛んである．が，それ以外の各州の民族は，伝統的な生業である棚田耕作と補助的に移動焼畑を今も続けている．地域全体の棚田の畦道の総延長は2万kmに達するといわれている．

棚田は各州に広く散在し，コルディィリェーラ地域の特徴的な景観をつくり出している．その中で，とりわけ壮麗な棚田が多く存在するのはイフガオ州である．イフガオは民族と言語の名称でもあり，約20万人の人口を擁する．同州の5つの地区の棚田が，1995年にユネスコの世界文化遺産として登録された．それらは，バナウエ郡のバタッド村とバガアン村，マヨヤオ郡セントラル地区，キアンガン郡ナガカダン村，そしてフンドゥアン郡のいくつかの棚田群である．2001年には，棚田の荒廃や管理体制の不備などの理由により，いったんは危機遺産リストに登録されたが，中央・地方政府と内外のNGOの尽力，そして住民自身の保全努力が実を結び，2012年に登録から外された．フンドゥアン郡一帯は，アジア太平洋戦争の末期に比島派遣・第14方面軍司令官の山下奉文将軍が日本軍の主力部隊を率いて立てこもった地区であり（1945 年 6～9 月），それを攻撃する米軍の砲弾が棚田壁を破壊・崩落した跡が小さな藪となって今も残っている．

●世界遺産になったイフガオの棚田

またイフガオに代表される壮麗な棚田は，フィリピンが誇りうる固有の文化伝統の証であり，国民に共有されるべき国家の誇りとなっている．例えば 1991 年に発行された最高額紙幣の 1000 ペソ札の裏面のデザインは，左半分にイフガオ・バナウエの棚田が描かれている．2010 年に全紙幣のデザインが一新された際には，バナウエの棚田は最小額紙幣の 20 ペソの裏面のデザインへと居場所を移したが，その理由は，庶民の日常生活で最も使われる紙幣を通して国民の誇りをおのずと意識させるためという．

図 1　フィリピン政府観光局の宣伝ポスター．バナウエの棚田を背景に，民族衣装を着て機織りをするグロリア・アロヨ大統領（2001～10 年）

フィリピンでは計 6 件の世界遺産が登録されているが，イフガオの棚田だけが固有土着の文化伝統を体現している．ほかの 2 件の文化遺産はスペイン植民地支配期の建造物（バロック様式教会群，ビガン歴史都市），3 件は自然遺産（パラワン島西方南シナ海のトゥバタハ岩礁自然公園，パラワン島プエルト・プリンセサ地底河川国立公園，ミンダナオ島東ダバオ州のハミギタン山域野生生物保護区）である．イフガオの棚田の造成は，壁面を石垣で築く方法と泥壁で固める方法がある．棚田観光のための拠点となるバナウエ町周辺の棚田が観光ポスターなどにも使われて最も有名であるが，そこの壁面は泥壁である．イフガオ州の全体で石垣の棚田は 30％ほどだが，世界遺産のフンドゥアン郡・ハパオ村では 95％以上である．

棚田は急傾斜の山腹斜面につくられ，機械や役牛を使わずに人力で耕作をするため，多大な労働力の投入が必要である．若者たちが重労働を嫌い，後継者の問題が深刻になっている．イフガオの棚田は，その上方斜面の森（ピヌゴまたはモヨン）と一体化して保有，維持管理，相続されるのが特徴である．ピヌゴの森は，急斜面の地滑りや表土流出を防ぎ，その下に広がる棚田や灌漑用の水路を守る役割を果たしている．ピヌゴは私有林であり，その所有形態は，特定個人によるもののほか，きょうだい（姉妹も可）や親子による共有などがある．　［清水 展］

📖 参考文献

[1] 清水 展『草の根グローバリゼーション―世界遺産棚田村の文化実践と生活戦略』京都大学学術出版会，2013

フィリピンのバロック様式教会群

現在（2017 年 9 月），フィリピンには文化遺産 3，自然遺産 3 の計 6 か所が世界遺産として登録されているが，バロック様式教会群は 4 つの教会，すなわちサン・アグスティン教会，パオアイ教会，サンタ・マリア教会，ミアガオ教会よりなり，1993 年にフィリピンで最も初期に登録された文化遺産である．

図 1　パオアイ教会

●フィリピンの植民地化と教会建設

フィリピンのキリスト教化は植民地化と並行してすすめられていった．1521 年，マゼランが到達したことでセブ島にキリスト教がもたらされたが，その後ミゲル・ロペス・デ・レガスピがスペイン国王フェリペ 2 世の命を受けセブを征服したのが 1565 年だった．その後レガスピはフィリピン諸島を完全に掌握するため北進し，1571 年にはマニラを征して植民地の中心地とした．これとあいまって，アウグスティノ会，フランシスコ会，ドミニコ会，イエズス会，レコレクト会の 5 修道会はフィリピンのキリスト教化に注力し，特に植民地化の初期に中心的な役割を担ったアウグスティノ会は教会建設に力を入れた．

折しもヨーロッパでは，ルネサンス様式の後にバロック様式建築が起こっていた．華美・壮麗を特徴とするバロック建築は，植民地においても宗主国の権力やカトリック教会の権威を顕示するのに都合よく用いられたのである．もっとも，ヨーロッパにおけるバロック様式がそのまま適用されたのではなく，17〜18 世紀に起こった地震を受けて改築される際に，より低層を広くとり重厚な側壁面をバットレス（控え壁）で補強するといった工法が考案された．このような工夫が当時すでに定着していた中国人職工の技術協力も得て「地震のバロック」とよばれる独特の歴史的建築として成熟していったのである．

4 教会の概要は以下のとおりである．まずサン・アグスティン教会はマニラのイントラムロス内にあり，正式には「サン・アグスティンの『無原罪の御宿り』教会（The Church of the Immaculate Conception of San Agustín）」と称する．最初のニパ椰子による建設がレガスピのマニラ到来と同年の 1571 年，その後の火災による消失を経て現在の石造りの聖堂が完成したのは 1607 年であった．イントラムロスとはレガスピが植民地統治のために整備したマニラ最古の地区であり，「壁の内側」を意味する．もう一つのサン・アグスティン教会（The Paoay Church of San Agustín）はイロコス・ノルテ州パオアイ町に位置する．パオアイは1686年よりアウグスティノ会による独立教区となり，1710年に聖堂が完成した．サンタ・マリア教会の正式名称は「被昇天の聖母教会（The Church of Nuestra Señora de la Asuncion in Santa Maria)」であり，イロコス・スル州サンタ・マリア町に位置する．1999年に世界文化遺産登録されたビガン歴史地区に最も近い教会として，観光ツアーが組まれることもある．聖堂は1765年建築，ベルタワーは1810年の完成である．そして一つだけビサヤ地方パナイ島にあるサント・トマス・デ・ビリャヌエバ教会（The Church of Santo Tomas de Villanueva）は，アウグスティノ会の独立教区としてイロイロ州ミアガオ町に1787年，約10年の歳月をかけて建設された．その当時，この地域では南部よりムスリムの侵入に悩まされていたため，外壁を要塞としても用いたというビサヤの地域的特徴を反映している．

●世界遺産をめぐる文化政策・文化行政　世界遺産に登録されるためには「顕著な普遍的価値」を有することを認められる必要があり，それは世界遺産委員会が定めた10の登録基準のうち複数を満たしていることを要件とする．バロック様式教会群の場合，次の二つの基準を満たしていると判断された．

①建築，科学技術，記念碑，都市計画，景観設計の発展に重要な影響を与えた，ある期間にわたる価値観の交流またはある文化圏内での価値観の交流を示すものである．

②歴史上の重要な段階を物語る建築物，その集合体，科学技術の集合体，あるいは景観を代表する顕著な見本である．

世界遺産委員会への暫定リストの提出は，フィリピンの場合，文化芸術国家委員会（NCCA）が行う．この委員会は法的に規定されたフィリピン国内の文化遺産を保護することを目的としており，国の文化財の等級分類に従って，第1級の中から世界遺産へ推薦する．フィリピンの文化政策は1985年の「世界遺産条約」，2006年の「無形文化遺産の保護に関する条約」などに基づき，NCAAを中心として国立博物館など他の国立機関と協力のもと文化遺産保護にも積極的に取り組んでいる．現在，バロック様式教会群の拡張申請も暫定リストにあげられ準備中である．

［川田牧人］

参考文献

［1］文化遺産国際協力コンソーシアム 2014『平成24年度協力相手国調査フィリピン共和国調査報告書』（文化遺産国際協力コンソーシアム事務局）

［2］UNESCO World Heritage Centre（https://worldheritagesite.xyz/baroque-churches-of-the-philippines/），世界遺産オンライン（http://bunka.nii.ac.jp/special_content/h_13_2D）

第12章
新しい時代の流れ

世界地図に目を落とすと，東南アジアは，欧州から東アジアに抜ける陸のシルクロードの南端，アラビア半島からインド洋を横切ってインドシナ半島に達する海のシルクロードの東端に位置することがみてとれる．すなわち，さまざまな人，モノ，価値などが歴史を通じて交錯し，多様な文化が発達しやすい場所であることがわかる．しかし，東西交易の要衝となる港市を多く抱え，地政学的にも重要な位置にある東南アジアは，次第に欧米列強の草刈り場ともなり，そのほぼ全域が植民地と化していく．第2次世界大戦後の東南アジアの歴史とは，その反動として，被支配の過去から脱却し，新たな国民意識と国民文化をつくり上げていくプロセスの中にあったともいえる．現在このプロセスは，加速化するグローバル化の流れとも重なり合う中で，さらに多様な人の流れ，現象，価値，そして生き様を生み出しつつある．本章は，こうした動態と新たな時代の幕開けを象徴する諸事象を切り出し，それらの交錯の中に東南アジアの今後を展望することを企図している．

［綾部真雄］

ASEAN 共同体

図１　ASEANの旗

2015 年 11 月 22 日，クアラルンプールに ASEAN10 か国の首脳が集まり，ASEAN 共同体（AC）の発足宣言に調印した．同年 12 月 31 日，AC は初代議長にマレーシアのナジブ首相を迎え，「ASEAN 経済共同体（AEC）」「ASEAN 政治安全保障共同体（APSC）」「ASEAN 社会文化共同体（ASCC）」の三つを柱として正式に発足した．AC は，6 億人を大きく上回る人口と 300 兆円規模の域内総生産をもち，潜在的な伸び代の大きさと地政学的な重要性からも，その動向を世界が注視している．物品，サービス，投資などの国境を越えた自由化が予定通りに進展すれば，近い将来，AC が欧州連合（EU）に匹敵する総生産を達成する可能性もあり，世界経済の新たな牽引役となることが期待される．しかし，発足から一定の時間が経った現在，すでに域内格差や国による方向性の違いが浮き彫りになりつつある．その帰趨は，域内の国家間の関係はもとより，隣接するほかの政治・経済圏との関係にも大きく左右されるため，舵取りも一筋縄ではいかない．

● ASEAN 共同体への軌跡　AC の構想自体は，ASEAN 諸国の間ですでに 1997 年時点にはまとまっていた．このとき，「ASEAN ビジョン 2020」において，2020 年までに AC を発足させるという方針が示される．2003 年 10 月には，第 9 回 ASEAN 首脳会議において「ASEAN 第 2 協和宣言」（バリ・コンコードⅡ）が出され，AC を 2020 年に発足させることを改めて正式に合意した上で，先の AEC，ASC（ASEAN 安全保障共同体，現 APSC），ASCC を三つの柱として運営していくことが決定される．その後 2007 年には，AC の発足を 5 年間前倒しして 2015 年とすることを「セブ宣言」で合意し，同年，新たに ASEAN 憲章（2008 年発効）を採択してもいる．こうして 2015 年，AC は無事に船出を迎えるが，この段階での発足は見切り発車に近いものであった．AEC，APSC，ASCC の内，一定の実効性を伴ってスタートしたのは AEC（ASEAN 経済共同体）のみであり，政治・安全保障面，社会・文化面の真の意味での共同体化に関しては，今後の展開を待たなければならない．

● AEC ブループリント 2025　AEC については，2007 年に発表された「AEC ブループリント 2015」を刷新する形で，2015 年に「AEC ブループリント 2025」が発表された．そこでは，①高度に統合された経済，②競争力があり，革新的でダイナミックな ASEAN，③連結性強化と部門別協力，④強靭で包括的，人間思考・人間中心的な ASEAN，⑤グローバルな ASEAN，が 2025 年までの達成目標としてうたわれている[2]．例えば，「高度に統合された経済」を実現するためには，モノの流れの双方向性を促すための関税の撤廃が最低条件となるが，その努力は，2010年（2009年署名）に発効したASEAN物品貿易協定（ATIGA）のもとで積極的に進められてきた．ASEANの先発6か国（タイ，インドネシア，マレーシア，フィリピン，ブルネイ，シンガポール）に限れば，2015年のAEC発足時点ですでに99%を超える域内関税撤廃率を達成しており，すでに90%を超えているCLMV諸国（カンボジア，ラオス，ミャンマー，ベトナム）についても，一部を除くほぼすべての品目についての2018年中の撤廃を視野に入れている．他方，非関税障壁（数量制限，検査基準の厳格性など）および労働力や資本の移動に伴う障壁の撤廃については，進展があまりみられない．なかなか埋まらない域内格差がこれを妨げている．大陸部東南アジアでは特にそうした傾向が顕著である．例えばタイは，ミャンマーやラオスからの非正規移民の流入に長年苦慮しており，労働移動の障壁を本格的になくす決断にはなかなか踏み切れずにいる．

●ステークホルダーとしての中国　先発6か国とCLMV諸国との経済格差は，時間はかかるもののいずれ解消に向かうであろう．現在ASEANの共同体としての統合に波紋を投げかけているのは，むしろ中国の存在である．中国は，一帯一路構想の一環として，地続きの大陸部東南アジアに橋頭堡（きょうとうほ）を築くために，ASEANの中で最も低いGDPしかもたない2国でもあるカンボジアとラオスへの積極的な投資を続けてきており，それが功を奏している．2016年6月に中国が南シナ海島嶼領有権をめぐるハーグの国際仲裁裁判で敗訴した際，カンボジアは判決に先んじて中国を支持する声明を発表し，提訴当事者のフィリピンや対中関係が芳しくないベトナムを怒らせた．その直後に，中国がカンボジアに対して2億4000万ドルの借款供与を表明したのは象徴的である．一方，提訴当事者のフィリピンはその後親中に転じ，南シナ海に中国が造成した人工島周辺で米国が主導した「航行の自由」作戦には参加しない旨を表明した．このように，中国との接し方には国によって温度差があり，ACは共同体としての一貫したスタンスをもてずにいる．

●アジア太平洋地域のハブとして　ACは，日本，韓国，中国，インド，そしてオセアニア諸国（オーストラリア，ニュージーランドなど）の中間に位置し，アジア太平洋地域の経済的なハブになる大きな可能性を秘めている．他方，その立地ゆえに，隣接諸地域からさまざまな干渉を受ける立場にもある．みずからに資する方向にその力学を制御できることが望ましいが，まずは域内の資源配分をうまく調整し，スムーズに政治的合意を導くシステムを生み出すのが先決のようである．［綾部真雄］

📖 参考文献

［1］白石　隆「ASEAN共同体と東南アジア」GRIPS（政策研究大学院大学）（2016年4月19日掲載開始）（http://www3.grips.ac.jp/~esp/）

［2］加賀美充洋「AECのブループリント」『バンコク日本人商工会議所 所報』662, pp.49-57, 2017

SEA Games

☞「セパタクロー」p.494

SEA Games（東南アジア競技大会，South East Asian Games）は，SEAGF（東南アジア競技連盟，South East Asian Games Federation）が主催する東南アジア最大規模のスポーツイベントのひとつである．一般的には，英語表記の略称「SEA Games」の名で知られる．開催理念は，東南アジア地域の協調，相互理解，関係を促進することとされている．通常，大会はブルネイ，カンボジア，インドネシア，ラオス，マレーシア，ミャンマー，フィリピン，シンガポール，タイ，ベトナムという ASEAN 加盟 10 か国に，東ティモールを加えた 11 か国で行われている．原則として，2 年に 1 度，オリンピアード競技大会（通称：夏季オリンピック）とアジア競技大会の間の奇数年に開催される．なお，同時開催で行われる，障がい者を対象とした競技大会は ASEAN Para Games とよばれており，近年では SEA Games に対しても ASEAN Games という名称を使用する人がいる．

● SEA Gamesの沿革　タイのバンコクで開催された 1959 年の第 1 回大会から 1975 年の第 8 回大会までは SEAP Games（東南アジア半島競技大会，South East Asia Peninsular Games）として行われていた．開催地の選定には，オリンピック競技大会のような立候補制ではなく，原則としてアルファベット順の持ち回り制が採用されている．しかし，ビルマで行われた第 2 回ラングーン大会から始まったこの制度は，開催国であったカンボジアが参加自体を見送った第 3 回大会に続き，第 4 回大会の開催国であったラオスが経済事情から辞退し，マレーシアに変更されるなど，当初から困難続きであった．1975 年の第 8 回大会は，共産主義革命の影響でラオス，カンボジア，南ベトナムが大会から退き，ビルマ，マレーシア，シンガポール，タイだけで行われた．そうした中，1977 年の第 9 回大会は，かねてより参加が熱望されていたブルネイ，インドネシア，フィリピンの参加が実現し，これ以降，大会の名称も SEA Games に変更した．

● SEA Gamesの目的　SEA Games の目的の一つは，東南アジアのスポーツのレベルを引き上げることである．東南アジアの若い才能がオリンピック競技大会やアジア競技大会に向けて力を試す場になっている．一方で，第 3 回大会から採用されているセパタクローのように，その時々の開催国の得意競技が大会の競技種目に名を連ねており，それがこの大会を東南アジア独自のものにしてもいる．例えば，2013 年，ネピドーで開催された第 27 回大会では，ミャンマーの民族スポーツである「チンロン」が行われた．SEA Games は東南アジア諸国のスポーツの競技力の向上と同時に，各国の伝統スポーツの振興にも寄与している．

大会のもう一つの目的は，東南アジアの連帯を築くことである．東西冷戦体制が崩壊した1990年代以降，その理想と実態が噛み合い始めている．SEA Games構想の立役者とされるのは，タイのスクムナヤプラディットという人物だが，当時のタイ陸上競技チームのコーチをしていた米国人，D. ディッチャーが彼の構想を支持したとされる．米国は民主主義の理念をスポーツによって拡大する試みを，20世紀初頭のフィリピンや第2次世界大戦後の日本ですでに行っていた．まして当時のインドシナ半島は，その時代を覆い始めた東西冷戦体制の主戦場になろうとしていた．SEA Gamesは目前に迫る共産主義の脅威に対する防波堤とみなされたといわれている．

●成長するSEA Games　2017年の第29回クアラルンプール大会には4885人のアスリートが参加し，38競技404種目の中から総計1332個のメダルを争った．参加人数は第1回大会の約800人からその6倍にまで増加してきている．大会中は連日，参加各国のメディアが自国の試合結果を伝え，チケットを購入した観戦者が各地の試合会場を賑わせた（図1）．マレーシアの建国60周年と重なったこの第29回大会の開幕式では，およそ8万5000人の入場者が，10万人規模のブキット・ジャリル国立競技場を埋めつくした．また，大会のボランティアにおよそ2万人の市民が公募されたという（図2）．

図1　第29回クアラルンプール大会で女子セパタクローのタイ代表の応援に駆けつけたタイのファン

図2　第29回クアラルンプール大会を支える市民ボランティアたち

スポーツは言葉の障壁を越えて文化の異なる人びとの連帯意識を生み出すことがある．設立から半世紀を過ぎた現在，SEA Gamesはそうした東南アジア諸国協調の約束を確認する場であると同時に，その開催国にとってはみずからの威信をかけて臨む晴れの舞台でもある．リージョナリズムとナショナリズムの微妙な緊張関係を内包しながら発展するSEA Gamesは，東南アジアの政治，文化，経済の今を映す格好の鏡といえるだろう．

［小木曽航平］

参考文献

[1] Creak, S., *Embodied Nation: Sports, Masculinity, and the Making of Modern Laos*, University of Hawaii Press, 2015
[2] ヒューブナー，S.『スポーツがつくったアジア』高嶋 航・冨田幸祐訳，一色出版，2017

イスラーム世界の中の東南アジア

☞「イスラームの到来」p.68,「イスラーム」p.216,「ムスリムファッション」p.546

島嶼部を中心に広がる東南アジアのムスリム社会は，伝播の時期や信仰形態，また聖地（メッカ）との物理的距離から，長らくイスラーム世界の「周辺」と位置付けられてきた．しかし，近代化による科学技術の発展や今日のグローバリズムを契機として「中心」との時間的・心理的距離は，着実に縮まってきた．すなわち，中東地域を起源とする近代の汎イスラーム主義，1970年代に始まるイスラーム復興，9.11米国同時多発テロ（2001年）以降のテロリズム◀やIS（イスラム国）の影響など，イスラーム世界で生起する出来事との関連や連動といった同時代性の中で，今日の東南アジアのイスラームは展開している．

●交易がもたらしたイスラーム・科学技術がもたらしたイスラーム化　7世紀前半にアラビア半島のメッカで起こったイスラームは，ほぼ1世紀のうちに同半島全域から近隣地域へと，さらに10世紀頃までには，アフリカ大陸や中央アジアへと広がった．そして，アラビア半島やインド亜大陸と中国とをつなぐ海の道の中継地点として栄えた島嶼部東南アジアでは，13世紀末頃から16世紀頃にかけて，交易が盛んな港市とその覇権を握る諸王国の改宗を通じて徐々に浸透していった．ただし，スーフィー（イスラーム神秘主義）教団の商業活動を通じて布教がなされたことから，当該地域のイスラームは，インド文明を起源とするヒンドゥー・仏教的な習俗や精霊崇拝といった土着の慣行を残すものであった．

こうした歴史的背景からしばしば重層的と表現されてきた島嶼部東南アジアのイスラームは，一方で，近代化の過程で信仰形態の改革や純粋化を遂げてきた．まず，19世紀後半のスエズ運河開通と蒸気船の就航を契機として，メッカに赴くムスリムが大幅に増えた．その結果，当時のアラビア半島に普及していたワッハーブ派やエジプトで台頭し始めた近代主義的なイスラームの思想に触れるとともに，自社会の非イスラーム的要素を除こうとする活動が巡礼者を中心に生まれてくる．さらに，その後，1970年代に始まるイスラーム復興と同時期のジャンボジェット機の就航を契機に，島嶼部東南アジアからの大巡礼（ハッジ）の実践者が増加するとともに，今日ではより容易に聖地を訪れる小巡礼（ウムラ）を通じて，ますます多くのムスリムがメッカ巡礼を果たすようになった．

●イスラーム復興とベール化にみる信仰のあり方　1970年代の中東地域に始まるイスラーム復興，すなわち，ムスリムの生活のさまざまな側面でイスラーム的なものと認識される象徴や行為が顕在化する現象は，東南アジアの諸社会では，おおよそ1970年代後半から1980年代にかけて起こり始めた．その先駆けとなったのがエリート大学生による宣教活動であり，マレーシアやインドネシアでは，イラン革命やエジプトで興隆したムスリム同胞団のイデオロギーを支えた著作の翻訳・出版を通じて，その発端となった思想や背景が大衆に広められた．

このような東南アジアにおけるイスラームの影響力の増大を示す例として，ムスリマ（女性のムスリム）のベール化があげられる．マレーシアでは1980年代以降，また，インドネシアでは1980年代後半から1990年代にかけて，公共の場でベールを着用する者が増加してきた．だが，それは必ずしも信仰心の深化を意味するわけではない．例えば，インドネシアでは2000年代に入ると「カラフル」なベールが巷で売買されるようになり，今日では，ムスリマのファッション・ショーが開催されるなど，その審美性が追求されている．目と手足以外を覆うニカーブのような服装が普及するわけではなく，単なる「中東化」とは異なるイスラームのあり方が東南アジアではみられる．

●イスラーム社会のグローバル化とムスリムの生活世界　9.11米国同時多発テロは，世界を震撼させたと同時に，東南アジアのムスリムにとっても驚きをもって受け止められた．しかし，バリ島（2002年）とジャカルタ（2003年）で発生した爆弾テロ事件によって，インドネシアにおける過激派組織とアルカイーダとのつながり，さらには，一部のムスリムが共有する反欧米的な思想のグローバルなネットワークが東南アジア諸国にも及んでいる状況が明らかになった．加えて，近年では，フィリピン南部ミンダナオ島で勃発した戦闘（2017年5月）でISを支持するイスラーム系武装集団が市域を掌握するなど，東南アジアに暮らすムスリムとISとの関係が指摘されてもいる．ただし，諸国家が過激派の存在を強く警戒するとともに，現地に暮らす大多数のムスリムも暴力を伴う過激な思想に対しては否定的な意見を有している．また，大陸部東南アジアなど，ムスリムが少数派として暮らす地域におけるムスリムへの弾圧を危惧する声も高まっておりミャンマー国内で激化するロヒンギャ迫害（特に2012年以降）に対する抗議活動は世界各地のイスラーム社会でみられる．

イスラームのグローバリゼーションは，よりソフトな形で東南アジアのムスリムを包摂してもいる．今日では，衛星放送を通じて，中東地域のイスラームに関する番組や24時間ライブ中継される聖地の様子を視聴することが，世界中で可能となった．また，インターネットを通じて，世界のどこかで誰かが発信したファトワ（宗教令）を各地のムスリムが参照するなど，必ずしも最寄りのモスクで説かれるイスラームが「唯一の正しい知」というわけではなくなってきた．今日の東南アジアのムスリムは，グローバルに展開するイスラームの動向に片足をおきつつ，他方では，（世俗的な）国家の制度や枠組みを踏まえた上で，自己の信仰を問い直しながら，それぞれの日常を生きている．　［荒木 亮］

📖 参考文献

［1］床呂郁哉他編『東南アジアのイスラーム』東京外国語大学出版会，2012

域内移民・出稼ぎ

☞「家事労働」p.294,「出稼ぎ」p.306,「女性労働」p.532,「ディアスポラ」p.536

移民の一般的な意味は，労働を目的として本国からほかの国へ移住することである．移民というと，恒久的な移住というニュアンスがあるが，近年では労働契約による移民が増大傾向にあり，それらを含めて，「移民労働者」「国際移民」とよぶことが多い．一方，出稼ぎという語には季節的労働など，一時性が含意され，多くは地域的な移動労働をさすが，移民労働者とほぼ同じ意味で海外出稼ぎ労働者という用語法もある．世界的にみて移民の数は増加しており，国連統計（2015年）によれば，移民が世界人口に占める割合は3.2%，総数2億2400万人に及ぶ．

●域内移民　ASEAN諸国は国民総所得に応じ，高所得国シンガポール，ブルネイ，上位中所得国タイ，マレーシア，下位中所得国インドネシア，フィリピン，ベトナム，低所得国ミャンマー，カンボジア，ラオスに大別される．域内移民の流れは，所得の低い国から高い国へと向かう．シンガポール，ブルネイは移民を受け入れ，タイ，マレーシアは移民を受け入れかつ送り出し，インドネシア，フィリピン，ミャンマー，ベトナム，ラオス，カンボジアは移民を送り出している．

ASEAN諸国中，最大の移民供給国はフィリピンとインドネシアである．両国は政府が外貨獲得のために移民を奨励しており，移民中の女性比率が高いこと（移民の女性化）でも共通する．移民振興策がフィリピンでは1970年代に始まるのに対して，インドネシアでは1990年代に始まり，アジア通貨危機（1997～98年）以降移民が急増した．移住先は，インドネシアの場合，総数（約300万人）の約4割がマレーシア，シンガポール，ブルネイなどのASEAN諸国であるのに対し，フィリピン移民の場合，ASEAN諸国は総数（約550万人）の1割弱に過ぎず，むしろ米国，オーストラリア，カナダなど欧米諸国への移民の割合が高い．なお，インドネシアの移民の大半は中学卒業程度の未熟練労働者であるが，フィリピンの場合，看護師など専門職移民の占める割合が増加している．

ASEAN諸国の移民先は，ASEAN以外ではサウジアラビア，UAEなど中東諸国，そして香港，台湾など東アジア諸国である．中東諸国と比べて，移民労働者の人権保護が比較的進んでいることが，移民を香港・台湾に向かわせている．なお，域外への移民は海外派遣会社が介するなど組織化されているのに対し，域内におけるインドネシア，フィリピンからマレーシアへ，ミャンマー・ラオス・カンボジアからタイへの移民は，呼び寄せなどパーソナルなネットワークに基づく連鎖移住が多く，かつ不法移民の割合が高い．

●家事労働者と移民コミュニティ　移民の女性化の背景には，受入れ国における家事労働の担い手不足がある．中東諸国ではイスラーム的慣習による女性の行動範囲の制限，シンガポール，香港，台湾では，高齢化の進行と女性の社会進出が家事労働者の需要を高めている．なお，香港，台湾における家事労働者の受入れ条件は他国よりもよいといっても，2年任期，最低賃金制，有給休暇制度の履行は，雇用者の判断次第の場合が多く，家事労働者は依然弱い立場にある．こうした状況に対して，香港では，現地のNGOや労働者団体の支援を受け，フィリピンやインドネシアの女性労働者による移民労働者組合が結成され，地位改善を求める活動が進められている．

図1　香港特別行政区のインドネシア領事館前で地位改善を訴えるインドネシアの女性労働者たち

香港のインドネシア移民人口は約16万8000人（2016年），その約95%が女性家事労働者である．家事労働者は住み込みのため外出も不自由で閉塞的な生活を強いられる場合が多い．一方，日曜の公園には多くの家事労働者が集まる．香港島のヴィクトリア公園はその代表例で，そこでは同郷会，舞踊や文学サークルの集会，コーラン朗誦会，労働組合の勧誘など多様な活動が繰り広げられ，家事労働者のアイデンティティ表出の場にもなる．こうした移民の集会・活動は，インドネシア移民に限らず，また香港だけに特有な現象でもない．むしろ移民社会を特徴付ける風景の一つになっている．

●出稼ぎ　出稼ぎは近代以前の社会でも見出された．インドネシア語で出稼ぎ（ムランタウ）は，高原で暮すミナンカバウの男たちが仕事を求めて「沿岸部」（ランタウ）へ向かったことに語源をもつ．伝統的社会では，若者の出稼ぎが自立能力を獲得するための通過儀礼としての意味を担うこともあった．しかし今日の出稼ぎは，その多くが近代的産業の中に組み込まれている．出稼ぎの目的地も国内国外の別を問われない．村落部の男女が大挙して遠隔地の工場に送り込まれる場合もあれば，個人が人材募集に応じて機械生産工場の契約労働者となる場合もある．

移民・出稼ぎは，特殊技能も高学歴もない者にとって，まとまった資金を獲得する手近な手段である．海外送金により，家族の学費や新築費用に充当する移民は少なくないし，最近では，資本力をもつ帰還移民に起業者としての役割を期待する地域社会の例もある．受入れ国のみならず送り出す側にとっても，移民は今後も重要な社会経済的役割を担い続けるだろう．　［伊藤　眞］

📖 参考文献

［1］カースルズ，S.・ミラー，M.J.『国際移民の時代　第4版』関根政美・関根 薫監訳，名古屋大学出版会，2011
［2］伊豫谷登士翁編『移動から場所を問う―現代移民研究の課題』有信堂高文社，2007

SNS が拓く世界

東南アジアにおける携帯電話やタブレットといったモバイル端末の普及は著しく，ソーシャルメディア・コンサルティング企業「We Are Social」が発表している調査報告「Digital in 2016」によれば2016年時点で，モバイル端末の普及率はベトナム152%，シンガポール145%をはじめとし，人口比100%を超える国がほとんどになっている．モバイル端末からのSNS（ソーシャル・ネットワーキング・サービス）のアクティブユーザー数も比較的多く，シンガポール，マレーシア，タイでは人口比50%を超える．

● SNS を活用したマーケティングに強い東南アジア　パソコンの所有割合が比較的低く，インターネットユーザーの大部分がモバイル端末からアクセスしているといわれる東南アジアにおけるSNSの利用実態は，世界中の企業から，ソーシャル・コマース（social commerce）すなわち，SNSと電子商取引を組み合わせて販売を促進するマーケティング手法の観点での注目度が高い．日常のあらゆる局面において，東南アジアの人びとは特に，知人からの口コミや個人間のコミュニケーションを重視する傾向があることは以前から知られていた．それに加え，モバイル端末の利用割合が多いということは，アプリケーション（アプリ）が主流のソーシャル・コマースの影響をより受けやすいということである．多くの企業がSNSを用いたマーケティングに積極的に取り組んでいるのもうなずける．

各国それぞれに，SNSの利用年齢層，人気のあるアプリには，特徴がみられるが，メッセンジャーとしての利便性もあり，FacebookとLINEの二つは，共通して各国の大きなシェアを占めている．以前は，津波や洪水といった自然災害時に利用者数を伸ばしたTwitterも多く利用されていたが，2010年代後半頃からは上記二つのアプリを，写真特化型のInstagramが追い上げている形だ．自社のウェブサイトをもたず，FacebookページやLINEアカウントのみを構築している企業も多い．インターネット利用者のほとんどがSNSを利用しているので，自社のウェブサイトをつくるよりも簡単で，アクセス数も多いためである．

宗教的な理由などから，マスメディア上での広告に規制が厳しい国もあることから，東南アジアではネット広告に代わるものとして，SNSによる企業や商品のPRが早くから活用されてきた．また露店商など個人事業主も多く，SNSを通じた商品の売買も定着が早かった．リスティング広告やバナー広告といった旧来の広告表示が，広告ブロック機能の普及により十分な効果を発揮できなくなってきた現在では，世界的にSNSの影響力への注目が高まり，結果的に東南アジアはソーシャル・コマース活用の先進国となっている．

●政府が活用するシンガポールと軍事政権が監視するタイ　政府による情報化政策が推進される国もある．特にシンガポール政府は，1980年代から情報化，情報技術専門家の育成を推進してきた．その結果，現在では国連の「電子政府発展度指標（EGDI）」でもランキング上位を占めるICT先進国となっている．2013年よりCubeという政府機関職員専用のSNSが使われており，組織横断的な人的交流，連携の推進，意見交換，知識共有を促してきた．2017年には，米国のFacebook社が提供する企業向けのSNS，Workplaceが，このCubeに替わって導入され，一国の政府がWorkplaceを採用した初の例として話題になった．また，シンガポール警察でも，早くからSNSを導入し，治安の安定強化に活用している．2009年から運用が始まったFacebookページでは，日頃から住民の興味を引きつけるトピックを掲載し続けることでファンを増やしつつ，公開捜査に関する情報を掲示して，地域住民に情報提供を呼びかけている．実際にFacebookからの情報提供が事件解決に結びついた例も少なくない．

その一方で，公務員によるSNS利用が規制される国もある．タイでは，2012年に内務省が，職員による勤務中のSNS使用を禁止するという発表をした．当時，職場からのSNSアクセス数の多さが問題視されるなど，国民全体のSNS依存を懸念する風潮もあったためだと考えられる．しかしその後，2014年のクーデター以降の軍事政権は，別の理由から国民のSNS利用を制限し始めた．政権批判や反クーデターを煽動する投稿の取締りである．2015年には再び，内務省地方行政局が，地方公務員が政府機関の情報端末を使って，SNSに加え私的なメールアドレスを利用することを禁じる通達を出した．市の職員が就業中にSNSに王室を批判する写真とコメントを掲載したことがその理由だとされている．軍政は，公務員だけでなく全国民のSNSの投稿を厳しく監視しており，軍政や王室を批判するコメントを書き込んだ，ないしはそれらの投稿に同調する反応をした人物を，扇動罪，不敬罪の容疑で逮捕，禁錮刑に処する例が相次いでいる．

●利用法のローカル化と言語的影響　政府の取組みや規制にかかわらず，SNSの使い方は各国で独自の発達をしている．タイ語，クメール語，ヒンディー語など，固有の文字を用いる言語では，テンキーからタッチパネルへの移行により電子端末の文字入力が格段に効率化された．以前はテキストメッセージにはローマ字や英語を使う者もいたが，現在はその必要はなくなった．口語で省略が多い言語では，SNS上でもスタンプが多用される傾向があるという説など，SNSの利用方法と言語的特徴は相関をもつことが指摘されている．AppleとGoogleは米国のミャンマーに対する経済制裁の解除を受け，これまでサポートしていなかったミャンマー語のフォントも搭載するようになった．ICTの発達によるグローバル化が指摘される昨今ではあるが，今後はむしろローカル化も注目される．

［小川絵美子］

東南アジアにおける中国のプレゼンスの増大

1950年代の中国の東南アジアとの関係は，開発途上国とのアジア・アフリカ外交と，社会主義国との外交から説明できる．中国のアジア・アフリカ外交はバンドン会議として，社会主義外交は北ベトナムへの支援として現れた．だが，1960年代になると，9.30事件後にインドネシアとの関係が悪化し，1967年に結成されたASEANは反共同盟としての性格も有していた．また1960年代に中ソ対立が激化すると，ベトナム戦争終結をめぐって，ソビエト連邦（ソ連）と関係が深い(北)ベトナムと中国の関係が悪化した．この時期，東南アジアの華僑は排華運動に直面したり，中国と台湾との間の板挟みになったりしたが，中国への帰国，他所への移動，あるいは現地社会への定着を選択した．1970年代末には中越（中国・ベトナム）戦争が勃発し，その後もカンボジアをめぐり両国は鋭く対立した．だが，1980年代以降，中国は改革開放政策のもとで対外協調を進め，1989年の天安門事件後，1990年にシンガポール，1992年にブルネイと国交を正常化した．また1989年に冷戦が終焉し，ソ連が1990年代初頭に解体，さらに1991年に懸案のカンボジア和平が成立したこともあり，中国はベトナムなどインドシナの社会主義諸国との関係を改善した．このように，中国は1990年代半ばまでに東南アジア諸国と国交をもち，関係改善をはかった．1994年にはシンガポールの蘇州への投資プロジェクトが決まり，「蘇州工業パーク」が開かれた．

●1990年代後半の中国-ASEAN協力　1990年代初頭にすでにメコン（GMS）開発協力に参加していた中国は，1995年にベトナムがASEANに加盟し，1997年にアジア通貨危機が生じると，地域協力の重要性を認識して対ASEAN協力を強化し，同年末にはクアラルンプールでASEAN＋中国の首脳会談が開かれた．また，中国は雲南省や広西チワン族自治区などの国内辺縁地域の開発を進めるべく，2000年から西部大開発を進め，大陸部東南アジア諸国との国境貿易や国境地域開発を行った．2000年から2001年には，中国-ASEAN間で包括的協力の進展がみられ，10年以内の自由貿易区形成が約された．なお，年間10%以上の比率で中国-ASEAN間の貿易額は増大し，人的往来も活発になった．

1990年代には中国は基本的に経済関係強化を重視し，地域協力にも積極的であった．だが，中国は国連海洋法条約発効を視野に1990年代初頭に領海法を定め，他方，在フィリピン米軍が撤退すると，南シナ海での活動を活発化させて1995年にフィリピンに近いミスチーフ礁を占領していた．

●東アジア地域協力と中国の「台頭」　21世紀に入ると東南アジア経済は成長を続けたが，中国もそれ以上の躍進を遂げ，その対外姿勢も大きく変化した．2002

年，中国はASEAN諸国との南シナ海行動宣言（DOC）を発し，領土問題を棚上げして地域協力を優先した．同年に成立した胡錦濤政権は，対外政策の面でも経済優先の政策を維持した．中国は，2003年に東南アジア友好協力条約（TAC）の最初の域外加盟国となり，翌2004年には中国-ASEAN FTAが締結され翌年には関税引下げが始まり，同年には広西チワン族自治区の南寧で第1回中国-ASEAN博覧会が開催された．このように中国とASEANの協力関係は深化したが，2006年以降，中国はその対外政策を調整し，主権や安全保障も重視するようになった．2008年秋のリーマンショック以降，世界経済のけん引役を自認し，東南アジア各地でも大型の対外投資を行った．これと同時に中国から東南アジアへの観光客がビザ緩和などの影響もあって増大した．しかし，中国は南シナ海の南沙諸島などでの活動を強化して，領土や主権問題で譲歩しない姿勢を示すようになった．

●大国中国と東南アジア/ASEAN　胡錦濤政権末期から習近平政権の第1期にかけて，中国の対東南アジア/ASEAN政策は顕著な変化をみせ始めた．第1に，経済関係がいっそう密接になった．2015年には中国-ASEAN FTAのもとで例外品を除いて関税が全面的に撤廃された．10か国のうちブルネイとラオスを除くすべての国にとり中国が第1の貿易相手となった（IMF，2016年）．第2に，胡錦濤政権期には使用されていた韜光養晦（「経済重視の協調外交」の意）という語を習近平が使用しなくなったように，主権や安全保障面での行動を強硬化し，南シナ海行動宣言での棚上げ政策を修正して，島嶼での基地建設を進めた．第3に，また，一帯一路など新たな秩序形成に向かう中で，東南アジア諸国はその「実験場」として戦略要地となった．第4に，中国は東アジア地域包括的経済連携（RCEP）など経済協力を進め，またASEAN中心性を尊重するとしつつも，各国との二国間関係を強化している．中国は各国別の政策を政治経済だけでなく，社会文化面でも進め，各国で中国語学習熱が強まり，留学生の相互交流も盛んだ．

これらの結果，中国への対応をめぐりASEAN諸国間では，経済発展重視派が対中関係を重視し，安全保障や領土問題の重視派や世論が中国に敵対的になる傾向がみられる．2017年のPew Researchの調査（How people in Asia-Pacific view China）でも，インドネシアやフィリピンでは中国経済の発展を肯定的にみながら，軍事面では中国を警戒的にみている傾向があるが，ベトナムでは経済，軍事の双方で中国への警戒心が強い．目下，中国は東南アジアでの交通インフラだけでなく，自国衛星に基づくGPSサービスやキャッシュレス決済網を東南アジアに提供しようとするなど，社会生活全般への影響力を強めている．　［川島 真］

参考文献

［1］ Silver, L., "How people in Asia-Pacific view China" Pew Research Center, 2017（http://www.pewresearch.org/fact-tank/2017/10/16/how-people-in-asia-pacific-view-china/）（2018年2月10日）

春節の祝い

☞「東南アジアの華人」p.98,「華人系宗教」p.222,「華人の音楽芸能」p.486

中国の暦（いわゆる旧暦）で正月一日（旧正月）のことを春節という．太陽太陰暦に基づき農暦ともよばれるこの暦は，季節の進行と密接にかかわるものとされ，伝統的には年始にあたる元旦（あるいは中国社会で1年の締めくくりとされ，各家で竈神（かまど）を祀る冬至の日前後）から初めての満月を迎える正月十五日（元宵節）までの期間を通じて，新春の到来が祝われてきた．日本や朝鮮半島などの東アジアはもとより，歴史的に人や文化の往来の面で中国大陸と密接な関係にあった東南アジアにおいても，春節は重要な節日となっている．今日，中華系住民を多く抱えるシンガポール，マレーシア，ブルネイ，インドネシア（2003年から），フィリピン（2012年から）では，春節は「中国正月（Chinese New Year）」などの名で祝日となっている．タイでは春節は公休日ではないが，潮州系をはじめとする中華系住民が多く暮らしていることから，この時期街中は賑やかになる．また，長らく中華圏の影響下にあったベトナムでは，春節は「テト・グエン・ダン（元旦節）」として社会に根付いた節日として祝われている．

●「中国の」祝祭としての春節　中華圏の広がりの中で東・東南アジア各地で広く祝われてきた春節は，その意味で必ずしも「中国の」祝祭ではない．しかし，東南アジア各国が国民国家としての体制構築を進めた20世紀後半，国民統合上中華系住民をどう位置付けるか，冷戦構造下で中国とどう向き合うか，という課題が浮上する中，それらへの各国の対処のあり方と連動して，「中国（華人）の」要素が顕在化する春節の祝祭はしばしば政策に翻弄されることとなった．

例えばインドネシアでは，スハルト政権下で華人を中国の影響力から切り離しつつ，その存在を不可視化する諸施策（同化政策）がとられ，宗教的・慣習的な祝祭を含む中国由来と目された文化要素の公共の場での表出が禁じられた．この禁令（大統領令1967年第14号）は，スハルト政権崩壊後に対華人政策の見直しが進められる過程で，ワヒド大統領下の2000年になりようやく撤廃された．そしてそれを機に「華人文化」復興の機運が全国的に高まり，2003年には春節が新たに国民の祝日に制定され，華人街やモールは春節シーズンが到来するたびに赤を基調とする飾りつけや漢字の横断幕などで溢れるようになった．

このように春節が政策に左右される事態は，インドシナ半島を取り巻く国際情勢下で反華人政策がとられたヘン・サムリン政権下のカンボジアでもみられた．

なおインドネシアでは，19世紀末から大陸と連動する形で中華ナショナリズムが展開する中，西洋のキリスト教に匹敵するものとして孔子の教え（孔教）を華人の精神的支柱として再編する動きが生じた．その過程で，旧暦（インドネシア語で陰暦 imlek）は孔子紀年（孔子の生年とされる前 551 年を元年とする紀年法）と強く結びつくようになった．1930 年代以来，孔教はインドネシアの地で，唯一神＝天，預言者＝孔子，聖典＝四書などとする一神教を模した体系性を備えた宗教（agama）として独自の展開をみせ，スハルト体制下では活動の停滞をみるも，2000 年代には再び国家公認の宗教の一角に数えられるようになっている．その孔教を奉じる者にとって，新たに祝日化された春節は，ムハンマド昇天祭やクリスマス同様，孔教の，すなわち「宗教に基づく祭日」である．しかしそうした主張は，春節は孔教徒以外にも開かれた「華人の伝統文化行事」だとする見方や，特定の宗教・民族にも限定されない新たな季節の到来を祝う「普遍的な季節行事」だとする見方との間で，その位置付けをめぐり論争を引き起こしている．

●春節と人の移動 伝統的に春節は，華人社会にとっては家族・親族とともに過ごす重要な節日であり，これに伴い人の移動が起こってきた．19 世紀後半，中国南部の主要港と北米・東南アジアとの間の人の移動を統計的にみると，春節前の数か月に中国への入国が幾分増える傾向にあり，春節後の数か月には中国からの出国が顕著に伸びるという具合に，まさに春節を基点に中国と海外との間で人の移動の循環が形成されていた[1]．第 2 次世界大戦を経て東南アジア各地に国民国家が成立すると，中国との間の単純労働者の往来の波は事実上姿を消した．

東南アジア各国と中国大陸間の人の往来は，冷戦構造化ではいっそう制約された．また中国政府は，自国民の公務外の外国旅行を制限してきたが，改革開放後の 1980 年代に，香港・マカオに次いで東南アジア 3 か国への親族訪問を条件付きで許可したのを皮切りに，1990 年代にかけ徐々に渡航制限を緩和した．2000 年代に入ると，経済成長を遂げた中国から大量の旅行者が，春節，労働節，国慶節をピークに出国するようになった．例えば 2017 年の春節期間に中国を出国した旅行者は約 600 万人で，そのおよそ 3 割が東南アジア地域を目的地としたとされる．むろん春節期間は，中国のみならず東・東南アジア全体で観光客の往来が増えるシーズンである．そうしたインバウンド需要を見込み，東南アジア各地では近年，華人街や商業施設で春節行事のイベント化や商戦の過熱化がみられる．カリマンタン島西部の都市シンカワンで，2000 年代に復興した元宵節を祝う童乩（タンキー）（タトゥン）行列が，2010 年には「西カリマンタン州観光年」の目玉行事として空前の規模で開催されたのは，その一例である．折しもインドネシアでは 2000 年代に入り，かつて禁じられていた「華人文化」を積極的に表出する動きがみられるようになったが，長らく失われていた自文化を模索する動きと商業・観光の論理との間で，春節行事は年々スペクタクル化の度合いを増しているようである． ［津田浩司］

参考文献

［1］藤村是清「華僑の移動と春節―香港移民統計（1855-68 年）を中心に」『人間科学研究年報』5, pp.67-89, 2011

超大型ショッピングセンターと生活文化

広い吹き抜けに明るい照明，回廊沿いに立ち並ぶ流行のショップとフレンドリーに声をかけてくる店員たち――東南アジアの新興経済国を中心に次々と出現したショッピングセンター（SC）に一歩足を踏み入れると，一瞬，ここは日本かと錯覚を覚える．ドアが開かれた瞬間にひんやりとした人工的な涼しい風が出迎えてくれるSCは，高温多湿のこの地域における格好の避暑地である．

●都市部のモール化と小売業　東南アジアの多くの国では，小売部門での外資規制が依然として厳しいが，近年では徐々に緩和されてきている．例えば日本のイオングループは2014年以降，ベトナム，カンボジア，インドネシアでイオンモールの運営を開始し，店舗を増やしていっている．一方，タイやマレーシアなどの新興経済国では自国のデベロッパーによるSCの建設が進められている．

タイの首都バンコクでは近年，吹き抜けのある高層型のSCが都市部に次々と開業している．バンコク中心部に約55万km^2の売り場面積を有するタイ最大のSCであるセントラル・ワールドは，日本最大のSCである越谷イオン・レイクタウンよりもはるかに広い．世界各地で展開されるモール化の過程をみると，一般的には広面積のSCはリージョナル型SCとよばれ，郊外に建設されてきた．バンコクのような都市部で超大型SCが次々と出現する動向からは，このような従来の土地の利用方法とは異なった傾向がみられることがわかる．東南アジアのSCは一般的なSCと同様に，百貨店や総合スーパーなど，核となるテナントのほかに海外ブランドのブティックや飲食店，エステサロンやクリニック，映画館，また近年ではアイススケートのリンクなどが入居している．SCは単に人びとの消費文化を変化させるだけでなく，外資系の飲食店や新たなサービス業の形態を通して人びとが海外の文化や価値観に触れる場であるため，生活文化のあらゆる側面に変化をもたらすものである．

東南アジア都市部の小売形態と消費文化について想像するとき，おそらく生鮮食品や衣料品，雑貨を売る小規模店舗がひしめく賑やかな市場が思い起こされるだろう．市場では多くの場合，商品に値札は貼られておらず，購入は値段交渉のやり取りを伴う．同種の商品を売る店舗同士が隣接しており，それぞれの店は値段や品揃えで差別化しようとしておらず，店の選択には社会関係や人間関係が大きく影響することもある．市場がない街や村でも，俗にパパママストアとよばれる，夫婦とその家族あるいは1～2人の従業員だけで構成される小売業者が存在しており，加工食品や日用品を購入することができ，日々の生活を支える重要な存在となっている．東南アジア全体で徐々にSCが存在感を増す中で，小売業に占めるパパママストアや市場の割合は新興経済国を中心に減少傾向にあるが，これによる消費形態や生活文化の変化は必ずしも画一的なものではない．

●ショッピングセンターの出現に伴う影響の多様性　新興経済国では，核家族化が進み女性の就労率が高くなるにつれ，買い物時間の短縮が重要な要素となりつつある．市場での買い物は広い敷地内で何店舗も回り，その都度会計を行うため時間がかかる．そのため，休日に家族で郊外の巨大SCへ自家用車に乗って出かけ，映画館などでレジャーを楽しむ合間に，総合スーパーマーケットで数日分の買い物を済ませるというスタイルが，新中間層の間で徐々に普及しつつある．

一方で，東南アジアのSCは娯楽施設としての性質が強いとされ，必ずしも消費につながっていないことも指摘されてきた．リージョナル型の超大型SCの出現は社会のモータリゼーションを前提としているが，必ずしも車を所有し，購買意欲のある中間層以上の人びとだけがSCを訪れるわけではない．例えばフィリピンでは，市民の足となっているジープニーとよばれる乗合バスの運賃が安価であり，主要SCがルートに入っているため，休日には多くの人びとがぎゅうぎゅう詰めのジープニーに乗ってSCに向かう．必ずしも消費が目的ではなく，カフェや休憩所の椅子に座って新聞を読み，友人，家族でおしゃべりを楽しむという時間を過ごす場として用いられている．また，交通渋滞が深刻化する新興経済国では，パパママストアを含む伝統的小売業の形態が日常的な買い物を補完するため，両者は必ずしも排他的に存在しているわけではない．

一方，ラオスのような後発開発途上国では，都市部においても伝統的小売形態が依然として主流である．だが，そんなラオスでもモール化の影響をまったく受けていない訳ではない．首都ヴィエンチャンはタイとの国境に接しており，休日には多くの新中間層が国境を越えて直近の街ノーンカーイへ行き，総合スーパーマーケットのテスコ・ロータスが主要テナントとなっている大型SCアサワンで買い物をする．国境を越えると同時に，乗合タクシーの運転手たちが集まり，「ロータス，ロータス」と行き先を告げながら客引きをする．店内ではいたる所でラオス語が飛び交い，皆，慣れた様子で買い物カートを押していく．自己消費だけでなく，ここで買った商品を，ラオスへ持ち帰り販売するパパママストアやナイトマーケットの小売店も少なくない．

SCの出現は，消費者の生活文化を新たに形づくるだけでなく，そこで働く人びとの就労意識やサービス業のあり方をも規定する．カンボジアに登場したイオンモールでは，バックヤードに行く際には従業員用出入り口の前で振り返って客に一礼するように指導がなされている．マニュアル化された接客は，市場やパパママストアでのコミュニケーションとはまったく異なるものであり，客もまたこうしたサービスに応える，もしくは無視をするという都市的振る舞いを身につけていく．

［難波美芸］

変わりゆく国民文化

東南アジアの国々は，植民地化されなかったタイを除けば，欧米による植民地の領域分割から生まれ，それぞれの国境内部には多様な民族と文化が存在する．第2次世界大戦後の独立から，国語の教育を中心として国家の一員としてのアイデンティティをもった国民の形成が各国の重要な課題となっていた．とはいえ，今日では各国とも独立から半世紀以上が過ぎ，国民として生まれた人びとが大多数を占めるようになり，国民国家としての成熟度は今世紀に入って格段に進展した．東南アジア最大の人口と面積をもつインドネシアと，その反対に最小の都市国家シンガポールを取り上げ，相異なる国民文化とその変化についてみていきたい．

●インドネシア 国民文化には二つの方向性が認められる．一つは，インドネシアを構成する主要民族の文化の頂点を合わせたものが国民文化を構成するという考えである．ジャワの影絵芝居（ワヤン・クリット）やバティック（ろうけつ染め），バリの舞踊などがその代表例である．これらは今日ユネスコの無形文化遺産として世界的に認められている．もう一つの方向性は，国家統合の基盤となるような新しい文化を創造しようというものである．そのような国民文化の形成に最も大きな役割を果たしたのは学校教育制度である．独立当初は，日常のコミュニケーションのためにジャワ語やバリ語など，それぞれの地方の言語が普通に使用されていたが，子供たちは義務教育の中で国語であるインドネシア語（植民地体制下で整備されてきた標準マレー語を基礎とする言語）を学ぶようになった．インドネシア語が社会生活で広く使われるようになっただけでなく，2010年の国勢調査では家庭内でインドネシア語を使用する人の割合が19.9%に達した．

公的な教育制度を通して広まる建前の国民文化に対して，一般のインドネシア人にとってより本音に近い部分で楽しまれているのが，マスメディアとしての国民文化である．その第一歩は映画である．新たな国民文化を創出するという考えは，映画界のパイオニアであるウスマル・イスマイル監督が，1950年にインドネシア国民映画社（Perfini）という名称の映画会社を設立したことから明らかである．映画に続いて，1962年に開局したインドネシア共和国テレビ（TVRI）が，27年間も続いた国営放送独占体制のもとで，中央政府の意向にそった国民文化を普及させた．

1989年に初の民放局RCTIが開局して以降，インドネシアでは多局化が進んだが，当初はあくまで首都ジャカルタ発のテレビ番組が中心だった．1998年のスハルト退陣以降，政府による規制が緩和され，また2000年以降の順調な経済成長の結果，消費主義の拡大と軌を一にして，マスメディアが質的にも量的にも発展した．テレビ界では，東ジャワ州やバリ州という州単位や，さらに県単位のテレビ局が各地で放送を開始した．ジャワ語など地方語を放送で用いる地方テレビ局が急増し，地方独自の芸能文化などを発信するマスメディアが形成された．一方，2010年代に入り，インターネット環境が整備され，スマートフォンを使ってFacebookやInstagramなどソーシャルメディアにアクセスする人が急速に増えていった．趣味嗜好や政治的意見など多様なイシューごとに形成される無数のコミュニティがネット上に生まれた．このような変化の中で，「国民」という大きな単位ではなく，多様なレベルでより細分化し，流動化する枠組みで文化が議論されるようになってきた．ただし，これはインドネシア語を中心とする国民文化がすでにインドネシア社会にある程度定着したからこそ可能になった現象である．

●シンガポール　シンガポールは面積が719 km^{2}のミニ国家である．民族構成はマレー半島の外から来た移民の子孫が多いのが特徴である．マレー系が人口に占める割合はわずか13.3％で，華人系が74.3％で多数派民族であり，その他インド系が9.1％，それ以外が3.2％となっている（2015年）．そのため，国歌は国語であるマレー語で歌われるが，公用語の一つである英語が社会的に重要な役割を果たしている．学校教育では二言語政策が徹底される．英語が第1言語であり，マレー系の生徒は英語とマレー語，華人系は英語と華語（標準中国語），インド系は英語とタミル語を習得しなければいけない．政府は多数派である華人系のさまざまな方言（福建語や広東語など）や方言を用いた文化が前面に出ないように抑えつけ，英語を中心とする国民文化の創造を目指した．しかし，2015年に独立50周年を迎えたが，政府が意図したような国民文化は形成されなかった．

シンガポール文化が存在するかと質問されれば，疑問符がつくことになる．ただし，政府が提唱する公式の文化ではなく，シンガポール国民の実際の生活を考えると，シングリッシュという独特な英語をシンガポールらしい文化とよぶことができる．英語にマレー語や中国語の方言なども混じったハイブリッドな言語である．コーリン・ゴー監督の『シンガポール・ドリーム』（2006年）などの映画では，登場人物が使うシングリッシュや中国語方言が観客の共感をよんでいる．ただし，政府はシングリッシュを使ってはいけないというキャンペーンを進め，映画の公開に対しても言語面で規制を加えようとする[2]．今日にいたっても政府が提唱する国民文化と，国民が実際に楽しんでいる文化との乖離が大きいのがシンガポールの現状である．

［小池 誠］

📖 参考文献

［1］小池 誠『インドネシア―島々に織りこまれた歴史と文化』三修社，1998
［2］盛田 茂『シンガポールの光と影―この国の映画監督たち』インターブックス，2015

NGO

☞「先住民」p.96,「フェミニズム運動」p.508,「コミュニティ・ベースド・ツーリズム」p.562,「NGO のスタディツアー」p.564

「NGO」(non-governmental organization：非政府組織)と聞くと，日本では主に，国際協力を担う団体を思い起こすであろう．そのような側面は否定できないが，これは日本が「支援する側」に立つ場合が多いからである．一方で,「支援される側」の東南アジア諸国にもさまざまな活動を行う NGO がある．

● NGO の多様性　一口に NGO といっても，活動主体(企業家，宗教団体，海外ドナー，運動家など)や活動分野(農村開発，人権問題，女性問題，貧困問題，労働問題，環境問題，少数民族問題など)は多様である．非政府性(政府から自立している)や非営利性(利潤を目的としない)，他益性(他者の利益に資する)といった，NGO 一般の特徴を兼ね備えてはいるものの，東南アジア諸国にみる NGO の位置付けや国家との関係などを加味すれば,「東南アジアの NGO」と一言で語ることは難しい．しかしこの多様性こそが特徴でもある．

●国家との関係　NGO について言及する際，国家の存在に触れざるを得ない．「非政府組織」とはいえ，NGO の設置と活動は法律で規定されているためである．また，その多くがかつて植民地であった東南アジア諸国では，宗主国からの独立過程や民主化の時期と成熟度などによって，NGO の形成過程や活動内容が国ごとに大きく異なる．そのため，NGO が比較的自由に活動できる国もあれば，限定的な活動しか許されない国もある．

例えばフィリピンでは，1986 年に始まる民主化に NGO が関与した背景もあり，NGO 関係者が政府高官に登用され，NGO 自体も政治に積極的に参与している．しかし度重なる軍事クーデターを経験してきたタイでは，軍事政権にとってセンシティブな問題(人権や民主化)を扱う NGO は，その活動を制限されてきた．これはスハルト大統領による開発独裁政権が長く続いたインドネシアでも同様である．「非政府」が「反政府」と解釈されて政府に警戒されたこともあり，新政権が誕生するまで NGO の活動は法的規制や煩雑な手続きを通じて制限されていた．

また，権威主義的傾向の強い政治体制をもつマレーシアでは，NGO が国内治安を脅かす存在として厳しい監視と取締りの対象となってきた一方，マレー人優先政策の恩恵を享受できない非マレー人に対する貢献を認められてもきた．他方，アジア有数の経済先進国であるシンガポールでは，その経済力を背景とした高水準の社会サービスの提供や言論の規制を背景に，NGO の活動はそれほど活発ではない．NGO がおかれたこうした状況は，独立後の政治体制の違いや，それぞれの国が抱える固有の問題などが複雑に絡み合ったことに由来する．

●国際社会との関係　「非政府組織」とはいえ，国内NGOは政府との依存関係や対立関係の中で歩みを進めてきた．一方で，国際社会の存在も無視できない．ベトナムのように，海外NGOが活動するための受け皿として国内NGOが発達したケースもあるが，フィリピンでNGOが発達したのは，海外からの民間援助や政府開発援助（ODA）を背景としている．だが，国際社会の影響力は資金面だけではない．例えば，政府から警戒されながらもインドネシアでNGOが発達した背景には，国際社会から導入された開発思想がある．またマレーシアで人権や経済・社会問題を扱うNGOのリーダーには先進国で教育を受けたエリートが多い．つまり国内NGOとはいえ，理念や活動内容を共有する他国のNGOとの連携を積極的に進めており，国家を越えたネットワークの構築と協働が顕著である．

●概念の違い　日本ではNGOとNPO（non-profit organization：非営利団体）の区別があるように，国によってNGOの位置付けや，社会における受容のされ方も異なる．そもそもNGOの概念自体がない場合さえある．

例えばフィリピンでは，日本のNPOにあたるものとしてPO（People's Organization：住民組織）がある．また，タイでは「非政府的な組織」はすべて「民間団体」とよばれるが，本項でいうところのNGOは「民間開発組織」とよばれ，一般的に開発支援団体と理解されている．なお，タイでは法律によって規定された設立の条件や登録手続きの煩雑さが足かせになっているため，多くの団体が法人登録せずに「グループ」や「センター」といった名称で活動している．つまり「NGO」という言葉を用いていなくとも，事実上はNGOとして活動している団体が少なくない．

他方，ベトナムにはNGOにあたる独自の概念がそもそもなく，「国外NGO」（国連諸機関やキリスト教系宗教団体，外国ボランティア団体など）のカウンターパートとなる組織団体が「ローカルNGO」を自認している．インドネシアでは，1970年代に「NGO」という言葉が欧米から導入されたが，1980年以降は「自助的社会組織」や「自助的社会開発組織」などの言葉も使用されている．また，シンガポールでは，特定の対象を受益者とする相互扶助組織までもがNGOとよばれている．

東南アジア諸国は，植民地主義からの脱却と民主主義の達成という歴史的な目標をおおむね共有しつつも，それぞれに違った国家建設の過程と経済発展を経験しきた．東南アジア諸国の国内NGOは，そうした各国の歴史的，政治的，経済的，そして社会的な特殊性を映し出しながら各々の活動に従事している．

［二文字屋脩］

参考文献

［1］重冨真一編著『アジアの国家とNGO―15ヵ国の比較研究』明石書店，2001
［2］田村慶子・織田由紀子編著『東南アジアのNGOとジェンダー』明石書店，2004

フェアトレード・コーヒー

☞「コーヒー」p.422

フェアトレードは，主に開発途上国に住む小規模生産者や労働者に対して，公正な対価を支払い，長期的に取引することにより，経済的かつ社会的自立を目指す貿易パートナーシップを意味する．一口にフェアトレードといっても今日では国際的な認証制度をさす場合や，NGO主導の比較的小規模な取引をさす場合などさまざまなタイプがあり，全体に共通する要素を見出すことが難しくなっている．だが，一般的には，①最低保証価格の設定，②製品価格と切り分けられた現地の社会開発に利用できる割増金の設定，③生産者団体に対する前払いなど，既存の貿易よりも生産者や労働者に有利になるような仕組みを導入していることが多い．

●フェアトレード認証制度　とりわけフェアトレード認証制度は中南米のコーヒー農家を対象とするものが比較的多いが，近年では東南アジア各国でも，コーヒーばかりでなく茶や米，綿花などを対象として行われるようになってきた．実際，認証・監査団体であるFLOCERTのウェブサイトによれば，東南アジア10か国の中で，認証を受けた生産者団体は70団体あり，そのうちコーヒーの生産者団体が最も多く35団体ある（2017年8月5日時点）．そのほとんどがコーヒー栽培の盛んなインドネシア（20団体）とベトナム（12団体）にある．しかし，なかでも特徴的なのは，タイとラオスのフェアトレードである．

タイでは南部のチュムポーン県とその周辺の6県においてロブスタ種が，北部のチェンラーイ県やチェンマイ県などにおいてアラビカ種が栽培されている．アラビカ種の栽培はケシ栽培からの転換を目的として1980年代に王室プロジェクトとして開始された．タイのアラビカコーヒー市場は世界的にみて特殊で，生産されたコーヒーはほぼ海外市場に輸出されず，国内市場に出回る．したがって国際市場価格にあまり左右されず，安定的かつ高値で取引されている．こうした中，チェンラーイ県ドイチャーン村において2003年に設立された現地企業がフェアトレード認証を取得した．その後，2007年よりカナダの実業家の支援を受け，北米や英国市場にコーヒーを輸出している．同社はEUと米国の有機認証をも獲得し，比較的高値で販売しており，その利益の50%を現地企業に還元する「ビヨンド・フェアトレード」という試みを展開している．この試みによりフェアトレード認証制度のみでは実現不可能な額が現地の生産者コミュニティに渡り，農家の収入が上昇しただけでなく，村に電気が通り，道路が舗装され，診療所やコミュニティ・カフェ，商店などが次々とつくられていった．

ラオスでは南部のボーラヴェーン高原において，1920年代にフランス人により苗木がもたらされて以来細々と栽培されていた．だが，1990年代に入りフランス開発庁などの支援により，高収量品種であるカティモールが導入され，53村に対して水洗加工機材が設置された後，これらの村を傘下にした協同組合が2006年に設立された．同協同組合はフェアトレードやEUの有機認証を獲得して品質を高め，毎年1000トンほどがフランスやベルギーなどの欧州市場に輸出されている．ラオスの場合，政府の支援により協同組合が設立され，フェアトレード認証が獲得されたため，比較的大規模な組織体制がしかれているという特徴がある．

●日本のNGOによる東ティモールのフェアトレード　2002年にインドネシアの軍事支配から独立した東ティモールでは，日本のいくつかの支援団体が農家の経済的な自立を促すために，ポルトガル植民地期に広まったコーヒーに注目した．NGOのピースウインズ・ジャパンやパルシック，(株) オルター・トレード・ジャパンなど，東ティモール独立後の混乱期から継続的に支援してきた団体が，現地に買付団体を設立し，市場をゼロから開拓し，今日まで活動してきた．これらの団体は欧米中心の認証型フェアトレードとは異なり，活動地域の人びととの連帯を重視した，独自の思想に基づいている（当事者たちはみずからの取組みを民際協力や民衆交易とよんだりする)．だが，援助ではなく貿易による長期的なパートナーシップに基づき，地域の農家の経済的自立を目指すという点で，欧米型のフェアトレードと軌を一にしている．

このように東南アジアにおけるフェアトレードは，実施する主体から貿易の思想まで実に多様な展開をみせている．この東南アジアのコーヒー栽培地域がフェアトレード・コーヒー先進地域である中南米と大きく異なるのは，彼らの多くが主食をみずから栽培するのではなく市場を通して購入する点にある．これらの地域では元来焼畑陸稲栽培が盛んだったが，人口増加や政治的影響により持続困難になりコーヒー栽培に転換していった．このような東南アジアに共通する事情は，主食であるコメが購入可能か否かという重要な課題を農家に突き付ける．

だが，賃金労働や借金に頼らず農作物の売却のみでこの課題を乗り越えることは，意外に難しい．その中で彼らの生活環境の特徴を踏まえた上で，現地パートナーとともに農家を集団化し，作物の品質を向上させ，フェアトレードを実践していくことはきわめて重要である．ラオスや東ティモールの事例を通してみえてくるのは，農家の集団化は往々にして難しいという点だ[1,2]．とはいえ，現地の事情を考慮に入れつつ，試行錯誤しながら，その土地独自のフェアトレードの仕組みをつくっていくことが，今まさに求められている．

［箕曲在弘］

参考文献

［1］箕曲在弘『フェアトレードの人類学』めこん，2014
［2］伊藤淳子「コーヒーから見える世界」甲斐田万智子他編著『小さな民のグローバル学―共生の思想と実践をもとめて』上智大学出版，2016

ショップハウス文化

ショップハウスとは，通り側を店舗とし，その奥あるいは2階を住居とする建物のつくり方のことで，日本の町家のように職住一体の住み方が可能になる．19世紀から20世紀の中国南部から東南アジアでは，それが通りに沿って連続して建設され，典型的な街並み景観となった．店舗では飲食店，雑貨店，布地衣類店，縫製店，旅行代理店，代書屋，洗濯屋，薬屋などが営業され，基本的には住民同士が日常の都市生活サービスを相互に提供し合った．交通の要所では，主に外来の客を相手に商売する店舗もあった．

●カキ・リマ―商売の装置　商品を日射と雨露から守るために，商人たちは店舗を往還側から少し後退させそこに庇を架けることをやり，この庇下の空間はマレー語でカキ・リマ，英語でファイブ・フット・ウェイとよばれた．この言葉の語源は不明であるが，すでに17世半ばのバタヴィアの華人の間で使用されていたようである．当地に滞在していたオランダ人旅行家ニューホフは，華人が営業する衣類品市場の建物の中にファイブ・ウォークすなわちギャラリーがあると述べている（図1）．通路上に屋根をかけて客と商品を日射と雨露から守ろうとするもので，カキ・リマはこの英語のファイブ・ウォークを直訳したものであろう．カキ・リマは，もともとは各店舗の往還側庇下空間を意味していたが，通行人の便宜のための連続歩廊の形態となることもあった．日本の雁木のように，往還沿いの商店街がみずから規則をつくって各の庇下空間を連続化したのであろう．官憲の目がある限り，公道に固定のカキ・リマを張り出してつくることはなかったが，さまざまな半固定式の露店が路上を占拠した（図2）．20世紀末までのインドネシアのスマラン市のプチナン（華人街）や

図1　バタヴィアの衣類品市場

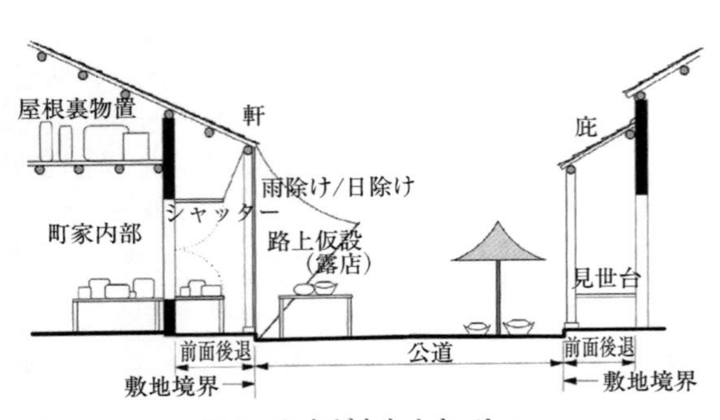

図2　さまざまなカキ・リマ

ベトナムのホイアン旧市街地では，このようなカキ・リマと露店がよく残っていた．

●平面プラン　商品は，日中，見世台の上に並べられ，夜分中に仕舞われ，板戸などで戸締まりがされた．店舗背戸を抜けると奥は中庭となっており，そのまわりに厨房と便所が，さらにその奥に寝室となる部屋や倉庫が並んだ．これらの建物は，最初，華人たちは身のまわりで入手できる草木材料を用いて建設したが，その居住地が経済的に発展し，政治的に安定すると家族生活のための恒久的建物になっていった．

●植民地都市のショップハウス　西欧植民地権力は，華人を植民地都市の大事な構成員として受け入れ，彼らに居住地を分け与えた．オランダ東インド会社のバタヴィアは，17世紀から18世紀を通してアジアに築かれた最大の西欧植民地都市で，華人との共住によって大きな都市問題を抱えることになった．当時の西欧諸国では車道と歩道が分離され，各建物は歩道境界まで敷地一杯に建設された．このやり方は植民地都市でも踏襲され，そこに住むことになった華人たちは歩道側に庇を張り出し，店先とした．そうすると歩道は用をなさなくなり，景観が乱れ，東洋の真珠とうたわれたバタヴィアは，18世紀にはさまざまな不法占拠に悩まされることになった．この問題を解決したのがラッフルズによるシンガポール都市計画であった．公道として歩道は設置されず，その代わり土地所有者は建物を建てる場合，1階部分を車道から一定幅後退し歩道用に開放しなければならなかった．経済的発展と相まって，19世紀末から海峡植民地や香港植民地などの英国植民地では，ショップハウスによる大規模都市開発が進んだ（図3・4）．20世紀には，中華民国政府による都市開発モデルに採用され，その名残が広州，厦門，泉州などにみられる．　［泉田英雄］

図3　1991年ジョージ・タウンのショップハウス

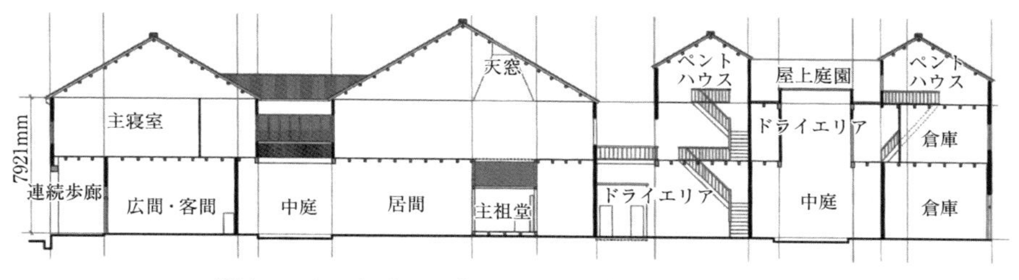

図4　ペナン島ジョージ・タウンの巨大なショップハウス

鉄道網の広がり

これまで東南アジアの鉄道は決して発展しているとはいえなかった．2018年現在東南アジアには計9か国に鉄道があるが，その総延長は約2万kmと日本の鉄道路線長全体よりも短い．その大半が非電化，単線の路線であり，近年の東南アジア各国の経済成長から取り残されたような鉄道が多い．他方で，近年は都市鉄道が増加しており，高速鉄道も出現し始めるなど，新たな変化もみられる．

●鉄道の普及と斜陽化　東南アジアの鉄道は植民地の宗主国によって導入された．最初の鉄道は1867年にオランダ領東インド（インドネシア）のジャワ島に出現し，次いで1877年に英領ビルマで最初の鉄道が開通した．唯一の独立国であったタイでも1893年に最初の鉄道が出現し，東南アジア各国に鉄道は普及していった．第2次世界大戦までに東南アジアの鉄道網の総延長は約2万kmに達し，現存する鉄道網の大半がこの時期までに整備された．これらの鉄道は人やモノの流動の活発化を促し，特に外港-後背地間の一次産品輸送の拡大に貢献したが，ジャワ島を除いてそれらのネットワークはそれほど緻密とはいえなかった．

当初は唯一の近代的な陸上交通手段として活躍した鉄道であったが，自動車の台頭に伴って戦後は多くの国で斜陽化していった．西側陣営に属した国では1960年代から本格的なモータリゼーションの時代に入り，鉄道は自動車との競合によって劣勢となり，一部では路線網が縮小した．特に競合が激しかったのはフィリピンであり，戦前には1000km以上存在した路線長は1990年代までに500kmへと半減し，現在運行中の区間はわずか100kmほどに過ぎない．他方で，ビルマ（現ミャンマー）は1990年代から精力的に鉄道建設を行って新たに3000kmもの新線を加えたが，中央政府の権威を浸透させるための「政治鉄道」の側面が強かった．このように，鉄道の凋落は進み，東南アジアの人やモノの主要な輸送手段は自動車に取って代わられ，鉄道は時代遅れの乗り物となった．

図1　旧態依然としたミャンマーの鉄道（2012年）

この間，鉄道の近代化も行われたが，抜本的な発展はほとんどみられなかった．いずれの国でも20世紀後半にディーゼル化が推進され，かつての主役・蒸気機関車は姿を消した．しかしながら，電化は1990年代に入るまで皆無であり，戦前から電化されていたインドネシアのジャカルタ近郊区間以外には電車は存在しなかった．そのような中で，1990年代に入ってマレーシアがクアラルンプール近郊区間の複線電化を行い，近郊電車の運行を開始したのが特筆に値する．その後も西海岸線の複線電化を進め，2010年からは都市間の特急電車の運行も開始した．マレーシアの鉄道も斜陽化が著しかったが，1990年代以降，在来線の近代化が急速に進められ，東南アジアで最も近代化された在来線へと変貌したのである．2000年代以降はインドネシアやタイでも幹線網の複線化が進められている．

●都市鉄道と高速鉄道　東南アジアの鉄道は長らく都市間輸送のみを担い，ジャカルタ近郊などごく一部を除いて都市内輸送には参入してこなかったが，大都市の拡大に伴う道路交通の過密化に対応するために，1980年代以降都市鉄道の導入が進んできた．最初に新たな都市鉄道を導入したのは1984年のマニラであり，次いで1987年にシンガポールでも開通した．その後，クアラルンプールとバンコクでも導入され，大都市の都市交通手段としていずれも重要な役割を果たしている．さらに，ハノイ，ホーチミン，ジャカルタでも新たな都市鉄道の建設が進んでおり，都市鉄道が利用可能な都市は今後も増えていくことになる．

一方，21世紀に入って高速鉄道も東南アジアでみられるようになった．最初の路線は空港アクセス鉄道であり，最高時速160 kmの鉄道が2002年にクアラルンプールで開通し，同様の鉄道は2010年にバンコクでも出現した．他方で，都市間高速鉄道計画も各地で浮上しており，2016年にインドネシアのジャカルタ-バンドゥン間，ラオスのボーテン（中国国境）-ビエンチャン間，2017年にはタイのバンコク-コーラート間と合わせて三つの高速鉄道が相次いで着工された．ほかにも，クアラルンプール-シンガポール間などの高速鉄道計画が存在しており，今後東南アジアにも本格的な高速鉄道の時代が到来するものと思われる．

これまで衰退の一途をたどってきた東南アジアの鉄道も，都市鉄道と高速鉄道という新たなシステムの導入によって上昇気流に乗り始めたが，これらが有効に機能するかは疑問の声もある．都市鉄道についてはすでに導入された各都市において好意的に迎えられ，輸送量も着実に増加しているが，都市間高速鉄道についてはこれから出現するものであることから，その将来像はまだ見通せない．すでに着工した三つの高速鉄道はいずれも中国が積極的に関与しているものであり，インドネシアでは早くも計画の遅延が見込まれている．ラオスとタイの路線は中国の「一帯一路」計画を具体化するための路線であり，将来的にはマレーシアを経てシンガポールまで到達させることを中国は目標としている．東南アジアでは在来線の近代化がきわめて不十分な中で唐突に高速鉄道計画が浮上している感が否めず，需要を踏まえたとは思われない計画も存在する．都市鉄道は明らかに都市内の人の移動に役立っているが，果たして高速鉄道は何を運ぶのであろうか．

［柿崎一郎］

肥満化

☞「食と健康」p.428

東南アジア域内には20世紀中葉までは栄養不良が常在していた．栄養不良による死亡率は1980年代の日本では男性0.4（人口10万人対）程度であったが，タイは男性0.7（1988年），フィリピンは男性8.0〜14.0（1988〜89年）であった．しかし2000年近くになるとタイは0.2（2000年）と改善し，フィリピンも2.3〜3.9（1997〜98年）に減少した．この間に域内の社会経済の急激な変化があったことは周知である．

肥満が密接に関係する代表的な疾患である糖尿病死亡率（男女計）を例にとると，日本では1974年では8.2（人口10万人対）であったが2000年には10.3と増加し肥満対策に注目が集まり出した．東南アジアにおいても，1974年から2000年にかけて糖尿病の死亡率は急増した．タイではこの間に2.4から9.8と4倍に，フィリピンでは2.5から11.6（1998年）へと4.6倍に，シンガポールは8.5から9.2へ，そしてブルネイでは3.8（1988年）から32.0（2001年）に8.4倍も急増した．これらの背景に経済成長，低温物流体系の発達，食マーケットの拡大，コンビニの普及などの食生活による変化がある．肥満は近年では，中高年層のみならず若年層，幼児期においても広がりつつあり，域内全体の健康問題となりつつある．

●肥満の測定と評価方法　肥満とは「人体に過剰な脂肪が蓄積した状態」である．これを評価するには，人体内の脂肪を測定し，脂肪量が一定の基準よりどれくらい多いかを把握する．しかし全身の脂肪測定と肥満の評価基準の設定は厳密には難しい．アルキメデスの原理を利用した水中体重法が最も正確な測定法であるが，特設の実験室を要し多大な手間を要する．代替方法として体重計に身長，年齢，性別などの変数を用いた方程式を用意し，実測体重値から脂肪を推定するインピーダンス法などもあるが，一般には皮下脂肪厚計によって体表面から直接脂肪厚を測定する方法が用いられる．一方，最も簡便な方法としては身長と体重から肥満を評価するBMIなどの代替的な指標が近年では多用されている．

●皮下脂肪と時代差，地域差　20世紀後半にタイは大きな経済的成長を遂げ同時に地域格差が拡大したが，この時にも皮下脂肪厚の指標は敏感に地域差を反映した．1990年代に行われた筆者による小児に関する大規模な調査では，同一県内（ウボン県）の県庁所在地，郡役所所在地，周辺の農村では大きな地域勾配（地域差）がみられ，その最大格差は小学生で27%にも及んでいた．当時，タイの地方都市には肥満問題はなかったが，その後の経済成長に伴って食習慣の変化が起こり，肥満問題が徐々に広がりをみせている．近年ではミャンマーの都市部でも小児肥満が散見され，小児から成人へと徐々に肥満が拡散する方向にある．

● BMI よる肥満評価　脂肪測定の代替指標としてBMI（体格指数＝体重[kg]÷身長[m]^2）が多用される．BMIは年齢，性によって平均値に大きな差があり，日本人では5歳男性の平均値は15.7であるが，10歳では18.1，17歳では21.5と年齢とともに大きくなる．またBMIの値は都市化に伴っても大きくなる．

● BMI 平均値からみた肥満と大型化の進行　全国平均値でみると，タイの18歳男性は1980年代前半から2000年の間に19.92から20.07に，女性は18.27から19.78に増加した．男性の方がBMIはかなり高いが，時代差は女性の方がやや大きい．体型もこの間に大型化した．タイ・ウボン県の18歳男性の1980年代前半と2000年の身長の増加量は男性で6cm，女性で3cmである．体重は男性は53.6kgから58.2kgへと4.6kgも増加し，女性も49.6kgから51.9kgへと2.3kg急増している．この間，BMIの変化は18歳では小さいが，8歳の男性では15.15から17.3へ，女性では15.06から16.55へと急増しており，小児期における肥満度の増加傾向が顕著である．

● BMI 90%値から見た肥満　最近のデータから肥満傾向が疑われるBMI90%値（グループ内で下位から90%の位置に評価される人のBMI値）の大きさを手掛かりとして解説する．タイ男性18歳の90%値は23.05，ミャンマー男性は22.09である．女性ではタイ23.43，ミャンマーは22.78である．つまり，経済成長の進んだタイに比して，ミャンマー人の90%値はやや小さい．資料によれば，同様に18歳男性のラフは23.88，女性25.37であり女性で著しく大きく，リスでは男性23.89，女性24.03，モンは男性23.05，女性23.10である（2015年）．山地民の肥満化は女性の方が進んでおり，ラフ女性の値が非常に大きい．理由はラフの身長が相対的に他の民族よりも低いことによる（男性で平均158.5cm，女性平均149.9cm）．

●肥満の原因と将来　肥満は主として運動不足と食生活の豊かさなどのライフスタイルに関係する．理論的には生態学的な条件が体格に直接影響し，山地では肥満化は起こりにくく，平地や都市では肥満化が起きやすいが，一部の山地民ではすでに肥満化が緩やかに進行している．タイにおける肥満化の傾向は1970年代から現在まで続いており，それに伴う代謝性疾患が増加している．東南アジア全域でも，今後とも経済成長の恩恵に浴すると予想される農村部や山地民社会では肥満化が進行し，重要な健康課題になる可能性を否定できない．　［大澤清二］

参考文献

［1］ Ohsawa, S., et al., Southeast Asia Health Statistics, (2003-2009) Japan Society for the Promotion of Science in FY 21 Heisei, The Grant Number 197001 of Grant in Aid for Scientific Research, 2003-2009 (CD-ROM)

ベトナムにおける社会主義の現在

1986年に始まる民主改革（ドイモイ）とそれに続く1991年のソビエト連邦（ソ連）崩壊を経た後も，ベトナムはなお社会主義の旗を掲げ続けてきた．とはいえ，かつてのソ連における社会主義とは大きく異なる今日のベトナムのそれは，一般に「後期社会主義」とよばれる[1,2]．また，社会主義に懐疑的な人びとによれば，ベトナムは資本主義の出来損ないの模倣に堕している，あるいは社会主義が権力構造の維持に活用されるような中国流の「紅い」資本主義を真似しているに過ぎない，などと評価されることすらある．実際のところ，ベトナムの経済体制は政治経済の分野で「社会主義市場経済」とよばれるような状況にあるのだが，ベトナム政府の公式見解によれば「社会主義への移行期」にあるとの立場が堅持されている．

半世紀以上にわたって共産党が政権を担ってきたベトナムでは，社会主義の遺産は政治や経済のあらゆる側面に刻み込まれている．ただし，ベトナムの政治経済を社会主義の観点からのみ議論するのはあまりに短絡的である．ベトナム政府はみずからの権力を強化するために「自由市場」をはじめとする資本主義のイデオロギーを利用してきたし，世界の諸大国からの承認を得るべく，部分的には国際秩序に迎合してきた．社会主義志向の市場経済と国際的な資本主義を接合しようとするベトナムの努力は，政府の監督と規制のもとで重要産業分野の中核を担ってきた国営企業の民営化が進められていることにも表れている．

●単一民族の創造　社会主義国家において，政治権力による統制は政治経済のみだけでなく，日常生活における社会・文化的な領域にまで及ぶ．そうした領域における社会主義的イデオロギーの支配は，多様なプロパガンダを社会発展や政治的変化の各段階に浸透させていくことによって強化されてきた．すべからく近代国家とその政府は社会を統治するためにプロパガンダを活用するものであり，ベトナムもその例に漏れない．

後期社会主義時代のベトナムでは，同質的な人びとからなる国家であるというイメージをつくり上げるために，さまざまな政治・文化的な事業が行われてきた．政府は近年，「単一民族としてのベトナム人」「兄弟姉妹としてのベトナム民族」といった語り方を積極的に唱道している．国家はこうした言説を，歴史の再解釈，例えばベトナムの人びとが雄（フン）王という共通の祖先をもつことを証明しようとする試みなどを通じて補強してきた．

「雄王と国家建設」に関連する研究は1955年以降に急増し，今日のベトナムにおいても続けられている．そこでは，ベトナム人は団結心，愛国心，民族愛，勤勉さなどの文化的価値を共有しており，それらは雄王の時代に由来するものだと論じられる．このような解釈は，共通の歴史と独自の文化を備えた同質的な国民としてのベトナム人，というイメージの構築を目指すために活用されるものである．ベトナム人の「独自性」を強調する多くの言説が，そうした政治-文化的な事業を通じて再生産され続けてきたのである．

●ホー・チ・ミン崇拝の利用　すべての社会主義国家が，J. スターリンや毛沢東，金日成のような単独の最高指導者が君臨するイメージにあてはまるわけではない．例えば，ホー・チ・ミンを記念して行われる国家式典においては，彼は単なる政治的なシンボルとしてではなく，人びとのポジティブな記憶や感情を喚起する存在として想起される．国家が主導するそうしたキャンペーンでは，ホー・チ・ミンの思想が，統制されたイデオロギーを社会全体に浸透させ共産党の支配力を強化していくためのある種の宗教として活用されている[3]．ホー・チ・ミンの思想や生き方は，政府による公式な解釈が施された上で，マス・メディアや学校教育を通じてベトナム社会のさまざまな場面に埋め込まれている．このような動きは，1989年にソ連が崩壊した当時，マルクス・レーニン主義に代わる新たな主導的イデオロギーを探す必要から始められたものであった．共産党のエリートたちは，後期社会主義時代のベトナムにおいてナショナリズムを喚起させるための道具として，ホー・チ・ミン思想をつくり上げたのである．

図1　ベトナム共産党結成88周年を祝賀する政治広告（ベトナム・ハノイ市内，2018年2月）（提供：Nguyen Anh Tien）

ドイモイ政策開始以降のベトナムは，資本主義の論理を完全には排除せず，部分的に採り入れてきた．とはいえ，唯一の合法的政党である共産党に政治的権力が集中しているという点において，本質的には社会主義的特徴を色濃く残した国家だといえる．ベトナム共産党の存在は，今なお社会のあらゆる側面で感じられる．社会主義の原理は，今日のベトナムにおいても強固に保持され，作動し続けているのである．　［グエン・フク・エイン，サラ・ヨー・ブレグマン/阿部朋恒訳］

📖 **参考文献**

[1] Harms, E., *Saigon's Edge: On the Margins of Ho Chi Minh City*, University of Minnesota Press, 2011

[2] Bayly, S., *Asian Voices in a Post-Colonial Age: Vietnam, India and beyond*, Cambridge University Press, 2007

[3] Goscha, C., *Vietnam: A New History*, Basic Books, 2016

戦争顕彰モニュメント
――英雄的ベトナムの母

☞「戦争とジェンダー」p.514

ベトナム中部のクアンナム省タムキー市郊外に，同省出身の「英雄的ベトナムの母」グエン・ティ・トゥ（1904〜2010年）をモデルとした巨大な石造モニュメントがある．高さは約18m，横は約120mで，中央でまっすぐ前を見据えるトゥが，向かって右側に5人，左側に6人の子供たちを抱きかかえる造形になっている．

この像は，2015年の国家芸術賞を受賞した．内部は博物館で，国を護る母たちの功績を示す写真，「英雄的ベトナムの母」の遺品などが展示されている．まわりには記念植樹がなされ，北部や南部の母たちを表象する石柱8本や詩碑などが建ち並ぶ．隣接する省の烈士記念碑と併せて16.5haの公園となり，2015年3月24日に竣工式が行われた．このモニュメント建設には，8年以上の月日と4110億ドン（約20億5500万円）を超える費用が費やされた．クアンナム省とベトナム政府はかように巨大な建造物を，ベトナム戦争（1954〜75年）を顕彰するためにつくり上げたのである．

●「英雄的ベトナムの母」とは何か？　「英雄的ベトナムの母」とは，戦闘で命を失い烈士と認定された兵士（性別を問わない）の母に対して授与される英雄称号である．ベトナム戦争勝利20周年を目前にした1994年8月29日に設置されたときには，以下の4つの条件のうち1つを満たすことが必要であった．

① 烈士である子供が2人いて，夫あるいは本人も烈士である．
② 子供が2人いて2人とも烈士か，あるいは，子供が1人しかおらず，その子供が烈士である．
③ 3人以上の子供が烈士である．
④ 烈士である子供が1人いて，夫と本人も烈士である．

モニュメントのモデルとなったトゥは，11人の子供（うち1人は娘の夫）を失っており，まさに「英雄的ベトナムの母」のシンボルにふさわしい．この称号を得ると，本人あるいはその遺族は，決して少額ではない特別年金やさまざまな助成といった社会保障を受けることができる．2012年に認定条件の緩和がなされたこともあり，「英雄的ベトナムの母」の認定者は死後追贈を含めてすでに5万人をはるかに超えている．

この「英雄的ベトナムの母」は，祖国のために多くの貢献を行い犠牲を払った母の功績を後世に残すため，そして，革命の伝統を守り，愛国精神を鼓舞するために設置された．ゆえに，授与される母がベトナム戦争時に南北どちらの勢力を支持していたかが審査される．つまり，革命戦争支持者の名誉を守り，その生活を支援する社会保障として顕彰するのである．これは，国家にとってのあるべき母の姿を示すモデルとなり，「英雄的ベトナムの母」はさまざまな国家行事に他の英雄たちとともに並んで列席する．そしてまた，国のために子供を失った不憫な母として，正月などに表敬訪問や記念品授与がなされる．

図1　英雄的ベトナムの母（Vietnamese heroic mother）モニュメント

●戦争顕彰のあり方　当初，このモニュメントは2010年の完成を予定されていた．遅延の原因は，二つある．まず，人びとが高価なモニュメント建設に反対したこと．二つめは，資金不足である．つまり，現実の生活の質向上を第一に考えてベトナム戦争の顕彰に消極的な人びとと，国家予算を大量につぎ込んでまで顕彰を実現したい政府とで，戦争観が乖離しているということであろう．

一般の人びとにとって「英雄的ベトナムの母」とは，自分の老後を支えてくれたであろう子供を戦争で失った気の毒な母親，というイメージしかない．だからこそ，巨額の金をその母たちの生活保障に使うのならばまだしも，巨大石造物建設は無駄遣いにしかみえないのである．一方で国家は，「英雄的ベトナムの母」の犠牲を国家的プロパガンダに活用したい．国のために子供を戦争に送り出し犠牲をいとわない母は，英雄として褒め称えられるべきなのである．だからこそ，2012年に政府は認定基準を緩和した．それは，失った子供の数を3人から2人に引き下げる，というだけではない．烈士が拡大解釈されるようになり，ベトナム戦争以外の戦闘，例えば，カンボジア戦争（1977～78年）における死者も対象となっている．

ベトナム政府は，戦死した子供をもつことを国家への貢献と評価し，母を選別する．その象徴として，巨大モニュメントを完成させなければならなかった．このモニュメントが国家的顕彰の核となり得るかどうか，戦後生まれ世代へのアピールなどを含めて，今後の課題が多く残されている．

［京樂真帆子］

📖 参考文献

［1］京樂真帆子『英雄になった母親戦士―ベトナム戦争と戦後顕彰』有志舎，2014
［2］京樂真帆子「ベトナム戦争と戦後顕彰―［英雄的ベトナムの母］モニュメントをめぐって」『アリーナ』第18号別冊，2015

インフラストラクチャー・フェティシズム

東南アジア諸国ではインフラ整備が加速度的に進められてきたが，今後もしばらくはその需要が供給をはるかに上回るという見立てがなされている．経済成長が著しい新興経済国では自前の予算で行われるプロジェクトも徐々に増えてきているが，ラオスやカンボジアなどの後発開発途上国では先進国や国際機関による支援や借款によってインフラ整備が行われている．

●近代化の指標としてのインフラ　私たちがある街や国について「近代化した」「発展した」と経験的に感じるのは，多くの場合，ハード面での変化に触れたときである．かつて訪れた東南アジアの国々を数年後に再び訪れた際に，新たな道路や地下鉄，高層ビル群の出現を目の当たりにして，「発展した（変わってしまった）」と感じることは少なくないはずである．例えばラオスの首都ヴィエンチャンが接するメコン川の河岸は2000年代にはまだ整備されておらず，街と川が半自然的につながった空間が広がっていた．夕方には網で魚を捕る人びとが多くみられ，川沿いには屋台が並び，地元民から観光客まで多くの人で賑わっていた．その後，韓国の借款による築堤プロジェクトが2009年に始まると，全長約12 kmのコンクリート堤防と川沿いを走る舗装道路，公園が建設され，街の中心部の景観は一気に近代化したように感じられた．しかし，コンクリート堤防や舗装道路の出現からほとんど直観的に近代化を感じるのはなぜだろうか．教育や民主化の度合いなど，近代化をはかるさまざまな物差しがある中で，インフラ整備はどこかあたり前の指標となっている．

インフラ整備はそもそも，ヒトやモノ，情報の自由な循環を促進することこそが文明の発展を促すという啓蒙思想に端を発している．特に植民地主義における大規模なインフラ開発は，鉄道や道路といった視覚的に訴えかける圧倒的な物質的基盤を通して，「遅れた」文明に対して近代とは何であるかを知らしめ，宗主国の優位性を示すという重要な象徴作用をもっていた．インフラ整備は進化と発展として受けとめられ，このことが，戦後の先進国から開発途上国への開発援助を正当化する基本的な考え方を支えている．そのため，人文科学では，科学的根拠によって裏付けられたインフラの機能的側面だけでなく，その政治性や象徴的な働きにも注目してきた．

図1　ヴィエンチャンのメコン・プロムナード（2014年）

●「偽物」の近代？　インフラストラクチャー・フェティシズムとはまさにこのような働きを端的に示す言葉である．フェティシズムとは一般的な理解では，「真実」あるいは真なる価値が別のモノによって取って代わられ，あたかもそのようなモノがそうした真実や価値であるかのようにみなされた結果，モノの方が崇められたり欲望の対象となってしまう「誤認」を意味する．インフラ・フェティシズムという言葉がさすのは，橋や道路，鉄道といったモノが，近代や発展の代理品，つまりフェティッシュとなっている状況である．本来，インフラとは経済合理性や科学的根拠に基づき，あくまで近代化と経済発展を達成するための手段であるはずだが，近代主義者の夢がつくり出す巨大インフラは，一見，経済効果や機能的側面が疑わしくとも，その存在自体が近代化や発展を意味するという効果をもつのである．

こうした現象は一般的には否定的にみられることが多いが，各地に存在する．2010年に開館したベトナムのハノイ博物館は，2兆3000億ドン（約110億円）という多額の資金を投入してつくられた逆ピラミッド型の近代的な建築物であるが，立派な外見に対して展示物が少なく訪問客数が伸び悩んでいる．あるいはミャンマーでは，国内の車両保有台数の7割が旧首都のヤンゴンに集中しているといわれているが，2006年に遷都し新首都となったネピドーの国会議事堂前には片側10車線の舗装道路が敷かれ，走っている車はほとんどみられない．

約3000万ドルを投入したヴィエンチャンの築堤も，そのプライオリティが疑問視される部分もある．だが，インフラ・フェティシズムという観点からみると異なる気づきが得られる．築堤工事を行っていた当時，2012年ASEM会議の開催国となったラオスでは，会議場建設や道路整備も進められていた．後発開発途上国であり，社会主義国であるラオスが，国際社会に向けて自国の近代化の成功を披露するという点でも，インフラはきわめて重要だったのである．

だが，インフラ・フェティッシュは銅像のように単なる象徴としてのみ存在する訳ではない．それは人や車の動き，街のあり方を変えるものである．ヴィエンチャンの河川事業は結果的に，これまでわずかにしかみられなかったウォーキングやエアロビクスといった近代的なスポーツが，健康志向という近代的価値観を伴って，都市部で暮らす新中間層の間で定着する場をメコン・プロムナードという形で提供した．

開発援助の文脈では，不要なインフラは税金の無駄遣いであり，必要なインフラの整備から支援することが当然求められる．一方で，インフラ・フェティシズムという言葉に込められた含意は，それらを通して，開発する側がどのような未来と近代を想像し，いかにしてそれらに近づこうとしているのかを知る重要なヒントになり得るということである．このことは翻って，私たちが考える「本当の近代化」を問い直すきっかけにもなるだろう．

［難波美芸］

ブリラム・ユナイテッド

東南アジアはこれまで，サッカー後進地域とみなされてきた．サッカーの祭典といわれるW杯の出場歴をみると，1938年にインドネシアがオランダ領東インドとして出場，1回戦負けした以外，いまだ本戦出場を果たした国はない．しかし東南アジアのサッカーを取り巻く状況は，2000年代以降激変する．自国リーグのプロ化と発展に伴い，海外サッカーのみならず国内サッカーも注目を集めるようになり，今では人気スポーツの一つに必ずといっていいほどあげられる．

●白熱する東南アジアのサッカー　まず各国の近況を概観してみよう．ベトナムでは2000年に国内リーグがプロ化した後，順調に成長を続け，2013年にはスター選手レ・コン・ヴィンのJリーグ移籍が注目を集めた．ミャンマーでは2005年，国内有数の財閥マックスミャンマーグループの創始者ゾー・ゾーが，ミャンマーサッカー連盟会長に就任する．以後，育成部門の強化が実を結び，2015年にはU-20W杯に初出場を果たす．島嶼部では，マレーシアおよびシンガポールの国内リーグが活況を呈している．特にシンガポールでは，近隣国のブルネイから王族の経営によるDPMM FCが参戦するなど，海外クラブを誘致する独自の運営方式に注目が集まっている．フィリピンでは継続的な代表強化が功を奏し，2017年には世界ランキング120位台に達した．インドネシアに関しては2015年，政府によるリーグ運営への干渉が問題化する．最終的にはリーグ戦が延期され，サッカーの国際最高機関である国際サッカー連盟（Fédération Internationale de Football Association：FIFA）から代表チームに活動禁止処分が科された．2002年にインドネシアから独立を果たした東ティモールでは，連盟ぐるみでブラジル人選手12名に対し不正に国籍を付与し，代表招集した件が波紋をよんだ．

●タイサッカーの発展とブリラム・ユナイテッドの台頭　タイで初のプロサッカーリーグが創設されたのは1996年である．開幕初年度は全18チームでスタートし，バンコクを含む首都圏に拠点をおく官公庁傘下の8クラブと民間企業傘下の10クラブによって構成されていた．1999年には，観光スポーツ省主導により地方リーグが開幕する．以後，首都圏と地方で二つのサッカーリーグが併存する状況が続く．ただし，バンコクと地方の断絶的な状況や，親企業に予算上依存する体質の常態化，サッカーファンを開拓・確保するビジネス戦略の欠如から，当初，サッカー人気は局地的なものでしかなかった．クラブに所属する選手自身が社員業務を兼任する場合も多く，旧態依然とした経営姿勢はリーグのレベルアップと市場拡大の障壁となっていた．

低迷するタイサッカーが浮上するきっかけとなったのは，2006年の軍事クーデターである．クーデターによって亡命を余儀なくされた元首相のタックシン・チナワットは，2007～08年シーズン，イングランド・プレミアリーグの強豪，マンチェスター・シティのオーナーに就任する．タックシンのサッカービジネス参入は，後に加速する，タイ人政治家によるサッカークラブ経営の嚆矢となった．2007年にはそれまで独自運営を貫いていた地方リーグが，首都圏を中心としたプロサッカーリーグに吸収され始める．2008年にはFIFA傘下のアジアサッカー連盟（Asian Football Confederation：AFC）指導のもと，社団法人タイ・プレミアリーグが設立される．加盟クラブの法人化の義務化など，運営規則が定められた後，2009年シーズンよりタイ・プレミアリーグとして，タイサッカーは再出発する．この時，地方出身の政治家たちによるローカルクラブへの経営参入は一つのトレンドとなる．2012年シーズンには，タイ・プレミアリーグ，および2部リーグに相当するディビジョン1の全36クラブ中，23クラブがバンコク以外に本拠地を構え，その内20クラブで政治家あるいはその親族がオーナーに就任していた．

ブリラム・ユナイテッドも，地元ブリラム県出身の大物政治家，ネーウィン・チットチョープによって率いられている．2010年シーズンを前にしてネーウィンは，当時バンコク近郊のアユタヤ県に本拠地をおいていたPEA FC（タイ電力公社FC）を買収し，チーム名を改め，ブリラム県へ本拠地を移転する．以降，巨額投資によりホームスタジアムを建設し，戦力強化に努め，ファンを獲得してきた．ネーウィンの妻であるカルナーはブリラム県自治体議会の議長であり，クラブと行政の連携も強固である．2013年には，アジアクラブ王者を決めるAFCチャンピオンズリーグにおいてベスト8に進出し，2017年シーズン終了時点で5回のリーグ優勝を記録する．ブリラム・ユナイテッドの躍進は，ムアントーン・ユナイテッドといった国内のライバルの成長を促し，リーグ全体に活況をもたらした．タイ・プレミアリーグの年間観客動員数は初年度の90万人から，2015年には早くも200万人を突破する．

しかし地元政治家が牽引するローカルクラブが躍進するにつれ，政治とサッカーの癒着が問題視され始める．内務省を経由して県自治体にまわされる予算が，スポーツ支援の名目で，クラブ運営費として補填されているというのである．例えば，2011年当時タイ・プレミアリーグに所属していたチャイナートFCは，県自治体議会議長も兼任していたクラブオーナーの指令により，自治体予算のうち3100万バーツ（当時レートで1億2400万円）をクラブ運営費として計上した．一連の状況に対し，タイ内務省からも，スポーツ支援のために捻出する自治体予算については公正を期すべしとの勧告が入る．サッカー振興に政治が水を差す状況は，サッカー先進国においてのみならず，タイを含む東南アジア各国でも再生産されつつあるようである．

［斎藤俊介］

呪術的思考

☞「精霊信仰」p.228，「呪術」p.248

高度な科学技術に彩られた現代世界を生きる私たちには，「呪術」は過去の遺物と思えるかもしれない．M. ヴェーバーなどの社会学者は，近代化が進むと，人びとは脱呪術化し合理化されると想定した．しかしそれは本当だろうか．

日本では受験の季節になると，キットカット（「きっと勝つと」）やカール（「受かーる」）など語呂合わせの菓子が売られ，列車の「滑り止め」用の砂が鉄道会社で受験生に配布されたりする．一種のゲン担ぎであるが，不確実なものを思い通りにコントロールしたいという思考はまさに呪術的思考の特徴といえる．

こうした呪術的思考は，現代世界において活性化し，現代そのものを裏側から支えているとさえいえる．1980 年代半ば以降に急速な経済発展と社会変化を経験した東南アジア諸国は，そうした呪術的思考の現代的なあり方（モダニティ）を考える上で最適な事例を提供してくれる．

●農村と都市の呪術　例えば，東北タイのある農村では，日常生活のいたるところで呪術的な実践が観察できる[1]．田植え前には村の守護霊に供物を捧げて豊穣を祈り，車やバイクを買うと僧侶の祝福によって安全を祈願する．家屋を建てるときには，村のバラモンの司式のもとで大黒柱の根元に供物を捧げて土地神の許しを乞う．また保健センターや診察所が普及した現在でも，毒蛇に咬まれると呪術師モーパオが呪文を吹きかけて治療を行い，病院で治らない身体の不調には，僧侶や呪術師モータムが原因とされる悪霊の祓除儀礼で快癒を願う．宝くじの当選番号占いにも人びとは熱狂する．僧侶や呪術師が占って 2 桁の数字を伝えると，人びとは末尾がその番号の宝くじをこぞって購入する．当選すると噂が広まり，周辺の農村や都市からも新たな信奉者がやって来る．予測や説明が困難なリスクへの対処の一つとして，呪術的な思考と実践は活用されている．

農事や年中行事と結びついた慣習的な呪術は農村で多くみられるが，都市にも呪術的思考があふれている．タイでは「前に進む」を意味するカーオと同じ音であることから，数字の 9 は縁起が良いとされ，携帯電話や車のナンバープレートでも 9 を含むものは高値で売買される．9 へのこだわりは政治文化にも現れる．タックシン政権を打倒した軍事クーデターは，仏暦 2549（西暦 2006）年 9 月 19 日に発生し，ソンティ陸軍総司令官（Sonthi Boonyaratglin）によるテレビ演説は翌日午前 9 時 39 分に始まった．2014 年軍事クーデターで実権を掌握したプラユット陸軍司令官（Prayut Chan-o-cha）は，首相就任後の初登庁を 9 月 9 日 9 時に行った．また，より直接的な呪術も公然と語られる．2014 年 9 月プラユット司令官は反対勢力による攻撃呪術によって喉と首の痛みが生じ，聖水を頭からかぶって身を清めたと告白し，多数の小仏像や護符を日常的に身につけて攻撃から身を守っているという．2010年の反政府デモでは，反独裁民主統一戦線（UDD）が首相府前で，デモ参加者から集めた血液を撒布し，呪術的な儀礼ではないかと噂された．仏教的価値観がタイのナショナリズムを構成することから，非仏教的要素である呪術と政治との結びつきはあまり注目されないが，現実に呪術的思考は都市の政治エリートの間にも深く浸透している．

●消費文化と呪術的思考　現代タイの呪術の特徴の一つに，聖なるモノの商品化が指摘できる．例えば小仏像や護符は月刊の専門雑誌が発行され，寺院やショッピングモールの売り場でも売買され，2006年のチャトゥカム・ラーマテープ護符の大流行のように，モノの商品化は時にブームを生み出す．

図1　呪術師のもとで販売されるルークテープ人形

2015年から2016年にかけてタイで流行したのが，ルークテープ人形である．赤ちゃんを模した人形に，僧侶や呪術師が聖化儀礼を施したもので，食事を与えるなど人形の世話をすると，見返りとして持ち主に富をもたらしてくれるとされた．都市に住む中間層の人びとが人形を買い求め，商売繁盛や幸運を願いながら人形を愛玩し，そんな様子を写真に撮ってはSNSに投稿した．レストランや長距離バス，ホテル，語学学校までもが人形向けのサービスを売り出し，大きな話題となった．しかし2016年1月にタイ・スマイル航空がルークテープ人形向けの座席販売を発表すると，離着陸時の安全確保をめぐるタイ航空局の懸念，人形への違法ドラッグ隠匿についてのタイ警察の警戒，ほかの乗客の不安などがテレビや新聞で盛んに報じられた．さらにルークテープ人形に国家仏教庁が否定的見解を示すと，ブームは一気に収束を迎えた．この騒動は，現代タイの呪術的思考の特徴を明確に示している．聖性とマテリアリティ，都市中間層による直接的な富の希求，SNSやテレビなどの情報メディアとのかかわり，警察や航空局を含む異次元のアクターと連結など，もはや宗教領域だけに留まりきらない呪術のあり方を反映している．呪術的思考は過去の遺物などではなく，私たちの社会を構成しているモダニティと深く絡み合いながら，みずからを活性化しているといえる．

［津村文彦］

参考文献

［1］津村文彦『東北タイにおける精霊と呪術師の人類学』めこん，2015
［2］白川千尋・川田牧人編『呪術の人類学』人文書院，2012

アピチャッポン・ウィーラセタクン

アピチャッポン・ウィーラセタクンは，1970年生まれのタイの映画監督，アーティストである．医師である中国系タイ人の両親のもと，バンコクで生まれた．親の仕事の都合で幼少の頃に東北タイ（イサーン）の町コーンケンに移り，両親が勤める診療所で少年時代を過ごし，地元の大学を卒業した．アピチャッポンの世代では，まだ良家の子弟が美術や演劇や映画などを大学教育で学ぶことが広く許容されていなかったため，彼は理系で家族の理解も得やすい建築科を卒業．ところが映画への情熱は断ちきれず，24歳のときに米国のシカゴ美術館付属大学の修士課程に3年ほど留学した．その大学院において，現代アートやアヴァンギャルド映画と出会い，実際に16ミリフィルムによる実験映画を制作．そのことが後年のアピチャッポンの映画手法を決定付け，美術家として活動することへと道を開いたといえる．

医師の子供として育ったことは，アピチャッポンの映画に大きな影響を与えている．彼の作品では，しばしば舞台として病院が選ばれる．長編5作目の《世紀の光》(2006年）は，前半は東北タイの病院において，後半は都会の病院において展開する．しかも，この作品のストーリーは，両親が出会った頃の記憶にインスパイアされてつくられたものだ．医師や病院というモティーフは，舞台設定や出演者という表面的な次元にとどまらない．長編8作目の《光りの墓》(2015年）では，原因不明の「眠り病」にかかったタイ国軍の兵士たちは，かつて学校だった病院に収容されている．ベッドで眠る兵士たちを，LEDライトの色や光によって治癒する美しいシーンが印象的だが，そこには，軍人のように暴力を伴う存在をも，作品の中で「癒す人」であるアピチャッポンの特色がよく現れている．

●東北タイとの関係　アピチャッポンが育った東北タイは，どのような地域であるのか．現代のタイ王国の中心であるバンコク平原から遠く離れ，歴史的にはクメール王朝の一部だった時期が長い．また，メコン川をはさんで隣接するラオスとの関係も深く，東北タイの言葉はラオ人の言葉に近いとされ，標準タイ語と異なるイサーン語が話されている．気候の特色として，乾季にほとんど雨が降らないため，長い間，不毛の大地となる．そのため，この地方には貧しい農民が多く，バンコクなどの都会に出稼ぎにでることも多かった．その一方で，独特の食習慣，ピー（妖怪)，民間信仰，イサーン語の音楽や映画をもち，バンコクとは異なる文化を育んできた．アピチャッポンの映画やアートを語る上で欠かせないのが，この東北タイの地方文化から受けた影響である．

長編1作目の《真昼の不思議な物体》(2000年）は，足の悪い少年とその家庭教師の女性のストーリーを，タイ全国を旅しながら，いろいろな階層の人びとに連歌のようにつむいでもらう試みであった．その行為はまるで，米国から帰国したアピチャッポンがタイにおける多様性を再発見するための旅をしているかのようだ．ここには，彼の故郷である東北タイの人びとも出演している．タイ映画史上初めてカンヌ国際映画祭でグランプリをとった長編6作目の《ブンミおじさんの森》(2010年）では，東北タイに実在した，前世をみることができる男ブンミをモデルにして，森に住む獣の姿をした精霊や死者たちと交流するさまを描く．その想像力のもととなったのが，東北タイの寺院に伝わる「前世を見る男」の伝説であり，その地域に残る非仏教的なアニミズムの民間信仰であったという．

●軍事政権と検閲　アピチャッポンの父親は医師であると同時に，国民議会の議員を務める政治家だった．そのような注目を集めやすい出自のもとアピチャッポンは周囲に自分のホモセクシュアリティについて秘匿してきたが，カンヌ国際映画祭で審査員賞を受賞した長編4作目《トロピカル・マラディ》(2004年）で，ゲイ・カップルの出逢いと別れの自伝的なストーリーを描き，カミングアウトすることになった．東北タイ出身の同性愛者という出自は，彼がマイノリティに対する共感をもち，権威に対する反感をもつことの原因となっている．他方で，21世紀に入ってからのタイでは，タックシン派と非タックシン派の対立による政治対立が長引き，2006年と2014年に2度の軍事クーデターが起きた．その後は軍事政権が権力をにぎり，芸術文化に対して厳しい検閲が続いている．

その結果，アピチャッポンの映画《世紀の光》は，軍政下における文化省文化監督部によって，4場面をカットすることを命じられた．《光りの墓》は，タイ国内では長期にわたって一般公開が禁止されている（2017年9月現在)．そのような経緯もあり，アピチャッポンのアートと映画は，急速に政治権力を批判する方向へと傾いていった．「プリミティブ」プロジェクト（2009年）と《ブンミおじさんの森》は，東北タイの森や幽霊や輪廻転生をテーマに描きつつも，1960年代から1980年代にかけてタイ国軍が共産主義者を弾圧してきた史実を浮かびあがらせる．《光りの墓》では，兵士たちが「眠り病」にかかった原因は，古代の王たちが地面の下で戦争を繰り返して，兵士の生気を吸っているからだと明かされる．寓意的に政治や社会を反映するアピチャッポンの作品は，タイの現代社会を知るための格好の材料だといえる．

［金子 遊］

📖 参考文献

[1] 夏目深雪・金子 遊編『アピチャッポン・ウィーラセタクン—光と記憶のアーティスト』フィルムアート社，2016
[2] 東京都写真美術館編『アピチャッポン・ウィーラセタクン—亡霊たち』河出書房新社，2016

イスカンダル開発計画

イスカンダル計画とは，マレーシア政府が「第９次５か年計画（2006～11年）」の中で指定した５つの経済回廊（エコノミック・コリドー）のうちの一つであり，「第11次５か年計画（2016～21年）」にも引き継がれた．

対象地域は，ジョホール州の州都ジョホール・バルを中心とした2217万km^2である（東京都とほぼ同じ，シンガポールの約３倍）．計画開始当時の同州スルタンの名前マームード・イスカンダル（在位1981～2010年）がプロジェクト名の由来である．この地区の人口は現在，約180万人（2017年政府関係者発言）であるが，2025年には300万人へと増大させる目標がある．タンジョン・プルパス港を中心とした海運のハブ化や，隣国のシンガポール企業や在シンガポール外資企業のミドル・バックオフィスの移転需要，シンガポール人や同国在住の外国人の移住需要なども見込んだ計画である．

●ビジネス・投資への優遇策　イスカンダル計画で指定された分野でビジネスを行う企業に対しては，10年間の法人税免除や個人所得税の減税措置など各種の優遇策が用意されている．特に産業振興に力を入れる９つの分野として，クリエイティブ産業，ヘルスケア，食品・食品加工，教育サービス，観光，エレクトロニクス，流通サービス，金融・コンサルティング，石油・油脂化学があげられている．また，本計画は５地区に分けて展開している．

まず，A地区はジョホール・バル市街地の再開発である．老朽化が進んだ旧市街の区画整理や近代化を行う．B地区はイスカンダル・プトゥリとよばれ，ジョホール州の新庁舎が旧市街から移転して，本計画の心臓部となる．すでに，オフィスと住居を中心としたメディニ地区，レジャー施設のレゴランド，映画などクリエイティブ産業を手がけるパインウッドスタジオなどがあり，また，教育機関の誘致（エデュシティ），ヘルスケア産業の中心地となっていく予定である．C地区はウェスト・ゲート地区とよばれ，世界第19位のコンテナ取扱い量のタンジョン・プルパス港とフリートレードゾーンを中心とした開発が計画されている．大手海運のマースク社（デンマーク）とエバーグリーン社（台湾）がハブ港としていることを筆頭に100社以上の船会社が利用している．D地区はイースタン・ゲート地区とよばれ，古くから製造業が発展している地域である．この中には，石油化学と重工業を中心とした日系企業が35社（2016年末時点）進出しているパシール・グダン工業団地も含まれる．E地区はセナイ・スクダイ地区とよばれ，セナイ空港の国際化によるカーゴ物流の強化，ハイテク工業団地の開発が計画されている．1997年にサッカー日本代表がワールドカップ出場を決めた

「ジョホール・バルの歓喜」の舞台となったスタジアムや，三井プレミアムアウトレットがある．

●外国企業の投資事例　本計画の成否は外国企業からの投資が鍵を握っている．2006〜16年の投資実績トップは中国であり239億リンギに上る（1リンギは約28円）．次いでシンガポール200億リンギ，米国68億リンギ，日本45億リンギ，スペイン42億リンギが上位5か国である．投資対象の分野として目立つのは宅地・オフィス・工業団地といった不動産とヘルスケアである．最大の話題は，中国広東省広州市に本拠を置く中国第2位ディベロッパーのカントリーガーデンが開発を手がけるフォレスト・シティである．ジョホール州のスルタンが所有する企業であるエスプラネード・ダンガ88も出資している．フォレスト・シティはウェスト・ゲートに位置し，洋上に埋め立て地を造成することで，住宅を中心とした学校，オフィス，病院などを完備した70万人規模の街づくりが進められている．日本円換算で5兆円近い総投資額が予定されている．フォレスト・シティの物件を購入しているのは中国本土からの中国人が多く，実際には居住せずに投機目的での購入が進んでおり，ゴーストタウン化の懸念も上がっている．また，ジョホール・バル中心部の優良物件と比較すると，2〜3割ほど高い価格で取り引きされており，現地不動産関係者の間では評価額が異常との見方もある．2017年に中国政府が自国民に対して海外投資への規制を導入しており，中国人による購入はやや落ち着いたとされている．カントリーガーデン社はフォレスト・シティのほかにも，ジョホール・バルの新興高級住宅街のダンガ・ベイでも約9000戸の大型開発を行い，他の中国系ディベロッパーもプリンセス・ケーブという宅地開発を行った．イスカンダルへの投資額トップは中国であるが，不動産投資が大半を占めている．一方，日本企業でイスカンダル地区への投資に積極的な企業としては三井物産があげられる．B地区のイスカンダル・プゥトリのうち，スマートシティ計画のあるメディニ地区は，メディニ・イスカンダル・マレーシア社が担っており，三井物産は，マレーシア国営投資会社カザナ・ナショナル，アラブ首長国連邦のユナイテッド・ワールド・インフラストラクチャーとともに出資し，出向社員も配置している．このほか，同社はイスカンダル地区において，主に中間層を対象としたコロンビア・アジア病院にも出資している．　［川端隆史］

📖 参考文献

［1］川端隆史，2017年3月21日付NewsPicks「三井物産―国境の街のメガプロジェクト．その心臓部を担うビジネスとは」（https://newspicks.com/news/2131890）
［2］川端隆史，2017年3月22日付NewsPicks「チャイナマネー―国境の街，度肝を抜く巨大プロジェクトの実態」（https://newspicks.com/news/2131900）
［3］Iskandar Malaysia（http://iskandarmalaysia.com.my/）

マリーナベイサンズ

図1　マリーナベイサンズ

図2　地上200mにある「天空のプール」

2016年に観光やビジネスなどでシンガポールを訪れた外国人は，総人口の約3倍にあたる1640万人にのぼり，2010年から500万人も増加して過去最高となった．外国人訪問者の急増が経済に与えた効果は大きく，リーマン・ショックで落ち込んだ2009年の経済不振を一気に取り戻した．この景気回復に大きく貢献したのが，2010年にオープンした「統合リゾート（IR）」とよばれる二つの総合レジャー施設である．

IRの一つであるマリーナベイサンズは都心の金融街に近い湾岸部にあり，57階建てホテルの屋上につくられた「天空のプール」，東京ビッグサイトの1.5倍の広さを誇る大展示場，高級ブランドが並ぶショッピング通り，さらにカジノも併設されている．カジノはマリーナベイサンズ総面積のわずか3%ほどであるが，売上げの80%を稼ぐ．カジノがあるから，利益率の高くない大展示場も運営できるのである．日本では人気アイドルグループのCMを通じて有名になり，マーライオン像と並ぶ観光の新しいアイコンになった（図1・2）．

もう一つのIRはシンガポール本島南部のセントーサ島にあるリゾート・ワールド・セントーサで，東南アジアで唯一ユニバーサルスタジオを併設し，国内外から多くの家族連れやカップルが訪れている．

●カジノ解禁　シンガポールでカジノが解禁されたのは，英国植民地政府が1829年に禁止して以来のことである．シンガポールは，1959年に英国から内政自治権を獲得して以来，現在まで与党人民行動党の長期一党支配が続いているが，この政党は政権獲得直後「清潔な国づくり」を掲げた．その一環としてストリップ・ショーやキャバレーは禁止され，公共の場でチューインガムを噛むことや販売も禁止，喫煙も禁止された．公共の場での男性の長髪も長い間禁止されていた．英国植民地時代と日本軍政期から「花街」あるいは「赤線地帯」として有名だった地域は再開発されて，今はその面影はなくなった．

ただ，「清潔な国」は「クリーン過ぎて退屈」という批判も多く，シンガポールの観光収入は1995年以来伸び悩んだ．観光収入増加への起爆剤として，特に2000年に入って急速に経済成長する中国やインドからの観光客をシンガポールに誘致するために，カジノが注目されたのである．

図3　マリーナベイサンズのカジノ入口．シンガポール市民と永住者は専用ゲートで入場料を払う

しかし，カジノ解禁に対しては珍しく与党内部でも意見は激しく対立，ギャンブル依存者の増加などの影響を懸念する国民からも反対の声が上がって国内世論も割れた．このような中で2005年4月，首相が「全責任を取る」とまで発言して解禁となったカジノは，現在のところ大成功を収めている．

●「ギャンブル依存者」の増加とカジノの今後　ただ，当初の懸念通り，ギャンブル依存者はじわじわと増加している．政府は，外国人を無料で入場させる一方で，自国民と永住者は1日100Sドル（シンガポールドル，1Sドルは約82円）を支払って入場するか，あるいは2000Sドルの年間入場パス購入を義務付けた（図3）．さらに，外国人居住者を含む本人や家族の申請で，ギャンブル依存問題を抱える人物を入場禁止にできる制度も導入した．2010年に1669人だった申請者数は2014年9月には約23万人（うち外国人16万5000人）と増加している．2012年には内閣府直属の汚職捜査局の副局長が170万Sドルの公金横領で摘発され，10年の懲役判決を受けた．彼は少なくともカジノで48万Sドルの負けがあったという．ギャンブル依存者が政府高官にまで及んでいることを，この事件は示した．さらに，以前は個人営業の小さな店ばかりだった質屋が急成長し，複数の大型チェーンが株式を上場したのは，カジノの影響といわれている．

シンガポールのカジノ成功に刺激を受けた日本もカジノ導入を検討し，日本政府および大阪府や沖縄県などいくつかの自治体は頻繁に二つのIRに使節団を派遣した．2016年12月，カジノを合法化する「IR整備推進法」が成立，日本でも近い将来にIRがオープンすることになった．政府は，シンガポール同様のギャンブル依存者対策を実施することを約束している．さらに，ほかのアジア諸国もカジノ導入を検討しているため，すでにカジノで有名なマカオを含めて，競争は激化するだろう．二つのIRを中心に観光客誘致を進めるシンガポールの政策は，数年後には見直しを迫られるかもしれない．

［田村慶子］

シングリッシュ

シンガポールの国語はマレー語であるが，公用語として各主要民族の華語・マレー語・タミル語と英語が定められている．英語は，①国際共通語であり，科学技術で用いられる言語であること[1]，②シンガポールにおける諸記録，行政，司法の連続性を保証できること，③各民族が平等な条件で接することのできる中立的言語であり，共通語として適していること，④外国投資者の用いる言語であること，という理由から公用語とされた[1]．

この国の歴史は1819年に英国人のT. S. ラッフルズが上陸したときから始まる．1824年に英国の植民地とされ（1942～45年は日本），1959年6月に自治権を獲得したが，1963～65年はマレーシア連邦の一部であった．マレーシアから分離・独立した1965年以来，政府は英語と民族語の二言語教育政策を実施している．一方で，政府は社会の多くの面で英語優先の環境づくりを推し進めてきており，1960年代の末から，議会や国民が諸官庁へ提出する文書などについて，四言語は非効率的であるという理由で英語が行政語としての地位を高めていった．学校教育でも，1987年より英語を第1に，民族語を第2に位置付けた．その結果，現在アジアで最も英語運用能力が高い国となった．

●シングリッシュの特徴　シングリッシュ（Singlish）は，「シンガポール人（Singaporean）が日常生活で話している英語（English）」を揶揄したものであり，「ピジン英語」の一つである．多民族が共存しているため，宗主国の英国英語に，華人の方言（福建語や広東語など）やマレー人のマレー語やインド人のタミル語など，さまざまな言語の訛りが融合している．さらに，テレビなどの影響で，米国英語やオーストラリア英語の語彙や表現，文法構成からも影響を受けている．以下は，シングリッシュの特徴の一部を述べたものである．

(1) 発音　①語彙の語尾にある子音は極端に小さい音であるか，発音しない．Car park（カッパッ），It too late!（イ，トゥ，レ），No need（ノニッ）．②「θ」の代わりに「t」，「ð」の代わりに「d」と発音する．three → tree，this → dis，think → tink，they → dey．③「s」と［ʃ］の音が逆に発音する．sugar や should の［ʃ］は「s」で発音し，一方，supermarket や soup の「s」は［ʃ］と発音する．

(2) アクセント　華語の影響を受け，すべての母音を同じ強さで発話したり，第1のアクセントの語彙であっても最後にアクセントをもってくる．Monday［mʌ́ndei］は，［mʌndéi］と後ろの母音［dei］を強く発話する．

(3) 文法　①会話文の語尾に，lah, ma, ah, ha, la を付ける．華語の「了（ラ）」に由来しており，日本語の「～だよ！」「～ね！」を意味する．OK, lah（ラ），You arrive in Singapore, ha? ②疑問文は，華語の疑問文と同様の使い方で，「吗（マ）」を文の最後に付ける．語順も変わらない．You speak English, ma? また，疑問詞（what, where, who, how など）を伴う場合は，文の最後に「疑問詞」を追加する．You go where? You want how many? ③動詞は時制や主語によって活用しない（変わらない）．時制は華語と同様に，時を表す副詞を一緒に使い，過去，現在，未来を表現する．I meet him yesterday. また，主語が三人称単数（he, she, it）の現在形の一般動詞に「s, es」を付けないことが多い．She take out. Mary don't like you. ④複数形で表現する場合であっても単数形を用いる．Very few student can come on Sunday. ⑤主語，不定詞，be 動詞などの脱落が多い．(Do you) Eat here? His playing not so good.

図1　中国，マレー，インド料理などそれぞれの民族の食べ物を楽しめる．ここでは，楽しくシングリッシュでおしゃべりする声が聞こえてくる（シンガポールのフードコートで，2010年）

(4) 語彙　①Can を多義的にさまざまな文脈の中で使用する．I can drive the car. や Can you help me? といった本来の can の意味だけでなく，should not や may not，must not などですべて can not を使用する．また，A: Can or not? B: Cannot. A: Why cannot? など，can を単独で使用することや，Can can, I can do it. と繰り返して強調することもある．②華語方言（福建語・広東語など）・マレー語などからの借用語を入れる．tai-tai（太太　マダム），jie-jie（姉姉），mei-mei（妹妹），da bao（打包　テイクアウト）＝華語方言に由来する語．jalan-jalan（散歩する・通り），makan（食べる・食事），Alamak!（狼狽したときに「あらまぁ！」）＝マレー語に由来する語．

シングリッシュを矯正しようとして，2000年から「スピーク・グッド・イングリッシュ運動」が開始された．テレビやラジオなどの公共放送機関では，正統な英語で放送が行われ，シングリッシュの使用は禁止されている．　［高橋美由紀］

参考文献

[1] Gopinathan, S., "Towards a National Educational System", Riaz Hassan ed., *Singapore : Society in Transition*, Oxford University Press, 1976

[2] 高橋美由紀「シンガポール華人児童とその母親にみる言語環境の動態の研究—英語重視政策が華人社会に与えた影響」京都大学博士論文，2009

[3]「シングリッシュとは？特徴・歴史・発音・一覧全てをお伝えいたします！」(https://singainfo.com/?p = 8241)

JKT48

☞「J-POP」p.712

日本で大成功を収めたAKB48というアイドルづくりのフォーマットを，女性アイドル・グループがほとんど存在しなかったインドネシアに適用しようという企画が，2011年に総合プロデューサー秋元康のイニシアティブで始まった．インドネシアの首都ジャカルタ（Jakarta）という地名からJKT48と名付けられた．海外におけるAKB48の姉妹グループとして，台北のTPE48と上海のSNH48も同様の企画で進められたが，ともにJKT48のようには順調にいかなかった（2017年にタイの首都バンコクでBNK48が結成された）．インドネシアでは，五輪真弓の『心の友』が1980年代からヒットし国民的な人気を得ていた．このような日本の音楽の人気は日本側のプロモーションの成果ではまったくなく，いわばインドネシア人の琴線に触れて起きた例外的な現象である．ちなみにインドネシアでは日本のJ-POPと比べて，韓国のK-POPの方がはるかに人気になり興行的に成功している．

● JKT48の歩み　2011年11月2日にオーディションに参加したインドネシア女性の中から第1期生28人が選出された．彼女らはAKB48の楽曲を歌詞だけインドネシア語に変えるが，ダンスの振付やステージの進め方はAKB48と同じようにできるようにと，厳しいレッスンを受けた．2012年11月にはAKB48から高城亜樹と仲川遥香が移籍して，インドネシア人と日本人の混成グループという構成になった（後に2人はJKT48を辞めている）．さらに2012年9月に専用劇場JKT48シアターが，ジャカルタ中心部のショッピング・モールの4階にオープンした．劇場公演のチケットの購入はすべてJKT48の公式ウェブ・サイトを通して申し込むことになっている．サイトは日本語版とインドネシア語版が作成されているが，その構成は日本のAKB48とほぼ同じつくりになっている．

図1　JKT48のアルバム「B·E·L·I·E·V·E」（2017年9月発売，©dentsuX. entertainment）

JKT48の公式サイトによると（2017年10月現在），三つのグループに分かれて公演を行っている．チームJは19人，チームKIIIは日本から2014年4月に移籍した近野莉菜（唯一の日本人メンバーだったが，2018年3月に卒業）も加わわって24人，さらにチームTは18人からなる．このようなグループの階層構造はAKB48グループ全体に共通している．日本から発信されたアイドル・グループというフォーマットが国境を越えて，インドネシア社会に広がっていった．

●人気の拡大　デビュー以来，電通がバックアップして大塚製薬（「ヘビー・ローテーション」を使ったポカリスエットのCM）や楽天，ヤマハ，花王，グリコ，ローソンなど日系企業のテレビCMに起用され，さらに主要なテレビ局の音楽関係の番組に出演するなど，JKT48はマスメディアへの露出の機会を増やしていった．その中で，JKT48が地方に活動範囲を広げる第一歩となったのが，2013年6月に4つの地方都市で開催された「JKT48，私たちの名前を紹介させて」と題されたコンサートである．会場では観客が手にもつケミカルライトが無数に光り，会場に集まった数多くのファンがコンサートの進行に合わせて，掛け声（ミックス）を日本のコンサートと同じように発していた．「よっしゃいくぞ〜！」という「MIX号令発動」から始まって，「タイガー，ファイヤー，サイバー，ファイバー，ダイバー，バイバー，ジャージャー」と続くのである．いわゆる「ヲタ芸」（ヲタクの芸）とよばれるものの一つである．インドネシア人のファンがインターネット上で得た情報やYouTubeなどにアップされた動画から，日本的声援スタイルを模倣したと考えられる．インドネシアの経済発展とともに進んだインターネット環境の整備とスマートフォンの普及が，まさにJKT48の人気拡大の背景にある．

●インドネシア化の進展　JKT48のメンバーは，AKB48の曲を歌詞だけインドネシア語に変え，そのまま同じアレンジと振付で歌い踊ってきたが，インドネシア人の間に人気が広まる過程で，2014年からインドネシア的な要素を取り入れたローカル化が現れてきた．その一つはJKT48のメンバーがインドネシア独自の音楽ジャンルであるダンドゥットを取り入れて歌ったことである．インドネシアのテレビ番組などで，メンバーの1人センディ（後にJKT48を脱退）がAKB48のヒット曲「恋するフォーチュンクッキー」をダンドゥット風のアレンジと振りで歌って，観客から大きな歓声を受けていた．ダンドゥットはインドの映画音楽と欧米のロックの影響が混じり合って，1970年代以降に誕生したインドネシア独特の混成音楽である．ダンドゥットの特徴は，こぶしを効かせた独特な歌い方だけでなく，ゴヤン（goyang）という女性歌手のセクシーな踊りが不可欠になっていることである．インドネシア的な要素が濃厚なダンドゥットをパフォーマンスの中に取り込むことは，日本発のフォーマットに忠実だった，これまでのJKT48とは方向性がまったく違う，インドネシア化のプロセスとして注目される．

［小池 誠］

📖 参考文献

［1］小池 誠「インドネシアにおける日本的消費スタイルの浸透とJKT48」竹歳一紀・大島一二編著『アジア共同体の構築をめぐって—アジアにおける協力と交流の可能性』芦書房，2015

フィリピン大統領

フィリピンの大統領は，一般に，現在のフィリピン共和国大統領であるドゥテルテまで16名を数える．初代大統領は，スペインによる植民地支配からの独立闘争であったフィリピン革命の中で，1899年に樹立されたフィリピン共和国の大統領となったアギナルドである．歴代大統領16名の中には，アギナルドと1946年の独立以降の大統領12名のほか，米国植民地期のコモンウェルス（独立準備政府，1942年から45年は米国での亡命政府）の2名の大統領（ケソン，オスメニャ），日本占領期のフィリピン共和国の大統領（ラウレル）が含まれる（表1）.

●大統領選出の仕組み　現在のフィリピンの大統領制度は，1987年憲法の規定に基づく．任期は6年で再選は禁止されている．6年ごとの大統領選挙において，18歳以上の有権者による直接投票で最も多くの票を得た者が当選となる．

1946年の独立から1972年のマルコスによる戒厳令発令までは，4年ごとに大統領選挙が実施されており，再選は1度まで認められていた．その時期の大統領選挙は，基本的には，国民党と自由党という当時の2大政党が，現職大統領とその対立候補を出すという形で争われた．ただし，両政党の政策やイデオロギーに大きな違いはなく，現職大統領と同じ政党に所属する有力大統領候補が，選挙前に別の党に移籍して出馬することも珍しくなかった．

1987年憲法は，1986年のピープルパワー革命で，20年以上続いたマルコス政権を打倒して成立したアキノ政権のもとで制定された．新憲法では大統領の再選が禁止されたため，1992年以降の大統領選挙は，エストラーダの失脚に伴い副大統領から昇格し，現職大統領として出馬したマカパガル=アロヨの例を除き，新人候補者たちの争いとなった．数人の有力候補が，それぞれの政党や政党連合の下で大統領の椅子を争うことが一般的となっている．

●歴代大統領の経歴　コモンウェルス以降の歴代大統領の経歴をみると，C. アキノ以前は，ほとんどが司法試験に合格した法律家であった．1972年に戒厳令を発令して長きにわたり独裁的な政治体制を維持したマルコスも，名門フィリピン大学で法学を専攻した法律家である．当時は，法律家が，下院議員や全国区で選出される上院議員，副大統領を務め，大統領選に出馬するというキャリア形成が一般的だった．例外はマグサイサイである．庶民層出身のマグサイサイは法律家ではなかったが，キリノ政権下で国防長官を務め，当時の共産勢力である「フク団」鎮圧で名声を得るなどして大統領へと昇りつめた．

1986年のピープルパワー革命以降，大統領の経歴は多様化した．中部ルソン地方の大地主の家族出身であるC. アキノは，1983年に暗殺された，マルコスの政

表1　歴代のフィリピン大統領．＊：1942年から45年は米国での亡命政府の大統領

歴代大統領名	在任期間	主な前職
E. アギナルド　E. Aguinaldo	1899～1901	町長，革命指導者
M. ケソン＊　M. Quezon	1935～1944	州知事，上院議長
J. ラウレル　J. Laurel	1943～1945	上院議員，最高裁陪審判事
S. オスメニャ＊　S. Osmeña	1944～1946	州知事，下院議長，副大統領
M. ロハス　M. Roxas	1946～1948	州知事，下院議長，財務長官
E. キリノ　E. Quirino	1948～1953	下院議員，上院議員，副大統領
R. マグサイサイ　R. Magsaysay	1953～1957	下院議員，国防長官
C. ガルシア　C. Garcia	1957～1961	下院議員，上院議員，副大統領
D. マカパガル　D. Macapagal	1961～1965	下院議員，副大統領
F. マルコス　F. Marcos	1965～1986	下院議員，上院議長
C. アキノ　C. Aquino	1986～1992	
F. ラモス　F. Ramos	1992～1998	国軍参謀総長，国防長官
J. エストラーダ　J. Estrada	1998～2001	町長，上院議員，副大統領
G. マカパガル＝アロヨ　G. Macapagal-Arroyo	2001～2010	上院議員，副大統領
B. アキノ3世　B. Aquino III	2010～2016	下院議員，上院議員
R. ドゥテルテ　R. Duterte	2016～	市長，下院議員

敵B. アキノ元上院議員の妻である．反マルコス運動の中心的存在として1986年の大統領選挙をマルコスと争い，革命後に大統領となった．ラモスは，米国陸軍士官学校卒業という経歴をもつエリート軍人である．アキノ政権下では国軍参謀総長，国防長官を歴任したが，公選職は経験していない．

エストラーダは政界に入る前はアクション映画のスターであった．大統領選挙では「貧しい者のためのエラップ（通称）」という選挙スローガンを掲げ圧勝した．エストラーダに続く2人の大統領はいずれも大統領の子供である．マカパガルの娘であるアロヨは，フィリピン大学で経済学博士号を取得した経済学者であった．C. アキノの息子であるB. アキノ3世は，大学時代は経済学を専攻し，家族関連の企業勤務を経て上院議員などを務めている．「麻薬撲滅戦争」における「超法規的殺人」や歯に衣着せぬ発言などで内外のメディアに取り上げられることの多いドゥテルテは，マルコス以来の法律家の大統領であるが，南部ミンダナオ島のダバオ市長を長く務めた政治家として知られる．自警団をも活用することでダバオの治安を回復させ，市長として頻繁に全国メディアにも登場していたドゥテルテは，大統領選挙でも厳格な「規律」の導入を掲げて勝利した．

すでに新憲法体制下で5度の大統領選挙が行われた．上でみた大統領の経歴の多様化が今後どのような展開をみせるのかは，フィリピン政治のみならずフィリピン社会を理解する上でも注目点となる．

［長坂 格］

📖 参考文献

［1］大野拓司他編『フィリピンを知るための64章』明石書店，2016

フィリピノ・ホスピタリティ

☞「村の世界」p.86

フィリピン人が来客，特に海外からの来訪者をもてなす際の手厚さや温かい歓迎をさす．ツーリズムの標語としても，官公庁や観光業者などによく用いられる語のひとつである．反面，ホスピタリティには，招かざる客やよそ者をいかに遇するかという含みもある．

「国民性」という語がある．この語は，例えば「日本人は礼儀正しい」といっても誰もがそうではないようなあやふやさをもつ．しかし，同時に「国民性」や「国民文化」は，「国民」という元来，境界が定かではないものの輪郭をはっきりさせもする．本項では，招かざる客やよそ者の処遇という視点から，フィリピノ・ホスピタリティと国民の想像のかかわりについて論じてみよう．

図1　レチョン（焼き豚）を売る店（セブ島）．豚は人間関係を築くのに欠かせないが，エンカントスと食事をともにすると，人の世界に帰れないとされる

●招かざる客　フィリピン諸島では，外国人のことをバニャガ（banyaga）やダユハン（dayuhan）とよぶ．ダユ（dayu）とは「よそ者」といった意味である．これらの語彙に加え，「招かざる客」のイメージをより端的に表すものに，ビサヤやミンダナオの各地でみられるエンカントス（engkantos）の観念がある（以下，民族誌的データは文献［2］による）．エンカントスとはエンカントともいわれ，スペイン人などヨーロッパ人の風貌をもつ，背が高く顔立ちが整った霊的存在である．彼らは村はずれのダキット（dakit）の木や泉などに棲み，通常は無害だが，見目麗しい男や女を気にいるとさらっていったり，性交渉をもったりする．知恵を用いてエンカントスを悩ませることでエンカントスの手から逃れることができるとされるが，彼らと食事をともにすると帰れなくなるという．エンカントスが棲む場所に断りなく立ち入ったり，不用意なコトバを発すると病いが引き起こされる．

エンカントスは，人に豊かさをもたらしもする．ミンダナオのカガヤン・デ・オロでは，畑を開墾するときに，豚の血を土地の隅々に撒き，最初の収穫の際に，隣人に食事を振る舞うとともに，エンカントスを招来しなければならないとされる．フィリピンの人たちにとってエンカントス（＝植民地統治者）は，歓待しなければ災厄をもたらす，厄介な客であるが，開墾地に豚の血を撒いたりすることで，儀礼を通してエンカントスとの間に「友人関係」を築くことで，豊穣がもたらされると考えられているのだ．

●二者関係　東南アジアの人間関係は，家庭内の関係を核とした二者関係を基調としているとされる[1]．フィリピンの場合，二者関係はタガログ語におけるマグイナ（mag-ina 母と子），マグアマ（mag-ama 父と子）などのように，固有の名称によって表現される．二者の関係を表す名称は，特に相手がエンカントスのような霊的存在の場合，重要である．関係を表す名称をもたない場合，霊的存在は，悪霊となる．そうした悪霊と無名の関係に名称が与えられることで，危害を及ぼすかもしれない他者が友好的な他者へと変化するのだ．

例えばミンダナオのマンダヤの人たちは，人の血をすするブサウ（busaw）とよばれる悪霊との間に友人関係を取り結ぶことで，それらに対する呼称を，霊的存在と人の関係の内容を具体的に明示し，友人や先導者，保護者をそれぞれ意味するアブヤン（abyan），ディワタ（diwata），バントゥイ（bantuy）といった呼称に変更する．またカガヤン・デ・オロでは，人がエンカントスの棲家を横切るとき，自分たちがエンカントスの孫であることを口に出して通り過ぎる．エンカントスと人の間にも，友人関係や祖霊と子孫の関係が結ばれるのである．

●キョウダイ　理論上，二者関係では，関係を結ぶ主体と他者が区別される．フィリピン諸島において主体の核となるのはキョウダイ結合（タガログの場合magkapatid）である．二者関係には，キョウダイの配偶者や配偶者のキョウダイのように，キョウダイ結合に吸収されていくタイプと，上位世代との関係や友人関係のようにキョウダイ結合に外在するタイプが並存している．スペイン人と並ぶ，フィリピン諸島の外来者に福建省からの移民がいるが，彼らはしばしばインチック（intsik）とよばれる．インチックとは，今日では中国系住民に対する蔑称の意味合いが強いが，もともとはオジを表す親族名称であったとされる．エンカントス＝スペイン人も，インチック＝中国系移民も，キョウダイ結合に外在する外来者として，二者関係が取り結ばれてきたのである．

フィリピノ・ホスピタリティは，フィリピン国民が想像される過程で，関係を取り結ぶ「外来者」が「外国人」にまで漠然と膨張し，身内としてのキョウダイ結合も「国民（kababayan）」にまで理念的に拡張される中で登場してきた概念であると推察される．それはエンカントスをめぐる伝承が示すように，部分的には，スペインの植民地となった歴史的悲劇を合理化する性格をもつ．植民地統治者のような招かざる客やよそ者に対して，取り得る対処法は，せいぜい二者関係の中に取り込むことや機嫌を損なわないようにコトバをかけることぐらいであり，それを拒絶するという選択肢は持ち得ないからである．　［宮原　曉］

📖 参考文献

［1］信田敏宏「人」宮原 曉編『東南アジア地域研究入門』慶應義塾大学出版会，2017
［2］Demeterio, F. R., *Encyclopedia of Philippine Folk Beliefs and Customs*, Vol. 1, Xavier University, 1991

バレンタインデー

西欧起源の年中行事でバレンタインデーほど，クリスマスと並び世界中で知られ祝われている日はないだろう．アジアでの広がりと定着は，日本では 1970 年代以降，東南アジアでは 80 年代，90 年代になってからと思われる．日本以外ではギフトの贈り手に男女の別はない．恋や愛という人類共通の感情と結びついたバレンタインデーは，ひとたび広がりの契機を得ると，マスメディアやサービス産業の注目度も高く，浸透が早かったと想像される．他方で愛の表現には社会や文化によって違いがあり，バレンタインデーの祝い方には国柄が垣間みえる．

●歴史　起源は古代ローマ時代にさかのぼるとされるが，2 月 14 日に手づくりのカードや花を贈る習慣が確認できるのは 18 世紀の英国においてである．印刷技術の進歩と郵便制度の発達により 19 世紀半ばには市販のカードを送ることが盛んになった．この時期にはカードを送る習慣が米国に渡り，やがて 1910 年創立のカード会社，ホールマーク社が 13 年にバレンタイン・カードを売り出し，16 年には自社製のカードを販売することにより，バレンタインデーの商業化が進んだ．

●アジアにみるバレンタインデー　古くからキリスト教徒の間で祝われたクリスマスと異なり，後述のフィリピンを除き，アジアでは主に外国人居住者の間で祝われたようである．1941 年のシンガポールの英語新聞には社交界にデビューする若い女性たちのための舞踏会がバレンタインデーに開かれる旨の記事があり，これより早い 1936 年の日本の英語新聞にはチョコレートとバレンタインデーを結びつける広告がみられる．ただし女性が意中の人にチョコレートを贈るという日本的慣行は 50 年代末に現れ，製菓業界やデパートなどの宣伝により 70 年代後半以降に定着した．なお日本以外では贈り物のイメージと重なるのはバラである．

個人的感情の表出と個人消費の機会でもあるバレンタインデーの社会現象化は，経済発展と社会変化に伴い起こるものであろう．東南アジアでは，1970 年代に経済発展が始まったシンガポールとタイで早く起こった可能性が高い．前者では 80 年代前半の英語新聞に，愛する人へ贈るバレンタイン・メッセージを広告欄に載せようとの記事があり，80 年代後半には花屋によるバラの広告が掲載されている．95 年のバレンタインデーは旧正月の元宵節（満月の日）にあたり，古(いにしえ)の中国では未婚女性が外出を許された数少ない日，若い男女にとっては出会いの日だったとされる．二つの「吉日」が重なったため当日シンガポールでは結婚登記所が人で溢れると予想され，登記業務を迅速化させ，かつ役所の雰囲気をロマンチックなものにするよう工夫したと，政府関係者がメディアに語っている．

●「恋するシンガポール」　バレンタインデーは商業主義との結びつきをよく指

摘される．政治とも結びついたのがシンガポールである．都市国家が独立後に取り組んだ人口問題は，出生率をいかに押さえ人口増加を防ぐかだった．ところが1980年代半ばになると，逆に低出生率と高学歴女性の高い非婚率が問題となり，人口増加のための施策が打ち出された．公的結婚紹介機関の設置やベビーボーナスの給付などである．にもかかわらず2002年の出生数はそれまでの最低を記録した．そこで翌年，政府が始めたのが「恋するシンガポール」キャンペーンである．バレンタインデーを挟んで2月の1か月間展開され，パーティやクルーズ船での行事など未婚男女の出会いと交際を促進する企画を立案し実施した．だが，これも成果を上げられず，2010年には出生率が史上最低に沈んでいる．

●フィリピン事情　米国植民地期にワシントン誕生日，独立記念日，感謝祭などとともに持ち込まれ，祝われるようになったといわれる．そのうち現在でも残っているのがバレンタインデーで，数日前から赤いバラの値段が高騰し，レストランの予約も難しくなるという．近年よく報道されるのが，バレンタインデーを中心に各地で行われる集団結婚式である．数百組から数千組のカップルが一堂に集い挙行される．経済的理由で式を挙げずにいたカップルなど誰でも参加でき，通常は宗教色抜きで無料である．スポンサーには地方政府の首長が多く，政治的意図を感じさせる．2004年にはマニラでバレンタインデー・キスの集いが開催され，5000組以上の未婚既婚のカップルが参加した．一斉に10秒の間キスをするカップルの数のギネス世界記録を狙ったもので，現在では年中行事化している．

●イスラーム主義者の反対運動　最近ニュースになるのが，イスラーム世界における反バレンタインデー運動である．東南アジアではマレーシアやインドネシアでよく報道される．デモを行ったり，地域によっては祝い自体を禁止し，警察がデート中の未婚ムスリム男女を逮捕する事例もみられる．運動は西洋的な価値観とされるもの，男女の自由交際やそれに伴う道徳的退廃を問題視する．1994年2月12日にはシンガポール・イスラーム宗教評議会が，ムスリムはバレンタインデーを祝うべきではないと表明した．これが最初の表明かはともかく，この頃までにシンガポールではムスリムをも巻き込む一般的な祝いになっていたのであろう．

バレンタインデーは個人ないしカップルを中心に据え，愛に根ざした男女の関係の至高性を強調する．フェミニストの間に，資本主義と相携え男が恋愛関係をリードする家父長的で異性愛規範的伝統を助長するものとの批判がある．一方，自分たちの愛の証と社会的アピールのために，この日に結婚式を挙げる同性愛カップルもいる．クレジットカード会社の調査によれば，アジア太平洋地域におけるバレンタインデー関連の支出（カード，花，プレゼントなど）は伸びており，東南アジアの経済成長を考えると今後ともに伸び続けることだろう．バレンタインデーの祝いが盛んになればなるほど，その経済的社会的露出度は増し，ますます異なる宗教観や価値観がぶつかる場となるのではなかろうか．

［加藤　剛］

政治風刺とラップ

ラップ・ミュージックはカウンター・カルチャー的要素をもち，政治風刺と結びつくことも多い．ミャンマーの例をもとに，ラップがいかに政治とかかわるかをみてみたい．ラップ音楽がミャンマーに入ったのは1990年代である．民主化運動を抑えて登場した軍事独裁政権は，以前の社会主義政権に比べれば，政治以外の欧米文化の流入は黙認した．1994年，シンガーソングライターのミョウチョーミャインがエレクトロニック・ミュージックをミャンマーに紹介したが，歌詞が恋愛中心だったこともあり，ラップ歌手として認識された程度で終わった．その後，2000年に男性4名によるエシッド（Acid）がヒップホップを広め，それ以降若者の間にラップという音楽スタイルが定着した（図1）．

●ラップ歌手のブレイク要因　エシッドはアネッガ，ゼィヤートー，ヤンヤンチャン，ヘィンゾーという結成当時平均20歳の男性4名によるユニットであった．リーダーのアネッガは1980年代に名を馳せたポップ歌手の息子で，音楽界に太いパイプをもっていた．ゼィヤートーの両親は地方で病院を営む医者であり，ヤンヤンチャンとヘィンゾーの両親もビジネスを営むなど，いずれも裕福な家庭に育っている．彼らはアメリカン・センター，アリアンス・フランセーズ（フランス政府運営の文化センター），ナイト・クラブなどに出入りし，欧米のラップ音楽に触れる機会を得た．当時のミャンマーは言論統制が厳しく，アルバム販売には前もって歌詞を検閲機関に提出し認可を得なければならなかった．アルバムはカセットテープで販売されたが，レーベル会社は販売経費の一部を受け持つ程度で，作り手側がほとんど負担せねばならなかった．エシッドのメンバーは金銭的に余裕があったため，利益よりもラップの普及を優先し，大都市で一般市民が最も音楽と触れあう場所ともいえる喫茶店や宝くじ販売店に見本のカセットテープを無料で配布し，多くの人に聞いてもらえるよう工夫した．

図1　エシッド．左からヤンヤンチャン（自営業の傍ら音楽活動を継続中），ヘィンゾー（2006年に薬物の過剰摂取により逝去），アネッガ（自営業の傍ら音楽活動を継続中），ゼィヤートー（2011年に政界へ転身，下院議員）．写真の背景はかつての国旗

言論統制下で政治批判の言葉は入っていなかったが，社会や人生への不満が歌詞に盛り込まれていた．タイトル曲「サティンチン（始まり）」では

「まわりは俺をワルだ，嫌われものだと．ただ自由を求めているだけさ．自由の模索を諦めろとでも？そんな暮らしに幸せなんてあるもんか」，「人生」では「お前も変，俺も変，誰もがそれぞれ狂ってる，おまえも罪，俺も罪，皆すべてが罪だらけ……俺たちの時代，ようやく来たらうんざりだらけ，不正もむかつく……金がなけりゃ，人間失格だって？」などと唄われている．

ラップは若者の不満を吐き出すことで成り立っている．軍事政権は，政治活動の温床となったとして著名大学を長期間強制的に閉鎖，再開したときには多くの大学を郊外のキャンパスに移転させた．結果としてヤンゴンは高等学校を卒業した後進学できず，就職先のない20代の若者で溢れかえった．不満をもちながらも吐き出す表現媒体がない中，エシッドのラップが登場したのである．

●ラッパーと政治　2007年，僧侶を中心とする抗議デモが発生したが，軍事政権はデモを武力で弾圧し，市民の中で政権への不満がさらに高まった．エシッドのメンバーであるゼィヤートーとヤンヤンチャンは「世代の波（Generation Wave)」という政治アーティスト・グループを結成し，民主化運動にかかわった．政府は2008年にゼィヤートーを外貨所持罪で告訴し，懲役6年の実刑が下された．外貨所持罪は表向きの罪状で，実際には不法に組織を結成した罪で告訴されたと噂されていた．ヤンヤンチャンも逮捕され，懲役1年の刑が下された．「世代の波」の参加人数ははっきりしないが国内のみならず，海外留学中の若者も入っており，グループの活動は継続していた．彼らは民主化応援歌や，アウンサンスーチー応援歌を作詞作曲し2009年にYouTubeを通じて配信した．民主化応援歌には「ミャンマーのために闘おう．自由のために闘おう」という言葉が，スーチー応援歌には「我が母（スーチー）の解放を！僕らの時代に体制を変えられなければ，次世代に合わせる顔がない」といった歌詞がみられた．2011年にスーチー国民民主連盟（NLD）党首が自宅軟禁から解放され，ゼィヤートーも刑務所から釈放された．彼はスーチー党首と会い，政界に転身した．2012年の補欠選挙では人民代表院（下院）から立候補して当選，2015年総選挙でも再選された．他のメンバーは政界に入らなかったが選挙の際にNLDの応援曲を作成し，遊説に同行して歌い会場を盛り上げた．

ヒップホップは現在でも若者の間で人気が高く，新たなユニットも多数結成され，アルバムも輩出している．検閲が緩まり，近年では政治風刺のほか社会問題を取り上げるラップも増えた．2014年に流行したジャウジェッとウェイラによる「プラカードを持って歩こう（デモをしよう)」という曲には「すぐ人を差別する，誰かが批判をはじめると考えもせず皆で責めたてる……こんな古いやり方を直さなきゃ，まず自分が内側から変わらなきゃ」という言葉もある．民主化改革は，制度のみならず国民一人ひとりが変わってこそ初めて実現するという意識の広がりを示唆している．

［テッテッヌティ］

テロリズム

テロリズムとは人びとに暴力への恐怖（terror）を掻き立てることで，政治的な目標を実現させようとする行為をさす．テロリズムは国内外の政治においてしばしば重要なインパクトを与える行為であり，さまざまな政治集団によって採用されている．しかし数ある政治的暴力のうち，何をテロリズムとよぶかは，それ自体きわめて政治的な行為である．

まず現代東南アジアにおいて，誰のどのような行為がテロリズムとみなされているのかを検討してみよう．米国のメリーランド大学が監修するグローバル・テロリズム・データベースによれば，東南アジアでは 2016 年に 1000 件のテロ事件が起こっている．国別では，半数以上の 577 件がフィリピン，以下タイ 315，ミャンマー 74，マレーシア 18，インドネシア 13，ラオス 3 となっている．同データベースにおけるテロリズムの主体（実行犯）は，イスラーム過激派およびムスリムの分離独立勢力（フィリピン，タイ，ミャンマー，マレーシア，インドネシア），非ムスリムの分離独立勢力（ミャンマー，インドネシアのパプア），共産ゲリラ（フィリピン）に大別できる．主たる標的は半分以上の 519 件が政府機関（うち軍 181，警察 116），一般市民 169，企業 86 などである．暴力の種類では，爆弾 417，武力攻撃 259，暗殺 165，建物などの破壊 68，人質・誘拐 68 などとなっている．これらの行為はすべて，既存の国民国家の枠組みや政治体制に挑戦し，政府や一般市民に対する攻撃とみなされている．

国家による暴力は現代社会では通常テロリズムとはよばれない．しかし東南アジアではしばしば国家が非公式，非合法的な暴力を行使する主体となる．カンボジアのポルポト派による虐殺やインドネシアの共産党粛清など，最も大規模かつ残虐な政治的暴力は国家が主体となり，社会を深く巻き込んできた．近年でも，タイのタックシン政権やフィリピンのドゥテルテ政権が数千にのぼる麻薬の売人などを非合法的に殺害した．ミャンマーでは，少数民族ロヒンギャ◀に対して組織的な暴力が加えられている．

こうした前提を踏まえた上で，事件の総数が最も多いイスラームを掲げる運動に絞って，どのような背景の政治的暴力がテロリズムとよばれるのかを明らかにしたい．

●イスラームと暴力，テロリズム　現代東南アジアにおいて暴力を政治的手段として採用するムスリム政治勢力は，その闘争の目的よって三つに大別することができる．

第 1 に，少数派ムスリムの分離独立運動である．フィリピンのミンダナオやタイ深南部では，少数派ムスリムが分離独立運動を続けてきた．主流派のモロ民族解放戦線（Moro National Liberation Front）やモロ・イスラーム解放戦線（Moro Islamic Liberation Front）はしばしば政府と暴力的な衝突をしてきたが，1980年代から次第に武装闘争を放棄し和平交渉を通じた自治獲得を目指すようになった．他方で和平交渉に不満をもつ非主流派のアブ・サヤフ（Abu Sayaf）などは，次に述べるグローバルなイスラーム主義を採用して，武力闘争を続けている．タイ深南部では，1950年頃からマレー系ムスリムによる分離独立運動が続いているが，広範な暴力化は2004年以降のタックシン政権による統治機構の改悪で始まったとされている．その後10年以上にわたって，分離独立運動と治安当局および一部仏教勢力との暴力の応酬が続いている．なお，タイ深南部ではグローバルな闘争への志向性は低い．分散的な武装勢力に共通するのはマレー系ムスリムの宗教的文化的アイデンティティである．

第2に，イスラーム主義武装闘争派である．彼らはイスラームの敵とのグローバルな武装闘争を行い，世界のムスリムを代表する国家（カリフ制国家）の樹立を実現しようとする．いずれも国際運動であるアル=カーイダや2014年にシリアとイラクで樹立が宣言されたイスラム国（IS）への支持勢力がこれにあたる．インドネシア発祥のジャマーア・イスラミヤ（Jemaah Islamiyah: JI）は，1980年代半ばからマレーシアのジョホールを拠点にアフガニスタンに人員を派遣，その後ミンダナオでも訓練を行った．2000年代前半には，2002年のバリ島の大規模爆弾事件を始め，インドネシアの欧米権益や観光客への攻撃，および地域紛争への介入を行っていた．インドネシアのジャマーア・アンソール・ダウラ（JAD），フィリピンのアブ・サヤフやマウテ・グループなどがISへの忠誠を表明し，治安当局や異教徒への攻撃を行った．これらの組織には，JIなどの武装闘争派のネットワークを継承するとともに，武装闘争によって既存の運動との差別化や国際的な支援が得られるというメリットがあった．以上2種類の政治勢力による暴力がテロリズムと通常よばれる．

第3に，テロリズムとはよばれない政治的暴力の行為主体として，イスラームの規範に反する行為（飲酒，売春など）や宗教的あるいは性的な少数派への攻撃を行う勢力がある．こうした傾向はインドネシアにおいて顕著である．主たる行為者は地域的な自警団組織（代表的なのはジャカルタを中心としたイスラーム防衛戦線，Front Pembela Islam）であり，暴力の規模も小さい．しかし，こうした勢力が全国的にネットワークを広げ，またしばしば政治権力をめぐる闘争と結びついて少なからぬ影響力をもつようになっている．インドネシアの国内政治においては，「テロリスト」であるイスラーム主義武装闘争派よりも重要な位置を占めている．テロリズムという概念が，数ある政治的暴力の一部のみを指し示すことを再度確認しておきたい．

［見市　建］

第13章

東南アジアの中の日本／日本の中の東南アジア

古代日本の対外交流史というと，中国大陸や朝鮮半島とのそれが想起される．しかしフィリピンのルソン島と日本列島を結ぶ黒潮の存在，縄文人骨のゲノム解析が示唆する日本人のルーツと東南アジアとの関係などを考えると，歴史時代以前の東南アジアとの関係も無視はできない．歴史時代になってからは，正倉院宝物に東南アジア産のベッコウ，伽羅などが含まれ，752年の東大寺大仏開眼法会では中部ベトナム出身とされる僧・仏哲が，のちに雅楽の一部となる舞をもって供養したことが知られる．遣唐使とともに留学生として中国に渡り，後年ベトナムで唐朝の安南節度使となった阿倍仲麻呂の例もあるが，日本人が多く東南アジアに渡ったのは，「鎖国」により直接的交流が途絶える前の「戦国・江戸期」である．日本人を含む一部倭寇の東南アジア沿岸域での活動や南蛮貿易・朱印船貿易の活発化に伴い，シャムのアユタヤやプノンペンなどに形成された日本町，人物であればアユタヤ王に仕えた山田長政，キリスト教禁止令後マニラに追放されたキリシタン大名の高山右近，父親の菩提を弔うためアンコール・ワットを訪れ回廊の柱に墨書を残した平戸藩士・森本一房などの名前が思い浮かぶ．本章では，日本・東南アジア交流史，特に「戦国・江戸期」以降の交流史の概略を踏まえたのち，主に「現代東南アジアにみる日本」と「現代日本にみる東南アジア」の多様な姿を紹介する．

［加藤 剛］

戦国・江戸期の交流

日本と東南アジアの交流は，古くは中国，14世紀後半からは琉球を介して行われた．東南アジア産の香料が，8世紀頃には日本にもたらされていたことが知られる一方で，16世紀終わりから17世紀前半になると，商人，元武士，クリスチャンら多数の日本人が東南アジアに渡り，各地に日本町が形成された．彼らの活動は，現地政権やヨーロッパ人の活動に少なからぬ影響を及ぼした．

●朱印船貿易と東南アジアの在地権力者　戦国時代に鉱山開発を進展させた日本は，16世紀終わりに世界の3分の1の銀を産出し，また金や銅の鉱山開発も進めた．豊かな鉱産物をもとに日本人は，中国産の絹織物や生糸をはじめ，東南アジア産の生糸や森林産物を大量に買い付けた．

政権を安定させた徳川家康は，海外と親善をはかりつつ貿易を進展させる朱印船の渡航を実施した．1604年から海外渡航禁止令が出される1635年までの約30年間に，356隻の朱印船が海外渡航した．渡航先で多かったのは，1番目が交趾(中部ベトナムの広南71隻)，2番目がシャム（アユタヤ56隻)，3番目がルソン(54隻)，4番目がカンボジア（44隻)，5番目がトンキン（北部ベトナム37隻)であった[1,2]．

交趾やトンキンさらにルソンでは，主に生糸を，アユタヤやカンボジアでは，鹿皮や刀のつかの滑り止めに使う鮫皮さらに染料用の蘇木などを買い付けた．1630年代に日本にもたらされた年平均40万斤の生糸のうち，朱印船は15万斤を毎年輸入した．鹿皮は20〜30万枚，蘇木は20万斤をもたらした．

朱印船貿易の展開は，東南アジアの王国の権力強化を促した．広南阮氏の台頭は，その一例である．中国から大量の生糸や絹織物がもたらされ，広南産の生糸を含め，朱印船の銀と交換された．こうして広南での交易が活発になると，パタニやシャム，カンボジアからの商船も集い，東南アジア産の白檀や丁子（クローブ)，ナツメグ，金などを持ち込むようになった．

鄭氏のトンキンにも，朱印船が来航した．トンキンの生糸は，広南のものよりも上質であった．鄭氏は貿易体制を整備し，権力基盤を強化した．1635年以降朱印船が来港しなくなると，代わりにオランダ船がトンキン産生糸を仕入れ，長崎に送った．またカンボジアに来航した朱印船は，中国船やポルトガル船が持ち込んだ生糸と，ラオス人やマレー人がもたらした多量の鹿皮や漆を買い付けた．それまでシャムの圧力のもとで王権が不安定だったカンボジアは，繁栄の時期を迎えた．

●日本人傭兵と現地権力者との抗争　文禄の役（1592年)，慶長の役（1597年)

および関ヶ原の戦い（1600年）の後，多数の侍が浪人となった．さらにキリスト教に対する禁令の強化が手伝い，日本を離れ東南アジアへ渡る人びとが増えた．

ポルトガル船で日本にやって来たキリスト教の宣教師は，布教のための資金を自力で捻出せねばならなかった．このため教会は，キリシタン大名から寄進された土地を所有し，日本人の年季奉公人を奴隷とみなし，海外に運んだ．豊臣秀吉は，宣教師と日本人キリシタンの活動を厳しく規制し始める．1587年の「伴天連追放令」以降，マニラに来航する日本人が増加した．彼らの多くは，商人やスペイン政庁の傭兵となった．増加する日本人とスペインの間に確執が起こり，日本人の居住が制限されることもあったが，その後日本人の居住は再び許され，1613年に徳川幕府のもとでキリシタン禁令が出されると，マニラの日本人は1620年に約3000人になった．

図1　1600年にマニラに来航した日本船船長山下七左衛門一行（出典：Ijzerman, J. W., *De reis om de wereld door Olivier van Noort 1598-1601*, vol. 1, The Hague, 1926）

オランダも，ポルトガルや英国と対抗するために，ジャカルタやモルッカ諸島で，日本人傭兵を用いた．このため日本人傭兵は，しばしば現地勢力の抗争に巻き込まれた．1623年のアンボンでは，オランダ側の日本人兵士七蔵が，英国との内通を疑われ，拷問を受けた末，オランダの城塞占領をもくろんでいたことを自白したとされる．日本人9名と英国人10名，ポルトガル人1名が処刑され，英国はアンボンを追われた．いわゆるアンボイナ事件である．またアユタヤでは山田長政が，17世紀前半に日本人兵士の隊長ならびに商人として活躍した．しかし，宮廷で影響力を強めた長政は，国王プラーサートーンと対立し，失脚させられた．

1635年の海外渡航禁止令により，日本人の東南アジア渡航は終わりを迎えた．また1639年にはポルトガル船の来航も禁止され，長崎にはオランダ船と唐船（華人船）のみが来航を認められた．ここに後に「鎖国」と称される海禁体制が確立した．日本町は17世紀の終わり頃まで存在したが，やがて消滅した．唐船やオランダ船が，東南アジアと日本との貿易にあたり，彼らのもたらした情報は，江戸時代の日本人にとって東南アジアや世界についての貴重な知識源となった．日本人が再び東南アジアに赴くのは，明治以降である．

［弘末雅士］

参考文献

［1］岩生成一『新版 朱印船貿易史の研究』吉川弘文館，p.142, 1985
［2］永積洋子『朱印船』吉川弘文館，p.49, 2001

明治から戦前までの交流

明治の初め日本政府は，朝鮮半島，中国，ロシアなど，西洋列強の影響力がまだあまり及んでいない地域には関心を抱いたが，「南方」あるいは「外南洋」などとよばれた東南アジア各地に対しては，国家的な関心をほとんどもたなかった．独立国タイとは，1897年に国交を樹立したが（公使派遣は1898年），欧米の植民地であったその他の国々との関係は薄く，シンガポールにだけは1889年に領事館が開設されているものの，オランダ領東インド（現インドネシア）では1910年に，ベトナムでは第1次世界大戦終了後の1917年に，フィリピンでは1919年に，ビルマ（現ミャンマー）では1920年になってようやく領事館が開設された．

●「からゆきさん」の渡航　民間人の個人的，散発的な渡航は明治の初期からみられたが，国策移民はほとんどなく，1870年代からは「からゆきさん」とよばれる日本人娼婦が，親の借金返済などの理由で身売りされて南方へ連れていかれた．その後に，彼女らの周辺に寄生して雑業を営む日本人男性の小規模な渡航が始まった．その職種は，「からゆきさん」の生活必需品である呉服・食糧・雑貨を販売するほか，貸席・料理屋，理髪・髪結，売薬商，写真館などにわたっていた．その後，さらに日本製の安価な日用品を現地住民対象に販売するための商人の渡航もみられるようになった．最初は，雇い入れた現地の住民に商品を担がせて各地を行商する姿がみられた．小金を貯めると，小さな雑貨屋を開いて定着した．特にオランダ領東インドのジャワ島においては，そのような商業移民が圧倒的に多かった．やがて世紀の変わり目頃から英領マラヤでのゴム農園の労働者，フィリピンの道路建設やマニラ麻の小規模農園の労働者，また漁民たちの渡航も始まり，日本人の職業構成は地域によってかなりの多様性がみられるようになった．

●企業単位の進出　やがて商社，銀行，農園企業など，日本に本拠をおく企業の進出がみられるようになると，日本政府もからゆきさんに関心をもつようになった．例えばシンガポールの領事館と現地の日本人は，からゆきさんの存在を日本の恥と考え，英国当局と共同して廃娼に向けての運動を展開するようになった．

日本企業による投資は栽培農業部門が最も多く，フィリピンのマニラ麻の栽培，マラヤやオランダ領東インドにおけるゴム栽培などがある．マラヤにおいては錫など鉱業への投資額も大きかった．日本商品の流入は，第1次世界大戦期に，欧米諸国の経済活動が戦争に忙殺されて減少したのを好機として数倍に膨れ上がった．この時期最も多く東南アジアに輸出された日本製品は，綿製品である．その輸出は順調に伸び，やがて1920，1930年代になると，廉価な日本商品は大きなシェアをもつようになった．例えばタイではそれまで95%を占めていた英国製品に代わって1935〜38年には日本製品が85%を占めるようになった．オランダ領東インドでも日本からの輸入は，宗主国からの輸入をしのいで，1933年には33%のシェアを占めるようになった．そのため，対日危機感は頂点に達し，華人商人を中心に日貨排斥運動が起こるとともに，植民地政府は「非常時外国人入国制限令」により日本人の入国を制限した．またマラヤ，シンガポールでは英国植民地政府は1934年に輸入紡績品に対する割当制度を実施した．

●南進論とアジア主義　このような日本製品の大量な進出と並行して，政府や軍の中から，膨張主義的，アジア主義的な色彩をもった南進論が出てきた．第1次世界大戦後南洋群島が日本の委任統治下におかれ，政府の南方に対する関心が拡大し，東南アジアも日本の勢力圏と認識するようになってきたのである．1930年代になると中国大陸への侵略的な動向が顕著になり，他方で東南アジアの民族運動に対する日本の影響力も拡大し，宗主国は対日警戒心を強めていた．すでに1905年の日露戦争における勝利以来，東南アジアの民族主義者たちは日本への期待を抱いていた．1900年代初頭には，ベトナムの民族主義者が，若者を日本へ送って教育させる東遊運動を始め，200人ほどのベトナム青年が来日した．ビルマの僧侶オウッタマ，ベトナムの王族クオンデ，フィリピンのラモスなど，宗主国に対する民族独立運動を展開して官憲に追われ日本へ亡命する者や，留学する者も出てきた．1930年代後半になると，東南アジアの民族運動への日本の密かな工作もみられ，欧米諸国の警戒心はいっそう高まった．

●開戦前夜の緊張と邦人引き揚げ　1937年の日中戦争の開始による日本の中国侵略拡大に対抗し，米国は1939年に対日輸出削減という経済制裁を実施した．石油など重要物資の供給を絶たれた日本は，資源を南方の諸国から求めようとし，産油国のオランダ領東インドとの間で1940年9月から交渉（1934〜37年に次ぐ第2次日蘭（日本・オランダ）会商）を始めたが，1941年6月に決裂する．貿易という形での入手が不可能となった段階で，日本は強硬手段による資源確保の可能性を強く考えるようになり，7月28日にはそれに対する布石として，フランス領インドシナの南部に約4万人の軍隊を「平和的に」進駐させた．暗号解読により南部フランス領インドシナ進駐の計画をすでに知っていた米国は7月25日，国内およびその海外領土にある日本人の資産をすべて凍結するという決定を下し，英国やオランダもこれにならった．そのため東南アジアの欧米植民地では在留邦人は経済活動ができなくなり，日本政府の勧告を受け入れて引き揚げるものが相次いだ．1941年12月8日，真珠湾攻撃とほぼ同時に，日本軍がフィリピン空襲やマレー半島に上陸を決行し，ついに戦争に突入した．　［倉沢愛子］

参考文献

［1］後藤乾一『昭和期日本とインドネシア』勁草書房，1986
［2］矢野 暢『「南進」の系譜』中央公論社，1975

日本軍政の文化政策

日本は,「大東亜戦争」中, 東南アジア諸国を軍事占領し, オランダ領東インド, 英領マラヤ, 英領ボルネオ, シンガポール, フィリピン, ビルマでは軍政を敷いた. 占領地における文化政策は, 欧米排斥論と日本優越論に基づく同化政策に基礎をおき, 現地の住民から欧米の思想や文化の影響を払拭し, 日本文化を植え付けて日本人に精神的に帰一させることを基本方針とした. 当面の課題は, 戦争協力に向けて民心を把握することで, 各種のメディアを活用した宣撫工作を行うほか, 学校教育(興亜教育)も重視された. 一方, 現地の伝統文化や宗教, また民族の言語を興隆させることをうたい, 現地住民の共感を得ることも狙った.

●軍宣伝隊の結成と文化人の徴用 まず開戦を前にして1941年11月21日に, 東南アジア各地の攻略を担当する軍の中に, 宣伝隊が結成された. それより先, 1941年1月からドイツに派遣されていた山下奉文将軍(後に南方攻略作戦の第25軍司令官)を団長とする陸軍遣独視察団が, 同国のゲッペルス率いる国防宣伝中隊に感銘を受け, それにならって編成したものであるといわれる. 軍宣伝隊には将兵のほかに, 文化工作の担い手として国家総動員令に基づいて徴用された「文化人」といわれる人びとを登用した. 当時第一線で活躍していた著名な作家, 詩人, 画家, 漫画家, 音楽家, カメラマンなどがほぼ総動員され各部隊に配属され, 侵攻作戦に同行した. 英国当局も「ナチスに勝るとも劣らぬ宣伝機構をつくり上げている」という評価をしていたほど充実した内容だったようである.

侵攻作戦に際しての「宣伝」の対象は, 敵国兵士やその地に住む住民たちであり, 彼らの言語で書かれたポスター, また彼らの民族運動のシンボルであった歌の録音盤や旗などの宣伝資材もあらかじめ用意していった. それ以外に, 従軍記者や作家などによる書き物を通じて, 銃後の日本国民に, 勇ましく前進する皇軍の活躍を知らせその士気を向上させるという役割も負っていた.

●メディアを駆使した占領地住民の宣撫工作 平定作戦が終了して軍政が始まると, これらの軍宣伝隊は, 宣伝部という軍政機構内の行政組織へと改編され, 占領地の住民を対象とした宣撫工作を担い, 徴用された文化人の多くはここへ移籍した. 宣伝部の監督下で, ラジオ放送, 新聞刊行, 映画制作・配給など, 宣伝の実施活動を担う機関がつくられた. 放送に関しては, 日本放送協会が占領全期を通じて東南アジア全域に280人の職員を派遣してこれを担当し, 東京からの国際放送や台湾からの「東亜放送」の中継のほか, 各占領地に開設した放送局からも放送を行った. 新聞は, 朝日(ジャワ, オランダ領ボルネオ), 毎日(フィリピン, セレベス), 読売(ビルマ, セラム), 同盟通信社(マラヤ, シンガポール, スマトラ，英領ボルネオ）などが，担当地を割り当てられて進出し，現地語ならびに日本語での新聞発行にあたった．映画は，日本から多くの国策映画を持ち込んだほか，ジャワではオランダから接収した施設や機材を活用して日本映画社が文化映画やニュース映画を中心に制作した．これらは，移動映写隊を編成して各地を回り，上映されたほか，現地の劇団，伝統舞踊やワヤンなどの伝統芸能の担い手を宣伝部が動員し，日本の宣伝目的にかなった芸術活動をさせた．

●同化主義教育と日本語教育　文化工作のもう一つの重要な柱は教育であった．八紘一宇の大儀を掲げ，諸民族に大東亜建設の意義を理解させるためには日本文化に同化させる教育が不可欠だという考えから，植民地時代の教育は全廃し，日本式の教科（日本語，日本史，修身，唱歌，体操，遊戯など）が導入された．そして多くの庶民がアクセスできるよう学校教育の門戸は大きく開かれた．

日本語の理解は日本文化・日本精神の理解に不可欠であるとされ，占領下の各地で，学校教育においてのみならず広く一般に熱心な日本語教育が行われた．なかでも「マナベ，使へ日本語！」というスローガンのもとに大々的に展開されたシンガポールの日本語普及運動は有名である．しかし台湾や朝鮮半島などの植民地における教育とは違って，日本語は「国語」ではなく，東亜の諸民族の団結強化のために不可欠な「東亜の共通語」として位置付けられた．そのため，各地の民族語も重視され，例えばインドネシアではマレー語（現インドネシア語），フィリピンではタガログ語が公用語とされ，また学校教育の教授用語とされた．

学校教育のほかに，優秀な青年を集め，興亜訓練所や青年訓練所などの親日的エリートの養成機関も設立された．また同様の目的で，南方特別留学生制度が導入され，1943年と1944年の2回にわたりインドネシア，マラヤ・シンガポール，フィリピン，タイ，ビルマから計203名が大学教育のために日本に送られた．

●宗教政策　さらに，もう一つ重要な文化政策は宗教政策である．基本的には，現地住民の宗教を尊重するという方針で，例えばインドネシアやマラヤなどムスリムの多いところでは，反欧米と反キリスト教を結びつけて，英国・米国・オランダと戦う日本はイスラームの味方であるという体裁を繕って接近し，宣撫を行った．キリスト教が強いフィリピンやインドネシアの一部の地域では，信仰を否定せず，神父，修道女，牧師などを日本から送り込んで宣撫し，欧米人聖職者中心であった教会の土着化をはかるなどした．フィリピンでは米国人の大司教を拘留して身分をはく奪し，フィリピン人司祭をその後任につけたが，これはバチカンに認められず，教会の「土着化」は成功しなかった．　［倉沢愛子］

📖 参考文献

［1］大江志乃夫他編『文化のなかの植民地』岩波講座 近代日本と植民地7，岩波書店，1993
［2］池田浩士編『大東亜共栄圏の文化建設』人文書院，2007
［3］櫻本富雄『文化人たちの大東亜戦争—PK部隊が行く』青木書店，1993

教科書が映す戦時中の日本・東南アジア関係

☞「ASEAN 共同体」p.620

東南アジア各国の教科書が，大きく変わりつつある．早瀬晋三『戦争の記憶を歩く―東南アジアのいま』（岩波書店，2007年）の英訳版 *A Walk Through War Memories in Southeast Asia*（New Day Publishers, 2010）を出版直後に読んだアテネオ・デ・マニラ大学の学生50人の感想文から明らかになったことは，近隣諸国である東南アジア各国の歴史をまったくといっていいほど知らないことだった．それから何年も経たないうちに，急速に互いの歴史と文化を知るようになってきている．

● ASEAN 社会文化共同体　2009年 ASEAN 共同体の3本柱の一つ，社会文化共同体の青写真で示された主要な目標は「思いやりと分かちあいのある社会」で，その建設のための優先的重点分野の一つに教育があげられた．ASEAN のモットーである「一つのビジョン，一つのアイデンティティ，一つのコミュニティ」の実現に向けて，ASEAN 共同体を理解するとともに加盟各国の歴史と文化を知る教育を初等，中等レベルで行い，大学レベルでは ASEAN 大学ネットワーク参加大学で ASEAN 研究（ASEAN Studies）を開講する．その中には，ASEAN および加盟各国と日本との関係が含まれている．2015年には ASEAN 共同体の設立が宣言された．

●東南アジア歴史教科書の日本　日本が戦後，東南アジア各国の教科書に関心を示したのは，早くも1960年代半ばであった．その背景には，「太平洋戦争を他国との関係において罪悪視する歴史観に対して反論が行われ」るようになったことがあった．この風潮に対して，「日本の軍隊が駐屯・占領した諸国のこの戦争に対する見方を検討する」ことで，「われわれは教えられるところが少なく」なく，「自己の主張をほかの国にも通じる考え方を媒介として発展させなければならない」という考えから，インドネシア，ビルマ，タイ，フィリピンの歴史教科書の一部を翻訳して，紹介した．そして，「いずれの場合も，日本占領軍の非人道的な行為を非難する態度は明らかである」と結論した．

「歴史教科書問題」は，1982年の中国への「侵略」を「進出」と検定で書き換えさせたという「誤報」で始まった．確かに華北の事例での書き換えはなかったが，これまでの検定でいき過ぎがあったことが指摘された．この誤報などによって，「歴史教科書問題」がおさまるどころか，より深刻になる中，日本と朝鮮，中国に加えて東南アジアの歴史教科書を，翻訳対照させる3巻本『近現代史のなかの日本と朝鮮』『近現代史のなかの日本と中国』『近現代史のなかの日本と東南アジア』（東京書籍，1991～92年）が出版された．だが，東南アジアの巻で問題となったのは，「企業の進出や経済的なつながりから，多くの日本人が東南アジアに住むように」なったにもかかわらず，日本の教科書では東南アジア各国の歴史教科書と対照し得るだけの記述がなかったことだった．

例えばフィリピンの歴史教科書では，日本の占領期が詳細に語られるだけでなく，日本の教科書にはないフィリピン革命（1896～1902年）と日本とのかかわり，戦後の日本の経済進出が具体的に書かれていた．

●アジアの中の日本/東南アジア　1982年以来，日本の歴史教科書が歪曲されているとの国内外からの批判があり，それに対して中国や韓国などほかの国々のものにも問題があるとの反論があった．これに対して，スタンフォード大学が日本，中国，韓国，台湾，米国の歴史教科書を比較した共同研究を行った．その結果，中国が最も愛国的で，日本は事実重視で愛国主義のために歪曲していないことがわかった．歴史教科書は，国民を育てることを目的とし，愛国的であるほどメッセージ性が強くなる．日本の教科書は，事実の羅列でメッセージ性は弱く，東南アジアを戦場としたことを考えさせるような記述は乏しい．初等・中等教育では，歴史と文化だけでなく地理や社会についても十分でなく，東南アジア各国の場所や特徴を理解する教育を行っているとはいえず，アジアの中の日本がみえてこない．

それに対して，東南アジア各国では，戦後の独立と近年の経済発展の中で，日本の占領期と戦後の経済進出が，ともにその前史として語られている．独立した1965年から1980年代前半まで，未来志向から歴史教育をほとんど行わなかったシンガポールの現在の教科書は，日本占領期の困難から独立に向けて，出自の異なる住民がシンガポール人として自覚し，団結していったことを記述している．小学校4年生用指定教科書では，日本占領期を「暗黒の日々」とし虐殺，拷問，飢えなどがイラストで描かれている．フィリピンの歴史教科書の1冊では，アジアの歴史と文化の中で，日本の占領，そして日本の戦後復興と東南アジアへの経済進出が語られ，ASEANの結成，経済協定，公害，中国の台頭と，東・東南アジアの共同体を意識した記述で終わっている．

ASEAN共同体の発展とASEAN研究・教育の普及で，日本占領期の暗部だけでなく経済大国期の日本の「傲慢さ」が，東南アジア共通の経験として教科書の中で描かれている．現在の東南アジアの教科書から日本と東南アジアとの関係を考え，日本の教科書の中に同世代の若者が議論できるだけの知識を含める必要がある．

［早瀬晋三］

参考文献

［1］早瀬晋三「戦争認識のすれ違い」『大学教育』（大阪市立大学）9(1)，pp.25-32, 2011

［2］山本達郎監修「東南アジア諸国の教科書にみる太平洋戦争」『中央公論』8(10)，pp.84-92, 1965

［3］Shin, G-W., & Sneider, D. C., eds., *History Textbooks and the Wars in Asia: Divided Memories*, Routledge, 2011

戦後から田中反日暴動までの交流

1945年9月2日に降伏文書に調印した日本は，1952年4月28日のサンフランシスコ平和条約発効まで，連合国軍の占領下におかれた．主権を回復した日本は，戦後独立した東南アジア各国と国交樹立した．日本の敗戦が明らかになると，各国・地域で独立の動きが本格化した．フィリピンは米国が1934年に約束した通り1946年，ほかにビルマは1948年，インドネシアは独立戦争を経て1949年，英領マラヤはマラヤ連邦として1957年，シンガポールは1965年に独立した．ベトナムは1945年9月2日にホー・チ・ミンが独立宣言したが，1946年に第1次インドシナ戦争が勃発した（日本は1951年にベトナム国（南ベトナム）と平和条約を締結，北ベトナムとは1973年に国交樹立した）．カンボジア，ラオスは，1953年に完全独立した．

●賠償 日本は，主権回復後これらの新興独立国と個別に賠償協定を結び国交樹立した．まず1954年にビルマと2億ドル，1956年にフィリピンと5億5000万ドル，1958年にインドネシアと4億ドル，1959年にベトナム共和国と3900万ドルで合意した．英領マラヤとは独立前に英国によって処理されていたため，1966年にマレーシアと合意し，シンガポールに5000万マレーシアドルを支払い，マレーシアには外洋貨物船2隻を贈った．ラオス，カンボジアは，英国，オランダ，オーストラリア，米国と同様に請求権を放棄するか行使しなかった．

これらの賠償・準賠償は，日本の経済進出の呼び水として使われ，1968年から始まった政府開発援助（ODA）へと引き継がれた．日本の戦争責任や償いという意味は消えていた．賠償を要求した国々は，独立後，共産主義の脅威や近隣諸国との紛争，民族問題などの内乱のために財政難に陥り，政権を維持するため要求額を大幅に減じてでも賠償金を必要とした．日本にとっては，市場，原料供給地としての中国を失ったことで，東南アジアはより重要な地域になっていた．

●政府開発援助（ODA）・民間資本 アジアの経済発展が順調にいかなかったことは，1969年の資本主義圏全体の年間1人あたりの平均所得が約610ドルに対して，アジア全体の平均が160ドルだったことからわかる．日本が唯一1290ドルと西ヨーロッパ全体の平均1390ドルに近かっただけで，東南アジアではシンガポール775ドル，マレーシア（1966年）256ドル，フィリピン177ドル，南ベトナム（1968年）171ドル，タイ125ドル，カンボジア（1966年）119ドル，インドネシア（1968年）86ドル，ビルマ（1968年）67ドルであった．

このような中，シンガポールのリー・クアンユー（在任1965～90年），フィリピンのF. E. マルコス（在任1965～86年），インドネシアのスハルト（在任

1967〜98年）が政権につき，貧困撲滅のために経済開発を優先し，反政府活動を封じ込める抑圧的権威主義体制をとった．マレーシア，タイでも，また台湾，韓国でも同様の「開発主義国家」が出現した．まず，国内市場の小さな韓国，台湾，香港，シンガポールが輸入代替型開発から輸出指向型に転換して，1970年末に著しい経済成長をとげた．それにタイ，マレーシア，インドネシア，フィリピンが追随した．

これらの自由主義国の経済成長を支えたのは，外国からの公的資金と民間資本だった．1960〜68年の政府・国際機関による東南アジア援助は総計56億ドルに及び，米国が全体の67.1％を占め，日本が15.0％だった．受入れ国中の資金の割合では南ベトナムが48.6％，インドネシア21.8％，フィリピン11.5％，タイ8.0％だった．かつて東南アジアに植民地をもっていた英国，フランス，オランダの存在感は低下し，さらに1971年のニクソン・ショック（米国ドル紙幣の金との兌換停止）から米国の影響力も後退して，次第に日本の役割が大きくなった．

民間資本の投資額でも，日本は重要な役割を果たすようになった．1968年，日本の投資額はタイとマレーシアで1位だった．日本の投資は，当初一次産品の確保のための開発投資で，次いで東南アジア各国の輸入代替工業化への対応として，自動車，機械，家電など現地市場向けの製造業に向かった．

●1974年反日暴動　日本からの投資がピークを迎えた1970年代に，タイとインドネシアで反日運動が起こった．タイでは，1970年に日本への輸出1億9000万ドルに対して，輸入4億4900万ドルになり，雑貨から家電，自動車まで日本製品であふれた．1972年11月に日本商品不買運動が起こり，1974年1月に田中角栄首相（当時）がバンコクを訪れると，ホテルに押し寄せた学生らに貿易赤字などについて詰問された．次の訪問先のインドネシアで，田中はさらに過激な反日暴動に見舞われた．インドネシアは日本への輸出6億3700万ドル，輸入3億1600万ドルで黒字だったが，日本はインドネシアを自国工業の原料供給先，自国工業製品の市場としかみていないと批判された．

ともに日本企業進出に伴う政治家・軍人や華人系財閥との汚職・癒着などで政権に対する不満があったが，反日に結びつくものも多々あった．「エコノミック・アニマル」ということばに象徴されるように，日本人は現地社会の理解に乏しく，経済支配による「大東亜共栄圏」の構築を目指しているととられた．

このときの反省に立って1977年に福田赳夫首相（当時）が訪問先のマニラで表明したのが，次の外交3原則からなる「福田ドクトリン」であった．①日本は軍事大国にならない，② ASEANと「心と心の触れあう」関係を構築する，③日本ASEANは対等なパートナーである，というものであった．　［早瀬晋三］

📖 参考文献

［1］松本重治編『東南アジアハンドブック』講談社，1976

交流の多面的拡大と深化

1970 年代は今日まで続く日本–東南アジア間の主要な文化交流の組織や制度の成立の時期である．制度的発展の背景となったのは，1973 年の米国軍の南ベトナムからの撤退，1975 年のサイゴン陥落に象徴される米国の東南アジアからの後退に伴い，1976 年の日米首脳会談で日本が米国の肩代わりをするという責任分担論が確認されたように，共産勢力下に入ったインドシナ諸国と ASEAN 諸国の仲介役としての日本の国際政治上の役割が強く意識されるようになったことである．

●日米貿易摩擦と文化交流の始まり　1960 年代から始まっていた日米貿易摩擦は，文化摩擦が原因であるとされ，1972 年には国際交流基金が設立され，以降日本政府の文化交流の中心的機関となっていく．1974 年の田中角栄首相の訪問時に発生した暴動も東南アジアへの日本の経済進出がもたらす文化摩擦と理解され，1974 年にはタイとインドネシアに同基金事務所がいち早く設立され，日本語教育や日本文化紹介が実施され始めた．さらに，東南アジア青年の船事業が 1974 年に始まり，以降歴代首相の東南アジア訪問を契機に大規模な文化交流事業を提案・実施することが慣例化し，多種多様な文化交流事業が主として外務省によって実施されていった．1977 年の福田首相の東南アジア歴訪時の福田ドクトリンは，その後の東南アジアとの文化交流の思想的支柱とみなされるようになった．

●官民あげての交流の急拡大　1980 年代になると経済大国日本の側面が顕著になり，1985 年のプラザ合意以降の急激な円高は国民に海外旅行のブームを引き起こした．1970 年代後半から買春ツアーが増えて現地での批判を浴びるようになり，その後はエンターテイナーの在留資格で日本にやってくるフィリピンやタイの女性が急激に増え社会問題化した．また，円高の日本への出稼ぎ労働者も増え，オーバーステイや資格外就労の問題が顕著になってきた．さらに，1983 年に中曽根政権が打ち出した留学生 10 万人計画も人の移動の拡大に拍車をかけ，東南アジア各国からも留学生が増えるきっかけとなった．こうした人の移動の急拡大だけでなく，投資や融資などのカネや貿易によるモノの移動，また情報の交流も大幅に増えた．1980 年代は政府において外務省所管の文化交流政策は予算や内容ともに増加の一途をたどり，また当時の旧自治省や自治体，あるいは留学生を扱う文部省など内政を与る省庁までもが文化交流の担い手として登場した．

1980 年代のもう一つの特徴は民間による文化交流の増大である．1974 年に 100 億円の基金で設立されたトヨタ財団の主要な海外プログラムは東南アジアを対象としていた．同財団の「隣人をよく知ろう」プログラムは東南アジアの文学作品を現地語から日本語に翻訳出版する事業への助成で，その後日本語作品の現地語出版などにも展開し，2003年の終了までに総計660点の作品が双方向に翻訳出版された．その後，これほど永続的な影響をもった事業はみられない．

加えて重要なのは，この時期に特にそれまで文化交流とは縁の薄かった地方都市を中心にして民間草の根の交流団体が急激に増えたことである．さらに，1980年をNGO元年というように，1979年のベトナムのカンボジア侵攻によって生じた大量のカンボジア難民支援が契機となって，1980年代に国際協力NGOが急速に日本で誕生していった．これらの現象は日本人が豊かになり市民社会組織の資源が拡大していったことや，当時盛んにいわれた「国際貢献」の必要性を国や自治体だけでなく市民も意識するようになったことが影響している．

●バブル崩壊後　1991～93年のバブル崩壊後の長期経済低迷の時代である1990年代は，1980年代と打って変わって，政府予算の頭打ちどころか削減，民間でも財団では低金利の長期化による収入の激減，またNGOや交流団体の新規設立の低迷，あるいは活動規模拡大の鈍化など，全体として横ばいから低迷へと時代は変化した．文化交流の象徴的存在である国際交流基金には，1980年代の勢いの中で1990年にASEAN諸国の文化を日本に紹介するというASEAN文化センターが設立され，1995年にはアジアセンターに改組されたが，2003年には独立行政法人化に合わせて本部事業に吸収されてしまった．

一方，人の移動に関しては1990年の入国管理および難民認定法の改正に伴い，中南米から日系ブラジル人など，現在の外国人技能実習制度の原型である研修制度が始まり，中国だけでなくインドネシアなどの東南アジアからも3年の期限付きで労働者が大量に日本に来ることになった．現在では，ベトナムやカンボジアなど賃金のまだ安い東南アジアの国から多くの技能実習生が日本の低賃金労働の現場で働いて日本経済を支えるという構造ができ上がっている．1970年代後半から1980年代には米国からの要請でベトナム，ラオス，カンボジアからボートピープルやランドピープルとよばれた難民を1万人以上日本は引き受けたが，1990年代以降は難民条約に基づいて，主としてミャンマーから民主化運動家や山地少数民族などの第三国定住の難民を受け入れた．

2000年代に入っても経済の低迷は続き，政策的な国際交流は低調であったが，その一方で東南アジア諸国の経済成長に伴って訪日旅行をする東南アジアの富裕層がタイ，シンガポール，マレーシアなどを中心に増え始め，対等な関係での交流はむしろ盛んになった．2000年代も後半になると中国と韓国が東南アジアとの文化交流に積極的に乗り出し，中国語や韓国語の普及，知的交流，大衆文化での進出も急拡大し，さらに韓国との間では低賃金労働者の獲得競争さえ始まった．日本は押され気味であり，安倍政権は2014年に国際交流基金に新たなアジアセンターを設置し，日本語パートナーズ事業での東南アジアへの日本語教師派遣の強化など，影響力競争の様相すらみせている．　［牧田東一］

新しい交流の模索——東日本大震災をへて

東日本大震災は，東南アジアの日本に対する関心や認識に変化をもたらすとともに，文化交流のあり様にも強い影響を与えた．

震災発生直後から，東南アジアにおいて膨大な量の日本に関する報道が流れ，地震，津波，そして福島第一原子力発電所事故の衝撃的な映像は，それまで東南アジアの人びとが抱いていた「日本は安全な国」というイメージをうち砕いた．その結果，東南アジアから日本への留学生や観光客の数が減少した．

こうした日本離れを止めることを，日本側は東南アジアとの交流事業の目的として意識し，同目的に基づいた事業を企画・実施した．具体例をあげると，外務省はキズナ強化プロジェクトにより東南アジア含むアジア大洋州から約 9000 人の高校生・大学生を招聘し，被災地を視察し，被災者と交流する機会を設けた．また国際文化会館と国際交流基金が 1996 年から実施している「アジア・リーダーシップ・フェロー・プログラム」は，2013 年に東北視察を行い放射能対策や気仙沼の被災地視察を実施し，東南アジアのジャーナリスト，NGO 関係者に復興の現状を知る機会を提供している．

●「対等なパートナーシップ」の可能性　これらの事業は，東日本大震災が日本にもたらした打撃からいかにしてもとの軌道に戻すかという日本側の動機から実施されたものだが，震災は新たな交流の可能性も開いた．

それは，あれだけの大災害であったにもかかわらず，秩序を維持し，助け合う日本人の姿に東南アジアの人びとが称賛の声をあげたことを契機とするものである．これまで日本が経済援助してきた東南アジア諸国の市民から数多くの義援金や応援メッセージが，在東南アジアの日本大使館や政府関係機関に寄せられた．また東南アジアからの留学生や研修生がボランティアとして被災地に向かった．これまで「助ける」立場だった日本が，「助けられる」立場となったのである．

このような東南アジアの善意は，震災で傷ついた日本人を勇気づけ，その友情に対して感謝の気持ちが高まった．ここに日本と東南アジアが「対等のパートナーシップ」を醸成する機会が生まれたのである．

2012 年 12 月に就任した安倍晋三首相は，東南アジア重視の外交姿勢を打ち出し，2013 年 12 月，日本・ASEAN 特別首脳会議において対 ASEAN 文化交流の強化を対外公約とした．すなわち国際交流基金内にアジアセンターを立ち上げ，2020 年までの 7 年間を目途に，1000 人以上の芸術家・文化人の対話・交流事業や，日本語学習パートナーを派遣して現地教師とともに日本語学習者を支援する事業などを実施する，というものである．

この対外公約に基づいて，2014年4月に国際交流基金アジアセンターが発足した．日本と東南アジアの間の文化芸術・知的交流の双方向交流と日本語学習支援を柱とする．その目玉となっているのが，「日本語パートナーズ」派遣事業である．東南アジアの中学・高校などの日本語教師や生徒のパートナーとして，授業のアシスタントの役目や日本文化の紹介を行う．派遣される人材の多様性とその規模は従来の国際交流基金事業をはるかに超える．日本語教育の専門的な知識は必要とされず，大学生や定年退職者，主婦など幅広い層が参加している．計画では2014年から2020年までの6年間に3000人の「パートナーズ」が派遣される（図1）．

図1　日本語パートナーズの派遣（© 国際交流基金アジアセンター）

文化・知的交流では一方的な日本文化の発信ではなく，双方向性・協働性を重視する方針を打ち出している．これは，1970年代の「福田ドクトリン」以来，日本の対東南アジア文化交流が重視してきたアプローチを踏襲し，今の時代に適応させたものといえる．

概して東南アジア諸国において日本への好感度は高く，また中学・高校レベルを中心に日本語教育も盛んに行われている．東南アジアで拡大中の都市部中間層を中心に，日本の漫画・アニメなどポップカルチャー人気は根強く，東南アジア各地で行われる日本祭りには大勢の観客が集まる．こうした日本文化人気を背景に，近年東南アジアから日本への観光客数，留学生数も拡大基調にある．かつては日本に対する関心は経済もしくは技術的分野にかかわるものであったが，今は文化が日本への関心喚起の牽引車の役割を果たしている．

●新たな課題の出現　ただし東南アジアは日本だけに関心を示しているわけではない．テレビやポップスに関して，東南アジアで日本以上に人気を博しているのは「韓流」ドラマやK-POPである．また中国も文化交流を強化しており，東南アジアの大学において中国語学習や中国研究の存在感が高まっている．東南アジアにおける韓国や中国の文化進出は，日本文化の存在感を相対的に低下させている．

さらに東南アジアの対日関心の高さと比べて，日本側の東南アジア理解の低さ，特に歴史認識の低さが今後の交流の障害になる可能性もある．双方向交流の観点から東南アジアの言語や文化紹介を強化する必要が生じている．前述の日本語パートナーズ派遣事業は，東南アジアを知る日本の市民層拡充という観点からも今後の成果が期待される．

［小川　忠］

日本人コミュニティの今昔

戦前・戦中海外にいた日本国籍保有者は，1945 年の終戦によって，軍人，役人，民間人などその身分にかかわらずすべて帰国を余儀なくされたため，戦前と戦後の日本人コミュニティの間には断絶がある．

●戦前のコミュニティ―定住型移民と駐在員　戦前の日本人の東南アジア渡航は，国家の後ろ盾もないままに，明治の初めから始まった．多くは日本での生活が苦しいため，個人的つてをたどって新天地での活路を求めて渡航した移民で，農業，漁業，商業分野で小規模な経済活動に従事し，各地に散在していた．

やがて，明治の末期頃からは，日本に本拠地をもつ商社や銀行なども進出して支店を開設するようになり，その駐在員も定住するようになった．彼らは数年後には帰国することを前提としており，大都市への集中度が高く，またお互いの社会的・経済的・文化的背景も類似していてまとまりもあった．そこで，日本人会が設立され，日本語新聞の刊行，日本人学校設立など，邦人が生活する上で便利な社会環境が完備されるようになっていった．もともと定住型の移民が住んでいた空間に，異なるバックグラウンドをもった駐在員が入ってくると，日本人コミュニティは多様なものになっていった．例えばシンガポールでは，グダン族（オフィス街で働く人たち）とよばれる駐在員たちと，下町族とよばれる定住型移民とに区別されていたというが，どの地でも両者の間には溝があったようである．しかし，定住型移民は多数派を占めていたため，経済力や政治的バックグラウンドで強みをもつ駐在員たちの前で十分な存在感を示し，日本人会の行事や諸活動は共同で開催されていた．

●愛国心の強い日本人　駐在員はもちろんのこと，移民たちも一般に日本人としての自覚は強く，常に自分たちは一等国民であるという意識を強くもち，例えば行商に出るときも，長袖の背広を着て，商品は現地の住民に担がせるといういで立ちだった．一様に愛国心が強く，領事館や日本人会を中心に団結しており，現地の植民地政府からは諜報活動を疑われるほどであった．また最初は単身で渡航しても，ある程度の余裕ができてくると，祖国へ帰って結婚相手を探すことが多かった．奥地に居住する日本人も，子弟の教育は日本式を希望し，出来る限り日本人学校へ入学させた．とはいえ現地の住民との関係は悪くなく，ヨーロッパ人や中国人に比べて腰の低い人たちという評判を得て，例えばジャワでは，各地に散らばる彼らの店は「トコ・ジュパン」（日本商店）とよばれて親しまれた．

●戦争による引き揚げ　1937 年までに約 4 万人が東南アジアに居住するようになった．その分布は，フィリピン（約 2 万 4000 人），シンガポールを含む英領マラヤ（約 7000 人），オランダ領東インド（約 6500 人），英領北ボルネオ（約 1000 人）など島嶼部には多く，一方フランス領インドシナ（約 250 人）やタイ（約 500 人），ビルマ（約 150 人）などの大陸部は比較的少なかった．「大東亜戦争」が始まると，これらの人びとはそれまで築いてきた財産もネットワークもすべて失うことになった．開戦 5 か月前の 1941 年 7 月には，国家間の対立のため英国・米国・オランダの植民地における彼らの資産は凍結され，経済活動は不可能になった．日本政府は彼らに帰国勧告を出すにいたり，オランダ領東インド からは約 6500 人の在留邦人のうち 4500 人が，財産を処分して短期間に引き揚げを完了した．引き揚げた者の割合は地域により偏りがあり，1941 年 10 月末段階でフィリピンからは在留邦人の 6%，英領マレーからは 8.3%に過ぎなかった．

引き揚げなかった者は，12 月 8 日の開戦とともに，英国・米国・オランダの植民地では敵性国人として植民地当局に身柄を拘束され，その資産は没収された．オランダ領東インドの日本人はオーストラリアの収容所へ，またマラヤやシンガポールの日本人はインドの収容所へ送られた．一部は捕虜交換で釈放され，日本の占領地で軍政に協力させられたものの，もとの生業に戻れたものは少なかった．そして 1945 年 8 月の敗戦によって，すべての日本人は，外地から引き揚げることを義務付けられたため，一部の混血の子供たちを除いて帰国した．戦前と戦後の日本人コミュニティに完全な断絶があるゆえんである．

●駐在員中心の戦後のコミュニティ　戦後の日本人の東南アジア進出は，各国と新たに国交を樹立した後始まった．戦後の渡航者は，ほとんどが大企業の駐在員からなる一時的滞在者で，定住することを目指して個人的に渡航するケースはほとんどみられず，この点で戦前の日本人社会と大きく異なっている．1980 年代以降，円高などのため生産拠点が大幅に東南アジアに移されるに従い，それらの大企業を支える比較的小規模な下請け企業などの進出もみられるようになった．さらに近年は，若者たちが本社採用ではなく，現地採用で日本企業での就職口を探したり，あるいは現地資本の会社に就職するという新しいパターンもみられるようになった．最近のもう一つの新しい傾向としては，老後の年金生活者が，物価も安く気候も温暖な東南アジアで過ごすという現象がみられ，相手国もその誘致に努めている．そのように多様な日本人が見出されるが，ジャパンクラブで主導権を握っているのは依然として大企業の駐在員である．

現在多くの日本人は，大都市のいくつかの地区にまとまって住んでおり，その周辺に日本食のスーパーマーケットやレストラン，日本の学習塾などが集中している．子供たちの通学に便利な地域での居住が優先されるため，日本人学校の移転に伴って日本人集住地区の中心が移動する傾向がみられる．郊外型の工業団地で働く人や，遠隔地のプロジェクトの現場に派遣されている人もいるが，家族は大都市に残り，派遣先の国の中での単身赴任がみられる．

［倉沢愛子］

日本人学校

戦前の東南アジアにおける日本人は，日本国内に経済活動の拠点をもたず，渡航して現地で起業した移民型の定住者が中心であったが，1910年代頃からは企業の駐在員の渡航も始まった．いずれの人たちも子弟には，日本式の愛国教育を受けさせたいという願望が強かったため，1912年にシンガポールに開設された学校を皮切りに，1917年マニラ，1919年スマトラのメダン，1924年ミンダナオ島のダバオ，1925年スラバヤ，1926年バンコク，1928年バタヴィア，1929年にはスマランなど，最終的には計28校の日本人学校が開校された．

●在外指定校　当初は私立学校として篤志家などによって建てられたが，設備や生徒数などで一定程度の条件を満たすと，文部大臣ないしは外務大臣から「在外指定学校」として認定され，教員の派遣や，教材の無償提供などの補助を受けられるようになった．日本人会がある場合は学校の運営は，そこに委託された．カリキュラムは日本国内のものに準拠したが，ある程度現地の政府の方針，例えば英領では英語を義務化する，天皇と並んで英国国王についても触れるなどが義務付けられた．しかし程度の差はあれ，多くの学校で教育勅語を奉戴し，朝礼で宮城を遥拝し，紀元節，天長節を祝賀するなど臣民教育を行った．

マニラ麻の栽培で2万人もの日本人が入植していたフィリピンのミンダナオ島のダバオには中等教育機関もつくられたが，ほかはすべて初等教育のみであり，卒業後さらに教育を続けたい場合は，子供だけ日本へ送り返すのが常であった．学校の規模はシンガポールやマニラなどを除けばほとんどが生徒数30～40名程度の小規模なものであった．遠隔地の子弟にも入学の機会を与えるために寄宿舎を完備している学校が多かった．シンガポール日本人学校の場合，1933年度の生徒414人中38名が，寄宿舎に入っていたという記録がある．

●開戦による学校閉鎖　「大東亜戦争」開戦前に多くの邦人が引き揚げたオランダ領東インド（現インドネシア）などでは，日本人学校は閉鎖になった．引き揚げてきた子供たちのうち，日本語が不自由であるなど内地社会への適応が困難だと判断された者は，1941年12月に神戸につくられた第2北野寮に収容され特別な教育を受けた．現在でいうところの「帰国子女」に対する対策である．残留した者が多かったフィリピンのダバオやマニラ，さらにいったん日本の占領後に連合軍との捕虜交換でまとまった数の児童生徒が戻ったシンガポールなどでは戦争中も引き続き開校されたが，やがて終戦とともにすべて閉鎖となった．

●戦後の経済進出と日本人学校再開　戦後日本人学校は，企業の駐在員を中心とする新たな渡航にあわせて開校された．バンコクだけが1956年という早い時期に設立され，あとは多くが1960年代中頃から1970年代初頭で，まさしく日本の経済進出と軌を一にしている．その経営母体やキャンパス所在地などからみて戦前の学校との連続性は少ないが，沿革説明の中に戦前の経緯を含めている学校もある．精神的には歴史を受け継いでいるということなのであろう．

多くは日本大使館の付属というステータスで，運営はジャパン・クラブなど（バンコクだけは泰日協会）が行っている．このような邦人団体は，政府関係者や大企業の駐在員が中心のため，学校の理事職は輪番制で大企業の支店長クラスが就く場合が多い．入学資格は，多くが日本国籍をもち，保護者が現地で働いており，かつ保護者あるいは保護者が働く企業が日本人会の会員であることとされている．マニラ日本人学校のように，「近い将来日本に帰国し，日本の学校教育を受ける意思をもっている者」と明記しているところもある．あくまで一時的に海外で勤務する日本人駐在員の子弟の教育であり，子供だけの「留学」は許されていない．そしていずれも日本語の力が十分あることを条件としている．

●日本政府による補助　海外の日本人学校は，日本政府から教員派遣や教科書配布などの財政的援助が行われている．補助金の対象は義務教育のみであるため，幼稚園は設置されていても補助対象外で，また高校は設置されていない．中学卒業後一部の生徒はインターナショナル・スクールや，日本の私立高校の海外校に進学するが，多くは帰国し，国内の高校を受験する．このように外地に住んでいても日本の受験戦争に巻き込まれることが多く，海外でも学習塾は栄えている．

●邦人社会の動向を反映　在校生の数は，その国との経済関係のパイプの太さに比例しており，バンコクやシンガポールのように小中校合わせて2000人規模のところもあれば，ヤンゴンのように200名程度のところもある．

多くの学校はスクールバスを用意しているが，送迎の対象地区は日本人が多く住む住宅街に限られているため，それ以外の地域にとっては不便である．スクールバスの送迎が可能な地区に住んでさえいれば，放課後の友人たちとの行き来も容易であり，また学習塾，日本食のマーケット，スポーツ施設なども完備しているため，日本と変わらない便利な生活を送ることができる．それゆえに日本人の居住がいっそう同じ地区に集中する傾向があり，その結果日本人子弟の現地社会との接触は減り，現地社会の理解が妨げられるという弊害もある．多くの学校で現地の言語や事情についての教科を取り込んではいるが，実際には現地社会についての理解は不十分であり，国際化がうたわれているにもかかわらず，十分な異文化接触を体験できないまま帰国する児童生徒が多いのが現実である．

［倉沢愛子］

参考文献

［1］小島 勝『日本人学校の研究—異文化教育史的考察』玉川大学出版部，1999

東南アジアで働くこと

2017年のASEAN10か国の平均成長率は5%を超え，経済成長の速度はますます加速している．多くの国が2030年から40年代まで続く人口ボーナス期にあたり，活況を呈する市場の勢いに乗じ，日系企業の進出がさらに進んでいる．それに伴い，企業の駐在員が増えると同時に，現地採用者として働いたり，起業する日本の若者が増えている．彼らを東南アジアに引き付ける要因は何なのか．

●チャンスを求めて越境する　日本ではバブル崩壊に伴い，1990年代半ばから10年続いた「就職氷河期」で，新卒者の採用控え，リストラにより，非正規雇用が増加，フリーターやニートといった問題が発生した．2000年代半ばにいったん景気回復の兆しをみせたものの，2008年のリーマンショックで，再び就職氷河期を迎えた．非正規雇用は2016年には，全労働者の37.5%を占めるまでになり，たとえ正社員となっても，3割の新卒社員が3年以内に離職する状況が顕在化した．終身雇用・年功序列はすでに過去のものといってよい．2013年に出版された本の中では，日本にこだわらずグローバルに就職を考える若者の姿が描かれ，海外就職ブームを巻き起こした[1]．日本の閉塞状況からなんとか活路を見出したいと，20代の若者から40代，50代の中高年の男性までが，海外就職を現実的な選択肢として考えるようになっている．

アジアへの就職ブームは，今に始まったわけではなく，1990年代半ば，中国返還前の香港で起きた20代から30代の日本人女性の「香港就職ブーム」に端を発する．企業が海外での事業を拡大し現地化する上で，駐在員と現地職員や顧客の間に立ち，日本語と日本の企業文化に習熟した労働力の必要性から，現地採用のニーズが増大した．人材紹介会社がそのニーズに応え，留学経験やキャリアを国内では十分に発揮できないと感じていた日本人女性と日系企業とをうまくマッチングさせる形となった．そしてその流れは，香港の中国返還後に急成長した上海へ，そしてシンガポール，東南アジア各地へと波及していった．

●時代は東南アジアへ　2010年代に入って中国経済の減速や日中間の政治的摩擦などの影響により，中国一辺倒の海外進出から「チャイナ・プラス・ワン」への動きが加速し，2016年の東南アジアへの進出日系企業数は域内全体で1万1328社に達した．それに伴い，東南アジアの在留邦人数も増加の一途をたどり，2017年にタイが7万2754人で，英国やカナダを抜いて4位となり，東南アジアの国が20位以内に6か国入っている．東南アジア全体では約20万人が滞在している．その中で，現地採用者が何人いるのか，詳しいデータはないが，2016年時点のタイのバンコクでは，駐在員が2万7232人，現地採用者は7604人だった[2]．各国事情により違いはあるが，現地採用の求人は製造業，商社，物流，IT，金融，サービス業など多岐にわたる企業から出ており，職種も日系顧客対応の営業，カスタマーサービス，工場での品質・生産管理，電子・電気・IT のエンジニア，秘書，経理・財務など多様である．就労ビザの取得条件として，大学卒で数年の実務経験を求める国が多く，企業側も日本のビジネスマナーを身につけた即戦力を求めるため，新卒の需要はあまり高くない．しかし，欧米並みの高い英語力を要する国は少ないため，就業経験がある人にとっては比較的ハードルは低いといえる．また，駐在員と比較すると，給与は低くなるが，現地の物価がまだ安く，余裕のある生活ができるのも魅力の一つだろう．以前は，駐在員のサポート的な業務が多かったが，コスト削減から，駐在員のポジションを現地採用に切り替える企業も増え，そのニーズが多様化している．また，日本人コミュニティの拡張に伴い，日本人向けの食料品店，日系企業向けの法律・会計事務所など，現地の日本人や日系企業を主な顧客とするビジネスを起業する人も増えている．さらに今は，増大する現地市場に向けて展開する IT ビジネスの起業が加わるようになった．

●ミレニアル世代の起業　東南アジアでもインターネットやスマートフォンが急速に普及し，さまざまな IT ビジネスが生まれている．インドネシアでは，配車サービス・アプリ「GOJEK」や「GRAB」が急発展を遂げ，市民生活を一変させてしまった．東南アジアには良い意味での規制の緩さがあり，ビジネスチャンスを生みやすい土壌にあると思われる．日本の「価格.com」をビジネスモデルとした家電の価格比較サイト「Pricebook」やファッションの EC サイト「VIP Plaza」も，30 歳代前半の日本人がインドネシアで立ち上げ成功した好例である．デジタル技術の発展により，起業コストや地理的な制約が低下し，人びとは軽々と国境を越えられるようになった．特にデジタルネイティブのミレニアル世代にとって，世界を視野に入れることはそれほど夢物語ではない．ビジネスチャンスを求めて，東南アジア各国で，新たな IT ビジネスが生まれている．

東南アジアで働く背景はさまざまであるが，「企業に正社員として勤める」路線に乗れなかった人の選択肢ととらえるのは誤りである．多くの若者が東南アジアへ出ていく，ということは，それだけ日本での就職に魅力がない現れでもある．一辺倒なキャリアモデルから脱却し，多様な働き方を海外で実践する人たちの経験や知見を，積極的に日本の発展に活用すべき時期がきているのではないだろうか．

［油井理恵子］

参考文献

［1］森山たつを『セカ就！世界で就職するという選択肢』朝日出版社，2013

［2］丹羽孝仁「現地採用で働く日本の若者―デュッセルドルフとバンコクの事例分析から」『日本労働研究雑誌』7(696) pp.40-53，2018

［3］岩崎薫里「東南アジアで活躍し始めた日本人スタートアップ」『環太平洋ビジネス情報』16(63) pp.1-36，2016

現地邦字紙が伝えるニュース

戦後の東南アジアにおける邦字定期刊行物は，タイで1976年に発刊された「週刊バンコク」(1982年に「バンコク週報」に改称) が最初となる．シンガポールでは1980年に「星日報」が発刊されたが，2010年に休刊．マレーシアでは1996年に週刊の「南国新聞」が発刊された．ここでは，東南アジアで出版されている代表的な二つの日刊紙について記す．

●日刊まにら新聞 (The Daily MANILA SHIMBUN) マニラで創刊されたのは1992年5月3日．東南アジアで日刊の邦字紙が誕生するのは戦後初のことであった．当初の紙名は「共同ニューズ・デイリー (KYODO NEWS DAILY)」で，共同通信社の配信記事を中心にした4ページだてである．

創刊4年目の1996年1月，「日刊まにら新聞」(通称：マニラ新聞) に改称するとともに，フィリピン関係の独自記事を1面に掲載，日本人コミュニティに根を張った邦字紙として活動を強化した．正式名称を「まにら新聞」とひらがな表記にしたのは，太平洋戦争中，日本軍政下のフィリピンで1942年11月から1945年2月まで発行された邦字紙「マニラ新聞」と区別するためである．

1998年5月には，「アジア人によるアジアからの情報発信」を目指して1994年4月に創刊した英字紙「ニューズ・アジア (News Asia)」を統合．増ページした上で，まにら新聞のフィリピン人記者が取材・執筆した英文記事やアジア太平洋通信社機構 (OANA) 配信の英文ニュースを7〜8面に収容した．

創刊以来の編集方針は，日比交流の促進と権力監視．創始者の野口裕哉 (元共同通信記者，現まにら新聞最高顧問) も2007年6月4日付の同紙記事で，親交のあったフィリピン人歴史家らの言葉を借りながら「日比両国の親善友好には，まず相互理解が必要で，新聞の役割は大きい」，「ミニコミであっても権力の監視というジャーナリズムの使命を果たせる．ジャーナリスト魂を失っては新聞を出す意味がない」と語っている．

ニュース報道主体の方針は，フィリピン日本大使館領事業務のあり方を問う企画キャンペーン「領事業務への声」(1997〜98年，全19回) などを通して紙面に反映された．2000年創設の海外日系新聞放送協会賞の複数部門で受賞しており，新・旧日系人の歴史，光と影に迫った連載企画「移民一世紀」(2004年，全33回)，朽ちようとする戦没者慰霊碑の現状を告発した連載企画「慰霊碑巡礼」(2006年，全16回) で大賞を，また，ニュース部門賞を計7回受賞した．2013年には，英語と日本語で執筆したミンダナオ和平問題の現地ルポ「対立から共存へ」が，赤十字国際委員会の「人道に関する報道」コンテストで入賞した．

発行部数は約4000．休刊日は月1回で，創刊から25年4か月後の2017年9月6日，第9000号に達した．　［酒井善彦］

●じゃかるた新聞（The Daily Jakarta Shimbun）　1998年11月16日，ジャカルタで創刊された．スハルト政権崩壊直後の政変の混乱期で，在留邦人にいち早くインドネシアや邦人社会の最新情報を提供するコミュニティ紙として誕生した．厳しい言論統制を敷いてきた情報省から発行許可を取得し，ハビビ新政権下で初の外国語新聞，また戦後初の邦字紙として激変する民主化時代の息吹を伝えた．

The Daily Jakarta Shimbun

2017年 1月16日

離島開発協力で一致

円借款740億円を供与

ボゴールで日イ首脳会談

じゃかるた新聞

日本を開発の手本に

ゴーベル氏，日本特別大使に

森ビル出資の高架道，50％完了

図1　日イ首脳会談を報じる「じゃかるた新聞」

創刊当初は8ページだてで，1992年創刊で編集協力関係にある「まにら新聞」のフォーマットをベースに，独自取材したインドネシアのニュースを1面に掲載，共同通信社の日本語の配信記事5ページ，英語の日本・ASEANの配信記事2ページで構成した．政情不安で在留邦人が激減する中，毎日新聞でジャカルタ，マニラ，バンコク，プノンペンの各支局長を歴任した草野靖夫初代編集長と，ジャカルタでビジネスを展開する社主の中村隆二が「いますぐインドネシアを知る，明日を知る，世界を知る」をモットーに，日本とインドネシアの交流促進，友好関係強化を編集方針に掲げた．インドネシアに進出する企業の駐在員を主要な読者層に据え，ビジネスを展開する上での実用情報，企業や政府機関の活動，インドネシアの政治経済の動向を伝える．邦人社会をつなぐパイプ役として，ジャカルタ・ジャパンクラブ（JJC）の法人部会・個人部会，各地の日本人会や日本人学校と連携するほか，在留邦人による県人会や同窓会，趣味のクラブなどの案内情報面「じゃらんじゃらん」を掲載している．

またインドネシアを多面的に理解することがインドネシアでビジネスや生活をする上で必要不可欠との考えから，取材対象は社会や文化，歴史，宗教，教育，生活，芸能，スポーツ，観光，レジャー，イベントなどあらゆる分野に及ぶ．

2019年の紙面構成は総合2ページ，まち・ひと，コミュニティ各1ページと独自取材のニュースを4ページに増やし，通常8ページ，月曜12ページ，金曜10ページだて．日曜祝日は休刊．発行部数は約6000部．創刊から19年1月までに第6000号に達した．　［配島克彦］

東南アジアの日本語教育

東南アジアは東アジアに次いで，世界で最も日本語教育が盛んな地域である．国際交流基金の2015年度海外日本語教育機関調査によれば，東南アジアの日本語教育機関数・教師数・学習者数は表1のとおりとなっている．学習者数109万人は，東アジアの176万人に次いで2位（3位の大洋州は39万人）で，全世界日本語学習人口の3割に近い．国別日本語学習者数の上位10か国に焦点をあてると，2位インドネシア，6位タイ，8位ベトナム，9位フィリピン，10位マレーシアとなっており，5か国を東南アジアが占めている．この5か国について，インドネシアが2012年度調査と比較して14%の減少となったが，それ以外の4か国はすべて増加傾向にあり，特にフィリピン，ベトナム，タイの3か国は，フィリピン（54%増），ベトナム（38%増），タイ（34%増）と急拡大している．

表1　東南アジアにおける機関数・教師数・学習者数

国・地域	2012年			2015年			教育段階の構成（学習者）（人）			
	機関数	教師（人）	学習者（人）	機関数	教師（人）	学習者（人）［ ］内は人口10万人あたり	初等	中等	高等	ほか
インドネシア	2,346	4,538	872,411	2,496	4,540	745,125［289］	6,504	703,775	26,981	7,865
タイ	465	1,387	129,616	606	1,911	173,817［256］	3,601	115,355	24,789	30,072
ベトナム	180	1,528	46,762	219	1,795	64,863［ 69］	0	10,995	19,602	34,266
フィリピン	177	556	32,418	209	721	50,038［ 50］	1,019	5,595	15,572	27,852
マレーシア	196	509	33,077	176	430	33,224［110］	0	17,450	12,442	3,332
ミャンマー	44	194	3,297	132	524	11,301［ 21］	0	0	762	10,539
シンガポール	20	190	10,515	30	227	10,798［193］	18	1,336	3,947	5,497
カンボジア	25	142	3,881	29	157	4,009［ 26］	15	648	583	2,763
ラオス	7	26	464	14	49	1,046［ 15］	261	202	265	318
ブルネイ	2	5	260	2	3	216［ 51］	0	0	155	61
合計	3,462	9,075	1,132,701	3,913	10,357	1,094,437［173］	11,418	855,356	105,098	122,565

（出典：「2015年度海外日本語教育機関調査」p.24）

東南アジアの日本語教育の特徴は，圧倒的に中等教育（中学・高校）レベルの学習者が多いことで（85万人），同地域日本語学習者の78%を占める（図1）．なかでもインドネシアの中等レベル日本語学習者70万人という数字は，中等教育レベルに限れば世界中で一番日本語が学ばれている国ということになる．

●日本語教育略史　東南アジアの日本語教育史をたどると，戦前の1923年にフィリピン大学で1学期間のみ日本語コースが開講され，1934年から3年間インドネシアの私立クサトリアン学院で日本語教育が行われるなど小規模なものはあったが，一定の規模の日本語教育が行われたのは，第2次世界大戦中に日本軍政下で行われた日本語教育である．

戦後，東南アジアの国々が独立する中で，1960年代に各国の大学において日本語教育を導入する動きがみられた．ベトナムでは1961年ハノイ貿易大学，インドネシアでは1963年パジャジャラン大学，1965年バンドン教育大学，1967年インドネシア大学，フィリピンでは1964年フィリピン大学，タイでは1965年タマサート大学，1966年チュラロンコーン大学，マレーシアでは1966年マラヤ大学に日本語講座が開設された．これらの大学は，その後各国の日本語教育および日本研究の中核機関として発展し，日本語教育を担う人材を輩出した．カンボジアでも1974年に閉鎖されるまでクメール王立大学で日本語教育が行われていた．

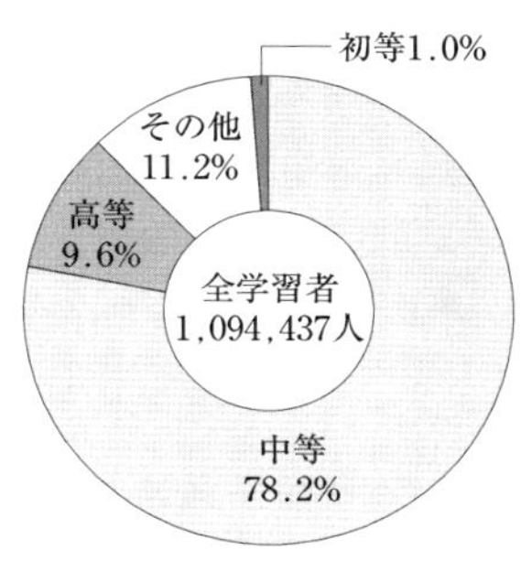

図1　東南アジアにおける教育段階別学習者の割合（出典：「2015年度海外日本語教育機関調査」p.25）

このように東南アジアの日本語教育は大学から始まった．1970～80年代に日本への関心が社会的に高まり，中等教育レベルでの日本語教育が本格化し，1990年代から2000年代までの間に各国日本語教育の主流となっていった．東南アジアでも大人気の日本のマンガ・アニメを原語で味わいたい，といったポップカルチャーへの関心も，1990年代以降の日本語学習者増加の有力な動機となっている．

●各国別の概況　インドネシアでは全日本語学習者の約95%を中等教育レベルが占めている．中等教育レベル日本語学習が急拡大するきっかけとなったのは，教育文化省が2006年に行った高校カリキュラムの改訂で，日本語もその一つに指定されている「第二外国語学習」が必須科目となったからである．ところが2015年調査において，これまで右肩上がりで増加してきた日本語学習者数が減少（87万人→74万人）した．その理由は，中等教育レベルの日本語学習にブレーキがかかったためで，教育文化省が「第二外国語学習」を必須から選択科目に戻す政策変更を行ったことによるものと考えられる．他方，大学レベルでは日本文化への関心増大を反映して学習者は2012年調査と比べて22%と増加している．

タイは，機関数・教師数・学習者数とも拡大中だ．良好な2か国関係，就職や訪日観光機会の拡大が，その背景にある．タイやベトナムにおいて，中等教育レベルでの日本語学習者増が著しい．タイ政府の第二外国語拡充政策，ベトナム政府の外国語教育強化策が，強い影響を与えている．ベトナムでは日本企業への就業希望が，日本語学習動機に結びついている．フィリピンにおいては，2004年の日比経済連携協定（EPA）交渉以降，新規に民間の日本語教育機関が数多く開設された．ミャンマーでは，2010年代に規模が急拡大した．　［小川 忠］

東南アジアの日本研究

東南アジアの大学において日本研究講座が創設されたのは，1960年代半ばである．外務省は1965年にタイで日本研究講座の寄贈を試行的に実施し，日本人研究者がタマサート大学に派遣され，日本語学習，日本文化・経済の講義を行った．翌1966年から派遣先を拡大し，マレーシア，香港，インドネシア，フィリピンでも日本講座を開設した．これらの中でタマサート大学，インドネシア大学は現在も，日本研究者育成の観点から重要な役割を担っている．

これらの寄贈講座の多くが文学部に設置され，日本語教育を中心に文学，歴史を含めた人文系研究の学問として発達してきた．そのため，東南アジアの日本研究は当初，文学，歴史への偏りがみられたが，1980年代に日本経済，経営などへの関心が増大したのに伴い，1990年代以降，社会科学分野での現代日本社会，日本経済，日本政治・外交研究へと関心領域が拡大していった．さらに現在では，日本のポップカルチャーへの関心を反映した日本文化研究が隆盛のときを迎えている．なお1972年に国際交流基金が設立されたことにより，外務省の寄贈日本講座は，同基金へ移管された．同基金は設立以来，外務省の寄贈講座以上に包括的な支援を各国の拠点日本研究機関に行い，日本研究の人材育成を進めた．

●日本研究の概況　東南アジアの日本研究の全体像を把握できる定量的な調査はなく，関連する統計から推定するしかない．国際日本文化研究センター（日文研）の「日本研究機関データベース」には，各国の研究機関情報が掲載されている．

2017年7月時点でこのデータベースに掲載されている東南アジア各国の中で，最も機関数が多いのはインドネシアである．インドネシア大学，パジャジャラン大学，インドネシア社会科学院などを含む29機関．続いてマレーシアが，マラヤ大学，マレーシア国民大学，マラ工科大学などの22機関．フィリピンが，フィリピン大学，アテネオ・デ・マニラ大学，デ・ラサール大学など20機関．タイがタマサート大学，チュラロンコーン大学，チェンマイ大学などの19機関．シンガポールが，国立シンガポール大学，東南アジア研究センターなど6機関．ベトナムが，ベトナム国家大学ホーチミン校とベトナム社会科学院の2機関．ミャンマーが外国語学院の1機関．ブルネイ，カンボジア，ラオスについては記載がない．

1960年代の政府寄贈日本講座以来，日本が日本研究を支援してきたインドネシア，マレーシア，フィリピン，タイで日本研究のすそ野が広がっている．加えて研究水準の高さで知られるシンガポールが，日本研究の盛んな国である．

さらに近年，日本への留学生，日本語学習人口が急増しているベトナムも，日本研究が発展する可能性を秘めている．

●日本研究のすそ野の拡大　当初の日本研究は日本語教育中心であったため，同地域において日本研究と日本語教育は不可分の関係にあり，高等教育レベルの日本語教育は日本研究の基盤と考えることもできよう．日本語教育機関，教師，学習者数については，国際交流基金が3年ごとに全世界で調査を行っており，この統計値から東南アジア各国日本研究の基層を推測することができる．

この調査によれば，2015年時点で東南アジア10か国の高等教育レベルでの日本語学習者数は，10万5098名である．1993年時点では2万7969人，20年間で3.7倍の増加となり，日本研究のすそ野が拡大していることがわかる．

最も日本語学習者の多いインドネシアでは，学部レベルの専攻課程において，日本語教育学科およびプログラムをもつ大学が11校，その他の日本研究，日本文学等の専攻をもつ大学が約40校ある．また理系学部においても語学として日本語が教えられている．タイでは，90以上の大学で日本語教育が行われており，そのうち主専攻学科をもつ大学は国立30校，私立8校であり，主に文学部や人文学部に設置されている．ベトナムでは，2000年代にベトナム国家大学ハノイ校外国語学部，ホーチミン師範大学，ダナン外国語大学，フエ大学外国語大学で日本語学科が開設された．またハノイ工科大学において日本語のできるIT技術者養成コースがある．ハノイおよびホーチミン法科大学では，名古屋大学日本法研究センターによる日本語・日本法の講義が行われている．2014年にはベトナム国家大学ハノイ校の傘下の日越大学大学院が開校され，公共政策，環境工学など6コースの共通科目として日本語教育が行われている．

●国境を越える研究ネットワーク構築の動き　近年の東南アジア日本研究の特徴は，国境を越えた研究ネットワーク構築の動きである．「東南アジア日本研究学会」（JSA-ASEAN）が2005年に発足し，2006年にシンガポール国立大学がホストとなって第1回大会が開催された．その後2009年ベトナム社会科学アカデミー主催でハノイ，2012年マラヤ大学主催でクアラルンプール，2014年タマサート大学東アジア研究所主催でバンコク，2016年アテネオ・デ・マニラ大学他主催でセブにおいて大会が開かれ，東南アジア域内および日本含む各国研究機関のネットワーク形成が活性化している．

またアジアの日本研究と北米の日本研究をつなぐ試みとして，アジアにおける「米国・アジア学会」（AAS-in-ASIA）が2014年シンガポール，2015年台湾，2016年京都，2017年ソウルで開催され，国際交流基金の助成により，東南アジアの日本研究パネルが設けられている．同基金はさらに米国-東南アジア-日本の若手日本研究者を結びつけ，日本研究活性化の試みとして2015年から日本で「日本研究サマーインスティテュート」を開催している．世界の日本研究をネットワーク化する新たな試みである．

［小川 忠］

翻訳された日本文学

日本文学が海外で広く読まれるためには質の高い翻訳者の存在が欠かせない．東南アジア各国では，当初，日本語教育と日本研究の歴史が長く，翻訳者の質と量に厚みのある欧米圏の言語，特に英語，フランス語，ドイツ語，そして国によっては中国語やロシア語に翻訳された書籍が参照された．例えば，シンガポール，マレーシア，フィリピンなどでは，英語または中国語で日本文学が読まれた．他方，タイ，ベトナム，インドネシアなど，各国語に翻訳されないと国内の読者に届けることのできない国においては，重訳（英語からタイ語へ，中国語からベトナム語へ，など）という形で日本文学が紹介された．ここでは，重訳から直接翻訳（日本語からの直接の翻訳）へと移行し，東南アジアに特有の言語の中で，現在では翻訳された日本文学の質と量が最も充実し，発展することとなったタイに焦点をあてて，論じることとしたい．

● 1960 年代から 1990 年代の傾向　タイを含む，ベトナム，インドネシアなどにおける日本文学の翻訳出版の黎明期は，1960～70 年代にあるといえる．各国の主要大学で相次いで日本語講座が開講され，芥川龍之介，谷崎潤一郎，川端康成，三島由紀夫など，特に欧米で好んで訳されてきた作家の文学を中心に重訳の形で出版されたが，それらは，一部の研究者や日本語学習者，熱心な文学ファンなど，非常に狭い範囲での流通に限られていた．

タイにおいて，日本語から直接翻訳され，広く一般の読者にも愛された最初の作品は，黒柳徹子の『窓際のトットちゃん』だ．1983 年に翻訳出版されて以来，今も売れ続けているロングベストセラーの一つで，その裏には，名翻訳家プッサディ・ナワウィチット（2014 年，旭日章受章）の存在がある．1968 年に文部省（現文部科学省）の奨学金で日本留学を果たし，日本語力がゼロの状態から，「がっぷり四つ」といった相撲用語のニュアンスさえ理解する日本語の達人となり，日本語・タイ語の翻訳家・通訳の第一人者として今も第一線で活躍している．

1990 年代に入ると，日本の現代文学の翻訳よりも前に，渡辺茂男，宮川ひろ，らの絵本や中川李枝子の『ぐりとぐら』シリーズなどが翻訳出版され，日本の絵本・児童文学が紹介されるようになるとともに，『一休さん』『ドラえもん』『ドラゴンボール』など，日本の漫画やテレビアニメがタイ全土に広まり，日本と同様，小さい頃から漫画やアニメに親しむ若者層が形成されていく．このことが翻訳の質とは別に，タイの読者が日本文学に描かれる世界観やライフスタイルを理解する手助けとなり，この後のタイにおける日本文学受容の広まりの下地となったといえるだろう．例えば，日本文学に「押入れ」や「空き地」が出てきたとしても，ドラえもんを見たことがあれば，それが何であるか即座に理解できるというように．

● 2000年代の傾向　そのような背景のもとに，2002〜03年頃，タイでは，よしもとばなな，鈴木光司，村上春樹らの現代作家の作品が洗練されたカバーデザインの装いとともに売り出され，バンコクなど都市部の若者層を中心に，ある種のトレンドとして受け止められ，話題となった．鈴木光司の『リング』『らせん』の人気は，当時，同名の映画が上映され，Jホラーとして熱狂的に支持されたことと重なっている．

この人気にタイの各出版社は商機を見出し，2008年前後まで，近代文学，絵本・児童文学のコンスタントな出版に加えて，多くの日本の現代作家の作品が翻訳出版された．例をあげれば，上記作家のほか，赤川次郎，浅田次郎，伊坂幸太郎，江國香織，大石圭，大江健三郎，小川洋子，北川悦吏子，瀬名英明，辻仁成，東野圭吾，宮部みゆき，森絵都，柳美里，梁石日，横溝正史，綿矢りさ，らと枚挙に暇がない．また，2005年前後からは，現代作家の中に，いわゆるラノベ系の作家の作品がみられるようになり，乙一，折原みと，安井健太郎，山田真哉，吉村達也らの作品が翻訳出版されている．しかし，2008年から2015年前後にかけて，市場が飽和したためと思われるが，日本文学の出版点数は極端に減少している．

●漫画・アニメから逆流して話題となる日本文学　2016年以降，タイにおける最新の翻訳出版状況としては，次の2点が指摘できる．一つは，タイで劇場公開される日本映画の原作として，映画の公開とほぼ同時期に書店に並ぶ作品群．川村元気『世界から猫が消えたなら』，新海誠『小説・君の名は。』，七月隆文『ぼくは明日，昨日のきみとデートする』，住野よる『君の膵臓を食べたい』などだ．日本公開や発売時期とのタイムラグは，年を追うごとに狭まっている．

もう一つは，著作権切れ以降，より廉価で翻訳出版が可能となった夏目漱石，太宰治ら近代作家の作品群である．特に，太宰治『人間失格』は，出版社の予期せぬ層に届き，数千部以上の売上に急上昇．その理由は，出版担当者によれば，漫画・テレビアニメ『文豪ストレイドッグス』に熱中し，そこに登場する「太宰治」というキャラクターがもつ特殊能力（「異能」とよばれる）の名前が「人間失格」であることから興味をもった層が多く存在したことによるものだったという．今や漫画・アニメが日本文学の理解を助けるのではなく，「漫画・アニメを理解する」ために日本文学が読まれる時代が到来している．　［吉岡憲彦］

図1　太宰治『人間失格』表紙（提供：J-Lit社）

日本映画・テレビ/コンテンツ

映画市場においては総人口規模とその中の若年層の割合が大きな影響力をもつ．総人口約 6.5 億人，平均年齢約 28 歳の東南アジアは，巨大な潜在力を秘めた魅力ある映画市場である．

映画市場規模は，公的な統計データが存在しない国もあり特定しにくいが，総興行収入約 1000 億円（2016 年国際交流基金推定）とされ，世界 3 位の日本（2355 億円）と比べて小さい．しかし，経済発展に伴い各国の映画市場は急成長している．

一般的に人気アニメやテレビ番組の流通規模は大きいが，日本映画（実写版）の劇場公開は少ない．日本と東南アジアの経済格差が依然として大きく，ビジネスとして売買が成立しないことが，その要因の一つとなっている．このような状況下，日本政府は 2016 年 11 月から日本映画の海外展開を推進するための検討会議を立ち上げ，アジアを中心とした課題や方策について議論を開始した．

●急成長する映画市場と日本映画の現状 ベトナムでは，映画の興行収入が 2011 年から 5 年間で約 40 億円から 101 億円と，約 2.5 倍となった．また，インドネシア

表 1　日本映画の劇場公開数：トップ 10（2016 年）

	タイトル	タイ	マレーシア	シンガポール	インドネシア	フィリピン	ベトナム	ラオス	ブルネイ	カンボジア	ミャンマー	合計
1	君の名は。	○	○	○	○	○	●	○	○	●		7
2	貞子 vs 伽椰子	○	○	○	○		○		○			6
3	デスノート Light up the NEW world	○	○	○	○			○				5
4	シン・ゴジラ	○	○	○		○	○					5
5	ワンピース フィルム ゴールド	○	○		○	○	○					5
6	名探偵コナン 純黒の悪夢（ナイトメア）	○	○			○	○					4
7	ポケモン・ザ・ムービー XY&Z	○		○			○					3
8	アイアムアヒーロー	○		○				○				3
9	テラフォーマーズ	○	○		○							3
10	暗殺教室 〜卒業編〜		○	○	○							3
10	僕だけがいない街		○	○	○							3
	日本映画公開本数	22	19	13	10	10	7	5	3	1	0	90
	外国映画上映本数	310	127	−	300	−	188	−	−	130	107	−
	日本映画の割合	7%	15%	−	3%	−	4%	−	−	1%	0%	−
	映画館数	192	147	29	186	−	145	3	6	9	106	823
	スクリーン数	1000	1019	235	1118	−	520	13	28	28	119	4080

●ベトナムとカンボジアは 2017 年公開．－は特定データなし（出典：国際交流基金調査）

では，2016年に外国資本による映画業界への規制が緩和され，シネコン市場が急拡大している．今後，東南アジア全域で映画館の開発が急ピッチで進められ，それに伴い作品需要も増えると予想される．

その中で日本映画は苦戦している（表1）．2016年には，年間延べ90本が劇場公開されたが，作品数は44本と非常に少ない．国別では，タイが22本でトップだが，外国映画本数における割合は7%と低い．また，ミャンマーではまったく公開されていない．同国の規制により外国作品にミャンマー語字幕を付けられない．同国で劇場経営最大手ミンガラ社は「字幕無しでも楽しめる派手なアクションやホラーでないと流行らない」という．このように公開本数は圧倒的に少なく，一般市場で日本映画の興味・魅力を十分に訴求できていない．

図1　タイ日本映画祭 映画《ReLIFE》会場風景（出典：国際交流基金，2017）

ほかに劇場公開の場として，映画祭がある．大小さまざまな映画祭がある中，国際交流基金は海外の日本映画市場を活性化することを目的とした「JFF（日本映画祭）アジア・パシフィック　ゲートウェイ構想」を2015年スタートさせた．2017年には同事業でASEAN10か国を含む計13か国で日本映画祭を実施し，新作や話題作を中心に約100作品を上映し，14万人を動員した．官民一体の日本映画海外発信事業として注目されている．

●需要が高まるテレビ放映とネット配信　デジタル化の波でチャンネル数が増え，コンテンツ需要が高まる中，各国が積極的に日本製アニメを放映している．2015年よりソニー系列のGEM TV Asiaが，アジア7か国で日本の最新ドラマやバラエティ番組を放映しているほか，日本専用チャネルWAKU WAKU JAPAN（ワクワクジャパン）が，アジア8か国で番組展開している．しかし，これらは有料放送のため，その国の富裕層が対象となり，一般視聴者には浸透しにくい．

一方，インターネットやスマートフォンの普及に伴い，ネット配信の需要が急速に高まっているが，ネット上の日本映画市場は特定の熱烈な日本やアニメファンが中心で限定的である．また，アジア全域に広がる違法ダウンロードは後を絶たず，日本側の大きな懸念材料となっている．

●東南アジア市場の重要性　日本国内の人口減少および高齢化により，今後海外へ活路を見出すことになると考えられる．2016年の日本映画の海外への輸出額は約162億円（日本映画製作者連盟データ）で日本国内市場の6.8%と小さい．潜在的需要が高い東南アジア市場への進出は，今後の日本映画発展の鍵となるであろう．

［許斐雅文］

アニメ・マンガ

スマホの電波なんか一切入らない，インドネシアのとある田舎に行ったときのことである．小さな子供たちが無邪気に手をこねくり回しながら「ラセンガン！」「ライキリ！」と叫び，チャンバラごっこのようなことをしている．しばらく見ているうちに，これは人気アニメ『NARUTO －ナルト－』ごっこであることに気付いた．子供たちに声をかけてみると，NARUTO の村は日本のどこにあるのか，ラーメンとはどんな味がするのかなどなど，目を輝かせながら，マシンガンのように質問が飛んできた．都会に行くことさえ地理的にも経済的にも難しいこの子供たちにとって，日常世界を非日常とつないでいるのはテレビで流れる日本のアニメなのだ．

●アニメ・マンガを楽しむためのさまざまな環境　『NARUTO －ナルト－』のほかには東南アジアでどんなアニメやマンガが人気なのだろうか．国によって若干違いはあるものの，主なところは『ドラえもん（Doraemon）』『セーラームーン（Sailor Moon）』『ドラゴンボール（Dragon Ball）』『名探偵コナン（Detective Conan）』『ONE PIECE』．ちょっとコアなファンの間では『DEATH NOTE』『進撃の巨人（Attack on Titan）』『東京喰種トーキョーグール（Tokyo Ghoul）』『ユーリ!!! on ICE（Yuri!!! on Ice）』など，日本で流行のタイトルがほぼリアルタイムで東南アジアでも話題になっている．

これらへのアクセスは，各国語の翻訳版書籍が書店や貸本屋にあるほか，地上波テレビ局および ANIMAX に代表される衛星放送でのアニメ放送，映画館，海賊版 DVD，動画ストリーミングサイト，電子コミックなど多岐にわたっている．現状では，海賊版をインターネットから取得するケースが全体の多くを占める状況である．

図 1　インドネシア最大のコスプレイベント CLAS:H2017 年度決勝大会の様子．手の込んだ衣装はみな手づくり

ファンたちは個人で作品を楽しむだけでなく，好きなカテゴリーからコミュニティを形成し，互いのコレクションを自慢したり，好きなキャラクターについて語り合ったりする．こうしたコミュニティの影響で，アニメ・マンガ関連のイベントも賑やかだ．タイ，シンガポール，日本と香港で人気の C3 AFA，マレーシアの Comic Fiesta など動員数が万単位にのぼる大イベントのほか，日本語学科をもつ

各大学の学園祭，コスプレコンテスト，アニソン DJ イベントからコミケ（コミックマーケット）にいたるまで，多彩なイベントが随時行われている．また，インドネシアでは現地クリエイターとの協力でつくり上げられた大規模なジブリ展『World of Ghibli』（2017 年 8〜9 月）が大盛況に終わっているほか，2018 年 8 月にはバーチャル YouTuber の「マヤ・プトゥリ」が登場するなど，キャラクターが活躍するメディアの幅が広がってきていることも注目に値する．

●所変われば品変わる　日本人が「小学生女子の日常生活をおもしろおかしく描いた人気作品」と聞いて思い出すマンガはなんだろうか？『あさりちゃん』?『ちびまる子ちゃん』? 同じ質問をインドネシアの人に聞いてみたらこんな答えが返ってくるだろう．『こっち向いて！みいこ（Hai, Miiko!)』と．日本では 25 年以上続いている長寿作ではあるものの，前述の 2 作品ほどの知名度はないと思う．それが，インドネシアでは，作者おのえりこのサイン会にファンが殺到したり，現地生産のキャラクターグッズが売られたりするほどの大人気だ．作画のタッチ，日常生活の描き方とユーモアが，インドネシアの子供たちの琴線に触れるようだ．話はちょっとずれるが，インドネシアで一番有名な日本の曲が五輪真弓の『心の友』であるというケースを思い出す．日本でヒットした作品は必ずしも他の国でヒットするわけではないし，他国でヒットした作品が必ずしも日本で有名というわけではないのだ．

マレーシアやインドネシアのようにムスリムが多い国では，表現の問題がしばしば表出する．肌の露出や性的な表現はもちろん，豚のキャラクターでさえも細心の注意が必要だ．例えば，1991 年にインドネシアで最初に日本のマンガ本を出版した Elex Media Komputindo 社は，ちょっと大人向けの Level というシリーズを立ち上げた．しかし，安全に出版できる範囲のタイトル自体が少なく，裸のシーンやグロテスクなカットを塗りつぶす過剰な修正に不評もあり，現在は自然消滅状態になりつつある．

一方で，『クレヨンしんちゃん（Crayon Shin-chan)』はインドネシアでは 2000 年から『ドラえもん』と同じ大手民放 RCTI で放映されていた人気作だ．ご存知のとおり，しんちゃんが（子供らしいとはいえ）ちょっとエッチな言動に出ることで有名な作品だ．2014 年には，インドネシア放送委員会から，ポルノの要素を含むとして注意喚起がなされている．にもかかわらず，テレビのお笑い番組でパロディにされるほど，視聴者には微笑ましいキャラクターとして愛されている．

一般に流通する作品とは別に，コミケなどでは現地作家による日本スタイルのボーイズラブ（BL）モノの同人誌や露出度の高いコスプレなどが登場するという状況もみられている．日本発のアニメ・マンガ文化が受動的に消費されるだけでなく，みずからのカルチャーとしてどんどん取り入れられている様子がうかがえる．

［武部洋子］

J-POP

☞「JKT48」p.666

J-POP という言葉が生まれる前の 1970～80 年代，日本の歌は，アジア各地で人気のあったテレサ・テンや地元の歌手によるカバー曲を通じて，東南アジアの人びとに届けられることが多かった．国によって差はあるものの，原曲は知らなくてもメロディは知っているとよくいわれるのは，谷村新司「昴－すばる－」，千昌夫「北国の春」，五輪真弓「心の友」「恋人よ」，喜納昌吉「花」などである．

1990 年代に入ってからも，中島みゆきの「ルージュ」ほか多くの日本の歌が現地語の曲に生まれ変わっているが，日本での J-POP という言葉の浸透に呼応するかのように，この時期，日本のテレビドラマ放映，CD の正式な廉価盤の販売とその海賊版の流出などが盛んになり，東アジアおよび東南アジアにおける J-POP の存在感は次第に大きくなっていった．J-POP を含む日本文化が大好きな「哈日族」（ハーリー族）が台湾に生まれ，X JAPAN の Hide の自殺とされる急逝を悲しみ，タイで後追い自殺者が出て社会的な話題となったのも，この時代である．さらに宇多田ヒカルの衝撃的なデビューアルバム「First Love」（1999 年）の登場が，J-POP の人気を決定付けたといえよう．

● 21 世紀になってからの動向　2000 年代には，アジア圏での J-POP を含む日本文化の人気と影響力が，まず海外メディアで注目され，続けて日本でも話題となり，日本の音楽産業界も，1998 年をピークに日本国内での CD 売上が漸減していく中で，アジア圏への進出，特に海外公演による興行収入に大きな関心を寄せ始め，2000 年に KinKi Kids（台北），2004 年に安室奈美恵（ソウル，香港），w-inds.（台北），2005 年に L'Arc～en～Ciel（ソウル，上海）など，いずれも人気歌手・グループによる「アジア初」となるコンサートが開かれている．ただし，この時期にはまだ，チケットの購買力の問題もあって，東アジアの各都市での開催に限定されがちであった．東南アジアにおいては，国際交流基金が，「共感」をよぶ文化交流の担い手として J-POP 歌手・グループに注目し，2003 年，バンコクにタッキー（滝沢秀明），KAT-TUN，クアラルンプールに華原朋美，ジャカルタに THE BOOM などを派遣し，ポップスによる交流事業を実現させている．

2000 年代後半から 2010 年代にかけては，東南アジア各国のティーンが熱中しているのは K-POP という言説が海外メディアを席巻し，日本語学習者でさえ，普段よく聞く音楽は K-POP というほど，J-POP の一般的な人気度・知名度は下がっていった．一方で，アニメ，コスプレ，食や観光など日本文化の紹介に特化したフェスティバル（例えば，アニメフェスティバルアジア，ジャパン・エキスポなど）が東南アジア各国で人気を博し，年を追うごとにスケールが大きくなっていく中で，日本政府による「クールジャパン」戦略の後押しも受けながら，J-POP歌手・グループが各国のフェスティバルに直接参加して露出を増やし，J-POPの知名度向上と親近感醸成に向けた努力がなされていた．

2010年代以降，東南アジア各国の中間層の購買力が向上したこと，また，上述の努力もあり，J-POP歌手・グループのアジアツアーに，シンガポール，バンコク，ジャカルタなど東南アジアの都市が含まれる機会が増え，2011年から2017年にかけて，単独公演だけでも，X JAPAN，L'Arc～en～Ciel，ONE OK ROCK，きゃりーぱみゅぱみゅ，RADWIMPS，AAAなどのコンサートが実現している．

● JKT48とBNK48　さらに近年の動きとして特筆すべきは，AKB48の姉妹グループとして2011年にジャカルタでデビューしたJKT48の登場だ．ほとんどのメンバーはインドネシア人であり，AKB48の原曲をインドネシア語に翻訳して歌っているが，専用劇場でのライブ，握手券付CDの販売，メンバー選抜総選挙など，AKB48のフォーマットを踏襲したアイドルグループである．

図1　AKB48と合同コンサートを行うJKT48（2015年2月，ジャカルタ）（提供：JKT48Project）

インドネシア音楽賞の最高峰「AMI AWARDS」でベストパフォーマンスアーティスト賞（2014年）を含む数々の賞を受賞し，ジャカルタ州政府からジャカルタ観光大使に任命されるなど，インドネシアの政府，音楽界にも認められたJKT48は，2017年末現在でFacebookフォロワー388万人，専用劇場鑑賞は延べ30万人突破という人気を誇るまでにいたり，名実ともに国民的アイドルグループに育ったといってよい．

2017年2月には，BNK48がバンコクに誕生．インドネシアにおいても，タイにおいても，「ヲタ」「推し」といったAKB48のファンの間で使用されている用語が解説付でインターネットに紹介されており，それらの用語を駆使することや，メンバーとの握手，選抜総選挙での投票を含め，AKB48のフォーマットごと受け入れて楽しんでいる様子がうかがえる．また，バーチャル・シンガーの初音ミクによるコンサート「Miku Expo」が，ジャカルタ（2014年），クアラルンプール（2017年）で開催された際には，インドネシアのボカロP（音声合成ソフトを使う作曲家）による曲が歌われたり，中国語や英語の曲が流れたりするなど，ソフトウェアである初音ミクの特性を活かして，言語的にはローカライズされたパートが盛り上がっていた．JKT48やBNK48，インドネシア語で歌う初音ミクなど，J-POPのカテゴリーからはみ出した日本発の（ヴァーチャルを含む）「アイドル」が今後，東南アジアでどのような展開をみせるか，注目される．［吉岡憲彦］

ファッション

☞「ムスリムファッション」p.546

東南アジアにおいて，本格的なファッション市場が誕生したのは 1980 年代以降であろう．ASEAN 創立後，順調な経済成長を背景に，シンガポールやタイなど，海外のファッションを積極的に受け入れてきた国がある一方，カンボジア，ミャンマーなど，内戦や政情不安から，2000 年代に入ってから，やっとファッション市場が成立してきた国もある．2017 年の 1 人あたり GDP では，シンガポールの 5 万 7713 ドルがミャンマーの 45 倍（1278 ドル）に達するほど，経済格差は大きい．また，イスラームが多数を占めるマレーシア，インドネシアでは，女性の肌の露出を制限するなど，デザインの根幹にかかわる制約があり，ファッショントレンドにも大きく影響している．このような経済格差，宗教戒律の点から，東南アジアのファッションはバリエーションに富み，一様に語ることは難しいが，東南アジアはかつてのアパレル生産拠点としての位置から，今まさに 6 億 5000 万人の巨大市場をもつファッション消費国に移行しつつある．

●発展するファッション市場 熱帯地域に位置する東南アジアでは，普段のファッションは T シャツ，ジーンズ，シャツ，スカート，パンツといったカジュアルなスタイルがほとんどである．冠婚葬祭では，少し高価なドレスやスーツ，各国の民族衣装をまとう傾向が強い．ブランドもフォーマルなブランドよりも，カジュアルなラインを好む傾向がある．各国の都市に次々と誕生するショッピングモールには，欧米のラグジュアリーブランド，LOUIS VUITTON，HERMES，GUCCI，PRADA などが連なり，富裕層対象に売上げを伸ばしている．一方，今や世界を席巻する勢いのファストファッションブランド ZARA，MANGO，H&M，Forever 21 などは，価格帯・デザインとも若者の好みにマッチし人気をよんでいる．日本の MUJI は 2017 年 7 月に東南アジア最大規模の旗艦店をシンガポールにオープンし，ユニクロは 2016 年のシンガポールに続き，2018 年 10 月にフィリピンのマニラにグローバル旗艦店をオープンするなど，東南アジアでの地歩を築いた．2018 年 2 月現在，MUJI は東南アジア全体で 46 店舗，同年 10 月現在，ユニクロは 183 店舗と着実に出店数を伸ばしている．しかし，この 2 ブランドとコムデギャルソン，イッセイミヤケなどの有名デザイナーズブランドを除いて，日本のアパレルメーカーは東南アジアにはほとんど進出していないため，日本ブランドの知名度は残念ながらあまり高くない．日本の「カワイイ」を代表する「原宿」ファッションには憧れはあるものの，全体的に「高品質だが高価」というイメージをもたれている．タイの近隣国，ラオス，ベトナムなどでは，韓国やタイのブランドの知名度が圧倒的に高く，東南アジア全域に中国製の格安ファッションが大量に流入している．日本も「クールジャパン戦略」により，さまざまなアプローチを行っており，「東京ガールズコレクション」が，2016年7月にタイ・バンコクで，2017年1月にインドネシア・ジャカルタで開催され，大きな話題をよんだ．ファッションビル大手のルミネは，初の海外進出として2017年11月にルミネ・シンガポールを，2018年12月にルミネ・ジャカルタをオープンし，「東京スタイル」を代表する20ブランドを出店．日本ブランドの巻き返しをはかっている．今後さらに増加が見込まれる中間層，特にファストファッションに満足しないアッパーミドル層に対して，日本ブランドがどう応えていくかが成功のカギとなるであろう．

●躍進するムスリムファッション　もう一つのトレンドとして，今，ファッション界でにわかに注目を集めているのが，ムスリムファッションだ．2016年1月イタリアのドルチェ&ガッバーナが「ムスリムコレクション」を発表するなど，有名ブランドが約16億人のイスラーム市場を視野に入れ始めた．インドネシアを中心に2億人以上のムスリムを抱える東南アジアは，市場規模，購買層の拡大など大きな成長が期待され，新しい時代のムスリム女性を表現するムスリムファッションデザイナーが続々と登場している．日本のアパレルメーカーも，近年その豊富なマーケットに積極的に働きかける動きが出ている．いち早く呼応したのがユニクロで，日英ハーフのムスリムファッションデザイナー，Hana Tajimaを起用し，2015年7月に東南アジア向けにHANA TAJIMA FOR UNIQLOを発表，カラフルでスタイリッシュなコレクションにムスリム女性から大きな反響があった．2016年11月，日本で最初のムスリムファッションショー「東京モデストファッションショー」が開催され，日本人デザイナーとして唯一参加した井上里英香は，RIEKA INOUE GNUでムスリムファッションを打ち出した．ジャカルタの「東京ガールズコレクション」に参加した「ふく紗」も，日本の着物の素材とムスリムファッションの融合を試みている．新しく生まれたムスリムファッション市場において，日本のファッションデザイナーの活躍が今後大いに期待される．

図1　ムスリムファッションを披露（マレーシア・クアラルンプール，2015年8月13日 AFP=時事）

［油井理恵子］

参考文献

［1］ジェトロ・シンガポール事務所『シンガポールスタイル』ジェトロ，2013
［2］ジェトロ・バンコク事務所『バンコクスタイル』ジェトロ，2013
［3］ジェトロ・ジャカルタ事務所『ジャカルタスタイル』ジェトロ，2012

日本祭りとその拡散

2017年に外務省が実施した「ASEAN10か国における対日世論調査」によると，調査対象国全体（の平均）で，90%近くが「とても友好関係にある」もしくは「どちらかというと友好関係にある」との回答結果が出ている．また，10年前の1997年に同様の調査（当時の調査対象国は，インドネシア，マレーシア，フィリピン，シンガポール，タイ，ベトナムの6か国）でも同様の結果が示されていることから，最近10年間は日本に対して肯定的なイメージが定着していることが確認できる．また，2015年に国際交流基金が実施した「日本語教育機関調査」の結果では，東南アジア地域における日本語学習者数は100万人にのぼり，この人数は東アジア地域に次いで多い．

このような状況をつくり出している要因としては，日本政府が推進するインバウンド促進により日本への渡航が比較的容易になっていることや，各国における日本のアニメ・マンガの普及のほか，日本の文化をより身近に感じるような「日本祭り」が東南アジア各国において実施されていることも無視できないであろう．

●古い歴史をもつ日本祭り　東南アジアにおいては，各地に日本人会が組織されており，タイ・バンコクの日本人会が2013年に創立100周年を迎えたほか，インドネシアにおいても，100年前に現在の北スマトラ州メダンに日本人会が結成されるなど，古くから人的交流があった．

東南アジア各国においては，在留邦人と現地の人たちとの交流を目的として，日本に焦点をあてた「日本祭り」が開催されており，在留邦人だけでなく日本文化に関心をもつ現地の人たちが多く詰めかけるイベントとなっている．各国の日本祭りの歴史をひも解くと，インドネシア・ジャカルタおよびマレーシア・クアラルンプールにおいては1977年，タイ・バンコクにおいては1987年に初めて実施され，これらはいずれも盆踊り大会として始まっている．日本祭りは通常，そのための実行委員会が立ち上げられ，民間企業スポンサーからの資金協力により行われる．日本人会も開催にかかわることが多い．

なお，1977年には福田赳夫総理大臣（当時）が東南アジア各国を歴訪した際に，フィリピンのマニラにおいて東南アジア外交3原則である「福田ドクトリン」の中で，「東南アジア諸国連合（ASEAN）各国と心と心の触れあう信頼関係を構築する」ことを表明している．同年にジャカルタおよびクアラルンプールにおいて，「日本祭り」が開始されており，これは偶然ではあっても興味深い事実である．

クアラルンプールにおける盆踊り大会は2017年に第41回目を迎え，会場となった運動場を3万人の参加者で埋めつくすような巨大なイベントとなっている．クアラルンプールと同じくらい古い歴史をもつジャカルタでの盆踊り大会は，バリ島などのテロの影響で2003年の実施を最後に中止となったが，2007年に再開，日本・インドネシア国交樹立50周年を記念して2008年に実施された日本・インドネシア友好フェスティバルにおいても継続して実施された．2009年以降は有志により組織された実行委員会により実施される「ジャカルタ日本祭り」が開始され，盆踊りだけでなく，ステージを利用した日本およびインドネシアの文化紹介，企業が出展するブースにおける日本食の提供などがあり，第10回目が実施された2018年のジャカルタ日本祭りでは2日間で3万人を超える来場者を数えるなど，在留邦人のみならず現地の人たちにとっても楽しめるイベントとなっている．

ジャカルタ日本祭りのほかにも，日本食レストランが多数あるジャカルタ・ブロックM地区においては2010年より「縁日祭」が実施されており，2日間で20万人以上が訪れ，まさに「縁日」の雰囲気の中，開催地が人で埋めつくされるような大きな催しとなっている．

●日本祭りの拡散　ベトナムにおいては，ハノイ，ホーチミンなどの大都市だけでなく，日本との経済的なつながりが強いダナン，かつては日本町もあるなど，日本と歴史的な関係のあるホイアンなどの地方都市においても，日本人コミュニティが関係する日本祭りが実施されている．これらの中では，2003年に初めて実施されたホイアンにおける日本祭りが最も古いものである．

ミャンマーにおける日本祭りの歴史はさらに新しく，日本・ミャンマー外交関係樹立60周年を迎えた2014年に初めて「ジャパン・ミャンマー・プエドー（「プエドー」はミャンマー語で「祭り」の意）」が実施され，企業紹介ブース，日本紹介ブースのほか，日本とミャンマーの歌手によるコンサートも行われ，ミャンマーのテレビ局によりテレビ放送されるなど，大規模なものとなっている．

●大学における日本文化祭　冒頭に触れたとおり，東南アジアには多くの日本語学習者が存在し，高等教育機関レベルにおける学習者は10万人にのぼる．とりわけインドネシア国内で日本語学科を有する多くの大学の文化祭においては，日本のアニメのコスプレ，日本語弁論大会，バンドの演奏を行う大学行事が実施され，これらは日本語そのまま「ブンカサイ」とよばれることが多く，日本関係の「祭り」をさす言葉として市民権を得つつある．

以上のように，東南アジアにおいては，各国において日本の祭りを通じて，日本的な雰囲気を在留邦人と現地の人たちが共に楽しむことで，経済だけでなく文化的なつながりを強くするイベントとなっている．

［塚本倫久］

ローカライズされる日本食

☞「ハラール」p.242

日本食は，日本人の長寿のイメージやハリウッド俳優の食行動などと結びつき，健康的で洗練された食べ物として世界に広がった．在住邦人を主な顧客とする店は，食材の調達や原価の折り合いがつく限り，日本の味やスタイルを再現しようとする傾向が強い．しかし現地の人びとを広くターゲットとする場合，現地の食文化に合わせて，なんらかの形で現地化（ローカライズ）する必要がある．ここではインドネシアを主な事例として現地化のあり方を概観する．

●ホカホカベントー インドネシアで手軽な日本食の店といえば「ホクベン」である．1985年創業の現地資本のレストラン・チェーンで，2018年現在，ジャワ島の都市部を中心に147店舗を展開している．ホクベンとは「ホカホカベントー」の略語であるが，いわゆる「ほか弁」ではなく，カウンターで購入した食べ物をセルフサービスで店内のテーブルに運んで食べるファストフード形式である．取り放題の調味料として，醤油でなくポンプ容器に入れたケチャップとサンバル(チリソース）が置いてある．インドネシアでは食事にサンバルを添えることが多く，外食施設でも客がこれで味を調節する習慣があることを反映しており，ポンプのケチャップとサンバルを並べる形式は，ファストフード・チェーンとして初めてインドネシアで成功したケンタッキー・フライド・チキンを踏襲している．インドネシアは国民の約9割がムスリムであるため，ホクベンのメニューはすべてハラールで，ハラール認証も取得している．照り焼き，焼き肉，チキンカツ，エビフライ，天ぷら，サラダ，丼，弁当，みそ汁などの日本的な食べ物のほかに，カニロールやエッカドといった創作料理もある．いずれもインドネシア人の好む魚肉団子の生地をベースにした揚げ物で，カニロールは生地を長方形に整えて揚げたもの，エッカドはウズラの卵を肉団子の生地と湯葉で包んで揚げたものである．エッカドの語源は不明だが英語のエッグにインドネシア語のカド（贈り物）を合わせた名前だろう．

●タイスキとしゃぶしゃぶ しゃぶしゃぶに似た「タイスキ」は，宇都宮由香によれば，モンゴル発祥の中国料理「火鍋」をヒントに1957年にタイの「コカ・タイスキ・レストラン」で出され，さらにタイ人好みに味や具材を現地化したものであるが，日本のヒット曲Sukiyakiソングにちなんで名付けられたため，タイでも日本食と考える人がいる[1]．インドネシアにもタイスキあるいはコカスキという名前でタイから導入され，なかばタイ，なかば日本のイメージをまといつつ，さらにインドネシア風に現地化しながら受け入れられた．一方で「しゃぶしゃぶ」も「タイスキ」の影響を受けながら現地化されていき，現在のインドネシアではしゃぶしゃぶもタイスキもほぼ同様な料理形態に収斂している．だしの選択肢にも和風・チキン・トムヤム風などがあり，食べ放題のビュッフェ形式で多種多様な具材が焼肉やデザートなどと合わせて供されるスタイルがよくみられる．

●インドネシアの日本料理　日本風の料理を扱う店は，ほかにも屋台やフードコート，レストランなど多様である．上述以外にも，鉄板焼き，チキンカツ，定食，カレー，寿司，ドラ焼き，タコ焼き，お好み焼き，ラーメン，うどんといったものが日本風の料理として普及しているが，多かれ少なかれ現地化されている．例えばインドネシア人は生焼けを嫌うためタコ焼きが固くなるまでしっかり火を通す，小豆餡の代わりにドラ焼きに高級感のあるチーズやカスタードを挟むなどである．豚骨スープや豚肉を使うラーメン店も進出しているが，一方で，博多一幸舎や現地資本のチェーン店などは，ムスリム向けにノンポークあるいはハラールのラーメンを売り出している．寿司は裏巻き寿司が一般的で，具はアボカド，野菜，エビの天ぷら，焼肉など，現地の食嗜好に合ったものが選ばれ，外側は赤いトビコで彩ってある．生魚の握り寿司のネタでは，サーモンの人気が高い．回転レーンの存在は，日本でのように省力化や安価さを意味するのではなく，高級店の証となっている．2013年に進出した丸亀製麺は，「うどんと天ぷらのマルガメ」として2018年末現在全国各地に計44店舗を展開している．その成功の背景には，現地の文化的価値観にマッチした戦略がある．そもそも麺や天ぷらがインドネシア人の食嗜好に合うという要因もあるが，さらに薬味として大量の刻み唐辛子を用意するなどの工夫をし，ムスリム対応として酒やみりんを排除し，2015年にはハラール認証も取得している．また店のイメージも，安価な大衆食堂ではなく，主なターゲットである中間層以上の顧客の購買欲をそそるため，内装や外装，店舗の立地，制服などに工夫をして，日本を喚起させつつ適度な高級感を出し，手の届く値段でのちょっとした贅沢といった雰囲気を演出している．客は食品だけでなくここでの食体験全体を消費しているといえる．

●食べ方の現地化　宇都宮は食べ物の供し方や食べ方の現地化にも着目している[1]．タイの食堂では一般的に主菜を複数注文してシェアしたり，米飯に2〜3種類のおかずをのせて食べたりする．そこで日本食レストランでも，タイの嗜好に合わせて漬物として味の濃いキムチを添えたり，主菜を複数組み合わせた定食を用意したりしている．消費者も，各自が定食を頼むほかに一品料理の主菜を複数頼んでシェアする，味噌汁をレンゲで飲む，氷入りの緑茶をストローで飲むなど，タイの食事様式を維持しつつ日本食を受容している．　［阿良田麻里子］

参考文献

［1］宇都宮由香「タイにおける『外来食文化』の受容実態―多様化する日本食，維持される食事形式」阿良田麻里子編『文化を食べる 文化を飲む―グローカル化する世界の食とビジネス』ドメス出版，pp.231-248，2017

ロングステイ

日本社会がバブル経済による景気拡大と円高を経験した1980年代後期，海外旅行と暮らしを融合させたライフスタイルとして「ロングステイ（海外滞在型余暇）」が発案された．少子高齢化の進展を背景に，政府主導の高齢者海外居住支援事業「シルバー・コロンビア計画」(1986年）が提唱され，中高年の間では豊かな老後を海外で過ごそうと退職後の海外移住・長期滞在への関心が高まった．1992年に旧通商産業省の認可を受けて設立されたロングステイ財団による商標登録以降，ロングステイは民間主導で普及し，1か所に長期間滞在する観光形態，および老後に年金を活用して海外で生活するライフスタイルをさす言葉として定着した．人気が高い滞在先は，マレーシア，タイ，ハワイ，オーストラリアなど南国リゾートのイメージのあるアジア・オセアニアの国や地域である．

●東南アジア諸国におけるロングステイ　高齢者および退職者の国境を越える移動は「国際退職移住」とよばれ，生活の質的変化を求めた移住の形態である「ライフスタイル移住」に数えられる[1]．英国人やドイツ人などヨーロッパ北部の人びとが，退職後，快適なヨーロッパ南部や地中海沿岸地域で過ごすことは，1960～70年代からみられる．アジアにおける国際退職移住は比較的新しい現象であり，1990年代頃から日本人や欧米諸国出身の中高年退職者がマレーシア，フィリピン，タイ，インドネシアなど，物価や気候の面で生活しやすく，外国人退職者向けの受入制度を実施する東南アジアの国々へ移住・長期滞在する動きが顕著である．なかでもフィリピン政府は外国人退職者の誘致のために1985年に退職庁を設置し，35歳以上の外国人退職者に「特別居住退職者ビザ」(SPRV）を発給し永住権を与えている．東南アジアで滞在先となるのは，病院や商業施設など生活インフラの整った都市（マレーシアのクアラルンプールやタイのバンコクなど），アメニティの充実した海辺や高原のリゾート地（フィリピンのセブ島，インドネシアのバリ島，タイのチェンマイ，マレーシアのキャメロンハイランドなど）である．

外国人退職者の受入制度に加え，メディカルツーリズム◀を推進する東南アジアの国々では，外国人高齢者向けの介護施設や医療介護サービスの事業化が進められている．フィリピン，タイ，マレーシアでは日本人高齢者向けの介護施設が開設され，要介護の高齢者の国際移動が生じており，ロングステイは高齢者介護の活路とみなされるようになった．国際退職移住は医療，家事労働や介護のための「労働力を必要とする」人のトランスナショナルな移動であり，ケア労働を担う若い労働力を求める側面は，安価な労働力が確保できる東南アジア諸国への高齢者の国際移動の展開を特徴付ける点である．

●マレーシア・マイ・セカンドホーム・プログラムとロングステイ　マレーシア政府は2002年に「マレーシア・マイ・セカンドホーム・プログラム（MM2H）」を開始し，マレーシア国内で就労しないことや一定額の銀行預金を条件に，外国人に10年間有効のビザを発給している．MM2Hによる外国人誘致の推進はマレーシアの国家成長戦略の一部であり，経済成長のアクターとして，退職移住者，就学年齢の子供のいる家族，投資目的の富裕層など，高齢者に限らず幅広い年齢層の外国人を選別的に受け入れている．2017年までのプログラム総参加数は3万5821件であり，最も多いのは中国（9902件），次に多い日本（4372件），続いてバングラデシュ，英国，韓国，イラン，シンガポール，台湾，パキスタン，インドが上位10か国となっており，東アジアが全体の6割以上を占める．

ロングステイ財団の調査統計によると，マレーシアは2006年以降11年連続して日本人の希望滞在国1位を獲得している[2]．2000年代の中頃，クアラルンプールでは日本人退職移住者のコミュニティが形成され，日本人会を拠点にMM2H促進活動が活発となり，定住者が増加した．永住を希望する人も少なくない．日本人退職者コミュニティの内部では介護環境を求める声が上がり，現地の介護事業者と協力し，日本人向け介護施設や訪問介護サービスの事業化の取組みもみられる．マレーシアでの介護生活を選択する日本人高齢者も現れ，日本から呼び寄せられた要介護の親は，病院や介護施設，あるいは自宅においてフィリピン人やインドネシア人のメイド（家事労働者）に介護され，現地で看取られる事例も出ている．

近年では，マレーシアの大手民間病院が国内の中間層・富裕層と外国人を対象に介護事業を展開している．心臓外科を中心にメディカルツーリズムの外国人患者を受け入れている心臓スキャンセンター（HSC）は，医療介護サービスの提供を視野に入れ，要介護の親と子と孫が一緒に暮らせる多世代同居型のコンドミニアムをクアラルンプール郊外に建設した．また，インドネシア，タイ，バングラデシュの民間病院と提携し国際的な事業展開を行うKPJヘルスケアは，中華系オーストラリア人が経営するオーストラリアの介護施設を子会社化し，西洋の介護実務を取り入れた高齢者介護施設をマレーシアのジョホールに開設した．

外国人退職者の生活を支える介護サービスの創出は，少子高齢化を迎えるマレーシアの高齢者とその家族のライフスタイル，およびケアのあり方に新たな提案を示している．MM2Hの促進は外国人退職者のトランスナショナルな暮らし方を実現するだけではなく，マレーシア国民，とりわけ小家族化するローカルの華人の暮らしにも変化をもたらすものである．　［小野真由美］

参考文献

[1] Benson, M., & O'Reilly, K., eds., *Lifestyle Migration: Expectations, Aspirations, and Experiences*, Ashgate, 2009
[2] ロングステイ財団『ロングステイ調査統計2017』ロングステイ財団，2017

日本に暮らす東南アジア出身者

在日外国人は1990年に初めて100万人を突破し，2018年末現在273万1093人に達している．その中心は中国や朝鮮半島から来た人びとで，かつて多かった英米国人の高齢化や金融危機による日系南米人労働者の大量帰国もあり，現在8割以上がアジア出身者である．東南アジア出身者は1990年には7万4909人（総数の約7%）に過ぎなかったが，2018年には76万5767人（28%）にのぼり，ベトナム人・フィリピン人を中心に存在感を強めている（図1）．

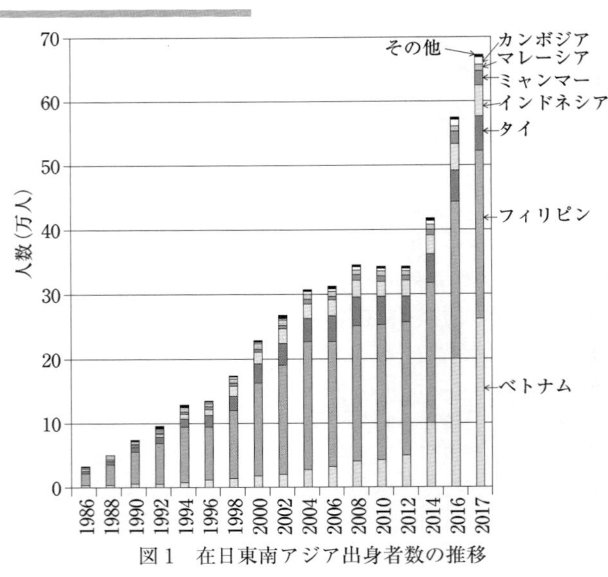

図1　在日東南アジア出身者数の推移

1990年代に本格化したグローバル化で人の移動も世界規模となったが，日本では少し早く戦後高度経済成長期から外国人が来日した．入国者数は1960年代から毎年数万人単位で増え，東南アジア出身者には戦前からフィリピン，インドネシア，タイ，マレーシアで操業していた日本企業の関係者や留学生，日本人配偶者などが多かった．特にフィリピン人は歌手やバンドマン，軍関係者などもおり，1960年代にはすでに米国・英国・中国・韓国に次ぐ数千人規模が来日していた．

●エンターテイナーと難民　1970年代に入るとフィリピン政府は出稼ぎ政策を打ち出し，セックスツアーを含む観光業にも力を入れたため，従来の歌手などの男性エンターテイナーに代わって，酒場でショーや接客に従事する女性エンターテイナーが来日するようになった．それまで1000人未満だった在日フィリピン人◀は1972年に突如2000人を超え，以後も徐々に増えてゆく．ただし当時の外国人エンターテイナーの主流は韓国人で，フィリピン人が本格的に増加するのは1980年代以降，その頃には同じく買春観光が盛んになったタイからの女性も参入し始めた．彼女らの多くは後に日本人配偶者や定住者などになる．次にやってきたインドシナ難民は，1975～76年の南北ベトナム統一と社会主義化，そして

1978〜79年のベトナムのカンボジア侵攻（第3次インドシナ戦争）によって本国を脱出した官僚や軍人，華人系商人，農漁民などであった．日本は1978〜94年の間に1万7000人余りを受け入れ，うち1万人強が定住した．その8割はベトナム人，残りがラオス人とカンボジア人である．なお1990年頃からは民主化闘争下のミャンマーからの難民も急増するが，難民認定を受けられた者は限られ，2000年頃までは4000〜6000人台の不法残留者がいた．

●技能研修生，留学生，船員　日本経済の絶頂期となった1980年代には，まず日系企業の海外進出の見返りとして現地から技能研修生が来日した．バブル終焉後は中小企業の安価な人材確保のため研修後に最大2年間の実習期間が追加され，中国，インドネシア，フィリピンなどからの研修生・実習生が急増した．2012年以降受入れはさらに拡大するが，近年の経済発展や対日関係の悪化などにより中国人が減少し，代わってベトナム人その他の東南アジア出身者が急増した．また1983年には「留学生10万人計画」に基づいて中国，韓国，マレーシアなどからの留学生1万人が来日し，その後順調に増えて2003年に目標値を超えた．さらに1980年代後半には日本人の経営する船舶にも外国人船員が増え，英語力の必要な商船はフィリピン人，漁船はインドネシア人が主流を占めた．

●日系人，高度人材，観光客　1990年の入管法改正により，大量の日系南米人労働者が中部や北関東などの製造工場で就労するようになると，東南アジアから日系人をリクルートする企業も出てきた．例えば，茨城県大洗町には1990年代末からインドネシア北スラウェシ州の日系人とその家族が来日し，常時200〜300人程が現地の水産加工工場で働いている．だが2001年の米国同時多発テロをきっかけに不法残留者の摘発強化，および失踪の多いエンターテイナーや技能研修・実習生の受入れ見直しが行われ，対照的にIT技師などの高度人材の受入れが奨励された．2008年からは対東南アジアEPA（経済連携協定）を通じて看護師・介護福祉士◀候補も来日し，国家資格取得後は恒久的に就労できるようになった．このほか近年顕著な外国人観光客（訪日外客）は2018年末には3119万2000人，特に急増する東南アジアからの観光客◀は，タイ，マレーシア，シンガポール，フィリピンを中心に全体の1割を超える．

●コミュニティと宗教　日本の東南アジア出身者にはオールドカマーがほとんどいないため，中華街やコリアンタウンのような確たる集住地はない．首都圏繁華街のレストランや雑貨店，あるいは上記の大洗町のような地方都市の職場とその近隣の低賃住宅地に形成された流動的なコミュニティが一般的である．また，日系南米人やインド人のように民間の外国人学校（民族学校）を設立することもない．他方，宗教ごとに週末礼拝や日曜学校を開催し，布施・寄進を集めて独立した宗教施設を建設することには熱心だ．これら隣人の多様な文化について学ぶことは，今や多文化共生社会を目指す日本に不可欠の課題である．　［奥島美夏］

在日フィリピン人

2017年12月時点，日本には登録上約260万人の在留外国人がいる．フィリピン人登録者は約26万人おり，国籍別では中国人約73万人，韓国・朝鮮人（在日コリアンを含む）約48万人，急増しているベトナム人約26万2000人，に次ぐ4位となっている．そのうちの約19万人（約73%）が女性で，大半が日本人男性との国際結婚のために来日してきた人びとである．地域別では愛知県に約3万6000人がおり最も多く，次に東京都の約3万3000人となっている．両地域の近隣にも多くのフィリピン人が居住している．

●移住の歴史的変遷　人の移動が本格化したのは，1970年代に多くのフィリピン人バンドマンが米軍基地周辺にあるライブハウスでの演奏のために来日したことに始まる．1980年代には，男性ではなく，多くのフィリピン人女性芸能労働者，いわゆる「フィリピン人エンターテイナー」が来日した．女性たちの大半は，「興行」在留資格を取得して，合法的に滞在し，「フィリピン・パブ」とよばれる店でホステスとして働いた．1980年代から2000年代にかけて，日本全国の歓楽街には，このような店が次々に登場した．それに比例して，日本人男性とフィリピン人女性の国際結婚が急増した．厚生労働省の人口動態統計によると，日本における日本人男性とフィリピン人女性の国際結婚数は，国籍別の調査が始まった1992年から2015年まで，総合計で15万組を超えた．一方，同時期における逆の組合せの国際結婚総数はわずか約2700組であった．2004年，米国国務省はこのような就労に対し「人身売買」の疑いがあると指摘した．以降，日本政府はビザ発給を厳格化し，フィリピン人エンターテイナーは激減した．

ところが，フィリピン人在住者数は減少するどころか徐々に増えている．近年，戦前にダバオを中心に移住した残留日系人の子孫とその家族の来日や，1980年以降に日本で日本人と結婚後に母子ともども帰国し，そののちフィリピンで育った新日系とよばれる子供と若者ならびに母親たちが，再来日する事例が増加しているのである．就労制限がない「日本人の配偶者など」や「定住者」などの在留資格をもつこれらの人びとは，斡旋業者などを介して，介護現場や食品加工工場で就労している．母子や家族たちは就労先が用意した狭いマンションに住み，生活するのが精一杯の収入で暮らしている．さらに，親とともに来日した就学年齢期の子供たちは言語上の不利もあり，進学もできず，日本において安定した生活の基盤を築く機会を得ることができる状況ではない．

日本において，日本人とフィリピン人の両親から生まれた子供は，統計がある1991年から2016年までを合計すると，約9万人（うち約3000人がフィリピン人の父親と日本人の母親が両親）になる．大半が20代から30代の年齢を迎えている．フィリピンの母親の親戚宅に滞在しながらフィリピンに留学する人もいれば，両親が離婚し，フィリピン人の母親とともに母子家庭で育ち，経済的に苦しい状況におかれている場合も少なくない．

●フィリピン人コミュニティと関係の広がり　1980年代，結婚のためにやってきた女性たちが日本に定住し始めてから，信仰のよりどころであるカトリック教会には，多くのフィリピン人が集まるようになった．全国各地に住むフィリピン人は自助と親睦のため，教会を拠点として次々と「フィリピン人コミュニティ」を結成した．なかでも古参のグループの一つとされているのが京都パグアサ(PAG-ASA，タガログ語で「希望」) コミュニティである．1986年，このグループは，フィリピン人女性が中心となり，英語ミサを行うことを教会に要望したことを機に始まった．現在では，既婚女性や，離婚してシングルマザーとなった女性，繁華街で小規模なラウンジを経営している女性，さらには日本人の夫や日本生まれの日比ミックスの若者などが中心となって集まり，約100人の登録メンバーがいる．黙想会やイースター，クリスマスなど信仰にかかわる行事や，フィリピン独立記念日などの国家的行事を開催している．また，新たに来日した子供たちを対象にした学校の補習のための学習教室が開かれている．離婚やDV，子育てなどの問題に直面したメンバーがいる場合，近隣の外国人支援団体に相談し，問題の解決に取り組んでもいる．

2012年，京都パグアサコミュニティは，京都市の事業である京都市地域・多文化交流ネットワークサロンで活動するようになった．施設の日本語教室には，フィリピン人が集まっている．季節ごとに開催される祭りでは，毎回，フィリピン人ギターグループが演奏を披露している．活動する中心メンバーには，市の教育委員会にパートタイムで雇用され，新規に来日するフィリピン生まれの子供たちが在籍する公立小中学校で，日本語指導や母語補助として働く人びともいる．この施設の周辺には在日コリアン住民が人口の2割程度おり，施設では以前から，在日コリアンを支える活動を行っている．最近では，施設に集まるフィリピン人が，地域で行われている在日コリアンの民族文化を継承する祭り「マダン」に演奏者として参加している．また，施設の系列である希望の家カトリック保育園には，現在，5か国（日本，韓国・朝鮮，フィリピン，ベトナム，中国）の保護者が子供たちを通わせている．中には，在日コリアンの父親とフィリピン人の母親をもつ子供もいる．在日フィリピン人は日本において国籍と民族の多様化を進めている存在といえるかもしれない．

［永田貴聖］

参考文献

［1］永田貴聖「日比二世10万人時代—二つのルーツを活かす」大野拓司他編『フィリピンを知るための64章』明石書店，2016

在日ベトナム人

日本には2018年6月末現在3か月以上の長期で滞在するベトナム人が29万1494人いる．この数は，日本在留外国人の中では，中国，韓国・朝鮮に次いで第3番目の規模である．

●在日ベトナム人の概要　日本に在留するベトナム人の傾向は，この15年ほど急変している．2000年代初頭は，日本に在留するベトナム人の大半は，ベトナム難民とその家族たちである永住者か定住者であった．それが2011年末に，技能実習生と留学生を合わせた数が，永住者と定住者を合わせた数を上回った．以後5年間で前者が急増し，2018年6月末には技能実習生と留学生を合わせた数が21万人を超え，在日ベトナム人全体の4分の3を占めるようになった．現在では，永住者の約14倍になっている．男女比では，在日ベトナム人の55%が男性である．日本に在住するフィリピンやタイ出身者は女性の比率が高いのが特徴だが，ベトナム人は単身の労働者が多いためか，男性の割合が多い．在住地域では，東京が最も多く，愛知，大阪，埼玉と続く．難民の家族が中心だった時には，難民定住促進センターがあった神奈川と兵庫を中心に集住していたが，現在の傾向は他の外国人労働者とほぼ同じで，首都圏，東海，関西の工業地域に多くが在住している．

●難民出身者のコミュニティ　在日ベトナム人のコミュニティは，難民とその家族を中心として形成されてきた．神奈川や兵庫などにできた集住地域を中心に，地理的空間を共有するものか，あるいは場所の共有を前提としない親族や友人同士のネットワークによって形成されている．一般的な移民コミュニティでは，宗教施設や独自の学校がある場合もあるが，難民出身の在日ベトナム人の人口規模は大きくなく，特別な施設はできなかった．キリスト教徒の場合，日本の既存のキリスト教会に通い，難民の子弟は，日本の公立学校に入った．

コミュニティの役割で最も重要なものは，就労先の情報の共有だ．難民第1世代の求職は難しく，ベトナム人の雇用に特化した情報がコミュニティ内で流通・共有された．もう一つの役割は，コミュニティを通して，日本の支援団体との関係が構築できることである．日本語の学習をサポートするものから，日本生まれや幼少期に来日した第2世代の子供たちの学習サポート，あるいはアイデンティティの保持のための活動，さらには在留関係のサポート活動などを展開している．個別に日本人との関係を築くきっかけとなる場合もある．コミュニティの存在は，連鎖移民（すでにできあがった移民コミュニティを目指して，同じ民族的・文化的背景をもった新たな移民が起こる現象）も生み出している．本国から家族をよぶ人も多く，コミュニティ内の多様化も進んでいる．また2000年代半ばには埼玉に，2010年代には神奈川や兵庫に，ベトナムの寺院の建設も進み，人びとの宗教的な心の依り所，あるいは集いの場になっている．難民出身者からなる在日ベトナム人のコミュニティは，今後，元難民の高齢化と，新しく来た人の適応の問題，さらには第2，第3世代の教育格差の問題に直面することが予想される．

●留学生と技能実習生　一方，留学生と技能実習生は特に2010年代に入って急増している，難民以外の資格で入ってくるベトナム人の間では，難民出身の人たちのような，地理的空間を共有するコミュニティは存在していない．留学生の場合は，大学単位でまとまっている可能性もある．SNSを通したネットワークを利用して，日本での生活上の問題を解決している場合もみられ，コミュニティの存在は，より空間的なものからネットワークに近いものになっている．日本語能力が高く，日本人とのコミュニケーションにも困らないため，就職すれば，職場で日本人と同様の職種で働くこともあり，難民出自の人よりは，日本に適応しやすい．

ただし，留学生の中には，大学ではなく日本語学校などに来ている場合もある．彼らの場合，留学とは名ばかりで，ブローカーが存在し借金をして日本に来ている場合もある．日本語学校に学費を払った後は，勉強はほとんどせずに法的制限いっぱいまで就労し，借金を返した後，そのまま逃げ出すケースもみられる．技能実習生も状況はほぼ同様である．技能実習生は，家族の帯同も許されていないため，コミュニティを形成するのが難しい．定住の見込みが低いとみられている日本語学校の留学生や技能実習生については，日本社会からの支援も届きにくく，社会的に孤立しやすい．ベトナムからは二国間の経済連携協定（EPA）を利用した介護士と看護師が入ってきており，さらに，今後「介護」という在留資格が新設されれば，さらなる別の目的で在留する人が増え，「在日ベトナム人」の中の多様化は，今後も進んでいくことが予想される．

●在日ベトナム人コミュニティの多様化と今後　在日ベトナム人の中での難しさは，出身地域によって対立が生じる場合を含んでいることだ．難民出身者のコミュニティは，南ベトナム出身者によって構成されているので，北ベトナムに対しての複雑な感情をもっていることがある．留学生も技能実習生も北部出身者が多く，難民コミュニティと技能実習生や留学生が，近づかない理由ともなっている．

ただし変化はある．難民家族の集住地区にある支援団体が実施する日本語教室には，技能実習生が来る場合も散見され，また日本国籍を保持するベトナム難民出身者がコミュニティリーダーとなっている場合，そこに留学生や技能実習生が相談に来ている場合もあるという．在日ベトナム人の中での多様化はますます進むことが予想される．日本社会も技能実習生や多様化する在日ベトナム人の課題と，きちんと向き合っていくことが重要になるだろう．

［長谷部美佳］

在日ミャンマー人社会の変容

高田馬場駅早稲田口から5分のところにミャンマー料理店「ルビー」がある．開店2002年，ミャンマー人が多く住んでいるこのあたりに数軒あるミャンマー料理店の中では老舗である．店主はチョーチョーソウ，在日歴は20年を越え，日本政府が認定した難民でもある．かつてはビルマ民主化同盟を率いて，軍事政権に反対し，母国民主化を叫ぶ運動の中心にいた活動家だった．

久しぶりに「ルビー」を訪れたのは昼時，食事中の知り合いに挨拶する．2002年に日本で結成された在日ビルマ市民労働組合幹部のミャンマー人2人と，それを支援している連合傘下の単産労働組合JAMのメンバーである2人の日本人が話し合っていた．数年前から問題になっている外国人技能実習生◀について，その待遇改善をどう進めていくのか，相談しているとのこと．同じテーブルには若いミャンマー人女性2人がいた．不安げな表情で男たちの話し合いを見守っている．窮状を訴えてきた技能実習生なのであろう．客が次々とやってくる．3人，5人と連れ立った若い男女の客が多い．席についたとたんにミャンマー語が飛び交う．この若者たちは来日後まもない留学生や日本企業に職を得たミャンマー人たちであろう．彼ら，彼女らの着こなしは，日本の若者と区別がつかない．「ルビー」開業時の頃は一目見て，ミャンマー人と見てとれたのを思うと隔世の感がする．若者たちの明るいふるまい，ファッションから，在日ミャンマー人社会の変容を実感する．

●新しい人，古い人　2017年6月現在，法務省入国管理局発表の在留資格/在留目的別在留外国人統計によると，現在日本に住むミャンマー人の総数は2万346人．これはASEAN諸国の中では，フィリピン，ベトナム，タイ，インドネシアについで5番目に多く，その数はこのところ年々増加している．

在留目的別の統計をみると「留学生」は5269人．統計では4種類に分けられている「技能実習」は合計するとおよそ5000人．日本の企業などで働けるビザを意味する「技術・人文知識・国際業務」は2117人．これら3種類のビザをもつ人は近年著しく増加している．在日ミャンマー人総数の過半数を占めるこの人たちは，いわば在日ミャンマー人社会のニューカマーである．統計表には「定住者」2395人，「永住者」1951人という数字があがっている．これらの人たちの中には，来日後難民として認められた人，難民としては認定されなかったものの人道的な配慮から在留特別許可を得て，日本に住み続けている人たちが含まれている．

難民資格や在留特別許可をもっていても，今は一時帰国やパスポートを取り直しての帰国が可能である．かつての民主化活動家の中にも帰国に踏み切る人たちがいる．母国の民主化に貢献しようとする人もいれば，日本で得た技術や経験，コネを生かして経済活動をしようという人もいる．しかし，まだ日本に残っている人は少なくない．

「特定活動」という在留資格でくくられるミャンマー人が2029人と統計にある．このうちの多くは，難民認定申請中で結果がまだ出ていない人たちである．ここでいう難民とはいわゆる条約難民のことである．1988年民主化闘争に積極的に参加したり，軍事政権のもとで反政府活動をし，逃れてきたような人がそれにあたる．今，ミャンマーでは軍事政権の支配は終焉し，民主化への歩みが始まっているが，難民認定を申請するミャンマー国籍者は今もいる．国籍を与えられず，不法入国・不法滞在者とみなされているロヒンギャ◀，内戦状況が続くカチン州，シャン州北部出身のカチンの人たちなどである．

●政治運動から社会福祉活動へ　2015年の総選挙で圧勝した国民民主連盟（NLD）が政権の座についた2016年3月以降，在日のミャンマー人民主化団体の多くが解散もしくは活動を縮小している．

ミャンマー新政権発足後ほぼ1年が経過した2017年3月，新しい在日ミャンマー人の団体「在日ミャンマー市民協会」が誕生した．前出の「ルビー」店主チョーチョーソウが事務局長を務めるこの組織は，政治活動よりも社会福祉や教育活動に力を注ごうとしている．新来者の中には，一部の技能実習生のように劣悪な労働環境におかれている人もいる．さらに滞日経験の長いミャンマー人たちの多くはすでに50歳前後，日本での厳しい労働のせいで健康を害してしまった人も少なくない．働けなくなって生活保護を受け，なんとか暮らしている例もある．同胞として手を差し伸べる相互扶助の体制が必要である．

さらに日本で生まれ，育ったミャンマー人が増えている．そうした第2世代はすでに大学生の年齢にさしかかっている．第2世代のほとんどは母国語ができない．また例えば仏教徒である両親にとっては子弟が上座仏教の教えを知らず，無関心であることは耐えがたい．時間を割いて子供たちにミャンマー語を教え，僧侶を招いてミャンマー仏教の教えを乞うといった機会を設けたりしている．古い人，新しい人を問わず，在日のミャンマー人たちは，日本のNGOやボランティアの手を借りながら，母国の民主化への歩みを見つめつつ，ミャンマー人としてのアイデンティティを守り育て，結束を強めて行かなければならない時期を迎えている．

［田辺寿夫］

📖 参考文献

［1］田辺寿夫『負けるな！在日ビルマ人』梨の木舎，2008

［2］田辺寿夫「ビルマ人ディアスポラはいま」駒井 洋監修・首藤もと子編『東南・南アジアのディアスポラ』明石書店，2010

［3］田辺寿夫「在日ミャンマー人社会はいま」永井 浩他編『「アウンサンスーチー政権」のミャンマー』明石書店，2016

在日インドネシア人

2016年の統計によると在日インドネシア人は4万2850人である．技能実習生と看護師・介護福祉士候補者が約半数の2万人，留学生が5600人，ほかに日本人の配偶者や外交官，企業の駐在員，研究者，芸術家，永住資格者などがいる．

●インドネシア人の性格とネットワーク形成　インドネシア人の特徴として感情が穏やかで，人前で激しい感情を表さないことが知られている．そのため，労働現場で争いを起こすことが少なく，インドネシア人技能実習生や看護師・介護士候補者を受け入れる機関が近年増加している．

在日インドネシア人たちは出身地や宗教によるつながりを大切にし，親密なネットワークを形成し，さまざまな形で助け合いながら生活している．大規模な大学では数十人から100人を超える留学生が在学しており，インドネシア人留学生会が結成されている．「在日インドネシア人留学生協会宮城支部」のような地域単位の大きな組織があり，インドネシア関連のイベントを企画して伝統芸能や伝統料理などの文化紹介を行っている．

●茨城県大洗町のインドネシア人コミュニティ　各地にインドネシア人集住地域がある．茨城県大洗町，埼玉県草加市，群馬県大泉町と太田市，長野県上田市，静岡県浜松市，愛知県豊田市と西尾市，三重県鈴鹿市などがよく知られている．

これらの地域の中でも，茨城県大洗町はとりわけ強固なコミュニティの事例として知られており，さまざまな調査が行われている．大洗町は人口約1万7000人，水戸から南東に約11 km の海沿いの町で，漁業，水産加工業，観光業を主な産業としている．1990年代にオーバーステイのミナハサ地方出身のインドネシア人労働者が次々に親族や知人を故郷からよび寄せた結果，コミュニティが形成された．続いて，ミナハサ地方に日系インドネシア人が多くいることを知った大洗町の水産加工業者のA氏が合法的に日系インドネシア人のよび寄せを始めた．その結果，2000年代初頭にはオーバーステイを含め1000人超のコミュニティにまで成長した．2018年現在は推定約400人の日系インドネシア人が大洗町および周辺地域に定住・就労している．同町のインドネシア人コミュニティは以下のような特徴をもっていて結束性が非常に強い．

図1　大洗町のインドネシア人キリスト教会の結婚式．新婦は日系人，新郎は非日系人

① ほぼ全員がクリスチャン(プロテスタントと少数のカトリック)である．大洗町では1997年にインドネシア人教会が設立され，現在は7つのプロテスタント教会が運営されている(カトリックは町の集会所でミサを行う)．② ほぼ全員がスラウェシ州ミナハサ地方出身者である．③ 戦前の日本人移民（商業移民や漁民）や軍人などの日本人の血を引く日系インドネシア人が現在のコミュニティの中核になっている．

図2　インドネシア人就労者の誕生日会．職場の工場で同僚がミナハサ料理を持ち寄り祝う．食事前には感謝のお祈りをする

●コミュニティの存在と定住者の日本語能力の関係　長期間日本に暮らせば日本語ができるようになるのか．また，日本語ができない不自由さをどう乗り越えているのか．このことに関心をもったある調査チームが，在住インドネシア人のうち100人の移住第1世代の成人に対して，会話能力をはかるための面接式日本語会話力調査（Oral Proficiency Interview：OPI）を行った．在日年数は1年未満から15年まで，平均7.5年というかなりの長期間である．ところが調査の結果，95％は日本人の質問に単語レベルで返事をする能力しかない「初級レベル」にとどまっていることが明らかになった．知っているのは仕事に必要な単語や日常会話表現に限られている．文字はひらがなですらほとんど読めない人が大半である．

フォローアップインタビューによって，病気のときや子供の学校との連絡など複雑なコミュニケーションが必要な場合は，少数の日本語能力のやや高いインドネシア人（中級5％）の助けを借りて問題を解決していることがわかった．また，日本人の働き方や規則を守る生活態度に敬意を感じる一方で，日本人の宗教心が薄いことや，勤務先の社長や同僚が家族より仕事を重視しているように思えることなどから，日本人社会に共感をもてず，日本語学習のモチベーションが上がらないという答えが多く聞かれたという．同じ価値観をもつ仲間を助け合うコミュニティがあることにより大多数の成人インドネシア人は日本語を習得せず，日本人社会と距離をおいたコミュニティの中での生活を続けているのである．

本項ではキリスト教徒インドネシア人のコミュニティの事例を取り上げたが，他の多様なコミュニティについては文献[1]に詳しいので参照されたい．

［助川泰彦］

参考文献

[1]　奥島美夏編著『日本のインドネシア人社会—国際移動と共生の課題』明石書店，2009

難民と二世，三世

難民とは，①広義では戦争・内戦を含め戦乱から避難するすべての人びとをさし，②狭義では，難民条約（1951年）の規定である「人種，宗教，国籍，政治的意見やまたは特定の社会集団に属するなどの理由で，自国にいると迫害を受けるかあるいは迫害を受けるおそれがあるために他国に逃れた」人ということになる．②では，国境を越えるという要素が不可欠である．東南アジアにおいて難民条約加入国は，フィリピン（1981年），カンボジア（1992年）と少ないが，現実には東南アジアの国々は，長年，難民を出しあるいは難民を受け入れている．

●インドシナ難民と日本　一般に難民問題の解決方法は，①一時庇護国（難民が最初に逃げた国）での長期的な引受け，②難民の自発的な本国帰還，③第三国定住（比較的豊かな国での引受け）の三つである．インドシナ難民に関して，東南アジアの受入れ国は自国内の貧困問題を盾に一時庇護のみとした．また当時のインドシナ3国の政治・経済状況から，②の自発的帰還の希望もほとんどなかった．そして③の日本を含む第三国への定住のみが残った．1975年のベトナム戦争終了以降，ベトナム，カンボジア，ラオスにおける政治的経済的窮状により多くの人びとが自国を離れた．これらを総称してインドシナ難民といい，その総数は約144万人に達する．その内約130万人がアジア地域の難民キャンプを経て，米国・オーストラリア・カナダ・日本などへ定住した．日本には，1981年から受入れが終了した2005年末までのインドシナ難民定住受入れ数は1万1319人で，最近では大部分が「合法出国計画（ODP）」による家族再会のための受入れとなっていた．インドシナ難民について，日本は難民条約を批准する（1991年）以前から受入れを始めた．1975年の国連決議においてグループとして難民認定された者（もの）を，日本政府は個別の難民認定審査なしで「第三国定住」として受け入れた．主要国の受入れ実績は，米国100万人超，フランス10万人，オーストラリア・カナダ各14万人など．

日本に定住したインドシナ難民を含む二世，三世の包括的で完全な分析はまだない．一世について考えると，日本に来たときの年齢が35～40歳以上であると，日本の言語・文化・社会への適応は限定的であった．10・20代である場合には，母国の言語・文化の基盤をもちながら，日本の言語・文化・社会にも適応していった．他方，日本に10歳未満など低年齢でやってきた場合には，言語・文化・社会面での適応は早く，親に代わって，学校や地域社会の回覧文書などを読めるほどになるが，本来の言語・文化をいったん失う形になるケースが多かった．

●日本社会への統合における教育の重要性　難民の安定的定住に関しては，居住，雇用，社会保障，健康，教育（言語教育を含む）の各課題が重要である．特に外国から来た人びとの社会統合に不可欠なのが日本語を基礎とする教育である．まず日本語を使いこなせなければ，高校，大学の進学は可能にならず，就職にも負の影響が生まれる．二世で，学習言語も日常言語も習得し，高校から高等教育に進んで，通訳，法律専門家，医師・看護師，技術者，建築士などとして活躍し，専門を活かして日本と母国をつなぐ活動をしている人もいるが，少数である．高校に進学できるか否かという壁で苦しむ青少年は多い．高校への進学率が98%を超える日本において，高校への進学ができないことは，将来的に大きなマイナスとなる．日本人であれば，家族や地域社会の助けで何らかの仕事を得られるが，そうした社会的資産をもたない難民の青少年の場合，社会への入り口で挫折することとなる．一般的に，子供の教育達成は，親の社会階層，文化資本の影響を受ける．難民の子供たちは，このような資本に乏しい．この欠落を補う主体として，①受入れ側政府，②エスニック・コミュニティ，③受入れ側社会がある．①は大きな枠組みで力を発揮する．②はそれ自体で有用であるが，③の受入れ側社会の活動と組み合わさることで，さらに力を発揮する．

難民二世の子供たちにとって，学習言語（日本語）と家庭内言語が異なることは，学習言語習得にとって障がいとなる．子供の日本語習得が進むことで，親の日本語能力を子供が補うようになる半面，言語ギャップにより親子の意思疎通が乏しくなることもある．さらに学習言語としての日本語と，生活言語としての日本語には差があり，生活言語は習得しやすいが，学習言語習得は，家庭内での読書・文化・教養が作用する関係で，うまく伸ばしていけないことも多い．親がもっていない文化資産を補うものとして，ホスト社会が提供する言語・文化の教育機能，また関連して，これら難民二世の社会的関係を広げることは非常に意義がある．高校進学や就職に必要な学習日本語能力の向上は必須であるが，人びとの支援を活用すると，補習教室から発展して生まれる，学校・生活にかかわる相談，進学相談などは，彼らの意思疎通能力向上につながる．また孤立しやすい繊細な青少年がもつ，話を聞いてもらいたい，話をしたいという欲求に応えることにもなる．

1980年代に難民定住センターのあった神奈川県や兵庫県の一部先進的な地域社会の取組みに学ぶことは多い．具体的には基礎となる学習日本語能力向上に向けて，先に定住している同じ民族の人びとを活用すること．また青年層を含む地域社会の役割を理解，重要視し，社会全体に展開した事例・経験から多くが学べる．

［熊岡路矢］

📖 参考文献

［1］長谷部美佳「第5章 インドシナ難民家族の高校進学と支援者の役割—つながる力を手がかりに」川村千鶴子編著『多文化社会の教育課題—学びの多様性と学習権の保障』明石書店，2014

外国人技能実習生

☞「看護師・介護福祉士」p.534

今日の外国人技能実習制度は1980年創設の外国人技能研修制度が改正・拡大されたものである．当初は中国・東南アジアへ進出する日系企業が技術移転の一環として行う現地従業員養成事業だったが，バブル景気後は次第に研修内容が形骸化して中小企業の人件費削減策となり，1993・97年には技能実習期間が追加され最大3年間継続可能となった．だが，給与不払いやピンハネ，パスポートの取上げなどの問題頻発で国内外から批判を浴び，2010年に労働法が適用されない研修を廃し最低賃金が保証される技能実習のみ3年間行う現行制度に改正された．

●日系企業の東南アジア進出　企業進出の「見返り」であった技能研修・実習制度では，創設時から2015年まで中国人が首位，第2位以下をフィリピン，タイ，インドネシア，ベトナムなどの東南アジア勢が占めてきた．

1980年，シンガポールはもとより，日系企業の自動車製造拠点タイ・マレーシア，その他インドネシアやフィリピンなどから，年間数十人から200～300人程が来日していた．だが1990年代になるとシンガポールやマレーシアは経済成長を遂げ，研修・実習生派遣を縮小する．対照的に，1997年に始まるアジア通貨危機に打撃を受け政情不安に陥ったインドネシアは，外貨獲得のため研修・実習生を含めた移住労働者の送出しに力を入れた．よってインドネシア人が急増し，1996～2005年まで中国に次いで第2位となる．同様にフィリピンとタイも1990年代末から派遣人数を徐々に拡大し，さらに2000年代には中国の経済発展や尖閣諸島をめぐる外交関係の悪化などから，多数の日系企業が中国からベトナムへ移転する．これによりベトナム人研修・実習生も急増し，2006年にインドネシア人を抜いて第2位に，2016年には中国人も抜いて最大勢力となったのである（図1）．

●国籍と職種・配属地域・男女比の関係　実習生の配属分野・地域は企業進出に加えて送出国の事情も反映している．国際研修協力機構（JITCO）の2016年統計をみると，「農業」「食料品製造」「繊維・衣服」「建設」ではベトナムと中国が圧倒的多数である．特に北海道や東北，長野などの寒冷地域の農業はこの2国で7～9割を占める．農業は従来中国人が多かったが，近年ベトナム人に切り替える農家が増え，北海道や熊本などではすでにベトナム人が主力となっている．

一方，「漁業」では伝統的に島嶼国家インドネシアの出身者が多い．これは1980年代から鮪・鰹の遠洋漁船乗組員に採用されていたためで，北海道や広島を除き，今日でも宮崎，高知，宮城などの主要港の漁業実習をほぼ独占している．

対照的にフィリピン人は，出稼ぎを国策とする本国政府の方針のもと，効率よく外貨を獲得・送金できる職種を好むため，機械・金属，建設，その他（プラスチック成形，溶接，自動車整備など）の分野に集中し，愛知，静岡，広島のほか北関東に多い．ただし近年は福岡など九州地方の農業でも増えつつある．タイ人も同分野に多いが，愛知，千葉，茨城など，より限定された地域にみられる．

近年は後発ASEAN諸国への企業進出を反映してミャンマーやカンボジアからの受入れも増えつつある．なお一般に縫製や食品加工などには女性が多く，2000年頃から技能研修・実習生総数の5～6割を占めている．

●アベノミクス下の制度再拡大

2010年の制度改正で送出機関の不正監視も厳格化し，在留統計の実習生数は前年の約19万人から10万人まで減少したものの，第2次安倍政権下で再び拡大する（図1）．当初は東日本震災後の復興事業や2020年オリンピックのためという名分だったが，実際は建設やホテルの客室等整備のほか惣菜（食品加工），ビルクリーニング，介護なども開始し，2018年末には80職種144作業の32万8360人に膨れ上がった．2016年には技能実習法が成立し，実習内容や実習生の権利保護を管理強化する代わりに，実習を請け負う優良な監理団体（企業・事業所など）に最大5年間の実習を認めることとなった．

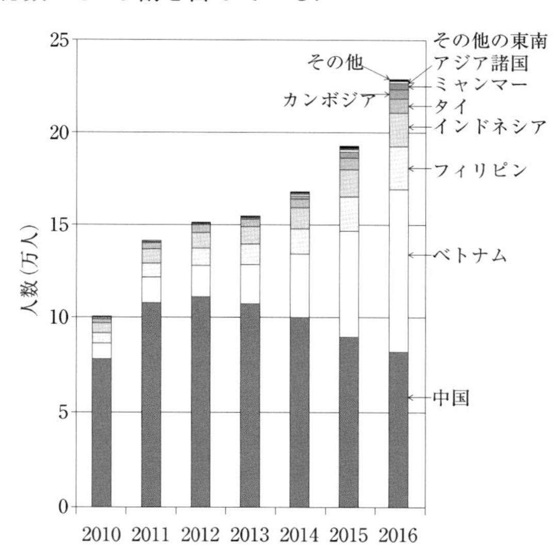

図1　外国人技能実習生数の国籍別推移（2010～16年）（出典：法務省『在留外国人統計（旧登録外国人統計）統計表』各年版より作成）

さらに2019年4月より，政府は建設・介護など14業種に新在留資格「特定技能」を付与し，東南アジアなど9か国から史上初の単純労働者を5年間で34.5万人受け入れる．技能実習生もこの資格へ吸収予定だが，各国の送出機関が利権を手放すのか懸念される．また看護士・介護福祉士候補の受入れはASEAN諸国との経済連携協定（EPA）枠でも試行されている．これらの制度をどう差異化ないし統合するのか，今後も議論が必要である．　［奥島美夏］

参考文献

［1］駒井 洋「研修生・技能実習生―ベトナム人を事例として」駒井 洋編『グローバル化時代の日本型多文化共生社会』明石書店，pp.74-99，2006

［2］奥島美夏「インドネシアから来た船乗りたち―遠洋船から近海漁業研修まで」奥島美夏編『日本のインドネシア人社会―国際移動と共生の課題』明石書店，pp.86-111，2009

急増する東南アジアからの観光客

近年，東南アジアからの観光客が急増している．2018年は330万人で過去最高を記録し，この10年間で5倍以上に拡大した．同年の全訪日観光客3119万人のうち，約4分の3が中国・韓国・台湾・香港といった東アジアからの観光客であるが，東南アジアからの観光客も観光産業では注目する存在となっている．

●外国人観光客の増加を目指す日本　訪日外国人旅行（インバウンド）の推進を日本政府が本格的に手がけ始めたのは，国内の人口減少とそれに伴う経済縮小の懸念が生じた2003年からである．同年，政府は訪日旅行促進事業，いわゆるビジット・ジャパン事業（VJ事業）を開始，2007年には観光立国推進基本法を施行，翌2008年には国土交通省の外局として観光庁を設置するなど，観光立国としての体制を整えた．なお，戦後の観光行政は1949年に運輸省大臣官房に設置された観光部によって担われ，数次の組織変化を経てインバウンドを政策的に位置付けたのはこの観光庁が初めてである．

東南アジアに対しては，訪日プロモーション重点市場20か国のうち，タイ，シンガポール，マレーシア，インドネシア，フィリピン，ベトナムの6か国を指定し，現地消費者向け事業，現地旅行業者向け事業，在外公館等連携事業，官民連携事業などを実施している．例えばマレーシアでは，クアラルンプールで毎年開催される旅行博「MATTA Fair」において，日本政府観光局（JNTO）を中心として官民一体のジャパン・パビリオンを出展している．

訪日観光客増加の要因の一つとしてあげられるのが，ビザ発給要件の緩和である．2013年が日本・ASEAN友好協力40周年であることから，すでにビザ免除措置国であったシンガポールを除き，数次ビザの導入，申請手続きの簡素化，ビザ免除など国ごとの状況に応じて7月より段階的に緩和してきた．外国人観光客の増加には，国内の消費拡大を期待できる一方，不法残留や不法就労の温床になるとの懸念もある．タイを例にあげると，2013年の訪日者数は約45万7000人と対前年比で74.0％上昇したものの，不法残留者も4391人（2014年1月1日時点）と21年ぶりに増加に転じた．そのためタイ国内では，緩和措置が取られて3か月ほどの頃，「ビザ免除が中止になるのでは」との噂がたち，タイ外務省と在タイ日本大使館がこれを否定する声明を発表するなど混乱が生じた．

●東南アジアからの観光客の動向　VJ事業を開始した2003〜18年の東南アジアの重点市場6か国の国別観光客数（外客数）と，外国人観光客全体に占める東南アジアからの観光客の割合を示しているのが図1である．これによると，リーマン・ショックの影響を受けた2009年と東日本大震災が起きた2011年を除き，増加傾向にある．特に前述のビザ要件緩和が始まった2013年以降は大幅に増加し，2018年は6か国すべてで過去最多となった．最も訪日観光客が多い国は，2005年まではフィリピン，2006年以降はタイとなっている．他方，外国人観光客全体に占める東南アジアからの観光客の割合は，10％前後で安定的に推移していることがわかる．

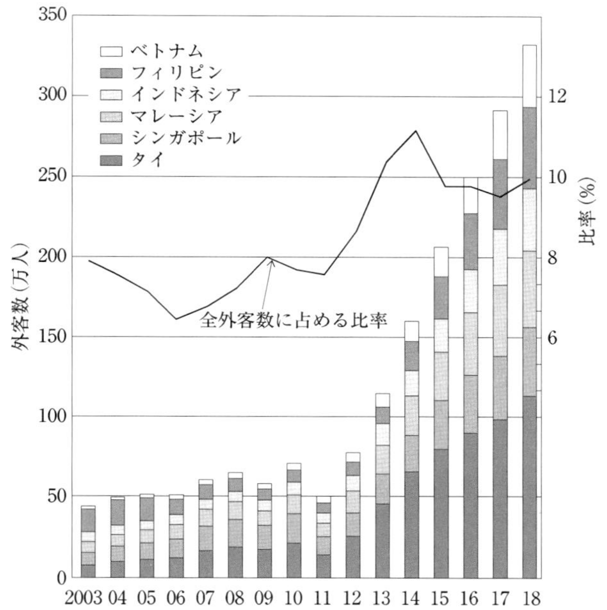

図1　東南アジアの主要国からの外客数と全外客数に占める比率（出典：「日本政府観光局ウェブサイト」より作成）

東南アジアからの観光客は，国ごとの制度や民族，宗教，文化に応じて，訪日観光の傾向に違いがある．特に顕著なのが，訪日観光のピークの時期である．2016年を例にとると，シンガポールやベトナムでは旧正月の春節やテト（2月），フィリピンではキリスト教の聖週間（3月），タイでは正月にあたるソンクラーン（4月），インドネシアやマレーシアではイスラームの断食月明けのレバラン/イードルフィトル（7月）が，各国の長期休暇の時期であり，訪日需要が高まった．日本の観光協会や観光業者もこのような需要を見越して，冬ならば雪，春ならば花畑散策など，国ごとのピークに合わせた販促プロモーションを展開した．観光客のアイデンティティに依拠したスタイルとして注目されるのが，ムスリムへの対応である．各国からの観光客数とその国のムスリム人口比から，2018年は約93万人のムスリム観光客が訪日したと推計される．ムスリム観光客からの需要への対応として，ムスリム・フレンドリー・ツアーとよばれるパッケージツアーがあり，お酒やブタ肉を提供しないハラール・レストランでの飲食，モスクの訪問や礼拝時間・場所の確保など，日本を旅行中もイスラームの教義を実践できるよう組まれている．日本政府は，外国人ムスリムの誘客とそのための環境整備に取り組んでおり，日本政府観光局（JNTO）は英文パンフレット「Japan Travel Guide for Muslim Visitors」を，観光庁はムスリム対応の方法を示した事業者向け「ムスリムおもてなしガイドブック」を作成し，普及に努めている．　［福島康博］

日本のタイ寺院

タイ国民の9割以上は仏教を信仰しており，生活規範のあらゆる場面に仏教の影響がみられる．在日タイ人の中にも仏教を信仰する者は多い．仏教徒の在日タイ人の多くは，日本での労働を通じた収入の一部を，タイに住む家族へ仕送りし，タイの僧侶・寺院へ寄進する．日本国内初のタイ寺院は，2000年にタイから派遣された僧侶と在日タイ人との協力によって東京都荒川区に設立された．以降，現在にいたるまでに，東京や大阪の都市部とその周辺に13か所ほど設立されている[1]．相次ぐ寺院建立の背景には，在日タイ人が日本に定着するにつれ，日本で生まれ育つわが子に対し，積徳行の習慣やタイ語などを教える場所を望んだこと，異国での生活の不安や問題について，精神的なサポートを得るための場所が必要とされたことがあげられる．なお，積徳行とは，善行を通じて功徳を積み，来世における幸福を願うことである．善行とは具体的には，「人や動物に食べ物，衣類，お金などを恵む」「仏教の五戒をよく守る」「瞑想する」などである．

●交流拠点としてのタイ寺院　これらの寺院を交流拠点として，在日タイ人は新たなコミュニティを形成しており，また，タイの僧侶たちも日本社会での布教活動を積極的に行うようになった．日本のタイ寺院にタイの総本山が派遣している僧侶は，およそ3か月から数年間日本で活動し，一つの寺院に平均5人の僧侶がいる．かつてタイ人が集う場所は，タイレストランやタイ古式マッサージ店などが中心であったが，今では交流の中心拠点は寺院へと変化している．

日本のタイ寺院では，建設費，毎月の光熱費，僧侶の健康保険などの生活費は，主に在日タイ人の宗教活動を通して集められた布施でまかなわれており，日本のタイ寺院の布教活動には，在日タイ人の協力と布施が欠かせない．一方で，日本に滞在するタイ人にとっても，寺院は安心できる交流の場，年中行事の活動の場として重要な役割を果たしている．

●タイ僧侶の日課と宗教活動　タイ寺院での平日の行事の流れは，僧侶と来院の在家信者が一緒に朝課と晩課として読経・瞑想を行い，食事の時間には在家信者が僧侶に食事を献上する．また，僧侶が在家信者に説法を行ったり，在家信者が僧侶に悩みを相談したりする．

タイ寺院での主な宗教活動の内容は，「毎週日曜日の積徳行事」や「ヴィサカブチャー（仏誕生）」「ガティナ式（法衣を僧侶に献上する大法要）」「ソンクラン（タイの旧正月）」などである．寺院内の活動だけではなく，タイレストランや在日タイ人の住居，在日タイ大使館などでも積徳行事を行っている．これは死者供養を行ったり，新築祝いや開店祝いに僧侶を招待して積徳行事などを行うものである．そして，これらの行事以外にも，在日タイ人を対象に「日常生活の情報を提供する」ことや「人生相談」「在日タイ人の子供にタイ語やタイの文化習慣を教える講座」などの活動も行っている．

宗教活動への参加者は，主としてタイ人留学生や日本人と結婚した定住タイ人女性とその家族などである．また少数ではあるが，日本人やほかの外国人（ラオス人や台湾人など）も参加している．タイ寺院へ通う日本人の約8割は，タイ人と結婚した日本人である．そうした日本人の中には，その後，タイ仏教を少しずつ勉強し瞑想や読経を行うようになった人や，短期出家を体験した人までいる．

●タイ寺院の活動　社会活動としては，例えば，「在日タイ大使館から在日タイ人への連絡係」，「NPO団体との協力による無料での健康診断」などの活動を行っている．また，2011年3月11日に発生した東日本大震災の被災者に対しては，義援金を募り，被災した在日タイ人へ宿泊所や食事の提供を行っている．

タイ寺院の僧侶は，在日タイ人にとって，まさに「駆け込み寺」的な存在といえる．特に，日本人男性と結婚したタイ人女性に対する支援が多い．女性が多い理由は，現在日本に住むタイ人の約9割が，日本人男性の配偶者だからである．相談内容は，日本人の夫や家族とのコミュニケーション問題，夫との喧嘩に関する悩み，子供の非行や育て方についての相談，仕事の悩みや就職相談，ギャンブルによる金銭トラブルの相談と借金相談など，日々の生活に直結している切実な悩みが多い．また，競争の激しい日本社会におけるストレスを，説法によって軽減させる役割も果たしている．

このように，在日タイ人は，タイ寺院を通して日本での生活の中で抱える不安や精神的な苦悩によって疲れた心にゆとりを取り戻し，日本で活動するタイ僧侶もまた，みずからの積徳といった求道のためだけではなく，在日タイ人がより良い生活を送れるよう，熱心に彼らを支援する存在として，日々活躍している．

上記のように，在日タイ人たちは，タイ寺院の宗教活動に参加しながらタイ人僧侶に悩みを相談することでストレスを解消している．また，寺院への訪問をきっかけに同じような境遇にあるタイ人信者同士が知り合うことで，信頼できる仲間と出会えることも多い．このように，タイ寺院は，単なる情報交換や宗教活動を提供する場所としてではなく，タイ人同士，またはタイ人と日本人がお互いにつながる場所，すなわちタイ人コミュニティとしての役割も果たしている．

［ティラポン・クルプラントン］

参考文献

[1] ティラポン・クルプラントン「第6章 日本のタイ上座仏教」三木 英・櫻井義秀編著『日本に生きる移民たちの宗教生活—ニューカマーのもたらす宗教多元化』ミネルヴァ書房，pp. 167-191，2012

日本のモスク

図 1　福岡モスク

ムスリムの人口の多いインドネシアやマレーシアを含め，日本で中長期間生活しまたは短期間訪日する東南アジア出身者が，1990 年代以降増えてきた．この時期はまた，世界各地からムスリムが日本へ流入し，その定着人口が増した時期でもある．これに伴い，イスラームの宗教実践の柱である日々の礼拝を行う場としてのモスクが，20 数年の間に全国で 100 か所を超えるほど急増した．東南アジア出身のムスリムもモスクの設立や運営に重要な役割を果たし，日本での生活拠点の一つとなしてきた．

イスラームは，13 世紀末頃東南アジアに伝わり徐々に普及してきた．今では，ムスリムが国民の多数を占めるインドネシア，マレーシア，ブルネイだけでなく，フィリピン，タイ，シンガポール，ミャンマーでも重要なマイノリティを構成する．ベトナム，カンボジア，ラオスにもムスリムは存在し，現在総人口 6 億数千万人の東南アジア全体でムスリム人口が約 4 割を占めるとみられる．

●ムスリムの礼拝とモスク　イスラームには聖職者と「在家」の区別がなく，すべての信者が等しく定められた戒律を守り実践する点に特徴がある．日の出前，正午頃，午後 3 時頃，日没直後と夜の 1 日 5 回にわたって行う定めの礼拝は，信者個々人が神（アッラー）と直接向き合う大切な時間であり，信仰の柱ともいえる．日々の礼拝は 1 人で，どこで行っても構わないが，集団で行う方がよいとされる．金曜昼の礼拝は男性信者がみな集うことが期待される．また年に 2 度，断食明けの大祭と犠牲祭の朝の礼拝は男女を問わず集団で行うことが通例である．こうした集団礼拝を行う場として常設された建物がモスクにほかならない．

●日本のモスク小史　日本で最初のモスクは 1930 年代初め名古屋で建立されたという説があるが，戦災で消失した．ほぼ同時期の 1935 年に神戸に，1938 年に東京にモスクが建立され，第 2 次世界大戦後もながらく西日本・東日本の各々唯一のモスクとして，ムスリムの信仰の拠点をなした（東京モスクは老朽化のため 1984 年に閉鎖，2000 年に東京ジャーミィとして再生した）．1962 年にはバライ・インドネシア礼拝所が，1982 年にはアラブ・イスラーム学院礼拝所がいずれも東京に開設された．前者はインドネシア共和国学校の，後者はサウジアラビアの大学分校として設立された学院の付属施設である．これらを含めても，1980 年代半ば時点で日本にはわずか 4 か所しかモスクがなかったことになる．

状況が一変したのは1990年代に入ってからである．1991年設立の埼玉県一ノ割モスクを皮切りに，2000年までの10年間に首都圏を中心とする15個所で新たに建てられた．21世紀最初の10年間には，茨城県つくばや大阪をはじめ少なくとも32個所でモスクが設立された．この時期には首都圏や関西圏だけでなく北海道から九州までモスク建立の動きが広がり，2010年代にさらに加速し，2017年9月までに，沖縄を含む少なくとも58か所で新たにモスクが開設された．

モスクが急増した背景には，日本に流入する外国人が増えたこと，日本の人口・経済動態や文教行政のもと，流入外国人が労働力や留学生として定着傾向を強めたこと，その中で長期滞在するムスリム外国人も10万人に迫る規模に増えたことなどがある．その結果，モスク建立が切実に求められた．経済的にある程度成功した中小企業家，留学生，また多くの企業研修生や技能実習生などが，一部では日本人有志とも協力しながら，智恵と資金を出し合い，行政と交渉し，近隣の理解を得るよう努め，モスク開設にこぎつけた例がほとんどである．

その中で，東南アジア出身者には，留学生としてイニシアチブを取った例が多い．また，集団礼拝に集う信徒の数は，神戸モスクの例でいうと，インド・パキスタンなど南アジア出身者が約2割，アラブ・イラン・トルコなどの中東出身者が約3割，ナイジェリアなどアフリカ出身者が約1割，東南アジア出身者は4割ほどを占めるのが常で，おおまかな地域区分では最大集団をなしている．

●モスクの多様な顔　モスクは第一義的には神と向き合う礼拝の場であるが，そこに共に集うことで人間同士のつながりも生まれる．多くのモスクでイスラーム学やアラビア語の勉強会が開かれたり，断食月には毎夕その日の断食を解くイフタールの食事がふるまわれたりする．豚肉食などイスラームの禁忌に触れず安心して食べられる食品を直売したり，近所にこうした食品の販売店が立地したりするモスクも多い．日本や故国にいる家族や友人の消息，ビジネス・求人情報，奨学金の情報などは，移民や留学生として日本に滞在している人びとにとっては本国にいるとき以上に切実である．

2010年代に入り，イスラーム圏からの訪日客誘致を念頭に，主要な空港やホテルなどで「祈祷室」を備える動きが日本各地で活発化し始めた．今後，日本の人口動態，東南アジアの経済発展などを背景とする日本・東南アジア関係のいっそうの拡大と緊密化により，訪日・定住する東南アジア人はますます増えるだろう．そのかなりの部分を占めるムスリムと一般の日本人が，全国で増え続けるモスクの内外で出会う機会もいっそう増してゆくと思われる．　［貞好康志］

📖 参考文献

［1］貞好康志「礼拝の場を求めて―日本に住むムスリムの設立運動」加藤 剛編『もっと知ろう!! わたしたちの隣人―ニューカマー外国人と日本社会』世界思想社，2010
［2］浜中 彰「ISLAMのホームページ」（http://islamjp.com/）

東南アジア文学の翻訳

☞「現代文学」p.474

東南アジアの文学作品がわが国に本格的に紹介されるようになって，およそ40年になる．小説や詩集，評論，エッセイなど，単行本だけでもその数は300点を超えるだろう．これほど多くの東南アジアの作品が一つの言語に翻訳紹介されるのは，世界にも例がない．近年では，『新潮』『群像』『すばる』といった文芸誌にも掲載されるようになった．明治以来，外国文学といえば英文学，フランス文学，ロシア文学など欧米文学のことで，アジアの文学ではせいぜい中国文学が紹介される程度だったことを思えば，画期的なことである．これを可能にしたのは，東南アジア各国の文学を専門に研究し，タイ語やベトナム語，インドネシア語，ビルマ語，カンボジア語などに通じた翻訳者が登場したことである．また，めこん，木犀社，段々社，井村文化事業社など，小規模ながら，東南アジアの文学作品の紹介に情熱を傾けてきた出版社の存在，さらに，出版事業に助成を行ってきたトヨタ財団，大同生命国際文化基金などの活動も逸することができない．

●経済から文化・文学へ　この背景にあったのは，日本と東南アジアが，経済偏重を脱して，文化面においても交流と理解を深めていくことが求められた時代的な要請である．その象徴的な動きが，1974年設立のトヨタ財団が進めてきた「〈隣人をよく知ろう〉翻訳出版促進助成プログラム」（“Know Our Neighbors” Translation Publication Program，通称：隣プロ）であろう．1974年は，田中角栄首相（当時）のASEAN歴訪に際して，各地で抗議行動が起きた年で，特にインドネシアの首都ジャカルタでは，大規模な反日暴動が発生し，トヨタ自動車の現地合弁会社も攻撃の対象になった．日本人が経済的利益ばかりを追求して，エコノミック・アニマルと批判され，東南アジアの社会や文化への敬意を欠いていたことへの反省から，文化交流の必要性が唱えられるようになるのだが，そうした要請に応えて1978年に始まったのが「隣プロ」である．

『トヨタ財団30年史』(2004年) によれば，「隣プロ」を構想するにあたって，東南アジア側からは三つの要望があった．①東南アジアの人びとの心や文化，社会，歴史，経済，政治を日本人にもっと知ってほしい．②日本人の心と文化，社会をよく知らないため不気味に感じるので，日本のことをもっとよく知りたい．また，アジアで近代化を成功させた唯一の国として，明治以来の近代化の成功(失敗も含めて) の秘訣，および，日本が敗戦の焦土から立ち上がって経済的成功を収めたその秘訣を学びたい．③日本との相互理解だけでなく，隣国との相互理解もできていない．東南アジア各国は長い間植民地支配によって分断され，独立国となってからは国づくりに全力投球を余儀なくされ，また東西冷戦構造に巻き込まれた．そのため，欧米については知っていても，同じ東南アジアの他の国についてよく知る機会がなかった．隣国についてもよく知りたい．以上の要望をうけて，「隣プロ」は，東南アジアの作品の日本への翻訳紹介，日本の作品の東南アジアへの翻訳紹介，東南アジア相互間の翻訳紹介，東南アジア諸語の辞書の編纂，を4つの柱としてスタートした．

東南アジアの文学作品の翻訳紹介を支援した「隣プロ」などの活動と，先にあげた出版社の熱意と翻訳者たちの努力が相まって，東南アジアにも豊かな文学世界があることがわが国に知られ，読者を獲得していったのである．

●東南アジア文学の豊穣な世界　文学の本領は，決して計量化や抽象化のできない生身の人間をよく描き得るところにある．東南アジアの人びとの日常の暮らし，その歓びや哀しみ，怒りや希望，勇気，たくましさを知るには，マウン・ターヤ編『12のルビー　ビルマ女性作家選』（段々社），加藤栄編訳『ベトナム現代短編集1・2』（大同生命国際文化基金），ラーオ・カムホーム『タイ人たち』（めこん）がある．農村社会で生きる過酷さや知恵はマレーシアのシャーノン・アハマット『いばらの道』（井村文化事業社），カムプーン・プンタヴィー『東北タイの子』（同）に描かれている．グローバル化する現代社会の人間模様は宇戸清治編訳『現代タイのポストモダン短編集』（大同生命国際文化基金），インドネシアのアユ・ウタミ『サマン』（木犀社），キャサリン・リム『シンガポーリアン・シンガポール』（段々社）などが扱っている．また，かつての英雄的な反米救国の物語ではなく，ベトナム戦争によって傷ついた者たちの内面をたどるには，バオ・ニン『戦争の悲しみ』（池澤夏樹編「世界文学全集」河出書房新社），新生カンボジアの文学ならパル・ヴァンナリーレアク『カンボジア 花のゆくえ』（段々社）やヌー・ハーイ『萎れた花・心の花輪』（大同生命国際文化基金），東南アジアの骨太の歴史と人びとの苦闘を理解するには，インドネシアのプラムディヤ・アナンタ・トゥールの長編4部作『人間の大地』『すべての民族の子』『足跡』『ガラスの家』（めこん），あるいはベトナムのズオン・トゥー・フオン『虚構の楽園』（段々社）やホアン・ミン・トゥオン『神々の時代』（東京外国語大学出版会）を読むことをお薦めしたい．

図1　ズオン・トゥー・フオン『虚構の楽園』

文学は政治学や経済学などが捨象する生きた人間を描くものである．東南アジアの文学もまた同様であって，ここには政治や経済に還元されない豊穣な世界が広がっている．

［押川典昭］

日本で見られる東南アジア美術

☞「現代アート」p.468

2017年7月東京・六本木の国立新美術館と森美術館が同時開催で，日本では最大規模の東南アジア美術展（10か国86名/組180作品）「サンシャワー—東南アジアの現代美術1980年代から現在まで」が開催された．1980年，初めて福岡市美術館でアジア現代美術展の中で東南アジア5か国の美術が紹介されてから約40年が経ち，日本と東南アジアの美術交流はどのように進展したのだろうか．

●「東南アジア美術」紹介の流れ　東南アジアの現代美術が日本で本格的に紹介されるのは1990年国際交流基金の一部署としてアセアン文化センターが設立されてからである（1995年アジアセンターに改組）．センターのミッションは日本における東南アジアの文化芸術の理解促進であり，美術も舞台芸術，映画とともに紹介されたが，現代美術が国内で最初に注目を得たのは，なんといっても1992年に東京，大阪，広島，福岡で展開された「東南アジア祭'92」事業の一つ「美術前線北上中—東南アジアのニューアート」展であろう．17作家の最新作54点が展示され，専門家だけでなく広く一般にも鑑賞され新鮮な話題を提供した．それまでの先駆的な例としては，1980年より福岡市美術館で5年ごとに開催されていた「アジア美術展」があり，その中で東南アジアの現代美術も紹介されたが，まとまった形の大規模な展覧会は「美術前線北上中」展が初めてであろう．1995年の「アジアのモダニズム：その多様な展開—インドネシア，フィリピン，タイ」（国際交流基金アジアセンター）は，民族，宗教，言語など文化が異なる3か国の19世紀以降1995年までのモダニズムの美術史をたどることによって，この地域の多様な文化のあり方を提示した．90年代半ばのアジア美術の紹介は，東南アジアの美術紹介が中心で，アジア美術ブームとよばれるほどであった．

その後，90年代は「東南アジア1997—来るべき美術のために」（東京都現代美術館，広島市現代美術館，1997年），「東南アジア—近代美術の誕生」展（1998年，福岡市美術館他）と続き，2004年アジアセンターが組織改革でなくなったことにより，継続して東南アジアを地域概念としてくくる展覧会は影を潜めた．しかし，2013年に横浜美術館でシンガポール美術館の所蔵作品を中心に企画した「Welcome to the Jungle 熱々！東南アジアの現代美術」が開催され，2014年国際交流基金の中に新たなアジアセンターが設立されると，再び東南アジア地域での大規模な美術交流に着手し，冒頭の2017年の六本木での展覧会を開催することになった．

●東南アジア美術の現状　1967年当初5か国で設立されたASEANは現在10か国で構成されている．地域概念としての東南アジアはASEANと分かちがたく，政治，経済のみならず文化的にも連携を深めていった．またシンガポールが，1996年シンガポール美術館（SAM），2015年シンガポール国立美術館（NGS）を設立し，域内の美術の中心的役割を果たすようになったこと，周辺の日本やオーストラリア（クイーンズランド州立美術館｜現代美術館など）が積極的にこの地域の美術交流に関与してきたことから，徐々に地域概念と重なるような「東南アジア美術」という言説が形成されてきた．一方で，美術市場の活況という経済的原理も働いた．グローバルな美術市場の視線はヨーロッパから経済発展著しいアジアへと移り，中国，インドに続き現在東南アジアの美術が注目を集め，香港，シンガポールを基点として取引されるようになってきた．今や美術館のみならずアジアの富裕層が大コレクターとして存在する．

●日本で見ることができる東南アジア美術と今後の課題　東南アジア出身の美術家で日本人がすぐに名前をあげることができる作家はいるだろうか？　アピチャッポン・ウィーラセタクン◀をあげる人はかなりの映画・現代美術ファンである．1990年代のヘリ・ドノ，モンティエン・ブンマーはどうだろうか？　美術専門家以外は難しいだろう．というように，日本において固有名詞で語ることができる東南アジアの美術家はほとんどいない．

しかしながら貴重な美術コレクションが福岡アジア美術館に700点以上所蔵されている．1979年設立の福岡市美術館時代から展覧会ごとに収集してきた現代美術作品に加えて，1999年福岡アジア美術館が分館として設立された際にアジアの重要な近代美術も収集してきた．同館ではコレクションの一部が常時展示されている．その他は，東京都現代美術館，森美術館などが十数点所蔵する．1980〜90年代，地方でアジア太平洋関連の博覧会，アジア競技大会，アジア太平洋経済協力（APEC）会議など政治的催しがある際に，イベントを盛り上げるために展覧会が開催されることはあっても，館の方針としてアジア美術，東南アジア美術を継続して展示・研究する美術館は国内にはほとんどない．さらにバブルが弾けた1990年代後半から現在にいたる全国の公立美術館の厳しい財政状況は福岡アジア美術館においても例外ではない．

これまでの何十年にもわたる美術交流の蓄積は，情報量を増やし多層的ネットワークが形成されたという成果はあるものの，美術の評価基準が欧米中心である現状に変わりない．現在東南アジアの美術理論の構築は，シンガポール，オーストラリア，英国，米国が意欲的に取り組んでおり，日本の研究は研究者層の薄さと言語の壁が高いハードルとなって，英語圏を中心としたグローバルな理論化に参画するまでになっていないのが実情である．

東南アジアのみならずアジア美術研究については，美術史の見直しを含めて，美術館やアートフェスティバルを通じた一般への普及活動から高等教育機関における研究活動まで，大局的見地から検討すべきであろう．　［古市保子］

日本で上映された東南アジア映画

☞「映画」p.456,「アピチャッポン・ウィーラセタクン」p.658

戦後の日本における東南アジア映画の受容史の始まりは，1954年に大映社長の永田雅一がショウ・ブラザーズ（シンガポール，香港）のランラン・ショウに呼びかけて始めた「東南アジア映画祭」（現 アジア太平洋映画祭）である．加盟国の持ち回りだが日本開催の年が多く，タイ，フィリピン，インドネシアなどの作品が多数出品されたが，公開上映の場が少ないため，映画祭自体の知名度は低かった．逆に，戦後の黄金期を迎えていた日本映画には戦地の記憶が刻印されたものが目立つが，特筆すべきは《ブンガワンソロ》（1951年），《ビルマの竪琴》（1956年），《野火》（1959年）の市川崑である．その後も今村昌平「未帰還兵を追って」シリーズ（1971〜72年），《女衒 ZEGEN》（1987年），熊井啓《サンダカン八番娼館 望郷》（1974年）など，巨匠たちの重要作がある．1990年代には林海象が企画し永瀬正敏が主演した「アジアンビート」シリーズ全6作（1991〜93年/シンガポール篇，タイ篇，マレーシア篇を含む）が連作された．

● 1980年代以降の活況 1982年，タイ，インドネシア，フィリピン，インド，スリランカから計11作品を集めて開催された「国際交流基金映画祭 南アジアの名作をもとめて」を嚆矢として，外務省所轄の特殊法人（現 独立行政法人）である国際交流基金が東南アジア映画の上映を開始する．1990年代には，タイ映画祭1990，マレーシア映画週間1990，フィリピン映画祭1991，東南アジア映画祭1992，インドネシア映画祭1993などの映画祭をシリーズ化して，P. ラムリー（マレーシア），シュマン・ジャヤ（インドネシア），リノ・ブロッカ（フィリピン）といった東南アジア映画史上の巨星を紹介するとともに，映画製作にも乗り出してインドネシア=フィリピン=タイ=日本の4か国オムニバス映画《サザン・ウィンズ》（1992年）を製作・公開した．この動きは2016年，同基金が東京国際映画祭と共同製作したフィリピン=日本=カンボジアの3か国オムニバス映画《アジア三面鏡2016：リフレクションズ》へと継承され，2018年にも《アジア三面鏡2018：Journey》（中国=日本=インドネシア）が製作・公開された．

国際交流基金に続き，東京国際映画祭（1985年〜），山形国際ドキュメンタリー映画祭（1989年〜），アジアフォーカス・福岡国際映画祭（1991年〜），東京フィルメックス（2001年〜），大阪アジアン映画祭（2005年〜）などの国際映画祭が東南アジア映画を積極的に紹介．またNHKは1995〜2011年に「NHKアジア・フィルム・フェスティバル」を開催し，アジア各国と共同製作した映画をテレビ放映する流れをつくった．東南アジア作品としては，ダン・ニャット・ミン《ニャム》（1995年，ベトナム），チャード・ソンスィー《孔雀の家》（1995年，タイ），ウ・ウェイ・ビン・ハジサアリ《闘牛師》(1997年，マレーシア)，ナン・トリフェニ・アハナス《囁く砂》(2001年，インドネシア）などが含まれる．

1990年代に劇場公開された東南アジア作品には，スラメット・ラハルジョ・ジャロット《青空がぼくの家》(1989年，インドネシア)，トラン・アン・ユン《青いパパイヤの香り》(1993年，ベトナム＝フランス)，キドラット・タヒミック《虹のアルバム　僕は怒れる黄色'94》(1994年，フィリピン)，ガリン・ヌグロホ《枕の上の葉》(1997年，インドネシア)，マリルー・ディアス＝アバヤ《ホセ・リサール》(1998年，フィリピン）や女優クリスティン・ハキム主演の《チュッ・ニャ・ディン》(1988年，インドネシア）などがあり，各地のミニシアターを賑わせた．

●新たな動向　21世紀に入るとつくり手の世代交代が進行した．浅野忠信を主演に起用した《地球で最後のふたり》(2003年）のペンエーグ・ラッタナルアーン，カンヌ映画祭で最高賞パルム・ドールを受賞した《ブンミおじさんの森》(2010年）のアピチャッポン・ウィーラセタクン，コメディ・ホラー《愛しのゴースト》(2013年）のバンジョン・ピサヤタナクーンなど，タイの若手監督が先陣を切って多くのファンを獲得した．また東京国際映画祭は06年に「マレーシア新潮」と銘打った特集でヤスミン・アフマドをはじめとするマレーシアの若手映画人に焦点を当てたのに続いて，2014年から国際交流基金と共催で「CROSSCUT ASIA」部門を創設し，タイ，インドネシアなどの特集を実施した．特に2015年のフィリピン特集ではブリランテ・メンドーサの回顧展が大きな反響をよんだ．

現在は映画祭での紹介を契機に劇場公開される作品が目立ち，ヤスミン・アフマド《タレンタイム～優しい歌》(2009年，マレーシア)，エリック・クー《TATSUMIマンガに革命を起こした男》(2011年，シンガポール＝日本)，カミラ・アンディニ《鏡は嘘をつかない》(2011年，インドネシア)，リティ・パン《消えた画　クメール・ルージュの真実》(2013年，カンボジア＝フランス)，ソト・クォーリーカー《シアター・プノンペン》(2014年，カンボジア)，などがある．とりわけフィリピン映画は，カンヌ映画祭最優秀女優賞（ジャクリン・ホセ）のブリランテ・メンドーサ《ローサは密告された》(2016)，ヴェネチア国際映画祭金獅子賞のラヴ・ディアス《立ち去った女》(2016年)，東京国際映画祭最優秀男優賞（パオロ・バレステロス）のジュン・ロブレス・ラナ《ダイ・ビューティフル》(2016年）など，国際的な高い評価を得た作品が相次いで公開されている．

なお，近年は日本人監督が東南アジアと組むケースが増え，フィリピンが舞台の長谷井宏紀《ブランカとギター弾き》(2015年)，ミャンマーと合作した藤元明緒《僕の帰る場所》(2017年)，ディーン・フジオカ主演でインドネシアと合作した深田晃司《海を駆ける》(2018年）のほか，落合賢《サイゴン・ボディガード》(2016年)，熊澤誓人《ラオス 竜の奇跡》(2016年）などがある．東南アジア勢が日本ロケを行うケースも目立ち，特に北海道は人気が高い．　［石坂健治］

日本に紹介された東南アジアの音楽

現代であれば，インターネットで検索すれば，東南アジアの伝統楽器の音色から最新のヒットソングまで，あらゆるジャンルの音楽を同時代的に楽しむことができる．しかし，YouTube（2005年）やSoundCloud（2007年）などが広まる前には，日本に紹介されるルートには，大きく分けて，二つの流れがあった．

●YouTube以前　一つは，公的機関・教育機関による異文化理解や文化交流，研究を目的とした事業における紹介で，もう一つは，各国の音楽に魅せられた個人やグループ，また，その音源販売やライブ・公演の実施にビジネスチャンスをみた企業や団体による紹介・流通である．

まず，公的機関による紹介の嚆矢（こうし）は，文化庁が1968年に開催した「第1回アジア民族芸能祭」である．各国の舞踊団による公演を通じ，「民族芸能」の紹介という枠組みの中で始められ，この流れは，大阪万博における「アジアの祭り」（1970年），「第2回アジア民族芸能祭」（1975年），また，国際交流基金がシリーズとして始めた「アジア伝統芸能の交流（APTA）」（1976〜86年の間に，全5回開催）へと続く．研究対象としては，インドネシアのガムランがいち早く注目され，1970年代には，東京芸術大学，国立音楽大学，大阪大学などでガムランの楽器が導入され，実習・研究が始められたほか，1974年には，「芸能山城組」（主宰：山城祥二）が結成され，バリ島の男性合唱であるケチャや竹のガムランといわれるジェゴッグを吸収しながら，パフォーマンスや収録音源の販売を通じ，現在にいたるまで，精力的に活動している．

1980年代には，公的機関による継続的な事業のほか，民間団体によるライブコンサート，また，日本人の海外渡航者数の増加とともに，各地から買い付けた音源を販売するショップや自主企画による小規模なライブなども散見されるようになり，1980年代後半には，ワールドミュージック，エスニックブームに乗る形で，東南アジア音楽の認知度が急速に広がっていく．そのピークは，大友克洋監督による劇場アニメ《AKIRA》（1988年）の音楽に前出の山城が起用され，ジェゴッグを多用したオリジナル楽曲が日本アニメ大賞最優秀音楽賞を受賞したことにあるだろう．1989年には，NHK-BSでワールドミュージックを紹介する番組《赤道音楽・大地の響き・大地の輝き》が始まり，その第1回には，インドネシアのダンドゥットの女王，エルフィ・スカエシが紹介されている．

●伝統からポップス，そして音源を「掘る」時代へ　1990年代に入ると，ワールドミュージックを紹介する「スキヤキ・ミーツ・ザ・ワールド」フェスティバル（1991年〜），アジアの文化芸術を日本に紹介することに特化した初の公的機関

「アセアン文化センター」（1995 年に「アジアセンター」に改組，2004 年に解消）の国際交流基金内への設立など，東南アジアの音楽を紹介する上で新たなプラットフォームとなる「場」が登場し始めた．1990 年代半ばからは，新たに，各国でローカルに消費されているポップスやフォークロック，演歌調の音楽が日本でも注目され始め，『まとわりつくタイの音楽』（前川，1994 年）や『ポップ・アジア』（1995～2007 年）などの出版，久保田麻琴プロデュースによる音源販売，テレビ番組「アジアバグース！」（1992～2000 年）や小さなライブなどを通じて紹介された．

また，2000 年代に入ると，2000 年のタイフードフェスティバル（2005 年～，タイフェスティバル）を皮切りに，東南アジア各国に特化した食と文化の祭典が毎年開催されるようになり，伝統音楽から旬の歌手まで，東南アジアの多様な音楽が身近で体験できる場が広まってきている．タイでいえば，社会派のカラワン，カラバオ，歌姫のタタヤン，パーミー，パーン，ロックバンドのモダンドッグ，スロットマシーン，ゲツノバ，ヒップホップのジョーイボーイ，ガールズ・バンドのイエロー・ファンなど，1990 年代以降，幅広いジャンルの歌手・ミュージシャンが来日公演を果たしている．最近では特に，タイの国民的歌手スタンプが来日ツアー（2017 年）を決行するなど，東南アジア側から日本をマーケットとしてみて「進出」を狙うミュージシャンも現れ始めている．さらに，大友良英による「アジアン・ミーティング・フェスティバル」（2005 年～）では，インディペンデントに活動する東南アジア各国の音楽家が紹介され，いわゆる音楽産業とは別次元での交流や紹介も進んでいる．

図 1　Soi48『旅するタイ・イサーン音楽ディスク・ガイド』（DU BOOKS 2017）

ここで冒頭につながるが，今や，検索する手間さえ惜しまなければ，DJ のように，誰もが音楽を「ディグる」（dig：掘る）ことができる時代だ．その気になれば，誰もが「今，タイで売れている歌手」と検索して，その音楽を楽しむことができる．そんな時代に注目されるのが，DJ ユニット Soi48 だ．音楽を「掘る」という情熱と行為を極端にまで突き詰め，タイのモーラム，ルークトゥンなど，イサーン地方の音楽を現地に足を運んで丹念に収集し，圧倒的な情報量と解説でまとめ上げた『旅するタイ・イサーン音楽ディスク・ガイド』（Soi48, 2017）は，まさに「発掘」と形容すべき音源情報もあり，インターネットであらゆる情報が手に入ると過信してはならないことを思い起こさせる良書である．　［吉岡憲彦］

日本社会に溶け込んだ東南アジアの食

☞「東南アジアの食文化」p.366

日本最大のグルメサイト「食べログ」で検索可能な全国約 90 万件の飲食店には，和食・洋食・中華・ラーメン・焼肉と並び，アジア・エスニック料理というジャンルの店が約 2 万ある（2017 年現在）．韓国料理（約 8400 件），インド料理（約 5200 件）に続き，タイ・ベトナム・インドネシアをはじめとした東南アジア料理（約 3200 件）とある．独自のジャンル名として立つほどに，東南アジアの食はいかに日本に到来し，日本社会に溶け込んでいったのだろうか．

●東南アジアの食との出会い・加速・拡大　日本初のタイ料理レストランは，1970 年の大阪万博のために来日したタイ人料理人によって開かれた．博覧会は，文化的に遠かった東南アジアとの距離を縮めるのに一役買ったが，東南アジア料理との本格的な出会いは 1980 年代初めまで待たねばならない．当時，東京ではインド料理屋はそれなりの数はあったが，東南アジア各国の料理屋は数軒に過ぎなかった．日本人の外国の食への関心は欧米，特にフランス料理にあった．

その中で東南アジア料理が台頭してきた理由として，二つの点が注目される．一つめは東南アジア観光に出かける若者や女性が急増したこと，二つめは若い女性向け情報雑誌の創刊とその影響である．日本人海外旅行者は，1980 年代以降，円高などを契機に増加した．海外旅行といえば特別な人のものだったのが，若年層をも海外へと押し出した．若者の日本脱出の背景には，沢木耕太郎著『深夜特急』を代表とする体験的紀行小説などからの感化があった．特に地理的に近い東南アジアは，比較的安い費用で訪れることのできる魅力的な場所として，若者を惹きつけた．例えば，タイに旅立った彼らは，現地でタイカレー，トムヤムクンなど日本で味わったことのないスパイシーかつ酸味と甘さ，また香草という熱帯の味を五感で知ることになった．

他方，国内における東南アジア料理の人気に火がつくには時を要した．1984 年，星野・森枝著『食は東南アジアにあり』[1]に日本で初めて調理法が示されているが，ブーム前の出版で多くの関心を得たわけではない．拡大には，女性情報誌がエンジンとなった．『Hanako』の創刊は，最初のブームのピークと重なる．「ニョクマム，ナンプラーがしょうゆワールドをやっつけた．東京には東南アジアがいっぱい」(1988 年),「もう，ただの流行なんかじゃないエスニックも無国籍料理も，珍しさではなく質で選ばなきゃ」(1989 年）など特集号が組まれた．文化的に遠く珍しいと思われていた東南アジアの食は，実は同じアジア，日本と同じお米とおかずという組合せの食だと知られるようになり急速に普及した．それまで東京には数軒だった東南アジア料理店の数は，わずか数年で増大した．

●バブル崩壊，そして現在における変質と拡散　バブル時代の食は高級化と大衆化へと二極分解した．フランス料理のブランド化が進む一方で，B級グルメが流行していった．後者と足並みをそろえてヒットしたのが東南アジア料理であった．中央公論社刊『暮らしの設計』元編集長の畑中三応子は東南アジア料理の日本における取り込みは，1980年代的にいえば欧米中心であったファッションフード（流行りの食べ物）の「脱構築」であったと指摘する[2]．

1991年のバブル崩壊後，不況の時代に入ってもグルメブームは衰えなかった．しかし，1980年代に比してよりカジュアルになる一方で，家庭への浸透とヘルシー志向の傾向を強めていった．本屋の料理書コーナーには東南アジアのレシピ本が，デパートや輸入食材店にはナンプラー，ニョクマム，香草類が並び，東南アジアの食が家庭にじわじわと入っていった．1990年代末，すでに顕在化していた日本人の健康志向と豊富な野菜や海藻類，マイルドなベトナム料理の味覚が合致して，第2のブームが巻き起こり，ベトナム料理店の数を増大させた．

さて現在，健康・美容志向に後押しされた第3のブームの真っ只中である．その代表格はデトックス効果の高いパクチー（コリアンダー）で，日本独特の鍋まで登場し旋風を巻き起こしている．またアンチエイジングにぴったりといわれるココナッツミルクやスパイス類，ヘルシーな米粉の麺類などが一般的なスーパーにまで並ぶようになってきた．それらを使ったランチやワンコイン（500円）のお弁当が，複合商業ビルや駅構内でもみられるようになった．このようなタイ料理再来は2011年，手頃な値段と手軽なタイカレーの缶詰がつくられ大ヒット商品となったこと，その後各食品メーカーが次々とタイフードのレトルトや缶詰を生産販売したことがブームの火付け役になっていた．他方で，2000年以降に急増してきたイスラーム圏からの留学生・労働者が新たなムーブメントを巻き起こしている．ハラールフードの台頭である．ハラールのデリバリーサービスやテンペ（インドネシア納豆）の生産販売が急速に拡大している．このように，日本における東南アジアの食は，国内外のさまざまなアクターの台頭により拡散・多層化の傾向を示している．

しかし，これらの動向をもって東南アジアの食が日本にうまく溶け込んでいったと考えるには注意がいる．2011年の缶詰のヒットも，異常なまでのパクチーブームも実はネット情報によって仕掛られたもので，一過性のものかもしれないからである．外からの文化を受け入れて自国化するのが得意な日本で，東南アジアの食がどのような新しい文化を創造するのか今しばらく待たねばならないだろう．

［河野元子］

📖 参考文献

［1］星野龍夫・森枝卓士『食は東南アジアにあり』弘文堂，1984
［2］畑中三応子『ファッションフード，あります．—はやりの食べ物クロニクル 1970–2010』紀伊國屋書店，2013

東南アジア言語の学習

外国語を学ぶ意義はと問われれば，現今の人は「世界の人びととのコミュニケーション」を第1に思い浮かべるのではないだろうか．海外へ気軽に行けるようになった現在，異国の人びとと直接ふれあう機会は多い．市民講座やカルチャースクールなどでも東南アジア言語が学べる背景には，こうした状況があると思われる．

しかし国家による外国語研究・教育の目的となれば，国益を抜きには考えられない．外国語を学ぶないし「学ばせる」のは，海外の先進的学問や知識をいち早く取り入れ，迅速な情報収集を可能とし，戦争や紛争を回避したり，諸外国に対して政治的・経済的に有利な立場を得ることが目的である．この重要性は現代においても変わらない．

●東南アジア言語教育の歴史　古来，日本にとっての知識の泉は一般に中国であり，近代になってからは西洋に代わった．東南アジア諸国が日本人の視野に入るようになってからも，東南アジアが知の宝庫として認識されたことはないように思われる．東南アジアへの関心の高まりは「実利」を背景としている．旧日本帝国による昭和期の南進政策への転換（1936年）が大きなきっかけとなった．

政策転換に先立つ1911年，東京外国語大学の前身，東京外国語学校に暹羅(シャム)語（後の泰語，タイ語）と馬来(マライ)語（マレー語，現在のインドネシア語も含む）が設置された．また1921年には大阪外国語学校（後の大阪外国語大学，現大阪大学外国語学部）に馬来語が設置された．私立では天理外国語学校が1927年に馬来語部を設置している．南進政策への転換後になると，善隣協会専門学校（日本商科大学，後に明治学院大学に吸収）に安南(あんなん)（ベトナム）科，泰(タイ)科，緬甸(めんてん)（ビルマ）科，比律賓（フィリピン）科，馬来科など（1944年），天理外国語大学（現天理大学）に馬来語，拓殖大学に安南語，緬甸語，興亜専門学校（現亜細亜大学）に南方科などの設置例がある．ある意味，現在よりも東南アジアは身近だったといえよう．

これら以外に，より直接的に入植・植民地統治を目的とする拓南塾（1941年～，後に大東亜省下の興南錬成院，大東亜錬成院）があり，マレー語やタイ語，ビルマ語が教科として重点的に教えられた．太平洋戦争勃発と軌を一にしており，占領統治における人材育成が急務であったためと考えられる．拓殖科，貿易科などの区分がみられ，入植や貿易などの経済活動や占領・植民地統治を目的とした実学だったといえる．これらは第2次世界大戦終結後にほとんどが廃止された．

戦前・戦中の遺産の多くは国立大学に引き継がれた．1950年に東京外国語大学および大阪外国語大学（当時）に東南アジア言語の学科が設置された．現在，国立系の大学として東京外国語大学にはインドネシア，マレーシア，フィリピン，タイ，ラオス，ベトナム，カンボジア，ビルマの8言語，大阪大学外国語学部にはインドネシア，フィリピン，タイ，ベトナム，ビルマの5言語について専門的な教育を行っている．私立大学では神田外語大学外国語学部アジア言語学科（インドネシア，ベトナム，タイ），国士舘大学21世紀アジア学部（インドネシア，タイ，ベトナム，ビルマ），立命館アジア太平洋大学（マレー・インドネシア，タイ，ベトナム）などで言葉を専門的に学べるほか，多くの大学で選択科目として東南アジア諸語の授業が開講されている．中には理系大学の例もある．大学間で協定を結び短期・長期の交換留学や現地研修を行っている大学もある．大学の東南アジアあるいは東南アジア言語への関心はもはや一過性のものとはいえない．

この背景には日本や東南アジアの経済発展や航空運輸サービス拡充といった渡航環境の充実があるが，加えて平和・平等・友好といった価値観が広まり定着したことも大きく，東南アジア言語を学ぶ動機として国際協力をあげる学生は多い．

●複言語主義と言語学習　現在ヨーロッパを中心に複言語主義が浸透しつつある．隣に自分とは異なる言語を話す人がいるのがあたり前となり，複数の言語で意思疎通できるのが現代人のあるべき姿だと考えられるようになった．このために考案されたのがCEFR（欧州言語共通参照枠）という言語能力レベル指標で，教科書やNHKの語学テキストにもみられる．CEFRをアジア諸言語の学習に導入しようという動きがある．ただ言語的・思想的・文化的に比較的均質であるヨーロッパ言語の指標をあてはめるのは単純ではなく，それぞれの言語・思想・文化に応じたカスタマイズが不可欠であり，実用性を備えたものとなるにはまだ時間がかかる．大陸部言語で使う文字（南インド系文字）も厄介な問題だ．

●デジタル面からみた東南アジア言語学習　東京外国語大学や大阪大学外国語学部は一般向けの言語学習コンテンツをWeb上に公開している．これにはそれらの大学に設置されている東南アジア言語のコンテンツが含まれ，文字情報だけでなく，音声や動画などのコンテンツもある．スマートフォンに最適化されたページも用意されていて，常時アクセスできる．実用的な言語運用能力を身につける意味では，教室での座学よりYouTubeなどの無料動画共有サイトの方が有利な面がある．最近は個人・団体を問わず，母語で発信することがあたり前のようになってきており，居ながらにして「生の」言語に触れるメリットははかり知れない．

一時期語学学習において電子辞書が隆盛を誇ったが，インターネット上で利用できる無料コンテンツの充実やスマートフォンの普及で需要は減じた．ただ有料，無料を問わず，インターネット上で入手できるコンテンツのクオリティは首をかしげざるを得ないものもあるので注意が必要だ．他方で高速ネットワークを使った音声入力による自動翻訳が実用段階に入り，辞書や表現集などとして活用されるほか，今まで自習では難しかった発音のチェックといった使い方も可能になってきている．

［岡野賢二］

【巻末付録】
各国基本情報

(1) 人口，面積，GDP などの数値は概算である.
(2) 人口は国連の人口統計から 2019 年の推計値を記載した（2019 年 6 月確認).
(3) GDP は IMF の統計から 2017 年の名目 GDP の数値を記載した（2019 年 6 月確認).
(4) その他は，外務省 HP の情報を元に作成した.

■ベトナム

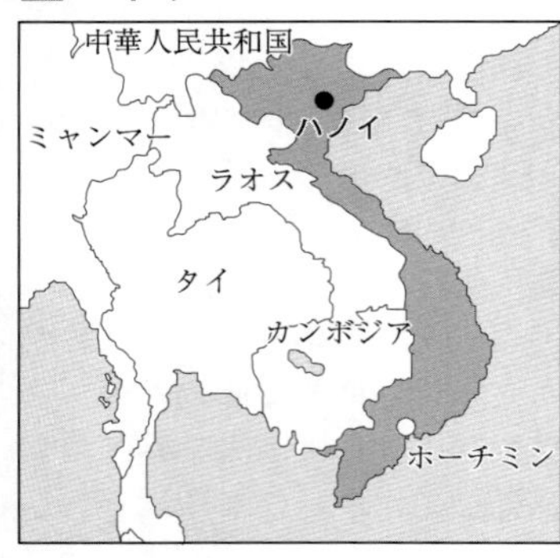

国名：ベトナム社会主義共和国
(Socialist Republic of Viet Nam)
首都：ハノイ
人口：9646 万人
面積：32 万 9000 km^2
主な民族：キンを含む 54 の民族
主な宗教：仏教，キリスト教（主としてカトリック)，カオダイ教など
通貨名称：ドン
GDP：2203 億ドル

■カンボジア

国名：カンボジア王国
(Kingdom of Cambodia)
首都：プノンペン
人口：1648 万人
面積：18 万 1000 km^2
主な民族：クメールなど
主な宗教：仏教（一部少数民族はイスラーム)
通貨名称：リエル
GDP：222 億ドル

■ラオス

国名：ラオス人民民主共和国
(Lao People's Democratic Republic)

首都：ビエンチャン

人口：717 万人

面積：24 万 km^2

主な民族：ラオを含む 50 の民族

主な宗教：上座仏教など

通貨名称：キープ

GDP：170 億ドル

■タ　イ

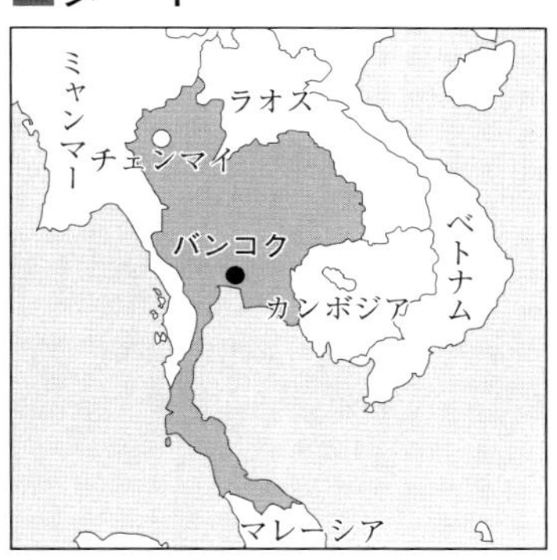

国名：タイ王国
(Kingdom of Thailand)

首都：バンコク

人口：6962 万人

面積：51 万 4000 km^2

主な民族：タイ系，華人，マレー系など

主な宗教：上座仏教，イスラーム

通貨名称：バーツ

GDP：4553 億ドル

■ミャンマー

国名：ミャンマー連邦共和国
(Republic of the Union of Myanmar)

首都：ネーピードー

人口：5400 万人

面積：68 万 km^2

主な民族：ビルマを含む 135 の民族

主な宗教：上座仏教，キリスト教，イスラームなど

通貨名称：チャット

GDP：613 億ドル

■マレーシア

国名：マレーシア
(Malaysia)
首都：クアラルンプール
人口：3200 万人
面積：33 万 km^2
主な民族：マレー人，華人，インド系，その他
主な宗教：イスラーム，仏教，キリスト教
通貨名称：マレーシアリンギット
GDP：3147 億ドル

■シンガポール

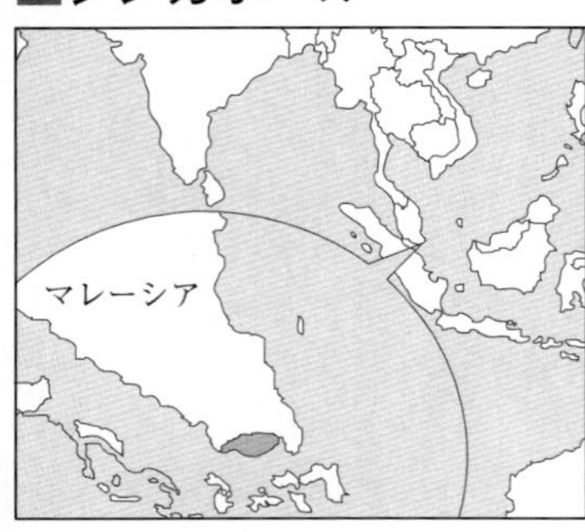

国名：シンガポール共和国
(Republic of Singapore)
首都：なし
人口：580 万人
面積：720 km^2
主な民族：華人，マレー人，インド系など
主な宗教：仏教，イスラーム，キリスト教
通貨名称：シンガポールドル
GDP：3366 億ドル

■インドネシア

国名：インドネシア共和国
(Republic of Indonesia)
首都：ジャカルタ
人口：2 億 7000 万人
面積：189 万 km^2
主な民族：ジャワ，スンダ，バタック，バリなど
主な宗教：イスラーム，キリスト教，ヒンドゥー教，仏教
通貨名称：ルピア
GDP：1 兆 152 億ドル

■ブルネイ

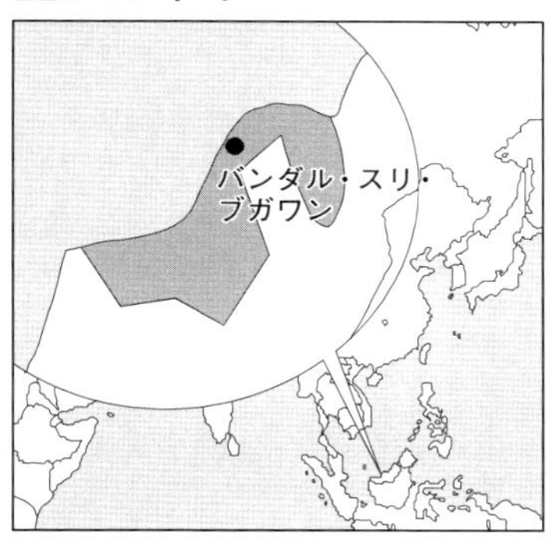

国名：ブルネイ・ダルサラーム国
(Brunei Darussalam)
首都：バンダル・スリ・ブガワン
人口：43 万人
面積：6000 km^2
主な民族：マレー人，華人，その他
主な宗教：イスラーム，仏教，キリスト教
通貨名称：ブルネイドル
GDP：121 億ドル

■東ティモール

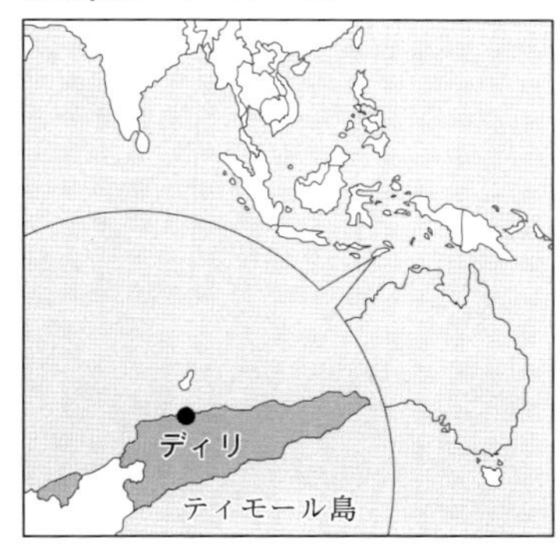

国名：東ティモール民主共和国（The Democratic Republic of Timor-Leste）
首都：ディリ
人口：129 万人
面積：1 万 5000 km^2
主な民族：メラネシア系．その他マレー人，華人など
主な宗教：キリスト教（主としてカトリック），イスラーム
通貨名称：米ドル
GDP：27 億ドル（IMF 推定値）

■フィリピン

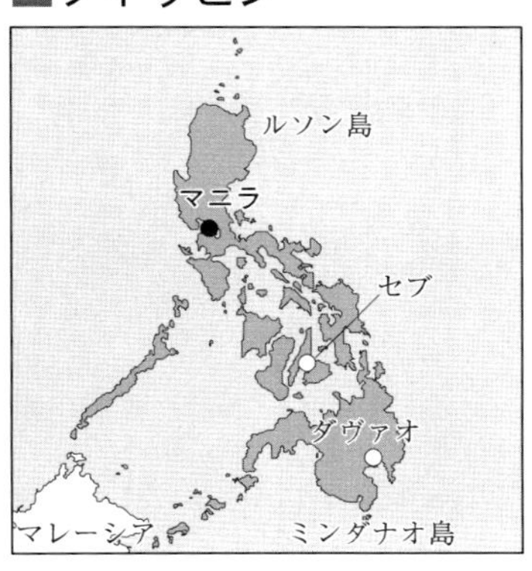

国名：フィリピン共和国
(Republic of the Philippines)
首都：マニラ
人口：1 億 811 万人
面積：29 万 9000 km^2
主な民族：タガログ，セブアノ，ビサヤなど
主な宗教：キリスト教（主としてカトリック），イスラーム
通貨名称：フィリピンペソ
GDP：3135 億ドル

事項索引

（人名索引は p.791）

■数字

■A～Z

A

B

■い

■う

■え

■お

■き

■く

■け

■こ

■さ

■す

■せ

■そ

■た

■ち

■つ

■て

■と

■な

■に

■ぬ

■ね

ひ

■ふ

■へ

■ほ

■ま

■み

■も

■や

■ゆ

■よ

■ら

■り

■る

■れ

■ろ

■わ

人名索引

■あ行

■か行

■さ行

■た行

■な行

■は行

■ま行

■や行

■ら行

■わ

東南アジア文化事典

令和元年10月25日　発　　行
令和 3 年 6 月30日　第3刷発行

編　者　信　田　敏　宏
綾　部　真　雄
岩　井　美佐紀
加　藤　　　剛
土　佐　桂　子

発行者　池　田　和　博

発行所　丸善出版株式会社
〒101-0051 東京都千代田区神田神保町二丁目17番
編集：電話(03)3512-3265／FAX(03)3512-3272
営業：電話(03)3512-3256／FAX(03)3512-3270
https://www.maruzen-publishing.co.jp

組版／精文堂印刷株式会社
印刷・製本／大日本印刷株式会社

ISBN 978-4-621-30390-0　C 0522　Printed in Japan